IUSTITIAM COLIMUS

F. Dal Canto, E. Malfatti, S. Panizza, A. Pertici, E. Rossi

Manuale di diritto costituzionale

italiano ed europeo

Volume I

Lo Stato e gli altri ordinamenti giuridici, i principi fondamentali e le istituzioni politiche

a cura di Roberto Romboli

QUINTA EDIZIONE

Giappichelli

VIA PO, 21 - TEL. 011-81.53.111
http://www.giappichelli.it

ISBN/EAN 979-12-211-1028-9
ISBN/EAN 979-12-211-5990-5 (ebook)

G. Giappichelli Editore

Questo libro è stato stampato su carta certificata, riciclabile al 100%

Stampa: Rotolito S.p.A. - Pioltello (MI)

In ricordo di Alessandro Pizzorusso,
con affetto e gratitudine

Capitolo I

Lo Stato e gli altri ordinamenti giuridici *

---

* Di Saulle Panizza.

Sezione I
Gli ordinamenti giuridici e lo Stato

1. *Premessa*

Lo studio del diritto costituzionale

Lo studio manualistico del *diritto costituzionale* di uno Stato o di una comunità di Stati consiste essenzialmente, almeno in prima approssimazione, nell'esame delle regole (giuridiche) che presiedono all'individuazione, all'organizzazione e al funzionamento di un determinato gruppo sociale e delle sue istituzioni. Queste regole fondative e di base sono normalmente contenute in testi che prendono il nome di costituzioni.

L'esame del diritto positivo (vale a dire "posto" dalla costituzione e dalle altre fonti di regole giuridiche) presuppone, però, alcune nozioni, per lo più di ordine teorico generale e storico, che consentano di inquadrare correttamente la problematica studiata, dal punto di vista sia delle categorie utilizzate dagli studiosi e perfezionatesi negli anni sia dell'evoluzione che tali fenomeni hanno conosciuto nei vari tempi e luoghi. A questo mira il capitolo introduttivo, che ha pertanto una funzione propedeutica agli altri di cui si compone il presente *Manuale di diritto costituzionale italiano ed europeo.*

Nella sezione I si preciserà il significato di alcuni termini basilari del

Alcune nozioni di base

linguaggio giuridico e costituzionalistico in particolare, come quelli di ordinamento giuridico, Stato, costituzione, norma, ecc., così da coglierne il significato in relazione ai fenomeni storici – qui solo accennati – di formazione dello Stato (in senso) moderno. L'esame investirà altresì i caratteri essenziali di alcuni ordinamenti giuridici (o, comunque, di fenomeni) più ampi dello Stato, ai quali quest'ultimo partecipa e che anzi concorre a realizzare. Con particolare riferimento all'esperienza italiana attuale, assumono così rilievo il ruolo della comunità internazionale e la realtà delineatasi in ambito europeo negli ultimi decenni. Brevi cenni saranno altresì forniti in relazione agli ordinamenti di dimensione infrastatuale che maggiormente interessano l'ambito pubblicistico, e dunque agli enti territoriali.

Gli elementi costitutivi dello Stato

La sezione II puntualizzerà quelli che sono solitamente ritenuti gli elementi costitutivi dello Stato, vale a dire la sovranità, il territorio, il popolo, cercando anche di evidenziare i fattori che, soprattutto negli ultimi tempi, ne hanno affievolito la assolutezza, contribuendo addirittura, secondo alcuni, a marcare la fase declinante dello stesso fenomeno statuale. Dopo averli inquadrati in generale, si passerà a esaminarc gli elementi costitutivi dello Stato italiano e il modo in cui essi si presentano, alla luce dell'evoluzione recente.

Forma di Stato e forma di governo

La sezione III avrà un carattere più schematico, trattandosi di delineare due categorie molto diffuse nel linguaggio costituzionalistico, differenti, ma strettamente connesse tra loro, quelle di "forma di Stato" e di "forma di governo". Si descriveranno al riguardo, in modo sintetico, i principali criteri elaborati dagli studiosi per cogliere le caratteristiche che storicamente hanno assunto le relazioni tra gli elementi costitutivi dello Stato (forma di Stato) e quelle tra gli organi di vertice dell'apparato statale cui la costituzione attribuisce le funzioni più rilevanti per il conseguimento delle finalità dell'ordinamento (forma di governo).

Le vicende storiche dello Stato italiano

Dopo aver definito questi concetti, si esamineranno le vicende degli ordinamenti giuridici che più direttamente interessano, e in primo luogo dello Stato italiano (sez. IV), che ha ormai più di centosessant'anni di vita. La periodizzazione utilizzata servirà per illustrarne i passaggi rilevanti e una particolare sottolineatura verrà riservata, com'è naturale, al momento di formazione della Costituzione e ai successivi decenni di vita repubblicana, la cui conoscenza è premessa indispensabile per cogliere in maniera compiuta il senso dell'ordinamento quale attualmente si presenta (ciò cui sono poi destinati i successivi capitoli del Manuale).

Il processo di integrazione europea

Seguirà, infine, la descrizione delle tappe che hanno segnato il cammino di integrazione in Europa, fino a dar vita alla Unione europea (sez. V), la cui realizzazione ha prodotto conseguenze assai rilevanti sulle attribuzioni e sull'evoluzione dei singoli ordinamenti nazionali che compongono quello eurounitario e che con esso si integrano.

2. *Il concetto di ordinamento giuridico*

Un primo termine che si incontra nello studio del diritto costituzionale, e prima ancora del "diritto" puramente e semplicemente, è quello di *ordinamento giuridico*, talmente ampio e generale da venir spesso utilizzato come equivalente al termine di "diritto (in senso oggettivo)" e talora quale sinonimo di Stato stesso.

In realtà, il concetto di ordinamento giuridico sta a indicare l'esistenza di un corpo o gruppo sociale organizzato sulla base di regole (giuridiche), e può pertanto riferirsi a un numero elevato di fenomeni, anche assai variegati. Gli elementi costitutivi dell'ordinamento giuridico sono, cioè, dati dalla possibilità di individuare un insieme di soggetti che sviluppino relazioni disciplinate da regole di natura giuridica.

Teorie istituzioniste e teorie normativiste

Per spiegare in profondità tale concetto, la dottrina si è lungamente impegnata e ha elaborato molteplici teorie, alcune delle quali maggiormente incentrate sul rilievo del gruppo organizzato (teorie istituzioniste), altre sulle regole giuridiche dettate per la disciplina dei relativi rapporti (teorie normativiste).

In verità, sembra di poter dire che la soluzione dai più condivisa è nel senso che entrambi i fattori rilevano con grande intensità quando si tratti, in particolare, di esaminare gli ordinamenti giuridici sui quali è solita soffermarsi l'attenzione del costituzionalista, e dunque soprattutto quelli statali (e infrastatuali), oltre a quello della comunità internazionale e a quelli sovranazionali. In definitiva, è ormai diffusa la consapevolezza circa il fatto che lo studio di realtà complesse quali sono gli Stati moderni, sia isolatamente considerati sia nei reciproci rapporti e negli ulteriori ordinamenti cui possono dare vita o nei quali si possono articolare al loro interno, non può prescindere da una analisi attenta e approfondita di tutti gli aspetti che concorrono a comporli e che si implicano vicendevolmente, tanto quelli di ordine fattuale quanto quelli di ordine normativo (si è infatti soliti sostenere la validità di entrambe le affermazioni, sia che *ubi societas ibi ius* sia che *ubi ius ibi societas*).

La pluralità degli ordinamenti giuridici

In ogni caso, proprio l'estrema latitudine del concetto di ordinamento giuridico comporta la sua applicabilità a una moltitudine di fenomeni, riconoscendosi di conseguenza anche l'esistenza di una *pluralità di ordinamenti giuridici*.

Diventa di particolare importanza, allora, la possibilità di operare distinzioni all'interno di tale concetto, assumendo a riferimento vari criteri, come possono essere il territorio, il tipo di aggregazione, il carattere originario o derivato, le finalità perseguite, la natura pubblicistica o privatistica, ecc. Così come di rilievo appare la comprensione dei rapporti che possono instaurarsi tra i vari tipi di ordinamenti e tra ordinamenti della medesima natura (di riconoscimento o meno, di integrazione, di indifferenza o di incompatibilità, collaborativi o conflittuali, di autonomia, di sovraordinazione, sottordinazione o equiordinazione, ecc.).

3. *Il concetto di Stato*

Lo Stato e i suoi elementi costitutivi

È proprio facendo uso di una serie di criteri che si può ricavare, all'interno del grande insieme rappresentato da tutti i possibili tipi di ordinamento giuridico, quel particolare ordinamento giuridico rappresentato dallo *Stato*. Si tratterà di riconoscere quali sono i tratti differenziali rispetto agli altri ordinamenti giuridici o, da altra prospettiva, di saper individuare quei fattori che sono necessari e indefettibili per la sua esistenza, vale a dire i suoi *elementi costitutivi*.

La storia dell'umanità, attraverso i millenni, obbliga a confrontarsi con differenti tipologie di aggregazione di gruppi sociali organizzati sulla base di regole (giuridiche). Anche solo rimanendo in ambito europeo e pur prescindendo dai termini utilizzati, è a tutti evidente che sussistono distanze enormi tra le esperienze della *polis* greca, della *res publica* romana, dell'ordinamento feudale, ecc. e gli Stati attuali. E tuttavia ci si può chiedere a quando e a che cosa si debba il passaggio dalle aggregazioni precedenti allo Stato modernamente inteso.

Alle origini dello Stato moderno

A questo riguardo, pur essendo ovviamente impossibile fornire una risposta certa e univoca, grande rilievo viene dato alle vicende storiche che condussero alla fine dell'esperienza feudale e medioevale attorno alla metà dello scorso millennio, in particolare in ambito europeo.

Il sorgere di gruppi sociali sempre più tendenti alla centralizzazione e concentrazione del potere, alla sua spersonalizzazione e istituzionalizzazione, la nascita di grandi monarchie dalle ceneri dell'Impero, capaci di rinvenire in sé stesse e nella propria capacità di governo di un territorio e dei relativi abitanti la fonte della propria legittimazione, il progressivo abbandono dell'ordine sociale estremamente frammentato, formato da corpi locali, feudali o municipali, che per secoli aveva retto le sorti dei popoli, sono i principali fattori che concorsero a produrre il mutamento epocale di prospettiva, insieme a profonde trasformazioni nell'ambito economico, culturale e religioso.

Il contributo della riflessione teorica

Una serie di fenomeni, cui si può qui soltanto accennare, a loro volta accompagnati dalla riflessione teorica di grandi pensatori in grado di descrivere ma anche di dare un senso ai cambiamenti in corso e persino di orientarli. Non si può non ricordare, al riguardo, il rilievo di quelle filosofie che hanno contribuito a fondare su solide basi la giustificazione razionale dello Stato moderno, e due nomi sugli altri, quelli di Machiavelli (cui si fa risalire l'autonomia della sfera della politica rispetto alle altre e a quella religiosa in primo luogo, nonché l'idea di Stato) e di Bodin (cui si deve il concetto di sovranità statale, con caratteri di "perpetuità", perché non delegata da altri né revocabile, e di "assolutezza", perché limitata unicamente dalle leggi di Dio e della Natura).

I trattati di Westfalia

Convenzionalmente, il momento di svolta viene fatto coincidere con la stipulazione dei trattati di Westfalia a metà del XVII secolo, vera e propria data di nascita, dunque, dello Stato modernamente inteso (oltre che, come si dirà, del diritto internazionale come diritto dell'ordinamento della comunità internazionale). Quei trattati non solo posero fine alle lunghe e sanguinose guerre, in genere di religione, che avevano sconvolto l'Europa nei decenni precedenti (la più nota fu quella c.d. dei trent'anni: 1618-1648), ma sancirono anche la sconfitta delle aspirazioni imperiali e la nascita di un nuovo ordine internazionale. Gli Stati formatisi in virtù di quegli accordi si affermano come una forma organizzativa del potere originaria (e non derivata da altro all'esterno) e sovrana, in grado di legittimarsi in virtù della semplice esistenza e della capacità effettiva di porre le regole di governo del corpo sociale in un dato territorio. In sintesi, sovranità, popolo e territorio, come si dirà meglio più avanti (*infra*, sez. II).

La nascita degli Stati assoluti

Da notare che, nella fase delle origini, gli ordinamenti giuridici statuali si configurano prevalentemente secondo i caratteri che poi si definiranno dello Stato assoluto, retti da monarchi che accentrano in sé stessi la pienezza dei poteri sovrani e l'insieme delle attribuzioni pubbliche di governo dei sudditi. Ispirati dall'idea della supremazia illimitata nei propri ordinamenti (secondo la formula *superiorem non recognoscens*), essi intraprendono, all'esterno, l'opera di progressiva formazione di un gruppo di regole da applicare – rigorosamente tra pari – nelle reciproche relazioni.

Soltanto i secoli successivi, con vicende e tempi diversi da paese a paese, avrebbero condotto, esaminando il versante interno degli Stati, a processi di limitazione e di frammentazione del potere assoluto e di separazione dei poteri tra una pluralità di organi, e, guardando al versante esterno, allo sviluppo di organizzazioni internazionali sempre più numerose e complesse, alcune delle quali destinate a incidere, di ritorno, sulla stessa sovranità degli Stati che ne fanno parte.

4. *Il concetto di costituzione*

Accanto a quelli di ordinamento giuridico e di Stato, l'altro grande concetto la cui conoscenza è presupposto per lo studio del diritto costituzionale è evidentemente quello di *costituzione*.

Si tratta di un termine che noi oggi associamo tipicamente a quello di Stato e che utilizziamo per lo più per riferirci a quei documenti normativi contenenti le regole caratterizzanti un determinato ordinamento in un dato momento storico, e in particolare le disposizioni sull'assetto dei pubblici poteri, sui rapporti tra questi e i cittadini e sui principi ispiratori del gruppo sociale di riferimento.

In realtà, occorre una particolare cautela nell'uso del vocabolo, per una serie di ragioni.

La natura di termine polisenso

In primo luogo perché si tratta di un termine polisenso, non sempre utilizzato, nel corso del tempo, in questo significato. Ad esempio, era altro il significato del termine latino *constitutio*, che durante una delle fasi di quella esperienza (quella dell'Impero) stava a indicare una particolare tipologia di atti normativi, sì di grado elevato in quanto emanati direttamente dall'autorità del *princeps*, ma non mai norme primarie, in quanto presupponevano l'esistenza di un organo in grado di discriminare le varie fonti giuridiche e differenziarle dal punto di vista del valore e della denominazione (Ghisalberti). Mentre si deve tenere presente che termini diversi da quello di costituzione, in altre epoche o contesti, sono stati utilizzati per esprimere proprio quel contenuto o qualcosa di avvicinabile a esso (come ad esempio il termine greco *politéia* o quello romano di *status rei publicae*).

La costituzione non è sempre un documento scritto

In secondo luogo, siamo tendenzialmente soliti abbinare all'idea di costituzione quella del documento in cui le disposizioni di principio sull'organizzazione dello Stato sono contenute, mentre è risaputo che quei principi possono avere, in tutto o in parte, anche una natura non scritta (si pensi all'Inghilterra descritta da Montesquieu, priva di una costituzione formale scritta ma esemplarmente espressiva di una idea – o forse dell'idea stessa – di costituzione).

I possibili aggettivi

In terzo luogo, occorre considerare come spesso il termine non venga utilizzato in sé, ma al sostantivo "costituzione" si accompagnino varie aggettivazioni.

Costituzione formale e costituzione materiale

Rinviando alla parte in cui si esamineranno i caratteri del testo costituzionale con riferimento alla nostra Carta fondamentale (*infra*, sez. IV, par. 5), non si può fin d'ora non ricordare come una contrapposizione di grande rilievo e nient'affatto banale sia già quella tra costituzione *formale* e costituzione *materiale*, dove l'uso dell'aggettivo è in grado di ripercuotersi in maniera significativa sulla portata stessa e sul valore del sostantivo. In un primo significato, i due aggettivi stanno a rappresentare la distanza che può intercorrere tra il testo scritto della costituzione (costituzione formale) e la (minor) parte di esso effettivamente realizzata e tradotta in concreto (costituzione materiale), in un dato momento storico. In un secondo significato, invece, quegli stessi termini traducono la dissociazione – che può essere per difetto, per eccesso, per difetto e per eccesso insieme – tra la (presunta) materia costituzionale, intesa come l'insieme dei profili che una costituzione dovrebbe sviluppare (costituzione materiale), e la costituzione formalmente approvata (costituzione formale). In altro significato ancora, si parla di costituzione in senso materiale (da noi, per primo, Mortati) per identificare i principi fondanti di una società, le consuetudini concretamente invalse, i fini e i valori che costituiscono l'effettivo principio di unità e di permanenza di un ordinamento e l'insieme delle forze politiche e sociali che li esprimono, valorizzando in tal modo il nucleo essenziale della costituzione effettivamente e realmente vigente (costituzione materiale), anche diverso, in misura più o meno ampia, rispetto alla costituzione formale.

La valenza politica e giuridica

Altro elemento che deve, poi, far riflettere in relazione all'uso del termine costituzione è il fatto che, nel corso della storia, esso si è prestato all'attribuzione di significati e portata differenti, quando di tipo (prevalentemente o esclusivamente) politico, quando di tipo più strettamente giuridico, talora rimarcandosene la neutralità e l'indifferenza rispetto a ogni e qualsivoglia contenuto, talaltra riconoscendosi la pienezza o la stessa possibilità di uso del termine soltanto a condizione che i contenuti corrispondessero a una certa idea di costituzione.

Si pensi, per un verso, alle dispute, anche linguistiche, nel corso del XIX secolo in Europa, allorché taluni riservavano il termine ai documenti "partecipati" dal popolo, in quanto formati da assemblee parlamentari o ratificati mediante *referendum*, relegando a "carte" o "statuti" quelli calati dall'alto e graziosamente concessi ("*octroyés*") dai sovrani ai loro sudditi.

Si pensi, per altro verso, al celeberrimo art. 16 della *Dichiarazione dei diritti dell'uomo e del cittadino* del 1789, che rappresenta una delle tappe decisive nella nascita del *costituzionalismo* e che qualificava e imponeva di considerare come costituzione (nel senso del costituzionalismo) soltanto quella che avesse determinati contenuti e principi ispiratori («*toute société dans laquelle la garantie des droits n'est pas assurée, ni la séparation des pouvoirs déterminée, n'a point de constitution*»).

5. *Le regole giuridiche*

Connaturato all'ordinamento giuridico (e allo Stato), e anzi fondativo del medesimo, è, come detto, il concetto di regola giuridica. Per avvicinarsi alla comprensione di esso occorre individuare, all'interno dell'insieme rappresentato dalle regole della più varia natura (etiche, religiose, sociali, ecc.), quali siano i caratteri che consentono di qualificare talune di esse come "giuridiche". Saremo, dunque, in presenza di un ordinamento giuridico allorché sarà possibile individuare una struttura organizzativa governata da regole di natura giuridica e connotata da una convivenza tendenzialmente armonica di queste regole, dal momento che è l'idea in sé di ordinamento a evocare un insieme, per l'appunto, ordinato, e dunque non casuale, né caotico, di fattori.

I caratteri che definiscono la giuridicità di una regola

Nonostante i tanti sforzi profusi a livello teorico, non pare possibile affermare con certezza quanti e quali siano i caratteri che definiscono la giuridicità di una regola. Se ne proporranno di seguito alcuni, nella consapevolezza che è un'elencazione parziale, e non da tutti allo stesso modo condivisa. Proprio per questi motivi, si è soliti ripetere che tali caratteri, più che indefettibili, si presentano come "normali" nella configurazione delle regole giuridiche, e che è, più che altro, la compresenza (non di tutti, ma) di un certo numero di essi a essere sintomatica della natura giuridica della regola che si sta esaminando.

La generalità e astrattezza

Quello più sovente riconosciuto come di maggior rilievo è il carattere della *generalità e astrattezza*, non tanto nel senso che una regola è giuridica quando riguarda tutti e prende in considerazione (non un singolo o un gruppo di individui, ma) qualunque agente, quanto nel senso che, per essere giuridica, una regola deve disciplinare un tipo di situazione assunta come possibile e applicarsi a ogni soggetto che si collochi nella fattispecie astratta prevista da essa. Si suole anche dire, al riguardo, che la generalità-astrattezza va intesa nel senso della indefinita "ripetibilità", trovando, cioè, applicazione ripetuta in ogni circostanza che ne verifichi i presupposti.

La innovatività

Altro carattere significativo è quello della *novità* (o innovatività) della regola giuridica, che si può accompagnare alla differenza logica tra il "disporre" in termini generali e astratti, da un lato, e il "provvedere" in concreto, facendo applicazione di una regola al caso di specie, dall'altro. La regola è giuridica quando dispone (in termini generali e astratti) innovando, e dunque modificando, il sistema delle regole in cui si inserisce. In altri termini, per essere giuridica la regola deve cambiare – o almeno essere potenzialmente idonea a cambiare – qualcosa nell'ordinamento giuridico (mentre a nulla rileva il senso o la direzione di questo cambiamento), non potendo essere meramente riproduttiva o applicativa di regole (giuridiche) esistenti.

La esteriorità

Altro elemento considerato è quello della *esteriorità* della regola giuridica, nel senso che essa si deve occupare e può disciplinare il comportamento del soggetto (e dunque ciò che si manifesta all'esterno), non indagando, invece, il foro interno dell'individuo.

Il carattere eteronomo

Alla esteriorità si abbina, talora, la sottolineatura del carattere *eteronomo* della regola giuridica, che si impone ai suoi destinatari, indipendentemente dal fatto che abbiano, o meno, concorso alla sua produzione, e indipendentemente dall'intima accettazione di essa da parte del soggetto.

La struttura dell'enunciato normativo

Grande rilievo viene, poi, dato alla struttura dell'enunciato normativo, nel senso che la regola è giuridica quando formulata nei termini «se c'è A, ci deve essere B», ciò che mette in risalto il carattere ipotetico (e astratto) della regola giuridica e la necessaria correlazione tra una premessa e una conseguenza. Se è irrilevante la natura e la tipologia della conseguenza (positiva o negativa, sanzionatoria o premiale, ecc.), è invece decisivo che una conseguenza vi sia e scatti al realizzarsi del fatto, dell'atto o del comportamento descritto in premessa. Naturalmente, non tutte le regole giuridiche sono formulate in questo modo, e spesso si limitano, magari, a descrivere una premessa la cui conseguenza è da ricercare altrove, in altra regola giuridica o addirittura nel sistema giuridico di riferimento, ma ciò non affievolisce il rilievo di questo carattere.

La effettività

In connessione con quanto affermato, la giuridicità della regola implica che la conseguenza da essa prevista si possa realizzare in forma coattiva quando manchi l'adeguamento spontaneo al precetto o si abbia una qualche riparazione in caso di violazione di esso. L'ordinamento deve essere (almeno teoricamente) in grado di imporre l'applicazione della regola e le sue conseguenze, anche mediante il ricorso a strumenti forzosi.

Proprio il cenno da ultimo effettuato consente di allargare lo sguardo a una dimensione che sta sopra la singola regola giuridica, ma concorre a sua volta a farla riconoscere come tale. Si tratta del *principio di effettività*, per cui una regola giuridica concorre alla formazione e all'evoluzione di un intero ordinamento, il quale a sua volta potrà fregiarsi del carattere della giuridicità nella misura in cui risulti che esso nel suo insieme e le regole che lo compongono godono di un sufficiente tasso di osservanza e accettazione da parte dei consociati e dei destinatari in genere. Resta, peraltro, arduo stabilire quale sia questo livello minimo di osservanza, trattandosi di problema concreto e da risolvere, al limite, caso per caso.

5.1. *Le fonti del diritto*

Regole giuridiche e fonti del diritto

L'idea di regola giuridica è strettamente connessa con quella dei soggetti che hanno il potere di porla (o i fatti da cui possa derivare), delle procedure e degli atti previsti allo scopo. Dato, allora, un determinato ordinamento, l'individuazione di quali siano le regole che lo compongono e governano passa attraverso la conoscenza delle sue *fonti del diritto*, vale a dire gli atti e i fatti (giuridici) dai quali deriva la creazione, la modificazione o l'eliminazione di regole riconosciute come giuridiche in quell'ambito di riferimento.

La conoscenza di quali siano le fonti del diritto può tuttavia non essere sempre agevole, dal momento che la loro stessa identificazione passa attraverso la conoscenza delle "regole sulla produzione giuridica" (o "regole di riconoscimento" o "regole sulle regole" o "regole di secondo grado", ecc.) proprie di un certo ordinamento, quelle cioè che stabiliscono in presenza di quali condizioni e nel rispetto di quali requisiti il venir in essere di un determinato fatto o atto è in grado di produrre validamente diritto.

Ogni ordinamento può avere differenti regole di riconoscimento e avrà pertanto le sue proprie fonti del diritto, mentre all'interno di questo insieme di fatti e atti giuridici potranno operarsi varie differenziazioni e classificazioni.

Solo in via esemplificativa, accanto alla distinzione tra fonti atto (scaturenti dalla volontà dei soggetti che l'ordinamento abilita a porle in essere) e fonti fatto (scaturenti da eventi naturali o da comportamenti materiali), vi potrà essere quella tra fonti scritte o non scritte, tra fonti legali o meno (queste ultime prendono il nome di fonti c.d. *extra ordinem*, in quanto di fatto operanti, ma in maniera non prevista dal sistema), così come ulteriori classificazioni potranno essere operate in virtù della natura della fonte, della sua denominazione, del soggetto abilitato a porla nell'ordinamento, del procedimento da seguire, della forza che essa è in grado di assumere rispetto alle fonti operanti nel sistema, e altro ancora.

Sovente, nei moderni ordinamenti opera un numero non modesto di fonti del diritto e conseguentemente una grande quantità di regole giuridiche. Com'è naturale, questa coesistenza non si traduce nel semplice accostamento di una fonte all'altra e con esse dei rispettivi prodotti normativi. Né può farsi affidamento unicamente sulla spontanea capacità dei vari centri di produzione normativa di dare vita a fonti (sempre) in perfetta armonia e coerenza reciproca. All'opposto, ad apparire più frequente è la circostanza per cui le varie fonti del diritto operanti in un ordinamento non sempre intervengano inserendosi in maniera piana e, per così dire, pacifica nel sistema; spesso, invece, esse tendono a produrre contrasti, pur se non voluti intenzionalmente da parte dei soggetti legittimati a porle in essere (e comunque in maniera indipendente da ciò). Da qui la necessità di disporre di meccanismi capaci di dirimere questo tipo di contrasti, solitamente etichettati come "criteri di risoluzione delle antinomie giuridiche".

Criteri di risoluzione delle antinomie giuridiche

Si tratta di principi e indicazioni di natura logica o positivizzati (previsti, cioè, come tali dalle regole del diritto stesso), accomunati dalla finalità di contribuire, da soli o in combinazione, alla risoluzione delle disarmonie presenti nel sistema. Tra quelli maggiormente utilizzati, si possono ricordare il criterio gerarchico, quello cronologico (o temporale), quello di competenza, e quello di specialità.

Il primo (gerarchico) presuppone una differente forza e dunque una diversa collocazione verticale delle fonti del diritto proprie di un sistema e dunque l'esistenza di rapporti di sovraordinazione e di subordinazione. Esso opera facendo prevalere, in vario modo, la fonte più elevata in grado (mediante l'eliminazione, l'annullamento, la disapplicazione, ecc. della fonte subordinata che con essa contrasti).

Il secondo (cronologico o temporale) considera l'inesauribilità e la dinamicità del potere normativo e interviene principalmente con riferimento a fonti del diritto che si trovino fra loro in un rapporto non di sovraordinazione o subordinazione, bensì paritario. Esso comporta la possibilità per la fonte più recente di sostituirsi, da quel momento in avanti, alla fonte più risalente nella disciplina di un determinato aspetto, con correlata cessazione di efficacia (abrogazione) della fonte sostituita.

Il terzo (competenza) si ha allorché una fonte del diritto sovraordinata (tipicamente, la costituzione) preveda non solo la presenza di una serie di fonti ad essa subordinate, ma anche che, in relazione a determinati ambiti o per particolari aspetti, una di esse sia competente (o più competente) a intervenire. Come conseguenza, quando si versi nella fattispecie descritta, avrà titolo (o maggior titolo) a disciplinare la materia, e dunque prevarrà, la specifica fonte competente (o più competente), e non altre, pur se magari, in astratto, legittimate o dotate della forza per farlo.

Il quarto (specialità), infine, sconta il fatto che sia possibile distinguere il grado di generalità di una disciplina rispetto all'altra, e opera nel senso di far prevalere la fonte speciale (o più speciale) rispetto a quella generale (o più generale), anche qualora la fonte speciale risultasse più risalente, e dunque astrattamente soccombente in applicazione del criterio cronologico.

Peraltro, il ricorso a un criterio potrebbe non sempre essere tale da risolvere la disarmonia esistente. Può, infatti, verificarsi che l'applicazione dell'uno o dell'altro criterio conduca a esiti differenti, con la necessità, dunque, di stabilire una sorta di priorità tra essi in caso di concorso. Così come può darsi la circostanza che il conflitto debba essere risolto mediante un uso combinato dei vari criteri o di alcuni tra essi.

Si consideri, inoltre, che i contrasti tra le fonti del diritto possono accompagnarsi a quelli tra le regole operanti nel sistema. Non sempre, infatti, il contrasto tra queste ultime passa dal contrasto tra le fonti che le producono né si risolve risolvendo l'antinomia, per così dire, tra i rispettivi contenitori.

Al riguardo, occorre tenere presente che finora si è prevalentemente utilizzato il termine "regole" giuridiche, mentre appare adesso opportuno mettere a fuoco, sempre in via preliminare, due ulteriori concetti, vale a dire quelli di disposizione e norma.

Le disposizioni

Se ci si riferisce, come più soventemente accade, al diritto scritto e alle fonti-atto, le *disposizioni* rappresentano il contenuto prescrittivo dell'atto, la volontà in esso manifestata mediante una serie di enunciati linguistici, normalmente contenuti in articoli (e nelle relative partizioni e raggruppamenti).

Le norme

Le *norme*, invece, non coincidono con l'enunciato linguistico, ma, potremmo dire, sono gli enunciati linguistici (per come) interpretati, nel senso che esse sono il frutto dell'attribuzione di significato alle parole utilizzate dal legislatore.

Ancorché impiegati spesso in maniera intercambiabile tra loro (oltre che come sinonimi di "regola" giuridica), i due termini sono dunque espressione di concetti differenti. Mentre le disposizioni sono gli enunciati di cui si compone il documento normativo, prodotto dall'autorità cui è riconosciuto il relativo potere, le norme sono i significati attribuiti (da qualche soggetto, normalmente altro) a una disposizione o a una serie di disposizioni. Con la conseguenza che, del tutto fisiologicamente, a una determinata disposizione potranno essere dati molteplici significati, ricavandosene molteplici norme, ma anche che una norma possa essere il frutto di più disposizioni o segmenti di disposizione, anche appartenenti a documenti diversi, posti da differenti autorità.

L'interpretazione

Ebbene, nel linguaggio del giurista, l'attribuzione di significato alle disposizioni e la loro trasformazione in norme è il proprio dell'attività interpretativa o *interpretazione*, nonché delle tecniche e dei modi in cui essa opera e si traduce.

L'art. 12 delle preleggi ...

Nell'ordinamento italiano la riflessione si è a lungo incentrata su una delle disposizioni contenute nelle c.d. preleggi (vale a dire le disposizioni sulla legge in generale, collocate preliminarmente al codice civile), e in particolare sull'art. 12, dedicato alla "interpretazione della legge". A tenore di essa, «nell'applicare la legge non si può a essa attribuire altro senso che quello fatto palese dal significato proprio delle parole secondo la connessione di esse, e dalla intenzione del legislatore», aggiungendosi, poi, che «se una controversia non può essere decisa con una precisa disposizione, si ha riguardo alle disposizioni che regolano casi simili o materie analoghe; se il caso rimane ancora dubbio, si decide secondo i principi generali dell'ordinamento giuridico dello Stato».

... e il suo superamento

Quale che sia la portata che si voglia attribuire oggi all'art. 12 delle preleggi, sono anche tanti altri i concetti e le tecniche che ormai pacificamente presiedono all'attribuzione di significato agli enunciati linguistici, oltre quelli lì previsti. Molteplici, dunque, gli aggettivi che connotano l'attività interpretativa (si parla, infatti, di interpretazione letterale, restrittiva, estensiva, storica, sistematica, per principi, evolutiva, finalistica, ecc.).

6. *La progressiva affermazione dello Stato moderno e i suoi caratteri*

La circostanza, sopra descritta, della storicità della (moderna) nozione di Stato porta con sé una serie di conseguenze. Anche il fatto che quel modello di organizzazione si sia progressivamente diffuso su scala planetaria non è, di per sé, elemento sufficiente a garantire che esso permarrà per sempre, né con (tutte) le caratteristiche che noi oggi vi rinveniamo. Del resto, i pochi secoli di storia che ci separano dalle sue origini sono stati sufficienti per determinarne una serie di cambiamenti, taluni dei quali anche particolarmente significativi.

L'abbandono del modello di Stato assoluto

Rimanendo su un piano generale, non si può non osservare come sia stato rapidamente abbandonato proprio uno dei suoi primigeni caratteri, vale a dire la concentrazione del potere in un sovrano assoluto.

Ciò è avvenuto a favore di un processo di distribuzione e razionalizzazione del potere pubblico che ha trovato le proprie premesse e i propri punti di riferimento nella teoria della separazione dei poteri (Montesquieu) e nella nascita del costituzionalismo.

La separazione dei poteri

La prima ha consentito di porre le basi per poter ragionare di forma di governo in senso moderno, vale a dire dei modi in cui si esercita la sovranità, della pluralità dei soggetti che vi partecipano e delle relazioni che tra di essi si instaurano, senza limitarsi al solo piano, di per sé statico, della mera individuazione del titolare di essa.

La nascita del costituzionalismo

Il costituzionalismo, a sua volta, è fenomeno riconducibile a filoni differenti, i quali hanno concorso, nel loro insieme, all'affermazione del rilievo della costituzione e con essa di un corpo di regole superiori in grado di garantire la separazione dei poteri e la tutela delle libertà civili e politiche dei cittadini degli Stati. Si pensi all'esperienza inglese alla fine del XVII secolo, che portò all'approvazione nel 1689 del *Bill of Rights*, e a quelle nordamericana e francese, pressoché in contemporanea sulle due sponde dell'Atlantico negli ultimi decenni del XVIII secolo, che si tradussero, rispettivamente, nella Dichiarazione di indipendenza del 1776 e nella Costituzione degli Stati Uniti d'America del 1787, da un lato, e, dall'altro, nella Rivoluzione francese e nella Dichiarazione dei diritti dell'uomo e del cittadino del 1789.

I cambiamenti nell'idea di costituzione

L'idea di costituzione, a sua volta, ha subito cambiamenti nel corso del tempo, talora conformandosi ai mutamenti degli assetti politici e sociali degli ordinamenti statuali, talaltra assecondandone o indirizzandone le stesse linee evolutive. Le carte ottocentesche, quelle liberal-democratiche del primo Novecento, quelle democratico-sociali del secondo dopoguerra, quelle del tardo Novecento, sono tutte emblematiche di differenti stagioni degli assetti statuali, e si sono assai spesso accompagnate a profondi mutamenti nelle forme di Stato e di governo (*infra*, sez. III).

La giustizia costituzionale

Altro fattore che ha potentemente trasformato lo Stato moderno è stata l'introduzione e la progressiva affermazione di procedure e organi di controllo di costituzionalità delle leggi e delle altre fonti del diritto. Si tratta di una funzione piuttosto recente nell'assetto degli Stati, che a sua volta si riconnette all'esistenza di determinate caratteristiche via via fatte proprie dagli ordinamenti, o almeno da una gran parte di essi.

Così come si deve registrare una tendenza dei moderni ordinamenti al costante aumento dei centri di potere, anche autonomi, e alla conseguente proliferazione della produzione normativa, con un inevitabile rafforzamento del ruolo degli apparati giurisdizionali chiamati a farne applicazione, sempre più spesso in collaborazione con sistemi e apparati giurisdizionali sovranazionali.

Quest'ultimo è anzi un dato in così forte espansione e crescita da richiedere, fin da subito, un primo inquadramento di ordine generale.

7. *L'ordinamento della comunità internazionale*

La nascita dello Stato moderno, oltre a rappresentare il superamento dell'ordine precedente, e con esso di gran parte del rilievo delle autorità e dei centri di potere che per secoli avevano preteso di esercitare il governo sugli uomini e sui territori (l'imperatore, il papato, le corporazioni e i ceti medioevali, le signorie feudali, ecc.), poneva le condizioni per la nascita di un ordine internazionale completamente differente dal passato. I nuovi Stati sovrani, espressione del potere supremo al proprio interno, non bisognosi di nulla per affermare la propria legittimazione, potevano impostare, all'esterno, le proprie relazioni secondo una logica rigorosamente paritaria. Ciascuno di essi, infatti, forte della propria supremazia all'interno, si poneva senza alcun timore reverenziale nei confronti di una realtà esterna dove i soggetti altro non erano che suoi pari, a lui del tutto simili, in quanto sovrani sui rispettivi sudditi e territori, nonché legittimati dal medesimo principio di effettività.

Le origini del diritto internazionale

Proprio le relazioni a mano a mano instaurate dagli Stati all'esterno, i comportamenti tenuti dai soggetti che li rappresentavano, le prassi seguite, le regole applicate e condivise nelle varie occasioni di rapporto (amichevole o conflittuale), sono i fattori all'origine del diritto internazionale e dunque delle regole giuridiche costituenti, unitamente ai soggetti, l'ordinamento (della comunità) internazionale.

Naturalmente si trattava, soprattutto all'origine, di un ordinamento piuttosto elementare, ben diverso dagli ordinamenti degli Stati che lo componevano, molto meno complesso e strutturato rispetto ad essi.

I soggetti dell'ordinamento internazionale: gli Stati ...

Intanto i soggetti di questo ordinamento erano appunto (non gli individui, ma) gli Stati, ciascuno collocato in posizione paritaria rispetto agli altri, secondo una organizzazione cui difettava qualunque forma di gerarchizzazione, ciò che determinava anche una scarsa capacità di farne rispettare le regole a fronte delle violazioni (mancando strumenti specifici, infatti, erano puramente e semplicemente alcuni Stati, uno o più d'essi, a chiederne il rispetto da parte di altri Stati). Va ricordato, per completezza, che la soggettività di diritto internazionale è stata sempre riconosciuta, per tradizione, oltre che a tutti gli Stati, anche a un ordinamento ulteriormente diverso e *sui generis*, quello della Chiesa cattolica.

... e le organizzazioni internazionali

Sempre con riguardo ai soggetti, solo in un secondo momento hanno cominciato a fare la loro comparsa nella comunità internazionale anche le *organizzazioni internazionali*, formate dagli Stati (o da un certo numero di essi) per perseguire il soddisfacimento di interessi o esigenze comuni.

Per lungo tempo, tuttavia, il processo di istituzionalizzazione della comunità internazionale è rimasto a livelli assai modesti e si può affermare che probabilmente solo nel corso del XX secolo quest'opera ha cominciato a essere intrapresa con risultati almeno apprezzabili. Il riferimento va, naturalmente, alla *Società delle Nazioni* sorta all'indomani della prima guerra mondiale e, soprattutto, all'*Organizzazione delle Nazioni Unite* (ONU), nata al termine del secondo conflitto mondiale (nel 1945) con l'intento di contribuire al mantenimento della pace, allo sviluppo di relazioni amichevoli tra gli Stati, nel rispetto del principio di eguaglianza e di quello di autodeterminazione dei popoli, e alla più ampia collaborazione in campo economico, sociale, culturale e umanitario. Accanto a questa organizzazione internazionale di carattere generale si sono poi aggiunte numerose organizzazioni a carattere territoriale o regionale, coinvolgenti (solo) un certo numero di Stati. Tra queste, come diremo (v. par. 8.2), assume un particolare rilievo ai nostri fini il Consiglio d'Europa, trattandosi dell'organizzazione da cui è derivato il primo esperimento di tutela internazionale organica dei diritti dell'uomo, anche mediante meccanismi di tipo giurisdizionale, poi progressivamente sviluppatisi. Ad esso si deve la *Convenzione europea per la salvaguardia dei diritti dell'uomo e delle libertà fondamentali* (CEDU), firmata a Roma nel 1950 e alla quale è stata data esecuzione alcuni anni più tardi anche nel nostro paese (con la l. n. 848/1955).

Accanto alle specificità relative ai soggetti, del tutto particolare, poi, è il modo in cui si presentano le regole del diritto internazionale, distinguendosi un *diritto internazionale generale*, di origine consuetudinaria, con norme che si indirizzano a tutti gli Stati, e un *diritto internazionale particolare*, di natura pattizia o negoziale (trattati, accordi, patti, convenzioni, ecc., tutti vincolanti i soli soggetti che hanno partecipato alla loro formazione), con conseguenze assai diverse, nei due casi, anche sui rapporti con gli ordinamenti nazionali, i quali possono adattarsi in maniera differente alle varie tipologie.

Le regole del diritto internazionale

Le organizzazioni internazionali sono solitamente istituite proprio da norme di diritto internazionale particolare, e sono quegli stessi accordi fondativi a poter prevedere procedimenti ulteriori, i quali sono a loro volta fonti di diritto internazionale particolare. Occorre considerare, peraltro, che le funzioni esercitate dalle organizzazioni internazionali sono risultate per lungo tempo generalmente poco efficaci, sia perché per le decisioni si imponeva il raggiungimento dell'unanimità tra i rappresentanti degli Stati membri, nel corso delle riunioni periodicamente previste, sia perché esse erano solitamente prive di vincolatività nei confronti dei medesimi. Ma sul punto molto è cambiato negli ultimi decenni, assistendosi all'affiancamento e in taluni casi alla sostituzione del principio di maggioranza a quello di unanimità, nonché alla previsione del carattere vincolante, per gli Stati membri, di talune decisioni assunte dagli organi delle organizzazioni internazionali.

8. *Gli ordinamenti sovranazionali in ambito europeo*

Proprio nella direzione da ultimo indicata, di una maggiore efficacia e incisività dell'azione di organizzazioni internazionali sulla vita degli Stati e persino su quella degli individui che li compongono, l'esperienza europea rappresenta, al presente, la punta più avanzata nell'intero panorama mondiale. Ciò si deve, da un lato, al lungo processo di integrazione che, iniziato dopo il secondo conflitto mondiale con l'istituzione di tre organizzazioni internazionali separate, la Comunità europea del carbone e dell'acciaio (CECA) nel 1951, la Comunità economica europea (CEE) e la Comunità europea dell'energia atomica (CEEA o EURATOM) nel 1957, ha condotto all'Unione europea e a uno straordinario grado di integrazione tra un numero sempre maggiore di paesi, e, dall'altro, nell'ambito del Consiglio d'Europa, al progressivo affinamento degli strumenti di tutela e di garanzia per i diritti e le libertà dei singoli offerti dalla CEDU.

Mentre le varie ricadute, al presente, di questi fenomeni sull'ordinamento statale saranno oggetto di esame in altre parti del Manuale, in questa sede introduttiva si forniranno rapidi cenni di inquadramento, cui più avanti seguirà, per il versante comunitario, un esame delle tappe del relativo cammino e dell'assetto attualmente raggiunto (*infra*, sez. V).

8.1. *L'ordinamento comunitario e la nascita dell'Unione europea*

Partendo dall'ordinamento comunitario, occorre qui essenzialmente soffermarsi sulla qualifica di sovranazionale per esso adottata.

I caratteri iniziali dell'ordinamento comunitario

In effetti, all'origine e per lungo tempo, le tre comunità ricordate si sono caratterizzate come (normali) organizzazioni internazionali, con le caratteristiche proprie della gran parte, se non proprio della totalità, di questi soggetti del diritto internazionale. Se ne sono da subito segnalate, è bensì vero, alcune differenze (ampi poteri di decisione e competenza estesa alla disciplina di molti rapporti interni ai singoli Stati membri), ma ancora alla fine degli anni Ottanta (e pur dopo l'*Atto unico europeo* nel 1986) la dottrina tendeva a collocarle in un ordine "quantitativo" più che "qualitativo", confermandone pertanto la natura di organizzazioni internazionali traenti i loro poteri dal diritto internazionale e specificamente dagli accordi istitutivi di esse (Conforti).

L'affermarsi del principio degli effetti diretti

D'altro canto, fin dalle prime fasi di vita delle Comunità non si è mancato di sottolineare le peculiarità dell'ordinamento giuridico che esse andavano delineando, di genere nuovo e diverso rispetto a quelli fino ad allora conosciuti e consolidati nel campo del diritto internazionale. Un ordinamento a favore del quale gli Stati membri rinunciavano a parte della loro sovranità, e capace di integrarsi con quelli nazionali. Tale integrazione trovava espressione, in particolare, nel principio degli effetti diretti delle regole giuridiche contenute in alcuni degli atti normativi prodotti dagli organi comunitari, regole dunque immediatamente applicabili ed efficaci negli ordinamenti dei vari Stati membri, senza bisogno di uno specifico consenso o di particolari attività, e in grado, addirittura, di spiegare effetto anche nei confronti degli individui e degli altri soggetti operanti all'interno dei singoli ordinamenti statali aderenti.

La progressiva integrazione tra gli ordinamenti

Il consolidamento del principio degli effetti diretti, l'affermazione del primato del diritto comunitario sugli atti interni contrastanti con esso, la costruzione dell'*Unione europea* sui c.d. tre pilastri (il primo, quello delle originarie Comunità, il secondo, della politica estera e della sicurezza comune, il terzo, della giustizia e affari interni), la sottoscrizione di un *Trattato che istituisce una costituzione per l'Europa*, pur se poi non ratificato (*infra*, sez. V), il progressivo rafforzamento dell'integrazione fra l'ordinamento eurounitario e gli ordinamenti statali degli Stati membri, sono tutti elementi che hanno indotto a considerare con particolare attenzione la assoluta specificità di questo ordinamento. Se è vero che il percorso non ha ancora condotto al riconoscimento della natura sovrana di esso e a una vera e propria carta costituzionale, e che la recente decisione del Regno Unito di uscire dall'Unione europea ha prodotto una rilevante frenata del processo, sarebbe tuttavia fuorviante trascurare di sottolinearne le specificità presenti e le potenzialità di sviluppo futuro.

8.2. *L'ordinamento convenzionale derivante dalla CEDU*

Le differenze tra ordinamento eurounitario e convenzionale

Le considerazioni svolte con riguardo al versante eurounitario non sono tali, va sottolineato subito, da potersi estendere al Consiglio d'Europa e alla CEDU. La stessa collocazione di quest'ultimo fenomeno all'interno della dimensione "sovranazionale" può rappresentare, per certi versi, una forzatura, anche se qui giustificata da ragioni di opportunità didattica.

Con le parole utilizzate dalla nostra Corte costituzionale in occasione di due pronunce ravvicinate (c.d. "gemelle", nn. 348 e 349/2007), «con l'adesione ai Trattati comunitari, l'Italia è entrata a far parte di un "ordinamento" più ampio, di natura sopranazionale, cedendo parte della sua sovranità, anche in riferimento al potere legislativo, nelle materie oggetto dei Trattati medesimi, con il solo limite dell'intangibilità dei principi e dei diritti fondamentali garantiti dalla Costituzione», mentre la Convenzione EDU «non crea un ordinamento giuridico sopranazionale e non produce quindi norme direttamente applicabili negli Stati contraenti», essendo configurabile come un trattato internazionale multilaterale «da cui derivano "obblighi" per gli Stati contraenti, ma non l'incorporazione dell'ordinamento giuridico italiano in un sistema più vasto, dai cui organi deliberativi possano promanare norme vincolanti, *omisso medio*, per tutte le autorità interne degli Stati membri».

Ciò comporta una serie di rilevantissime conseguenze sul piano della giustizia costituzionale e sul ruolo dei giudici comuni, ma sono significative le "ammissioni" di specialità contenute nelle pronunce e reputate dalla Corte proprie della CEDU. A partire da quella per cui essa «presenta, rispetto agli altri trattati internazionali, la caratteristica peculiare di aver previsto la competenza di un organo giurisdizionale, la Corte europea per i diritti dell'uomo, cui è affidata la funzione di interpretare le norme della Convenzione stessa ... e dei suoi protocolli». Con la conseguenza che «tra gli obblighi internazionali assunti dall'Italia con la sottoscrizione e la ratifica della CEDU vi è quello di adeguare la propria legislazione alle norme di tale trattato, nel significato attribuito dalla Corte specificamente istituita per dare ad esse interpretazione ed applicazione», pur non potendosi parlare di una competenza giurisdizionale che si sovrappone a quella degli organi giudiziari dello Stato italiano.

Le norme della CEDU come "norme interposte"

E se ai fini della giustizia costituzionale la Corte conclude nel senso che le norme della CEDU operano, alla luce del nuovo art. 117 Cost., alla stregua di "norme interposte", dovendosene saggiare la compatibilità con l'intero testo della Costituzione, in maniera dunque ben diversa da quanto ritenuto per le norme eurounitarie, non si può non registrare la distanza che sussiste tra il fenomeno convenzionale come si presenta oggi e come esso si presentava alle origini.

La distanza comunque percorsa rispetto al fenomeno delle origini

Si deve ricordare, infatti, che per lungo tempo la Convenzione ha previsto un'istanza di garanzia sovranazionale dei diritti dell'uomo congegnata in modo particolare, vale a dire mediante la possibilità di promuovere un ricorso sia da parte di uno Stato membro contro ogni altro Stato membro, sia da parte anche del singolo individuo o di un gruppo di individui contro uno Stato membro, allo scopo di veder cessare la violazione della Convenzione e di avere in qualche modo riparati gli eventuali danni subiti ("equa soddisfazione"). In tale sistema, peraltro, il ricorso doveva superare un primo filtro affidato a un diverso organo, la Commissione, e solo in via eventuale poteva arrivare all'esame della Corte, essendo pure sancita, in alternativa, una competenza (in qualche modo giurisdizionale) del Comitato dei ministri, organo di natura politica. A ciò si aggiungeva un dato preliminare potenzialmente ostativo, e cioè che, qualora si trattasse del ricorso del singolo individuo, esso era esperibile solo subordinatamente all'accettazione da parte dello Stato di una specifica clausola in tal senso. Infine occorreva, quale condizione di ammissibilità, il previo esaurimento delle vie di ricorso interno, fra cui quello all'organo di giustizia costituzionale, ove proponibile.

Il tutto, poi, all'interno di un testo convenzionale che ha una struttura piuttosto semplice: un primo articolo che obbliga gli Stati contraenti a riconoscere a ogni persona sottoposta alla loro giurisdizione i diritti e le libertà enunciati nella Convenzione, un Titolo primo che elenca una serie di diritti e libertà, un Titolo secondo dedicato alla Corte europea dei diritti dell'uomo, un Titolo terzo di disposizioni varie, nonché una serie di protocolli addizionali, alcuni dei quali a integrazione di quella tavola di valori.

Il rilievo del Protocollo n. 11

Un mutamento significativo in questo assetto si è avuto nella seconda metà degli anni Novanta con l'entrata in vigore del Protocollo n. 11, istitutivo di una Corte unica permanente al posto delle istituzioni precedenti, direttamente accessibile da parte dei singoli cittadini, e con una competenza obbligatoria per tutti gli Stati contraenti, con la conseguenza di aver reso particolarmente penetrante e diffuso il grado di tutela oggi offerto dalla Convenzione e dalla Corte EDU.

Se a ciò si aggiunge l'intreccio e la parziale sovrapposizione dei cataloghi dei diritti e delle tutele offerte tanto in ambito convenzionale quanto in ambito eurounitario, in particolare dai rispettivi organi giurisdizionali, è facile cogliere la circostanza della sempre maggiore incidenza che il "combinato disposto" dell'integrazione degli ordinamenti nazionali con quello eurounitario e con il fenomeno convenzionale finisce per assumere. Con conseguenze assai significative sui caratteri degli Stati che vi partecipano e in particolare, per quanto qui rileva, dello Stato italiano nella presente fase della sua evoluzione storica.

9. *Gli ordinamenti infrastatuali*

Un'ultima riflessione si impone, in questa sezione preliminare, relativamente agli ordinamenti giuridici. Si è già avuto modo di accennare al principio della pluralità di essi, e alla straordinaria importanza che ha finito per assumere lo Stato, sia nella sua individualità, sia nel concorso alla formazione dell'ordinamento della comunità internazionale e a quelli di natura sovranazionale.

Ciò non deve, tuttavia, condurre a trascurare il rilievo che possono assumere, e in molti casi hanno assunto, ordinamenti giuridici che è dato ritrovare sotto e all'interno dello Stato, e con esso cooperanti nello svolgimento di molte funzioni pubbliche.

Gli ordinamenti territoriali all'interno dello Stato

Rimanendo nell'ambito pubblicistico, grande importanza assume allora lo studio degli ordinamenti infrastatuali territoriali (indipendentemente da come denominati), che nella maggior parte dei casi hanno finito per strutturarsi secondo il modello organizzativo e istituzionale dell'ordinamento statuale. Si tratta di enti di governo della rispettiva porzione di territorio, con un proprio elemento personale, dotati di funzioni talora di grande rilievo, esercitabili in autonomia rispetto allo Stato cui partecipano.

L'assenza della sovranità

L'elemento che tuttavia difetta ai fini di una possibile equiparazione rispetto agli ordinamenti statuali è quello della sovranità, con i significati che, come vedremo (*infra*, sez. II, par. 1), essa porta con sé, in primo luogo quello della originarietà dell'ordinamento giuridico.

Per utilizzare le parole della nostra Corte costituzionale (in un caso relativo agli enti regionali, sent. n. 301/2007), «le attribuzioni dei Consigli regionali si inquadrano ... nell'esplicazione di autonomie costituzionalmente garantite, ma non si esprimono a livello di sovranità». La Corte, tuttavia, non ha mancato di osservare che la sovranità popolare di cui all'art. 1 Cost. non si risolve nello Stato e nei suoi organi più direttamente e immediatamente rappresentativi, a partire dal Parlamento, con la conseguenza che anche le autonomie concorrono a plasmarne l'essenza. Ed è noto, del resto, come lo sviluppo delle comunità e dei governi locali, con il rafforzato riconoscimento di sfere di autonomia, abbia inciso in misura sempre maggiore sugli stessi caratteri della forma di Stato complessivamente intesa.

È ancora la Corte costituzionale, in altro caso di poco successivo (sent. n. 365/2007), che ha bocciato la pretesa di una regione, pur speciale, di far uso nel proprio Statuto del termine "sovranità", osservando come quelle disposizioni comportassero la «pretesa attribuzione alla regione di un ordinamento profondamente differenziato da quello attuale e, invece, caratterizzato da istituti adeguati ad accentuati modelli di tipo federalistico, normalmente frutto di processi storici nei quali le entità territoriali componenti lo Stato federale mantengono forme ed istituti che risentono della loro preesistente condizione di sovranità». E ha concluso che «pretendere ora di utilizzare in una medesima espressione legislativa, quale principale direttiva dei lavori di redazione di un nuovo statuto speciale, sia il concetto di autonomia sia quello di sovranità equivale a giustapporre due concezioni tra loro radicalmente differenziate sul piano storico e logico (tanto che potrebbe parlarsi di un vero e proprio ossimoro piuttosto che di una endiadi), di cui la seconda certamente estranea alla configurazione di fondo del regionalismo quale delineato dalla Costituzione e dagli statuti speciali».

Sezione II

Gli elementi costitutivi dello Stato in generale e dello Stato italiano

1. *Il concetto di sovranità*

Si è osservato, in precedenza (*supra*, sez. I, par. 3), che lo Stato moderno è venuto enucleandosi da altri ordinamenti giuridici in virtù della sua tendenza ad affermarsi come una forma organizzativa del potere originaria (non derivata) e sovrana, in grado di legittimarsi in virtù della sua semplice esistenza come tale e della capacità effettiva di porre le regole giuridiche di governo del corpo sociale su un dato territorio. Si è soliti, pertanto, osservare, in sintesi, che i suoi elementi costitutivi e caratterizzanti sono fondamentalmente tre, la sovranità (o "governo" in senso lato), il territorio e il popolo.

Si tratta di elementi che saranno esaminati singolarmente, nella loro specificità, ma con la consapevolezza che è la compresenza di tutti, il loro relazionarsi e il condizionarsi vicendevolmente a "costituire" lo Stato. Proprio queste relazioni, del resto, sono all'origine delle classificazioni che vengono tradizionalmente utilizzate per distinguere le varie forme di Stato le une dalle altre (*infra*, sez. III).

La complessità del concetto di sovranità

Cominciando con il concetto di sovranità, va subito osservato che si tratta sicuramente del più complesso dei tre, per una serie di ragioni. Innanzitutto, perché è il carattere che più degli altri è valso a connotare la nascita dello Stato e a sancirne la progressiva affermazione nel corso della storia. Poi perché su di esso si è sedimentata una complessa opera di riflessione teorico-dottrinaria e filosofica, lunga secoli, non facilmente riassumibile. Infine perché esso si colora di significati differenti in relazione all'ambito di applicazione (per una riprova, si veda la sent. n. 365/2007 della nostra Corte costituzionale, dove si ribadisce la natura polisemantica del termine, che «assume significati profondamente diversi a seconda che esprima sinteticamente le caratteristiche proprie di un ordinamento statale indipendente rispetto agli altri soggetti dell'ordinamento internazionale, o che distingua la originaria natura di alcuni ordinamenti coinvolti nei processi di federalizzazione o nella formazione dei cosiddetti "Stati composti", o che indichi la posizione di vertice di un organo costituzionale all'interno di un ordinamento statale»).

Applicata alle caratteristiche fondative dello Stato moderno, si ritiene tradizionalmente che la sovranità si caratterizzi per una duplicità di risvolti, uno (prevalentemente) *esterno* e uno (prevalentemente) *interno*, sia pure intimamente connessi tra di loro.

Il profilo esterno

Il profilo esterno consisterebbe nella *originarietà* e nella *indipendenza* rispetto a ogni altra realtà e a qualunque altro ordinamento (già) presente nella comunità internazionale. Pur nascendo in un dato momento e in un dato contesto, lo Stato reclamerebbe, cioè, la capacità di porsi nella comunità internazionale in forza solo di sé stesso e della sua capacità di governo del territorio, rivendicando una posizione di eguaglianza nei confronti degli altri Stati e ordinamenti.

Il profilo interno

Il profilo interno indicherebbe la assoluta *preminenza* e dunque la *supremazia* rispetto a tutti gli altri ordinamenti e ai vari soggetti che lo compongono. Le regole poste dallo Stato e garantite dall'unico uso legittimo della forza che ad esso compete si imporrebbero, pertanto, a tutti i soggetti operanti nei confini del medesimo, mentre ogni altro ordinamento al suo interno – per definizione *derivato* e non originario – mai attingerebbe al livello della sovranità, potendo al più caratterizzarsi per il possesso di (pur ampie) sfere di autonomia.

Così sommariamente definita nei due versanti che la compongono, la sovranità troverebbe traduzione anche in altre caratteristiche solitamente ritenute proprie dello Stato e ad essa connesse, come ad esempio la sua *politicità* o il suo essere qualificato come *ordinamento a fini generali.* Queste espressioni stanno per lo più a indicare il fatto che lo Stato è l'unico ordinamento giuridico a fini non circoscritti, particolari o limitati, ma, appunto, generali e che lo stesso, mediante i suoi organi, è il solo in grado di decidere di cosa occuparsi, quando e in che modo farlo, nulla essendogli astrattamente precluso e tutto potendo esso disciplinare, con proprie regole, entro l'ambito spaziale (il territorio) e soggettivo (il popolo) che lo caratterizza.

2. *Il concetto di territorio*

Come quello di sovranità, anche il concetto di territorio ha dato vita, nel tempo, a differenti e complesse ricostruzioni, molte delle quali, peraltro, appaiono oggi largamente superate (tra esse, ad esempio, quella secondo cui il territorio starebbe allo Stato come il corpo alla persona fisica, e quella che assumeva lo Stato titolare di un diritto reale esclusivo sul proprio territorio).

Il territorio come proiezione spaziale della sovranità dello Stato

Nell'ottica oggi generalmente condivisa, si può dire che il territorio rappresenti la proiezione spaziale della sovranità dello Stato, lo spazio fisico sul quale insiste l'elemento soggettivo (il popolo) e nel quale trovano applicazione le regole giuridiche legittimamente poste dallo Stato nell'esercizio della sua sovranità. Il determinarsi di un legame così stretto tra lo Stato e il suo territorio non comporta, peraltro, che legami in qualche misura assimilabili non possano determinarsi, con riferimento a quel medesimo territorio o a parti di esso, anche con riguardo ad altri ordinamenti, operanti a livello sovranazionale o infrastatuale. Così come la sussistenza di quel legame non impedisce la nascita di rapporti di tipo privatistico sul territorio statale e il conseguente sorgere di diritti, c.d. reali, a favore dei vari soggetti (compreso lo Stato e gli altri enti, anche territoriali, in qualità di persone giuridiche e attraverso i rispettivi organi).

L'estensione del territorio

Solo apparentemente semplice è il problema, poi, della identificazione dell'estensione del territorio, e dunque dell'individuazione dei confini di ciascuno Stato, cui presiedono, in realtà, un complesso di regole, molte delle quali di produzione internazionale e di origine sia consuetudinaria sia pattizia. In generale, possiamo dire che il territorio di uno Stato è la risultante spaziale di quattro fattori: i confini terrestri, quelli marittimi e, conseguentemente, il relativo spazio aereo e il relativo sottosuolo.

I confini terrestri

I confini terrestri sono costituiti dalla porzione della superficie terrestre, e dunque delle terre emerse, risultante, per ciascuno Stato, dai fattori fisici (orografici, fluviali, lacustri, ecc.) e dalle vicende storiche, politiche e spesso belliche, che hanno prodotto una particolare delimitazione geografica, più o meno lineare o frastagliata.

I confini marittimi

I confini marittimi sono costituiti dal c.d. mare territoriale, vale a dire dalla fascia di mare che (eventualmente) cinge le terre emerse dello Stato. L'ampiezza di tale fascia può variare e non essere la medesima per ogni Stato o nel corso del tempo, anche se essa è ormai di norma fissata dal diritto internazionale in dodici miglia marine; regole particolari presiedono alla puntuale individuazione del mare territoriale allorché si sia in presenza di golfi, baie, insenature, sottili lingue di mare, ecc.

Il sottosuolo e lo spazio aereo

Una volta tracciato il contorno bidimensionale dello Stato quale risulta dai confini (terrestri e marittimi), esso va proiettato, per così dire, verso il basso e verso l'alto, nel sottosuolo e nello spazio aereo, individuando gli strati di sottosuolo e l'atmosfera sui quali pure si esprime la sua sovranità.

Il territorio c.d. mobile

A tutto ciò deve poi aggiungersi una ulteriore porzione di territorio, c.d. "mobile", costituito dalle navi e dagli aerei, civili e militari, dello Stato. Per i mezzi militari, tale *ultraterritorialità* è sempre valida, mentre per quelli civili lo è allorché si trovino in alto mare o nello spazio aereo internazionale, non, invece, se nello spazio marittimo o aereo straniero. Si avranno, specularmente, situazioni di *extraterritorialità* in riferimento alle navi e agli aeromobili militari stranieri nello spazio marittimo o aereo dello Stato che si prenda in considerazione.

Le sedi delle rappresentanze diplomatiche

Si parlava, in passato, di extraterritorialità anche per gli edifici ospitanti le rappresentanze diplomatiche dello Stato all'estero, ma oggi viene preferito il concetto di *immunità diplomatica* di tali sedi.

La piattaforma continentale e la zona economica esclusiva

Dai concetti enunciati vanno tenuti distinti quelli che si riferiscono a spazi e suoli che, invece, non concorrono a identificare il territorio dello Stato, pur trattandosi, talora, di nozioni di grande importanza da un punto di vista internazionalistico e pubblicistico. Si tratta, in particolare, delle nozioni di *piattaforma continentale* e di *zona economica esclusiva*, sorte a livello internazionale per identificare porzioni (oltre il mare territoriale) fino a una determinata profondità o fino al punto in cui ne sia possibile lo sfruttamento delle risorse – in particolare per la ricerca e la coltivazione degli idrocarburi, oltre che per la pesca – da parte degli Stati.

Lo spazio cosmico

Di minor impatto e rilevanza, anche se probabilmente solo per il momento (e già ora non è così per tutti gli ordinamenti), è la questione dello spazio oltre l'atmosfera terrestre, e dunque oltre lo spazio aereo degli Stati, c.d. *cosmico* o *extraatmosferico*, utilizzabile per l'invio di sonde e satelliti artificiali e, più in generale, per le ricerche spaziali.

3. *Il concetto di popolo*

Il popolo rappresenta il terzo elemento costitutivo dello Stato, quello soggettivo. Esso è costituito dall'insieme, che può naturalmente essere più o meno ampio, delle persone fisiche che godono di una intima relazione con quel determinato ordinamento statuale, al punto da poter essere considerati un fattore imprescindibile per lo stesso riconoscimento dello Stato come tale.

La cittadinanza

Questa peculiare condizione, che per ciascun ordinamento statale hanno solo determinati soggetti, viene a identificarsi con il concetto giuridico-positivo di *cittadinanza* e con lo *status* giuridico che a essa si associa, di cui sono parte integrante una serie di diritti e di doveri.

Appartenere al popolo di uno Stato significa, dunque, esserne cittadini e la qualifica di cittadino è il frutto delle regole giuridiche che ciascuno Stato si dà al riguardo. Queste regole riconnettono la cittadinanza a determinati fatti e atti giuridici, singolarmente considerati o in combinazione tra loro (la nascita, l'adozione, la possibilità o meno di risalire ai genitori di un minore rinvenuto nel territorio dello Stato, la residenza, il trascorrere di un tempo più o meno lungo, gli eventuali rapporti di parentela con chi è o fu a sua volta cittadino, il matrimonio, l'assunzione di impieghi o cariche da parte dello Stato, ecc.), così come a quelli o ad altri fatti le regole dello Stato riconnettono la possibilità della perdita della cittadinanza, del riacquisto di essa, ecc.

Ciò che si verifica normalmente è che una persona fisica (oggi diremmo "ogni" persona fisica, ma è noto come, soprattutto nel passato, non a tutte le persone fisiche venisse riconosciuta la qualifica stessa di soggetto di diritto) possegga lo *status* di cittadino di *uno* Stato, ma proprio il fatto che ogni ordinamento è libero di stabilire le sue proprie regole sulla cittadinanza può produrre conseguenze diverse, dal possesso di più cittadinanze in capo a un solo soggetto, all'assenza di qualunque cittadinanza per un soggetto (quest'ultima, com'è noto, è la condizione, tendenzialmente assai sfavorevole, del c.d. "apolide", vale a dire colui che nessuno Stato, sulla base del proprio ordinamento, considera come suo cittadino).

Lo ius sanguinis *e lo* ius soli

Se è vero che ogni ordinamento ha le proprie regole in materia, è però anche vero che i fatti e gli atti giuridici presi in considerazione come rilevanti sono spesso simili e non di rado addirittura i medesimi nelle varie legislazioni, e tra essi assume un ruolo preminente, pressoché ovunque, il fattore della nascita della persona fisica. In relazione a essa, in particolare, i due criteri che solitamente vengono utilizzati vanno sotto i nomi di *ius sanguinis* e *ius soli* (o *ius loci*), a indicare rispettivamente la trasmissione dello *status* di cittadino da genitore o genitori già cittadini ("diritto del sangue") ovvero il rilievo decisivo attribuito al suolo e dunque alla nascita sul territorio dello Stato, indipendentemente dal rapporto di parentela ("diritto del territorio").

Il non cittadino

I vari fattori che consentono di individuare quali persone fisiche posseggano, per ogni ordinamento giuridico, la qualità di *cittadino*, sono i medesimi che permettono, all'inverso, di sapere chi non rientri in tale categoria, risultando pertanto *straniero* (letteralmente, estraneo). Di norma, peraltro, ogni Stato non manca di riconoscere anche gli stranieri come soggetti di diritto, prevedendo in capo a loro la titolarità di talune situazioni giuridiche soggettive, in qualche caso, anzi, specifiche, proprio perché loro dedicate. Sul punto, in realtà, molte prescrizioni gravano sugli Stati in forza dei sempre più numerosi principi del diritto internazionale, sia generale sia pattizio.

3.1. *Alcune puntualizzazioni rispetto a termini prossimi a quello di popolo: popolazione, nazione, etnia, razza, patria*

La giuridicità del concetto di popolo

L'appartenenza all'elemento soggettivo dello Stato in forza del possesso della cittadinanza mette in luce la giuridicità del concetto di popolo, il quale non è pertanto sostituibile, a rigore, con altri che non ne condividano la medesima natura e la conseguente capacità qualificatoria. Tuttavia, non solo nel linguaggio comune, ma anche in quello tecnico del diritto, non è infrequente veder utilizzate altre espressioni, indubbiamente dotate di un qualche grado di analogia o similitudine, talvolta addirittura come sinonimi. La circostanza che questi utilizzi possano occorrere, anche all'interno di testi normativi, impone di fornire qualche rapida spiegazione in ordine al significato proprio di ciascun termine.

Popolo e popolazione

In primo luogo, è opportuno segnalare la differenza tra popolo e *popolazione*, che ha la medesima radice ma una connotazione prevalentemente di tipo statistico. La popolazione è l'insieme degli individui che in un dato momento si rinvengono in un determinato luogo, e fornisce pertanto una sorta di fotografia delle persone che abitano un certo territorio (si pensi, non a caso, alle periodiche operazioni di censimento della popolazione e dunque di rilevazione simultanea dei soggetti ivi operanti).

Per definizione, possono esservi, e normalmente vi sono, discrasie tra il concetto di popolazione e quello di popolo, sia in eccesso sia in difetto, dovute ai più vari fattori (cittadini all'estero per turismo o per lavoro, o che abbiano deciso di trasferirvi la residenza, stranieri sul territorio dello Stato per le medesime ragioni, ecc.).

Popolo e nazione

In secondo luogo, occorre considerare l'uso del termine *nazione*, che ha la sua origine etimologica nell'idea di nascita. Esso sta a indicare il complesso degli individui che l'origine lega a una comunità omogenea per lingua, storia, civiltà, interessi, religione, aspirazioni, ecc., in quanto abbiano coscienza di questo patrimonio comune che li differenzia dagli altri. Si tratta, dunque, di un vocabolo che ha una valenza più di tipo etico e spesso, nella storia, anche ideologico. Grande risalto fu dato a esso nella Francia rivoluzionaria (e in quell'ordinamento ha mantenuto una robusta caratterizzazione nel corso del tempo), anche in virtù della teoria della "sovranità nazionale", che attribuiva la pienezza dei poteri a un'entità in parte morale e astratta, anziché al popolo o al sovrano. Ma si tratta, più in generale, di un'idea ricorrente nella storia dell'umanità, e basterebbe pensare a questo riguardo alla spinta impressa, in una certa fase, allo Stato nazionale e, in versione estrema, ai vari nazionalismi, di cui anche oggi non mancano esempi.

In ipotesi limite, allorché tutti i cittadini condividano un medesimo patrimonio linguistico, culturale, ideale, storico, ecc., si potrà avere una identificazione dei due concetti di popolo e nazione. Ma a parte la scarsa probabilità che questo si determini, resta, di fondo, la non giuridicità del concetto di nazione, che porta non a caso a includervi, assai di frequente, soggetti non appartenenti al popolo (vivente), come ad esempio i fondatori e i padri dell'ordinamento e quanti, ancorché non più viventi, ne hanno rafforzato o esaltato lo spirito, con le opere o il pensiero.

Popolo ed etnia

Più di una vicinanza con il concetto di nazione è rinvenibile nel termine *etnia*, in quanto anch'esso descrive un raggruppamento umano basato su una comunanza di caratteri fisici, somatici, linguistici, culturali, geografici, folcloristici, ecc. Da osservare, semmai, la frequente utilizzazione in chiave politico-ideologica del termine, e la sua accezione prevalentemente negativa, anche in forza di recenti, drammatici episodi (si pensi ai vari casi di "pulizia etnica", caratterizzati dalla messa in opera di programmi, spesso sistematici, di eliminazione di minoranze, per l'appunto, etniche, mediante violenze, torture, deportazioni, genocidi, ecc.).

Popolo e razza

Osservazioni non molto dissimili possono valere anche per il concetto di *razza*, identificante una (presunta) partizione della specie umana operata in base a caratteri prettamente morfologici (tipicamente, il colore della pelle, la forma e il colore degli occhi, la struttura cranica, la statura media degli individui, ecc.). Sulla vergognosa approvazione, da parte di alcuni Stati (compreso il nostro), anche in epoche non così lontane, di leggi razziali, si avrà modo di tornare più avanti (*infra*, sez. IV).

Popolo e patria

Infine, occorre ricordare come al concetto di popolo sia spesso avvicinato quello di *patria*, etimologicamente "terra dei padri", e dunque paese d'origine di una collettività di individui che a essa si sentono legati per un complesso di fattori, di ordine affettivo, culturale, storico, ecc. L'utilizzo del termine, spesso come sinonimo di Stato stesso, si accompagna non di rado a una valenza ideale e simbolica, sottolineando il senso di una comune appartenenza nella quale riconoscersi e per la quale impegnarsi, animati da spirito civico.

4. *La rilevanza, al presente, degli elementi costitutivi dello Stato*

Dopo aver descritto, in sintesi, gli elementi costitutivi dello Stato in generale e prima di vederli applicati, nello specifico, a quello italiano, sembra opportuno dedicare qualche breve considerazione, in chiave più concreta, al modo in cui essi oggi si presentano, a distanza di alcuni secoli dai momenti formativi dello Stato moderno. Fermo, dunque, il rilievo sul piano teorico, si tratta di accennare ad alcune tendenze che hanno finito per produrre, secondo molti, un affievolimento dell'assolutezza di quei caratteri (originariamente) costitutivi dello Stato.

La rilevanza, al presente, della sovranità

Ciò sembra valere, in primo luogo, per la sovranità, in qualche misura depotenziata dallo sviluppo delle relazioni internazionali e delle inevitabili correlazioni che esse determinano, con conseguenze rilevanti sul piano dei margini di scelta che, in molti campi, residuano agli Stati. Ma anche dal sorgere, come ricordato, di veri e propri ordinamenti sovranazionali, in grado di integrarsi con gli ordinamenti degli Stati che vi concorrono. Nonché dalla esplicita previsione, ormai presente in molti testi costituzionali, di formule contenenti autolimitazioni da parte dello Stato e l'accettazione della cessione (o della disponibilità alla cessione) di sfere, talora anche ampie, di sovranità.

È pur vero che rimane lo Stato il titolare del potere ultimo di decidere se aderire, e in che limiti, alla comunità internazionale e ai condizionamenti che essa può determinare, così come si riconosce che anche le stesse organizzazioni sovranazionali oggi conosciute non possono, comunque, sostituirsi integralmente agli Stati, e che le formule costituzionali menzionate sono frutto di scelte autolimitative (e dunque sempre reversibili), ma l'assolutezza originaria del concetto di sovranità si affievolisce. Quanto meno, essa deve venire allora intesa in modi diversi rispetto al passato, e ciò è di per sé rilevante, stante che proprio quella assolutezza pareva inscindibilmente connessa con l'idea stessa della sovranità.

La rilevanza, al presente, del territorio

Quanto osservato per la sovranità vale, entro certi limiti, anche per il territorio, il cui rilievo come momento costitutivo e identificativo dello Stato è fortemente indebolito da una molteplicità di fenomeni, in sintesi riassumibili sotto il termine di *globalizzazione*. La creazione di mercati globali e la nascita di soggetti multinazionali e transnazionali hanno ridimensionato l'importanza dello spazio fisico del singolo Stato cui magari si riconnette la loro nazionalità o in cui origina la loro operatività. Così come la progressiva smaterializzazione delle tradizionali ricchezze e l'allontanamento della finanza dalla realtà economica (con connessa finanziarizzazione dell'economia) sono verosimilmente alla base delle gravi vicende registratesi nel presente periodo storico, allorché fenomeni locali hanno prodotto conseguenze planetarie, con il rischio di crisi di interi Stati (formalmente) sovrani, a seguito del collasso di istituzioni finanziarie, anche private. Con l'ulteriore conseguenza che il soccorso e l'aiuto prestato agli Stati in difficoltà da parte di altri Stati o di organismi internazionali hanno accentuato l'indebolimento della sovranità dei medesimi (ormai, per taluni, quasi più apparente che reale).

La rilevanza, al presente, del popolo

Passando all'ultimo degli elementi costitutivi dello Stato, il popolo, se ne registra, in termini generali, una minore rilevanza quale conseguenza di distinte linee di tendenza. Da un lato, viene rafforzandosi la progressiva internazionalizzazione dei diritti dell'uomo (di ogni uomo) e degli strumenti di tutela di essi, e basterebbe pensare all'azione dell'ONU e alle varie dichiarazioni internazionali sui diritti, a partire da quella universale sui diritti dell'uomo adottata nel 1948 (il cui art. 2 afferma che «Ad ogni individuo spettano tutti i diritti e tutte le libertà enunciate nella presente Dichiarazione, senza distinzione alcuna, per ragioni di razza, di colore, di sesso, di lingua, di religione, di opinione politica o di altro genere, di origine nazionale o sociale, di ricchezza, di nascita o di altra condizione. Nessuna distinzione sarà inoltre stabilita sulla base dello statuto politico, giuridico o internazionale del paese o del territorio cui una persona appartiene, sia indipendente, o sottoposto ad amministrazione fiduciaria o non autonomo, o soggetto a qualsiasi limitazione di sovranità»). Si aggiunga, con specifico riferimento al piano europeo, la sempre maggior pregnanza delle garanzie offerte a tutti i cittadini degli Stati membri dalla CEDU e dalla relativa Corte.

Sul versante dei singoli ordinamenti statali, poi, è nota la tendenza all'espansione del riconoscimento dei diritti garantiti dai testi costituzionali spesso anche ben oltre la lettera dei medesimi. Si pensi, per rimanere a noi, alla valorizzazione dei diritti inviolabili dell'uomo (art. 2 Cost.) operata, in particolare, attraverso la giurisprudenza della Corte costituzionale, che ha finito per ridurre in maniera significativa il divario tra i cataloghi delle situazioni giuridiche riconosciute al cittadino e allo straniero. Di conseguenza, il possesso della cittadinanza si riduce a spiegare i propri effetti entro un recinto sempre più ristretto, in cui si collocano tendenzialmente ormai pressoché solo i diritti c.d. politici, e in prospettiva probabilmente nemmeno il complesso, ma soltanto una parte, di essi.

Osservando gli sviluppi dell'ordinamento eurounitario, poi, ci si imbatterà in un concetto del tutto nuovo rispetto al passato, quello di cittadinanza dell'Unione. Secondo l'art. 20 della versione consolidata del Trattato sul funzionamento dell'Unione europea, «È istituita una cittadinanza dell'Unione. È cittadino dell'Unione chiunque abbia la cittadinanza di uno Stato membro. La cittadinanza dell'Unione si aggiunge alla cittadinanza nazionale e non la sostituisce, comportando il godimento dei diritti e l'assoggettamento ai doveri previsti nei trattati».

La cittadinanza dell'Unione europea

5. *Lo Stato italiano e i suoi elementi costitutivi*

A partire dai dati offerti dalla Carta costituzionale, si accennerà di seguito, in sintesi, al modo in cui si configurano, per lo Stato italiano, i suoi elementi costitutivi. I richiami a una serie di principi e disposizioni costituzionali non sono certo volti a esaurirne la spiegazione e il significato, per i quali anzi si rinvia, fin d'ora, ai capitoli successivi. Lo scopo è piuttosto quello di iniziare a tracciarne il senso, nella cornice concettuale generale, evidenziando in quali occasioni e con quali intendimenti il testo costituzionale vigente faccia ricorso a espressioni come sovranità, territorio, popolo o ad altre, connesse, talora utilizzate come sinonimi (popolazione, nazione, patria, cittadinanza, abitanti, ecc.).

5.1. *La sovranità*

Con riguardo alla sovranità, a rilevare sono in particolare tre disposizioni (gli artt. 1, 7, 11), tutte collocate, non casualmente, all'interno dei primi dodici articoli, contenenti i "principi fondamentali".

Gli artt. 7 e 11 Cost.

Per il profilo esterno, vengono in riferimento gli artt. 7 e soprattutto 11, attinenti ai rapporti con la Chiesa cattolica, il primo, e alla dimensione propriamente internazionale delle relazioni con gli altri Stati, il secondo. Quest'ultimo, com'è noto, pensato per consentire l'adesione dell'Italia alle organizzazioni internazionali allora in formazione (e in primo luogo all'ONU), ha in realtà fornito copertura costituzionale anche e soprattutto all'adesione e al successivo rafforzamento del processo di integrazione europea. Con l'ulteriore conseguenza, come non ha mancato di notare la Corte costituzionale (sent. n. 106/2002), che «il nuovo orizzonte dell'Europa e il processo di integrazione sovranazionale nel quale l'Italia è impegnata [hanno] agito in profondità sul principio di sovranità, nuovamente orientandolo ed immettendovi virtualità interpretative non tutte interamente predicibili».

L'art. 1 Cost.

In relazione al profilo interno della sovranità, si staglia, invece, nella sua straordinaria portata di principio e di guida all'interpretazione dell'intero dettato costituzionale, l'art. 1, 2° comma, Cost., a tenore del quale «la sovranità appartiene al popolo, che la esercita nelle forme e nei limiti della Costituzione». Ancora con le parole della Corte (nella pronuncia da ultimo ricordata), esso, «nello stabilire, con formulazione netta e definitiva, che la sovranità "appartiene" al popolo, impedisce di ritenere che vi siano luoghi o sedi dell'organizzazione costituzionale nella quale essa si possa insediare esaurendovisi. Le forme e i modi nei quali la sovranità del popolo può svolgersi, infatti, non si risolvono nella rappresentanza, ma permeano l'intera intelaiatura costituzionale (...)».

Può altresì essere segnalata un'altra pronuncia del nostro giudice costituzionale (sent. n. 250/2010), che concorre a fare luce sul concetto di sovranità, riconnettendolo sia alla gestione dei flussi migratori (e dunque agli stranieri e, in definitiva, al concetto di popolo) sia al controllo del territorio. Osserva, in particolare, la Corte che «È incontestabile, in effetti, che il potere di disciplinare l'immigrazione rappresenti un profilo essenziale della sovranità dello Stato, in quanto espressione del controllo del territorio. Come questa Corte ha avuto modo di rimarcare, "lo Stato non può [...] abdicare al compito, ineludibile, di presidiare le proprie frontiere: le regole stabilite in funzione d'un ordinato flusso migratorio e di un'adeguata accoglienza vanno dunque rispettate, e non eluse [...], essendo poste a difesa della collettività nazionale e, insieme, a tutela di coloro che le hanno osservate e che potrebbero ricevere danno dalla tolleranza di situazioni illegali" (sent. n. 353/1997). La regolamentazione dell'ingresso e del soggiorno degli stranieri nel territorio dello Stato è, difatti, "collegata alla ponderazione di svariati interessi pubblici, quali, ad esempio, la sicurezza e la sanità pubblica, l'ordine pubblico, i vincoli di carattere internazionale e la politica nazionale in materia di immigrazione" (sentt. n. 148/2008, n. 206/2006 e n. 62/1994): vincoli e politica che, a loro volta, rappresentano il frutto di valutazioni afferenti alla "sostenibilità" socio-economica del fenomeno».

Sempre a proposito del concetto di sovranità e della elaborazione su di esso operata dalla nostra Corte costituzionale, va qui ribadita la giurisprudenza, già in precedenza ricordata (*supra*, sez. I, par. 9), che ne esclude l'applicabilità al livello delle autonomie territoriali, comprese quelle regionali, con evidenti ricadute, come meglio si dirà (*infra*, sez. III), sulla stessa nozione di forma di Stato.

5.2. *Il territorio*

Passiamo all'analisi dell'elemento territoriale, senza tuttavia prendere in considerazione, in questa sede, i casi in cui nel testo costituzionale ricorrono espressioni che hanno la capacità di evocare il territorio. Emblematico, ad esempio, l'uso, in certe disposizioni, del termine "Italia", a partire, con forte valenza simbolica, dallo stesso primo vocabolo in assoluto usato nella Carta costituzionale, all'art. 1. Così come l'uso del termine "Repubblica", spesso in funzione di sinonimo dell'intero ordinamento giuridico (oltre che del suo territorio).

Un concetto presupposto

Pur prescindendo, dunque, da queste ipotesi, sono numerose le occasioni in cui il termine "territorio" compare, senza tuttavia trovare mai una puntuale definizione. In qualche modo il concetto, frutto di travagliate vicende storiche e politiche, dei trattati che hanno posto fine ai vari conflitti, ecc. e precisato, semmai, in normative di rango inferiore (leggi di esecuzione dei trattati, codici, come ad esempio quello della navigazione, leggi speciali, ecc.), è dato per presupposto.

A livello costituzionale esso compare una prima volta nei "principi fondamentali", all'art. 10, riferito alle condizioni alle quali lo straniero abbia «diritto d'asilo nel territorio della Repubblica». Al *territorio della Repubblica* fa riferimento anche l'art. 16, 2° comma, mentre il 1° comma utilizza l'espressione, equivalente, di *territorio nazionale*. Al territorio *tout court* fa riferimento l'art. 80, individuando il particolare rilievo, tra gli altri, dei trattati internazionali che ne comportino variazioni, con conseguente necessità di autorizzazione alla ratifica da parte delle Camere con legge. Al *territorio nazionale* si riferisce, in due occasioni, la XIII disp. trans. e fin., sancendo il divieto di ingresso e di soggiorno da parte degli ex Re di Casa Savoia, delle loro consorti e dei loro discendenti maschi (2° comma), nonché l'avocazione allo Stato dei beni dei medesimi esistenti sul territorio nazionale (3° comma). Da ricordare, al riguardo, come la l. cost. n. 1/2002 abbia stabilito l'esaurimento degli effetti del 1° e del 2° comma della XIII disposizione a decorrere dalla data di entrata in vigore della modifica costituzionale (10 novembre 2002).

L'utilizzo del termine all'interno del Titolo V della Parte seconda Cost.

Diverse sono poi le ricorrenze del termine, com'è naturale aspettarsi, all'interno del Titolo V della Parte seconda, dedicato all'organizzazione, per l'appunto, territoriale dello Stato o, se si preferisce, della Repubblica, ai sensi del nuovo art. 114. In questa parte della Costituzione il termine è peraltro utilizzato per descrivere realtà differenti. In alcuni casi, il riferimento è al *territorio nazionale* (artt. 117, 2° comma, lettera *m*) e 120, 1° comma). Il vocabolo compare poi nell'espressione *governo del territorio* (art. 117, 3° comma). Ai territori di comuni, province, città metropolitane e regioni fanno riferimento gli artt. 119, 2° comma, e 120, 2° comma; alle variazioni territoriali degli enti si indirizzano gli artt. 132 e 133. Ai territori genericamente intesi come aree o porzioni ha, invece, riguardo, l'art. 119, 3° comma, prevedendo l'istituzione di un fondo perequativo, senza vincolo di destinazione, per i «territori con minore capacità fiscale per abitante».

L'art. 117, 2° comma, lettera *q)* utilizza, infine, l'espressione *confini nazionali* nell'attribuire allo Stato la legislazione esclusiva nella materia «dogane, protezione dei confini nazionali e profilassi internazionale».

5.3. *Il popolo*

Assai complessa è la ricognizione riguardante il terzo elemento costitutivo dello Stato italiano, vale a dire il popolo. In primo luogo perché, come già per il territorio, il concetto è presupposto dalla Carta costituzionale, anche se qui abbiamo uno specifico e organico atto normativo (la l. n. 91/1992 e successive modificazioni) espressamente destinato a precisare le modalità di acquisto, perdita e riacquisto della cittadinanza, e con essa della qualifica di "popolo". In secondo luogo perché, come subito diremo, la Costituzione fa largo uso non solo del termine popolo, ma anche di tanti altri termini di significato simile o analogo, talvolta con particolari sfumature, così da richiedere un'analisi particolarmente puntuale.

Il termine popolo, in quanto tale, oltre a comparire, come ricordato, nell'art. 1, in combinazione con la sovranità, si rinviene nell'art. 71 (titolarità al popolo del potere di iniziativa legislativa, in realtà affidata a una frazione del *corpo elettorale*, pari ad almeno cinquantamila elettori) e negli artt. 101 e 102, dove esprime, nel primo caso, con forte valenza anche simbolica, il soggetto in nome del quale è amministrata la giustizia, e, nel secondo, i modi della sua (talora) diretta partecipazione all'amministrazione della giustizia.

Il termine è presente, poi, ma al plurale, nell'art. 11, nel contesto della dimensione internazionalistica costituita dai rapporti tra gli ordinamenti statuali, nell'espressione secondo la quale «l'Italia ripudia la guerra come strumento di offesa alla libertà degli altri *popoli* e come mezzo di risoluzione delle controversie internazionali».

In alcuni casi è, poi, utilizzato l'aggettivo *popolare*, in corrispondenza con l'istituto referendario, tipico esempio, com'è noto, di democrazia diretta: si tratta degli artt. 75 (*referendum* abrogativo), 87 (potere di indizione del *referendum* da parte del Presidente della Repubblica), 123 (una prima volta nel 1° comma: su leggi e provvedimenti amministrativi della regione, allorché però il riferimento è al *referendum tout court*, senza aggettivazione; una seconda volta nel 3° comma: *referendum* sugli statuti regionali delle regioni ordinarie, dopo la riforma del 2001), 138 (*referendum* su leggi costituzionali e di revisione costituzionale).

Vi è ancora un caso, in realtà, in cui si utilizza l'aggettivo *popolare*, all'art. 47, ma riferito al risparmio popolare e in un significato, come si ricava agevolmente dal contesto normativo, completamente diverso da quello sinora esaminato, più prossimo a un altro dei significati etimologici del vocabolo, quale insieme dei cittadini che costituiscono le classi economicamente e socialmente meno elevate.

5.3.1. *Il riferimento a termini prossimi a quello di popolo*

Tenendo a mente quanto osservato in generale (*supra*, par. 3.1), si può ora passare a esaminare i casi in cui il testo costituzionale fa riferimento a termini e concetti in qualche misura collegati a quello di popolo.

Il termine popolazione

Iniziamo dal termine *popolazione*, con la sua valenza prettamente statistica. Lo si rinviene negli artt. 56 e 57, in correlazione, non a caso, con le operazioni di censimento, così come nella IV disp. trans. e fin., riferita al caso particolare del Molise in relazione alla prima elezione del Senato. A proposito, poi, delle variazioni territoriali, quali previste dagli artt. 132 e 133, ma anche dalla XI disp. trans. e fin., si fa, invece, riferimento alle *popolazioni interessate*, espressione che sarebbe poi stata meglio definita a livello normativo e dalla giurisprudenza costituzionale.

All'idea di popolazione si riconnette, come accennato sopra, quella di *abitanti*, di cui si ha traccia, infatti, sia nell'art. 56 sia nell'art. 132 (oltre che nell'art. 119, in collegamento, come ricordato, con una particolare specificazione dell'uso del termine territorio).

Il termine nazione

Molto ricorrenti, e con diverse sfumature di significato, sono il termine *nazione* e l'aggettivo *nazionale* da esso derivato, di cui vi è traccia in tutte e quattro le partizioni del nostro testo costituzionale (principi fondamentali, parte I, parte II, disposizioni transitorie e finali).

All'interno dei principi fondamentali il termine nazione compare esplicitamente nell'art. 9, in relazione, ben lo si comprende, alla tutela del paesaggio e del patrimonio storico e artistico, e nell'art. 11, in connessione con le limitazioni di sovranità consentite, in condizione di parità con gli altri Stati, allorché necessarie «ad un ordinamento che assicuri la pace e la giustizia fra le *Nazioni*».

Ma è chiaro come esso sia presupposto anche dall'art. 6, dove pure non se ne fa menzione, volto alla tutela con apposite norme delle *minoranze linguistiche*, riconoscendosi la presenza all'interno dell'ordinamento di minoranze alloglotte, proprio in quanto appartenenti a nazioni diverse rispetto a quella della comunità più numerosa.

Le minoranze linguistiche c.d. storiche

A tale riguardo, occorre osservare che per molto tempo, nel nostro ordinamento, la tutela è stata apprestata a favore soltanto di alcune minoranze linguistiche, con riferimento ai territori su cui insistono, prevalentemente di confine e in gran parte collocati all'interno delle regioni a statuto speciale. Soltanto in epoca recente si è pervenuti a una più organica attuazione in via legislativa del precetto costituzionale, mediante la l. n. 482/1999. Essa prevede, in attuazione dell'art. 6 Cost. e in armonia con i principi generali stabiliti dagli organismi europei e internazionali, che la Repubblica tuteli la lingua e la cultura «delle popolazioni albanesi, catalane, germaniche, greche, slovene e croate e di quelle parlanti il francese, il franco-provenzale, il friulano, il ladino, l'occitano e il sardo». Si tratta delle minoranze linguistiche c.d. storiche e per la delimitazione dell'ambito territoriale della relativa tutela si stabilisce la competenza dei consigli provinciali interessati, in esito a una particolare procedura, con il coinvolgimento dei comuni e delle popolazioni interessate.

Come si può notare, il legislatore ha evitato di percorrere la strada di individuare, in astratto, i criteri che consentano di identificare il concetto di minoranza linguistica, preferendo limitarsi a enumerare quelle considerabili quali *storiche* nell'esperienza italiana. Secondo quanto osservato dalla Corte costituzionale (sent. n. 170/2010), il quadro concettuale di riferimento che si determina implica la nozione di minoranze linguistiche considerate «come comunità necessariamente ristrette e differenziate, nelle quali possono spontaneamente raccogliersi persone che, in quanto parlanti tra loro una stessa "lingua", diversa da quella comune, custodiscono ed esprimono specifici e particolari modi di sentire e di vivere o di convivere», e «la previsione della tutela appare direttamente destinata, più che alla salvaguardia delle lingue minoritarie in quanto oggetti della memoria, alla consapevole custodia e valorizzazione di patrimoni di sensibilità collettiva vivi e vitali nell'esperienza dei parlanti, per quanto riuniti solo in comunità diffuse e numericamente "minori"». Da considerare, in ogni caso, come la Corte abbia ritenuto che la legge in questione non esaurisca ogni forma di riconoscimento e sostegno del pluralismo linguistico (sent. n. 88/2011), stante che la speciale legislazione di tutela delle minoranze linguistiche storiche non è tale da saturare l'intervento sollecitato «dalla notoria presenza di un assai più ricco e variegato pluralismo culturale e linguistico».

Gli italiani non appartenenti alla Repubblica

Realtà in qualche modo speculare all'art. 6 (cittadini italiani facenti parte di comunità minori e diverse da quella comune) è quella cui rinvia l'art. 51, 2° comma, dove si consente alla legge, per l'ammissione ai pubblici uffici e alle cariche elettive, di «parificare ai cittadini gli *italiani non appartenenti alla Repubblica*». Si tratta, in questo caso, di individui che non sono, per definizione, cittadini dello Stato italiano, ma che ai cittadini possono venir parificati, nei limiti previsti dalla norma, se e in quanto siano considerabili "italiani", vale a dire appartenenti alla nazione italiana. Una puntuale individuazione di quali siano i soggetti cui si applica la disposizione appare problematica, sia perché l'espressione ha verosimilmente avuto significati differenti nel corso del tempo (in parte dipendenti dalle vicende dei due conflitti mondiali), sia perché è mancata una precisa attuazione in via legislativa che identificasse i parametri cui ancorarla e il grado di possesso individuale delle caratteristiche richieste. Un esempio applicativo lo si può rinvenire nel d.p.r. n. 487/1994 (Regolamento recante norme sull'accesso agli impieghi nelle pubbliche amministrazioni e le modalità di svolgimento dei concorsi, dei concorsi unici e delle altre forme di assunzione nei pubblici impieghi), il cui art. 2, nello stabilire i requisiti generali per l'accesso agli impieghi civili nelle pubbliche amministrazioni, prevede che «salvo che i singoli ordinamenti non dispongano diversamente sono equiparati ai cittadini gli italiani non appartenenti alla Repubblica» (formula analoga, in precedenza, era già contenuta nell'art. 2, d.p.r. n. 3/1957, contenente il testo unico delle disposizioni concernenti lo statuto degli impiegati civili dello Stato).

Al vocabolo nazione ricorrono, ancora, gli artt. 67 e 98, volendo sottolineare il particolare vincolo di servizio, all'intera comunità e non a singole parti, che dovrebbe gravare sui membri del Parlamento (con il c.d. divieto di mandato imperativo) e su tutti i pubblici impiegati (da considerarsi al «servizio esclusivo» di essa).

Il ricorso al termine "nazionale"

In molti altri casi, invece, il testo costituzionale fa ricorso all'aggettivo *nazionale*.

A un primo gruppo si è già accennato per il collegamento con l'idea di territorio: artt. 16; 117, 2° comma, lettere *m*) e *q*); 120, 1° comma; XIII disp. trans. e fin.; non molto dissimile è l'occorrenza nell'art. 117, 3° comma, laddove viene individuata quale materia di legislazione concorrente, tra le altre, quella relativa a «produzione, trasporto e distribuzione *nazionale* dell'energia».

In un secondo gruppo rientrano le ipotesi in cui l'aggettivo è in funzione di qualificazione della particolare natura di determinati organi o enti: questo vale per il CNEL (art. 99), per gli enti pubblici nazionali (art. 117, 2° comma, lettera *g*)) e, in chiave storica, per la Consulta Nazionale (III disp. trans. e fin.).

Vi è infine un gruppo, ultimo ma non importanza, in cui l'uso dell'aggettivo nazionale assume una portata di grandissimo significato, valendo a qualificare concetti a loro volta di particolare respiro, come è il caso della *politica nazionale* (art. 49), a determinare la quale concorrono, con metodo democratico, i partiti; della *unità nazionale* (art. 87), rappresentata dal Presidente della Repubblica; della *sicurezza nazionale* (art. 126), motivo di possibile scioglimento dei consigli regionali e di rimozione dei presidenti delle giunte regionali.

Il termine patria

Dopo aver detto di *popolazione* e *nazione*, altro concetto collegato a quello di popolo di cui vi è traccia nella Costituzione è quello di *patria*, con la sua valenza ideale e simbolica. Lo si può riscontrare nell'art. 52, ai sensi del quale «la difesa della Patria è sacro dovere del cittadino», e nell'art. 59, che attribuisce al Presidente della Repubblica la facoltà di nominare senatori a vita cinque cittadini che hanno illustrato la Patria per altissimi meriti nel campo sociale, scientifico, artistico e letterario.

Il termine razza

Da notare, poi, l'utilizzo nel testo costituzionale del termine *razza* (art. 3), che compare in relazione al principio cardine di eguaglianza e quale fattore che impedisce di operare discriminazioni tra gli individui. La collocazione sistematica è particolarmente significativa, anche alla luce della valorizzazione che ne ha dato la giurisprudenza costituzionale (un caso è quello della sent. n. 249/2010, ove si sottolinea il rilievo «dei sette parametri esplicitamente menzionati dal primo comma dell'art. 3 Cost., quali divieti direttamente espressi dalla Carta costituzionale, che rendono indispensabile uno scrutinio stretto delle fattispecie sospettate di violare o derogare all'assoluta irrilevanza delle "qualità" elencate dalla norma costituzionale ai fini della diversificazione delle discipline»).

Previsioni più puntuali sono contenute nel d.lgs. n. 215/2003, adottato su impulso comunitario (in attuazione della direttiva 2000/43/CE), il quale «reca disposizioni relative all'attuazione della parità di trattamento tra le persone indipendentemente dalla razza e dall'origine etnica, disponendo le misure necessarie affinché le differenze di razza o di origine etnica non siano causa di discriminazione, anche in un'ottica che tenga conto del diverso impatto che le stesse forme di discriminazione possono avere su donne e uomini, nonché dell'esistenza di forme di razzismo a carattere culturale e religioso». Si tratta di una normativa di particolare significato, sia per la puntualizzazione della nozione di discriminazione, *diretta* (quando, per la razza o l'origine etnica, una persona è trattata meno favorevolmente di quanto sia, sia stata o sarebbe trattata un'altra in situazione analoga) e *indiretta* (quando una disposizione, un criterio, una prassi, un atto, un patto o un comportamento apparentemente neutri possono mettere le persone di una determinata razza od origine etnica in una posizione di particolare svantaggio rispetto ad altre persone), sia per l'ampiezza dell'ambito di applicazione (lavoro, protezione sociale, assistenza sanitaria, prestazioni sociali, istruzione, accesso a beni e servizi).

Il termine genocidio

Al termine di questa ricognizione sulle espressioni connesse a quella di popolo, occorre ricordare come la l. cost. n. 1/1967 abbia introdotto nel testo costituzionale, non come modificazione formale ma quale vincolo interpretativo, il concetto di *genocidio*, riconducibile all'idea di distruzione metodica di una stirpe o di un gruppo. Esso rileva ai sensi sia dell'art. 10, ultimo comma («non è ammessa l'estradizione dello straniero per reati politici», ma il disposto non si applica ai delitti di genocidio), sia dell'art. 26, ultimo comma («[l'estradizione del cittadino] non può in alcun caso essere ammessa per reati politici», ma il disposto, anche in questo caso, non si applica ai delitti di genocidio).

5.3.2. *Le norme sulla cittadinanza*

Dopo aver esaminato il concetto di popolo, si tratta ora di affrontare l'analisi dello specifico atto normativo che contiene, per il nostro paese, le norme sulla cittadinanza (l. n. 91/1992) e di accennare (nel paragrafo successivo) ai principi cui si ispira l'ordinamento con riguardo alla condizione dello straniero.

Prima, tuttavia, di esaminare le disposizioni legislative sui requisiti per essere cittadini, occorre ricordare che a livello costituzionale è presente, in funzione di garanzia, l'art. 22, secondo il quale «nessuno può essere privato, per motivi politici, della capacità giuridica, della *cittadinanza*, del nome». Un ulteriore riferimento costituzionale al termine è ora contenuto (dopo il 2001) nell'art. 117, 2° comma, lettera *i*) («cittadinanza, stato civile e anagrafi» sono materia, infatti, riservata alla legislazione esclusiva dello Stato).

Da tener presente, ancora, in chiave storica, che, pur dopo l'entrata in vigore della Costituzione repubblicana, fino alla l. n. 91/1992 le regole sulla cittadinanza hanno continuato a essere quelle previste da una normativa di inizio XX secolo, la l. n. 555/1912, soltanto in qualche parte modificata, tra la metà degli anni Settanta e i primi anni Ottanta, dagli interventi di riforma del diritto di famiglia.

La l. n. 91/1992: i vari modi di acquisto della cittadinanza

Passando alla l. n. 91/1992, essa prevede, in primo luogo, all'art. 1, la *cittadinanza per nascita* del «figlio di padre o di madre cittadini» (in applicazione dello *ius sanguinis*) e di «chi è nato nel territorio della Repubblica se entrambi i genitori sono ignoti o apolidi, ovvero se il figlio non segue la cittadinanza dei genitori secondo la legge dello Stato al quale questi appartengono» (*ius soli*); vi è poi una presunzione, nel senso che *è considerato cittadino per nascita* «il figlio di ignoti trovato nel territorio della Repubblica, se non venga provato il possesso di altra cittadinanza».

Vengono quindi prese in considerazione le ipotesi di riconoscimento o di dichiarazione giudiziale della filiazione, le quali determinano la cittadinanza secondo le norme della legge in questione se avvengono durante la minore età del figlio, mentre, in ipotesi di figlio maggiorenne, egli conserva il proprio stato di cittadinanza a meno che non dichiari di *eleggere la cittadinanza* determinata dalla filiazione (art. 2).

La cittadinanza può poi essere *acquistata* dal minore straniero adottato da cittadino italiano (art. 3), così come dal coniuge, straniero o apolide, di cittadino italiano (art. 5), in questo caso con il concorso di altri fattori (residenza, tempo, ecc.).

È prevista la possibilità di *divenire cittadino* per lo straniero o l'apolide, del quale il padre o la madre o uno degli ascendenti in linea retta di secondo grado sono stati cittadini per nascita, al verificarsi di talune ipotesi (art. 4, 1° comma, lettere da *a*) a *c*): prestare effettivo servizio militare per lo Stato italiano; assumere pubblico impiego alle dipendenze dello Stato; al raggiungimento della maggiore età, risiedere legalmente da almeno due anni nel territorio della Repubblica), accompagnate dalla dichiarazione di voler acquistare la cittadinanza italiana. Analoga possibilità è offerta allo straniero nato in Italia, che vi abbia risieduto legalmente senza interruzioni fino al raggiungimento della maggiore età, se dichiari di voler acquistare la cittadinanza italiana entro un anno dalla suddetta data (art. 4, 2° comma).

Il caso particolare degli stranieri di seconda generazione

Come ben si comprende, quest'ultima ipotesi è di particolare rilievo, da un punto di vista sia qualitativo sia quantitativo, disciplinando i c.d. "stranieri di seconda generazione". Essa consente loro di acquistare la nostra cittadinanza, pur se nati in Italia, solo alla condizione di avervi risieduto legalmente senza interruzioni per 18 anni e dichiarando di volerla acquistare entro un anno dal raggiungimento della maggiore età. Si tratta, come appare chiaro, di una disposizione particolarmente restrittiva, sulla quale, non a caso, è aperto da anni un vivace dibattito in sede politica.

La concessione della cittadinanza

La cittadinanza può altresì essere *concessa* con decreto del Presidente della Repubblica, sentito il Consiglio di Stato, su proposta del Ministro dell'interno, a una serie di soggetti, specificati all'art. 9, 1° comma:

a) allo straniero del quale il padre o la madre o uno degli ascendenti in linea retta di secondo grado sono stati cittadini per nascita, o che è nato nel territorio della Repubblica e, in entrambi i casi, vi risiede legalmente da almeno tre anni, comunque fatto salvo quanto previsto dall'art. 4, 1° comma, lettera *c*);

b) allo straniero maggiorenne adottato da cittadino italiano che risiede legalmente nel territorio della Repubblica da almeno cinque anni successivamente alla adozione;

c) allo straniero che ha prestato servizio, anche all'estero, per almeno cinque anni alle dipendenze dello Stato;

d) al cittadino di uno Stato membro delle Comunità europee se risiede legalmente da almeno quattro anni nel territorio della Repubblica;

e) all'apolide che risiede legalmente da almeno cinque anni nel territorio della Repubblica;

f) allo straniero che risiede legalmente da almeno dieci anni nel territorio della Repubblica.

Con *iter* ulteriormente aggravato, l'art. 9, 2° comma, estende la possibilità di concedere la cittadinanza anche allo straniero quando questi abbia reso eminenti servizi all'Italia, ovvero quando ricorra un eccezionale interesse dello Stato.

Nei casi di concessione della cittadinanza, il relativo decreto non ha effetto se l'interessato non presta giuramento di essere fedele alla Repubblica e di osservare la Costituzione e le leggi dello Stato, con formula che riprende il dovere che la Carta pone, all'art. 54, a carico di tutti i cittadini.

La figura del c.d. pluripolide

La legge prevede e consente, poi, la figura del c.d. pluripolide (art. 11), stabilendo in particolare che «il cittadino che possiede, acquista o riacquista una cittadinanza straniera conserva quella italiana, ma può ad essa rinunciare qualora risieda o stabilisca la residenza all'estero».

La perdita e il riacquisto della cittadinanza

Da ricordare, ancora, come vengano analiticamente disciplinate le ipotesi che possono condurre alla *perdita* della cittadinanza (art. 12), nonché al *riacquisto* (art. 13), oltre a una serie di casi e vicende più particolari.

Merita ricordare che la l. n. 94/2009 ha previsto che tutte le istanze o le dichiarazioni ai fini dell'elezione, acquisto, riacquisto, rinuncia o concessione della cittadinanza debbano avere allegata la certificazione comprovante il possesso dei requisiti richiesti per legge, e, soprattutto, ciò che non ha mancato di sollevare critiche, che dette istanze o dichiarazioni siano soggette al pagamento di un contributo di importo pari ora a 250 euro (art. 9-bis, l. n. 91/1992).

Da segnalare, altresì, come una serie di modifiche siano state apportate dal d.l. n. 113/2018 (convertito dalla l. n. 132/2018), tra cui l'inserimento dell'art. 9.1 (che subordina la concessione della cittadinanza ai sensi degli artt. 5 e 9 al possesso di una adeguata conoscenza della lingua italiana) e dell'art. 10-bis (che prevede una serie di casi di revoca della cittadinanza italiana acquisita in forza degli artt. 4, comma 2, 5 e 9 in caso di condanna definitiva per determinati reati).

5.3.3. *La condizione giuridica dello straniero*

Giunti a questo punto, e delineati gli istituti attraverso i quali si identificano i soggetti appartenenti al popolo, si tratta di accennare, in maniera sintetica, al quadro di riferimento nel quale si collocano, invece, gli stranieri, intesi quali non cittadini.

Le previsioni costituzionali sullo straniero

La disposizione di livello costituzionale più specifica è rappresentata dall'art. 10, il quale, dopo aver previsto l'adattamento continuo e automatico dell'ordinamento giuridico italiano al diritto internazionale generale (1° comma), e dunque anche a ciò che in esso possa riguardare lo straniero, stabilisce espressamente che «la condizione giuridica dello straniero è regolata dalla legge in conformità delle norme e dei trattati internazionali» (2° comma), per poi dedicare previsioni più puntuali, come già ricordato, al diritto d'asilo nel territorio della Repubblica per lo straniero «al quale sia impedito nel suo paese l'effettivo esercizio delle libertà democratiche garantite dalla Costituzione italiana» (3° comma) e al divieto di estradizione dello straniero per reati politici, salva l'ipotesi dei delitti di genocidio (4° comma).

Come avvenuto in molti altri ordinamenti, poi, anche il nostro ha risentito della progressiva internazionalizzazione dei diritti dell'uomo (di ogni uomo) e degli strumenti di tutela di essi, così come si è assistito, sul piano più strettamente interno, alla tendenza all'espansione del riconoscimento dei diritti garantiti dalla Carta costituzionale ben oltre la lettera dei medesimi (spesso riferita, com'è noto, ai soli cittadini), e in questo senso un ruolo fondamentale hanno giocato i principi ricavabili dagli artt. 2 e 3 Cost. e la giurisprudenza della Corte costituzionale.

L'universalità dei diritti inviolabili dell'uomo

Quest'ultima, in particolare, è ormai costante nell'attribuire un carattere universale ai diritti inviolabili dell'uomo, i quali, per ciò stesso, non tollerano (non soltanto un non riconoscimento, ma nemmeno) un riconoscimento diverso e deteriore nell'ipotesi di un soggetto straniero.

Gli esempi sono ormai numerosi, e basterebbe qui ricordare, tra le altre, la sent. n. 105/2001, in tema di stranieri e libertà personale, allorché la Corte ha affermato che «per quanto gli interessi pubblici incidenti sulla materia della immigrazione siano molteplici e per quanto possano essere percepiti come gravi i problemi di sicurezza e di ordine pubblico connessi a flussi migratori incontrollati, non può risultarne minimamente scalfito il carattere universale della libertà personale, che, al pari degli altri diritti che la Costituzione proclama inviolabili, spetta ai singoli non in quanto partecipi di una determinata comunità politica, ma in quanto esseri umani». O, ancora, la sent. n. 40/2011, che ha dichiarato l'illegittimità di una normativa regionale che escludeva tra i possibili fruitori di una serie di servizi sociali intere categorie di persone, costituite dai cittadini extracomunitari in quanto tali e dai cittadini europei non residenti nel territorio regionale da almeno trentasei mesi.

La parificazione tra cittadini e stranieri non è però assoluta

Naturalmente, questo non significa che le due categorie dei cittadini e degli stranieri siano ormai parificate con riguardo al godimento di tutti i diritti fondamentali e, per ognuno di essi, nella stessa, identica misura. Ciò che tale giurisprudenza esprime è pur sempre una linea tendenziale, non assoluta e soprattutto con valenza di principio e orientativa.

Non assoluta perché rimane uno scarto tra la dimensione del cittadino e quella del non cittadino, connaturata all'esistenza stessa dello Stato. Tale divario viene tradizionalmente ricondotto alla sfera politica, o almeno a una sua parte, e dunque a quei diritti che descrivono e integrano il c.d. *status civitatis*, lo spazio, cioè, dove più intima è la relazione tra lo Stato e il *suo* elemento soggettivo.

La valenza di principio di quella giurisprudenza sta, poi, a indicare come l'universalità dei diritti inviolabili dell'uomo imponga il riconoscimento in capo a ogni soggetto, cittadino o non, del nucleo duro della garanzia costituzionale. Fatta necessariamente salva la sua portata minima e indefettibile, permane però al legislatore ordinario la possibilità di modulare i profili specifici verso i quali si irradia la garanzia, bilanciando la molteplicità dei valori costituzionali che vengono in considerazione nei vari ambiti, e mediante un uso non irragionevole della sua discrezionalità. Si tratta, certo, di una distinzione non sempre agevole, che potrà condurre a esiti differenti in ragione della natura del diritto in questione, oltre che trovare nell'applicazione concreta e negli interventi della giurisprudenza punti di equilibrio ulteriori e mutevoli nel corso del tempo.

5.3.3.1. *Il decreto legislativo n. 286/1998*

L'inadeguatezza della tradizionale distinzione secca tra cittadini e stranieri

La codificazione positiva delle scelte del nostro legislatore è attualmente da rinvenire, in massima parte, nel d.lgs. n. 286/1998 (*Testo unico delle disposizioni concernenti la disciplina dell'immigrazione e norme sulla condizione dello straniero*), e successive modificazioni, il quale opera, in realtà, numerose differenziazioni all'interno del concetto solo apparentemente unitario di "straniero" e scelte diverse in relazione ai vari tipi di diritti presi in considerazione (lavorativi, di tipo subordinato o autonomo, stagionale o meno, previdenziali, di ricerca o di istruzione, sanitari, ecc.).

Mentre non si può che rinviare a trattazioni specifiche per una disamina completa, si deve qui osservare, in sintesi, come la tradizionale distinzione tra cittadini e stranieri appaia sempre meno adeguata (non solo a spiegare, ma anche semplicemente) a descrivere la complessità del fenomeno e le sue linee evolutive.

Le linee di tendenza con riguardo alla condizione del cittadino (europeo) ...

In via di approssimazione, sembra di poter dire che la condizione del cittadino va, da un lato, arricchendosi dei contenuti della cittadinanza dell'Unione europea e, dall'altro, progressivamente estendendosi ai cittadini degli altri Stati membri della Unione europea, secondo una linea di tendenza che potrebbe condurre, in un certo tempo, alla formazione di un vero e proprio popolo europeo.

... e quelle con riguardo a cittadini di Stati non appartenenti all'Unione europea e apolidi: il rilievo della "regolarità"

Con riguardo a tutti gli altri soggetti, e dunque, salvo condizioni particolari, ai cittadini di Stati non appartenenti all'Unione europea e agli apolidi, la tendenza è quella di un avvicinamento alla condizione giuridica del cittadino, pur con le differenze e gli scarti segnalati (sfera politica e nucleo duro della garanzia). La premessa affinché ciò accada è però data dalla condizione di "regolarità" dello straniero, mentre a chi sia presente sul nostro territorio ma non in regola con le norme relative all'ingresso e al soggiorno la legislazione tende a riconoscere una sfera limitatissima di quegli stessi diritti inviolabili dell'uomo di cui si fa menzione nelle convenzioni internazionali, nelle carte e nelle giurisprudenze costituzionali. Si assiste, dunque, a una divaricazione all'interno del concetto di straniero (extracomunitario) tra quelli che si trovano sul territorio "in regola" e quanti invece non lo sono (pur dovendo tener presente che, all'interno di quest'ultima categoria, si possono ulteriormente differenziare quanti versano in una situazione di irregolarità sin dall'inizio rispetto a quanti, invece, vi si ritrovino solo a partire da un certo momento, ad es. per la scadenza del tempo di validità di un permesso o di un'autorizzazione).

Sezione III
Forme di Stato e forme di governo

1. *Premessa*

Dopo aver individuato gli elementi distintivi dello Stato moderno, il passaggio obbligato diventa descrivere le forme concrete che esso può assumere, analizzando i modi in cui possono configurarsi i suoi fattori costitutivi, le principali finalità che esso ha avuto di mira, le ideologie che le hanno sostenute, gli strumenti attraverso i quali i titolari di funzioni pubbliche vengono individuati e quelli mediante i quali perseguono questi scopi, l'intreccio di relazioni tra le loro attribuzioni, ecc. Si tratta, cioè, di provare a caratterizzare la fisionomia che ogni Stato può assumere, e ciò viene fatto, per lo più, utilizzando una modellistica che è a sua volta il frutto di vicende storiche concretamente verificatesi, ora in un paese, ora in un altro, di elaborazioni teoriche mirate a fornirne una descrizione e una catalogazione, di conseguenti "tipi" che, una volta consolidati, si pongono essi stessi quali modelli, appunto, per l'esame degli ordinamenti vigenti.

Le nozioni di forma di Stato e di forma di governo

A questo proposito, la dottrina ha da tempo elaborato in particolare due nozioni – *forma di Stato* e *forma di governo* – che rappresentano lo strumentario solitamente utilizzato e che trova una sede di particolare approfondimento all'interno della disciplina del diritto costituzionale comparato, dove l'opera classificatoria assume più nitidamente una valenza sia descrittiva sia, entro certi limiti, prescrittiva, per il raffronto tra specifici istituti o nel raggruppamento generale dei vari sistemi. Naturalmente, si tratta di nozioni che scontano, com'è inevitabile, i condizionamenti derivanti da differenti approcci ideologici e politici, dal contesto storico-geografico assunto a punto di riferimento, ecc.

Questi rapidi cenni sono sufficienti a indicare il grande rilievo delle due nozioni e soprattutto della problematica da esse racchiusa, che si rinviene immancabilmente anche in ogni trattazione strettamente costituzionalistica, dal momento che essa, al di là dell'utilità per la comparazione, mira a fornire, con formula sintetica, le principali caratteristiche proprie del singolo ordinamento giuridico. In sede introduttiva, pertanto, sembra opportuno svolgere alcune premesse ulteriori, da intendersi anche quali particolari cautele, necessarie nell'approccio al tema.

La varietà delle elaborazioni teorico-dottrinarie ...

In primo luogo, è doveroso osservare che pochi altri profili del diritto costituzionale sembrano presentare posizioni così variegate da un autore all'altro, a livello sia di premesse metodologiche e definitorie, sia di esiti. Se ne ha riprova, innanzitutto, in molte delle elaborazioni teorico-dottrinarie sul tema, da sempre caratterizzate dallo sforzo di elaborare nuove griglie, con lo scopo di meglio corrispondere all'esigenza classificatoria che le muove e di saper racchiudere il più alto numero di esperienze e gli elementi che esse presentano.

Tali differenti impostazioni non restano, peraltro, confinate ai contributi specialistici, ma si riverberano anche nella produzione manualistica, dove è agevole constatare come al tema venga riservato un trattamento assai disomogeneo. Notevoli risultano le differenze, da un testo all'altro, in termini di sviluppo del tema, tanto in assoluto quanto in relazione agli altri affrontati (si va da poche pagine a interi, corposi capitoli; da un richiamo alle sole esperienze più prossime a quella dell'ordinamento considerato ad analisi complessive ad amplissimo spettro, ecc.). Così come in termini di struttura e di posizionamento, oscillandosi dalla trattazione congiunta delle forme di Stato e di governo a quella rigorosamente separata; dalla collocazione dei due temi nella medesima "sede" a posizionamenti diversificati, ora nel contesto introduttivo generale sugli ordinamenti statuali ora all'interno dell'organizzazione del particolare Stato preso in considerazione; dalla disamina in chiave storica e diacronica a quella pressoché esclusivamente sincronica, ecc.

... anche di tipo terminologico

In secondo luogo, occorre considerare che si tratta di un ambito dove la terminologia può essere ingannevole, sia perché vengono utilizzate espressioni che hanno una lunga e sfaccettata sedimentazione nella riflessione non soltanto giuridica ma anche storica, filosofica e politologica (si pensi solo a termini come "repubblica", "monarchia", "democrazia", "autocrazia" e ai differenti significati nelle varie epoche storiche e nelle ricostruzioni del pensiero antico, di quello moderno, di quello contemporaneo, ecc.), sia perché ai termini utilizzati si tende talora ad attribuire, nel contesto di ciascuna classificazione, un significato rigido e una valenza che rischia, in qualche caso, di travalicare la cornice concettuale in cui si collocano, fino, al limite, a ipostatizzarli.

Si consideri, per fare un esempio, la tradizionale contrapposizione tra monarchia e repubblica, che ha condotto a utilizzare le due espressioni come caratteristiche di un assetto complessivo dello Stato ma anche del modo di esercizio dei suoi poteri e delle sue funzioni, ora, dunque, allo scopo di qualificare la complessiva forma di Stato ora la specifica forma di governo, fino ad arrivare al presente, allorché la distinzione in parola appare ormai meno significativa, in relazione sia all'una sia all'altra nozione. Si pensi, ancora, all'assetto "democratico" dello Stato, che oggi utilizziamo, valorizzandone la straordinaria portata positiva, in contrapposizione a quello autoritario, ma che nella riflessione filosofica della Grecia antica rappresentava, al contrario, una degenerazione (la democrazia come l'oligarchia come la tirannia) rispetto a uno dei modelli considerati "puri", costituiti dal governo (buono) di molti, dei pochi migliori o di uno solo condotto nel rispetto delle leggi.

Per non dire, quale ulteriore cautela nell'approccio al tema, che la terminologia adottata dalla dottrina non sempre è perfettamente sovrapponibile a quella in uso presso altri paesi (ad esempio, di lingua francese o di lingua inglese), e che la stessa catalogazione delle forme di Stato e di governo (con le esigenze classificatorie che ne sono alla base) non è utilizzata e valorizzata allo stesso modo nella scienza giuridica dei diversi sistemi.

Allo scopo, pertanto, di semplificare un quadro che appare assai complesso, si provvederà dapprima a evidenziare le connessioni esistenti tra forma di Stato e forma di governo, per poi procedere a una sommaria esposizione dei principali criteri e delle categorie utilizzati per distinguere all'interno dell'una e dell'altra nozione. Solo successivamente si proporrà una classificazione, tra le varie possibili, allo scopo soprattutto di fornire un apparato concettuale che consenta, da un lato, di collocare e inquadrare i cambiamenti intervenuti durante l'evoluzione storica degli ordinamenti italiano ed europeo, e, dall'altro, di cogliere le tendenze in atto su più ampia scala nell'epoca contemporanea.

2. *Le due nozioni di forma di Stato e di forma di governo e il rapporto tra esse*

Le due nozioni in chiave relazionale

Un primo modo di intendere le due nozioni di cui si discute è quello di metterne in luce la natura di "relazioni" rispetto a una serie di fattori. Così inteso, possiamo riconnettere con immediatezza il concetto di *forma di Stato* agli elementi costitutivi dello Stato stesso, nel senso che l'espressione vale a descrivere la relazione e dunque i rapporti che nei vari ordinamenti si determinano tra la sovranità (e il potere di governo, in senso lato, che con essa si esprime), il territorio e il popolo. Analogamente, anche la *forma di governo* può essere definita come una relazione, nel senso che essa consente di descrivere i rapporti che si instaurano tra gli organi supremi o di vertice dello Stato (il capo dello Stato, l'assemblea parlamentare, l'organo esecutivo, ecc.).

Espressione dei mezzi e dei fini dell'ordinamento ...

Un altro modo di leggere il fenomeno è quello secondo cui la forma di Stato traduce l'orientamento complessivo dell'ordinamento statale in relazione alle finalità che sono poste quali obiettivi della convivenza di quel popolo su quel territorio (descrivendo, in sintesi, la natura del complessivo Stato-ordinamento o Stato-comunità), mentre la forma di governo dà espressione, allora, ai modi in cui il potere è distribuito tra gli organi dello Stato (inteso come Stato-apparato) per conseguire quelle finalità. All'interno della natura politica propria dello Stato, in quanto ordinamento a fini generali, la realtà storica evidenzia, infatti, come in ogni esperienza sia privilegiato il perseguimento di certi fini (e non altri), che ne qualificano il modo di essere (la forma di Stato), in funzione del raggiungimento dei quali si modula la distribuzione del potere tra i vari organi presenti, come miglior mezzo per l'ottenimento di quei risultati (forma di governo).

... o delle funzioni più rilevanti all'interno dell'ordinamento

Altre definizioni sottolineano la caratteristica della forma di Stato di tradurre le funzioni più rilevanti del diritto all'interno dell'ordinamento (sanzionare i comportamenti ritenuti non confacenti alla convivenza armonica tra gli individui, allocare le risorse tra i soggetti, organizzare il potere pubblico tra una pluralità di organi), riservando alla forma di governo la specificazione dell'ultima di esse, e dunque l'individuazione dei poteri pubblici più elevati, la distribuzione degli strumenti di intervento, la definizione delle loro interrelazioni.

Il nesso di strumentalità tra forma di governo e forma di Stato

Anche se da prospettive differenti, queste prime definizioni consentono già di evidenziare il nesso di strumentalità che solitamente lega la forma di governo alla forma di Stato, mettendo l'accento sulla circostanza per cui l'organizzazione del potere, e nello specifico le relazioni tra gli organi di vertice (quelli che ciascuna Costituzione individuerà come tali), assolve a una funzione primaria, che è esattamente quella di raggiungere, nel contesto dato, gli obiettivi che qualificano quell'ordinamento e la convivenza dei soggetti in esso presenti.

Questo conduce, a sua volta, a un punto ulteriore, che è bene rimarcare fin da subito.

Alcune precisazioni

Se vi è un aspetto sul quale la dottrina che si è occupata del tema concorda, almeno in larghissima parte, è che una classificazione delle forme di governo mantiene una sua validità solo se si rimane, tendenzialmente, all'interno di una stessa idea di Stato (quando non, secondo alcuni, della medesima forma di Stato in senso stretto). Rischierebbe, detto altrimenti, di risultare astratta e arbitraria l'operazione tesa a comparare formule e meccanismi di distribuzione del potere propri di contesti storici troppo disparati, o dove comunque sussistano forti divaricazioni nell'assetto degli ordinamenti statuali, soprattutto nelle relazioni con l'elemento territoriale e più ancora con quello soggettivo. Da questo punto di vista, l'individuazione delle varie forme di Stato stabilisce il limite di utilità e, in un certo senso, di possibilità della comparazione tra le forme di governo (Elia). Del resto, esistono anche oggi Stati non ispirati al principio della separazione dei poteri e con impostazioni fortemente autocratiche, per i quali è persino dubbia la possibilità di utilizzare la nozione stessa di forma di governo.

Ciò comporta, ulteriormente, due ordini di conseguenze.

In primo luogo, dà conto del perché i criteri e le categorie concettuali cui accenneremo sono tutti sostanzialmente frutto dell'esperienza storica europea degli ultimi tre secoli. Pur con le ovvie differenze da paese a paese, è questa esperienza, infatti, che ha permesso lo sviluppo di un tessuto sufficientemente omogeneo, da cui hanno tratto origine le stesse nozioni di forma di Stato e di forma di governo, le quali hanno poi finito per influenzare anche esperienze extraeuropee, a loro volta naturalmente portatrici, in seguito, di elementi di ulteriore sviluppo e affinamento.

In secondo luogo, sempre l'esigenza del corretto inserimento dello studio della forma di governo dentro una idea di Stato almeno tendenzialmente omogenea porterà a soffermare l'attenzione non in maniera indistinta su tutte le possibili forme di governo, ma principalmente su quelle proprie della forma di Stato cui l'esperienza italiana attuale appartiene, riassumibile, come meglio si dirà, nella forma di Stato democratica, di diritto (costituzionale) e sociale (salvo sottolineare, anche in questo caso, che le categorie utilizzate possono divergere, rinvenendosi sovente altre espressioni per designare gli Stati appartenenti a questa famiglia, come quelle di "ordinamenti liberal-democratici", "democrazie liberali", "democrazie occidentali", "sistemi democratici costituzional-pluralistici", ecc.).

Detto ciò, e nonostante gli indubbi collegamenti esistenti tra l'una e l'altra, resta vero che l'area di significato propria delle due nozioni rimane autonoma, e che l'estrema varietà delle esperienze storiche nei diversi ordinamenti permette di riscontrare le combinazioni più disparate. Sarà, così, possibile rinvenire forme di governo anche agli antipodi tra di loro pur rimanendo all'interno di una medesima forma di Stato (ciò che è in fondo fisiologico, in ragione di quel legame di strumentalità cui si accennava: mezzi differenti per raggiungere identici fini), ma pure, talora, la stessa forma di governo nel contesto di differenti forme di Stato.

3. *I criteri e le categorie concettuali più comunemente utilizzati per operare le classificazioni*

Senza ancora, per il momento, scendere nel dettaglio di una particolare classificazione e dei caratteri dei singoli modelli, può essere utile fornire un rapido elenco di criteri che la dottrina ha utilizzato per operare le proprie catalogazioni all'interno dei concetti di forma di Stato e di forma di governo. Le nozioni di maggior interesse saranno riprese nei paragrafi successivi.

3.1. *All'interno della nozione di forma di Stato*

Il criterio diacronico

Cominciando con la nozione di forma di Stato, un primo criterio è di tipo prettamente diacronico, e serve nella sostanza ad accompagnare, sul piano teorico-descrittivo, l'evoluzione storica dello Stato moderno dalle sue origini alla realtà contemporanea, puntualizzando le caratteristiche via via assunte dal potere sovrano e le relazioni con l'elemento soggettivo, la posizione del cittadino e i diritti a esso riconosciuti.

Si inizia, allora, individuando lo *Stato assoluto*, quale prima forma di Stato storicamente data, successiva alla disgregazione dell'assetto precedente, di tipo feudale. Ad esso consegue, in tempi diversi da paese a paese, la forma di *Stato liberale*, con tendenze non interventiste sul piano economico e le prime forme di garanzia dei diritti di libertà dei singoli, almeno delle libertà negative, che ne fanno altresì uno *Stato di diritto*, retto dalla *rule of law* e dal principio di legalità. L'evoluzione ancora successiva ne segna la trasformazione in *Stato democratico* a tutti gli effetti, con l'estensione del voto a tutti i cittadini maggiorenni (suffragio universale), l'allargamento delle garanzie e dei diritti alle libertà anche positive, l'intervento statale nell'economia (*Stato sociale* o *Welfare State*). Il rafforzamento delle istanze pluralistiche ne consacra, infine, l'ulteriore trasformazione in *Stato costituzionale* (o *Stato di diritto costituzionale*), non prima, però, di aver conosciuto, nel contesto europeo, il momento (di *Stato*) *autoritario* o *totalitario*, in particolare tra i due conflitti mondiali del XX secolo (in maniera emblematica in Italia e in Germania), e, in altri contesti (dall'Unione sovietica all'Asia a Cuba), quello di *Stato socialista*.

In realtà, come è agevole osservare, questa sequenza ha il pregio di condensare, attraverso l'indicazione delle tappe principali, un cammino di secoli, fondendo una serie di elementi e di caratteri (la derivazione del potere, la assolutezza o la divisione di esso, la democraticità del sistema, la propensione a intervenire nella sfera delle relazioni sociali, ecc.), ciascuno dei quali può essere meglio descritto se si operano, all'interno dello schema, ulteriori e più puntuali classificazioni, come poi si dirà.

Il criterio basato sul rapporto tra territorio e sovranità

Un altro criterio distintivo delle forme di Stato (anche se una parte della dottrina preferisce l'espressione, al riguardo, di "tipo di Stato", a indicarne la diversità e insieme la natura trasversale rispetto alla precedente classificazione) si basa sul rapporto tra territorio e sovranità, conducendo a identificare *Stati unitari* e *Stati composti*, questi ultimi, a loro volta, passibili di diverse realizzazioni, sotto forma di *Stato regionale* o di *Stato federale*.

In realtà, questa schematizzazione di carattere generale abbisogna, poi, di ulteriori precisazioni, poiché lo Stato federale può avere a sua volta differenti origini e realizzazioni, sorgere per integrazione di Stati o per disgregazione di uno Stato in precedenza unitario, e caratterizzarsi per il riconoscimento agli Stati membri di una sfera più o meno estesa di attribuzioni.

Lo stesso Stato regionale (che sul piano storico è più recente) può presentare caratteristiche diverse (omogenee o differenziate), fino a prevedere in capo agli enti territoriali interni allo Stato (indipendentemente dalla denominazione che assumano) poteri e attribuzioni di grande rilievo, quasi prossimi a quelli degli Stati membri di uno Stato federale. Taluni immaginano, al riguardo, una sorta di linea retta che ha, a un estremo, lo Stato unitario e, all'altro, lo Stato (francamente) federale, con, tra i due estremi, una serie pressoché infinita di varianti e differenze, talora di ordine qualitativo, talora meramente quantitative. Vi è anche chi nega la possibilità, da un punto di vista scientifico, di affermare una vera e propria differenza di natura qualitativa fra Stato federale e Stato regionale.

3.2. … *e di quella di forma di governo*

Passando alle forme di governo, i criteri di classificazione normalmente utilizzati risultano del pari numerosi, finendo sovente per intrecciarsi e sovrapporsi.

Un primo fattore è tradizionalmente rappresentato dalla natura e dalla legittimazione del potere politico, che porta a distinguere tra *monarchie* e *repubbliche*. La durata a vita della carica e la ereditarietà, da un lato, in contrapposizione alla durata temporanea e frutto di elezione, dall'altro, sono stati per lungo tempo i criteri di differenziazione più rilevanti tra le forme di governo, cui si aggiungeva la fonte di legittimazione del potere, originaria per il monarca, derivante dalla sovranità popolare per il Presidente della Repubblica. Si tratta, tuttavia, com'è noto, di una distinzione che ha perduto molto del suo significato, in particolare nel contesto europeo, anche in virtù della forte diffusione della forma repubblicana e della progressiva trasformazione (in senso parlamentare) delle monarchie superstiti.

Natura e legittimazione del potere politico

Di modesto significato risulta oggi anche la distinzione, un tempo sicuramente più rilevante, tra forme di governo *rappresentative* e *non rappresentative*, essendovi ormai pressoché ovunque una derivazione dalla volontà popolare delle attribuzioni riconosciute agli organi di vertice, sia pure in modi e forme diversi. A seconda di come venga inteso, tale fattore può finire per sovrapporsi, in gran parte, a quello che consente di operare una suddivisione tra le stesse forme di Stato, in ragione del carattere più o meno rappresentativo e, dunque, più o meno democratico di esse (Stato democratico, Stato autoritario).

Rappresentatività

Altro criterio di classificazione, che presuppone la presenza di una (reale) divisione dei poteri, e non è pertanto applicabile, ad esempio, allo Stato assoluto delle origini, o ai contesti, anche attuali, in cui quel principio non sia accolto, è quello tra forme di governo *a separazione rigida* e *a separazione flessibile*, in riferimento al grado di distacco e autonomia esistente tra i vari poteri, nelle prime inserendosi le forme *presidenziali*, nelle seconde quelle *parlamentari*. Prossima a quella appena descritta è la distinzione, talora in uso, tra *forme di governo pure* e *forme di governo miste*, le prime caratterizzate da una rigida separazione tra le funzioni (e i relativi organi), le seconde da una commistione di funzioni e attribuzioni tra l'organo legislativo e quello esecutivo, con punti di equilibrio potenzialmente diversi, e possibile prevalenza dell'uno o dell'altro.

Forme di governo a separazione rigida o flessibile ...

... pure o miste ...

Alla staticità che questi criteri e le relative contrapposizioni possono determinare si è soliti ovviare aggiungendo il riferimento alla natura *monistica* o *dualistica* della forma di governo e, soprattutto, alla titolarità della *funzione di indirizzo politico*.

Sono allora monistiche, in questa prospettiva, le forme di governo dove assemblea parlamentare e organo titolare del potere esecutivo (Parlamento e Governo, in breve) non hanno una distinta legittimazione, ma la diretta legittimazione è propria del solo Parlamento, dal quale deriva

... monistiche o dualistiche

quella del Governo (tipicamente, la forma di governo *direttoriale*); sono dualistiche le forme di governo in cui Parlamento e Governo godono di distinte legittimazioni (ciò che vale, però, per forme di governo molto differenti tra loro, da quella *presidenziale* a quella *semipresidenziale* a quella c.d. *neoparlamentare*, che prevede l'elezione diretta del primo ministro).

La titolarità della funzione di indirizzo politico

Sulla base della titolarità della funzione di indirizzo politico, invece, si distinguono forme di governo *costituzionali pure*, in cui è il vertice dello Stato (monarchico o repubblicano) a decidere l'indirizzo politico, forme di governo *costituzionali parlamentari* (monarchie o repubbliche), dove a decidere è il raccordo Parlamento-Governo, e forme di governo *costituzionali direttoriali*, dove l'indirizzo è stabilito dall'organo collegiale di vertice del sistema.

Il rapporto fiduciario

Venendo ai criteri oggi più largamente seguiti, un ruolo assolutamente predominante ha quello dell'esistenza, o meno, e del modo in cui si configura, laddove esistente, il *rapporto fiduciario tra legislativo ed esecutivo*, intesi quali titolari (pressoché) esclusivi delle funzioni di indirizzo politico, ciò che permette di distinguere le forme di governo in *parlamentari*, *presidenziali*, *semipresidenziali* e *direttoriali*.

Nelle prime, il Governo necessita della fiducia da parte del Parlamento ed è responsabile politicamente nei suoi confronti. Nelle seconde, invece, non esiste un vincolo fiduciario tra il legislativo e l'esecutivo e vi è un capo dello Stato che rappresenta altresì il vertice dell'esecutivo. Nelle forme semipresidenziali, poi, ove si mescolano aspetti dei due modelli precedenti, vi è un capo dello Stato che nomina il Governo, il quale ultimo è però politicamente responsabile nei confronti del Parlamento, sussistendo, dunque, una sorta di duplice vincolo fiduciario dell'esecutivo, nei confronti sia del vertice dello Stato sia dell'assemblea parlamentare. Nelle forme direttoriali, infine, il ruolo centrale nel sistema è occupato da un organo collegiale *sui generis* che cumula le funzioni di capo dello Stato e di Governo, eletto dall'assemblea parlamentare ma non responsabile nei confronti della medesima, non potendo venir sfiduciato nel corso del mandato.

La legittimazione e il ruolo del capo dello Stato

A sua volta, il criterio del rapporto fiduciario tra legislativo ed esecutivo può non essere impiegato da solo, ma venire integrato con quello attinente alla *legittimazione e* al *ruolo del capo dello Stato*, nel senso che le varianti relative a quest'ultimo possono incidere sui rapporti tra Parlamento e Governo, sul vincolo fiduciario e sulla funzione di indirizzo politico, concorrendo in misura assai significativa a delineare la complessiva forma di governo. A seconda che il capo dello Stato goda, o meno, di una legittimazione diretta da parte del corpo elettorale; che sia, o meno, titolare dell'indirizzo politico o comunque concorra a determinarlo;

che abbia, oppure no, un ruolo attivo nel raccordo Parlamento-Governo, potendo, magari, disporre lo scioglimento dell'assemblea parlamentare o essendo chiamato, a vario titolo, a partecipare al procedimento di formazione degli esecutivi o di risoluzione delle crisi di essi che possano determinarsi; è evidente che la presenza anche di una sola di queste variabili concorre a delineare la forma di governo o almeno a sancirne una particolare coloritura.

L'incidenza di altri fattori ...

Così come, in verità, a delineare la forma concreta di governo in un dato ordinamento concorrono anche tanti altri elementi, non immediatamente propri del raccordo legislativo-esecutivo, e talora nemmeno esclusivamente giuridici, ma più spesso di natura politica.

Soprattutto negli studi degli ultimi decenni, infatti, vi è sempre più consapevolezza del fatto che non possono essere trascurati una serie di fattori che, sia pure indirettamente, incidono su quel raccordo, in primo luogo le formazioni politiche e i loro reciproci rapporti, i sistemi di voto e tutta la legislazione elettorale c.d. di contorno. Si pensi, al di là della configurazione giuridica che possono avere (soggetti pubblici o privati, riconosciuti o meno), ai partiti politici, al numero presente nel sistema e all'assetto delle relazioni che può tra essi determinarsi, dando luogo a ipotesi di monopartitismo, di bipartitismo, di multipartitismo (talora "esasperato"), come pure di consociativismo, di alternanza, ecc., con conseguenze spesso determinanti sulla formazione, la composizione e la durata in carica dei governi, nonché sui gruppi parlamentari e, in generale, sulla dialettica maggioranza-opposizione.

Naturalmente simili opzioni incidono anche sull'approccio metodologico al tema, comportando uno spostamento dell'asse dell'attenzione verso fattori extragiuridici ed extranormativi.

... anche esterni al binomio legislativo-esecutivo

Accanto a quella ora descritta, altra tendenza emersa prepotentemente negli ultimi decenni è la maggior attenzione della dottrina a ciò che è esterno al binomio legislativo-esecutivo, animata dalla consapevolezza della necessità di riservare un adeguato rilievo anche agli altri organi presenti e operanti nel sistema, a partire da quelli della giustizia costituzionale, che per collocazione e funzioni spesso lambiscono la stessa sfera dell'indirizzo politico, per arrivare a quelli giudiziari, soprattutto di vertice, ai consigli di autogoverno delle giurisdizioni e alle garanzie per essi assicurate all'indipendenza degli organi giudiziari, ecc. Il punto di partenza di queste riflessioni è certo costituito dalla considerazione innegabile che meritano i rapporti tra legislativo ed esecutivo, cui si affianca, però, l'idea della non totale sufficienza a descrivere compiutamente l'assetto del potere statale e delle forme che esso può assumere.

Certo una simile prospettiva pone immediatamente una serie di gravi dubbi, nella sostanza riconducibili a quali poteri e organi considerare (oltre a Parlamento e Governo) e perché quelli e non altri. In mancanza di una chiara definizione di questo punto, infatti, la stessa distinzione tra forma di Stato e forma di governo finisce per perdere una parte almeno della sua rilevanza, e l'obiettivo finale cui le varie categorie impiegate tendono, vale a dire rappresentare sinteticamente le forme di organizzazione del potere (chi governa e fa le scelte per la comunità, in forza di cosa e perché governa, come lo fa), diventa in realtà più difficilmente raggiungibile, se non altro da ciascuna di esse singolarmente considerata.

Non a caso, una recente e complessiva ricostruzione della tematica delle forme di governo (Luciani) ha operato lo sforzo di estrapolare, a questo fine, quei poteri e organi previsti dalla Costituzione che partecipino, anche solo indirettamente, alla funzione di governo della cosa pubblica, giungendo, nel caso italiano, a dare una risposta positiva per Parlamento, Governo, Capo dello Stato e corpo elettorale (quest'ultimo nel senso che il sistema elettorale, contenendo le regole del rapporto genetico tra corpo elettorale e organi della rappresentanza, entra a pieno titolo tra gli elementi costitutivi della forma di governo), negativa per la Corte costituzionale, la magistratura, gli organi di rilevanza costituzionale, i partiti politici e i sindacati.

Come che sia, la sensazione che si ricava è che l'inquadramento delle forme di organizzazione del potere all'interno di ciascuno Stato impone, sempre più, una sapiente combinazione di varie categorie e, in fin dei conti, una conoscenza complessiva dell'ordinamento esaminato, nella miriade di relazioni che si determinano e nelle variegate sfumature che si producono. Per raggiungerla, restano di sicura utilità, soprattutto in chiave didattica, le classificazioni all'interno delle nozioni di forma di Stato e di forma di governo, ma è sempre più richiesta una comprensione sistematica di tutti i principali istituti e snodi del sistema, nella loro caratterizzazione vigente e con la consapevolezza, sullo sfondo, dell'evoluzione storica della loro disciplina positiva.

4. *La classificazione proposta con riferimento alle forme di Stato*

La classificazione delle forme di Stato qui proposta si basa (riprendendo sostanzialmente quella formulata da Pizzorusso) su una serie di fattori, quattro in particolare, in grado di evidenziare l'intreccio, sotto una molteplicità di punti di vista, delle relazioni tra gli elementi costitutivi dello Stato (sovranità, territorio e popolo).

La struttura unitaria o pluralistica dello Stato, dove si sottolinea in particolare il rilievo dell'elemento territoriale.

Le modalità di attribuzione delle cariche pubbliche di vertice e il loro grado di rappresentatività rispetto al popolo, dal che emerge, dunque, la sovranità, soprattutto nella sua proiezione interna.

Il grado di tutela accordato alle situazioni individuali nei confronti del potere pubblico.

Le modalità e la natura dell'intervento pubblico nella sfera dei rapporti economici e di conseguenza il modo di perseguire il benessere dei cittadini in termini di adeguata disponibilità di beni e ricchezze.

Gli ultimi due criteri danno uno speciale risalto, come si vedrà, all'elemento soggettivo nel complesso dell'ordinamento statuale.

4.1. *La struttura unitaria o pluralistica dello Stato: Stato unitario, Stato confederale, Stato federale, Stato regionale*

Le principali forme (o tipi) di Stato identificabili alla luce di questo primo criterio di classificazione sono lo Stato unitario, quello confederale e quello composto, quest'ultimo passibile di realizzazione sotto forma di Stato federale ovvero regionale.

Stato unitario

Lo *Stato unitario* si caratterizza per l'attribuzione del potere al solo Stato centrale o, eventualmente, anche a soggetti periferici (e dunque dislocati, sì, su più sedi nel territorio, ma) privi, totalmente o quasi, di autonomia e di rappresentatività delle popolazioni locali. Si parla, in questi casi, di decentramento. Mentre l'autonomia permette agli enti territoriali che ne beneficiano di auto-normarsi e auto-organizzarsi, il decentramento consente, mantenendo il carattere unitario dello Stato, di diminuire l'impronta centralistica di esso e favorire la dislocazione degli apparati (e, dunque, degli organi amministrativi, di gestione, ecc.) in più sedi, con il duplice effetto di alleggerire l'organizzazione centrale e di rendere più prossimo ai destinatari il livello di governo che assume le decisioni ad essi relative.

Come si ricava da queste premesse, l'unitarietà dello Stato può, in verità, manifestarsi in forme differenti a seconda del livello di decentramento (quantità delle articolazioni decentrate e tipologia dei poteri a esse attribuiti), e può accadere che esperienze di più accentuato decentramento preludano a forme, magari iniziali e abbozzate, di autonomia, con possibili evoluzioni verso altri tipi di Stato.

Confederazione di Stati

Oltre a quelli unitari (più o meno decentrati), soprattutto in una certa fase storica si è assistito alla realizzazione di Stati confederali o forse, come sembrerebbe più corretto dire, di *confederazioni di Stati*. Tale fenomeno si ha allorché un certo numero di Stati, indipendenti e sovrani, convengono di dare vita a un'organizzazione tra essi comune, soprattutto per alcune, limitate (anche se rilevanti) finalità. Più che a un vero e proprio tipo di Stato (confederale), si è qui di fronte a una unione di ordinamenti statali in virtù di un accordo internazionale, senza che ciò intacchi la sovranità degli Stati che vi partecipano e senza che si determini il venir in essere di un ordinamento giuridico di tipo statuale nuovo e ulteriore rispetto a quelli degli Stati stessi.

Gli esempi che si citano, al riguardo, sono solitamente quello svizzero e quello della Germania realizzatisi attorno alla metà del XIX secolo, e, ancor più risalente, quello degli Stati Uniti d'America tra il 1777 e il 1787. A proposito di quest'ultimo, dopo la Dichiarazione di indipendenza del 1776, vennero presentati al Congresso, l'anno successivo, gli *Articoli della Confederazione*, destinati a dare vita a una lega di Stati operanti insieme ma come entità separate (il governo nazionale era sostanzialmente privo di attribuzioni, non esistendo un vero potere esecutivo, e gli unici poteri erano quelli di chiedere agli Stati di mandare denaro e truppe per sostenere la rivoluzione; gli Stati potevano, peraltro, ignorare le leggi nazionali che non gradivano sul proprio territorio). Le difficoltà che ciò determinava indussero rapidamente a convocare una serie di assemblee (Mount Vernon e Annapolis), fino ad arrivare alla Convenzione di Filadelfia del 1787, inizialmente chiamata a rivedere gli articoli della confederazione, ma che in realtà ben presto decise di dare vita alla nuova Costituzione e a un sistema di governo in cui l'autorità nazionale avesse realmente i poteri di reggere le sorti del nuovo ordinamento.

Si tratta di una vicenda emblematica del carattere fragile e transitorio che tipicamente si accompagna all'ipotesi confederativa, destinata di regola a sfociare, storicamente, o in un vero e proprio Stato federale, come unica via in grado di rafforzare sufficientemente il vincolo tra gli Stati che la compongono, o a sciogliersi.

Stato federale

Lo *Stato federale*, peraltro, oltre che sorgere per associazione di precedenti Stati indipendenti (o di precedenti confederazioni di Stati), può venire in essere anche fin dal momento della indipendenza di quel territorio e del relativo ordinamento, ma più spesso si realizza per dissociazione di precedenti Stati unitari (talora, come nell'esempio del Belgio, passando dapprima per la fase dello Stato regionale).

Quali che ne siano le origini e pur nelle variabili che contraddistinguono le realizzazioni concrete, lo Stato federale ha la tendenza a caratterizzarsi per una serie di elementi, che la dottrina è solita identificare nei seguenti.

Innanzitutto, l'esistenza di un ordinamento statale federale, con una propria carta costituzionale, sovraordinata a quelle degli Stati membri o delle realtà territoriali, variamente denominate, che lo compongono (ciò che a sua volta indurrebbe a ritenere come sovrano il solo Stato federale e non anche quelli membri, pur se vi sono divergenze, in dottrina, sul punto). Poi la previsione, a livello costituzionale, del riparto delle competenze tra lo Stato centrale e gli Stati membri, anche se con varianti significative nelle varie esperienze (non includendosi necessariamente nemmeno l'insieme di tutte e tre le funzioni tradizionali: legislativa, amministrativa, giurisdizionale). Un'assemblea parlamentare normalmente bicamerale, a bicameralismo non perfetto o paritario, con uno dei due rami rappresentativo degli Stati membri e l'altro dell'intero corpo elettorale nazionale. La composizione dell'Esecutivo che tende (o può tendere) a essere rappresentativa della natura composita dello Stato. L'espressa previsione di un ruolo, pur se variamente configurato, degli Stati membri nel procedimento di revisione costituzionale. L'esistenza di un organo di giurisdizione federale, spesso coincidente con quello della giustizia costituzionale, con (anche) funzioni arbitrali tra gli enti territoriali (Volpi).

Stato regionale

Questi stessi elementi rilevano, in negativo o per la diversa intensità o configurazione, a qualificare l'altra manifestazione dei processi di decentramento politico che riguarda vari ordinamenti contemporanei, vale a dire la forma di *Stato regionale*. Si tratta di un fenomeno meno risalente rispetto al federalismo, concentrato in particolare negli ultimi decenni, e che origina, di norma, da itinerari di suddivisione di Stati in precedenza unitari (e spesso a tradizione centralistica, come può essere il caso italiano o quello spagnolo).

Qui non vi sono Stati membri ma enti territoriali autonomi (spesso denominati, appunto, "regioni"), non dotati di una propria carta costituzionale ma previsti dalla Costituzione dello Stato con sfere, più o meno ampie, di autonomia statutaria, normativa, amministrativa e finanziaria (mentre difetta, normalmente, una competenza di tipo giurisdizionale, riservata agli organi dello Stato). Non è detto che vi sia un'assemblea parlamentare direttamente rappresentativa degli enti territoriali e la partecipazione di questi ultimi all'esercizio di funzioni statali (compresa quella di revisione costituzionale) è di solito limitata e contenuta.

Da non dimenticare, poi, come sia abbastanza frequente l'opzione per un regionalismo non omogeneo ma differenziato o asimmetrico, dove alle regioni presenti nel territorio sono riconosciuti statuti differenti e livelli di autonomia più o meno spiccati, fino, in ipotesi estreme, a far dubitare che una sola nozione sia in grado di racchiudere realtà così disomogenee (si è soliti citare, al riguardo, l'esempio portoghese, che affianca, a un limitatissimo numero di regioni come enti politici in senso proprio, un più alto numero di regioni meramente amministrative) (Orrù). Differenziazione che può trovare la propria ragion d'essere in fattori geografici, storici, etnico-linguistici, ecc. e che spesso si presenta, a sua volta, come tappa di un processo evolutivo in grado di condurre a esiti ulteriori, vuoi nel senso di preludere a una equiparazione dei regimi giuridici dei vari enti, magari per il venir meno o l'affievolirsi delle ragioni di specialità per taluni di essi, vuoi nella direzione di una differente tipologia di Stato.

4.2. *Le modalità di attribuzione delle cariche pubbliche di vertice e il loro grado di democraticità e rappresentatività: Stato democratico, Stato autoritario*

Basandosi sulla circostanza che le più importanti cariche pubbliche dello Stato siano attribuite, o meno, e in quale misura, su procedure in grado di renderle "rappresentative" della volontà dell'elemento soggettivo (il popolo e, per esso, il corpo elettorale), si può formulare una distinzione tra i due modelli dello *Stato democratico* e dello *Stato autoritario*.

In astratto, tali denominazioni sembrerebbero attagliarsi soltanto ai due modelli puri estremi, quello totalmente democratico e quello assolutamente non democratico e dunque autoritario. In realtà, occorre considerare una serie di fattori che possono aiutare a collocare correttamente le singole realtà storicamente date, posizionandole in punti più o meno distanti dai due estremi, secondo una logica di graduazione.

Stato democratico

In primo luogo, si deve tenere presente che anche Stati che ognuno considererebbe assolutamente democratici non prevedono l'attribuzione di tutte e di ciascuna carica pubblica sulla base della rappresentanza popolare, potendovi essere, accanto a organi elettivi di primo grado, organi elettivi di secondo o di terzo grado, così come tutta una serie di organi non necessariamente elettivi oppure, in altri casi, necessariamente non elettivi, la cui legittimazione risiede altrove (nella competenza di chi ne fa parte, nelle garanzie proprie dell'incarico, nella funzione di controllo rispetto all'attività di altri organi o enti, ecc.). Si è osservato, del resto, a proposito della sovranità (*supra*, sez. II), in riferimento all'esperienza italiana, ma con riflessione sicuramente valida in generale, come si tenda a ritenere che la sua appartenenza al popolo impedisca di reputare esistenti luoghi o sedi dell'organizzazione costituzionale di uno Stato in cui essa si insedi esaurendovisi.

Stato autoritario

Per converso, anche Stati che i più considererebbero autoritari non mancano, molto spesso, di attribuire il conferimento delle cariche pubbliche al termine di procedimenti elettivi, talvolta addirittura formalmente regolari e ineccepibili, ma in realtà profondamente svuotati di ogni significato autenticamente rappresentativo.

Si deve, poi, osservare che le categorie del democratico e dell'autoritario vengono qui utilizzate nella caratterizzazione giuridica, la quale, tuttavia, come noto, non è né l'unica né probabilmente la più significativa, mentre accezioni diverse, ad es. quella politologica, finirebbero inevitabilmente per condurre a esiti in parte differenti.

La stessa categoria giuridica dello Stato autoritario, oltre tutto, pare ad alcuni non esaustiva dei caratteri fisionomici che può assumere lo Stato non democratico. Non mancano sforzi dottrinari tesi, ad esempio, a ricercarne le linee distintive rispetto a fenomeni contigui o in parte sovrapponibili, come possono essere lo Stato autocratico, lo Stato teocratico, lo Stato totalitario, lo Stato dittatoriale, lo Stato militare, ecc. Con il rischio, peraltro, di una categorizzazione prevalentemente descrittiva e dagli esiti mai conclusivi.

4.3. *Il grado di tutela accordato alle situazioni individuali nei confronti del potere pubblico: Stato patrimoniale, Stato di polizia, Stato di diritto, Stato di diritto costituzionale*

Come accennato in precedenza (*supra*, par. 3.1), assumere a criterio distintivo delle varie forme di Stato il livello di tutela delle situazioni giuridiche soggettive (in questo paragrafo) o il grado di garanzia (nel successivo) che l'intervento statale nella sfera dei rapporti economici sia volto al perseguimento del benessere del maggior numero degli abitanti significa, osservando il fenomeno da altro punto di vista, registrare l'evoluzione che ha caratterizzato, negli ultimi due-tre secoli, la gran parte degli Stati che, come il nostro, appartengono alla schiera di quelli oggi definibili, in sintesi, liberal-democratici. Si tratta, cioè, di marcare le tappe di un progresso, che ha determinato un indubbio aumento del complesso delle garanzie individuali e ha visto gli Stati impegnati in apprezzabili politiche di maggior intervento nella sfera dei rapporti economici e sociali, a vantaggio della generalità o comunque di un più ampio numero di consociati.

Processi storici differenti da Paese a Paese

Naturalmente, questo processo non è intervenuto in tutti i paesi negli stessi tempi e con la medesima intensità, né si è trattato di un percorso lineare o senza inversioni e arretramenti. Molti degli ordinamenti che sono attualmente retti da strutture democratiche e in cui si sono consolidate le forme dello Stato di diritto e dello Stato sociale hanno in realtà attraversato momenti anche critici, quando non, addirittura, derive in senso autoritario. Va altresì detto che le classificazioni qui utilizzate sembrano, invece, implicarsi in minor misura (e talora affatto) con il tipo di Stato risultante dall'articolazione territoriale del potere, che pare più spesso ispirata ad altre esigenze e seguire logiche differenti.

Cominciando, allora, con il grado di tutela delle situazioni individuali nei confronti dei pubblici poteri, si possono individuare le forme di Stato patrimoniale, di polizia e di diritto (nonché, come ulteriore specificazione, di diritto costituzionale).

Stato patrimoniale

Lo *Stato patrimoniale* è la forma caratteristica dei primordi dello Stato moderno (oltre che della situazione esistente nel precedente periodo feudale), allorché gli Stati si identificavano, sostanzialmente, con i sovrani e i relativi patrimoni con quelli dei rispettivi reggitori. La coincidenza del patrimonio dello Stato con quello del sovrano assoluto (da qui anche la formula di *Stato assoluto*) riconduceva a quest'ultimo ogni potere di imperio e la possibilità di disporre di ogni cosa, compresi i pubblici poteri (al limite passibili di essere oggetto di vendita, di donazione, di successione ereditaria, ecc.). Il potere statale si manifestava come assoluto e mancava qualunque garanzia giuridica in capo ai sudditi, se non quella derivante dal grazioso esercizio della potestà sovrana e dall'eventuale autolimitazione di essa, peraltro, evidentemente, del tutto arbitraria, potendo darsi in un caso e non nell'altro, ancorché del tutto simile o identico.

Stato di polizia

Questa concezione, ancora propria del XVII secolo e delle grandi monarchie dell'epoca, tende a cedere il passo, nel corso del secolo successivo, a una forma di maggior garanzia per gli abitanti dei vari Stati, detta dello *Stato di polizia* (in un significato diverso da quello assunto successivamente dal termine in particolari contesti, come apparato fortemente repressivo e lesivo dei diritti individuali). Il termine "polizia" trova qui la propria radice in *polis* e sta a indicare quell'ordinamento nel quale l'azione dei pubblici poteri nei confronti della collettività si ispira all'oggettività data dal rispetto di un complesso di regole e procedure cui è tenuto il funzionario che agisce per lo Stato. Si tratta della prima elaborazione di una sorta di *diritto amministrativo*, nei confronti della cui inosservanza non è ancora data una sede giustiziale di rimedio, ma che rappresentava un indubbio incremento dello spazio di interlocuzione e di rivendicazione dei singoli nei confronti dei poteri operanti in sede di perseguimento dell'interesse pubblico.

Stato di diritto

Il passaggio successivo sarebbe stato rappresentato dall'introduzione di vere e proprie garanzie giuridiche per i cittadini di fronte all'esercizio dei poteri pubblici, situazione cui si associa la nozione di *Stato legale* o *Stato di diritto*. La centralità della legge e la sua superiorità nei confronti degli altri atti riconducibili allo Stato determinano, da un lato, l'affermazione del *principio di legalità* (in virtù del quale è la legge a determinare i fini che l'attività amministrativa deve perseguire, il contenuto tipico dei vari atti e provvedimenti, la disciplina procedimentale di formazione dei medesimi) e, dall'altro, il riconoscimento della possibilità per il cittadino di essere tutelato contro gli atti della pubblica amministrazione mediante ricorso a un giudice terzo e imparziale (con conseguente nascita, in molti paesi europei, della *giustizia amministrativa*).

Questa situazione si determina tendenzialmente nel corso del XIX secolo, in correlazione con l'affermazione, come si vedrà, dello Stato liberale classico.

Il perfezionamento, per così dire, delle garanzie offerte dallo Stato di diritto avrebbe dovuto attendere il secolo successivo, con il sorgere delle Costituzioni pluraliste e la reazione alle esperienze autoritarie prodottesi in particolare tra il primo e il secondo conflitto mondiale. A tale evoluzione, caratterizzata dall'approvazione di Costituzioni quali testi giuridici superiori alle altre fonti del diritto e rigide, dall'introduzione degli organi di giustizia costituzionale e del controllo di costituzionalità, dall'estensione della possibilità per il cittadino di ricorrere a istanze terze e imparziali nei confronti non soltanto degli atti amministrativi, ma degli stessi atti politici e legislativi, si è soliti riferirsi con il termine di *Stato di diritto costituzionale* o *Stato costituzionale*.

Stato (di diritto) costituzionale

4.4. *La natura dell'intervento pubblico nella sfera dei rapporti economici e le modalità di perseguimento del benessere dei cittadini: Stato liberale, Stato sociale, Stato socialista*

Veniamo, infine, all'ultimo dei criteri distintivi qui proposti, che si focalizza sui modi e sui fini dell'intervento pubblico nella sfera dei rapporti economici e sul conseguente grado di realizzazione del benessere dei cittadini. La contrapposizione più significativa, da questo punto di vista, è quella tra *Stato liberale* e *Stato sociale*, mentre assume una valenza più in chiave storica, oramai, la ricostruzione dei caratteri dello *Stato socialista*.

In sostanziale parallelismo con il processo evolutivo che ha condotto dallo Stato di diritto allo Stato di diritto costituzionale, sopra descritto, anche quello dallo Stato liberale allo Stato sociale si colloca nel medesimo arco temporale e contribuisce a sua volta a chiarire i caratteri assunti dagli ordinamenti europei nel passaggio, epocale, dall'Ottocento al Novecento.

Stato liberale

In sostanza, lo Stato di diritto sviluppatosi nel XIX secolo si caratterizzava, dal punto di vista della sfera dei rapporti economici, per un atteggiamento prettamente liberista, propugnando un sistema basato sulla libera concorrenza e limitando l'intervento statale alla difesa del processo competitivo, alla garanzia delle condizioni ritenute essenziali per la realizzazione di una pacifica convivenza e all'erogazione dei servizi di pubblico interesse non ottenibili attraverso i canali del mercato. Lo Stato liberale, in altre parole, si affidava in larga misura alla libertà economica e assumeva quali suoi compiti essenziali quelli rivolti a garantire il libero gioco della concorrenza tra gli attori economici e sociali, tutelando la sicurezza esterna dei confini dell'ordinamento (mediante l'esercito) e la convivenza sufficientemente armonica all'interno (mediante le attività di mantenimento della sicurezza e dell'ordine pubblico).

La base sociale dello Stato liberale era comunemente riconducibile alle borghesie nazionali che traevano la loro forza dallo sviluppo industriale e commerciale. I principi ispiratori, insieme alla libertà economica, erano quelli del primato della legge e dell'eguaglianza (formale) di tutti i consociati davanti ad essa, ciò che consentiva l'abbandono degli antichi privilegi nobiliari e di casta e l'emersione del merito frutto della capacità di impresa e, in generale, delle doti individuali del soggetto.

Questo assetto dello Stato, cui aveva fortemente contribuito la rivoluzione industriale e lo sviluppo del ceto borghese arricchitosi mediante essa, sarebbe stato messo in crisi pochi decenni più tardi anche in forza delle dinamiche che quegli stessi fenomeni avevano attivato, prime fra tutte l'allargamento della base sociale, la crescita del proletariato, soprattutto urbano, la conseguente nascita delle organizzazioni sindacali e dei partiti politici di massa. Queste modificazioni dei processi sociali e organizzativi mal tolleravano un atteggiamento essenzialmente astensionista e neutrale da parte dello Stato, il quale si vide conseguentemente costretto a ispirare la sua azione a nuovi principi. Tale crisi dello Stato liberale si colloca, con variabili da paese a paese, tra gli ultimi anni del XIX secolo e i primi decenni del XX, determinando il sorgere di quella forma di Stato che va sotto l'etichetta di *Stato sociale* o *Stato del benessere* o *Welfare State*.

Stato sociale

La nuova base sociale è apertamente multiclasse e pretendono ora rappresentanza una pluralità di interessi, anche collettivi, fino a quel momento esclusi o sottorappresentati. Si assiste a un più intenso interventismo statale, volto in primo luogo a garantire forme di tutela nei confronti degli strati della popolazione più deboli o esposti, a partire dai lavoratori (nascono o si rafforzano le legislazioni contro le malattie, gli infortuni, l'invalidità, la vecchiaia). L'intervento statale si estende rapidamente anche ad altri settori, in primo luogo quelli in grado di far fronte alle domande sociali più essenziali (l'istruzione, la sanità, la previdenza e l'assistenza sociale) e si accompagna a un rapidissimo incremento delle spese dello Stato.

L'ordinamento non può che rafforzare, di conseguenza, le proprie leve fiscali e la politica di almeno parziale redistribuzione dei redditi a favore delle classi meno agiate si accompagna a un diverso criterio ispiratore dei rapporti tra lo Stato e gli individui, ciò che si traduce anche nelle nuove carte costituzionali. Da un lato, si assiste all'inserimento dei diritti sociali (emblematica, in tal senso, la Costituzione della Repubblica di Weimar del 1919), destinati ad assumere un rilievo sempre maggiore, e, dall'altro, all'affiancamento, all'eguaglianza formale, del principio di eguaglianza sostanziale. Naturalmente, questa tendenza espansiva dell'intervento statale avrebbe, nel tempo, condotto a minare le stesse fondamenta del nuovo assetto, e non a caso gli ultimi decenni del XX secolo avrebbero fatto assistere a quella che viene comunemente definita la crisi (di sostenibilità) dello Stato sociale e delle sue strutture portanti. Si tratta, peraltro, di dinamiche che hanno impattato diversamente da un modello all'altro di Stato sociale e i cui esiti, data anche la contemporaneità degli eventi, appaiono oggi difficilmente pronosticabili.

Stato socialista

Ciò che invece appare, oggi, più agevole da analizzare è la progressiva perdita di importanza di quella terza tipologia di Stato, accanto a quelle liberale e sociale, che per decenni è sembrata in grado di caratterizzare la fisionomia di molti ordinamenti statuali nell'ottica dell'approccio alla sfera dei rapporti economici, vale a dire la forma di *Stato socialista*.

L'esempio a lungo dominante è rappresentato dall'esperienza dell'Unione sovietica (a partire dal 1917), dove hanno assunto un ruolo caratterizzante fattori come la centralità del partito unico, la gestione statale dei mezzi di produzione del reddito, l'assenza dell'iniziativa e della proprietà privata dei beni, il totale controllo politico dell'economia, la monoliticità dell'organizzazione del potere, l'ispirazione fortemente egualitaristica (ben diversa dal rispetto del principio di eguaglianza, sia in senso formale sia in senso sostanziale), ecc. Se è vero che si è trattato di una forma di Stato presa a modello anche da molti altri ordinamenti (particolarmente in Asia, in Africa e in America centrale, oltre che negli Stati europei del blocco sovietico), è altresì vero che il crollo dell'Unione sovietica e la c.d. caduta del muro di Berlino (1989) hanno circoscritto nel tempo l'espansione di quella forma di Stato. Le stesse evoluzioni cui sono andati incontro molti degli Stati che si erano ispirati ad essa, in particolare in Asia e in America centrale, inducono a dubitare che sia a tutt'oggi riconoscibile una vera e propria forma di Stato socialista con caratteristiche univocamente riconducibili a un preciso modello, assistendosi più spesso a varie commistioni con elementi tipici di differenti ispirazioni.

5. *La classificazione proposta con riferimento alle forme di governo*

Senza ripercorrere la pluralità dei criteri di classificazione utilizzati per distinguere le varie forme di governo (*supra*, par. 3.2), e coerentemente con la più limitata finalità che qui ci si propone, quella di fornire un apparato concettuale che consenta di inquadrare i cambiamenti intervenuti nell'evoluzione storica dell'ordinamento italiano e le tendenze in atto nell'epoca contemporanea negli ordinamenti liberal-democratici propri della nostra area, si soffermerà l'attenzione solo sui modelli maggiormente significativi, basati sulla configurazione del rapporto fiduciario tra legislativo ed esecutivo nonché sulla legittimazione e il ruolo del Capo dello Stato, in qualità di organi partecipi della funzione di indirizzo politico.

Assumere quale elemento centrale l'indirizzo politico e ricondurre la forma di governo all'esame dei rapporti fra gli organi che vi partecipano (assemblea parlamentare, governo, organo al vertice dello Stato) trova giustificazione nell'evoluzione storica degli ultimi due-tre secoli e ha il vantaggio di semplificare il quadro, ma non dovrà trascurarsi di considerare, sullo sfondo, la parzialità del punto di osservazione e delle variabili considerate.

A ciò si aggiunga che la scarsa rilevanza, al presente ma anche in chiave storica, trattandosi di esempi piuttosto rari e assai peculiari (escludendo la Svizzera, una breve parentesi nell'esperienza francese di fine Settecento, l'Uruguay nella prima metà e la Jugoslavia nella seconda metà del XX secolo), permette di evitare di tornare sulla forma di governo direttoriale, del resto oggetto di oscillazioni e incertezze anche nella dottrina, che non ha mancato di ascriverla ora alle forme di governo presidenziali ora a quelle parlamentari, sia pure *sui generis*. L'esame si limiterà, pertanto, alle forme di governo parlamentari, presidenziali e semipresidenziali.

5.1. *La forma di governo parlamentare*

La fiducia

Alla base della forma di governo parlamentare sta, come detto, l'istituto della *fiducia*, inteso come elemento di cui l'esecutivo abbisogna da parte del Parlamento, nei confronti del quale esso è politicamente responsabile.

Le origini sono da ricercare nell'esperienza inglese, la cui evoluzione nel corso del XVII e XVIII secolo ci consegna i passaggi dalla monarchia assoluta alla monarchia limitata (alla corona le funzioni statali, in base a un indirizzo politico da essa stessa fissato, ma con alcuni poteri del Parlamento), alla monarchia costituzionale pura (al Re il potere esecutivo, all'organo parlamentare quello legislativo), e, infine, alla monarchia parlamentare (con la progressiva uscita di scena dal circuito politico del sovrano, e il potere esecutivo affidato a un gabinetto autonomo da esso, ma responsabile nei confronti del Parlamento).

La sfiducia

L'esistenza di un rapporto fiduciario tra Parlamento e Governo pone quest'ultimo nella condizione di poter esercitare le sue attribuzioni se e nella misura in cui goda della fiducia parlamentare, la quale può venire meno, per volontà del Parlamento, attraverso la manifestazione della *sfiducia*.

Gli strumenti di razionalizzazione del parlamentarismo

Naturalmente una simile forma di governo può produrre una elevata instabilità dei Governi e una loro intrinseca debolezza, esponendoli in ogni momento al rischio di perdere la legittimazione su cui si fondano. Da qui la tendenza, emersa soprattutto nei testi costituzionali della seconda metà del XX secolo, a cercare di rafforzare la stabilità dei Governi (tematica che va anche sotto il nome di "governabilità") e alla c.d. *razionalizzazione del parlamentarismo*, attraverso, in vero, una pluralità di strumenti e congegni, dalla previsione di specifici poteri di intervento nel circuito fiduciario affidati a un Presidente della Repubblica neutrale, alla modulazione del rapporto fiduciario, fino ad arrivare all'istituto della *sfiducia costruttiva* (tipica del sistema tedesco, essa prevede la possibilità per il Parlamento di votare, sì, la sfiducia al Governo, ma solo individuando, contestualmente, un nuovo esecutivo, evitandosi così le crisi c.d. al buio).

Molte possibili varianti

In realtà, le varianti della forma di governo parlamentare sono ormai tali e tante che il semplice riferimento all'etichetta appare poco più di un guscio vuoto.

La fiducia, infatti, può essere presunta o espressa, venir richiesta nel solo momento iniziale, quello genetico, o dover accompagnare in ogni momento la vita del Governo; la sfiducia può essere prevista nei confronti dell'intero esecutivo o anche solo nei confronti di uno o più dei suoi membri; il Governo può avere, o meno, la possibilità di verificare su suo impulso la permanenza del rapporto fiduciario (si pensi, quanto al caso italiano, alla previsione formale dell'art. 94 Cost. e all'affermarsi, nei fatti, della c.d. *questione di fiducia*); l'esecutivo può venire eletto dal Parlamento o nominato dal capo dello Stato; la possibilità di scioglimento del Parlamento, in caso di crisi di governo, può essere affidata alle stesse forze politiche o al ruolo arbitrale del Presidente della Repubblica; il parlamentarismo può caratterizzarsi per una prevalenza del Governo (con possibile formazione di *governi di legislatura*, vale a dire sostenuti dalla maggioranza parlamentare, di regola, per l'intera durata delle Camere) ovvero del Parlamento (con la tipica formazione di *governi di coalizione*); e così via.

Di conseguenza, le considerazioni svolte in precedenza sulla necessità, in generale, di una comprensione sistematica dell'ordinamento, che coinvolga anche gli organi esterni al binomio legislativo-esecutivo (oltre ai fattori extranormativi del sistema che incidono sulle modalità di governo della cosa pubblica), risultano particolarmente applicabili alle differenti espressioni concrete che mostra l'evoluzione contemporanea della forma di governo parlamentare.

5.2. *La forma di governo presidenziale*

Nettamente contrapposta alla forma di governo parlamentare è quella presidenziale, la cui esperienza paradigmatica è costituita dagli Stati Uniti d'America in base alla ormai più che bicentenaria Costituzione del 1787. Gli elementi caratteristici sono rappresentati dalle modalità di elezione e dal ruolo del capo dello Stato, organo posto al vertice del potere esecutivo, e dall'assenza di un rapporto fiduciario tra legislativo ed esecutivo.

La legittimazione e il ruolo del capo dello Stato

Secondo il modello nordamericano, infatti, il Presidente degli Stati Uniti gode di una fortissima legittimazione politica che gli deriva dalla diretta investitura popolare (attraverso un complicato sistema elettorale incentrato sulle c.d. "primarie"). Il Presidente così eletto rappresenta il vertice dell'esecutivo, che, nella fattispecie, nemmeno prende il nome di Governo, e nomina i suoi collaboratori (le riunioni tra i vari segretari di Stato così nominati danno vita a un organo collegiale che prende il nome di Gabinetto).

Il Parlamento

Al Presidente si contrappone un Parlamento, nella fattispecie il Congresso, con struttura bicamerale, titolare, tra l'altro, delle funzioni legislative, del rilevantissimo potere di approvazione della legge annuale di bilancio e anche della facoltà di rimuovere il Presidente dall'ufficio prima della scadenza del mandato (il c.d. *impeachment*).

Checks and balances

La rigida separazione dei poteri propria di questa forma di governo (cui poteva per certi versi paragonarsi, nel passato, il modello della monarchia costituzionale) non prevede nessun raccordo fiduciario né possibilità di scioglimento anticipato delle Camere, ma si accompagna a un complesso e articolato meccanismo di *checks and balances*, con svariati momenti di controllo e reciproco condizionamento tra l'esecutivo e il legislativo. Si pensi, per citare alcuni esempi, al potere del Presidente di veto sospensivo delle leggi approvate dal Congresso (superabile soltanto mediante un *iter* aggravato) o al necessario assenso parlamentare (il c.d. *advice and consent* del Senato) per la nomina, da parte del Presidente, dei più alti vertici del potere esecutivo e giurisdizionale a livello federale.

Le varianti

Si tratta di un modello molto imitato in altri paesi, in particolare extraeuropei (soprattutto iberoamericani), non senza varianti, specie con riguardo ai poteri e alle attribuzioni dell'organo contemporaneamente posto al vertice dello Stato e dell'Esecutivo e alla configurazione di forme di responsabilità politica nei confronti delle assemblee parlamentari. A queste esperienze ci si riferisce, talora, come a forme di governo "presidenzialiste", che in più di un caso hanno dimostrato natura autoritaria, in una cornice di deboli controlli ad opera degli altri poteri e con limitate garanzie per i diritti. Ulteriori peculiarità si rinvengono nel presidenzialismo talora adottato negli Stati formatisi a seguito della disgregazione dell'Unione sovietica (De Vergottini).

5.3. *La forma di governo semipresidenziale*

La forma di governo semipresidenziale rappresenta, in qualche modo, una ibridazione delle due precedenti, mescolandone taluni aspetti. Va anche considerato che per una parte della dottrina essa non costituirebbe una forma di governo tipica, ma una sorta di variante di quella parlamentare, a tendenza presidenziale (Biscaretti di Ruffia).

La legittimazione e il ruolo del capo dello Stato

L'esperienza paradigmatica è in questo caso rappresentata dalla Costituzione della V Repubblica francese (1958 e successive modificazioni), che si caratterizza per l'elezione popolare diretta del capo dello Stato, il quale deve servirsi, per governare, di un Governo da lui nominato e che deve, tuttavia, avere la fiducia (anche) del Parlamento. Diventano elementi caratteristici, dunque, la struttura "bicefala" dell'esecutivo, data dalla compresenza di due soggetti distinti, il Presidente della Repubblica e il Primo ministro, e il doppio rapporto di dipendenza che lega gli organi dell'esecutivo (Primo ministro, ministri e Consiglio dei ministri) sia al Presidente della Repubblica (che lo nomina e lo può revocare) sia al Parlamento (di cui deve avere la fiducia).

Le ipotesi di "coabitazione"

In un simile contesto, ha finito per rivestire carattere decisivo la circostanza che il Presidente fosse, o meno, eletto dalla stessa maggioranza politica che eleggeva il Parlamento, affinché non si scaricassero sull'Esecutivo tensioni derivanti da spinte centrifughe. Si tratta di situazioni che nell'esperienza francese si sono, peraltro, verificate in più occasioni, andando sotto il nome di *cohabitation*, con il Presidente e il Parlamento espressione di maggioranze politiche diverse, e Governi espressione di orientamenti non perfettamente coincidenti con quelli presidenziali proprio per poter ottenere la fiducia parlamentare. Complessivamente, sono casi che la stessa dottrina di quel paese (Vedel) non ha considerato in maniera particolarmente positiva, ritenendoli, semmai, fonte di potenziale confusione tra responsabilità delle forze di maggioranza e di opposizione.

Anche ad evitare effetti indesiderati quali quelli ora descritti, il sistema francese è andato incontro, a partire dagli anni duemila, a profondi cambiamenti: dapprima la riduzione del mandato presidenziale (da 7 a 5 anni) e una modifica del calendario elettorale per far coincidere le elezioni presidenziali e parlamentari, ciò che ha però condotto a una forte presidenzializzazione del funzionamento delle istituzioni, accompagnata da una pressoché totale assenza di responsabilità del Presidente nel corso del suo mandato. A seguire, attraverso un'ampia revisione costituzionale, i cui aspetti di maggior novità vengono individuati dalla dottrina (Volpi) nell'inquadramento dei poteri del Presidente, nell'accrescimento dei poteri riconosciuti al Parlamento e nel rafforzamento dei diritti dei cittadini e degli istituti di garanzia.

Le varianti

Accanto a quella francese tradizionale, talora denominata "a Presidente forte", esistono altre forme di governo pur sempre semipresidenziali ma senza questa prevalenza del Presidente (ad es., Austria, Irlanda, Islanda, ecc.), dove al capo dello Stato, quand'anche eletto dal popolo, non spetta di regola un ruolo attivo nella determinazione dell'indirizzo politico, ma funzioni di garanzia e di intervento in situazioni di difficoltà di funzionamento del sistema o relativamente eccezionali. In senso opposto si colloca la forma di governo della Federazione Russa, solitamente annoverata tra quelle semipresidenziali ma che ha fatto registrare un crescente rilievo della figura del Presidente, ulteriormente rafforzata dalla riforma costituzionale del 2020.

Sezione IV

I caratteri e l'evoluzione storica dello Stato italiano

1. *Premessa*

Dopo aver esaminato le vicende che hanno condotto alla nascita dello Stato moderno e dato conto delle nozioni di forma di Stato e di forma di governo, utili a inquadrarne le finalità e i possibili modi di organizzazione del potere, è ora il momento di soffermare l'attenzione sui due ordinamenti, quello italiano e quello dell'Unione europea, che rappresentano l'oggetto principale del Manuale, a partire da un sintetico quadro dell'evoluzione storica che essi hanno conosciuto, incentrato sui passaggi più significativi dal punto di vista giuridico-costituzionale. L'attenzione si concentrerà sull'evoluzione della forma di Stato e di governo, sui documenti costituzionali che si sono succeduti e sui momenti di svolta tra le varie configurazioni assunte nel corso del tempo dagli ordinamenti.

2. *Il periodo della monarchia parlamentare e le previsioni dello Statuto albertino in tema di forma di Stato e di governo*

La formazione dello Stato italiano costituisce il risultato di una serie di vicende politiche e militari occorse fra il 1859 e il 1860, e di spinte ideali e culturali iniziate in epoca ancora antecedente, le quali condussero all'assunzione, da parte di Vittorio Emanuele II di Savoia, del titolo di Re d'Italia (l. 17 marzo 1861, n. 4761), cui la prima legge del nuovo Stato, poche settimane più tardi (l. n. 1/1861), aggiunse la menzione «per grazia di Dio e volontà della Nazione», a significare l'intento di accreditare una doppia fonte di legittimazione del potere sovrano, di ordine dinastico e popolare.

Lo Statuto albertino

Lo Statuto albertino concesso dal Re Carlo Alberto ai sudditi del Regno di Sardegna solo pochi anni prima, il 4 marzo 1848, diveniva, in tal modo, la carta costituzionale del Regno d'Italia.

Il problema della continuità dello Stato italiano

Prima di esaminarne le caratteristiche fondamentali e la configurazione data alla forma di Stato e di governo per il tramite di esso, occorre ricordare che si è svolto un lungo dibattito, in dottrina, soprattutto in passato, circa il problema della continuità, o meno, dello Stato italiano. Senza qui ripercorrere le varie posizioni, sarà sufficiente dire che la tesi dominante interpreta i dati di carattere formale e materiale come indicanti lo Stato italiano quale continuazione giuridica del Regno di Sardegna (di cui assunse diritti, obblighi e sistema delle fonti del diritto), pur nella parziale trasformazione dell'elemento soggettivo e di quello territoriale, frutto delle progressive annessioni, e nel consistente rinnovamento del tessuto legislativo che ne seguì quasi immediatamente, il quale condusse, nel giro di pochi decenni, a una riscrittura di tutti i principali codici di diritto sostanziale e processuale.

La forma di governo delineata dallo Statuto

Sotto il profilo delle relazioni tra gli organi di vertice dello Stato, l'art. 2 dello Statuto albertino si esprimeva nel senso di un «governo monarchico rappresentativo» e già nelle premesse vi era il riferimento alle «larghe e forti istituzioni rappresentative contenute nel presente Statuto fondamentale», considerate «come un mezzo il più sicuro di raddoppiare quei vincoli di indissolubile affetto che stringono all'Itala Nostra Corona un Popolo che tante prove Ci ha dato di fede, d'obbedienza e d'amore».

In realtà, l'articolato complessivo delineava una forma di governo di tipo costituzionale puro, e dunque dualistica, ma fortemente sbilanciata a favore del sovrano. Al Re solo apparteneva il potere esecutivo (art. 5), la competenza a fare i decreti e i regolamenti necessari per l'esecuzione delle leggi (art. 6), il potere di nomina e revoca di quelli che venivano espressamente definiti i «suoi ministri» (art. 65). Il potere legislativo era configurato come oggetto di esercizio collettivo da parte del Re e delle due Camere, il Senato di nomina regia e la Camera dei deputati, elettiva, ma che il sovrano aveva il potere di sciogliere (art. 9). Quanto all'ordine giudiziario (artt. 68-73), si stabiliva, in via di principio, che «la giustizia emana dal Re ed è amministrata in suo nome dai giudici che egli istituisce».

Le modificazioni tacite dello Statuto

È noto, peraltro, come fin dall'inizio della sua applicazione lo Statuto – pur se ordinato, come si diceva nelle premesse, «in forza di statuto e legge fondamentale, perpetua ed irrevocabile della Monarchia» – sia andato incontro a una serie di *modificazioni tacite* che lo trasformarono notevolmente e che sancirono un evidente ridimensionamento dei poteri del monarca, in particolare per il trasferimento di fatto della titolarità della maggior parte delle funzioni esecutive a un Governo sotto la guida di un Presidente del Consiglio e che abbisognava, oltre che di quella del Re, anche e soprattutto della fiducia della Camera elettiva. L'ambiguità che, se si vuole, era contenuta nell'art. 67 a proposito della responsabilità ministeriale («i ministri sono responsabili», senza alcuna specificazione del "per cosa" e "nei confronti di chi"), venne dunque rapidamente sciolta nel senso di una responsabilità in primo luogo politica e verso l'assemblea elettiva, trasformando, nei fatti, la forma di governo in una monarchia parlamentare.

La forma di Stato delineata dallo Statuto

Dal punto di vista della forma di Stato, lo Statuto albertino delineava un ordinamento unitario, con una penetrazione non completa dei principi dello Stato democratico (anche in ragione della titolarità del diritto di voto, limitata inizialmente a una percentuale attorno all'1% della popolazione e che sarebbe arrivata a circa un quarto solo nei primi anni del XX secolo), e assumeva la configurazione tipica dello Stato liberale di diritto. Principio di eguaglianza in termini rigorosamente formali (art. 24: «tutti i regnicoli, qualunque sia il loro titolo o grado sono eguali dinanzi alla legge»), un sistema tributario di tipo proporzionale (art. 25) e un ridottissimo sviluppo delle ulteriori disposizioni relative ai diritti e doveri dei cittadini (artt. 26-32), in cui brillava, per l'assenza, qualunque previsione in ordine alla libertà di associazione, al pluralismo e alle garanzie per i c.d. corpi intermedi tra il cittadino e lo Stato (ma con il mantenimento degli ordini cavallereschi e la possibilità per il Re di crearne di altri: art. 78). Si garantivano, in particolare, la libertà individuale (art. 26), quella di stampa (art. 28) e il diritto di adunarsi pacificamente e senza armi (art. 32). L'inviolabilità era espressamente predicata per il domicilio (art. 27), per «tutte le proprietà» (art. 29) e per l'impegno dello Stato verso i suoi creditori (art. 31). A completare il quadro dei diritti, in altre parti dello Statuto si prevedevano il principio del giudice naturale e il divieto di giudici straordinari (art. 71), così come, ad altro riguardo, il mantenimento dei titoli di nobiltà a coloro che ne avevano diritto e la possibilità per il Re di conferirne di nuovi (art. 79).

3. *Il periodo fascista*

Il ventennio

Pur con il mantenimento, sullo sfondo, dello Statuto albertino, tale assetto della forma di Stato e di governo subì una radicale trasformazione durante il ventennio fascista (l'arco di tempo che va dalla marcia su Roma dell'ottobre 1922 alla riunione del Gran Consiglio del Fascismo del luglio 1943). I cambiamenti che si determinarono non furono frutto soltanto di modifiche sul piano normativo, perché ciò che avvenne fu una progressiva trasformazione dell'intero assetto statale verso una forma autoritaria, con un crescente contorno di violenze, lo sradicamento di qualunque baluardo democratico (con il complesso delle istituzioni prive, infine, di qualunque rappresentatività), lo svuotamento del pluralismo istituzionale, dai partiti politici ai sindacati, dalla scuola all'università.

Esula, ovviamente, dalla presente trattazione un approfondimento delle varie vicende storiche, mentre si concentrerà l'attenzione su due ordini di profili. Il primo è rappresentato dalla verifica degli elementi di continuità dello Stato, o di rottura, nei momenti di passaggio verso e da quella esperienza (dall'ordinamento liberale a quello fascista e da quello fascista al periodo transitorio). Il secondo è costituito dall'esame dei provvedimenti normativi che più hanno inciso sulla trasformazione della forma di Stato e di governo (e che vengono, per ciò stesso, solitamente ricordati con la denominazione di *leggi fascistissime*, pur non risultando, talora, le più nefaste tra quelle complessivamente approvate, anche se, va detto, esse furono a fondamento della deriva antidemocratica nei vari settori ove trovavano espressione la sovranità stessa dello Stato e le forme del potere, in particolare in relazione all'elemento soggettivo).

3.1. *Il problema della continuità dello Stato in occasione dell'avvento del fascismo*

Quanto al passaggio dall'ordinamento liberale a quello fascista, occorre innanzitutto ricordare che le premesse vanno ricercate, sul piano storico, nel primo conflitto mondiale (con le sue conseguenze sul piano interno e internazionale) e nella nascita dei partiti di massa, che si affacciarono da noi sulla scena politica nel 1919 con le prime elezioni svoltesi mediante il sistema proporzionale e l'elettorato esteso a una larga fetta della popolazione. Privo di rappresentanza parlamentare nella Camera eletta a seguito di quelle elezioni, il movimento fascista fece concretamente la sua comparsa nelle elezioni del maggio 1921 (allorché ebbe, peraltro, una ridottissima rappresentanza), giungendosi da lì a poco alla formazione del partito nazionale fascista (novembre 1921), che non mancava di prevedere, a livello statutario, la possibile formazione di "squadre di combattimento", in funzione difensiva rispetto alle violenze altrui e a possibile salvaguardia dei supremi interessi della nazione.

La marcia su Roma

A quelle elezioni seguirono mesi di grande instabilità politica e di tensioni (oltre che di minacce e violenze ad opera dei fascisti nei confronti degli avversari politici), che culminarono nella decisione di Benito Mussolini di produrre un concentramento di fascisti a Roma per il 28 ottobre 1922. Alla vigilia dell'evento, l'allora Presidente del Consiglio Facta prese accordi con il Re per la proclamazione dello stato d'assedio, allo scopo di fronteggiare la situazione, ma all'indomani mattina Vittorio Emanuele III rifiutò di firmare il relativo decreto e anzi, dopo aver compiuto rapide consultazioni, conferì proprio a Mussolini l'incarico di formare il nuovo Governo, il quale ottenne la fiducia in Parlamento con un'ampia maggioranza.

A fronte di queste vicende, la dottrina si è divisa tra quanti ritengono che vi sia stata una rottura ordinamentale, con una sorta di colpo di Stato giuridico, e quanti reputano, invece, che vi sia stata una sostanziale continuità e un rispetto delle regole formali vigenti.

Rottura ordinamentale ...

A sostegno della tesi della rottura vi sarebbero soprattutto due considerazioni, la prima che il Re mai prima di allora si era sottratto alle richieste firmate dal Presidente del Consiglio e la seconda che il sovrano avrebbe ricevuto minacce, nella notte tra il 27 e il 28 ottobre, tali da indurlo a mutare atteggiamento.

... o sostanziale continuità?

A ciò si ribatte, da quanti sostengono l'opposta tesi, che era nella discrezionalità del Re non firmare, con la conseguenza che, se qualcosa si era rotto, si trattava soltanto di una prassi non scritta, e che appare poco verosimile l'ipotesi di minacce nei confronti del Sovrano che potessero concretamente apparire tali, dal momento che egli aveva pur sempre la disponibilità dell'esercito (come capo supremo dello Stato, ai sensi dell'art. 5 dello Statuto, e comandante di tutte le forze di terra e di mare).

Come che sia, alla firma del decreto non si pervenne e restano, in vero, significative anche le vicende immediatamente successive e già ricordate, vale a dire le consultazioni, l'incarico a Mussolini (auspicato, tra l'altro, da un comunicato della Confindustria), la composizione di un Governo con esponenti di varie parti politiche, la fiducia concessa da una schiacciante maggioranza parlamentare (a fronte, peraltro, di un discorso in cui il futuro Duce pronunciò la famosa frase «Potevo fare di quest'aula sorda e grigia un bivacco di manipoli. Potevo sprangare il Parlamento e costituire un Governo esclusivamente di fascisti. Potevo: ma non ho *almeno in questo primo tempo* voluto»).

3.2. *Le c.d. leggi fascistissime*

Se i primissimi tempi non risultarono forse tali da segnare cambiamenti radicali nell'assetto dello Stato, furono le vicende immediatamente successive a marcare la differenza, e si è soliti annoverare la legge Acerbo (l. n. 2444/1923) con cui si svolsero le nuove elezioni nell'aprile del 1924, l'omicidio dell'onorevole Giacomo Matteotti (10 giugno 1924), l'astensione parlamentare delle forze di opposizione (il c.d. Aventino) e il discorso di Mussolini alla Camera del 3 gennaio 1925, con il quale egli assunse «la responsabilità politica, morale, storica di tutto quanto è avvenuto», sfidando apertamente l'istituzione parlamentare e l'intera società civile («se il fascismo è stato una associazione a delinquere, io sono il capo di questa associazione a delinquere!»).

Le basi per la trasformazione dell'ordinamento

Quelle premesse posero le basi della trasformazione dell'ordinamento che si sarebbe verificata da lì a poco e di cui sono emblematiche le quattro leggi c.d. fascistissime, fatte approvare in Parlamento in un arco di tempo di meno di dodici mesi, tra il 1925 e il 1926.

La l. n. 2263/1925

La prima e forse più rilevante fu la l. 24 dicembre 1925, n. 2263, relativa alle attribuzioni e prerogative del Capo del Governo, Primo ministro, Segretario di Stato, che alterò radicalmente la forma di governo fino ad allora vigente. Essa prevedeva che il Capo del Governo, nominato e revocato dal Re, fosse responsabile verso il Re dell'indirizzo generale politico del Governo, mentre i ministri, nominati dal Re su proposta del Capo del Governo, erano responsabili verso il Re e verso il Capo del Governo degli atti e dei provvedimenti dei loro ministeri. All'abbandono della forma di governo parlamentare si accompagnava anche la perdita per le Camere del potere di disporre dei propri lavori, e dunque della stessa autonomia parlamentare, dal momento che nessun oggetto poteva essere posto all'ordine del giorno senza il consenso del Capo del Governo, cui venivano altresì riconosciuti ulteriori, penetranti poteri di controllo e indirizzo dell'agenda parlamentare.

Su questa scia, e sempre in tema di forma di governo, una legge di poco successiva (l. n. 1019/1928) avrebbe previsto nuovi meccanismi di elezione per la Camera dei deputati, vale a dire una lista unica nazionale, con nominativi designati dal partito e dalle organizzazioni corporative, approvata dal Gran Consiglio del Fascismo (quest'ultimo, a sua volta, destinato a breve a divenire organo costituzionale dello Stato, con il compito di fornire pareri al Governo, obbligatori su tutte le questioni aventi carattere costituzionale, tra cui la successione al trono, la composizione e il funzionamento delle Camere, le attribuzioni e le prerogative dei membri del Governo, la facoltà del potere esecutivo di emanare norme giuridiche, l'ordinamento sindacale e corporativo, i rapporti con la Santa Sede, i più rilevanti trattati internazionali). Al culmine di questa evoluzione si sarebbe infine prevista la soppressione della Camera dei deputati e la sua sostituzione con la Camera dei fasci e delle corporazioni (l. n. 129/1939), con totale scomparsa del principio rappresentativo.

La l. n. 100/1926

La seconda delle leggi fascistissime fu la l. 31 gennaio 1926, n. 100, che modificò profondamente il sistema delle fonti del diritto, sia primarie sia secondarie, in senso nettamente favorevole all'esecutivo. Si stabilì la prima disciplina compiuta del decreto-legge (in vigore per due anni e con perdita degli effetti *ex nunc* e non *ex tunc* in caso di mancata conversione del Parlamento), vennero previsti i decreti legislativi con il solo obbligo, di fatto, della delega (senza limiti di tempo, di materia o di criteri direttivi), si estesero significativamente le competenze regolamentari del Governo (per l'esecuzione delle leggi, l'uso delle facoltà spettanti al potere esecutivo, l'organizzazione e il funzionamento delle amministrazioni e l'ordinamento del relativo personale, ecc.).

La l. n. 563/1926

La terza legge fascistissima (l. 3 aprile 1926, n. 563) interveniva nei rapporti economici e nell'ordinamento corporativo, avendo come presupposti, da un lato, il patto di Palazzo Vidoni (2 ottobre 1925), con il quale la Confindustria aveva riconosciuto ai sindacati fascisti (benché minoritari) il monopolio della rappresentanza operaia nella contrattazione collettiva, e, dall'altro, la soppressione di fatto delle altre associazioni sindacali. La legge attribuiva al sindacato (e, dunque, a quell'unico sindacato) una condizione di diritto pubblico e riconosceva efficacia normativa ai contratti collettivi di lavoro, i quali divenivano in tal modo vincolanti per l'intera categoria di lavoratori. A una apposita magistratura veniva affidata la competenza sulle controversie di lavoro e si sanzionavano penalmente lo sciopero e la serrata.

Su quella scia, nel 1928 sarebbe stata recepita nell'ordinamento la Carta del lavoro, alla base dell'ordinamento corporativo, il quale avrebbe dovuto finire per riverberarsi, come ricordato, nella stessa composizione della Camera elettiva del Parlamento.

La l. n. 2008/1926

La quarta legge fascistissima (l. 25 novembre 1926, n. 2008) istituiva il Tribunale speciale per la difesa dello Stato, per reprimere l'opposizione al regime, nonostante la lettera dell'art. 71 dello Statuto («Niuno può essere distolto dai suoi giudici naturali. Non potranno perciò essere creati tribunali o commissioni straordinarie»). Contestualmente si ripristinava la pena di morte per il reato di attentato alla vita, all'integrità o alla libertà personale del Re o del Capo del Governo, si punivano i reati politici di mera intenzione, si stabiliva la reclusione, tra gli altri, per quanti ricostituivano i partiti politici e le associazioni disciolte o svolgevano all'estero un'attività antinazionale, e cioè antifascista. La composizione e le garanzie di difesa del Tribunale lasciavano molto a desiderare e le sentenze (numerose anche quelle di morte) non erano in alcun modo impugnabili.

La politica repressiva e limitativa delle libertà personali avrebbe poi trovato sistematica e compiuta attuazione nei nuovi codici penale e di procedura penale, così come nel testo unico delle leggi di pubblica sicurezza, entrati in vigore nel corso del 1931. Una svolta (difficilmente qualificabile altro che come) odiosa fu quella che condusse, nel 1938, all'approvazione delle leggi razziali contro la minoranza ebraica.

3.3. *Il problema della continuità dello Stato in occasione della caduta del fascismo*

La riunione del Gran Consiglio del Fascismo

Alla base della caduta del fascismo vi furono le vicende del secondo conflitto mondiale, cui l'Italia prese parte insieme alla Germania nazionalsocialista e al Giappone, unite contro le potenze alleate. I passaggi che conducono al crollo del regime sono rappresentati, in particolare, dallo sbarco alleato in Sicilia nei primi giorni del luglio 1943 e dai successivi bombardamenti sulla capitale, a seguito dei quali venne di lì a poco convocata, per la sera del 24 luglio, su richiesta di alcuni gerarchi, una riunione del Gran Consiglio del Fascismo. Al termine di essa fu approvato, a maggioranza, un ordine del giorno che censurava le scelte del Duce e chiedeva al Re, richiamandosi allo Statuto albertino (per anni dimenticato), di assumere in prima persona l'iniziativa, ciò che egli rapidamente fece, revocando Mussolini e nominando al suo posto il maresciallo Badoglio.

Come per le vicende alla base dell'avvento del fascismo, anche in riferimento alla sua caduta si è aperto un dibattito che ha visto tesi contrapposte in ordine alla continuità, o meno, dell'ordinamento.

Rottura ordinamentale ...

Chi ha sostenuto la rottura delle regole costituzionali vigenti ha fatto leva, in particolare, sulla revoca del Primo ministro, non prevista dalla l. n. 2263/1925 e in regime di dittatura nemmeno concepibile, e sull'avvenuta designazione, da parte del Re, del nuovo Primo ministro senza acquisire il parere del Gran Consiglio del Fascismo, in violazione delle attribuzioni previste per tale organo dalla l. n. 2693/1928. Si trattava, da un lato, dell'art. 12, il quale prevedeva, come ricordato, il parere obbligatorio «su tutte le questioni aventi carattere costituzionale», e, dall'altro, dell'art. 13, in cui si stabiliva che «il Gran Consiglio, su proposta del Capo del Governo, forma e tiene aggiornata la lista dei nomi da presentare alla Corona, in caso di vacanza, per la nomina del Capo del Governo, Primo Ministro Segretario di Stato».

... o sostanziale continuità?

Chi, invece, ha sostenuto la sostanziale legittimità del provvedimento ha ritenuto di poter far leva, per un verso, sulla previsione statutaria dei poteri del sovrano, formalmente sempre vigente, e, per l'altro, sulla volontà espressa dal Gran Consiglio con l'ordine del giorno approvato, di implicita rinuncia all'esercizio delle attribuzioni per esso previste nella nuova forma di governo (ancorché restauratoria dell'ordine precedente l'avvento del fascismo) di cui si invocava l'applicazione.

L'8 settembre 1943

Quale che sia la valutazione sul punto, seguirono alcune settimane estremamente confuse, sia nei provvedimenti normativi adottati (non privi di ambiguità e spesso scarsamente efficaci) sia negli eventi, che avrebbero condotto all'ulteriore svolta rappresentata dall'armistizio dell'8 settembre 1943, che provocò, com'è noto, la divisione dell'Italia in due tronconi, il Nord occupato dai tedeschi e con la formazione della Repubblica sociale italiana (c.d. Repubblica di Salò), volta a proseguire l'ordinamento fascista preesistente, ma con il rifiuto della forma monarchica, e il c.d. Regno del Sud, con la monarchia e i partiti sciolti dal fascismo ricostituitisi nel C.L.N. (Comitato di Liberazione Nazionale).

4. *Il periodo transitorio*

Un periodo breve ma denso

Quello apertosi con l'armistizio e destinato a chiudersi con l'entrata in vigore della Costituzione repubblicana (1° gennaio 1948) è solitamente ricordato come il periodo transitorio o provvisorio. Si trattò di una esperienza che potrebbe sembrare, con lo sguardo attuale, breve e di scarso significato, costituendo una sorta di ponte, temporaneo e provvisorio, tra la fine delle vicende monarchiche e della "parentesi" fascista e l'inizio dell'epoca repubblicana. In realtà fu un periodo sì relativamente breve (meno di un lustro), ma di straordinaria intensità, caratterizzato da vicende uniche e irripetibili e che produsse la sola vera Costituzione che l'Italia unita abbia avuto, risultato dell'unico vero momento costituente della storia nazionale (Pizzorusso).

Naturalmente, era soprattutto il succedersi degli eventi a segnare le trasformazioni dell'ordinamento (le nuove modalità di conduzione della guerra a seguito dell'armistizio, la tregua istituzionale tra la monarchia e i partiti del C.L.N., il rapido succedersi dei Governi, la liberazione della capitale e poi di tutto il territorio nazionale, l'abdicazione del Re, il *referendum* istituzionale, le prime elezioni con il suffragio universale maschile e femminile, l'elezione del Capo provvisorio dello Stato, ecc.) e ciò ha determinato, in epoca successiva, varie e differenti periodizzazioni. Quella che qui si propone privilegia l'ottica giuridico-costituzionale e suddivide il periodo transitorio in due fasi, usando come spartiacque il 2 giugno 1946, per poi soffermarsi in maniera particolare, come detto, sui testi di rilievo costituzionale che si sono succeduti in quegli anni e sul processo costituente.

4.1. *Gli anni dal 1943 al 1946 e i due decreti noti come prima e seconda costituzione provvisoria*

Nella prima fase del periodo transitorio il carattere dominante nell'ordinamento è rappresentato dalla pressoché totale assenza di punti di riferimento giuridico-costituzionali. La portata reale dello Statuto albertino risultava assai dubbia, l'atteggiamento della monarchia pareva improntato al superamento della crisi mediante un puro e semplice ritorno al passato, ovviamente osteggiato dai partiti politici che facevano parte del C.L.N. (Democrazia cristiana, Democrazia del lavoro, Partito comunista italiano, Partito d'azione, Partito liberale italiano, Partito socialista italiano), mancava di fatto il Parlamento, l'unica fonte del diritto praticabile risultavano essere i decreti-legge dei Governi (privi di qualunque controllo e per i quali vi era al più la consapevolezza che sarebbero stati semmai convertiti a distanza di tempo, magari in unica soluzione).

La "tregua istituzionale"

In questo quadro di grandissima incertezza, la svolta fu rappresentata, sul piano politico, dalla c.d. *tregua istituzionale* fra monarchia e C.L.N., mediante la quale si rinviava a dopo la liberazione di Roma la decisione sull'assetto istituzionale e costituzionale del Paese, con l'intesa di una futura nomina del figlio del Re alla carica di "Luogotenente del regno". Si trattava di una figura non prevista dallo Statuto albertino, che conosceva quella del principe ereditario e quella del reggente, e di una soluzione (elaborata da Enrico De Nicola) di compromesso, con l'uscita di scena del Re implicato con il fascismo, che rimaneva però formalmente tale, l'attribuzione di poteri a un successore che si mostrava disponibile ad assumerli senza ricevere la dignità di Re, in forza di un titolo di luogotenenza (non del Re, ma del regno), che implicava un richiamo alla corona e non al monarca (Barile-Cheli-Grassi).

La prima costituzione provvisoria

Nei primi giorni di giugno del 1944 intervennero sia la liberazione della capitale sia la nomina di Umberto a Luogotenente del regno, e la traduzione del patto sul piano giuridico fu opera del decreto-legge luogotenenziale 25 giugno 1944, n. 151, spesso ricordato come *prima costituzione provvisoria* (ad esso si riferisce, sia pure con la denominazione di "decreto legislativo luogotenenziale", la XV disp. trans. e fin. Cost. nel disporne la conversione in legge), uno tra i primi atti del nuovo Governo, presieduto da Ivanoe Bonomi, designato dal C.L.N.

Come anche per la seconda, di cui si dirà, non si trattava di costituzioni nel senso tecnico del termine (non ne avevano, a tacer d'altro, né la denominazione, né la struttura, né la portata e si presentavano quali documenti contenenti disposizioni volutamente provvisorie), ma ciò non ha impedito alla dottrina di riferirsi a essi come ad atti normativi costituzionali (Modugno), in grado di determinare la forma di governo e il sistema delle fonti del diritto dello Stato.

Quanto alla prima, veniva innanzitutto stabilito che «dopo la liberazione del territorio nazionale, le forme istituzionali saranno scelte dal popolo italiano che a tal fine eleggerà, a suffragio universale diretto e segreto, una Assemblea costituente per deliberare la nuova costituzione dello Stato» (art. 1). I membri dell'Esecutivo si impegnavano, tra l'altro, a «non compiere, fino alla convocazione dell'Assemblea costituente, atti che comunque pregiudichino la soluzione della questione istituzionale» (art. 3). In attesa dell'entrata in funzione del nuovo Parlamento, si stabiliva che i provvedimenti aventi forza di legge (denominati decreti legislativi, sanzionati e promulgati dal Luogotenente generale del regno) fossero deliberati dal Consiglio dei ministri (art. 4).

La Consulta nazionale

Pochi mesi più tardi, tale assetto sarebbe stato completato con l'istituzione della Consulta nazionale, avente funzioni consultive (e non deliberative), e destinata a operare fino al termine della prima fase del periodo transitorio. Si trattò essenzialmente di un luogo di discussione, esame e proposta circa i problemi di ordine istituzionale che avrebbero caratterizzato l'assetto del futuro Stato.

La seconda costituzione provvisoria

Intervenuta la liberazione dell'intero territorio nazionale (25 aprile 1945), il quadro istituzionale così delineato fu modificato ad opera della *seconda costituzione provvisoria* (decreto legislativo luogotenenziale 16 marzo 1946, n. 98).

Di enorme portata fu la scelta in essa contenuta di affidare la decisione sulla forma istituzionale dello Stato (Repubblica o Monarchia) direttamente al popolo, mediante *referendum* da tenersi contemporaneamente alle elezioni per l'Assemblea costituente (art. 1). Da sottolineare, poi, l'opzione per la forma di governo parlamentare (art. 3), stabilendosi espressamente la responsabilità del Governo verso l'Assemblea costituente e l'obbligo di dimissioni in seguito alla votazione di apposita mozione di sfiducia (intervenuta non prima di due giorni dalla sua presentazione e adottata a maggioranza assoluta dei membri dell'assemblea). Si precisava, quindi, che fino alla convocazione del nuovo Parlamento il potere legislativo «resta delegato, salva la materia costituzionale, al Governo, ad eccezione delle leggi elettorali e delle leggi di approvazione dei trattati internazionali le quali saranno deliberate dall'Assemblea» e fermo il potere del Governo di sottoporre all'esame dell'Assemblea «qualunque altro argomento per il quale ritenga opportuna la deliberazione di essa» (ancora l'art. 3). Si regolamentavano, infine, altri aspetti transitori, tra cui la durata in carica dell'Assemblea costituente, la quale sarebbe stata sciolta di diritto con l'entrata in vigore della nuova Costituzione e non oltre l'ottavo mese dalla sua prima riunione, salva la possibilità di una proroga per non più di quattro mesi (art. 4).

L'abdicazione del Re

A rompere la tregua istituzionale e l'assetto complessivamente sancito nelle due costituzioni provvisorie intervenne, a poche settimane dal voto, e senza tuttavia riuscire a determinarne un significativo cambiamento negli esiti, l'abdicazione di Vittorio Emanuele III a favore del figlio, il quale cinse la corona, con il nome di Umberto II, dal 9 maggio 1946 sino allo svolgimento del *referendum* istituzionale.

4.2. *Gli anni dal 1946 al 1947 e la fase costituente*

Il 2 giugno 1946

Sulla base di quanto previsto dalla seconda costituzione provvisoria, il 2 giugno 1946 ebbero luogo, dunque, sia il *referendum* istituzionale, che assegnò alla Repubblica circa dodici milioni e mezzo di voti, contro i dieci milioni e mezzo alla Monarchia (con un Centro-nord a maggioranza repubblicana e un Centro-sud a maggioranza monarchica), sia l'elezione dell'Assemblea costituente, della quale fecero inizialmente parte 207 eletti nelle file democristiane (35% dei voti), 115 socialisti (21% dei voti) e 104 comunisti (19% dei voti) su 556 componenti, mentre numeri minori ebbero le altre formazioni politiche, tutte con percentuali di voto inferiori al 7%.

L'Assemblea costituente

L'Assemblea costituente si riunì per la prima volta entro la fine di quello stesso mese di giugno del 1946 e provvide, tra i primi atti, a eleggere il Capo provvisorio dello Stato nella persona di Enrico De Nicola. Essa svolse i propri lavori (dapprima sotto la presidenza di Giuseppe Saragat, poi sotto quella di Umberto Terracini) fino al 31 gennaio 1948, anche dopo, dunque, l'entrata in vigore della nuova Carta costituzionale, prorogando a più riprese la sua durata, fino complessivamente a diciannove mesi.

La Commissione dei Settantacinque

Per la redazione della Costituzione l'Assemblea deliberò di affidare la preparazione di un progetto a una sua articolazione interna, che fu denominata *Commissione dei Settantacinque*, presieduta da Meuccio Ruini e divisa a sua volta in tre Sottocommissioni. La prima di queste si occupò delle disposizioni relative ai diritti civili e politici; la seconda, dell'organizzazione costituzionale dello Stato (poi suddivisa in due sezioni, una per il potere esecutivo, una per il potere giudiziario); la terza, dei rapporti economici e sociali. Un comitato ristretto (detto *Comitato dei 18*) coordinò i lavori delle tre sottocommissioni e proseguì la sua opera anche dopo la presentazione del progetto all'Assemblea, avvenuta nel gennaio 1947.

Il progetto di Costituzione

Tale progetto si presentava composto di 131 articoli più 9 disposizioni finali e transitorie e risultava così suddiviso: *Disposizioni generali* (artt. 1-7); *Parte I – Diritti e doveri dei cittadini* (artt. 8-51), suddivisa in quattro Titoli; *Parte II – Ordinamento della Repubblica* (artt. 52-131), suddivisa in sei Titoli; *Disposizioni finali e transitorie* (I-IX).

L'approvazione del testo della Costituzione

Dal 4 marzo al 22 dicembre 1947 l'articolato fu discusso, emendato e approvato dall'Assemblea e, a norma della sua XVIII disposizione transitoria e finale, la Costituzione fu promulgata il 27 dicembre dal Capo provvisorio dello Stato ed entrò in vigore il 1° gennaio 1948. Il testo fu votato da tutte le forze politiche che erano state protagoniste dell'antifascismo e della Resistenza (in particolare, i voti favorevoli furono 453 su 515 presenti e votanti). E questo nonostante la crisi di governo verificatasi nel maggio 1947, che condusse, sulla scia e in conseguenza soprattutto di dinamiche internazionali (la c.d. "guerra fredda"), all'estromissione dalla compagine ministeriale dei rappresentanti dei partiti comunista e socialista. Una circostanza che ha influenzato la redazione di una serie di disposizioni della Carta e, soprattutto, ha pesato negativamente per lungo tempo sull'ulteriore corso della vita costituzionale del paese (Mortati), senza tuttavia pregiudicare il raggiungimento di un amplissimo consenso sul testo della Costituzione repubblicana.

5. *La Costituzione repubblicana e i suoi caratteri*

La complessità dei processi costituenti

Ogni processo costituente, così come il documento che ne traduce i relativi esiti, può essere riguardato da una molteplicità di punti di vista. Se ne possono esaminare, ad esempio, i significati, la formazione, i contenuti, le possibili variazioni, i modi di protezione, i caratteri, se ne può osservare la portata giuridica, quella politica, quella sociologica, ecc. Ognuna di queste opzioni, a sua volta, porta con sé una pluralità di distinzioni e di possibili classificazioni, per non dire del grado di effettività che possono avere i testi o le prescrizioni in essi contenute, in relazione al quale si è sviluppata la distinzione, già ricordata (v. sez. I, par. 4), tra costituzione formale e costituzione materiale, nei suoi differenti significati.

Senza pretesa, dunque, di esaustività, si esamineranno di seguito alcuni dei caratteri della Costituzione italiana del 1948, soffermando in particolare l'attenzione su quelli che più ne mettono in evidenza il significato di cambiamento e rottura rispetto al passato (e di contrapposizione nei confronti della precedente carta, lo Statuto) e su quelli più utili a spiegare le vicende che il testo ha in seguito conosciuto, per arrivare fino ai giorni nostri.

5.1. *Il procedimento di formazione e il contributo popolare al testo*

Dal punto di vista della formazione e dell'origine dei testi, occorre innanzitutto ricordare che le costituzioni possono essere il frutto di procedimenti esterni all'ordinamento, totalmente (ad esempio perché imposte da potenze occupanti o da altri paesi, sino a essere del tutto eteronome), o solo in parte, in quanto condizionate al rispetto anche di fattori esterni (come ad esempio accordi internazionali, trattati di pace, ecc.), o essere invece la risultante di procedimenti di natura propriamente costituente interni agli ordinamenti interessati. In quest'ultima ipotesi, decisivo è il riscontro in ordine al grado di partecipazione da parte del popolo alla loro stesura.

Costituzioni concesse e costituzioni pattizie

In taluni casi questa partecipazione può essere assente, e ne sono chiaro esempio molte delle costituzioni ottocentesche concesse (ottriate) dai sovrani, e dunque frutto di una loro graziosa (ancorché spesso indotta) autolimitazione. In queste ipotesi si parla anche di procedimenti monarchici, in quanto provenienti dai sovrani, e tali da tradursi in una elargizione della costituzione ai sudditi. In talune occasioni, peraltro, la concessione del documento costituzionale ha rappresentato uno degli elementi del patto tra il Re e il popolo (o l'assemblea che ne rappresentava i voleri), dando vita a una sorta di ipotesi intermedia, quella delle costituzioni c.d. pattizie.

Costituzioni espressione della volontà popolare

In ogni caso, in contrapposizione a tali procedimenti vi sono quelli c.d. democratici, in quanto espressione della sovranità popolare. In realtà, il contributo dato dall'elemento soggettivo dello Stato alla stesura del testo costituzionale può essere estremamente vario, dando vita a una pluralità di ipotesi. Vi può essere l'elezione di un organo apposito e *ad hoc* (che tipicamente assume il nome di assemblea costituente) con lo specifico scopo di scriverne il testo, oppure prevedersi una consultazione referendaria, antecedente o successiva alla elaborazione del documento, o altre modalità ancora. Questo spiega anche il perché dell'uso di terminologie differenti, parlandosi di costituzioni "democratiche", "votate", "partecipate", ecc.

Ai fini di un corretto inquadramento delle vicende della storia costituzionale italiana, la distinzione più significativa è indubbiamente quella tra lo Statuto albertino come testo concesso (oltretutto dal Re di Sardegna e solo in un secondo momento esteso al resto d'Italia) e la Costituzione repubblicana partecipata dall'intero popolo. Nel caso di quest'ultima, come ricordato, la partecipazione dei cittadini assunse una duplice caratterizzazione, mediante l'opzione sulla forma istituzionale in contemporanea con l'elezione a suffragio universale dei rappresentanti nell'Assemblea costituente, la quale consacrò poi quell'opzione con gli articoli, non a caso, di apertura (1) e di chiusura (139) del testo costituzionale.

5.2. La struttura e la lunghezza del testo

Accanto all'origine, altri fattori importanti per la comprensione e la valutazione di un testo costituzionale sono la sua struttura e il numero delle disposizioni. Si tratta di elementi apparentemente esteriori, ma che possono, invece, gettare luce sullo stesso significato che una costituzione può in concreto assumere.

La struttura della Costituzione italiana

Cominciando con la struttura, quella della Costituzione italiana si articola in quattro segmenti: il primo, denominato *Principi fondamentali*, racchiude gli artt. da 1 a 12; il secondo, *Parte I – Diritti e doveri dei cittadini*, comprende gli artt. da 13 a 54 (e si snoda in quattro Titoli, disciplinanti i rapporti rispettivamente *civili*, *etico-sociali*, *economici* e *politici*); il terzo, *Parte II – Ordinamento della Repubblica*, va dall'art. 55 all'ultimo degli articoli numerati secondo la numerazione araba, vale a dire il 139 (svolgendosi in sei Titoli – *Parlamento*, *Presidente della Repubblica*, *Governo*, *Magistratura*, *Regioni Province e Comuni*, *Garanzie costituzionali* – alcuni dei quali ulteriormente suddivisi in Sezioni); l'ultimo è rappresentato dalle *Disposizioni transitorie e finali*, un corpo costituito da diciotto disposizioni numerate secondo la numerazione romana.

Le differenze rispetto allo Statuto albertino

Già da questo punto di vista è netta la differenza con lo Statuto albertino, che constava dei primi 23 articoli (riguardanti soprattutto, ma non esclusivamente, la Monarchia e in minor misura la forma di governo) non preceduti da alcuna qualificazione e dei successivi raggruppati sotto alcune rubriche (*Dei diritti e dei doveri dei cittadini*: 24-32; *Del Senato*: 33-38; *Della Camera dei deputati*: 39-47; *Disposizioni comuni alle due Camere*: 48-64; *Dei ministri*: 65-67; *Dell'ordine giudiziario*: 68-73; *Disposizioni generali*: 74-81; *Disposizioni transitorie*: 82-84), senza peraltro una particolare coerenza dal punto di vista logico e sistematico (si pensi, per fare un esempio, alla compresenza, tra le disposizioni generali, di quella secondo cui era abrogata ogni legge contraria allo Statuto con quella per cui nessuno poteva ricevere decorazioni, titoli o pensioni da una potenza estera senza l'autorizzazione del Re).

Il rilievo dei "principi fondamentali"

Con riguardo alla struttura della Costituzione repubblicana, e salvo quanto si dirà più avanti, si può innanzitutto osservare la significativa presenza di una serie di principi fondamentali, con la volontà di considerarli non solo quali parti integrative della Carta ma fondamento dell'intero testo costituzionale, conferendo loro diretta e immediata efficacia normativa nei confronti sia del legislatore sia di ogni altro soggetto, e anzi efficacia potenziata, di *superlegalità costituzionale* (Mortati), resa palese dal rigetto della proposta, che pure era stata formulata, di trasferirli in un "preambolo", proprio nell'intento di eliminare la possibilità di dubbi sul carattere da attribuire loro, analoghi a quelli sorti in passato in Francia a proposito delle Dichiarazioni dei diritti formulate in documenti distinti da quelli della Costituzione in senso formale.

Da notare, poi, la suddivisione dell'articolato (per meglio dire, del complesso di esso ulteriore rispetto ai principi fondamentali) in due parti, sulla scia della formulazione, già ricordata, dell'art. 16 della Dichiarazione dei diritti dell'uomo e del cittadino del 1789, sorta di atto di nascita del moderno costituzionalismo (*toute société dans laquelle la garantie des droits n'est pas assurée, ni la séparation des pouvoirs déterminée, n'a point de Constitution*), e l'adeguato sviluppo garantito a entrambe (più di quaranta articoli per i diritti, più di ottanta per i poteri, comprese le autonomie e le garanzie). Tale profilo si accompagna a quanto accennato in ordine alla lunghezza, o meno, dei testi costituzionali, che ora è possibile completare.

Costituzioni brevi

Sono generalmente *brevi* le costituzioni che disciplinano i rapporti tra gli organi di vertice dello Stato e si limitano, al più, a una enunciazione sintetica delle libertà fondamentali garantite dall'ordinamento, quando addirittura non ne trattano per nulla (si pensi, esemplarmente, a quella nordamericana, solo in un secondo momento integrata dal c.d. *Bill of Rights*). In questo senso, si presentano con carattere di brevità la maggior parte delle costituzioni ottocentesche, cui non fa eccezione, per quel che ci riguarda, lo Statuto albertino.

Costituzioni lunghe

Sono considerate *lunghe*, all'opposto, pur non essendo, com'è ovvio, una questione meramente riconducibile al numero degli articoli o alla quantità dei vocaboli utilizzati, le costituzioni che non solo specificano con una certa dovizia di previsioni i rapporti tra le istituzioni, ma trattano dei diritti, delle libertà e dei doveri dei cittadini, sino a disciplinare e dettagliare i diritti sociali, le dimensioni del pluralismo, le autonomie, e tutto ciò che, più in generale, riguarda la natura pluriclasse e composita propria degli Stati, quanto meno a partire, per molti di essi, dal Novecento. Nel caso italiano, poi, la lunghezza della Costituzione repubblicana traduceva anche il desiderio di voltare pagina rispetto all'esperienza della dittatura, regolando in maniera puntuale i principi della convivenza civile e sociale, per renderne, anche già sul piano teorico e formale, più arduo l'eventuale, futuro, tentativo di svuotamento o sovvertimento.

5.3. *Il carattere rigido o flessibile*

Potere costituente e potere costituito

Ogni documento costituzionale porta con sé un'idea di stabilità dell'assetto dell'ordinamento da disciplinare, anche perché frutto, di norma, di un *potere costituente*, e come tale originario ed eccezionale, destinato a esprimersi in momenti del tutto particolari della storia di un popolo, e tale da demandare all'esercizio dei *poteri costituiti* la gestione, per così dire, ordinaria dello Stato. È però vero che tale stabilità non solo non è assoluta da un punto di vista storico e fattuale (sul piano dell'effettività), ma non è di regola nemmeno prevista come tale da un punto di vista giuridico-positivo. Nella stragrande maggioranza dei casi, infatti, i testi costituzionali si presentano come modificabili, potendosi operare delle *revisioni*, ma a variare in misura anche assai significativa sono il grado e i limiti di questa possibilità di intervenire su di essi.

Sulla scorta di tale premessa, si è soliti distinguere le carte costituzionali in rigide e flessibili.

Costituzioni rigide

Sono *rigide* le costituzioni che sottopongono la revisione delle proprie disposizioni a una serie, più o meno stringente e complessa, di limiti, di varia natura (sostanziali o procedurali). Possono darsi, di conseguenza, gradi di rigidità anche molto diversi gli uni dagli altri. Sono *flessibili* quelle costituzioni che si lasciano modificare senza frapporre una qualche resistenza, e talora neppure disciplinano la loro stessa revisione.

Costituzioni flessibili

Da questo punto di vista, mentre lo Statuto albertino, pur nell'autoqualificazione di «Statuto e legge fondamentale, perpetua ed irrevocabile della Monarchia», si lasciò nei fatti modificare, come ricordato, da semplici leggi ordinarie e addirittura in maniera tacita (esso non prevedeva alcun procedimento per la sua modifica, né esisteva uno speciale procedimento per controllare la conformità delle leggi allo Statuto), la Costituzione repubblicana si presenta, invece, come rigida.

Il grado di rigidità della Costituzione repubblicana

Da un lato, infatti, non basta la normale attività legislativa del Parlamento, ma occorre un'apposita procedura aggravata, espressamente indicata dalla stessa Costituzione all'art. 138.

Secondo tale disposizione, lo stesso Parlamento, titolare del potere di legislazione ordinaria, può procedere alla revisione costituzionale attraverso due successive deliberazioni (anziché una) da parte di entrambe le Camere, con intervallo non minore di tre mesi tra la prima e la seconda approvazione, la quale ultima deve avvenire a maggioranza assoluta (anziché relativa). La decisione del Parlamento, inoltre, può essere sottoposta, dietro richiesta di un quinto dei membri di una Camera, di 500.000 elettori o di cinque consigli regionali, al giudizio del corpo elettorale, che dovrà approvarla con la maggioranza favorevole dei voti validi, altrimenti la legge di revisione non entrerà in vigore. È invece esclusa la possibilità di fare ricorso al *referendum* oppositivo allorché la legge di revisione sia stata approvata dal Parlamento con la maggioranza (particolarmente) qualificata dei due terzi dei componenti.

Dall'altro, la procedura aggravata di revisione non consente di modificarne qualsiasi parte o disposizione, essendovi uno scarto ineliminabile tra potere costituente e potere costituito e comunque non dandosi, nel nostro caso (come invece in qualche altra, seppur limitata, esperienza), l'ipotesi della revisione totale.

I limiti alla revisione costituzionale

La dottrina ha in proposito elaborato due serie di limiti alla revisione costituzionale: *a*) una prima che comprende quelli che sono definiti *limiti espliciti*, in quanto stabiliti espressamente dalla Costituzione e quindi da questa direttamente ricavabili, vale a dire soprattutto la forma repubblicana, che «non può essere oggetto di revisione costituzionale» (art. 139), e, secondo taluni, i diritti fondamentali dell'uomo, in quanto definiti «inviolabili» (art. 2); *b*) una seconda relativa invece ai *limiti impliciti*, in quanto ricavabili dal quadro complessivo dei principi costituzionali e identificati per lo più nei principi e nei valori che caratterizzano la nostra forma di Stato e nel concetto di "costituzione materiale", inteso, qui, come nucleo duro e immodificabile della nostra Costituzione. La modifica sostanziale o la eliminazione di certi principi, considerati dal Costituente della massima importanza e caratterizzanti il patto costituzionale, creerebbe una situazione di incompatibilità tale da non consentire di continuare a far riferimento alla scelta costituente, anche quando, in ipotesi, molte altre disposizioni della Costituzione fossero conservate e continuassero ad avere efficacia.

La posizione della Corte costituzionale

L'esistenza di limiti alla revisione costituzionale è stata affermata con estrema chiarezza anche da parte della Corte costituzionale, la quale, con la sent. n. 1146/1988, ha avuto modo di precisare che «la Costituzione italiana contiene alcuni principi supremi che non possono essere sovvertiti o modificati nel loro contenuto essenziale neppure da leggi di revisione costituzionale o da altre leggi costituzionali. Tali sono tanto i principi che la stessa Costituzione esplicitamente prevede come limiti assoluti al potere di revisione costituzionale, quale la forma repubblicana, quanto i principi che, pur non essendo espressamente menzionati tra quelli non assoggettabili al procedimento di revisione costituzionale, appartengono all'essenza dei valori supremi sui quali si fonda la Costituzione italiana».

5.4. *La natura "programma" e "bilancio"*

A completare i possibili caratteri dei testi costituzionali, vi è un'ulteriore distinzione che spesso viene fatta, quella tra costituzioni "programma" e costituzioni "bilancio".

Costituzioni programma

Le prime si caratterizzano per la circostanza in base alla quale una parte significativa e consistente delle indicazioni relative a principi, valori e istituti previsti nel testo, al momento della sua entrata in vigore, esistono soltanto a livello formale (da qui anche la distinzione, in uno dei possibili significati, tra costituzione formale e costituzione materiale, intesa quest'ultima come previsioni effettivamente concretizzate ed esistenti) e costituiscono pertanto un programma da attuare da parte del legislatore. Esse risultano caratteristiche, in particolare, di momenti storici in cui si ha un passaggio netto da un tipo di ordinamento a un altro, esprimendo la tensione fra il sistema esistente e quello da attuare.

Costituzioni bilancio

Le costituzioni "bilancio", invece, fotografano, per così dire, un assetto sociale che ha trovato il proprio punto di equilibrio, rispetto al quale la traduzione in termini costituzionali, certamente non inutile, ha però lo scopo di consolidare l'acquisito e farne la base per gli eventuali, successivi svolgimenti.

Vi è la consapevolezza, ben inteso, che difficilmente sarà dato riscontrare, nell'esperienza concreta, testi completamente di un tipo o dell'altro, mentre appare più probabile una commistione tra disposizioni aventi natura di programma e altre di bilancio. Tuttavia, è una classificazione che permette di prefigurare, a seconda della prevalenza di disposizioni di un tipo o dell'altro, i possibili sviluppi del testo.

Il "compromesso" costituzionale

Nel caso italiano, non v'è dubbio che la Costituzione repubblicana contenesse molte disposizioni aventi natura di fini da realizzare, ciò che sarebbe stato alla base della lunga e altalenante fase di attuazione del testo, che nemmeno oggi, a distanza di decenni, può dirsi del tutto completata. Si trattava, tra l'altro, di una diretta conseguenza di quello che viene solitamente definito il carattere compromissorio della Carta, frutto di una sintesi tra le principali componenti presenti in Assemblea, la cattolica, la liberale e la socialista. In realtà, il termine compromesso può essere utilizzato in una pluralità di significati (negativi, neutri e positivi) e non si è mancato di osservare che già i protagonisti del tempo lo usarono con accezioni diverse, tra le quali, da preferire, sembra essere quella di Palmiro Togliatti, il quale vi leggeva l'espressione di un incontro effettivo e leale tra le forze costituenti e il frutto della ricerca di quell'unità indispensabile per poter fare la Costituzione (non dell'uno o dell'altro partito, non dell'una o dell'altra ideologia, ma) di tutta la nazione (Zagrebelsky).

È vero, peraltro, come fu autorevolmente sottolineato da un altro degli autori del testo (Calamandrei), che al compromesso raggiunto in Assemblea costituente non era estraneo un singolare ibridismo tra forze conservatrici e riformatrici, in virtù del quale «per compensare le forze di sinistra di una rivoluzione *mancata*, le forze di destra non si opposero ad accogliere nella Costituzione un rivoluzione *promessa*», ciò che si sarebbe potentemente riverberato sulle vicende successive.

6. *L'attuazione della Costituzione e le revisioni intervenute*

Proprio l'ultima caratteristica ricordata è alla base del fatto per cui, già a partire dal 1948, ci si sia da più parti richiamati alla Costituzione principalmente allo scopo di sottolineare l'esigenza di darvi concreta attuazione, svolgendo, per così dire, il programma che essa indicava. La lentezza e la parzialità con le quali quest'opera è avvenuta sono all'origine delle varie periodizzazioni attraverso le quali si è cercato, a posteriori, di analizzare il fenomeno ("congelamento", "inattuazione", "disgelo", "attuazione", ecc.).

6.1. *La fase della non attuazione*

L'ostruzionismo della maggioranza

I primi anni di vita, quelli più delicati, che avrebbero dovuto improntare gli sviluppi successivi, sono stati deludenti sotto il profilo della concreta attuazione, e non è casuale che si sia parlato di congelamento della Costituzione, dovuto in primo luogo allo stesso "ostruzionismo della maggioranza" (Calamandrei) uscita vincitrice alle elezioni del 18 aprile 1948 (in quella occasione, la Democrazia cristiana risultò il partito di maggioranza relativa, ottenendo oltre il 48% dei voti validi e la maggioranza assoluta dei seggi sia alla Camera sia al Senato).

Il periodo dei governi centristi

La prima legislatura trascorre senza risultati apprezzabili ed è, più in generale, l'intero periodo dei governi c.d. "centristi" (1948-1963) a caratterizzarsi per una "inattuazione" della Costituzione. Si registrano poche, sia pur rilevanti, eccezioni, nella seconda metà degli anni Cinquanta, rappresentate dalla istituzione, rispettivamente con otto e dieci anni di ritardo, della Corte costituzionale (operante dal 1956) e del Consiglio superiore della magistratura (l. n. 195/1958: tale legge, peraltro, nella sua originaria formulazione, risultava congegnata in gran parte per mantenere l'assetto esistente dell'organizzazione giudiziaria, ivi compreso il penetrante potere del Ministro della giustizia, non esattamente coerente con i nuovi principi di cui agli artt. 107 e 110 Cost.).

Per il resto, il periodo si caratterizza per una marcata omissione nella realizzazione dei nuovi istituti, la sostanziale continuità con l'ordinamento giuridico precedente e le sue disposizioni (anche quelle del periodo fascista), e persino con alcuni tentativi di dare una attuazione di parvenza (in realtà distorta) dei precetti costituzionali (spesso citata, al riguardo, è la l. n. 62/1953, destinata in apparenza ad avviare l'istituzione delle autonomie regionali, ma in realtà improntata a una ispirazione fortemente centralista, che avrebbe finito per propagare alcuni effetti anche nella fase, peraltro ancora in là da venire a quel tempo, di concreto inizio dell'esperienza delle regioni ordinarie).

La questione delle norme programmatiche

Da segnalare, ancora, un tema che molto affannò la dottrina e la giurisprudenza dell'epoca, relativo all'efficacia da assegnare ai precetti costituzionali da poco entrati in vigore. Al di là della terminologia utilizzata (si ragionava di norme precettive o programmatiche, a efficacia diretta o indiretta, immediata o differita, ecc.), il cuore del problema stava nella circostanza per cui, indipendentemente dalla natura "programma" della Costituzione (nel senso che quella distinzione era solo in parte sovrapponibile con quella di cui ora qui si discute), si reputava da taluni che vi fossero molte disposizioni costituzionali (tra cui i principi fondamentali e molti diritti di libertà) meramente programmatiche, e dunque come tali inapplicabili, che imponevano necessariamente l'intermediazione degli organi statali per acquisire concreta operatività. Sarebbero occorsi alcuni anni per superare questa impostazione, che svalutava la portata innovativa del testo costituzionale e trascurava la circostanza per cui, anche quando hanno bisogno di specificazioni, le disposizioni della Costituzione «esercitano però immediatamente l'effetto di rendere costituzionalmente illegittime le disposizioni legislative ordinarie le quali siano ispirate a principi incompatibili con quelli cui esse sono informate e ciò è importante soprattutto perché dimostra come le disposizioni costituzionali, al pari delle altre, siano sempre utilizzabili nell'ambito di quel complesso di attività di selezione e di interpretazione delle disposizioni e degli altri materiali che consentono di elaborare le norme applicabili alle concrete fattispecie che si presentano nella vita di ogni giorno» (Pizzorusso).

6.2. *La prima fase di consistente attuazione e l'inizio del dibattito sulle riforme istituzionali*

Il periodo dei governi di centro-sinistra

Per un cambiamento di prospettiva si sarebbe dovuta attendere la conclusione dell'esperienza centrista e l'ingresso del Partito socialista italiano nelle compagini di governo, ciò che diede vita al c.d. centro-sinistra. L'elemento di svolta fu rappresentato da un recupero, ad opera non più soltanto degli organi di garanzia, che su questa strada si erano già incamminati, ma degli stessi organi di indirizzo politico, e dunque in primo luogo Parlamento e Governo, dei valori ispiratori del Costituente, con conseguente adeguamento della produzione normativa ordinaria.

Tra la fine degli anni Sessanta e i primi anni Settanta si registrano significativi interventi, destinati finalmente a dare concretezza a una serie di previsioni, sia della prima sia della seconda parte della Costituzione. Senza pretesa di esaustività, si possono ricordare i provvedimenti che conducono all'istituzione delle regioni ordinarie, con l'adozione degli statuti e l'inizio del funzionamento dei rispettivi organi, le norme sui *re-*

ferendum e sulla iniziativa legislativa popolare (l. n. 352/1970), la sperimentazione di una politica di programmazione economica (anche se, in vero, senza risultati apprezzabili), l'elaborazione di un testo di grande significato, anche alla luce dei principi fondamentali della Carta, quale è lo statuto dei lavoratori (l. n. 300/1970). Viene introdotta la possibilità di scioglimento del matrimonio (l. n. 898/1970), si riforma ad ampio raggio il diritto di famiglia, si introduce un nuovo corpo di norme sull'ordinamento penitenziario e sulla esecuzione delle misure privative e limitative della libertà personale, e altro ancora.

L'inizio del dibattito sulle riforme ...

Ebbene, quando quella fruttuosa stagione di riforme del tessuto legislativo dell'ordinamento non poteva certo dirsi terminata, da alcune parti cominciò a prospettarsi l'esigenza di procedere a incisive riforme istituzionali, riguardanti soprattutto la parte organizzativa, al fine di porre rimedio a disfunzioni che l'esperienza mostrava e che venivano ricondotte anche al testo costituzionale. Si apriva, pertanto, una fase nuova, e per certi versi paradossale, nella vita della Costituzione, che avrebbe progressivamente spostato il fulcro dell'attenzione dalla necessità della sua attuazione alla (ritenuta) opportunità di un suo radicale ripensamento.

Tra le vicende che vi hanno contribuito, in estrema sintesi, un'iniziativa presa dal Capo dello Stato nel 1975, che intervenne nel dibattito appena avviato attraverso un messaggio alle Camere in cui evidenziava lo stato delle istituzioni repubblicane e le difficoltà di funzionamento di alcune di esse, proponendo possibili rimedi. Nonché taluni interventi politici soprattutto di ispirazione socialista, nei quali si lanciava l'idea di una repubblica presidenziale, che il nuovo segretario Craxi avrebbe ripreso sostenendo la necessità di una "Grande Riforma" (è il 1979), tra le cui direttrici figuravano la necessità di un deciso rafforzamento dell'Esecutivo, l'introduzione di regole elettorali in grado di disincentivare la frammentazione tra i partiti, l'elezione diretta del Capo dello Stato, e dunque un meccanismo capace di premiare una forte personalità politica e al contempo di scardinare la posizione egemonica dei due principali partiti dell'epoca, di maggioranza, la Democrazia cristiana, e d'opposizione, il Partito comunista italiano.

... e la sua prosecuzione tra alterne fortune

Da quel momento in avanti il tema delle riforme si sarebbe costantemente ripresentato in tutte le legislature, alimentato, con alterne fortune, da iniziative governative, parlamentari, del Presidente della Repubblica e di parti stesse della società civile. Si possono ricordare la formulazione di una serie di capisaldi programmatici, noti come il c.d. "decalogo", da parte dei governi Spadolini; l'istituzione, nel 1982, di due comitati di studio presso le commissioni affari costituzionali di Camera e Senato (noti come "Comitato Riz" e "Comitato Bonifacio"), con il compito di valutare le molteplici proposte di riforma che si erano nel frattempo affacciate nel dibattito; il contributo di alcuni studiosi coordinati da Gianfranco Miglio – il c.d. Gruppo di Milano – con la pubblicazione, nel 1983, di una ricerca dal titolo "Verso una nuova Costituzione"; la Commissione Bozzi (dal nome del suo presidente), istituita mediante due mozioni di Camera e Senato nell'ottobre del 1983; il dibattito in Parlamento sulle riforme istituzionali, nel 1988; un messaggio alle Camere del Presidente della Repubblica nel giugno del 1991.

6.3. *Gli interventi di integrazione e revisione del testo costituzionale nelle prime dieci legislature e il nuovo slancio alla sua attuazione tra la fine degli anni Ottanta e l'inizio degli anni Novanta*

La prima parte del dibattito sulle riforme, ora sommariamente descritta, si sviluppò in ogni caso in contemporanea con l'altalenante opera di attuazione della Carta costituzionale e con un certo numero di interventi di integrazione e revisione del testo costituzionale.

All'interno di questi ultimi, se si escludono le leggi costituzionali di approvazione degli Statuti delle regioni speciali e quelle emanate in attuazione di apposite riserve e a integrazione del testo, gli interventi di vera e propria revisione si sono avuti in poche occasioni (1958, 1963, 1967, 1989, 1991 e 1992), e hanno sempre riguardato puntuali disposizioni o singoli istituti, trattandosi, come da più parti rilevato, di modeste correzioni, di scarso rilievo politico e quasi sempre dettate da ragioni occasionali o contingenti. Queste revisioni, racchiuse nell'arco temporale dei quarantacinque anni delle prime dieci legislature, si sono appuntate soprattutto sulla parte organizzativa (con la sola eccezione dell'intervento sugli artt. 10, 4° comma, e 26, 2° comma, Cost. ad opera della l. cost. 21 giugno 1967 n. 1, relativamente all'estradizione per delitti di genocidio), e quella di maggior spessore, originata dalla nota vicenda del caso Lockheed, è da individuare nella modifica della responsabilità penale dei membri del Governo, per il contemporaneo coinvolgimento della responsabilità del Capo dello Stato e delle attribuzioni dell'organo della giustizia costituzionale.

Con riguardo, invece, al processo di attuazione per via legislativa del dettato costituzionale, dopo la feconda stagione registratasi tra la fine degli anni Sessanta e i primi anni Settanta, una nuova fase propositiva si è presentata a circa vent'anni di distanza, tra la fine degli anni Ottanta e i primi anni Novanta. Limitando lo sguardo all'attività del legislatore ordinario (ma in quel periodo si ebbero anche significativi cambiamenti nei regolamenti generali di Camera e Senato), si può facilmente individuare una serie di provvedimenti che, al di là del rilievo in sé, assumevano importanza proprio in quanto strettamente connessi e in qualche caso diretta attuazione, sia pur (molto) tardiva, del disegno costituzionale.

Una nuova stagione di attuazione della Costituzione

Seguendo il filo della cronologia, si può qui richiamare la fondamentale l. n. 400/1988, sull'attività normativa e l'organizzazione del Governo; la l. n. 86/1989 (c.d. legge La Pergola), sulla partecipazione dell'Italia al processo normativo comunitario e sull'esecuzione degli obblighi comunitari; la l. n. 219/1989, con le nuove norme in tema di reati ministeriali, conseguenti all'intervenuta modifica delle disposizioni costituzionali sulla responsabilità dei membri dell'Esecutivo e del Presidente della Repubblica (l. cost. n. 1/1989). Nell'anno successivo, il 1990, sono numerosissimi i provvedimenti di grande impatto su molti settori dell'ordinamento. Si va dalla riforma delle autonomie locali (l. n. 142) alla disciplina dell'esercizio del diritto di sciopero nei servizi pubblici essenziali (l. n. 146), dall'istituzione del patrocinio a spese dello Stato per i non abbienti (l. n. 217) al sistema radiotelevisivo (l. n. 223), dalle norme in materia di procedimento amministrativo e di diritto di accesso ai documenti (l. n. 241) alla tutela della concorrenza e del mercato (l. n. 287).

Ma il volgere della legislatura, unitamente alle turbolente vicende all'origine della crisi del sistema dei partiti tradizionali e alla riscrittura delle leggi elettorali, avrebbero in breve tempo contribuito all'apertura di nuovi scenari.

6.4. *Il fenomeno noto come "Tangentopoli" e il cambiamento della legislazione elettorale nel 1993*

Una spinta notevole nel senso della necessità di una riforma complessiva derivò, agli inizi degli anni Novanta, da due avvenimenti che, pur molto diversi, vennero in certo senso a presentarsi come connessi e in qualche misura convergenti: la questione morale, da un lato, e le vicende che hanno condotto alla modifica delle leggi elettorali (in particolare per Camera e Senato), dall'altro.

La questione morale

La prima evidenziò, a seguito di una serie di procedimenti penali avviati dalla magistratura, il diffuso grado di corruzione esistente, il quale aveva dato vita a un sistema di finanziamento illecito dei partiti generalizzato e su larghissima scala. Il fenomeno, noto quale "Tangentopoli", concorse a produrre un vero e proprio sconvolgimento dei soggetti e dei ruoli consolidati del sistema politico italiano, inducendo a una situazione di forte sospetto, se non addirittura di condanna, nei confronti di tutti coloro che in qualche misura avessero operato a livello politico, così come dei principali partiti.

Le nuove leggi elettorali

L'altro importante avvenimento che contribuì a rivoluzionare il sistema fu rappresentato dall'approvazione delle nuove leggi elettorali a livello comunale, provinciale, regionale e per Camera e Senato (tutte modifiche che si collocano tra il 1993 e il 1995).

In particolare, la necessità di cambiare la legge elettorale per il Parlamento nazionale era da tempo sottolineata allo scopo di garantire una maggiore "governabilità" del Paese, attraverso un rafforzamento del Governo e una più netta distinzione tra forze di maggioranza e di opposizione, tale da porre fine al c.d. consociativismo e da creare le condizioni per un'alternanza tra due diversi schieramenti. Il cambiamento, seppure da più parti auspicato, non fu però in grado di superare la situazione di stallo che si era venuta a creare a livello parlamentare e fu per questo che venne a un certo punto intrapresa la strada della consultazione popolare, attraverso l'organizzazione di un *referendum* abrogativo tramite il quale ottenere direttamente una nuova legge elettorale o comunque fornire un segnale chiaro alle Camere.

Il cambiamento attraverso la via referendaria

Dapprima attraverso il voto referendario di riduzione a una delle preferenze esprimibili dall'elettore per la Camera dei deputati (nel 1991), quindi mediante quello di sostanziale trasformazione in senso maggioritario della legge elettorale del Senato (nel 1993), si pervenne alla approvazione di leggi elettorali per il Parlamento nazionale di tipo misto, con una quota di tre quarti di maggioritario e di un quarto di proporzionale. Un sistema che sarebbe rimasto in vigore fino alla l. n. 270/2005.

7. La ripresa del tema delle riforme

Al di là del significato politico di quelle vicende e del valore che da talune parti si è ritenuto di poter attribuire al cambiamento del sistema elettorale e allo sconvolgimento di quello dei partiti politici tradizionali, fino a ipotizzarsi il passaggio da una prima a una c.d. seconda Repubblica, ciò che preme sottolineare è che proprio in quegli anni si assiste a un significativo mutamento di prospettiva con riguardo al tema delle riforme.

Le ipotesi di riforma di interi settori della Carta costituzionale

Se, come ricordato, per lungo tempo l'attività di revisione costituzionale era consistita essenzialmente nella modificazione di singole disposizioni o al più di singoli istituti, allo scopo soprattutto di adeguarli alle mutate esigenze della società, con gli anni Novanta cominciano a farsi pressanti e largamente condivise ipotesi di riforma settoriale, quando non addirittura di cambiamento radicale del testo costituzionale o di intere parti di esso, e, falliti gli sforzi di avanzare riforme organiche della Carta nell'alveo e secondo il procedimento ordinario per ciò previsto dall'art. 138 Cost., ci si avvia verso una fase di tentativi attraverso speciali procedure derogatorie.

7.1. *Le commissioni bicamerali De Mita-Iotti e D'Alema*

La l. cost. n. 1/1993

L'undicesima legislatura si apre nell'aprile del 1992, e fin da subito Camera e Senato deliberano di istituire una Commissione parlamentare per le riforme istituzionali, per poi approvare una apposita legge costituzionale, la l. cost. n. 1/1993, che rappresenta un elemento di vera e propria rottura costituzionale, poiché istitutiva di una procedura con carattere temporaneo e derogatorio rispetto all'art. 138 Cost. In particolare, essa prevedeva la sottoposizione obbligatoria del futuro progetto di legge costituzionale al *referendum* popolare, ciò che rappresentava un marcato allontanamento dalla lettera e dallo spirito della norma, per la quale il *referendum* è soltanto eventuale (se non è raggiunta la maggioranza dei due terzi e solo se richiesto) e in tanto si può prospettare in quanto la proposta di modifica incontri una qualche disapprovazione, non essendo, pertanto, momento di integrazione della volontà del Parlamento, bensì di contrapposizione ad essa (c.d. natura oppositiva).

Nei fatti, la Commissione (nota come "De Mita-Iotti", dai nomi dei due presidenti succedutisi nell'incarico) arrivò alla formulazione di un progetto di revisione che venne però travolto dallo scioglimento anticipato delle Camere nel 1994, prodotto dalle inchieste della magistratura, dal significativo numero di parlamentari indagati, dalla crisi del sistema dei partiti tradizionali e dal *referendum* dell'aprile 1993, sopra ricordato, con la conseguente riforma del sistema elettorale di Camera e Senato.

La l. cost. n. 1/1997

Tuttavia, il filo in tal modo interrotto sarebbe stato poco più avanti ripreso dalla l. cost. n. 1/1997, istitutiva di una nuova Commissione parlamentare bicamerale per le riforme (questa volta denominate non più *istituzionali* bensì) costituzionali, ancora una volta prevedendosi una procedura speciale in deroga all'art. 138 Cost. La Commissione giunse, nel giugno 1997, all'approvazione di un progetto di riforma dell'intera parte seconda della Costituzione; dopo la pausa estiva, essa esaminò gli emendamenti nel frattempo presentati, giungendo all'approvazione del progetto definitivo il 4 novembre 1997. A quel punto, però, causa il sorgere di dissensi tra le forze politiche, la procedura fu bloccata, il progetto di legge costituzionale prima "insabbiato" e pochi mesi dopo cancellato formalmente dal calendario e dall'ordine del giorno dei lavori.

Nonostante il fallimento, l'esperienza ebbe come conseguenza quella di introdurre nel dibattito una serie di temi e proposte che sarebbero stati ripresi e in parte attuati, sia pure soltanto in parte o in altre forme, negli anni a seguire (dal ruolo delle autonomie alla forma di governo, dalla riforma della giustizia al ruolo degli istituti di garanzia, ecc.).

7.2. *Le riforme costituzionali nei primi anni Duemila*

Dopo quelle vicende, nei primi anni Duemila l'elemento di maggior rilievo è rappresentato dall'approvazione avvenuta a maggioranza – da parte di Parlamenti, in un caso di centrosinistra, nell'altro di centrodestra – di interventi settoriali di riforma costituzionale. Anziché, cioè, cercare di pervenire a testi di riforma condivisi da maggioranze più ampie di quelle che assicuravano l'appoggio ai Governi in carica, nella scia di quella previsione contenuta nell'art. 138 Cost. che al raggiungimento dei due terzi dei componenti ricollega la non effettuazione del *referendum*, maggioranze parlamentari anche risicate hanno ritenuto di portare avanti la "loro" legge di revisione (settoriale o addirittura organica) della Costituzione.

La riforma del Titolo V della Parte seconda della Costituzione

Il primo esempio in ordine di tempo fu l'approvazione della riforma dell'intero Titolo V della Parte seconda della Costituzione in tema di autonomie territoriali, cui fece seguito l'effettuazione, per la prima volta nella storia repubblicana, di un *referendum* popolare ai sensi dell'art. 138 Cost.; il 7 ottobre 2001 circa i due terzi dei votanti si espressero a favore della revisione, anche se si registrò una astensione dal voto di una quota prossima ai due terzi degli aventi diritto (per la validità di quel tipo di *referendum*, com'è noto, non è richiesto *quorum*).

La "bozza di Lorenzago"

Il secondo esempio è il testo noto come "bozza dei quattro saggi" o "bozza di Lorenzago", stilato nell'estate del 2003 da esponenti dell'allora maggioranza di governo, con il quale per la prima volta era l'Esecutivo come tale ad assumere direttamente l'iniziativa sostanziale di una riforma organica del testo costituzionale. Dopo una serie di passaggi parlamentari, il testo venne definitivamente approvato nel novembre 2005, presentando una articolazione in sette capi, ciascuno, salvo l'ultimo, destinato ad apportare modifiche a uno dei titoli della Parte seconda della Costituzione. L'approvazione parlamentare, in seconda deliberazione, anche in questo caso con la (semplice) maggioranza assoluta dei componenti aprì la strada al *referendum* costituzionale, effettivamente richiesto, e poi svoltosi il 25 e 26 giugno 2006. In tale occasione, si sono recati alle urne oltre la metà degli aventi diritto (il 52,5%), e una percentuale pari al 61% si è espressa nel senso di non confermare la modifica approvata dal Parlamento.

7.3. *Il rischio di indebolimento del senso complessivo della Costituzione*

Questi decenni di dibattito sulle riforme e di tensioni sul testo (tra procedure derogatorie e revisioni sistemiche a maggioranza, portate a compimento o anche solo tentate) hanno certo prodotto un indebolimento della Costituzione, anche se in parte bilanciato dall'esito referendario del 2006, il quale, se non andava inteso come volontà di sancirne l'immutabilità, doveva quanto meno essere interpretato come rifiuto di un organico e indiscriminato cambiamento.

L'affievolimento del valore della Costituzione

Si è determinato, in primo luogo, un affievolimento della considerazione che dovrebbe accompagnare il documento costituzionale, ridotto quasi al pari di una qualunque legge, che ogni nuova maggioranza al governo del Paese è libera di modificare (o anche solo di provare a modificare) a proprio piacere. Altro indebolimento, strettamente connesso, è quello dell'idea di "garanzia", perché non può evidentemente considerarsi casuale l'inserimento dell'art. 138 in un Titolo (il VI della Parte II) rubricato *Garanzie costituzionali.*

L'indebolimento dell'unitarietà del testo costituzionale

Ma vi è ancora un indebolimento, forse non sempre evidente, quello dell'unitarietà del testo, che è passato con le leggi cost. nn. 1/1993, 1/1997 e con il progetto originato dalla bozza di Lorenzago, frutto dell'idea di poter operare una lettura segmentata (e non sistematica) della Carta costituzionale.

La distinzione tra Parte I e Parte II della Costituzione ...

Infatti, il cammino delle riforme nel nostro Paese ha prodotto, tra i suoi effetti, anche quello di marcare in maniera netta la distinzione tra Parte II e altri segmenti del testo, specie tra Parte II e Parte I della Costituzione, più di quanto non fosse dato riscontrare in precedenza. La riflessione sembra aver proceduto secondo binari riassumibili, in sostanza, nel modo che segue. La premessa è che l'indicazione dei diritti (e dei doveri) dei cittadini identifica, com'è ordinariamente riconosciuto, i fini dello Stato, laddove l'organizzazione del potere traduce gli strumenti per perseguirli. Il quadro valoriale (dei principi fondamentali oltre che) della Parte I della Costituzione italiana del 1948 mantiene fondamentalmente intatta la sua validità, non potendosi immaginare riscritture, ma, semmai, semplici interventi correttivi, e tendenzialmente solo in chiave di ampliamento o di miglior garanzia dei diritti. Ciò che non è invece più ritenuto adeguato ai tempi è l'ordinamento della Repubblica, soprattutto (ma non solo) nella forma di governo (e nell'articolazione territoriale del potere), incapace di rispondere in misura soddisfacente alle mutate esigenze. Come conseguenza, spazio a proposte di riforma costituzionale che, senza intaccare (i principi fondamentali e) la Parte I, siano in grado di modificare (anche tutti) i congegni di distribuzione del potere, mirando in particolare a semplificare e velocizzare i meccanismi di decisione pubblica e a conseguire una maggiore efficienza ed efficacia dell'azione di governo.

Come era prevedibile, questa accentuata differenziazione tra Parte I e Parte II della Costituzione ha spesso finito, da un lato, per ideologizzarsi, e, dall'altro, per produrre vere e proprie forzature, in varie direzioni, arrivandosi a sostenere che *nulla* possa o debba essere modificato se contenuto nella prima e che *tutto* possa o debba esserlo se appartenente alla seconda.

... e la sua marcata accentuazione, priva però di solidi fondamenti

Senza considerare che una così marcata distinzione tra le due parti della Carta pare, in verità, priva di solidi fondamenti.

Innanzitutto manca di un riscontro di tipo storico e correlato con l'intenzione originaria dei costituenti. Se si mette a confronto il progetto elaborato dalla Commissione dei Settantacinque con il testo della Costituzione poi approvato, non si mancherà di notare, accanto a larghe corrispondenze, anche la presenza di una serie di divergenze. In particolare, per quanto qui maggiormente interessa, può osservarsi la circostanza per cui si danno casi, anche abbastanza significativi, di disposizioni che sono, per così dire, transitate da un segmento all'altro del testo costituzionale nel corso della fase di discussione e approvazione, ciò che suggerisce una sorta di "permeabilità" tra i medesimi.

Né giova alla tesi il profilo dell'interpretazione del testo. Al di là dell'applicabilità delle regole sull'interpretazione comunemente in uso per tutti i testi normativi (se non è certamente privo di significato che una disposizione sia collocata tra i principi fondamentali o nella Parte I o nella II o nelle disposizioni transitorie e finali, almeno altrettanto rilevante è la circostanza che essa appartenga, con tutte le altre, al medesimo testo, espressione, come tale, dell'unica volontà costituente dell'organo che redasse il testo), è noto come, trattandosi di un testo costituzionale, l'interpretazione sistematica assuma un significato e una pregnanza del tutto particolari se paragonata ad altri atti normativi, e come non vi sia praticamente disposizione costituzionale che non debba essere letta e interpretata unitamente e alla luce degli altri precetti costituzionali.

7.4. *Il tema delle riforme costituzionali negli anni recenti*

L'inizio della XVII legislatura, nel 2013, si è subito caratterizzato per il tema delle riforme, evidenziando soprattutto un marcato attivismo governativo sul tema, dapprima ad opera dell'Esecutivo a guida Letta, quindi di quello a guida Renzi. Il disegno riformatore di quest'ultimo, in particolare, avrebbe coinvolto, se approvato, ben 47 articoli della Costituzione, incidendo pesantemente sul Senato e sui caratteri del bicameralismo, sulla forma di governo, sul sistema delle fonti del diritto, sulle autonomie e su molti altri temi, ciò che portava a riproporre il dubbio che il procedimento descritto dall'art. 138 Cost. fosse adatto a un simile intento di riscrittura organica del quadro costituzionale (il titolo della legge costituzionale in oggetto, peraltro, conteneva soltanto una parte delle modifiche che la stessa avrebbe introdotto nella Costituzione e solo quelle certamente più "popolari": il superamento del bicameralismo paritario, la riduzione del numero dei parlamentari, il contenimento dei costi di funzionamento delle istituzioni, la soppressione del Cnel, ecc.).

Forse anche a seguito della forte personalizzazione voluta (salvo poi provare a ridimensionarla) da parte dello stesso Presidente del Consiglio Renzi, il progetto di riforma è stato nettamente respinto il 4 dicembre 2016. Dei 50 milioni di elettori, hanno votato in oltre 33 milioni (pari al 65% degli aventi diritto), quasi 20 dei quali (pari al 59%) hanno bocciato la revisione approvata dal Parlamento. Pochi giorni più tardi ne sono scaturite le dimissioni del Governo e la nascita di un nuovo Esecutivo, a guida Gentiloni.

La XVIII legislatura

La XVIII legislatura, apertasi con il voto nella primavera del 2018, ha inizialmente evidenziato una situazione non facilmente componibile sul piano politico-istituzionale. Dopo alcune settimane di incertezza, i leader della prima e della terza forza politica più premiate dagli elettori – Luigi Di Maio per il Movimento 5 Stelle e Matteo Salvini per la Lega – hanno stipulato, per la prima volta nella storia repubblicana, un "contratto di Governo", oltre a rinunciare, per così dire, entrambi alla presidenza del Consiglio, incarico per il quale è stato individuato e poi nominato Giuseppe Conte. Il Governo è rimasto in carica dal giugno 2018 fino all'estate dell'anno successivo, quando singolari vicende politiche hanno innescato una crisi di governo da cui è scaturito un nuovo Esecutivo, sempre a guida Conte (dal 5 settembre 2019), sostenuto però da una diversa maggioranza parlamentare (insieme al Movimento 5 Stelle, il Partito democratico e Liberi e Uguali).

Nei mesi successivi, lo scoppio della pandemia da Covid-19 ha condotto alle tragiche, ben note conseguenze e a un generale stravolgimento della vita quotidiana, incidendo sullo stesso funzionamento degli organi costituzionali. Sul piano politico, esaurita l'esperienza anche del secondo Governo Conte, dal febbraio 2021 è stato in carica un Esecutivo guidato da Mario Draghi (con un sostegno parlamentare molto ampio ed eterogeneo), fortemente impegnato, oltre che nella gestione dell'emergenza sanitaria e nella campagna vaccinale, nella realizzazione del Piano Nazionale di Ripresa e Resilienza (PNRR), per la crescita e l'ammodernamento del Paese. A rendere più complesso, per così dire, il quadro è intervenuta la fine del settennato del Presidente della Repubblica, risolta, dopo alcuni giorni di infruttuosi tentativi, con la rielezione di Sergio Mattarella (gennaio 2022). Sul piano internazionale, invece, è stata l'invasione russa dell'Ucraina ad aver generato pesantissime ripercussioni, a vari livelli.

Gli interventi di revisione costituzionale approvati

Dal punto di vista delle riforme costituzionali, l'aspetto più significativo della legislatura è stato costituito dall'approvazione di ben quattro interventi di revisione.

Il primo e più consistente è rappresentato dalla l. cost. n. 1/2020, recante "Modifiche agli articoli 56, 57 e 59 della Costituzione in materia di riduzione del numero dei parlamentari". Partito sotto il "Conte I", il testo è pervenuto a definitiva approvazione sotto il "Conte II", sostenuto da schieramenti politici diversi nel corso dei vari passaggi parlamentari, ciò che non può non indurre a qualche riflessione critica sul valore attribuito dalle forze politiche alla revisione della Costituzione. Il *referendum* costituzionale richiesto sulla legge si è svolto nel settembre 2020, a seguito di un primo rinvio per la situazione di emergenza sanitaria, con un'affluenza al voto di oltre il 50% degli aventi diritto e una percentuale di voti favorevoli che ha sfiorato il 70%.

Come conseguenza, a partire dalla XIX legislatura la Camera dei deputati è passata da 630 a 400 deputati, 8 dei quali (non più 12) eletti nella Circoscrizione Estero. Il Senato, a sua volta, è passato da 315 a 200 senatori elettivi, 4 dei quali (non più 6) eletti nella Circoscrizione Estero. Sono poi state modificate le soglie minime dei senatori elettivi (nel senso che nessuna Regione o Provincia autonoma può averne un numero inferiore a tre, mentre il Molise ne ha due e la Valle d'Aosta uno). La riforma ha infine chiarito il senso della previsione costituzionale del potere presidenziale di nomina dei senatori a vita, stabilendo che "il numero complessivo dei senatori in carica nominati dal Presidente della Repubblica non può in alcun caso essere superiore a cinque".

Il secondo intervento di revisione ha condotto a una puntuale modifica in ordine all'elettorato per l'elezione del Senato della Repubblica. La l. cost. n. 1/2021 ha infatti soppresso nell'art. 58, 1° comma, Cost. le parole "dagli elettori che hanno superato il venticinquesimo anno di età", con la conseguenza che l'elettorato attivo per l'elezione dei senatori è stato parificato a quello della Camera (maggiore età).

Il terzo intervento è costituito dalla l. cost. n. 1/2022, che ha riguardato gli artt. 9 e 41 della Costituzione. In fine all'art. 9 è stato aggiunto un comma per cui la Repubblica, oltre a promuovere lo sviluppo della cultura e la ricerca scientifica e tecnica (1° comma) e a tutelare il paesaggio e il patrimonio storico e artistico della Nazione (2° comma), "tutela l'ambiente, la biodiversità e gli ecosistemi, anche nell'interesse delle future generazioni", demandando altresì alla legge dello Stato la disciplina dei modi e delle forme di tutela degli animali. Per quanto riguarda l'art. 41, due sono le modifiche: la prima concerne l'iniziativa economica privata, che non può svolgersi in contrasto con l'utilità sociale o in modo da recare danno, oltre che alla sicurezza, alla libertà e alla dignità umana, anche alla salute e all'ambiente (2° comma); la seconda concerne la funzione della legge di determinare i programmi e i controlli opportuni perché l'attività economica pubblica e privata possa essere indirizzata e coordinata a fini, oltre che sociali, anche ambientali (3° comma).

Il quarto e ultimo intervento è rappresentato dalla l. cost. n. 2/2022, la quale, nell'art. 119 Cost., dopo il quinto comma, ha inserito il seguente: "La Repubblica riconosce le peculiarità delle Isole e promuove le misure necessarie a rimuovere gli svantaggi derivanti dall'insularità".

Nell'estate 2022 il Presidente della Repubblica ha disposto lo scioglimento anticipato del Parlamento e la convocazione a settembre dei comizi per l'elezione delle nuove Camere. Si è trattato, come ha ricordato lo stesso Capo dello Stato in occasione del messaggio di fine anno, di una circostanza che per la prima volta ha portato ad elezioni politiche in autunno.

La XIX legislatura

Il risultato elettorale ha rapidamente consentito la nascita, nella XIX legislatura, del nuovo Governo (22 ottobre), guidato, per la prima volta, da una donna, Giorgia Meloni. Un Esecutivo di centro-destra o forse, più precisamente, di destra-centro, sostenuto da una coalizione tra Fratelli d'Italia, Lega, Forza Italia e Noi moderati, con ampia maggioranza parlamentare.

Nelle dichiarazioni programmatiche il Governo ha molto insistito sul tema della instabilità politica, sottolineando la ferma convinzione che l'Italia abbia bisogno di una riforma costituzionale in senso presidenziale, che garantisca stabilità e restituisca centralità alla sovranità popolare. A circa un anno di distanza, nel novembre 2023, ha pertanto presentato un disegno di legge costituzionale (A.S. n. 935), intitolato "Modifiche agli articoli 59, 88, 92 e 94 della Costituzione per l'elezione diretta del Presidente del Consiglio dei ministri, il rafforzamento della stabilità del Governo e l'abolizione della nomina dei senatori a vita da parte del Presidente della Repubblica".

A seguito di passaggi parlamentari, nel giugno 2024 si è avuta la prima approvazione, in Senato, di un disegno di legge che nel frattempo si è trasformato, sin dal titolo, in "Modifiche alla parte seconda della Costituzione per l'elezione diretta del Presidente del Consiglio dei ministri, il rafforzamento della stabilità del Governo e l'abolizione della nomina dei senatori a vita da parte del Presidente della Repubblica". Senza poterne qui esaminare i contenuti, riguardanti più articoli (57, 59, 83, 88, 89, 92, 94), ci si limiterà a richiamare le modifiche all'art. 92 Cost., secondo cui "Il Presidente del Consiglio è eletto a suffragio universale e diretto per cinque anni, per non più di due legislature consecutive, elevate a tre qualora nelle precedenti abbia ricoperto l'incarico per un periodo inferiore a sette anni e sei mesi. Le elezioni delle Camere e del Presidente del Consiglio hanno luogo contestualmente" e "La legge disciplina il sistema per l'elezione delle Camere e del Presidente del Consiglio, assegnando un premio su base nazionale che garantisca una maggioranza dei seggi in ciascuna delle Camere alle liste e ai candidati collegati al Presidente del Consiglio, nel rispetto del principio di rappresentatività e di tutela delle minoranze linguistiche".

Ancora a livello di proposta, invece, per il momento, è il disegno di legge costituzionale, sempre di iniziativa del Governo, teso a introdurre una serie di modifiche in materia di ordinamento giurisdizionale (A.C. n. 1917). Tra le più rilevanti, la separazione delle carriere tra magistrati giudicanti e requirenti, la creazione di due consigli superiori della magistratura (giudicante e requirente), l'attribuzione a una alta corte disciplinare della giurisdizione disciplinare nei riguardi di tutti i magistrati ordinari.

La revisione costituzionale intervenuta

In attesa di vederne gli sviluppi, la XIX legislatura ha già registrato l'approvazione, nel settembre 2023, con la maggioranza dei due terzi dei componenti di ciascuna assemblea, della l. cost. n. 1/2023, che ha aggiunto nell'art. 33 Cost., in fine, un comma ai sensi del quale "La Repubblica riconosce il valore educativo, sociale e di promozione del benessere psicofisico dell'attività sportiva in tutte le sue forme".

Sezione V

I caratteri e l'evoluzione storica dell'ordinamento eurounitario

1. *Premessa*

Dopo aver descritto l'evoluzione dell'ordinamento italiano, è ora opportuno passare a esaminare le tappe principali che hanno condotto, partendo dalle Comunità (*supra*, sez. I, par. 8) e giungendo all'Unione europea, all'attuale grado di integrazione tra i Paesi che vi aderiscono.

Si è già osservato come, a un certo punto di questo cammino, la dottrina abbia cominciato a evidenziare le peculiarità dell'ordinamento giuridico che si andava delineando, diverso rispetto ai modelli tradizionali esistenti nel campo del diritto internazionale. Per la prima volta nella storia, un certo numero di Stati, progressivamente allargatosi, rinunciava in maniera volontaria e consapevole a parte della propria sovranità (all'inizio in ambiti e per segmenti circoscritti, di rilevanza prettamente economica, ma con il tempo anche sociale e politica) a vantaggio di un ordinamento in grado di integrarsi con quelli nazionali, dotato di proprie istituzioni e capace di produrre atti direttamente efficaci all'interno dei singoli Stati.

Un percorso fatto di slanci e di rallentamenti

Si è trattato di un percorso complesso, caratterizzato da slanci e spinte in avanti ma non privo di rallentamenti e anche passi all'indietro, che abbraccia ormai un periodo di settant'anni di storia europea. Senza pretesa di esaustività, si cercherà di metterne in evidenza i tratti salienti, a partire dai principali caratteri, rinviando ad altra parte del Manuale l'esame delle peculiarità dell'assetto istituzionale (v. cap. X).

2. *Le origini*

Le vicende del secondo conflitto mondiale

Il processo di integrazione europea trova le proprie origini nelle vicende del secondo conflitto mondiale. Se è vero che l'idea di un'Europa unita ha radici storiche più risalenti (senza andare indietro nei secoli, una tensione moderna alla stretta cooperazione e alla federazione degli Stati europei si rinviene già nei primi decenni del XX secolo), sono state le tragiche conseguenze prodotte dalle dittature e i milioni di morti sui vari fronti dei confini nazionali a rafforzare il convincimento dell'utilità dell'abbandono delle divisioni per perseguire forme di più stretta collaborazione tra i vari ordinamenti statuali di questa area del pianeta.

A guidare quella che all'indomani della seconda guerra mondiale poteva realisticamente apparire poco più di una aspirazione vi fu lo slancio ideale e la tenacia di alcune personalità che oggi sono riconosciute come padri dell'Europa unita, cui anche l'Italia ha dato, tra l'altro, un significativo contributo.

I sostenitori della teoria federalista ...

Occorre ricordare, da un lato, i sostenitori della c.d. teoria federalista, rappresentata *in primis* da quanti avevano concorso a elaborare il *Manifesto di Ventotene* (Eugenio Colorni, Ernesto Rossi, Altiero Spinelli, durante un periodo di confino negli anni Quaranta). Essa vedeva in una federazione europea la soluzione dei problemi che avvelenavano la vita del continente, animata da continui contrasti e contrapposizioni, e immaginava la necessaria partecipazione del popolo europeo alla definizione dell'assetto del nuovo ordinamento come la strada maestra per la realizzazione dell'unione.

... e quelli della teoria funzionalista

Dall'altro, quanti propendevano per la teoria funzionalista e se si vuole più gradualista, riconducibile in particolare all'allora segretario generale aggiunto della Società delle Nazioni Jean Monnet. Posizione che fu accettata da Francia e Germania ed esposta nella *Dichiarazione Schuman* del 9 maggio 1950, in cui si sosteneva, tra l'altro, che «*L'Europe ne se fera pas d'un coup, ni dans une construction d'ensemble: elle se fera par des réalisations concrètes créant d'abord une solidarité de fait*».

Con approcci e da prospettive differenti, entrambe le posizioni sollecitavano comunque un cambiamento netto rispetto al sospetto e alla diffidenza reciproca che animava a quel tempo le relazioni tra i più importanti Paesi europei.

L'istituzione della CECA ...

Il passo concreto nella direzione auspicata da queste aspirazioni e dalle prime dichiarazioni politiche che vi si riconoscevano fu l'istituzione della Comunità europea del carbone e dell'acciaio (CECA) nel 1951, al cui Trattato istitutivo (firmato il 18 aprile) aderirono sei Stati europei (Belgio, Francia, Germania, Italia, Lussemburgo e Olanda). Lo scopo era di dare vita a un tentativo di gestione comune di un settore economico che oggi può apparire limitato e circoscritto ma che all'epoca era di centrale importanza (i bacini minerari erano stati motivo di accesi scontri, in particolare tra Francia e Germania), e quella realizzazione venne subito avvertita come una prima tappa, a livello economico, per la costruzione di un più ampio progetto politico.

Lo sforzo di concretizzare immediatamente anche un accordo di natura politica non ebbe però successo, e la mancata ratifica francese del Trattato istitutivo della Comunità europea di difesa (CED), sottoscritto nel 1952, fece accantonare, momentaneamente, anche l'istituzione della Comunità politica europea (CPE), che al primo si ricollegava.

... e poi della CEE e dell'EURATOM

Se i tempi non erano ancora maturi per un simile passaggio, fu però già nel corso del 1957 (il 25 marzo) che vennero firmati a Roma il Trattato istitutivo della Comunità economica europea (CEE) e il Trattato istitutivo della Comunità europea dell'energia atomica (EURATOM o CEEA), destinati a entrare in vigore il 1° gennaio 1958. Il primo, in particolare, di portata più estesa e meno settoriale, attribuiva alla Comunità il compito di promuovere, mediante l'instaurazione di un mercato comune e il graduale ravvicinamento delle politiche economiche degli Stati membri, uno sviluppo delle attività economiche nell'insieme della Comunità, una espansione continua ed equilibrata, una stabilità accresciuta, un miglioramento sempre più rapido del tenore di vita e più strette relazioni fra gli Stati che ad essa partecipavano. Le idee ispiratrici erano quelle di una unione doganale ed economica, della libera circolazione di merci, persone, servizi e capitali, di interventi comuni nei settori ove più avvertita era l'esigenza di politiche condivise tra i Paesi aderenti (agricoltura, trasporti, concorrenza, ecc.).

La strada era in tal modo segnata e, a poco più di dieci anni di distanza dalle tragiche vicende del secondo conflitto mondiale, un primo nucleo di Stati europei avviava uno straordinario percorso di integrazione dei rispettivi ordinamenti.

3. *Gli sviluppi, tra progressivi allargamenti e riforme dei trattati*

I decenni seguiti a quelle vicende hanno fatto registrare uno sviluppo del processo di integrazione europea, condotto sulla base di due direttrici principali. Da un lato, l'adesione ai trattati di un numero sempre maggiore di Stati, dall'altro, soprattutto a partire dalla metà degli anni Ottanta, un'opera di aggiustamento e revisione dei trattati stessi, volta sia a estendere i settori e la capacità di intervento delle istituzioni e degli organi della Comunità, poi Unione, europea, sia ad adeguare il funzionamento della "macchina" europea alle esigenze imposte dalle nuove aree di interesse e alla complessità indotta dalla partecipazione di un elevato numero di ordinamenti statuali.

La strada che ha condotto da un'esperienza dapprima limitata a pochi Stati agli attuali e al conseguente coinvolgimento di una popolazione di circa mezzo miliardo di abitanti, si è snodata attraverso una serie di passaggi. Se il primo ha dovuto attendere una quindicina di anni dai trattati di Roma, i successivi sono stati più ravvicinati nel tempo.

L'adesione di un numero sempre maggiore di Stati

Nel 1973 hanno fatto il loro ingresso Danimarca, Irlanda e Regno Unito (portando a nove il numero degli Stati aderenti); nel 1981 la Grecia (dieci); nel 1986 Portogallo e Spagna (dodici); nel 1995 è stata la volta di Austria, Finlandia e Svezia (quindici); nel 2004 si è poi avuto l'allargamento numericamente più significativo, con l'ingresso contemporaneo di ben dieci Stati: Repubblica Ceca, Cipro, Estonia, Ungheria, Lettonia, Lituania, Malta, Polonia, Slovacchia e Slovenia (venticinque); nel 2007 Bulgaria e Romania (ventisette); nel 2013, infine, la Croazia (ventotto). Non è stato considerato un allargamento la riunificazione della Germania avvenuta nel 1990 a seguito della c.d. "caduta del muro di Berlino", sebbene ciò abbia determinato significativi effetti a livello comunitario.

Da ricordare, poi, come vi siano una serie di *Paesi candidati* all'adesione all'Unione europea, oltre a una serie di *Paesi potenziali candidati* all'adesione.

Naturalmente, l'adesione dei vari Paesi all'Unione è stata il frutto di trattative e accordi, in qualche caso anche particolarmente lunghi e complessi. Occorre tenere presente, infatti, che la procedura è piuttosto articolata, secondo quanto stabilito dall'art. 49 del Trattato sull'Unione europea.

La procedura di adesione

Ogni Stato europeo che rispetti i valori di cui all'art. 2 del medesimo Trattato («L'Unione si fonda sui valori del rispetto della dignità umana, della libertà, della democrazia, dell'uguaglianza, dello Stato di diritto e del rispetto dei diritti umani, compresi i diritti delle persone appartenenti a minoranze. Questi valori sono comuni agli Stati membri in una società caratterizzata dal pluralismo, dalla non discriminazione, dalla tolleranza, dalla giustizia, dalla solidarietà e dalla parità tra donne e uomini») e si impegni a promuoverli può domandare di diventare membro dell'Unione. Il Parlamento europeo e i parlamenti nazionali sono informati di tale domanda. Lo Stato richiedente trasmette la sua domanda al Consiglio, che si pronuncia all'unanimità, previa consultazione della Commissione e previa approvazione del Parlamento europeo, che si pronuncia a maggioranza dei membri che lo compongono. Si tiene conto dei criteri di ammissibilità convenuti dal Consiglio europeo. È altresì previsto che «Le condizioni per l'ammissione e gli adattamenti dei trattati su cui è fondata l'Unione, da essa determinati, formano l'oggetto di un accordo tra gli Stati membri e lo Stato richiedente. Tale accordo è sottoposto a ratifica da tutti gli Stati contraenti conformemente alle loro rispettive norme costituzionali».

Va tenuto presente, peraltro, che i diritti derivanti dall'adesione non sono automaticamente assicurati per sempre, e l'art. 7 disciplina, infatti, le ipotesi di possibile violazione grave e persistente da parte di uno Stato membro dei valori di cui art. 2, prevedendo che «il Consiglio, deliberando a maggioranza qualificata, può decidere di sospendere alcuni dei diritti derivanti allo Stato membro in questione dall'applicazione dei trattati, compresi i diritti di voto del rappresentante del governo di tale Stato membro in seno al Consiglio», con decisione successivamente modificabile o revocabile, assunta, in ogni caso, tenendo conto «delle possibili conseguenze di una siffatta sospensione sui diritti e sugli obblighi delle persone fisiche e giuridiche» e precisandosi che lo «Stato membro in questione continua in ogni caso ad essere vincolato dagli obblighi che gli derivano dai trattati».

La possibilità di recedere dall'Unione

Da ricordare, infine, come l'art. 50 preveda la possibilità, per ogni Stato membro, di recedere dall'Unione. La decisione relativa a tale intenzione deve essere notificata al Consiglio europeo e si apre di conseguenza una fase di negoziazione volta a definire le modalità del recesso.

La Brexit

È quanto accaduto a partire dal 29 marzo 2017, allorché il Regno Unito ha notificato formalmente al Consiglio europeo l'intenzione di uscire dall'Unione. A seguito di una complessa vicenda, nel 2020 si è infine pervenuti all'approvazione dell'accordo che ha sancito l'uscita del Regno Unito dall'Unione europea.

In generale, nell'ipotesi in cui lo Stato che ha receduto dall'Unione chieda, in futuro, di aderirvi nuovamente, non sono previsti percorsi particolari o abbreviati, ma si applica la procedura ordinaria, già descritta, di cui all'art. 49.

Accanto agli allargamenti, l'altra grande direttrice del cammino eurounitario è risultata, come ricordato, l'opera di revisione dei Trattati.

La progressiva opera di revisione dei Trattati

Intrapresa, più per ragioni organizzative interne alle tre Comunità allora esistenti, a distanza di pochi anni dai trattati istitutivi, con il Trattato c.d. della fusione degli esecutivi (Bruxelles, 18 aprile 1965), entrato in vigore nel secondo semestre del 1967, questa opera di revisione ha conosciuto varie tappe significative. Tra i momenti salienti, mette conto ricordare, in sintesi, l'Atto unico europeo (1986, in vigore dal 1° luglio 1987), il Trattato sull'Unione europea, noto anche come Trattato di Maastricht (1992, in vigore dal 1° novembre 1993), quello di Amsterdam (1997, entrato in vigore il 1° maggio 1999), quello di Nizza (2001, entrato in vigore il 1° febbraio 2003).

Il fallimento del Trattato che adotta una Costituzione per l'Europa

Dopo Nizza, con, tra l'altro, la proclamazione solenne di una Carta dei diritti fondamentali senza valenza giuridica vincolante, si è aperta, in realtà, una fase estremamente controversa dell'evoluzione del cammino europeo. Nel successivo Consiglio di Laeken si dette vita a un organismo (di natura *sui generis*) denominato Convenzione, con lo scopo di esaminare e trovare risposta ai profili problematici emersi a seguito del trattato di Amsterdam (tra cui la ripartizione delle competenze tra Stati membri e istituzioni eurounitarie, la semplificazione dei trattati, il ruolo dei parlamenti nazionali, lo *status* della Carta dei diritti fondamentali). La Convenzione presentò una bozza di trattato, poi approvato, con modifiche, il 18 giugno 2004 dai capi di Stato e di governo degli Stati membri riuniti a Roma e firmato sempre a Roma il 29 ottobre 2004 con il nome di *Trattato che adotta una Costituzione per l'Europa*. Quello che poteva apparire un traguardo storico del processo di integrazione, sia pure in qualche misura compromissorio (si trattava ancora una volta di un *trattato*, ma compariva per la prima volta, con tutta la sua carica simbolica ed evocativa, l'idea di una vera *costituzione* europea e l'uso della relativa parola), non è però mai entrato in vigore, a causa, in particolare, dell'esito negativo dei *referendum* indetti in Francia e Olanda nel corso del 2005.

L'approvazione del Trattato di Lisbona ...

Al fine di superare lo stallo così determinatosi, nella seconda parte del 2007 è stato approvato e firmato un nuovo trattato a Lisbona, poi entrato in vigore il 1° dicembre 2009, dopo la ratifica da parte di tutti i Paesi membri in conformità alle loro procedure nazionali.

... e le modifiche da esso introdotte ...

Esso mantiene in vita, modificandoli, i due trattati ormai esistenti, quello sull'Unione europea (TUE) e quello che istituisce la Comunità europea, il quale ultimo, però, assume la denominazione di Trattato sul funzionamento dell'Unione europea (TFUE). Sotto il profilo dei contenuti, si segnalano quelli volti a consentire un processo decisionale più rapido ed efficace, l'istituzione di una nuova figura (stabile, così da conferire maggiore continuità all'operato dell'istituzione), quella del Presidente del Consiglio europeo, la trasformazione dell'Alto rappresentante per la politica estera e di sicurezza comune in Alto rappresentante dell'Unione per gli affari esteri e la politica di sicurezza (sorta di ministro degli affari esteri dell'Unione), la puntualizzazione del ruolo dell'Unione europea nel campo della politica estera, il potenziamento della lotta contro la criminalità transfrontaliera, ecc.

... anche in tema di tutela dei diritti fondamentali

Di grande rilievo quanto stabilito in tema di diritti dall'art. 6 TUE, ai sensi del quale «L'Unione riconosce i diritti, le libertà e i principi sanciti nella Carta dei diritti fondamentali dell'Unione europea del 7 dicembre 2000, adattata il 12 dicembre 2007 a Strasburgo, che ha lo stesso valore giuridico dei trattati», prevedendosi, altresì, che «l'Unione aderisce alla Convenzione europea per la salvaguardia dei diritti dell'uomo e delle libertà fondamentali» e che «i diritti fondamentali, garantiti dalla Convenzione europea per la salvaguardia dei diritti dell'uomo e delle libertà fondamentali e risultanti dalle tradizioni costituzionali comuni agli Stati membri, fanno parte del diritto dell'Unione in quanto principi generali».

4. *I principali caratteri dell'ordinamento dell'Unione europea*

L'originalità della costruzione ...

Alla luce dello sviluppo attualmente raggiunto, qui sinteticamente descritto, l'ordinamento eurounitario presenta elementi di assoluta peculiarità, che non ne consentono un agevole inquadramento negli schemi tradizionali. Permane, di fondo, la natura di organizzazione sovranazionale, pur se il livello di integrazione con gli ordinamenti degli Stati che vi aderiscono è in taluni settori particolarmente accentuato e incisivo, con la conseguenza che si ritiene comunemente improponibile, almeno *rebus sic stantibus*, l'equiparazione con ordinamenti giuridici di tipo federale e, più in generale, con ordinamenti statuali. Né mancano posizioni secondo le quali la stessa prospettiva di uno Stato federale è ormai regressiva nello spazio politico europeo (Manzella), osservandosi come la realtà giuridica, istituzionale e politica si sia andata sviluppando secondo linee del tutto originali, semmai sintetizzabili nella forma di una unione di costituzioni più che in una unione di Stati.

... indagabile secondo le categorie tradizionali, ma con cautela

Si può, dunque, provare ad abbozzare un'indagine condotta con le categorie tipicamente in uso per analizzare lo Stato (la sua costituzione, gli elementi costitutivi, sovranità, territorio, popolo, le caratteristiche della forma di Stato e di governo, ecc.), purché si abbia chiara la consapevolezza della rilevanza che in tal modo viene data al profilo didattico (e a un approccio in qualche modo intuitivo) rispetto a quello strettamente scientifico. Una giustificazione a ciò è in ogni caso da rinvenire nello strumentario a disposizione della dottrina, che per la realtà europea pare ancora, entro certi limiti, in costruzione e mutevole.

La "Costituzione"

Nella prospettiva descritta, allora, il documento fondativo e i principi dell'ordinamento europeo vanno ritrovati non in una vera e propria costituzione, che dopo il fallimento del tentativo del 2004 sembra rappresentare un elemento piuttosto in là da venire e per il momento di certo accantonato, ma nei trattati istitutivi e nelle modifiche successivamente intervenute. L'art. 1 TUE precisa, al riguardo, che «L'Unione si fonda sul presente trattato e sul trattato sul funzionamento dell'Unione europea (in appresso denominati «i trattati»). I due trattati hanno lo stesso valore giuridico. L'Unione sostituisce e succede alla Comunità europea». Una formula ripresa anche nell'art. 1 TFUE.

4.1. *La sovranità*

La "sovranità"

Quanto all'elemento della *sovranità*, nei limiti in cui se ne possa parlare, va detto che esso trova un importante punto di riferimento nell'art. 5 TUE, dove si proclamano il principio di attribuzione (quale fondamento della delimitazione delle competenze dell'Unione), e quelli di sussidiarietà e proporzionalità (quali fondamenti dell'esercizio delle competenze dell'Unione).

I principi di attribuzione, sussidiarietà e proporzionalità

Più in dettaglio, in virtù del principio di attribuzione «l'Unione agisce esclusivamente nei limiti delle competenze che le sono attribuite dagli Stati membri nei trattati per realizzare gli obiettivi da questi stabiliti. Qualsiasi competenza non attribuita all'Unione nei trattati appartiene agli Stati membri». In forza della sussidiarietà, «nei settori che non sono di sua competenza esclusiva l'Unione interviene soltanto se e in quanto gli obiettivi dell'azione prevista non possono essere conseguiti in misura sufficiente dagli Stati membri, né a livello centrale né a livello regionale e locale, ma possono, a motivo della portata o degli effetti dell'azione in questione, essere conseguiti meglio a livello di Unione». Dall'applicazione del principio di proporzionalità consegue che «il contenuto e la forma dell'azione dell'Unione si limitano a quanto necessario per il conseguimento degli obiettivi dei trattati».

È chiaro, peraltro, già alla luce dell'art. 1 TUE, come l'Unione europea sia una realtà alla quale sono i medesimi Stati membri ad attribuire «competenze per conseguire i loro obiettivi comuni».

4.2. *Il territorio*

Il "territorio"

Con riguardo al *territorio*, la relativa delimitazione è contenuta nell'art. 52 TUE, che elenca gli Stati in cui trovano applicazione i trattati, con le precisazioni fornite dall'art. 355 TFUE, relative a particolari regioni, Paesi e territori d'oltremare cui si estende l'applicazione dei trattati, ma anche a zone di sovranità dei Paesi membri cui invece non si estende, in deroga all'art. 52 TUE.

È chiaro, peraltro, che gli Stati aderenti mantengono la sovranità e le funzioni di governo dei rispettivi territori, salvo consentire che essi configurino i confini di applicazione territoriale (oltre che delle proprie fonti, anche) dei trattati e del diritto derivato dell'Unione europea, naturalmente entro i limiti e negli ambiti di validità dei medesimi.

4.3. *Il popolo*

Il "popolo"

In relazione al *popolo*, va in primo luogo ricordato l'art. 1 TUE, che si riferisce, in vero, ai *popoli dell'Europa*, individuando nel trattato «una nuova tappa nel processo di creazione di un'unione sempre più stretta tra i popoli dell'Europa, in cui le decisioni siano prese nel modo più trasparente possibile e il più vicino possibile ai cittadini».

La cittadinanza dell'Unione

È poi l'art. 9 TUE a stabilire che «È cittadino dell'Unione chiunque abbia la cittadinanza di uno Stato membro. La cittadinanza dell'Unione si aggiunge alla cittadinanza nazionale e non la sostituisce», secondo una formula poi ripresa e specificata, come già ricordato (*supra*, sez. II, par. 4), anche dall'art. 20 TFUE.

4.4. *La forma di Stato*

Uno Stato federale, di diritto e sociale

In relazione alla forma di Stato, e sulla scia della classificazione prima operata (*supra*, sez. III), si può osservare che l'Unione presenta caratteristiche entro certi limiti assimilabili a uno Stato federale, di diritto e sociale.

Animati dallo sforzo di creare una unione sempre più stretta tra i popoli d'Europa, i trattati ne individuano, infatti, il fondamento nei «valori del rispetto della dignità umana, della libertà, della democrazia, dell'uguaglianza, dello Stato di diritto e del rispetto dei diritti umani, compresi i diritti delle persone appartenenti a minoranze. Questi valori sono comuni agli Stati membri in una società caratterizzata dal pluralismo, dalla non discriminazione, dalla tolleranza, dalla giustizia, dalla solidarietà e dalla parità tra donne e uomini» (art. 2 TUE, ma si veda anche il successivo art. 3 per i riferimenti alla pace, alla giustizia, alla protezione sociale, alla solidarietà tra le generazioni, ecc.).

Ne deriva un'ampia previsione e una sempre più accentuata tutela dei diritti fondamentali dell'uomo (art. 6 TUE), che si accompagna a un'azione esterna informata ai medesimi principi e valori, come si ricava, in particolare, dall'art. 21 TUE, secondo cui essa si prefigge di promuovere nel resto del mondo «democrazia, Stato di diritto, universalità e indivisibilità dei diritti dell'uomo e delle libertà fondamentali, rispetto della dignità umana, principi di uguaglianza e di solidarietà e rispetto dei principi della Carta delle Nazioni Unite e del diritto internazionale».

La questione del c.d. deficit democratico

E se è vero che l'intero quadro istituzionale è dichiaratamente posto al servizio del perseguimento di questi valori e obiettivi (art. 13 TUE), è noto come per lungo tempo la critica principale all'operato della Comunità prima e dell'Unione poi sia stata sintetizzata con la formula del c.d. *deficit democratico*. Un problema postosi in termini particolari in conseguenza del fatto che le Comunità e l'Unione sono sorte con le modalità proprie delle organizzazioni internazionali, gestite dagli organi creati dagli Stati firmatari dei trattati, «e l'esigenza di rispettare il principio democratico, in forme del tipo di quelle applicate nell'ambito degli Stati, si è manifestata soprattutto perché le istituzioni europee sono state dotate di poteri del tipo di quelli normalmente propri degli Stati, direttamente esercitabili nei confronti dei cittadini degli Stati membri e nell'ambito dei territori da essi governati» (Pizzorusso), con la conseguenza che questa doppia natura ha portato a soluzioni di contemperamento che possono ritenersi, a seconda delle opinioni, più o meno appropriate.

È indubbio che, a partire dall'elezione diretta dei membri del Parlamento europeo, nel 1979, molti importanti passi siano stati fatti nella direzione della maggiore democraticità dell'ordinamento, ultimi in ordine di tempo quelli previsti dal Trattato di Lisbona (si pensi, ad es., all'introduzione dell'iniziativa legislativa popolare: l'art. 11 TUE prevede ora che un milione di cittadini possono prendere «l'iniziativa d'invitare la Commissione europea, nell'ambito delle sue attribuzioni, a presentare una proposta appropriata su materie in merito alle quali tali cittadini ritengono necessario un atto giuridico dell'Unione ai fini dell'attuazione dei trattati»), ma è certo che ancora altri ne andranno compiuti per veder interamente realizzato questo cammino.

Resta, anche in tal caso, come già per la sovranità, il problema di capire quale sia il margine per ulteriori passi in questa direzione.

Il rapporto tra democraticità e legittimazione della costruzione europea

La democraticità rimane un problema di fondo dell'integrazione europea, con la sua stretta correlazione alla formazione di un popolo europeo e all'individuazione di un fondamento legittimante dell'intera costruzione. E ciò, entro certi limiti, indipendentemente dalla sua maggiore o minore inscrivibilità nel modello statuale o in altro che si ritenga più adeguato.

Capitolo II

I principi fondamentali *

SOMMARIO: 1. Il concetto di principio fondamentale. – 2. Il principio democratico. – 3. Il principio lavorista. – 4. Il principio personalista. – 5. Il principio pluralistico. – 5.1. Il principio del pluralismo ideologico. – 5.2. Il principio del pluralismo sociale. – 5.2.1. Le formazioni sociali. – 5.2.2. La sussidiarietà orizzontale. – 5.3. Il principio del pluralismo territoriale e la sussidiarietà verticale. – 6. Il principio di solidarietà. – 7. Il principio di eguaglianza. – 7.1. Il principio di eguaglianza come eguaglianza formale. – 7.2. Il sindacato sull'eguaglianza e sulla ragionevolezza delle leggi. – 7.3. Il principio di eguaglianza come eguaglianza sostanziale. – 8. Il principio di tutela delle minoranze linguistiche. – 9. Il principio di laicità e la tutela del sentimento religioso. – 9.1. I rapporti tra lo Stato e la Chiesa cattolica. – 9.2. I rapporti tra lo Stato e le Confessioni non cattoliche. – 10. I principi fondamentali della promozione della cultura e della tutela dell'ambiente. – 11. Il principio internazionalista e quello pacifista.

1. *Il concetto di principio fondamentale*

Le prime dodici disposizioni della Costituzione italiana sono ordinate sotto il titolo "principi fondamentali", nel senso che esse esprimono le finalità e le basi ideali della forma di Stato disegnata dal Costituente.

Tali principi non sono confinati in un preambolo separato dal testo, come accade in alcune Carte di ordinamenti statali stranieri e come pure era stato proposto nel corso del dibattito in Assemblea costituente, ma essi fanno parte integrante dello stesso, con ciò sottolineandosi la natura non meramente simbolica o etica ma, come più avanti meglio si dirà, di vere e proprie norme giuridiche, ovvero di "criteri guida" cui i pubblici poteri e gli interpreti sono tenuti a conformarsi.

L'"atrio" della Costituzione

Secondo Meuccio Ruini, Presidente della Commissione dei settantacinque dell'Assemblea costituente, i principi fondamentali rappresentavano l'"atrio" dell'edificio costituzionale, uno spazio da attraversare necessariamente per entrare nelle varie "stanze" di cui era formata la Carta costituzionale. D'altra parte, è soprattutto nell'affermazione dei principi

---

* Di Francesco Dal Canto.

fondamentali che risalta con particolare forza la natura compromissoria della Costituzione italiana, attesa la relazione talora di antinomia che si può evidenziare tra alcuni di essi (si pensi alle potenziali contrapposizioni tra principio personalista e principio di solidarietà, tra eguaglianza formale e eguaglianza sostanziale, ecc.); circostanza dalla quale discende la necessità, di cui si fanno interpreti, ciascuno con il proprio specifico ruolo, in primo luogo il legislatore e poi anche i giudici, costituzionale e comuni, di mediazioni e contemperamenti alla luce delle situazioni concrete.

Ciò premesso, pare necessario affrontare più da vicino alcune questioni di portata generale.

Principi e regole

Il primo problema che si pone è quello di chiarire il significato giuridico della formula "principio fondamentale". Per "principi", innanzi tutto, si intendono quelle particolari specie di norme con le quali si esprime in forma sintetica il contenuto prescrittivo di un più ampio complesso di regole, una sorta di "direttive generali" dal valore giuridico ma dalla portata anche etico-politica, che si collocano, come si è notato, «dove il diritto si incontra con la morale nella vita politica e sociale» (M. Ruini).

I principi sono norme giuridiche distinte dalle regole: mentre queste ultime hanno una struttura condizionale e una fattispecie determinata (se si verifica la situazione *x* allora è vietato/permesso/imposto il comportamento *y*), quelli hanno una struttura categorica e una fattispecie indeterminata (si deve/non si deve). Le regole hanno un ambito di applicazione più ridotto e definito, possono essere applicate o disapplicate, osservate o violate, senza possibili soluzioni intermedie; i principi, al contrario, sono suscettibili di essere "attuati" in modo graduale, tollerando eccezioni, deroghe, e, come anticipato, bilanciamenti con altri principi.

Ad alcuni principi, poi, viene attribuita la qualifica di "fondamentali", con ciò sottolineandosi, com'è ovvio, la loro particolare rilevanza. Volendo tuttavia dare un senso appena più preciso a tale constatazione, ci si imbatte in un dibattito dottrinale piuttosto intenso.

L'efficacia dei principi fondamentali

Mentre una parte minoritaria della dottrina attribuisce ai principi fondamentali un valore meramente politico, alla stregua di "dichiarazioni costituzionali" in grado al massimo di influenzare il legislatore ma non di vincolare gli interpreti, l'indirizzo prevalente è orientato in senso contrario. In particolare, secondo la visione di Mortati, i principi fondamentali hanno un «carattere direttamente normativo e un'efficacia suscettibile di esplicarsi in concreto secondo una duplice direzione»: alcuni principi trovano svolgimento in altre norme costituzionali, o in successive disposizioni di legge, ed esercitano la loro efficacia facendo sorgere nell'interprete l'obbligo di risalire ad essi onde rinvenire i criteri atti a far superare le incertezze o a colmare le lacune che dovessero riscontrarsi nella loro applicazione; altri principi, invece, non ancora tradotti in precetti concreti, influenzano comunque l'interpretazione ed altresì operano nei confronti del legislatore imponendo allo stesso di creare gli istituti e di emettere le regole materiali idonee a dare loro attuazione.

Seguendo tale impostazione, dunque, i principi fondamentali si qualificano come direttive strumentali sia alla produzione che all'interpretazione del diritto. Lo stesso interprete, e in particolare il giudice, a cominciare ovviamente dalla Corte costituzionale, può svolgere direttamente l'attività di concretizzazione del principio, senza attendere l'opera del legislatore almeno nei casi in cui lo svolgimento del principio conduce a risultati obbligati, in un contesto operativo già definito.

I principi fondamentali come principi supremi

La dottrina prevalente, inoltre, ritiene che i principi fondamentali si identifichino con quelli "supremi", vale a dire idonei a rappresentare un limite implicito alla revisione costituzionale. Tale orientamento ha trovato indiretta conferma nella giurisprudenza costituzionale (sent. n. 1146/1988), laddove si è affermato che «la Costituzione italiana contiene alcuni principi supremi che non possono essere sovvertiti o modificati nel loro contenuto essenziale neppure da leggi di revisione costituzionale o da altre leggi costituzionali» e che «tali sono i principi che la stessa Costituzione esplicitamente prevede come limiti assoluti al potere di revisione costituzionale, quale la forma repubblicana (art. 139 Cost.), quanto i principi che, pur non essendo espressamente menzionati fra quelli non assoggettabili al procedimento di revisione costituzionale, appartengono all'essenza dei valori supremi sui quali si fonda la Costituzione italiana».

In altre parole, la modifica o la soppressione del contenuto essenziale dei principi fondamentali stravolgerebbe l'identità stessa della Costituzione mettendo in discussione la forma di Stato da essa tratteggiata. Il che, ovviamente, non significa che le disposizioni riguardanti i principi costituzionali non possano essere modificate con riferimento ad aspetti che non incidono sul loro contenuto essenziale o che le stesse non debbano essere oggetto di interpretazioni evolutive, cioè orientate alla soddisfazione delle nuove esigenze che si registrano nella società.

L'individuazione dei principi fondamentali

Altro problema è quello che concerne l'esatta individuazione delle disposizioni contenenti i principi fondamentali. È pacifico che, per quanto il titolo di questa parte della Costituzione sembri indicare il contrario, non vi è una perfetta coincidenza tra le prime dodici disposizioni costituzionali e il catalogo dei principi fondamentali.

La posizione più rigida, a questo proposito, è quella a suo tempo avanzata da Mortati, per il quale i principi fondamentali sarebbero stati soltanto quelli fissati nei primi cinque articoli, in quanto essi «contengono gli elementi sufficienti ad identificare la forma di Stato». Tuttavia, l'interpretazione oggi prevalente è meno rigida. Si ritiene, in particolare, che il catalogo dei principi costituzionali debba essere integrato anche con le successive disposizioni, sollevandosi qualche dubbio soltanto sull'art. 12, ove si stabilisce che «la bandiera della Repubblica è il tricolore», in ragione del fatto che tale previsione sarebbe più una regola che un principio; inoltre, si osserva come alcuni principi fondamentali siano senz'altro da ricercare all'esterno delle prime dodici disposizioni – ciò che appare incontestato con riguardo almeno al principio della rigidità costituzionale (cfr. art. 138 Cost.) – ovvero attraverso un'interpretazione sistematica delle stesse (si pensi al principio di separazione dei poteri, rintracciabile in Costituzione quale svolgimento dei suoi primi tre articoli).

Il contenuto dei principi fondamentali

Per quanto riguarda il contenuto dei principi fondamentali, essi possono essere distinti in due categorie: da un lato quelli che interessano maggiormente i "poteri", e dunque l'organizzazione dello Stato, e dall'altro quelli che concernono principalmente i "diritti", e dunque il rapporto tra Stato e individuo, per quanto una netta suddivisione non sia effettivamente possibile data l'influenza che ogni principio è in grado di esercitare, in misura diversa, su entrambi i piani. A titolo di esempio, tra i principi di organizzazione possono essere annoverati il principio democratico (art. 1), il principio del pluralismo istituzionale (art. 5), il principio internazionalista (art. 11), mentre tra i principi attinenti ai diritti possono richiamarsi quello lavorista (art. 1), quello personalista (art. 2) e quello del pluralismo ideologico (artt. 1 e 2).

Principi fondamentali e regioni

Infine, un'ultima considerazione merita di essere svolta con riguardo alla questione attinente al rapporto tra principi fondamentali costituzionali e principi eventualmente posti da fonti di altri ordinamenti. A questo proposito è possibile accennare alla problematica relativa al ruolo eventuale delle regioni nella definizione dei principi fondamentali. In particolare, dopo aver sottolineato che i principi fondamentali concernono la Repubblica e quindi influenzano tutti gli enti territoriali di cui la stessa si compone (art. 114 Cost.), è utile segnalare un problema specifico che si è posto con riferimento all'interpretazione dell'art. 123 Cost., nella versione successiva alla riforma costituzionale del 1999 (l. cost. n. 1), laddove si stabilisce che ciascuno Statuto regionale determina, tra l'altro, «i principi fondamentali di organizzazione e funzionamento». Ci si è chiesti quale valore avessero tali principi e in particolare se gli stessi dovessero riguardare soltanto gli aspetti "istituzionali" o invece potessero avere rilievo anche in prospettiva del riconoscimento di diritti fondamentali della persona. La lettura estensiva, patrocinata da una parte cospicua della dottrina, è stata decisamente scartata dalla Corte costituzionale (sent. n. 372/2004), che ha addirittura disconosciuto che alle disposizioni statutarie riguardanti i principi potesse essere attribuita una vera e propria efficacia giuridica.

2. *Il principio democratico*

Il principio democratico esprime in termini giuridici l'idea in base alla quale le decisioni collettive debbono essere formate con il consenso degli appartenenti alla comunità, cosicché il potere politico possa trarre la propria legittimazione dalla volontà dei governati.

Si tratta di uno dei capisaldi dello Stato contemporaneo occidentale, il più importante principio ispiratore dell'organizzazione dei pubblici poteri, che, pur trovando le proprie radici nelle teorizzazioni dei filosofi dell'antica Grecia, a cominciare da Aristotele, è divenuto principio irrinunciabile degli ordinamenti statali soltanto all'indomani delle rivoluzioni americana e francese della fine del XVIII secolo, con il conseguente superamento del modello assolutistico dell'*ancien régime.*

La sovranità popolare

Al principio democratico si lega indissolubilmente l'idea che il titolare della sovranità non sia più il monarca ma il popolo, ossia l'insieme dei cittadini considerati come un soggetto collettivo. Peraltro, la piena affermazione della sovranità popolare porta al superamento anche della diversa teoria della sovranità della Nazione, elaborata in Francia all'indomani della rivoluzione del 1789, in base alla quale la sovranità doveva spettare a un'entità astratta, capace di continuare ad esistere pur nel trascorrere delle epoche, non suscettibile di esprimere direttamente la propria volontà. Quest'ultima, dunque, poteva essere manifestata soltanto dai soggetti preposti alle cariche pubbliche, i quali, peraltro, non dovevano essere necessariamente selezionati in modo rispondente al principio democratico.

La separazione dei poteri

Al principio democratico è strettamente collegato anche quello della separazione dei poteri, vero e proprio cardine dello Stato di diritto. Esso si afferma sulla scorta delle riflessioni dei grandi teorici Locke, nel Seicento, e soprattutto Montesquieu, nella metà del secolo successivo, ed esprime l'idea in forza della quale, per assicurare la libertà degli individui, il potere pubblico deve essere suddiviso in una pluralità di funzioni distinte da attribuire ad organi diversi tra loro indipendenti. Nella sua opera *Lo Spirito delle leggi*, del 1748, il filosofo francese osserva: «Chiunque abbia potere è portato ad abusarne; egli arriva sin dove non trova limiti [...]. Perché non si possa abusare del potere occorre che [...] il potere arresti il potere». Vengono così individuati i tre tradizionali poteri dello Stato, in grado di controllarsi reciprocamente e di frenare i rispettivi eccessi, e ai quali vengono attribuite le principali funzioni pubbliche: legislativa, esecutiva e giurisdizionale.

Popolo e corpo elettorale

Un problema che si pone è quello di definire con precisione cosa debba intendersi per popolo come soggetto che esercita la sovranità. È noto infatti che tra il concetto di popolo, inteso come insieme di cittadini, e l'insieme dei soggetti che concretamente partecipano all'esercizio della sovranità vi è uno scarto; tale scarto, tuttavia, si è progressivamente ridotto nel corso dei tempi: oggi un ordinamento democratico si caratterizza per l'attribuzione del diritto di voto, massima espressione dell'esercizio della sovranità, a tutti i cittadini maggiorenni, e dunque per l'affermazione del suffragio universale, cosicché tra popolo e corpo elettorale si ritiene che vi sia un rapporto, ancorché non di coincidenza, di sostanziale immedesimazione.

Sotto il profilo della sua concreta realizzazione, il principio democratico conosce almeno tre diverse forme di attuazione.

La democrazia rappresentativa

Il modello assolutamente preminente negli ordinamenti democratici contemporanei si caratterizza per la circostanza che le funzioni pubbliche che sono espressione della sovranità sono esercitate non direttamente dal popolo, o da soggetti che con esso tendono ad immedesimarsi (come il corpo elettorale), bensì da organi di quello direttamente o indirettamente rappresentativi. Il presupposto è che il principio democratico, pur richiedendo che tutti i poteri siano riconducibili alla sovranità popolare, non comporta necessariamente la piena coincidenza tra governanti e governati.

Si parla, in questo caso, di democrazia "indiretta" o, appunto, "rappresentativa".

Con riguardo agli istituti di democrazia rappresentativa, il rapporto che si instaura tra gli elettori e gli eletti, di "rappresentanza politica", è diverso da quello che si realizza nel diritto privato con l'istituto della rappresentanza. Nell'accezione privatistica, infatti, il legame tra rappresentante e rappresentato richiama l'istituto della delega, in forza del quale il delegato, fin quando non gli viene revocato il mandato, agisce in nome e per conto del delegante, seguendo le indicazioni da lui fornite e sostituendosi nella dichiarazione di volontà riguardante l'adozione di un determinato atto; al contrario, gli elettori non hanno poteri di controllo sugli specifici indirizzi decisi dagli eletti, né solitamente poteri di revocare in anticipo il mandato loro conferito. La rappresentanza politica, quindi, comporta un notevole margine di autonomia e di libertà dei soggetti rappresentanti, cosicché i rappresentati esauriscono la maggior parte del loro potere decisionale nel momento in cui, con il voto, designano gli eletti.

Il rapporto fiduciario che si instaura non comporta dunque una piena corrispondenza tra gli atti dei rappresentanti e la volontà dei rappresentati. Il vincolo che mantiene stretto il legame tra elettori ed eletti risulta garantito, per lo più, dalla circostanza che gli eletti cercano di operare senza perdere il consenso degli elettori, e tale vincolo prosegue attraverso il rapporto di fiducia che può essere previsto tra alcuni organi, ad esempio, nelle forme di governo parlamentari, tra Governo e Parlamento. Si realizza così quel "circuito democratico" in forza del quale i destinatari dei provvedimenti amministrativi o giurisdizionali, che costituiscono attuazione del diritto formato dagli organi titolari delle funzioni normative, sono quegli stessi cittadini che, in quanto componenti del corpo elettorale, contribuiscono a dare impulso iniziale ai processi decisionali.

Il "circuito democratico"

D'altra parte, in un sistema di democrazia rappresentativa non tutte le decisioni che attengono alle vicende collettive sono adottate dagli organi direttamente rappresentativi del corpo elettorale, quindi dagli organi "politici"; alcune sono invece assunte da organi "di garanzia" (come, ad esempio, quelli giurisdizionali), che fondano la propria legittimazione, principalmente, sulla peculiarità dei compiti ad essi affidati, di salvaguardia dei diritti e delle regole costituite, nonché sui requisiti di competenza e indipendenza che debbono possedere, i quali si raccordano soltanto indirettamente alla sovranità popolare, in particolare attraverso il principio della loro soggezione alla legge.

La democrazia diretta

In alternativa al modello della democrazia rappresentativa si pone quello della democrazia diretta. Nella sua forma pura, che ha conosciuto una sua, ancorché parziale, forma di realizzazione nelle *polis* dell'antica Grecia, esso richiede che tutte le decisioni siano adottate dal popolo riunito in assemblea. Tale sistema, com'è evidente, in concreto è difficilmente realizzabile, cosicché, nei tempi moderni, la democrazia diretta viene riproposta attraverso la previsione di alcuni istituti che si innestano nel tronco di sistemi rappresentativi, con i quali viene riservata al popolo l'ultima parola su alcune decisioni.

Sebbene, dunque, oggi ciò avvenga soltanto in via residuale ed integrativa, talora è il corpo elettorale ad esercitare direttamente talune specifiche funzioni pubbliche.

Il principale strumento di democrazia diretta è il *referendum*, previsto in numerosi ordinamenti statali e regionali.

La democrazia partecipativa

Una forma in un certo senso intermedia tra democrazia rappresentativa e democrazia diretta si realizza con la democrazia "partecipativa", formula con la quale si fa riferimento a quell'insieme di istituti attraverso i quali i cittadini prendono parte a procedimenti decisionali complessi che si concludono con l'adozione di un atto imputabile ai pubblici poteri (si pensi al potere di iniziativa legislativa popolare, alle consultazioni popolari, al potere di petizione, ecc.).

La democrazia partecipativa ha assunto negli ultimi decenni un'importanza crescente sia in relazione alla crisi dei canali tradizionali della rappresentanza politica, e in particolar modo dei partiti politici, sia per la crescente complessità ed eterogeneità delle domande sociali, che rendono più difficile l'attività di mediazione degli interessi da parte dei rappresentanti e richiedono conseguentemente un maggiore coinvolgimento dei cittadini nella definizione delle decisioni pubbliche.

Il principio maggioritario

Uno dei corollari più importanti del principio democratico è quello maggioritario, che riguarda principalmente le modalità attraverso le quali si forma la volontà popolare necessaria per adottare le decisioni. Sulla base di tale principio la decisione viene adottata se raccoglie, da parte dei componenti del corpo elettorale, non l'unanimità dei consensi (scelta che valorizzerebbe massimamente il principio democratico ma comporterebbe sovente la paralisi del sistema) ma un numero di adesioni superiori a quelle raccolte attorno alla soluzione contrapposta.

Maggioranza semplice, assoluta e qualificata

Tale principio è posto alla base sia delle procedure elettorali per la formazione degli organi rappresentativi sia delle regole di funzionamento degli organi collegiali che operano all'interno dello Stato-persona. Con riguardo a questo secondo aspetto, quando le decisioni sono suscettibili di incidere su oggetti più delicati o su rapporti che richiedono maggiore stabilità, all'esigenza di raccogliere attorno ad una certa opzione la metà più uno dei consensi di quanti partecipano al voto ("maggioranza semplice") può sostituirsi quella di raccogliere un numero più alto degli stessi: si parla allora di "maggioranza assoluta" (la metà più uno di quanti hanno diritto di esprimere il proprio voto) e di "maggioranza qualificata" (una percentuale superiore alla metà più uno degli aventi diritto).

D'altra parte, le scelte maggioritarie, pur corrispondendo al maggior numero di volontà individuali, non soltanto non sono necessariamente le più giuste e opportune ma talora possono anche risultare pregiudizievoli dei diritti delle minoranze, senza considerare la circostanza che, in virtù delle distorsioni che caratterizzano, in diversa misura, i sistemi elettorali, talora una maggioranza di un organo rappresentativo può essere espressione di una parte assai più circoscritta, o addirittura minoritaria, del corpo elettorale.

Per inciso, con specifico riferimento al sistema elettorale italiano, tali concetti sono stati sviluppati di recente con particolare chiarezza dalla Corte costituzionale (sent. n. 1/2014): nel dichiarare incostituzionale la l. elettorale n. 270/2005, poi sostituita, per la sola elezione della Camera dei deputati, dalla l. n. 52/2015, la stessa ha avuto modo di precisare la necessità di individuare un equilibrio ragionevole tra esigenze di stabilità dei governi e quelle di rappresentatività delle assemblee parlamentari, evitando «eccessive divaricazioni tra la composizione del Parlamento, che è al centro del sistema di democrazia rappresentativa, e la volontà dei cittadini espressa attraverso il voto».

La tutela delle minoranze

Più in generale, nelle democrazie moderne il principio maggioritario è sempre temperato da alcune cautele che attengono all'esigenza di garantire le minoranze: cautele che si traducono in congegni differenziati che, per risultare efficaci, non devono essere posti nella disponibilità della maggioranza e i quali consentono di assecondare l'aspirazione delle minoranze a divenire un domani maggioranza. Inoltre, allo stesso scopo, i processi decisionali devono essere caratterizzati da una serie di garanzie: essi devono essere "formalizzati", nel senso di soggetti a regole predeterminate, "trasparenti", vale a dire verificabili dall'esterno nei loro vari passaggi, e infine "aperti", cioè caratterizzati dalla possibilità di una effettiva partecipazione dei soggetti interessati alla decisione finale.

Il principio democratico nello Statuto albertino

Venendo più da vicino al concreto riconoscimento del principio democratico nell'ordinamento italiano, occorre innanzi tutto premettere che lo Statuto albertino non si pronunciava esplicitamente sul punto, mentre la l. n. 1/1861, con una formula che tentava di coniugare l'antica legittimazione del potere politico, fondata sull'ereditarietà e sul diritto divino, con quella nuova fondata sul consenso popolare, ambiguamente recitava che il re era tale «per grazia di Dio e volontà della Nazione».

Il principio democratico nella Costituzione

Nella Costituzione il principio democratico viene accolto fin dalle battute iniziali, qualificandosi quale principio che «racchiude in sé, in germe, gli altri» (C. Mortati), e caratterizza tanto la forma di Stato che la forma di governo. All'art. 1, in particolare, si prevede, al 1° comma, che «l'Italia è una Repubblica democratica ...», e, al 2° comma, che «la sovranità appartiene al popolo, che la esercita nelle forme e nei limiti della Costituzione».

L'affermazione per cui l'Italia "è una Repubblica" ha un valore per lo più ricognitivo e dichiarativo della forma dello Stato italiano, contrapposta a quella monarchica, delineatasi all'esito del *referendum* istituzionale celebrato il 2 giugno 1946, esito che l'Assemblea costituente non poteva che limitarsi a registrare. L'aggettivo "democratica", invece, qualifica come tale la Repubblica, intesa in tutte le sue componenti (Stato, regioni, province, comuni, ecc.).

L'"appartenenza" della sovranità al popolo significa non soltanto che da quest'ultimo la prima ha origine ma che ad esso spetta, oltre che la titolarità, anche il suo effettivo esercizio, per quanto «nelle forme e nei limiti» fissati dalla Costituzione. Ed è la Costituzione, in particolare, che assegna ad una porzione del popolo, vale a dire al corpo elettorale, il compito di esercitare la sovranità; ciò che si realizza, principalmente –

ma, come si è detto, non esclusivamente – attraverso l'elezione dei membri del Parlamento, i cui poteri trovano la propria giustificazione proprio nel consenso popolare.

Il divieto di mandato imperativo

Come si è prima osservato, la rappresentanza politica si caratterizza per la circostanza di lasciare al rappresentante un ampio margine di autonomia nei confronti del rappresentato. Questo concetto viene accolto dalla Costituzione con l'affermazione del c.d. *divieto di mandato imperativo*, disciplinato all'art. 67, ai sensi del quale «ogni membro del Parlamento rappresenta la Nazione ed esercita le sue funzioni senza vincolo di mandato». Nel senso di contenere l'autonomia dei parlamentari, d'altra parte, opera tradizionalmente il sistema dei partiti politici, riconosciuti all'art. 49 come luoghi privilegiati ove i cittadini possono «concorrere con metodo democratico a determinare la politica nazionale», i quali, in particolare attraverso l'attività dei gruppi parlamentari – loro proiezione all'interno del Parlamento – orientano gli eletti nel senso di conformarli alla linea politica decisa al loro interno, a propria volta orientata nel senso di una tendenziale corrispondenza con la volontà popolare.

Gli istituti di democrazia diretta

D'altra parte la Costituzione italiana, come anticipato, contempla anche alcuni istituti di democrazia diretta e partecipativa.

All'art. 75 è previsto il *referendum* abrogativo, con il quale si consente l'abrogazione totale o parziale di una legge o di un atto avente valore di legge, su richiesta di cinquecentomila elettori o di cinque Consigli regionali, con voto favorevole della maggioranza dei voti validamente espressi dal corpo elettorale a condizione che abbia partecipato alla votazione la maggioranza degli aventi diritto al voto.

La Costituzione prevede poi altre forme di *referendum* (art. 123, sugli statuti regionali, artt. 132, 1° e 2° comma, e 133, sulle modifiche delle circoscrizioni territoriali, art. 138, sulle leggi di revisione costituzionale). Da richiamare, in particolare, il *referendum* costituzionale, con il quale il corpo elettorale, su richiesta di un quinto dei membri di una Camera, di cinquecentomila elettori o di cinque Consigli regionali, a maggioranza dei voti validi, è chiamato a confermare una legge costituzionale o di revisione costituzionale qualora la stessa sia stata approvata da ciascuna delle due Camere, in seconda lettura, con una maggioranza superiore a quella assoluta e inferiore a quella dei due terzi dei rispettivi componenti.

Gli istituti di democrazia partecipativa

Tra gli istituti tradizionali di democrazia partecipativa previsti nell'ordinamento italiano troviamo l'iniziativa legislativa popolare e la petizione.

Ai sensi dell'art. 71, 2° comma, il popolo può esercitare l'iniziativa delle leggi mediante la proposta, da parte di almeno cinquantamila elettori, di un progetto redatto in articoli. La discussione della proposta e l'eventuale delibera restano di esclusiva competenza dell'organo legislativo, tanto che in molti casi tali progetti, la cui presentazione è peraltro non molto frequente, non risultano talora neppure discusse né tanto meno votate dal Parlamento.

Quanto alla petizione (art. 50 Cost.), tutti i cittadini, anche singolarmente, possono rivolgere istanze alle Camere per chiedere provvedimenti legislativi o esporre comuni necessità. Per quanto i regolamenti di Camera e Senato prevedano l'obbligo di prendere in considerazione tutte le petizioni presentate, tale strumento ha finora trovato scarsissima applicazione pratica.

Più di recente, anche nell'ordinamento italiano, soprattutto a livello locale, sono stati istituiti nuovi e più efficaci istituti di partecipazione, rivolti ora ai singoli cittadini (dibattiti pubblici, bilanci partecipati, ecc.) ora ad organismi rappresentativi di determinati gruppi di interessi (consulte, conferenze, ecc.).

Sovranità del popolo e sovranità dello Stato

Si è discusso in dottrina, soprattutto negli anni successivi all'entrata in vigore della Costituzione, del complesso rapporto tra sovranità del popolo e sovranità dello Stato alla luce sia dell'art. 1 Cost., che richiama la prima, che degli artt. 7, 1° comma, e 11 Cost., che invece si riferiscono espressamente alla seconda. Tra le numerose teorie che sono state elaborate per conciliare i due concetti, quella risultata prevalente poggia sulla distinzione tra Stato-ordinamento e Stato-persona e sottolinea come la sovranità spetti al primo, e in particolare al popolo, che ne è l'esclusivo titolare e che la esercita nelle "forme" e nei "limiti" stabiliti nella Costituzione, vale a dire in una molteplicità di esplicazioni, non sempre riducibili a manifestazioni unitarie come nel caso dell'espressione del voto; in questa impostazione lo Stato-persona diviene (esattamente al contrario di quanto riteneva la dottrina tradizionale) un mero "strumento" del popolo, un mezzo di cui il popolo si avvale per l'esercizio della potestà di governo.

3. *Il principio lavorista*

Nell'art. 1 Cost., insieme all'affermazione del principio democratico, si prevede che la Repubblica sia «fondata sul lavoro». Si tratta di una formula, preferita in Assemblea Costituente a quella di "Repubblica dei lavoratori" proposta dalle sinistre, con la quale si introduce un principio costituzionale materiale, dal valore promozionale, volto ad indirizzare l'azione dei pubblici poteri. La previsione non ha soltanto un valore riassuntivo delle altre disposizioni costituzionali dedicate al lavoro ma contribuisce a caratterizzare la struttura dello Stato nel suo complesso.

Lavoro, pari dignità sociale e abolizione dei titoli nobiliari

Il fondamento sul lavoro della Repubblica si collega strettamente alla previsione ai sensi della quale «tutti i cittadini hanno pari dignità sociale» (art. 3 Cost.), da cui si ricava come corollario che la dignità non deriva dal tipo di lavoro svolto, o dalla posizione sociale occupata, ma dal valore della persona, che peraltro si manifesta anche nella sua attitudine a concorrere al progresso della società. A tale principio si collega la XIV disposizione transitoria e finale, in forza della quale «i titoli nobiliari non sono riconosciuti», esprimendosi così l'idea che il valore dell'individuo non dipende da posizioni di privilegio attribuite per ragioni di nascita o di censo ma dal riconoscimento acquisito attraverso lo svolgimento della propria attività.

Il significato preciso della formula "fondata sul lavoro" non è facilmente intellegibile, per quanto appaia in modo evidente il suo valore prevalentemente programmatico (più che descrivere una situazione di partenza, prefigura un obiettivo da realizzare). Innanzi tutto il termine "lavoro" deve essere inteso in senso ampio, come ogni attività umana che possa concorrere «al progresso materiale o spirituale della società», secondo la formula adottata dall'art. 4, 2° comma. Si è osservato, poi, che con tale formulazione i Costituenti hanno inteso rifiutare tanto una visione collettivistica dello Stato tanto una visione meramente individualistica, affermandone la natura "sociale", in sinergia con il principio d'eguaglianza sostanziale, di cui all'art. 3, 2° comma, Cost., laddove si afferma l'obiettivo della piena partecipazione dei lavoratori all'organizzazione politica, economica e sociale del Paese.

Nell'ordinamento costituzionale il lavoro diviene, al tempo stesso, un mezzo di affermazione della personalità di ogni individuo e uno strumento per favorire il processo di omogeneizzazione sociale, con una netta cesura rispetto allo Stato liberale (lo Statuto albertino, del resto, non conteneva alcun riferimento al lavoro).

Per ricostruire in modo esaustivo il significato del principio lavorista occorre considerare anche gli artt. 4 Cost., laddove si prevede che «la Repubblica riconosce a tutti i cittadini il diritto al lavoro e promuove le condizioni che rendono effettivo questo esercizio», e 35 Cost., a mente della quale «la Repubblica tutela il lavoro in tutte le sue forme ed applicazioni» (v. vol. II, cap. II, sez. II, par. 4.4).

Il diritto al lavoro

Il diritto al lavoro non va inteso come diritto soggettivo perfetto, in grado di dar luogo a pretese giuridicamente azionabili, bensì come una direttiva rivolta ai pubblici poteri affinché favoriscano il realizzarsi delle condizioni per conseguire l'obiettivo del pieno impiego, predisponendo "occasioni" lavorative.

La Corte costituzionale ha sottolineato che la sola situazione giuridica che trova fondamento nell'art. 4 è quella per cui «il diritto al lavoro rappresenta un fondamentale diritto di libertà della persona umana, che si estrinseca nella scelta e nel modo di esercizio dell'attività lavorativa»; situazione alla quale si collega, dalla prospettiva dello Stato, sia «il divieto di creare norme che consentano di porre limiti discriminatori a tale libertà, ovvero che direttamente o indirettamente la rinneghino», sia «l'obbligo di indirizzare l'attività di tutti i pubblici poteri alla creazione delle condizioni economiche, sociali e giuridiche che consentano l'impiego di tutti i cittadini idonei al lavoro» (sent. n. 45/1965).

Il diritto al lavoro ha dunque una dimensione positiva e una dimensione negativa.

In senso positivo il diritto al lavoro è qualificabile come diritto sociale, per la cui soddisfazione è necessario un intervento pubblico sia sul piano della legislazione che della amministrazione.

L'art. 4 Cost. costituisce poi un criterio interpretativo generale di altre norme costituzionali che tendono a rendere maggiormente effettivo il diritto al lavoro e fondano specifiche pretese azionabili dinanzi al giudice, quali, ad esempio, il diritto ad una retribuzione proporzionata e sufficiente, il diritto al riposo e alle ferie (art. 36 Cost.) il diritto alla parità di trattamento delle donne lavoratrici e dei minori (art. 37 Cost.), ecc.

In senso negativo, invece, il diritto al lavoro è da intendere come diritto di libertà: in particolare, libertà di scelta della propria occupazione secondo le personali aspirazioni e attitudini, libertà di accesso al lavoro senza che possano essere frapposte limitazioni irragionevoli, libertà di non subire licenziamenti illegittimi, pur non esistendo un diritto assoluto alla conservazione del proprio posto di lavoro.

Il dovere di concorrere al progresso della società

Il lavoro, poi, non è soltanto un diritto ma anche un dovere. Ai sensi dell'art. 4, 2° comma, Cost., «ogni cittadino ha il dovere di svolgere, secondo le proprie possibilità e la propria scelta, un'attività o una funzione che concorra al progresso materiale e spirituale della società».

Si richiama con tale previsione il collegamento, previsto dall'art. 2 Cost., tra diritti inviolabili e doveri inderogabili di solidarietà politica, economica e sociale, evidenziandosi la necessità che ciascun individuo, svolgendo qualsiasi attività idonea a migliorare le condizioni della società, partecipi al conseguimento del benessere collettivo.

4. *Il principio personalista*

Accogliendo il principio personalista l'ordinamento giuridico fa propria l'idea del primato della persona umana sullo Stato e la conseguente strumentalità di quest'ultimo rispetto all'individuo.

Per quanto, in determinate circostanze, gli interessi individuali possano essere sacrificati a vantaggio di interessi collettivi e generali, il fine ultimo dell'organizzazione sociale deve sempre essere lo sviluppo di ogni singola persona umana. Quest'ultima, d'altra parte, deve essere considerata non quale "monade" isolata e avulsa dalla comunità ma appunto quale "persona", che è tale anche in quanto stringe rapporti di relazione con le altre persone: e in questo senso il principio personalista si collega, e si bilancia, con il principio pluralista.

Il dibattito in Assemblea costituente

Il riconoscimento del principio in esame si ricava, in particolare, dall'art. 2 Cost., laddove si prevede che «la Repubblica riconosce e garantisce i diritti inviolabili dell'uomo ...». E dunque, il tratto maggiormente caratterizzante di tale principio è rappresentato dalla dimensione della salvaguardia dei diritti fondamentali.

Peraltro il principio personalista permea di sé l'intero edificio costituzionale ed espliciti riferimenti al concetto di persona, e alla sua centralità nell'ordinamento, sono contenuti anche in altre disposizioni costituzionali (v., ad esempio, artt. 3, 2° comma, 13, 27, ecc.). Il principio personalista, poi, ispira con particolare forza le disposizioni costituzionali che tutelano la sfera dell'individuo, che è intangibile per i pubblici poteri, per quanto, come si vedrà attraverso l'esame dei singoli diritti inviolabili, non sempre questi ultimi possano tradursi in "diritti soggettivi perfetti", vale a dire tutelabili dinanzi al giudice ordinario.

Quanto alla formulazione di cui all'art. 2 Cost., in sede di Assemblea costituente la stessa rappresentò il frutto di un delicato compromesso raggiunto soprattutto tra la componente cattolica e quella marxista, che ebbe come fondamentale snodo l'approvazione, nel settembre del 1946, di un ordine del giorno, proposto dal cattolico Giuseppe Dossetti, tra i cui elementi essenziali vi era, oltre che il principio pluralista, proprio il riconoscimento della precedenza della persona umana rispetto allo Stato. L'art. 2 Cost., secondo Aldo Moro, avrebbe delineato il «volto del nuovo Stato», che non è «pienamente democratico se non è al servizio dell'uomo, se non ha come fine supremo la dignità, la libertà, l'autonomia della persona umana ...».

Per comprendere pienamente il senso e la portata dell'art. 2 occorre soffermarsi innanzi tutto sulla scelta dei Costituenti di utilizzare il verbo "riconoscere", oltre che "garantire", in collegamento con i diritti inviolabili.

Secondo la dottrina ispirata alla corrente filosofica del giusnaturalismo tale scelta confermerebbe l'adesione dei Costituenti all'idea dell'originarietà e anteriorità di alcuni diritti rispetto a qualsiasi codificazione scritta operata dallo Stato, ritenendo gli stessi, in quanto indissolubilmente legati alla persona umana come tale, oggetto di riconoscimento a prescindere dall'intervento dei pubblici poteri.

Peraltro la dottrina maggioritaria, non condividendo tale interpretazione, ha precisato come la centralità della persona umana debba essere tutelata non tanto riconoscendo come già presenti in natura i valori fondamentali di cui la stessa è portatrice, atteso che i diritti fondamentali e l'ordinamento statale sorgono contestualmente, quanto "garantendo" in concreto gli stessi, principalmente mettendo mano ad un'opera di codificazione che ne tuteli il valore e l'efficacia.

L'art. 2 Cost. come norma a fattispecie aperta oppure chiusa

In ordine all'interpretazione dell'art. 2 Cost., uno dei dibattiti che più ha interessato la dottrina è stato quello riguardante l'alternativa tra considerare tale disposizione come norma a fattispecie aperta ovvero a fattispecie chiusa. In particolare, secondo alcuni l'art. 2 sarebbe riferibile alla tutela di valori e diritti anche non esplicitamente contemplati in specifiche previsioni costituzionali ma espressi dall'evoluzione della coscienza sociale, appunto quale «norma a fattispecie aperta» (A. Barbera).

Per altri autori, invece, l'art. 2 dovrebbe essere interpretato come riferibile soltanto al catalogo dei diritti espressamente previsti dalla Costituzione agli artt. 13 e seguenti; ciò anche in considerazione del fatto che molti dei diritti che si vorrebbero costituzionalizzati in forza dell'art. 2 Cost., i c.d. nuovi diritti (ad esempio, il diritto all'obiezione di coscienza, a un ambiente salubre, alla riservatezza, ecc.), possono in verità essere ricondotti, e trovare tutela, nell'alveo delle fattispecie espressamente riconosciute dalla stessa Costituzione. In altre parole, anziché un'interpretazione estensiva del solo art. 2 sarebbe da preferire un orientamento che tenda a valorizzare le potenzialità interpretative delle singole previsioni costituzionali riguardanti i diritti (A. Pace).

La giurisprudenza costituzionale, dopo aver a lungo oscillato tra i due opposti indirizzi, ha successivamente aderito, sebbene con qualche esitazione, alla tesi che prospetta un catalogo tendenzialmente aperto dei diritti inviolabili. Infatti, se nelle decisioni più risalenti vi è stata una netta condivisione dell'interpretazione più riduttiva (v. ad esempio, la sent. n. 98/1979, ove si afferma che l'art. 2, «nel riconoscere i diritti inviolabili dell'uomo, deve essere ricollegato alle norme costituzionali concernenti singoli diritti e garanzie fondamentali, quanto meno nel senso che non esistono altri diritti fondamentali inviolabili che non siano necessariamente conseguenti a quelli costituzionalmente previsti»), in tempi più recenti l'indirizzo seguito è stato sostanzialmente opposto (v., ad esempio, la sent. n. 120/2001, ove si riconosce il diritto al nome, non espressamente contemplato nel testo costituzionale e ricondotto tra i diritti inviolabili direttamente protetti dall'art. 2 Cost.).

L'inviolabilità dei diritti

Quanto al concetto di inviolabilità dei diritti, con esso si intende la non sottoponibilità del loro "contenuto essenziale" al procedimento di revisione costituzionale, pena la «rottura dell'attuale regime costituzionale» e l'avvento di un vero e proprio processo costituente (P. Barile). Tale lettura ha ricevuto l'avallo della Corte costituzionale che, in una celebre e già richiamata decisione (sent. n. 1146/1988), ha parlato di limiti "impliciti" alla revisione costituzionale alludendo proprio alle norme contenenti i principi supremi e i diritti inviolabili, atteso che essi «appartengono all'essenza dei valori supremi sui quali si fonda la Costituzione italiana».

5. *Il principio pluralistico*

Se è pacifico che la Costituzione italiana assume il principio pluralistico a principio fondamentale, occorre aggiungere che il tipo di contributo dato alla sua elaborazione da parte delle culture politiche (liberale, cattolica e marxista) che principalmente concorsero alla determinazione dei contenuti della Carta fu molto diverso.

I diversi significati del principio pluralistico

La presenza di queste diverse sensibilità spiega la ragione per la quale di pluralismo si parla in Costituzione alludendo a due significati diversi. In un primo senso, con esso si intende l'affermazione del valore da riconoscere alla formazione e diffusione di una pluralità di opinioni, di credenze e di concezioni del mondo; in questo primo significato si parla comunemente di pluralismo "ideologico". In un secondo senso, per pluralismo si intende l'affermazione del valore da riconoscere alla circostanza che i poteri pubblici non siano tutti concentrati in una sola organizzazione, vale a dire quella statale, ma siano invece distribuiti tra un'organizzazione principale e altre, variamente coordinate con essa, e corrispondenti alle diverse comunità delle quali i singoli sono contemporaneamente membri. Tale forma di pluralismo, c.d. "istituzionale", è suscettibile poi di essere distinta in due diverse varianti a seconda che tali organizzazioni ulteriori abbiano carattere prevalentemente pubblico e territoriale ovvero personale: nel primo senso si parla di pluralismo "territoriale", nell'altro di pluralismo "sociale".

Il principio pluralistico in Assemblea costituente

In Assemblea costituente la dottrina liberale, promotrice del pluralismo ideologico ma acerrima nemica di quello istituzionale, ritenuto un ostacolo al rapporto diretto tra individuo e Stato, si è trovata a scontrarsi soprattutto con la dottrina sociale cattolica, la quale, invece, rivendicava con forza l'autonomia delle c.d. comunità intermedie; la dottrina marxista, dal canto suo, ha mostrato un atteggiamento favorevole al pluralismo istituzionale, come implicita conseguenza della sua natura antistatalista, rivendicando soprattutto la valorizzazione di alcune formazioni intermedie, quali i partiti e i sindacati.

L'esigenza di un contemperamento tra le diverse e opposte concezioni portò ciascuna delle tre culture a stemperare la rigidità delle posizioni di partenza, finendo le stesse per convergere, nel corso del dibattito in Assemblea costituente, nel farsi sostenitrici del pluralismo inteso in tutti i suoi significati.

La Costituzione italiana, conseguentemente, accoglie il principio pluralistico nelle sue diverse accezioni.

5.1. *Il principio del pluralismo ideologico*

Il principio del pluralismo ideologico si traduce nel riconoscimento e nella garanzia da parte dell'ordinamento statale della libera formazione, espressione e confronto tra le diverse idee e opinioni presenti nella società.

Il pluralismo ideologico tra principio personalistico e principio democratico

Tale concezione, frutto soprattutto del razionalismo del Settecento affermatosi sul piano politico all'indomani della Rivoluzione francese, si fonda sul presupposto che la verità, di cui nessuno può dirsi depositario, può essere avvicinata soltanto attraverso il confronto delle idee e delle opinioni diverse. Il pluralismo ideologico, che si esprime principalmente nel riconoscimento della libertà del singolo di manifestare le proprie opinioni, rappresenta sia un'estrinsecazione del principio personalistico sia un valore strumentale all'affermazione del metodo democratico: la stessa Corte costituzionale ha avuto modo di affermare che le concretizzazioni della manifestazione del pensiero assurgono a «condizione preliminare» e a «presupposto insopprimibile» per l'attuazione ad ogni livello della forma propria dello Stato democratico (sent. n. 312/2003).

Tale accezione del pluralismo trova attuazione, oltre che nella proclamazione della libertà di manifestazione del pensiero, anche in alcuni altri diritti di libertà quali la libertà religiosa, sindacale, politica, d'insegnamento, ecc., alla cui trattazione dunque si rinvia (v. vol. II, cap. II, sez. II).

5.2. *Il principio del pluralismo sociale*

Attraverso il riconoscimento del principio pluralistico inteso nel significato di pluralismo sociale l'ordinamento esprime una valutazione di favore nei confronti di forme di organizzazioni autonome intermedie tra lo Stato e l'individuo, in contrapposizione con i modelli liberali ottocenteschi fondati invece per lo più su concezioni di tipo prettamente individualistico.

L'esigenza di forme di intermediazione tra "apparato" e cittadino, pur avendo taluni precedenti in epoche storiche risalenti (come dimostra l'esempio della società corporativa medievale), e pur trovando i suoi riferimenti culturali più autorevoli in filosofi del XVIII secolo, e in particolare nelle diverse impostazioni di Rousseau e di Montesquieu, conosce un rinnovato impulso, nella maggior parte degli ordinamenti moderni, soprattutto all'indomani del secondo conflitto mondiale, divenendo un carattere distintivo della maggior parte degli Stati democratici, caratterizzati dall'idea per la quale la sovranità non proviene dall'alto ma dal basso, e dove quindi il pluralismo individua, in un certo senso, un metodo cui ispirarsi nel definire le forme di esercizio di tale sovranità.

In altre parole, il pluralismo sociale definisce un modello organizzativo cui l'ordinamento si informa, fondato non semplicemente sulla libera esistenza delle formazioni sociali bensì sul loro essere elemento essenziale alla stessa definizione della forma di Stato.

Il contributo della cultura cattolica

Nell'ordinamento italiano il pluralismo sociale trova riconoscimento nel testo della Costituzione particolarmente nell'art. 2, ove si tutelano i diritti inviolabili dell'uomo, sia come singolo «sia nelle formazioni sociali ove si svolge la sua personalità». Tale affermazione rappresenta il risultato di un faticoso punto di equilibrio sull'intero assetto del principio pluralistico, sia ideologico che istituzionale, tra le tre diverse culture – cattolica, liberale e marxista – che, come detto, principalmente concorsero alla determinazione del contenuto della Costituzione, e vide, come in precedenza si è notato, sullo specifico punto del pluralismo sociale il sostanziale prevalere dell'orientamento dei cattolici, per i quali «il sistema integrale dei diritti della persona esigeva, per essere davvero integrale, che venissero riconosciuti e protetti (...) anche i diritti essenziali delle comunità naturali, attraverso le quali gradualmente si svolge la personalità umana ...» (G. La Pira).

Il principio del pluralismo sociale trova poi ulteriore riscontro in molte altre disposizioni costituzionali, a cominciare dall'art. 18, sulla libertà di associazione, per proseguire, tra l'altro, con gli artt. 19 e 20, sulla libertà religiosa, 29, sulla famiglia, 39, sui sindacati, 49, sui partiti politici, al cui esame si rinvia (v. vol. II, cap. II, sez. II).

5.2.1. *Le formazioni sociali*

La nozione e le garanzie poste a tutela delle formazioni sociali

L'art. 2 Cost., come si è segnalato, riconosce le formazioni sociali come mezzi indispensabili per lo svolgimento della personalità dell'uomo. La Corte costituzionale, nel ricondurre anche le unioni omosessuali all'interno di tale nozione, ha avuto occasione di precisare che «per formazione sociale deve intendersi ogni forma di comunità, semplice o complessa, idonea a consentire e favorire il libero sviluppo della persona nella vita di relazione, nel contesto di una valorizzazione del modello pluralistico» (sent. n. 138/2010).

La Costituzione unisce alla garanzia del singolo, in quanto parte di una organizzazione intermedia, quella rivolta direttamente alle stesse formazioni sociali. Con riguardo a questo secondo aspetto la Carta riconosce alle formazioni sociali un insieme di prerogative, diversificate a seconda delle specifiche organizzazioni, e disciplinate, oltre che dalla stessa Costituzione, dalle diverse legislazioni di settore.

In linea generale può peraltro notarsi come tra i principali diritti di cui sono titolari le formazioni sociali vi sia quello concernente la libertà di darsi un proprio ordinamento, di regolare liberamente la propria vita interna e di poter godere, in definitiva, e fatti salvi gli opportuni adattamenti, delle stesse libertà riconosciute ai singoli.

Permangono in dottrina, più sul piano dell'inquadramento teorico che su quello delle conseguenze pratiche derivanti dalle diverse impostazioni, punti di vista differenti su talune questioni interpretative.

In primo luogo, si discute circa gli esatti confini della garanzia che la Costituzione italiana riserva al pluralismo sociale con particolare riguardo al valore da attribuire alla locuzione «ove si svolge la sua personalità», contenuta nell'art. 2 Cost. In particolare, è dubbio se le formazioni sociali presenti nell'ordinamento siano tutelate e promosse dal Testo costituzionale in quanto tali, dovendosi quindi presupporre una sorta di valutazione pregiudizialmente positiva nei loro confronti, ovvero se tale "statuto" debba essere riconosciuto soltanto a quelle comunità intermedie rispetto alle quali sia stata effettivamente riscontrata una capacità di promozione della persona; alternativa che sembrerebbe da preferire, salvo poi scontrarsi con la difficoltà, non agevolmente superabile, di definire i parametri in relazione ai quali valutare positivamente una formazione sociale.

Il catalogo delle formazioni sociali

In secondo luogo, si registra la problematicità di giungere ad un'esatta definizione di un catalogo delle formazioni sociali, altra questione sulla quale gli orientamenti dottrinali sono assai variegati. Secondo l'indirizzo maggioritario, peraltro, la nozione di formazione sociale sarebbe fondata sulla contemporanea presenza di tre elementi: un elemento materiale, dato dalla riferibilità ad un insieme di persone fisiche, un elemento teleologico, rappresentato dallo scopo di promozione della persona umana, e specificabile, con riferimento alle diverse realtà, nella tensione verso un interesse di natura "particolare", ed infine un requisito psicologico, consistente nella volontarietà, o almeno nella consapevolezza di fare parte di una siffatta aggregazione (U. De Siervo, E. Rossi). Rientrerebbero quindi in tale definizione, tra le principali formazioni, la famiglia, la scuola, le confessioni religiose, i partiti, i sindacati, le minoranze linguistiche, ecc.

In terzo luogo, un'ulteriore contrapposizione si registra tra coloro che impostano la questione del pluralismo sociale limitandola nei termini di un riconoscimento dei diritti delle formazioni sociali, e quindi di una loro esigenza di autonomia e tutela "nei confronti" dello Stato, e chi invece sottolinea con maggior forza la presenza di tali comunità come elemento essenziale del "modo di essere" dello Stato, al fine di accrescerne il «respiro democratico» (N. Bobbio), quindi come indice di un nuovo sistema di rapporti tra Stato e società.

5.2.2. *La sussidiarietà orizzontale*

Al principio del pluralismo sociale si collega quello di sussidiarietà orizzontale o sociale.

Sussidiarietà orizzontale e verticale

In generale, recependo il principio di sussidiarietà, un ordinamento accoglie l'idea che, allo scopo di soddisfare la molteplicità degli interessi pubblici, deve essere preferito l'intervento del soggetto, pubblico e/o privato, più "vicino" alle esigenze da soddisfare, sul presupposto che esso sia in grado di fronteggiarle nel modo più adeguato ed efficace, mentre il soggetto meno vicino potrà intervenire, appunto in via sussidiaria, soltanto quando la suddetta condizione non può essere rispettata.

In altre parole, da un lato le diverse istituzioni statali devono creare le condizioni che permettano alla persona e alle aggregazioni sociali di partecipare alla conduzione della cosa pubblica, sostituendosi ad esse soltanto quando non siano in grado di assolvere ai loro compiti; dall'altro lato, l'intervento dei poteri pubblici deve svolgersi comunque al livello territoriale più vicino al cittadino, a cominciare dunque dagli enti locali minori. Nel primo senso si parla di sussidiarietà orizzontale, nel secondo di sussidiarietà verticale.

Ciò premesso, la visione secondo la quale le formazioni sociali sono coessenziali allo Stato ha trovato maggiore forza all'indomani della riforma costituzionale del Titolo V, introdotta con l. cost. n. 3/2001, con il riconoscimento esplicito, all'art. 118, ult. comma, Cost., del principio di sussidiarietà orizzontale. Infatti, con la previsione ai sensi della quale "Stato, Regioni, Città metropolitane, Province e Comuni favoriscono l'autonoma iniziativa dei cittadini, singoli e associati, per lo svolgimento di attività di interesse generale, sulla base del principio di sussidiarietà", i soggetti privati in generale e le formazioni sociali in particolare hanno implementato il loro "statuto costituzionale".

L'art. 118, ult. comma, Cost.

Con tale previsione, in sostanza, viene affermata esplicitamente l'idea che l'individuo non sia meritevole di attenzione da parte dell'ordinamento soltanto in quanto tale o, se associato, in quanto parte di una formazione sociale, ma anche per la ragione che alcune attività di interesse generale si rivelano più efficaci e adeguate ai bisogni effettivi che intendono soddisfare se svolte sulla base del principio di sussidiarietà.

Cittadini e conduzione della "cosa pubblica"

In altre parole, recependo tale principio, peraltro anticipato a livello di legislazione ordinaria soprattutto dalla l. n. 328/2000, sul sistema integrato dei servizi sociali, l'ordinamento ha preso coscienza dell'esigenza di coinvolgere i cittadini nella conduzione della "cosa pubblica", sia per quanto riguarda la partecipazione all'individuazione dei modi con cui deve essere perseguito l'interesse generale sia con riferimento al concreto soddisfacimento di esso, introducendo quindi un criterio organizzativo riguardante la distribuzione delle funzioni tra soggetti pubblici e soggetti privati, singoli o associati, e imponendo, quando ciò risulta realizzabile a parità di condizioni, di preferire i secondi rispetto ai primi.

È evidente che questa nuova visione del rapporto tra individuo e società, fatta propria dalla Costituzione italiana, colloca le formazioni sociali al centro di un palcoscenico nuovo, affidando loro un ruolo non più "esterno", o di "supplenza", rispetto agli enti pubblici, ma in un certo qual modo complementare, di vera "compartecipazione" alla definizione e gestione dell'interesse pubblico.

Sussidiarietà orizzontale e terzo settore

Il principio di sussidiarietà orizzontale ha trovato poi nuovo impulso in occasione dell'approvazione del Codice del Terzo settore (d.lgs. n. 117/2017), che, nel ridefinire i confini dell'universo degli enti caratterizzati dal non avere finalità di lucro, ha sollecitato le pubbliche amministrazioni a coinvolgere tali soggetti nella progettazione e gestione dei servizi erogati ai cittadini; tale prospettiva è stata successivamente valorizzata anche dalla Corte costituzionale (sent. n. 131/2020), che ha sottolineato l'esistenza di "un ambito di organizzazione delle libertà sociali non riconducibile né allo Stato, né al mercato, ma a quelle forme di solidarietà che, in quanto espressive di una relazione di reciprocità, devono essere ricomprese tra i valori fondanti dell'ordinamento giuridico, riconosciuti, insieme ai diritti inviolabili dell'uomo, come base della convivenza sociale normativamente prefigurata dalla Costituzione".

Insomma, con la sussidiarietà orizzontale si supera l'idea che soltanto l'azione del sistema pubblico sia idonea allo svolgimento di attività di interesse generale, che, al contrario, possono essere realizzate, con risultati talora anche più soddisfacenti, dall'autonoma iniziativa dei privati.

5.3. *Il principio del pluralismo territoriale e la sussidiarietà verticale*

Il pluralismo istituzionale "territoriale" comporta il riconoscimento di una pluralità di ordinamenti giuridici a base territoriale caratterizzati variamente in relazione alle esigenze delle collettività cui si riferiscono. Pur nel rispetto dell'unità statale, con tale accezione di pluralismo si realizza una moltiplicazione dei poteri pubblici ove vengono assunte le decisioni, al fine di avvicinare le istituzioni alle comunità di individui presenti nell'ordinamento.

L'art. 5 Cost.: le autonomie e il decentramento

La Costituzione italiana, in antitesi con le scelte realizzate nel periodo liberale, che tendeva a non valorizzare i soggetti intermedi tra lo Stato e il singolo, e ancor più in quello fascista, caratterizzato da una accentuata concentrazione del potere, accoglie il principio in parola in particolare all'art. 5 Cost., laddove si prevede che «la Repubblica, una e indivisibile, riconosce e promuove le autonomie locali; attua nei servizi che dipendono dallo Stato il più ampio decentramento amministrativo; adegua i principi ed i metodi della sua legislazione alle esigenze dell'autonomia e del decentramento». Tale previsione trova poi diretto svolgimento nel Titolo V della Parte seconda della Costituzione, agli artt. 114 ss.

Si tratta di una disposizione di notevole portata innovativa per l'Italia, che, fino ad allora, come detto, si era configurata come uno Stato fortemente accentrato. In origine l'Assemblea costituente l'aveva inserita nella seconda parte della Costituzione, nel titolo dedicato alle autonomie, per poi trasferirla, in sede di coordinamento finale del testo, nella sua attuale collocazione allo scopo di sottolinearne la portata di principio fondamentale.

L'unità e l'indivisibilità della Repubblica

La disposizione è piuttosto complessa e ad essa fanno capo distinti concetti. In primo luogo, quasi a temperare le conseguenze più radicali del principio autonomistico, si afferma che la Repubblica, intesa (si badi) in tutte le sue componenti – ai sensi dell'art. 114 Cost., come novellato dalla riforma costituzionale del 2001, «la Repubblica è costituita dai Comuni, dalle Province, dalle Città metropolitane, dalle Regioni e dallo Stato») – è «una e indivisibile».

Per una parte della dottrina tale formula è idonea ad impedire un'eventuale trasformazione dello Stato in senso federale. Si ritiene altresì che, mentre il riferimento all'"unità" rappresenta un limite flessibile, dalle diverse applicazioni – allo stesso possono essere ricondotti, ad esempio, sia il principio generale della riserva di legge statale per ciò che attiene ai rapporti tra privati sia quello di leale collaborazione nelle relazioni tra Stato e regioni – e va interpretato nel senso che esso impedisce la rottura dell'unità politica dello Stato, quello all'"indivisibilità", consistente nel divieto di dividere la Repubblica in più Stati indipendenti ovvero di operare la secessione di parte del suo territorio, si sostanzia invece in un limite assoluto, non superabile neppure da parte del legislatore costituzionale.

Le autonomie locali

In secondo luogo, la Repubblica «riconosce e promuove le autonomie locali». Con tale affermazione la Costituzione abbandona la precedente visione dell'ente locale come ente autarchico, i cui fini dovevano necessariamente coincidere con quelli dello Stato, per inaugurare una stagione nella quale gli enti territoriali, in quanto autonomi – senza qui soffermarsi sulle differenze che pure intercorrono tra gli stessi (e in particolare tra le regioni e le altre autonomie) –, divengono titolari di un proprio indirizzo politico e amministrativo volto alla soddisfazione degli interessi della comunità di riferimento.

Da segnalare poi l'utilizzo del verbo "riconoscere", unito a quello di "promuovere", che se certamente non può essere letto come volontà di attribuire a tali soggetti il carattere di ordinamenti "originari" e preesistenti all'ordinamento costituzionale, tuttavia assume il significato di una sottolineatura forte della autonomia anche nei rapporti con l'ordinamento statale.

Il decentramento amministrativo

In terzo luogo, la Costituzione richiama la nozione di decentramento amministrativo, fenomeno che consiste nella dislocazione dei poteri tra soggetti e organi diversi, da attuarsi nei servizi che dipendono dallo Stato. Significa che la macchina amministrativa statale deve essere organizzata nel rispetto di tale criterio generale, il quale si sostanzia tradizionalmente in due sottocriteri distinti, entrambi contemplati nell'art. 5: si parla infatti di *decentramento burocratico* quando si trasferiscono competenze dagli organi centrali agli organi periferici dello Stato, al fine di rendere più accessibili i servizi per gli utenti (è il modello organizzativo che caratterizza i ministeri); al contrario, si parla di *decentramento autarchico* quando la competenza viene trasferita ad un ente periferico diverso dallo Stato (è il modello che caratterizza il decentramento dallo Stato agli enti territoriali, i quali, dunque, oltre ad essere enti dotati di autonomia, sono anche soggetti di decentramento amministrativo).

Il decentramento burocratico dovrebbe implicare la responsabilità esclusiva degli organi nelle materie loro trasferite e l'assenza di un rapporto di rigida subordinazione con il centro; in verità, soprattutto in passato, ciò in molti casi non si è realizzato frustrando l'obiettivo di avvicinare le decisioni agli interessi locali; a tale proposito parte della dottrina (A.M. Sandulli) ha osservato come si dovesse in tali circostanze parlare di mera "deconcentrazione", da intendere quale terza accezione di decentramento, ancora più attenuata.

Nella parte finale dell'art. 5, inoltre, il Costituente si rivolge al legislatore imponendogli l'adeguamento alle esigenze dell'autonomia e del decentramento. Si tratta di una norma programmatica che orienta la funzione legislativa verso l'obiettivo del pluralismo territoriale e che trova un suo diretto svolgimento nella IX disposizione transitoria e finale, laddove si stabilisce, con termine ordinatorio, che «la Repubblica, entro tre anni dall'entrata in vigore della Costituzione, adegua le sue leggi alle esigenze delle autonomie locali e alla competenza legislativa attribuita alle Regioni».

Il principio autonomistico e il decentramento amministrativo, pur essendo fenomeni distinti, sono stati pensati dal Costituente come due processi paralleli. La loro attuazione, tuttavia, ha seguito in Italia percorsi e tempi assai diversi (v. capp. VIII e X).

La sussidiarietà verticale

Infine, al principio autonomistico si collega strettamente quello di sussidiarietà, inteso ora nella sua dimensione verticale.

Anche in questo caso, come in quello riguardante la sussidiarietà orizzontale, il principio era già stato anticipato dal legislatore ordinario con la l. n. 59/1997, in vista della realizzazione del c.d. federalismo amministrativo. In particolare, secondo tale testo legislativo il principio in questione avrebbe dovuto comportare il passaggio della generalità delle funzioni amministrative agli enti locali, ad eccezione di quelle che dovevano essere esercitate a livello regionale.

Dopo la riforma costituzionale del 2001 il richiamo è stato inserito esplicitamente nell'art. 118, 1° comma, con specifico riguardo alla distribuzione delle funzioni amministrative, laddove si stabilisce che queste ultime «sono attribuite ai comuni salvo che, per assicurarne l'esercizio unitario, siano conferite a Province, Città metropolitane, Regioni e Stato, sulla base dei principi di sussidiarietà, differenziazione ed adeguatezza».

Sussidiarietà verticale e competenze amministrative

La sussidiarietà verticale incide prevalentemente sulla distribuzione delle competenze amministrative tra i diversi enti territoriali, nel senso che la concreta allocazione di tali funzioni, decisa dalla legge, deve bilanciare le esigenze di sussidiarietà, che tende a favorire l'ente più vicino ai cittadini, con quelle di differenziazione e adeguatezza, che impongono di tenere conto dell'idoneità organizzativa dell'ente e delle sue caratteristiche strutturali, demografiche, ecc.

Sussidiarietà verticale e competenze legislative

La Corte costituzionale, peraltro, ha ritenuto di affermare che tale principio è idoneo a fungere talora anche da criterio di distribuzione delle competenze legislative tra Stato e regioni, e ciò malgrado l'art. 117 si informi, con riguardo ad esse, a un criterio di rigida suddivisione dei rispettivi ambiti di competenza: «non può negarsi che l'inversione della tecnica di riparto delle potestà legislative e l'enumerazione tassativa delle competenze dello Stato dovrebbe portare ad escludere la possibilità di dettare norme suppletive statali in materie di legislazione concorrente»; tuttavia «una simile lettura dell'art. 117 svaluterebbe la portata precettiva dell'art. 118, 1° comma, che consente l'attrazione allo Stato, per sussidiarietà e adeguatezza, delle funzioni amministrative e delle correlative funzioni legislative» (sent. n. 303/2003).

In altre parole, per la Corte costituzionale, quando la sussidiarietà verticale, per esigenze unitarie, attrae a livello statale talune funzioni amministrative, lo Stato è chiamato anche a regolare con legge gli ambiti all'interno dei quali tali funzioni devono essere svolte.

Da segnalare infine, in argomento, la recente l. n. 86/2024, su c.d. regionalismo differenziato, che, nel dare attuazione all'art. 116, 3° comma, Cost., definisce i principi generali per l'attribuzione alle Regioni a statuto ordinario di ulteriori forme e condizioni particolari di autonomia "nel rispetto dell'unità nazionale e al fine di rimuovere discriminazioni e disparità di accesso ai servizi essenziali sul territorio, nel rispetto altresì dei principi di unità giuridica ed economica, di coesione economica, sociale e territoriale, anche con riferimento all'insularità, nonché dei principi di indivisibilità e autonomia e in attuazione del principio di decentramento amministrativo e per favorire la semplificazione e l'accelerazione delle procedure, la responsabilità, la trasparenza e la distribuzione delle competenze idonea ad assicurare il pieno rispetto dei principi di sussidiarietà, differenziazione e adeguatezza di cui all'articolo 118 della Costituzione, nonché del principio solidaristico di cui agli articoli 2 e 5 della Costituzione".

6. *Il principio di solidarietà*

I doveri inderogabili di solidarietà

Il principio di solidarietà trova il suo fondamento nell'art. 2 Cost., nella parte in cui prevede, in perfetta simmetria con il riconoscimento dei diritti inviolabili dell'uomo e del principio personalista, che la Repubblica «richiede l'adempimento dei doveri inderogabili di solidarietà politica, economica e sociale».

L'esplicito richiamo a tale principio giustifica la previsione di un vasto numero di doveri fissati dalla Costituzione, il cui soddisfacimento può comportare talora la conseguente compressione di alcuni diritti individuali. Anche con riguardo a questa parte dell'art. 2 Cost. la dottrina e la giurisprudenza hanno mostrato oscillazioni circa il valore da attribuire a tale previsione, intesa ora come clausola aperta ora come clausola chiusa, avvalorando o meno un'interpretazione estensiva del concetto di solidarietà quale principio da cui desumere altri doveri non elencati in Costituzione.

Al principio di solidarietà possono essere ricondotti, in particolare, i seguenti doveri costituzionali, che ci limitiamo qui ad elencare: ai sensi dell'art. 4, 2° comma, Cost., «ogni cittadino ha il dovere di svolgere, secondo le proprie possibilità e la propria scelta, un'attività o una funzione che concorra al progresso materiale o spirituale della società»; ai sensi dell'art. 32, 2° comma, Cost., «nessuno può essere obbligato ad un determinato trattamento sanitario se non per disposizione di legge»; ai sensi dell'art. 34, 2° comma, Cost., «l'istruzione inferiore, impartita per almeno otto anni, è obbligatoria e gratuita»; ai sensi dell'art. 48, 2° comma, Cost., l'esercizio del diritto di voto costituisce un «dovere civico»; ai sensi dell'art. 52 Cost., «la difesa della Patria è sacro dovere del cittadino» mentre «il servizio militare è obbligatorio nei limiti e modi stabiliti dalla legge»; ai sensi dell'art. 53, 1° comma, Cost., «tutti sono tenuti a concorrere alle spese pubbliche in ragione della loro capacità contributiva»; infine, ai sensi dell'art. 54, 1° comma, Cost., «tutti i cittadini hanno il dovere di essere fedeli alla Repubblica e di osservarne la Costituzione e le leggi» (v. vol. II, cap. II, sez. II, par. 6).

Ancora, può essere direttamente inquadrata nell'alveo del principio di solidarietà anche la previsione contenuta nell'art. 23 Cost., in base alla quale «nessuna prestazione personale può essere imposta se non in base alla legge». Formula che, nell'introdurre una riserva di legge a garanzia dei singoli, legittima d'altra parte il legislatore ad imporre ulteriori doveri di carattere patrimoniale o personale (si pensi al dovere di prestare soccorso ad una persona ferita, sancito dall'art. 593 c.p.), non previsti direttamente dalla Costituzione.

Il principio di solidarietà tra obblighi giuridici e adempimenti volontari

Occorre segnalare, inoltre, che la solidarietà non conosce soltanto la dimensione degli obblighi giuridicamente imposti ma si estende anche a quella dei comportamenti volontari. La stessa Corte costituzionale, chiamata a giudicare della legittimità costituzionale della legge quadro in materia di organizzazioni di volontariato (l. n. 266/1991), ha avuto modo di ricordare che il volontariato «rappresenta l'espressione più immediata della primigenia vocazione sociale dell'uomo» e costituisce «la più diretta realizzazione del principio di solidarietà sociale, per il quale la persona è chiamata ad agire non per calcolo utilitaristico o per imposizione di un'autorità, ma per libera e spontanea espressione della profonda socialità che caratterizza la persona stessa».

In altre parole, la solidarietà è un valore costituzionale supremo e non una mera sintesi di doveri e in essa sono ricompresi tutti i comportamenti che ogni soggetto, singolo o associato, pone in essere per la realizzazione dell'"interesse alieno", e dunque del bene comune a prescindere dalla previsione di specifici obblighi posti dall'ordinamento.

Nei tempi più recenti si è fatto sempre più forte il richiamo a considerare superata la rigida dicotomia tra doveri giuridici e libertà, in forza della quale, oltre gli specifici obblighi giuridici fissati dal legislatore, il solo spazio della solidarietà poteva essere quello della liberalità e dell'altruismo; si è fatta strada, invece, l'idea che la solidarietà debba essere vissuta quale «contenuto della cittadinanza», per «farne vita quotidiana di ciascun membro della collettività sociale» (E. Rossi).

Solidarietà fraterna e paterna

La solidarietà, infine, viene solitamente distinta in "fraterna" e "paterna": nella prima accezione essa opera su un piano orizzontale, nei rapporti tra cittadini, anche con riguardo alle diverse generazioni; nella seconda opera invece su un piano verticale, quale funzione attiva dello

Stato, che si sostanzia nella previsione di specifici obblighi ed è volta a rimuovere gli ostacoli che di fatto limitano la libertà e l'eguaglianza tra cittadini, in attuazione anche del principio di eguaglianza sostanziale.

7. *Il principio di eguaglianza*

Le origini del principio

Il principio d'eguaglianza è stato enunciato per la prima volta nella Dichiarazione d'indipendenza delle colonie americane dalla madre-patria nel 1776 e successivamente ribadito nelle Costituzioni americana (1787) e francese (1791), per quanto lo stesso sia stato considerato presupposto essenziale della democrazia fin dai tempi dell'antica Grecia.

Con il principio d'eguaglianza si afferma il riconoscimento a tutti gli uomini delle stesse libertà e la pari soggezione degli stessi ad un'unica legge. Tutte le Costituzioni dell'epoca liberale, compreso lo Statuto albertino (art. 24: «tutti i regnicoli, qualunque sia il loro titolo o grado, sono eguali dinanzi alla legge. Tutti godono egualmente dei diritti civili e politici, e sono ammissibili alle cariche civili e militari, salve le eccezioni determinate dalle leggi»), contengono affermazioni di tale principio.

Tuttavia, soltanto nel Novecento si è affermata pienamente l'idea che il principio d'eguaglianza possa vincolare anche i pubblici poteri e comportare un divieto di discriminazioni idoneo a condizionare il contenuto della legge. Prima di allora, come ben si evince dall'art. 24 dello Statuto albertino, le enunciazioni solenni del principio convivevano con la previsione della possibilità per il legislatore di derogare allo stesso (come prova, del resto, l'esistenza in quel periodo dei titoli nobiliari, aboliti soltanto dalla XIV Disposizione transitoria e finale della Cost.).

Soltanto nel Novecento, poi, grazie alla trasformazione degli ordinamenti democratici e all'avvento dello stato sociale, alla accezione classica di eguaglianza, c.d. formale, se ne è affiancata un'altra, c.d. sostanziale, volta a porre rimedio alle disuguaglianze di fatto e a impegnare lo Stato nella protezione dei soggetti più deboli. La prima accezione esprime l'esigenza di eguaglianza nei "punti di partenza", ossia eguaglianza intesa come pari opportunità per tutti; la seconda, invece, si collega all'esigenza di eguaglianza, ancorché necessariamente tendenziale, "nei risultati" e presuppone un'attività concreta dei poteri pubblici volta a promuovere tale obiettivo.

Eguaglianza e libertà

Storicamente il valore dell'eguaglianza si è posto in antitesi a quello della libertà, atteso che il massimo grado di libertà corrisponde alla massima diversità tra individui, così come il massimo grado di eguaglianza può determinare la compressione delle libertà individuali. Negli ordinamenti moderni i due valori sono posti in equilibrio, ciò che nella Costituzione italiana si realizza negli artt. 2 e 3: da un lato si riconoscono a tutti gli individui dei diritti inviolabili, dall'altro si afferma che tali diritti devono essere disciplinati in nome dell'eguaglianza, «ossia per realizzare situazioni di (più) uguale godimento dei diritti» (A. Barbera, C. Fusaro).

7.1. *Il principio di eguaglianza come eguaglianza formale*

La Costituzione italiana, all'art. 3, accoglie il principio d'eguaglianza tanto nella sua accezione formale che sostanziale.

Per quanto attiene all'eguaglianza formale, essa è contemplata al 1° comma, laddove si prevede che «tutti i cittadini hanno pari dignità sociale e sono eguali davanti alla legge, senza distinzione di sesso, di razza, di lingua, di religione, di opinioni politiche, di condizioni personali e sociali».

L'eguaglianza formale è stata intesa quale «norma di chiusura dell'ordinamento» (C. Mortati), vale a dire quale principio che deve orientare le interpretazioni delle altre disposizioni costituzionali e costituire il «punto di riferimento primario per cogliere, in tutte le sue implicazioni, il rapporto tra la nostra forma di Stato e la tutela dei diritti fondamentali» (P. Caretti).

L'eguaglianza e gli stranieri

Malgrado l'art. 3 si riferisca espressamente ai soli cittadini è pacifico che il principio d'eguaglianza formale, sotto il profilo soggettivo, si rivolga ad ogni individuo, sia esso cittadino o straniero – anche se per quest'ultimo, come ha precisato la Corte costituzionale (sent. n. 120/1967), limitatamente alla sola garanzia dei diritti inviolabili – nonché alle persone giuridiche, sia private che pubbliche, e agli enti non dotati di personalità giuridica (come, ad esempio, i partiti politici).

Il principio d'eguaglianza opera nei confronti del legislatore e della pubblica amministrazione, nonché nell'esercizio dell'attività giurisdizionale, mentre è più dubbio che esso possa trovare piena applicazione nei rapporti tra privati, anche a fronte del disposto di cui all'art. 41 Cost., laddove viene garantita l'autonomia privata.

Le leggi ad personam, speciali ed eccezionali

Secondo la visione liberale tradizionale, l'eguaglianza davanti alle leggi comporta che queste ultime devono essere generali e astratte, risultando di conseguenza precluse, almeno in linea di massima, le leggi *ad personam*, le leggi speciali o eccezionali, e ammettendosi soltanto le differenziazioni fondate su elementi oggettivi e mai su elementi soggettivi. Tale affermazione, tuttavia, oggi non deve essere presa nella sua assolutezza ma temperata, dato che l'obbligo del legislatore di trattare in modo eguale i cittadini non esclude, come ha osservato anche la Corte costituzionale, «che esso possa dettare norme diverse per regolare situazioni diverse, adeguando la disciplina giuridica ai differenti aspetti della vita sociale» (sent. n. 121/1963). In altre parole, riprendendo ancora la Corte costituzionale, l'eguaglianza non impone che il contenuto delle leggi debba essere sempre identico per tutti, essendo possibili, e anzi necessarie, tutte quelle differenziazioni normative e disparità di trattamento fondate «su presupposti che ne giustifichino razionalmente l'adozione» (sent. n. 159/1982).

La pari dignità sociale

Il 1° comma dell'art. 2 richiama anche il concetto di pari dignità sociale. La genesi e il significato di tale formula sono dubbi e diverse sono state le letture offerte dalla dottrina, che la interpreta ora come un'anticipazione dell'eguaglianza sostanziale ora come una ripetizione del divieto di discriminazioni basate sulle condizioni personali o sociali, e comunque sovente negandone una precisa consistenza giuridica ma al più attribuendo alla stessa una valenza morale. Alcuni autori, peraltro, accordano alla pari dignità sociale il ruolo di "cerniera" tra il primo e il 2° comma dell'art. 3, ovvero la considerano il fondamento stesso del principio d'eguaglianza, «espressione del pregio ineffabile della persona umana come tale, quale che sia la posizione rivestita nella società» (C. Mortati).

Il "nucleo forte" del principio di eguaglianza

Sempre al 1° comma dell'art. 3 sono indicate una serie di discriminazioni tipiche vietate dalla Costituzione, il c.d. "nucleo forte" del principio d'eguaglianza, ovvero una serie di qualità (sesso, razza, lingua, religione, ecc.) che il legislatore è tenuto a non considerare come eventuali presupposti giustificativi per operare scelte legislative differenziate. In verità il valore di tale catalogo è quello di creare una sorta di «presunzione di incostituzionalità» delle leggi che introducessero un trattamento normativo differenziato in ragione di uno dei predetti profili, scaricando sul legislatore l'onere di provare la legittimità delle stesse, ovvero la loro non arbitrarietà all'esito di un bilanciamento con altri valori costituzionali.

Si tratta di un elenco non tassativo, essendo pacificamente ritenuta possibile l'affermazione di altri criteri di distinzione; d'altra parte, è altrettanto pacifico che non tutti i caratteri indicati in tale catalogo comportano il medesimo grado di rigidità nel valutare le eventuali discriminazioni. Ad esempio, i divieti fondati sul sesso o sulla lingua hanno un carattere marcatamente relativo, potendo risultare legittime, ed essendo anzi di fatto frequenti, le distinzioni operate dal legislatore in entrambi i casi, talora anche in esplicita attuazione di specifiche disposizioni costituzionali: si pensi, nel primo caso, alla previsione delle c.d. "quote rosa" nell'accesso alle cariche elettive, in collegamento con il principio delle pari opportunità tra donne e uomini di cui all'art. 51 Cost. e, nel secondo caso, alle differenziazioni motivate in ragione delle esigenze di tutela delle minoranze linguistiche, ai sensi dell'art. 6 Cost. Al contrario, i divieti basati sulla razza o sulle opinioni politiche sono solitamente considerati più rigidi, risultando qui più difficile il contemperamento con altre norme costituzionali.

All'art. 3, 1° comma, si collegano poi numerose altre previsioni costituzionali che ne rappresentano dei corollari: si pensi, solo per fare qualche esempio, all'art. 8, ove si afferma l'eguale libertà delle confessioni religiose, all'art. 29, sull'uguaglianza morale e giuridica fra i coniugi, all'art. 48, sull'eguaglianza del voto, all'art. 51, sulla parità nell'accesso ai pubblici uffici, o all'art. 111, sulla parità delle parti nel processo. È manifestazione dell'eguaglianza formale, inoltre, sia la previsione contenuta nell'art. 97, 1° comma, Cost., ai sensi della quale i pubblici uffici sono organizzati in modo che sia assicurata, tra l'altro, «l'imparzialità dell'amministrazione», sia, sebbene indirettamente, quella di cui all'art. 101, 2° comma, Cost., a mente del quale «i giudici sono soggetti soltanto alla legge».

7.2. *Il sindacato sull'eguaglianza e sulla ragionevolezza delle leggi*

Il principio di eguaglianza viene utilizzato assai spesso dalla Corte costituzionale al fine di sindacare la legittimità delle leggi.

Le forme di controllo che si sono sviluppate nella giurisprudenza sono principalmente due. La prima tende a verificare l'esistenza di disparità di trattamento presenti nelle scelte legislative e si svolge con uno schema a carattere ternario. In particolare, la disparità di trattamento denunciata con riguardo alla disciplina di una certa fattispecie viene valutata attraverso il raffronto con la disciplina (c.d. *tertium comparationis*) che l'ordinamento riserva a una fattispecie diversa ma analoga e omogenea, onde accertare l'eventuale «rottura dell'ordinamento» (G. Zagrebelsky).

Il tertium comparationis

La ragionevolezza delle leggi

La seconda forma di controllo è il c.d. giudizio di ragionevolezza. Svolgendo tale tipo di sindacato, introdotto più tardi nella giurisprudenza costituzionale, la Corte costituzionale fa a meno del riferimento al *tertium comparationis* e accerta la legittimità della disposizione impugnata alla luce di parametri diversi, quali quello della sua razionalità e congruità, della sua intrinseca coerenza e compatibilità con il sistema normativo, ovvero valutando la stessa nell'ambito di un bilanciamento tra i diversi principi costituzionali coinvolti. Il canone della ragionevolezza si è affermato quale criterio "pervasivo" e "omnicomprensivo" del sindacato di costituzionalità soprattutto a partire dalla fine degli anni Ottanta del secolo scorso; per la Consulta tale giudizio consiste, in particolare, in «un apprezzamento di conformità tra la regola introdotta e la "causa" normativa che la deve assistere: ove la disciplina positiva si discosti dalla funzione che la stessa è chiamata a svolgere nel sistema e ometta, quindi, di operare il doveroso bilanciamento dei valori che in concreto risultano coinvolti, sarà la stessa "ragione" della norma a venir meno, introducendo una selezione di regime giuridico priva di causa giustificativa e, dunque, fondata su scelte arbitrarie» (sent. n. 89/1996).

Quando la Corte costituzionale svolge un controllo di ragionevolezza sulle scelte del legislatore sulla base del bilanciamento tra i diversi interessi in gioco il suo sindacato diviene sostanzialmente autonomo dal principio d'eguaglianza (Corte cost., sent. n. 20/2019) e risulta così penetrante da essere prossimo al confine, che la Consulta non può tuttavia travalicare, tra sindacato di legittimità e sindacato di merito sulla discrezionalità legislativa, ovvero sull'esercizio del potere legislativo.

7.3. *Il principio di eguaglianza come eguaglianza sostanziale*

Al 2° comma dell'art. 3 si accoglie il principio d'eguaglianza inteso in senso sostanziale: «è compito della Repubblica rimuovere gli ostacoli di ordine economico e sociale, che, limitando di fatto la libertà e l'eguaglianza dei cittadini, impediscono il pieno sviluppo della persona umana e l'effettiva partecipazione di tutti i lavoratori all'organizzazione politica, economica e sociale del Paese».

Non si tratta di una norma di natura esclusivamente programmatica (L. Paladin) ma di un principio giuridico che esprime l'obiettivo dell'ordinamento statale di garantire a ogni individuo le condizioni materiali, culturali e sociali sufficienti a condurre una vita libera e dignitosa e a poter esercitare i diritti che la stessa Costituzione gli riconosce.

Un principio, com'è stato detto (A. Pizzorusso), che è manifestazione di un modello intermedio tra l'egualitarismo (cioè il criterio per cui «a ciascuno secondo i suoi bisogni») e l'eguaglianza di diritto (cioè il criterio per cui «a ciascuno secondo i suoi meriti»); un'uguaglianza che, in altri termini, persegue il principale obiettivo di avvicinare i "punti di partenza" (e non di arrivo) nella "gara della vita" disputata dai consociati.

L'eguaglianza sostanziale limita, e in un certo senso completa, quella formale, stemperandone il rigore, introducendo rispetto ad essa delle eccezioni allo scopo di rendere effettivo per tutti il godimento dei diritti previsti in Costituzione; essa inoltre caratterizza la forma di stato in senso sociale.

I titolari della pretesa all'eguaglianza sostanziale, quindi, non sono tutti gli individui genericamente intesi ma soltanto coloro che versano in situazioni di concreto svantaggio e nei confronti dei quali i poteri pubblici si impegnano a garantire «tutto ciò che è indispensabile assicurare a un individuo affinché questi possa condurre un'esistenza libera e dignitosa» (A. Giorgis).

Il compito di "rimuovere gli ostacoli", riequilibrando tendenzialmente le diverse "posizioni di partenza", spetta alla Repubblica, intesa in tutte le sue componenti (Stato, Regioni, Enti locali), mentre l'attuazione dell'eguaglianza sostanziale si svolge attraverso interventi e "azioni positive" (che implicano quindi delle "differenziazioni", ovvero delle "discriminazioni a rovescio") volte alla redistribuzione delle risorse, secondo gli schemi tipici dello Stato sociale, e alla correzione delle diseguaglianze di fatto: si pensi, ad esempio, alla l. n. 104/1992, sull'assistenza delle persone diversamente abili.

Le azioni positive e le discriminazioni a rovescio

Nell'art. 3, 2° comma, possono inquadrarsi le diverse, specifiche disposizioni costituzionali tese a favorire determinate categorie di soggetti: i figli nati fuori dal matrimonio (art. 30), le famiglie numerose (art. 31), gli studenti capaci e meritevoli ma privi di mezzi (art. 34), i lavoratori subordinati (art. 36), le donne lavoratrici (art. 37), gli inabili al lavoro e i minorati (art. 38), la piccola e media proprietà (art. 44), gli artigiani (art. 45).

All'eguaglianza sostanziale può ricondursi il criterio di progressività che deve caratterizzare il sistema fiscale (art. 53), in forza del quale l'aliquota di imposizione cresce in modo più che proporzionale rispetto al reddito, cosicché il sacrificio richiesto alle persone più ricche è progressivamente più alto di quello richiesto alle persone più povere.

L'art. 3, 2° comma, rappresenta, infine, la matrice concettuale all'interno della quale possono ricondursi tutti i diritti sociali, i quali richiedono alla Repubblica delle prestazioni positive per fare fronte a situazioni di concreto bisogno.

8. *Il principio di tutela delle minoranze linguistiche*

Nella Costituzione italiana il termine «minoranze» è utilizzato unicamente in relazione a quelle «linguistiche», la cui tutela rientra tra i principi fondamentali, all'art. 6, ai sensi del quale "la Repubblica tutela con apposite norme le minoranze linguistiche". In questa sede parleremo soltanto di queste ultime: è ovvio, peraltro, e del resto riconosciuto in più occasioni dalla Corte costituzionale, che il problema della tutela delle "altre" minoranze non è ignorato dalla Costituzione, iscrivendosi esso nel quadro di altri principi fondamentali dell'ordinamento, a cominciare dal principio di uguaglianza, ove, come ricordato prima, si vietano le discriminazioni in ragione, tra l'altro, della razza, della lingua e della religione (art. 3 Cost.).

La tutela delle minoranze linguistiche si colloca nel punto di incontro di altri principi, come il principio pluralistico e quello di uguaglianza, laddove il primo implica la valorizzazione di tutte le formazioni sociali in cui si realizza la personalità dell'uomo, mentre il secondo, come detto, riconosce l'uguaglianza di fronte alla legge di tutti i cittadini senza distinzione, tra l'altro, di lingua.

L'importanza attribuita dai Costituenti alla questione della lingua si spiega in quanto quest'ultima, come ha ricordato ancora la Corte costituzionale, svolge un indiscutibile ruolo di "aggregazione e identificazione sociale", contribuendo «a individuare e conservare l'identità di una comunità umana, sia che questa coincida con la popolazione di uno Stato ovvero con una formazione sociale minoritaria ...».

La nozione di "minoranza linguistica" non trova un'espressa definizione a livello normativo: la stessa l. n. 482/1999, di attuazione dell'art. 6 Cost., non fissa alcun criterio astratto per l'identificazione delle minoranze linguistiche ma si limita ad elencare quelle considerate "storiche" nell'esperienza italiana. Peraltro, la Corte costituzionale ha avuto modo di precisare che la nozione di minoranza linguistica implica necessariamente il riferimento a quella di "Repubblica", «nel senso di istituzione complessiva, orientata, nella pluralità e nella molteplicità delle sue componenti, ad esprimere e tutelare elementi identitari, oltre che interessi, considerati storicamente comuni o, almeno, prevalentemente condivisi all'interno della vasta e composita comunità "nazionale"» (sent. n. 170/2010).

L'art. 6 fa esplicito riferimento alla necessità che il legislatore intervenga con «apposite norme». A questo proposito non può non riconoscersi come il processo di attuazione del principio consacrato nell'art. 6 Cost. sia stato assai lento: solo nel 1999, infatti, si è giunti all'approvazione di un'apposita legge-quadro. Prima di quella data le uniche minoranze riconosciute dall'ordinamento erano quelle "nazionali" (francofona in Valle d'Aosta, germanofona in Trentino-Alto Adige, slovena in Friuli-Venezia Giulia), disciplinate, con differenze da caso a caso, dai rispettivi statuti regionali.

La legge del 1999 colloca la valorizzazione delle lingue e culture tra gli obiettivi della Repubblica e impegna quest'ultima, in particolare, nella tutela della lingua e cultura delle «popolazioni albanesi, catalane, germaniche, greche, slovene, croate e di quelle parlanti il francese, il franco-provenzale, il friulano, il ladino, l'occitano e il sardo» (art. 2).

La legge riconosce a tali minoranze una serie di diritti quali quello all'uso della lingua minoritaria, sia come materia di insegnamento che come materia curricolare nelle scuole materne, elementari e secondarie inferiori (artt. 4-6), all'impiego della madrelingua nelle adunanze degli organi amministrativi (art. 7), alla pubblicazione nell'idioma minoritario di atti ufficiali dello Stato, delle Regioni, degli enti locali territoriali e non territoriali (art. 8), all'impiego della lingua minoritaria nei rapporti con l'amministrazione locale e davanti all'autorità giudiziaria (art. 9), nonché nelle indicazioni topografiche (art. 10).

La disciplina si applica all'interno di determinati ambiti territoriali nei quali risiede la comunità interessata. La delimitazione di tali ambiti è definita dal consiglio provinciale di riferimento, sentiti i comuni interessati, su richiesta di almeno il quindici per cento dei cittadini iscritti nelle liste elettorali e residenti nei comuni stessi, ovvero di un terzo dei consiglieri comunali dei medesimi comuni (art. 3).

Per completare il quadro normativo in tema di tutela delle minoranze linguistiche occorre richiamare anche altri testi. In primo luogo, come detto, alcuni statuti speciali dettano esplicite disposizioni a tutela delle minoranze linguistiche. Le discipline contenute negli statuti della Regione Valle d'Aosta (l. cost. n. 4/1948) e del Trentino-Alto Adige (d.p.r. n. 670/1972), in particolare, contengono numerose previsioni in proposito, ispirandosi peraltro a due differenziati modelli di tutela: bilinguismo assoluto nella Regione Valle d'Aosta, separatismo linguistico nella Regione Trentino-Alto Adige.

Inoltre la legge-quadro del 1999 è stata integrata dalla l. n. 38/2001, sulla minoranza slovena del Friuli-Venezia Giulia, al fine di assicurare uniformità nelle misure di tutela di tale minoranza, presente nella maggior parte delle province di quella regione, alcune delle quali godevano di un regime di tutela particolare in seguito ad accordi internazionali (Trattato di Osimo, ratificato con l. n. 73/1977).

Va infine evidenziato che, in attuazione dell'art. 123 Cost., come novellato con la riforma costituzionale del 2001, anche nelle regioni a Statuto ordinario in cui vivono comunità di lingua minoritaria sono state emanate norme di tutela nell'ambito delle competenze ad esse assegnate dalla Costituzione.

9. *Il principio di laicità e la tutela del sentimento religioso*

Attraverso l'affermazione del principio di laicità un ordinamento manifesta la propria neutralità rispetto al fenomeno religioso e la conseguente equidistanza dalle varie forme di credo e di confessione religiosa. Nella sua espressione più propria «il principio di laicità indica l'irrilevanza per lo Stato dei rapporti derivanti dalle convinzioni religiose, nel senso di considerarli fatti privati da affidare esclusivamente alla coscienza dei credenti» (C. Mortati).

La realizzazione del principio di laicità

La realizzazione del principio di laicità può essere constatata con riguardo a tre distinte dimensioni. In primo luogo, tale verifica può essere compiuta accertando l'autonomia dello "Stato-potere" da qualsiasi fede o confessione religiosa, vale a dire l'assenza di riferimenti a principi trascendenti a giustificazione dell'autorità statale; in secondo luogo, la laicità si misura anche valutando l'autonomia dello "Stato-ordinamento" dal fenomeno religioso, intesa come emancipazione di tutte le istituzioni pubbliche e del tessuto normativo da condizionamenti di tipo religioso. In ultimo luogo, un'ulteriore dimensione attiene alla verifica della laicità dello "Stato-comunità", che si caratterizza per l'autonomia dal fenomeno religioso nella vita comunitaria e nella società.

Quanto detto prova come il principio di laicità, pur essendo uno dei pilastri fondamentali di ogni democrazia moderna, si presta a forme di realizzazione molte diverse sul piano degli equilibri concreti raggiunti all'interno dei singoli ordinamenti statali, risultando anche piuttosto complessa, di conseguenza, una valutazione generale di uno Stato con riguardo alla sua laicità.

Venendo alla Costituzione italiana, occorre premettere come essa non contenga riferimenti espliciti al principio di laicità. Il fenomeno religioso, d'altra parte, è disciplinato sia negli artt. 7 e 8, inseriti tra i principi fondamentali, che negli artt. 19 e 20, sulla libertà religiosa, nonché nell'art. 3 Cost., ove si afferma che tutti i cittadini sono uguali davanti alla legge senza distinzione, tra l'altro, anche di religione.

L'eguale libertà di tutte le confessioni religiose

All'art. 8, in particolare, si prevede che «tutte le confessioni religiose sono egualmente libere davanti alla legge»; affermazione dalla quale si è soliti ricavare un riferimento implicito a una concezione laica dell'ordinamento statale, per quanto tale riferimento conviva, nei termini che di seguito verranno esplicitati, per ragioni storiche, culturali e politiche, con la previsione di un trattamento differenziato nei confronti della confessione cattolica. La stessa Corte costituzionale (sent. n. 203/1989), nell'affermare che l'insegnamento della religione cattolica nelle scuole doveva essere considerato facoltativo per gli studenti, ha parlato esplicitamente dell'esistenza di un «principio supremo della laicità dello Stato», precisando che esso «implica non indifferenza dello Stato dinanzi alle religioni ma garanzia dello Stato per la salvaguardia della libertà di religione, in regime di pluralismo confessionale e culturale».

L'esposizione del crocifisso nelle scuole pubbliche

Uno degli aspetti sui quali si è registrato in Italia un vivace dibattito intorno al principio di laicità è stato quello riguardante l'esposizione pubblica dei simboli religiosi. In particolare, il caso si è verificato quando una pronuncia di un giudice amministrativo nel 2003 (Tar dell'Aquila) ha imposto la rimozione del crocifisso dalle pareti di una scuola pubblica, ritenendo tale esposizione, resa obbligatoria da alcune disposizioni contenute in fonti secondarie approvate in epoca fascista, contrastante con il principio di laicità. La successiva giurisprudenza, tuttavia, si è orientata in senso opposto: il Consiglio di Stato, in particolare (sent. della sez. VI, n. 556/2006), ha osservato che tale esposizione ha un valore storico e culturale perché essa richiama «valori di tolleranza, di rispetto reciproco, di valorizzazione della persona, di affermazione dei suoi diritti ... che connotano la civiltà umana».

Nel 2011, poi, la Corte europea dei diritti dell'uomo (sent. *Lautsi II*), rovesciando il precedente giudizio pronunciato da una delle sue sezioni, ha riconosciuto, tra le critiche di gran parte della dottrina, la legittimità delle norme italiane riguardanti l'esposizione obbligatoria del crocifisso nelle scuole, dal momento che, trattandosi di un "simbolo passivo", ovvero incapace di esercitare effettiva influenza sugli studenti, ogni ordinamento statale poteva decidere liberamente.

9.1. *I rapporti tra lo Stato e la Chiesa cattolica*

L'art. 117, 2° comma, lettera *c*), come novellato dalla riforma costituzionale del 2001, prevede che «i rapporti tra la Repubblica e le confessioni religiose» rientrano tra le materie di competenza esclusiva della legislazione statale.

In particolare, i rapporti tra Stato italiano e Chiesa cattolica sono disciplinati all'art. 7 Cost., ove si stabilisce, al 1° comma, che «lo Stato e la Chiesa cattolica sono, ciascuno nel proprio ordine, indipendenti e sovrani» e, al 2° comma, che «i loro rapporti sono regolati dai Patti lateranensi», le cui modifiche, «accettate dalle due parti, non richiedono procedimento di revisione costituzionale».

Lo Stato italiano riconosce dunque alla Chiesa cattolica – a differenza, come vedremo, di quanto accade con riguardo alle altre confessioni religiose – una natura assimilabile alla sua: e ciò si evince sia dalla circostanza che viene riconosciuta a tale Confessione la "dignità" di soggetto sovrano, ancorché appartenente ad un "ordine" diverso (ordine spirituale e non temporale), sia dal fatto che viene utilizzato, al fine di regolare i reciproci rapporti, uno strumento, i Patti Lateranensi, equiparabile a quello con il quale si disciplinano, sul piano internazionale, i rapporti tra gli Stati.

I Patti Lateranensi

In particolare, i Patti Lateranensi, con i quali nel 1929 venne trovata una soluzione alla "questione romana" apertasi nel 1870 con l'acquisizione della città di Roma al regno d'Italia, constano di un Trattato (del Laterano), fonte di diritto internazionale che istituisce la Città del Vaticano, di un Concordato, che disciplina una serie di altri profili inerenti ai rapporti tra Chiesa e Stato, e di una Convenzione finanziaria, con la quale si regolano alcuni aspetti patrimoniali. Ai Patti venne data esecuzione con l. n. 810/1929, successivamente modificata con l'Accordo di revisione del 1984, ratificato ed eseguito con l. n. 121/1985.

I Patti Lateranensi nella gerarchia delle fonti

Sul piano della gerarchia delle fonti del diritto (v. vol. II, cap. I, sez. III, par. 3.1.4), i Patti si qualificano come una fonte "atipica", ovvero «a forza passiva rinforzata» (come ebbe modo di affermare Corte cost., sent. n. 16/1978, escludendo, con riguardo a tale fonte, l'ammissibilità del *referendum* abrogativo), dal momento che la loro modifica può avvenire con legge ordinaria soltanto a condizione che i contenuti della stessa siano preventivamente accettati dalle due parti. In rapporto alle norme costituzionali, sempre la giurisprudenza costituzionale, evidenziando ancora l'atipicità di tale fonte, ha affermato che i contenuti dei Patti non possono derogare ai diritti inviolabili e ai principi supremi dell'ordinamento costituzionale, ammettendo con ciò, implicitamente, la possibilità invece di derogare alle altre norme costituzionali.

La religione cattolica come religione di Stato

Sul piano sostanziale i Patti Lateranensi, prima della riforma del 1985, si ispiravano chiaramente a una matrice confessionista, in aperto contrasto, dunque, con quel principio di laicità che, pur implicitamente, e come detto, era anch'esso contemplato nel Testo costituzionale. Tra le disposizioni più controverse va ricordato l'art. 1 del Trattato, che, richiamando l'art. 1 dello Statuto albertino, affermava che «la religione cattolica, apostolica e romana è la sola religione dello Stato», mentre gli altri culti esistenti «sono tollerati conformemente alle leggi».

La revisione del 1985

Tale antinomia è stata risolta soltanto con la ricordata revisione del 1985, quando, pur senza rinnegare il principio concordatario fissato nell'art. 7 Cost., si è operato, a partire dall'abrogazione del citato art. 1 del Trattato, un sostanziale riallineamento con i principi della Costituzione repubblicana.

9.2. *I rapporti tra lo Stato e le Confessioni non cattoliche*

Con riguardo ai rapporti con le altre confessioni religiose, l'art. 8 Cost. stabilisce, al 2° comma, che esse «hanno diritto di organizzarsi secondo i propri statuti, in quanto non contrastino con l'ordinamento giuridico italiano», mentre, al 3° comma, che «i loro rapporti con lo Stato sono regolati per legge sulla base di intese con le relative rappresentanze».

Il diritto di organizzarsi è riconosciuto pertanto a ciascuna confessione religiosa, indipendentemente dalla circostanza che sia o meno intervenuta l'intesa, con il solo limite che gli statuti non contrastino con l'ordinamento giuridico italiano: limite che la Corte costituzionale ha ritenuto doversi riferire ai «principi fondamentali dell'ordinamento italiano», siano essi contenuti in principi costituzionali o in norme generali di rango legislativo, escludendo invece che dei limiti possano essere ricavati da «specifiche limitazioni poste da particolari disposizioni normative» (sent. n. 43/1988).

Le leggi basate su intese nella gerarchia delle fonti

Per quanto attiene poi alla disciplina dei rapporti con lo Stato, sebbene la Costituzione non riconosca alle confessioni diverse da quella cattolica la natura di soggetti di diritto internazionale, il relativo regime può dirsi nella sostanza parallelo a quello concordatario, ancorché non coincidente. Anche in questo caso, in particolare, i rapporti reciproci sono regolati con lo strumento della legge ordinaria soltanto a condizione che sia intercorso un preventivo accordo (ovvero l'intesa) tra i rispettivi rappresentanti. Tuttavia, sebbene anche tali leggi possano essere annoverate tra quelle "rinforzate sul lato passivo", le stesse non hanno la forza di derogare ad alcuna norma costituzionale.

I rapporti con le confessioni prive di intesa

Inoltre, per le confessioni con le quali non è stata raggiunta l'intesa, rimangono in vigore alcune disposizioni della l. n. 1159/1929, sui culti ammessi, e in particolare, per quanto contrastante con l'art. 8, 2° comma, Cost., l'art. 1, ove si prevede che le confessioni non cattoliche sono ammesse «purché non professino principi e non seguano riti contrari all'ordine pubblico o al buon costume»; inoltre, continua ad applicarsi la peculiare procedura ivi prevista per l'erezione in ente morale delle confessioni che siano espressione di tali culti, alla quale si collega un penetrante potere di vigilanza da parte del Governo.

Le singole intese

Al momento attuale le leggi che hanno recepito intese sono quelle che riguardano la Tavola valdese (l. n. 449/1984, modificata nel 1993), l'Unione delle Chiese Cristiane avventiste del settimo giorno (l. n. 516/1988), le Assemblee di Dio in Italia (l. n. 517/1988), l'Unione delle Comunità ebraiche italiane (l. n. 101/1989, modificata nel 1996), l'Unione cristiana Evangelica Battista d'Italia (l. n. 116/1995), la Chiesa Evangelica Luterana in Italia (l. n. 520/1995), la Sacra Arcidiocesi ortodossa d'Italia ed Esarcato per l'Europa meridionale (l. n. 126/2012), la Chiesa di Gesù Cristo dei Santi degli ultimi giorni (l. n. 127/2012), la Chiesa apostolica in Italia (l. n. 128/2012), l'Unione Buddista italiana (l. n. 245/2012), l'Unione induista italiana (l. n. 246/2012) e l'Istituto Buddista italiano Soka Gakkai (l. n. 130/2016).

È da anni in corso di definizione l'intesa con i Testimoni di Geova, mentre difficoltà ancor più serie permangono con riguardo al culto islamico anche in ragione della assenza in quella confessione di una struttura organizzativa che consenta di individuare con sicurezza i rappresentanti con i quali predisporre l'intesa.

10. *I principi fondamentali della promozione della cultura e della tutela dell'ambiente*

Mentre lo Statuto albertino non conteneva alcun riferimento a tale aspetto, la Costituzione repubblicana dedica alla cultura l'art. 9, 1° comma, a mente del quale «la Repubblica promuove lo sviluppo della cultura e la ricerca scientifica e tecnica».

Per molto tempo la dottrina prevalente ha teso a minimizzare la portata normativa di tale previsione, considerando incongrua anche la sua collocazione tra i principi fondamentali. A partire dagli anni Settanta, tuttavia, l'attenzione e l'apprezzamento nei confronti della stessa si sono rafforzati, tanto che si è riconosciuto nell'art. 9 «il punto di riferimento obbligatorio di un acceso dibattito che tocca istituti essenziali per la caratterizzazione dell'intero ordinamento giuridico» (F. Merusi).

La definizione del concetto di cultura

Il concetto di cultura richiamato nell'art. 9 non è di facile definizione. Innanzi tutto, la cultura può essere concepita in chiave individualistica, come formazione intellettuale della persona, ovvero in chiave organicistica, come patrimonio collettivo di conoscenze e valori che si trasmettono da una generazione all'altra; può essere intesa in senso ampio, come processo di formazione intellettuale di ogni persona, ovvero in senso ristretto, limitandola alle manifestazioni superiori dell'intelletto umano (le arti, le scienze, ecc.).

La Costituzione non accoglie una determinata concezione di cultura ma impone di integrare tutte le diverse visioni in un quadro d'insieme flessibile. Al riconoscimento del valore della cultura si connette una serie di diritti "culturali", quali la libertà di "creare" nonché quella di accedere ai beni o servizi che sono oggetto di specifici bisogni culturali.

La promozione della cultura

È la Repubblica, intesa in tutte le sue componenti territoriali (art. 114 Cost.), che è tenuta a "promuovere lo sviluppo" della cultura. È dunque impegnato l'intero complesso dei pubblici poteri facenti capo allo Stato-ordinamento, a cominciare dalle autonomie regionali. Entra in gioco, a questo proposito, l'art. 117 Cost., laddove si dispone che lo Stato ha legislazione esclusiva in materia di «tutela dell'ambiente, dell'ecosistema e dei beni culturali»; mentre sono materie attribuite alla legislazione concorrente delle regioni la «valorizzazione dei beni culturali e ambientali», la «promozione e organizzazione di attività culturali» nonché «la ricerca scientifica e tecnologica».

La disposizione in esame, dal chiaro contenuto programmatico, impone alle istituzioni pubbliche di predisporre i presupposti e le condizioni affinché la cultura possa liberamente svilupparsi e di garantire forme di sostegno delle attività culturali. Letta in combinato con il principio pluralistico, la promozione della cultura deve essere interpretata come promozione di tutte le differenti culture. In particolare, debbono essere promosse le scienze, le arti, le scuole, le università, le associazioni culturali, ecc. Deve altresì essere promossa "la ricerca scientifica e tecnica", da intendere quale fattore peculiare di sviluppo della cultura.

Il paesaggio e il patrimonio storico e artistico

Quanto al "paesaggio" e al "patrimonio storico e artistico", che devono essere "tutelati" (nel senso di preservati, gestiti e valorizzati), tradizionalmente si riteneva che con tale previsione venisse chiamata in causa esclusivamente la funzione "conservativa" dei pubblici poteri, volta a preservare l'integrità di tali beni, in contrapposizione con il disposto di cui al 1° comma, ispirato ad una logica più promozionale e "dinamica".

In verità la dottrina più recente e la giurisprudenza costituzionale tendono oggi a leggere i due commi in modo unitario, all'interno di un contesto comune rappresentato dal "valore estetico-culturale", considerato ora, nel suo insieme, quale principio fondamentale del nostro ordinamento costituzionale.

Per paesaggio non devono peraltro intendersi le sole "bellezze naturali", bensì, più ampiamente, «la forma del territorio, o dell'ambiente, creata dalla comunità umana che vi è insediata» (A. Predieri); mentre, con la formula "patrimonio storico e artistico della Nazione" la Costituzione fa riferimento ai c.d. "beni culturali", vale a dire quelle «cose immobili e mobili che presentano interesse artistico, storico, archeologico, etno-antropologico, archivistico e bibliografico e le altre cose individuate dalla legge o in base alla legge quali testimonianze aventi valore di civiltà» (cfr. d.lgs. n. 42/2004, contenente il codice dei beni culturali e del paesaggio).

La tutela dell'ambiente inserita tra i principi costituzionali

A testimonianza della progressiva importanza che hanno assunto per l'ordinamento giuridico i temi riguardanti il rispetto e la tutela dell'ambiente, con la l. cost. n. 1/2022 è stato inserito un nuovo comma 3° all'art. 9, ai sensi del quale la Repubblica "tutela l'ambiente, la biodiversità e gli ecosistemi, anche nell'interesse delle future generazioni. La legge dello Stato disciplina i modi e le forme di tutela degli animali".

La novella si completa con una parallela riforma dell'art. 41, ove ora si prevede, da un lato, che l'iniziativa economica non possa svolgersi in contrasto con l'utilità sociale o in modo da arrecare danno – oltre che alla sicurezza, alla libertà e alla dignità umana – anche "alla salute" e "all'ambiente" e, dall'altro, che la legge debba determinare i programmi e controlli opportuni perché l'attività economica pubblica e privata possa essere destinata e coordinata a fini – non soltanto sociali ma anche – "ambientali".

Si tratta del primo caso nella storia repubblicana in cui si è realizzata una riforma che incide sui principi costituzionali.

Nel merito, malgrado il concetto di "ambiente" sia piuttosto ampio e comprensivo, il nuovo art. 9 richiama anche i termini "biodiversità" ed "ecosistemi"; circostanza che, come suggerito dalla giurisprudenza costituzionale, induce a riferire il primo termine "a ciò che riguarda l'habitat degli esseri umani" e il secondo alla "conservazione della natura come valore in sé"; con il terzo, invece, s'intende sottolineare l'importanza della promozione della diversità biologica delle specie e degli stessi ecosistemi.

Ambiente e generazioni future

Inoltre, da evidenziare la scelta di orientare la tutela dell'ambiente "anche" alla soddisfazione degli interessi delle "generazioni future", che inserisce per la prima volta nella Costituzione, per di più all'interno dei principi fondamentali, la doverosa attenzione che il legislatore deve mostrare alla dimensione intergenerazionale, da tempo sollecitata dalla Corte costituzionale con riferimento sia ai temi concernenti l'equilibrio di bilancio sia alle stesse questioni ambientali.

La tutela degli animali

Da sottolineare, infine, l'innovativo, ancorché generico, richiamo operato dal legislatore costituzionale alla tutela degli animali, che si sostanzia nella scelta di riservare alla legge il compito di definire i modi e le forme nelle quali tale tutela dovrà effettivamente realizzarsi.

11. *Il principio internazionalista e quello pacifista*

La Costituzione italiana è assai aperta alle ragioni dell'internazionalismo. Nel 1946 l'Italia stava faticosamente cercando di risorgere dalle macerie della guerra e di affrancarsi dal passato fascista e i Costituenti compirono ogni sforzo per cercare di accreditare il paese agli occhi del mondo sottolineandone la vocazione pacifista e ancorando saldamente l'ordinamento del nuovo Stato all'ordinamento della Comunità internazionale.

A differenza di quanto era accaduto con riguardo ad altre parti della Costituzione, quindi, le disposizioni internazionalistiche furono il risultato di una convergenza assai ampia tra le diverse ideologie che concorsero alla scrittura della Carta. È celebre, a tale proposito, l'espressione di Calamandrei: «la dottrina democratica non è fatta per arrestarsi e per concludersi alle frontiere nazionali. È verità ormai troppo tragicamente scontata che totalitarismo e dittatura all'interno significano inesorabilmente nazionalismo e guerra all'esterno».

Il principio internazionalista si articola principalmente intorno agli artt. 10 e 11. Tuttavia, le disposizioni costituzionali che sono espressione dello stesso sono assai più numerose: si tratta, in particolare, di quelle che riconoscono e valorizzano la Comunità internazionale (artt. 10, 26,

80), che disciplinano la partecipazione dell'Italia alle organizzazioni internazionali (artt. 11 e 35, 3° comma), nelle quali si ripudia la guerra offensiva e si disciplina la dichiarazione della guerra difensiva (artt. 11 e 78), ove si regola la condizione giuridica dello straniero (art. 10), la materia dell'estradizione (art. 26) e la libertà di emigrazione (art. 35, 4° comma).

Le consuetudini internazionali e la clausola di adattamento automatico

I rapporti tra l'ordinamento italiano e la comunità internazionale sono disciplinati all'art. 10, 1° comma, Cost., ai sensi del quale «l'ordinamento giuridico italiano si conforma alle norme del diritto internazionale generalmente riconosciute» (v. vol. II, cap. I, sez. II, par. 3.1). Si tratta di una clausola di adattamento automatico dell'ordinamento interno all'ordinamento internazionale, la quale presuppone che i rapporti tra i due ordinamenti siano caratterizzati da un'impostazione dualista: entrambi, quindi, sono da considerare esistenti, validi, formati da proprie regole e tendenzialmente autosufficienti.

Attraverso tale disposizione, che può essere qualificata come "norma sulla produzione giuridica", vengono introdotte nell'ordinamento interno, in modo istantaneo ed automatico, e in assenza dunque di un atto di adattamento *ad hoc*, norme identiche a quelle vigenti nell'ordinamento internazionale. Tale meccanismo, peraltro, è limitato alle norme di diritto internazionale "generalmente riconosciute", che sono quelle consuetudinarie, prodotte attraverso comportamenti costanti ripetuti nel tempo dalla generalità dei soggetti nella convinzione della loro obbligatorietà e coercibilità. È rimasta infatti del tutto minoritaria, e respinta dalla stessa Corte costituzionale (sent. n. 32/1960), la tesi fondata sull'esistenza di una norma consuetudinaria internazionale, comunemente definita *pacta sunt servanda*, in forza della quale il meccanismo di adattamento automatico avrebbe dovuto riguardare anche il diritto internazionale convenzionale.

Alle norme immesse nell'ordinamento italiano in forza dell'art. 10, 1° comma, viene riconosciuto il medesimo rango delle norme costituzionali, ovvero una "forza derogatrice" e una "resistenza passiva" nei confronti delle norme primarie identica a quella propria delle norme costituzionali. Per la Corte costituzionale (sent. n. 238/2014), in particolare, è sufficiente che le stesse non si pongano in contrasto con i principi fondamentali e con i diritti inviolabili garantiti nella Costituzione.

I trattati internazionali

Per le norme internazionali pattizie (i trattati), come anticipato, esiste un meccanismo diverso di adeguamento, regolato dalla stessa Costituzione agli artt. 11, 80, 87 e 117. Innanzi tutto, nella prassi internazionale l'incontro delle volontà necessario per la stipulazione di un trattato, e dal quale sorgono gli obblighi reciproci tra gli Stati, può realizzarsi con due modalità: nella forma solenne, che prevede una formale dichiarazione scritta, chiamata "ratifica", e nella forma semplificata, che comporta l'apposizione, da parte dei rappresentanti degli Stati (plenipotenziari), delle rispettive firme sul trattato ovvero uno scambio di lettere contenenti il testo dell'accordo.

Il procedimento di ratifica

Ai sensi dell'art. 87, 8° comma, Cost., è il Presidente della Repubblica che «ratifica i trattati, previa, quando occorre, l'autorizzazione delle Camere». In forza dell'art. 80 Cost. tale autorizzazione, rilasciata con legge (che, ai sensi dell'art. 72, 4° comma, Cost., deve essere votata dal *plenum* delle assemblee, e, ai sensi dell'art. 75, 2° comma, Cost., è sottratta al *referendum* abrogativo), è necessaria per i trattati politicamente più importanti, rivelandosi così la volontà dei Costituenti di assicurare il controllo parlamentare sulla politica estera: in particolare, tale procedura riguarda i trattati che sono «di natura politica, o prevedono arbitrati o regolamenti giudiziari, o importano variazione del territorio od oneri alle finanze o modificazioni di leggi» (art. 80 Cost.).

L'ordine di esecuzione

Una volta che il trattato si è perfezionato sul piano del diritto internazionale, affinché esso possa produrre effetti all'interno dell'ordinamento italiano occorre attivare una particolare procedura all'esito della quale ne viene disposta l'"esecuzione". L'ordine di esecuzione può essere incluso preventivamente nella stessa legge che autorizza la ratifica ovvero in un atto separato adottato dal Governo nella forma del decreto del Presidente della Repubblica. Non sempre, tuttavia, l'adeguamento al diritto internazionale pattizio viene realizzato seguendo il predetto procedimento, che riguarda esclusivamente norme di trattati che possono essere direttamente applicate nella loro formulazione originaria, senza necessità di specificazioni normative ulteriori (norme *self-executing*); in caso contrario, invece, l'adeguamento avviene con una legge successiva, la quale, una volta entrata in vigore, svolge i suoi effetti come ogni altra legge.

Il rango delle norme contenute nei trattati

Il rango tradizionalmente riconosciuto alle norme contenute nei trattati è quello delle fonti interne che danno agli stessi esecuzione; tuttavia, all'indomani della riforma costituzionale del 2001 sono state introdotte delle novità rilevanti, dal momento che il nuovo art. 117, 1° comma, Cost. dispone che la potestà legislativa deve essere esercitata, tra l'altro, nel rispetto «dei vincoli derivanti (...) dagli obblighi internazionali». La Corte costituzionale ha avuto modo di osservare come tale previsione comporti che la legge ordinaria debba rispettare i trattati (si trattava, nell'occasione, della Convenzione europea di diritti dell'uomo), i quali, di conseguenza, sono suscettibili di porsi come parametro interposto nei giudizi di legittimità costituzionale (sentt. nn. 348 e 349/2007, nonché, successivamente, 311 e 317/2009).

Nell'art. 10, 2°, 3° e 4° comma, viene disciplinata la condizione giuridica dello straniero, nonché il diritto d'asilo e il divieto di estradizione per reati politici (v. vol. II, cap. II, sez. I, par. 5.1).

Il principio pacifista

Nell'art. 11, invece, trova collocazione la disciplina costituzionale riguardante il riconoscimento delle organizzazioni internazionali e il principio del ripudio della guerra offensiva. Tale disposizione, in particolare, recita che «l'Italia ripudia la guerra come strumento di offesa alla libertà degli altri popoli e come mezzo di risoluzione delle controversie internazionali; consente, in condizioni di parità con gli altri Stati, alle limitazioni di sovranità necessarie ad un ordinamento che assicuri la pace e la giustizia fra le Nazioni; promuove e favorisce le organizzazioni internazionali rivolte a tale scopo».

Quanto al principio pacifista, la Costituzione ammette il ricorso alla guerra soltanto in caso di legittima difesa, come risulta evidente dal combinato disposto degli artt. 11, 78 («le Camere deliberano lo stato di guerra e conferiscono al Governo i poteri necessari») e 87, 9° comma (il Presidente della Repubblica «dichiara lo stato di guerra deliberato dalle Camere»). In presenza, dunque, di un attacco militare sarebbe giustificata dalla Costituzione una reazione a scopo meramente difensivo, ovviamente una volta esauriti tutti i possibili rimedi alternativi e nella misura indispensabile ad allontanare il pericolo e a ripristinare la situazione originaria.

Le missioni militari all'estero

A prescindere qui dalla valutazione di tali avvenimenti sul piano del diritto internazionale, ha suscitato perplessità nella prevalente dottrina, alla luce proprio dell'art. 11 Cost., la partecipazione italiana ad operazioni militari all'estero, svolte sotto l'egida di organizzazioni internazionali, giustificate talora come azioni di difesa "preventiva", individuale o collettiva, intraprese sul presupposto della pericolosità potenziale del nemico (è il caso dell'intervento in Iraq nel 2003, cui l'Italia ha partecipato, seppur con un ruolo di supporto); mentre diversa valutazione è stata svolta con riguardo a quelle missioni militari internazionali aventi finalità di tipo umanitario (peraltro non sempre chiare od esclusive), che sarebbero giustificate, almeno per una parte degli interpreti, da una sorta di consuetudine internazionale recepita dall'ordinamento italiano all'art. 10, 1° comma, Cost. (G. De Vergottini).

Le organizzazioni internazionali

Inoltre, l'art. 11, superando il dogma della sovranità assoluta dello Stato nazionale, autorizza gli organi competenti a stipulare trattati internazionali o a promuovere la partecipazione ad organizzazioni internazionali, purché le relative limitazioni della sovranità siano volte al perseguimento della pace e della giustizia. Formula, quest'ultima, che è stata interpretata in senso ampio, intendendo la stessa riferibile sia ai trattati che perseguono tale fine in modo diretto sia a quelli che lo perseguono solo indirettamente. La stessa formula, del resto, giustifica l'adesione dell'Italia alle organizzazioni internazionali quali le Nazioni Unite (ONU), il Patto Atlantico (NATO) o il Consiglio d'Europa.

L'appartenenza all'Unione europea

Ed è con riferimento all'art. 11 Cost. – in particolare laddove esso consente alle limitazioni di sovranità – che si giustifica l'appartenenza dell'Italia anche all'Unione europea, per quanto da tempo sia stata avvertita dalla dottrina l'esigenza di inserire in Costituzione una clausola *ad hoc*, a fronte delle più rilevanti implicazioni che l'integrazione europea determina nei confronti dell'ordinamento italiano rispetto a quelle derivanti dall'appartenenza alle altre organizzazioni internazionali (v. vol. I, cap. I, sez. I, par. 8.2).

Capitolo III

Il corpo elettorale *

1. *Il corpo elettorale: nozione generale*

L'esercizio della sovranità popolare

Negli ordinamenti democratici il titolare della sovranità è il popolo, inteso come l'insieme dei cittadini (sulla cittadinanza v. *supra*, cap. I, par. 5.3). La democrazia, tuttavia, non si esaurisce certamente nella *titolarità* della sovranità in capo al popolo, ma implica la determinazione di adeguate *forme di esercizio* della stessa, che rendano i cittadini effettivamente in grado di concorrere alla determinazione della politica del proprio Stato di appartenenza.

I cittadini degli Stati membri dell'Unione europea, che a seguito del Trattato di Maastricht hanno anche la cittadinanza europea, devono po-

---

* Di Andrea Pertici.

ter concorrere anche alla determinazione della politica dell'Unione in ossequio al principio democratico sancito all'art. 2 del Trattato sull'Unione europea, ma su questo diremo di più del cap. X.

Nell'ordinamento italiano, l'art. 1 Cost., dopo avere affermato, al 1° comma, il carattere democratico dello Stato («l'Italia è una Repubblica democratica fondata sul lavoro»), al 2° comma, afferma che «la sovranità *appartiene* al popolo, che la *esercita* nelle forme e nei limiti della Costituzione» (corsivi aggiunti).

L'individuazione di "forme e limiti" all'esercizio della sovranità, da parte della Costituzione, implica sia la determinazione degli strumenti attraverso i quali il popolo può esprimersi, determinando la politica nazionale, sia, prima ancora, la definizione di chi può concretamente esercitare la sovranità. La Costituzione, quindi, rappresenta il perimetro che delimita l'esercizio della sovranità popolare nell'ordinamento da essa costituito.

Nelle democrazie "stabilizzate", l'esercizio della sovranità non è più subordinato a requisiti di censo, sesso o grado d'istruzione, che hanno caratterizzato, anche in Italia, le prime forme di legittimazione democratica di alcuni organi politici, ma che sarebbero oggi incompatibili con la stessa, rappresentando restrizioni e discriminazioni arbitrarie.

Ciononostante, le Costituzioni delle democrazie "stabilizzate" delimitano, nel rispetto dei principi di uguaglianza e ragionevolezza, la parte di popolo cui compete il concreto esercizio della sovranità, attribuendo ad essa «poteri di partecipazione all'attività politica statale quale si svolge nel suo grado più elevato, attinente alla determinazione ed allo svolgimento della direzione politica» (Mortati) e identificando così il corpo elettorale.

Il voto

L'esercizio di tali poteri di partecipazione si esplica in primo luogo attraverso il voto, che può essere espresso sia per compiere direttamente una scelta (nel caso di un'assemblea popolare, in cui però si svolgono anche le attività prodromiche, o in quello – oggi assai più frequente considerata la dimensione degli Stati contemporanei – del *referendum*), sia per eleggere i propri rappresentanti nelle istituzioni politiche (dello Stato e degli altri livelli territoriali).

Il corpo elettorale

Il corpo elettorale, quindi, è individuato nell'insieme di coloro che hanno la capacità elettorale.

La democrazia rappresentativa

La distinzione sopra tracciata ha portato la dottrina a distinguere tra democrazia diretta e partecipativa (sulla differenza, v. *infra*), da un lato, e democrazia rappresentativa, dall'altro. Quest'ultima è oggi certamente del tutto prevalente negli Stati contemporanei, la cui dimensione e complessità rende difficile rimettere la generalità delle decisioni politiche direttamente ai cittadini, ciò potendo avvenire soltanto sporadicamente.

La democrazia rappresentativa, quindi, prevede che gli elettori scelgano i propri rappresentanti, i quali provvedono poi a compiere le singole scelte politiche, sulla base degli indirizzi ottenuti nelle votazioni, ma, negli ordinamenti contemporanei almeno di derivazione liberaldemocratica, senza vincolo di mandato. La semplice previsione di elezioni non assicura, però, il carattere democratico dell'ordinamento, riscontrabile soltanto in presenza di determinate caratteristiche dei meccanismi di selezione dei candidati, di equilibrio tra i poteri pubblici, di legittimazione anche di quelli non elettivi ma comunque chiamati a svolgere funzioni politiche e di strumenti di controllo e di garanzia, oltre che di un sistema di informazione indipendente e pluralista.

Nei diversi ordinamenti democratici, ai cittadini può essere rimessa la scelta a suffragio diretto di diversi organi, tra i quali è sempre compresa almeno un'assemblea parlamentare. All'elezione di questa può aggiungersi quella di un'altra Camera, del Presidente della Repubblica, del capo del Governo (quale che sia la sua specifica denominazione) e, negli Stati composti, quella di organi di altri livelli territoriali (per l'elezione dei quali il corpo elettorale è suddiviso tra le porzioni di territorio interessate: regionali, dipartimentali, provinciali, comunali, ecc.).

Attraverso il proprio voto, poi, il corpo elettorale influisce sull'individuazione di organi non direttamente elettivi, come, ad esempio, il Presidente della Repubblica o il Governo, che ottengono così una legittimazione democratica (indiretta). Il primo, infatti, nelle Repubbliche parlamentari, è generalmente eletto dalle assemblee parlamentari o comunque da un collegio composto da persone elette (a vari livelli territoriali) dai cittadini elettori. In questi casi si parla di elezione di secondo grado, la cui scelta è generalmente ritenuta preferibile per cariche che non devono esprimere un proprio indirizzo politico. Il Governo, invece, sempre nelle Repubbliche parlamentari, è responsabile nei confronti del Parlamento eletto a suffragio universale. In entrambi i casi, quindi, con il loro voto, gli elettori influiscono anche sull'elezione del Presidente della Repubblica come sulla nomina (e la successiva permanenza in carica) del Governo. Nelle forme di governo presidenziali, invece, come abbiamo visto nel cap. I, gli elettori scelgono direttamente i rappresentanti di entrambi i poteri politici, quello legislativo (attraverso le elezioni parlamentari) e quello esecutivo (attraverso le elezioni presidenziali).

La democrazia diretta

La democrazia diretta, invece, come abbiamo detto, si realizza attraverso la diretta assunzione di decisioni da parte degli elettori.

Questa è, ad esempio, l'ipotesi dell'assemblea popolare, che si realizza quando tutti i cittadini si riuniscono in un unico luogo per deliberare. Si tratta di un istituto di origini antiche, potendosi ricordare in proposito l'agorà o l'ecclesia delle città-Stato, che sopravvive oggi soltanto in alcuni Cantoni svizzeri di dimensioni particolarmente contenute (Appenzello e Glarona), in cui una volta l'anno si riunisce, appunto la *landsgemeinde*.

Assai più diffuso, invece, l'istituto del *referendum*, che presenta un'ampia varietà di tipologie (in merito all'iniziativa, all'oggetto e alla funzione), con cui agli elettori è posta una determinata domanda rispetto alla quale, generalmente, essi possono rispondere con un "SI" o un "NO".

La democrazia partecipativa

Dalla democrazia diretta può distinguersi la democrazia partecipativa, con la quale in questo caso di intende indicare l'ipotesi in cui gli elettori formulano richieste (ad esempio presentando petizioni) o proposte (in particolare legislative) oppure sono chiamati ad esprimersi (anche in questo caso generalmente attraverso *referendum*) non assumendo una decisione del tutto autonoma e/o conclusiva, ma adottando una deliberazione giuridicamente vincolante nell'ambito di un procedimento più complesso che vede il coinvolgimento anche di organi rappresentativi. La democrazia partecipativa, peraltro, in altra accezione, può realizzarsi anche con l'intervento, anziché genericamente degli elettori, di rappresentanti di determinati interessi collettivi o diffusi.

2. *Il corpo elettorale nella Costituzione italiana*

Il corpo elettorale, nell'ordinamento italiano, è definito dall'art. 48 Cost. che, al 1° comma, afferma che «sono elettori tutti i cittadini, uomini e donne, che hanno raggiunto la maggiore età», salva la possibilità (contemplata all'ultimo comma) che la legge preveda ulteriori limitazioni, le quali devono comunque fare riferimento a ipotesi di incapacità civile, condanna penale irrevocabile o indegnità morale (riserva di legge rinforzata).

I requisiti

La Costituzione repubblicana prevede, quindi, due soli requisiti positivi per l'appartenenza al corpo elettorale, o – altrimenti detto – per possedere la capacità elettorale: la cittadinanza e la maggiore età.

Il requisito della cittadinanza ...

Quanto alla prima, la sua previsione nell'art. 48 può essere considerata quale indicazione di esclusività o, invece, soltanto come condizione minima imprescindibile.

... come condizione di esclusività ...

Nel primo caso, essa andrebbe intesa nel senso di escludere chiunque non sia cittadino dall'esercizio del diritto di voto e, di conseguenza, ove volesse estendersi tale diritto ai non cittadini, si dovrebbe passare attraverso una revisione costituzionale. Ciò, peraltro, in virtù di quanto previsto dall'art. 22 del Trattato sul funzionamento dell'Unione europea (già art. 19 del Trattato istitutivo della Comunità europea) non vale comunque più per i cittadini europei non italiani, che, se residenti, possono votare (ed essere eletti) in Italia sia nelle elezioni del Parlamento europeo sia in quelle comunali, secondo quanto più specificamente stabili-

(e il voto dei cittadini comunitari non italiani)

to, rispettivamente, dalle direttive 93/109/CE e 94/80/CE, alla prima delle quali è stata data attuazione con d.l. n. 408/1994, convertito con modificazioni in l. 3 agosto 1994, n. 483, mentre alla seconda con d.lgs. 12 aprile 1996, n. 197.

... o come condizione minima

Diversamente, potremmo intendere che l'art. 48 Cost., nello stabilire che «sono elettori tutti i cittadini», abbia inteso escludere la possibilità che il legislatore, come era avvenuto in passato, possa impedire l'espressione del diritto di voto di alcuni cittadini. In sostanza, l'art. 48, 1° comma, Cost. assicurerebbe ai cittadini italiani il godimento del diritto di voto (salve le ipotesi di limitazione di cui all'ultimo comma della stessa norma), lasciando però libero il legislatore di disporre in merito al diritto di voto degli stranieri. Il riconoscimento del diritto di voto anche a questi ultimi potrebbe avvenire per alcune o tutte le consultazioni, ed eventualmente in presenza di alcuni requisiti (fissati dal legislatore ordinario, purché, naturalmente, nel rispetto della Costituzione), senza necessità di procedere a una revisione costituzionale.

Il requisito della maggiore età ...

Quanto al requisito della maggiore età, essa non è poi direttamente definita nella Costituzione, ma la sua individuazione è rimessa alla legge. Al momento dell'entrata in vigore della Costituzione, la maggiore età era fissata a ventuno anni, mentre con la l. n. 39/1975 venne portata a diciotto anni. Anche da questo punto di vista, pare da chiedersi se coloro che hanno compiuto la maggiore età siano considerati dalla norma come gli unici che possono esercitare il diritto di voto (con esclusione, quindi, dei minorenni, salva revisione costituzionale) o se, invece, essi siano coloro ai quali il diritto di voto deve essere (necessariamente) riconosciuto, nulla escludendo, tuttavia, che il legislatore ordinario possa estenderlo anche ai minori, come in tempi ormai piuttosto risalenti sostenevano già Ferrari e Mortati, e come, negli ultimi anni, è stato più volte proposto di fare sia in sede di dibattito pubblico che attraverso la presentazione di proposte di legge (ordinaria), almeno limitatamente alle elezioni comunali.

In ogni caso, non vi è dubbio che per posticipare il diritto di voto rispetto alla maggiore età è necessaria una disposizione di rango costituzionale, come era l'art. 58, 1° comma, Cost., che richiedeva, per poter votare per il Senato, il compimento del venticinquesimo anno d'età. Tale norma costituzionale, dopo essere stata più volte oggetto di proposte di revisione costituzionale al fine di equiparare o almeno avvicinare gli elettorati delle due Camere, è stata modificata con l. cost. n. 1/2021.

Oggi, quindi, al compimento della maggiore età, si diventa elettori di entrambe le Camere, oltre che del Parlamento europeo e degli organi degli enti territoriali eletti a suffragio diretto.

La revisione costituzionale del 2021 ha superato una restrizione dell'elettorato attivo che non solo appariva difficilmente giustificabile, ma che poteva contribuire a determinare una (parzialmente) diversa composizione delle Camere. Infatti, mentre nel 1948, essendo la maggiore età fissata a ventuno anni, le classi di età che separavano l'elettorato attivo della Camera dei deputati da quello del Senato erano quattro, dal 1975 erano diventate sette.

... e la sua posticipazione

Il 1° comma dell'art. 48 Cost., come abbiamo visto, precisa anche che sono elettori tutti i cittadini, sia uomini che donne.

Il voto alle donne

La precisazione può apparire superflua, nessuno ritenendo plausibile, oggi, in una democrazia, una limitazione del diritto di voto in base al sesso.

Ben diversa, però, era la situazione di fatto quando la Costituzione repubblicana fu scritta. Infatti, il diritto di voto alle donne fu riconosciuto, in Italia, soltanto con decreto luogotenenziale 1° febbraio 1945, n. 23, precedentemente risultando escluso proprio sulla base del riferimento, contenuto nelle leggi elettorali, ai "cittadini", interpretato come comprensivo dei soli maschi. Tale interpretazione, in realtà, fu disattesa dalla Corte di appello di Ancona, che, il 25 luglio 1906, sotto la presidenza dell'insigne giurista Ludovico Mortara riconobbe a dieci ricorrenti (maestre marchigiane) il diritto di voto, che esse non poterono tuttavia concretamente esercitare non essendosi svolte le elezioni prima dell'intervento della Corte di cassazione che annullò la decisione, ribadendo la prevalente interpretazione maschilista.

Non avendo ottenuto alcun successo neppure le proposte di legge presentate, nonostante una tra queste, nel 1919, avesse anche ottenuto il voto favorevole della Camera dei deputati, senza però essere poi passata all'approvazione del Senato, le cittadine italiane poterono votare, per la prima volta, soltanto nel 1946, quando, dopo lustri di oppressione da parte della dittatura fascista, che aveva eliminato il diritto di voto per chiunque, si svolsero per la prima volta libere elezioni a suffragio universale diretto.

I limiti alla capacità elettorale

Infine, l'art. 48, ultimo comma, consente al legislatore di prevedere alcuni limiti alla capacità elettorale. In particolare, quest'ultima potrebbe essere, infatti, esclusa per incapacità civile, sentenza penale irrevocabile, indegnità morale.

L'incapacità civile

L'incapacità civile è la condizione degli interdetti (art. 414 c.c.) e degli inabilitati (art. 415 c.c.), di cui la l. n. 1058/1947 (e poi il d.p.r. n. 223/1967) escludeva il diritto di voto, salvo che l'incapacità civile derivasse da prodigalità, sordomutismo o cecità. Ogni restrizione in tal senso è stata cancellata nel 1978. L'art. 3 del d.p.r. n. 223/1967 sospendeva il diritto di voto anche per coloro che fossero ricoverati in ospedali psichiatrici, per il periodo del ricovero, ma la l. n. 180/1978 ha poi abrogato tale previsione.

La condanna con sentenza penale irrevocabile

Per quanto riguarda i casi di sentenza penale irrevocabile, il d.p.r. n. 223/1967, come modificato dalla l. n. 15/1992, prevede la perdita del diritto di voto per coloro che siano stati condannati a una pena che comporta l'interdizione perpetua dai pubblici uffici (dovendosi ricordare che, in base all'art. 29 c.p., ciò consegue alla condanna all'ergastolo e alla condanna alla reclusione per un tempo non inferiore a cinque anni) e la sospensione dal diritto stesso in caso di condanna a una pena che comporta, invece, la sospensione temporanea dai pubblici uffici o di applicazione, in forza di provvedimenti definitivi, di misure di prevenzione o di sicurezza detentive.

L'indennità morale

Quanto, infine, ai casi di indegnità morale, alcuni tra questi erano stati previsti dalla Costituzione: in particolare, la XIII disposizione transitoria e finale, al 1° comma, escludeva l'elettorato (attivo e passivo) dei membri e discendenti di Casa Savoia, ma essa ha esaurito i suoi effetti con l'entrata in vigore della l. cost. n. 1/2002 (10 novembre 2002); la XII disposizione transitoria, invece, al 2° comma, prevedeva che il legislatore potesse sospendere il diritto di voto per i capi responsabili del regime fascista, ma solo per un periodo di cinque anni dall'entrata in vigore della Costituzione.

Il legislatore aveva poi disposto la sospensione del diritto di voto dei falliti per tutta la durata dello stato di fallimento (seppure comunque per non più di cinque anni dalla dichiarazione dello stesso), ma tale previsione è stata abrogata con d.lgs. n. 5/2006.

3. *Il diritto di voto*

Il diritto di voto è quindi una delle principali conquiste dell'età contemporanea e ha rappresentato lo strumento necessario per l'affermazione della democrazia.

Deve precisarsi, però, che la presenza del diritto di voto non è sufficiente perché l'ordinamento possa qualificarsi come democratico: basti pensare a quanto è accaduto in Italia durante il fascismo o all'esperienza degli Stati di democrazia socialista senza considerare alcune realtà contemporanee in cui vediamo ancora presidenti eletti con oltre il 95% dei suffragi o addirittura elezioni in cui è possibile soltanto esprimersi con un sì o un no all'unico candidato. In definitiva, il diritto di voto è condizione necessaria, ma non sufficiente, per la democraticità dell'ordinamento.

3.1. *Le caratteristiche del voto nella Costituzione italiana*

Nella Costituzione italiana, l'art. 48, 2° comma, indica le caratteristiche del voto, stabilendo che esso «è personale, uguale, libero e segreto» e che «il suo esercizio è dovere civico».

3.1.1. *La personalità del voto*

La personalità del voto

Il carattere personale del voto indica il divieto di qualunque ipotesi di sostituzione materiale nell'esercizio del diritto di voto, escludendo, in particolare, il voto per delega.

In parziale deroga al carattere personale del diritto di voto, l'art. 55 del testo unico sulle elezioni per la Camera dei deputati (applicabile anche a quelle del Senato) prevede che «i ciechi, gli amputati delle mani, gli affetti da paralisi o da altro impedimento di analoga gravità esercitano il diritto elettorale con l'aiuto di un elettore della propria famiglia o, in mancanza, di un altro elettore, che sia stato volontariamente scelto come accompagnatore, purché l'uno o l'altro sia iscritto nel Comune». La deroga è però relativa solo alla materiale operazione di voto che deve recepire la volontà espressa in quel preciso momento dal legittimo titolare dello stesso che deve essere infatti presente.

In ogni caso, questa ipotesi di sostituzione meramente fisica è assistita da tutta una serie di garanzie volte ad evitare abusi da parte dell'accompagnatore.

In primo luogo, infatti, l'accompagnamento è consentito soltanto previo rilascio di apposito certificato da parte dell'unità sanitaria competente; si prevede che nessun elettore possa esercitare la funzione di accompagnatore per più di un invalido e che il Presidente di seggio debba procedere ad accertare che la scelta sia avvenuta conformemente alla legge.

In ogni caso, l'art. 103 prevede che «chi, incaricato di esprimere il voto per un elettore che non può farlo, lo esprime per una lista o per un candidato diversi da quelli indicatigli, è punito con la reclusione da uno a tre anni e con la multa fino a lire 250.000».

Può infine aggiungersi che, con d.l. n. 1/2006, convertito con modificazioni in l. n. 22/2006, è stata introdotta anche la possibilità del voto domiciliare, previa richiesta al Sindaco, per gli elettori in dipendenza vitale da apparecchiature elettroniche. In tal caso il voto è raccolto dal Presidente della sezione dell'ufficio elettorale nella cui circoscrizione è compresa la dimora dell'elettore (con l'assistenza del segretario e di uno scrutatore). Il Presidente dell'ufficio elettorale deve curare, con ogni mezzo idoneo, che siano assicurate la libertà e la segretezza del voto, nel rispetto delle esigenze connesse alle condizioni di salute dell'elettore.

3.1.2. *L'uguaglianza del voto*

L'uguaglianza del voto

Quanto all'uguaglianza del voto, essa consiste nell'attribuire a tutti gli elettori e a tutti i voti espressi lo stesso peso.

Pertanto, ciascun elettore ha a sua disposizione un (solo) voto, con esclusione del c.d. "voto multiplo", in base al quale alcuni cittadini potrebbero esprimere il loro voto in più collegi (ad esempio, in quello di residenza e in quello di esercizio dell'attività professionale, o in tutti quelli in cui abbiamo proprietà immobiliari e così via), e ciascun voto vale uno, con esclusione del c.d. "voto plurimo", in base al quale il voto di alcune categorie di cittadini potrebbe valere di più di quello di altre (ad esempio, in Russia, dopo la rivoluzione e fino al 1936, il voto degli operai aveva un peso maggiore di quello dei contadini, mentre nel XIX secolo, in alcuni Stati europei, era previsto un diverso valore del voto in base al censo).

3.1.3. *La libertà e la segretezza del voto*

La libertà e la segretezza del voto

La libertà e la segretezza del voto, infine, risultano complementari. Infatti, la segretezza del voto mira a sottrarre gli elettori a qualunque forma di coazione, fisica o psicologica, da parte di altri.

In proposito, da un lato, il legislatore ha previsto una serie di disposizioni volte a sanzionare penalmente (con la reclusione e la multa) coloro che cercano di esercitare un'influenza sul voto, attraverso offerte, promesse o minacce (in particolare con il d.p.r. n. 361/1957 agli artt. 95 ss.), d'altro lato, altre norme legislative e regolamentari mirano ad assicurare che l'espressione del voto da parte dell'elettore non sia identificabile. In particolare, la segretezza richiede quindi che l'amministrazione predisponga luoghi in cui l'elettore non possa essere osservato da nessuno mentre esprime il proprio voto e assicuri che le modalità di espressione del voto non lo rendano riconoscibile (essendo prevista la nullità dei voti che rechino qualunque segno distintivo). Più in particolare, come ovvio, la segretezza di voto esclude anche la possibilità di riprendere, registrare o fotografare l'immagine relativa al momento dell'espressione dello stesso.

L'evoluzione tecnologica rende questo aspetto particolarmente delicato e le soluzioni fino ad ora adottate non paiono certamente soddisfacenti.

Infatti, il d.l. n. 49/2008, convertito in l. n. 96/2008, ha stabilito il divieto di «introdurre all'interno delle cabine elettorali telefoni cellulari o altre apparecchiature in grado di fotografare o registrare immagini», punendo l'eventuale violazione con l'arresto da tre a sei mesi e con l'ammenda da trecento a mille euro. Tuttavia, l'osservanza di tale previsione non pare sufficientemente garantita. Infatti, il 2° comma dispone che «Il presidente dell'ufficio elettorale di sezione, all'atto della presentazione del documento di identificazione e della tessera elettorale da parte dell'elettore, invita l'elettore stesso a depositare le apparecchiature indicate al comma 1 di cui è al momento in possesso». Tale previsione è spesso disattesa anche in considerazione dell'assenza di una sanzione per il presidente dell'ufficio elettorale che, violando la legge, non proceda in tal senso. A ciò si aggiunga che al 3° comma (il quale stabilisce che «le apparecchiature depositate dall'elettore, prese in consegna dal presidente dell'ufficio elettorale di sezione unitamente al documento di identificazione e alla tessera elettorale, sono restituite all'elettore dopo l'espressione del voto») l'art. 1, 400° comma, lettera *l*) della l. n. 147/2013 ha abrogato la previsione per cui «della presa in consegna e della restituzione viene fatta annotazione in apposito registro», che certamente avrebbe consentito un migliore controllo.

Peraltro, per assicurare la libertà di voto, non è sufficiente né l'assicurazione della segretezza dello stesso (che pure ne costituisce un presupposto indefettibile), essendovi norme volte a proteggere tale libertà da possibili condizionamenti.

Il codice penale punisce anzitutto (art. 294) chiunque, con violenza, minaccia o inganno, impedisce in tutto o in parte l'esercizio di un diritto politico (a partire certamente dal diritto di voto), ovvero determina taluno a esercitarlo in senso difforme dalla sua volontà. Lo stesso codice penale disciplina poi (art. 416-ter) lo scambio elettorale politico-mafioso, punendo sia chiunque accetta, direttamente o a mezzo di intermediari, la promessa di procurare voti da parte di soggetti appartenenti ad associazioni di stampo mafioso in cambio dell'erogazione o della promessa di erogazione di denaro o di qualunque altra utilità o in cambio della disponibilità a soddisfare gli interessi o le esigenze dell'associazione mafiosa, sia chi promette, direttamente o a mezzo di intermediari, di procurare voti nei casi di cui al primo comma. La condanna per questo reato importa l'interdizione perpetua dai pubblici uffici.

Libertà di voto e omogeneità della proposta

La libertà di voto implica altresì che all'elettore non sia richiesto di compiere contemporaneamente, con un'unica scheda, una pluralità di scelte non omogenee tra loro.

Il problema si è posto, in particolare, in relazione ad alcuni quesiti di *referendum* con i quali è stato chiesto agli italiani di abrogare una pluralità di norme non riconducibili a una matrice razionalmente unitaria. Tali *referendum*, secondo quanto affermato dalla Corte costituzionale nella sent. n. 16/1978, sono inammissibili perché «se è vero che il *referendum* non è fine a se stesso, ma tramite della sovranità popolare, occorre che i quesiti posti agli elettori siano tali da esaltare e non da coartare le loro possibilità di scelta; mentre è manifesto che un voto bloccato su molteplici complessi di questioni, insuscettibili di essere ricondotte ad unità, contraddice il principio democratico, incidendo di fatto sulla libertà del voto stesso (in violazione degli artt. 1 e 48 Cost.)».

La questione si è posta, in realtà, più di recente, a seguito dell'approvazione dell'ultima legge elettorale per le Camere (su cui v. par. 3.3.1.3) che richiede di eleggere, con la medesima scheda e senza possibilità di scindere il voto, sia il candidato nel collegio uninominale sia quelli di una lista collegata presentata nel plurinominale.

Libertà di voto e libertà di formazione del consenso

Un altro elemento essenziale per assicurare la libertà di voto è, tuttavia, la disciplina della fase di formazione del consenso e quindi, in particolar modo, della campagna elettorale: soltanto un'adeguata ed equilibrata informazione sulle scelte che possono essere compiute con il voto può rendere questo autenticamente libero.

A tal fine è necessario garantire ai diversi soggetti politici che concorrono alla competizione elettorale (oppure ai sostenitori delle diverse opzioni referendarie) condizioni di partenza (almeno tendenzialmente) paritarie. Si tratta, come evidente, di un obiettivo assai difficile da realizzare, divenuto sempre più delicato con l'accrescersi del ruolo dei mezzi di comunicazione di massa. In particolare, la l. n. 212/1956, come modificata dalla l. n. 130/1974 (e da successivi più limitati interventi normativi), contiene una dettagliata regolamentazione in merito alle affissioni, le cui violazioni determinano l'applicazione di sanzioni amministrative a carattere pecuniario, nonché la previsione del cosiddetto "silenzio elettorale", per cui, «nel giorno precedente ed in quelli stabiliti per le elezioni sono vietati i comizi, le riunioni di propaganda elettorale diretta o indiretta, in luoghi pubblici o aperti al pubblico, la nuova affissione di stampati, giornali murali o altri e manifesti di propaganda», mentre «nei giorni destinati alla votazione altresì è vietata ogni forma di propaganda elettorale entro il raggio di 200 metri dall'ingresso delle sezioni elettorali».

L'accesso ai mezzi di comunicazione di massa

Anche dopo la diffusione dei *social media*, che pure rappresentano un veicolo tanto importante quanto difficile da regolamentare, un punto particolarmente delicato rimane comunque quello relativo alla disciplina dell'accesso ai mezzi di comunicazione di massa, e in particolare alla televisione, durante il periodo della campagna elettorale. In proposito, dopo l'introduzione di alcune norme sulla campagna elettorale degli enti locali nella l. n. 81/1993 (sulle elezioni locali), una prima disciplina a carattere più generale è stata dettata con l. n. 515/1993 (ancora parzialmente in vigore), che, tuttavia, risultò immediatamente inadeguata, tanto da venire presto corretta con i cosiddetti "decreti Gambino" (dal nome del ministro delle Poste e telecomunicazioni del Governo Dini), i quali non furono però mai convertiti in legge, cosicché una nuova disciplina si ebbe soltanto alcuni anni più tardi con la l. n. 28/2000. Essa si caratterizza per l'intento di considerare ogni aspetto del fenomeno dell'accesso dei soggetti politici ai mezzi di comunicazione di massa, sia nel periodo "ordinario", sia in quello elettorale, procedendo altresì a una puntuale classificazione delle diverse trasmissioni televisive (distinguendo, in particolare, i programmi di comunicazione politica in senso stretto dai messaggi autogestiti), con conseguente applicazione di regole diverse, comunque volte ad assicurare, almeno nel periodo di campagna elettorale, una parità di condizione dei diversi soggetti politici. Deve peraltro precisarsi che risultano fondamentali le norme di attuazione della legge in parola, che devono essere dettate dalla Commissione bicamerale per l'indirizzo e la vigilanza sui servizi radiotelevisivi e dall'Autorità per le garanzie nelle comunicazioni. L'esperienza ha mostrato come sia la legge che i regolamenti con cui essa, in occasione delle diverse campagne elettorali, ha trovato applicazione presentino elementi di inadeguatezza, soprattutto al fine di reprimere le violazioni e ristabilire un'effettiva parità di condizioni.

I limiti di spesa per la propaganda e il finanziamento dei partiti politici

La parità di condizioni tra i diversi soggetti politici nella campagna elettorale è ulteriormente assistita da alcune norme che stabiliscono limiti alle spese elettorali e forme di pubblicità delle stesse (contenute nella l. n. 515/1993 e in particolare nell'art. 7, pur riferito a un sistema elettorale differente dall'attuale).

Se la disciplina nazionale risulta, in sostanza datata, recentemente, a livello eurounitario, è stato approvato il regolamento (UE) 2024/900, relativo alla trasparenza e al *targenting* della pubblicità politica, volto ad armonizzare la prestazione di servizi in materia, anche per evitare l'uso improprio dei dati personali e le interferenze elettorali da parte di entità o cittadini di paesi terzi.

Dall'ambito oggettivo della disciplina sono escluse, per evitare la lesione alla libertà di espressione e al pluralismo dei *media*, le opinioni politiche espresse a titolo personale, le opinioni politiche ed altri contenuti editoriali soggetti alla responsabilità editoriale, indipendentemente dal loro mezzo di diffusione, purché non siano dipesi da pagamento specifico o altra remunerazione.

Il regolamento 900/2024, tuttavia, presenta un notevole limite laddove prevede che venga rimessa agli Stati membri la definizione delle sanzioni irrogabili in caso di violazione degli obblighi imposti, stabilendo unicamente che l'eventuale importo massimo non possa superare il 6% delle entrate o del bilancio annui dello *sponsor* o del prestatore di servizi, o del loro fatturato mondiale annuo, sanzioni non sufficientemente deterrenti nei confronti dei trasgressori del regolamento.

A queste previsioni si riconnettono anche quelle sul finanziamento dei partiti politici, volte ad assicurare a questi ultimi la disponibilità finanziaria per diffondere le proprie idee ed iniziative. A tal fine, con l. 2

maggio 1974, n. 195, fu introdotto un sistema di finanziamento pubblico ai gruppi parlamentari, che dovevano tuttavia trasferire ai relativi partiti (che sono associazioni non riconosciute) il 95% di quanto percepito. Nonostante la legge disciplinasse anche forme di finanziamento privato, l'aspetto più rilevante era proprio quello del contributo dello Stato, attraverso il quale si intendevano evitare episodi di corruzione. Infatti, in quest'ottica, la stessa legge introdusse obblighi di pubblicità e di iscrizione a bilancio dei finanziamenti provenienti da privati, se superiori a un certo ammontare. Questa legge, che era stata approvata in soli sedici giorni, con il consenso di tutti i partiti politici presenti in Parlamento tranne il PLI, fu sottoposta a *referendum* – su iniziativa dei Radicali – già nel 1978 e scampò (con non molto margine) la abrogazione (i contrari furono infatti poco più del 56% nonostante le forze politiche che avevano invitato a votare "no" corrispondessero a circa il 97% dell'elettorato). Senza alcuna attenzione nei confronti dell'indicazione che evidentemente risultava da questa consultazione popolare, tuttavia, con l. 18 novembre 1981, n. 659 il finanziamento pubblico fu soggetto di ulteriore ampliamento, disattendendo le esigenze di maggiore trasparenza poste in particolare dai Radicali.

Il sistema, in realtà, fallì completamente l'obiettivo di evitare il coinvolgimento dei partiti politici in episodi di corruzione, e anzi, soprattutto tra il 1992 e il 1993, emersero numerosi casi di corruzione e concussione nei confronti di importanti personaggi politici e anche di finanziamento illecito ai partiti. Così, il nuovo *referendum* per l'abrogazione delle norme sul finanziamento pubblico, svoltosi il 18 aprile 1993, vide la partecipazione del 77% e una percentuale di favorevoli superiore al 90%. A seguito di ciò, il Parlamento, con l. n. 515/1993, procedette a un potenziamento dei rimborsi elettorali già previsti dalla l. n. 195/1974 (e non abrogati con il *referendum* del 1993), giungendo poi, con l. n. 2/1997, a stabilire «norme per la regolamentazione della contribuzione volontaria ai movimenti o partiti politici», con cui veniva data la possibilità ai cittadini di destinare il 4 per mille dell'imposta sul reddito al finanziamento di partiti e movimenti politici (senza poter indicare specificamente alcuno di questi). Successivamente, anche per le difficoltà riscontrate nell'applicazione di questa legge, essa è stata sostituita con l. n. 157/1999, poi modificata con l. n. 156/2002, che, pur mantenendo formalmente il riferimento al rimborso, lo sgancia dalle spese effettivamente sostenute, con un sistema sempre più simile a quello che era stato abrogato. Per ottenere il rimborso elettorale, peraltro, i partiti politici non devono avere conseguito seggi in Palamento, ma soltanto l'1% dei voti. La disciplina del finanziamento a partiti prevede altresì l'indicazione di una serie di finanziamenti vietati ed impone alcuni obblighi di trasparenza. Con la l.

23 febbraio 2006, n. 51 (di conversione del decreto mille proroghe) si stabilì poi che il finanziamento sarebbe stato corrisposto per tutti gli anni di legislatura, indipendentemente dalla durata effettiva della stessa, cosicché a seguito della fine anticipata della XV legislatura, nel 2008, i partiti politici hanno percepito per alcuni anni il doppio dei fondi, finché questa previsione non è stata abrogata con d.l. 31 maggio 2010, n. 78, convertito in l. n. 122/2010.

L'approvazione di quest'ultima riforma apre anche una serie di provvedimenti per la riduzione dei costi della politica. Così, il Governo Letta ha emanato il d.l. 28 dicembre 2013, n. 149, convertito in l. 21 febbraio 2014, n. 13, che prevede l'abolizione del finanziamento pubblico ai partiti e stabilisce un sistema di contribuzione volontaria, a partire dalla possibilità di destinazione del 2 per mille in sede di dichiarazione dei redditi da parte dei cittadini, per i partiti politici che, rispondendo a determinati requisiti oggettivi, sono iscritti nell'apposito registro.

3.1.4. *Il voto come dovere civico*

Il voto come dovere civico

Infine, come abbiamo detto, l'esercizio del diritto di voto «è dovere civico». Si tratta di un'espressione frutto di un compromesso raggiunto in Assemblea costituente tra coloro che intendevano configurare il voto come un obbligo giuridico, il cui mancato esercizio sarebbe stato sanzionato (eventualmente anche penalmente), e quanti, invece, ritenevano che esso andasse inteso come mero esercizio di una libertà. Nel 1993 furono eliminate le sanzioni amministrative introdotte nei confronti di coloro che non avessero votato.

3.2. *Il voto (dall'estero) degli italiani residenti all'estero*

Come abbiamo detto, tutti i cittadini maggiori d'età hanno il diritto di voto (sempre che non si trovino in una delle situazioni per cui la legge è legittimata dall'art. 48, ultimo comma, Cost., ad escluderlo), a prescindere, naturalmente, da quale sia il luogo di residenza.

Fino ad alcuni anni fa, tuttavia, i cittadini italiani residenti all'estero dovevano necessariamente rientrare nel territorio italiano per poter esercitare il diritto di voto. In considerazione dell'elevato numero di italiani emigrati e delle difficoltà che spesso potevano insorgere nel rientrare da Paesi anche lontani, si era da tempo posta la questione dell'individuazione di un sistema che consentisse loro di votare rimanendo nel Paese di residenza.

Dalla revisione costituzionale alla legge …

La soluzione è stata trovata soltanto nella XIII legislatura (1996-2001), quando, con l. cost. n. 1/2000, è stato introdotto un nuovo 3° comma dell'art. 48, ai sensi del quale «la legge stabilisce requisiti e modalità per l'esercizio del diritto di voto dei cittadini residenti all'estero e ne assicura l'effettività. A tale fine è istituita una circoscrizione Estero per l'elezione delle Camere, alla quale sono assegnati seggi nel numero stabilito da norma costituzionale e secondo criteri determinati dalla legge». A questa previsione, probabilmente non necessaria, ha fatto seguito la riforma, con l. cost. n. 1/2001, degli artt. 56 e 57 Cost., nei quali è stata prevista l'elezione, rispettivamente, di dodici (dei seicentotrenta) deputati e di sei (dei trecentoquindici) senatori (elettivi), nella circoscrizione Estero, che, a seguito della riduzione dei parlamentari di cui alla l. cost. n. 1/2020 sono stati portati, rispettivamente, a otto e quattro.

... per l'esercizio del voto dall'estero

La concreta attuazione delle predette norme costituzionali è avvenuta poi con l. 27 dicembre 2001, n. 459 e con il successivo regolamento di attuazione, d.p.r. 2 aprile 2003, n. 104 (cosicché le prime elezioni della Camera e del Senato in cui i residenti all'estero hanno potuto votare dall'estero sono state quelle del 2006).

Il primo presupposto per l'esercizio del diritto di voto da parte degli italiani residenti all'estero, secondo le modalità così stabilite, è quello dell'iscrizione nelle liste dell'AIRE (anagrafe degli italiani residenti all'estero, istituita con l. n. 470/1988) del Comune di ultima residenza (coloro per i quali essa non può essere stabilita sono iscritti all'AIRE residuale del Comune di Roma). Coloro che sono iscritti all'AIRE possono quindi votare rimanendo nel luogo di residenza (pur potendo comunque scegliere di tornare in Italia dove possono votare presso il Comune nelle cui liste elettorali risultano iscritti).

L'AIRE

Il procedimento

Quanto alle modalità di concreto esercizio del diritto di voto, escluso quello per procura (in considerazione del carattere personale del voto di cui si è detto nel paragrafo precedente), si è optato per il voto per corrispondenza, strutturato, però, secondo modalità che pongono forti dubbi di compatibilità con i principi di personalità e segretezza (e quindi di libertà) del voto affermati all'art. 48 Cost. Infatti, secondo l'art. 12 della l. n. 459/2001, come attuato dal d.p.r. n. 104/2003, l'elettore residente all'estero deve ricevere dalle rappresentanze diplomatiche e consolari competenti, non oltre diciotto giorni prima dello svolgimento delle elezioni in Italia, oltre al materiale informativo recante le liste dei candidati della circoscrizione, il testo della legge e le modalità di espressione del voto, il certificato elettorale, la scheda elettorale, una busta in cui inserire quest'ultima e un'ulteriore busta nella quale dovranno essere inseriti la prima busta e il certificato elettorale, da spedire al competente ufficio consolare una volta esercitato il diritto di voto, comunque non oltre il decimo giorno precedente a quello fissato per le votazioni in Italia. Può ben comprendersi, quindi, come gli italiani residenti all'estero che si avvalgano di questa modalità di esercizio del diritto di voto possano farlo in qualunque luogo (ovviamente anche pubblico) e momento, eventualmente anche sotto la minaccia altrui; può darsi perfino che consentano ad altri di farlo al posto loro (sebbene, naturalmente, si applichino le disposizioni penali previste dalla legislazione elettorale nazionale). Ciò, quindi, viola i principi di personalità, segretezza e libertà di voto che avrebbero potuto essere salvaguardati, ad esempio, prevedendo l'esercizio del diritto di voto all'estero presso apposite sedi (ad esempio, uffici notarili o sedi diplomatiche e consolari).

In ogni caso, le autorità consolari competenti raccolgono tutte le schede che sono state loro inviate con le modalità e nei tempi previsti (comunque giunte non oltre le ore 16 del giovedì precedente la data stabilita per le votazioni in Italia), e le inviano all'Ufficio elettorale per la circoscrizione Estero istituito presso la Corte d'appello di Roma, presso il quale sono costituiti gli uffici elettorali di sezione che procedono allo scrutinio.

Queste modalità di esercizio del diritto di voto, peraltro, sono subordinate al raggiungimento di intese tra le rappresentanze diplomatiche italiane e i Governi degli Stati dove risiedono i cittadini italiani interessati. In assenza di tali intese, il diritto di voto potrà essere esercitato soltanto tornando in Italia (lo Stato provvedendo al rimborso del 75% del costo del biglietto di viaggio).

Le circoscrizioni

Gli elettori della circoscrizione Estero sono stati suddivisi in quattro "ripartizioni", corrispondenti a: 1) Europa, compresi i territori asiatici della Federazione russa e della Turchia; 2) America meridionale; 3) America settentrionale e centrale (in cui si eleggono due deputati e un senatore); 4) Africa, Asia, Oceania e Antartide. In ciascuna ripartizione si elegge almeno un deputato e un senatore, mentre la distribuzione dei seggi aggiuntivi (dopo la riduzione dei parlamentari, presenti solo alla Camera dei deputati) avviene in proporzione agli italiani residenti.

Il sistema elettorale previsto è formalmente proporzionale, per liste concorrenti, e prevede la possibilità di esprimere fino a due preferenze.

In relazione alle votazioni per le Camere, peraltro, la l. n. 270/2005 e poi la l. n. 52/2015, nel prevedere un premio di maggioranza, avevano escluso dal computo dei voti per l'attribuzione di quest'ultimo, quelli dei cittadini residenti all'estero che esercitassero dall'estero il loro diritto di voto, dando luogo a una discriminazione la cui ragionevolezza pareva assai dubbia. La questione non è tuttavia più attuale a seguito dell'entrata in vigore della l. n. 165/2017 che ha modificato il sistema elettorale.

L'elettorato passivo

La nuova legge elettorale per le Camere ha anche eliminato la previsione per cui potevano essere eletti in una determinata "ripartizione" della circoscrizione Estero soltanto coloro che vi risiedevano (e che erano, ovviamente, in possesso di tutti gli altri requisiti per poter essere eletti alla Camera per la quale erano candidati).

3.3. *Le elezioni e i sistemi elettorali*

Certamente, come abbiamo detto (cfr. par. 1), la più rilevante funzione del corpo elettorale, nelle democrazie contemporanee, è quella di eleggere i propri rappresentanti ai vari livelli di governo.

Per quanto riguarda i cittadini italiani, in particolare, si tratta delle elezioni dei parlamentari spettanti all'Italia nel Parlamento europeo, di quelle per la Camera dei deputati e, compiuto il venticinquesimo anno d'età, del Senato della Repubblica, di quelle per il Presidente della Regione ed il Consiglio regionale e per il Sindaco ed il Consiglio comunale, cui si aggiungono, per i cittadini dei Comuni più grandi, anche le elezioni dei consigli circoscrizionali; eliminata l'elezione a suffragio universale diretto degli organi provinciali, la l. n. 56/2014 ha previsto la possibilità, per le città metropolitane, di prevedere nello statuto l'elezione diretta del Sindaco e del Consiglio, per procedere alla quale sarebbe però necessaria una legge che non è mai stata approvata.

Nella XIX legislatura, il Governo Meloni ha presentato una proposta di legge costituzionale per l'elezione a suffragio universale diretto anche del Presidente del Consiglio dei ministri. Essa è, al momento in cui andiamo in stampa, all'esame della Camera dei deputati dopo una prima deliberazione da parte del Senato il 18 giugno 2024.

Le fasi del procedimento elettorale

Il procedimento elettorale è assai complesso, scandito in diverse fasi, che vanno dalla convocazione dei comizi elettorali alla formazione e presentazione delle liste e delle candidature (cui eventualmente può aggiungersi la necessità di presentazione di programmi); dall'ammissione delle liste alla predisposizione delle schede; dallo svolgimento della campagna elettorale alla preparazione delle operazioni di votazione (costituzione ed organizzazione dei seggi elettorali, eventuale nomina di rappresentanti di lista, rilascio di certificati elettorali, ecc.); dallo svolgimento delle elezioni, e poi dello scrutinio dei voti, all'attribuzione dei seggi e alla proclamazione degli eletti. Tutte queste fasi sono dettagliatamente disciplinate da una pluralità di leggi e regolamenti (anche a seconda dei diversi livelli di governo) ad alcuni dei quali si è già fatto riferimento.

A questo punto interessa, in particolare, soffermarsi sulla trasformazione dei voti in seggi, cioè sui sistemi elettorali.

I sistemi elettorali

La particolare importanza di questi ultimi risulta evidente considerando che l'adozione dell'uno o dell'altro determinerà una diversa composizione dell'organo elettivo, o, detto diversamente, un diverso peso delle forze politiche all'interno di questo.

I sistemi elettorali possono essere anzitutto distinti in maggioritari e proporzionali.

I sistemi maggioritari

I primi, prevedono la suddivisione del territorio interessato dalle elezioni in collegi in cui il seggio (se il sistema, come normalmente avviene, è uninominale) o i seggi (se, invece, si ha un sistema plurinominale) corrispondenti sono attribuiti al candidato (o ai candidati) del partito (o comunque alla lista, eventualmente anche di coalizione) che ottiene più voti degli altri (sistema di tipo *plurality*) o, invece, la maggioranza assoluta dei voti (sistema di tipo *majority*). In questo secondo caso, quindi, potrebbe non esservi la (immediata) attribuzione del seggio (o dei seggi) per cui si vota, con conseguente necessità di procedere a un secondo turno tra i due candidati che abbiano riportato il maggior numero di voti (ballottaggio) o comunque tra quelli (eventualmente anche più di due) che abbiano riportato almeno una determinata percentuale di voti (in Francia, ad esempio, in ciascun collegio, se nessuno è eletto al primo turno, avendo riportato la maggioranza assoluta dei voti espressi o un numero di voti almeno pari al 25% degli elettori iscritti nel collegio, sono ammessi al secondo turno i candidati che abbiano riportato al primo turno la percentuale del 12,5% degli elettori del collegio stesso). In questi casi sarà eletto il candidato più votato al secondo turno o al ballottaggio.

I sistemi proporzionali

Nei sistemi proporzionali, invece, i seggi sono distribuiti tra tutti i partiti (o comunque le liste) che hanno partecipato alla competizione elettorale in proporzione ai voti ottenuti dai medesimi, con successiva assegnazione ai singoli candidati sulla base delle preferenze ottenute (se è previsto il voto di preferenza) o secondo l'ordine di inserimento nella lista (nel caso della lista bloccata).

Le conseguenze sulla rappresentanza delle forze politiche

I sistemi maggioritari, quindi, determineranno la netta prevalenza dei partiti più grandi (tendenzialmente dei primi due), penalizzando non solo le piccole forze politiche, ma anche quelle di media grandezza.

Quindi, il sistema elettorale maggioritario realizza una notevole semplificazione del quadro politico, escludendo dalle istituzioni rappresentative (o vedendovele rappresentate in misura minima) molte forze politiche e creando, soprattutto se il sistema è *plurality*, tendenzialmente un bipartitismo (soltanto un numero limitato di seggi, generalmente, essendo attribuito a forze politiche differenti dai primi due partiti, e in particolare, eventualmente, a quelli con una più forte concentrazione in un particolare territorio, come lo Scottish National Party nel Regno Unito, per quanto sussistano eccezioni, come quelle verificatasi, nel Regno Unito, nelle elezioni del 2010 e del 2017, quando il Partito conservatore è risultato il più votato senza ottenere però la maggioranza dei seggi nella House of Commons). Ciò rende i Governi generalmente formati da un solo partito, consentendo al *leader* dello stesso di assumere anche la guida dell'Esecutivo, con conseguente forte stabilità di quest'ultimo.

Talvolta, soprattutto a fronte di sistemi maggioritari di recente introduzione, in Paesi caratterizzati dalla presenza di molti partiti ciascuno dei quali ritenga di avere da solo una forza non adeguata a conquistare la maggioranza dei seggi, possono formarsi liste di coalizione o coalizioni di liste, composte, generalmente, da un partito maggiore e da alcune altre forze politiche di minore peso elettorale ma che possono consentire di superare gli avversari (come è avvenuto, ad esempio, in Italia, nelle elezioni politiche del 1994, 1996 e 2001, che si sono svolte con un sistema prevalentemente maggioritario di tipo *plurality*: v. par. 3.3.1.1).

Sistemi maggioritari e coalizioni di partiti

Il sistema elettorale proporzionale, invece, consentendo a tutte le forze politiche che raggiungano il numero di voti sufficienti all'attribuzione di un seggio di poter essere rappresentate nell'organo per il quale si sono svolte le elezioni, produce il c.d. "multipartitismo", che talvolta può assumere dimensioni critiche, con decine di partiti rappresentati in Parlamento. Quindi, questo sistema consente una (più) fedele corrispondenza tra i voti espressi e i seggi assegnati, presentando l'inconveniente di dar vita, generalmente, a Parlamenti frammentati con la conseguente formazione di Governi appoggiati da un certo numero di forze politiche e quindi inevitabilmente meno stabili.

Al fine di ridurre tale instabilità, possono essere previste "correzioni" del sistema proporzionale.

Le "correzioni" al sistema proporzionale

La più ricorrente tra queste consiste nell'introduzione di soglie di sbarramento, con le quali si escludono dalla rappresentanza in Parlamento, o nel diverso organo per il quale si è votato, quelle liste che non abbiano raggiunto una determinata percentuale. Naturalmente, se soglie di sbarramento troppo basse possono risultare poco utili, deve altresì considerarsi che soglie di sbarramento troppo elevate portano all'esclusione dagli organi rappresentativi di forze politiche dotate di un certo seguito popolare. E, in effetti, l'Assemblea del Consiglio d'Europa, nella Risoluzione 1547 (2007), par. 58, ha affermato che nelle democrazie consolidate (*well established*) non dovrebbero esserci soglie di sbarramento superiori al 3%, perché l'esclusione di ampi gruppi di persone va a detrimento della democrazia. Infatti, una democrazia consolidata – prosegue il Consiglio d'Europa – a deve essere trovato un bilanciamento tra una corretta rappresentanza dei punti di vista presenti nella comunità e l'efficienza del Parlamento e del Governo.

Un altro strumento per assicurare una maggiore stabilità in presenza di un sistema elettorale proporzionale, utilizzato soprattutto in Italia (a vari livelli territoriali), è il "premio di maggioranza", consistente nell'attribuzione alla lista o alla coalizione di liste che abbia riportato il maggior numero di voti, generalmente purché essi corrispondano almeno a una certa percentuale, della maggioranza dei seggi dell'organo rappresentativo in questione, con conseguente possibilità di formare un Governo espressione esclusivamente della lista o della coalizione di liste attributaria del "premio". Laddove il premio consista nell'attribuire a chi abbia già ottenuto il 50% dei voti di ottenere una più elevata percentuale di seggi generalmente si parla di "premio di governabilità". Si tratta di uno strumento che pone non pochi problemi su cui avremo occasione di tornare in particolare nel par. 3.3.1.2. e che infatti è scarsamente utilizzato, pur avendo trovato, invece, più occasioni di realizzazione proprio in Italia.

I sistemi "misti"

Naturalmente, le leggi elettorali possono anche combinare i diversi sistemi, con l'attribuzione di una parte dei seggi con il maggioritario e di un'altra parte con il proporzionale (come è avvenuto, ad esempio, in Italia, per le elezioni delle Camere nel periodo compreso tra il 1993 e il 2005 e poi con la l. n. 165/2017).

3.3.1. *I sistemi elettorali della Camera dei deputati e del Senato della Repubblica*

L'assenza di riferimenti nella Costituzione

Il sistema proporzionale per la Camera

La Costituzione italiana non individua alcun principio cui la legge elettorale debba ispirarsi (a differenza di quanto faccia, ad esempio, la Costituzione spagnola che, all'art. 68, 3° comma, prevede che le elezioni abbiano luogo «secondo i criteri della rappresentanza proporzionale»), lasciando al legislatore ampia discrezionalità, come ribadito anche dalla Corte costituzionale con le sentt. nn. 1/2014 e 35/2017. Questo ha determinato, dopo un lungo periodo di sostanziale stabilità, a partire dagli anni Novanta del secolo scorso, il rapido succedersi di sistemi elettorali differenti.

3.3.1.1. *Dal proporzionale al maggioritario*

La "legge truffa"

Fino alla metà degli anni Novanta del XX secolo, l'Italia aveva avuto, per la Camera dei deputati, un sistema elettorale proporzionale senza correttivi (introdotto con l. 7 ottobre 1947, n. 1058), il cui primo tentativo di superamento, in realtà, era stato compiuto con la l. n. 148/1953 (nota come "legge truffa"), volta ad assegnare (circa) il 65% dei seggi della Camera (più esattamente 380 degli allora 590 seggi) ai partiti che, anche apparentati, avessero superato la soglia del 50% dei voti. Il mancato raggiungimento di questa soglia nelle elezioni del 1953 (quando la coalizione più votata ottenne il 49,8% dei suffragi) impedì l'applicazione del premio di maggioranza e determinò l'abrogazione della legge stessa con l. 31 luglio 1954, n. 615, che ripristinava il precedente sistema elettorale (essendo stata poi la normativa riorganizzata nel d.p.r. n. 361/1957, recante "Approvazione del testo unico delle leggi recanti norme per l'elezione della Camera dei deputati").

Il sistema elettorale del Senato fino al 1993

Per il Senato, invece, la l. 6 febbraio 1948, n. 29 prevedeva la ripartizione dei seggi tra le Regioni (la Costituzione stabilisce un numero minimo di sette ciascuna, tranne per la Valle d'Aosta e il Molise, alle quali ne attribuisce, rispettivamente, uno e due), il territorio di ciascuna delle quali era suddiviso in collegi uninominali, conformemente all'ordine del giorno Nitti, approvato in Assemblea costituente, che prevedeva l'elezione a suffragio universale diretto, «col sistema del collegio uninominale». Il candidato, però, risultava eletto nel collegio soltanto se raggiungeva la percentuale del 65% dei votanti, circostanza che, in un sistema multipartitico come quello italiano, non si verificava quasi mai (i seggi attribuiti con questo sistema furono infatti 15 nel 1948, 6 nel 1953, 5 nel 1958, 3 nel 1963, 2 nel 1968, 2 nel 1972, 2 nel 1976, 1 nel 1979, 1 nel 1983, 1 nel 1987, 2 nel 1992). I seggi rimanenti (sostanzialmente tutti, tolte quelle poche unità) venivano ripartiti a livello regionale proporzionalmente tra le liste presentatesi nella Regione (seppure con singoli candidati nei diversi collegi).

I referendum elettorali degli anni Novanta

Dopo decenni di sostanziale condivisione del sistema proporzionale da parte della generalità delle forze politiche, all'inizio degli anni Novanta del secolo scorso, alcuni esponenti di diversi partiti si fecero promotori di una riforma in senso maggioritario delle leggi elettorali, e in particolare, per quanto adesso interessa, di quelle delle Camere, mirando a favorire una maggiore stabilità degli Esecutivi. Essendo presto risultato chiaro che il Parlamento ben difficilmente avrebbe approvato una riforma in tal senso, nel 1990, fu costituito un comitato, presieduto dal parlamentare democristiano Segni, per promuovere alcuni *referendum* di modifica delle leggi elettorali. I quesiti proposti furono tre: con il primo si intendeva modificare, appunto, in senso compiutamente maggioritario la legge elettorale del Senato, eliminando la soglia del 65% dei voti per essere eletti nei collegi uninominali, portando così a ottenere il seggio semplicemente il candidato che avesse ottenuto più voti (*first-past-the-post*); con il secondo si voleva abrogare quella parte della legge elettorale della Camera dei deputati che consentiva di esprimere fino a quattro preferenze per i candidati di lista nelle votazioni; con il terzo si intendeva estendere a tutti i Comuni il sistema elettorale maggioritario vigente per quelli minori (fino a 5.000 abitanti).

Sebbene la Corte costituzionale, con sent. n. 47/1991, avesse dichiarato ammissibile soltanto il secondo dei tre quesiti ricordati (che fu votato il 9 e 10 giugno 1991 dal 62,5% degli aventi diritto, che deliberarono l'abrogazione della preferenza multipla con una maggioranza del 95,6%), gli altri furono ripresentati nel 1992, con alcune modifiche di formulazione che consentirono alla Corte costituzionale di dichiararli ammissibili con sentt. nn. 32 e 33/1993. Così, il 18 e 19 aprile 1993, l'82,7% del 77% dei votanti si espresse per la trasformazione del sistema elettorale del Senato in maggioritario (mentre non si giunse al voto del *referendum* sul sistema elettorale dei comuni, in quanto, nelle more del procedimento, venne approvata la l. n. 81/1993, recante «elezione diretta del sindaco, del presidente della provincia, del consiglio comunale e del consiglio provinciale», di cui diremo tra poco).

Il sistema "misto" degli anni Novanta ...

Sulla base di questo esito referendario, il Parlamento approvò le leggi nn. 276 e 277/1993, che stabilirono – rispettivamente per il Senato della Repubblica e per la Camera dei deputati – un sistema elettorale in cui il 75% dei seggi era assegnato con sistema maggioritario uninominale a turno unico, mentre il restante 25% era attribuito con un sistema proporzionale, congegnato in modo parzialmente diverso per le due Camere, generalmente ricordato come "Mattarellum" dal nome dell'allora deputato del Ppi, Sergio Mattarella, che fu il relatore della legge.

... le sue difficoltà di funzionamento ...

Tale sistema elettorale è stato utilizzato nelle elezioni del 1994, del 1996 e del 2001, producendo, in realtà, soltanto in parte gli effetti di semplificazione del quadro politico e di maggiore stabilità degli esecutivi, idonea a rendere più efficace la loro attività. Ciò pare da imputare prevalentemente al mantenimento di una (non trascurabile) quota di seggi da attribuire con il sistema proporzionale, che, soprattutto per la Camera dei deputati, avveniva con modalità tali (liste concorrenti votate con una scheda separata) da lasciar sopravvivere un numero assai elevato di partiti, i quali, nei collegi uninominali, si univano, invece, in coalizioni (presentandosi sotto un unico simbolo), salvo poi ridividersi al momento della formazione dei gruppi parlamentari, (tendenzialmente) secondo le appartenenze di cui alle liste concorrenti presenti sulla scheda per l'assegnazione dei seggi con il sistema proporzionale alla Camera dei deputati. In questo modo si formavano Governi sostenuti da numerosi partiti e nuovamente soggetti agli accordi (e le tensioni) tra gli stessi. Ciò, peraltro, ha determinato, a un certo punto, la presentazione di una nuova richiesta di *referendum* per la modifica del sistema di attribuzione proporzionale del 25% dei seggi della Camera dei deputati. Il *referendum*, dichiarato ammissibile dalla Corte costituzionale con sent. n. 13/1999, il successivo 18 aprile mancò per pochi decimali il *quorum* di partecipazione della maggioranza degli aventi diritto (fermatosi al 49,58%), richiesto dall'art. 75, 4° comma, Cost. Ripresentato, e, ovviamente, dichiarato di nuovo ammissibile con sent. n. 33/2000, il quesito mancò ancora, e anzi in misura ben più consistente, il *quorum* di partecipazione.

... e le proposte di modifica

Anche durante la XIV legislatura (2001-2006) erano più volte emerse posizioni favorevoli a un mutamento della legge elettorale, ma esse risultavano assai discordanti pure all'interno della stessa coalizione che sosteneva il Governo. Quindi, durante l'intera legislatura, il Parlamento aveva dedicato poco spazio alla riforma delle leggi elettorali delle Camere, soffermandosi pressoché esclusivamente su proposte di modifica delle stesse in relazione ad aspetti assai specifici (e marginali), finché, nell'autunno del 2005, vi fu un'improvvisa accelerazione, che condusse alla rapida approvazione della l. 21 dicembre 2005, n. 270, a pochi mesi dalle elezioni, con i soli voti della maggioranza. Ciò avvenne in violazione dei principi fissati nel "Codice di buona condotta elettorale", elaborato dal Consiglio delle elezioni democratiche, operante nell'ambito del Consiglio d'Europa, sulla cui base le leggi elettorali devono avere stabilità, escludendosi in particolare che possano essere modificate nell'anno che precede le elezioni, e stabilendosi, d'altronde, che – per quanto riguarda gli elementi fondamentali (e in particolare del sistema elettorale propriamente detto, la composizione delle commissioni elettorali e la suddivisione delle circoscrizioni) – debbano essere disciplinate a livello costituzionale o, comunque, a un livello superiore a quello della legge ordinaria, anche per assicurare una condivisione tendenzialmente in grado di superare l'ambito della maggioranza di Governo.

Il mutamento del sistema elettorale nel 2005

3.3.1.2. *I sistemi elettorali proporzionali con premio di maggioranza e le relative dichiarazioni d'incostituzionalità*

La l. n. 270/2005 non dettava una nuova organica disciplina sulle elezioni delle Camere, ma introduceva alcune importanti modifiche al d.p.r. n. 361/1957 (testo unico delle leggi recanti norme per l'elezione della Camera dei deputati) e al d.p.r. n. 533/1993 (testo unico delle leggi recanti norme per l'elezione del Senato della Repubblica).

I candidati

Il sistema risultante era di tipo proporzionale, "corretto" attraverso la previsione del "premio di maggioranza" e di soglie di sbarramento per accedere alla ripartizione dei seggi.

Un sistema proporzionale "corretto"

Quanto alle soglie di sbarramento, alla Camera dei deputati, erano ammesse alla ripartizione dei seggi le coalizioni di liste che avessero raggiunto almeno il 10% dei voti validi; le liste partecipi di una coalizione che avevano raggiunto il 2% dei voti validi (o espressione di minoranze linguistiche riconosciute), oltre alla "migliore lista sotto soglia" (cioè quella più votata tra quelle rimaste, in quella coalizione, al di sotto del 2%); le liste non partecipi di una coalizione (o appartenenti a una coalizione rimasta al di sotto del 10% dei voti validi) che avessero conseguito il 4% dei voti validi (o espressione di minoranze linguistiche riconosciute).

Le soglie di sbarramento
...
... alla Camera
...

La lista bloccata

... e al Senato Al Senato, le soglie di sbarramento erano calcolate su base regionale (essendosi ritenuto che ciò dovesse avvenire in applicazione dell'art. 57, 1° comma, Cost.): all'attribuzione dei seggi assegnati alla Regione erano quindi ammesse le coalizioni che avessero ottenuto almeno il 20% dei voti validi; le liste non facenti parte di coalizioni (o appartenenti a coalizioni rimaste al di sotto del 20%) che avessero conseguito almeno l'8% dei voti validi; le liste coalizzate che avessero raggiunto il 3% dei voti validi. Quest'ultima soglia di sbarramento, in realtà, per come era formulata la disposizione, avrebbe dovuto trovare applicazione soltanto quando la coalizione in cui la singola lista era inserita avesse raggiunto il 55% (non dovendosi applicarle quindi il premio di maggioranza), e non invece nel caso in cui essa fosse rimasta al di sotto di quella soglia. Tuttavia, il Senato, in sede di giudizio sulle elezioni, aveva ritenuto la soglia di sbarramento del 3% applicabile a tutte le liste partecipi di una coalizione (a prescindere dal risultato di quest'ultima, ciò avendo determinato, nella XV legislatura, contestazioni da parte della "Rosa nel Pugno", che, in virtù di tale interpretazione, rimase completamente esclusa dal Senato).

Il premio di maggioranza ... L'altro correttivo al sistema proporzionale consisteva nell'attribuzione di un premio di maggioranza alla lista o alla coalizione di liste che avesse riportato più voti, per quanto concerneva la Camera dei deputati, a livello nazionale, e per quanto riguardava il Senato della Repubblica, a livello regionale (quest'ultima previsione essendo stata ritenuta necessaria – secondo un'interpretazione non generalmente condivisa – in applicazione dell'art. 57, 1° comma, Cost. che prevede l'elezione di questa Camera «a base regionale»).

... alla Camera ... In particolare, nelle elezioni per la Camera dei deputati, alla lista o coalizione prevalente sulle altre erano assegnati 340 seggi (su 617, rimanendo esclusi, dal calcolo per l'attribuzione del premio, il seggio della Valle d'Aosta e i dodici seggi della circoscrizione estero), purché, naturalmente, tale numero di seggi non fosse stato raggiunto o superato da una coalizione o da una lista. *... e al Senato* Per le elezioni del Senato, invece, in ciascuna Regione, alla lista o alla coalizione prevalente era assegnato il 55% dei senatori da eleggere nella stessa, sempre che tale numero non fosse comunque già conseguito senza ricorso all'applicazione del premio. L'attribuzione del premio di maggioranza Regione per Regione poteva, però, comportare la reciproca elisione dell'effetto da essi prodotto, determinando, quando si tiravano le somme a livello nazionale, l'assenza di una maggioranza ampia e stabile, come il premio di maggioranza dovrebbe tendere a produrre. Così il premio di maggioranza determinava una sicura alterazione dei risultati rispetto ai suffragi espressi, senza conseguire l'obiettivo della formazione di una stabile maggioranza di Governo.

Per quanto concerne il premio di maggioranza della Camera dei deputati, esso aveva suscitato perplessità, in primo luogo, per l'assenza della previsione di una qualunque soglia minima da raggiungere per avere poi attribuito il premio di maggioranza e inoltre in relazione al fatto che, dal calcolo per l'attribuzione del premio di maggioranza, erano esclusi i voti dei cittadini residenti in Valle d'Aosta o all'estero (v. anche *retro*, par. 3.2). In questo modo, infatti, si determinava una minusvalenza del voto di questi cittadini, utile soltanto per eleggere i candidati della corrispondente circoscrizione, ma non anche per determinare a quale lista o coalizione attribuire il premio di maggioranza (incidendo, quindi, sulla scelta del Governo).

L'assenza di percentuali minime per il "premio"

Gli elettori esclusi dal calcolo del "premio"

Quanto all'assegnazione dei seggi, questa avveniva, per entrambe le Camere, con il sistema dei quozienti naturali interi e dei più alti resti, con eccezioni per la Valle d'Aosta e il Trentino-Alto Adige per i quali era previsto un diverso sistema di elezione basato sul collegio uninominale.

L'attribuzione dei seggi alla Camera ...

L'individuazione dei singoli eletti avveniva poi in base all'ordine di lista, stabilito dai relativi partiti, non essendo previsto il voto di preferenza. Dato il numero limitato di circoscrizioni (ventisei alla Camera e venti al Senato) le liste erano formate da molti candidati, che l'elettore neppure trovava indicati sulla scheda, dove erano solo presenti i simboli dei diversi partiti e movimenti (o comunque delle liste). In questo modo, l'elettore finiva, generalmente, per esprimere il proprio voto a favore del partito ed eventualmente del suo leader. Infatti, il nome del «capo» della lista o della coalizione di liste, che doveva essere depositato insieme al programma, era l'unico a comparire sulla scheda.

L'individuazione degli eletti

La difficoltà per l'elettore di comprendere chi stava concretamente votando era aumentata dal fatto che la legge, pur avendo mantenuto la previsione per cui una stessa persona non può candidarsi per entrambe le Camere, aveva eliminato ogni limite alla possibilità di candidarsi in più circoscrizioni, tanto che alcuni partiti avevano presentato una sola persona (o soltanto alcune) come capolista (o capilista) in tutte le circoscrizioni. Questo, successivamente alle elezioni, poneva coloro che erano stati eletti in più circoscrizioni nella posizione di decidere chi far diventare parlamentare tra i primi dei non eletti, attraverso l'opzione per l'elezione nell'una o nell'altra circoscrizione.

Il sistema elettorale introdotto con la l. n. 270/2005 è stato oggetto di numerose critiche e della sua modifica si era iniziato a discutere già all'indomani della sua prima applicazione, nelle elezioni del 2006. Se in Parlamento, però, fino al 2013, non è mai stato realmente portato avanti un *iter* di riforma del sistema elettorale (nonostante se ne sia più volte affermata la necessità), in ben due occasioni era stata tentata la strada del *referendum* abrogativo.

Ipotesi e tentativi di riforma del sistema

Il referendum sulla l. n. 270

In particolare, nel 2007, erano stati presentati tre quesiti: il primo e il secondo per l'abrogazione delle disposizioni che consentivano il collegamento delle liste in coalizioni, rispettivamente, per la Camera e per il Senato. Tale abrogazione avrebbe consentito di partecipare alle elezioni solo alle liste singole (senza collegamenti in coalizioni) e il premio di maggioranza sarebbe stato attribuito a quella con più voti, potendo spingere – secondo i promotori – i partiti e i movimenti politici a presentarsi alle elezioni con un'unica lista (eliminando la frammentazione interna alle coalizioni), con progressivo compattamento delle forze politiche ed una conseguente spinta verso un tendenziale bipartitismo. Il terzo quesito, invece, era volto a eliminare la possibilità di candidarsi in più (e anche in tutte le) circoscrizioni.

Tali *referendum*, rinviati dal 2008 al 2009, a causa dello scioglimento anticipato delle Camere, tuttavia, avevano registrato le più basse percentuali di partecipazione mai riscontrate (tra il 23,31% ed il 23,84%), non producendo, di conseguenza, alcuna abrogazione.

Successivamente, protraendosi l'incapacità del Parlamento di modificare la legge, di cui pure erano sempre più condivise le critiche, erano stati presentati due ulteriori *referendum*, volti, essenzialmente, all'abrogazione totale della legge attraverso una tecnica che, ad avviso dei promotori, avrebbe potuto determinare la reviviscenza della legislazione precedente (cioè la legge Mattarella, con l'attribuzione dei tre quarti dei seggi con il sistema maggioritario e del restante quarto con quello proporzionale). Tuttavia, la Corte costituzionale, con sent. n. 13/2012, escludendo l'ipotesi della reviviscenza a seguito di abrogazione referendaria, dichiarò le richieste di *referendum* inammissibili, in quanto l'eventuale esito positivo della consultazione popolare avrebbe lasciato il paese senza una legge elettorale per le Camere.

La questione di costituzionalità della l. n. 270

Così, anche le elezioni del 2013 si svolsero con la l. n. 270/2005, ma a, seguito di un ricorso di alcuni cittadini che ritenevano il sistema lesivo della loro libertà di voto, la Corte di cassazione, con ord. 17 maggio 2013, sollevò questione di legittimità costituzionale del sistema elettorale delle Camere in relazione a due aspetti: il premio di maggioranza (sia per la Camera che per il Senato) e le (lunghe) liste bloccate.

La Corte costituzionale, nel ribadire l'ampia discrezionalità del legislatore in materia (visto che l'Assemblea Costituente, «pur manifestando, con l'approvazione di un ordine del giorno, il favore per il sistema proporzionale nell'elezione dei membri della Camera dei deputati, non intese irrigidire questa materia sul piano normativo, costituzionalizzando una scelta proporzionalistica o disponendo formalmente in ordine ai sistemi elettorali, la configurazione dei quali resta affidata alla legge ordinaria»), precisò che il sistema elettorale non è però esente da controllo, «essendo sempre censurabile in sede di giudizio di costituzionalità quando risulti manifestamente irragionevole».

Con questa premessa la Corte accolse, quindi, tutte le questioni sollevate.

L'incostituzionalità del premio di maggioranza

Relativamente al premio di maggioranza previsto nelle elezioni della Camera dei deputati, la Corte ritenne che «il meccanismo di attribuzione [dello stesso] prefigurato dalle norme censurate, inserite nel sistema proporzionale introdotto con la l. n. 270/2005, in quanto combinato con l'assenza di una ragionevole soglia di voti minima per competere all'assegnazione del premio, è pertanto tale da determinare un'alterazione del circuito democratico definito dalla Costituzione, basato sul principio fondamentale di eguaglianza del voto (art. 48, 2° comma, Cost.)». Pertanto, le disposizioni relative a questo premio furono dichiarate incostituzionali.

Quanto ai premi di maggioranza assegnati Regione per Regione al Senato, la Corte, oltre a riconoscere alla normativa in questione gli stessi vizi evidenziati per quella della Camera, rilevò altresì «l'inidoneità della stessa al raggiungimento dell'obiettivo perseguito, in modo più netto rispetto alla disciplina prevista per l'elezione della Camera dei deputati. Essa, infatti, stabilendo che l'attribuzione del premio di maggioranza è su scala regionale, produce l'effetto che la maggioranza in seno all'assemblea del Senato sia il risultato casuale di una somma di premi regionali, che può finire per rovesciare il risultato ottenuto dalle liste o coalizioni di liste su base nazionale, favorendo la formazione di maggioranze parlamentari non coincidenti nei due rami del Parlamento, pur in presenza di una distribuzione del voto nell'insieme sostanzialmente omogenea. Ciò rischia di compromettere sia il funzionamento della forma di governo parlamentare delineata dalla Costituzione repubblicana, nella quale il Governo deve avere la fiducia delle due Camere (art. 94, 1° comma, Cost.), sia l'esercizio della funzione legislativa, che l'art. 70 Cost. attribuisce collettivamente alla Camera e al Senato. In definitiva, rischia di vanificare il risultato che si intende conseguire con un'adeguata stabilità della maggioranza parlamentare e del governo». Così anche queste norme furono dichiarate incostituzionali.

L'incostituzionalità delle liste bloccate

Infine, relativamente alle liste bloccate, la Corte ne dichiarò l'incostituzionalità, perché «le disposizioni censurate, nello stabilire che il voto espresso dall'elettore, destinato a determinare per intero la composizione della Camera e del Senato, è un voto per la scelta della lista, escludono ogni facoltà dell'elettore di incidere sull'elezione dei propri rappresentanti, la quale dipende, oltre che, ovviamente, dal numero dei seggi ottenuti dalla lista di appartenenza, dall'ordine di presentazione dei candidati nella stessa, ordine di presentazione che è sostanzialmente deciso dai partiti. La scelta dell'elettore, in altri termini, si traduce in un voto di preferenza esclusivamente per la lista, che – in quanto presentata in circoscrizioni elettorali molto ampie, come si è rilevato – contiene un numero assai elevato di candidati, che può corrispondere all'intero numero dei seggi assegnati alla circoscrizione, e li rende, di conseguenza, difficilmente conoscibili dall'elettore stesso. Una simile disciplina priva l'elettore di ogni margine di scelta dei propri rappresentanti, scelta che è totalmente rimessa ai partiti».

Quest'ultima dichiarazione d'incostituzionalità fu forse più inattesa delle precedenti, relative al premio di maggioranza, perché, in virtù del fatto che, a seguito del pronunciamento della Corte, è necessario permanga comunque una disciplina immediatamente applicabile (per consentire in ogni momento la rinnovazione delle Camere), deve essere individuato anche un nuovo meccanismo di selezione dei candidati, non avendo la Corte gli strumenti per introdurlo *ex novo*. Tuttavia, essa ritenne la questione risolvibile «mediante l'impiego degli ordinari criteri d'interpretazione», che la portarono a sostenere che l'elettore potesse esprimere una e una sola preferenza secondo «quanto risultante dal *referendum* del 1991, ammesso con sentenza n. 47 del 1991, in relazione alle formule elettorali proporzionali».

Il consultellum

In definitiva, quindi, a seguito di questa sentenza, la l. n. 270/2005 divenne un sistema proporzionale, corretto dalle (sole) soglie di sbarramento e con il voto di preferenza (unica). Tale sistema, in quanto disegnato appunto dalla Consulta, come è spesso appellata la Corte costituzionale, fu indicato come "*consultellum*".

*L'*Italicum

Una legge elettorale per la sola Camera dei deputati

Successivamente al pronunciamento della Corte costituzionale, il legislatore, che non era riuscito per molti mesi a riformare la legge elettorale, vi si è dedicato con maggiore convinzione, giungendo ad approvare (seppure dopo circa un anno e mezzo dall'inizio dell'*iter*), la l. 6 maggio 2015, n. 52, detta *Italicum*, per il mancato richiamo a sistemi previsti in altri ordinamenti ai quali si era invece pensato di fare inizialmente riferimento. La nuova legge, per come alla fine era stata approvata, tuttavia, disciplinava l'elezione della sola Camera dei deputati, scommettendo sul completamento dell'iter di approvazione di un disegno di legge di revisione costituzionale di iniziativa governativa che avrebbe rimesso l'elezione del Senato ai consigli regionali, escludendo il suffragio diretto. Ciò ha determinato il rinvio – stabilito nella medesima legge – dell'applicabilità del sistema elettorale in questione al 1° luglio 2016, confidandosi, da parte del legislatore, che per quella data la suddetta revisione costituzionale potesse essere entrata in vigore. Sarebbe stato eventualmente più logico rinviare l'applicabilità al momento dell'entrata in vigore della legge di revisione della Costituzione con cui si eliminava l'elezione del Senato a suffragio diretto. Ancora più lineare, peraltro, sarebbe stato prevedere il nuovo sistema elettorale per entrambe le Camere, dato che, ove poi una di queste (e in particolare il Senato) non fosse stata più eletta a suffragio diretto, semplicemente quella parte della legge non avrebbe più avuto applicazione.

Un (nuovo) proporzionale con premio di maggioranza

La l. n. 52/2015, che modificava nuovamente il d.p.r. n. 361/1957, manteneva un sistema a base proporzionale, prevedendo ancora un premio di maggioranza, attribuito alla singola lista, e non più anche alle coalizioni, e una soglia di sbarramento di lista, fissata al 3%. Circa la scelta dei candidati, le liste bloccate erano state sostituite con liste con capolista bloccato e preferenze per gli altri candidati.

Il capolista bloccato

Il premio ...

Il premio di maggioranza (pari a 340 seggi, cioè al 55% del totale, esclusi quelli attributi nella circoscrizione estero e in Valle d'Aosta) era attribuito alla lista che avesse conseguito il maggior numero di voti validi, purché pari almeno al 40%, o – nel caso in cui nessuna avesse raggiunto questa percentuale – alla lista che, tra le due più votate, avesse ottenuto, nel turno di ballottaggio, più suffragi dell'altra.

... al primo turno

La reintroduzione di un sistema elettorale proporzionale con premio di maggioranza doveva, però, superare i rilievi in base ai quali la Corte costituzionale, nella sent. n. 1/2014, aveva dichiarato parzialmente incostituzionale la l. n. 270/2005. Ora, la nuova legge, sembrava raggiungere tale obiettivo quando prevedeva l'attribuzione del premio di 340 seggi alla lista più votata che avesse conseguito la percentuale del 40% dei voti validi, ma non quando la lista più votata fosse rimasta al di sotto di tale percentuale. In tal caso, infatti, la legge non rinunciava all'attribuzione del premio, ma prevedeva che, nella seconda domenica successiva a quella in cui erano state indette le elezioni, si tornasse alle urne per il turno di ballottaggio tra le due liste più votate, quali che fossero stati i voti conseguiti dalle stesse. In questo turno di votazione, agli elettori non erano sottoposte le liste su cui avevano votato due settimane prima (con indicazione dei candidati del collegio), ma – in modo identico su tutto il territorio nazionale – due simboli, senza candidati. Dalla scelta dei votanti per un simbolo o per l'altro (all'evidenza fortemente identificato con il "capo della forza politica", la cui formale indicazione era mantenuta all'art. 14-*bis* del d.p.r. n. 361/1957), sarebbe dipesa l'acquisizione, in un colpo solo, da parte di chi avrebbe ottenuto anche un solo voto in più (eventualmente anche tra un numero di elettori complessivi molto limitato), di decine (o centinaia) di deputati in più rispetto a quelli cui avrebbe avuto diritto in base al risultato ottenuto al primo turno.

La soglia di sbarramento

La l. n. 52/2015 manteneva anche l'altro correttivo presente nella l. n. 270/2005: la soglia di sbarramento fissata al 3%.

In questo modo l'accesso alla Camera dei deputati risultava relativamente agevole, anche se deve considerarsi che a una sola delle liste ammesse al riparto dei seggi veniva attribuito il 55% dei seggi, con la conseguenza che tutte le altre dovevano spartirsi il rimanente 45%.

I collegi plurinominali

Circa l'attribuzione dei seggi ai singoli candidati, la legge prevedeva che le liste fossero composte da un numero compreso tra tre e nove candidati, il nome del primo dei quali – il capolista – sarebbe stato stampato sulla scheda mentre per gli altri sarebbe stato possibile esprimere una preferenza (o due, solo se per persone di sesso diverso, pena l'annullamento della seconda). Al momento della attribuzione dei seggi alla lista sarebbe stato, quindi, proclamato eletto prima il capolista e poi – eventualmente – gli altri candidati, seguendo l'ordine delle preferenze riportate (a parità delle quali prevaleva l'ordine di presentazione nella lista).

L'individuazione dei candidati

Anche l'individuazione dei candidati era delicata dopo la dichiarazione d'incostituzionalità delle liste bloccate. La prima versione dell'*Italicum* contemplava, in realtà, la reintroduzione di liste bloccate, seppure assai più corte di quelle originariamente previste dalla l. n. 270/2005, rispetto alle quali le ampie e argomentate censure di cui alla sent. n. 1/2014 erano considerate superate – dagli autori della legge come da parte della dottrina – in considerazione di quanto affermato circa il fatto che «la disciplina in esame non [è] comparabile né con altri sistemi caratterizzati da liste bloccate solo per una parte dei seggi, né con altri caratterizzati da circoscrizioni elettorali di dimensioni territorialmente ridotte, nelle quali il numero dei candidati da eleggere sia talmente esiguo da garantire l'effettiva conoscibilità degli stessi e con essa l'effettività della scelta e la libertà del voto (al pari di quanto accade nel caso dei collegi uninominali)». Tuttavia, il perdurare delle critiche di parte della dottrina e delle forti resistenze in sede politica aveva convinto il governo e la sua maggioranza a introdurre, durante il passaggio in Senato, le preferenze, salvo il mantenimento dei capilista bloccati, che, peraltro, potevano presentarsi in più collegi (fino a dieci) cosicché, nel caso in cui fossero risultati eletti più volte, avrebbero dovuto optare, dopo le elezioni, per uno di questi, decidendo così a quali dei candidati suffragati dalle preferenze sbarrare la strada per la Camera, rendendo così ulteriormente complicato per l'elettore comprendere per chi sta realmente votando.

Questa legge fu immediatamente oggetto di impugnazione di fronte alla Corte costituzionale da parte di diversi Tribunali italiani, con la conseguenza che, con sent. n. 35/2017, ne fu dichiarata la parziale incostituzionalità.

La Consulta respinse la questione di legittimità costituzionale relativa all'assegnazione del premio di maggioranza alla lista che avesse conseguito il 40%, perché i «sistemi elettorali che innestano un premio di maggioranza su di un riparto di seggi effettuato con formula proporzionale» sono costituzionalmente illegittimi – come già detto nella sent.

1/2014 – «in assenza della previsione di una soglia minima di voti e/o di seggi cui condizionare l'attribuzione del premio». Nel caso ciò non avveniva, essendo stata stabilita, appunto una soglia del 40% dei voti validi, che «*non appare in sé manifestamente irragionevole*». Diversamente la Corte ha però ritenuto per l'attribuzione del premio a seguito del ballottaggio, che costituiva l'elemento caratterizzante della legge, rendendo il sistema *majority assuring* (cioè idoneo ad assicurare in ogni caso che dalle elezioni si formasse una maggioranza parlamentare). Infatti, «ben può il legislatore innestare un premio di maggioranza in un sistema elettorale ispirato al criterio del riparto proporzionale di seggi, purché tale meccanismo premiale non sia foriero di un'eccessiva sovra-rappresentazione della lista di maggioranza relativa». Nel caso della legge in esame, se l'attribuzione del premio di maggioranza alla lista più votata che abbia riportato almeno il 40% dei voti validi è considerata rispettare il suddetto criterio di ragionevolezza, ciò non avviene al ballottaggio per come delineato dalla l. n. 52/2015. Esso, infatti, «non è costruito come una nuova votazione rispetto a quella svoltasi al primo turno, ma come la sua prosecuzione», cosicché «al turno di ballottaggio accedono le sole due liste più votate al primo turno, senza che siano consentite, tra i due turni, forme di collegamento o apparentamento fra liste. Inoltre, la ripartizione percentuale dei seggi, anche dopo lo svolgimento del turno di ballottaggio, resta – per tutte le liste diverse da quella vincente, ed anche per quella che partecipa, perdendo, al ballottaggio – la stessa del primo turno». In definitiva, quindi, «il turno di ballottaggio serve [...] ad individuare la lista vincente, ossia a consentire ad una lista il raggiungimento di quella soglia minima di voti che nessuna aveva invece ottenuto al primo turno». A questo punto la Corte smentisce anche un'affermazione ricorrente, secondo la quale, a seguito del ballottaggio, il premio sarebbe andato alla lista che aveva ottenuto la maggioranza assoluta. In sostanza, quest'ultima è conseguita solo perché i concorrenti sono due, il che equivale a dire che il premio è attribuito alla lista che ottiene (almeno) un voto in più dell'altra. Infatti, «una lista può accedere al turno di ballottaggio anche avendo conseguito, al primo turno, un consenso esiguo, e ciononostante ottenere il premio, vedendo più che raddoppiati i seggi che avrebbe conseguito sulla base dei voti ottenuti al primo turno».

In conclusione, «le disposizioni censurate riproducono così, seppure al turno di ballottaggio, un effetto distorsivo analogo a quello che questa Corte aveva individuato, nella sentenza n. 1 del 2014, in relazione alla legislazione elettorale previgente». È questo il nocciolo della decisione: la l. n. 52/2015 presenta, nell'attribuzione del premio di maggioranza a seguito di ballottaggio, esattamente gli stessi vizi della l. n. 270/2005 in relazione all'attribuzione del premio nell'unico turno di votazione previsto.

La Corte, infine, ribadisce altresì che «l'obbiettivo della stabilità di Governo, di sicuro interesse costituzionale, non può giustificare uno sproporzionato sacrificio dei principi costituzionali di rappresentatività e di uguaglianza del voto, trasformando artificialmente una lista che vanta un consenso limitato, ed in ipotesi anche esiguo, in maggioranza assoluta».

La dichiarazione d'incostituzionalità riportava in una situazione simile – se non peggiore – di quella dell'inizio della legislatura, quando ormai questa entrava nel suo ultimo anno. A seguito di questa sentenza, infatti, la Camera dei deputati sarebbe stata eletta con un sistema proporzionale, con eventuale premio di maggioranza (per la lista più votata che avesse ottenuto almeno il 40%) e con soglia di sbarramento (al 3%), capolista bloccato e preferenze per gli altri candidati; mentre, al Senato, che rimaneva elettivo a seguito del *referendum* del 4 dicembre 2016, con cui la revisione costituzionale era stata bocciata, si applicava il *consultellum*, sempre proporzionale, ma senza premio, con diverse soglie di sbarramento (anche in ragione della possibilità di prevedere in questo caso coalizioni) e con la possibilità di esprimere un'unica preferenza.

La stessa Consulta aveva sottolineato la difficoltà di questa disomogeneità, ritenendo opportuno che il legislatore procedesse a un'omogeneizzazione, come, peraltro, aveva indicato anche il Presidente della Repubblica nel messaggio per gli auguri di fine anno. I tentativi di affermare il contrario, soprattutto da parte di alcuni esponenti di maggioranza, tradivano, in realtà, le forti difficoltà di trovare un nuovo sistema elettorale a pochi mesi dalle elezioni. Una prima soluzione, che si richiamava (infedelmente) al "modello tedesco", sembrava ad un certo punto avere messo d'accordo almeno i principali partiti rappresentati in Parlamento, ma essa naufragò su un emendamento, finché, in autunno, non fu raggiunto un accordo tra il Partito democratico, Forza Italia e la Lega nord per un sistema misto, che venne approvato – soltanto a seguito dell'apposizione della questione di fiducia – con la l. 3 novembre 2017, n. 165, nota anche come "Rosatellum", dal nome del capogruppo del Partito democratico che ne è considerato l'artefice.

3.3.1.3. *Il sistema elettorale misto per la Camera dei deputati e per il Senato della Repubblica introdotto con l. n. 165/2017*

La nuova legge elettorale della Camera dei deputati e del Senato della Repubblica prevede, come abbiamo appena detto, un sistema elettorale misto, sostanzialmente identico – cambiati, naturalmente i numeri – per le due Camere.

In particolare, nel testo originario, che ha trovato applicazione nelle elezioni del 2018, 231 seggi alla Camera dei deputati (oltre a quello della

Valle d'Aosta) e di 109 seggi al Senato (oltre a uno in Valle d'Aosta e sei in Trentino-Alto Adige) erano assegnati in altrettanti collegi uninominali in cui è proclamato eletto il candidato più votato, secondo il sistema maggioritario *first-past-the-post*. Con l. 27 maggio 2019, n. 51, in vista della riduzione del numero dei parlamentari e comunque al fine di consentire un adattamento della legge al mutare della consistenza delle Camere, i suddetti numeri fissi di collegi uninominali (in cui sono eletti i candidati con sistema maggioritario) sono stati sostituiti da un rapporto, pari ai 3/8 dei componenti (pari, alla Camera dei deputati, a 146, oltre a quello della Valle d'Aosta, e, al Senato, a 67 seggi oltre a quello della Valle d'Aosta e ai sei del Trentino-Alto Adige).

L'assegnazione dei restanti seggi (245 alla Camera dei deputati e 122 al Senato), salvo quelli della circoscrizione estero, invece, avviene, con metodo proporzionale, alle liste che hanno superato la soglia di sbarramento del 3%, nell'ambito di collegi plurinominali costituiti dall'aggregazione di collegi uninominali contigui e tali che a ciascuno di essi sia assegnato, di norma, un numero di seggi non inferiore a tre e non superiore a otto, alla Camera, e non inferiore a due e non superiore a otto, al Senato.

I collegi elettorali sono stati poi determinati, sulla base dei criteri e principi direttivi stabiliti dalla legge di delegazione, prima, con il d.lgs. n. 189/2017 e, quindi, a seguito della riduzione del numero dei parlamentari con l. cost. n. 1/2021, con d.lgs. n. 177/2020, adottati previo parere delle competenti commissioni parlamentari.

Ciascun partito o gruppo politico organizzato che intende presentarsi alle elezioni – sia alla Camera sia al Senato – è tenuto a depositare il proprio contrassegno e ad indicare la propria denominazione presso il Ministero dell'interno nei termini previsti; contestualmente al deposito del contrassegno deve essere altresì depositato il programma elettorale, nel quale viene dichiarato il nome e cognome della persona indicata come capo della forza politica. Il nuovo art. 14 del d.p.r. n. 361/1957 prevede che il partito o gruppo politico organizzato è tenuto a depositare il relativo statuto ovvero, in mancanza, una dichiarazione che indica gli elementi minimi di trasparenza previsti dalla legge: il legale rappresentante del partito o del gruppo politico organizzato; il soggetto che ha la titolarità del contrassegno depositato e la sede legale nel territorio dello Stato; gli organi del partito o del gruppo politico organizzato, la loro composizione nonché le relative attribuzioni. Si stabilisce inoltre che, in apposita sezione del sito Internet del Ministero dell'interno, denominata «Elezioni trasparenti», per ciascun partito, movimento e gruppo politico organizzato che ha presentato le liste sono pubblicati in maniera facilmente accessibile: il contrassegno depositato, con l'indicazione del soggetto che ha conferito il mandato per il deposito; lo statuto ovvero la dichiarazione di trasparenza; il programma elettorale, con il nome e cognome della persona indicata come capo della forza politica.

Sia alla Camera sia al Senato le liste possono presentarsi singolarmente o in coalizione. In questo secondo caso, devono essere formulate le reciproche dichiarazioni di collegamento, contestualmente al deposito dei contrassegni. Le liste unite in coalizione presentano candidati unitari nei collegi uninominali, ma – a differenza di quanto accadeva con la l. n. 270/2015 – la coalizione non ha né un unico «capo» né un unico programma. Questo è molto discutibile, perché il candidato comune nel collegio uninominale finisce, in sostanza, per esprimere più programmi, che in alcuni punti potrebbero divergere o addirittura porsi in contraddizione.

Sia alla Camera sia al Senato, in ogni collegio plurinominale, ciascuna lista è bloccata, composta da un elenco di candidati, non inferiore alla metà, con arrotondamento all'unità superiore, dei seggi assegnati al collegio plurinominale e non superiore al limite massimo di seggi assegnati al collegio plurinominale e in ogni caso non inferiore a due né superiore a quattro. Ciascuna lista deve presentare candidature in almeno due terzi dei collegi plurinominali della circoscrizione, a pena di inammissibilità.

La lista deve essere sottoscritta da almeno 1.500 e da non più di 2.000 elettori iscritti nelle liste elettorali di comuni compresi nel medesimo collegio plurinominale o, in caso di collegio plurinominale compreso in un unico comune, iscritti nelle sezioni elettorali di tale collegio. Tuttavia, per le elezioni del 2018, tali sottoscrizioni sono state ridotte a un quarto. È previsto che il Governo, entro sei mesi, definisca le modalità per consentire in via sperimentale la raccolta con modalità digitale delle sottoscrizioni necessarie per la presentazione delle liste.

Rimane la possibilità di presentare pluricandidature, ma in misura più limitata di quanto previsto dalla l. n. 270/2005 e dalla l. n. 52/2015. Infatti, nessuno può candidarsi in più di cinque collegi plurinominali, a pena di nullità dell'elezione. Il deputato eletto in più collegi plurinominali è proclamato nel collegio nel quale la lista cui appartiene ha ottenuto la minore percentuale di voti validi rispetto al totale dei voti validi del collegio. È possibile, inoltre, candidarsi in un solo collegio uninominale, eventualmente anche in aggiunta alla candidatura in uno o più collegi plurinominali (nel suddetto limite di cinque). Il deputato eletto in un collegio uninominale e in uno o più collegi plurinominali si intende eletto nel collegio uninominale. La candidatura nella circoscrizione estero non è cumulabile con altre. Rimane infine fermo che nessuno possa candidarsi alla Camera e al Senato contemporaneamente.

Inoltre, sono previste specifiche disposizioni per garantire la rappresentanza di genere. In primo luogo, a pena di inammissibilità, nella successione interna delle liste dei collegi plurinominali, i candidati devono essere collocati secondo un ordine alternato di genere. In secondo luogo, alla Camera è previsto che, nel complesso delle candidature presentate da ogni lista o coalizione di liste nei collegi uninominali a livello nazionale, nessuno dei due generi sia rappresentato in misura superiore al 60%, con arrotondamento all'unità più prossima, e che, nel complesso delle liste presentate, nei collegi plurinominali, da ciascuna lista a livello nazionale, nessuno dei due generi sia rappresentato nella posizione di capolista in misura superiore al 60%, con arrotondamento all'unità più prossima. Al Senato le medesime previsioni sono stabilite a livello regionale.

Sia alla Camera che al Senato, ciascun elettore esprime il proprio voto su un'unica scheda recante i nomi dei candidati nel collegio uninominale e, sotto ciascuno di essi, e il contrassegno della lista o delle liste collegate in coalizione che lo appoggiano, con a fianco i nominativi dei candidati nel collegio plurinominale.

Il voto è espresso tracciando un segno sul rettangolo contenente il contrassegno di una lista, con i nominativi dei candidati nel collegio plurinominale. In questo caso, il voto è valido, oltre che per la lista, anche per il candidato collegato nel collegio uninominale. Qualora il segno sia tracciato solo sul nome del candidato nel collegio uninominale, i voti sono comunque validi a favore della lista collegata, ma, nel caso in cui il collegamento sia con più liste unite in coalizione, i voti sono ripartiti tra queste in proporzione ai voti ottenuti da ciascuna (ad esempio, se il candidato nel collegio uninominale ha ottenuto 10 voti, due dalla lista A, due dalla lista B, uno dalla lista C e cinque solo sul suo nome, senza indicazione della lista, questi cinque sono ripartiti nella misura di due alla lista A, due alla lista B e uno alla lista C). Le modalità di voto, risultando poco agevoli, sono riportate – per la prima volta – anche nella parte esterna della scheda elettorale.

Quanto alla attribuzione dei seggi, come già ricordato, nei collegi uninominali il seggio è assegnato al candidato che consegue il maggior numero di voti validi e, nel caso, ovviamente assai improbabile, di parità è eletto il più giovane per età. Per i seggi da assegnare alle liste e alle coalizioni di liste nei collegi plurinominali, alla Camera il riparto avviene a livello nazionale, mentre al Senato a livello regionale, in entrambi i casi con metodo proporzionale, tra le coalizioni di liste e le liste che abbiano superato, a livello nazionale, la soglia di sbarramento del 3% (o, al Senato, il 20% a livello regionale). I voti ottenuti dalle liste che non abbiano ottenuto tale percentuale, ma che abbiano comunque raggiunto, a livello nazionale, l'1% sono attribuiti alla coalizione della quale eventualmente tali liste facciano parte, purché la suddetta coalizione abbia conseguito, a livello nazionale, almeno il 10% dei voti validi.

Specifiche disposizioni garantiscono le liste rappresentative di minoranze linguistiche riconosciute presentate in una regione ad autonomia speciale il cui statuto o le relative norme di attuazione prevedano una particolare tutela di tali minoranze: la soglia prevista è in tal caso pari al 20% a livello regionale o aver eletto almeno due candidati nei collegi uninominali (art. 83 TU Camera; art. 17 TU Senato). Per la sola Valle d'Aosta, dove è attribuito un seggio alla Camera e un seggio al Senato, sono previste disposizioni speciali per l'elezione in entrambi i rami del Parlamento: è infatti costituito un unico collegio uninominale, sia per l'elezione alla Camera sia al Senato, dove è proclamato eletto il candidato che ha ottenuto il maggior numero di voti validi.

Al termine delle operazioni degli uffici elettorali, in cui viene determinato il numero di seggi spettanti alle coalizioni e alle liste, singole e coalizzate, sono proclamati eletti in ciascun collegio plurinominale, nei limiti dei seggi ai quali ciascuna lista ha diritto, i candidati compresi nella lista del collegio, secondo l'ordine di presentazione.

Sono altresì specificate le modalità con cui si procede, sia alla Camera che al Senato, alla proclamazione degli eletti in caso di esaurimento della lista presentata nel collegio plurinominale.

La legge ha posto sin dalla sua approvazione dubbi di costituzionalità, sia rispetto alla votazione della parte maggioritaria e di quella uninominale su un'unica scheda senza possibilità di utilizzare il voto disgiunto, sia per i meccanismi di attribuzione territoriale dei seggi che a significative alterazioni del dato rappresentativo. Se l'accesso alla Corte costituzionale, per il momento, non si è realizzato, nel maggio 2024 è stato dichiarato, invece, ammissibile il ricorso alla Corte europea dei diritti dell'uomo, per violazione della Convenzione europea dei diritti dell'uomo, che dovrà esaminare alcune questioni, tra cui quella sull'assenza del voto disgiunto.

Rimane da segnalare che, al momento in cui la presente edizione va in stampa, è in corso d'esame alla Camera dei deputati, dopo la prima deliberazione da parte del Senato, di un disegno di legge costituzionale, volto in particolare ad introdurre l'elezione diretta del Presidente del Consiglio dei ministri, con conseguenze sulla legge elettorale. In base a questo, infatti, l'art. 92 della Costituzione prevederebbe che «la legge disciplina il sistema per l'elezione delle Camere e del Presidente del Consiglio, assegnando un premio su base nazionale che garantisca una maggioranza dei seggi in ciascuna delle Camere alle liste e ai candidati collegati al Presidente del Consiglio, nel rispetto del principio di rappresentatività e di tutela delle minoranze linguistiche». A seguito dell'eventuale approvazione di tale revisione costituzionale, quindi, si tornerebbe ad un sistema elettorale con "premio di maggioranza", che, peraltro, sembrerebbe dover essere *majority assuring*, ciò potendo porsi in contrasto con quanto evidenziato dalla Corte costituzionale nelle sentenze n. 1/2014 e n. 35/2017.

3.3.2. *Il sistema elettorale per l'elezione dei membri del Parlamento europeo spettanti all'Italia*

L'elezione a suffragio universale

A seguito dell'Atto relativo all'elezione dei rappresentanti al Parlamento europeo a suffragio universale diretto, del 20 settembre 1976, allegato alla decisione del Consiglio 76/787/CECA, CEE, Euratom, ratificato dall'Italia con l. n. 150/1977, dal 1979, il Parlamento europeo è eletto direttamente da tutti i cittadini degli Stati membri.

La ripartizione dei seggi tra gli Stati

Ciò è peraltro oggi stabilito all'art. 14, par. 2, del Trattato sull'Unione europea, che fissa direttamente il numero massimo di componenti (settecentocinquanta più il Presidente), ripartiti tra gli Stati membri in proporzione alla popolazione, fermo restando che ciascuno di essi deve avere almeno sei e non più di novantasei seggi. Il numero di rappresentanti concretamente attribuiti a ciascuno Stato è stato fissato direttamente dai Trattati fino alla modifica introdotta dal Trattato di Lisbona, che ha previsto la sua indicazione con decisione del Consiglio europeo, adottata all'unanimità, su iniziativa del Parlamento europeo e con l'approvazione di quest'ultimo. L'attribuzione dei seggi nelle diverse elezioni sarà più specificamente trattata nel prossimo cap. X. In questa sede basti ricordare che l'Italia è passata dai settantotto seggi delle elezioni del 2004 ai settantadue di quelle del 2009 si settantatré del 2014 e, infine, dopo l'uscita del Regno Unito, a settantasei su settecentocinque (in quanto dei settantatré seggi spettanti al Regno Unito, ventisette sono redistribuiti tra quattordici Paesi sottorappresentati, mentre i rimanenti quarantasei sono lasciati come riserva per eventuali nuove adesioni).

Il sistema elettorale in generale

Il sistema elettorale è rimesso alla libera determinazione degli Stati membri, rispetto al quale l'Atto relativo all'elezione dei rappresentanti del Parlamento europeo a suffragio universale diretto, allegato alla decisione del Consiglio 76/787/CECA, CEE, Euratom, come modificato con decisione del Consiglio 2002/772/CE-Euratom, si limita a stabilire, come principio uniforme, l'elezione con metodo proporzionale (che dal 1999 aveva adottato anche il Regno Unito, che tradizionalmente usa il sistema maggioritario uninominale, *first-past-the-post*), lasciando poi gli Stati liberi di declinarne le modalità quanto alla presenza di circoscrizioni, alle modalità di formazione delle liste, alla possibilità di prevedere voti di preferenza o soglie di sbarramento (comunque non superiori al 5%).

La legge italiana

L'Italia disciplina l'elezione dei membri del Parlamento europeo che le spettano con l. n. 18/1979, come modificata dal d.l. n. 408/1994, convertito con modificazioni con l. 3 agosto 1994, n. 483, dalla l. 27 marzo 2004, n. 78, dalla l. 20 febbraio 2009, n. 10 e dalla l. 22 aprile 2014, n. 65.

Il sistema elettorale

L'elezione ha luogo con il sistema proporzionale su base circoscrizionale. A tale scopo il territorio nazionale è suddiviso in cinque circoscrizioni elettorali (di cui è stata spesso proposta la modifica, finora senza successo), alle quali è assegnato un numero di seggi in proporzione al numero degli abitanti risultante dall'ultimo censimento. Le cinque circoscrizioni sono: nord-ovest (Valle d'Aosta, Piemonte, Liguria, Lombardia); nord-est (Trentino-Alto Adige, Veneto, Friuli-Venezia Giulia, Emilia-Romagna); centro (Toscana, Umbria, Marche, Lazio); sud (Abruzzo, Molise, Campania, Puglia, Basilicata, Calabria); isole (Sicilia e Sardegna), nelle quali i seggi sono distribuiti in proporzione alla popolazione.

Con l. 20 febbraio 2009, n. 10, è stata introdotta una soglia di sbarramento, fissata al 4% (che quindi oggi risulta più alta di quella prevista per l'elezione delle Camere, fissata al 3%), rispetto alla quale erano stati sollevati dubbi di ragionevolezza, non dovendo, tra l'altro, il Parlamento esprimere un vero e proprio voto di fiducia ad un Esecutivo, ciò costituendo spesso la ragione posta alla base dell'introduzione delle soglie di sbarramento, in funzione di semplificazione del quadro politico. Tuttavia, la questione di legittimità costituzionale sollevata su questa previsione è stata dichiarata infondata con sent. n. 239/2018.

La presentazione delle liste

Ciascuna lista deve essere presentata dai rappresentanti dei partiti e dei gruppi politici organizzati, allo scopo designati all'atto del deposito del contrassegno di lista, con una apposita dichiarazione sottoscritta da almeno trentamila e non più di trentacinquemila elettori, almeno tremila dei quali iscritti nelle liste elettorali della circoscrizione.

Le sottoscrizioni non sono richieste per:

a) i partiti e i gruppi politici che siano costituiti in gruppo parlamentare nella legislatura nazionale in corso al momento della convocazione dei comizi anche in una sola delle Camere o che nell'ultima elezione politica nazionale abbiano presentato candidature con proprio contrassegno e abbiano ottenuto almeno un seggio in una delle due Camere;

b) i partiti o gruppi politici che nelle elezioni precedenti abbiano ottenuto almeno un seggio al Parlamento europeo;

c) le liste contraddistinte da un contrassegno composito, nel quale sia contenuto quello di un partito o gruppo politico che sia esente dall'onere di sottoscrizione delle candidature.

Per i partiti o gruppi politici espressi dalle minoranze di lingua francese della Valle d'Aosta, di lingua tedesca della Provincia di Bolzano e di lingua slovena del Friuli-Venezia Giulia è prevista la possibilità di collegarsi con altra lista della stessa circoscrizione presentata da un partito o un gruppo politico che risulti presente in tutte le circoscrizioni con lo stesso contrassegno.

Circa la composizione delle liste, è previsto che ciascuna di esse sia composta da un numero di candidati non inferiore a tre e non maggiore del numero di parlamentari europei da eleggere nella circoscrizione.

Le pari opportunità

Al fine di favorire le pari opportunità tra donne e uomini nell'accesso alle cariche elettive, secondo quanto prescritto all'art. 51, 1° comma, secondo periodo della Costituzione, come introdotto dalla l. cost. 30 maggio 2003, n. 1, la l. 22 aprile 2014, n. 65 ha previsto che «all'atto della presentazione, in ciascuna lista i candidati dello stesso sesso non possono eccedere la metà, con arrotondamento all'unità. Nell'ordine di lista, i primi due candidati devono essere di sesso diverso». Il rispetto di tali disposizioni è assicurato dall'ufficio elettorale che, nel caso in cui non sia rispettata la proporzione circa il numero dei candidati, «riduce la lista cancellando i nomi dei candidati appartenenti al genere più rappresentato, procedendo dall'ultimo della lista, in modo da assicurare il rispetto della medesima disposizione» e «qualora la lista, all'esito della cancellazione delle candidature eccedenti, contenga un numero di candidati inferiore al minimo prescritto, ricusa la lista», mentre, ove non sia rispettata la previsione circa l'alternanza tra i primi due candidati, «modifica di conseguenza l'ordine di lista, collocando dopo il primo candidato quello successivo di sesso diverso».

L'assegnazione dei seggi

Come in parte già anticipato, i seggi del Parlamento europeo assegnati all'Italia sono ripartiti su base nazionale con il metodo proporzionale dei quozienti interi e più alti resti, tra liste concorrenti, dal 2009 a condizione che abbiano conseguito sul piano nazionale almeno il 4% dei voti validi espressi.

Si procede, in primo luogo, al riparto nazionale dei seggi tra le liste ammesse, dividendo il totale nazionale dei voti validi, cioè la somma dei voti ottenuti dalle medesime liste nelle cinque circoscrizioni, per il numero dei seggi da assegnare in Italia. Il quoziente così ottenuto (quoziente elettorale nazionale), di cui si tralascia l'eventuale parte frazionaria, indica, in sostanza, il numero dei voti necessari per ottenere un seggio.

Per conoscere il numero dei seggi da assegnare a ciascuna lista si divide la somma dei voti ottenuti da ogni lista, cioè la cifra elettorale nazionale di ciascuna lista, per il quoziente elettorale nazionale. Si assegnano così i seggi a quoziente intero. I seggi che restano da distribuire sono attribuiti con i più alti resti e, in caso di parità di resti, a quelle liste che abbiano avuto la maggiore cifra elettorale nazionale (nella pur improbabile ipotesi di parità di cifra elettorale nazionale si procede a sorteggio).

Dopo aver determinato, a livello nazionale, il numero dei seggi spettanti a ciascuna lista, si procede alla successiva distribuzione nelle singole circoscrizioni. A tal fine, si divide la cifra elettorale nazionale di ciascuna lista per il totale dei seggi ad essa già attribuiti, determinando in tal modo il quoziente elettorale di lista. Quindi, si dividono i voti ottenuti da ogni lista nella singola circoscrizione (cifra elettorale circoscrizionale) per il quoziente elettorale di lista. In tal modo si assegnano i seggi a quoziente intero. I seggi che eventualmente rimangono ancora da attribuire sono assegnati alle circoscrizioni per le quali le divisioni hanno dato i maggiori resti e, nel caso di parità di questi ultimi, alla circoscrizione con il più alto numero di voti (mentre, nel pur improbabile caso di ulteriore parità, si procede per sorteggio). Se, in una circoscrizione, ad una lista spettano più seggi di quanti siano i suoi componenti, risultano eletti tutti i candidati della lista e si procede ad un nuovo riparto dei seggi per tutte le altre circoscrizioni sulla base di un secondo quoziente di lista ottenuto dividendo i voti della lista nelle circoscrizioni per il numero dei seggi che sono rimasti da assegnare.

Sono proclamati eletti, nei limiti dei seggi ai quali ciascuna lista ha diritto, i candidati che hanno ottenuto il maggior numero di preferenze.

La preferenza di genere

A quest'ultimo proposito, la l. 22 aprile 2014, n. 65 ha introdotto la cosiddetta "preferenza di genere", prevedendo, per le prime elezioni successive alla data di entrata in vigore della legge stessa, l'annullamento della terza preferenza se le tre preferenze non riguardano candidati di genere diverso, mentre a partire dalle elezioni successive sono previste disposizioni di riequilibrio tra i generi anche in sede di presentazione delle liste e la più stringente – ed efficace – sanzione, in caso di mancata espressione delle preferenze per candidati di genere diverso, di annullamento non solo della terza ma anche della seconda preferenza.

Nel caso di liste collegate (espressione di partiti o gruppi politici delle minoranze di lingua francese della Valle d'Aosta, di lingua tedesca della Provincia di Bolzano e di lingua slovena del Friuli-Venezia Giulia), qualora non risulti eletto nessuno dei candidati della lista di minoranza linguistica, a tale lista spetta comunque un seggio, purché il candidato abbia ottenuto più di 50.000 preferenze.

3.3.3. *I sistemi elettorali delle Regioni*

L'art. 122 Cost.

A seguito della revisione dell'art. 122 Cost. da parte della l. cost. n. 1/1999, al 1° comma è previsto che «il sistema di elezione [...] del Presidente e degli altri componenti della Giunta regionale nonché dei consiglieri regionali sono disciplinati con legge della Regione, nei limiti dei principi fondamentali stabiliti con legge della Repubblica [...]». Infatti, secondo quanto previsto al 5° comma della stessa disposizione, «il Presidente della Giunta regionale, salvo che lo Statuto disponga diversamente, è eletto a suffragio universale e diretto» (e, ad oggi, nessuno Statuto regionale contempla modalità di scelta del Presidente differenti dall'elezione diretta).

I principi fissati dalla l. n. 165/2004

I principi fondamentali ai quali si riferisce l'art. 122, 1° comma, Cost. sono stati fissati con l. n. 165/2004, che, dal punto di vista del sistema elettorale, si è limitata a stabilire (art. 4) che esso deve agevolare «la formazione di stabili maggioranze nel Consiglio regionale e assicur[are] la rappresentanza delle minoranze», prevedendo la «contestualità dell'elezione del Presidente della Giunta regionale e del Consiglio regionale, se il Presidente è eletto a suffragio universale e diretto», aggiungendo – a seguito di modifica introdotta con l. 23 novembre 2012, n. 215 – la necessità di «promozione della parità tra uomini e donne nell'accesso alle cariche elettive attraverso la predisposizione di misure che permettano di incentivare l'accesso del genere sottorappresentato alle cariche elettive».

La scelta di uniformazione

Le Regioni, quindi, godono di amplissima libertà nella definizione delle loro leggi elettorali. Pur essendo quasi tutte intervenute con notevole ritardo, oggi tutte le Regioni hanno innovato, in tutto o in parte, con proprie leggi elettorali, il sistema precedentemente disciplinato uniformemente per tutte con l. n. 108/1968 come modificata dalla l. n. 43/1995 (che stabiliva un sistema proporzionale per l'attribuzione dell'80% dei seggi, assegnando il rimanente 20% interamente alla lista o coalizione più votata, se questa fosse rimasta al di sotto del 50% o per metà alla lista o coalizione più votata e per l'altra metà proporzionalmente tra le altre, ove avesse superato il 50% dei consensi).

Le leggi elettorali regionali sono quindi oggi differenti l'una dall'altra, ma caratterizzate da alcune linee comuni.

In particolare, il sistema elettorale previsto è quello proporzionale con il premio di maggioranza, attribuito alla lista o alla coalizione di liste collegata al candidato alla carica di Presidente della giunta regionale (nessuno Statuto – come già ricordato – ha fino a oggi previsto l'esclusione dell'elezione di quest'ultimo a suffragio universale diretto, ai sensi dell'art. 122, ultimo comma, Cost.) che ottiene il maggior numero di voti. Soltanto la legge elettorale della Toscana n. 51/2014 (che aveva anticipato, per molti aspetti, l'*Italicum*, come già era accaduto con la legge elettorale toscana del 2005 rispetto alla l. n. 270/2005) ha previsto che il candidato alla presidenza della giunta debba avere ottenuto almeno il 40% dei voti validi; altrimenti è previsto un turno di ballottaggio (da tenere nella seconda domenica successiva) tra i due candidati che abbiano ottenuto il maggior numero di voti e viene eletto alla presidenza colui che ha riportato più voti.

Nelle altre Regioni il premio è attribuito a seguito dell'unico turno di votazione, senza la previsione di una soglia minima, salvo che nelle Marche, dove, se la lista o la coalizione più votata non ha raggiunto almeno il 34% dei voti validi, i seggi sono attribuiti con il sistema proporzionale. Al raggiungimento del 34%, invece, la lista o coalizione di liste più votata ottiene sedici seggi su trenta (pari al 53,3%), che salgono a diciassette (pari al 56,6%) quando sia stata conseguita una percentuale di voti pari al 37% e a diciotto seggi su trenta (pari al 60%) quando i voti ottenuti siano stati pari al 40%.

Una graduazione del premio è presente anche in altre Regioni: ad esempio, nella stessa Toscana dove il premio è pari al 57,5% dei seggi, che sale però al 60% quando i voti della lista o coalizione più votata siano pari almeno al 45%, in Veneto, in Puglia o in Liguria, mentre in altre Regioni è fisso (spesso pari al 60%).

Normalmente le liste sono presentate su base provinciale (anche se la Toscana prevede, ad esempio, la possibilità di inserire fino a tre candidati "regionali", cioè uguali su tutto il territorio, che in tal caso sono "bloccati", senza possibilità di esprimere il voto di preferenza) e l'elettore può esprimere una o più preferenze (nel caso in cui ne siano previste più d'una si è diffuso l'utilizzo della cosiddetta "preferenza di genere" – introdotta per la prima volta nella l. reg. campana n. 4/2009 (su cui fu sollevata questione di legittimità costituzionale, rigettata con sent. n. 4/2010) – in base alla quale, se la seconda preferenza non è espressa per un candidato di genere diverso dal primo, essa è annullata). In proposito, prima delle elezioni del 2020, il Governo, dopo avere diffidato la Regione Puglia rispetto alla necessità di introdurre la preferenza di genere, è intervenuto, nell'esercizio dei suoi poteri sostitutivi, ad introdurla esso stesso con d.l. n. 86/2020, convertito, senza modificazioni, dalla l. 7 agosto 2020, n. 98.

Le leggi elettorali regionali prevedono normalmente – ancora una volta similmente rispetto a quanto accade a livello nazionale – la necessità, per ottenere seggi, che sia raggiunta una soglia minima di voti (soglia di sbarramento) con percentuali che oscillano tra il 2,5% (Umbria) e l'8% (in Puglia per le liste non coalizzate e le coalizioni), generalmente mantenendosi soglie diverse per le coalizioni, per le liste appartenenti a coalizioni e per le liste singole (in Toscana, ad esempio, rispettivamente del 10%, del 3% e del 5%).

In alcune Regioni viene infine prevista una "salvaguardia delle opposizioni" prevedendo per queste un numero di seggi minimo (ad esempio, il 35% in Toscana, otto seggi su venti in Umbria).

3.3.4. *Le elezioni comunali e le elezioni di secondo grado nelle Province e nelle Città metropolitane*

L'elezione diretta del Sindaco e del Presidente della Provincia

Il sistema elettorale dei Comuni è stato radicalmente modificato con l. n. 81/1993, che ha introdotto l'elezione diretta del Sindaco, collegando alla stessa l'elezione del relativo Consiglio, con un sistema proporzionale corretto dall'attribuzione del premio di maggioranza e da soglie di sbarramento.

La disciplina elettorale dei Comuni, oggi trasfusa nel d.p.r. n. 267/2000, presenta differenze rilevanti nei Comuni superiori a 15.000 abitanti ed in quelli fino a 15.000 abitanti.

Il sistema elettorale dei Comuni con popolazione fino a 15.000 abitanti

Nei Comuni con popolazione fino a 15.000 abitanti, si procede all'elezione contestuale (normalmente) in un unico turno, del Sindaco e del Consiglio comunale. Risulta eletto alla carica di Sindaco colui che ha ottenuto più voti (soltanto nell'ipotesi del tutto eccezionale in cui i candidati ottengano lo stesso numero di voti, si procede, nella seconda domenica successiva alla prima votazione, a un turno di ballottaggio, all'esito del quale, in caso di ulteriore parità, viene eletto il candidato più anziano d'età). Ciascun candidato alla carica di sindaco è collegato a una lista di candidati al consiglio comunale (la quale spesso finisce per ricomprendere esponenti di più partiti politici, dando luogo a una "lista di coalizione"): alla lista collegata al candidato sindaco che ha ottenuto più voti vengono attribuiti i 2/3 dei seggi del consiglio comunale, mentre i restanti seggi sono ripartiti in proporzione tra le altre liste. All'interno delle liste risultano eletti i candidati nell'ordine dei voti di preferenza riportati da ciascuno di questi. Il primo seggio spettante a ciascuna lista di minoranza è comunque assegnato al relativo candidato sindaco.

Il sistema elettorale dei Comuni con popolazione superiore a 15.000 abitanti

Nei Comuni con popolazione superiore a 15.000 abitanti, il sindaco è eletto con la maggioranza assoluta dei voti validi. Se nessuno raggiunge questa soglia, si procede (nella seconda domenica successiva alla prima votazione) a un turno di ballottaggio al quale partecipano i due candidati che hanno ottenuto il maggior numero di voti. Risulta eletto colui che ha ottenuto più voti.

A ciascun candidato Sindaco possono essere collegate una o più liste (passandosi così dalla "lista di coalizione" alla "coalizione di liste") di candidati al consiglio comunale, l'elettore potendo votare anche per una lista non collegata al candidato sindaco prescelto.

I seggi sono attribuiti alle diverse liste, che abbiano riportato almeno il 3% dei voti, con il sistema proporzionale, salva l'applicazione del premio di maggioranza secondo le regole che seguono.

Se il sindaco è eletto al primo turno, alla lista o alle liste ad esso collegate sono attribuiti il 60% dei seggi del Consiglio comunale (se questi, ovviamente, non sono già stati conseguiti), a condizione che la lista o le liste collegate abbiano riportato almeno il 40% dei voti validi e che nessun'altra lista o gruppo di liste abbia riportato il 50% dei voti validi.

Se il Sindaco è eletto al secondo turno, alla lista o alle liste ad esso collegate sono attribuiti il 60% dei seggi del consiglio comunale (se questi, ovviamente, non sono già stati conseguiti), a condizione che la lista o le liste collegate ad altro candidato Sindaco non abbiano riportato il 50% dei voti validi.

All'interno delle liste risultano eletti i candidati nell'ordine dei voti di preferenza riportati da ciascuno di questi. A seguito della l. 23 novembre 2012, n. 215, per il riequilibrio delle rappresentanze di genere, nei Comuni con popolazione pari almeno a 5.000 abitanti, l'elettore può esprimere due preferenze, purché per candidati di sesso diverso della stessa lista, pena l'annullamento della seconda preferenza. Il primo seggio spettante a ciascuna lista di minoranza è comunque assegnato al relativo candidato alla carica di sindaco.

La l. n. 81/1993, in realtà, prevedeva anche l'elezione a suffragio universale diretto dei Presidenti di Provincia e dei Consigli provinciali, con un sistema elettorale molto simile a quello previsto per i Comuni con popolazione superiore a 15.000 abitanti. Tuttavia, nell'ambito di una sequenza di interventi sul sistema locale, volti a realizzare il contenimento dei costi, senza una strategia complessiva volta a migliorarne l'efficienza, il d.l. 6 dicembre 2011, n. 201 (c.d. "Salva Italia"), convertito con modificazioni in l. 22 dicembre 2011, n. 214, stabilì una riforma delle province, che prevedeva, tra l'altro, una modifica degli organi e la eliminazione della loro elezione a suffragio universale diretto, sostituita da una di secondo grado, da parte dei sindaci e dei consiglieri comunali. Tale previsione, però, fu dichiarata incostituzionale con sent. n. 220/2013. Quest'ultima non censurava il merito del nuovo sistema, ma la sua introduzione con decreto-legge, giudicato inadeguato per interventi relativi a «componenti essenziali dell'intelaiatura dell'ordinamento degli enti locali, per loro natura disciplinate da leggi destinate a durare nel tempo e rispondenti ad esigenze sociali ed istituzionali di lungo periodo». Ciò determinò l'avvio di un ordinario procedimento legislativo (d'iniziativa del Governo Letta), che condusse all'approvazione della l. 7 aprile 2014, n. 56 (c.d. "legge Delrio" dal nome del ministro proponente). La legge riprende la distinzione tra le Province e le Città metropolitane che, dove istituite, sostituiscono le Province. Introduce, quindi nuovi organi, che rompendo la tradizionale simmetria con il Comune, sono, per la Provincia, il Presidente, il Consiglio provinciale e l'assemblea dei sindaci; per la Città metropolitana, il sindaco metropolitano, il Consiglio metropolitano e la Conferenza metropolitana.

Per quanto qui interessa, la composizione di questi organi è realizzata o attraverso presenze di diritto (nel caso del sindaco metropolitano, della conferenza metropolitana e dell'assemblea dei sindaci) o attraverso elezioni di secondo grado (per il Presidente della Provincia, per il Consiglio provinciale e, normalmente, per il Consiglio metropolitano).

La legge prevede che lo statuto della Città metropolitana possa prevedere l'elezione diretta del sindaco e del consiglio metropolitano con un sistema elettorale che deve essere stabilito con legge statale, con la conseguenza che, fino all'approvazione di questa, tale possibilità non può essere esercitata. In effetti, le Camere, pur a fronte di almeno una proposta di legge d'iniziativa parlamentare in merito, non ne hanno neppure iniziato l'esame.

Con sent. n. 240/2021, peraltro, la Corte costituzionale, pur senza dichiararne ancora l'incostituzionalità, ha evidenziato come il sistema attualmente previsto per la designazione del sindaco metropolitano, che è per legge il sindaco del comune capoluogo, non sia in sintonia con le coordinate ricavabili dal testo costituzionale, con riguardo tanto al contenuto essenziale dell'eguaglianza del voto quanto all'assenza di strumenti idonei a garantire «meccanismi di responsabilità politica e [i]l relativo potere di controllo degli elettori locali». Infatti, questi, pur rappresentando ed amministrando tutti i cittadini della città metropolitana, è eletto soltanto da quelli che risiedono nel comune capoluogo, ai quali soli risponde.

L'elezione del consiglio provinciale (o metropolitano, nel caso in cui non ne sia stata prevista l'elezione diretta) avviene sulla base di liste, composte da un numero di candidati non superiore al numero dei consiglieri da eleggere e non inferiore alla metà degli stessi, in cui – a tutela delle pari opportunità, in attuazione dell'art. 51 Cost. – nessuno dei due sessi può essere rappresentato in misura superiore al 60% del numero dei candidati, con arrotondamento all'unità superiore qualora il numero dei candidati del sesso meno rappresentato contenga una cifra decimale inferiore a 50 centesimi. In caso contrario, l'ufficio elettorale riduce la lista, cancellando i nomi dei candidati appartenenti al sesso più rappresentato, procedendo dall'ultimo della lista, in modo da assicurare il rispetto della disposizione, fermo restando che la lista che, all'esito della cancellazione delle candidature eccedenti, contenga un numero di candidati inferiore a quello minimo non è ammessa.

Il consiglio è eletto con voto diretto, libero e segreto, attribuito ai singoli candidati all'interno delle liste, presentate in un unico collegio elettorale corrispondente al territorio della Provincia o della città metropolitana. Ciascun elettore esprime per uno dei candidati un voto ponderato in base alla popolazione del Comune al quale appartiene il Sindaco o Consigliere comunale votante. La legge prevede (art. 1, comma 33) la ripartizione dei Comuni in nove fasce (la più bassa fino a 3.000 abitanti;

la più alta oltre un milione di abitanti), a ciascuna delle quali corrisponde una scheda di colore diverso, per ciascuna delle quali è stabilito un indice di ponderazione. L'Ufficio elettorale, terminate le operazioni di scrutinio, determina la cifra individuale ponderata dei singoli candidati sulla base dei voti espressi e proclama eletti i candidati che conseguono la maggiore cifra individuale ponderata, a parità risultando eletto il candidato appartenente al sesso meno rappresentato tra gli eletti e, in caso di ulteriore parità, il candidato più giovane.

Il Presidente della Provincia è eletto dai sindaci e dai consiglieri dei comuni della Provincia. Sono eleggibili a tale carica i Sindaci dei Comuni della Provincia, il cui mandato scada non prima di dodici mesi dalla data di svolgimento delle elezioni. Quest'ultima previsione è volta ad assicurare una certa continuità all'azione amministrativa.

Il Presidente è eletto con voto diretto, libero e segreto. Ciascun elettore vota per un solo candidato alla carica di presidente, con voto ponderato in base alla popolazione del comune al quale appartiene il sindaco o consigliere comunale votante. La legge prevede (art. 1, 33° comma) la ripartizione dei comuni in nove fasce (la più bassa fino a 3.000 abitanti; la più alta oltre un milione di abitanti), a ciascuna delle quali corrisponde una scheda di colore diverso, per ciascuna delle quali è stabilito un indice di ponderazione.

Risulta eletto Presidente della Provincia il candidato che consegue il maggior numero di voti, sulla base della predetta ponderazione. In caso di parità di voti, è eletto il candidato più giovane.

Deve peraltro constatarsi come, secondo la stessa l. n. 56/2014, la soppressione del suffragio universale dovesse preludere alla soppressione delle Province, di cui, però, sembrano risultare sempre più evidenti le ragioni di inopportunità, potendo essere semmai più utile un complessivo ripensamento dell'organizzazione degli enti territoriali.

3.4. *Le elezioni primarie*

Le elezioni primarie costituiscono una particolare competizione elettorale che si svolge, anziché tra liste di partiti o schieramenti concorrenti, tra persone appartenenti al medesimo partito (primarie di partito) o alla medesima coalizione di partiti (primarie di coalizione) al fine di individuare chi sarà candidato in successive elezioni.

Primarie di partito e di coalizione

Le elezioni primarie possono essere regolate da varie fonti: in alcuni ordinamenti sono previste – seppure come facoltative – dalla legge, in altri soltanto da fonti interne di partiti politici, come avviene in Italia (in particolare da parte del Partito democratico), ad eccezione che in Toscana, dove esse sono disciplinate, come facoltative, dalla l. reg. 15 dicem-

La legge toscana

bre 2004, n. 70. Anche a livello nazionale, peraltro, sono state presentate proposte di legge volte a introdurre la possibilità di fare ricorso a elezioni primarie da parte dei partiti politici, che, peraltro, non hanno mai fatto largo uso delle stesse (ultimamente risultando meno utilizzate anche da chi in passato vi aveva fatto maggiormente ricorso).

L'elettorato attivo

Quanto alla titolarità dell'elettorato attivo, esso può essere riconosciuto soltanto a elettori previamente registratisi per la consultazione di quel partito (c.d. "primarie chiuse") o anche ai non iscritti che si registrino il giorno stesso del voto (c.d. primarie "semi-chiuse") o, ancora, a chiunque si presenti (c.d. "primarie aperte"), eventualmente a seguito della sottoscrizione di un documento di condivisione degli ideali e/o degli obiettivi della forza politica in questione.

L'elettorato passivo

Anche l'elettorato passivo può variare a seconda delle previsioni contenute nella fonte di disciplina, pure in relazione al fatto che si tratti di primarie di partito o primarie di coalizione. Nel primo caso, infatti, i candidati saranno solitamente iscritti al partito, salvo che la fonte di disciplina non preveda la possibilità di presentarsi anche a candidati "indipendenti" (eventualmente previa sottoscrizione di un documento di condivisione degli ideali e/o degli obiettivi di quella forza politica); nel secondo caso, invece, possono certamente presentarsi esponenti di tutte le forze politiche della coalizione, con più probabile apertura, tuttavia, a candidati "indipendenti", considerato che le coalizioni in quanto tali non hanno normalmente iscritti e può esservi qualcuno che, pur riconoscendosi nella coalizione nel suo complesso, non si riconosce, invece, in nessuno dei partiti che ne fanno parte (seppure debba in ogni caso farsi poi concretamente riferimento alla fonte di disciplina delle primarie stesse).

I sistemi elettorali

Anche nelle elezioni primarie i sistemi elettorali possono essere vari. Il sistema maggioritario uninominale è normalmente prevalente in considerazione del fatto che spesso (e soprattutto nell'esperienza italiana, almeno fino ad oggi) con le elezioni primarie si intende selezionare il candidato a una carica monocratica (Sindaco, Presidente di Provincia o Regione, "capo" di una coalizione alle elezioni politiche), ma potrebbero essere previsti anche sistemi a doppio turno o con preferenza (eventualmente anche plurima, magari anche con l'indicazione di un ordine delle preferenze stesse). Allorquando le elezioni primarie mirino poi alla selezione di più candidati niente esclude il ricorso anche a sistemi proporzionali.

Le primarie di secondo grado

In alcuni Stati nordamericani si prevedono anche elezioni primarie di secondo grado, con cui i cittadini scelgono i componenti di una convenzione che andrà poi a individuare il candidato (o i candidati) da presentare alle elezioni.

I caucus

Un particolare sistema di votazione è poi quello, pure presente in alcuni Stati nordamericani, del *caucus* (assemblea). Ciascuna di queste assemblee esprime un certo numero di voti, che di solito è pari al numero di iscritti, i quali si riuniscono in una sala spostandosi da un angolo all'altro della stessa a seconda di come decidono di schierarsi, in base ai discorsi pronunciati dai sostenitori dei diversi candidati. Al termine della riunione i voti del *caucus* saranno (tutti) attribuiti al candidato che avrà raccolto il maggior numero di iscritti nel proprio angolo della sala.

Il diverso caso dell'elezione del leader del partito

In Italia, dove le elezioni primarie sono state svolte, fino ad ora, quasi esclusivamente dal partito democratico o comunque dalla coalizione di centrosinistra (a livello nazionale, regionale e locale), sono state generalmente indicate come "primarie" anche le votazioni per il candidato segretario dello stesso partito democratico, che, tuttavia, oltre a potersi non tenere (come è accaduto per diversi dei suoi segretari), non paiono propriamente riconducibili alla fattispecie in oggetto. Infatti, con tali votazioni, gli elettori non votano per selezionare i candidati di future elezioni, ma partecipano piuttosto a un procedimento complesso di elezione, nell'ambito del quale una fase, appunto, è quella che vede il diretto intervento non solo degli iscritti ma anche di coloro che si dichiarano elettori del partito. L'equivoco probabilmente nasce dal fatto che, ai sensi dello statuto di quel partito, il segretario «è proposto dal partito come candidato all'incarico di Presidente del Consiglio dei ministri», cosicché, votando per il segretario, si sceglie anche chi dovrebbe poi andare a ricoprire una carica istituzionale, pur non elettiva, ferma restando la necessità che si determinino le condizioni politiche per questa nomina, e che, in ogni caso, il Presidente della Repubblica ritenga di provvedere in tal senso. In questo caso, peraltro, la scelta per il carattere "aperto" della votazione risulta singolare, rimettendo a persone che a quel partito non sono iscritte la determinazione di chi lo guiderà.

4. *I* referendum

Come abbiamo detto (par. 1), le funzioni del corpo elettorale non si esauriscono nelle elezioni, essendovi strumenti di esercizio *diretto* o *partecipativo* della sovranità, tra i quali la nostra Costituzione indica il *referendum*, l'iniziativa legislativa popolare e la petizione.

Il *referendum*, in generale, consiste nella votazione popolare su un quesito. Esso può poi assumere connotazioni molto diverse in base ad alcuni elementi, quali la titolarità della proposta (una frazione del corpo elettorale stesso, le minoranze parlamentari, il Governo, il Presidente della Repubblica, le autonomie locali territoriali, ecc.), l'oggetto del quesito (Costituzione, legge, regolamento, proposta di legge, mozione, mera dichiarazione d'intenti, ecc.), il rapporto temporale tra l'espressione del voto e la vigenza dell'atto sottoposto a *referendum* (essendo differente pronunciarsi su un atto già vigente o su uno che potrebbe divenire tale a seguito del voto popolare), e infine, soprattutto, gli effetti che possono prodursi.

Da quest'ultimo punto di vista, possono essere previsti *referendum consultivi*, privi pertanto di effetti giuridicamente vincolanti (per quanto politicamente impegnativi), che Mortati riteneva difficilmente armonizzabili con il principio di sovranità popolare (in quanto chi è sovrano dovrebbe poter decidere e non consigliare); *approvativi*, volti cioè all'approvazione di un atto; *confermativi*, con cui vengono confermate scelte precedentemente già approvate dagli organi rappresentativi (questi ultimi possono essere considerati *oppositivi* quando l'iniziativa appartiene alle minoranze); *abrogativi*, quando sono volti alla abrogazione di un atto già vigente; *arbitrali*, quando al corpo elettorale viene chiesto di dirimere un contrasto prodottosi tra le istituzioni rappresentative.

La nostra Costituzione prevede diverse tipologie di *referendum*, quali, in particolare:

– il *referendum* costituzionale, che si inserisce nell'ambito del procedimento di revisione costituzionale di cui all'art. 138 Cost.;

– il *referendum* abrogativo di leggi e atti aventi forza di legge (art. 75 Cost.);

– il *referendum* per l'approvazione o la revisione degli Statuti regionali, nell'ambito del procedimento di cui all'art. 123, 2° e 3° comma, Cost.;

– alcuni *referendum* per la modifica delle circoscrizioni territoriali delle Regioni (art. 132, 1° comma, Cost.), per consentire che Province e Comuni che ne facciano richiesta siano staccati da una Regione e aggregati a un'altra (art. 132, 2° comma, Cost.) e, infine, per modificare le circoscrizioni e le denominazioni dei Comuni (art. 133, 2° comma, Cost.).

La stessa Costituzione (art. 123, 1° comma) rimette inoltre agli Statuti regionali la disciplina di *referendum* regionali, mentre la legge ordinaria sancisce la possibilità di prevedere *referendum* negli statuti degli enti locali.

4.1. *Il* referendum *costituzionale*

Il *referendum* costituzionale rappresenta una fase eventuale e facoltativa del procedimento di approvazione di leggi costituzionali o di revisione costituzionale di cui all'art. 138 Cost.

L'inserimento nel procedimento di cui all'art. 138 Cost.

Quest'ultimo, infatti, prevede che, ove le leggi costituzionali o di revisione costituzionale siano state approvate da entrambe le Camere con due deliberazioni (intervenute ad un intervallo non minore di tre mesi l'una dall'altra) nella seconda delle quali è stata raggiunta la maggioranza assoluta (in assenza della quale il procedimento si arresta), ma non quella dei due terzi (che esclude il successivo intervento popolare), un quinto dei membri di una Camera o cinquecentomila elettori o cinque Consigli regionali possono chiedere, entro tre mesi dalla pubblicazione nella *Gazzetta ufficiale* del testo deliberato dalle Camere, che esso sia sottoposto a *referendum*. In questo caso, la legge costituzionale o di revisione costituzionale non è promulgata se non è approvata dagli elettori che hanno partecipato al *referendum* con la maggioranza dei voti validi.

Il carattere eventuale

Il *referendum* costituzionale, quindi, è *eventuale,* perché esso può essere richiesto soltanto nel caso in cui in (almeno) una Camera non sia stata raggiunta, nella seconda votazione, la maggioranza dei due terzi, in presenza della quale si ritiene sussistente una sorta di presunzione di consenso popolare maggioritario. Ciò, in realtà, parrebbe del tutto ragionevole in presenza di un sistema elettorale proporzionale, quale quello che la Costituente, pur senza prevederlo espressamente, presupponeva, mentre potrebbe esserlo meno in presenza di sistemi elettorali maggioritari o comunque con premio di maggioranza, che inevitabilmente alterano la proporzione tra gli elettori e gli eletti. La previsione dell'esclusione del *referendum* in presenza di un'approvazione parlamentare a maggioranza dei due terzi può comunque essere utile a spingere le forze politiche ad approvare riforme costituzionali con maggioranze ampie al fine di evitare il pronunciamento popolare, il cui esito – come la storia dei *referendum* in Italia ben mostra – non è mai scontato.

Il carattere facoltativo

D'altronde, il *referendum* è anche *facoltativo*, nella misura in cui esso *può* essere richiesto da un quinto dei membri di una Camera, da cinquecentomila elettori o da cinque Consigli regionali. Quindi, anche in assenza dell'approvazione della legge costituzionale o di revisione costituzionale con una maggioranza dei due terzi (purché, ovviamente con quella assoluta), il *referendum* potrebbe non essere richiesto dai soggetti legittimati a farlo.

Questi ultimi sono espressione di minoranze, per quanto consistenti, che attraverso il voto popolare mirano a evitare la definitiva approvazione della legge costituzionale o di revisione costituzionale e quindi la sua entrata in vigore a seguito della promulgazione e della pubblicazione. Tuttavia, la formulazione della norma non esclude che anche la maggioranza (attraverso una parte dei suoi parlamentari o raccogliendo le firme) richieda il *referendum*, al fine di vedere confermate dal popolo le proprie scelte. In questo modo – come è stato più volte sottolineato – si può realizzare una torsione plebiscitaria dello strumento.

La fase della mancata attivazione del referendum

Le modalità di svolgimento del *referendum* sono state disciplinate soltanto con l. n. 352/1970. Il ritardo nell'approvazione della legge di attuazione, in realtà, si lega, come vedremo meglio, alla volontà di evitare l'attivazione del *referendum* abrogativo, tanto che, in una determinata fase, gli esponenti del partito liberale avevano proposto di disciplinare l'attuazione del solo *referendum* costituzionale. In ogni caso, la mancata approvazione della legge di attuazione del *referendum* ha determinato, fino al 1970, la necessità di approvare le leggi costituzionali e di revisione costituzionale, in seconda deliberazione, con la maggioranza dei due terzi in entrambe le Camere.

Le fasi del procedimento

La legge del 1970 disciplina le modalità della presentazione della domanda (il cui oggetto è definito dalla delibera parlamentare), il giudizio di legittimità della stessa, svolto dall'Ufficio centrale per il *referendum* presso la Corte di cassazione, l'indizione del *referendum*, le operazioni di scrutinio e la proclamazione dei risultati, con le relative conseguenze (cioè la approvazione definitiva o la bocciatura).

Dopo la sua tardiva attuazione, il *referendum* costituzionale non si è peraltro svolto fino al 2001, in quanto, per le poche leggi costituzionali o di revisione costituzionale approvate nel frattempo, o è stata raggiunta, nella seconda votazione, da parte di ciascuna Camera, la maggioranza dei due terzi o, nei rari casi in cui ciò non è avvenuto (l. cost. n. 1/1989 sulla responsabilità ministeriale di cui all'art. 96 Cost. e l. cost. n. 1/1992 di revisione della disciplina sull'amnistia e indulto di cui all'art. 79 Cost.), nessuno dei soggetti legittimati ha comunque chiesto il *referendum*.

Il referendum del 2001

Quindi, la prima richiesta di *referendum* costituzionale vi è stata, come anticipato, nel 2001, a seguito della deliberazione, da parte delle Camere, del testo di revisione del Titolo V della Parte seconda della Costituzione.

Questa riforma costituzionale, infatti, fu approvata, alla fine della XIII legislatura (1996-2001), dalla sola maggioranza di governo (di centrosinistra). Successivamente all'approvazione parlamentare, richieste di *referendum* furono presentate sia da senatori di maggioranza che da senatori d'opposizione (ovviamente in numero sufficiente in base all'art. 138 Cost.). Infatti, mentre questi ultimi miravano, attraverso il *referendum*, ad evitare la positiva conclusione dell'*iter* (utilizzando lo strumento in questione in funzione oppositiva), i primi intendevano utilizzare il medesimo strumento in funzione confermativa, per conferire alla deliberazione adottata in sede parlamentare a stretta maggioranza una più forte legittimazione.

Il *referendum*, svoltosi il 7 ottobre 2001, vide una scarsissima partecipazione, pari al 33,9% del corpo elettorale, che tuttavia (a differenza di quanto sarebbe accaduto con il *referendum* abrogativo, non inficiava la validità della deliberazione, una netta maggioranza dei quali (64,4%) si espresse, però, a favore della revisione costituzionale in questione.

La scarsa partecipazione pare giustificabile, in primo luogo, sulla base della limitata attenzione che al voto su questa revisione costituzionale fu dedicato dai mezzi di comunicazione di massa (ciò sia in considerazione del fatto che, nelle settimane immediatamente precedenti, l'informazione era concentrata prevalentemente sugli attentati di New York dell'11 settembre, sia in considerazione dello scarso impegno della nuova maggioranza di centrodestra nella campagna per il "no", in quanto essa riteneva ormai più opportuno procedere a una nuova e più ampia revisione della Costituzione che comprendesse anche il titolo V della Parte seconda), oltre che, in qualche misura, dall'ampiezza e la complessità del testo.

Il referendum del 2006

Il secondo *referendum* costituzionale ha avuto ad oggetto un testo di revisione dell'intera parte seconda della Costituzione deliberato dalle Camere, sul finire della XIV legislatura (2001-2006), con i voti della sola maggioranza di centrodestra. Il *referendum*, in questo caso, è stato richiesto da oltre un quinto dei deputati (tutti d'opposizione), oltre un quinto dei senatori (tutti d'opposizione), cinque Consigli regionali (di orientamento politico contrario alla riforma) e cinquecentomila elettori. In questo caso, quindi, le richieste hanno tutte assunto un significato oppositivo.

La consultazione popolare si è svolta il 25 e 26 giugno 2006, ancora una volta dopo nuove elezioni politiche (che, come nella precedente occasione, avevano determinato un cambiamento della maggioranza parlamentare, portando al Governo coloro che nella precedente legislatura si erano opposti alla riforma costituzionale in oggetto), con un esito del tutto diverso rispetto alla volta precedente.

In quest'occasione, infatti, la percentuale di partecipanti al voto è stata pari al 52,3% degli elettori, il 62,3% dei quali ha respinto la riforma costituzionale.

Verso il superamento delle revisioni costituzionali a maggioranza assoluta?

L'esito di questo *referendum* pareva avere portato la maggior parte delle forze politiche a considerare con maggiore attenzione la necessità che eventuali riforme costituzionali trovassero una condivisione parlamentare capace di andare oltre la mera maggioranza assoluta delle Camere (che i sistemi elettorali adottati negli ultimi anni rendono peraltro generalmente espressione di una minoranza di elettori), essendosi anche dubitato, almeno all'indomani dell'esito del *referendum* del 25 e 26 giugno 2006, dell'opportunità di procedere a "grandi riforme", intese come contestuali innovazioni di ampie e fondamentali parti della Costituzione.

Tuttavia, nella XVII legislatura, la proposta di un'ampia revisione costituzionale è stata nuovamente presentata dal Governo (proprio come nelle due precedenti occasioni ricordate) e, dopo un'iniziale convergenza con almeno una parte dell'opposizione, è stata portata avanti con il voto favorevole di una ristretta maggioranza parlamentare essenzialmente coincidente – ancora una volta – con quella che sostiene l'esecutivo.

Il testo approvato in via definitiva il 12 aprile 2016 fu sottoposto a *referendum* dopo una lunga campagna elettorale il 4 dicembre del 2016, quando, avendo partecipato il 65,48% degli aventi diritto, la riforma fu respinta con il 59,12% dei voti validi.

Infine, un *referendum* costituzionale si è svolto il 20 e 21 settembre 2020 (a seguito di un suo rinvio dovuto alla pandemia da Sars-Cov-2), in merito alla riduzione del numero dei parlamentari, approvata in seconda deliberazione dalle Camere, in realtà alla Camera dei deputati con il voto favorevole di oltre i due terzi (a seguito del cambiamento di posizione di due gruppi parlamentari), ma, al Senato della Repubblica, con una maggioranza inferiore, essendo risultato per questo lo svolgimento del *referendum*. Esso ha dato comunque l'esito più netto di sempre, avendo votato a favore il 69,96% (pari al 51,12% degli aventi diritto).

4.2. *Il* referendum *abrogativo*

Il *referendum* abrogativo è previsto all'art. 75 Cost., il cui testo è il frutto di un ampio dibattito svoltosi in sede di Assemblea costituente, nel corso del quale la proposta di Costantino Mortati, contenente un ampio novero di *referendum*, fu progressivamente ridotta, fino a lasciare, appunto, soltanto quello abrogativo.

L'oggetto

Il *referendum* abrogativo è limitato, nell'oggetto, alle leggi e agli atti aventi valore di legge (naturalmente, dello Stato, essendo rimessa alle Regioni la possibilità di prevedere, nei propri Statuti, analoghe forme di consultazione popolare sulle loro leggi e – secondo quanto stabilito all'art. 123 Cost. – sui loro provvedimenti amministrativi).

I richiedenti

Il *referendum* deve essere richiesto da (almeno) cinquecentomila elettori o cinque Consigli regionali.

Nel primo caso, lo scopo è quello di dare la possibilità a una frazione del corpo elettorale di cancellare alcune scelte compiute dai propri rappresentanti; l'ipotesi di richiesta proveniente dalle Regioni, invece, mira a consentire a queste ultime di partecipare all'attività dello Stato (sebbene, come anche nel caso della richiesta di *referendum* costituzionale ed in quello dell'iniziativa legislativa di cui si dirà in seguito, sotto forma di proposta), eventualmente anche per difendere o valorizzare la propria autonomia.

La legge di attuazione

Le modalità di esercizio dell'iniziativa sono state disciplinate dalla l. n. 352/1970, che ha dato attuazione ai *referendum* previsti dalla Costituzione (oltre ad avere disciplinato l'iniziativa legislativa popolare).

Come abbiamo accennato, il notevole ritardo nell'approvazione della legge di attuazione del *referendum* è da ricondurre alla diffidenza delle forze politiche nei confronti di un istituto capace di cancellare le scelte compiute dalle Camere, con effetti assai difficilmente prevedibili. Pertanto, seppure il primo progetto di attuazione fosse stato presentato (con la stampigliatura "urgente") dal Governo De Gasperi nella I legislatura, esso fu rinviato per anni e la sua approvazione, durante la V legislatura (1968-1972), risultò legata a una circostanza del tutto contingente come la discussione della legge sul divorzio. Infatti, in quella legislatura, erano state presentate alcune proposte di legge per lo scioglimento del matrimonio, che avevano il favore di tutti i partiti presenti in Parlamento, con l'eccezione della Democrazia cristiana, del Movimento sociale italiano e del piccolo Partito democratico di unità monarchica, oltre alle minoranze linguistiche. Ciò determinò che la Democrazia cristiana, pur essendo il partito di maggioranza relativa e quello nettamente più forte all'interno del Governo, si trovasse – su questo punto – in minoranza in Parlamento. Ne conseguì una grave crisi politica, che provocò, dapprima la crisi del primo Governo Rumor (1968-1969), appoggiato, oltre che dalla DC, da PSI, PSDI e PRI; quindi la formazione di un "monocolore DC", sempre guidato da Rumor (1969-1970) e, quindi, la ricostituzione dell'alleanza di centro-sinistra (DC-PSI-PSDI-PRI), con il terzo Governo Rumor (1970), alla cui base stava anche l'accordo di procedere all'approvazione della legge sul divorzio in rapida successione a quella sul *referendum*, per poter sottoporre la prima al voto popolare che ne avrebbe potuto determinare l'abrogazione. Infatti, la Democrazia cristiana confidava che, tra gli elettori, la maggioranza si esprimesse contro la possibilità di divorziare, mentre, in realtà, avvenne il contrario: infatti, il *referendum* per la abrogazione della legge sul divorzio si svolse, a causa della fine anticipata della legislatura, soltanto nel maggio 1974, quando essendo andato a votare l'87,7% degli aventi diritto, il 59,3% si pronunciò contro l'abrogazione.

Il referendum *sul divorzio*

L'iniziativa

La disciplina del *referendum*, prevista nella Costituzione e nella legge di attuazione, riguarda in primo luogo l'iniziativa. Nel caso in cui quest'ultima sia popolare, almeno dieci promotori devono presentare il quesito alla cancelleria della Corte di cassazione muniti di certificati comprovanti la loro iscrizione nelle liste elettorali di una Comune della Repubblica. Il giorno successivo l'iniziativa è pubblicata nella *Gazzetta ufficiale* e si può quindi procedere alla raccolta delle firme, che si deve concludere nei successivi tre mesi, con il deposito della richiesta presso la Cassazione da parte di almeno tre promotori.

Nell'ipotesi in cui, invece, l'iniziativa sia stata assunta dai Consigli regionali, la richiesta, deliberata a maggioranza assoluta da parte di ciascuno dei cinque Consigli, dovrà contenere, «oltre al quesito e all'indicazione delle disposizioni di legge delle quali si propone la abrogazione [...], l'indicazione dei Consigli regionali che abbiano deliberato di presentarla, della data della rispettiva deliberazione, che non deve essere anteriore di oltre quattro mesi alla presentazione, e dei delegati di ciascun Consiglio», che devono sottoscrivere tale richiesta.

Le Regioni, tuttavia, durante i primi vent'anni di applicazione dell'istituto referendario, non hanno mai esercitato il proprio potere d'iniziativa, fino al 1992, quando hanno invece presentato richieste miranti a sottrarre allo Stato determinate competenze, solitamente attraverso la proposta di abrogazione dei relativi ministeri. L'iniziativa è stata poi nuovamente esercitata negli anni immediatamente successivi (quesiti di iniziativa regionale essendo stati sottoposti al voto popolare anche nel 1995 e nel 1997), mentre poi richieste di *referendum* sono state nuovamente presentate dalle Regioni nel 2013 e nel 2014 (pur essendo i quesiti stati dichiarati inammissibili dalla Corte costituzionale, rispettivamente, con sentt. n. 12/2014 e n. 5/2015) nonché nel 2015 (sentt. nn. 16 e 17/2016) e infine nel 2019 (sent. n. 10/2020). Anche nel 2024 le Regioni hanno presentato quesiti referendari per l'abrogazione, sia totale che parziale, della l. n. 86/2024, per l'attuazione dell'autonomia differenziata di cui all'art. 116, 3° comma, Cost. Queste iniziative, peraltro, a partire da quella sulla legge elettorale per le Camere, evidenziano come tale potere d'iniziativa, a differenza di quanto inizialmente ipotizzato, non sia legato solo alle materie di competenza regionale, ma abbia carattere generale, risultando, in sostanza, pienamente alternativo rispetto all'iniziativa popolare.

La stragrande maggioranza delle richieste di *referendum* presentate dal 1970 a oggi, quindi, sono state di iniziativa popolare (solitamente avendo giocato un ruolo determinante comunque i partiti politici, a partire dal partito radicale e poi da altri movimenti della cosiddetta "galassia radicale", o movimenti *ad hoc*). Certamente l'iniziativa popolare è stata resa meno impervia a seguito dell'approvazione, in sede di conversione del d.l. n. 77/2021, sulla *governance* del PNRR, di un emendamento a firma dell'on. Magi, che ha consentito di sottoscrivere le richieste di *referendum* (non solo abrogativo, ma anche costituzionale, oltre che di modifica territoriale ai sensi dell'art. 132 Cost.) – oltre che le iniziative legislative – anche con firma digitale.

Tra i richiedenti un ruolo particolare spetta ai promotori ai quali la Corte costituzionale ha riconosciuto la competenza a dichiarare definitivamente la volontà della «frazione del corpo elettorale titolare del potere di iniziativa referendaria *ex* art. 75 Cost.», legittimandoli quindi ad essere parti nei giudizi sui conflitti di attribuzione tra i poteri dello Stato (a partire dalle decisioni nn. 17 e 69/1978).

I limiti temporali alla presentazione delle richieste ...

Nessuna iniziativa, comunque, può essere presentata nell'anno antecedente alla scadenza di una delle Camere e nei sei mesi successivi.

Dopo la presentazione delle richieste nel periodo dell'anno compreso tra il 1° gennaio e il 30 settembre, alla scadenza di quest'ultima data l'Ufficio centrale per il *referendum* presso la Corte di cassazione le esamina allo scopo di accertare se esse siano conformi alla legge. Entro il successivo 31 ottobre l'Ufficio centrale rileva eventuali irregolarità, assegnando ai promotori un termine (comunque non successivo al 20 novembre) per sanare – ove possibile – le stesse o presentare memorie volte a contestarle. Entro il 15 dicembre l'Ufficio centrale decide quindi, con ordinanza definitiva, sulla legittimità di tutte le richieste depositate.

... e di decisione sulla legittimità e l'ammissibilità

Nel caso in cui questo primo controllo si sia concluso positivamente l'ordinanza viene comunicata al Presidente della Corte costituzionale, presso la quale si apre un'ulteriore fase del complesso iter referendario, e in particolare il giudizio di ammissibilità, rispetto alla quale la Consulta deve decidere fissando la Camera di consiglio entro il 20 gennaio e pubblicando la sentenza di definizione del giudizio entro il 10 febbraio.

I limiti di materia

Infatti, l'art. 75, 2° comma, Cost. esclude la ammissibilità del *referendum* abrogativo sulle leggi tributarie e di bilancio, di amnistia e indulto, di autorizzazione alla ratifica dei trattati internazionali.

Si tratta di limiti eterogenei, ciascuno dei quali risulta basato su diverse motivazioni.

Le leggi tributarie

Quanto alle *leggi tributarie*, esse sono le uniche, tra quelle indicate dall'art. 75, 2° comma, Cost., per le quali non dovrebbe ritenersi preclusa qualunque abrogazione, ma soltanto quella referendaria. La ragione di tale preclusione risiederebbe nel fatto che i cittadini, al fine di sottrarsi alla pressione del fisco, potrebbero essere molto tentati dall'abrogare qualunque legge tributaria.

Le leggi di bilancio

L'esclusione dall'abrogazione delle *leggi di bilancio*, invece, pare giustificata, da un lato, dalla loro natura soltanto formale, dall'altro, dalla loro complessità.

Le leggi di amnistia e indulto

Per quanto concerne, poi, le *leggi di amnistia e di indulto*, la loro inclusione nell'art. 75, 2° comma, Cost., ricondotta anche alla loro generale impopolarità, è stata ritenuta qualificabile come "un vero e proprio errore tecnico" (Pizzorusso), in quanto, per il principio dell'ultrattività della legge penale più favorevole, la loro abrogazione non potrebbe comunque incidere sulle situazioni ad essa precedenti, mentre l'esclusione dell'applicabilità ai reati commessi successivamente alla presentazione di tali disegni di legge è esclusa dall'art. 79, ultimo comma, Cost. Tali leggi risulterebbero quindi assolutamente inabrogabili, da parte del corpo elettorale come del legislatore rappresentativo.

Relativamente alle *leggi di autorizzazione a ratificare i trattati internazionali*, infine, sono state individuate diverse ragioni che avrebbero potuto giustificare la loro esclusione dalla possibilità di abrogazione referendaria: la volontà di evitare abrogazioni giuridicamente inutili (dal momento che tali leggi sarebbero destinate a esaurire i loro effetti al momento della ratifica), il timore dei Costituenti che potesse essere sottoposto ad abrogazione il Trattato di pace, la volontà di riservare la politica estera agli organi rappresentativi, la necessità di non esporre l'Italia a responsabilità per inadempimento degli obblighi assunti in sede internazionale.

Le leggi di autorizzazione alla ratifica dei Trattati internazionali

Se la Costituzione taceva circa la valutazione di questi limiti, è stata poi la l. cost. n. 1/1953 ad affidarla alla Corte costituzionale, il cui giudizio trova una pur sintetica disciplina anche nella l. n. 352/1970.

Il controllo della Corte costituzionale

Nell'esercizio di questa funzione, la Corte, dopo le prime due sentenze (nn. 10/1972 e 251/1975) in cui si limitò a verificare la mancata sussistenza dei limiti espressamente previsti all'art. 75, 2° comma, Cost., a partire dalla sent. n. 16/1978, ha ritenuto di dover verificare la eventuale presenza di ulteriori limiti, quali quello delle leggi costituzionali (che, infatti, non possono essere approvate, abrogate o modificate che con il procedimento dell'art. 138 Cost., senza considerare che l'art. 75 Cost. si riferisce esclusivamente alle leggi e agli atti aventi valore di legge, essendo infatti inserito nella sezione relativa alla formazione delle leggi) e delle leggi a forza passiva rinforzata (per la cui abrogazione è richiesta una procedura aggravata che non è considerata superabile attraverso il mero voto popolare), elaborando altresì il limite delle leggi a contenuto costituzionalmente vincolato (che prevedono una disciplina discendente direttamente e obbligatoriamente dalla Costituzione, per cui una abrogazione delle stesse lederebbe i corrispondenti disposti costituzionali) e – nell'ipotesi in cui dalla eventuale abrogazione non risultasse una normativa direttamente applicabile – anche il limite delle leggi costituzionalmente necessarie (di cui la Costituzione impone la presenza, pur lasciando libertà nei contenuti, come avviene, ad esempio, per le leggi elettorali).

I limiti individuati in via giurisprudenziale ...

La Corte è peraltro scesa anche a controllare la formulazione dei quesiti, escludendone l'ammissibilità quando questi siano privi dei caratteri della omogeneità, chiarezza, univocità, completezza e coerenza o, più recentemente, quando risultino "manipolativi" (volti, cioè, attraverso la cancellazione di parole o frasi, a saldare parti eterogenee della legge, facendone risultare un nuovo testo, con conseguente trasformazione del *referendum* da abrogativo in propositivo).

... e i requisiti attinenti alla formulazione del quesito

Quando le richieste abbiano superato sia il controllo di legittimità dell'Ufficio centrale per il *referendum* presso la Corte di cassazione sia quello di ammissibilità della Corte costituzionale, il Presidente della Re-

L'indizione

pubblica, su deliberazione del Consiglio dei ministri, indice il *referendum* in una domenica compresa tra il 15 aprile ed il 15 giugno. Tuttavia, nel caso di scioglimento anticipato delle Camere o di una di queste, il *referendum* già indetto si intende automaticamente sospeso e i termini del procedimento riprendono a decorrere dal trecentosessantacinquesimo giorno successivo alla data delle elezioni.

I votanti

Al *referendum* hanno diritto di partecipare tutti gli elettori della Camera dei deputati.

L'esito

Perché la proposta sia approvata, e quindi si produca l'abrogazione, totale o parziale, della legge o dell'atto avente forza di legge, deve avere partecipato alla votazione la maggioranza degli aventi diritto e la maggioranza di questi deve essersi pronunciata favorevolmente. Dalla consultazione popolare possono quindi scaturire tre diversi esiti:

1. mancato raggiungimento del *quorum* di partecipazione. In questo caso non si realizza nessuna abrogazione e la legge o l'atto avente forza di legge rimane in vigore, ma può essere presentata anche immediatamente (secondo la tempistica di cui alla l. n. 352/1970) una nuova proposta abrogativa, anche identica;
2. raggiungimento del *quorum* di partecipazione con prevalenza dei voti contrari all'abrogazione. In questo caso non si realizza nessuna abrogazione e non può proporsi la medesima richiesta di *referendum* abrogativo per i successivi cinque anni;
3. raggiungimento del *quorum* di partecipazione con prevalenza dei voti favorevoli all'abrogazione. In questo caso il Presidente della Repubblica dichiara con proprio decreto la abrogazione totale o parziale della legge o dell'atto avente forza di legge oggetto della domanda, che ha effetto dal giorno successivo alla pubblicazione nella *Gazzetta ufficiale* del decreto stesso, salvo che quest'ultimo non preveda un differimento dell'abrogazione per un periodo massimo di sessanta giorni (che può essere eventualmente utile a un intervento parlamentare volto a disciplinare meglio le conseguenze dell'abrogazione).

Il successivo intervento del legislatore

Circa le ulteriori conseguenze che l'abrogazione popolare può produrre, la dottrina si è chiesta, in particolare, se essa possa costituire un ostacolo al legislatore per reintrodurre quella normativa o comunque altra analoga, eludendo così gli effetti dell'abrogazione popolare. Se certamente può affermarsi la sussistenza di un vincolo politico del legislatore rappresentativo a rispettare la volontà popolare espressa nel *referendum*, la Corte costituzionale ha affermato in modo perentorio nella sent. n. 199/2012 (dopo averlo anticipato in modo più sfumato con sent. n. 468/1998) che anche da un punto di vista giuridico sussiste «il divieto di ripristino della normativa abrogata dalla volontà popolare desumibile dall'art. 75 Cost.». In dottrina si era già in passato discusso della eventuale durata di tale vincolo, che alcuni hanno ritenuto di fissare nella legislatura in corso al momento dell'abrogazione, mentre altri nei cinque anni successivi allo svolgimento del *referendum*. In realtà, deve constatarsi come il legislatore, in più occasioni, abbia reintrodotto una normativa analoga (ancorché non identica) a quella abrogata dal corpo elettorale, in tempi più o meno brevi (si pensi ai *referendum* sul Ministero dell'agricoltura, a quello sul finanziamento pubblico ai partiti politici o, ancora, a quello sulla trasformazione in senso maggioritario del sistema elettorale), ciò essendo stato sanzionato con la dichiarazione di incostituzionalità da parte della Corte soltanto nel caso dell'affidamento dei servizi pubblici locali di rilevanza economica con la già richiamata sent. n. 199/2012.

L'esito dei referendum *svoltisi*

Concretamente, nell'esperienza referendaria italiana, si sono verificati tutti e tre gli esiti sopra descritti. Da segnalare che, nelle consultazioni referendarie aventi ad oggetto più quesiti, il corpo elettorale si è espresso generalmente nello stesso modo su tutti, con l'unica eccezione del 1995, quando alcuni *referendum* videro una prevalenza dei voti favorevoli all'abrogazione e altri, invece, una prevalenza di quelli contrari alla stessa. Possiamo altresì rilevare come, mentre in una prima fase di applicazione dell'istituto il corpo elettorale ha generalmente teso a confermare le scelte compiute dal Parlamento, la maggioranza dei votanti, costituenti la maggioranza degli aventi diritto, essendosi opposta all'abrogazione (così nei *referendum* del 1974, 1978, 1981, 1985), successivamente l'istituto ha assunto, invece, una concreta valenza oppositiva rispetto alle scelte del legislatore rappresentativo (così nei *referendum* del 1987, 1991, 1993, 2011). Quindi, dopo l'esito "misto" del 1995, a partire dal 1997 (e quindi anche nel 1999, 2000, 2003, 2005 e 2009), come, in realtà era già accaduto nel 1990, invece, per molti anni non è stato raggiunto il *quorum* previsto dall'art. 75, 4° comma, Cost., per cui il *referendum* è rimasto senza esito e l'abrogazione non si è prodotta (nonostante in tutti i casi, tranne in quello relativo all'abrogazione dell'art. 18 dello statuto dei lavoratori, la percentuale di favorevoli all'abrogazione, tra i partecipanti, sia risultata nettamente prevalente su quella dei contrari). Questa tendenza si è arrestata nel 2011, quando i quattro quesiti ammessi al voto hanno visto la partecipazione del 57% degli aventi diritto e percentuali favorevoli all'abrogazione oscillanti tra il 94% e il 95,8%. Tuttavia, nel 2016, il *referendum* sulla durata delle concessioni per le trivellazioni in mare ha visto nuovamente una partecipazione inferiore alla maggioranza degli aventi diritto (31,19%), pur a fronte di una netta percentuale di favorevoli (85,85%), il cui voto è rimasto privo di esito.

Il frequente mancato raggiungimento del *quorum* è stato imputato a diverse cause, quali l'eccessiva frequenza del ricorso al *referendum* (cosa che, però, non si è più verificata negli ultimi anni), la sua ricorrente concentrazione su questioni di minore interesse o comunque richiedenti una certa preparazione tecnica (si pensi, per fare solo alcuni esempi, alla servitù coattiva di elettrodotto o agli incarichi extragiudiziari dei magistrati) e, infine, la crescente astensione dal voto, rilevabile anche nelle elezioni in misura molto rilevante (al di là del caso clamoroso di quelle dell'Emilia Romagna, nell'autunno 2014, in cui votò soltanto il 37,7% degli aventi diritto, un forte calo si è registrato anche nelle elezioni per le Camere e per il Parlamento europeo, per il quale, nel 2014, votò, in Italia, il 58,7% degli aventi diritto).

Se queste cause sono certamente sussistenti, però, il vero fallimento dei *referendum* per un quindicennio, anche quando essi hanno riguardato questioni di sicuro interesse generale o che avevano comunque portato, in passato, molti elettori alle urne (si pensi ai vari *referendum* sulla legge elettorale o a quelli sulla fecondazione medicalmente assistita), è da imputarsi prevalentemente al fatto che i partiti, movimenti e gruppi di pressione contrari all'abrogazione in questione hanno svolto la loro campagna referendaria invitando gli elettori a non andare a votare (anziché ad andare a votare contro), avvantaggiandosi così di una base di astensionismo ricorrente, che – come abbiamo detto – è appunto in crescita.

Verso una modifica del quorum di partecipazione?

Ciò ha portato anche a discutere di possibili riforme dell'art. 75, 4° comma, Cost.: da quella per l'eliminazione secca del *quorum*, a quelle per un abbassamento dello stesso, a quella che lo vorrebbe parametrato sull'affluenza alle precedenti elezioni generali (in tale ultimo senso dispone, ad esempio, lo Statuto toscano che considera valido il *referendum* se ad esso ha partecipato una percentuale di elettori corrispondente alla maggioranza di coloro che hanno votato nelle ultime elezioni per il Consiglio regionale). Quest'ultima soluzione era stata proposta anche in sede di discussione della riforma costituzionale di iniziativa governativa in discussione nella XVII legislatura. Il testo approvato, tuttavia, aveva introdotto una soluzione mista, per cui, in presenza di una proposta di iniziativa popolare proveniente da cinquecentomila elettori il *quorum* rimaneva – come nel testo vigente – la maggioranza degli aventi diritto, mentre esso scendeva alla maggioranza di coloro che avevano votato nelle ultime elezioni per la Camera dei deputati se la proposta era supportata da un numero di elettori pari almeno a ottocentomila. Si sarebbe trattato di una soluzione compromissoria, in realtà, irrazionale, in quanto frutto della combinazione di elementi rispondenti a una diversa *ratio*. Infatti, il numero delle sottoscrizioni è volto ad assicurare che la proposta sia seria, fondata; il numero di elettori, invece, è volto a escludere che una minoranza (eventualmente troppo esigua) possa abrogare una legge approvata dalla maggioranza dei rappresentanti dei cittadini (anche se questi, a differenza di quanto presupponeva il costituente, che aveva di fronte un sistema proporzionale, non rispondono più, con le leggi maggioritarie o con premio di maggioranza, necessariamente alla maggioranza degli elettori stessi).

Nella XVIII legislatura erano state presentate proposte per l'eliminazione del *quorum*, a favore delle quali si era espresso il primo governo Conte, in particolare a mezzo del ministro per i rapporti con il Parlamento e la democrazia diretta, la cui stessa presenza indicava una particolare sensibilità dell'esecutivo per questi temi.

Tuttavia, la modifica dell'art. 75, 4° comma, era stata poi inserita all'interno del disegno di legge di revisione costituzionale che aveva come contenuto principale la riforma dell'iniziativa legislativa popolare rafforzata da *referendum* approvativo (v. *infra*, par. 6), licenziata dalla Camera il 21 febbraio 2019, ma poi mai licenziata dalla Commissione Affari costituzionali del Senato, nella quale si prevedeva la riduzione del *quorum* di partecipazione al superamento di un quarto degli aventi diritto.

L'eventuale superamento del referendum *abrogativo*

Se quella della partecipazione è probabilmente la questione più urgente, deve considerarsi come la disciplina del *referendum* abbia mostrato, nel corso della sua applicazione, anche altri punti di sofferenza, a partire proprio dalla tipologia esclusivamente abrogativa, che ha portato ad avanzare complicate proposte "manipolative" (con le quali cioè tagliuzzando frasi o parole da alcuni testi normativi se ne mutava totalmente il significato), dando ingresso a *referendum* surrettiziamente propositivi, che sarebbe probabilmente più opportuno introdurre direttamente (sempre assicurando che l'iniziativa provenga dai cittadini stessi) per consentirne un più appropriato e chiaro utilizzo. Anche da questo punto di vista l'ultima proposta di revisione costituzionale bocciata dagli elettori risultava poco efficace. Infatti, essa si sarebbe limitata a introdurre un ultimo comma dell'art. 71, in base al quale «al fine di favorire la partecipazione dei cittadini alla determinazione delle politiche pubbliche, la legge costituzionale stabilisce condizioni ed effetti di *referendum* popolari propositivi e d'indirizzo, nonché di altre forme di consultazione, anche delle formazioni sociali. Con legge approvata da entrambe le Camere sono disposte le modalità di attuazione». In questo modo, quindi, tutto sarebbe rinviato a una successiva legge costituzionale, oltre che poi a una ulteriore legge ordinaria di attuazione, senza poterne prevedere i tempi, salvo ricordare che per la approvazione della (sola) legge ordinaria di attuazione del *referendum* abrogativo sono stati necessari ventidue anni.

Invece, nella XVIII legislatura, era stata presentata la già ricordata proposta di legge costituzionale (a prima firma del Presidente del gruppo parlamentare di maggioranza relativa) per introdurre un *referendum* approvativo di proposte di legge d'iniziativa popolare non esaminate dalle Camere o dalle stesse modificate, su cui si rinvia al par. 6.

4.3. *Il* referendum *sugli Statuti regionali*

Il nuovo art. 123 Cost.

Con la riforma dell'art. 123 Cost., da parte della l. cost. n. 1/1999, è stata introdotta una nuova procedura di approvazione degli Statuti delle Regioni ad autonomia ordinaria, che si svolge ora interamente a livello regionale, con due deliberazioni adottate, a distanza di due mesi l'una dall'altra, dal Consiglio regionale, a maggioranza assoluta, salva la possibilità, per un cinquantesimo degli elettori della Regione o un quinto dei componenti del Consiglio regionale, di chiedere un *referendum* sulla deliberazione consiliare, la quale può peraltro essere impugnata da parte del Governo di fronte alla Corte costituzionale per vizi di costituzionalità.

La funzione oppositiva

Il *referendum* in questione, quindi, si svolge, a livello regionale, con caratteristiche simili a quello costituzionale. Esso, infatti, si colloca all'interno di una procedura complessa di approvazione di una fonte regionale superiore rispetto alle leggi regionali ordinarie, che a questa devono sottostare (pena la indiretta violazione dell'art. 123 Cost.), costituendo in primo luogo uno strumento attraverso il quale le minoranze possono provare a opporsi alla volontà della maggioranza consiliare (la formulazione non impedendo comunque a quest'ultima di farne uso allo scopo di vedere confermate dagli elettori le proprie scelte, proprio come avviene per il *referendum* costituzionale e con il medesimo rischio di una torsione plebiscitaria). Tuttavia, se è vero che anche il *referendum* di cui all'art. 123 Cost. è facoltativo (potendo essere richiesto da alcuni soggetti legittimati), non esiste in questo caso una condizione che possa escluderlo, come, invece, in base all'art. 138, avviene per il *referendum* costituzionale, al quale, come abbiamo visto, non può farsi luogo quando in seconda deliberazione ciascuna Camera si è pronunciata a maggioranza dei due terzi.

Il carattere facoltativo ...

... ma non eventuale

Il *referendum*, secondo quanto stabilito all'art. 123, 3° comma, Cost., può essere richiesto entro tre mesi dalla pubblicazione dello Statuto, che – ancora una volta in analogia con il procedimento di cui all'art. 138 Cost. – ha, in questa fase, carattere notiziale, soltanto una volta completato l'*iter* potendosi procedere a quella definitiva ai fini dell'entrata in vigore dello Statuto.

Referendum e impugnazione alla Corte costituzionale

Una questione che si è posta riguarda il rapporto (temporale) tra lo svolgimento del *referendum*, nel caso in cui esso sia richiesto, e l'impugnazione preventiva di fronte alla Corte costituzionale, nel caso in cui il Governo decida di sollevare questione di legittimità costituzionale.

In assenza di una previsione costituzionale, sono generalmente intervenute in merito le leggi regionali (o, nel caso della Liguria, lo Statuto), prevedendo, solitamente, che dalla pubblicazione notiziale decorrono sia i trenta giorni per il ricorso alla Corte costituzionale sia i tre mesi per presentare richiesta di *referendum*. Quest'ultimo termine, tuttavia, rimane sospeso, nel caso in cui venga presentato ricorso alla Corte costituzionale, fino alla data di pubblicazione della decisione di quest'ultima. In questo modo, infatti, l'eventuale giudizio della Corte costituzionale si svolgerà certamente prima del *referendum*, evitandosi, da un lato, che la complessa procedura che quest'ultimo richiede sia resa (almeno per alcune parti dello Statuto) inutile dalla dichiarazione di illegittimità costituzionale, e, d'altro lato, che la Corte si debba pronunciare su un testo che ha avuto anche il diretto avallo degli elettori regionali.

4.4. *Il* referendum *per la fusione di Regioni esistenti o per la creazione di nuove Regioni*

L'art. 132, 1° comma, Cost. prevede un ulteriore *referendum* nell'ambito del procedimento per la costituzione di nuove Regioni o per la fusione di quelle esistenti. *La procedura*

In entrambi i casi, infatti, si deve procedere con legge costituzionale, sentiti i Consigli regionali interessati, su richiesta di tanti Consigli comunali che rappresentino almeno un terzo delle popolazioni interessate, approvata mediante *referendum* dalla maggioranza delle popolazioni stesse. *La fase consiliare*

Questo *referendum* è quindi obbligatorio, dovendo necessariamente svolgersi, e vincolante, in quanto il suo esito negativo impedisce la prosecuzione del procedimento. *Il* referendum *e il suo carattere obbligatorio e vincolante*

La presentazione della proposta di legge costituzionale avviene, infatti, da parte del Ministro dell'interno, entro sessanta giorni dalla pubblicazione nella *Gazzetta ufficiale* dell'esito (favorevole) del *referendum*. Naturalmente, rispetto alla fase che si apre a questo punto, il *referendum*, pur potendo rappresentare un elemento di valutazione politica, non ha alcun effetto giuridicamente vincolante. *La fase parlamentare* *Il carattere non vincolante del* referendum

Anche questo *referendum* è stato concretamente disciplinato con l. n. 352/1970 (titolo III), senza però avere ad oggi mai trovato applicazione. *La l. n. 352/1970*

4.5. *Il* referendum *per il passaggio di Comuni o Province da una Regione all'altra*

Un altro *referendum* è poi previsto dall'art. 132, 2° comma, Cost., a livello locale. *La procedura*

Questa disposizione prevede, infatti, che con legge ordinaria (statale) si possa consentire ai Comuni e alle Province che ne facciano richiesta il trasferimento da una Regione a un'altra, sentiti i Consigli regionali e con l'approvazione delle popolazioni degli enti locali interessati, espressa mediante *referendum*.

La l. n. 352/1970

Anche questo *referendum* ha trovato attuazione (soltanto) con la l. n. 352/1970 (titolo III), la quale aveva peraltro introdotto un ulteriore aggravamento procedurale, prevedendo (art. 42, 2° comma), oltre alle deliberazioni delle Province e/o dei Comuni di cui si propone il distacco, anche quelle, rispettivamente, di tutte le Province o di tanti Consigli comunali che rappresentino almeno un terzo della restante popolazione della Regione dalla quale è proposto il distacco. Tale disposizione, però, ha cessato di avere efficacia a seguito della dichiarazione d'incostituzionalità di cui alla sent. n. 334/2004.

Il referendum e il suo carattere necessario e vincolante

La fase parlamentare

Una volta espletato il *referendum*, anche in questo caso necessario e vincolante, entro i sessanta giorni successivi alla pubblicazione del risultato nella *Gazzetta ufficiale*, se questo è favorevole, il Ministro dell'interno presenta la relativa proposta di legge in Parlamento. Naturalmente, rispetto alla fase che si apre a questo punto, il *referendum*, pur potendo rappresentare un elemento di valutazione politica, non ha alcun effetto giuridicamente vincolante.

La Corte costituzionale ha precisato che il procedimento di cui all'art. 132, 2° comma, Cost. si applica anche alle Regioni ad autonomia speciale (sent. n. 66/2007).

4.6. *Il* referendum *per l'istituzione di nuovi Comuni o la modifica delle circoscrizioni e delle denominazioni comunali*

La procedura

L'art. 133, 2° comma, Cost. prevede, infine, che una Regione possa, con proprie leggi, istituire, nel proprio territorio, nuovi Comuni e modificare le loro circoscrizioni e denominazioni, sentite le popolazioni interessate. Per quanto non sia precisato che l'intervento popolare debba avvenire attraverso un *referendum* (a differenza di quanto avviene, ad esempio, all'art. 132, 2° comma, Cost.), ciò, in realtà, è parso piuttosto scontato.

Le popolazioni "interessate"

Maggiori difficoltà ha posto la definizione di popolazioni interessate, sebbene, anche a seguito delle decisioni della Corte costituzionale nn. 433/1995 e 94/2000, sia ormai pacifico che l'espressione includa non solo le popolazioni delle frazioni richiedenti l'erezione in Comune autonomo, ma anche quelle destinate a rimanere nel Comune d'origine, in quanto non vi è dubbio che la decisione sia anche di loro interesse.

Questa previsione costituzionale ha poi trovato attuazione in Statuti e leggi regionali.

4.7. I referendum *previsti dagli Statuti regionali*

I referendum regionali tra Costituzione e Statuti

A livello regionale, secondo quanto previsto all'art. 123, 1° comma, Cost., sono gli Statuti a prevedere i *referendum* che andranno ad aggiungersi a quelli già indicati dalla Costituzione (a questo livello territoriale, in particolare, quelli di cui all'art. 123, 3° comma, e all'art. 132, 1° comma, Cost.).

Le tipologie di referendum regionale

In proposito, la dottrina è ormai generalmente orientata nel ritenere ammissibile non solo il *referendum* abrogativo, come abbiamo visto (par. 4.2) unico previsto a livello statale sulle leggi e gli atti aventi forza di legge, ma anche altre tipologie (consultivo, propositivo, confermativo, ecc.), seppure il rispetto dell'"armonia con la Costituzione" imponga che la Regione sia governata anzitutto attraverso il ricorso alla democrazia rappresentativa, rispetto alla quale gli istituti di partecipazione, a partire dal *referendum*, possono costituire soltanto un'integrazione o un correttivo (ancorché – magari – in misura significativa).

Il referendum abrogativo regionale

Cercando di trarre qualche linea generale dall'esame degli Statuti vigenti, possiamo comunque constatare come il *referendum* più diffuso a livello regionale sia quello abrogativo, generalmente modellato su quello di cui all'art. 75 Cost. anche quanto ai soggetti titolari del potere d'iniziativa (frazione del corpo elettorale ed enti territoriali infraregionali), ai limiti di ammissibilità (la cui ammissibilità molti degli Statuti regionali approvati dopo la riforma costituzionale rimettono agli organi di garanzia statutaria eventualmente istituiti) e, in taluni casi, perfino al *quorum* di partecipazione, la più rilevante differenza consistendo, quindi, nell'oggetto, che – secondo quanto stabilito allo stesso art. 123, 1° comma, Cost. – può comprendere anche i provvedimenti amministrativi.

Il referendum consultivo regionale

Un altro tipo di *referendum* molto diffuso a livello regionale è quello consultivo, variamente congegnato e proponibile, oltre che su leggi e provvedimenti amministrativi, secondo quanto stabilito all'art. 123, 1° comma, Cost., anche su altri atti o più generali questioni politiche.

In proposito pare però da ricordare che la giurisprudenza costituzionale è intervenuta a definire il suo rapporto con le riforme costituzionali, sostenendo, nella sent. n. 496/2000, che «non è [...] consentito sollecitare il corpo elettorale regionale a farsi portatore di modificazioni costituzionali, giacché le regole procedimentali e organizzative della revisione, che sono legate al concetto di unità e indivisibilità della Repubblica (art. 5 Cost.), non lasciano alcuno spazio a consultazioni popolari regionali che si pretendano manifestazione di autonomia». Per questo fu con quella sentenza dichiarata l'illegittimità costituzionale della legge della Regione Veneto, riapprovata l'8 ottobre 1998, recante "*Referendum* consultivo in merito alla presentazione di proposta di legge costituzionale per l'attribuzione alla Regione Veneto di forme e condizioni particolari di autonomia".

La questione si è tuttavia riproposta, alcuni anni fa, in relazione al procedimento previsto dall'art. 116 Cost., come modificato con l. cost. n. 3/2001, al fine di attribuire «ulteriori forme e condizioni particolari di autonomia» alle Regioni ordinarie che assumano l'iniziativa in merito, sentiti gli enti locali, con legge approvata a maggioranza assoluta, sulla base di intesa tra lo Stato e la Regione interessata. Infatti, l'avvio di tale procedimento è stato fatto precedere dalle Regioni Lombardia e Veneto da un *referendum* popolare di tipo consultivo.

La Corte costituzionale, con sent. n. 118/2015, ha respinto la questione di legittimità costituzionale della legge che lo prevedeva (dichiarata invece incostituzionale in relazione ad altre parti, come quella che prevedeva un *referendum* sull'indipendenza del Veneto). I *referendum* si sono, infatti, svolti il 22 ottobre 2017, con esito ampiamente positivo (in Veneto ha votato circa il 57% degli aventi diritto, oltre il 98% dei quali si è espresso per il Sì; in Lombardia, pur avendo votato meno del 40% degli aventi diritto, il 96% si è espresso per il Sì).

Il referendum *propositivo regionale*

La presenza di *referendum* propositivi risulta, invece, molto più limitata. All'interno di questa tipologia, pare da segnalare l'ipotesi del *referendum* su una proposta di legge di iniziativa popolare, nel caso in cui su questa il Consiglio non abbia deliberato entro un certo termine, riprendendo, in sostanza, un'ipotesi già avanzata alla Costituente da Costantino Mortati e ripresentata, per una sua reintroduzione a livello statale, anche in alcune proposte di legge di revisione costituzionale, senza trovare però riscontro in nessuno dei testi approvati in passato o in corso di approvazione.

Pare comunque da constatare come l'esperienza dei *referendum* a livello regionale sia ad oggi davvero molto limitata.

4.8. *I* referendum *negli enti locali*

La previsione normativa

La Costituzione non contiene alcun riferimento ai *referendum* provinciali e comunali. Il d.p.r. n. 267/2000, all'art. 8, 3° comma, rimette comunque allo Statuto dell'ente locale la possibilità di prevedere *referendum*, la cui più dettagliata disciplina è poi solitamente contenuta in regolamenti del medesimo ente locale.

Le tipologie ammesse

Quanto alle tipologie di *referendum* che possono essere previsti, dopo l'eliminazione, da parte del d.p.r. n. 267/2000, dell'espressa limitazione a quelli consultivi, oggi sono ritenute tutte ammissibili.

Nell'ente locale possono essere previste anche altre forme di consultazione popolare, considerato che se lo Statuto *può* prevedere *referen-*

dum, esso *deve* comunque contemplare la presenza di «forme di consultazione della popolazione».

Peraltro, nonostante i dati non siano facilmente verificabili, certamente a livello locale non si è registrata una valorizzazione degli istituti di diretta partecipazione popolare e del *referendum* in particolare. *La mancata valorizzazione dell'istituto*

5. *La petizione*

A norma dell'art. 50 Cost. «tutti i cittadini possono rivolgere petizioni alle Camere per chiedere provvedimenti legislativi o esporre comuni necessità». *L'art. 50 Cost.*

La petizione, quindi, è una (più o meno generica) richiesta che i cittadini possono rivolgere ai loro rappresentanti. Essa può provenire da chiunque (anche singolarmente, seppure non vi sia dubbio che un maggiore coinvolgimento popolare, eventualmente anche organizzato, possa accrescere il peso politico della richiesta), purché cittadino, parte della dottrina non ritenendo necessario che si tratti di un elettore (Caretti-De Siervo). *I titolari dell'iniziativa*

I regolamenti delle Camere (artt. 33, 2° comma, 109 Reg. Cam., 140 e 141 Reg. Sen.) prevedono che le petizioni siano trasmesse alla Commissione competente per materia, la quale *può* prenderla in considerazione e deliberare in merito, inviandola anche al Governo se essa chiama in causa il medesimo. Soltanto il regolamento del Senato prevede espressamente che al presentatore (o ai presentatori) sia comunicato l'esito della stessa. *La procedura parlamentare*

Tuttavia, l'istituto, di origine assai risalente, risulta oggi poco incisivo e, in effetti, poco utilizzato. Come unica ipotesi significativa, pare da ricordare quella, pur ormai datata, della petizione per l'abolizione del requisito della "buona condotta" per l'accesso ai pubblici concorsi, sulla cui base il Parlamento avviò l'*iter* legislativo che portò, effettivamente, nel 1984, ad eliminare tale requisito. *La scarsa utilità e lo scarso utilizzo*

Anche a livello locale e regionale, gli Statuti ed i regolamenti dei Consigli di solito contemplano l'istituto della petizione, oggi previsto anche a livello di Unione europea (artt. 24 e 227 TFUE, su cui cfr. *infra*, cap. II, par. 2).

6. *L'iniziativa legislativa popolare*

L'iniziativa legislativa popolare è prevista all'art. 71, 2° comma, Cost., a norma del quale «il popolo esercita l'iniziativa delle leggi, mediante la *L'art. 71 Cost.*

proposta, da parte di almeno cinquantamila elettori, di un progetto redatto in articoli».

La l. n. 352/1970

Il procedimento è poi disciplinato dalla l. n. 352/1970 (Titolo IV), come modificata dalla l. n. 199/1978, che quindi ha attuato con notevole ritardo anche questo istituto. La legge rinvia alle norme sul *referendum* in ordine alle modalità di presentazione dell'iniziativa e alla raccolta delle firme.

La proposta è presentata al Presidente di una delle due Camere. Spetta a tale Camera il computo delle firme dei richiedenti e l'accertamento della regolarità della richiesta.

La titolarità dell'iniziativa

La proposta in questo caso, a differenza di quanto alcuni ritengono per la petizione, deve provenire necessariamente da elettori (secondo quanto espressamente previsto dalla citata disposizione costituzionale) e deve contenere un testo redatto in articoli, corredato da una relazione illustrativa.

La procedura parlamentare

L'iniziativa legislativa popolare trova poi ulteriore regolamentazione nei regolamenti parlamentari (artt. 107, 4° comma, Reg. Cam. e 74 Reg. Sen.), entrambi i quali prevedono che le proposte di legge d'iniziativa popolare, a differenza delle altre, non decadono con la fine della legislatura in cui sono state presentate, non essendo quindi necessario ripresentarle nella successiva. Per il resto, la disciplina del Senato è assai più analitica, prevedendo che le Commissioni competenti debbono iniziarne l'esame entro e non oltre un mese dal deferimento e che è consentito loro procedere all'audizione di un rappresentante dei proponenti.

Si ritiene che l'iniziativa legislativa popolare sia esclusa sulle proposte che la Costituzione riserva al Governo.

Anche l'iniziativa legislativa popolare, comunque, ha avuto poca fortuna nel nostro ordinamento. Infatti, le proposte di iniziativa popolare sono spesso ignorate o abbinate ad altre proposte su materie analoghe dando così luogo a testi di legge che poco o nulla hanno a che fare con quanto effettivamente proposto dagli elettori. Questo ha portato ad avanzare alcune proposte di revisione costituzionale che, in coerenza con il progetto presentato da Mortati alla Costituente, arrivano fino a prevedere la possibilità che, scaduto un certo termine senza che la proposta sia stata approvata, possa essere rimessa direttamente alla decisione popolare attraverso un *referendum*. Se, rispetto a questa, la proposta contenuta nel testo di revisione bocciato dagli elettori il 4 dicembre 2016 era assai più timida, limitandosi a stabilire che «la discussione e la deliberazione conclusiva sulle proposte di legge d'iniziativa popolare sono garantite nei tempi, nelle forme e nei limiti stabiliti dai regolamenti parlamentari», nella XVIII legislatura era stata presentata una proposta che, per alcuni versi, riprende quella di Mortati.

Infatti, in un disegno di legge costituzionale presentato alla Camera dei deputati a prima firma del Presidente del gruppo parlamentare di maggioranza relativa dell'epoca ed approvato dalla Camera stessa nel febbraio 2019, si prevedeva che «quando una proposta di legge ordinaria è presentata da almeno cinquecentomila elettori e le Camere non la approvano entro diciotto mesi dalla sua presentazione, è indetto un *referendum* per deliberarne l'approvazione». Tuttavia, «se le Camere la approvano con modifiche non meramente formali, il *referendum* è indetto sulla proposta presentata, ove i promotori non vi rinunzino. La proposta approvata dalle Camere è sottoposta a promulgazione se quella soggetta a *referendum* non è approvata».

Fermo restando che il *referendum* deve superare il vaglio di ammissibilità della Corte costituzionale, la proposta «è approvata se ottiene la maggioranza dei voti validamente espressi, purché superiore a un quarto degli aventi diritto al voto». Peraltro, anche ove questa revisione costituzionale venisse approvata entro la legislatura – cosa di cui pare ormai di poter dubitare – essa dovrebbe poi attendere una disciplina attuativa, stabilita «con legge approvata a maggioranza assoluta dei componenti di ciascuna Camera». E in proposito non può non ricordarsi che quella per il *referendum* abrogativo (e per gli altri *referendum* previsti dalla Costituzione) sopraggiunse ventidue anni dopo l'entrata in vigore della Costituzione.

La proposta, però, dopo l'approvazione da parte della Camera dei deputati, è rimasta bloccata in Commissione affari costituzionali al Senato, fino al termine della legislatura e nella XIX legislatura non risulta essere stata ripresentata, almeno al momento in cui andiamo in stampa.

L'iniziativa legislativa agli altri livelli territoriali

Deve infine ricordarsi come anche gli Statuti regionali contemplino, solitamente, l'iniziativa popolare, secondo quanto stabilito allo stesso art. 123, 1° comma, Cost. che la riferisce non solo alle leggi ma anche ai provvedimenti amministrativi.

In relazione agli atti amministrativi l'iniziativa popolare è peraltro contemplata anche dagli Statuti degli enti locali, come previsto all'art. 8 d.p.r. n. 267/2000.

Infine, come vedremo anche nel capitolo relativo all'organizzazione dell'Unione europea (par. 2), anche i Trattati europei (in particolare il Trattato sull'Unione europea ed il Trattato sul funzionamento dell'Unione europea) hanno previsto un particolare potere di iniziativa popolare che certamente, anche al di là del suo concreto utilizzo, può rivestire un ruolo assai significativo in un ordinamento nel cui ambito è spesso lamentata la scarsa partecipazione popolare e l'impostazione eccessivamente burocratica.

Capitolo IV

Il Parlamento *

1. *Introduzione: il ruolo del Parlamento nel sistema costituzionale e nella forma di governo*

La centralità del Parlamento

La seconda parte della Costituzione si apre con gli articoli relativi al Parlamento, cui è specificamente dedicato il Titolo I. Tale collocazione non è casuale: nella concezione istituzionale dei costituenti, infatti, il Parlamento viene ritenuto e disciplinato come l'organo centrale della forma di governo (non a caso definita "parlamentare"), tanto da far ritenere quest'ultima come di tipo "monista", ed in cui il "*monos*" (cioè l'organo "*unico*", da intendersi ovviamente come primario e centrale) è costituito appunto dal Parlamento. D'altra parte, la collocazione delle disposizioni sul Parlamento immediatamente dopo quelle sui "Rapporti politici" (intitolazione del Titolo IV della Parte prima della Costituzio-

---

* Di Emanuele Rossi, con la collaborazione di Vincenzo Casamassima. Si ringrazia Marco Mazzarella per il suo contributo alla stesura originaria del capitolo.

ne) evidenzia lo stretto rapporto tra tale organo e la sovranità popolare: in sostanza, il Parlamento è l'organo mediante cui la sfera dei diritti (politici, ed in particolare il diritto di voto) si connette a quella dei poteri.

In verità il disegno delineato nel testo costituzionale si è realizzato soltanto parzialmente nella realtà: tanto è vero che l'espressione "centralità del Parlamento" che, alla luce di quanto appena detto, avrebbe dovuto descrivere la realtà costante della forma di governo italiana, è stata adoperata soltanto in una fase storica definita, coincidente in sostanza con il decennio immediatamente successivo all'adozione dei regolamenti parlamentari del 1971. Nella normalità delle ipotesi la "centralità" del Parlamento, animata come è noto dal ruolo essenziale svolto dai partiti politici e dalle loro proiezioni parlamentari, si è dovuta combinare con la "centralità" del Governo, con prevalenza ora dell'uno ora dell'altro di tali organi: nella situazione attuale (che parte dalle riforme elettorali del 1993 ma che si è fortemente accentuata negli ultimi anni) della centralità parlamentare delineata dal Costituente sembrano restare nella prassi soltanto sbiaditi ricordi, ed anche i primi anni di applicazione della l. cost. 19 ottobre 2020, n. 1 (Modifiche agli articoli 56, 57 e 59 della Costituzione in materia di riduzione del numero dei parlamentari) non paiono aver prodotto, al contrario di quanto prospettato dai sostenitori della riforma, un'inversione di rotta.

Il nomen Parlamento ed il suo significato

Prima tuttavia di analizzare le disposizioni costituzionali, è opportuno soffermarsi sul significato del termine "Parlamento" e sulla configurazione complessiva del suo ruolo nella forma di governo italiana, senza trascurare, se pure in forma necessariamente molto sintetica, la prospettiva storica.

Il "nome" Parlamento è un termine antico e globale, che il nostro Costituente ha ripreso e fatto proprio: in generale, esso indica nel linguaggio moderno un organo di tipo collegiale, rappresentativo del popolo di una data comunità (attraverso cui esigenze di unificazione e di espressione del pluralismo trovano un contemperamento), cui sono affidate funzioni inerenti l'attività di governo (intesa in senso lato) di detta comunità, con specifico riferimento all'esercizio (almeno) dell'attività legislativa.

Nella forma di governo parlamentare, che la nostra Costituzione ha adottato e fatto propria, al Parlamento è attribuita non soltanto la titolarità della funzione legislativa (sebbene, come rilevato nel vol. II, cap. I, sez. III, par. 3, questa sia sempre più condivisa con il Governo), ma anche quella delle funzioni di indirizzo politico e di controllo nei confronti del Governo: funzione, quest'ultima, che può avvalersi tra l'altro delle informazioni raccolte mediante gli strumenti del sindacato conoscitivo e ispettivo e che ha nell'istituto della fiducia il principale strumento di realizzazione. Secondo determinate impostazioni dottrinali, al Parlamento spetterebbero poi anche autonome funzioni di *garanzia costituzionale* (in vista della salvaguardia del corretto funzionamento di snodi fondamentali del sistema istituzionale) e di *coordinamento* (con livelli di governo sub-nazionali ovvero internazionali e sovranazionali).

Parlamento e parlamentarismo: l'ordine del giorno Perassi

Per comprendere l'importanza riconosciuta all'organo in esame, ma insieme la preoccupazione nutrita dal Costituente nei confronti del ruolo del Parlamento nell'ambito del sistema politico-istituzionale, può essere utile richiamare, all'interno dei lavori dell'Assemblea costituente, il celebre ordine del giorno Perassi, approvato dalla seconda sottocommissione della Commissione per la Costituzione e che indicò all'Assemblea l'obiettivo da realizzare: «La seconda sottocommissione [...], ritenuto che né il tipo del governo presidenziale né quello del governo direttoriale risponderebbero alle condizioni della società italiana, si pronuncia per l'adozione del sistema parlamentare, da disciplinarsi, tuttavia, con dispositivi idonei a tutelare le esigenze di stabilità dell'azione di governo e ad evitare le degenerazioni del parlamentarismo». Dunque massima rilevanza al ruolo del Parlamento, considerando che il sistema parlamentare viene indicato come quello più idoneo ed adeguato alla realtà sociale italiana: ma, al contempo, consapevolezza dei limiti e dei rischi potenziali di tale sistema, individuati, da un lato, nel possibile indebolimento del ruolo del Governo e, dall'altro, nel rischio di degenerazioni politico/partitiche. In tale ultimo senso, si intendevano sottolineare i pericoli connessi all'eventuale prevalere di personalismi e di interessi particolaristici, come anche alla possibile affermazione di pulsioni assemblearistiche: situazioni, entrambe, che avrebbero potuto produrre conseguenze negative sugli equilibri della forma di governo.

Parlamento e rappresentanza politica

Per la Costituzione, dunque, il Parlamento è l'unico organo, a livello statale, direttamente rappresentativo del popolo (essendo l'unico ad essere eletto direttamente dal corpo elettorale): ma l'effettività di tale rappresentanza dipende – come è evidente – dai criteri e dalle modalità con cui essa si realizza. Problema, questo, che investe i criteri con cui il corpo elettorale sceglie i propri rappresentanti e attribuisce loro il mandato di rappresentarlo: tema che qui non è possibile affrontare, ma basti da un lato segnalarlo, e dall'altro ricordare come il criterio che viene considerato prevalente e che si è di fatto affermato sia quello della rappresentanza *politica*, poi tradottosi nei fatti nella rappresentanza mediante i partiti politici. In sostanza i membri di entrambe le Camere del Parlamento vengono scelti sulla base non di criteri di rappresentanza *territoriale* (sebbene per il Senato vi sia un qualche riferimento in tale senso, come subito si dirà) né di tipo *professionale* o *di categoria* (come è avvenuto in una precedente fase della nostra storia), o di altro criterio ancora, quanto invece sulla base di affinità ideologico/politiche, che prevalentemente vengono ricondotte al ruolo svolto dai partiti politici. Ciò vale a connotare il Parlamento come un organo "politico", anzi l'organo politico per eccellenza: come sede nella quale si svolge il *dibattito politico* e le *parti politiche* si incontrano e si confrontano.

Inoltre, occorre ricordare come la rappresentanza sia fortemente condizionata dal sistema elettorale utilizzato, il quale è in grado di influire anche sul peso che può essere attribuito ai partiti politici mediante la selezione delle candidature (è evidente, ad esempio, che in un sistema in cui non sono previsti voti di preferenza il ruolo dei partiti risulta assai più forte, sia in relazione alla composizione del Parlamento sia in ordine al rapporto che si instaurerà tra partiti ed eletti dopo le elezioni). Da entrambi i punti di vista, il ruolo "centrale" del Parlamento si correla dunque strettamente a quello dei partiti politici, principale strumento a disposizione dei cittadini al fine di concorrere a determinare la "politica nazionale" (come stabilisce l'art. 49 Cost.).

Il Parlamento nell'Italia liberale

L'antecedente storico del Parlamento disegnato dalla Costituzione è costituito dal Parlamento previsto dallo Statuto albertino, il quale peraltro non conteneva l'espressione "Parlamento", ma faceva riferimento, separatamente ed esclusivamente, alle due Camere che lo costituivano. Si trattava, anche in quel caso, di un Parlamento dotato di una struttura bicamerale, seppure con significative differenze rispetto al sistema costituzionale attuale. In primo luogo in quanto una delle due Camere, il Senato, non era di tipo elettivo bensì di nomina regia (il che significava poi, nella sostanza, di nomina delle varie maggioranze che si succedevano al Governo, dal momento che il Governo acquisì rapidamente il potere sostanziale di designare le personalità da nominare alla carica di senatore), e ciò al fine di assicurare l'equilibrio dei poteri, che si riteneva potesse essere messo in pericolo dalla previsione di un'unica Camera espressione della volontà popolare (la quale avrebbe rischiato di condurre, secondo le parole di un esponente governativo dell'epoca, "alla Repubblica e all'anarchia"). In secondo luogo in quanto, sebbene nello Statuto i poteri dei due rami fossero pressoché identici, la progressiva emersione dei tratti distintivi propri della forma di governo parlamentare (insieme ad altri fattori) portò al risultato di concentrare il rapporto di fiducia nella Camera elettiva (la Camera dei deputati), con esclusione del Senato da tale fondamentale funzione e il consolidarsi di un bicameralismo nei fatti differenziato. Si deve comunque rilevare come l'uso da parte del Re, sebbene normalmente su impulso del Governo, dei poteri di proroga e chiusura delle sessioni (in cui si articolavano al loro interno le legislature), cui spesso seguiva lo scioglimento della Camera dei deputati, consentisse di esercitare un forte condizionamento sulla vita parlamentare, permettendo al Governo di assumere decisioni, spesso anche molto rilevanti, sottraendosi alla possibilità di un effettivo controllo parlamentare. E si deve, più in generale, rilevare che il processo di evoluzione verso il governo parlamentare non approdò, in epoca statutaria, ad una conformazione pienamente *monista* della forma di governo. Il Re continuava infatti ad esercitare, in maniera più accentuata nelle fasi di crisi del sistema politico-istituzionale, un potere sostanziale di incidenza sull'indirizzo politico governativo, il quale non poté dunque mai giungere a trovare nel Parlamento, e in particolare nella Camera elettiva, la sua esclusiva fonte di legittimazione.

Il Parlamento durante il regime fascista

Nel periodo fascista il Parlamento subì fortissime trasformazioni: e non casualmente, proprio in quanto espressione di un modello "democratico" che il regime si proponeva di abolire. Tali trasformazioni che, come noto, non si realizzarono mediante modifiche formali dello Statuto, ebbero ad oggetto sia le *funzioni* che la *struttura* del Parlamento. Così, in particolare, fu eliminato il rapporto di fiducia tra Parlamento e Governo (mediante la prima delle leggi "fascistissime", la n. 2263/1925, che stabilì espressamente la responsabilità del Governo nei confronti del Re soltanto); la produzione normativa di rango primario fu in gran parte trasferita dal Parlamento al Governo (con la l. n. 100/1926); fu attribuito al Capo del Governo il potere di intervenire sull'ordine del giorno delle due Camere; ed infine la Camera dei deputati fu trasformata nella Camera dei fasci e delle corporazioni (con l. n. 129/1939), con l'intento dichiarato di mutare il criterio di selezione dei suoi componenti (da una rappresentanza politica ad una rappresentanza di categorie ovvero di interessi, oltre che del Partito fascista), ma con l'ulteriore effetto di sottrarre ogni forma di effettiva rappresentanza al Parlamento (tanto è vero che con legge furono introdotti dei meccanismi mediante i quali i membri della Camera dei fasci e delle corporazioni venivano cooptati tra i politici titolari di cariche nel Partito fascista ovvero nelle varie corporazioni).

Il Parlamento in Assemblea costituente e nella Costituzione

Si comprendono, anche alla luce di ciò, le scelte del Costituente repubblicano, tendenti ad attribuire non soltanto un ruolo centrale al Parlamento nell'ambito del sistema istituzionale e dei processi decisionali, ma soprattutto a garantire effettiva capacità rappresentativa ad entrambe le Camere (sebbene molte siano state le discussioni in ordine al sistema bicamerale, come si dirà) e a prevedere istituti tesi ad impedire che si realizzassero, in futuro, operazioni di svuotamento del ruolo delle istituzioni parlamentari. Nella concezione dei costituenti, dunque, il Parlamento si collega al principio fondamentale sancito nel primo articolo della Costituzione, in quanto la sovranità, che appartiene al popolo, è da quest'ultimo esercitata "nelle forme e nei limiti della Costituzione": ed al

Parlamento sono attribuite alcune tra le funzioni fondamentali mediante cui detta sovranità si concretizza (dalla funzione legislativa alla revisione costituzionale, dalla fiducia al Governo alla elezione del Presidente della Repubblica e di alcuni giudici della Corte costituzionale, ecc.). Al contempo, però, il Parlamento non è organo "sovrano assoluto": il suo potere è infatti limitato e controllato dagli organi di garanzia (Presidente della Repubblica, Corte costituzionale) e può essere altresì condizionato dal popolo mediante gli strumenti che questo può attivare direttamente (soprattutto *referendum* abrogativi), istituti che operano come correttivi di un modello parlamentare "puro".

Il Parlamento dopo la riforma costituzionale del 2020

È opportuno inoltre qui operare un riferimento di carattere generale alla l. cost. n. 1/2020 che, oltre ad introdurre una limitata innovazione in materia di senatori a vita di nomina presidenziale, ha prodotto una rilevante riduzione del numero dei parlamentari (da seicentotrenta a quattrocento deputati e da trecentoquindici a duecento senatori elettivi), divenuta operativa a partire dalla XIX legislatura (iniziata nel 2022). Si tratta di una revisione che, pur incidendo su un numero ridotto di articoli della Carta costituzionale, ha un impatto evidente sulla capacità rappresentativa delle Camere, con inevitabili ripercussioni, tra l'altro, in materia di legislazione elettorale (sui sistemi elettorali di Camera e Senato v. cap. III, par. 3.3.1.) e su diversi aspetti dell'organizzazione e del funzionamento dei due rami del Parlamento.

In ordine ai profili organizzativi, vengono in rilievo soprattutto (sebbene non solo) le questioni attinenti alla composizione degli organi interni delle Camere (a cominciare dalle *Commissioni parlamentari*) e alla costituzione dei *gruppi parlamentari*. Per quanto concerne i profili funzionali, emergono le potenziali implicazioni della riforma con riguardo alla funzionalità delle Camere, nelle sue diverse declinazioni: è del resto agevole comprendere, in termini generali, come possa avere un significato non trascurabile da questo punto di vista il fatto che il grande carico di lavoro (cresciuto in maniera rilevante nel corso degli ultimi decenni) che grava sui due rami del Parlamento debba, dopo la riforma costituzionale sopra richiamata, essere sostenuto da un numero ridotto di componenti.

Alla luce di ciò, si sono rese, se non indispensabili, quanto meno fortemente opportune significative modifiche dei regolamenti parlamentari, che sono state effettivamente approvate nel 2022 dalle due Camere (dal Senato al termine della XVIII legislatura, dalla Camera all'inizio della successiva: con la conseguenza che una parte delle innovazioni apportate al Regolamento della Camera entreranno in vigore a decorrere dalla XX legislatura).

Il disegno di legge di revisione costituzionale sul "premierato elettivo"

Senza poi poter qui approfondire l'analisi dei suoi contenuti (su cui v. anche cap. V, sez. I, par. 2.), è necessario un breve cenno alla proposta di revisione costituzionale approvata in prima lettura dal Senato il 18 giugno 2024, nota come "premierato elettivo" («Modifiche alla parte seconda della Costituzione per l'elezione diretta del Presidente del Consiglio dei ministri, il rafforzamento della stabilità del Governo e l'abolizione della nomina dei senatori a vita da parte del Presidente della Repubblica»). Il disegno di legge mira ad operare una rilevante riforma costituzionale, che modificherebbe in maniera significativa la forma di governo, incidendo, direttamente o indirettamente, sui poteri di Parlamento, Governo (e al suo interno Presidente del Consiglio dei ministri) e Presidente della Repubblica. Oltre ad eliminare la figura dei senatori a vita di nomina presidenziale (con l'abrogazione dell'art. 59, 2° comma, Cost.), infatti, il succitato ddl costituzionale introdurrebbe una forma di governo diversa da quella parlamentare, di cui pure conserverebbe alcune caratteristiche, ma diversa anche dagli altri modelli reperibili in altri Paesi, quali la repubblica presidenziale e quella semi-presidenziale.

Al centro del nuovo assetto prefigurato dal disegno di legge di revisione costituzionale vi è la previsione dell'elezione diretta del Presidente del Consiglio, al quale verrebbe conferito il potere di proporre al Presidente della Repubblica la nomina e la revoca dei ministri (cfr. art. 92 Cost. come riscritto dal ddl costituzionale in esame). Il Presidente del Consiglio (e, di riflesso, il Governo) non avrebbero più dunque nel Parlamento la loro (principale) fonte di legittimazione, che deriverebbe invece dall'elezione diretta ad opera dei cittadini elettori. Inoltre, sempre in base al nuovo art. 92 Cost., «la legge disciplina il sistema per l'elezione delle Camere e del Presidente del Consiglio, assegnando un premio su base nazionale che garantisca una maggioranza dei seggi in ciascuna delle Camere alle liste e ai candidati collegati al Presidente del Consiglio [...]», legando dunque l'elezione delle Camere (come avviene attualmente per i Consigli regionali e per quelli comunali) all'elezione dell'organo di vertice dell'Esecutivo, al fine di "assicurare" (non dunque solamente *favorire*) a quest'ultimo una maggioranza parlamentare allineata ai suoi orientamenti politici.

A fronte della previsione dell'elezione diretta del Presidente del Consiglio, il riscritto art. 94 Cost. prevederebbe che il Governo, dopo la sua formazione, si presenti alle Camere per ottenerne la fiducia: ove quest'ultima non sia accordata (data la precostituzione per via elettorale di una maggioranza parlamentare politicamente allineata al Presidente del Consiglio eletto, si tratterebbe peraltro di un'eventualità di difficilissima realizzazione), il Presidente della Repubblica può rinnovare al Presidente del Consiglio eletto l'incarico di formare un nuovo Governo e, in caso di nuovo voto negativo, procede allo scioglimento delle Camere. Lo scioglimento delle Camere da parte del Presidente della Repubblica è la conseguenza inevitabile, dopo le necessarie dimissioni del Presidente del Consiglio, anche della revoca della fiducia mediante mozione motivata approvata da una delle due Camere. In caso, invece, di dimissioni del Presidente del Consiglio eletto non derivanti da revoca parlamentare della fiducia, il riscritto art. 94 prevede che il Presidente del Consiglio possa chiedere al Presidente della Repubblica, che è tenuto a disporlo, lo scioglimento delle Camere. Qualora, nel caso di cui si parla, il Presidente del Consiglio decida di non chiedere lo scioglimento, il Presidente della Repubblica «conferisce l'incarico di formare il Governo, per una sola volta nel corso della legislatura, al Presidente del Consiglio dimissionario o a un parlamentare eletto in collegamento con il Presidente del Consiglio». Invece, in caso di decadenza, impedimento permanente o morte del Presidente del Consiglio, il Presidente della Repubblica, il quale anche in questo caso non esercita una facoltà di scelta, è tenuto a conferire, sempre per una sola volta nel corso di una legislatura l'incarico di formare il Governo «a un parlamentare eletto in collegamento con il Presidente del Consiglio». Di conseguenza, se le circostanze appena richiamate si ripresentassero per una seconda volta nel corso della legislatura, il Presidente della Repubblica non potrebbe che procedere allo scioglimento delle Camere.

In conclusione, si deve ribadire che l'entrata in vigore di tale riforma costituzionale, di cui si sono presi in considerazione i profili più rilevanti ai fini di questo capitolo, comporterebbe un radicale mutamento della forma di governo e l'approdo sui lidi di una forma di governo nell'ambito della quale la posizione del Parlamento sarebbe significativamente meno rilevante, sul piano formale e su quello sostanziale, di quella detenuta nell'assetto costituzionale vigente.

Sezione I
L'organizzazione

1. *Il sistema bicamerale*

La Costituzione non definisce il Parlamento, ma apre il Titolo ad esso dedicato, articolato a sua volta in una Sezione I dedicata a «Le Camere» e in una Sezione II dedicata a «La formazione delle leggi», con lo stabilire che esso è composto da due Camere: la Camera dei deputati e il Senato della Repubblica. Mentre risulta significativo, per un verso, che la Costituzione del 1948, a differenza dello Statuto Albertino, si riferisca al "Parlamento", evocando l'idea di un'unità funzionale delle due Camere (pur nella reciproca distinzione e autonomia), bisogna, per altro verso, soffermare l'attenzione sulla conferma dell'opzione *bicamerale.*

Il bicameralismo in Assemblea Costituente ...

Sulle ragioni per le quali il nostro Costituente scelse un sistema siffatto la risposta non è univoca, ma certamente influì molto sulle valutazioni dei componenti dell'Assemblea la posizione assunta dalla Commissione Forti (una commissione di studio istituita dal Ministero per la Costituente per fornire indicazioni sulla riorganizzazione dello Stato), la quale si espresse a favore di un sistema bicamerale in quanto la presenza di una seconda Camera avrebbe garantito maggiore equilibrio e più ponderazione, ed in generale un contributo al miglioramento della qualità della normazione e delle scelte da operare. In sostanza si riteneva che nell'assetto che si andava a costruire, e che avrebbe dovuto sostenere una democrazia per la quale si nutrivano non poche preoccupazioni, la struttura bicamerale avrebbe garantito un maggior equilibrio nell'organizzazione dello Stato ed avrebbe consentito altresì di meglio salvaguardare e dare attuazione ai principi costituzionali.

Le voci contrarie all'introduzione di un sistema bicamerale provennero soprattutto dai deputati della sinistra (e da quelli del Partito comunista in particolare), i quali ritenevano che non fosse possibile coniugare il principio dell'unica sovranità popolare con un sistema che prevedesse due organi espressivi della medesima sovranità, tanto da denunciare i rischi del bicameralismo sia in ragione della duplicazione, ritenuta inutile, di organi tendenti a rappresentare i medesimi soggetti, sia in ragione dei conflitti che sarebbero potuti insorgere tra le due Camere. Tuttavia la consistente maggioranza che si andava formando a favore del bicameralismo indusse la sinistra a non insistere per la soluzione contraria, ma a concentrare le proprie richieste nel senso dell'affermazione di un principio di rappresentanza politica generale del popolo come fondativo del ruolo anche della seconda Camera e di una differenziazione di funzioni tra i due rami del Parlamento.

E fu proprio su questi due aspetti che si incentrò la discussione. Quanto ai criteri di composizione delle due Camere, infatti, sebbene le principali esperienze in atto nel momento dell'approvazione della Costituzione individuassero nel Senato una camera rappresentativa delle istanze territoriali (sul modello statunitense), fu avanzata nel corso del dibattito, soprattutto ad opera dei costituenti democratico-cristiani, una proposta favorevole ad una seconda camera che garantisse la rappresentanza delle "forze vive della società", intendendosi con tale termine generico sia le espressioni di interessi e categorie professionali che quelle delle autonomie territoriali. Ed in effetti una traccia della seconda esigenza è presente nel testo costituzionale, in quanto, se la Camera dei deputati «è eletta a suffragio universale e diretto» (art. 56), il Senato, invece, «è eletto a base regionale» (art. 57): espressione, quest'ultima, assai generica (e che infatti ha consentito letture sostanzialmente elusive del principio che si voleva, se pure molto cautamente, affermare), ma che certamente ha l'intento di fare della seconda Camera una sede di rappresentanza per le autonomie regionali, e non invece per le categorie produttive o le organizzazioni professionali. Il motivo del rifiuto di tale ultima soluzione deve essere colto, oltre che nel prevalere tra i partiti politici presenti in Costituente di una certa idea generale della rappresentanza, contraria alla valorizzazione del ruolo di "comunità intermedie" diverse dai partiti politici, nelle vicende storiche cui sopra si è fatto riferimento: non vi è dubbio che l'estrema vicinanza dell'esperienza fascista della Camera dei fasci e delle corporazioni abbia indotto il nostro Costituente ad evitare in tutti i modi di riproporre assetti delle assemblee rappresentative che si rifacessero, per quanto solo in parte e in un contesto molto diverso, a impostazioni poste alla base della sopra citata istituzione, concepita e introdotta dal fascismo.

... e l'approdo al bicameralismo "perfetto"

Per quanto riguarda invece le funzioni, prevalse la soluzione di attribuire ad entrambe le Camere gli stessi poteri, così che i principali atti parlamentari devono essere il frutto della concorde volontà dei due rami: si parla perciò di un *bicameralismo paritario*, ovvero *eguale* ovvero ancora *perfetto*, ove con quest'ultimo termine non si vuole certo esprimere un giudizio di valore rispetto ad altri esempi, ma soltanto indicare l'identica posizione delle due Camere. Della natura paritaria del bicameralismo scelto dall'Assemblea Costituente sono indicative la statuizione che «la funzione legislativa è esercitata collettivamente dalle due Camere» (art. 70 Cost.) e quella che «il Governo deve avere la fiducia delle due Camere» (art. 94, 1° comma, Cost.).

Le uniche differenze che furono previste tra Camera e Senato attenevano a profili non determinanti e riguardanti: il diverso numero dei componenti; la presenza, al Senato, di senatori non eletti ma a vita (gli ex Presidenti della Repubblica e i cinque senatori nominati dal Capo dello Stato *ex* art. 59); la ricordata elezione del Senato "a base regionale"; le differenze in ordine all'elettorato attivo e passivo; l'attribuzione al Presidente della Camera del ruolo di Presidente del Parlamento in seduta comune e a quello del Senato del ruolo di supplente del Presidente della Repubblica; la diversa durata della legislatura (cinque anni per la Camera, sei per il Senato: con lo scopo di differenziare gli equilibri politici tra le due Camere). Tuttavia quest'ultima previsione, foriera di effetti potenzialmente non trascurabili sul funzionamento del sistema parlamentare e della stessa forma di governo, non ha mai avuto concreta attuazione: giacché nelle prime legislature (1948-1953 e 1953-1958) il Presidente della Repubblica sciolse (anticipatamente) il Senato insieme alla Camera; mentre subito dopo, con la l. cost. n. 2/1963, tale differenziazione fu definitivamente abolita, e la durata di entrambe le Camere fu portata a cinque anni. Va altresì segnalato come, più recentemente, la l. cost. 18 ottobre 2021, n. 1 abbia modificato l'art. 58, 1° comma, Cost., relativo alla disciplina dell'elettorato *attivo* per il Senato, adesso eletto, come la Camera dei deputati, da tutti i cittadini maggiorenni, anziché, come previsto in precedenza, solo dai cittadini che avevano superato il venticinquesimo anno di età. Ne è risultata così eliminata un'altra delle (poche) differenze tra Camera e Senato originariamente previste dal Costituente.

La questione del numero dei parlamentari

La sopra citata l. cost. n. 2/1963 riveste una grande importanza anche in ordine alla questione del numero dei parlamentari. Il testo originario della Costituzione non ne determinava un numero fisso. Era previsto infatti che «la Camera dei deputati è eletta a suffragio universale e diretto, in ragione di un deputato per ottantamila abitanti o per frazione superiore a quarantamila» (art. 56, 1° comma), mentre, per quanto riguarda il Senato, si stabiliva che «a ciascuna Regione è attribuito un senatore per duecentomila abitanti o per frazione superiore a centomila» (art. 57, 2° comma) e che «nessuna Regione può avere un numero di senatori inferiore a sei. La Valle d'Aosta ha un solo senatore» (art. 57, 3° comma). Fu la succitata legge costituzionale a stabilire che la Camera dei deputati si componesse di 630 deputati e il Senato della Repubblica di 315 senatori elettivi, mentre la l. cost. n. 3/1963, con cui si provvide anche all'istituzione della Regione Molise, stabilì che nessuna Regione potesse avere un numero di senatori inferiore a sette (anziché a sei, come in precedenza previsto) e che il Molise avesse due senatori. La l. cost. n. 1/2001, come si è avuto modo di evidenziare nel capitolo dedicato al corpo elettorale, ha successivamente stabilito che dodici deputati e sei senatori venissero eletti nella circoscrizione Estero.

Con la l. cost. n. 1/2020, infine, è stata ulteriormente modificata la composizione delle due Camere. Ora è stabilito che «il numero dei deputati è di quattrocento, otto dei quali eletti nella circoscrizione Estero» (art. 56, 2° comma) e che «il numero dei senatori elettivi è di duecento, quattro dei quali eletti nella circoscrizione Estero» (art. 57, 2° comma), mentre «Nessuna Regione o Provincia autonoma può avere un numero di senatori inferiore a tre» (art. 57, 3° comma). La medesima legge costituzionale ha modificato anche l'art. 59 Cost., che attribuisce al Presidente della Repubblica il potere di nominare cinque senatori a vita. A tal proposito, in precedenza il testo poneva i presupposti per una divergenza interpretativa in ordine all'attribuzione del potere all'organo Presidente della Repubblica o a ciascun Presidente come persona fisica, derivandone, in questo secondo caso, la possibile presenza contemporanea a Palazzo Madama di più di cinque senatori a vita di nomina presidenziale (nella prassi era risultata prevalente la prima opzione). Dopo la riforma del 2020 l'art. 59, 2° comma, stabilisce invece, inequivocabilmente, che «il numero complessivo dei senatori in carica nominati dal Presidente della Repubblica non può in alcun caso essere superiore a cinque». Va ricordato, a tale proposito, che – come già indicato – qualora fosse definitivamente approvata la riforma costituzionale introduttiva del c.d. premierato elettivo nella versione approvata in prima lettura, la previsione costituzionale dei senatori a vita di nomina presidenziale sarebbe abrogata, e quindi il Presidente della Repubblica non potrebbe più nominarne (mentre rimarrebbero in carica quelli già nominati al momento dell'entrata in vigore della riforma costituzionale).

Il dibattito sul bicameralismo italiano ...

Il bicameralismo che la Costituzione ci ha consegnato, dunque, è, come si è detto, del tutto peculiare rispetto a quello riscontrabile in altri sistemi costituzionali, ed il giudizio che ne viene dato alla luce di un'esperienza ormai molto lunga è – in generale – prevalentemente critico. Se ne sottolinea infatti la sostanziale inutilità e l'appesantimento che esso provocherebbe all'efficienza del sistema parlamentare in generale, e del procedimento legislativo in particolare, senza offrire soluzioni adeguate alle esigenze di rappresentanza degli enti territoriali (Regioni ed enti locali). Quanto al primo punto occorre rilevare che quelle critiche hanno solido fondamento, e tuttavia neppure va dimenticato come la "doppia lettura" di un testo legislativo possa produrre effetti positivi, consentendo, come spesso è di fatto avvenuto, un ripensamento di quanto approvato, la correzione di possibili errori, il rimedio ad affrettate valutazioni politiche (che per le modalità con cui i lavori parlamentari si svolgono possono verificarsi).

... e le proposte di riforma

In ogni caso le proposte di riforma che sono state avanzate nel corso del tempo, e che non hanno avuto alcun esito almeno fino ad oggi (si ricordi, da ultimo, quella approvata dalle Camere e poi respinta dal corpo elettorale nel *referendum* costituzionale del 4 dicembre 2016), tendevano a differenziare le due Camere in ordine alle funzioni svolte (e alla composizione), ma con soluzioni che avrebbero creato non pochi problemi in fase attuativa.

Quanto all'eguale rappresentanza che le due Camere esprimono, essa è stata oggetto di altrettante critiche, che si sono accentuate dopo l'entrata in vigore della l. cost. n. 3/2001, la quale, modificando l'assetto del riparto di competenze tra Stato e Regioni con l'intenzione di introdurre un criterio più vicino a quelli propri di un assetto federale, ha indotto i più a ritenere necessaria una trasformazione del Senato in una "Camera delle Regioni" (o, più ampiamente, in una Camera di rappresentanza degli enti territoriali), sull'esempio dei sistemi compiutamente federali. In tal senso si orientano le numerose proposte di riforma della Costituzione che sono state elaborate nel corso degli anni (oltre a molte di quelle che sono state e continuano ad essere formulate in sede scientifica). Tali proposte, tuttavia, lasciano aperti due problemi non secondari: da un lato, la questione se la seconda Camera debba essere rappresentativa delle (sole) Regioni ovvero anche degli altri enti territoriali; in secondo luogo, quella di come gli eventuali componenti debbano essere eletti: se direttamente dal corpo elettorale regionale – ed in tal caso si pone il problema di come far sì che gli eletti rappresentino effettivamente gli enti territoriali e non siano espressione dei partiti – ovvero mediante un'elezione di secondo grado (attraverso elezioni cioè interne ai Consigli regionali se non addirittura su indicazione delle Giunte regionali).

L'art. 11 l. cost. n. 3/2001: una previsione inattuata

In questo quadro va poi segnalata l'esistenza di una disposizione costituzionale, ad oggi inattuata, e contenuta nell'art. 11 l. cost. n. 3/2001, la quale prevede che «sino alla revisione delle norme del Titolo I della Parte seconda della Costituzione, i regolamenti della Camera dei deputati e del Senato della Repubblica possono prevedere la partecipazione di rappresentanti delle Regioni, delle Province autonome e degli enti locali alla Commissione parlamentare per le questioni regionali». Tale Commissione, come si dirà, è prevista dall'art. 126 Cost. con limitati poteri: questi sarebbero significativamente estesi con riguardo al procedimento legislativo. Il comma successivo del richiamato art. 11 stabilisce infatti che nel caso di progetti di legge riguardanti determinate materie di interesse regionale la Commissione, come integrata, può esprimere un proprio parere: se questo è contrario, ovvero favorevole ma condizionato all'introduzione di modificazioni specificamente formulate, o la Commissione che ha svolto l'esame in sede referente vi si adegua, o altrimenti sulle corrispondenti parti del progetto di legge l'Assemblea deve deliberare a maggioranza assoluta dei suoi componenti.

Si tratta di una previsione significativa, non tanto per gli effetti pratici che sin qui ha prodotto (i regolamenti parlamentari non sono stati adeguati e pertanto essa è al momento lettera morta), ma per il valore in sé della previsione, che indica la necessità di trovare in ambito parlamentare una sede di dialogo e di confronto tra lo Stato, le Regioni e gli enti locali, nell'evidente presupposto che l'attuale conformazione delle due Camere non soddisfi tale esigenza.

2. *Il Parlamento in seduta comune*

L'idea originaria di un'Assemblea nazionale …

La Costituzione attribuisce determinate funzioni ad un organo composto da tutti i deputati e tutti i senatori, che viene definito nel testo costituzionale «Parlamento in seduta comune» (oppure, ad opera dell'art. 64, 2° comma, Cost., «Parlamento a Camere riunite»). Prima di analizzare gli aspetti relativi alla discussa natura di quest'ultimo e di soffermarci sulle funzioni ad esso conferite, va ricordato come tale previsione costituisca il risultato ridotto di un'idea che era stata avanzata in Assemblea Costituente. Nel progetto di Costituzione presentato dalla Commissione dei Settantacinque, infatti, era prevista la possibilità per i membri delle due Camere di riunirsi in una "Assemblea nazionale", alla quale venivano conferite diverse e molto rilevanti funzioni: la nomina dei giudici costituzionali; l'elezione al proprio interno di metà dei componenti del Consiglio superiore della magistratura; la deliberazione della mobilitazione generale e dell'entrata in guerra; la decisione circa l'amnistia e l'indulto; la risoluzione delle controversie di merito relative alle leggi regionali; la concessione della fiducia e la votazione della sfiducia al Governo.

… ed il suo ridimensionamento

Nella discussione che si svolse nel *plenum* dell'Assemblea Costituente prevalsero però le opinioni contrarie all'introduzione di un terzo organo come sopra configurato, nel timore che esso potesse sconvolgere quel bicameralismo "perfetto" che si voleva prevedere. Conseguentemente, la scelta cadde sulla previsione del conferimento alle Camere riunite di un elenco tassativo di funzioni, ridimensionate rispetto a quelle ipotizzate in un primo momento, accompagnata dal significativo abbandono della denominazione di Assemblea nazionale, a vantaggio di quella di Parlamento in seduta comune. L'intenzione, soprattutto di una parte dei costituenti, era di sottolinearne la natura non di nuovo organo parlamentare, bensì di nuovo modo di riunione delle Camere: si tratta peraltro di una tesi minimalista che non sembra da condividere, alla luce delle previsioni costituzionali.

Definizione costituzionale e natura dell'organo

L'art. 55 Cost., il quale al 1° comma statuisce che «il Parlamento si compone della Camera dei deputati e del Senato della Repubblica», prevede al secondo che «il Parlamento si riunisce in seduta comune dei membri delle due Camere nei soli casi stabiliti dalla Costituzione». Alla luce di tale previsione si è sostenuto che il Parlamento possa configurarsi come un «organo unico a struttura complessa», che potrebbe agire nella sua unità, nelle articolazioni principali corrispondenti alle due Camere o in articolazioni minori (le varie tipologie di commissioni parlamentari). Al di là dell'accoglimento o meno di tale complessiva impostazione, occorre comunque riconoscere che la definizione del Parlamento in seduta comune come semplice modo di riunione dei parlamentari risulta assai riduttiva, alla luce del dettato costituzionale.

Ciò in primo luogo per il carattere permanente del collegio, i cui componenti vi appartengono in quanto membri di una delle due Camere e non perché nominati o eletti di volta in volta per l'esercizio delle diverse funzioni (a differenza di quello che accade, per esempio, con i delegati regionali che partecipano all'elezione del Presidente della Repubblica). E l'art. 64, 3° comma, Cost., richiamando, in vista della definizione del *quorum* di validità delle sedute e del calcolo delle maggioranze, «le deliberazioni di ciascuna Camera *e del Parlamento*», ignora la distinzione tra deputati e senatori, considerati parte di un'unica assemblea parlamentare, al cui interno si realizza anche una sorta di fusione tra i corrispondenti gruppi parlamentari delle due Camere. In secondo luogo, si deve richiamare il fatto che al Parlamento in seduta comune sono costituzionalmente conferite funzioni diverse da quelle attribuite alle singole Camere, non esercitabili dalle stesse separatamente: tanto è vero che esso è legittimato anche a sollevare conflitto di attribuzioni tra poteri dello Stato davanti alla Corte costituzionale (cfr. vol. II, cap. IV, sez. IV, par. 4.2).

Profili organizzativi e garanzie di autonomia

L'art. 63, 2° comma, Cost. statuisce che «quando il Parlamento si riunisce in seduta comune, il Presidente e l'Ufficio di presidenza sono quelli della Camera dei deputati», come della Camera è la sede per le sue riunioni. È previsto inoltre che il Presidente della Camera, a norma dell'art. 85, 2° comma, Cost., convochi «in seduta comune il Parlamento e i delegati regionali, per eleggere il nuovo Presidente della Repubblica». Tali soluzioni, che evitano dunque di prevedere specifici organi apicali per il Parlamento in seduta comune, hanno l'evidente fine di non attribuire ad esso una posizione pienamente autonoma e quindi di evitare che questi possa configurarsi come una vera e propria "terza Camera".

Quanto alla potestà regolamentare, sebbene la Costituzione, all'art. 64, non la conferisca esplicitamente al Parlamento in seduta comune, ma soltanto alle Camere singolarmente considerate, essa deve tuttavia reputarsi componente essenziale dell'autonomia dell'organo di cui si tratta. Nei regolamenti delle due Camere troviamo l'indicazione che deve applicarsi alle riunioni del Parlamento in seduta comune il regolamento della Camera dei deputati, salva la possibilità per il medesimo di adottare altre regole. In questo senso sono sia l'art. 35, 2° comma, Reg. Cam., secondo cui «il regolamento della Camera è applicato *normalmente* nelle riunioni del Parlamento in seduta comune dei suoi membri", sia l'art. 65 Reg. Sen., il quale stabilisce che "per le sedute in comune delle due Camere si applica il regolamento della Camera dei deputati, *salva sempre la facoltà delle Camere riunite di stabilire norme diverse*».

Natura giuridica

Il riconoscimento di tale autonomia normativa fornisce un orientamento anche in ordine ad un'altra questione fortemente dibattuta, cioè quella, concernente la natura giuridica del Parlamento in seduta comune, che verte sulla sua definizione come "collegio perfetto", in grado, in quanto tale, oltre che di votare, anche di discutere della materia oggetto di deliberazione, oppure come "collegio imperfetto", chiamato invece semplicemente a votare su quesiti già predisposti. L'adozione di previsioni regolamentari dovrebbe essere, infatti, necessariamente preceduta da una discussione, e un dibattito deve senz'altro svolgersi nell'ambito del procedimento di messa in stato di accusa del Presidente della Repubblica, elementi che orientano, come affermato da molti in dottrina, verso un sostegno alla tesi del Parlamento in seduta comune come "collegio perfetto". Non si può, però, trascurare di ricordare che, con riguardo alle funzioni elettorali del Parlamento in seduta comune, sebbene la dottrina maggioritaria ritenga che debbano ritenersi ammissibili discussioni circa le questioni procedurali concernenti le votazioni (e non, invece, intorno alle candidature), la prassi va in direzione contraria. Decisioni di questo tipo sono state sempre assunte autonomamente dal Presidente dell'Assemblea, in aderenza ad una concezione del Parlamento in seduta comune come "collegio imperfetto".

Le funzioni in sintesi

Per quel che concerne le funzioni del Parlamento in seduta comune, dal momento che vi si soffermerà nelle parti del presente Manuale ed esse specificamente dedicate, ci si può limitare qui ad una mera elencazione. Tra i "casi stabiliti dalla Costituzione" in cui tale organo si riunisce (art. 55, 2° comma, Cost.), rientrano: l'elezione, in composizione integrata da tre delegati per ogni Regione e da uno per la Valle d'Aosta, e il giuramento del Presidente della Repubblica (artt. 83, 85 e 91 Cost.); l'elezione di cinque giudici della Corte costituzionale e l'elezione, una volta ogni nove anni, dell'elenco di cittadini eleggibili a senatori, tra i quali sorteggiare i sedici componenti aggregati per la Corte costituzionale integrata (art. 135 Cost.); l'elezione di un terzo dei componenti del Consiglio superiore della magistratura (art. 104 Cost.); la messa in stato di accusa del Presidente della Repubblica per alto tradimento o attentato alla Costituzione (art. 90 Cost.).

Le conseguenze della riduzione del numero dei parlamentari

Ci si può infine interrogare intorno alle possibili conseguenze della riduzione del numero dei parlamentari operata nel 2020 sull'esercizio delle funzioni del Parlamento in seduta comune. A venire in rilievo sono naturalmente le funzioni decisionali e, tra queste, in particolare quelle consistenti nell'elezione di organi (o di componenti di organi). Al netto del possibile impatto indiretto, anche in riferimento a tale aspetto, delle scelte operabili al livello della legislazione elettorale e della rimodulazione del ruolo parlamentare dei partiti politici, la riduzione del numero dei parlamentari non dovrebbe avere significative ricadute dirette sull'adeguatezza dei *quorum* previsti ai fini dell'esercizio delle funzioni del Parlamento in seduta comune.

Una considerazione specifica merita l'elezione del Presidente della Repubblica, ai fini della quale la composizione del Parlamento in seduta comune è integrata dalla presenza di delegati eletti dai Consigli regionali (tre delegati per ciascuna Regione, a parte la Valle d'Aosta che ha un solo delegato). È evidente che la riduzione dei componenti parlamentari ha aumentato (dal 5,8 all'8,7%) il peso percentuale della componente costituita dai delegati regionali. Si è discusso, a tal riguardo, della possibilità di ridurre il numero di delegati regionali, ma una loro eventuale riduzione da tre a due renderebbe impossibile assicurare una ragionevole attuazione alla previsione secondo cui i Consigli regionali devono eleggere i delegati «in modo che sia assicurata la rappresentanza delle minoranze» (art. 83, 2° comma): risulterebbe infatti impossibile garantire che, in riferimento ad una delegazione regionale composta di due membri, possa evidenziarsi una differenza in termini di rappresentanza a vantaggio della maggioranza consiliare, che, nel collegio elettorale del Presidente della Repubblica, sarebbe rappresentata, come le minoranze, da un solo delegato.

3. *Il singolo parlamentare e il suo* status

Rappresentanza della Nazione e divieto di mandato imperativo

Lo *status* di membro del Parlamento si acquisisce, salvo le peculiarità concernenti i senatori a vita, al momento della proclamazione, atto conclusivo del procedimento elettorale (sotto la condizione risolutiva che l'elezione non sia annullata dalla Camera di appartenenza, la quale, ai sensi dell'art. 66 Cost., «giudica dei titoli di ammissione dei suoi componenti»); esso è nelle linee fondamentali delineato dalla stessa Costituzione, che stabilisce una serie di *guarentigie*, concepite e da interpretare come *prerogative*, ossia funzionalmente riferite all'esercizio della funzione.

In via preliminare rispetto all'analisi delle prerogative di cui si sostanzia lo *status* del parlamentare, è peraltro opportuno soffermarsi molto brevemente su un profilo che attiene alla definizione dei tratti essenziali del ruolo svolto dai componenti delle Camere. Viene a tal proposito in rilievo innanzitutto l'art. 67 Cost., il quale stabilisce che «ogni membro del Parlamento rappresenta la Nazione ed esercita le sue funzioni senza vincolo di mandato». Il suo contenuto normativo si articola in due distinti profili che caratterizzano il tipo di rappresentanza politica esplicata dal parlamentare in un contesto di Stato moderno e liberale ancor prima che democratico. Da una parte, il riferimento alla Nazione va inteso, in questo caso, come sostanzialmente equivalente ad un riferimento al "popolo", quello stesso popolo a cui appartiene la sovranità e che è costituito dall'insieme dei cittadini, senza sottovalutare la capacità del termine "Nazione" di evocare il collocarsi della comunità politica in una continuità che salda eredità e radici storiche con la proiezione verso il futuro: in definitiva, ciò significa che il singolo parlamentare non è rappresentante della sola frazione del corpo elettorale che lo ha eletto, ma deve (*dovrebbe*) curare gli interessi dell'intero popolo nella sua unitarietà, interpretandone le esigenze alla luce del bene comune, in modo da poterle rappresentare in Parlamento. Dall'altra, il c.d. *divieto di mandato imperativo* è espressivo al tempo stesso di un dovere di autonomia posto in capo al parlamentare e di una garanzia strettamente funzionale al profilo precedente. In altre parole, sebbene non possano (né debbano) escludersi accordi di natura politica tra gli elettori e l'eletto, la disposizione impone che detti patti non possano mai avere contenuti o valenza giuridici, cioè non possano in alcun modo essere configurati alla stregua di mandati con rappresentanza di stampo civilistico. L'unica sede in cui eventuali violazioni degli impegni politici assunti dagli eletti nei confronti degli elettori potrebbero quindi essere fatte valere è quella costituita dalla successiva tornata elettorale: in altri termini, non è previsto dalla Costituzione né sarebbe prospettabile, nel vigente quadro costituzionale, un procedimento con funzione ed effetti analoghi al c.d. *recall* proprio di alcuni stati membri degli U.S.A. (che consente al popolo di revocare un parlamentare eletto), mentre il parlamentare che "tradisca" il proprio elettorato potrà essere da questi "sanzionato" (mediante la non rielezione) soltanto qualora si ripresenti alle successive elezioni.

Mandato politico, partiti e gruppi parlamentari

Un elemento che va a complicare il quadro è certamente costituito dal ruolo notevole – e talvolta preponderante – svolto dai partiti politici nello sviluppo e nell'operatività concreta della democrazia italiana (così come, con intensità variabile, di ogni democrazia rappresentativa contemporanea): il dispiegarsi delle loro attività, oltre che all'esterno anche all'interno delle assemblee parlamentari, mentre è in grado di conferire spessore alla rappresentanza, consentendo di proiettare in Parlamento l'effettiva articolazione politica del corpo elettorale, tende infatti ad indebolire gli effetti del divieto di mandato imperativo attraverso l'attivazione di una sorta di vero e proprio, parallelo, mandato di partito. La Corte costituzionale ha in proposito avuto occasione (sent. n. 14/1964) di affermare chiaramente che ciascun parlamentare può sempre decidere di sottrarsi ovvero di adeguarsi all'eventuale disciplina del gruppo parlamentare, l'una e l'altra decisione rimanendo del tutto insindacabili, e che «nessuna norma potrebbe legittimamente disporre che derivino conseguenze a carico del parlamentare per il fatto che egli abbia votato contro le direttive del partito».

Il divieto di mandato imperativo viene in particolare rilievo proprio nel momento della eventuale crisi del rapporto tra il singolo parlamentare ed il gruppo di appartenenza: e proprio dal principio del divieto di mandato imperativo sembra discendere la scelta dell'ordinamento parlamentare attuale di mantenere sempre intatta e garantita la possibilità, per ciascun membro delle Camere, di dimettersi da un gruppo per iscriversi ad un altro (pur con i disincentivi di cui subito si dirà), pratica nota, con un'espressione carica invero di una connotazione negativa, come *transfughismo parlamentare*. Il succitato divieto si pone a garanzia dell'autonomia del parlamentare e può ritenersi funzionale, al tempo stesso, ad assicurare quel grado di flessibilità dei rapporti tra le forze politico-parlamentari necessario ad assicurarne la permanente corrispondenza delle dinamiche parlamentari con quelle che si dispiegano, fuori dal Parlamento, con riguardo alle relazioni tra i partiti politici attraverso cui i cittadini concorrono, secondo l'art. 49 Cost., a determinare la politica nazionale. Non può però negarsi che, soprattutto se particolarmente accentuato, il transfughismo parlamentare è in grado di produrre una distorsione nella capacità delle Camere di rispecchiare la volontà popolare come espressa mediante le elezioni, oltre che di produrre conseguenze negative sulla stabilità del Governo. A fronte di ciò deve ritenersi possibile la previsione, mediante disposizioni contenute nei regolamenti parlamentari, di disincentivi al cambio di gruppo in corso di legislatura. In questo senso si è mossa la riforma del Regolamento del Senato del 2017, che ha previsto "sanzioni", se pur tenui e limitate a casi specifici, in caso di cambio di gruppo, oltre a modificare le regole sulla costituzione dei gruppi parlamentari. Le innovazioni introdotte nel 2017 sono state poi oggetto di modifiche e integrazioni ad opera della riforma del medesimo Regolamento approvata il 27 luglio 2022 (cfr., per i contenuti di tali innovazioni, *infra*, par. 5 di questa sezione).

Le immunità parlamentari nel quadro delle garanzie a tutela della funzione parlamentare

Passando a considerare le singole guarentigie, tra le più importanti, nonostante la profonda evoluzione che le ha caratterizzate, vi sono le immunità previste dall'art. 68 Cost. Per *immunità* si intendono le prerogative costituzionali, stabilite a vantaggio della persona fisica titolare di determinati incarichi pubblici, attraverso previsioni normative che introducono, in favore della suddetta persona, delle deroghe rispetto alla disciplina ordinaria del trattamento dinanzi alla giurisdizione di alcune tipologie di condotte. Esse si giustificano in ragione della esigenza di tutela dell'autonomia ed indipendenza necessarie allo svolgimento della funzione pubblica, particolarmente evidente e decisiva proprio nel contesto della rappresentanza parlamentare, e si inquadrano nel più ampio novero delle previsioni costituzionali finalizzate ad assicurare l'indipendenza degli organi parlamentari. La Corte costituzionale, nella sent. n. 231/1975, ha infatti affermato che «l'indipendenza delle Camere (riflettentesi naturalmente sui loro organi) si articola, nella normativa direttamente dettata dal testo costituzionale, nell'autonomia organizzativa e normativa spettante a ciascuna di esse ("riserva di regolamento": art. 64, primo comma); nella loro esclusiva competenza alla convalida dei propri membri (art. 66); nella non responsabilità dei medesimi "per i voti dati e le opinioni espresse nell'esercizio delle loro funzioni" (art. 68, primo comma: immunità, sotto questo aspetto, assoluta, che, in omaggio al principio democratico rappresentativo, l'art. 122, ultimo comma, estende anche ai membri dei Consigli regionali), oltre che nella immunità, che può dirsi relativa, di cui al secondo comma del detto art. 68».

L'art. 68 Cost. reca la disciplina di due distinte *immunità* parlamentari: da una parte, l'*insindacabilità sostanziale* dei membri del Parlamento per le opinioni espresse e per i voti dati nell'esercizio delle loro funzioni; dall'altra, una serie di specifiche misure riconducibili alla garanzia *procedimentale* dell'*inviolabilità penale del parlamentare*.

L'insindacabilità parlamentare

L'insindacabilità per opinioni e voti, di cui al 1° comma dell'art. 68, costituisce una figura di *irresponsabilità assoluta e permanente*: con essa, ciascun membro del Parlamento è posto al riparo da qualsivoglia responsabilità (civile, penale, amministrativa, contabile, disciplinare) anche dopo la scadenza del mandato parlamentare, e tutela la libertà e la pienezza di partecipazione del singolo deputato o senatore alle attività parlamentari. Eliminando in radice l'antigiuridicità del fatto, si configura – lo si è già accennato – come una immunità di natura sostanziale. Il problema interpretativo che si è posto ha riguardato, più che la fattispecie dei "voti dati", quella delle "opinioni espresse" nell'esercizio delle funzioni: in particolare si è dovuto individuare la linea di confine, all'interno delle opinioni espresse da un parlamentare, tra quelle funzionali allo svolgimento dei compiti attinenti alla carica (e pertanto escluse da ogni forma di responsabilità), e quelle invece estranee allo svolgimento delle funzioni riferibili alla carica stessa.

I confini delle funzioni: il "nesso funzionale"

Premesso che la Corte costituzionale ha riconosciuto la competenza delle Camere a deliberare l'insindacabilità delle opinioni espresse da propri componenti nell'esercizio delle funzioni parlamentari, è necessario qui richiamare una sua giurisprudenza ormai risalente, formatasi in riferimento a conflitti di attribuzione tra poteri dello Stato, sollevati da organi giurisdizionali in ordine a delibere delle Camere dichiarative dell'insindacabilità parlamentare. Si tratta di una giurisprudenza secondo cui, per essere coperte dall'insindacabilità, le dichiarazioni rese al di fuori dei lavori delle Camere e dei loro organi devono essere «sostanzialmente riproduttive di un'opinione espressa in sede parlamentare», dovendosi riscontrare dunque «la identità sostanziale di contenuto fra l'opinione espressa in sede parlamentare e quella manifestata nella sede "esterna"» (sent. n. 10/2000 e, sulla sua scia, numerose altre decisioni della Corte costituzionale). In mancanza di un "nesso funzionale" così declinato tra opinioni espresse fuori dai lavori parlamentari ed esercizio delle funzioni delle Camere, l'applicazione della prerogativa si trasformerebbe infatti in un privilegio personale del parlamentare. Al fine di individuare un criterio discretivo tra opinioni *connesse* ed *estranee* all'esercizio delle funzioni parlamentari è intervenuto anche il legislatore ordinario, introducendo disposizioni attuative dell'art. 68 Cost. Ci si riferisce in particolare all'art. 3, 1° comma, l. n. 140/2003, ove si stabilisce che l'insindacabilità si applica, oltre che a tutti gli atti parlamentari – di cui è riportato un elenco esemplificativo – anche «ad ogni altra attività di ispezione, di divulgazione, di critica e di denuncia politica, connessa alla funzione di parlamentare, espletata anche fuori del Parlamento». Questa disposizione, se interpretata in maniera letterale (e, presumibilmente, in aderenza alla volontà del legislatore inteso in senso soggettivo), sarebbe stata in grado di ampliare in misura assai significativa (e forse eccedente il dettato costituzionale) l'ambito dell'attività resa immune: vi si fa infatti riferimento ad «ogni altra attività [...] connessa alla funzione di parlamentare», parendosi voler così sottolineare il profilo soggettivo della riferibilità delle opinioni al parlamentare, piuttosto che quello della connessione delle stesse con funzioni oggettivamente parlamentari.

Anche dopo la l. n. 140/2003, comunque, la Corte ha avuto però modo di ribadire (cfr. la sent. n. 120/2004) la necessità del nesso funzionale, proprio in ragione del riferimento ad attività che devono essere "connesse" alla funzione parlamentare: quindi, secondo la Corte, nonostante il ricorso da parte del legislatore del 2003, come si è detto, ad una formulazione lessicalmente più ampia di quella adoperata dall'art. 68 Cost., devono considerarsi insindacabili le opinioni *divulgate* (anche) fuori dalle Camere, purché si tratti di opinioni precedentemente espresse *intra moenia* dal parlamentare, attraverso atti tipici o «mediante strumenti, atti e procedure, anche "innominati", ma comunque rientranti nel campo di applicazione del diritto parlamentare» (ad esempio con dichiarazioni rese nell'ambito di un procedimento legislativo, o mediante interrogazioni presentate, e così via). In questo modo, rileva la Corte, si può assicurare l'attuazione del principio secondo cui l'insindacabilità «non può mai trasformarsi in un privilegio personale, quale sarebbe una immunità dalla giurisdizione conseguente alla mera 'qualità' di parlamentare».

La Corte costituzionale ha dovuto riaffermare in più occasioni le posizioni testé richiamate, a fronte della persistenza della prassi parlamentare contraddistinta da un orientamento delle Camere molto favorevole ad un'interpretazione particolarmente estesa del concetto di attività parlamentare: in sostanza, nella maggioranza dei casi in cui siano chiamate a decidere, le Camere continuano a dichiarare che l'opinione espressa da un loro componente debba considerarsi coperta da immunità. Detta immunità non può in ogni caso riguardare, come è evidente, le opinioni espresse dal parlamentare prima di entrare in carica (sent. n. 110/2021).

Profili procedurali

Quanto agli aspetti procedurali, con la l. 20 giugno 2003, n. 140 è stata introdotta la previsione di una doppia possibilità: se il giudice ritiene che si debba applicare l'art. 68, 1° comma, egli deve chiudere il procedimento, adottando i provvedimenti a tal fine previsti dalle pertinenti norme processuali; se al contrario non ritiene di accogliere l'eccezione di applicabilità dell'art. 68 proposta da una delle parti, dovrà provvedere con ordinanza non impugnabile, trasmettendo copia alla Camera di appartenenza del parlamentare nei cui confronti stia procedendo. Qualora il giudice non si attivi in tal senso, può essere lo stesso parlamentare interessato a sottoporre alla Camera di appartenenza la relativa istanza: mentre nel primo caso il procedimento è automaticamente sospeso, nella seconda ipotesi la Camera può chiedere al giudice che proceda alla sospensione. Il procedimento resta sospeso «fino alla deliberazione della Camera e comunque non oltre il termine di novanta giorni dalla ricezione degli atti da parte della Camera predetta», salva proroga disposta dalla stessa Camera per un periodo non superiore a trenta giorni. L'attività istruttoria in vista della deliberazione è affidata alla Camera alla Giunta per le autorizzazioni e al Senato alla Giunta delle elezioni e per le immunità parlamentari.

Una volta deliberato, la Camera trasmette al giudice la propria decisione: se questa è favorevole all'applicazione dell'art. 68, 1° comma, «il giudice adotta senza ritardo i provvedimenti indicati al comma 3», ovvero provvedimenti finalizzati a chiudere il procedimento.

Si tratta in sostanza di una forma di riesumazione dell'istituto dell'autorizzazione a procedere, che pure era stato eliminato, con riferimento però ad una diversa immunità (come subito si dirà), dalla l. cost. n. 3/1993. Al giudice che ritenga lesa la propria sfera di attribuzioni costituzionali dalla deliberazione adottata dalla Camera che abbia dichiarato l'insindacabilità delle opinioni espresse dal parlamentare non resta aperta altra via che quella del conflitto di attribuzione tra poteri dello Stato davanti alla Corte costituzionale. Tale stato di cose, che priva, tra l'altro, i terzi offesi da opinioni espresse da parlamentari di ogni tutela giurisdizionale nei confronti di delibere camerali non impugnate dal giudice in sede di conflitto di attribuzione, si è posto alla base di diverse condanne a carico dello Stato italiano ad opera della Corte europea dei diritti dell'uomo ed è stato fortemente criticato in dottrina da chi riterrebbe opportuna un'attuazione dell'insindacabilità che affidasse ai giudici il compito di interpretare in prima battuta l'art. 68, 1° comma, Cost., lasciando alle Camere l'onere di sollevare, eventualmente, un conflitto di attribuzione nei confronti della decisione giudiziaria.

L'inviolabilità penale

Per quanto invece concerne l'*inviolabilità penale del parlamentare,* essa, configurandosi, a differenza dell'insindacabilità, come un'immunità di tipo eminentemente processuale (che opera dunque dall'assunzione della carica sino al termine del mandato parlamentare), riguarda la sottrazione del parlamentare a determinati atti, capaci di incidere restrittivamente sulla libertà personale, domiciliare o di comunicazione del parlamentare, i quali possono essere posti in essere soltanto a seguito di apposite autorizzazioni, da concedersi ad opera della Camera di appartenenza. Va ricordato che anche tali garanzie sono finalizzate non alla protezione del parlamentare di per sé considerato, quanto invece alla tutela dell'integrità e della funzionalità dell'organo in vista dell'indipendente esercizio delle sue funzioni: in sostanza, ciò che il costituente ha voluto impedire è una possibile azione giudiziaria che, senza fondamento reale, avesse lo scopo di limitare l'autonomia del Parlamento. Per questa ragione la Camera di appartenenza dovrebbe limitarsi a verificare soltanto, a fronte di una richiesta di autorizzazione, la sussistenza di un *fumus persecutionis*: nella realtà dei fatti, invece, le cose sono andate in modo diverso, e solo in rari casi il Parlamento ha autorizzato interventi restrittivi nei confronti dei parlamentari.

La riforma del 1993: fine dell'autorizzazione a procedere

L'art. 68 Cost., che disciplina anche questa forma di guarentigia del parlamentare, è stato oggetto di una profonda riforma ad opera della l. cost. n. 3/1993, che ne ha modificato in misura considerevole il 2° e 3° comma: la innovazione più importante ha riguardato l'eliminazione dell'obbligo dell'*autorizzazione a procedere* da parte della Camera di appartenenza, in precedenza indispensabile per sottoporre il parlamentare *a procedimento penale.* Prima del 1993, infatti, il magistrato che volesse sottoporre a processo penale un parlamentare (per qualsiasi tipo di reato, anche non connesso dunque all'esercizio delle sue funzioni) doveva a ciò essere autorizzato dalla Camera di appartenenza dello stesso: ma la prassi parlamentare si era orientata nel senso di una negazione sistematica dell'autorizzazione richiesta, facendo parlare di un abuso delle prerogative parlamentari. Con l'entrata in vigore della l. cost. 29 ottobre 1993, n. 3 l'istituto della autorizzazione a procedere venne dunque eliminato dalla Costituzione.

Le attuali autorizzazioni ad acta

Restano invece altre forme di improcedibilità: in base all'attuale formulazione dell'art. 68, 2° comma, senza autorizzazione della Camera di appartenenza il parlamentare non può essere sottoposto a perquisizione personale o domiciliare, né può essere arrestato o altrimenti privato della libertà personale, o mantenuto in detenzione; fanno eccezione le ipotesi in cui le limitazioni siano decise in esecuzione di una sentenza irrevocabile di condanna, ovvero se il parlamentare sia colto nell'atto di commettere un delitto per il quale è previsto l'arresto obbligatorio in flagranza. Si tratta – è bene sottolinearlo – di una prerogativa indisponibile, in quanto garantisce la funzione parlamentare e non il singolo componente di una Camera, così che dunque non producono effetti giuridici le dichiarazioni di parlamentari che affermano di voler rinunciare a questa immunità.

Per quanto riguarda tali autorizzazioni, il compito che la Camera di appartenenza dovrebbe svolgere non concerne la valutazione approfondita della bontà della motivazione posta a fondamento dell'arresto o della perquisizione (quasi si trattasse di una sorta di esame di secondo grado rispetto alla decisione del giudice): nell'ottica della difesa dell'indipendenza dell'istituzione (e non dell'affermazione di un privilegio personale), la deliberazione delle Camere dovrebbe al contrario limitarsi a verificare la sussistenza di un intento persecutorio nei confronti dell'istituzione parlamentare, e soltanto in tal caso negare l'autorizzazione. La prassi, tuttavia, anche su questo punto ha imboccato una direzione differente. Riservandosi di valutare la sussistenza, oltre che di un *fumus persecutionis* soggettivo (concernente modalità e tempi dell'esercizio dell'attività giudiziaria), anche di un *fumus* oggettivo (concernente la congruenza o meno tra ipotesi accusatoria e prove raccolte), le Camere rischiano di sovrapporre le proprie alle valutazioni di merito compiute dall'autorità giudiziaria.

Va inoltre rilevato che, con particolare riguardo alle autorizzazioni all'arresto, tra le ragioni addotte a supporto della negazione dell'autorizzazione emergono anche quelle che fanno riferimento all'esigenza di garantire l'integrità della composizione (numerica e politica) delle Camere, risultante dal voto dei cittadini: basti pensare, a tal proposito, a come un numero elevato di arresti potrebbe rendere arduo il raggiungimento del *quorum* di validità delle votazioni parlamentari e alterare anche significativamente la composizione politica dell'Assemblea. Ciò detto, l'interpretazione, a dir poco estensiva, che dell'interesse alla tutela dell'integrità degli organi parlamentari hanno normalmente fornito le Camere e la loro tendenza, per altro verso, a riscontrare con facilità elementi indicativi del *fumus persecutionis* hanno a lungo concorso a frapporre un argine quasi invalicabile alle iniziative della magistratura. Basti dire che dal

1948 al 2011 le Camere avevano autorizzato l'arresto di parlamentari non condannati in via definitiva solamente in quattro circostanze. È necessario, comunque, rilevare che nel corso della XVI e della XVII legislatura si è registrato un mutamento significativo negli orientamenti fatti propri dalle Camere, che paiono aver cominciato ad interpretare in maniera più restrittiva l'ambito di operatività dell'art. 68, 2° comma, Cost., come emerge dal dato dell'incremento di consistenza non trascurabile del numero delle autorizzazioni all'arresto concesse.

Le intercettazioni e la questione delle intercettazioni "indirette" e di quelle "casuali"

Il 3° comma, infine, regolamenta i casi in cui il parlamentare sia sottoposto ad intercettazione di conversazioni o comunicazioni e a sequestro di corrispondenza: anche in questi casi il magistrato potrà procedere soltanto previa autorizzazione da parte della Camera di appartenenza. Per dare un senso a tale previsione occorre ritenere tale autorizzazione non riferita soltanto a perquisizioni o intercettazioni che debbano essere ancora effettuate (è evidente infatti che, se una persona viene a conoscenza preventivamente del fatto che le sue conversazioni saranno intercettate, poi è molto probabile che eviterà di impiegare l'utenza sottoposta ad intercettazione o, in ogni caso, di pronunciare frasi pericolose), ma che invece possa riferirsi anche a ipotesi diverse, quali ad esempio la possibilità di utilizzare il contenuto di un'intercettazione telefonica già effettuata e nella quale uno dei soggetti sia un parlamentare, ma captata su un'utenza di un terzo sottoposto ad intercettazione (c.d. intercettazione indiretta). A tal proposito, l'art. 6 della l. n. 140/2003 prevede espressamente che il giudice debba richiedere l'autorizzazione all'utilizzo dei «verbali e le registrazioni delle conversazioni o comunicazioni intercettate in qualsiasi forma nel corso di procedimenti riguardanti terzi, alle quali hanno preso parte membri del Parlamento, ovvero i tabulati di comunicazioni acquisiti nel corso dei medesimi procedimenti». E prevede, inoltre, che, "a tutela della riservatezza", i materiali sopra richiamati, qualora ritenuti irrilevanti ai fini del procedimento, siano distrutti su ordine del giudice per le indagini preliminari. Stessa sorte tocca agli stessi in caso di negazione dell'autorizzazione all'utilizzo. La Corte costituzionale (sent. n. 390/2007) ha ritenuto peraltro lesiva del principio di eguaglianza e di quello di razionalità intrinseca della scelta legislativa le previsioni appena richiamate, nella parte in cui si riferiscono anche ai casi in cui le intercettazioni debbano essere utilizzate nei confronti di soggetti diversi dal parlamentare le cui conversazioni o comunicazioni sono state intercettate.

La succitata sent. n. 390/2007 fornisce importanti indicazioni anche in riferimento al concetto stesso di "intercettazione indiretta" ed all'ambito di operatività della garanzia costituzionale della autorizzazione preventiva rispetto all'"esecuzione" delle stesse. La Corte costituzionale ha precisato che «dall'ambito della garanzia prevista dall'art. 68, terzo comma, Cost. non esulano [...] le intercettazioni "indirette", intese come captazioni delle conversazioni del membro del Parlamento effettuate ponendo sotto controllo le utenze dei suoi interlocutori abituali; ma, più propriamente, le intercettazioni "casuali" o "fortuite", rispetto alle quali – proprio per il carattere imprevisto dell'interlocuzione del parlamentare – l'autorità giudiziaria non potrebbe, neanche volendo, munirsi preventivamente del *placet* della Camera di appartenenza». Ciò perché, come rilevato dalla Corte, «la norma costituzionale vieta di sottoporre ad intercettazione, senza autorizzazione, non le utenze del parlamentare, ma le sue comunicazioni: quello che conta – ai fini dell'operatività del regime dell'autorizzazione preventiva stabilito dall'art. 68, terzo comma, Cost. – non è la titolarità o la disponibilità dell'utenza captata, ma la direzione dell'atto d'indagine». Ciò significa che, ove il parlamentare sia tra i bersagli dell'attività di indagine, pur attraverso intercettazioni decise in riferimento ad utenze di terzi, risulta necessaria un'autorizzazione preventiva concernente l'effettuazione (e non successiva riguardante l'utilizzo) delle intercettazioni, come la Corte ha recentemente ribadito nella sent. n. 227/2023.

L'indennità parlamentare e gli altri emolumenti

Un'ulteriore prerogativa, funzionale allo svolgimento dell'attività di parlamentare, è data dalla previsione di una indennità di natura economica, prevista in termini generali dall'art. 69 Cost., il quale statuisce che «i membri del Parlamento ricevono un'indennità stabilita dalla legge»: essa è concepita, al pari di quelle previste per ogni soggetto gravato da un *munus* pubblico (specie per gli incarichi di natura elettiva), come finalizzata a garantire l'indipendenza del parlamentare nello svolgimento del proprio mandato e a consentire una più ampia democraticità del sistema. La mancata o incongrua previsione di indennità specifiche rischierebbe infatti seriamente di indurre alla rinuncia a presentare la propria candidatura chi non fosse in grado di mantenersi durante lo svolgimento dell'incarico pubblico sulla base di propri redditi e patrimoni, ulteriori e magari di acquisizione assai risalente, spingendo il reclutamento della classe politica parlamentare verso un nuovo elitismo fondato sul censo e riportando così le lancette dell'orologio della storia costituzionale indietro sino all'epoca liberale, allorquando l'art. 50 dello Statuto Albertino stabiliva che «le funzioni di Senatore o di Deputato non danno luogo ad alcuna retribuzione od indennità».

Gli emolumenti e le altre utilità percepite dai parlamentari si articolano in una serie di voci, disciplinate dalla l. n. 1261/1965 (più volte modificata) e da atti normativi successivi, che vanno ben oltre l'indennità costituzionalmente garantita. Bisogna peraltro rilevare che la succitata legge ha interpretato come "relativa" la riserva di legge prevista dall'art.

69 Cost. in materia di indennità parlamentare, attribuendo agli Uffici di presidenza delle due Camere il compito di determinare l'ammontare dell'indennità, il quale non può superare quello del «trattamento complessivo massimo annuo lordo dei magistrati con funzioni di presidente di Sezione della Corte di cassazione ed equiparate» (e fissato oggi al 96% di tale ammontare). Accanto all'indennità la stessa legge prevede una diaria a titolo di rimborso forfettario delle spese di soggiorno a Roma, eventualmente ridotta in ragione della scarsa intensità della partecipazione del parlamentare alle votazioni. Sono altresì previsti dalla normativa vigente: un rimborso spese forfettario per i trasferimenti dal luogo di residenza a Roma, variabile in base alla residenza; un rimborso delle spese per l'esercizio del mandato parlamentare, che ha sostituito, a partire dal 2012, il previgente contributo mensile; una somma annua fissa per le spese telefoniche, inclusi i servizi di connettività.

Per quanto riguarda invece gli emolumenti da erogarsi al termine del mandato parlamentare, si devono ricordare: un assegno di solidarietà (anche denominato "di fine mandato"), pari all'80% dell'importo mensile lordo dell'indennità, moltiplicato per il numero degli anni di mandato effettivo (o frazione non inferiore ai sei mesi); una pensione, determinata attraverso un sistema di calcolo di tipo contributivo, analogo a quello vigente per i pubblici dipendenti, ed erogata ai parlamentari cessati dal mandato che abbiano svolto il mandato per non meno di cinque anni, da percepire a partire dal compimento del sessantacinquesimo anno di età (tale pensione ha sostituito, dal 2012, il previgente assegno vitalizio); il rimborso delle spese sanitarie; tessere per la libera circolazione autostradale, ferroviaria, marittima ed aerea per i trasferimenti sul territorio nazionale. In dottrina non sono mancate critiche al succitato rinvio operato dalla l. n. 1261/1965 a deliberazioni degli Uffici di presidenza di ciascuna Camera ai fini della quantificazione dell'indennità, considerata la previsione costituzionale di una riserva di legge in materia.

Critiche analoghe, se non ancora più accentuate, si sono appuntate anche sulla rimessione a regolamenti minori delle Camere della disciplina del trattamento post-mandato riservato ai parlamentari, la cui ratio è analoga a quella dell'indennità (Corte cost. sent. n. 237/2022).

La questione dei vitalizi degli ex parlamentari

A proposito della questione, molto controversa anche nel dibattito pubblico, dei c.d. vitalizi, quale trattamento economico riservato agli ex parlamentari, con riferimento al periodo precedente rispetto al 2012, si sono registrate nel corso degli ultimi anni delle significative innovazioni, di cui è opportuno dare conto, almeno limitatamente alle più significative. Nel 2015 degli Uffici di Presidenza di Camera e Senato hanno statuito la cessazione della corresponsione del vitalizio a ex parlamentari condannati in via definitiva per una serie di reati giudicati di particolare gravità; nel 2017 l'Ufficio di Presidenza della Camera ha previsto, per gli ex parlamentari, un contributo di solidarietà, *una tantum* e di importo crescente, per i trattamenti superiori a settantamila euro. Sempre l'Ufficio di Presidenza della Camera, nel 2018, ha stabilito che, a decorrere dal 1° gennaio 2019, gli importi degli assegni vitalizi maturati (o delle quote di assegno maturate) alla data del 31 dicembre 2011 siano rideterminati mediante il passaggio all'applicazione di un metodo di calcolo contributivo, basato sull'utilizzo di coefficienti precisati nella medesima delibera. La conseguenza è, per quasi tutti gli ex deputati che percepivano un vitalizio ai sensi della disciplina previgente, una, più o meno rilevante, decurtazione del trattamento economico.

Per quanto riguarda lo strumento utilizzato per introdurre quest'ultima innovazione, prevale in dottrina, nonostante le perplessità che possono legittimamente nutrirsi in merito a tale opzione, la posizione di chi ritiene legittimo il ricorso a una delibera dell'Ufficio di Presidenza, espressione di autonomia normativa dell'assemblea parlamentare (atto del resto di natura identica ai regolamenti minori che già disciplinavano per entrambe le Camere la materia dei vitalizi). Non può, però, non rilevarsi come il ricorso allo strumento legislativo avrebbe consentito di raggiungere il risultato immediato di una disciplina applicabile omogeneamente tanto agli ex deputati quanto agli ex senatori, evitando anche l'effetto, a dir poco discutibile, di assoggettare alla nuova disciplina i parlamentari che, essendo stati anche senatori, abbiano chiuso la propria carriera parlamentare a Montecitorio e non viceversa, spettando all'ultima Camera di appartenenza la gestione del trattamento economico destinato agli ex parlamentari. E avrebbe, per altro verso, consentito di aprire la via ad una tutela davanti ai giudici comuni, anziché agli organi della c.d. giustizia domestica (o autodichia), delle situazioni giuridiche soggettive investite dall'innovazione normativa. Le disparità di trattamento che sarebbero derivate da un'innovazione operata con riferimento ad un solo ramo del Parlamento non si sono, almeno inizialmente, concretizzate, in ragione dell'adozione da parte del Consiglio di Presidenza del Senato della Repubblica, il 16 ottobre 2018, di una delibera dal contenuto sostanzialmente identico a quello della succitata delibera adottata dall'Ufficio di Presidenza della Camera.

Quanto alla compatibilità con le pertinenti previsioni costituzionali di un'innovazione in grado di incidere retroattivamente sull'importo di vitalizi già maturati, il dibattito è aperto. Un parere del Consiglio di Stato del 2018 ha affermato che «è possibile incidere sulle situazioni sostanziali poste dalla normativa precedente – cioè sull'affidamento al mantenimento della condizione giuridica già maturata – solo allorché la nuova disciplina sia razionale e non arbitraria, non pregiudichi in modo irragionevole la situazione oggetto dell'intervento e sussista una causa normativa adeguata e giustificata da un'inderogabile esigenza di intervenire o da un interesse pubblico generale, entrambi riguardati alla luce della consistenza giuridica che ha assunto in concreto l'affidamento». Dopo che la Corte di cassazione ha ribadito nel 2019 (Cass., Sez. Un., ord. 8 luglio 2019, n. 18265; ord. 8 luglio 2019, n. 18266) l'incompetenza del giudice comune ad occuparsi delle deliberazioni relative al ricalcolo retroattivo dei vitalizi degli ex parlamentari, sono stati gli organi di autodichia delle Camere ad intervenire in ordine agli effetti delle succitate deliberazioni, all'esito di un contenzioso non ancora completamente chiuso e che, al momento in cui si scrive, vede il Senato aver deciso sostanzialmente il ripristino della forma di calcolo del vitalizio prevista prima del 2018, a differenza della Camera, ove gli organi di autodichia si sono orientati in maniera diversa.

I singoli parlamentari come poteri dello Stato

In conclusione del presente paragrafo, è opportuno dedicare quanto meno un cenno a sviluppi della giurisprudenza costituzionale (ord. n. 17/2019) che hanno aperto la strada alla tutelabilità mediante il conflitto di attribuzione tra poteri dello Stato di attribuzioni costituzionali riconducibili ad «una sfera di prerogative che spettano al singolo parlamentare, diverse e distinte da quelle che gli spettano in quanto componente dell'assemblea», quali quelle riconducibili alle immunità, difendibili davanti alla Corte dalla Camera complessivamente considerata. Si fa invece qui riferimento ad attribuzioni (o quote di attribuzioni) che, in riferimento a diversi profili dell'esercizio delle funzioni parlamentari, spettano al membro della Camera (o del Senato) *uti singulus*. Come affermato nell'ord. n. 17/2019, «si tratta in generale della facoltà, necessaria all'esercizio del libero mandato parlamentare (art. 67 Cost.), di partecipare alle discussioni e alle deliberazioni esprimendo "opinioni" e "voti" (ai quali si riferisce l'art. 68 Cost., sia pure al diverso fine di individuare l'area della insindacabilità); segnatamente, nell'ambito della funzione legislativa che viene in rilievo nel presente conflitto, le prerogative del singolo rappresentante si esplicitano anche nel potere di iniziativa, testualmente attribuito «a ciascun membro delle Camere» dall'art. 71, primo comma, Cost., comprensivo del potere di proporre emendamenti, esercitabile tanto in commissione che in assemblea (art. 72 Cost.)». A fronte del riconoscimento della legittimazione soggettiva ad usare lo strumento del conflitto di attribuzione tra poteri a tutela di proprie attribuzioni, la Corte, nella citata ord. n. 17/2019 (con posizione confermata in decisioni successive), ha chiuso in concreto la porta di accesso al giudizio davanti alla medesima per mancanza del requisito oggettivo della sussistenza di «una sostanziale negazione o un'evidente menomazione della funzione costituzionalmente attribuita al ricorrente», ribadendo altresì che, sempre a pena di inammissibilità, i ricorsi non possono essere finalizzati a censurare «esclusivamente violazioni o scorrette applicazioni dei regolamenti parlamentari e delle prassi di ciascuna Camera».

4. *Il Presidente di Assemblea e l'Ufficio (o Consiglio) di presidenza*

I riferimenti costituzionali e la rilevanza dei regolamenti parlamentari

Per quanto concerne le articolazioni interne a ciascuna Camera diverse dal singolo parlamentare, è opportuno prendere le mosse dal Presidente di Assemblea, cui sono conferite funzioni molto rilevanti in rapporto a diversi momenti e aspetti della vita interna di Camera e Senato, nonché, come accenneremo, significative funzioni a rilevanza esterna. L'art. 63, 1° comma, Cost. stabilisce che «ciascuna Camera elegge fra i suoi componenti il Presidente e l'Ufficio di presidenza», mentre, come già in precedenza rilevato, il 2° comma della medesima disposizione assegna a Presidente e Ufficio di presidenza della Camera dei deputati la funzione di organi apicali del Parlamento in seduta comune. Restando al livello della normativa di rango costituzionale, devono citarsi l'art. 86, 1° comma, che attribuisce al Presidente del Senato il compito di supplenza del Presidente della Repubblica, ove quest'ultimo non possa adempiere le sue funzioni per impedimento temporaneo, e l'art. 88, 1° comma, Cost., secondo il quale il Presidente della Repubblica è tenuto a sentire i Presidenti delle Camere prima di assumere la decisione di procedere allo scioglimento di entrambi i rami del Parlamento o di uno solo di essi.

Al di là dei limitati riferimenti contenuti direttamente in Costituzione, è principalmente (per quanto non esclusivamente) ai regolamenti parlamentari che si deve guardare per ricostruire l'insieme dei compiti che i Presidenti di Assemblea sono chiamati ad esercitare e dunque anche il ruolo complessivamente ad essi assegnato. I regolamenti attribuiscono loro infatti numerose funzioni, in molti casi di estrema importanza in quanto incidenti su fondamentali snodi procedurali. Rinviando ad altri paragrafi del presente capitolo per riferimenti più specifici, ci occuperemo in questa sede dell'elezione dei presidenti e degli altri componenti dell'Ufficio (o Consiglio) di presidenza e ci limiteremo ad una sintetica considerazione delle principali funzioni presidenziali.

Elezione dei Presidenti alla Camera e al Senato

L'elezione dei Presidenti di Assemblea costituisce uno dei primissimi adempimenti cui le Camere procedono all'inizio di ogni legislatura, sotto la direzione di presidenti provvisori individuati in base a criteri stabiliti dai regolamenti parlamentari. Gli stessi regolamenti prevedono per tale elezione maggioranze qualificate: ciò al fine di favorire, nei limiti del possibile, un'ampia convergenza tra le forze politiche sulla persona da scegliere, nell'interesse tanto delle forze appartenenti alla maggioranza di governo quanto di quelle di opposizione (e, in generale, in vista del buon funzionamento dell'assemblea parlamentare). Per altro verso, proprio allo scopo di evitare che un organo di così grande rilevanza possa restare troppo a lungo privo del titolare, i regolamenti parlamentari prevedono, con significative differenze tra Camera e Senato, che dopo le prime votazioni i *quorum* richiesti si abbassino progressivamente.

In particolare, per quanto riguarda il Presidente della Camera, il relativo regolamento stabilisce che nella prima votazione sia indispensabile il raggiungimento della maggioranza dei due terzi dei *componenti* l'assemblea; nella seconda e nella terza è invece richiesta la maggioranza dei due terzi dei *presenti*, computandosi anche le schede bianche; a partire dal quarto scrutinio, infine, è sufficiente la *maggioranza assoluta dei presenti*. Al Senato, per l'elezione del Presidente, occorre invece, nei primi due scrutini, la maggioranza assoluta dei componenti l'assemblea; nella terza votazione è sufficiente la maggioranza assoluta dei presenti; se anche questa non si ottiene, si procede al *ballottaggio* tra i due candidati più votati, risultando eletto in questo caso chi ottiene il maggior numero di voti (in caso di parità, è eletto il più anziano di età).

I Presidenti di Assemblea nel sistema politico-parlamentare

Le previsioni appena richiamate (e quelle del Regolamento della Camera in particolare) tendono a delineare la figura di un Presidente di Assemblea garante di interessi superiori a quelli degli attori politici che si confrontano all'interno delle aule parlamentari, tanto è vero che qualcuno, in dottrina, lo ha descritto come "uomo della Costituzione". Al di là di tale considerazione, che alla luce della prassi risulta eccessiva (o comunque in buona parte rimessa, quanto al suo inverarsi, alla sensibilità istituzionale delle singole persone che rivestono la carica e alla contingente conformazione del sistema politico), l'intento è quello di distinguersi da una tradizione che, a partire dall'età prefascista, aveva assegnato al Presidente un ruolo di natura prettamente politica e riconosciuto alla maggioranza parlamentare il "diritto" di eleggere il titolare della carica tra le proprie fila, tanto che la mancata elezione della personalità designata dalle forze di maggioranza poteva anche provocare una crisi di governo.

I regolamenti parlamentari approvati nel 1971 cercarono di disegnare per i Presidenti un ruolo più vicino a (sebbene non coincidente con) quello che compete allo *Speaker* della Camera dei Comuni britannica. Quest'ultimo, una volta eletto, esce dalla sfera della politica attiva, compenetrandosi integralmente nei suoi compiti di garante "neutrale" delle norme che regolano la vita parlamentare, al punto che il titolare della carica presidenziale si presenta alle elezioni politiche successive fuori dalle liste del suo partito di origine, in un collegio in cui le maggiori forze politiche non gli contrappongono propri candidati. Diversamente, in Italia la posizione *super partes* del Presidente di Assemblea, figlia soprattutto della stagione c.d. della "centralità del Parlamento", è stata interpretata accentuandone la funzione non di mera garanzia della correttezza procedurale delle attività parlamentari, bensì anche degli equilibri tipici di una certa fase della storia repubblicana e delle relazioni tra schieramenti parlamentari. Emblematico è stato il perdurare, tra il 1976 ed il 1992, della prassi, frutto di una convenzione, di eleggere alla presidenza della Camera un esponente del maggiore partito di opposizione.

I Presidenti di Assemblea "al tempo del maggioritario" e nei tempi attuali

A conferma della differente natura del ruolo del Presidente nel nostro sistema parlamentare rispetto al ruolo esercitato nella Camera dei Comuni britannica, tra le conseguenze del cambiamento di scenario politico realizzatosi all'inizio degli anni Novanta del secolo scorso, in seguito all'introduzione di un sistema elettorale di tipo prevalentemente maggioritario, vi è stato l'abbandono della prassi sopra ricordata. Conseguentemente, dal 1994 al 2008, sono stati eletti Presidenti d'Assemblea entrambi espressione della (sola) maggioranza parlamentare. E si è trattato spesso di presidenti che hanno utilizzato la posizione istituzionale acquisita per continuare a partecipare, per quanto nelle forme peculiari consentite dalla carica detenuta, alla vita politica, assumendo in alcuni casi posizioni divergenti da quelle di ampi settori dello schieramento di provenienza.

Nel 2013 alla Camera e nel 2018 al Senato si è registrata l'elezione di Presidenti di Assemblea appartenenti a forze politiche collocatesi, quanto meno all'inizio della legislatura, all'opposizione, in uno scenario politico significativamente distante da quello che aveva caratterizzato le legislature precedenti. Nel 2022, all'inizio della XIX legislatura, si è tornati però, in presenza di una solida maggioranza politica, ad eleggere come presidenti di Assemblea due esponenti dello schieramento di maggioranza.

Bisogna poi aggiungere che la riforma del Regolamento della Camera del 1997 ha rafforzato le funzioni del Presidente di Assemblea in rapporto soprattutto al decisivo ambito dell'organizzazione dei lavori, conferendogli, come vedremo meglio nel par. 5, sez. II, di questo capitolo, in caso di mancato raggiungimento della maggioranza prevista in Conferenza dei Capigruppo, il potere di determinare in via definitiva programma e calendario dei lavori, tenendo conto delle indicazioni del Governo e dei gruppi parlamentari e accordando ai gruppi di opposizione lo spazio garantito da specifiche previsioni regolamentari.

Funzioni presidenziali e ruolo dei Presidenti nella vita parlamentare

All'interno dei due regolamenti troviamo elencate, con formulazioni sostanzialmente equivalenti, alcune delle principali attribuzioni presidenziali. L'art. 8 Reg. Cam. stabilisce al 1° comma che «il Presidente rappresenta la Camera. Assicura il buon andamento dei suoi lavori, facendo osservare il Regolamento, e dell'amministrazione interna. Sovrintende a tal fine alle funzioni attribuite ai Questori e ai Segretari» ed al secondo che «in applicazione delle norme del Regolamento, il Presidente dà la parola, dirige e modera la discussione, mantiene l'ordine, pone le questioni, stabilisce l'ordine delle votazioni, chiarisce il significato del voto e ne annunzia il risultato».

Al Presidente, che per antica prassi, come già in precedenza accennato, non prende parte ai dibattiti ed alle votazioni, spettano dunque, ai sensi delle disposizioni costituzionali e regolamentari rilevanti, una serie di essenziali funzioni, ascrivibili a due tipologie: le funzioni che lo proiettano *al di fuori dell'attività parlamentare* strettamente intesa (rappresentanza della Camera nei rapporti con altre istituzioni, partecipazione alle consultazioni del Presidente della Repubblica finalizzate alla formazione di un nuovo Governo, funzione consultiva esercitata, sempre nei confronti del Presidente della Repubblica, in vista di un possibile scioglimento delle Camere); le funzioni esercitate *nell'ambito dei lavori parlamentari* (interpretazione del Regolamento, presidenza e direzione dei lavori dell'Assemblea e di altri organi interni alla stessa, esercizio di poteri di ordine e disciplinari, esercizio di un ruolo molto rilevante in rapporto alla programmazione dei lavori).

Con riferimento al versante endo-parlamentare del suo ruolo, al Presidente compete tra l'altro l'essenziale funzione di garante del rispetto delle norme regolamentari e quindi anche di interprete delle stesse, funzione che esercita potendo consultare, cosa che avviene di norma in riferimento ai casi di più difficile risoluzione, la Giunta per il regolamento (al Senato tale consultazione è dovuta se richiesta da uno o più Presidenti dei gruppi parlamentari che rappresentino almeno un terzo dei componenti dell'Assemblea). La responsabilità della decisione finale resta in ogni caso in capo all'organo di vertice dell'Assemblea, le cui "pronunce" si pongono poi come precedenti, i quali, pur non meritandone la qualifica, dispiegano un'efficacia di fatto analoga a quella di vere e proprie fonti del diritto parlamentare, tanto più rilevanti, nella loro peculiarità, in ragione del loro operare in un'area dell'ordinamento giuridico sottratta, per molti aspetti, al possibile intervento degli organi giurisdizionali e della Corte costituzionale. In materia, per esempio, di ammissibilità degli emendamenti e di organizzazione dei lavori, tali poteri presidenziali sono assai ampi, con un impatto molto rilevante sulle dinamiche delle relazioni politico-parlamentari.

Nell'esercizio dei propri compiti di direzione delle attività parlamentari, il Presidente dispone anche di poteri disciplinari, a tutela dell'ordine dei lavori, potendo comminare sanzioni, quali il richiamo nominativo, l'esclusione dall'aula per il resto della seduta, la censura (semplice) e la censura con interdizione dai lavori per un certo numero di giorni, comminabile quest'ultima dall'Ufficio di presidenza su proposta del Presidente. Nei casi più gravi quest'ultimo può richiedere, cosa finora mai avvenuta, l'intervento della forza pubblica.

La presidenza di organi collegiali interni

Oltre alle funzioni sin qui descritte, e che appartengono al Presidente singolarmente considerato, allo stesso spetta anche, come già accennato, presiedere organi collegiali, tra i quali la Conferenza dei Capigruppo e l'Ufficio di presidenza. Sulla prima ci si soffermerà nel trattare il tema dell'organizzazione dei lavori parlamentari, dal momento che il suo ruolo si esplica in massima parte con riguardo a tale profilo della vita parlamentare. Per quanto riguarda invece l'Ufficio di presidenza (così chiamato alla Camera, mentre al Senato prende il nome di Consiglio di presidenza) si tratta di un organo collegiale, composto, oltre che dal Presidente, da quattro Vicepresidenti, da tre Questori e da (almeno) otto Segretari.

L'Ufficio (o Consiglio) di presidenza

Per quel che concerne le modalità di scelta dei membri dell'Ufficio (o del Consiglio) di presidenza, composto da quattro Vicepresidenti, tre Questori e otto Segretari, vi provvedono deputati o senatori con il sistema del voto "limitato", finalizzato a consentire che vi siano rappresentate anche le minoranze: ciascun parlamentare può, infatti, esprimere due preferenze in relazione all'elezione di vicepresidenti e questori, quattro in relazione a quella dei segretari. Sono eletti coloro che ottengono il maggior numero di voti.

La composizione

Il Regolamento della Camera (art. 5) statuisce che nell'Ufficio di presidenza debbano essere rappresentati «tutti i gruppi parlamentari esistenti all'atto della sua elezione». A tal fine, stabilisce, senza fissare limiti numerici, che, nel caso alcuni gruppi, dopo le votazioni di cui sopra, restino privi di rappresentanti, i deputati procedono ad una nuova votazione per eleggere, tra i componenti di tali gruppi, un Segretario per ogni gruppo inizialmente non rappresentato. Allo stesso modo si procede, su richiesta dei gruppi interessati, in caso di formazione di nuovi gruppi in corso di legislatura o nel caso in cui alcuni gruppi vengano a trovarsi, in conseguenza di cambiamenti intervenuti dopo l'elezione dell'Ufficio, privi di un proprio rappresentante. A differenza degli altri componenti dell'organo di cui si parla, i Segretari eletti in un secondo momento «decadono dall'incarico qualora venga meno il Gruppo cui appartenevano al momento dell'elezione, ovvero nel caso in cui essi entrino a far parte di altro Gruppo parlamentare già rappresentato nell'Ufficio di Presidenza».

L'art. 5 del Regolamento del Senato, oggetto nel corso del tempo di molte modifiche (l'ultima delle quali risale al 2022), ha un contenuto molto più semplice, dal momento che non prevede la possibilità di ampliare la composizione del Consiglio di presidenza. In correlazione con la revisione delle disposizioni in materia di gruppi parlamentari operata dalle riforme del 2017 e del 2022 (di cui si dirà nel paragrafo seguente), è stato aggiunto all'art. 13 un comma 1-*bis*, con finalità sostanzialmente "sanzionatorie", il quale «stabilisce che i componenti del Consiglio di Presidenza che cessano di far parte del Gruppo parlamentare di appartenenza decadono dall'incarico», salvo che «la cessazione sia stata deliberata dal Gruppo di provenienza, ovvero in caso di scioglimento o fusione con altri Gruppi parlamentari» e aggiunge che tali disposizioni «non si applicano mai al Presidente del Senato». Bisogna infine ricordare che, nel mese di gennaio del 2024, è stata approvata una disposizione transitoria, che si aggiunge al Regolamento del Senato, la quale prevede che «limitatamente alla XIX legislatura, al fine di assicurare la piena rappresentatività del Consiglio di Presidenza, tutti i Gruppi parlamentari costituiti all'inizio della legislatura sono rappresentati in seno al Consiglio di Presidenza» e che, «qualora, per effetto della presente disposizione transitoria, risulti alterato a sfavore dei componenti dei Gruppi di maggioranza il rapporto numerico tra essi e i componenti dei Gruppi di opposizione, nella votazione di cui al comma 3 si procede alla contemporanea elezione di un ulteriore Segretario».

Le funzioni

Per quel che concerne le funzioni esercitate dai membri dell'Ufficio (o Consiglio) di Presidenza, è necessario distinguere tra quelle che competono alle diverse figure che lo compongono (singolarmente considerate) e quelle esercitate dall'organo collegiale nel suo complesso. Sul primo versante, i Vicepresidenti collaborano con il Presidente e lo sostituiscono in caso di assenza o impedimento; i Questori (che insieme formano il Collegio dei Questori) curano il buon andamento dell'amministrazione della Camera, sovrintendono alle sue spese, predispongono il progetto di bilancio e conto consuntivo della stessa, sovrintendono al cerimoniale e, secondo le indicazioni del Presidente, al mantenimento dell'ordine; mentre i Segretari, in sintesi, sovrintendono alla redazione del processo verbale e collaborano con il Presidente per assicurare la correttezza delle operazioni di voto e per accertarne i risultati.

Sul secondo versante, vi è da rilevare preliminarmente che all'Ufficio/Consiglio di presidenza spettano, in generale, importanti funzioni attinenti all'amministrazione interna delle Camere, di natura tanto amministrativa quanto para-giurisdizionale, cosa che costituisce evidentemente la ragione fondamentalmente alla base delle succitate previsioni, finalizzate a garantirne un'ampia rappresentatività. Volendo elencarne le principali competenze, si possono citare: la deliberazione del progetto di bilancio e del rendiconto consuntivo predisposto dai questori; soltanto alla Camera dei deputati l'autorizzazione alla costituzione di gruppi in deroga ai requisiti numerici previsti dal regolamento; l'adozione di norme relative all'ordinamento interno della Camera, alla contabilità ed alla carriera dei dipendenti; la decisione dei ricorsi in materia di stato giuridico e trattamento economico dei dipendenti della Camera e di quelli presentati anche da soggetti estranei alla stessa contro atti di amministrazione della Camera (in applicazione del principio dell'autodichia); la nomina, su proposta del Presidente, del Segretario generale della Camera; l'irrogazione, come già detto, delle sanzioni disciplinari più gravi; soltanto al Senato l'adozione di un «Codice di condotta dei Senatori, che stabilisce princìpi e norme di condotta ai quali i Senatori devono attenersi nell'esercizio del mandato parlamentare».

5. *I gruppi parlamentari*

Gruppi parlamentari e partiti politici

I gruppi parlamentari costituiscono la nervatura politica di ciascuna Camera: essi rappresentano infatti la proiezione dei partiti politici (o dei movimenti o comunque si chiamino) in Parlamento. Essi sono costituiti da parlamentari che volontariamente vi aderiscono e sono strutturati mediante un'organizzazione e una disciplina stabili: proprio in ragione di tale adesione volontaria, come meglio si dirà, può anche accadere che vi siano gruppi non corrispondenti ad alcun partito (ma sul punto hanno inciso, al Senato, come si vedrà, la più volte citata riforma regolamentare del 2017 e la successiva riforma, anch'essa già richiamata, del 2022), così come può verificarsi la circostanza di partiti che, non avendo un numero sufficiente di parlamentari, non siano in grado di costituire un autonomo gruppo. Al di là di tali ipotesi eccezionali, possiamo tuttavia affermare che di norma ad ogni partito esistente ed operante nella società (e che abbia presentato proprie liste di candidati) corrisponde un gruppo parlamentare, che di quel partito è voce ed espressione nelle aule parlamentari: quando il partito decide di assumere una certa posizione politica, ad esempio, il gruppo parlamentare e tutti coloro che vi appartengono la seguono e la sostengono. E chi non lo fa può subire conseguenze che possono arrivare sino all'espulsione dal gruppo stesso (ed, eventualmente, anche dal partito). Tale legame può essere più o meno saldo in relazione a circostanze diverse: la forza del partito e la sua capacità di elaborare linee politiche sui diversi argomenti; la personalità degli stessi parlamentari e di coloro cui sono attribuite responsabilità nella conduzione del gruppo; lo stesso sistema elettorale, che può favorire comportamenti ispirati a doveri di obbedienza dei parlamentari nei confronti del partito che li ha inseriti nella lista elettorale (e che, soprattutto, potrebbe non inserirli più in futuro).

La natura dei gruppi parlamentari

In dottrina ci si è interrogati intorno alla natura dei gruppi parlamentari, potendosi, a tal proposito individuare due orientamenti fondamentali: quello che definisce i gruppi come organi delle Camere, sostenuto da chi evidenzia il ruolo essenziale che i suddetti svolgono in ordine all'organizzazione e al funzionamento delle Camere, a cui si connetterebbe anche l'attribuzione di risorse dedicate a carico dei relativi bilanci (ma si è, per contro, notato che mancano ai gruppi alcune caratteristiche dei veri e propri "organi", tra cui il potere di esprimere la volontà della Camera di appartenenza); quello che definisce i gruppi come mere associazioni private, sostenuto da chi pone l'accento su come essi siano dotati di propri organi, regolamenti, bilancio autonomo, nonché propri uffici e dipendenti, i rapporti con i quali sono regolati da norme di diritto privato. La verità è che i gruppi parlamentari, per come disciplinati nel nostro ordinamento, sono *intrinsecamente ancipiti*, potendosene individuare, da una parte, un profilo eminentemente *parlamentare*, quanto alla definizione degli stessi come strumenti necessari per lo svolgimento delle funzioni delle Camere in conformità con le norme del diritto parlamentare e, dall'altra, un profilo squisitamente *politico*, riguardante il rapporto tra gruppo e partito di riferimento, in relazione al quale ai gruppi parlamentari, assimilati ai partiti politici, deve riconoscersi la qualità di soggetti privati (cfr., in questo senso, Cass. civ., Sez. Un., ord. n. 3335 del 19 febbraio 2004). Non è stata considerata dalla dottrina tale da far pendere decisivamente la bilancia in favore di uno degli orientamenti sopra indicati la definizione inserita, nel 2012, nel corpo dell'art. 14 Reg. Cam., secondo cui «i Gruppi parlamentari sono associazioni di deputati», disposizione che, peraltro, definisce subito dopo i gruppi anche «soggetti necessari al funzionamento della Camera», risultandone confermata la stretta interconnessione tra profilo privatistico e profilo pubblicistico come costitutivi della natura dei gruppi parlamentari.

Gruppi e partiti nell'Italia liberale

Nell'Italia liberale le relazioni tra gruppi parlamentari e partiti politici si atteggiavano in maniera molto diversa da quanto poi avvenuto in età repubblicana, giacché erano i gruppi che, per così dire, davano luogo ai partiti, e non viceversa: i parlamentari (*rectius*, i deputati) venivano eletti nei rispettivi collegi sulla base di un mandato fiduciario di carattere sostanzialmente personale; una volta eletti si collegavano poi ad altri deputati sulla base di affinità politico-ideologiche o per altre ragioni e costituivano gruppi parlamentari da cui poi sono nate appartenenze politiche: ma tali gruppi rappresentavano per lo più aggregazioni spontanee di parlamentari, fatte e disfatte molto spesso in considerazione di interessi contingenti, prive di definite connotazioni ideologiche e operanti al di fuori di una chiara distinzione di ruoli tra maggioranza ed opposizione (cosa che favoriva pratiche come quelle conosciute con il nome di "trasformismo").

A seguito dell'allargamento del suffragio elettorale, sino al limite del "suffragio universale maschile", prima (nel 1912 e nel 1918) e dell'adozione di un sistema elettorale proporzionale poi (1919), nonché della nascita dei primi partiti di massa (tra cui il Partito Socialista e il Partito Popolare), si assistette all'emergere di aggregazioni parlamentari caratterizzate da ideologie ben distinte, così che l'attribuzione a tali gruppi di prerogative parlamentari apparve necessaria e funzionale alla organizzazione stessa del Parlamento e, in particolare, all'epoca, della Camera dei deputati, l'unica elettiva, il cui Regolamento fu oggetto di importanti innovazioni nel 1920, tra cui modifiche dirette proprio ad evidenziare espressamente e a disciplinare il ruolo dei gruppi parlamentari.

Gli scarni riferimenti costituzionali

La Costituzione richiama i gruppi parlamentari in due disposizioni: nell'art. 72, che, nel prevedere il procedimento di approvazione di legge ordinaria in via decentrata, richiede che le commissioni in sede legislativa siano «composte in modo da rispecchiare la proporzione dei gruppi parlamentari»; e nell'art. 82 che altrettanto statuisce per la composizione delle commissioni d'inchiesta. In sostanza la Costituzione presuppone l'esistenza dei gruppi e la impone, senza però specificare cosa essi debbano essere e tantomeno dettarne una disciplina specifica: sì che tutto è demandato ai regolamenti parlamentari, agli statuti dei partiti ed ai regolamenti interni dei gruppi stessi.

Le regole per la costituzione dei gruppi

Quanto alle regole per la loro costituzione, i regolamenti parlamentari stabiliscono che, entro pochi giorni dalla prima seduta di ciascuna Camera (due giorni alla Camera e tre al Senato), ciascun parlamentare deve dichiarare a quale gruppo intende appartenere. In proposito, va peraltro rilevato che il Regolamento del Senato, all'art. 14, 1° comma, dopo aver stabilito che «tutti i Senatori debbono appartenere ad un Gruppo parlamentare», prevede, in seguito alla riforma regolamentare del 2017, un'importante eccezione ad una prescrizione ormai classica del diritto parlamentare italiano, statuendo che «i Senatori di diritto e a vita e i Senatori a vita, nella autonomia della propria legittimazione, possono non entrare a far parte di alcun Gruppo». Inoltre, la successiva riforma regolamentare del 2022 ha aggiunto al succitato comma dell'art. 14 del Regolamento la previsione, concernente vicende le quali possono avvenire in corso di legislatura, in forza della quale «sono considerati non iscritti ad alcun Gruppo parlamentare i Senatori che si dimettono dal Gruppo di appartenenza, ivi compreso il Gruppo misto, o ne vengono espulsi, salvo che entro il termine di tre giorni abbiano aderito ad un altro Gruppo già costituito».

Sino alla XVII legislatura si poteva correttamente affermare che non esisteva alcun vincolo formale rispetto alla lista elettorale nella quale un parlamentare fosse stato eletto: poteva cioè accadere, tanto alla Camera quanto al Senato, che un parlamentare fosse eletto nella lista di un partito e aderisse, all'inizio della legislatura (oppure in seguito), ad un gruppo collegato a un altro partito (come è avvenuto). Ciò avrebbe potuto avere conseguenze di tipo politico, ma nessuna di tipo giuridico. Se quanto appena detto è ancora vero con riguardo alla Camera dei deputati, non lo è più pienamente in riferimento al Senato, come subito si dirà.

Per costituire un gruppo parlamentare sono necessari almeno venti deputati alla Camera (diventeranno quattordici, come previsto dalla riforma regolamentare del 2022, a partire dalla XX legislatura) e sei senatori al Senato (erano dieci fino al 2022). Si tratta di un requisito *numerico*, il quale svolge tuttora un ruolo ampiamente preminente alla Camera, dove la succitata regola può tuttavia essere derogata, in quanto il Regolamento prevede che l'Ufficio di presidenza possa autorizzare la costituzione di gruppi con un numero inferiore di deputati, se rappresentano partiti organizzati nel paese che abbiano conseguito un determinato risultato elettorale indicato dal Regolamento stesso. Tale disciplina, come è evidente, valorizza al massimo grado la libertà del parlamentare nell'esercizio del suo mandato, senza elevare argini significativi rispetto alla possibilità di dare vita, inizialmente o in corso di legislatura, a gruppi parlamentari anche privi di alcun collegamento con liste presentatesi alle elezioni, o, per quel che concerne i singoli parlamentari, di mutare gruppo parlamentare anche più volte nel corso della medesima legislatura.

Al Senato, al fine di porre un freno a fenomeni che, consentendo una divergenza anche molto significativa della composizione politica delle Camere rispetto a quella del corpo elettorale nei termini attestati dai risultati delle elezioni, risultano per molti versi discutibili (e fonte di processi di delegittimazione della classe politica di fronte all'opinione pubblica), si è deciso, eliminata la previsione dell'autorizzazione alla costituzione di gruppi in deroga rispetto al requisito numerico, di affiancare, in via generale, alla previsione di tale requisito, quella della necessaria riscontrabilità anche di un requisito *politico*. L'art. 14, 4° comma, Reg. Sen. stabilisce infatti, dopo la riforma del 2017 (parzialmente modificata nel 2022), che ciascun gruppo parlamentare, oltre ad essere composto da almeno sei senatori, «deve rappresentare un partito o movimento politico, anche risultante dall'aggregazione di più partiti o movimenti politici, che abbia presentato alle elezioni del Senato propri candidati con lo stesso contrassegno, conseguendo l'elezione di almeno un Senatore». Si prevede altresì che, fermo il requisito numerico minimo di sei senatori, «in caso di aggregazione di più partiti o movimenti politici, per ciascun contrassegno presentato, anche contenente più di un simbolo», può essere costituito un solo Gruppo (una sola componente politica del Gruppo misto), purché la richiesta di costituzione sia accompagnata dall'assenso del soggetto che ha depositato il contrassegno. In deroga al sopra indicato requisito numerico, è stato poi stabilito che «i Senatori appartenenti alle minoranze linguistiche riconosciute dalla legge, eletti nelle Regioni di insediamento di tali minoranze, e i Senatori eletti nelle Regioni di cui all'articolo 116, primo comma, della Costituzione, il cui statuto preveda la tutela di minoranze linguistiche possono costituire un Gruppo composto da almeno quattro iscritti». Infine, sempre in deroga al requisito numerico, è prevista al Senato la possibilità di costituire gruppi parlamentari in corso di legislatura, purché questi «rappresentino un partito o un movimento politico che nella legislatura abbia presentato alle elezioni politiche o del Parlamento europeo propri candidati conseguendo l'elezione di propri rappresentanti, a condizione che tale Gruppo sia costituito da non meno di nove componenti e che abbia la medesima denominazione ovvero il medesimo contrassegno del partito o movimento politico rappresentato».

Non manca, a fronte di queste statuizioni fortemente innovative per il nostro diritto parlamentare, ma che non hanno peraltro impedito letture discutibili e in parte elusive della *ratio* della riforma regolamentare, la previsione di "sanzioni", introdotte nel 2017 (e integrate nel 2022), a carico di senatori che decidano di cambiare gruppo, i quali, se componenti dell'Ufficio di Presidenza, decadono da tale carica in caso di cambiamento di gruppo. Tale misura non si applica quando la cessazione sia stata deliberata dal Gruppo di provenienza, ovvero in caso di scioglimento o fusione con altri Gruppi parlamentari, e non si applica neppure agli organi collegiali presieduti dal Presidente del Senato (art. 27, comma 3-*ter*, Reg. Sen.).

Il gruppo misto

I parlamentari che non effettuino alcuna dichiarazione di appartenenza (perché ad esempio non si riconoscono in nessuno dei partiti costituiti, o perché non in grado di formare un gruppo autonomo, o per altre ragioni), e che non appartengano ad alcun gruppo o che vedano, in corso di legislatura, scendere la consistenza numerica del proprio gruppo sotto il requisito numerico stabilito senza aderire ad altri gruppi, confluiscono nel cosiddetto gruppo misto. La regola è infatti che, salve le eccezioni più sopra ricordate, previste dal Regolamento del Senato, ogni parlamentare deve appartenere ad un gruppo. Il gruppo misto è perciò un gruppo di risulta: esso è composto da parlamentari di diversa appartenenza politica (si può andare dall'estrema destra all'estrema sinistra), al contrario degli altri la cui identità politica è ben definita. Per rimediare in parte a questo, e per consentire anche alle forze politiche minori di avere una propria visibilità in Parlamento, il Regolamento della Camera (art. 14, 5° comma) consente ai deputati appartenenti al gruppo misto di chiedere al Presidente della Camera di formare *componenti politiche* in seno ad esso, a condizione che ciascuna di queste sia formata, di regola, da almeno dieci deputati (diventeranno sette a partire dalla XX legislatura). Possono altresì essere formate componenti politiche di almeno tre componenti, purché vi aderiscano deputati «i quali rappresentino un partito o movimento politico la cui esistenza, alla data di svolgimento delle elezioni per la Camera dei deputati, risulti in forza di elementi certi e inequivoci, e che abbia presentato, anche congiuntamente con altri, liste di candidati ovvero candidature nei collegi uninominali», nonché «un'unica componente politica all'interno del Gruppo misto [...] costituita da deputati, in numero non inferiore a tre, appartenenti a minoranze linguistiche tutelate dalla Costituzione e individuate dalla legge» (quest'ultima soglia è stata abbassata a due dalla riforma del 2022, con decorrenza dalla XX legislatura). Con successive modifiche scritte o introdotte in via di prassi, sono state attribuite alle componenti politiche alcune facoltà e prerogative proprie dei gruppi, così da far parlare a proposito di tali componenti di "quasi gruppi", che forse è un modo per limitare l'impatto della regola del numero minimo di parlamentari necessari per costituire un gruppo.

Al Senato la costituzione di dette componenti non era prevista a livello regolamentare prima del 2022. In seguito alla riforma regolamentare approvata in tale anno il Regolamento stabilisce che «i Senatori appartenenti al Gruppo misto possono chiedere al Presidente del Senato di costituire componenti politiche in seno ad esso, purché coloro che intendono aderirvi rappresentino un partito o un movimento politico, anche risultante dall'aggregazione di più partiti o movimenti politici, che abbia presentato alle ultime elezioni del Senato propri candidati con lo stesso contrassegno, conseguendo l'elezione di almeno un Senatore», aggiungendo che «è altresì consentita la costituzione di componenti politiche in seno al Gruppo misto, che rappresentino un partito o un movimento politico che nella legislatura abbia presentato alle elezioni politiche, regionali o del Parlamento europeo propri candidati conseguendo l'elezione di propri rappresentanti».

Organizzazione interna e relazioni con i partiti

Ogni gruppo parlamentare ha poi, come previsto dai regolamenti di entrambe le Camere, una propria organizzazione, disciplinata dallo statuto (che ciascun Gruppo deve approvare entro trenta giorni dalla sua costituzione). I due regolamenti parlamentari prevedono, come organi necessari per ogni gruppo, un Presidente, uno o più Vicepresidenti e l'Assemblea (il Regolamento della Camera prevede inoltre che vi sia un comitato direttivo, mentre quello del Senato che vi siano un Tesoriere e un Segretario). Tutti questi organi, a cui se ne aggiungono altri, sono eletti all'interno dei gruppi stessi, sebbene, sul piano sostanziale, la scelta avvenga, per lo più, fuori da essi, e cioè nell'ambito dei partiti di riferimento: una volta assunta una decisione da parte dei vertici del partito, la votazione interna al gruppo altro non è, di norma, che una ratifica di tale decisione. Si tratta cioè di un sistema formalmente democratico, ma che nell'esperienza concreta lascia uno spazio assai ristretto all'autonomia dei parlamentari. Scopo degli organi apicali del gruppo non è soltanto quello di orientare e dirigere l'attività dello stesso nell'ambito dei lavori parlamentari (e soprattutto assicurare la presenza anche fisica dei parlamentari ai lavori delle Camere), ma anche quello di assicurare i raccordi necessari tra gli stessi parlamentari e il partito, nella duplice direzione (anche se, per quanto detto e per quanto avviene nella pratica politica, il movimento è più dal partito al gruppo che non viceversa).

In materia di organizzazione interna dei gruppi parlamentari, è necessario fare poi riferimento, se pure molto brevemente, ai contenuti delle modifiche regolamentari approvate alla Camera e al Senato nell'autunno del 2012, in una fase caratterizzata da una forte attenzione da parte dell'opinione pubblica nei confronti dei temi della trasparenza dell'attività dei gruppi, anche (e soprattutto) in relazione all'uso delle risorse pubbliche messe a loro disposizione. Sono state introdotte, in quell'occasione, delle previsioni che, facendo riferimento all'adozione di statuti (alla Camera) o regolamenti (al Senato) dei gruppi, stabiliscono, per la prima volta nel nostro ordinamento parlamentare, un espresso obbligo di pubblicità, anche *on line*, degli stessi e degli altri documenti attinenti all'organizzazione interna dei gruppi (cfr. artt. 15 Reg. Cam. e 15 Reg. Sen.).

Risorse materiali e contributi finanziari assicurati ai gruppi

I regolamenti parlamentari prevedono inoltre che, a carico del bilancio delle Camere, sia assicurato ai gruppi l'accesso a risorse materiali (disponibilità di locali e attrezzature) e finanziarie (contributi periodici). Con riguardo ai contributi finanziari, a seguito delle innovazioni introdotte nel 2012, si prevede l'erogazione di un contributo annuale a copertura delle varie spese del gruppo, quantitativamente parametrato sulla consistenza numerica del medesimo (ma al Senato si garantisce a tutti i gruppi comunque una dotazione minima di risorse finanziarie) e in relazione al quale sono stati previsti specifici vincoli di destinazione, meno stringenti al Senato, dove, oltre che ad una serie di attività "istituzionali" connesse all'attività parlamentare, si fa riferimento anche ad "attività politiche" collegate a quella parlamentare. È stato, infine, previsto, sempre ad opera degli interventi riformatori del 2012, tanto alla Camera quanto al Senato, un sistema di controlli sull'uso delle risorse finanziarie, che si articola, tra l'altro, nella previsione di un obbligo di rendiconto annuale da parte dei gruppi e sull'obbligo di sottoposizione della gestione finanziaria al controllo operato da una società di revisione legale selezionata dall'Ufficio (o Consiglio) di presidenza con procedura ad evidenza pubblica.

Per quanto riguarda le funzioni svolte dai gruppi parlamentari, può distinguersi tra le funzioni svolte *all'interno delle procedure parlamentari*, da un lato, e quello delle funzioni svolte in riferimento alla *formazione del Governo*, dall'altro. *Le funzioni*

In ordine al primo profilo il potere più significativo concerne la programmazione dei lavori dell'Assemblea, procedura nella quale, come si dirà, un ruolo decisivo viene svolto dalla Conferenza dei Presidenti dei gruppi parlamentari (detta anche Conferenza dei Capigruppo), cui spetta approvare il programma dei lavori dell'Aula nonché il relativo calendario. Ai gruppi spettano poi altre importanti prerogative, tra cui: la designazione dei parlamentari da nominare come membri delle varie commissioni parlamentari; la possibilità di far proprio un progetto di legge con la conseguenza di accelerarne l'esame da parte della commissione di merito; la possibilità di attivare una serie di poteri procedurali che altrimenti richiederebbero di essere attivati ad opera di un certo numero di parlamentari (per es. la presentazione di emendamenti e mozioni). Inoltre, di regola, al momento della votazione ogni gruppo si esprime per voce di un solo parlamentare che viene indicato dal gruppo stesso; il tempo complessivo dedicato alla discussione viene ripartito avendo riguardo alla suddivisione in gruppi parlamentari. Tutto ciò fa capire quanto si diceva prima, ovvero che i gruppi costituiscono la vera nervatura politica dell'organizzazione parlamentare.

Per quanto riguarda invece l'attività svolta dai gruppi in caso di crisi di governo, essa non trova un proprio fondamento esplicito in Costituzione (che non prevede espressamente neppure, come si dirà meglio in altra parte del presente Manuale, lo svolgimento di consultazioni obbligatorie), ma si è affermata in via di convenzione costituzionale (fino a far ritenere che si sia formata una vera e propria norma consuetudinaria): i Presidenti dei gruppi sono sentiti dal Capo dello Stato durante le consultazioni in vista della formazione di un nuovo Governo all'inizio della legislatura e per la risoluzione della crisi di governo, insieme a coloro che hanno la responsabilità e la guida politica del partito. In precedenza si formavano delle cosiddette "delegazioni" dei partiti, di norma composte dal segretario e dal presidente del partito, nonché dai due presidenti dei gruppi parlamentari che facevano riferimento a quel partito (nell'ipotesi ovviamente che il partito avesse potuto dare vita ad un gruppo in entrambe le Camere). Anche oggi avviene sostanzialmente così, sebbene il formarsi di coalizioni elettorali, sotto lo stimolo della legislazione sull'elezione delle Camere, renda il quadro meno definito.

Disciplina di gruppo, dissenso, democrazia interna

In generale, quanto si è detto presuppone che il gruppo parlamentare abbia una propria compattezza interna, e che nella prassi ogni parlamentare rispetti e si adegui alle decisioni del gruppo stesso. Questo, tuttavia, può non avvenire ed in ogni caso non può essere imposto in assoluto (anche in forza del divieto di mandato imperativo di cui si è detto): al fine, pertanto, di garantire al singolo parlamentare di poter esprimere la propria opinione i regolamenti prevedono la possibilità di intervenire in dissenso dal gruppo di appartenenza (mentre in relazione al voto, essendo lo stesso personale, ognuno è libero di orientarsi nella maniera ritenuta opportuna). Ma anche su questo una cosa sono le regole e altra (spesso) i comportamenti: perché, se il parlamentare è formalmente libero di votare anche contro il proprio gruppo, è anche vero che ciò avviene assai di rado. Di norma il parlamentare non "disobbedisce" al gruppo, almeno apertamente: e così si è ritenuto che al divieto di mandato imperativo sancito dall'art. 67 Cost. faccia riscontro, nella prassi, un «mandato imperativo di gruppo», cui il parlamentare è di fatto, politicamente, soggetto ed al quale ben difficilmente potrebbe sottrarsi.

Per svincolarsi dalla disciplina del gruppo, talvolta il parlamentare coglie l'occasione del voto segreto: in tal caso si parla di "franchi tiratori", ovvero appunto di coloro che approfittano della segretezza del voto per votare contro le indicazioni del proprio gruppo. Se infatti il parlamentare si discosta apertamente dalle indicazioni del gruppo rischia nell'immediato, nei casi ritenuti politicamente più rilevanti, l'espulsione dal gruppo (dato che agli organi dirigenti di questo è riconosciuto un potere disciplinare che può arrivare addirittura all'espulsione del singolo "disobbediente"): ma il rischio maggiore è altro, e cioè di non essere ricandidato alle elezioni successive. Tutto ciò rende, come detto, il gruppo parlamentare un corpo assai compatto, almeno visto dall'esterno: ma per ottenere questo risultato occorrerebbe, per rispettare pienamente l'autonomia del singolo parlamentare, che la sua organizzazione interna fosse effettivamente democratica. Ciò avviene solo in parte, e non tanto perché l'organizzazione interna è rimessa allo statuto di ciascun gruppo (che quindi può prevedere regole più o meno coerenti con le istanze sottese al principio democratico), quanto soprattutto perché l'autonomia del gruppo in sé considerato è assai limitata rispetto al partito (sebbene in alcuni casi di più e in altri meno, com'è ovvio): se un partito decide cioè di tenere su un tema una determinata condotta, il gruppo ben difficilmente potrà decidere di non sostenerla in Parlamento. Così che la procedura democratica interna al gruppo serve, in questa ipotesi, assai a poco.

6. *Le commissioni parlamentari*

La ratio *della loro previsione*

Le commissioni parlamentari costituiscono un'articolazione interna a ciascuna Camera (ovvero al Parlamento inteso unitariamente, come subito si dirà), contribuendo allo svolgimento delle funzioni attribuite alle Camere. La loro previsione risponde in primo luogo ad esigenze di carattere organizzativo: è evidente che, se tutto il lavoro parlamentare si dovesse svolgere in assemblea, esso difficilmente porterebbe a qualche risultato utile, tanto più considerando la mole di compiti e funzioni che i parlamenti contemporanei sono chiamati a svolgere, ed ancora maggiore di quanto non sia oggi sarebbe il potere esercitato da soggetti esterni al Parlamento, perché gli accordi e le mediazioni sarebbero raggiunti, molto più frequentemente di quanto già comunque avviene, in sedi diverse. Strettamente connessa a tale necessità organizzativa sta dunque un'esigenza di tipo politico: occorrono luoghi e sedi nei quali le forze politiche (ovvero i partiti, tramite i gruppi) possano incontrarsi, discutere, comunicarsi le rispettive posizioni e cercare soluzioni condivise. Tutto questo può avvenire soltanto in misura ridotta nella sede assembleare, che ha carattere di ufficialità e quasi di "teatralità", dove le rispettive posizioni vengono esposte perché diventino pubbliche, e molto meno, in concreto, per convincere qualcuno degli altri parlamentari né tantomeno per cercare accordi: al contrario, in commissione, dove il numero dei parlamentari è ridotto e le forme di pubblicità più limitate, è possibile ottenere risultati politici preclusi alla sede assembleare. A ciò si aggiunga anche un'esigenza di "specializzazione" per argomenti o materie, promossa e valorizzata in sede di commissione.

Riferimenti costituzionali

La Costituzione non contiene una disciplina articolata del ruolo, dell'organizzazione e delle funzioni delle commissioni parlamentari. Come per i gruppi, la Carta contempla soltanto alcuni, limitati, riferimenti alle commissioni: l'art. 72 prevede, in materia di procedimento legislativo, che ogni disegno di legge debba essere esaminato prima da una commissione e poi dall'Assemblea e che i regolamenti parlamentari possano stabilire casi e forme del deferimento a commissioni, anche permanenti, anche dell'approvazione di un disegno di legge; l'art. 82 prevede la possibilità di istituire commissioni d'inchiesta; l'art. 126 attribuisce funzioni ad una commissione bicamerale per le questioni regionali, cosa da cui discende l'indispensabilità della sua istituzione. A partire da questi limitati riferimenti costituzionali, ai regolamenti parlamentari e a fonti legislative si deve l'introduzione di un'ampia e articolata disciplina delle commissioni, che si pongono come organi centrali e indefettibili dell'organizzazione e del funzionamento delle Camere.

Tipologie di commissioni

Va subito detto infatti che è riscontrabile una significativa varietà tipologica di commissioni: in primo luogo le commissioni si distinguono in *monocamerali e bicamerali*, le prime formate da parlamentari di una sola Camera, le seconde formate da parlamentari appartenenti ad entrambe le Camere. Si distinguono poi commissioni *permanenti e speciali*: le prime, previste dal regolamento di ciascuna Camera, che ne definisce la competenza, sono costituite all'inizio di ogni legislatura e durano per tutta la durata della stessa; le seconde possono invece essere istituite di volta in volta per svolgere compiti definiti dall'atto istitutivo, ed hanno una durata variabile che comunque non può eccedere quella della legislatura.

Tra le commissioni permanenti e tra quelle speciali possono poi operarsi ulteriori distinzioni, in base alle funzioni ad esse assegnate. Il quadro dunque è assai complesso; prima di esaminare le differenze tra le varie tipologie di commissioni, analizziamo gli *elementi comuni* ad esse, o perlomeno alla maggior parte di esse.

Composizione: proporzionalità tra commissioni e aula

Le commissioni sono composte esclusivamente da parlamentari, e il criterio di composizione è di tipo proporzionale: l'art. 72, 3° comma, Cost. e l'art. 82, 2° comma, Cost. stabiliscono espressamente, come si è già detto, che esse siano formate «in modo da rispecchiare la proporzione dei gruppi parlamentari»: sebbene tali disposizioni si riferiscano – rispettivamente – alle commissioni con poteri deliberanti nell'ambito del procedimento legislativo e a quelle d'inchiesta, tuttavia il criterio viene ritenuto valido per ogni tipo di commissione (salvo puntuali eccezioni previste dai regolamenti parlamentari). In sostanza, dunque, ogni commissione deve costituire una sorta di "assemblea in scala ridotta": pertanto, ogni gruppo parlamentare deve "pesare" in commissione quanto pesa in assemblea, e gli equilibri complessivi tra assemblea e commissione devono essere combacianti. Tutto questo può subire limitate eccezioni, nel caso in cui un gruppo sia talmente piccolo da non poter essere rappresentato in commissione: in questo caso al criterio della *proporzionalità* si affianca quello della *rappresentatività* (per consentire ad ogni gruppo di essere rappresentato in commissione), il che può talvolta comportare, per una maggioranza parlamentare che sia particolarmente esigua in assemblea, qualche difficoltà a mantenere la sua posizione di maggioranza anche in commissione.

Organizzazione interna e pubblicità dei lavori

Coerentemente all'idea della "assemblea in scala ridotta", anche l'organizzazione di ciascuna commissione rispecchia quella dell'aula: vi è quindi un Presidente di commissione (che svolge le funzioni proprie di un presidente di organo collegiale, tra le quali assai importante è la nomina del relatore per le varie questioni); vi è un ufficio di presidenza (composto dal Presidente, dai Vicepresidenti e dai Segretari); vi sono i gruppi, con i relativi presidenti; vi possono essere articolazioni interne (come i comitati o le sottocommissioni o i comitati ristretti).

Il numero di componenti di ciascuna commissione varia (a seconda che si tratti di commissione monocamerale o bicamerale, permanente o speciale, e così via): ciò che non varia è invece il fatto che i componenti di ciascuna di esse sono "designati" dai gruppi, mentre è poi il Presidente d'Assemblea che, sulla base delle proposte dei gruppi, distribuisce i parlamentari tra le varie commissioni.

Le attività delle commissioni sono pubbliche, tuttavia le forme di pubblicità sono attenuate rispetto a quelle previste per i lavori dell'aula (salvo il caso delle attività delle commissioni operanti in sede deliberante, di cui si dirà subito), perché di regola dei loro lavori viene redatto soltanto un *resoconto sommario*.

Commissioni (e giunte) parlamentari e rapporto maggioranza-opposizione

Prima di soffermarci su alcune delle principali classificazioni operabili all'interno del vasto insieme delle commissioni parlamentari (ma le considerazioni valgono anche per le giunte, su cui v., specificamente, il par. 7 di questa sezione), è opportuno ricordare alcune regole operanti, in funzione di bilanciamento, in chiave di garanzia per le opposizioni. Si tratta di regole che, in forza di disposti normativi o in via di prassi, prevedono una composizione paritaria, appunto sull'asse maggioranza-opposizione (anziché rispecchiante la composizione dell'assemblea), di commissioni o giunte oppure l'assegnazione della presidenza ad un esponente dei gruppi di opposizione.

Sul primo versante, bisogna ricordare il Comitato per la legislazione (su cui v. par. 8 di questa sezione), composto alla Camera di dieci deputati e al Senato di otto senatori «scelti dal Presidente di assemblea in modo da garantire la rappresentanza paritaria della maggioranza e delle opposizioni (art. 16-*bis* Reg. Cam. e art. 20-*bis* Reg. Sen.) ed il Comitato parlamentare per la sicurezza della Repubblica (CO.PA.SIR.) «composto da cinque deputati e cinque senatori, nominati [...] in proporzione al numero dei componenti dei gruppi parlamentari, garantendo comunque la rappresentanza paritaria della maggioranza e delle opposizioni» (art. 30, 1° comma, l. n. 124/2007).

Sul secondo, concernente le presidenze di organi collegiali (non solo commissioni strettamente intese) da attribuire a parlamentari di opposizione, vengono in rilievo: il già citato CO.PA.SIR. e la Giunta delle elezioni e delle immunità parlamentari del Senato. Non per disposto normativo, bensì per prassi consolidata, spettano inoltre all'opposizione le presidenze della Giunta delle elezioni e della Giunta per le autorizzazioni della Camera dei deputati, nonché quella della Commissione parlamentare di indirizzo e di vigilanza sui servizi radiotelevisivi. Per quanto riguarda invece il Comitato per la legislazione, non si prevede che la sua presidenza sia assegnata ad un esponente dell'opposizione, ma che, alla Camera, lo stesso sia «presieduto, a turno, da uno dei suoi componenti, per la durata di sei mesi ciascuno» (art. 16-*bis*, 2° comma, Reg. Cam.), elevati a dieci, con parere della Giunta per il regolamento del 16 ottobre 2001, in via sperimentale (sperimentazione non più rimessa successivamente in discussione), e, al Senato, che lo stesso sia «presieduto, a turno, da uno dei suoi componenti, per la durata di un anno ciascuno» (art. 20-*bis*, 2° comma, Reg. Sen.).

Senza poter qui approfondire la questione, è opportuno rilevare come l'applicazione di tali previsioni, nei non infrequenti casi di cambi di maggioranza (e di opposizione) in corso di legislatura, possa risultare foriera di non poche difficoltà sul piano politico. Al fine di prevenire l'insorgere di questioni interpretative di non facile soluzione, la riforma del Regolamento del Senato del 2022 ha previsto espressamente che, per quanto riguarda il presidente della Giunta delle elezioni e delle immunità parlamentari, «il requisito dell'appartenenza ai Gruppi di opposizione deve permanere per tutta la durata della carica di Presidente, a pena di decadenza dalla carica stessa» (art. 19, 1° comma, Reg. Sen.).

6.1. *Le commissioni permanenti*

Composizione, costituzione e competenze delle commissioni permanenti

Circa la composizione delle *commissioni permanenti*, che per prassi sono costituite, all'inizio della legislatura, dopo la formazione del Governo (così che si possa tener conto dell'articolazione politica dell'Assemblea secondo l'asse maggioranza-opposizione), oltre a quanto detto in termini generali, va segnalato come ogni deputato o senatore debba far parte necessariamente di una commissione permanente (compresi i ministri e i sottosegretari, che però vengono sostituiti finché dura l'incarico di Governo), mentre nessun parlamentare può appartenere a più di una commissione permanente (salvo quelli appena richiamati che sostituiscono i membri del Governo e salvi altresì, al Senato, i senatori appartenenti a gruppi così piccoli da avere un numero di membri inferiore a quello delle commissioni e che sono perciò abilitati a designare uno stesso senatore per tre commissioni diverse).

Spetta ai gruppi parlamentari, dopo la loro costituzione, designare i propri componenti nelle commissioni permanenti. Compete poi al Presidente di Assemblea distribuire tra le commissioni i parlamentari che non sono rientrati nella prima ripartizione, in modo che sia rispettata la proporzione tra i gruppi in Assemblea. Al Senato è previsto che il Presidente di Assemblea operi in modo che la composizione delle commissioni permanenti rispecchi, oltre alla proporzione esistente tra i gruppi in assemblea, «il rapporto tra maggioranza e opposizione» (art. 21, 3°

comma, Reg. Sen.). Si tratta di una previsione di recente introduzione che, mentre dà risalto anche con riguardo a tale profilo, all'importanza della dinamica maggioranza-opposizione, è finalizzata a prevenire l'evenienza di una sovrarappresentazione in commissione di opposizioni costituite da una pluralità di gruppi di dimensioni ridotte. Dal 2022 è stato altresì attribuito al Presidente del Senato il compito di assegnare alle diverse commissioni permanenti i senatori che non risultano iscritti ad alcun gruppo parlamentare, anche in questo caso «nel rispetto del rapporto tra maggioranza e opposizione».

Le commissioni permanenti eleggono al loro interno il presidente, due vicepresidenti e due segretari, che compongono l'ufficio di presidenza. La composizione delle commissioni permanenti è rinnovata alla Camera «ogni biennio» (art. 20, 5° comma, Reg. Cam.) e al Senato «dopo il primo biennio della legislatura» (art. 21, 7° comma, Reg. Sen.), con possibilità di riconferma dei componenti.

Dette commissioni sono previste dai regolamenti parlamentari, che ne definiscono i nomi e quindi ne individuano le materie di competenza. Esse infatti hanno competenze individuate *per materia*, che sono in linea di massima definite in relazione alle competenze attribuite ai vari ministeri all'interno del Governo: così abbiamo, ad esempio, una Commissione Giustizia, una Commissione Difesa, una Affari esteri e comunitari, e così via. In totale le commissioni permanenti sono quattordici alla Camera e dieci al Senato (dove erano quattordici fino al 2022). Le competenze delle commissioni permanenti coprono tendenzialmente l'intero spettro delle materie di cui il Parlamento potrebbe essere chiamato ad occuparsi, non essendo peraltro mancate critiche circa l'adeguatezza dell'attuale distribuzione delle competenze materiali tra le commissioni.

Le funzioni

Per quel che concerne le funzioni esercitate dalle commissioni permanenti in riferimento alle materie alle medesime assegnate, esse sono speculari rispetto a quelle attribuite all'Assemblea considerata nel suo complesso: le commissioni partecipano cioè, per richiamare le più rilevanti, allo svolgimento dell'attività legislativa, di quelle di indirizzo e di controllo nei confronti del Governo e di quelle conoscitiva ed ispettiva.

La partecipazione all'attività legislativa

Per quanto concerne la partecipazione all'attività legislativa, va ricordato quanto già si è accennato con riguardo al procedimento legislativo: le commissioni possono svolgere una mera funzione consultiva mediante l'espressione di un parere in merito ad un disegno di legge affidato per l'esame ad un'altra commissione (si parla in tal caso di commissione in sede consultiva); oppure possono invece svolgere una funzione preparatoria rispetto al lavoro dell'assemblea attraverso la predisposizione di un testo sul quale l'aula discuterà (e in tal caso si parla di commissione *in sede referente*); oppure ancora possono deliberare direttamente ed al posto dell'assemblea sulla proposta di legge, così di fatto esprimendo in via definitiva la volontà della Camera (in questo caso si parla di commissione *in sede deliberante* o, secondo la formulazione adoperata alla Camera dei deputati, *legislativa*). Vi è poi una ulteriore possibilità – una specie di via di mezzo tra le ultime due indicate –, che si realizza quando la commissione approva la proposta di legge articolo per articolo mentre l'approvazione finale del testo è rimessa all'assemblea (*commissione in sede redigente*). In proposito, è opportuno segnalare che al Senato, in seguito ad un'innovazione introdotta dalla più volte citata riforma regolamentare del 2017, la sede decentrata (deliberante o redigente) risulta valorizzata dalla statuizione a norma della quale il Presidente di Assemblea è tenuto di regola, ferme le riserve di assemblea e i poteri di rimessione all'assemblea previsti dall'art. 72 Cost., ad assegnare i disegni di legge in sede deliberante o in sede redigente.

Commissioni e Governo tra attività consultiva ...

Ma un'altra competenza importante delle commissioni permanenti, ancora relativa alla funzione normativa, attiene all'*attività consultiva* che esse sono chiamate a svolgere nei confronti di altri soggetti, esterni rispetto alle Camere e, in primo luogo, nei confronti del Governo. Tale attività viene svolta, in particolare con riguardo agli schemi di decreti legislativi predisposti dal Governo ovvero – talvolta – ai regolamenti governativi. Per quanto riguarda i primi, la l. n. 400/1988 prevede il parere obbligatorio delle commissioni competenti delle Camere sugli schemi di decreti legislativi delegati nell'ipotesi in cui il termine previsto per l'esercizio della delega ecceda i due anni (ma le singole leggi di delega possono prevederlo anche nelle altre ipotesi); mentre per quanto riguarda i regolamenti, la stessa l. n. 400/1988 prevede il parere obbligatorio nel caso di regolamenti c.d. di delegificazione. In tutti questi casi il parere è *obbligatorio* (cioè deve esserci) ma *non vincolante* (cioè non deve necessariamente essere seguìto). Si tratta di un'attività svolta peraltro anche con riguardo a determinati atti preparatori della normativa dell'Unione europea.

L'eccezionale sviluppo che la normativa di provenienza governativa e comunitaria (*rectius* eurounitaria) ha avuto in questi ultimi anni, a svantaggio della legislazione di origine parlamentare, ha avuto tra le altre conseguenze quella di spostare molta parte del potere dall'assemblea alle commissioni, sebbene attraverso l'esercizio di una funzione consultiva, proprio perché quella produzione normativa "passa" dalle commissioni e non dall'assemblea, mentre il ruolo di quest'ultima tende a risultare invece preminente, in questo caso a discapito del ruolo delle commissioni, all'interno del procedimento legislativo.

... e attività conoscitive, di indirizzo e controllo

Accanto a queste funzioni, inerenti come detto all'attività legislativa, ve ne sono altre, di differente natura, riferibili al rapporto con il Governo. Le commissioni, infatti, costituiscono il luogo privilegiato d'incontro e di "dialogo" tra Esecutivo e Parlamento, specie in ragione della competenza per materia che rende la commissione interlocutore privilegiato per il ministero (e viceversa). I regolamenti delle Camere prevedono che i rappresentanti del Governo hanno il diritto e, se richiesti, l'obbligo di assistere alle sedute delle commissioni; ogni commissione può esercitare una potestà di indirizzo nei confronti dell'Esecutivo, di norma mediante lo strumento della *risoluzione*, con la quale possono essere manifestati orientamenti o definiti indirizzi su specifici argomenti. Allo stesso tempo, la commissione svolge una funzione di controllo sull'operato del Governo, soprattutto attraverso l'uso di strumenti di tipo conoscitivo, quali interrogazioni e richieste di chiarimenti, informazioni, ecc. Svolta tale attività, le commissioni possono riferire all'assemblea mediante relazioni o proposte ritenute opportune. La riforma del Regolamento del Senato del 2017 ha potenziato anche la capacità delle commissioni di svolgere attività di indirizzo e controllo, facendone la sede normale delle informative del Governo (salvo quelle del Presidente del Consiglio, da svolgersi in Assemblea) e abilitandole a procedere all'audizione dei candidati proposti dal Governo, in vista del rilascio dei pareri sulle nomine governative.

Ciascuna commissione può anche disporre, previa intesa con il Presidente della Camera, indagini conoscitive dirette ad acquisire notizie, informazioni e documenti utili.

L'articolato insieme di tali funzioni fa delle commissioni permanenti, come si è già detto, uno snodo fondamentale dell'attività parlamentare: meno appariscente dell'attività svolta in assemblea, quella svolta in commissione può, forse proprio per questo, maggiormente concentrarsi sull'elaborazione e sulla discussione dei contenuti dei provvedimenti in esame.

Le c.d. commissioni "orizzontali"

Va infine segnalata una distinzione, interna alla tipologia delle commissioni permanenti, tra quelle c.d. orizzontali (dette anche "commissioni filtro") e le altre. Le prime svolgono una funzione consultiva obbligatoria su tutte le materie, per quanto attiene al profilo di propria pertinenza. Così, ad esempio, la Commissione Affari costituzionali è chiamata ad esprimere un parere obbligatorio su disegni di legge o emendamenti rilevanti in materia costituzionale o attinenti all'organizzazione della Pubblica Amministrazione; così la Commissione Bilancio deve rendere parere obbligatorio sui disegni di legge recanti oneri finanziari o disposizioni rilevanti in materia di programmazione economico-finanziaria; la Commissione per le politiche dell'Unione europea, infine, deve rendere parere obbligatorio sui disegni di legge che disciplinano la procedura di adeguamento dell'ordinamento interno alla normativa euro-unitaria. Il mancato adeguamento da parte della commissione competente al parere della commissione "filtro" comporta, se la commissione sta operando in sede legislativa/deliberante o redigente, la rimessione in assemblea del progetto di legge (analogamente a quanto avviene per il parere del Comitato per la legislazione, come si dirà). Se a non conformarsi al parere è invece una commissione operante in sede referente, il vincolo si attenua, essendo solamente previsto che il parere debba essere allegato alla relazione e che, all'interno di quest'ultima, debba essere motivato il mancato adeguamento ai contenuti del parere.

6.2. *Le commissioni bicamerali*

La natura bicamerale del Parlamento italiano, oltre che nella sua articolazione in due Camere, trova un'importante proiezione nella istituzione di commissioni bicamerali, composte da (un identico numero di) deputati e di senatori.

La Commissione bicamerale per le questioni regionali

Tra le commissioni bicamerali, bisogna richiamare innanzitutto una commissione prevista dalla stessa Costituzione, cioè la Commissione bicamerale per le questioni regionali. L'art. 126 Cost. stabilisce infatti che sul provvedimento di scioglimento del Consiglio regionale e di rimozione della Giunta regionale, da adottare mediante decreto del Presidente della Repubblica, deve essere acquisito il parere di «una Commissione di deputati e senatori costituita, per le questioni regionali, nei modi stabiliti con legge della Repubblica». A tale commissione (composta da venti deputati ed altrettanti senatori) i regolamenti di Camera e Senato hanno attribuito ulteriori funzioni, quali ad esempio l'espressione di un parere sui progetti di legge che possano riguardare le competenze regionali; mentre il già ricordato art. 11 l. cost. n. 3/2001 ha stabilito un'integrazione della commissione ed un suo maggior ruolo nell'ambito dell'attività legislativa, mediante una previsione che però fino ad oggi non è stata attuata.

Le altre commissioni bicamerali

Sull'esempio e sulla scia di tale commissione bicamerale, nel corso degli anni sono state istituite numerose altre commissioni bicamerali: una con legge costituzionale (la n. 1/1989, con cui è stato istituito un Comitato parlamentare per i procedimenti d'accusa: sebbene si chiami comitato è assimilabile in tutto e per tutto ad una commissione); altre con leggi ordinarie. Tra queste ultime la più nota è forse la Commissione per l'indirizzo generale e la vigilanza dei servizi radiotelevisivi (più conosciuta come Commissione di vigilanza RAI, prevista dalla l. n. 103/1975), mentre si possono poi richiamare quelle che si occupano di infanzia e adolescenza, di anagrafe tributaria, di enti previdenziali, dell'attuazione dell'accordo di Schengen, della sicurezza della Repubblica. Tutte queste vengono classificate come commissioni "d'indirizzo, vigilanza e controllo". A queste si aggiungono alcune commissioni che svolgono invece un ruolo soltanto consultivo in materie specifiche e ben determinate: così ad esempio, nella prassi più recente, sono state istituite una commissione per la semplificazione normativa ed un'altra per l'attuazione del federalismo fiscale. Infine, sono operanti alcune commissioni bicamerali d'inchiesta: oggi vi sono, tra le altre, quella sulla mafia, quella sulle attività illecite connesse al ciclo di rifiuti e quella sul femminicidio (tutte istituite con apposite leggi).

6.3. *Le commissioni speciali e le commissioni di inchiesta*

Le commissioni speciali: una categoria internamente variegata

Come già ricordato, accanto alla formazione delle commissioni permanenti, è prevista dai regolamenti parlamentari la possibilità di costituire *commissioni speciali*, chiamate a svolgere compiti di vario tipo, definiti dall'atto costitutivo, che ne fissa anche la durata: mentre la loro composizione, come quella delle commissioni permanenti, deve rispecchiare la proporzione tra i gruppi. Per avere un'idea di come tale strumento venga nella prassi utilizzato, si può segnalare come nel corso del tempo siano state istituite commissioni speciali chiamate ad esaminare, all'inizio della legislatura (e quindi prima della costituzione delle commissioni permanenti), disegni di legge di conversione di decreti-legge o schemi di decreti legislativi. Oltre a queste possiamo ricordare, per esempio, l'istituzione di una commissione speciale sui diritti umani e di una sul controllo dei prezzi ed una infine sugli italiani all'estero (che invece non si esauriscono con la formazione delle commissioni permanenti).

Le commissioni d'inchiesta

Dalle commissioni speciali vanno tenute distinte le *commissioni d'inchiesta* (che comunque, a fronte di quelle permanenti, sono anch'esse "speciali"), le quali traggono la loro legittimazione direttamente dalla Costituzione, il cui art. 82 stabilisce che: «ciascuna Camera può disporre inchieste su materie di pubblico interesse. A tale scopo nomina fra i propri componenti una commissione formata in modo da rispecchiare la proporzione dei vari gruppi. La commissione di inchiesta procede alle indagini e agli esami con gli stessi poteri e le stesse limitazioni dell'autorità giudiziaria». Si tratta in particolare di poteri istruttori (quali ad esempio l'acquisizione di documenti, l'esperimento di mezzi di prova, ecc.), cui possono peraltro essere opposte dagli interessati situazioni di segreto legislativamente previsto (a meno che la commissione d'inchiesta sia istituita con legge e la stessa legge deroghi a detto limite). Le commissioni d'inchiesta non sono comunque obbligate ad adoperare i poteri appena richiamati: anzi per lo più esse ricorrono ad audizioni libere, facendo appello alla spontanea collaborazione dei cittadini, convocati e sollecitati a fornire informazioni o documenti in loro possesso. In ogni caso possono porsi problemi di coordinamento e non sovrapposizione tra l'attività delle commissioni e quella della magistratura.

Anche in questo caso, per avere un'idea degli argomenti sui quali il Parlamento, nell'esperienza più recente, ha ritenuto necessario istituire una commissione d'inchiesta, possono citarsi il fenomeno delle "morti bianche" e dell'efficacia del Servizio sanitario nazionale (argomenti sui quali sono state istituite due commissioni al Senato, sul primo argomento anche una alla Camera).

Diverso è il caso delle *indagini conoscitive*, previste come possibilità dai regolamenti parlamentari e che possono essere attivate, come già accennato, da parte di ciascuna commissione (permanente) nelle materie di propria competenza, al fine di approfondire la conoscenza di un certo argomento (a differenza di quelle di inchiesta, le commissioni permanenti nello svolgimento di un'indagine conoscitiva non hanno alcun potere di tipo coercitivo).

7. *Le giunte parlamentari*

Un'ulteriore articolazione interna di ciascuna Camera è costituita dalle giunte, che possono essere avvicinate alle commissioni in quanto organismi composti da parlamentari appartenenti ai diversi gruppi, ma che dalle stesse si differenziano con riguardo a composizione, criteri di scelta dei componenti, nonché durata in carica degli stessi, oltre che per le competenze esercitate.

Composizione interna, durata in carica dei componenti e competenze

Innanzitutto, i membri delle giunte, che sono in numero minore rispetto a quelli delle commissioni, non vengono designati dai rispettivi gruppi parlamentari, bensì nominati direttamente dal Presidente di Assemblea: la ragione di ciò sta nel fatto che per le giunte, a differenza che per le commissioni, dovrebbe prevalere un criterio di tipo tecnico-giuridico (in ragione delle competenze ad esse assegnate) anziché più puramente politico. Peraltro la nomina da parte del Presidente avviene sempre sulla base del criterio di proporzionalità tra i gruppi, e successivamente ad un'opera di consultazione da questo svolta nei confronti dei gruppi, cosicché il margine di effettiva autonomia dello stesso si riduce significativamente.

Quanto alla durata in carica dei componenti delle giunte, essa si estende all'intera legislatura, a differenza di quella delle commissioni permanenti che, come ricordato, è rinnovata in corso di legislatura.

Per quanto attiene poi alle competenze, alle giunte sono affidate, come si è accennato, competenze di rilievo tecnico-giuridico: e tuttavia il fatto che tali competenze siano attribuite ad organi comunque composti da soggetti politici (come sono appunto i parlamentari) rende assai relativa la distinzione in riferimento alle modalità con cui quelle competenze sono esercitate. Ciò può risultare comunque più chiaro se si tengono presenti quali sono le giunte attualmente attive nei due rami del Parlamento.

Le Giunte al Senato e alla Camera

Al Senato le Giunte sono due: quella per il Regolamento e quella delle elezioni e delle immunità parlamentari, a cui può aggiungersi la Commissione per la biblioteca e l'archivio storico, disciplinata nello stesso Capo del Regolamento dedicato alle Giunte. Alla Camera le giunte previste sono tre, ma mentre la prima (la Giunta per il regolamento) è analoga alla prima del Senato, le altre due hanno le competenze che al Senato sono attribuite cumulativamente alla seconda (alla Camera infatti sono previste una Giunta per le elezioni ed una, diversa, per le autorizzazioni, alle quali sono conferite le medesime competenze spettanti alla sola Giunta delle elezioni e delle immunità parlamentari del Senato). Alla Camera manca inoltre un organo competente per la biblioteca e l'archivio analogo a quello previsto a Palazzo Madama. Nello stesso capo del Regolamento dedicato alle giunte è disciplinato, tanto alla Camera quanto al Senato, anche il Comitato per la legislazione (su cui cfr., *infra*, par. 8 di questa sezione).

La Giunta per il regolamento

La Giunta per il regolamento è composta, in entrambe le Camere, da dieci membri (composizione integrabile per assicurarne una più adeguata rappresentatività, ma al Senato con non più di due ulteriori componenti). Tale Giunta ha il compito di sovrintendere a tutto ciò che riguarda l'interpretazione ed attuazione del regolamento e di formulare proposte per eventuali modifiche da apportarvi. Per quanto riguarda la prima competenza, essa può essere chiamata a formulare pareri sulla corretta interpretazione ed applicazione delle norme regolamentari, fermo restando che la decisione finale è comunque rimessa al Presidente (al Senato il Presidente è tenuto a richiedere il parere se la questione interpretativa è sollevata da uno o più Presidenti di Gruppo la cui consistenza numerica sia pari ad almeno un terzo dei componenti dell'Assemblea). Lo svolgimento di tale funzione è assai importante, in quanto i pareri espressi dalla Giunta costituiscono dei veri e propri precedenti che non soltanto hanno valore per il caso che viene risolto, ma vengono richiamati anche in relazione ad eventuali casi futuri, cosicché essi contribuiscono in misura rilevante a costituire il "diritto vivente parlamentare" insieme al testo del Regolamento.

Per quanto invece riguarda l'altra competenza indicata, ogni proposta di revisione delle norme regolamentari deve essere o formulata dalla

Giunta ovvero, se proveniente da altri soggetti, preventivamente vagliata dalla Giunta: solo dopo tale passaggio essa può essere presa in considerazione dall'assemblea, cui spetta la decisione finale.

A conferma dell'importanza della Giunta per il regolamento sta il fatto che essa è presieduta direttamente dal Presidente d'Assemblea, a differenza delle commissioni ed anche delle altre giunte.

La Giunta per le elezioni

La Giunta per le elezioni, composta da trenta deputati (che scenderanno a venti dalla XX legislatura, sulla base della riforma regolamentare del 2022), svolge compiti istruttori relativi alle funzioni attribuite alle Camere dalla Costituzione all'art. 66, in forza del quale «ciascuna Camera giudica dei titoli di ammissione dei suoi componenti e delle cause sopraggiunte di ineleggibilità e di incompatibilità». In altri termini, la Giunta verifica la regolarità delle operazioni elettorali e i titoli di ammissione degli eletti e interviene in merito alle cause sopraggiunte di ineleggibilità ed incompatibilità: si tratta di una competenza, come può vedersi, che nulla dovrebbe avere di "politico", avendo ad oggetto questioni che richiedono valutazioni di natura tecnico-giuridica (trattandosi nella sostanza di giudicare sul rispetto della legge nella sua applicazione e sulla garanzia di diritti politici, concernenti l'elettorato attivo e quello passivo). Per questa ragione risulta assai discutibile, in considerazione dei valori sottesi all'affermazione del principio dello Stato di diritto, che tale funzione sia affidata ad un organo politico (in quanto, come si è detto, composto da parlamentari, inevitabilmente mossi, nell'agire, da finalità di ordine politico) e non invece ad un organo di natura giurisdizionale, esterno al Parlamento: ed infatti le valutazioni che tale Giunta ha operato nel corso degli anni sono state non di rado dettate da criteri assai più politici e di appartenenza che non di natura tecnica. Va peraltro ribadito che l'attività che la Giunta è chiamata a svolgere ha una funzione soltanto istruttoria e preparatoria, giacché la decisione finale spetta comunque all'assemblea, la quale può adottare una decisione diversa da quella proposta, salvo il caso di accertamenti numerici relativi all'esito delle votazioni (ipotesi in cui l'assemblea può soltanto, qualora voglia discostarsi dalla proposta della Giunta, chiedere alla stessa di procedere ad ulteriori verifiche).

La Giunta per le autorizzazioni

La Giunta per le autorizzazioni della Camera, composta da ventuno membri (saranno quindici a partire dalla XX legislatura), si occupa in primo luogo di esaminare le richieste di limitazione della libertà personale a carico di parlamentari, ovvero di sottoposizione a intercettazioni, previste dall'art. 68 Cost. In tali ipotesi la Giunta esamina il caso ed esprime una proposta (di concessione o di diniego dell'autorizzazione) all'Assemblea, che adotta la decisione finale (e può decidere anche in difformità rispetto alla proposta della Giunta). Analogamente avviene nell'ipotesi in cui venga richiesta (o da parte dell'autorità giudiziaria, o da parte del parlamentare interessato) una valutazione in ordine alla possibilità di considerare determinate dichiarazioni del parlamentare come "opinioni espresse nell'esercizio delle sue funzioni".

Altra competenza riguarda i ministri: ai sensi della l. cost. n. 1/1989, la Giunta deve valutare anche le richieste di autorizzazione a procedere presentate nei riguardi del Presidente del Consiglio e dei ministri per i c.d. reati ministeriali: in particolare competente sarà la Camera di appartenenza del ministro, se questi è anche parlamentare; se viceversa non è parlamentare la competenza è attribuita al Senato.

La Giunta delle elezioni e delle immunità parlamentari

Al Senato le competenze sopra richiamate, insieme a quelle proprie della Giunta per le elezioni, sono esercitate, come già detto, da un'unica Giunta delle elezioni e delle immunità parlamentari, composta da diciannove membri e presieduta, a norma di Regolamento, da un senatore eletto tra uno dei membri appartenenti ai gruppi di opposizione (con decadenza dalla carica nell'ipotesi di cambio di gruppo, come si è visto).

Infine, è necessario ricordare che, nell'ipotesi di messa in stato d'accusa del Presidente della Repubblica per i reati di alto tradimento e di attentato alla Costituzione, questa deve essere deliberata dal Parlamento in seduta comune sulla base di una relazione predisposta da un comitato composto dai componenti della Giunta per le autorizzazioni della Camera e della Giunta delle elezioni e delle immunità parlamentari del Senato.

Come può vedersi, dunque, le funzioni sono assai vicine a quelle di natura giurisdizionale: ma il fatto che anch'esse siano attribuite alla competenza di un organo politico (come inevitabilmente è la Giunta), unito alla tendenza da parte dei parlamentari ad assumere un atteggiamento di difesa "corporativa" della classe politica, ha spesso impedito sin qui, come già accennato, che quelle funzioni siano esercitate in modo oggettivo e rispettoso della legalità costituzionale.

La Commissione per la biblioteca e l'archivio storico

La Commissione per la biblioteca e l'archivio storico, assimilabile ad una giunta (il che è foriero di un profilo di contraddittorietà), infine, presente soltanto al Senato (e composta di tre senatori), ha la competenza relativa alla gestione amministrativa delle due istituzioni indicate nel titolo, e più in generale sovrintende alle iniziative culturali del Senato stesso. Alla Camera le medesime funzioni sono svolte da un comitato (detto "per la documentazione") istituito all'interno dell'Ufficio di presidenza.

8. *Il Comitato per la legislazione*

Il Comitato e la qualità della legislazione

Il Comitato per la legislazione è un organo interno a ciascuna Camera, introdotto nel 1997 alla Camera dei deputati e nel 2022 al Senato. Rispetto alle commissioni e alle giunte, diversi sono i profili distintivi di tale organo, sia con riguardo alla composizione che all'organizzazione interna che, infine, alle funzioni assegnate.

Detto Comitato è stato previsto principalmente allo scopo di migliorare la *qualità della legislazione*: un aspetto quindi concernente non i contenuti delle scelte politiche, bensì l'adeguatezza degli strumenti (nel caso specifico le leggi) a veicolare i contenuti in maniera il più possibile chiara e corretta dal punto di vista formale, tale quindi da consentirne una migliore fruibilità da parte degli operatori del diritto e di tutti i cittadini ed una maggiore capacità di raggiungere i risultati perseguiti.

Il tema della qualità della legislazione (e più in generale della normazione) è chiaramente trasversale rispetto alla dialettica politica, e tuttavia non può essere rigidamente distinto dagli aspetti più strettamente politici di cui si sostanzia il dibattito parlamentare all'interno del procedimento legislativo. Con il Comitato per la legislazione si è perseguito appunto l'obiettivo di portare all'interno di tale procedimento, con maggiore forza che nel passato, la questione della qualità della legislazione, tentando di coniugare esigenze più eminentemente "tecniche" e di c.d. *drafting* formale con il *modus operandi* propriamente politico, naturalmente tipico delle assemblee parlamentari.

Composizione e organizzazione interna

Anche la sua composizione riflette la natura anfibia delle sue funzioni: esso è, infatti, un organo politico, ma composto in modo da garantire la rappresentanza paritaria di maggioranza ed opposizioni: i suoi dieci componenti alla Camera e i suoi otto al Senato sono scelti dal Presidente di Assemblea in modo da assicurare, come già detto, la pari rappresentanza della maggioranza e delle opposizioni, e per la presidenza del Comitato è previsto un sistema di turnazione. Il Regolamento della Camera stabilisce – lo si è già rilevato in precedenza – che ciascuno dei suoi componenti presieda, a turno, per un periodo di sei mesi (termine portato, a Regolamento invariato, a dieci mesi dal 2001, in seguito ad una decisione della Giunta per il regolamento), mentre, al Senato la durata in carica del Presidente è di un anno. Le regole in materia di composizione e presidenza hanno lo scopo di far sì che il Comitato operi con il massimo grado di oggettività possibile, evitando che si riproducano all'interno di tale organo le logiche proprie dei rapporti di forza tra schieramenti politici contrapposti.

Le funzioni

Per quanto riguarda le funzioni, il Comitato esprime pareri a beneficio delle commissioni competenti per materia su progetti di legge da queste esaminati. Sia alla Camera che al Senato è richiesto il parere del Comitato, indirizzato alle commissioni in sede referente, sui disegni di legge di conversione dei decreti-legge. Una analoga previsione riguarda in via generale, solo al Senato, i «pareri sui disegni di legge discussi dall'Assemblea o dalle Commissioni in sede deliberante». Alla Camera è previsto inoltre che il Comitato debba esprimere pareri in riferimento a «progetti di legge recanti norme di delegazione legislativa o disposizioni volte a trasferire alla potestà regolamentare del Governo o di altri soggetti materie già disciplinate con legge», mentre al Senato i pareri in questi casi possono essere richiesti solo su deliberazione della commissione di merito. Il Comitato può essere poi chiamato ad esprimere pareri in merito a tutti gli altri disegni di legge e sugli schemi di atti normativi del Governo, al Senato su richiesta deliberata dalla Commissione e alla Camera anche su impulso di una minoranza (almeno un quinto) dei componenti della Commissione. Il parere che il Comitato è tenuto ad esprimere concerne la «qualità dei testi, con riguardo alla loro omogeneità, alla semplicità, chiarezza e proprietà della loro formulazione, nonché all'efficacia di essi per la semplificazione e il riordinamento della legislazione vigente» (art. 16-*bis*, 4° comma, Reg. Cam.) e, al Senato, anche la «valutazione d'impatto» (art. 20-*bis*, 5° comma, Reg. Sen.).

Le commissioni devono adeguarsi alle indicazioni del Comitato: se non lo fanno, gli effetti variano a seconda che le suddette operino in sede referente ovvero in sede legislativa/deliberante (o redigente). Nel primo caso, le commissioni sono semplicemente tenute ad indicarne le ragioni nella relazione per l'assemblea; nel secondo, la conseguenza è di più rilevante impatto procedimentale, dal momento che il mancato adeguamento comporta la rimessione in assemblea del progetto di legge, analogamente a quanto previsto in riferimento ai pareri delle commissioni affari costituzionali, bilancio e lavoro (le commissioni "filtro" in precedenza indicate).

I risultati della sua azione

Se si guarda ai risultati conseguiti in questi anni dal Comitato per la legislazione (ci si riferisce soprattutto a quello della Camera, dato che quello del Senato è di introduzione molto recente), deve riconoscersi che essi sono stati relativi, per ragioni, però, in gran parte non addebitabili a suoi demeriti. Premesso che, sino al 2022, ha costituito un primo fattore di criticità la previsione di un simile organo soltanto in uno dei due rami del Parlamento, per un verso, infatti, condizioni ed osservazioni contenute nei pareri spesso non producono un seguito adeguato; per un altro, l'attività del Comitato è stata in parecchi casi vanificata nei suoi effetti dalla tendenza a fare dell'assemblea il terreno di decisioni su testi anche molto diversi da quelli discussi in commissione. Spostando poi lo sguardo, fuori dai procedimenti parlamentari, verso i "prodotti" dell'attività delle Camere, la constatazione dell'affastellarsi di atti legislativi che, spesso assumendo la forma di provvedimenti *omnibus* (cioè internamente molto disomogenei), intervengono ripetutamente e disorganicamente su una medesima materia, non consente di tracciare un bilancio positivo circa i progressi che negli ultimi tempi si sono registrati in tema di qualità della legislazione. Non c'è peraltro bisogno di rilevare che non è in ogni caso nelle possibilità di un organo come il Comitato per la legislazione porre risolutivamente un argine alle tendenze di un'attività legislativa che non accorda nei fatti il rilievo dovuto al valore della qualità della normazione: e tuttavia la decisione del Senato di istituire anche al proprio interno un organo siffatto lascia trasparire una valutazione non negativa dell'operato di quello della Camera ed anche la volontà di tenere almeno in considerazione i profili di cui esso deve occuparsi.

9. *Le garanzie di autonomia delle Camere*

Le garanzie di autonomia e indipendenza che l'ordinamento fornisce alle Camere si articolano su più piani e sono finalizzate a ridurre al minimo i rischi di possibili condizionamenti da parte degli altri poteri dello Stato. Premesso che a tali garanzie afferiscono anche le norme sulle prerogative costitutive dello *status* di parlamentare (v. *supra*, par. 3 di questa sezione) e le norme sulla c.d. verifica dei poteri (cf., *infra*, par. 10 di questa sezione), si parla in proposito di autonomia *regolamentare*, autonomia *organizzativa*, autonomia *contabile*, *inviolabilità della sede*, *autodichia* (o giustizia domestica).

L'autonomia regolamentare: i regolamenti generali

Per quanto concerne l'autonomia regolamentare, che in gran parte dà sostanza anche, in particolare, all'autonomia organizzativa ed all'autonomia contabile, si tratta di una garanzia fondamentale e in certo senso preliminare rispetto alle altre: essa è assicurata *a ciascun ramo del Parlamento* dall'art. 64, Cost., per il quale «ciascuna Camera adotta il proprio regolamento a maggioranza assoluta dei suoi componenti». Scopo di tale previsione è di evitare che le maggioranze che via via si avvicendano possano comprimere troppo le garanzie previste per le minoranze parlamentari, o comunque il normale svolgimento della vita parlamentare. Peraltro, con il passaggio ad un sistema elettorale non puramente proporzionale l'efficacia di questa garanzia si è, come è facile intuire, ridotta, al punto che non sono mancate autorevoli proposte di legge costituzionale volte ad innalzare il *quorum* deliberativo speciale previsto per le modifiche regolamentari al di sopra della maggioranza assoluta dei componenti, *quorum* quest'ultimo che consente, per altro verso, di non rendere eccessivamente difficile l'introduzione di innovazioni regolamentari reputate necessarie

I regolamenti parlamentari vigenti sono, per entrambe le Camere, quelli adottati nel 1971: prima di tale data soltanto il Senato aveva provveduto ad adottare, all'indomani dell'entrata in vigore della Costituzione repubblicana, un nuovo Regolamento generale (giugno 1948), mentre la

Camera aveva deciso di continuare ad applicare il Regolamento del 1° luglio 1900, con le modifiche apportatevi fino al 1922, optando per una scelta già fatta propria dall'Assemblea Costituente. Dopo il 1971 sono state approvate varie modifiche, anche molto rilevanti, ma esse sono intervenute come novelle ai testi del 1971. Tra queste, possiamo ricordare le innovazioni molto significative degli anni '80 e '90 e quelle più recenti (del 2017 e del 2022 di cui si è detto). Per quanto riguarda le riforme regolamentari approvate nel 2022 al fine di adeguare l'ordinamento delle Camere, è sufficiente ricordare, su un piano generale, come quella del Senato sia stata molto più ampia e abbia colto l'occasione per apportare al Regolamento anche modifiche non strettamente strumentali al succitato adeguamento, mentre decisamente più "minimalistico" è stato l'approccio seguito alla Camera.

I regolamenti "minori"

Accanto ai regolamenti c.d. generali si collocano ulteriori regolamenti, relativi a finalità più specifiche e materie più ristrette, quali, ad esempio, il Regolamento della Giunta delle elezioni della Camera e quello della Giunta delle elezioni e delle immunità del Senato, il Regolamento parlamentare per i procedimenti d'accusa contro il Capo dello Stato, il Regolamento della Commissione parlamentare per l'indirizzo generale e la vigilanza dei servizi radiotelevisivi, i Regolamenti per il personale e gli uffici e di amministrazione e contabilità, e così via. Come detto sopra, il Parlamento in seduta comune non ha mai approvato un proprio regolamento apposito. Si parla in proposito di regolamenti "minori", dei quali alcuni sono approvati dall'Assemblea, analogamente a quanto previsto per il regolamento generale, altri dall'Ufficio/Consiglio di presidenza e altri ancora, infine, dagli organi minori di cui sono chiamati a disciplinare l'attività.

Posizione nel sistema delle fonti e contenuti

I regolamenti parlamentari costituiscono fonti del diritto assai particolari, trattandosi di fonti aventi *rango primario* e *competenza riservata*: essi trovano un limite soltanto nella Costituzione e possiedono una particolare forza di resistenza all'abrogazione tale che nessun atto di rango legislativo è in grado di modificarli o abrogarli (v. vol. II, cap. I, sez. III, par. 3.6.1.).

Quanto ai contenuti, concentrando in particolare l'attenzione sui regolamenti generali, essi concernono i profili *organizzativi* della Camera cui si riferiscono (assume così concretezza, per mezzo dell'autonomia regolamentare, l'autonomia *organizzativa*), nonché quelli attinenti al *funzionamento* delle strutture previste (vale a dire i profili di organizzazione operativa dei lavori e della disciplina delle sedute con i relativi *quorum* costitutivi e deliberativi, con particolare riguardo alla disciplina del procedimento legislativo). L'art. 72 Cost. attribuisce espressamente ai regolamenti delle Camere, oltre al compito generale di disciplinare, entro la cornice costituzionale, il procedimento legislativo, la facoltà di stabilire i "procedimenti abbreviati" e i "casi" e le "forme" in cui i disegni di legge possono essere approvati in commissione anziché nel *plenum*: in forza di tale riserva, la Corte costituzionale ha affermato che «relativamente alla disciplina del procedimento legislativo, i regolamenti di ciascuna Camera, in quanto diretto svolgimento della Costituzione, sono esercizio di una competenza sottratta alla stessa legge ordinaria» (sent. n. 78/1984). Ulteriori contenuti riservati sono da rinvenirsi nella disciplina dei procedimenti attraverso cui si svolgono le ulteriori funzioni parlamentari e nei quali si articola il rapporto tra il Parlamento e gli altri soggetti istituzionali, in primo luogo il Governo (la funzione di revisione costituzionale; la funzione elettorale relativamente ad ulteriori organi; le funzioni di indirizzo, di controllo e di informazione nei confronti del Governo, e così via).

Come spiegato in maniera articolata in altro volume del presente Manuale (vol. II, cap. I, sez. III, par. 3.6.1.), le disposizioni contenute nei regolamenti parlamentari sono da tempo ritenute insuscettibili di fungere sia da *parametri* del giudizio di legittimità costituzionale (cfr., *in primis*, la sent. n. 9/1959 della Corte costituzionale), che da *oggetti* dello stesso (come ribadito dalla Corte costituzionale con la sent. n. 120/2014, in cui si apre, invece, espressamente ad una loro sindacabilità in sede di conflitto di attribuzione tra poteri dello Stato).

L'immunità della sede

Per quanto riguarda l'immunità della sede, già con la sent. n. 231/1975 la Corte costituzionale ha ritenuto che l'immunità "reale" (ossia relativa alle sedi fisiche) costituisce un'espressione dell'indipendenza del Parlamento (come degli altri organi costituzionali), ancorché non sia prevista esplicitamente in Costituzione ma soltanto dai regolamenti generali delle Camere, potendosi in proposito parlare di vera e propria consuetudine costituzionale. In concreto, è garantita a ciascun ramo del Parlamento l'esclusiva titolarità dei poteri di polizia nelle proprie sedi, mentre è escluso che la forza pubblica possa fare ingresso in alcuna articolazione parlamentare, se non per ordine od autorizzazione del Presidente, risultando comunque precluso che lo faccia in costanza di seduta. L'immunità della sede impedisce, inoltre, che siano ammissibili ordini di esibizione, decreti di sequestro o atti di procedure esecutive (come il pignoramento) riguardanti somme di denaro depositate presso gli istituti di credito svolgenti per le Camere servizio di tesoreria.

Connesso, in un certo senso, alla garanzia dell'immunità della sede, se latamente intesa come attinente anche alle diverse attività che nelle sedi parlamentari si svolgono, può ritenersi il discusso orientamento della Corte costituzionale che ha ritenuto sottratti all'esercizio della funzione giurisdizionale i comportamenti lesivi di situazioni giuridiche soggettive che abbiano come presupposto lo *status* di parlamentare e che ricadono nella esclusiva capacità qualificatoria del regolamento parlamentare (v. sent. n. 379/1996 sui c.d. "pianisti", con cui la Corte, nell'ambito di un giudizio su un conflitto di attribuzione tra poteri dello Stato, ha ritenuto sottratti alla potestà dell'autorità giudiziaria penale i comportamenti dei deputati che, allorquando le modalità tecniche di votazione lo consentivano, risultavano aver votato al posto di propri colleghi assenti). Trattandosi, nel caso deciso dalla sent. n. 379/1996, di comportamenti consistenti nell'espressione di un voto, alcuni hanno parlato invece in proposito di applicazione dell'insindacabilità dei voti dati nell'esercizio delle funzioni parlamentari.

L'autonomia finanziaria, di bilancio e contabile

Le Camere godono poi di autonomia finanziaria, cioè del potere di decidere come usare le risorse attribuite alle medesime e di determinare, annualmente, l'entità di tali risorse, iscritta dal Ministro dell'Economia e delle finanze nel progetto di bilancio dello Stato. Correlata all'autonomia finanziaria e strumentale al suo esercizio è l'autonomia di bilancio, in forza della quale le Camere adottano un proprio bilancio interno, predisposto dai Questori e deliberato dall'Ufficio di presidenza, attraverso un procedimento distinto rispetto a quello applicato in riferimento all'approvazione del bilancio generale dello Stato. All'autonomia finanziaria e a quella di bilancio si aggiunge l'autonomia contabile delle Camere, che consiste nell'esenzione degli agenti contabili delle Camere, in deroga a quanto previsto dall'art. 103, 2° comma, Cost. in riferimento alle «materie di contabilità pubblica», dai giudizi di conto di competenza della Corte dei conti (nella sent. n. 129/1981, la Corte costituzionale ha parlato, in proposito, dell'esistenza di una vera e propria consuetudine costituzionale).

L'autodichia (o giustizia domestica)

Per quanto attiene all'autodichia (o giustizia domestica), essa costituisce, oltre a quella derivante dalla prerogativa relativa alla verifica dei poteri (di cui si dirà nel prossimo paragrafo), un'altra ipotesi di sottrazione di talune questioni alla cognizione della giurisdizione ordinaria: si tratta infatti della garanzia consistente nella previsione di una riserva a ciascuna Camera del potere di giudicare in ordine ai ricorsi relativi ai rapporti di lavoro con i propri dipendenti (i quali pertanto non possono ottenere tutela dinanzi alla giustizia ordinaria o amministrativa riguardo alle liti che sorgano nei confronti delle amministrazioni parlamentari). Si tratta di una prerogativa non prevista da alcun disposto costituzionale, ma soltanto da fonte regolamentare (e in particolare dall'art. 12 Reg. Cam. e dall'art. 12 Reg. Sen.), che ha suscitato non poche perplessità anche in giurisprudenza. Nel 1988 le due Camere approvarono nuovi testi dei pertinenti regolamenti speciali, adottando misure di auto-organizzazione volte a delineare un procedimento quanto più possibile "somigliante" ad un autentico "processo" interno, ispirato tendenzialmente a quello amministrativo, sebbene resti esclusa la possibilità di impugnare tali decisioni davanti alla Corte di cassazione.

Successivamente, tuttavia, esprimendosi per la prima volta sul rapporto tra il principio dell'equo processo ed i regimi di giustizia domestica parlamentare, la Corte europea per i diritti dell'uomo, con sent. 28 aprile 2009 (caso *Savino e altri c/ Italia*, ricorsi nn. 17214/2005, 20329/2005, 42113/2004), ha condannato l'Italia, stabilendo che il regime dell'autodichia parlamentare viola l'art. 6, par. 1, CEDU, poiché nega una sufficiente tutela al principio di imparzialità della giurisdizione.

È opportuno ricordare che la Corte costituzionale, nella già citata sent. n. 120/2014, ha avuto modo di pronunciarsi su una questione di costituzionalità avente ad oggetto l'art. 12 Reg. Sen., nella parte in cui attribuisce appunto al Senato, in virtù di una consolidata interpretazione, l'autodichia in relazione alle controversie con i dipendenti dell'amministrazione di quel ramo del Parlamento. Ribadita, mediante una sentenza di inammissibilità, la propria posizione contraria alla sindacabilità dei regolamenti parlamentari nell'ambito del giudizio di costituzionalità delle leggi (già chiaramente espressa nella sent. n. 154/1985) e richiamati gli artt. 64 e 72 Cost. come cardini del peculiare statuto di garanzia delle Assemblee parlamentari, che copre certamente – si afferma – le "funzioni primarie delle Camere", la Corte rileva essere questione controversa la legittima riconducibilità al suddetto statuto, derogatorio dei principi dello Stato di diritto, anche delle norme fondative dell'autodichia. Una questione la cui risoluzione veniva demandata alla differente sede del conflitto di attribuzione tra poteri dello Stato, ritenuta quella adeguata a consentire di verificare se le norme relative all'autodichia incidessero o meno in maniera illegittima sulla sfera di competenze dei giudici comuni, con conseguente lesione anche dei diritti delle persone coinvolte nelle controversie. Chiamata per questa via dalla Corte di cassazione a pronunciarsi in tema di autodichia delle Camere (e della Presidenza della Repubblica), la Corte costituzionale, con la sent. n. 262/2017, ha affermato che rientra nella sfera di competenza delle Camere (nel caso di specie si trattava del Senato) adottare atti che riservino ad organi di autodichia la competenza in materia di controversie di lavoro instaurate da dipendenti delle Camere stesse. L'autodichia delle Camere (e del Presidente della Repubblica) si configurerebbe infatti inequivocabilmente come corollario della autonomia normativa di tali organi costituzionali, che comprende necessariamente, secondo la Corte, il momento applicativo delle norme e si estende a quanto concerne i rapporti di lavoro con i dipendenti, dal momento che «il buon esercizio delle alte funzioni costituzionali attribuite agli organi in questione dipende in misura decisiva dalle modalità con le quali è selezionato, normativamente disciplinato, organizzato e gestito il personale». La Corte costituzionale ha riconosciuto in ogni caso agli organi di autodichia, di cui pur è negata la natura di giudici speciali ai sensi dell'art. 102 Cost., la qualifica di organi *super partes* e, con la sent. n. 213/2017, li ha abilitati a sollevare questioni di costituzionalità. Nella succitata sent. n. 262/2017, la Corte costituzionale ha puntualizzato che la competenza degli organi di autodichia non può in ogni caso estendersi alle controversie relative ai rapporti giuridici delle Camere con soggetti terzi (si pensi, per esempio, alle controversie relative ad appalti e forniture di servizi prestati a favore delle amministrazioni delle Camere). Discussa è la riconducibilità alla categoria dei soggetti terzi degli ex-parlamentari in relazione alla questione dei "vitalizi" (di cui si è già detto). Sta di fatto che la Corte di cassazione, in sede di giudizio per regolamento preventivo di giurisdizione, ha confermato la riconducibilità entro la competenza propria degli organi parlamentari di autodichia delle questioni concernenti i vitalizi degli ex-parlamentari, assimilati, quanto alla *ratio*, all'indennità di cui all'art. 69 Cost., cosa che non consente di considerare "terzi" gli ex-parlamentari. Ne deriverebbe, invece, la possibilità di enucleare la nozione di un «diritto singolare» riferibile al Parlamento e ai suoi membri, entro cui ricadono previsioni di natura legislativa (quelle sull'indennità) e regolamentare (quelle in materia di vitalizi). Di conseguenza, la Cassazione afferma che «le controversie relative alle condizioni di attribuzione e alla misura dell'indennità parlamentare e/o degli assegni vitalizi per gli ex parlamentari non possono che essere decise dagli organi dell'autodichia, la cui previsione risponde alla medesima finalità di garantire la particolare autonomia del Parlamento» (Cass. civ., Sez. Un., ord. n. 18265/2019).

10. *La verifica dei poteri: profili sostanziali e procedurali*

La verifica dei poteri come competenza riservata alle Camere

L'art. 66 Cost. prevede che «ciascuna Camera giudica dei titoli di ammissione dei suoi componenti e delle cause sopraggiunte di ineleggibilità e di incompatibilità»: si tratta della cosiddetta *verifica dei poteri*, che storicamente costituisce una delle più importanti garanzie di autonomia dell'organo parlamentare rispetto alle possibili ingerenze da parte di altre autorità pubbliche. L'espressione "verifica dei poteri" ha le sue origini in epoca medievale e si riferisce ai "poteri", ovvero i "mandati", che ciascun rappresentante riceveva dal rispettivo gruppo sociale ed era tenuto ad esibire dinanzi all'organo rappresentativo in occasione della riunione di assemblee rappresentative convocate dal Sovrano.

Nell'ordinamento vigente, dal momento della proclamazione, gli eletti assumono lo *status* di deputato o senatore in modo tuttavia precario, dovendo detta proclamazione essere sottoposta a verifica da parte delle stesse Camere di appartenenza, mentre la magistratura non può in alcun caso intervenire in detta materia (si parla di un'assoluta carenza di giurisdizione).

Le radici storiche della scelta dell'Assemblea Costituente

La scelta del Costituente, mai fatta oggetto di riforma nonostante il suo carattere per certi aspetti antiquato già al momento dell'adozione della Carta e malgrado soprattutto le vibrate critiche a cui è stata nel corso del tempo sottoposta da più parti, è chiaramente il portato di una concezione rigorosa, se non rigida, del principio della separazione dei poteri, che affonda le sue radici nell'Inghilterra e nella Francia dei secoli XVII e XVIII, epoca in cui essa si giustificava ampiamente per la soggezione della giustizia civile e penale al Sovrano, cioè proprio alla "controparte" dell'istituzione parlamentare. Nel momento in cui il potere giudiziario, però, con il passaggio ad un ordinamento repubblicano che lo dota di ampie garanzie di autonomia ed indipendenza da ogni altro potere (v. vol. II, cap. III), si emancipa del tutto da rischi di questo tipo, risulta più difficile giustificare un assetto come quello che si va descrivendo.

I giudizi affidati alle Camere sono due, dal momento che la disposizione costituzionale distingue il giudizio di convalida da quello sulle cause di decadenza. Dei profili procedurali di tali giudizi si dirà più avanti.

Le cause di esclusione del diritto di elettorato passivo

Circa il possesso dei requisiti di diritto per essere eletti parlamentari, essi possono suddividersi in *positivi* (cittadinanza e maggiore età: art. 48, 1° comma, Cost.) e *negativi* (tra i quali è possibile individuare innanzitutto le *cause di esclusione del diritto di elettorato* attivo e, per automatica conseguenza, passivo). Con riguardo a questi ultimi, l'art. 48, 3° comma, Cost., stabilisce che «il diritto di voto non può essere limitato se non per incapacità civile o per effetto di sentenza penale irrevocabile o nei casi di indegnità morale indicati dalla legge», rinviando quindi alla legge la specificazione di quali, tra dette cause, possano limitare il diritto di elettorato (recentemente, per esempio, il legislatore ha eliminato l'esclusione dell'elettorato per indegnità morale che colpiva fino alle elezioni del 2006 l'imprenditore fallito). Sono dunque attualmente esclusi dalla titolarità del diritto di elettorato passivo coloro che, alla data di svolgimento delle elezioni, risultino sottoposti con provvedimento irrevocabile alla misura di prevenzione della sorveglianza speciale, alle misure di sicurezza della libertà vigilata e del divieto di soggiorno in determinati Comuni o Province, e soprattutto a condanna penale estesa alla pena accessoria dell'interdizione dai pubblici uffici, perpetua o anche soltanto temporanea. Anche in questi ultimi casi l'esclusione dell'elettorato, per i parlamentari in carica, non è tuttavia automatica, ma deve essere dichiarata dalla Camera di appartenenza in sede di verifica dei poteri (come si è verificato, per esempio, in tempi relativamente recenti, nel caso che coinvolgeva il sen. Cesare Previti, il quale si è dimesso subito prima che la Giunta prendesse atto della condanna irrevocabile con interdizione temporanea dai pubblici uffici).

I rimanenti *requisiti negativi* consistono nella presenza di cause di *ineleggibilità* o di cause di *incompatibilità con l'ufficio di deputato o di senatore*, la cui determinazione è riservata alla legge dall'art. 65 Cost. e che sono in grado di incidere, in modo più o meno rilevante, sul diritto all'elettorato passivo di cui all'art. 51 Cost. Ad esse, per le elezioni politiche, non si aggiungeva prima 2012 la figura dell'incandidabilità, riservata sino ad allora, ai sensi di previsioni legislative introdotte nel nostro ordinamento a partire dagli anni Novanta del secolo scorso, alle elezioni regionali ed amministrative locali e introdotta, nelle forme che di seguito si diranno, anche in riferimento alle elezioni dei membri delle Camere, ad opera del d.lgs. n. 235/2012, adottato in attuazione di una delega contenuta nella l. n. 190/2012 (meglio conosciuta come "legge Severino").

Le cause di incandidabilità

Le appena citate *cause di incandidabilità* consistono nella previsione (cfr. art. 1, d.lgs. n. 235/2012) di un divieto di essere candidati (o comunque di ricoprire la carica di deputato o di senatore, oltre che di parlamentare europeo e di membro del Governo) per coloro i quali siano stati condannati in via definitiva per reati rientranti in alcune categorie (vari delitti di tipo associativo; delitti con finalità di terrorismo; varie fattispecie di delitti contro la pubblica amministrazione) o di particolare gravità in ragione dell'entità della pena prevista (il riferimento è a condanne non inferiori a due anni per delitti non colposi per cui sia prevista una pena non inferiore nel massimo a quattro anni).

Le cause di incandidabilità, a differenza, come si dirà, di quelle di ineleggibilità, non sono rimuovibili entro un termine prestabilito e impediscono, perciò, irrimediabilmente l'esercizio del diritto di elettorato passivo. Se accertata prima della proclamazione, ad opera degli uffici elettorali competenti per la ricezione delle liste dei candidati o di quelli competenti per la proclamazione, l'incandidabilità preclude in radice l'accesso alla carica di parlamentare e il suo accertamento comporta l'esclusione degli incandidabili dalle liste elettorali (art. 2, d.lgs. n. 235/2012). Qualora, invece, le cause di incandidabilità siano sopravvenute (o comunque conosciute) nel corso del mandato parlamentare, l'accertamento delle stesse e la conseguente dichiarazione di decadenza del parlamentare spetteranno alle Camere attraverso le procedure di verifica dei poteri, che trovano il loro fondamento nell'art. 66 Cost. (art. 3, d.lgs. n. 235/2012).

Bisogna infine ricordare che l'art. 13 del d.lgs. n. 235/2012 stabilisce la durata temporanea dell'incandidabilità, decorrente dalla data del passaggio in giudicato della sentenza di condanna, fissata in un periodo corrispondente al doppio della durata della pena accessoria dell'interdizione temporanea dai pubblici uffici e prevede che tale durata, anche in assenza di pena accessoria, sia in ogni caso non inferiore a sei anni.

In riferimento alla controversa questione dell'applicabilità o meno delle norme sull'incandidabilità a fatti compiuti prima dell'entrata in vigore della disciplina che le ha introdotte, la Corte costituzionale, se pure pronunciandosi sulla normativa relativa all'incandidabilità riferita alle elezioni locali, ha rigettato la tesi della configurabilità delle cause di incandidabilità come sanzioni penali (con conseguente applicabilità del principio, costituzionalmente radicato, della irretroattività della legge penale sfavorevole). Nella sent. n. 236/2015, la Corte ha infatti affermato che «tali misure non costituiscono sanzioni o effetti penali della condanna, ma conseguenze del venir meno di un requisito soggettivo per l'accesso alle cariche considerate o per il loro mantenimento».

Le cause di ineleggibilità

Le *cause di ineleggibilità* costituiscono cause di nullità dell'eventuale elezione di un soggetto che si è legittimamente candidato nelle forme previste per le elezioni parlamentari: il principale fondamento logico-giuridico della figura dell'ineleggibilità è la necessità di evitare che l'appartenenza del soggetto ineleggibile alle categorie individuate dalla legge possa condizionare la libertà di voto dei cittadini e il corretto svolgimento delle procedure elettorali. Le principali cause di ineleggibilità, previste dal già citato testo unico n. 361/1957, riguardano coloro che ricoprono determinati uffici pubblici (Presidente di Giunta provinciale; Sindaco di comune con popolazione superiore a 20.000 abitanti; alto dirigente della polizia; Prefetto e viceprefetto; appartenenti al corpo diplomatico; capo di gabinetto ministeriale; alto ufficiale delle Forze Armate, nella circoscrizione elettorale in cui opera; magistrato non in aspettativa, nella circoscrizione elettorale in cui opera; giudice della Corte costituzionale; direttore generale, direttore amministrativo e direttore sanitario di Azienda sanitaria locale) o che intrattengono determinati rapporti di natura economica con lo Stato stesso (titolari o legali rappresentanti di società o di imprese private vincolate con lo Stato per contratti di opere o di somministrazioni, oppure per concessioni o autorizzazioni amministrative di notevole entità economica e relativi consulenti legali e amministrativi; rappresentanti, amministratori e dirigenti di società e imprese private sussidiate dallo Stato in modo continuativo e relativi consulenti legali e amministrativi); ad esse si aggiunge poi un'ulteriore causa riconducibile più che altro ad una vera e propria sanzione, ovvero la violazione grave delle norme che disciplinano le spese per la campagna elettorale.

Le cause di ineleggibilità di cui al primo gruppo non hanno tuttavia effetto se le funzioni esercitate siano cessate almeno centottanta giorni prima della data di scadenza del quinquennio di durata della assemblea parlamentare (o, in caso di scioglimento anticipato delle Camere, entro i sette giorni successivi alla pubblicazione del decreto di scioglimento): per non incorrere nell'ineleggibilità, pertanto, coloro che ricoprono dette cariche devono dimettersi dalle stesse. Per i magistrati, già sopra richiamati tra gli ineleggibili, è prevista una disciplina più articolata, contenuta nella l. n. 71/2022, su cui qui non ci si sofferma nel dettaglio, che ha come principale obiettivo quello di irrigidire l'ineleggibilità con riferimento alle circoscrizioni in cui un magistrato presti o abbia precedentemente prestato servizio.

Le cause di incompatibilità

Le *cause di incompatibilità* infine sono situazioni che non incidono sul diritto ad essere eletti, ma che la legge ritiene, appunto, incompatibili con un corretto esercizio delle funzioni di membro del Parlamento; esse vanno pertanto distinte dalle cause di ineleggibilità perché non sono tali da inficiare la libera formazione della volontà dell'elettore. In caso di elezione, dunque, non è comminata alcuna nullità, ma spetta al proclamato, ai fini della convalida, l'*onere di optare* tra il mantenimento della carica di membro del Parlamento e l'altra o le altre posizioni incompatibili di cui sia in possesso. Le principali cause di incompatibilità sono previste dalla stessa Costituzione, la quale sancisce che la carica di parlamentare è incompatibile con quella di Presidente della Repubblica, di membro dell'altro ramo del Parlamento, di giudice della Corte costituzionale, di componente del Consiglio superiore della magistratura e di membro di un Consiglio o di una Giunta regionale. Altre cause di incompatibilità sono invece stabilite in via legislativa: tra queste l'appartenenza al CNEL ed al Parlamento europeo, accanto ad una lunga serie di ulteriori posizioni previste dalla l. n. 60/1953.

Il giudizio di convalida

Passando a prendere in considerazione i profili procedurali, il *giudizio di convalida* attiene al *contenzioso elettorale* che può sorgere in relazione alle elezioni generali o politiche (concernenti i membri di Camera e Senato): esso riguarda infatti la regolarità delle operazioni elettorali (l'art. 87, d.p.r. 30 marzo 1957, n. 361 stabilisce, in attuazione dell'art. 66 Cost., che a ciascuna Camera «è riservata la convalida della elezione dei propri componenti. Essa pronuncia giudizio definitivo sulle contestazioni, le proteste e, in generale, su tutti i reclami presentati agli Uffici delle singole sezioni elettorali o all'Ufficio centrale durante la loro attività o posteriormente»), da un lato, e, dall'altro, il possesso di tutti i requisiti di diritto, di cui sopra si è detto, previsti dalla legge ai fini del legittimo possesso dello *status* di membro del Parlamento (sul quale v. *retro*, sez. I, par. 3. di questo capitolo). Tale giudizio, che si svolge secondo un meccanismo complesso applicato, *mutatis mutandis*, tanto al giudizio sulla regolarità delle elezioni quanto a quello sulla sussistenza delle cause di ineleggibilità e incompatibilità (per queste ultime ove naturalmente non sia stato esercitato il diritto di opzione in favore della carica di parlamentare), si apre con un previo e necessario c.d. controllo di *delibazione* avente natura amministrativa, affidato alla Giunta delle elezioni e delle immunità parlamentari del Senato ed alla Giunta per le elezioni della Camera, cui fa eventualmente seguito, in caso di formale contestazione da parte della Giunta stessa, il c.d. giudizio di *contestazione*, avente secondo taluno natura propriamente giurisdizionale (in caso di mancata contestazione, il relatore propone la convalida alla Giunta). Esso si svolge nel contraddittorio delle eventuali parti ed ha esito in una deliberazione di convalida ovvero di annullamento da parte della Giunta, che è sottoposta all'assemblea, la quale per prassi né al Senato né alla Camera si pronuncia, ma prende atto della decisione della Giunta approvandola implicitamente (salva la richiesta di dibattito da parte di almeno venti deputati o senatori).

Il giudizio sulle cause di decadenza

Il *giudizio sulle cause di decadenza* si distingue dal precedente per il fatto di attenere alle cause *sopraggiunte* di ineleggibilità ed incompatibilità, nonché, adesso, anche alle cause di incandidabilità conosciute o sopraggiunte nel corso del mandato parlamentare, che, qualora acclarate, escludono la permanenza in carica del parlamentare. In termini strutturali è analogo al precedente. In particolare ciascun parlamentare è obbligato a rendere dichiarazione di tutte le attività svolte e a fornire ai competenti uffici tutta la documentazione rilevante all'inizio di ciascuna legislatura, come anche all'assunzione di ogni nuovo ufficio. In merito si segnala la consolidata quanto discutibile "giurisprudenza parlamentare" che afferma la trasformazione in causa di incompatibilità delle cause sopravvenute di ineleggibilità qualora siano rimovibili con atto di volontà del parlamentare, mentre le altre mantengono la natura e la disciplina delle cause di ineleggibilità. In ogni caso, l'annullamento dell'elezione opera con efficacia *ex nunc*, con salvezza quindi degli atti collegiali posti in essere fino a quel momento, mentre per quelli individuali è necessario, onde evitarne la perdita di efficacia, che almeno un altro membro della stessa assemblea li faccia propri.

Sezione II
Le modalità di funzionamento

1. *Principi generali*

I principi e le regole di funzionamento delle Camere sono contenuti nelle disposizioni costituzionali e vengono sviluppati a livello di legislazione ordinaria e, soprattutto, di regolamenti parlamentari.

Durata in carica

Innanzitutto, l'art. 60 Cost. stabilisce che «la Camera dei deputati e il Senato della Repubblica sono eletti per cinque anni», durata che corrisponde a quella ordinaria di una "legislatura" (termine con cui si definisce dunque il periodo di durata in carica delle Camere). Si è già detto, al riguardo, come originariamente la Costituzione prevedesse per il Senato la durata di sei anni, a differenza dei cinque previsti per la Camera, previsione poi modificata con la l. cost. n. 2/1963, che ha parificato la durata in carica dei senatori a quella dei deputati.

La proroga

L'art. 60, 2° comma, Cost. sancisce che le Camere non possono essere prorogate «se non per legge e soltanto in caso di guerra». Il che significa che la dichiarazione di guerra da parte del Presidente della Repubblica (art. 87, 9° comma, Cost.), previa deliberazione parlamentare (art. 78 Cost.), non comporta automaticamente la proroga delle Camere: questa deve essere in ogni caso il risultato di una libera scelta del Parlamento, da adottare con legge. Per effetto della proroga, le Camere possono continuare ad esercitare legittimamente tutte le loro funzioni dopo la scadenza del termine ordinario di durata della legislatura. L'eccezionalità della situazione, connessa al coinvolgimento del Paese in un conflitto armato, può, come è agevole comprendere, rendere molto difficile o comunque inopportuna l'indizione di elezioni politiche, ragion per cui il Costituente ha voluto conferire agli organi rappresentativi del popolo il potere di prolungare temporaneamente la propria esistenza, in attesa di poter rimettere nelle mani dei cittadini la potestà decisionale. La consistente distanza temporale rispetto alla scadenza naturale della (XVIII) legislatura del periodo sanitariamente più critico della pandemia da Covid-19 ha fatto sì che non si sia posta in concreto la questione dello svolgimento delle elezioni politiche (ma nel mese di settembre del 2020 si è svolto il *referendum* oppositivo sulla legge di revisione costituzionale relativa alla riduzione del numero dei parlamentari). L'esistenza di un preciso disposto costituzionale, quale il succitato, si può ritenere che avrebbe in ogni caso impedito che fosse deliberata con legge la proroga delle Camere, con conseguente posticipo dello svolgimento delle elezioni in riferimento ad un caso diverso da quello costituzionalmente previsto.

La prorogatio

Dalla proroga, che, come si è detto, potrebbe eccezionalmente prolungare oltre il quinquennio la durata di una legislatura, va tenuta rigorosamente distinta la c.d. *prorogatio*, istituto finalizzato invece ad assicurare la continuità nell'esercizio delle funzioni parlamentari nel periodo intercorrente tra la fine delle precedenti Camere e l'inizio delle nuove. L'art. 61 Cost., dopo avere stabilito, al 1° comma, che «le elezioni delle nuove Camere hanno luogo entro settanta giorni dalla fine delle precedenti» e che «la prima riunione ha luogo non oltre il ventesimo giorno dalle elezioni», prevede, al 2° comma, che «finché non siano riunite le nuove Camere sono prorogati i poteri delle precedenti».

I poteri esercitabili in periodo di prorogatio

Occorre a tal proposito soffermarsi sui poteri esercitabili dalle Camere in regime di *prorogatio*: in altri termini, su cosa esse possono e non possono fare in tale arco temporale. Una prima risposta la offre l'art. 85, 3° comma, Cost., secondo cui all'elezione del Presidente della Repubblica, dopo la scadenza del settennato del suo predecessore, si procede entro quindici giorni dalla riunione delle nuove Camere, «se le Camere sono sciolte, o manca meno di tre mesi alla loro cessazione»: quindi le Camere in *prorogatio* non possono eleggere il Capo dello Stato.

Si ritiene inoltre che le assemblee parlamentari in *prorogatio* possano svolgere soltanto le attività c.d. di ordinaria amministrazione (area però di cui non è agevole tracciare i confini) e adottare anche atti costituzionalmente doverosi oppure comunque urgenti. A parte il caso dei decreti-legge, che, ai sensi dell'art. 77, 2° comma, Cost., devono essere immediatamente presentati per la conversione alle Camere, che sono convocate e si riuniscono «anche se sciolte», è sicuramente da ammettersi che Camera e Senato possano riunirsi per deliberare lo stato di guerra e approvare la legge di proroga e per approvare la legge di bilancio, mentre qualche dubbio si nutre a proposito delle leggi di autorizzazione alla ratifica dei trattati internazionali.

Nella prassi, oltre che per convertire decreti-legge ed approvare bilanci e consuntivi, in tale periodo le Camere si sono riunite per approvare leggi (rinviate dal Presidente della Repubblica, o anche indipendentemente dal rinvio), così come anche per svolgere interrogazioni a risposta orale ed attività a rilevanza "interna" (autorizzazioni a procedere, verifica dei poteri, discussione del bilancio interno). Analogamente, le commissioni permanenti, le commissioni di inchiesta e quelle di vigilanza possono continuare a riunirsi e ad operare, ovviamente tenendo conto delle particolari circostanze in cui ci si trova. Da segnalare il caso, perlomeno assai discutibile, che ha visto nel 2022 la Camera approvare in via definitiva una legge di revisione costituzionale (poi divenuta l. cost. 7 novembre 2022, n. 2, con cui è stata aggiunta una parte all'art. 119

Cost.) in un momento in cui il Parlamento era stato già sciolto dal Presidente della Repubblica.

Gli effetti della fine della legislatura

Al di là di ciò, la fine della legislatura produce comunque effetti assai rilevanti sotto vari aspetti. In primo luogo, come sempre verificatosi nella prassi, a seguito delle elezioni il Governo in carica rassegna le dimissioni. Non sono – bisogna notare – dimissioni di mera cortesia istituzionale, come quelle rassegnate in occasione dell'elezione di un nuovo Presidente della Repubblica. È la logica di funzionamento della forma di governo parlamentare a richiedere tale comportamento da parte di un Esecutivo legato da rapporto fiduciario con un Parlamento non più in carica, nell'ambito di un sistema costituzionale, come quello italiano, il quale richiede che al Governo sia esplicitamente accordata la fiducia da parte delle Camere (e dunque, evidentemente, di Camere nel pieno esercizio delle proprie funzioni).

Una seconda conseguenza riguarda i singoli parlamentari per cui siano state concesse autorizzazioni ai sensi dell'art. 68 Cost.: queste non varranno più con le nuove Camere, e pertanto in caso di rielezione dovranno essere nuovamente richieste.

Quanto alle attività parlamentari iniziate, ma non perfezionate, nella legislatura che si è conclusa, vige il principio della decadenza in coincidenza con la conclusione della legislatura. I regolamenti parlamentari prevedono un'eccezione in relazione ai progetti di legge approvati da una Camera e ripresentati nella legislatura successiva: di essi può essere richiesta infatti la dichiarazione d'urgenza e possono essere esaminati dalle Camere con un trattamento procedurale differente (più vantaggioso) rispetto a quello delle altre proposte di legge. Un'altra eccezione, disciplinata in maniera parzialmente diversa dai regolamenti di Camera e Senato, concerne i disegni di legge di iniziativa legislativa popolare presentati nella legislatura precedente, i quali non devono essere ripresentati nella legislatura successiva, ma sono direttamente assegnati alle commissioni competenti per materia.

L'ostruzionismo parlamentare

Circa il funzionamento delle Camere, è opportuno richiamare il significato di un termine che indica una strategia che da sempre è stata utilizzata nelle aule parlamentari: l'*ostruzionismo*. Con tale espressione si fa riferimento ad un sistema di comportamenti che vengono talvolta tenuti da alcuni parlamentari (normalmente appartenenti alle opposizioni), d'accordo tra loro, al fine di rallentare o prolungare il più possibile determinate attività parlamentari, con l'obiettivo complessivo di impedire che si giunga alla loro conclusione o di rinviarne o prolungarne il più possibile lo svolgimento (in casi in cui i parlamentari ostruzionisti ritengano per esempio che l'approvazione di un determinato atto sia gravemente lesivo dei diritti dei parlamentari o di tutti i cittadini). Almeno due elementi caratterizzano tali azioni: il primo è il formale rispetto delle regole relative alle procedure parlamentari, nel senso che i comportamenti ostruzionistici sono formalmente legittimi, ed è proprio la puntuale conoscenza delle regole e delle procedure parlamentari che ne consente un uso funzionale allo scopo che si vuole raggiungere. Come esempi possono ricordarsi, in periodi in cui ciò era possibile sulla base dei regolamenti, interventi di singoli parlamentari tesi a prolungarsi il più possibile (con record superiori alle 8 ore continuative!); richieste di verifica del numero legale; proposte di un numero massiccio di emendamenti, e così via. La seconda caratteristica dell'ostruzionismo è la sua pubblicizzazione: lo scopo infatti è quello di dare il massimo risalto alla propria azione, al fine di sollecitare l'attenzione dell'opinione pubblica su un atto o un comportamento che la maggioranza si appresta ad adottare oppure a tenere e rispetto al quale chi fa ostruzionismo intende opporsi in maniera radicale. Per questo si tratta di un comportamento che di regola viene posto in essere, come già accennato, da settori dell'opposizione e che dovrebbe essere limitato ad alcuni casi particolari e di eccezionale gravità o importanza.

2. *La convocazione*

Con il termine "convocazione" si intende, in generale, l'atto con cui si dispone che un organo collegiale si riunisca, provvedendosi a fissare la data della riunione e gli argomenti da trattare.

Diverse tipologie di convocazione

Per quanto riguarda le Camere, l'art. 62 Cost. prevede diverse forme di convocazione delle assemblee parlamentari, al fine di evitare che l'inerzia dell'unico soggetto eventualmente abilitato possa paralizzare l'organo, come avvenuto in epoca statutaria, allorché la Camera dei deputati subiva in materia il forte condizionamento del potere di convocazione spettante al Re. In particolare la disposizione costituzionale, ripresa dai regolamenti parlamentari, stabilisce che «le Camere si riuniscono di diritto il primo giorno non festivo di febbraio e di ottobre», previsione che potrebbe svolgere un ruolo nell'improbabile evenienza di un blocco nell'ordinario svolgimento della vita parlamentare. Di diritto deve poi considerarsi anche la convocazione della prima riunione delle Camere dopo le elezioni, di cui si è più sopra detto. L'art. 62, 2° comma, prevede la possibilità che ciascuna Camera possa essere «convocata in via straordinaria per iniziativa del suo Presidente o del Presidente della Repubblica o di un terzo dei suoi componenti». La *ratio* della convocazione straordinaria di ognuna delle Camere, che comporta quella di diritto dell'altra (art. 62, 3° comma, Cost.), è anche in questo caso di tipo garantistico, consentendosi che, in circostanze eccezionali, possa comunque, su iniziativa di uno dei soggetti legittimati, procedersi a convocare uno o entrambi i rami del Parlamento.

Si può, quindi, affermare che le Camere, mentre sono organi permanenti quanto alla loro esistenza e alle garanzie che a tale esistenza si connettono a vantaggio dei loro membri, possono non funzionare ininterrottamente, alternandosi periodi di lavoro e periodi in cui i lavori sono sospesi, pur nel quadro di un funzionamento sostanzialmente continuo delle assemblee parlamentari, ben diverso da quello riscontrabile in epoca statutaria. È infatti necessario ricordare che l'attività delle Camere attuali, a differenza di quella della Camera dei deputati di epoca statutaria, non è articolata in sessioni, al termine delle quali risultava sempre indispensabile un atto di convocazione per consentire all'assemblea parlamentare di riprendere a funzionare, cosa che consentiva a chi deteneva il potere di convocazione (e quello di chiusura delle sessioni) di condizionare pesantemente l'attività parlamentare, conseguendo peraltro alla chiusura della sessione rilevanti effetti in ordine all'esercizio delle funzioni parlamentari e al godimento delle garanzie costitutive dello *status* dei deputati. E va inoltre considerato che, riunendosi le Camere del Parlamento repubblicano in maniera pressoché continuativa, eccezion fatta per i periodi di sospensione dei lavori parlamentari previsti per esempio in occasione delle pause estiva e natalizia, non si è presentata, se non in via del tutto eccezionale, la necessità di ricorrere all'istituto della convocazione straordinaria. Si può, anzi, affermare, alla luce di ciò, che, accanto alle forme di convocazione di diritto e straordinaria previste dalla Costituzione, può parlarsi di una convocazione "ordinaria" delle Camere, effettuata mediante annuncio al termine di una seduta da parte del Presidente di Assemblea, il quale convoca i parlamentari per una successiva seduta, oppure mediante comunicazione al domicilio dei parlamentari.

3. *La decisione parlamentare e le modalità di votazione*

L'art. 64, 3° comma Cost.: deliberazione e quorum

Tra i compiti conferiti alle assemblee parlamentari, particolarmente importanti sono ovviamente quelli decisionali, per lo svolgimento dei quali si procede mediante votazioni. Con riguardo a queste l'art. 64, 3° comma, Cost. introduce le regole fondamentali in materia, con la previsione di due diversi *quorum*: un *quorum* strutturale (vale a dire il numero minimo di componenti che devono essere presenti affinché la deliberazione sia valida) e un *quorum* funzionale (ovvero il numero minimo di consensi perché la deliberazione sia adottata).

Il quorum *strutturale (o numero legale)*

Secondo la disposizione costituzionale, il primo, detto anche "numero legale", corrisponde alla maggioranza (metà più uno) dei componenti della Camera (o del Senato). Tuttavia, se si osserva una seduta dell'assemblea, si potrà notare che spesso tale maggioranza non sussiste: ciò in quanto, in primo luogo, il numero legale è richiesto per deliberare, cioè per assumere decisioni, e non ad esempio per presentare e porre interrogazioni o interpellanze. Così è stato da sempre interpretato il riferimento dell'art. 64, 3° comma, alle «*deliberazioni* di ciascuna Camera e del Parlamento». In secondo luogo va considerato che il numero legale si presume esistente, senza che la Presidenza di Assemblea sia obbligata a verificarne in concreto la sussistenza, come invece è tenuta a fare allorché sia avanzata richiesta da parte di almeno quattordici deputati o sette senatori (artt. 46 Reg. Cam. e 107 Reg. Sen.), i quali sono considerati automaticamente presenti ai fini del computo. Soltanto a seguito di detta richiesta si procederà a contare i presenti. Da ciò di evince che, se tutti sono d'accordo, non si procede ad alcuna verifica, tanto è vero che la richiesta di verifica del numero legale viene avanzata per lo più a fini ostruzionistici. Quanto all'interpretazione della previsione che stabilisce il *quorum* strutturale della maggioranza dei componenti, le Camere esercitano, attraverso lo strumento regolamentare, un'autonomia non trascurabile. Basti pensare a come, a tal fine, i regolamenti parlamentari disciplinano il modo di considerare i parlamentari "in missione", cioè impegnati per incarichi ricevuti dalla Camera di appartenenza o svolti come membri del Governo (e al Senato anche i senatori "in congedo"): a Montecitorio sono computati come presenti ai fini della determinazione del numero legale, mentre non sono computati al Senato, raggiungendosi in entrambi i casi l'obiettivo di evitare che l'assenza di tali parlamentari in occasione di una votazione renda più difficile il conseguimento del numero legale. Merita ricordare che la disciplina regolamentare relativa ai parlamentari "in missione" ha trovato applicazione estensiva al caso dei parlamentari impossibilitati a raggiungere la sede della Camera di appartenenza a causa delle limitazioni alla libertà di circolazione decise dal Governo nella prima fase dell'emergenza connessa alla pandemia da Covid-19.

Regole differenti si applicano ai fini del computo del numero legale, in riferimento alle deliberazioni delle commissioni, per le quali i regolamenti di Camera e Senato prevedono il *quorum* della maggioranza assoluta dei componenti soltanto quando esse debbano deliberare sulle questioni sottoposte alla loro attenzione in via definitiva (sede deliberante/legislativa, sede redigente, risoluzioni, pareri su atti del Governo), mentre in relazione alle altre deliberazioni il numero legale previsto è più basso (un terzo dei componenti al Senato e un quarto alla Camera).

Il quorum *funzionale e la questione degli astenuti*

Il *quorum* funzionale, o deliberativo, è invece fissato dall'art. 64, 3° comma, Cost. nella maggioranza dei presenti «salvo che la Costituzione prescriva una maggioranza speciale», o, come si usa dire, "qualificata", cosa che avviene, per esempio, in relazione all'approvazione dei regolamenti parlamentari e delle leggi costituzionali o di revisione costituzionale. Deve a tal proposito rilevarsi che i regolamenti di Camera e Senato fornivano fino a poco tempo fa una soluzione diversa al problema della qualificazione, ai fini del *quorum* funzionale, degli astenuti, ovvero di coloro che, pur presenti fisicamente in aula, non votano né a favore né contro la proposta in discussione, ma appunto si astengono. Per il Regolamento della Camera devono essere considerati presenti solamente coloro che esprimano voto favorevole o contrario: gli astenuti non vengono computati pertanto tra i "votanti". Tale regola chiaramente agevola il raggiungimento della maggioranza, risultando sufficiente ottenere un voto in più rispetto ai contrari, e non alla somma di contrari e astenuti. Al Senato, invece, a lungo sono stati considerati presenti anche gli astenuti: ciò rendeva meno facile il raggiungimento del *quorum* (perché di fatto i voti degli astenuti si sommavano a quelli dei contrari) e obbligava ad uscire dall'aula coloro i quali non volessero essere conteggiati tra i presenti ai fini della determinazione del *quorum* per la deliberazione. Secondo la Corte costituzionale (sent. n. 78/1984), entrambe le interpretazioni erano da ritenersi compatibili con il dettato dell'art. 64, 3° comma, Cost. La riforma del Regolamento del Senato del 2017 ha introdotto a Palazzo Madama una previsione che si conforma all'orientamento seguito dal Regolamento della Camera, stabilendo che «sono considerati presenti coloro che esprimono voto favorevole o contrario». Salvo che in alcuni casi particolari, in caso di parità tra voti favorevoli e contrari, la proposta si intende respinta.

Votazioni deliberative e votazioni elettive: diverso atteggiarsi del quorum *funzionale*

È opportuno a questo punto notare che non tutte le votazioni sono uguali e che, in particolare, sussiste una rilevante differenza tra le votazioni deliberative, per le quali il mancato raggiungimento del *quorum* funzionale determina il rigetto della proposta, e le votazioni elettive, per le quali il mancato conseguimento del *quorum* funzionale determina la necessità di procedere ad una nuova votazione (dovendosi in ogni caso raggiungere l'obiettivo di eleggere il titolare di una carica). Tale differenza, insieme ad altre, ha fatto sì che la previsione dell'art. 64, 3° comma, Cost. relativa al *quorum* funzionale sia stata ritenuta applicabile soltanto alle votazioni deliberative (le «deliberazioni» strettamente intese), per le quali il *quorum* della maggioranza dei presenti deve ritenersi inderogabile (se non, in casi specifici, ad opera di una fonte costituzionale che prescriva una maggioranza speciale). Per le votazioni elettive si è ritenuto invece che il *quorum* funzionale della maggioranza dei presenti vada interpretato come limite al di sotto del quale non si può scendere, essendo invece possibile stabilire *quorum* più elevati con fonti diverse da quelle costituzionali (si pensi per esempio alle maggioranze qualificate previste dai regolamenti parlamentari per l'elezione dei Presidenti di Assemblea).

Discussioni e deliberazioni "da remoto"?

Le conseguenze dell'emergenza connessa alla pandemia da Covid-19 hanno sollecitato, nella dottrina e nelle stesse sedi politico-parlamentari, un significativo dibattito in ordine alla possibilità delle Camere di lavorare, in tutto o in parte (con riguardo ai parlamentari impossibilitati a raggiungere Roma), "a distanza", avvalendosi di strumenti tecnologici non dissimili da quelli che, a vari fini e in vari settori della vita economica e sociale, sono stati ampiamente utilizzati durante i mesi segnati dalla succitata emergenza. Se in riferimento ad attività come le riunioni degli uffici di presidenza e le audizioni informali in commissione il ricorso, a cui effettivamente si è proceduto, alla modalità "da remoto" non ha posto problemi, rispetto alle sedute e, soprattutto, alle deliberazioni, tanto delle commissioni quanto, a maggior ragione, delle assemblee questioni rilevanti invece indubbiamente si pongono. A venire in rilievo è, tra l'altro, l'interpretazione della nozione di "presenza" di cui all'art. 64, 3° comma, Cost. (nonché delle disposizioni regolamentari che a loro volta la richiamano). La dottrina costituzionalistica si è mostrata sul punto divisa. Per alcuni il riferimento costituzionale alla "presenza" consente in linea generale (e consente quindi in relazione a situazioni di emergenza rilevanti in ordine a tale profilo) una lettura inclusiva di forme di partecipazione che non implichino presenza fisica, ferma la necessità di assicurare poi quanto necessario alla libertà e regolarità della partecipazione alle deliberazioni. Altri, per contro, oltre ad evidenziare la rilevanza delle questioni "tecniche" concernenti la partecipazione a distanza ai lavori parlamentari, ritengono indefettibilmente attinente alla natura e al ruolo delle assemblee rappresentative lo svolgimento "in presenza" delle discussioni e delle deliberazioni, posizione che è stata nei fatti fatta propria dalle Camere.

La questione degli spazi parlamentari in tempi di emergenza pandemica: brevi cenni

Al di là del dibattito di cui sopra si è dato conto molto succintamente, in concreto le Camere si sono dovute in ogni caso organizzare per assicurare il rispetto delle misure di sicurezza e, in particolare, delle necessarie distanze interpersonali tra i parlamentari, in occasione di sedute e votazioni e non hanno mancato, tra l'altro, di valorizzare il ruolo delle commissioni che, dato il limitato (rispetto a quello dell'assemblea) numero di componenti, possono riunirsi agevolmente in ambienti, se necessario, più ampi di quelli abituali. Almeno un cenno lo meritano poi gli accordi raggiunti dai gruppi parlamentari nella prima fase dell'emergenza per "contingentare", per così dire, il numero dei parlamentari presenti in aula, mantenendo ferme le proporzioni tra i gruppi stessi. In particolare, si decise di limitare la partecipazione al 55% dei componenti delle Camere, riducendosi dunque i deputati da 630 (quale era il numero dei deputati costituzionalmente previsto) a 350 ed i senatori da 315 a 161. Si tratta di soluzioni adottabili (e adottate) su base puramente volontaristica, che reggono se e fino a quando regge l'accordo politico che ne costituisce il fondamento e che non possono, in ogni caso, frapporre legittimi impedimenti giuridici alla partecipazione dei singoli parlamentari ai lavori parlamentari, nell'esercizio delle proprie prerogative costituzionali.

Voto segreto e voto palese

Per quanto riguarda le modalità di votazione, disciplinate nei dettagli dai regolamenti parlamentari (salvo limitati riferimenti contenuti direttamente in Costituzione, come con riguardo alle votazioni fiduciarie, di cui si dirà più sotto), la grande distinzione da fare è tra quelle che garantiscono l'anonimato e quelle che, invece, non lo garantiscono. Con riguardo alle prime, si parla di voto segreto (che può svolgersi per schede, per palline bianche o nere o mediante dispositivo elettronico); con riguardo alle seconde, di voto palese (che può effettuarsi per alzata di mano, per alzata e seduta, per divisione, per appello nominale, metodi sostituibili in molti casi dalla votazione elettronica).

A parte le votazioni sulle mozioni di fiducia o sfiducia al Governo, per le quali l'art. 94 Cost. prevede il necessario ricorso al voto palese per appello nominale (ritenuto necessario, in ragione della comunanza di *ratio*, anche in rapporto ai casi di posizione della questione di fiducia), i regolamenti parlamentari, dopo l'importante riforma del 1988, che ha interessato i regolamenti della Camera e del Senato, prevedono come regola generale il voto palese, salvo che venti deputati o dodici senatori (oppure uno o più Presidenti di gruppi, separatamente o congiuntamente di almeno pari consistenza numerica) richiedano il ricorso al voto segreto, in relazione a deliberazioni concernenti, per citare le principali ipotesi, diritti di libertà, diritti della famiglia, modificazioni del regolamento parlamentare. Vi sono poi alcune decisioni da assumere necessariamente con voto palese (leggi finanziaria e di bilancio o leggi che abbiano comunque conseguenze finanziarie); altre, al contrario, da assumere necessariamente a scrutinio segreto (elezioni e altre votazioni riguardanti persone).

4. *La pubblicità delle sedute*

Il principio della pubblicità delle sedute

L'art. 64, 2° comma, Cost., stabilendo che «le sedute sono pubbliche», fa riferimento ad un altro dei principi regolatori del funzionamento delle assemblee parlamentari: la regola della pubblicità delle sedute, cui è possibile derogare soltanto mediante espressa deliberazione di ciascuna Camera o del Parlamento in seduta comune, che «possono deliberare di adunarsi in seduta segreta». La regola della pubblicità ha lo scopo di garantire a tutti coloro che siano interessati la possibilità di seguire e controllare politicamente le attività del Parlamento e che dunque ogni atto compiuto durante le sedute possa essere pubblicamente valutato ed analizzato (soprattutto mediante l'opera dei mezzi di informazione). La trasparenza dell'azione politica è un principio costitutivo del funzionamento di un sistema democratico, ed il Parlamento, che della democrazia è la principale espressione, deve operare nella massima trasparenza possibile, così che non siano frapposti ostacoli alla conoscenza, salvo le limitate deroghe della cui possibilità sopra si è detto, da parte, in primo luogo, di quei cittadini che sono i titolari della sovranità ai sensi dell'art. 1 Cost.

Le forme della pubblicità

La pubblicità dei lavori si realizza in varie forme: in forma diretta, consentendo al pubblico di assistere alle sedute; in forma indiretta, attraverso la diffusione di resoconti del contenuto dei lavori o la possibilità di seguire i lavori mediante strumenti audiovisivi.

Con riguardo al primo versante, è prevista la possibilità per chi voglia assistere alle sedute di aula (per le quali il requisito della pubblicità è interpretato in maniera rigorosa) di accedere ad apposite tribune, nel rispetto di regole comportamentali finalizzate ad impedire che sia in qualche modo disturbato il corretto svolgimento dei lavori (e, in pratica, anche nei limiti della capienza delle tribune stesse). Per le commissioni, che non dispongono di spazi adeguati ad accogliere il pubblico, i regolamenti parlamentari dispongono che i lavori delle sedute in sede legislativa (o deliberante, secondo la dizione del Regolamento del Senato) o redigente (ma non referente) possano essere trasmessi, a beneficio del pubblico e della stampa, attraverso impianti audiovisivi a circuito chiuso. Può essere poi disposta dai presidenti di Assemblea, nei casi previsti dai regolamenti, come si vedrà meglio più avanti, la trasmissione in diretta televisiva delle interrogazioni a risposta immediata (il c.d. *question time*).

Sul secondo versante, il riferimento è alla predisposizione di resoconti sommari (sintetici) e stenografici (dettagliati) di quanto si sia svolto nel corso di una seduta parlamentare, pubblicati anche per via telematica. A differenza che per le sedute che si svolgono in aula, per quelle delle commissioni e delle giunte è predisposto solamente un resoconto sommario, salvo che si tratti di commissioni operanti in sede legislativa/deliberante o redigente, per le cui sedute è prevista la pubblicazione anche di resoconti stenografici, oltre che la possibilità per la stampa e il pubblico di seguire le sedute in locali separati mediante impianti audiovisivi a circuito chiuso. A tal proposito, è significativa l'innovazione recentemente apportata al Regolamento del Senato, da cui è stata espunta la previsione che le sedute delle commissioni in sede referente o consultiva non fossero pubbliche: adesso dunque, su richiesta della Commissione, il Presidente di Assemblea può ammettere stampa e pubblico a seguire tali sedute nelle forme prima previste solo per le sedute in sede deliberante o redigente.

Non si può infine trascurare la valorizzazione, ulteriormente accentuatasi in tempi di emergenza pandemica da Covid-19, di strumenti di diffusione al pubblico della conoscenza della vita parlamentare, quali sono, tra l'altro, le *webtv* di Camera e Senato, attraverso cui sono trasmesse appunto ampie porzioni dei lavori parlamentari.

5. *L'organizzazione dei lavori*

La rilevanza politica delle decisioni organizzatorie

Nell'ambito dei procedimenti parlamentari, una rilevanza particolare rivestono quelli per l'adozione delle decisioni relative all'organizzazione delle attività delle Camere, ed in particolare alla determinazione degli argomenti da iscrivere nell'agenda dei lavori parlamentari: ancor prima di *come* decidere è infatti fondamentale stabilire *su cosa* si è chiamati a decidere. Assai delicato ed importante è pertanto il compito dell'organo chiamato a individuare gli argomenti da mettere in discussione, i criteri in base ai quali definire l'ordine di trattazione degli stessi, i tempi da dedicare ai vari temi.

È infatti evidente come tali decisioni abbiano una enorme rilevanza politica, dovendo contemperare interessi tra loro spesso confliggenti: l'interesse del Governo e della sua maggioranza a dare attuazione in Parlamento al proprio programma politico; quello dei gruppi di opposizione a veder garantiti adeguati tempi per dibattere sulle proposte governative ed anche su proprie proposte alternative; quello dei singoli parlamentari, anche di maggioranza, a poter esprimere posizioni differenti da quelle dei gruppi di appartenenza.

L'introduzione del metodo della programmazione e il principio unanimistico

Prima dell'approvazione dei regolamenti parlamentari del 1971, si procedeva, alla fine di ogni seduta, all'approvazione dell'ordine del giorno della seduta successiva: la proposta del Presidente veniva sottoposta al voto dell'assemblea, che decideva a maggioranza. I nuovi regolamenti, all'interno di un impianto complessivamente orientato a valorizzare e rafforzare il ruolo delle assemblee parlamentari, introdussero un diverso sistema, definito come il metodo della programmazione. Fu in primo luogo previsto, al riguardo, che programma e calendario dei lavori, di cui si dirà meglio più avanti, dovessero essere approvati all'unanimità in sede di Conferenza dei Capigruppo, un organo presieduto dal Presidente di Assemblea e composto dai presidenti dei vari gruppi parlamentari. In caso di mancato raggiungimento dell'unanimità entravano in gioco soluzioni alternative (e diverse tra Camera e Senato); inoltre non era previsto alcun istituto in grado di garantire certezza nei tempi di approvazione dei provvedimenti. Ciò apriva la strada allo svolgimento di dibattiti di durata indeterminata, cosa che agevolava il ricorso a pratiche ostruzionistiche o fornendo, comunque, alle minoranze armi potenti per indurre la maggioranza a recepire proprie proposte.

Le riforme degli anni Ottanta e Novanta: il Parlamento "decidente"

A partire dall'inizio degli anni Ottanta del XX secolo, il mutamento di clima politico e l'accentuarsi delle preoccupazioni per la c.d. "governabilità" hanno condotto ad una serie di riforme dei regolamenti parlamentari, dirette, tra l'altro, a valorizzare il ruolo del Presidente di Assemblea in caso di mancato ottenimento dell'unanimità in sede di Conferenza, a prevedere, in forma sempre più ampia, il ricorso al "contingentamento dei tempi" ed, infine, a superare, con la riforma del Regolamento della Camera del 1997, il principio unanimistico. Al fine di rendere il Parlamento adatto al funzionamento di una democrazia "decidente" – per usare un'espressione molto adoperata in quella fase – si procedette, soprattutto alla Camera, ad una revisione anche delle regole in materia di organizzazione dei lavori. Da una parte, si è perseguito l'obiettivo di assicurare effettività, a vantaggio specialmente di Governo e maggioranza parlamentare, ai meccanismi della programmazione, dall'altra, sottratto loro il potere di condizionare significativamente i tempi della decisione e di spuntare compromessi sui contenuti delle leggi, sono state introdotte previsioni finalizzate a garantire alle minoranze ed alle opposizioni la possibilità di esercitare il proprio ruolo secondo uno schema più vicino a quello tipico di democrazie "maggioritarie" e "dell'alternanza".

Gli strumenti della programmazione

Attualmente sono previsti dunque i seguenti strumenti programmatori: il programma dei lavori (bimestrale al Senato e bimestrale o trimestrale alla Camera); il calendario dei lavori (mensile al Senato e trisettimanale alla Camera); l'ordine del giorno, in cui, dandosi attuazione a quanto previsto nel calendario, sono elencati gli argomenti da trattare nel corso di una singola seduta. Il *programma* è lo strumento di contenuto più generale, in cui sono indicati argomenti e provvedimenti da trattare nell'arco temporale di riferimento. Il *calendario*, invece, definisce modalità e tempi di attuazione del programma (fissando le date delle sedute, gli argomenti da trattare in ciascuna seduta ed, eventualmente, il tempo da dedicare a ciascun argomento). L'*ordine del giorno* di seduta è il documento, stilato sulla base del calendario, che contiene l'indicazione della data di svolgimento di una seduta e contiene l'elenco ordinato degli argomenti da trattare. Le procedure per la predisposizione ed approvazione di programma e calendario dei lavori sono disciplinate in maniera parzialmente diversa nei due rami del Parlamento.

Procedimento di formazione del programma e del calendario

Il Regolamento della Camera (artt. 23 e 24) prevede, sia per il programma sia per il calendario, che la proposta sia elaborata dal Presidente di Assemblea, sulla base di interlocuzioni con il Governo e con i gruppi parlamentari (ed eventualmente anche con i presidenti di commissione). Tale proposta deve ottenere, all'interno della Conferenza dei Presidenti dei gruppi parlamentari (conosciuta come Conferenza dei Capigruppo), i consensi di Presidenti di gruppi la cui consistenza numerica sia complessivamente pari ad almeno i tre quarti dei componenti della Camera. In caso di mancato conseguimento di tale *quorum*, programma e calendario sono predisposti dal Presidente e diventano definitivi al momento della comunicazione all'Assemblea, ove sul calendario si può svolgere un breve dibattito in cui possono essere formulate osservazioni, che potranno essere considerate in vista della elaborazione del calendario successivo.

Il Regolamento del Senato (artt. 53 e 55) prevede un procedimento analogo, ma le proposte di programma e calendario elaborate dal Presidente di Assemblea devono ottenere un consenso unanime in Conferenza dei Capigruppo. Ove l'unanimità non sia stata conseguita, si prevede che sul calendario comunicato all'Assemblea possano essere adottate proposte di modifica, su cui l'Assemblea decide a maggioranza.

In riferimento alle differenze sostanziali, in argomento, tra le due Camere, possiamo rilevare che, nel caso in cui non si raggiunga il *quorum* previsto in sede di Conferenza dei Capigruppo, alla Camera è attribuito un ruolo fondamentale al Presidente d'Assemblea, mentre al Senato il potere è maggiormente concentrato nelle mani della maggioranza parlamentare.

Le norme a tutela dei gruppi dissenzienti e delle opposizioni

Il Regolamento della Camera stabilisce poi che, quando su programma e calendario si consegue il consenso dei Presidenti di gruppo che rappresentano i tre quarti dei deputati, il Presidente della Camera riserva comunque agli argomenti proposti dai gruppi dissenzienti una quota del tempo disponibile. Quando invece programma e calendario siano predisposti direttamente dal Presidente, in caso di mancato conseguimento della succitata maggioranza, lo stesso Presidente vi inserisce le proposte dei gruppi di opposizione, in modo da garantire a questi un quinto degli argomenti da trattare o del tempo complessivamente disponibile per i lavori dell'Assemblea. È altresì previsto che «gli argomenti, diversi dai progetti di legge, inseriti nel calendario su proposta di Gruppi di opposizione sono di norma collocati al primo punto dell'ordine del giorno delle sedute destinate alla loro trattazione».

All'introduzione alla Camera di tale embrionale "statuto dell'opposizione" (il concetto di opposizione è entrato nel Regolamento con la riforma del Regolamento della Camera del 1997) sono corrisposte innovazioni con analoghe finalità apportate al Regolamento del Senato nel 1999, allorquando è stato statuito che «ogni due mesi, almeno quattro sedute sono destinate esclusivamente all'esame di disegni di legge e di documenti presentati dai Gruppi parlamentari delle opposizioni». Tale previsione, pur avendo il merito di richiamare esplicitamente la nozione di "opposizione", aveva ricevuto un'applicazione tale da frustrarne le finalità perseguite. In occasione della riforma regolamentare del 2017, essa è stata perciò sostituita dalla statuizione che «i disegni di legge, gli atti di indirizzo e gli atti di sindacato ispettivo sottoscritti da almeno un terzo dei Senatori sono inseriti di diritto nel programma dei lavori quale argomento immediatamente successivo a quelli la cui trattazione ha già avuto inizio, in ragione, rispettivamente, di uno ogni tre mesi». La nuova disposizione pare poter risultare praticamente più efficace, alla luce anche del fatto che si prevede che la Conferenza dei Capigruppo sia tenuta, nell'organizzare la discussione dei singoli argomenti poi inseriti nel calendario dei lavori, a fissare la data entro cui i disegni di legge e gli altri atti inseriti nel programma su richiesta delle minoranze devono essere posti in votazione o svolti.

Attuazione e risultati del sistema programmatorio. Il ruolo decisivo del "contingentamento dei tempi"

Circa la complessiva efficacia del sistema programmatorio attualmente previsto, va osservato che nella prassi esso riesce normalmente a garantire che quanto previsto negli atti della programmazione venga effettivamente portato a termine: le percentuali di attuazione dei contenuti dei calendari si sono infatti sensibilmente elevate rispetto a quanto avveniva in precedenza. Ciò anche a seguito della estesa applicazione della procedura di "contingentamento dei tempi", cioè di un sistema di determinazione preventiva dei tempi destinati alla trattazione degli argomenti inseriti in calendario e di ripartizione degli stessi tra i gruppi parlamentari. Tale sistema mira a contemperare la capacità delle Camere di decidere in tempi ragionevoli e la libertà di discussione all'interno del Parlamento, che viene evidentemente compressa da una predeterminazione dei tempi per lo svolgimento delle diverse attività. Proprio la mancata applicazione, alla Camera, in relazione al procedimento di conversione dei decreti-legge del metodo del contingentamento dei tempi, in virtù di una certa interpretazione di una previsione regolamentare sulla quale non ci soffermiamo specificamente, ha fatto sì che nell'ambito di tali procedimenti permanessero maggiori spazi per lo svolgimento di pratiche ostruzionistiche. Anche in ragione di ciò, frequente è stato il ricorso da parte del Governo a discutibili strategie procedurali, tra cui la posizione della questione di fiducia sulla conversione dei decreti-legge.

Deve in conclusione criticamente constatarsi che l'applicazione della normativa sull'organizzazione dei lavori, saldando i suoi effetti con quella delle norme sull'organizzazione dei tempi (il "contingentamento") e con prassi applicative fortemente sbilanciate in favore dell'interesse della maggioranza parlamentare, ha concorso a generare nei fatti una forte compressione degli spazi della dialettica parlamentare, a discapito tanto delle minoranze quanto del buon funzionamento complessivo delle istituzioni parlamentari.

Sezione III
Le funzioni

1. *La funzione legislativa*

Funzioni e procedimenti parlamentari: considerazioni generali

Venendo a considerare le funzioni svolte dal Parlamento, esse possono classificarsi in tre tipologie principali: quella *legislativa*; quella di *indirizzo*; quella di *controllo* (quest'ultima strettamente interconnessa con la funzione di indirizzo). Alcuni aggiungono, come già in precedenza accennato, a tali funzioni anche quelle di garanzia costituzionale e di coordinamento. Premesso che delle ultime due funzioni appena citate non ci si occuperà in maniera specifica in questa sezione (su quella di coordinamento cfr. vol. I, cap. IV, sez. IV, mentre quella di garanzia costituzionale si invera in una pluralità di procedimenti, esaminati in questo e in altri capitoli del presente Manuale, quali i procedimenti finalizzati alla messa in stato d'accusa del Presidente della Repubblica e all'elezione di una parte dei componenti della Corte costituzionale e del Consiglio superiore della magistratura), è opportuno qui rilevare che non sussiste corrispondenza biunivoca tra funzioni e procedimenti parlamentari "specializzati". In altri termini, attraverso un procedimento parlamentare è possibile veicolare l'esercizio di una pluralità di funzioni, ragion per cui si parla di "polifunzionalità (o polivalenza) dei procedimenti parlamentari".

La funzione legislativa: una funzione condivisa

Per quanto concerne la funzione legislativa, in altro volume di questo Manuale (v. vol. II, cap. I, sez. III, par. 3.1.3.) è presa approfonditamente in considerazione la disciplina del procedimento legislativo, ovvero l'insieme di regole che disciplinano lo svolgimento della funzione in esame. In questa sede ci soffermiamo, soltanto schematicamente e per completezza, sui tratti essenziali del succitato procedimento, l'unico attraverso cui le Camere possono esercitare la funzione in esame (anche se, in ragione del richiamato principio della polifunzionalità dei procedimenti, può veicolare altresì l'esercizio di funzioni diverse, a cominciare da quella di controllo).

Va detto in primo luogo che con la Costituzione repubblicana il Parlamento non è più titolare unico del potere legislativo, giacché esso è condiviso con ciascuna delle Regioni istituite (sia di quelle a statuto speciale sia di quelle a statuto ordinario) e, in particolare, con i Consigli regionali, organi titolari, a livello regionale, della potestà legislativa. In più, la Costituzione prevede la possibilità per il Governo di adottare atti con forza di legge (decreti-legge e decreti legislativi delegati), pur da adottarsi mediante procedimenti che prevedono, a valle o a monte, un coinvolgimento delle Camere, atti a cui nella prassi si è fatto ricorso in modo particolarmente consistente; inoltre ancora, i Trattati istitutivi dell'Unione europea attribuiscono agli organi dell'Unione la possibilità di adottare atti normativi che "entrano" nell'ordinamento interno a livello delle fonti primarie, prevalendo anzi sul diritto interno di rango primario. Tutto ciò fa capire come sia molto cambiato il ruolo del Parlamento in relazione all'esercizio della funzione legislativa.

Il procedimento legislativo (cenni)

Ad ogni buon conto l'*iter* legislativo si compone di tre fasi: la fase dell'iniziativa, quella costitutiva (o perfettiva) e quella integrativa dell'efficacia.

Con la prima vengono sottoposte all'esame del Parlamento delle proposte di legge "redatte in articoli": tale potere è riconosciuto, ai sensi dell'art. 71 Cost., al Governo, a ciascun parlamentare, a cinquantamila elettori e «agli altri organi ed enti ai quali sia conferita da legge costituzionale». Tra questi altri organi ed enti, vanno richiamati il Consiglio nazionale dell'economia e del lavoro (art. 99, 3° comma, Cost.) e ciascun Consiglio regionale (art. 121, 2° comma, Cost.). In alcuni casi l'iniziativa legislativa può essere riservata ad uno solo dei titolari appena indicati, come nel caso di quelle concernenti il disegno di legge di bilancio e i disegni di legge di conversione dei decreti-legge, che sono riservate al Governo. La proposta di legge viene indirizzata al Presidente di Assemblea (della Camera o del Senato), il quale se la ritiene ammissibile la trasmette alla commissione parlamentare competente per materia.

Con la trasmissione da parte del Presidente ad una commissione ha inizio la seconda fase, disciplinata nei suoi tratti essenziali dall'art. 72 Cost. (che richiama ai fini dell'integrazione di tale disciplina i regolamenti parlamentari), nella quale la proposta di legge viene analizzata, se del caso modificata e, sempre eventualmente, approvata o respinta, dopo essere stata esaminata tanto in commissione quanto in Assemblea (ma in realtà le proposte che giungono alla fase conclusiva sono una percentuale minima di quelle presentate). Questa seconda fase può svilupparsi secondo una procedura "normale" ovvero mediante procedure "abbreviate" o, ancora, "decentrate". La prima è disciplinata, nei suoi profili generali, dall'art. 72, 1° comma, Cost., e prevede l'esame del progetto di legge ad opera di una commissione «in sede referente», ovvero con il compito di esaminare la proposta e di riferirne all'assemblea (mediante una relazione o anche più di una se non vi è accordo), elaborando il "testo base", anche diverso da quello originario, che sarà oggetto delle fasi successive del procedimento, dopo che il disegno di legge sarà stato trasmesso all'Assemblea. Successivamente, qualora la proposta sia "calendarizzata" in Assemblea (cosa che non avviene per molte proposte di legge), si avrà una discussione generale (nella quale si valuterà l'opportunità e se del caso anche la legittimità di un intervento legislativo che investa la materia toccata dal progetto in discussione), cui seguirà – salvo il caso di un voto di non passaggio agli articoli – l'esame puntuale dei singoli articoli, con eventuale preventiva approvazione dei vari emendamenti presentati.

Una volta approvati i vari articoli di cui la proposta (nel testo presentato in assemblea) si compone, viene posto in votazione l'intero testo, la cui eventuale approvazione conclude la fase in quel ramo del Parlamento.

Le procedure abbreviate ...

Le procedure abbreviate sono previste dal 2° comma dell'art. 72 Cost. (che rinvia il compito di disciplinarle ai regolamenti delle Camere), nell'ipotesi in cui sia dichiarata l'urgenza su un determinato provvedimento: in tal caso possono venire ridotti i normali termini previsti dal Regolamento per lo svolgimento delle varie fasi del procedimento e, in particolare, è previsto dai regolamenti delle due Camere che siano dimezzati i tempi dell'esame in Commissione. Al Senato la riforma regolamentare del 2017 ha modificato la disciplina dei disegni di legge per i quali sia stata dichiarata l'urgenza, facendo derivare da tale dichiarazione conseguenze più incisive: è adesso previsto che sia fissato un termine per l'inizio dell'esame in Assemblea e che il disegno di legge sia iscritto di diritto nel programma dei lavori in modo da assicurare il rispetto del termine fissato.

... e quelle decentrate

Le procedure decentrate sono invece il frutto, come già accennato, della possibilità, prevista dall'art. 72, 2° comma, Cost., di attribuire alle commissioni (anche permanenti) gran parte, se non tutto, il lavoro finalizzato all'approvazione di un progetto di legge. In sostanza, l'attività di discussione generale del disegno di legge, di approvazione dei vari articoli e di approvazione finale del testo può interamente svolgersi in commissione (che si denomina "in sede deliberante" al Senato e "in sede legislativa" alla Camera), senza che l'assemblea abbia modo di intervenire su detta proposta. Una variante è costituita dalla procedura (definita "mista") che vede la commissione operare "in sede redigente", con una differenza tra i regolamenti di Camera e Senato, ma nella sostanza venendo attribuita alla commissione l'approvazione degli articoli e rimessa all'assemblea la votazione finale.

Entrambe le procedure decentrate, che, come si è avuto modo di accennare in precedenza, al Senato (ma non alla Camera) devono essere, dopo la riforma regolamentare del 2017, adottate in via preferenziale, richiedono tuttavia un consenso molto esteso all'interno dell'assemblea: infatti la Costituzione stabilisce che «fino al momento della sua approvazione definitiva, il disegno di legge è rimesso alla Camera, se il Governo o un decimo dei componenti della Camera o un quinto della commissione richiedono che sia discusso o votato dalla Camera stessa oppure che sia sottoposto alla sua approvazione finale con sole dichiarazioni di voto».

Alla fase costitutiva (o perfettiva) del procedimento, che si svolge in una delle Camere e si conclude con l'approvazione finale del disegno di legge, segue la trasmissione dello stesso all'altra Camera, ove il procedimento è analogo a quello svoltosi in occasione della c.d. prima lettura. In conformità con quanto previsto dall'art. 70 Cost., secondo cui «la funzione legislativa è esercitata collettivamente dalle due Camere», la fase in esame del procedimento legislativo si conclude nel momento in cui la legge sia stata approvata in un identico testo ad opera di entrambe le Camere, dovendo perciò un disegno di legge modificato in seconda lettura tornare alla Camera che l'ha approvato per prima e così via sino a quando, come detto, le volontà delle due Camere convergano sul medesimo testo (si parla in proposito di "*navette*").

Segue a questa la fase integrativa dell'efficacia, la quale si compone della promulgazione, ad opera del Presidente della Repubblica (art. 73, 1° comma, Cost.), cui compete anche il potere di rinvio (art. 74 Cost.), e della pubblicazione sulla Gazzetta ufficiale della Repubblica italiana, a cura del Ministro della Giustizia, atto a partire da cui decorre la *vacatio legis*, che dura quindici giorni, salvo che la legge stessa non stabilisca un termine diverso (art. 73, 3° comma, Cost.).

La funzione legislativa e il ruolo delle Camere in tempi di emergenza pandemica

Si è già precedentemente fatto riferimento all'impatto della pandemia da Covid-19 su alcuni aspetti dello svolgimento delle attività parlamentari. Qui è il caso di accennare, in estrema sintesi, a come siano stati, fondamentalmente, di due tipi le conseguenze della peculiare situazione in cui ci si è venuti a trovare nel corso del biennio 2020-2021 sull'esercizio della funzione legislativa delle Camere: le difficoltà, per le restrizioni finalizzate a contenere la diffusione del coronavirus, in ordine allo svolgimento (anche) dell'attività legislativa; il ruolo preminente (ancor più del solito) del Governo nell'esercizio della funzione legislativa (e, più in generale, normativa) e la tendenza alla riduzione della possibilità per le Camere di un concorso sostanziale ai procedimenti decisionali.

Sul primo versante, è sufficiente richiamare innanzitutto quanto già in altra sede ricordato a proposito delle modalità di votazione, della considerazione delle assenze ai fini del numero legale e dell'utilizzo degli spazi delle sedi parlamentari. Ed è opportuno altresì ricordare, oltre alla decisione di limitare il numero delle sedute e di circoscrivere i lavori delle commissioni e della assemblea a quelli dedicati all'esame dei progetti di legge indifferibili ed urgenti, la già precedentemente evidenziata decisione di valorizzare ed estendere l'attività svolta in commissione. Si è giunti sino a porre in essere i presupposti per il ricorso ad una sorta di sede redigente di fatto, a seguito dell'accordo raggiunto tra le forze politiche di non prendere in esame in aula gli emendamenti presentati, lasciando all'assemblea il compito di votare sul testo proposto dalla commissione e quello di procedere alla votazione finale, anche se è stato sollevato qualche dubbio circa il ricorso a tale procedura in relazione alla conversione dei decreti-legge, per la quale la riserva di assemblea, pur non essendo prevista dalla Costituzione, è stabilita dai regolamenti parlamentari.

Sul secondo versante, basti qui ricordare, senza poter approfondire i termini di un dibattito dottrinale di vaste proporzioni, come, in vista della gestione delle conseguenze della pandemia, accanto al canale del ricorso alle ordinanze di protezione civile (sul presupposto della dichiarazione dello stato di emergenza ad opera del Governo del 31 gennaio 2020) e a quelle del Ministro della Salute, a partire dal mese di febbraio del 2020 è stato congegnato un peculiare meccanismo. Si tratta di un meccanismo incentrato sul raccordo tra decreti-legge, costituenti la base normativa per l'adozione di misure restrittive (si possono citare i d.l. nn. 6, 19, 33, 83, 125 e 158/2020, nonché nn. 1 e 2/2021) e decreti del Presidente del Consiglio dei Ministri (d.p.c.m.), atti amministrativi abilitati ad introdurre le succitate misure (incidenti anche sull'escrcizio di libertà e diritti costituzionali), adattandole, per quel che concerne i contenuti, a quanto richiesto dai continui e variegati sviluppi dell'emergenza pandemica. Lasciando da parte, in questa sede, le rilevanti questioni dibattute in dottrina (senza che siano mancate anche importanti decisioni della Corte costituzionale) circa la piena compatibilità del meccanismo sopra richiamato con la previsione di riserve di legge in materia di limitazioni all'esercizio di libertà costituzionali, si deve rilevare, per quanto riguarda il ruolo svolto dalle Camere, la tendenza, dopo le prime settimane segnate dalla pandemia, ad una, pur limitata, parlamentarizzazione delle decisioni concernenti l'emergenza (ulteriore rispetto a quella consistente con la necessaria conversione dei decreti-legge).

Ci si riferisce, in primo luogo, alla previsione, introdotta in sede di conversione del d.l. n. 19/2020, ai sensi della quale il Governo, nella persona del Presidente del Consiglio o di un ministro dal medesimo delegato, era tenuto ad illustrare preventivamente alle Camere il contenuto dei provvedimenti da adottare, così da poter tenere conto degli eventuali indirizzi formulati dalle stesse (la possibilità di un'illustrazione successiva era prevista ove, per ragioni di urgenza, il Governo non avesse potuto procedervi in via preventiva). E una dinamica nei rapporti Governo-Parlamento che ha consentito una maggiore partecipazione delle Camere ai processi decisionali si era progressivamente consolidata, pur con tutti i suoi limiti, anche in ordine all'adozione delle decisioni relative alla proroga dello stato di emergenza, in vista delle quali venivano rese comunicazioni alle Camere da parte del Presidente del Consiglio o del Ministro della Salute. Al termine di questi interventi parlamentari dei rappresentanti del Governo si svolgevano dibattiti che in diversi casi hanno condotto all'approvazione di atti di indirizzo politico (profilo a cui si accennerà nel prossimo paragrafo).

2. *La funzione di indirizzo politico e quella di controllo*

La funzione di indirizzo politico e quella di controllo: profili generali

La funzione di *indirizzo politico* attiene alla determinazione dei grandi obiettivi e delle direttive generali della politica nazionale e degli strumenti generali per perseguirli e viene esercitata dalle Camere mediante numerosi strumenti, solo in parte codificati come specifici istituti giuridici. Peraltro, è interessante osservare la diversa declinazione che i distinti strumenti ed istituti possono assumere a seconda della frazione parlamentare, la maggioranza o le opposizioni, che in concreto partecipi ai procedimenti finalizzati allo svolgimento della funzione di cui adesso si parla.

Per funzione di *controllo* si intende invece quella con cui il Parlamento opera la verifica, sia *in itinere* sia *ex post*, delle attività del Governo, al fine di farne valere la responsabilità politica, con riferimento tanto all'indirizzo politico-amministrativo impresso da esso alle attività delle pubbliche amministrazioni quanto all'indirizzo politico esercitato dall'Esecutivo in tutte le sedi in cui esso sia chiamato a svolgere dei compiti ed eserciti un proprio ruolo. Va peraltro precisato che, sebbene ne sia il destinatario principale, il Governo non è il destinatario esclusivo dell'esercizio della funzione di controllo parlamentare, dal momento che la verifica politica di cui il controllo si sostanzia può avere ad oggetto anche l'attività di altri soggetti. Non può trascurarsi poi di aggiungere che le funzioni di indirizzo politico e di controllo parlamentare risultano strettamente interconnesse e sono esercitate attraverso istituti in grado di veicolare entrambe.

Le regole relative al rapporto di fiducia: la mozione di fiducia e la mozione di sfiducia

L'art. 94 Cost. definisce le regole fondamentali relative al rapporto fiduciario tra il Parlamento ed il Governo. Come sappiamo, l'insieme degli istituti che danno corpo al rapporto di fiducia, il cui funzionamento sarà approfondito anche nel capitolo dedicato al Governo, costituiscono la nota e indefettibile caratteristica della forma di governo parlamentare. Il loro effetto, in particolare, di mantenere il Parlamento costantemente nelle condizioni di imporre l'obbligo giuridico delle dimissioni del Governo, infatti, è sufficiente ad affermare l'organo costituzionale di diretta rappresentanza nazionale del popolo sovrano, cioè appunto il Parlamento, come quello di maggiore rilievo ai fini della determinazione dell'indirizzo politico generale, e dunque a connotare la forma di governo. È al momento dell'instaurazione del rapporto di fiducia che si definiscono le scelte fondamentali di indirizzo politico, sulle quali Parlamento e Governo convergono. L'indirizzo politico può essere modificato, anche radicalmente, nel corso di una legislatura e le decisioni, in primo luogo governative, finalizzate a darvi attuazione costituiscono oggetto principale dell'esercizio della funzione di controllo, che può comunque assumere un orientamento e finalità differenti a seconda che il suo esercizio sia promosso da parlamentari e gruppi di maggioranza oppure appartenenti all'opposizione parlamentare.

Il rapporto di fiducia tra Parlamento e Governo si instaura, ai sensi dell'art. 94 Cost., con l'approvazione, per la quale non è prevista una maggioranza speciale, da parte di entrambe le Camere di una mozione di fiducia motivata e votata per appello nominale, in vista della quale il Governo deve presentarsi alle Camere entro dieci giorni dalla sua formazione. La mozione deve essere presentata (e corredata di motivazione) da parte di almeno un esponente della maggioranza parlamentare (solitamente la mozione di fiducia iniziale è presentata dai Presidenti dei gruppi di maggioranza). Se la mozione di fiducia non viene approvata, il Governo ha l'obbligo di rassegnare le dimissioni. La fiducia inizialmente accordata può essere successivamente revocata e deve esserlo in maniera espressa mediante una votazione finalizzata ad ottenere tale risultato, dato che «il voto contrario di una o d'entrambe le Camere su una proposta del Governo non importa obbligo di dimissioni» (art. 94, 4° comma, Cost.). Per revocare la fiducia l'art. 94, 5° comma, Cost. prevede che una delle Camere approvi una *mozione di sfiducia*, che può essere presentata da almeno un decimo dei componenti di una Camera e messa in discussione non prima di tre giorni dalla sua presentazione. Anche la mozione di sfiducia deve essere motivata e votata per appello nominale, affinché ciascun parlamentare si assuma in modo palese la responsabilità di adottare una decisione in grado di determinare la prosecuzione o l'interruzione del rapporto fiduciario, senza godere dalla "protezione" che deriverebbe dalla segretezza del voto. Nella prassi vi sono stati casi di mozioni di sfiducia proposte nei confronti di singoli ministri piuttosto che dell'intero esecutivo (cfr. *infra*, cap. V, sez. I, par. 1.3.).

La questione di fiducia

La permanenza del legame fiduciario tra Parlamento e Governo può essere verificata anche mediante altri atti, i quali possono essere proposti non da membri del Parlamento, ma direttamente dal Governo, che può quindi stimolare una deliberazione del Parlamento che potrebbe determinare l'obbligo di dimissioni dell'intero Esecutivo. Si tratta in particolare della *questione di fiducia*, non espressamente prevista in Costituzione (ma ritenuta istituto espressivo della essenziale bilateralità del rapporto di fiducia), che può essere presentata dal Governo in relazione all'approvazione di un atto che esso ritenga di importanza tale da indurlo a mettere in gioco la propria permanenza in carica. Essa tuttavia non può riguardare, a norma dei regolamenti parlamentari, una serie di atti, quali ad esempio le proposte di modificazione del Regolamento (art. 161 Reg. Sen.), le proposte di inchieste parlamentari, le autorizzazioni a procedere e la verifica delle elezioni, etc.

Nella prassi il ricorso alla questione di fiducia è stato molto spesso determinato da ragioni di tipo procedurale: siccome, ad esempio, la presentazione della questione di fiducia comporta la decadenza *ipso iure* degli ulteriori emendamenti e subemendamenti (se la questione è posta su una deliberazione afferente ad un procedimento legislativo, come avviene nella maggior parte dei casi), o poiché l'atto su cui è posta ha la priorità su tutte le altre deliberazioni attinenti a quel tema, e così via, porre la questione di fiducia è la via mediante la quale il Governo può ottenere l'effetto di deliberazioni certe nei tempi e pressoché certe anche negli esiti, oltre che di "richiamare all'ordine" una maggioranza parlamentare eventualmente poco coesa.

Gli ulteriori strumenti attraverso cui possono essere esercitate la funzione di indirizzo e quella di controllo sono numerosi e diversificati, coerentemente con il significato del già richiamato principio della polifunzionalità dei procedimenti parlamentari. È il caso di taluni strumenti prioritariamente "informativi", quali l'interrogazione, l'interpellanza, la riunione delle commissioni permanenti c.d. in sede politica e le indagini conoscitive che le stesse commissioni possono deliberare di compiere. Ma le suddette funzioni possono essere veicolate anche dal ricorso ad altri istituti, da quelli strumentali rispetto all'esercizio funzione legislativa (che veicola continui assestamenti nella spartizione delle quote di indirizzo politico tra Parlamento e Governo) a quelli attraverso cui si esercitano funzioni consultive delle Camere in ordine ad atti normativi del Governo, fino ad arrivare a taluni risvolti della stessa disciplina della programmazione dei lavori parlamentari.

Gli strumenti di indirizzo e controllo

È opportuno soffermarsi in primo luogo sugli istituti specificamente concepiti e disciplinati dai regolamenti parlamentari quali strumenti di indirizzo politico, cioè sui seguenti:
- la mozione;
- la risoluzione;
- l'ordine del giorno.

Mozione e risoluzione parlamentare

La *mozione parlamentare* e la *risoluzione parlamentare* sono atti di indirizzo politico molto simili nel contenuto, ma differiscono in termini strutturali e, conseguentemente, anche funzionali, perché la prima è atto volto a «*promuovere* una deliberazione dell'Assemblea su un determinato argomento» (art. 110 Reg. Cam.), dando avvio a un dibattito che si svilupperà in seguito e terminerà con una deliberazione, mentre la seconda è l'atto, al contrario, con cui l'Assemblea o le Commissioni, al termine di un dibattito sopra una determinata e (più) specifica questione, pongono ad esso fine esprimendo in modo sintetico la posizione collegiale (ossia maggioritaria) da esso emersa, in modo così, appunto, da "*risolvere*" la discussione instauratasi.

La disciplina dei due atti è conseguentemente diversa: la *mozione* può essere presentata soltanto in Assemblea, alla Camera dal presidente di un gruppo parlamentare o da almeno sette deputati e al Senato da almeno cinque senatori; al contrario, la *risoluzione* può essere proposta anche in commissione ad opera di un singolo parlamentare. Aumenta così la capacità di indirizzo (e di controllo), oltre che dell'Assemblea, delle commissioni permanenti nelle materie di rispettiva competenza: ad essa si accompagna tuttavia il rischio di una settorializzazione dell'indirizzo politico generale del Governo, specialmente con riguardo agli ambiti affidati alle commissioni che per la composizione risultino maggiormente "combattive" e dialettiche (anche con riguardo alle dinamiche di contrapposizione tra maggioranza ed opposizioni).

La discussione sulle mozioni si sviluppa secondo un procedimento modellato sulla falsariga del procedimento legislativo, articolandosi nella discussione sulle linee generali e nella discussione degli emendamenti, con possibilità di subemendamenti e financhе di ordini del giorno.

È opportuno infine ricordare, in ragione della sua estrema rilevanza, almeno una specifica risoluzione. Ci si riferisce alla risoluzione sul "Documento di economia e finanza" (previsto dalla l. n. 196/2009), su cui si tornerà più avanti: si tratta di una risoluzione assai particolare proprio per l'efficacia che è ad essa riconosciuta dall'ordinamento, in quanto i saldi finanziari come determinati nella Decisione di finanza pubblica, approvata con risoluzione, vincolano poi il Governo per le successive fasi in cui si articola il "ciclo di bilancio".

L'ordine del giorno

L'*ordine del giorno*, da non confondere con l'omonimo atto collocato a valle del sistema della programmazione dei lavori parlamentari, è invece atto di puro indirizzo (e non anche di controllo), che può essere utilizzato all'interno del procedimento legislativo. Si tratta di inviti e raccomandazioni (politicamente vincolanti) rivolti al Governo ad adoperarsi per orientare nel modo indicato nell'ordine del giorno l'attività *lato sensu* attuativa di una legge di cui si stia discutendo, impegnando lo stesso a dare una certa interpretazione delle diverse disposizioni o ad intervenire nuovamente, previo monitoraggio dell'attuazione della stessa o in altro modo ancora. Non è raro che nel corso dell'esame di un disegno di legge siano trasformati in ordini del giorno proposte che erano state presentate come emendamenti: ciò avviene soprattutto quando il Governo e la maggioranza dichiarino di accettare l'ordine del giorno. Al Senato, comunque, gli ordini del giorno sono votati prima degli articoli e dei relativi emendamenti (art. 95, 5° e 6° comma, Reg. Sen.), mentre alla Camera (più logicamente) si interpongono tra le votazioni attinenti all'ultimo articolo e la votazione finale (art. 88, 1° comma, Reg. Cam.), e dunque quando il contenuto del progetto di legge è già definito e si tratta soltanto di approvarlo o rigettarlo *in toto*.

Interrogazioni e interpellanze parlamentari come strumenti di indirizzo e controllo

Come sopra accennato, anche istituti diversi da quelli più specificamente concepiti per l'esercizio della funzione di indirizzo politico (e/o di controllo) possono in concreto essere utilizzati (anche) a tale scopo. Il riferimento è in particolare all'*interrogazione* e all'*interpellanza*, concepiti come strumenti conoscitivi e atti di sindacato ispettivo, di cui si dirà più ampiamente nel par. 3 di questa sezione, in grado di veicolare soprattutto la funzione di controllo parlamentare. Rispetto agli altri atti ispettivi (inchieste, indagini conoscitive, commissioni in sede politica, esame delle numerose relazioni periodiche al Parlamento previste dalla normativa vigente), interrogazione ed interpellanza si distinguono per essere gli unici attivabili anche *da singoli parlamentari*, fatto che conferisce loro una particolare importanza, perché ne consente l'utilizzo anche da parte di minoranze parlamentari di dimensioni molto ridotte.

L'indirizzo politico (e il controllo) in tempi di emergenza da Covid-19

Come già in precedenza accennato, gli atti di indirizzo politico (in particolare, mozioni e risoluzioni) sono stati strumenti molto rilevanti ai fini di una parlamentarizzazione della gestione dell'emergenza pandemica. Il loro uso ha infatti consentito al Parlamento, (ancora più del solito) emarginato rispetto all'esercizio sostanziale della funzione normativa, di recuperare un ruolo significativo appunto attraverso l'esercizio della funzione di indirizzo politico. Si tratta, evidentemente, di un tipo di parlamentarizzazione diversa (realizzata mediante atti soltanto politicamente vincolanti, a cui il Governo può scegliere di non dare seguito) da quella specificamente prevista dall'art. 78 Cost. per il caso di deliberazione parlamentare dello stato di guerra e di contestuale conferimento al Governo dei «poteri necessari», ma, cionondimeno, di rilievo tutt'altro che trascurabile. Durante il periodo segnato dalla pandemia si è registrato inoltre un utilizzo particolarmente significativo altresì di interrogazioni e interpellanze (anche) in vista dell'esercizio delle funzioni di indirizzo politico e di controllo, al fine di chiamare ministri e Presidente del Consiglio a rispondere dei loro orientamenti e del loro operato e per indirizzarne, indirettamente, anche la condotta successiva nella gestione dell'emergenza.

La manovra di bilancio: l'impatto della l. cost. n. 1/2012 ...

Alla luce di quanto più sopra rilevato in merito alla trasversalità e pervasività delle funzioni di indirizzo politico e di controllo, non si può fare a meno di operare in questa sede un richiamo all'esercizio parlamentare delle funzioni di indirizzo e di controllo sui conti dello Stato che le Camere esercitano attraverso l'approvazione annuale con legge del bilancio e del rendiconto consuntivo presentati dal Governo (art. 81, 4° comma, Cost.), che si collocano all'interno di un più articolato insieme di atti costitutivi della c.d. manovra di bilancio. A tal proposito, è indispensabile rilevare, in via preliminare, che l'attuale disciplina della materia in esame, contenuta essenzialmente nelle ll. n. 196/2009 e 243/2012, è il frutto di rilevanti innovazioni conseguenti all'assunzione, dopo la crisi economico-finanziaria cominciata nel 2007-2008, di importanti decisioni a livello sovranazionale, spesso al di fuori della cornice giuridica dei trattati istitutivi dell'Unione europea, che hanno imposto agli Stati aderenti alla medesima l'adozione di politiche di bilancio più rigorosamente attente agli equilibri della finanza pubblica. Il riferimento è al *Patto Europlus* del 2011, al *Six Pack* e al *Two Pack* del 2011-2013 e, soprattutto, al c.d. *Fiscal Compact* (Trattato sulla stabilità, coordinamento e *governance* nell'Unione economica e monetaria).

In connessione con gli obblighi per l'Italia derivanti dalla stipula del *Fiscal Compact*, si è proceduto all'adozione della l. cost. n. 1/2012 (Introduzione del principio del pareggio di bilancio nella Carta costituzionale). Con tale legge è stato modificato, tra gli altri, l'art. 81 Cost., introducendovi al 1° comma la previsione secondo cui «lo Stato assicura l'equilibrio tra le entrate e le spese del proprio bilancio, tenendo conto delle fasi avverse e delle fasi favorevoli del ciclo economico». Al comma successivo è stata poi introdotta la previsione dell'eccezionalità del ricorso all'indebitamento, possibile solo in due casi: «al fine di considerare gli effetti del ciclo economico» e «previa autorizzazione delle Camere adottata a maggioranza assoluta dei rispettivi componenti, al verificarsi di eventi eccezionali». Risulta poi confermato al 3° comma l'obbligo per le leggi che introducano nuove spese di indicare le corrispondenti coperture finanziarie, mentre il 6° comma dell'art. 81 Cost. attribuisce ad una legge ordinaria, da approvarsi però a maggioranza assoluta dei componenti di ciascuna Camera, il compito di determinare il contenuto della legge di bilancio, nonché le norme fondamentali e i criteri volti ad assicurare l'equilibrio di bilancio e la sostenibilità del debito pubblico. All'adozione di tale provvedimento legislativo si è provveduto con l'approvazione della l. n. 243/2012 (successivamente modificata), la quale, oltre a riformulare nei termini che di seguito vedremo la disciplina degli atti in cui si articola la manovra finanziaria, ha provveduto ad istituire l'Ufficio parlamentare di bilancio quale «organismo indipendente per l'analisi e la verifica degli andamenti di finanza pubblica e per la valutazione dell'osservanza delle regole di bilancio». I componenti del suo Consiglio, nel numero di tre, sono nominati d'intesa dai Presidenti delle Camere, che li scelgono «tra persone di riconosciuta indipendenza e comprovata esperienza in materia di economia e di finanza pubblica a livello nazionale e internazionale», all'interno di un elenco di dieci soggetti designati a maggioranza dei due terzi dei loro componenti dalle Commissioni parlamentari competenti in materia di finanza pubblica (art. 16, l. n. 243/2012).

... e gli strumenti in cui la manovra si articola

In seguito alle più recenti trasformazioni normative, il ciclo della programmazione finanziaria e di bilancio si articola, nel quadro di un calendario di bilancio comune definito a livello euro-unitario, nella maniera di seguito descritta:

a) la presentazione alle Camere entro il 10 aprile di ogni anno, in vista delle conseguenti deliberazioni parlamentari adottate mediante risoluzione, del Documento di economia e finanza (DEF), documento articolato e complesso, contenente i dati fondamentali relativi ai conti dello Stato e il quadro complessivo della programmazione finanziaria per il triennio successivo, tenendo conto dei vincoli europei rilevanti in materia di politica economica e finanziaria (in questo documento confluiscono il Programma di stabilità e il Programma nazionale di riforma, elaborati sulla base degli indirizzi di massima sulla politica economica della Zona Euro formulati dal Consiglio dell'Unione europea, in formazione ECOFIN, nella prima parte dell'anno, all'inizio del c.d. "Semestre europeo");

b) la presentazione alle Camere entro il 27 settembre di ogni anno (all'inizio di quello che è definito a volte "Semestre nazionale"), in vista delle conseguenti deliberazioni parlamentari, della Nota di aggiornamento del DEF, finalizzata a tenere conto delle eventuali modifiche nell'andamento delle grandezze macroeconomiche rispetto alle previsioni elaborate ad aprile ed a recepire le raccomandazioni specifiche per Paese approvate dall'ECOFIN in merito al DEF;

c) la presentazione alle Camere, entro il 20 ottobre di ogni anno, in vista dell'approvazione parlamentare, cui si deve procedere entro il 31 dicembre, del disegno di legge del bilancio dello Stato, nell'ambito della c.d. "sessione di bilancio" (strutturata dai regolamenti parlamentari in modo da assicurare, per quanto possibile, tempi certi per le varie fasi dell'esame di tale disegno di legge, al fine di evitare il ricorso all'«esercizio provvisorio»);

d) la presentazione alle Camere del disegno di legge di assestamento, entro il 30 giugno di ogni anno, con la finalità di riallineare i conti con gli obiettivi programmatici previsti, sulla base anche dell'accertamento, in sede di rendiconto consuntivo relativo all'anno finanziario precedente (di cui si dirà più sotto), degli eventuali residui, attivi e passivi, dell'esercizio finanziario precedente;

e) la presentazione alle Camere entro il mese di gennaio di ogni anno degli eventuali disegni di legge collegati alla manovra di finanza pubblica.

A proposito della legge di bilancio, è opportuno rilevare che, espunto nel 2012 dal testo dell'art. 81 Cost. il divieto per la legge di approvazione del bilancio di stabilire nuovi tributi e nuove spese, essa adesso si compone di due sezioni: la prima, corrispondente alle vecchie leggi finanziarie e di stabilità (usate per fare quanto prima non era consentito alla vecchia di legge di bilancio), contiene misure volte a realizzare gli obiettivi di finanza pubblica indicati nel DEF e nella Nota di aggiornamento; la seconda, corrispondente alla vecchia legge di bilancio, contiene le previsioni di entrata e di spesa, sulla base della legislazione vigente, espresse in termini di competenza e di cassa, per l'anno successivo (accompagnate da un bilancio di previsione pluriennale di durata almeno triennale). Con il bilancio di previsione, una volta approvato dalle Camere, si autorizza il Governo ad operare entro un tetto massimo per ciascun capitolo di spesa, oltre il quale non è possibile procedere, se non per il tramite dell'approvazione di appositi atti di variazione. In caso di mancata approvazione del bilancio entro il 31 dicembre le Camere possono con legge concedere al Governo l'esercizio provvisorio, per periodi complessivamente non superiori a quattro mesi (art. 81, 5° comma, Cost.), durante i quali di norma «la gestione del bilancio è consentita per tanti dodicesimi della spesa prevista da ciascuna unità elementare di bilancio, ai fini della gestione e della rendicontazione, quanti sono i mesi dell'esercizio provvisorio» (art. 32, l. n. 196/2009).

Il rendiconto consuntivo dello Stato

A differenza degli atti sinora richiamati, dotati di preminenti funzioni di indirizzo e programmazione, il rendiconto consuntivo, anch'esso, a norma della Costituzione (art. 81, 4° comma), approvato annualmente con legge (il disegno di legge è presentato entro il 30 giugno di ogni anno insieme a quello di assestamento), rappresenta un atto di esercizio di puro controllo parlamentare, procedendosi in sede di approvazione di tale rendiconto ad una verifica circa la regolarità della spesa e l'andamento delle entrate e delle uscite dell'esercizio finanziario precedente.

I c.d. "scostamenti di bilancio" e il ricorso agli stessi in tempo di emergenza da Covid-19

Più sopra si è ricordato come, in seguito alla riforma costituzionale del 2012, che ha inciso, tra l'altro e principalmente, sull'art. 81 Cost., siano stati introdotti in Costituzione limiti, sostanziali e formali al ricorso all'indebitamento. È l'art. 81, 2° comma, Cost. a prevedere i presupposti per i c.d. "scostamenti di bilancio" da realizzarsi in corso di esercizio finanziario (anche e, di fatto, principalmente) mediante ricorso all'indebitamento (e connessa modifica delle previsioni in ordine al rapporto *deficit*-Pil, indicato ai fini delle procedure di raccordo con le competenti istituzioni dell'Unione europea). Alla procedura prevista dal succitato articolo si è fatto ricorso più volte nel corso dei lunghi mesi dell'emergenza pandemica, al fine di reperire le risorse necessarie a fronteggiare, soprattutto, le rilevantissime conseguenze socio-economiche di tale emergenza (e delle misure volte a contenerne gli effetti sanitari). Si è trattato di passaggi parlamentari molto importanti, che hanno consentito alle Camere di esercitare, insieme alla funzione legislativa, la propria funzione di indirizzo e controllo sull'operato del Governo.

3. *I procedimenti conoscitivi ed ispettivi*

Poteri conoscitivi ed ispettivi

Strumentali rispetto all'esercizio di diverse funzioni parlamentari, e perciò trattati nella sezione dedicata appunto alle funzioni delle Camere, sono i procedimenti conoscitivi, finalizzati alla raccolta di informazioni, utilizzabili appunto in vista dello svolgimento dei diversi compiti spettanti alle Camere, a cominciare da quelli deliberativi, dal momento che, volendo richiamare i contenuti di una nota affermazione di Luigi Einaudi, è necessario conoscere (e quindi informarsi) al fine di poter (ben) deliberare. Gli elementi di conoscenza raccolti mediante gli strumenti dell'informazione parlamentare potranno essere quindi utilizzati, tra l'altro, ai fini dell'esercizio della funzione legislativa, così come di quelle di indirizzo e di controllo. Accanto ai procedimenti e agli istituti (meramente) conoscitivi si collocano quelli (anche) ispettivi, potendosi parlare, volendo, in quest'ultimo caso di procedimenti conoscitivo-ispettivi. Per distinguere tra poteri conoscitivi ed ispettivi, si deve rilevare che, mentre i primi sono strumentali alla mera raccolta di informazioni, alle attività ispettive corrisponde, a carico dei destinatari delle stesse, un obbligo di rispondere, cosa che rende gli atti di sindacato ispettivo particolarmente adatti all'esercizio della funzione di controllo parlamentare.

Le inchieste parlamentari

La Costituzione dedica a tale profilo dell'attività parlamentare una sola specifica previsione, l'art. 82, il quale stabilisce, al 1° comma, che «ciascuna Camera può disporre inchieste su materie di pubblico interesse». Il potere di inchiesta è finalizzato alla raccolta di dati ed informazioni con riguardo ad una particolare tematica o evento, onde il Parlamento possa esprimere in merito le proprie valutazioni ed assumere eventualmente le conseguenti iniziative, ove necessario facendo valere la responsabilità politica del Governo.

Inchieste "legislative" ed inchieste "politiche"

Tale potere può in concreto atteggiarsi in modi diversi a seconda dei casi, potendosi comunque distinguere due principali connotazioni che possono contraddistinguerlo: da una parte, si collocano le c.d. *inchieste "legislative"*, prevalentemente orientate a stimolare riforme della legislazione vigente in vista della soluzione di problemi messi in luce dalle indagini ed analisi compiute dalla commissione; dall'altra, le *inchieste "politiche"* (o di controllo), più direttamente finalizzate a chiamare il Governo a rispondere in rapporto a determinate questioni o ad accertare responsabilità imputabili a soggetti diversi dall'Esecutivo. Per richiamare alcuni esempi, si possono ricordare tra le inchieste legislative quelle sulla miseria e sulla disoccupazione del 1951 o sulla cooperazione con i paesi in via di sviluppo del 1994; tra le inchieste del secondo tipo possono citarsi, sempre a titolo di esempio, l'inchiesta sul disastro del Vajont, sulla loggia massonica P2, sul terrorismo e sulle stragi e molte altre.

Costituzione e attività delle commissioni d'inchiesta

Il potere di inchiesta può essere esercitato dal Parlamento attraverso la nomina di una commissione, la cui composizione, come sappiamo, deve «rispecchiare la proporzione dei vari gruppi». La Costituzione attribuisce il potere di istituire una commissione d'inchiesta a ciascuna Camera, ma, accanto alle commissioni monocamerali, possono essere (e sono state in concreto) spesso istituite anche commissioni di inchiesta bicamerali. Una commissione d'inchiesta bicamerale può essere istituita con atto bicamerale non legislativo oppure, come di solito avviene, con una legge che definisce le finalità dell'inchiesta, i poteri della commissione, entro la cornice fissata dalla Costituzione, il termine entro cui l'inchiesta deve concludersi (in caso di commissione istituita con legge, la stessa può sopravvivere anche oltre il termine della legislatura in cui è stata costituita). Come già ricordato in precedenza, tali organi parlamentari sono in grado di esercitare i propri poteri conoscitivi ed ispettivi in maniera particolarmente incisiva, dal momento che procedono «alle indagini e agli esami con gli stessi poteri e le stesse limitazioni dell'autorità giudiziaria» (art. 82, 2° comma, Cost.), cosa che, ove ritenuto opportuno, consente loro di operare facendo ricorso a poteri il cui grado di vincolatività nei confronti dei destinatari del loro esercizio non è attingibile mediante altri strumenti parlamentari. Si è posta inoltre in concreto la questione dei rapporti tra una commissione d'inchiesta e la magistratura nel caso in cui le attività della prima e della seconda abbiano ad oggetto i medesimi fatti e, in particolare, la questione della sussistenza di un obbligo per la commissione di trasmettere all'autorità giudiziaria che ne abbia fatto richiesta atti e documenti in suo possesso, frutto dell'attività di inchiesta (su ciò v. Corte cost. sent. n. 231/1975, secondo cui l'obbligo sussiste, salvo che per atti e documenti sui quali la commissione abbia posto il segreto funzionale).

Per quanto riguarda le commissioni d'inchiesta bicamerali, nella XIX legislatura ne sono state attivate sei (che riguardano temi vari quali ad esempio il fenomeno delle mafie, il ciclo dei rifiuti, la scomparsa di

Emanuela Orlandi, la gestione dell'emergenza sanitaria durante la fase della pandemia da Covid-19 e così via).

Va segnalato come la riduzione del numero dei parlamentati operata con la riforma costituzionale del 2020, ed in particolare la riduzione del numero dei senatori, ha prodotto un'evidente difficoltà in rapporto all'istituzione di commissioni d'inchiesta bicamerali o del Senato, considerato che i duecento senatori previsti (cui si devono sottrarre quelli impegnati in attività di Governo come ministri o sotto-segretari) devono sobbarcarsi tutti gli incarichi che, alla Camera, vengono distribuiti tra quattrocento deputati.

A differenza di quanto è previsto in altri ordinamenti, non è prevista nel nostro l'attivazione del potere di inchiesta da parte di minoranze parlamentari, essendo necessario, ai fini dell'istituzione di una commissione d'inchiesta, il voto della maggioranza dei parlamentari (dei membri di una o, in caso di commissione bicamerale, di entrambe le Camere). Di conseguenza, non si può parlare dell'inchiesta parlamentare come di uno strumento nelle mani dell'opposizione, anche se, evidentemente, soprattutto un certo genere di inchieste possono risultare oggettivamente poco gradite alla maggioranza politica, potendo porre sotto i riflettori questioni che chiamano in causa la responsabilità governativa e portare alla luce informazioni che possono poi essere adoperate dalle minoranze in vista dell'esercizio dell'attività oppositoria. Nel corso della storia repubblicana, in molti casi sulla istituzione di commissioni d'inchiesta si è formato un consenso trasversale tra gli schieramenti politici, ma in tempi più o meno recenti (XIV e XIX legislatura), vi sono stati anche casi di inchieste decise dalla maggioranza del momento "contro l'opposizione" (per esempio, al fine di indagare su fatti e condotte tenute da esponenti di passate maggioranze di governo collocati all'opposizione al momento dell'istituzione della commissione d'inchiesta).

L'attività della commissione di inchiesta si conclude con la predisposizione di una relazione (eventualmente accompagnata da relazioni di minoranza), sottoposta all'attenzione di una Camera o di entrambe (in caso di commissioni bicamerali). La stessa può divenire oggetto di dibattito parlamentare, al termine del quale possono essere presentati atti di indirizzo politico volti ad orientare il successivo operato del Governo.

Gli altri strumenti conoscitivi ed ispettivi

Oltre alle commissioni d'inchiesta, i regolamenti parlamentari prevedono una serie di altri strumenti conoscitivi ed ispettivi. Si tratta in alcuni casi di strumenti ad attivazione individuale, in altri di strumenti la cui attivazione è rimessa alle deliberazioni di organi collegiali, quali le commissioni permanenti. Bisogna poi richiamare il ruolo svolto da commissioni appositamente istituite con legge per l'esercizio (anche) di compiti ispettivi, quali le commissioni di indirizzo, vigilanza e controllo, di cui in precedenza si è detto.

Gli strumenti ispettivi nelle mani dei singoli deputati o senatori sono costituiti, come già accennato, dalle interrogazioni e dalle interpellanze parlamentari, entrambe finalizzate a rivolgere domande a rappresentanti del Governo in ordine a fatti o orientamenti ricadenti nell'ambito della responsabilità governativa. Il Governo, che è tenuto in generale a rispondere, può dichiarare di non poter rispondere, indicandone le ragioni, o di dover differire la risposta.

Le interrogazioni parlamentari

Per quel che concerne le *interrogazioni parlamentari*, esse hanno una configurazione molto simile nelle due Camere, che ne danno nei rispettivi regolamenti generali definizioni tendenzialmente coincidenti. L'art. 128 Reg. Cam. stabilisce, a proposito dell'interrogazione, che si tratta di una «*semplice domanda*, rivolta per iscritto, se *un fatto* sia vero, se alcuna *informazione* sia giunta al Governo, o sia esatta, se il Governo intenda comunicare alla Camera documenti o notizie o *abbia preso o stia per prendere alcun provvedimento su un oggetto determinato*»; l'art. 145 Reg. Sen. che si tratta di una «*semplice domanda* rivolta al Ministro competente per avere *informazioni* o spiegazioni *su un oggetto determinato* o per sapere se e *quali provvedimenti siano stati adottati o si intendano adottare* in relazione all'oggetto medesimo» (corsivi nostri). Si tratta quindi di domande, presentate in forma scritta, vertenti sull'esistenza di un fatto, sulla conoscenza che di esso abbia il Governo, sulle comunicazioni che esso intenda fare o sui provvedimenti che intenda adottare in rapporto a particolari eventi o situazioni. Di fatto vengono per lo più utilizzate dai parlamentari per finalità non prevalentemente ispettive, quanto piuttosto per far emergere, anche di fronte all'opinione pubblica ed a beneficio degli organi di stampa, il proprio interessamento nei confronti di determinate problematiche. Possono essere a risposta orale o scritta, a seconda della preferenza espressa dall'interrogante al momento della presentazione. Le interrogazioni a risposta scritta hanno il vantaggio di non consumare tempo sottraendolo ad altri argomenti iscritti in programmazione. Le risposte orali possono essere fornite tanto in assemblea quanto in commissione, all'interno di sedute appositamente dedicate alle interrogazioni, con la previsione, dopo la risposta del Governo, della possibilità per l'interrogante di dichiararsi, in una breve replica, soddisfatto o insoddisfatto.

Le interrogazioni a risposta immediata (il c.d. question time)

Un tipo particolare di interrogazioni a risposta orale è dato dalle interrogazioni a risposta immediata in assemblea, introdotte nel nostro ordinamento nel 1983 alla Camera e nel 1988 al Senato, sul modello del *question time* britannico, con alcune variazioni.

Il c.d. *question time* ha ad oggetto una sola domanda per ciascun interrogante, previamente comunicata e riferita ad un argomento che abbia non soltanto una rilevanza politica generale (come per tutte le interrogazioni in assemblea) ma che sia altresì «connotato da urgenza o particolare attualità politica» (art. 135-*bis* Reg. Cam.; art. 151-*bis* Reg. Sen.). Il Regolamento della Camera precisa inoltre che tali interrogazioni «debbono consistere in una sola domanda, formulata in modo chiaro e conciso». Queste caratteristiche determinano l'instaurarsi di un contraddittorio fra parlamentare interrogante (non più di uno per ciascun gruppo parlamentare) e Governo: il primo interroga, il secondo risponde ed il primo può successivamente replicare (esprimendo pubblicamente e nell'immediatezza della risposta una valutazione della stessa). Al c.d. *question time* deve essere riservato in sede di programmazione uno spazio in sedute a ciò appositamente dedicate, di norma trasmesse in diretta televisiva. La riforma del Regolamento del Senato del 2017 ha modificato la disciplina del *question time*, al fine di ridurre le differenze che prima di allora sussistevano rispetto alle previsioni vigenti nell'altro ramo del Parlamento.

Il rappresentante del Governo incaricato di rispondere oralmente può essere il Presidente del Consiglio dei ministri o il Vicepresidente del Consiglio (c.d. *premier question time*), oppure ancora, e più frequentemente, il singolo ministro competente, il quale, nonostante la possibilità di delegare i Sottosegretari, tende a demandare abbastanza spesso il compito piuttosto al Ministro per i Rapporti con il Parlamento. Nella prassi si deve rilevare che si è assistito ad un sostanziale fallimento delle previsioni in materia di *premier question time*, le cui sedute sono state nelle ultime legislature quasi sempre disertate dal Presidente del Consiglio dei ministri, senza che nel diritto parlamentare si siano potuti individuare rimedi efficaci a tale stato di cose.

Le interpellanze parlamentari

Quanto alle *interpellanze parlamentari*, si tratta di istituto molto simile al precedente, tanto che nella prassi si assiste ancora oggi ad un uso promiscuo di interrogazioni e interpellanze: secondo l'art. 136 Reg. Cam., l'interpellanza «consiste nella domanda, rivolta per iscritto, circa i *motivi o gli intendimenti della condotta del Governo* in *questioni* che riguardino determinati aspetti della sua politica», mentre l'art. 154 Reg. Sen. la delinea come una «domanda rivolta al Governo circa *i motivi o gli intendimenti della sua condotta* su questioni di particolare rilievo o di carattere generale» (corsivi nostri). Rispetto all'interrogazione, dunque, l'interpellanza dovrebbe essere riferita ad un oggetto meno limitato e più connesso alla condotta politica dell'esecutivo: essa dovrebbe pertanto avere caratteri meno di tipo informativo e più decisamente "politici", avendo lo scopo di spingere più nettamente il Governo a dichiarare la propria posizione politica (già manifestata o prospettata) rispetto alla questione in oggetto. Anche in questo caso al presentatore è concesso un tempo per replicare alla risposta del Governo, dichiarandosi soddisfatto o insoddisfatto: in questa seconda circostanza il Regolamento della Camera prevede la possibilità di presentare una mozione su cui si apre un dibattito, che si conclude con un voto dell'assemblea. È poi prevista la possibilità di interpellanze "urgenti" o "con procedimento abbreviato", le quali, presentate da un presidente a nome del proprio gruppo o da un certo numero di parlamentari, danno diritto ad una risposta in tempi brevi.

Richieste di informazioni e pareri. Audizioni

Altri strumenti sono poi a disposizione delle commissioni permanenti (quali ad esempio le richieste di informazioni e pareri a vari organi ausiliari del Governo o al Governo stesso, l'esame di varie relazioni che determinati organi devono presentare periodicamente al Parlamento). Importanti sono poi le audizioni che le commissioni possono svolgere nei confronti soltanto di ministri e funzionari della Pubblica Amministrazione: ad esse i ministri sono tenuti a presentarsi, mentre per i funzionari amministrativi è necessaria l'autorizzazione del ministro competente per materia. Si possono distinguere audizioni formali e audizioni informali: le prime di natura ispettiva e le seconde con finalità puramente conoscitive.

Indagini conoscitive

Indagini conoscitive, che hanno natura non ispettiva, possono, previa acquisizione del consenso del Presidente di Assemblea, essere disposte, nelle materie di propria competenza, dalle commissioni (e in primo luogo da quelle permanenti) al fine di acquisire notizie, informazioni e documenti utili allo svolgimento di altre attività delle commissioni stesse, a cominciare dall'attività istruttoria relativa a disegni di legge (cfr. artt. 144 Reg. Cam. e 48 Reg. Sen.). Può essere a tal fine disposta dalla commissione l'audizione di qualunque persona in grado di fornire, spontaneamente, informazioni utili: si tratta dunque di una sede formale, per le cui attività sono assicurate ampie forme di pubblicità, che non incontra però i limiti soggettivi propri delle audizioni formali. L'indagine conoscitiva si conclude (necessariamente alla Camera e se ritenuto opportuno al Senato) con l'approvazione di un documento finale, in cui sono esposti risultati dell'indagine conoscitiva e valutazioni della commissione.

Comunicazioni del Governo e informative urgenti

Vanno infine segnalate le comunicazioni del Governo (su cui cfr. artt. 118 Reg. Cam. e 105 Reg. Sen.), mediante le quali un rappresentante del Governo espone proprie comunicazioni in Assemblea o in Commissione, e sulle quali può aprirsi un dibattito, all'esito del quale ciascun parlamentare può presentare una proposta di risoluzione (sulla quale si vota). Si tratta quindi di un istituto che può consentire l'esercizio di una forma peculiare di sindacato ispettivo (attraverso il dibattito) e, in caso di voto su una risoluzione conseguenze, può aprire la strada anche all'esercizio della funzione di indirizzo politico (e di quella di controllo).

In via di prassi si è affermata anche la prassi della "informativa urgente", che prevede l'intervento in commissione o in Assemblea di un rappresentante del Governo, alle cui dichiarazioni segue un dibattito, con esclusione però della possibilità di richiedere una votazione su un atto di indirizzo. Tale istituto ha ricevuto solo recentemente una prima codificazione ad opera del Regolamento del Senato (art. 105, comma 1-*bis*).

Sezione IV
Il Parlamento nel sistema multilivello

1. *Il Parlamento italiano e l'Unione europea*

Il Parlamento nel sistema multilivello

Nell'attuale assetto ordinamentale, caratterizzato dall'appartenenza dello Stato italiano all'Unione europea e, per altro verso, dalla previsione delle Regioni, la prima e le seconde dotate di potestà normativa di livello primario (e, anzi, per l'Unione europea di potestà di produrre norme che prevalgono su quelle interne di rango primario), il Parlamento è posto nella necessità di confrontarvisi, anche al fine di operare nel rispetto degli ambiti di intervento costituzionalmente riservati ai vari livelli di governo ed al contempo per ricercare modalità di esercizio della normazione primaria operanti nell'ambito di un quadro complessivo coerente e non contraddittorio. Per questa ragione il Parlamento deve porsi in relazione sia con gli organi dell'Unione europea che con quelli delle Regioni, secondo regole e procedure che soltanto parzialmente sono definite in Costituzione (in modo più significativo con riguardo alle Regioni, mentre, per quanto concerne l'Unione europea, la Costituzione si limita, a partire dal 2001, a stabilire, all'art. 117, 1° comma, che «la potestà legislativa è esercitata dallo Stato [e, quindi, in primo luogo dal Parlamento] e dalle Regioni nel rispetto [...] dei vincoli derivanti dall'ordinamento comunitario [...]»). Ciò consente al Parlamento di esercitare quella che, come precedentemente ricordato, alcuni in dottrina hanno definito "funzione di coordinamento".

Le innovazioni introdotte dal Trattato di Lisbona

Prima di soffermarsi, specificamente, sul ruolo svolto dal Parlamento italiano nelle sue relazioni con gli organi dell'Unione europea e sulle norme che lo disciplinano, è opportuno dire qualcosa sulle principali previsioni reperibili, a livello euro-unitario, in merito al ruolo dei Parlamenti nazionali, con particolare riguardo per quelle, innovative, introdotte, in tempi relativamente recenti, dal Trattato di Lisbona, entrato in vigore nel 2009. Tale trattato valorizza il ruolo dei Parlamenti nazionali stabilendo che essi non soltanto debbano essere informati sulle iniziative che le istituzioni dell'Unione intendono assumere, ma anche essere coinvolti ai fini della valutazione dell'azione dell'Unione europea nell'ambito dello spazio di libertà, sicurezza e giustizia, nonché partecipare alle procedure di revisione dei trattati: la più significativa innovazione consiste nell'attribuzione alle assemblee parlamentari del compito di vigilare in ordine al rispetto del principio euro-unitario di sussidiarietà, con particolare riguardo all'esercizio della potestà normativa europea nelle materie di c.d. competenza concorrente con gli Stati. A tal fine ogni progetto di atto legislativo deve essere messo a disposizione dei Parlamenti nazionali e per un periodo di otto settimane le istituzioni dell'Unione europea non possono adottarlo: in tale periodo ogni Parlamento nazionale (o singola Camera) può sollevare obiezioni sulla corretta applicazione del principio di sussidiarietà (c.d. *early warning* o allerta precoce), mediante un parere motivato da inviare ai Presidenti del Parlamento europeo, del Consiglio e della Commissione. Qualora i pareri motivati rappresentino *almeno un terzo* dell'insieme dei voti attribuiti ai Parlamenti nazionali il progetto deve essere riesaminato (c.d. "cartellino giallo"). A tal fine ciascun Parlamento nazionale dispone di due voti, ripartiti in funzione del sistema parlamentare nazionale; in un sistema parlamentare nazionale bicamerale ciascuna Camera dispone di un voto (con la possibilità per ciascuna Camera di consultare i Consigli regionali). Al termine del riesame il progetto in questione può essere – con una decisione motivata – mantenuto, modificato o ritirato.

A tale procedura di riesame il Trattato di Lisbona affianca una diversa procedura, che attribuisce ai Parlamenti nazionali un potere di intervento sul procedimento legislativo (c.d. "cartellino arancione"). In base a tale procedura qualora i pareri motivati rappresentino almeno *la maggioranza semplice* dei voti attribuiti ai Parlamenti nazionali la proposta è riesaminata. Al termine di tale riesame, la Commissione può decidere di mantenere la proposta, di modificarla o di ritirarla. Qualora scelga di mantenerla, la Commissione spiega, *in un parere motivato*, le ragioni che ne fondano, a suo avviso, la conformità al principio di sussidiarietà, che invece i Parlamenti nazionali contestano. Il parere motivato della Commissione, come anche i pareri motivati dei Parlamenti nazionali, sono sottoposti al legislatore dell'Unione affinché ne tenga conto nella procedura.

Dal momento che le, pur rilevanti, procedure appena richiamate non consentono ai parlamenti nazionali di esporre le proprie posizioni in riferimento al merito dei progetti di atti euro-unitari, ma solo sui profili concernenti l'applicazione del principio di sussidiarietà, a tali procedimenti si è affiancata la procedura di Dialogo politico, che invece consente ai parlamenti nazionali di far sentire in maniera più ampia e articolata la propria voce.

Parlamento e Unione europea

Se passiamo, a questo punto, a concentrare l'attenzione sul "versante interno", con riguardo al rapporto tra Parlamento italiano e Unione europea possiamo distinguere le attività parlamentari in tre principali categorie:

– la partecipazione alla formazione delle politiche europee;
– l'attuazione della normativa dell'Unione europea nell'ordinamento interno;
– la cooperazione interparlamentare.

Il Parlamento nella "fase ascendente" del processo normativo europeo ...

In relazione al primo ambito, ci si limiterà a tracciare un quadro sintetico delle previsioni contenute nella l. n. 234/2012, che detta una disciplina della cosiddetta "fase ascendente" della partecipazione delle istituzioni italiane (e, per quel che qui interessa, del Parlamento) alla formazione del diritto dell'Unione europea più analitica di quella precedentemente contenuta nelle ll. nn. 183/1987, 86/1989 e 11/2005, susseguitesi nel corso degli anni, con il fine di dettare le norme rilevanti in riferimento alla materia qui esaminata.

Il Governo ha innanzi tutto obblighi di consultazione ed informazione nei confronti del Parlamento, essendo chiamato ad illustrare alle Camere la posizione che intende assumere in occasione di riunioni del Consiglio europeo (e, su richiesta delle Camere, anche di quelle del Consiglio dell'Unione europea), posizione la quale deve poi tenere conto degli indirizzi eventualmente formulati dalle stesse, nonché ad informare i competenti organi parlamentari delle risultanze delle riunioni del Consiglio europeo e del Consiglio dell'Unione europea (art. 4, l. n. 234/2012). Per quanto riguarda, specificamente, la partecipazione del Parlamento al processo di formazione degli atti dell'Unione europea, spetta al Governo l'obbligo di trasmettere alle Camere i progetti di atti dell'Unione europea, gli atti preordinati alla formazione degli stessi e le loro modificazioni, accompagnati, ove particolarmente rilevanti, da una nota illustrativa della valutazione del Governo, nonché l'obbligo di assicurare alle Camere un'informazione qualificata, tempestiva e aggiornata in merito ai progetti di atti legislativi dell'Unione europea (art. 6, l. n. 235/2012).

Gli atti e i progetti di atti normativi dell'Unione europea e i relativi atti preparatori sono assegnati per l'esame alla commissione parlamentare competente per materia e per il parere alla Commissione politiche dell'Unione europea, che possono formulare osservazioni e adottare ogni opportuno atto di indirizzo al Governo (cfr. art. 7, l. n. 235/2012 e le pertinenti disposizioni dei regolamenti parlamentari).

L'art. 8 della l. n. 234/2012 disciplina poi le modalità di partecipazione delle Camere alla verifica del rispetto del principio di sussidiarietà attraverso l'espressione di un apposito parere motivato con riguardo ai progetti di atti legislativi dell'Unione europea.

Degno di essere richiamato è, infine, tra quelli disciplinati dalla più volte citata legge del 2012, l'istituto della riserva di esame parlamentare, già introdotta dalla l. n. 11/2005 e confermata dall'art. 10 della l. n. 235/2012, la quale può essere attivata, su iniziativa di una delle Camere o del Governo, su ogni progetto o atto dell'Unione europea per cui vige un obbligo di trasmissione alle Camere da parte del Governo. Nella prima ipotesi, qualora le Camere abbiano iniziato l'esame dei documenti in questione, il Governo deve apporre in sede di Consiglio la riserva d'esame parlamentare e può procedere alle attività di propria competenza per la formazione dei relativi atti soltanto a conclusione dell'esame parlamentare e comunque decorso il termine di trenta giorni. La seconda ipotesi ha luogo quando il Governo ritenga di apporre di propria iniziativa una riserva d'esame parlamentare su un progetto di atto eurounitario o su una o più parti di esso, inviando alle Camere il testo sottoposto a decisione. Anche in questo caso, decorso il termine di trenta giorni, il Governo può procedere anche in mancanza della pronuncia parlamentare.

... e nella "fase discendente"

In ordine al secondo ambito sopra indicato (l'attività finalizzata a dare attuazione alla normativa dell'Unione europea), conosciuta come "fase discendente", lo strumento utilizzato è stato a lungo la *legge comunitaria annuale*, introdotta dapprima con la l. n. 86/1989 ("legge La Pergola"), successivamente abrogata e sostituita dalla già menzionata l. n. 11/2005, nota come "legge Buttiglione", mediante la quale, direttamente o, di norma, attraverso deleghe legislative, si procedeva a dare attuazione al diritto comunitario (attuazione delle direttive ed attuazione di altri obblighi derivanti dal diritto comunitario). Il *disegno di legge comunitaria* era esaminato insieme alla *relazione annuale del Governo sulla partecipazione dell'Italia all'Unione Europea*, nell'ambito di una sorta di "sessione europea", disciplinata dai regolamenti parlamentari, con scadenze prestabilite per l'esame in commissione. L'esame si svolgeva in sede referente sia presso la Commissione politiche dell'Unione europea, sia, per le parti di rispettiva competenza, presso le altre Commissioni permanenti.

Ferma la persistente applicazione delle previsioni dei regolamenti parlamentari, i cui contenuti sono stati appena succintamente richiamati, è necessario rilevare che la già citata l. n. 235/2012 ha significativamente inciso anche sulla disciplina della "fase discendente". Richiamando solamente le innovazioni fondamentali in materia e rinviando per approfondimenti sui rapporti tra ordinamento italiano e ordinamento dell'Unione europea ad altra parte del Manuale (cfr. vol. II, cap. I, sez. II, par. 3.2.), possiamo qui limitarci a rilevare che la vecchia "legge comunitaria" è stata sdoppiata in due distinti atti normativi: la "legge di delegazione europea", con cui, volendone indicare i contenuti principali, si introducono deleghe legislative per il recepimento di direttive ed altri atti normativi dell'Unione europea, si autorizza il Governo a recepire, nei casi in cui è possibile, il diritto euro-unitario per via regolamentare, si introducono principi fondamentali vincolanti per i legislatori regionali nelle materie di potestà concorrente; la "legge europea", contenente disposizioni, diverse da quelle contenute nella precedente, finalizzate ad attuare gli obblighi derivanti dalla partecipazione dell'Italia all'Unione europea (tra l'altro, disposizioni direttamente abrogative o modificative di previsioni statali in contrasto con obblighi euro-unitari o oggetto di procedure di infrazione avviate dalla Commissione europea nei confronti dell'Italia e disposizioni necessarie a dare esecuzione a trattati internazionali conclusi nel quadro delle relazioni esterne dell'Unione europea).

Oltre a questo, l'attività parlamentare che incide sui rapporti con l'Unione europea deve confrontarsi altresì con l'esigenza che i progetti di legge nazionale che vengono presentati risultino compatibili con la normativa euro-unitaria: a tal fine essi devono essere sottoposti all'esame delle commissioni permanenti sulle politiche dell'Unione europea (di Camera e Senato), i cui pareri sono sempre considerati "rinforzati", con determinati effetti procedurali, secondo lo schema, precedentemente richiamato, valido per le c.d. commissioni filtro.

La cooperazione interparlamentare

Quanto infine all'ambito della cooperazione interparlamentare nell'ambito dell'Unione europea, essa si svolge soprattutto attraverso riunioni tra rappresentanti di tutti i Parlamenti dell'Unione (nazionali ed europei), su temi di comune interesse, e attraverso iniziative comuni. Le riunioni interparlamentari hanno conosciuto negli ultimi anni un costante sviluppo. Possiamo qui limitarci ad elencare le principali sedi di cooperazione interparlamentare, in cui operano rappresentanti delle Camere del Parlamento italiano: la Conferenza degli organismi specializzati negli affari dell'Unione europea (COSAC); la Conferenza interparlamentare sulla stabilità, il coordinamento economico e la governance nell'Unione europea (SECG); la Conferenza per il controllo parlamentare sulla politica estera e di sicurezza comune e sulla politica di sicurezza e difesa comune (COPESC); gli *Interparliamentary committee meetings*; i *Joint parliamentary scrutiny groups*; la Conferenza dei Presidenti dei Parlamenti dell'Unione europea.

2. *Il Parlamento e le autonomie territoriali*

Si è già detto in precedenza delle relazioni tra il Parlamento e le autonomie territoriali. È opportuno a questo punto richiamare organicamente le varie previsioni rilevanti per delineare un quadro complessivo di tali relazioni.

L'elezione del Senato "a base regionale"

Sul versante della composizione del Parlamento, va ricordato che il Senato è, a norma dell'art. 57 Cost., eletto a base regionale, salvi i seggi assegnati alla circoscrizione Estero. Lo stesso articolo stabilisce poi che nessuna Regione può avere un numero di senatori inferiore a tre (la l. cost. n. 1/2020 ha ridotto al numero di tre la precedente indicazione minima di sette), che il Molise ne debba avere due e la Valle d'Aosta uno. Gli altri seggi, esclusi quelli assegnati alla circoscrizione Estero, vengono distribuiti in proporzione alla popolazione delle Regioni, quale risulta dall'ultimo censimento generale, sulla base dei quozienti interi e dei più alti resti.

Queste previsioni avevano la propria ragion d'essere nel tentativo di avvicinare il Senato ad un modello di "Camera delle Regioni", pur con tutti i limiti che già sono stati indicati. Ed infatti per la Camera non esiste analoga previsione: i seggi per l'elezione dei deputati vengono infatti ripartiti per circoscrizioni, le quali possono avere dimensione coincidente con il territorio di una regione o inferiore ad esso, nelle Regioni più popolose.

I delegati regionali nel Parlamento in seduta comune e la Commissione bicamerale per le questioni regionali

Le Regioni sono poi coinvolte nella formazione del Parlamento in seduta comune allorché questo è convocato per eleggere il Presidente della Repubblica, come stabilisce l'art. 83 Cost. (v. *infra*, cap. VIII, sez. I, par. 2.).

L'art. 126 Cost. prevede poi, come si è già avuto modo di dire, l'istituzione obbligatoria di una Commissione bicamerale per le questioni regionali, che la ricordata previsione contenuta nell'art. 11 l. cost. n. 3/2001 stabilisce possa essere integrata, ad opera dei regolamenti parlamentari, mediante la partecipazione di rappresentanti delle Regioni, delle Province autonome di Trento e Bolzano e degli enti locali. L'inattuazione di tale previsione, di cui si è già detto in precedenza, ha fatto avvertire il suo impatto negativo anche (e in modo particolarmente accentuato) nella lunga fase contraddistinta da un difficile coordinamento tra interventi statali e regionali (oltre che comunali) finalizzati alla gestione dell'emergenza pandemica. È vero che una parte significativa dei limiti evidenziati dallo, spesso cacofonico, concerto degli atti adottati ai vari livelli di governo avrebbe potuto risultare attenuata da un più coraggioso esercizio da parte dello Stato delle proprie competenze legislative esclusive e/o del potere sostitutivo di cui all'art. 120, 2° comma, Cost. Ciò non toglie però che le difficoltà (e le dissonanze istituzionali) emerse durante il tempo dell'emergenza pandemica abbiano contribuito, per molti versi, a far avvertire con (ancora maggiore) forza l'insufficienza di raccordi Stato-autonomie territoriali incardinati, in via quasi esclusiva, sull'operare del canale dell'interlocuzione tra esecutivi, attraverso il "sistema delle conferenze" (su cui v., per ulteriori riferimenti, cap. IX, sez. II, par. 3. e sez. III, parr. 7.3. e 7.4.), con esclusione quindi di adeguate ed efficienti sedi parlamentari di dialogo e cooperazione.

Fin qui, dunque, le previsioni che riguardano la partecipazione delle autonomie territoriali alla composizione del Parlamento: previsioni che nel complesso indicano l'esigenza di un qualche coinvolgimento delle Regioni (e, in misura minore, degli enti locali), nella struttura parlamentare, ma che nella pratica si sono rivelate del tutto insoddisfacenti ed inadeguate allo scopo (anche perché la misura forse più efficace, vale a dire quella prevista dalla l. cost. n. 3/2001, non è stata mai attuata).

Sul versante delle funzioni esercitate dal Parlamento, va ricordato come il richiamato art. 126 Cost. preveda un parere parlamentare (ed in particolare della Commissione bicamerale per le questioni regionali) in merito allo scioglimento dei Consigli regionali da parte degli organi statali.

L'abrogato potere di annullamento di leggi regionali per ragioni di merito

Prima della riforma costituzionale del 2001 era poi prevista la competenza del Parlamento ad annullare una legge regionale ritenuta lesiva dell'interesse nazionale o di quello di altre Regioni (mentre i vizi di legittimità della legge regionale spettavano alla valutazione della Corte costituzionale). Tale previsione, tuttavia, non si era mai concretizzata sul piano applicativo, in quanto il Governo (cui spettava il potere di impugnazione della legge regionale) aveva sempre preferito giurisdizionalizzare il conflitto attraverso la ricomprensione di eventuali contrasti di interessi nella categoria dei motivi di illegittimità (in altri termini, ricorrendo sempre alla Corte costituzionale e mai al Parlamento). Nel 2001, come detto, la previsione di un ricorso al Parlamento è stata eliminata.

Comunque, sia prima che dopo la riforma dell'art. 127 Cost., tutta la partita del controllo statale sulle leggi regionali – controllo che dava e dà vita a forme di "contrattazione" del contenuto della legge regionale tra Regione e Stato – vede come protagonista, sul versante statale, il Governo, mentre il Parlamento è del tutto estromesso da ogni forma di intervento.

Proposte di legge alle Camere e richiesta di referendum abrogativo

Sul versante in un certo senso opposto rispetto a quello sin qui indicato, ovvero sul versante della partecipazione regionale all'attività legislativa statale, va in primo luogo segnalato come la Costituzione e gli statuti delle Regioni ad autonomia speciale prevedano la possibilità per ciascun Consiglio regionale di presentare proposte di legge (statale) alle Camere (art. 121, 2° comma, Cost. e pertinenti disposizioni degli statuti speciali); mentre almeno cinque Consigli regionali possono proporre un *referendum* abrogativo (art. 75 Cost.) o costituzionale (art. 138 Cost.). Con riguardo alla prima possibilità, come rilevato in altra parte del Manuale (v. vol. II, cap. I, sez. III, par. 3.1.3.), la Costituzione non la limita a specifiche materie di interesse regionale (come invece hanno previsto gli statuti speciali), così che pertanto un Consiglio regionale può in astratto presentare una proposta di legge anche in materie lontane dalle proprie competenze. In ogni caso va notato che l'esercizio di detta competenza non ha avuto alcuna significativa applicazione nella prassi.

Attività consultiva in favore del Governo: i pareri delle commissioni parlamentari e della Conferenza Stato-Regioni

Si è detto in precedenza dell'attività "consultiva" che il Parlamento, attraverso i pareri espressi dalle commissioni parlamentari, è chiamato a svolgere nei confronti del Governo (cfr. *supra*, sez. I, par. 6.1.). Ai sensi dell'art. 2, 3° comma, d.lgs. n. 281/1997, anche la Conferenza Stato-Regioni deve essere obbligatoriamente sentita in ordine agli stessi atti per cui devono essere sentite le commissioni parlamentari competenti per materia (schemi di decreti legislativi e di regolamenti di delegificazione). Ciò ha comportato – ed è questa la ragione per cui ci occupiamo qui del tema – alcuni problemi di possibile sovrapposizione tra i pareri che il Governo è tenuto a richiedere alle commissioni parlamentari e quelli che, sui medesimi atti, è tenuto a richiedere alla sopra citata Conferenza, tanto che nel 1998 i Presidenti delle Camere sono intervenuti con una lettera congiunta, indirizzata al Presidente del Consiglio dei ministri, per chiedere che i pareri di soggetti esterni al Parlamento, quale la Conferenza Stato-Regioni, intervengano prima di quello delle Commissioni parlamentari, le quali devono avere pertanto la possibilità di pronunciarsi non solo su testi definitivi ma anche con la possibilità di valutare gli altri pareri. Il Presidente del Consiglio ha risposto prontamente a tale lettera, assicurando che il Governo così si sarebbe comportato.

Ma al di là della questione dei tempi, che comunque ha riflessi di sostanza, la richiesta partecipazione del Parlamento e dell'organo di raccordo tra Governo e Regioni al medesimo procedimento e con analoghe funzioni (ovvero l'espressione di un parere) può prestarsi a utilizzi poco lineari, allorché ad esempio il Governo sia indotto a "sfruttare" il parere delle Regioni per indebolire quello parlamentare ovvero sia portato – al contrario – a far leva su quello parlamentare per contrastare le indicazioni regionali. In ogni caso si tratta di una relazione che pone il Parlamento in una posizione di necessaria interlocuzione con le Regioni.

Le Camere e il "regionalismo asimmetrico"

Rinviando per approfondimenti più ampi in materia al vol. I, cap. IX, sez. IV, par. 2.1., qui è opportuno almeno accennare a come un ruolo in riferimento a profili di interesse regionale sia conferito al Parlamento dall'art. 116, 3° comma, Cost. relativo al c.d. "regionalismo asimmetrico (o differenziato)". Tale disposizione stabilisce infatti: «ulteriori forme e condizioni particolari di autonomia, concernenti le materie di cui al terzo comma dell'articolo 117 e le materie indicate dal secondo comma del medesimo articolo alle lettere l), limitatamente all'organizzazione della giustizia di pace, n) e s), possono essere attribuite ad altre Regioni, con legge dello Stato, su iniziativa della Regione interessata, sentiti gli enti locali, nel rispetto dei princìpi di cui all'articolo 119. La legge è approvata dalle Camere a maggioranza assoluta dei componenti, sulla base di intesa fra lo Stato e la Regione interessata».

Dal punto di vista che rileva in questa sede, è sufficiente richiamare l'attribuzione al Parlamento della competenza ad approvare, con il *quorum* speciale dalla maggioranza assoluta dei componenti delle Camere, la legge che, sulla base di un'intesa stipulata tra lo Stato e la Regione richiedente, è chiamata a disciplinare le «ulteriori forme e condizioni particolari di autonomia». La l. n. 86/2024, adottata con il fine di dare attuazione all'art. 116, 3° comma, Cost. ha disciplinato in maniera più dettagliata la materia, prevedendo anche forme di intervento parlamentare differenti (e precedenti) rispetto a quella espressamente prevista dalla Costituzione, consistente nell'approvazione finale della legge di cui si è appena detto.

Capitolo V

Il Governo *

SOMMARIO: 1. Introduzione: il Governo nella forma di governo e nella forma di Stato. La laconicità delle indicazioni costituzionali e il contributo della prassi. – Sezione I. *La formazione del Governo*. – 1. L'investitura e l'espletamento del mandato. Il caso della crisi di governo. – 1.1. (Segue): Le diverse ipotesi di crisi di governo. – 1.2. (Segue): Soluzione "positiva" della crisi *versus* scioglimento anticipato delle Camere. – 1.3. (Segue): Il caso della sfiducia "individuale". – 2. Cosa cambierebbe con l'approvazione del "premierato elettivo" (cenni). – Sezione II. *L'organizzazione del Governo*. – 1. Il Governo come organo a "complessità ineguale". – 2. Gli organi "necessari". – 3. La responsabilità dei membri del Governo, tra profili politici e giuridici. – 3.1. (Segue): L'ipotesi del conflitto di interessi. – 4. Una panoramica sugli organi "non necessari". – Sezione III. *Le funzioni del Governo*. – 1. L'indirizzo politico. – 2. La produzione normativa (indicazioni essenziali e rinvio). – 3. L'amministrazione. – APPENDICE: Le legislature e i governi nell'esperienza repubblicana.

1. *Introduzione: il Governo nella forma di governo e nella forma di Stato. La laconicità delle indicazioni costituzionali e il contributo della prassi*

La seconda parte della Costituzione dedica al Governo il Titolo III (artt. 92-96). Come quella riferita al Parlamento, anche la collocazione di tali disposizioni non è casuale, le une e le altre rispettivamente anticipando e seguendo le previsioni relative al Presidente della Repubblica (*infra*, cap. VIII), il quale, come avremo ampiamente modo di osservare, gioca un ruolo importantissimo – almeno in certi frangenti – nella dinamica dei rapporti *tra* Parlamento e Governo.

Governo e forma di governo

Volendo premettere alcune notazioni di carattere generale, è possibile affermare che il Governo testimonia in chiave sincronica il mutamento e la complessificazione del rapporto tra organi costituzionali che caratterizzano la stessa forma di governo (*retro*, cap. I, sez. III); mutamento che, del resto, ha interessato un po' tutti gli Stati contemporanei (anche a prescin-

---

* Di Elena Malfatti.

dere dal modello specifico che essi prediligano), e che non consente più di limitarsi ad affermare che «il Governo *è* il potere esecutivo»: questa locuzione, usata comunemente e senz'altro veritiera, rimandando alla nascita dei Governi moderni, dev'essere infatti arricchita dalla consapevolezza di un importante rafforzamento che il potere in questione ha conosciuto, soprattutto nel XX secolo, ed in particolare a partire dagli anni Trenta, almeno sul Continente europeo e negli Stati Uniti d'America (la vicenda del Fascismo, quindi, pur con gli sconvolgimenti che esso ha saputo produrre, sotto questo profilo non rende l'esperienza italiana del tutto atipica). Nella nostra forma di governo parlamentare infatti il Governo, come vedremo approfonditamente, non soltanto dirige l'amministrazione centrale, ma svolge anche un ruolo centrale nell'esercizio della funzione di indirizzo politico, e partecipa altresì alla produzione di norme giuridiche.

Governo e forma di Stato

Si deve considerare inoltre come il ruolo del "Governo", nel contesto degli ordinamenti occidentali, vari e si accresca in considerazione delle influenze che inevitabilmente sono derivate, nel corso del tempo, dagli sviluppi della forma di Stato (ancora *retro*, cap. I, sez. III), soprattutto per via del passaggio dallo Stato liberale allo Stato sociale: quest'ultimo, determinando un crescente interventismo da parte dei pubblici poteri, sia pure in varia misura e con diverse intensità nelle successive fasi storiche, ha indotto parallelamente un rafforzamento del peso del Governo e delle sue attività, determinando altresì un processo di irrobustimento degli apparati serventi (che si è riflesso a sua volta, a livello apicale, nell'aumento del numero e della varietà dei dicasteri, oltre che di diverse altre strutture di supporto). D'altra parte, il contemporaneo affermarsi, in Italia, delle autonomie territoriali, ed in particolare l'avvento dello Stato regionale (*infra*, cap. IX) ha rallentato questo *trend* peculiare nel nostro Paese, ed in certi frangenti lo ha addirittura invertito, se è vero che funzioni di natura analoga a quelle del Governo che opera a livello centrale, sia pure in misura e con modalità differenti, oltre che in ambiti non certamente omogenei, sono state attribuite ad organi di governo delle comunità regionali e locali.

Un modello elastico

Il testo della Carta repubblicana non offre, per vero, molte indicazioni analitiche in ordine al Governo, ed in particolare al profilo della sua formazione (*infra*, sez. I). Il carattere laconico dei riferimenti scritti si è prestato a varie letture, per taluno segnando addirittura un passo indietro rispetto alle previsioni vigenti nel periodo costituzionale transitorio [soprattutto rispetto alla disposizione della seconda Costituzione provvisoria che, diversamente dall'art. 94 del Testo attuale, imponeva la maggioranza assoluta per l'approvazione, da parte dell'Assemblea Costituente, di una mozione di sfiducia al Governo implicante le dimissioni; all'Assemblea Costituente quest'ultimo (v. *retro*, cap. IV, par. 1) rispondeva, in un assetto riconducibile ad una forma di governo, per così dire, parlamentare (perché un Parlamento in senso proprio, in quel periodo, non esisteva)]; per talaltro rappresentando comunque una scelta nel senso di una scarsa razionalizzazione della forma di governo, a vantaggio di un modello elastico, cui le convenzioni costituzionali e le prassi in genere avrebbero potuto utilmente contribuire, al fine di mostrarne i caratteri più precisi.

Ed in effetti, sin dalla fase immediatamente precedente e poi negli anni successivi all'entrata in vigore della Carta repubblicana, si registrarono una serie di fatti e di scelte le quali avrebbero impresso un certo "andamento" all'evoluzione della forma di governo, in genere, e alle vicende dei Governi che andranno via via succedendosi, in specie. In estrema sintesi, fino a tutti gli anni Settanta del secolo scorso il Parlamento si rivelerà idonea sede di mediazione con le forze politiche pregiudizialmente escluse dal Governo (PCI e PSI, a partire dalla formazione del IV Governo De Gasperi nel giugno 1947), vedendo esso crescere progressivamente il proprio ruolo (e dando vita, come già si spiegava nel cap. IV, ad un monismo a prevalenza parlamentare, detto anche *parlamentarismo compromissorio*); nei decenni successivi si assisterà viceversa a un declinare della centralità del Parlamento, a vantaggio di un rafforzamento del ruolo del Governo, rafforzamento il quale opera (come vedremo) su molteplici piani, e passa anche attraverso, ma non soltanto, la richiesta di modifica della legge elettorale, operata poi nel 1993 (oltreché, successivamente, nel 2005 con la legge n. 270, c.d. legge Calderoli, nel 2015 con la legge n. 52, c.d. *Italicum*, e ancora nel 2017 con la legge n. 165, c.d. *Rosatellum bis*: v. *retro*, cap. III, par. 3.3.1.2 e par. 3.3.1.3).

Dalla crescita di ruolo del Parlamento ...

L'espressione "fase del maggioritario", comunemente adoperata, riesce pertanto a sintetizzare una serie di processi concomitanti e a sottendere l'affermarsi di un'istanza nuova e diversa, rispetto a quella avvertita nel primo periodo, ossia un'istanza "decisionista" in luogo dell'istanza "partecipazionista" invalsa precedentemente, che fa sì che la sede privilegiata per l'assunzione delle decisioni divenga la sede governativa; e che sposta conseguentemente l'asse della forma di governo a vantaggio dell'esecutivo (cosicché, appunto, il *parlamentarismo* diviene *maggioritario*). Tutto questo non significa affatto che all'instabilità dei Governi, la quale aveva caratterizzato il primo periodo, faccia seguito una stagione diversa, ché anzi il numero complessivo delle compagini governative (oltre che il numero delle legislature terminate anticipatamente) rimarrà ragguardevole; all'afflato innovatore non corrisponde quindi necessariamente una trasformazione radicale della forma di governo italiana, ed anzi l'ultimo frangente (apertosi con la XVII legislatura, dunque il periodo che va dal 2013 in avanti) non sembra facilmente riconducibile, per l'incertezza – come vedremo – dei suoi connotati, né all'una né all'altra parabola (compromissoria e maggioritaria) che hanno segnato l'esperienza pregressa.

... al rafforzamento del ruolo del Governo

Sezione I
La formazione del Governo

1. *L'investitura e l'espletamento del mandato. Il caso della crisi di governo*

Quali sono i momenti che scandiscono (necessariamente o eventualmente) la formazione e quindi la dinamica di un Governo. Da un punto di vista formale (e nonostante che, nel periodo compreso tra il 1996 ed il 2008, già l'esito elettorale sia stato in grado di prefigurare, della compagine governativa, almeno la persona del Presidente del Consiglio) un Governo risulta formato con l'emanazione dei decreti del Presidente della Repubblica di nomina del Presidente del Consiglio e, su proposta del Presidente del Consiglio, dei singoli ministri (i tempi delle diverse nomine sono divenuti sempre più ravvicinati nell'esperienza italiana) (art. 92 Cost.); tali decreti concludono la fase c.d. delle consultazioni, che a sua volta dà corpo alla convenzione, ovvero alla procedura non positivizzata dai Padri Costituenti ma in realtà decisiva per delineare la fisionomia dell'esecutivo, le cui variazioni – a far luogo dal 1996 – riflettono come in uno specchio il passaggio dal parlamentarismo compromissorio a quello maggioritario (anche se da questo punto di vista, la fase apertasi nel 2013, con l'avvio della XVII legislatura, ha segnato, come accennavamo, un'ulteriore discontinuità).

Le consultazioni del Capo dello Stato

L'incarico a formare il Governo

Ereditata dalla prassi del periodo statutario, tale procedura per molti decenni ha messo in evidenza l'istituto dell'incarico (a formare un nuovo Governo): esso segue le consultazioni del Capo dello Stato, tramite le quali egli acquisisce le opinioni di esponenti istituzionali (i Presidenti delle Camere, gli *ex* Presidenti della Repubblica e fino ad un certo punto anche gli *ex* Presidenti del Consiglio) e politici (i presidenti dei gruppi parlamentari ed i segretari dei partiti politici, più tardi le delegazioni delle coalizioni aggregate per la competizione elettorale, dal 1998 al 2008 i capi delle coalizioni medesime, successivamente ancora di nuovo le delegazioni delle singole forze politiche), in merito alla persona più adatta a guidare l'ipotetico Governo che possa a sua volta realisticamente aspirare ad ottenere la fiducia del Parlamento], e precede, talvolta in modo significativo, i suddetti decreti di nomina presidenziale; l'incarico consente così una significativa interazione tra Capo dello Stato e soggetto incaricato (per le influenze che dalle due parti, oltre che dai partiti politici, possono derivare in misura variabile alle scelte da farsi) per la definizione delle componenti del nuovo Governo. Sempre nella prassi di un risa-

Le ulteriori consultazioni dell'incaricato

lente (e lungo) arco temporale, l'incarico veniva accettato con riserva, a sottolineare la necessità di ulteriori consultazioni con le forze politiche, stavolta da parte dell'incaricato, per acquisire tutte le informazioni necessarie alla formazione del Governo; espletato così un secondo giro di consultazioni, le varianti possibili erano la revoca dell'incarico da parte del Presidente della Repubblica, la rinuncia da parte dell'incaricato, oppure lo scioglimento della riserva da parte di quest'ultimo in senso positivo, quindi la piena accettazione dell'incarico in presenza delle (ritenute) condizioni a formare il nuovo esecutivo.

A partire dal 1996 invece, con l'avvio della XIII legislatura, non costituendo più un'incognita – per via della mutata formula elettorale – l'individuazione del soggetto candidato alla guida del nuovo esecutivo, le consultazioni del Capo dello Stato paiono assumere un valore meramente formale: divengono perciò più rapide, e dal canto loro gli incaricati evitano quasi sempre di accettare con riserva, completando brevissimamente la formazione del Governo e del relativo programma. Ciò non significa che risultino immediatamente e grandemente accresciuti i poteri del Presidente del Consiglio incaricato con riguardo alla nomina dei ministri e alla struttura del Governo (fortemente condizionate, nell'esperienza precedente, dai c.d. manuali Cencelli, a guidare le pratiche di spartizione dei diversi dicasteri), giacché i partiti della coalizione vincente continueranno ad esercitare un'influenza decisiva in tale direzione [a dimostrare indirettamente anche che, pur quando *la coalizione* che sostiene (e sosterrà formalmente, con la fiducia) il Governo *si fa prima*, e non dopo le elezioni, essa continua in ogni caso a formarsi *fuori* del Parlamento]. Questo almeno fino al 2008, quando in avvio di XVI legislatura l'on. S. Berlusconi si mostrerà viceversa in grado di presentare la lista dei ministri al Capo dello Stato nel momento stesso in cui gli viene conferito l'incarico (cosicché i decreti presidenziali di nomina dell'uno e degli altri risulteranno per la prima volta contestuali, avendo evidentemente effettuato il nuovo Presidente del Consiglio le proprie consultazioni prima del conferimento dell'incarico, considerandolo pacifico); analoga, sotto questo profilo, la formazione del Governo Meloni, in carica fin dall'inizio dell'attuale XIX legislatura, con decreti di nomina tutti datati 21 ottobre 2022.

I decreti presidenziali di nomina

In controtendenza, però, ciò che è accaduto nel 2013 (XVII legislatura), allorché – a fronte di un risultato elettorale assolutamente imprevedibile e che non restituiva una coalizione vincente, bensì tre grosse minoranze nessuna delle quali avrebbe potuto governare in mancanza di un accordo con almeno una delle altre due – il Capo dello Stato ha conferito un incarico assai peculiare: ovvero (come si legge nel comunicato del Quirinale del 22 marzo di quell'anno), «l'incarico di verificare l'esistenza di un sostegno parlamentare certo, che consenta la formazione del

Il frangente peculiare del 2013 …

Governo», invitando l'incaricato (l'allora segretario del Partito Democratico, on. P. Bersani) a riferire non appena possibile. Questo incarico – che potremmo definire depotenziato, giacché preventivare *con certezza* l'esito del successivo passaggio parlamentare rende all'evidenza più complicato il compito dell'incaricato, in qualche modo minandone fin da subito il buon esito – non sortirà in concreto un effetto positivo, come sarà costretto ad ammettere l'on. Bersani pochi giorni più tardi; cosicché il Presidente della Repubblica Napolitano si riserverà di prendere ulteriori iniziative per accertare personalmente gli sviluppi possibili del quadro politico-istituzionale, iniziative che si tradurranno, quasi un mese dopo, in un più tradizionale incarico all'on. E. Letta di formare un nuovo Governo.

... e quello "anomalo" del 2018

E apparentemente, addirittura, anomala l'esperienza successiva, della formazione del Governo in avvio della XVIII legislatura (2018), allorché il Capo dello Stato, dopo aver conferito due mandati esplorativi rispettivamente all'uno e all'altro Presidente delle Camere – e all'esito della definizione di un "contratto per il governo del cambiamento" tra due forze politiche presentatesi separatamente alle elezioni (Lega e MoVimento 5 Stelle), e che anzi si erano duramente contrapposte nel corso della campagna elettorale – ha nell'ordine: incaricato il Prof. G. Conte ("garante" del suddetto contratto, secondo il linguaggio adoperato dagli artefici del medesimo) e poi, dopo alcune giornate tormentatissime sul piano delle dinamiche politiche, preso atto della rinuncia all'incarico da parte del medesimo; ancora, incaricato il Prof. C. Cottarelli, per formare un governo c.d. di servizio, "neutrale" rispetto alle forze politiche, che non avrebbe presumibilmente ottenuto la fiducia del Parlamento ma avrebbe potuto – nel disbrigo degli affari correnti (*infra*) – far fronte alla sessione di bilancio ed eventualmente consentito alle Camere di affinare la legge elettorale; infine, conferito un nuovo incarico al Prof. G. Conte, in considerazione dell'ulteriore cambiamento del quadro politico complessivo, incarico che è stato reso possibile – sul piano formale – dall'ulteriore rinuncia di Cottarelli (avendo nel frattempo il Presidente Mattarella rintracciato una formula che probabilmente avrebbe consentito di uscire dall'*impasse* in cui ci si trovava, trascorsi quasi tre mesi ormai dall'inizio della nuova legislatura).

Tra fisiologia e "patologia" del frangente di inizio legislatura

Beninteso, se anomalo, e alquanto farraginoso, può qualificarsi il percorso compiuto dai protagonisti della vicenda – così come accidentato, "stretto", è sembrato il sentiero sul quale si è trovato in particolare il Capo dello Stato (ancora una volta, tra l'altro, e nonostante la novella legislativa di fine 2017 che si è tradotta nel c.d. *Rosatellum bis*, dalle elezioni politiche del marzo 2018 erano emerse tre grosse minoranze, nessuna da sola in grado di avere i numeri in Parlamento per sostenere un governo), nel tentativo di non determinare la "fine sul nascere" della XVIII legislatura – una lettura meno negativa e più fisiologica è invece possibile alla luce dell'elemento di contrapposizione che si è venuto a generare tra il Presidente Mattarella e l'incaricato Conte: tale contrapposizione veicolava in realtà posizioni proprie delle due forze politiche stipulanti il "contratto di governo", una in particolare fautrice della nomina del Prof. P. Savona quale ministro dell'Economia e delle Finanze (individuato a sua volta sulla base di un'ulteriore intesa tra Lega e 5 Stelle, *a latere* del "contratto", come ha scritto A. D'Andrea), una nomina che però il Presidente della Repubblica si è rifiutato di effettuare. Sul punto, drammaticamente emerso dalla dichiarazione presidenziale del 27 maggio 2018, nella quale Mattarella ha ricordato come il proprio ruolo di garanzia costituzionale non avesse mai subito né potesse subire imposizioni (e le cui motivazioni hanno tenuto banco per alcune settimane sia nel dibattito tra gli studiosi che nell'opinione pubblica), conviene infatti osservare che la formula del già richiamato art. 92 Cost. pone da sempre le premesse per un apporto pur variabile, e tuttavia indefettibile, sia da parte del Capo dello Stato che da parte del Presidente del Consiglio incaricato all'individuazione delle figure dei singoli ministri. E ciò ha spinto fin da tempi non sospetti buona parte della dottrina a qualificare la natura del decreto presidenziale di nomina come atto complesso o "duale" (v. più approfonditamente *infra*, cap. VIII, sez. I, par. 6 e sez. II, par. 3.1), dipendendo poi l'intensità e il peso dei suddetti apporti dalla dialettica che in concreto si instaura tra i due soggetti istituzionali in gioco; episodi passati di contrarietà del Capo dello Stato a certe figure di ministri *in pectore* si erano semmai risolti "spontaneamente" con l'individuazione di ulteriori personalità, poi esse sì investite formalmente dalla nomina presidenziale.

Il caso Savona

Dunque la particolarità (e se vogliamo, la patologia) della vicenda menzionata – che ha portato indubbiamente elementi nuovi nella prassi relativa alla formazione del Governo – risiede semmai nel fatto che il Presidente del Consiglio incaricato non ha fatto alcun passo indietro, a fronte delle riserve manifestate dal Quirinale in merito alla nomina del Prof. Savona; inoltre, da parte di alcuni anche autorevoli studiosi, si è lamentato il fatto che il Presidente della Repubblica abbia in quel determinato frangente esercitato un vero e proprio indirizzo politico, trasfigurando il proprio ruolo (anche se a ciò potrebbe immediatamente ribattersi che l'indirizzo presidenziale ha caratteri ben diversi dall'indirizzo politico di maggioranza, secondo l'insegnamento di P. Barile). Ad ogni modo, dopo il culminare dello scontro istituzionale nei termini succintamente riferiti, si è reso indispensabile il trascorrere di alcuni giorni affinché si ripristinasse un dialogo tra le forze politiche in campo e potesse maturare quindi una diversa ipotesi di soluzione (quella che ha portato infine, con l'accettazione dell'incarico senza riserva da parte di G. Conte, all'individuazione di tutti i ministri ed in particolare del Prof. G. Tria al ministero dell'Economia e delle Finanze).

Il giuramento dei membri del Governo

Astraendo dalla complessa, e per certi versi appassionante, per altri perfino drammatica, vicenda che ha attraversato la precedente legislatura, e tornando ad una riflessione più generale, è da sottolineare che l'assunzione vera e propria delle funzioni governative avviene con il giuramento dei membri del Governo "nelle mani" (prescrive l'art. 93 Cost.) del Presidente della Repubblica, immediatamente a seguire i decreti di nomina, dopodiché – sul piano strettamente giuridico – il Governo dispone di tutti i poteri (c.d. pieni poteri); anche se va detto che il piano dell'opportunità politica suggerisce un'autolimitazione nel loro esercizio, quindi un *self-restraint* che solitamente conduce al disbrigo degli affari correnti e all'adozione di atti improcrastinabili (i decreti-legge con i quali nel 2001 e nel 2006 sono stati creati (o meglio ripristinati) ministeri (*infra*, sez. II, par. 1) sembrerebbero, peraltro, smentire tale affermazione). Tipici dei primi giorni di vita di un nuovo Governo risultano dunque le nomine di sottosegretari, viceministri ed eventuali vicepresidenti del Consiglio, o i pareri sulle funzioni delegate dal Presidente del Consiglio ai ministri senza portafoglio (*infra*, sez. II, parr. 2 e 4); mentre per il resto si attenderà l'esito del voto di fiducia (il Governo è infatti obbligato a presentarsi alle Camere entro dieci giorni dalla sua formazione), il quale, se positivo (la storia repubblicana ha conosciuto, tutti nella sua prima fase, pure quattro casi di mancata concessione della fiducia iniziale, che hanno obbligato naturalmente il Governo appena formato a dimettersi), determina un Governo potenzialmente in carica per tutti i cinque anni della legislatura.

La presentazione del Governo alle Camere

Per prassi consolidata il Presidente del Consiglio si reca soltanto presso la Camera dei deputati, oppure presso il Senato della Repubblica, ed in questa sede presenta ed illustra oralmente il proprio programma (documento il quale configura per punti la futura azione e quindi gli obiettivi di governo), mentre presso l'altra Camera il programma viene semplicemente depositato; il voto di fiducia è tuttavia indispensabile da parte di entrambe le Camere (determinando una solenne convergenza iniziale tra Parlamento e costituendo Governo), e la Costituzione lo rimette agli stessi vincoli caratteristici dell'eventuale, e successivo, voto di sfiducia – ovvero il voto è necessariamente palese, ha per oggetto una mozione motivata, e deve avvenire per appello nominale, in modo da responsabilizzare al massimo ciascuno dei parlamentari – considerato il rilievo decisivo che tale voto assume, nella dinamica della forma di governo.

Il voto di fiducia

Ottenuta la fiducia, il Governo è in grado di espletare il proprio mandato, e non vedrà dipendere la permanenza in carica da singole vicende parlamentari (in tal senso, infatti, l'art. 94, 3° comma, Cost., non prevede obbligo di dimissioni a seguito di mero voto contrario, di una o di entrambe le Camere, su una proposta del Governo, pena un irrigidimento eccessivo dei rapporti Parlamento-Governo, e quindi un'"ingessatura" della dialettica istituzionale); ma – specularmente – il Governo non avrà nemmeno l'obbligo di restare in carica per il proseguo della legislatura, specie se il suo programma venga disatteso in modo rilevante dalle Camere, attraverso la loro attività (magari tradottasi nell'esito negativo di un voto non avente carattere fiduciario, ma sul quale il Governo abbia impegnato la propria responsabilità politica in modo informale), oppure se vengano a manifestarsi i sintomi di una disaggregazione insuperabile nello schieramento parlamentare di cui esso è espressione.

Vicende parlamentari e crisi di governo

Tale profilo è fondamentale per la comprensione delle diverse ipotesi di crisi di governo – di quelle situazioni in cui cioè il rapporto fiduciario tra Parlamento e Governo viene meno, ed in particolare il Governo è obbligato a (oppure sceglie di) dimettersi – che hanno segnato la vicenda italiana; come si dirà subito, infatti, nonostante le cause di cessazione del Governo *in astratto* debbano collocarsi sull'asse fondamentale dell'espresso voto di sfiducia [tale il significato della mozione di sfiducia che sempre l'art. 94, 2° e 4° comma, Cost., sottopone ad alcune cautele, quali la sottoscrizione da parte di un numero minimo di deputati e senatori (un decimo dei componenti di ciascuna camera), l'obbligo di motivazione, ed il lasso di tempo che deve intercorrere tra presentazione e inizio della discussione (e relativo voto: è previsto un termine dilatorio di (almeno) tre giorni), ad evitare "colpi di mano" da parte di sparute minoranze parlamentari], *in concreto* esse sono venute a dipendere prevalentemente da una scelta "spontanea" dello stesso esecutivo: ovvero, da situazioni di gravi problemi di rapporti generatisi all'interno delle stesse forze politiche di maggioranza, di cui il Presidente del Consiglio prende atto rassegnando le proprie dimissioni di fronte al Presidente della Repubblica (e privando in tal modo il Parlamento del potere di decidere sulla permanenza del rapporto di fiducia). Se quest'ultima è dunque l'ipotesi rivelatasi "normale" in età repubblicana, nel 1998 e nel 2008 si sono tuttavia avuti due importanti episodi di voto parlamentare negativo, sia pure non ricalcanti il "figurino" costituzionale, ossia non consumatisi attraverso l'approvazione di mozioni di sfiducia, ma invece caratterizzatisi per la reiezione di questioni di fiducia poste dal Governo (*infra*, par. 2.1 e sez. III, par. 1).

Cause di cessazione del Governo: in astratto ...

... e in concreto

1.1. *(Segue): Le diverse ipotesi di crisi di governo*

Il caso della crisi di governo – epilogante (tranne che nelle ipotesi di cui si dirà, *infra* in questo par.) l'esperienza di una determinata compagine governativa e generatrice di uno *stop* ai suoi obiettivi programmatici – si è verificato con una notevole frequenza in Italia: si contano infatti sessantacinque esecutivi finora in diciannove legislature, a partire dalla prima del 1948, ed un totale di sessantotto dalla proclamazione della Repubblica. Ciò che rivela, "al netto" di quelli fisiologicamente insediatisi subito dopo le tornate elettorali, ben quarantasei casi di Governi formatisi in corso di legislatura, quindi all'esito di una crisi di governo; essa deve contemplarsi, dal punto di vista qualitativo, come evento determinante una discontinuità nei rapporti tra gli organi detentori dell'indirizzo politico, oltre che capace di aprire scenari variabili per il destino dello stesso Parlamento eletto. Si tratta di un risvolto necessario, nell'assetto della forma di governo parlamentare, della quale – come si sa ormai – il rapporto fiduciario costituisce architrave; per cui la mancanza di fiducia, sancita attraverso un voto delle Camere o comunque percepita dall'interno dell'esecutivo, mette potenzialmente in gioco le sorti della legislatura; anche se l'intervento del Capo dello Stato, in termini che complessivamente poco divergono da quanto precedentemente descritto con riferimento all'inizio di ciascuna legislatura, può ingenerare e spesso ingenera uno sfocio meno traumatico della crisi, consentendo la formazione di un nuovo Governo (che inizierà quindi ad operare in corso di legislatura), piuttosto che non lo scioglimento anticipato delle Camere (che costituisce da questo punto di vista l'*extrema ratio*, da praticarsi allorché non si ravvisino margini di ricomposizione, attraverso nuovi assetti nei rapporti tra le forze politiche, dello strappo consumatosi).

L'intervento del Capo dello Stato

A fini meramente descrittivi si usa distinguere il caso della crisi di governo c.d. parlamentare (quella del modello costituzionale, appunto, che si traduce nell'approvazione di una mozione di sfiducia, cui si possono aggiungere i due episodi del 1998 e del 2008, poiché, come si vedrà meglio, non determinati da una mozione di sfiducia ma pur sempre formalizzati attraverso un voto parlamentare), dal caso della crisi c.d. extraparlamentare (di gran lunga prevalente nella prassi italiana e dipendente dalle dimissioni del Presidente del Consiglio), da quello infine della crisi c.d. di mera correttezza [ovvero derivante ancora dalle dimissioni che il Presidente del Consiglio presenta (ma – come suggerisce l'espressione medesima – soltanto per una ravvisata esigenza di correttezza istituzionale) al Capo dello Stato neoeletto, affinché anche costui – respingendo le dimissioni stesse – possa avallare la scelta del predecessore: quest'ultima è l'unica ipotesi che – a fronte di dimissioni giuridicamente non do-

La crisi di mera correttezza

vute, e sempre senza esito – di fatto consente sicuramente ad un determinato esecutivo, con la sua specifica composizione ed i suoi peculiari obiettivi, di proseguire oltre nelle proprie attività].

La crisi extra-parlamentare ...

Tralasciando la terza ipotesi, come si può intuire scarsamente significativa, è invece opportuno soffermarsi brevemente sulle altre due. La crisi di governo extra-parlamentare, fino al 1998 la sola realmente rilevante nella nostra esperienza, pone un duplice problema: intanto quello della legittimità di dimissioni, come si è detto, "spontanee" (ma è facile rispondere che nessun organo costituzionale può essere obbligato a rimanere in carica); e soprattutto l'altro del coinvolgimento e della corretta informazione delle Camere (e, in qualche modo, della pubblica opinione) nella vicenda. Con la Presidenza di S. Pertini (1978-1985) si è ad ogni modo consolidata la prassi c.d. della "parlamentarizzazione della crisi", ossia il Capo dello Stato ha preso ad invitare il Governo dimissionario a presentarsi alle Camere per verificare la sussistenza del rapporto di fiducia o, almeno, per fornire indicazioni esaustive delle ragioni politiche della crisi (che la "parlamentarizzazione" non ci sia stata in occasione della crisi del Governo Conte II, si spiega col fatto che un passaggio parlamentare si era avuto, in realtà, pochi giorni prima della presentazione delle dimissioni, quando il Presidente del Consiglio stesso aveva cercato di ricompattare la maggioranza parlamentare dalla quale si erano smarcati i gruppi di Italia Viva, peraltro ottenendo una fiducia con numeri più risicati di quelli che avrebbe auspicato). Questo snodo ulteriore nell'*iter* di formazione degli esecutivi facilita, fra l'altro, il compito del Capo dello Stato, nel senso che può fornirgli elementi ulteriori (rispetto a quelli di cui certo disporrà per via dei colloqui riservati che – a fronte delle dimissioni – intrattiene con il Presidente del Consiglio dimissionario) per rintracciare una nuova formula di governo, e quindi per l'attribuzione di un nuovo incarico, con la variante possibile del reincarico (*infra*, parr. seguenti). La *sub*-procedura che deriva dal rinvio presidenziale del Governo alle Camere, se difficilmente offre al primo una *chance* di continuità di vita, comporta tuttavia nell'immediato il rigetto o almeno la sospensione delle dimissioni, e consente comunque alle seconde una ricognizione della crisi, se non una vera e propria conferma della fiducia (ciò che è avvenuto ad es. nel 1997 e nel 2007, a vantaggio del I e del II Governo Prodi) con incidenza dunque sui modi di apertura della crisi e di possibile sviluppo della stessa (*infra*, in questa sez., par. 2.2).

... e la c.d. parlamentarizzazione della crisi

La crisi parlamentare: due soli casi nell'esperienza italiana

I due episodi, infine, riconducibili al modello della crisi di governo parlamentare, meritano un cenno ed una riflessione. Nell'ottobre del 1998, esattamente un anno dopo una prima strisciante crisi "rientrata" tra la coalizione di maggioranza derivata dall'"Ulivo" e l'alleato esterno Rifondazione Comunista, il Presidente Prodi è costretto alle dimissioni a seguito del voto contrario, alla Camera dei deputati, su di una risoluzione in materia finanziaria in ordine alla quale il Governo aveva posto la questione di fiducia (per la cui nozione, *infra*, sez. III, par. 1). Dieci anni più tardi (e anche qui circa un anno dopo la prima crisi della legislatura in corso, che era stata superata attraverso la sua parlamentarizzazione e l'utilizzo della questione di fiducia), a seguito della dichiarazione del segretario dell'Udeur, partito componente la coalizione di maggioranza, di considerare terminata l'esperienza di governo, R. Prodi afferma invece pubblicamente di non volersi dimettere se non dopo aver accertato in sede parlamentare il venir meno della fiducia, così da obbligare le forze politiche presenti in Parlamento ad assumere pienamente la responsabilità della crisi; egli si presenta quindi in Senato, ponendo ancora una volta la questione di fiducia su una risoluzione parlamentare, ma l'esito della votazione è (diversamente dal caso del 2007 e analogamente al 1998) sfavorevole al Governo.

La questione di fiducia come "grimaldello" del sistema

Quest'ultimo frangente è risultato, ancor più del primo, emblematico del ruolo delicatissimo assunto da uno strumento, la questione di fiducia, non previsto nella Carta costituzionale, ma rivelatosi infine determinante non solo per supportare l'azione di governo, saggiando la tenuta delle forze di maggioranza e il grado di adesione dei parlamentari che ne fanno parte all'indirizzo politico dell'esecutivo, bensì per la vita stessa di un Governo: in appena undici mesi capace di sortire effetti antitetici (superamento della crisi, piuttosto che l'apertura della medesima con successivo scioglimento anticipato delle Camere), la questione di fiducia è apparsa nel 2008 come un vero e proprio grimaldello del sistema, tanto più efficace nella fase maggioritaria, quanto subdolo in situazioni di maggioranze risicate, nelle quali la posizione di pochissimi parlamentari poteva fungere da ago della bilancia, decidendo di una sorta di "accanimento terapeutico" oppure della "condanna a morte" di un esecutivo.

1.2. *(Segue): Soluzione "positiva" della crisi* versus *scioglimento anticipato delle Camere*

Il disbrigo degli affari correnti

Qualunque sia la natura della crisi di governo, l'esecutivo è da considerarsi dimissionario, con la conseguenza che i relativi poteri dovranno intendersi generalmente limitati al solo "disbrigo degli affari correnti"; peraltro la prassi repubblicana conosce alcuni casi di esercizio di attività anche assai significative (quali ad es. quelle tradottesi attraverso l'emanazione di decreti-legge), cosicché la determinazione più esatta dei poteri dell'esecutivo dipende in ultima analisi da criteri di opportunità e di improrogabile necessità, da valutarsi necessariamente volta per volta. Alla presentazione delle dimissioni, inoltre, non segue mai immediatamente la loro accettazione da parte del Capo dello Stato (proprio per consentire il proseguo delle attività al Governo, e garantire quindi continuità all'istituzione, oltre che per via della prassi della parlamentarizzazione della crisi, *retro*, in questa sez., par. 2.1), per cui il decreto presidenziale di accettazione delle dimissioni risulterà contemporaneo ai decreti di nomina del nuovo esecutivo (*retro*, in questa sez., par. 1.1).

Le nuove consultazioni del Capo dello Stato

La gestione della crisi di governo, lo si è già accennato, vede centrale la figura del Capo dello Stato: attore soltanto "comprimario" nei momenti di fisiologia del sistema, costui torna "protagonista" sulla scena istituzionale allorché il rapporto Parlamento-Governo viene ad incrinarsi pericolosamente, revocando in dubbio l'iniziale accordo tra le forze politiche di maggioranza. Si rendono quindi nuovamente necessarie le consultazioni, e con esse si ricalca – almeno nella sua parte iniziale – la procedura già descritta (*retro*, in questa sez., par. 1.1) con riferimento ai primissimi giorni della legislatura, per quanto il compito del Presidente della Repubblica venga eventualmente a complicarsi, con riguardo alla possibilità concreta di formare un nuovo Governo (uno "strappo", rispetto alla convenzione costituzionale fin lì seguita, si è consumato tra l'altro nel 2014, all'indomani delle dimissioni del Governo Letta, allorché la Lega Nord ha annunciato pubblicamente di non voler partecipare alle consultazioni del Capo dello Stato); si comprende così la previsione dell'art. 88 Cost., relativa all'eventualità di scioglimento anticipato delle Camere, sentiti i loro Presidenti: scioglimento anticipato che costituisce una "valvola di sfogo" necessaria per non paralizzare il sistema. Anche se va osservato che tale eventualità non si pone, né è stata mai avvertita nella prassi, come alternativa paritaria al superamento della crisi, cercando anzitutto il Capo dello Stato di perseguire proprio quest'ultimo obiettivo, e quindi un riequilibrio delle disfunzioni manifestatesi.

Il nuovo incarico: nella fase compromissoria …

A tal fine, l'esperienza conosce alcune varianti dell'incarico (a formare un nuovo Governo), variamente denominate come pre-incarico o mandato esplorativo, le quali a loro volta hanno assunto un significato differente nelle diverse fasi della storia repubblicana: infatti, nel primo grande periodo – assumibile anche come indicatore di una certa temperie culturale, di una "percezione" della forma di governo – si demandava ad una personalità istituzionale l'apprezzamento dei fattori della complessità politica (ed in qualche modo sociale), al fine di fornire delucidazioni circa la possibilità di formare una *qualsiasi* nuova maggioranza parlamentare disposta a sostenere successivamente, grazie ad un vero e proprio nuovo incaricato, un *qualsiasi* ulteriore Governo; cosicché lo scioglimento delle Camere si profilava come la decisione finale, conseguente al fallimento dell'ultimo tentativo di formazione di un esecutivo.

... e nella fase maggioritaria

Al tempo del maggioritario, invece, cambiano il senso del pre-incarico (in cui non ricomprendiamo peraltro, l'episodio particolarissimo della primavera 2013, *retro*, in questa sez., par. 1, corrispondente piuttosto all'inizio di una legislatura e all'avvio di un tornante incerto, non più sussumibile nella formula consensuale e neppure in quella maggioritaria) ma anche quello dell'incarico in senso stretto: non servendo più il primo a tenere coperta la candidatura che poteva considerarsi la più idonea (come si diceva un tempo, a non "bruciarla") per la successiva Presidenza del Consiglio, né il secondo a lasciar intravedere la prevedibile composizione di un diverso quadro di rapporti, tra le forze politiche, capace di risolvere i contrasti affiorati o anche di dar vita ad una nuova maggioranza (con ciò rimarcando lo "scettro" di partiti e gruppi parlamentari, della durata di Governo e Parlamento); le mosse del Capo dello Stato in una direzione diversa dallo scioglimento anticipato servono piuttosto a sottolineare l'esigenza di avviare (o continuare) una esperienza di "larghe intese", nella direzione di riforme condivise, a suo giudizio indispensabili prima di una nuova tornata elettorale. In tal senso possono leggersi gli incarichi a formare Governi "tecnici" (*infra*, sez. II, par. 2), fin dalla fase di transizione tra sistema elettorale proporzionale e sistema misto ("Mattarellum"), che hanno portato al Governo Ciampi (1993), poi al Governo Dini (1995), e più recentemente (vigente invece il "Porcellum") al Governo Monti (2011); o anche – pur senza esito – gli incarichi ad A. Maccanico, nel 1996, e a F. Marini nel 2008, per formare Governi c.d. *no-partizan*. Gli stessi scioglimenti anticipati del 2008 e di fine anno 2012 erano serviti perciò indirettamente a caricare di valore l'esito elettorale del 2006 e del 2008 (e l'evoluzione della forma di governo), nel senso dell'indicazione di una precisa maggioranza (parlamentare e governativa) che non avrebbe potuto tollerare soluzioni di continuità, e quindi portare alla formazione di *nessun altro Governo* diverso da quello auspicato dalla coalizione vincente (cosicché il Presidente della Repubblica avrebbe esaurito i propri margini di manovra a seguito, rispettivamente, del tentativo infruttuoso di F. Marini e delle dimissioni del Governo "tecnico" presieduto da M. Monti).

Alcune ipotesi dal significato intermedio

Con un significato intermedio possono assumersi gli incarichi (e i reincarichi) attribuiti in corso di XIII e XIV legislatura (che hanno portato, rispettivamente, dal Governo Prodi I alla formazione dei Governi D'Alema I, D'Alema II, e Amato; e dal Governo Berlusconi II al Governo Berlusconi III) e capaci di dare seguito all'esperienza di coalizione (di centro-sinistra e di centro-destra), ma secondo una composita maggioranza, non esattamente coincidente con quella indicata dal corpo elettorale: in un frangente storico marcatamente di transizione, il Capo dello Stato si è sentito evidentemente autorizzato a cercare, nella sua funzione di intermediazione politica, spiragli di un dialogo tra le forze in campo, che senza ribaltare l'esito delle urne sortisse però – oltre che, in un certo senso, continuità all'azione di governo – la perpetuazione delle istituzioni rappresentative; delineandosi quindi (in analogia all'esperienza della fase consensuale) due casi di crisi risolte per via (non elettorale ma) parlamentare.

Nella XVII legislatura, l'incarico all'on. P. Gentiloni l'11 dicembre 2016 – dopo l'esito negativo del *referendum* costituzionale e accettate quattro giorni prima le dimissioni di M. Renzi – può anche leggersi in considerazione dell'esigenza di riequilibrare le formule della legislazione elettorale, rispettivamente per il Senato (sarebbe stata ancora vigente la legge Calderoli pur nella versione "spuntata" dalla Corte costituzionale con la sent. n. 1/2014, e dunque ormai ricondotta allo stampo proporzionale) e per la Camera (per la quale invece si sarebbe dovuto applicare l'*Italicum*, di impianto fortemente maggioritario, pur anch'esso presto depotenziato dalla Corte, per effetto della parziale dichiarazione di illegittimità costituzionale operata con la sent. n. 35/2017; v. ancora *retro*, cap. III, par. 3.3.1.2).

La fase recente: dal primo al secondo Governo Conte …

Un significato, potremmo dire piuttosto, nuovamente assai tradizionale, oltreché pienamente fisiologico dal punto di vista della formazione del Governo *in corso* di legislatura, e che ricorda appunto gli incarichi tipici della fase compromissoria (per quanto singolare possa essere apparso il concorso delle forze politiche che hanno contribuito a sostenerlo), può essere attribuito all'incarico conferito dal Presidente della Repubblica, nel frangente che ha determinato il passaggio dal primo al secondo Governo Conte (settembre 2019): ossia da quello che, con gergo giornalistico, era definito come Governo "giallo-verde" (in quanto appoggiato in Parlamento da MoVimento 5 Stelle e Lega) all'altro che – nella diversa combinazione cromatica invalsa – si ricorderà come il Governo "giallo-rosso" (sostenuto ancora da MoVimento 5 Stelle, Partito democratico, Liberi E Uguali, Italia Viva). È un passaggio, quello del nuovo incarico al Prof. G. Conte, che evidenzia cioè il recupero della prospettiva della formazione di una *qualsiasi altra maggioranza* in grado di sostenere il Governo, e che si connota semmai per tre aspetti: per la "crisi lampo" dell'agosto 2019, culminata con le comunicazioni del Presidente del Consiglio al Senato e formalizzata con la remissione dell'incarico al Presidente della Repubblica; per il nodo politico della Vicepresidenza del Consiglio, cui infine il Capo politico del MoVimento ha rinunciato; e altresì per la diversa caratterizzazione assunta dal Presidente del Consiglio, che nella stessa persona di G. Conte è apparsa più fortemente connotata sul piano politico nel Governo "giallo-rosso", che non nel Governo "giallo-verde" (nel quale era stato definito, come si è visto, "garante" del contratto di governo), pur a cavallo (come ha scritto N. Lupo) tra il ruolo di "leader istituzionale" del MoVimento e leader della coalizione incentrata sullo stesso MoVimento e gli altri partiti che ne facevano parte.

... fino al Governo Draghi

E infine del tutto peculiare, nel tempo della pandemia da Covid-19, è da considerarsi la formazione, sempre in corso di legislatura, del Governo presieduto dal Prof. M. Draghi: essa è avvenuta (febbraio 2021) sì all'esito di una crisi di governo che (*retro*, par. 1.1) può etichettarsi ancora una volta come extraparlamentare; ma è risultata debitrice, in un modo che è apparso decisivo, dell'accelerazione impressa dal Presidente Mattarella alla risoluzione della crisi medesima, all'esito dell'infruttuoso tentativo del Presidente della Camera di portare a termine un mandato esplorativo conferitogli al fine di verificare la possibilità di una maggioranza politica composta a partire dai gruppi che sostenevano il Governo precedente. Infatti, il Capo dello Stato, come risulta dalla dichiarazione pubblica del 2 febbraio 2021, di fronte alle due strade, fra loro alternative, di dare immediatamente vita a un nuovo Governo, adeguato a fronteggiare le gravi emergenze presenti (sanitaria, sociale, economica, finanziaria), ovvero di ricorrere ad immediate elezioni anticipate, ha percorso la prima senza ulteriori indugi (e dunque senza ulteriori consultazioni): ritenendo necessario un Governo nella pienezza delle sue funzioni, senza potersi attendere i tempi della campagna elettorale e del nuovo voto, valutando il momento storico «cruciale per le sorti dell'Italia» e i mesi successivi «decisivi, per la lotta alla pandemia, per utilizzare i finanziamenti europei e per far fronte ai gravi problemi sociali».

Peculiarità del frangente 2021-2022

Non solo, il Presidente Mattarella ha avvertito l'esigenza, nella stessa circostanza, di rivolgere un appello a tutte le forze politiche presenti in Parlamento affinché conferissero la fiducia a un «Governo di alto profilo», che non si identificasse «con alcuna formula politica», e la scelta del Presidente del Consiglio incaricato (il giorno immediatamente successivo alla dichiarazione suddetta) è caduta su una personalità indubbiamente autorevole, un "non politico", con alle sue spalle un prestigiosissimo *curriculum* nelle istituzioni economiche nazionali, europee e internazionali (tra l'altro, quale Governatore della Banca d'Italia e poi quale Presidente della Banca Centrale Europea); costui ha ricercato a sua volta, presumibilmente d'intesa col Capo dello Stato, e con sostanziale emarginazione dei leader di partito, un alto profilo nell'individuazione dei titolari di alcune cruciali caselle ministeriali, ma anche – più complessivamente – quanto alla fissazione del punto di equilibrio tra tecnici e politici (sulla nozione di Governo tecnico e "tecnico-politico", v. *infra*, sez. II, par. 2), oltre che tra "conferme" (di ministri già presenti nel precedente Governo) e nomi nuovi, fino a sciogliere la riserva con la quale aveva accettato l'incarico esattamente dieci giorni dopo, e a ricevere poi un amplissimo consenso parlamentare. Certo è che un (pur ipotetico) esito negativo delle consultazioni dell'incaricato, come anche un (altrettanto eventuale) diniego della fiducia da parte del Parlamento avrebbero aperto un frangente del tutto inedito dell'esperienza repubblicana, proprio perché il Capo dello Stato aveva preventivamente valutato come improponibili le elezioni anticipate, in una fase ancora acuta dell'emergenza da Covid-19, e le stesse caratteristiche del Presidente del Consiglio *in pectore* (definito nel gergo giornalistico, come vera e propria "riserva della Repubblica") avrebbero reso del tutto impervia la formazione di un differente Governo.

Lo dimostra, in controluce, la vicenda che ha preso le mosse, meno di un anno e mezzo più tardi, dalle dimissioni del Governo Draghi: presentate in data 14 luglio 2022 per via della mancata partecipazione dei senatori del Gruppo MoVimento 5 Stelle al voto sulla questione di fiducia apposta dal Governo sul d.d.l. di conversione del d.l. n. 50/2022 (d.d.l. che pure viene approvato, ma senza il sostegno di una forza politica che invece era stata significativa nella fase di formazione del Governo), esse non vengono immediatamente accolte, poiché il Presidente Mattarella invita il Presidente del Consiglio a presentarsi alle Camere per rendere comunicazioni, cui segue la proposta di due risoluzioni parlamentari. Di nuovo, viene posta la questione di fiducia (su una seconda risoluzione, che approva le comunicazioni del Governo, mentre un'altra risoluzione avrebbe chiesto la costituzione di un Governo profondamente rinnovato rispetto agli indirizzi politici e nella propria composizione), e stavolta i rappresentanti di ben tre gruppi parlamentari in Senato che avevano sostenuto il Governo (Forza Italia, Lega e ancora MoVimento 5 Stelle) dichiarano di non partecipare al voto; anche quest'ulteriore questione di fiducia porterà formalmente a un esito positivo per il Governo, ossia all'approvazione della risoluzione (siamo dunque in un caso del tutto diverso da quelli accennati, *retro*, par. 1.1, e che avevano determinato nel 1998 e nel 2008 la caduta dei due Governi presieduti da R. Prodi), ma è evidente il dissolvimento della maggioranza politica che aveva appoggiato inizialmente il Governo. Il Presidente del Consiglio perciò reitera le proprie dimissioni (sono passati appena sette giorni, è il 21 luglio 2022) ed il Presidente della Repubblica stavolta ne prende atto, sciogliendo anticipatamente le Camere senza tentare di formare un nuovo Governo; dopo aver firmato il decreto di scioglimento interviene anzi dal Salone delle Feste del Quirinale, evidenziando come la situazione politica che si era determinata avesse condotto a quella decisione, per l'assenza di prospettive di dar vita a una nuova maggioranza parlamentare, come reso evidente dalle modalità del voto in Senato; nello stesso tempo, il Presidente avverte l'esigenza di sottolineare ancora una volta la peculiarità del periodo attraversato, che «non consente pause negli interventi indispensabili per contrastare gli effetti della crisi economica e sociale (…), per contenere gli effetti della guerra della Russia contro l'Ucraina sul piano della sicurezza dell'Europa e del nostro Paese», nonché per «proseguire nell'azione di contrasto alla pandemia». Il Presidente rileva anche che, nonostante il Governo incontri limitazioni nella sua attività, esso «dispone comunque di strumenti per intervenire sulle esigenze presenti e su quelle che si presenteranno», fino al «l'insediamento del nuovo Governo»; ciò a ridimensionare l'idea di un potere limitato al disbrigo degli affari correnti (*retro*, in questo par.) e a rimarcare piuttosto che *quel* Governo dimissionario, formatosi in circostanze tanto particolari, potrà andare ben al di là dell'ordinaria amministrazione che (un po' schematicamente) sembrerebbe dover segnare il passaggio da una legislatura all'altra e accompagnare la formazione di un nuovo Governo.

1.3. *(Segue): Il caso della sfiducia "individuale"*

La sorte di un Governo, nel suo insieme, è disgiunta, almeno in una certa misura, da quella dei singoli ministri; si vuol dire, cioè, che nel caso di incrinatura nel rapporto tra uno (o eventualmente anche più) dei componenti del Consiglio dei ministri e l'organo collegiale nel suo complesso, la conseguenza necessitata non è rappresentata affatto dalla crisi di governo ma piuttosto, almeno nella prassi consolidata fino ad un certo momento, quella più semplicemente delle dimissioni del ministro o dei ministri in questione, cui segue la nomina di nuovi ministri [ovvero il Presidente del Consiglio individua, con il consenso delle forze politiche che lo sostengono, la persona o le persone più adatte all'avvicendamento, e conseguentemente ne propone la nomina al Presidente della Repubblica, che vi provvederà secondo le stesse modalità formali predicate dall'art. 92 Cost. (*retro*, in questa sez., parr. 1 e 1.2).

Le dimissioni di uno o più ministri

A fronte del mutamento non di uno ma di più incarichi ministeriali, si parla di "rimpasto governativo"; variante, solitamente temporanea, del "rimpasto", è poi costituita dall'*interim*, ovvero dall'attribuzione delle funzioni del ministro dimissionario allo stesso Presidente del Consiglio oppure ad uno dei ministri già in carica, che così assommeranno una pluralità di compiti, con eventuale responsabilità [se si tratta di funzioni facenti capo a ministri con portafoglio (*infra*, sez. II, par. 2)], di più dicasteri. A sua volta la presentazione di dimissioni "spontanee" non costituisce un atto giuridicamente dovuto, ma esprime, per lunga tradizione, consapevolezza della peculiare natura dell'organo collegiale di cui il ministro dimissionario è venuto a far parte; nel quale – è vero – manca un

Rimpasto governativo e interim

primato in senso gerarchico del Presidente del Consiglio (*infra*, sez. II, parr. 1 e 2), non può predicarsi quindi l'istituto, conosciuto in altri ordinamenti, della revoca dei ministri, tuttavia è tratto fondamentale l'unità e la consonanza di indirizzo politico tra le diverse componenti: le dimissioni del singolo ministro rappresentano perciò, normalmente, il frutto di una sensibilità istituzionale, quando non una vera e propria esigenza di marcare il proprio difforme punto di vista, rispetto a decisioni prese o da prendersi da parte del collegio, attraverso la dipartita dal Governo.

Il caso Mancuso ...

Nel 1995, invece, il caso di un ministro che non vuole dimettersi (e che come tale, sembrava confinato ai libri di scuola), viene a movimentare le acque, già tempestose, del Governo Dini: il Ministro della Giustizia F. Mancuso, a seguito delle polemiche che avevano sollevato (non solo tra le forze politiche in genere ed in una parte dell'opinione pubblica, ma nella stessa compagine governativa) alcune ispezioni ministeriali da lui stesso precedentemente ordinate presso la Procura di Milano, rifiuta di dimettersi, evidenziando per ciò solo la mancanza di un'espressa previsione costituzionale sul punto, ed animando conseguentemente un forte dibattito, anche tra i giuristi. Alla non configurabilità della revoca da parte del Presidente della Repubblica, su proposta del Presidente del Consiglio (che pure alcuni tentano di prospettare), per la dilatazione eccessiva, stante la forma di governo italiana, che ne deriverebbe ai poteri dei due soggetti in questione, le Camere (ed in particolare il Senato) rispondono con la sfiducia "individuale": ovvero il meccanismo previsto dall'art. 94, 3° comma, Cost., per sfiduciare tutto l'esecutivo (*retro*, in questa sez., par. 2), viene utilizzato per colpire, con una mozione *ad hoc*, il singolo ministro refrattario ad andarsene, creando così i presupposti per le sue dimissioni (che con l'esito positivo del voto, divengono anche giuridicamente dovute).

... e la mozione di sfiducia individuale

Mancuso, tuttavia, non convinto della legittimità del provvedimento (che trova peraltro un fondamento di diritto positivo, non in Costituzione ma nel regolamento della Camera dei deputati), investe del problema la Corte costituzionale (tramite un conflitto di attribuzione tra poteri dello Stato, su cui vol. II, cap. IV, sez. IV di questo Manuale); quest'ultima, con un'importante decisione (sent. n. 7/1996) dà torto al ricorrente, ritenendo quindi ammissibile e pienamente legittimo il provvedimento del Senato, con un ragionamento che valorizza "le maglie" della forma di governo italiana (in qualche modo integrando la Costituzione formale): ovvero esplicita i principi (pur non scritti) che la informerebbero sul punto, in quanto la mozione di sfiducia viene valutata come lo strumento più congruo e coerente con le norme costituzionali espresse, per reagire nei casi in cui il comportamento di un singolo ministro metta a repentaglio, insieme ai rapporti interni all'esecutivo, lo stesso rapporto

La sent. n. 7/1996 della Corte costituzionale

fiduciario tra Parlamento e Governo. Il ragionamento dei Giudici della Consulta, interessante per la valorizzazione del profilo di responsabilità sia individuale che collegiale del singolo ministro, *ex* art. 95 Cost. (*infra*, sez. II, par. 3), conduce dunque a trarre, dall'approvazione della mozione di sfiducia, un coerente obbligo di dimissioni dell'interessato.

La prassi più recente

Si deve sottolineare però che successivamente al 1995, pur venendo presentate diverse ulteriori mozioni di sfiducia individuale – appalesandosi quindi tale ipotesi come un vero e proprio strumento di lotta politica, che non ha però reali *chances* di successo se la compagine governativa è compatta attorno al ministro sfiduciato e pure rimane solida la maggioranza parlamentare che sostiene la prima – nessun altro soggetto sarà poi in concreto colpito dalla sfiducia del Parlamento (a fronte di situazioni variegate tra loro: si possono ricordare, tra le altre e a titolo di esempio, la mozione contro il ministro dell'Interno C. Scajola nel 2001 per i fatti del vertice G8 a Genova; contro il ministro della Solidarietà sociale P. Ferrero nel 2007 per la nomina di una ex brigatista a membro della Consulta nazionale delle tossicodipendenze; contro il ministro dell'Interno A. Alfano, nel 2013 e nel 2014, dapprima per la vicenda dell'espulsione della kazaka Alma Shalabajeva, successivamente per la manifestazione degli operai Ast di Terni caricati dalle forze dell'ordine a Roma; contro la ministra per le Riforme costituzionali M.E. Boschi nel 2015, per il presunto conflitto di interessi maturato con l'approvazione, in sede collegiale, del d.l. n. 3/2015 sulla nuova disciplina delle banche popolari; le tre mozioni presentate contro il ministro per la Salute R. Speranza nell'aprile 2021 per un giudizio critico della gestione dell'emergenza sanitaria durante la pandemia da Covid-19; e infine la mozione presentata nel luglio 2023 contro la ministra del Turismo D. Garnero Santanchè, con riferimento ad un avviso di chiusura delle indagini preliminari di uno dei filoni di inchiesta sul gruppo Visibilia (diretto dalla ministra), notificato per l'ipotesi di truffa aggravata ai danni dello Stato. Anche se non mancano casi in cui il voto sulla mozione di sfiducia individuale è stato preceduto dalle dimissioni "spontanee" del singolo ministro interessato, che appariva già isolato politicamente dalla compagine del Governo di cui formalmente faceva ancora parte: si pensi alle dimissioni del ministro per le Politiche agricole N. De Girolamo, sotto il Governo Letta, o a quelle del ministro per lo Sviluppo economico F. Guidi, sotto il Governo Renzi, a fotografare icasticamente la difficoltà di membri dell'esecutivo a sostenere un voto di sfiducia già calendarizzato, o anche semplicemente ventilato, senza un appoggio chiaro e coeso dei colleghi di governo e delle forze politiche di maggioranza presenti in Parlamento.

2. *Cosa cambierebbe con l'approvazione del "premierato elettivo" (cenni)*

Della proposta di revisione costituzionale approvata in prima lettura dal Senato il 18 giugno 2024, nota come premierato, e delle sue linee complessive, si è già detto adeguatamente nel capitolo dedicato al Parlamento (cap. IV, par. 1), e si dirà ulteriormente nel capitolo dedicato al Presidente della Repubblica (cap. VIII, sez. I, par. 4 e sez. II, par. 2.1). Scopo di queste brevi notazioni, pertanto, è quello di precisare, con le minori ridondanze possibili, quali sarebbero i risvolti, sotto il profilo dell'investitura del Governo, di una riforma di tale portata (qualora ne venisse completato l'*iter*), dato che, in effetti, essa trova il suo perno nella previsione dell'elezione diretta del Presidente del Consiglio; con ciò capovolgendo il rapporto funzionale centrale nel modello inglese, che sta sullo sfondo delle scelte proprie del Costituente (per cui il Governo è espressione della maggioranza parlamentare), e dunque incidendo in modo pregnante sul tema specifico di questa Sezione I del capitolo dedicato al Governo.

Nella formazione del Governo a inizio legislatura …

Un primo punto meritevole di sottolineatura riguarda proprio la formazione del Governo all'indomani delle elezioni politiche, giacché – evidentemente – l'individuazione del Presidente del Consiglio non sarebbe più frutto del prudente apprezzamento dell'esito del voto per le Camere, da parte del Presidente della Repubblica; bensì il conferimento dell'incarico da parte di quest'ultimo (conferimento che testualmente viene previsto, nel testo revisionato dell'art. 92, ult. comma, costituzionalizzando così la prassi) costituirebbe un risvolto necessitato dell'elezione diretta del primo (tanto è vero che il decreto presidenziale di nomina non sarebbe più soggetto all'obbligo di controfirma, con implicazioni invero problematiche sul tema della responsabilità presidenziale). Permarrebbe invece il potere di nomina dei ministri, da parte del Capo dello Stato, su proposta del Presidente del Consiglio (dunque un qualche apprezzamento sulla composizione della squadra di governo il Presidente della Repubblica dovrebbe mantenerlo), cui si aggiungerebbe un significativo (e successivo) potere di revoca dei ministri medesimi, sempre su proposta del Presidente del Consiglio (v. anche *infra*). A completamento dell'*iter* di formazione del Governo, il giuramento (la formula dell'art. 93 non viene infatti toccata dalla riforma), e poi la mozione di fiducia e dunque il voto da parte delle Camere, che rimarrebbe un voto palese su un testo motivato, espresso per appello nominale; assumendo – di fatto – il valore di una conferma, e indebolendo il proprio nesso con la determinazione dell'indirizzo politico (*infra*, sez. III, par. 1). Una nuova e peculiare previsione assiste però il caso di mancata approvazione della mozione di fiducia, giacché l'art. 94, 3° comma, Cost., del testo revisionato, imporrebbe un sentiero stretto al Presidente della Repubblica: privato anche in questo frangente del proprio apprezzamento discrezionale, egli dovrebbe anzitutto rinnovare l'incarico di formare il Governo al Presidente eletto (così da fornirgli presumibilmente una *chance* per comporre una diversa compagine governativa e/o una qualche variazione nel programma di governo; S. Ceccanti ha parlato efficacemente di una "prova di appello"); dopodiché, nel caso in cui per la seconda volta il Governo non ottenesse la fiducia delle Camere, il Presidente della Repubblica sarebbe costretto a sciogliere le Camere.

... nella gestione delle eventuali crisi di governo ...

Un ulteriore punto che esige attenzione è quello relativo al ventaglio delle ipotesi che abbiamo precedentemente classificato come crisi di governo, ed in particolare l'alternativa tra crisi di governo parlamentare ed extra-parlamentare; entrambe le ipotesi, infatti, verrebbero a caratterizzarsi in modo nuovo, giacché, anzitutto, il caso di approvazione, da parte di una delle Camere, di una mozione di sfiducia (che manterrebbe le caratteristiche di quella prevista attualmente nel testo dell'art. 94 Cost.), condurrebbe inevitabilmente, non solo all'obbligo giuridico del Presidente del Consiglio di rassegnare le dimissioni, ma anche allo scioglimento anticipato delle Camere da parte del Presidente della Repubblica (scioglimento anticipato, dunque, che non costituirebbe più l'*extrema ratio* per uscire dalla situazione di crisi). D'altra parte, anche la crisi di governo extraparlamentare troverebbe un suo percorso segnato, e non più rimesso, pertanto, agli svolgimenti della prassi (nell'elasticità fisiologica della forma di governo parlamentare), e alle valutazioni in particolare del Capo dello Stato circa la possibilità di formare un nuovo Governo: nel caso infatti di dimissioni del Presidente del Consiglio eletto, sarebbe egli stesso a poter indicare la strada dello scioglimento delle Camere (chiedendolo al Presidente della Repubblica, che verrebbe soltanto formalmente a disporlo) oppure a non esercitare tale facoltà; solo in quest'ultima ipotesi si riaprirebbe un pertugio, per il Capo dello Stato, circa l'alternativa (almeno sulla carta, che poi naturalmente andrebbe apprezzato il contesto concreto della crisi, e comunque per una sola volta nel corso della legislatura) tra rinnovare l'incarico a formare il Governo al Presidente del Consiglio dimissionario, oppure conferirlo (non ad un soggetto qualsiasi, ma) ad un parlamentare eletto in collegamento con il Presidente del Consiglio (c.d. norma antiribaltone; senza peraltro, come ha notato F. Sorrentino, chiarirsi la natura del collegamento tra il Presidente del Consiglio e la sua maggioranza; una maggioranza che dovrà essere garantita dalla legge elettorale, la cui formulazione diventa evidentemente decisiva). Viene inoltre regolata, nel testo revisionato dell'art. 94, ult. comma, Cost., la diversa ipotesi di decadenza, impedimento permanente o morte del Presidente del Consiglio eletto, che darebbe comunque vita ad una crisi di governo extra-parlamentare: in tal caso il Presidente della Repubblica dovrebbe necessariamente conferire l'incarico, per una sola volta nel corso della legislatura, a un parlamentare (la formula è traslitterata) eletto in collegamento con il Presidente del Consiglio. Come ha notato M. Luciani, siccome il novellato art. 94 nulla dice circa l'ipotesi in cui a dimettersi sia il Presidente del Consiglio non eletto ma invece nominato – a seguito di una crisi di governo risolta nel suddetto modo – la norma antiribaltone, lungi dallo stabilizzare e assicurare la durata quinquennale dell'incarico al Presidente del Consiglio, determinerebbe continue tensioni interne alla maggioranza e una sotterranea, ma non per questo meno pericolosa, instabilità istituzionale.

... e rispetto al caso del "rimpasto governativo"

Infine, con riferimento al potere di revoca dei ministri, che si presenta nel testo riformato dell'art. 92 Cost. come frutto di un apprezzamento congiunto tra Presidente del Consiglio eletto e Presidente della Repubblica, esso da una parte configurerebbe un vero e proprio rapporto gerarchico tra le componenti monocratiche del Governo (tanto più enfatizzato se la 1ª Commissione Affari costituzionali della Camera dei deputati, la quale attualmente sta esaminando il d.d.l. in questione, aggiungesse l'inciso "Il Presidente del Consiglio dei ministri è l'organo di vertice del Governo", come proposto dal d.d.l. n. 1354 (Boschi e altri) che è al vaglio congiunto della medesima Commissione); d'altra parte, il potere di revoca favorirebbe probabilmente l'ipotesi del "rimpasto governativo", il quale non verrebbe più a dipendere in ultima analisi dalle dimissioni del ministro o dei ministri interessati, eliminando alla radice anche l'eventualità di un ministro recalcitrante ad uscire dalla compagine governativa, che come si è visto invece, nell'esperienza pregressa, ha dato vita al caso Mancuso e vitalizzato l'istituto della mozione di sfiducia individuale. Si potrebbe anzi ritenere che quest'ultimo istituto diverrebbe più marginale, ovvero prettamente fruibile dalle forze politiche di opposizione presenti in Parlamento, dato che le forze politiche di maggioranza, attraverso il Presidente del Consiglio, disporrebbero di uno strumento *ad hoc* per allontanare il ministro dall'organo collegiale del Governo (strumento rappresentato appunto dalla richiesta di revoca del ministro, da sottoporre al Capo dello Stato).

Sezione II
L'organizzazione del Governo

1. *Il Governo come organo a "complessità ineguale"*

Con un approccio per così dire "statico", che fa riferimento ad un "centro di potere unitario", è possibile osservare il Governo nella sua struttura, in prima approssimazione riassumibile in quella di organo "a complessità ineguale", ovvero composto da una pluralità di organi tra loro diversi, e ciascuno dotato di proprie specifiche attribuzioni; in tale riflessione sono tuttavia inevitabili alcuni cenni alle funzioni (anticipandosi in tal modo, almeno in parte, l'oggetto precipuo della sez. III), dovendosi sottolineare inoltre come lo studio dell'organizzazione del Governo non equivalga a quello dell'organizzazione dell'amministrazione statuale nella sua globalità, ma risulti viceversa circoscritto al vertice della medesima (immaginando il vertice di una piramide, con la quale gli apparati statali tradizionalmente si raffigurano; anche se, nel corso del tempo, all'impianto gerarchico che connota la stessa piramide è stata data una qualche significativa attenuazione: *infra*, in questa sez., par. 4, e soprattutto cap. VII, sez. II, par. 2).

Il carattere complesso del Governo

La Carta fondamentale sottolinea con l'art. 92 il carattere complesso del Governo, delineandone le diverse componenti "necessarie" (il Presidente del Consiglio e i ministri), ovvero quegli organi monocratici (singolarmente riguardati), che indefettibilmente ne andranno ad imbastire la trama. Inoltre essa evidenzia l'alterità di tali componenti, che danno vita, insieme considerate, al Consiglio dei ministri: organo collegiale il quale, non solo appare in controluce come terza componente necessaria del Governo, ma in realtà – assommando le funzioni governative fondamentali – restituisce con un diverso *nomen iuris* il soggetto cui dovrà farsi essenziale riferimento, nella dinamica reale della forma di governo, e per la comprensione più esatta del ruolo che, all'interno di questa, l'esecutivo assume nel suo complesso (pur avendo acquisito le tre componenti, nei diversi periodi della Repubblica, un peso variabile, in dipendenza di più fattori).

L'indicazione costituzionale delle componenti "necessarie"...

Non c'è traccia viceversa, in Costituzione, delle componenti "non necessarie", ovvero eventuali ed ulteriori del Governo, limitandosi l'art. 95, dopo aver posto al 1° e 2° comma i principi informatori degli organi necessari (*infra*, in questo par.), a stabilire una riserva di legge (sulla cui nozione vol. II, cap. I, sez. I, par. 2.1.3): quest'ultima serve non solo ad individuare nel Parlamento, e nella sua attività legislativa

... e le ulteriori scelte riservate alla legge

(almeno astrattamente, perché in concreto diversi atti governativi hanno concorso nel tempo a determinare la fisionomia più precisa dell'esecutivo), la sede più idonea (come si prevede espressamente nel 3° comma) per disciplinare le strutture burocratiche di supporto agli organi monocratici (tale il duplice, immediato, riferimento all'ordinamento della Presidenza del Consiglio e a numero, attribuzioni e organizzazione dei ministeri); ma anche per rinviare quelle scelte (che non si sono volute o sapute operate, perciò, in seno alla Costituente) che via via si imporranno per far fronte in modo adeguato all'arricchimento e alla diversificazione, anche notevole, delle funzioni governative, e quindi, indirettamente, per determinare in modo più preciso il ruolo di tutti gli organi del Governo.

La non facile conciliabilità di più principi costituzionali

Certo la formulazione degli artt. 92 e (soprattutto) 95 Cost. non brilla per nitidezza. Vi è il riflesso, oltre che dell'articolazione tripartita del Governo che era caratteristica già dell'età liberale, di una forte contrapposizione di orientamenti, emersa in Assemblea costituente, che determinerà, per un lungo periodo successivo all'approvazione del testo, una situazione di incertezza e difficoltà, interpretativa ed applicativa. In pratica convivono in Costituzione alcuni principi che non risultano all'evidenza facilmente conciliabili, quali quello *della direzione, dell'indirizzo e del coordinamento* dell'attività dei ministri (poteri riconosciuti individualmente al Presidente del Consiglio), *della collegialità* (esaltata con riferimento alla responsabilità, propria di tutti i suoi componenti, per gli atti del Consiglio dei ministri) ma anche *della responsabilità ministeriale* (che sembra portare in un'altra direzione ancora, potendo rinverdire quella prassi del "ministerialismo", ovvero del frazionamento delle scelte in capo ai singoli titolari dei dicasteri, che nel periodo pre-repubblicano trovava un precedente rilevante).

Il rifiuto di scelte radicali

Quel che si può dire è che vengono rifiutate scelte radicali, sia nel senso di enfatizzare la preminenza del Presidente del Consiglio rispetto agli altri soggetti della compagine governativa, sia nel senso opposto di minarne fin dall'origine – se si fosse assunta la collegialità a *leit motiv* del disposto costituzionale – il necessario ruolo di guida dell'esecutivo, con prevedibili ripercussioni sulla coesione interna del Consiglio ed anche sulla capacità di quest'ultimo di contrapporsi alle influenze esterne per le scelte da farsi. I reali rapporti di forza tra gli organi "necessari", peraltro, si sono definiti diversamente nelle diverse fasi, e così, ad una prima esperienza caratterizzata dall'autorevolezza della Presidenza De Gasperi (*retro*, sez. I, par. 1.1) ha fatto seguito un lunghissimo periodo in cui non solo il Presidente ma il Consiglio tutto risultava dipendente dalle scelte fondamentali compiute nelle segreterie dei partiti di governo, con esaltazione della centralità di questi ultimi.

L'approvazione della l. n. 400/1988 ...

D'altronde l'attuazione dell'art. 95, 3° comma, Cost., ha richiesto quarant'anni di attesa: è soltanto nel 1988, infatti, che il Parlamento riesce a licenziare la l. n. 400/1988 (della quale si è accennato *retro*, sez. I, par. 1.1; di seguito indicata come l. 400), con ciò impostando per la prima volta, e proprio nel periodo in cui il sistema dei partiti tradizionali entra in crisi (*retro*, sez. I, par. 1.1), una serie di questioni connesse ai rapporti interni all'esecutivo. E la l. 400 rappresenta ancora oggi [nonostante successivi interventi normativi anche innovativi, quali soprattutto quelli contenuti nei d.lgs. nn. 300 e 303/1999, nelle ll. nn. 81 e 317/2001, nelle leggi delega (e relativi decreti delegati) nn. 137/2002 e 233/2006, nella l. n. 121/2008, nella l. n. 69/2009] un punto di riferimento essenziale per la comprensione di ruolo, attribuzioni e modalità di esercizio dei poteri dei diversi organi (necessari e non).

... e di altri provvedimenti incidenti sui rapporti tra organi del Governo

A partire dagli anni Novanta del secolo scorso, complice la stessa l. 400, che aveva tentato di ridurre lo spazio dei rapporti intragovernativi precedentemente aperto alle convenzioni e alle prassi costituzionali (cercando sia di valorizzare i compiti autonomi del Presidente del Consiglio sia di individuare con sufficiente determinatezza le attribuzioni del Consiglio dei ministri, incidendo al contempo su principio monocratico e principio collegiale), ma complice anche e forse soprattutto la mutata cornice di fondo nella quale i diversi organi del Governo si trovano ad operare (*retro*, sez. I, par. 1.1), iniziano a porsi le condizioni perché, insieme, si rafforzi il ruolo dell'esecutivo nel suo complesso e si stagli più nitidamente il ruolo del Presidente (a ciò concorrerà poi anche il d.lgs. n. 303/1999, con irrobustimento ulteriore delle strutture serventi della Presidenza) nella sua funzione di "collante" unitario del Consiglio (più analiticamente, *infra*, parr. seguenti); sia pur rimanendo egli formalmente (come si usa dire) *primus inter pares*, e quindi non acquistando, almeno giuridicamente, alcuna posizione di preminenza gerarchica rispetto ai ministri (da cui l'inesattezza di espressioni, che pure invalgono nel linguaggio corrente, di "Capo dell'esecutivo" o di "Premier", che invece si attagliano, almeno a Costituzione invariata, al regime proprio di altri Paesi).

Il "balletto" dei numeri relativi ai dicasteri

È anche vero che le vicende più specifiche di molti Governi che abbiamo avuto dalla XIII legislatura in avanti, e in avvio della XVIII legislatura in modo eclatante, hanno visto ancora vari Presidenti del Consiglio negoziare la propria autorità con le forze politiche (e partitiche); ciò che contribuisce a spiegare, per esempio, l'ampliamento della platea dei dicasteri (operato tra l'altro in prima battuta con provvedimenti governativi d'urgenza, ovvero con decreti-legge poi convertiti in legge) avutosi nella XIV e nella XV legislatura (ovvero, dopo il "dimagrimento" impostato dal d.lgs. n. 300/1999, che aveva ridotto i ministri con portafoglio e relativi apparati a dodici, si hanno due nuovi, temporanei incrementi, da dodici a quattordici nel 2001, e da quattordici a diciotto nel 2006, con il Governo Prodi II che si ricorda anche come l'esecutivo più numeroso di sempre, con 103 componenti, dal Presidente del Consiglio all'ultimo sottosegretario). Tuttavia è indubbio, anche in virtù dei meccanismi elettorali adottati fin dal 1993, che sia man mano aumentata la visibilità ed in certo modo l'influenza del Presidente del Consiglio, dentro e fuori dell'esecutivo (salvo forse il caso del Presidente del Consiglio Conte proprio all'inizio della XVIII legislatura, sui poteri effettivi del quale, al cospetto di due vicepresidenti del Consiglio del peso del segretario della Lega M. Salvini e dell'allora Capo politico del MoVimento 5 Stelle L. Di Maio, poteri dei quali si è discusso assai, in dottrina); elementi che hanno trovato un riflesso emblematico, nella XVI legislatura, nel rifiuto opposto con successo dal Presidente Berlusconi (supportato, sembra, da un orientamento negativo del Capo dello Stato rispetto all'eventualità di un nuovo utilizzo dei decreti-legge per cambiare ancora la normativa in materia) di accedere alle vivaci richieste, avanzate da componenti della maggioranza, di ampliare nuovamente i membri dell'esecutivo [nel frattempo ricondotti a dodici; successivamente (l. n. 172/2009) a tredici; e da ultimo, cresciuti a quindici (d.l. n. 1/2020 convertito in l. n. 12/2020 e d.l. n. 22/2021 convertito in l. n. 55/2021), quali risultano oggi, anche dopo il riordino delle attribuzioni dei ministeri, operato con d.l. n. 173/2022 (convertito in l. n. 204/2022), il quale ha stabilito nuove denominazioni e competenze di cinque di quei quindici ministeri].

Un assestamento dei rapporti di forza "verso l'alto?"

In buona sostanza, anche dopo la particolarità del Governo tecnico-politico Draghi (*infra*, par. seg.), e con riferimento al Governo Meloni che è in carica nel frangente attuale, pare di potersi cautamente indicare un assestamento dei rapporti di forza tra i membri dell'esecutivo "verso l'alto", ovvero con un'accentuazione del principio monocratico (a vantaggio però soltanto del soggetto che guida il Governo), che sembra a sua volta ridurre almeno in parte il peso del corrispondente principio collegiale; d'altronde quest'ultimo non è mai scomparso (né potrebbe essere destinato a farlo, a Costituzione invariata), stante l'importante esplicitazione operata dall'art. 2, l. 400, secondo cui il Consiglio dei ministri determina la politica generale del Governo e, ai fini dell'attuazione di essa, l'indirizzo generale dell'azione amministrativa: come dire, è all'organo collegiale che spetta la definizione di obiettivi ed indirizzi del Governo, da operarsi pure attraverso l'iniziativa legislativa, oltreché la c.d. "alta amministrazione" (*infra*, sez. III, par. 3), e quindi il Presidente, pur potendo dare a tutte le attività un importante impulso, per vederle poi tradotte in scelte dell'esecutivo dovrà pur sempre trovare il consenso del "suo" Consiglio dei ministri.

2. *Gli organi "necessari"*

Il Consiglio dei ministri: i compiti

Il Consiglio dei ministri è l'organo collegiale composto da tutti i ministri e presieduto dal Presidente del Consiglio. Se il testo costituzionale non risolve il nodo gordiano dei rapporti tra Consiglio e Presidente, e tantomeno va a dettagliare i compiti del primo, la l. 400 (con le sue successive modifiche) li elenca invece analiticamente, ponendo le scelte collegiali (promosse e coordinate dai rafforzati poteri presidenziali) al centro dell'organizzazione e del funzionamento del Governo; senza pretesa di esaustività, e sottolineando ancora una volta come, in pratica, tutte le funzioni che la Costituzione attribuisce al Governo debbano estrinsecarsi attraverso scelte del Consiglio (con un Presidente che è, ha scritto efficacemente S. Merlini, "custode e promotore di collegialità"), si possono indicare quindi, a titolo di esempio, come proprie dell'organo collegiale, le deliberazioni in ordine ai disegni di legge, ai decreti legislativi, ai decreti-legge, ai regolamenti governativi; le determinazioni in tema di politica economico-finanziaria, sociale, militare, internazionale e comunitaria; le determinazioni, in particolare, in materia di gestione del bilancio statale [che risentono delle complesse riforme operate su più livelli, sia specificamente con la l. bilancio n. 196/2009 (come modificata sia dalla l. n. 163/2016, che in un unico provvedimento di manovra finanziaria prevede una prima sezione normativa (*ex* legge di stabilità) ed una seconda sezione contabile (*ex* legge di bilancio)), sia dalla l. cost. n. 1/2012 (a sua volta attuata dalla l. n. 243/2012 e successive modifiche) che mettendo nero su bianco il principio dell'equilibrio di bilancio ha riformato l'art. 81 Cost.]; queste ultime, con poteri significativi – che pure risentono di un'interlocuzione con le istituzioni dell'Unione europea – in ordine alla presentazione alle Camere del Documento di Economia e Finanza (c.d. DEF, entro il 10 aprile di ogni anno) e poi della nota di aggiornamento del medesimo (entro il 27 settembre), del disegno di legge del bilancio (entro il 20 ottobre), e degli eventuali disegni di legge più in generale collegati alla manovra di finanza pubblica. E ancora, fanno capo all'organo collegiale del Governo il conferimento dei massimi incarichi dirigenziali (*infra*, sez. III, par. 3); le determinazioni in tema di governo del settore valutario e di funzionamento del settore creditizio, in un complesso rapporto con la Banca d'Italia e la Banca centrale europea (*infra*, cap. VII, sez. III, par. 3); l'esercizio di (ormai soltanto alcuni) controlli sulle Regioni (*infra*, cap. IX, sez. III, par. 7.4); l'annullamento straordinario degli atti amministrativi illegittimi; le deliberazioni che fungono da presupposto per le intese tra lo Stato italiano e le confessioni religiose, oppure per sollevare questioni di legittimità costituzionale, o ancora per sollevare (o resistere in) un conflitto di attribuzione (vol. II,

Un'elencazione non esaustiva

cap. IV, sez. IV); la nomina eventuale del Consiglio di Gabinetto, del o dei vicepresidenti del Consiglio, dei sottosegretari di Stato e dei commissari straordinari (*infra*, in questa sez., par. 4); la precisazione delle deleghe di funzioni presidenziali ai ministri senza portafoglio (*infra*, in questa sez., par. 4).

La disciplina del funzionamento interno

La disciplina del funzionamento interno del Consiglio dei ministri per lungo tempo è stata lasciata alla prassi; dal novembre 1993 (con modifiche apportate nel marzo 2002) è in vigore invece un regolamento interno il quale, previsto espressamente dall'art. 4, l. 400 e adottato con decreto del Presidente del Consiglio, disciplina analiticamente tutti gli adempimenti necessari al lavoro ordinato dell'organo collegiale. Inoltre, stante le moderne tecnologie informatiche, a partire dal 1997 si è cercato di attenuare la tradizionale mancanza di pubblicità delle sedute del Consiglio (rimarcata dal suddetto regolamento interno, per il quale il verbale di ciascuna seduta è atto riservato, e per prenderne visione serve l'autorizzazione del Presidente, salvo delibera contraria del Consiglio), con la costituzione di un sito ufficiale del Governo italiano e, per questo tramite, con la diffusione *on line* di comunicati stampa, riassuntivi dei punti trattati per ciascuna riunione (a far luogo dal maggio 1996). Il Consiglio dei ministri si riunisce con cadenza variabile, previa convocazione del suo Presidente, e dopo che le questioni inserite all'ordine del giorno sono state esaminate nel corso di una riunione preparatoria (che si tiene almeno due giorni prima della seduta programmata); il Consiglio poi delibera a porte chiuse, di talché non è possibile risalire ufficialmente alla posizione assunta da ciascun componente, né arguire del livello di coesione raggiunto tra il Presidente e i vari ministri (il regolamento interno difatti precisa che non è consentita la pubblica comunicazione o esternazione dell'opinione dissenziente). L'uno e gli altri hanno diritto di partecipazione e di voto; inoltre possono essere invitati a partecipare, però senza diritto di voto, i viceministri, e infine partecipano al Consiglio, ma solo per sostituire o coadiuvare il proprio ministro, i sottosegretari di Stato (su queste diverse figure, costituenti organi "non necessari", *infra*, in questa sez., par. 4).

I "requisiti" dei ministri

Da un punto di vista formale non sono richiesti requisiti particolari per aspirare alla nomina a ministro della Repubblica (o a quella di Presidente del Consiglio), né tantomeno è necessario rivestire la carica di parlamentare; così come, all'opposto, non è prevista alcuna incompatibilità tra l'uno e l'altro mandato, ciò che in astratto si potrebbe anche immaginare (e che accade in altri ordinamenti), considerando la mole delle attività connesse alle due diverse funzioni e la dialettica Parlamento-Governo, che in certi momenti impedisce fisicamente al parlamentare-ministro di stare da entrambe le parti (anzi, l'art. 64 Cost. prevede espressamente che le due cariche possano coincidere o meno). Ovvio che, in concreto, la carica di ministro segni frequentemente (e ciò avveniva ancor più in passato) il culmine di un percorso politico e/o professionale che viene da lontano, e che talvolta registra quali "tappe" interlocutorie incarichi nell'amministrazione regionale o locale o compiti di rilievo nelle segreterie di partito; inoltre, sempre in base all'art. 64 Cost., il possesso delle funzioni di governo "parlamentarizza" *ex constitutione* i ministri in carica, conferendo loro il diritto (o l'obbligo se richiesti) di assistere alle sedute delle Camere.

Governi "politici" e Governi "tecnici"

Con un'espressione descrittiva si usa poi distinguere i ministri (e i Governi) "tecnici" da quelli più propriamente "politici", in relazione alla composizione degli esecutivi, ovvero al fatto che si sono avuti Governi con un alto numero di ministri "senza partito", designati non per le loro qualità politiche ma per le cariche di alto profilo precedentemente rivestite (emblematico il caso del Governo Ciampi, tra il 1993 ed il 1994, in cui lo stesso Presidente del Consiglio era stato individuato per la sua carica di Governatore della Banca d'Italia; e successivamente il caso del Governo presieduto da Mario Monti, tra il 2011 e il 2013, nominato dapprima senatore a vita dal Presidente della Repubblica, e poi incaricato di formare un nuovo Governo dopo le dimissioni del Governo Berlusconi IV, in ragione della sua personalità indipendente e al tempo stesso dotata di competenze ed esperienze che ne facevano una figura conosciuta nei più larghi ambienti internazionali); sotto una diversa ottica, ancora, si definisce "tecnico" quel Governo che si caratterizzi per un programma di derivazione non partitica, anche se poi, col voto di fiducia imposto dall'art. 94 Cost., qualsiasi Governo diviene, perciò stesso, politico [così il caso del Governo Dini, tra il 1995 ed il 1996, volto all'assolvimento di fini predeterminati di garanzia, quali l'approvazione di norme che assicurassero la *par condicio* sui *mass media*, l'approvazione di una nuova legge elettorale regionale non proporzionale (*infra*, cap. IX, sez. III, par. 2) e la riforma del sistema pensionistico in vista del perseguimento dei parametri di Maastricht; ed è stato anche il caso del Governo Monti, chiamato a gestire la fase più acuta della crisi finanziaria, nel 2011, nell'urgenza di consolidare i conti pubblici e recuperare la fiducia degli investitori e delle istituzioni europee]; e infine, i Governi "tecnici" si sono caratterizzati per un impulso decisivo dato alla loro formazione da parte del Presidente della Repubblica, come anche per l'ampio consenso parlamentare successivamente conseguito.

Il Governo Draghi: un esecutivo "tecnico-politico"

Per qualificare invece il Governo Draghi si può ragionevolmente utilizzare l'espressione di Governo "tecnico-politico", autorevolmente proposta in dottrina per alludere simultaneamente alla coerenza, nei suoi elementi di fondo (almeno per come desumibili all'indomani dell'insediamento), con le principali caratteristiche dei c.d. governi "tecnici" sperimentati in precedenza; ma anche ad alcune varianti che esso presenterebbe, rispetto a questi ultimi, quali la presenza quantitativamente dominante di ministri politici (potendosene qualificare come "non politici" e dunque "tecnici" soltanto 8 su 23, aspetto che in qualche misura, peraltro, ricorda l'originaria composizione del Governo Ciampi), e soprattutto un orizzonte programmatico più ampio, trattandosi di porre in essere nei mesi successivi una serie di importanti riforme richieste dall'Unione europea per poter usufruire dei fondi da essa stanziati con il *Next Generation EU*. Del resto, in analogia con il Governo Monti, è emersa anche nel frangente che ha portato alla formazione del Governo Draghi l'incapacità della classe politica italiana di assumere autonomamente quelle decisioni "di sistema" richieste, da tempo, in sede europea e ritenute indispensabili, nel loro stesso interesse, appunto dalle istituzioni dell'Unione e dagli altri Stati membri.

Il Presidente del Consiglio: "centro motore" dell'unità del Governo

Con riferimento al ruolo e ai compiti del Presidente del Consiglio, partendo dal presupposto di dover escludere una scelta esplicita in merito, da parte dei Costituenti, gli studiosi hanno prospettato una tesi intermedia, che ha consentito di valorizzare fin dall'avvio dell'esperienza repubblicana il principio monocratico (con l'esercizio dei poteri propri del Presidente), nella fase antecedente o successiva a quella di determinazione della politica generale del Governo che è invece propria del Consiglio dei ministri (in tal modo esprimendosi il parallelo, e come si è detto compresente in Costituzione, principio collegiale). Se è pur vero, come si è parimenti accennato, che la genericità dell'art. 95 Cost. ha fatto sì che il ruolo più preciso di tale soggetto si determinasse in modo variabile nel corso del tempo, con qualche approssimazione (e tenendo conto dei molti fattori contingenti che hanno influito negli anni, con la capacità di generare vincoli concreti sia alla volontà di singoli ministri, sia ai partiti componenti la coalizione di maggioranza) è possibile raffigurare il Presidente del Consiglio come il soggetto tenuto a garantire, oltre alla direzione unitaria, l'uniforme gestione delle politiche governative, promuovendo, coordinando e riconducendo ad unità l'attività dei ministri: in altre parole, il Presidente del Consiglio rappresenta nel nostro ordinamento il "centro motore" dell'unità del Governo, contro il prevalere di interessi settoriali. Con la l. 400 e le successive integrazioni sono inoltre andati precisandosi alcuni importanti poteri mediante i quali il Presidente del Consiglio esercita il suo primato politico, e a fini descrittivi è possibile guardare a tali poteri da due punti di vista, ovvero nei rapporti "verso l'interno" e "verso l'esterno"; intendendo per tali – rispettivamente – gli organi governativi in senso stretto così come le strutture dipendenti dal Governo, e tutti i soggetti e gli organi che invece si collocano fuori dell'orbita governativa.

I poteri del Presidente verso l'interno del Governo …

Verso l'interno, quindi, si apprezzano soprattutto *poteri di direzione* [ad esempio la fissazione della data delle riunioni del Consiglio con la determinazione dei rispettivi ordini del giorno (anche in via d'urgenza, per la trattazione di questioni non differibili) e la successiva direzione dei lavori, oppure l'istituzione e la presidenza di eventuali Comitati interni al Governo]; *poteri di indirizzo e coordinamento* dell'attività dei ministri [ad esempio l'emanazione di direttive politiche e amministrative volte all'attuazione di deliberazioni assunte dal Consiglio, oppure la sospensione di atti adottati da ministri (con la sottoposizione al Consiglio nella riunione immediatamente successiva), o ancora il deferimento di questioni ritenute rilevanti al Consiglio]; *poteri di gestione di speciali settori amministrativi* (quale ad esempio quello rivolto ai servizi per le informazioni e la sicurezza dello Stato, c.d. servizi segreti), che configurano in realtà profili ulteriori di direzione e responsabilità politica generale (per l'attività da essi svolta) da parte del Presidente del Consiglio; *poteri di gestione delle strutture dipendenti dalla Presidenza del Consiglio*. Queste ultime, se si sono da un lato accresciute numericamente negli anni, da un altro punto di vista sono state snellite: in breve, la Presidenza si configura, alla luce dell'attuale disciplina (adottata con decreto del Presidente del Consiglio) come struttura a *staff*, allo scopo di assicurare il supporto necessario a tutte le attività del Presidente, e gli apparati che ad essa fanno capo – attorno ad un Segretariato generale – sono molteplici: dai dipartimenti, a loro volta funzionali all'esercizio dei compiti dei ministri senza portafoglio, ai vari servizi e uffici [da quelli di diretta collaborazione del Presidente del Consiglio ad altri con compiti specifici in materie di interesse economico e sociale (ad esempio il Dipartimento della Protezione Civile, o la Commissione per la garanzia della qualità dell'informazione statistica)]. In generale, possono ricondursi al Presidente del Consiglio (tramite le strutture della Presidenza) rilevanti poteri di conoscenza (della) e di stimolo (alla) intera amministrazione statale, tanto più valorizzati a seguito del d.lgs. n. 303/1999. È anche vero, tuttavia, che da quando ha fatto ingresso nel nostro ordinamento il modello anglosassone delle Agenzie (*infra*, in questa sez., par. 4, e più ampiamente cap. VII, sez. II, par. 4) sono state riallocate altrove una serie di funzioni ritenute "spurie" rispetto ai compiti più strettamente legati all'azione di governo.

… e i poteri verso l'esterno

Verso l'esterno, invece, si possono indicare *poteri di esternazione* (ovvero, di manifestare verso l'esterno, e in varie sedi, gli indirizzi politici generali del Governo); *poteri di rappresentanza* [di assumere cioè determinazioni impegnative per l'intero Governo, attraverso ad esempio l'esposizione del programma di governo in Parlamento, la posizione di una questione di fiducia (*retro*, sez. I, par. 2.1 e *infra*, sez. III, par. 1), la presentazione delle dimissioni (che provocano assieme alle proprie, quelle dell'intero Governo), la presentazione di disegni di legge di iniziativa governativa alle Camere, la sottoposizione al Presidente della Repubblica (per la successiva emanazione) dei testi dei decreti-legge, dei decreti legislativi e dei regolamenti]; *poteri*, ancora, *di direzione*, ad esempio nel sistema delle Conferenze (più analiticamente, *infra*, cap. IX, sez. III, par. 7.4), organi di raccordo tra l'esecutivo nazionale e gli esecutivi regionali, all'interno dei quali il Presidente del Consiglio ancora, non solo e almeno formalmente, presiede, ma soprattutto cercherà di coordinare l'azione del Governo centrale con quella delle autonomie territoriali, promuovendo interventi ispirati alla leale collaborazione.

Il singolo ministro e la sua natura "bifronte"

Venendo infine a parlare della terza componente necessaria del Governo, ovvero dei singoli ministri, è anzitutto da sottolinearne la natura "bifronte", cioè il fatto che essi possono venire riguardati sia come soggetti facenti parte del Consiglio dei ministri, sia – singolarmente – come vertice di uno degli apparati in cui si diparte l'amministrazione pubblica statale (c.d. ministeri o dicasteri) con riferimento a determinati settori; i quali, a loro volta, possono costituire ambiti materiali veri e propri (ad es. la giustizia, la difesa, l'istruzione, il lavoro), oppure materie c.d. trasversali cioè individuabili con riferimento ad una finalità di tutela, e quindi potenzialmente incidenti su diversi aspetti della vita individuale e collettiva (l'ambiente, lo sviluppo economico, la salute, le politiche sociali). La Costituzione, all'art. 95, 2° comma, adombra questa doppia natura, attraverso il riferimento alla responsabilità ministeriale (*infra*, in questa sez., par. 3), che risulta ad un tempo collegiale (per gli atti del Consiglio dei ministri) e individuale (per gli atti dei rispettivi ministeri), dopo aver già messo peraltro in risalto, al 1° comma, i poteri di indirizzo e coordinamento del Presidente del Consiglio (funzionali, abbiamo visto, al mantenimento dell'unità di indirizzo, e che saranno esaltati poi dalla l. 400, tramite il potere di direttiva); e quindi dopo aver posto, di riflesso, un profilo (almeno in teoria) di subalternità politica dei ministri rispetto a colui che è alla guida dell'esecutivo.

La responsabilità collegiale e individuale ...

L'autonomia costituzionalmente garantita ai singoli ministri emerge comunque – oltre che per l'assenza di un potere di revoca (*retro*, sez. I, par. 2.3) che rende poi i rapporti concreti all'interno della compagine governativa la vera cartina di tornasole della forza politica propria delle diverse componenti – proprio per la doppia veste che essi assumono: se è vero, infatti, che il Presidente del Consiglio è in grado di precisare (anche con atti formali) le linee di comportamento da seguire per attuare l'indirizzo politico o comunque il programma di governo, è altrettanto vero che il Presidente dovrà lasciare ai singoli ministri la scelta in ordine alle modalità di attuazione dell'uno e dell'altro; scelta che si tradurrà ul-

... e l'autonomia costituzionalmente garantita

teriormente in direttive, e più in generale in indicazioni di scopi e programmi da attuare, rivolte dai ministri alle rispettive amministrazioni (anche se, di contro, la valorizzazione dei poteri dirigenziali, al vertice degli apparati burocratici, nella gestione della cosa pubblica (*infra*, cap. VII, sez. II, par. 2), che è emersa nella legislazione italiana a partire dagli anni Novanta del secolo scorso, riduce in qualche modo quest'ultima prospettiva).

L'oscillazione del numero dei ministeri

Come si è già accennato, ai sensi dell'art. 95, 3° comma, Cost., è attraverso la legge (o gli atti ad essa equiparati) che si devono istituire, organizzare, ed eventualmente sopprimere ministeri, con la disciplina delle relative attribuzioni; anche se si riconosce generalmente che il Parlamento potrà limitarsi a determinare numero e funzioni generali esercitate dai ministri, ammettendo per il resto un intervento regolamentare del Governo, e configurando quindi una libertà di autoorganizzazione [sancita espressamente con l'aggiunta, da parte della l. n. 59/1997 (la prima delle c.d. leggi Bassanini), di un comma 4-*bis* all'art. 17, l. 400: vol. II, cap. I, sez. III, par. 4.1.1)]. Ad un intervento organico in materia, da parte del d.lgs. n. 300/1999, che rimodula le competenze dei ministri coerentemente con il trasferimento agli enti territoriali di molti compiti amministrativi (*infra*, cap. IX, sez. III, par. 3), e quindi alleggerendo e ristrutturando i relativi apparati, hanno fatto seguito una serie di modifiche (impostate direttamente dal Governo con decreto-legge, o comunque frutto di deleghe legislative) che hanno segnato una certa oscillazione, nei primi anni Duemila, nel numero e nella fisionomia dei ministeri, con continua ridefinizione degli ambiti funzionali (*retro*, in questa sez., par. 1), che si spiega essenzialmente con esigenze di opportunità avvertite dai diversi esecutivi. Con la legge finanziaria per il 2008 impostata dal II Governo Prodi, e con le successive scelte ad essa sostanzialmente coerenti operate nella XVI legislatura dal IV Governo Berlusconi, si è assistito ad un *dietrofront*, ossia ad un vero e proprio ritorno agli assetti prefigurati nel 1999 (corretti però dalla l. n. 172/2009, che ha istituito il ministero della Salute, precedentemente accorpato con quello del Lavoro e delle Politiche sociali), con la previsione quindi di esecutivi abbastanza "snelli", formati da tredici ministri "con portafoglio" (ovvero previsti per legge e con il corredo dei rispettivi apparati burocratici), previsione che potrebbe tra l'altro contribuire a valorizzare l'unitarietà dell'azione di governo; questo discorso non tiene conto però della contemporanea tradizionale presenza, per ciascuna compagine governativa, di un ulteriore numero di ministri "senza portafoglio", sui quali il testo costituzionale non si impegna, e che nemmeno la l. 400 (e successive modifiche) ha ritenuto di delimitare (*infra*). Di recente inoltre – con i dd.ll. nn. 1/2020 e 22/2021, di cui accennato *retro*, al par. prec. – si è provveduto per un verso ad autonomiz-

Ministri con e senza "portafoglio"

zare il ministero dell'Università e della ricerca dal ministero dell'Istruzione, per un altro verso a istituire nuovamente (v. anche *infra*, par. 4) il ministero del Turismo, di talché i ministri "con portafoglio" sono nuovamente saliti a quindici; inoltre si è ridenominato, con assorbimento delle relative competenze, il ministero dell'Ambiente e della tutela del territorio e del mare, qualificandolo come ministero della Transizione ecologica, per sottolineare l'esigenza di politiche di contrasto al cambiamento climatico e al surriscaldamento globale, oltreché di sviluppo sostenibile ed economia circolare; ciò che spiega tra l'altro uno scorporo di competenze e di strutture precedentemente proprie del ministero per lo Sviluppo economico, e la ridenominazione dell'ulteriore ministero delle Infrastrutture e dei trasporti in ministero delle Infrastrutture e della mobilità sostenibili). Da ultimo, con d.l. n. 173/2022, come già accennato si è effettuato un ulteriore riordino, cosicché ad esempio il ministero della Transizione ecologica oggi si chiama ministero dell'Ambiente e della sicurezza energetica, il ministero delle Infrastrutture abbina nuovamente a sé i "trasporti" in luogo della "mobilità sostenibile", il ministero dello Sviluppo economico è divenuto ministero "delle Imprese e del *made in Italy*", e così via.

Le deleghe del Presidente del Consiglio

Per spiegare almeno in parte questa prassi eterogenea, apparentemente contraddittoria, si deve tener conto dell'avvertita esigenza, da parte di un Governo, di utilizzare o meno determinate parole d'ordine ("transizione ecologica" e "sicurezza energetica", tanto per limitarsi a un solo esempio, sono due espressioni capaci di evocare prospettive assai differenti, al cospetto del corpo sociale). Come pure, con riferimento alla previsione di un numero variabile di ministri "senza portafoglio", si deve considerare l'esigenza, che un Presidente del Consiglio può avvertire, e normalmente avverte, di spostare su altri soggetti membri dell'esecutivo funzioni e compiti che altrimenti, in virtù del proprio ruolo istituzionale, dovrebbe sbrigare direttamente; a tal fine, da lungo tempo (la figura del ministro senza portafoglio compare già in età liberale quale garante del programma governativo, o per lo svolgimento di funzioni atipiche) si è affermata in Italia la possibilità, prima di attribuire incarichi speciali, e in seguito di compiere vere e proprie deleghe (più o meno ampie), direttamente da parte del Presidente del Consiglio al momento dell'accettazione piena dell'incarico di governo e quindi della proposta di nomina dei ministri al Presidente della Repubblica (quelle deleghe verranno in qualche modo poi ratificate con un parere espresso nella prima riunione del Consiglio dei ministri, su cui *retro*, sez. I, par. 2). In costanza del nuovo testo costituzionale, e in virtù del suo silenzio sul punto, queste ulteriori nomine vengono generalmente ricondotte al potere di autoorganizzazione del Governo, spezzandosi in tal modo la definizione unita-

La piena parificazione dei ministri senza "portafoglio"

ria di ministro (che come si è osservato vede confluire le due qualità di vertice politico dei dicasteri e di componente del Consiglio dei ministri); e tuttavia ammettendosi che i ministri senza portafoglio (l'espressione deriva dal fatto che essi non gestiscono alcuno stato di previsione, in cui il bilancio è articolato, per la parte relativa alle spese) sono pienamente legittimati a partecipare alle riunioni del Consiglio, ed anzi parificati agli altri ministri dal punto di vista della responsabilità collegiale per le decisioni assunte.

Il supporto burocratico della Presidenza del Consiglio

Né il rilievo politico di tali ministri può dirsi inferiore, traducendo talvolta le deleghe un ruolo della massima importanza (e/o visibilità) per l'azione di governo; si pensi, per fare qualche esempio tratto dall'esperienza, al ministro per i Rapporti con il Parlamento, oppure al ministro per la Funzione pubblica – poi ridenominato "per la Pubblica Amministrazione" – o ancora al ministro per gli Affari europei (cui recentemente sono stati aggiunti i riferimenti al Sud, alle Politiche di coesione e al PNRR). Non essendo preposti a ministeri, i ministri senza portafoglio trovano il necessario supporto burocratico nelle articolazioni della Presidenza del Consiglio (solitamente i dipartimenti). La l. 400 ha operato un esplicito richiamo alla figura di questi ministri, senza fissarne però limiti numerici, ed affiancando piuttosto ad essa (con qualche ambiguità) quella dei ministri con compiti specifici determinati e assegnati dalla legge: se si considera che è la stessa l. 400 ad individuare due comparti funzionali della Presidenza del Consiglio, tra l'altro significativi (quello delle Politiche comunitarie e l'altro degli Affari regionali), in ordine ai quali il Presidente potrà provvedere direttamente oppure conferendo delega ad un ministro (come poi il più delle volte è accaduto), si può giungere alla conclusione che il potere di autoorganizzazione del Governo abbia sotto questo profilo subìto un qualche ridimensionamento; per converso la prassi di ormai oltre trentacinque anni – che ha visto il numero dei ministri senza portafoglio, dapprima nei governi di centrodestra come in quelli di centro-sinistra, appuntarsi intorno ai dieci, successivamente andare incontro ad una qualche flessione (il Governo Draghi ne annoverava otto, l'attuale Governo Meloni nove) – ingenera la sensazione, comunque, di una notevole complessità della macchina ministeriale riguardata nel suo insieme, se non infrequentemente quella di esecutivi quasi pletorici, i quali vedranno pertanto riaffacciarsi l'alea di una frammentazione nell'azione di governo.

3. *La responsabilità dei membri del Governo, tra profili politici e giuridici*

Alla disciplina della responsabilità ministeriale la Carta fondamentale dedica specifica attenzione, perché alle previsioni dell'art. 95 (tramite le quali si sottolineano i diversi profili di responsabilità, rispettivamente, del Presidente del Consiglio e dei ministri) si aggiungono quelle dell'art. 96 (che ha particolare riguardo alla responsabilità penale); le une e le altre precedute dall'indicazione di fondo, propria dell'art. 89, secondo cui sul ministro (o sul Presidente del Consiglio) controfirmante un atto del Capo dello Stato (*infra*, cap. VIII, sez. I, par. 6) si appunta la responsabilità dell'atto medesimo. A ciò si deve aggiungere la l. cost. n. 1/1989 la quale, nell'operare una profonda revisione dell'originario testo dell'art. 96 Cost., ha completato (collocandola però fuori del testo costituzionale) la disciplina della responsabilità ministeriale per reati commessi nell'esercizio delle funzioni.

La responsabilità politica del Presidente del Consiglio

Anzitutto, relativamente alla responsabilità politica del Presidente del Consiglio (per la direzione della politica generale del Governo, ai sensi dell'art. 95, 1° comma, Cost.), ci si è chiesti se fosse davvero possibile configurarla come propria e diversa da quella dell'intero Consiglio, posto che al Consiglio spettano le decisioni su tutte le attività di governo costituzionalmente rilevanti. Considerata tuttavia l'evoluzione propria del ruolo del Governo in generale, e del soggetto che ne è alla guida in particolare (*retro*, par. iniziale del capitolo e in questa sez., par. 1), e salve ancora una volta le cautele sul frangente attuale, che vede una certa esposizione politica e mediatica dei due vicepresidenti del Consiglio nel Governo Meloni, sembra possibile rinvenire un profilo di responsabilità accentuato, per il Presidente del Consiglio (oltre che una sorta di responsabilità politica diretta nei confronti del corpo elettorale), essendo egli divenuto l'interlocutore primario del Parlamento e delle forze politiche che sostengono il Governo. Si tratta semmai di una responsabilità politica non sanzionabile formalmente, giacché l'eventuale voto di sfiducia del Parlamento (*retro*, sez. I, par. 1) coinvolge, con il Presidente, l'intero esecutivo: non si può pensare, quindi, ad un utilizzo della sfiducia individuale – *retro*, sez. I, par. 2 – rivolto al Presidente del Consiglio. Un profilo di responsabilità peculiare deriva dalla esclusiva prerogativa presidenziale (riconducibile all'alta direzione del Governo) per la politica dell'informazione per la sicurezza, e dal connesso potere di apporre il segreto di Stato su atti, attività e cose in genere, la cui diffusione sia ritenuta idonea a recare danno all'integrità della Repubblica: ai vari soggetti che danno corpo ai c.d. servizi segreti e che lavorano attorno al Presidente, ai sensi prima della l. n. 801/1977 e poi della l. n. 124/2007, è riconosciuta infatti una funzione essenzialmente consultiva. Il Presidente è altresì responsabile giuridicamente in sede civile, penale e amministrativa, alla stregua dei singoli ministri (e alle condizioni di cui *infra*, in questo par.).

La responsabilità collegiale dei ministri

La responsabilità collegiale dei ministri si connette ovviamente all'attività dell'intero Governo, per le scelte che esprimono congiuntamente la volontà di tutti i membri dell'esecutivo; è una responsabilità di natura essenzialmente politica che viene sanzionata, da una parte e formalmente, con gli strumenti caratteristici del controllo parlamentare (*retro*, cap. IV, sez. III, par. 2), i quali possono culminare con il voto di sfiducia (*retro*, sez. I, par. 1.2) e quindi nell'apertura di una crisi di governo; dall'altra parte, nella dinamica concreta della nostra forma di governo, con la dipartita dalla coalizione di maggioranza di una delle forze politiche che la componevano, la quale indurrà normalmente il Presidente del Consiglio a rassegnare le dimissioni (ancora, *retro*, sez. I, par. 1.2).

La responsabilità individuale dei ministri

Viceversa la responsabilità individuale dei ministri (per gli atti del proprio dicastero i ministri con portafoglio, o per quelli della struttura della Presidenza del Consiglio di cui si avvalgono i ministri senza portafoglio) si apprezza sia sul piano politico che su quello più strettamente giuridico: all'indubbia responsabilità nei confronti degli altri membri del Governo per l'eventuale mancata attuazione delle scelte politiche emerse in Consiglio [responsabilità che produrrà le dimissioni del ministro o potrà ingenerare la sfiducia individuale (*retro*, sez. I, par. 2)] deve aggiungersi infatti la responsabilità propriamente giuridica per ogni atto posto in essere dalla singola amministrazione di riferimento, e nei confronti del destinatario dell'atto; la quale si misura alla stregua della responsabilità di qualsiasi funzionario pubblico (ai sensi dell'art. 28 Cost.) e dalla quale certamente non è esente il Presidente del Consiglio.

Due ordini di temperamenti

Operano soltanto due ordini di temperamenti: anzitutto, la c.d. "separazione", operata a partire dagli anni Novanta, tra politica ed amministrazione, la quale come accennato ha portato a valorizzare le scelte dirigenziali, all'interno dei vari apparati, farà sì che – di massima – il ministro (o il Presidente del Consiglio) debba rispondere per l'indirizzo impartito alle strutture, mentre il livello apicale delle stesse risponderà per le concrete scelte operative (anche se poi la realtà è molto complessa, e i due profili tendono facilmente ad intrecciarsi). Da un secondo punto di vista, la stessa Costituzione ha impostato con l'art. 96 una scelta nel senso di un'attenuazione della responsabilità in sede penale per i reati c.d. propri, ovvero per gli illeciti commessi in veste di ministro (o di Presidente del Consiglio) ed in virtù quindi delle proprie funzioni.

Per spiegare quest'ultimo punto occorre distinguere nettamente il profilo della responsabilità per i reati comuni (un esempio banale potrebbe essere quello del ministro che percuote il coniuge), dei quali il ministro (o il Presidente del Consiglio) risulta imputabile al pari di qualsiasi privato cittadino (come pure non si deroga ai principi di fondo del sistema allorché si evidenzi un profilo di responsabilità civile o amministrativa), dal profilo della responsabilità per quegli atti o comportamenti delittuosi che potrebbero dimostrarsi collegati a (e perciò spiegabili per) gli specifici compiti di governo propri del ministro (o, ancora, del Presidente del Consiglio). Nella prima ipotesi, si era per la verità a un certo punto tentato di incidere sul normale corso del procedimento penale, con la l. n. 51/2010 recante «Disposizioni in materia di impedimento a comparire in udienza»; ma la Corte costituzionale (sent. n. 23/2011) ha dichiarato la legge in parte illegittima, riconducendo le valutazioni del giudice sull'impedimento (legittimo) a quelle della disciplina di diritto comune. Nella seconda ipotesi, invece, fino al 1989 si metteva in moto un meccanismo in base al quale il Parlamento in seduta comune (sulla base delle indagini svolte da un organo parlamentare, c.d. commissione inquirente) – se non riteneva di far prevalere sull'interesse punitivo altri interessi di carattere politico collegati alla salvaguardia della funzione ministeriale – avrebbe potuto (almeno in teoria) procedere, a maggioranza assoluta, alla messa in stato d'accusa di fronte alla Corte costituzionale; la quale sarebbe così intervenuta a conclusione del procedimento, in qualità di giudice penale speciale (analogamente a quanto ancora è chiamata a fare in caso di messa in stato d'accusa del Capo dello Stato per reati propri, sui quali *infra*, cap. VIII, sez. I, par. 4).

La responsabilità penale per i reati propri: fino al 1989 ...

La Corte è in realtà concretamente intervenuta in un unico caso, condannando nel 1979, al termine di 23 giorni di Camera di consiglio, l'*ex* ministro della Repubblica M. Tanassi per corruzione aggravata per atti contrari ai doveri d'ufficio, ed assolvendo viceversa un altro *ex* ministro coinvolto nella medesima vicenda, L. Gui, in relazione ad una fornitura, operata nel 1972 all'aeronautica militare italiana, di aerei da trasporto, rispetto alla quale i due ministri erano stati accusati di aver intascato mazzette; la vicenda solitamente si ricorda come "scandalo Lockheed", ed aveva coinvolto anche il Capo dello Stato G. Leone, poi dimessosi, e tutta una serie di altri personaggi.

... con un unico caso affrontato ...

Revisionato l'art. 96 Cost. – giacché il caso Lockheed aveva praticamente paralizzato tutta l'attività della Corte, evidenziando l'insostenibilità, da vari punti di vista, del vecchio regime procedimentale (il quale era ispirato ad una logica rigidamente difensivistica del "privilegio" ministeriale, e risentiva oltretutto della difficoltà pratica di convogliare numeri consistenti, in Parlamento, attorno all'ipotesi di messa in stato d'accusa) – è entrato invece in vigore un insieme di norme che conducono soltanto a frazionare il giudizio sui reati ministeriali; esso infatti si ra-

... e dopo la revisione dell'art. 96 Cost.

dica e prosegue davanti alla magistratura ordinaria, con l'unica cautela di prevedere un *sub*-procedimento *ad hoc* nella fase delle indagini preliminari: in buona sostanza, un collegio specializzato di tre magistrati operante presso ogni capoluogo di distretto delle Corti d'appello (c.d. Tribunale dei ministri), se individua gli elementi di un reato ministeriale, dovrà chiedere l'autorizzazione a procedere alla camera di appartenenza del ministro (se costui è anche parlamentare, altrimenti al Senato), la quale a sua volta, a maggioranza assoluta, potrà negarla (e pertanto giustificare la condotta del ministro) se riterrà che l'indagato abbia agito «per la tutela di un interesse dello Stato costituzionalmente rilevante ovvero per il perseguimento di un preminente interesse pubblico nell'esercizio delle funzioni di governo».

L'incerto significato del filtro parlamentare

Un intervento relativamente recente della Corte costituzionale, inoltre (sent. n. 241/2009, con riferimento al ministro dell'Ambiente *pro tempore* A. Matteoli, accusato di favoreggiamento), in sede di conflitto di attribuzione, dando una certa interpretazione alla l. n. 219/1989 (a sua volta di attuazione della l. cost. n. 1/1989), invece di chiarire il quadro della disciplina in materia, sembra averlo piuttosto complicato, finendo per esigere un coinvolgimento della camera caso per caso competente anche nelle ipotesi in cui il Tribunale dei ministri declini la propria competenza per ritenuta "non ministerialità" del reato contestato (e intenda dunque rincanalare il procedimento nell'alveo ordinario), di modo che la camera possa comunque compiere le proprie, autonome valutazioni sulla natura del reato in questione.

I chiarimenti più recenti ad opera della Corte costituzionale

In tre conflitti di attribuzione ancora successivi, tuttavia, la Corte costituzionale ha precisato che, da un lato, il coinvolgimento della camera non può tradursi nel potere di negare l'autorizzazione a procedere, a fronte della ritenuta non ministerialità del reato da parte del giudice comune, non potendosi la prima sostituire al giudizio espresso, nell'ambito di una prerogativa costituzionale esclusiva, dall'autorità competente (sentt. nn. 87 e 88/2012); dall'altro lato, che lo stesso potere degli organi parlamentari, fuori del caso del rifiuto di autorizzazione a procedere a fronte – viceversa – della ritenuta ministerialità del reato da parte del giudice, può tradursi, al più, nel potere di sollevare un conflitto di attribuzioni per contestare, in concreto, le modalità di esercizio del potere di qualificazione dell'illecito commesso dal ministro (e giammai nell'inibire la prosecuzione dell'*iter* giudiziale: sent. n. 29/2014).

Risultati d'insieme della riforma, con alcuni esempi

Il rischio che sembra pertanto ad oggi scongiurato è stato quello di vedersi materializzare, nella prassi, un robusto filtro parlamentare che permettesse non solo di mandare indenni da responsabilità i ministri, nei casi in cui, a fronte di reati qualificati già in sede giudiziaria come di natura ministeriale, si ritenesse il loro operato comunque assistito dalla necessità di curare interessi pubblici (a ciò allude la roboante, suddetta formula della l. cost. n. 1/1989, in ordine agli interessi che possono legittimamente ispirare la condotta dei ministri: è accaduto ad es. per il ministro dei Trasporti *pro tempore* G. Santuz, accusato nel 1997 di falso ideologico in ordine alla sottoscrizione di un decreto ministeriale che consentiva la costruzione di un parcheggio vicino all'aeroporto di Cagliari, in vista dei campionati mondiali di calcio di Italia '90, attività qualificata nel 1998 dalla Giunta delle Elezioni e delle Immunità parlamentari del Senato, nella relazione per l'Assemblea sulla domanda di autorizzazione a procedere presentata dalla Procura della Repubblica di Roma, come «di enorme importanza»); ma che finisse invece per esentare da responsabilità i ministri anche nei casi in cui fosse presente quella "ragion di Stato" che in passato aveva posto le premesse per una "giustizia politica", cioè per un giudizio completamente sottratto alla sede e ai canoni del rito ordinario pure nei casi di reati comuni (o almeno qualificati come tali dai magistrati competenti, nella fase iniziale delle indagini), con travisamento completo della *ratio* della riforma costituzionale del 1989.

Infine, nel diverso e ulteriore caso in cui, invece, al reato riconosciuto dalla camera competente come ministeriale non si intenda tuttavia riconoscere copertura parlamentare (in mancanza dei suddetti ordini di giustificazione), oppure nel caso di reato ricondotto (ancora dalla camera competente) all'illecito comune, si riaprirà spazio per l'applicazione delle normali regole del processo, e il ministro risponderà quindi di fronte al giudice penale [come è accaduto ad esempio (2015), per il ministro dell'Ambiente e della Tutela del territorio *pro tempore* A. Matteoli, accusato di corruzione per atti contrari ai doveri d'ufficio; oppure ancora (2016) per il ministro dell'Economia e delle Finanze *pro tempore* G. Tremonti, accusato di corruzione nei confronti dell'amministratore delegato di Finmeccanica per fatti precedenti l'assunzione della carica; successivamente (2019) per il ministro dell'Interno *pro tempore* M. Salvini, accusato di sequestro di persona pluriaggravato per l'osteggiato sbarco di migranti dalla nave "Gregoretti", una nave militare destinata all'attività di vigilanza da pesca, e inadeguata ad ospitare un elevato numero di migranti, le precarie condizioni di salute di alcuni dei quali erano state tempestivamente segnalate al Viminale, che dunque avrebbe avuto l'obbligo di farli sbarcare subito (da non confondere con il caso della nave "Diciotti", un natante della Guardia Costiera appositamente attrezzato per operazioni di soccorso in mare, rispetto al quale il Senato aveva negato pochi mesi prima, a maggioranza assoluta, l'autorizzazione a procedere nei confronti dello stesso Ministro)].

3.1. *(Segue): L'ipotesi del conflitto di interessi*

Un profilo di responsabilità (che si potrebbe definire giuridica e politica insieme) del tutto peculiare, e che richiede una sottolineatura, investe gli organi monocratici necessari del Governo e, al pari dei primi, una serie di soggetti facenti parti delle componenti "non necessarie" (*infra*, par. seguente), nei casi regolati dalla l. n. 215/2004 (di seguito: l. 215), recante «Norme in materia di risoluzione dei conflitti di interessi». Il conflitto di interessi può essere definito quale «*situazione in cui il titolare di una carica elettiva o di un pubblico ufficio ha (o è preposto alla cura di) un interesse economico privato tale da poter influenzare (o anche soltanto apparire di influenzare) l'esercizio dei suoi doveri pubblici, potendo preferire tale interesse all'interesse pubblico che dovrebbe perseguire in considerazione delle funzioni che è chiamato a svolgere*» (la definizione è di A. Pertici) e come tale non riguarda soltanto i componenti del Governo; i quali, tuttavia, data la posizione di particolare incisività sulla gestione della cosa pubblica, possono risultare sul punto particolarmente esposti.

La nozione di conflitto di interessi

In Italia, la questione è stata lungamente trascurata, anche perché generalmente si sono impegnate nell'attività di governo persone che hanno fatto della politica la loro professione, e che quindi non avevano interessi economici rilevanti al punto da poter dar luogo a conflitti di interessi secondo la definizione sopra precisata. Diversamente è avvenuto, ad esempio ed in particolare, negli Stati Uniti d'America in cui, sin dalla fondazione, importanti esponenti della *business community* hanno partecipato all'attività politica e a quella di governo in particolare. Tuttavia, a partire dai primi anni Novanta del secolo scorso, a seguito della crisi dei partiti politici tradizionali (sia per il mutamento del quadro internazionale con la fine delle esperienze di socialismo reale, sia per l'emergere sul piano interno di una diffusa corruzione pubblica), si sono impegnati in politica anche esponenti della *business community* italiana, a partire da S. Berlusconi, uno dei maggiori imprenditori del Paese (ed il maggiore nel campo dei mezzi di comunicazione di massa) che assunse nel 1994 addirittura la carica di Presidente del Consiglio dei ministri (peraltro poi, come già accennato, più volte ricoperta). Ciò ha determinato l'imporsi della questione del conflitto di interessi con una dirompenza sconosciuta in tutte le altre democrazie stabilizzate, legata peraltro, per lunghi anni, soprattutto a quel caso particolare, che ne ha reso particolarmente difficile l'esame e ne ha impedito, ad oggi, la soluzione.

Il ritardo nell'approvazione di una disciplina legislativa

Dopo ampia discussione ed il succedersi di molte proposte di legge, a seguito dell'insediamento del II Governo Berlusconi (2001) fu presentata, ad iniziativa dello stesso esecutivo ed in particolare dell'allora ministro senza portafoglio per la Funzione pubblica, F. Frattini, un disegno di legge che, con alcune limitate modifiche inserite durante l'*iter* parlamentare di approvazione, è poi divenuto la l. 215. Da un punto di vista generale, essa prevede un sistema di *controllo successivo* sul conflitto di interessi, mancando così quello che è il principale scopo di una disciplina in materia: mantenere la fiducia dell'opinione pubblica nelle istituzioni, evitando che si realizzino situazioni che possono anche soltanto destare il sospetto che il titolare di una carica pubblica la eserciti per favorire propri interessi economici. Le più efficaci discipline straniere della materia (ed *in primis* quella statunitense), infatti, mirano a prevenire che il conflitto di interessi si realizzi, e non ad intervenire successivamente, quando peraltro l'ordinamento già prevede, in molti casi, specifiche ipotesi di reato (tra i quali, in particolare, i delitti contro la pubblica amministrazione). Per di più, nella legge italiana, l'intervento successivo è reso ulteriormente inefficace dall'assenza di reali poteri sanzionatori dell'Autorità competente ad esercitare i controlli nei confronti del titolare della carica pubblica.

L'ambito soggettivo di applicazione della l. 215

In particolare, la l. 215 anzitutto individua l'ambito soggettivo di applicazione nei "titolari di cariche di governo" (Presidente del Consiglio dei ministri, ministri, vice ministri, sottosegretari e commissari straordinari del Governo), cui viene imposto immediatamente un generico obbligo di astensione "dal porre in essere atti e dal partecipare a deliberazioni collegiali in situazioni di conflitto d'interessi". Quindi, si passa ad individuare una serie di incompatibilità (in certi casi anche *post-employment*, cioè operanti a seguito della cessazione dell'incarico) tra la carica di governo ed altre cariche o uffici, attività professionali o di lavoro autonomo e qualsiasi tipo di impiego o lavoro pubblico o privato. Per poi definire il conflitto di interessi quale situazione che si realizza quando il titolare di cariche di governo partecipa all'adozione di un atto, anche formulando la proposta, o omette un atto dovuto, trovandosi in situazioni di incompatibilità (ai sensi dell'art. 2, 1° comma): ossia quando l'atto o l'omissione abbiano un'incidenza specifica e preferenziale sul patrimonio del titolare, del coniuge o dei parenti entro il secondo grado, ovvero delle imprese o società da essi controllate (secondo quanto previsto dalla l. n. 287/1990), con danno per l'interesse pubblico.

La definizione del conflitto di interessi

Questa disposizione (art. 3) risulta evidentemente molto importante, racchiudendo la definizione del conflitto di interessi, trascurata dalla maggior parte delle proposte di legge presentate in precedenza e non sempre presente neppure nella legislazione straniera. Pur risultando apprezzabile, quindi, il tentativo di definizione, ed anche un certo grado di precisione ed accuratezza della stessa, non si può omettere di segnalare come il riferimento alla necessità di un danno per l'interesse pubblico risulti inappropriata, in quanto il conflitto di interessi ne deve prescindere, poiché esso si realizza quando si sia semplicemente in presenza di una *possibilità* che il titolare della carica pubblica curi un interesse privato. Anche se quest'ultimo, infatti, coincidesse del tutto casualmente con quello pubblico, potrebbe comunque ingenerarsi l'impressione che l'attenzione per il privato abbia in qualche misura compromesso una migliore cura del pubblico. Peraltro, stante la non facile individuazione dell'interesse pubblico, e, di conseguenza, e a maggior ragione, del suo soddisfacimento o, al contrario, del suo sacrificio, il danno per il medesimo risulta veramente difficile da provare. A tali difficoltà ha ritenuto di rimediare con tempestività, entro certi limiti, l'Autorità garante della concorrenza e del mercato (di seguito: AGCM, su cui *infra*, cap. VII, sez. III, par. 2) con propria delibera 16 novembre 2004, in cui ha precisato che tale danno si verifica «in tutti i casi in cui l'atto o l'omissione del titolare della carica di governo sono idonei ad alterare il corretto funzionamento del mercato", nonché «quando l'incidenza specifica e preferenziale [...] è frutto di una scelta manifestamente ingiustificata in relazione ai fini istituzionali cui è preordinata l'azione di governo». Qualche problema potrebbe inoltre essere causato dalla (pur astrattamente corretta) concreta definizione dell'«incidenza specifica e preferenziale», che, infatti, l'AGCM ha dovuto meglio definire con la stessa delibera del 2004 come «qualsiasi vantaggio che in modo particolare, ancorché non esclusivo, si può determinare nel patrimonio dei soggetti di cui all'art. 3 della legge, anche se l'azione di governo è formalmente destinata alla generalità o ad intere categorie di soggetti».

Le modalità di controllo del conflitto di interessi

La legge, poi, dopo avere fatto salve, in ogni caso, le vigenti disposizioni relative all'abuso di posizione dominante e alla responsabilità civile, penale, amministrativa e disciplinare, passa ad individuare le modalità di controllo del conflitto di interessi e le eventuali conseguenze dell'inveramento della fattispecie (per inciso è da segnalare che, nonostante la legislazione sul conflitto d'interessi sia fondamentale per prevenire la corruzione, questa funzione, anche a seguito della l. n. 190/2012, è affidata soprattutto all'ANAC (*infra*, cap. VII, sez. III, par. 2) di cui la legge Frattini non poteva però tener conto, essendo stata scritta diversi anni prima dell'istituzione della nuova *authority*), ma il controllo sui conflitti d'interessi dei componenti del Governo rimane di competenza dell'AGCM). In particolare, si prevede che coloro che assumono cariche di Governo comunichino all'AGCM (e all'Autorità per le garanzie nelle comunicazioni, quando le situazioni sensibili riguardino i settori delle comunicazioni, della multimedialità e dell'editoria), entro trenta giorni, tutte le situazioni di incompatibilità (di cui all'art. 2), e, entro i successivi sessanta giorni, «i dati relativi alle proprie attività patrimoniali, ivi comprese le partecipazioni azionarie» (incluse quelle detenute nei tre mesi antecedenti all'assunzione della carica). Inoltre, dovrà essere comunicata ogni successiva variazione dei dati patrimoniali entro venti giorni dai fatti che la hanno determinata, e le stesse dichiarazioni sono richieste al coniuge e ai parenti entro il secondo grado del titolare della carica pubblica. In merito a questa previsione, sarebbe stata probabilmente opportuna una più dettagliata definizione dell'ambito delle dichiarazioni, secondo l'esempio della legislazione statunitense o anche della legge spagnola.

I successivi articoli stabiliscono, quindi, quali sono le funzioni delle due Autorità: in particolare, *ex* art. 6, l'AGCM deve anzitutto vigilare sul rispetto delle situazioni di incompatibilità, promovendo, in caso di inosservanza: *a*) la rimozione o la decadenza dalla carica o dall'ufficio ad opera dell'Amministrazione competente o di quella vigilante l'ente o l'impresa; *b*) la sospensione del rapporto di impiego o di lavoro pubblico o privato; *c*) la sospensione dall'iscrizione in albi e registri professionali, che deve essere richiesta agli ordini professionali per gli atti di loro competenza. Saranno poi gli organismi e le autorità competenti ad adottare, eventualmente, i provvedimenti proposti dall'AGCM. Quest'ultima ha altresì il compito di «esamina[re], controlla[re] e verifica[re] gli effetti dell'azione del titolare di cariche di governo con riguardo alla eventuale incidenza specifica e preferenziale sul patrimonio del titolare di cariche di Governo, del coniuge o dei parenti entro il secondo grado, ovvero delle imprese o società da essi controllate, secondo quanto previsto dall'art. 7, l. n. 287/1990, con danno per l'interesse pubblico secondo quanto disposto dall'art. 3 della presente legge». Tuttavia, a fronte di un siffatto accertamento gli strumenti di risposta sono limitati a: 1) la denunzia all'autorità giudiziaria, quando i fatti abbiano rilievo penale; 2) la sanzione alle imprese che abbiano tratto vantaggio dagli atti adottati in conflitto di interessi, «se vi è prova che chi ha agito conosceva tale situazione di conflitto», e l'impresa non ha ottemperato alla previa diffida dell'Autorità; 3) la segnalazione ai Presidenti delle Camere della situazione di conflitto di interessi integratasi e degli effetti dalla stessa prodotti.

I compiti e i poteri delle Autorità competenti

L'Autorità garante delle comunicazioni, invece, accerta che le imprese che agiscono nei settori del sistema integrato delle comunicazioni [...], e che fanno capo al titolare di cariche di governo, al coniuge e ai parenti entro il secondo grado (ovvero sono sottoposte al controllo, previsto dalla l. n. 287/1990, dei medesimi soggetti), non pongano in essere comportamenti che, in violazione della normativa vigente, forniscano un sostegno privilegiato al titolare di cariche di governo. Anche in questo caso, tuttavia, dall'accertamento della violazione, l'Autorità può soltanto comminare sanzioni all'impresa e comunicare ai Presidenti delle Camere che è stata integrata l'ipotesi di sostegno privilegiato ad un titolare di una carica di Governo. Le due Autorità, inoltre, sono tenute a presentare al Parlamento una relazione semestrale sullo stato delle attività di controllo e di vigilanza previste dalla legge.

I limiti applicativi della l. 215

L'applicazione della legge ne ha confermato ed evidenziato tutti i limiti, come risulta chiaramente proprio dalle relazioni semestrali delle Autorità. Da esse, in particolare, emerge un tendenziale buon funzionamento del sistema delle incompatibilità, che hanno più volte trovato applicazione per numerosi membri di tutti i Governi che si sono succeduti dall'entrata in vigore della legge. Solitamente, peraltro, una volta che l'AGCM ha riscontrato la sussistenza delle cause di incompatibilità, i soggetti in questione si sono dimessi (dalla carica governativa o, più frequentemente, dall'altra con essa incompatibile) prima che si aprisse la fase istruttoria, e l'Autorità non è quindi neppure dovuta giungere a sollecitare gli interventi degli organismi competenti (secondo quanto previsto dalla legge). Sul punto, però, l'AGCM ha giustamente fatto notare l'inopportunità che siano gli stessi interessati a dichiarare le loro situazioni di incompatibilità, costringendoli ad una propria valutazione preventiva non sempre agevole, che potrebbe peraltro impedire all'Autorità di conoscere situazioni di incompatibilità non ritenute tali dal dichiarante. In tal senso, probabilmente, potrebbe essere più utile prevedere un elenco di posizioni che il titolare di cariche di Governo deve comunque dichiarare all'Autorità, lasciando poi esclusivamente a quest'ultima la valutazione dell'eventuale incompatibilità.

Le maggiori difficoltà applicative, tuttavia, si sono registrate in relazione ai "conflitti di interessi per incidenza sul patrimonio". In proposito, per quanto concerne la presentazione delle dichiarazioni patrimoniali la situazione pare essere andata progressivamente migliorando negli anni (almeno in relazione ai titolari delle cariche di Governo, rimanendo invece significativo il numero di inadempimenti da parte dei parenti che vi sono tenuti, come si legge nell'ultima relazione AGCM del luglio 2024), ma è soprattutto per la definizione di conflitto di interessi secondo l'art. 3 della legge che si sono evidenziati problemi.

Alcuni casi concreti

In effetti, il primo e ormai datato caso esaminato concerneva un accordo stipulato, mentre era in carica il III Governo Berlusconi, tra il ministero dell'Istruzione, dell'università e della ricerca scientifica e "Poste s.p.a.", per fornire «alle famiglie l'approvvigionamento dei testi scolastici [...], forniti non direttamente dai singoli editori, bensì da una società riconducibile al patrimonio del Presidente del Consiglio». L'AGCM, nell'esaminare il caso, ha rilevato l'inapplicabilità della l. 215, in quanto l'atto da cui traeva origine il beneficio per il Presidente del Consiglio non ha visto in alcun modo l'intervento di quest'ultimo, essendo riconducibile esclusivamente al ministro dell'Istruzione, dell'università e della ricerca scientifica. Proprio a seguito di questo caso, l'AGCM ha evidenziato come un limite della legge consista proprio nell'irrilevanza dei vantaggi che un titolare di una carica di Governo può produrre su quelli di un altro membro del Governo stesso. Certamente si tratta di una questione da considerare attentamente, soprattutto laddove i vantaggi ricadano sul Presidente del Consiglio, cui è riconosciuta dall'art. 95 Cost. una funzione di direzione della politica generale del Governo ed una funzione di promozione (e coordinamento) dell'attività dei ministri.

Più interessante, tuttavia, è sembrato il caso relativo ai finanziamenti erogati ancora dal III Governo Berlusconi per l'acquisto dei digitali terrestri, rispetto al quale si era ipotizzato un vantaggio per una società controllata da un parente di secondo grado (fratello) del Presidente del Consiglio. In tal caso, infatti, in primo luogo l'AGCM ha ritenuto insufficiente la semplice astensione del Presidente del Consiglio dalla partecipazione alla seduta in cui era stata presa la decisione relativa alla predisposizione di tali finanziamenti. Infatti, la decisione di porre la fiducia sul maxi-emendamento interamente sostitutivo del d.d.l. finanziaria per il 2006 (nell'ambito del quale era previsto il suddetto finanziamento), in quanto fondamentale atto di indirizzo politico, non avrebbe potuto in alcun modo non essere comunque imputata al Presidente del Consiglio dei ministri. Avviata, quindi, l'indagine relativa alla possibile violazione dell'art. 3, l. 215, l'Autorità ne ha comunque ritenuto l'insussistenza, in quanto il previsto finanziamento «avrebbe determinato un impatto patrimoniale trascurabile, non sempre di agevole verificabilità ed evidenza empirica», che non ha reso possibile, in particolare, «stabilire una connessione automatica tra il potenziale aumento del numero dei *decoder* indotto dal contributo pubblico e il possibile incremento degli utenti di servizi televisivi a pagamento». Il mancato riscontro del conflitto di interessi ha reso naturalmente impossibile altresì l'applicazione delle conseguenti sanzioni alle imprese, che avrebbero comunque richiesto l'ulteriore prova che esse erano a conoscenza del fatto che il Presidente del Consiglio stava agendo in conflitto di interessi, fermo restando che la sanzione – comminabile solo a seguito della mancata ottemperanza all'eventuale diffida di astenersi dall'avvalersi delle misure adottate in conflitto di interessi, adottando, se possibile misure correttive – sarebbe stata comunque «commisurata nel massimo al vantaggio patrimoniale effettivamente conseguito dall'impresa», la quale, quindi, non ci avrebbe comunque rimesso nulla.

Diversi altri sono stati i casi in cui l'AGCM è intervenuta su possibili situazioni di «conflitto di interessi per incidenza sul patrimonio», ma in nessuno è stato, alla fine, possibile riscontrarne la sussistenza.

I rilievi della "Commissione di Venezia"…

In effetti, forti limiti di efficacia della l. 215 siano stati rilevati anche dalla "Commissione europea per la democrazia attraverso il diritto" (c.d. "Commissione di Venezia"), alla quale, con risoluzione n. 1387/2004, l'Assemblea parlamentare del Consiglio d'Europa aveva chiesto un parere in merito alla compatibilità della l. n. 112/2004 (c.d. "legge Gasparri") e l. n. 215/2004 (c.d. "legge Frattini") con gli *standard* del Consiglio d'Europa in materia di libertà di espressione e pluralismo dei *media*. Al di là della considerazione (già evidenziata) secondo cui la disciplina del conflitto di interessi può avere delle ricadute sulla libertà d'espressione ed il pluralismo, nel parere reso dall'organo interpellato si evidenzia l'assenza di «misure preventive sufficienti per risolvere un potenziale conflitto di interessi»; le prevedibili difficoltà, per le Autorità preposte al controllo, di svolgere indagini tanto ampie; l'assenza di misure volte alla eliminazione del conflitto di interessi del titolare della carica di Governo (salvo i casi in cui ciò sia possibile attraverso le previste ipotesi di incompatibilità, con esclusione, quindi, delle ipotesi in cui il medesimo derivi dalla proprietà di un'azienda); la difficoltà di provare tanto il carattere "specifico" dell'incidenza sul patrimonio del titolare della carica governativa, quanto il "danno per l'interesse pubblico"; infine, la inadeguatezza delle sanzioni previste. La Commissione ha ritenuto quindi di concludere, affermando che «il fatto di dedicarsi alla politica sia una libera scelta di ciascun individuo. Comporta certe prerogative e certi doveri. Una carica governativa determina un certo numero di incompatibilità e di limiti. Purché siano ragionevoli, chiari, prevedibili e non compromettano la possibilità stessa di accesso ad una carica pubblica, ogni individuo è libero di decidere se accettarli a meno. La semplice possibilità di subire una perdita finanziaria non dovrebbe, di per sé, essere una ragione per escludere un'attività dall'elenco delle cariche incompatibili con una funzione di governo»; pertanto essa si è dichiarata del parere che la legge Frattini avesse poche probabilità di esercitare un impatto significativo sulla situazione italiana, incoraggiando le autorità del nostro Paese a continuare a studiare la questione, al fine di trovare una soluzione appropriata.

… e le iniziative parlamentari più recenti

Più di recente, si è proposto di modificare la disciplina per renderla maggiormente conforme sia ad alcune raccomandazioni emerse in sede Ocse (l'Organizzazione per la Cooperazione e lo Sviluppo Economico creata nel 1948, con lo scopo di amministrare il cosiddetto "Piano Marshall" per la ricostruzione postbellica dell'economia europea, e che racchiude ad oggi 38 Paesi membri), sia al quarto *Compliance Report* sull'Italia elaborato nel 2018 dal Greco (*Group of States against Corruption*, istituito dal Consiglio d'Europa nel 1999) in ordine – più in generale – alle misure di contrasto alla corruzione adottate dal nostro Paese; da quest'ultimo documento emerge chiaramente l'idea di valorizzare un approccio preventivo, per il tramite di un sistema di misure appunto *ex ante* che evitino i conflitti che potrebbero insorgere all'esito del passaggio di titolari di cariche di governo *da* e *verso* il settore privato: di conseguenza le ipotesi di novella legislativa prevedrebbero, ad esempio, obblighi di dichiarazione generalizzati, un rinnovato regime di incompatibilità, l'opzione nel caso di incompatibilità generale e l'affidamento dei beni a una gestione fiduciaria in caso di incompatibilità patrimoniale; inoltre permarrebbero obblighi di astensione dalla partecipazione a qualsiasi decisione che riguardi l'interesse in conflitto, e verrebbero rafforzate le funzioni dell'AGCM, con un apparato sanzionatorio più incisivo e direttamente applicabile sia nei confronti dei titolari di cariche di governo che delle imprese che abbiano conseguito vantaggi dalla situazione di conflitto. Queste interessanti ipotesi, che per anni non si sono tradotte in un significativo avanzamento dei lavori parlamentari («è sparito il conflitto, sono rimasti gli interessi», ha scritto icasticamente M. Ainis), trovano invece attualmente un qualche punto di ricaduta nel disegno di legge (n. 1154) assegnato alla 1ª Commissione Affari costituzionali del Senato, che prevede il conferimento al Governo di una delega per la riforma della disciplina in materia di conflitto di interessi. Il disegno di legge, di iniziativa parlamentare, è stato approvato dalla Camera in data 28 maggio 2024; sarà da verificare se, a differenza della precedente legislatura, nella quale pure erano state esaminate alcune proposte di legge di iniziativa parlamentare, stavolta si avrà una conclusione dell'*iter*, e soprattutto se poi si avrà un'attuazione della delega, per la quale è previsto (nel disegno di legge) un termine di 24 mesi.

4. *Una panoramica sugli organi "non necessari"*

Nel corso del tempo, in corrispondenza con l'arricchimento e la diversificazione, anche notevole, delle funzioni governative (ma in parte già nell'esperienza dello Stato liberale e fascista), si è registrata la tendenza a formare, all'interno del Governo, organi collegiali più ristretti, rispetto al Consiglio dei ministri, come pure organi monocratici diversi dai singoli ministri (e dal Presidente del Consiglio); peraltro, questo genere di scelte ha comportato via via, da parte della normativa (parlamentare, ma talvolta anche di derivazione governativa) che prevedeva l'istituzione dei diversi organi ulteriori ("non necessari" o eventuali del Governo, sui quali il testo della Carta costituzionale non offre alcuna indicazione), l'esigenza di mantenere un equilibrio con le espresse previsioni costituzionali: secondo le quali, soltanto il Consiglio dei ministri si presenta come sede collegiale, mentre per il resto si attribuiscono ai ministri

L'esigenza di un equilibrio con le previsioni costituzionali

uti singoli le responsabilità che abbiamo precedentemente descritto. Tale equilibrio è stato raggiunto con l'indicazione di svolgimento, da parte delle componenti eventuali, di funzioni che si affiancano a quelle proprie delle componenti necessarie, senza che possano essere però dalle prime direttamente assunte, privandone i titolari; si è inoltre venuti a riconoscere l'esistenza di un implicito divieto costituzionale, per gli organi "non necessari", di sostituirsi agli organi necessari nel compimento di atti a questi espressamente riservati dalla Carta fondamentale. Si è altresì ammessa l'impossibilità di estendere alcuni principi validi per le figure necessarie anche a tali organi: per esempio, non potrà essere proposta e votata da parte delle Camere una richiesta di loro dimissioni, mancando il rapporto fiduciario e una possibilità di controllo parlamentare (giacché la designazione rimane circoscritta nell'ambito governativo), né è prevista una modulazione della responsabilità penale alla stregua di quella dei ministri, atteso che nei confronti degli organi non necessari non trova applicazione la normativa dettata dalla l. cost. n. 1/1989 per i membri del Governo (*retro*, in questa sez., par. 3).

Il Consiglio di Gabinetto

In una breve panoramica di tali organi, anzitutto di quelli *collegiali*, si devono indicare il Consiglio di Gabinetto, i Comitati di ministri, i Comitati interministeriali. Il Consiglio di Gabinetto, creato informalmente nel 1983 all'interno del Governo Craxi, e poi previsto espressamente dall'art. 6, l. 400, ha visto la propria riedizione in alcuni altri governi, ma nella prassi più recente non è stato riproposto, quasi a voler rivendicare (si è osservato in dottrina) i *leaders* delle varie forze partitiche la propria primazia politica, non bisognosa di "stampelle" istituzionali; il Consiglio di Gabinetto, composto da ministri designati, sulla base di criteri flessibili (e di fatto indicati dai partiti di governo, contrariamente alla tradizione del *cabinet* inglese, nella quale si ha una scelta autonoma da parte del Primo Ministro), dal Presidente del Consiglio, avrebbe infatti, ed ha avuto nella breve esperienza italiana, la funzione di coadiuvarlo nelle funzioni previste dall'art. 95 Cost., e quindi in pratica di supportarlo nella fase istruttoria (ma certamente importante) delle questioni da sottoporre poi ed in ogni caso alle decisioni del Consiglio dei ministri (per evitare che, dal lato opposto, il Consiglio di Gabinetto finisca per appropriarsi dei poteri deliberativi relativi all'indirizzo politico generale del Governo). Ancora la l. 400 agli artt. 5 e 6 contempla la figura, relativamente più "vegeta", del Comitato di ministri: istituito con decreto del Presidente del Consiglio (o eventualmente con legge), ha la funzione di esaminare in via preliminare questioni di particolare rilievo e di competenza comune tra più ministri (che compongono il comitato), di esprimere parere su direttive dell'attività di governo, se del caso avvalendosi di esperti non appartenenti alla pubblica amministrazione ed attenendo-

I Comitati di ministri

si (aggiunge l'art. 6) alle direttive ricevute dal Consiglio dei ministri; sia la mera eventualità della creazione, sia il tipo di strumento istitutivo normalmente previsto (il d.P.C.M.), sia infine il contenuto proprio delle attività demandate (di natura eminentemente preparatoria e consultiva), ne denunciano il carattere non istituzionale, che è invece caratteristico del Comitato interministeriale.

I Comitati interministeriali

È la l. 400, del resto, che ha effettuato per la prima volta all'art. 6 la distinzione linguistica tra Comitati di ministri e Comitati interministeriali: questi ultimi, già appartenenti alla nostra tradizione giuridica, sarebbero tutti previsti per legge (anche se occasionalmente sono scaturiti da mere delibere del Consiglio dei ministri o dello stesso Presidente del Consiglio, in forza dei rispettivi poteri attribuiti dall'art. 95 Cost.) e composti in modo variabile per realizzare istituzionalmente una funzione di coordinamento tra vari dicasteri, in relazione ad obiettivi di interesse comune. Di fatto, i Comitati interministeriali hanno assunto rilevanti funzioni di governo, in specifici ma importanti settori, soprattutto in certi periodi, ad esempio nell'immediato secondo Dopoguerra, con il crescere dell'intervento dello Stato nell'economia, che ne ha determinato addirittura la proliferazione; in seguito essi hanno conosciuto una significativa parabola, che ne ha visto una forte riduzione già negli anni Novanta (inversamente proporzionale al rafforzamento del ruolo (e degli organici) della Presidenza del Consiglio), fino ad approdare alla situazione attuale, nella quale ve ne sono assai pochi, in particolare quattro incardinati nella stessa Presidenza del Consiglio: il Comitato interministeriale per la Programmazione economica (e lo sviluppo sostenibile: il CIPESS, secondo la denominazione invalsa dal 1° gennaio 2021), esistente da lungo tempo, e che a seguito della l. n. 223/2006 ha subito un trasferimento, con le relative strutture di supporto, presso la Presidenza del Consiglio, con la contestuale istituzione (presso la stessa Presidenza), del Dipartimento per la programmazione e il coordinamento della politica economica; il Comitato interministeriale per gli Affari Europei, istituito con la l. n. 11/2005; il Comitato interministeriale per la Sicurezza della Repubblica, che ha sostituito ai sensi della l. n. 124/2007 il precedente Comitato esecutivo per i servizi di informazione e sicurezza; e ancora, il Comitato interministeriale per la Transizione ecologica, previsto con d.l. n. 22/2021. Tali Comitati hanno lo scopo evidente di valorizzare i poteri di indirizzo e coordinamento del Presidente del Consiglio, nella ricerca di posizioni unitarie per i diversi ministri (e ministeri) interessati: è la Presidenza, dunque, che appare quale centro di strategie operative complessive, avvicinando gli apparati (i Comitati) al luogo della decisione politica per eccellenza (il Consiglio dei ministri).

Le Agenzie

Da non confondere invece con gli organi collegiali predetti le Agenzie (sulle quali v. anche *infra*, cap. VII, sez. II, par. 4), strutture amministrative soltanto funzionalmente collegate a quelle propriamente ministeriali, e che svolgono attività a carattere tecnico operativo di interesse nazionale: esse, pur lavorando al servizio delle amministrazioni pubbliche, non solo statali ma anche regionali e locali, costituiscono uffici esterni e alternativi rispetto ai consueti uffici ministeriali, risultano dotate di autonomia normativa, operativa e contabile (nei limiti stabiliti dalla legge), e vengono sottoposte soltanto ad un potere di indirizzo e vigilanza da parte del ministro (confermando in tal modo il principio della distinzione tra politica e amministrazione). Le Agenzie, dopo una fase di variegata sperimentazione nell'organizzazione della pubblica amministrazione italiana, sono sembrate assumere con il d.lgs. n. 300/1999 i caratteri di un vero e proprio modello generale, che veniva ad affiancarsi al tradizionale modello gerarchico (i cui connotati si riflettono nelle strutture burocratiche piramidali, di cui *retro*, in questa sez., par. 1, e *infra*, cap. VII, sez. II, par. 1); si prevedeva infatti l'istituzione di ben dodici Agenzie, quali strumenti di integrazione di un'amministrazione che si andava caratterizzando per un maggiore pluralismo organizzativo (anche sulla scorta di indicazioni provenienti dall'ordinamento comunitario), allo scopo di fronteggiare, con conoscenze specialistiche e professionalità elevate, attività di tipo strettamente scientifico e tecnologico (a loro volta funzionali allo svolgimento di attività amministrative in senso più tradizionale), sia nella fase prodromica alle scelte da compiersi, sia nella successiva fase attuativa-gestionale. Soltanto una parte delle Agenzie previste sono state poi però effettivamente istituite, ed inoltre alcune sono successivamente rifluite in altri organismi (ad es. l'Agenzia per la Protezione Civile nel Dipartimento della Protezione Civile, ancora presso la Presidenza del Consiglio dei ministri), talvolta con il contestuale accorpamento di strutture tecniche con compiti e finalità differenti, ingenerando l'impressione di un non pieno decollo dell'istituto e di una certa "instabilità" dei modelli organizzativi di riferimento.

I sottosegretari di Stato

Tra gli organi poi "non necessari" *monocratici*, devono indicarsi i sottosegretari di Stato, il sottosegretario (o i sottosegretari) alla Presidenza del Consiglio, i viceministri, il vicepresidente (o i vicepresidenti) del Consiglio, gli alti commissari. I sottosegretari di Stato sono i più stretti collaboratori politici dei ministri (con o senza portafoglio), e la loro particolare denominazione deriva dalle funzioni originariamente demandate, che erano quelle di sostituzione del ministro nell'adempimento di quegli impegni che egli non poteva personalmente espletare (come ad es. una presenza alle attività parlamentari, per la discussione degli atti e delle proposte del ministero in entrambe le Camere); ma già in epoca liberale (la prima previsione in materia risale infatti al 1888), e poi in quella fascista, si è assistito ad un ampliamento del ruolo dei sottosegretari (anche per allargare la base politica parlamentare del Governo), fino ad evidenziarsi una competenza ad esercitare, in conformità alle direttive ricevute dal ministro, tutti i compiti (talvolta relativi ad un intero settore, come è accaduto ad esempio nel caso del sottosegretario F. Fazio, con delega alla Salute da parte del ministro M. Sacconi nel IV Governo Berlusconi, prima della ricostituzione del ministero della Salute, e quindi della "progressione" di ruolo di Fazio da sottosegretario a ministro) ad essi delegati con decreto ministeriale. La l. 400, formalizzando un'esperienza quindi pluridecennale, ha previsto che la nomina dei sottosegretari debba avvenire con decreto del Presidente della Repubblica, su proposta del Presidente del consiglio, di concerto (cioè in accordo) con il ministro interessato, sentito il parere del Consiglio dei ministri; l'assunzione delle funzioni si ha immediatamente dopo il giuramento, prestato di fronte al Presidente del Consiglio e alla presenza del ministro, ed un procedimento analogo caratterizza l'eventuale revoca [possibile in caso di dissidio insanabile, proprio in considerazione del carattere essenzialmente fiduciario (o più esattamente "ausiliario", secondo alcuni), anche se non propriamente gerarchico, del rapporto con il ministro], la quale non costituisce una mera ipotesi scolastica perché sostanziatasi nell'esperienza anche relativamente recente (un caso assai vistoso è stato ad esempio quello di V. Sgarbi, sottosegretario ai beni e alle attività culturali, "licenziato" dal II Governo Berlusconi dopo che il ministro G. Urbani aveva avocato a sé le deleghe conferite, per via di un aperto disaccordo nel grande dibattito sull'alienabilità dei beni culturali demaniali ai privati). Qualche perplessità ha suscitato l'art. 10, l. 400 nella parte in cui sancisce il diritto dei sottosegretari di assistere alle sedute delle Camere (anche del ramo parlamentare del quale non siano membri) quali "rappresentanti" del Governo (attesa la prassi risalente in questo senso, e la natura prettamente politica dei loro compiti), perché si è osservato che in tal modo si aggirerebbe la previsione dell'art. 64 Cost. che riserva tale diritto-dovere ai "membri" del Governo; ma la prospettiva della l. 400 è stata poi fatta propria dagli stessi regolamenti parlamentari, con un superamento di fatto della predetta norma costituzionale che non è sembrato tuttavia ineccepibile alla dottrina.

I sottosegretari alla Presidenza del Consiglio

Una posizione affatto particolare la riveste il sottosegretario alla Presidenza del Consiglio: nominato dal Consiglio dei ministri su proposta del Presidente del Consiglio, assume le funzioni di segretario del Consiglio medesimo (partecipando quindi necessariamente alle riunioni, ed attenuandone pertanto, in qualche modo, il carattere di segretezza), e cura la verbalizzazione e la conservazione del registro delle deliberazioni; da lui dipendono l'Ufficio di segreteria del Consiglio dei ministri e gli uffici della Presidenza del Consiglio per i quali abbia ricevuto delega dal Presidente del Consiglio (sovrintende inoltre, nei limiti della sua competenza, al Segretariato generale della Presidenza del Consiglio). Figura creata già nel 1920, in un Gabinetto presieduto da G. Giolitti, è la sola tra quelle che sostanziano gli organi "non necessari" che abbia attribuzioni proprie, e per la quale sia stata prevista la (possibile) pluralità in forma espressa (ad esempio nel Governo Berlusconi IV se ne sono contati ben otto), pur con conferimento a ciascuno di compiti e servizi predeterminati, e con nomina di un unico sottosegretario con le funzioni di segretario del Consiglio dei ministri (nomina che precede quella degli altri), il quale diviene il più diretto collaboratore del Presidente e un po' il suo "portavoce".

I viceministri

La l. n. 81/2001 ha poi ulteriormente previsto (con ciò innovando rispetto al passato) che a non più di dieci sottosegretari possa essere attribuito il titolo di viceministro; ciò allo scopo di valorizzare il conferimento di deleghe particolarmente ampie, per le quali diventa necessaria (non un semplice parere, ma) una vera e propria approvazione da parte del Consiglio dei ministri. I viceministri dispongono di uffici di diretta collaborazione maggiori di quelli degli altri sottosegretari, e possono essere invitati a partecipare (senza diritto di voto) alle riunioni del Consiglio dei ministri, solitamente al fine di riferire adeguatamente su argomenti e questioni attinenti a materie ad essi delegate. Il significato politico maggiore della nuova figura è sembrato quello di bilanciare, in qualche modo, la riduzione del numero dei ministeri, giacché le aree nelle quali sono delegati poteri e funzioni corrispondono nella sostanza a quelle di vecchi ministeri assorbiti successivamente in ministeri più vasti.

I vicepresidenti del Consiglio

Già la l. 400 aveva, viceversa, consacrato un istituto ulteriormente ereditato dalla prassi, quello della vicepresidenza del Consiglio, attribuita ad uno o più ministri in carica (anche non titolare o titolari di dicastero). Di dubbia legittimità costituzionale, attesa la non delegabilità delle funzioni tipicamente presidenziali (direzione della politica generale del Governo e coordinamento unitario dell'attività ministeriale), trova invero il suo fulcro, almeno dal punto di vista formale, nell'attribuzione di funzioni non tanto delegate quanto vicarie: ove infatti esistano uno o più vicepresidenti del Consiglio (nominati dall'organo collegiale nei primi giorni di vita del Governo, *retro*, sez. I, par. 2, ancora su proposta del Presidente del Consiglio), ad essi (a partire dal più anziano) spetterà la supplenza in caso di assenze o impedimenti temporanei del Presidente (non difficili da immaginare, considerata la vastità di impegni anche simultanei cui egli può trovarsi a dover fare fronte); altrimenti il Presidente sceglierà volta per volta il supplente, ovvero – se ciò non risulti possibile – la supplenza verrà assunta dal ministro più anziano. Il ricorso a tali figure trova poi giustificazione, sul piano sostanziale, in motivi squisitamente di opportunità, sia per le esigenze avvertite sovente dai Governi di coalizione – come si è già detto – di fondare o di allargare la propria base politica, sia per l'ulteriore interesse a dare maggiore visibilità a personalità di particolare rilievo, già espresse dalle forze politiche all'interno del Governo che esse sostengono (le vicende della formazione del primo Governo Conte, che si è fatto «affiancare» – secondo l'espressione testualmente utilizzata nella prima dichiarazione pubblica – da L. Di Maio e M. Salvini quali vicepresidenti, lo hanno esemplarmente mostrato; ma non troppo dissimili sono sembrate le vicende che hanno portato all'individuazione dei vicepresidenti, sen. M. Salvini e on. A. Tajani nell'attuale Governo Meloni). Come eventuale è l'istituzione dei vicepresidenti del Consiglio, eventuale è pure l'esercizio delle funzioni, tanto che P. Giocoli Nacci ha scritto efficacemente trattarsi di organi a "corrente" e a funzionamento alterni.

I commissari straordinari ...

Un'ultima figura da menzionare è quella degli alti commissari (e/o commissari straordinari); già in passato incaricati dell'espletamento di specifici compiti amministrativi di natura contingente e transitoria (ad esempio nel secondo Dopoguerra si sono avuti l'Alto commissario per le sanzioni contro il fascismo, o l'Alto commissario per l'Alimentazione), varie leggi hanno continuato a prevederne la possibile istituzione per la responsabilità di particolari settori amministrativi, estranei ad attribuzioni ministeriali già consolidate, talvolta in funzione di prefigurazione e quindi anticipazione della creazione di nuovi ministeri (ad es. si è avuto in passato un Alto commissario per il Turismo, successivamente un vero e proprio ministero del Turismo, che è andato incontro ad abrogazione referendaria, successivamente ancora – in un "balletto" di nomi giuridici – la riproposizione di un Dipartimento per lo sviluppo e la competitività del Turismo presso la Presidenza del Consiglio, affidato a un ministro senza portafoglio; di recente – con il Governo Draghi – è stato ricostituito il ministero del Turismo).

... tra previsione generale della l. n. 400/1988 ed esigenze specifiche contemplate da norme ad hoc

La l. 400, nel delineare in generale la figura del commissario straordinario del Governo, ne marca al contempo i poteri assai ridotti, sottolineando come restino ferme le competenze dei singoli ministri (ad esempio, a riferire in Parlamento, con il quale i commissari non hanno più rapporti diretti); e come altresì quest'organo debba realizzare in un tempo prefissato (con le dotazioni di mezzi e personale che gli vengono assegnati con il decreto di nomina, a sua volta variamente del Presidente della Repubblica, del Presidente del Consiglio, o del Consiglio dei ministri) obiettivi determinati in relazione a programmi o indirizzi deliberati dal Parlamento o dal Consiglio dei ministri, oppure rispondere a temporanee esigenze di coordinamento operativo tra diverse amministrazioni statali. Così, ad esempio, abbiamo avuto più Commissari straordinari per l'Emergenza rifiuti in Campania, tra il 1994 ed il 2009 (v. anche *infra*, sez. III, par. 3); oppure un Commissario straordinario per l'Emergenza nella gestione del dopo terremoto dell'Abruzzo nel 2009, come per la ricostruzione nei territori di Abruzzo, Lazio, Marche ed Umbria colpiti dal sisma nel 2016; o ancora, un Commissario straordinario per consentire di procedere alla celere ricostruzione del Ponte Morandi a Genova, previsto e poi nominato ai sensi del d.l. n. 109/2018. Di recente, a fronte della dichiarazione dello stato di emergenza sul territorio nazionale per fronteggiare la pandemia da Covid-19, e in virtù del d.l. n. 18/2020 che ha previsto un Commissario per l'attuazione e il coordinamento delle misure occorrenti per il contenimento e contrasto dell'emergenza epidemiologica, è stato nominato con decreto del Presidente del Consiglio dei ministri (*infra*, sez. III, parr. 2 e 3) dapprima, sotto il Governo Conte II, il dott. D. Arcuri, e successivamente, con il Governo Draghi, il gen. F.P. Figliuolo; a tale figura commissariale sono stati affidati importanti compiti – da esercitarsi fino alla scadenza dello stato di emergenza e delle relative proroghe, in raccordo con il Capo della Protezione civile, avvalendosi, per il suo tramite, del supporto logistico della medesima (*infra*, sez. III, par. 3) – che consentissero *in primis* la più elevata risposta sanitaria del Governo all'emergenza e successivamente anche l'esecuzione della campagna vaccinale nazionale.

Negli anni, nel contesto del generale processo di riforma del bilancio dello Stato e della finanza pubblica in genere, e allo scopo di sfoltire la congerie di organismi che affollano gli apparati burocratici, si sono peraltro segnalati elementi di controtendenza, registrandosi anche alcune soppressioni *ex lege*, ad esempio dell'Alto commissario per la lotta alla contraffazione o dell'Alto commissario per la prevenzione e il contrasto della corruzione e delle altre forme di illecito all'interno della pubblica amministrazione (cui ha fatto seguito tuttavia, con l. n. 190/2012 e successive modifiche, l'istituzione dell'Autorità nazionale anticorruzione, un'autorità amministrativa indipendente meglio nota come ANAC, di cui già accennato *retro*, e sulla quale si rinvia nuovamente *infra*, cap. VII, sez. III, par. 2).

Sezione III
Le funzioni del Governo

1. *L'indirizzo politico*

Le funzioni, in sintesi

Dopo aver chiarito che l'insieme dei poteri attribuiti al Governo risente in modo importante dei rapporti interni agli organi che lo strutturano, è possibile concentrare l'attenzione sul profilo "dinamico", e quindi indicare le funzioni con riferimento all'istituzione Governo complessivamente intesa, guardando allo svolgimento concreto delle attività, tutte rivolte al perseguimento di fini statuali, in nome di interessi generali, e capaci peraltro di evidenziare il superamento della classica tripartizione dei poteri. In sintesi, esse connotano il Governo come potere che partecipa assieme al Parlamento alla funzione di indirizzo politico dello Stato; che contribuisce in modo importante (ancora assieme al Parlamento, ma accanto anche ad altri soggetti, quali gli enti territoriali, le autonomie funzionali o le autorità amministrative indipendenti, nei limiti certo delle rispettive attribuzioni) all'esercizio della funzione normativa; che gode della titolarità di strumenti giuridici tali da poter orientare significativamente l'attività di tutta l'amministrazione statale.

La varietà di atti e comportamenti che esprimono indirizzo politico

La funzione di indirizzo politico si apprezza attraverso una serie di atti e comportamenti peculiari, ma anche per il tramite dell'esercizio delle altre due funzioni (normativa e amministrativa) caratteristiche del Governo: si vuol dire cioè, ad esempio, che la presentazione di un disegno di legge o l'emanazione di un decreto-legge con determinati contenuti, oppure la spendita del potere di nomina dei massimi livelli dirigenziali all'interno delle amministrazioni in un modo piuttosto che in un altro (per accennare solo a due tra gli atti qualificanti – rispettivamente – l'una e l'altra funzione), contribuiscono in maniera rilevante ad imprimere un determinato indirizzo (si potrebbe dire, a dare una "fisionomia") all'azione di governo; secondo alcuni, addirittura, si rischierebbe di ragionare della funzione di indirizzo politico come di una «scatola vuota» se non si rimandasse agli atti, di natura normativa e amministrativa, che della stessa funzione sono tuttavia espressione.

Il discorso si complessifica poi per il fatto che, pur potendo (anzi, dovendo, a partire dal momento della presentazione del proprio programma alle Camere) il Governo compiere una serie di scelte decisive per il funzionamento della macchina statale, ed in buona misura per la "tessitura" dell'ordinamento giuridico del Paese, la Costituzione non gli riserva il monopolio, ossia l'esclusiva, dell'indirizzo politico, ma anzi ne

La condivisione dell'indirizzo politico, tra Parlamento e Governo

sottende una "condivisione" con il Parlamento (ciò che per molti versi è già emerso nel cap. precedente ed anche in questo cap.). L'apprezzamento dei reali rapporti di forza tra i due titolari della funzione, dunque, dipenderà da molti e diversi fattori, caratteristici della Costituzione materiale; con inevitabili approssimazioni, si può forse affermare che mentre nella fase compromissoria o consensuale "l'ago della bilancia" era venuto a pendere sempre più dalla parte del Parlamento, nella successiva fase maggioritaria il Governo ha iniziato a giocare (ed ha interpretato via via più efficacemente) un ruolo centrale nelle decisioni qualificanti l'operato dei pubblici poteri, fino a divenire il vero motore delle attività degli apparati statuali in genere; e questa caratteristica non sembra essersi persa nella fase, indubbiamente fluida nei rapporti tra Governo e Parlamento, che conosciamo a far luogo dalla XVII legislatura. Senz'altro questa evoluzione è frutto, almeno in parte, della stessa metamorfosi subita dagli atti tipici dell'esercizio della funzione: si allude qui al progressivo "cambiar pelle" delle votazioni fiduciarie, ed in particolare all'utilizzo che nel corso del tempo è stato fatto della questione di fiducia.

Le votazioni fiduciarie in genere ...

Come già spiegato, infatti, sono più d'uno i momenti di "confronto diretto" tra Parlamento e Governo, funzionali alla costruzione o alla verifica del rapporto fiduciario, e tra questi bisogna rammentare certamente i frangenti previsti dalla Carta costituzionale: ovvero, quello in cui il Governo presenta alle Camere, subito dopo il giuramento, la propria piattaforma politica e programmatica, chiedendo appunto la fiducia, e l'altro (finora mai realizzatosi) in cui il Parlamento si risolva a votare favorevolmente una espressa mozione di sfiducia. Ma è soprattutto lo strumento della questione di fiducia, definitosi nei suoi tratti essenziali a partire dalla I legislatura repubblicana, che ha svolto e sembra svolgere un ruolo determinante nell'influenzare il rapporto fiduciario, alterando le tradizionali vie di apertura e di eventuale risoluzione di una crisi di governo. Emerso già nella fase consensuale, tale strumento consente al Governo di invocare come fondamentale per la permanenza del rapporto fiduciario l'approvazione (con certi precisi contenuti) di qualsivoglia atto da parte delle Camere, sia esso un testo legislativo, sia esso un atto di indirizzo parlamentare: il voto parlamentare si trasforma quindi in una conferma o meno della fiducia, perché dall'approvazione/reiezione del provvedimento interessato dipende la permanenza in carica dell'esecutivo (ossia l'approvazione significa la sopravvivenza del Governo, mentre la reiezione determina l'obbligo di dimissioni); con ciò, in sostanza, cancellandosi l'origine parlamentare della eventuale sfiducia.

... e la questione di fiducia in particolare

I motivi per i quali nella fase maggioritaria la questione di fiducia incrementa il proprio peso, apparendo anche successivamente e più di recente elemento decisivo di rafforzamento del Governo, possono forse riassumersi nella sua capacità di "inchiodare" al programma originario o comunque rimodellato dalle scelte *medio tempore* compiute dall'esecutivo – e quindi all'indirizzo politico del Governo – una maggioranza parlamentare che per ipotesi si mostri riottosa o "deviante": infatti, impegnare la sopravvivenza di un Governo sull'adozione di un certo provvedimento significa in concreto (per via dell'evoluzione della forma di governo, di cui *retro*, par. iniziale del capitolo, e sez. I, par. 1) anche portare alle Camere una minaccia di scioglimento (anzi, di auto-scioglimento, considerato il ruolo che esse assumono nel procedimento fiduciario), giacché il voto negativo potrebbe condurre al termine del loro stesso mandato.

Una prassi considerevole

Se si aggiunge a ciò il fatto che sempre meno i Governi hanno richiesto la questione di fiducia su atti di indirizzo (pur con le macroscopiche eccezioni dei due episodi che hanno portato alle crisi di governo del 1998 e del 2008, su cui *retro*, sez. I, par. 1.1), e viceversa sempre più spesso l'hanno posta sui disegni di legge finanziaria (oggi di bilancio) oltreché sui disegni di legge di conversione di decreti-legge (*infra*, par. seguente e vol. II, cap. I, sez. III, par. 3.3), per non parlare dei due eclatanti episodi di apposizione della fiducia su disegni di legge elettorale (nell'aprile 2015, su quello che sarà poi il c.d. *Italicum*, nell'ottobre 2017 sul c.d. *Rosatellum bis*, da cui l'approvazione dell'attuale legge elettorale), il risultato è il seguente: una enorme lievitazione dimensionale delle norme approvate mediante un procedimento parlamentare peculiare (quello fiduciario, caratterizzato a sua volta da priorità di votazione, indivisibilità dell'oggetto, assoluta inemendabilità del testo, voto per appello nominale), che impone alle Assemblee parlamentari una scelta secca, senza vie di mezzo (una scelta fra l'altro non sottoposta a obbligo di motivazione né a termini temporali, contrariamente alle mozioni di fiducia e sfiducia disciplinate dall'art. 94 Cost.), facendo perdere loro la prerogativa "classica" di luogo di elaborazione sostanziale delle decisioni, a vantaggio di un nuovo (si è scritto, un po' enfaticamente) "Governo legislatore".

L'influenza del Governo sui lavori parlamentari

Il Governo trova poi modo di affermare il proprio indirizzo politico attraverso l'influenza che riesce sempre più spesso ad esercitare sulla programmazione dei lavori parlamentari; questo, che sembra un aspetto di contraddizione (essendo condizionata la programmazione medesima dai regolamenti parlamentari, sottratti per definizione alle indicazioni dell'esecutivo, e "centrati" sulle esigenze delle singole Assemblee elettive), è invece quanto emerge dalla prassi (cui a loro volta i regolamenti parlamentari sono molto permeabili, e che risulta essa stessa "sensibile" agli interessi specifici delle forze politiche di maggioranza e, ormai, del Governo): infatti l'esperienza delle ultime legislature, almeno al Senato, ha evidenziato non solo il caso del calendario dei lavori dell'Assemblea approvato a maggioranza, ma anche quello di modifiche al calendario stesso (perché se la Conferenza dei Presidenti dei Gruppi parlamentari in questo ramo del Parlamento non raggiunge l'unanimità, il calendario non è definitivo), ulteriormente approvate a maggioranza (non numerica, ma politica), con inserimento immediato all'ordine del giorno della successiva seduta di Assemblea di disegni di legge ai quali il Governo annettesse massima importanza e urgenza (con conseguente compressione dei tempi dell'esame istruttorio in Commissione). Inoltre la prassi dimostra che il contingentamento dei tempi viene fatto solo se e quando occorre, divenendo una "clava minacciosa" che i Capigruppo a maggioranza (di governo) possono "agitare" per ripartire il tempo disponibile in ragione della dimensione dei gruppi parlamentari, e perciò per concludere il più rapidamente possibile il dibattito che conduce al voto; e ancora, in qualche caso si è proceduto alla votazione finale su disegni di legge di conversione di decreti-legge (con i quali il Governo tende ad imporre le proprie priorità) *omisso* ogni *medio*, ovvero saltandosi tutte le fasi procedurali dell'Aula che dovrebbero precedere il voto.

2. *La produzione normativa (indicazioni essenziali e rinvio)*

La partecipazione al procedimento legislativo ...

La funzione normativa del Governo conduce ad anticipare, soltanto per cenni, un tema centrale nell'ambito delle fonti del diritto (v. vol. II, cap. I, sez. III, parr. 3.2 ss.); è opportuno ricordare intanto come il Governo sia titolare dell'iniziativa legislativa (*retro*, cap. IV, sez. III, par. 1), e come questa titolarità debba apprezzarsi in qualità e quantità, sia per il rilievo e l'entità numerica, quindi, dei disegni di legge presentati alle Camere [con alcuni ambiti materiali riservati, quali quello dei bilanci e rendiconti consuntivi, che *ex* art. 81 Cost. devono essere presentati necessariamente dal Governo, ed altri ambiti costantemente presidiati per effetto di scelte legislative ormai di periodo medio-lungo, quali quella che dal 1989 prevede che il Governo si faccia carico di impostare l'adeguamento al diritto comunitario, presentando a tal fine disegni di legge a cadenza periodica (c.d. disegni di legge – rispettivamente – europea e di delegazione europea: per il procedimento legislativo vol. II, cap. I, sez. III, par. 3.1.3)], sia per le *chances* (che i rilievi statistici ci indicano come molto maggiori rispetto a quelle proprie degli altri titolari dell'iniziativa legislativa) di veder tradotti i disegni di legge in leggi. Tra l'altro è maturata nel corso degli anni una prassi "distorsiva" del procedimento legislativo previsto dall'art. 72 Cost., perché i Governi oltre a porre sempre più spesso la questione di fiducia (*retro*, in questa sez., par. 1), lo hanno fatto su testi abnormi, spesso coincidenti con l'intero contenuto del disegno di legge (per questo condensato in un solo articolo di enormi dimensioni) oppure dopo aver presentato i c.d. maxi-emendamenti (spesso completamente sostitutivi di un intero testo in discussione), imponendo così, con un'unica votazione, la formazione di un testo approvato "a colpi di fiducia".

... e la produzione diretta di norme giuridiche

Oltre a partecipare quindi al procedimento legislativo (ordinario ed eventualmente di revisione costituzionale), dandogli un impulso decisivo, il Governo può produrre direttamente norme giuridiche, attraverso atti che prendono il *nomen iuris* di decreti-legge, decreti legislativi delegati e regolamenti (oppure esercitando quei poteri che il Parlamento, *ex* art. 78 Cost., gli attribuisca in caso di guerra; caso mai verificatosi, peraltro, nell'esperienza repubblicana). Nelle prime due ipotesi (decretazione d'urgenza e decretazione legislativa delegata) si tratta di atti normativi che la Costituzione, attraverso gli artt. 76 e 77 Cost., colloca sullo stesso piano della legge; nel terzo caso (attività regolamentare), invece, siamo di fronte ad atti normativi subordinati alla legge che tradizionalmente promanano dal potere esecutivo, per l'esigenza – da lungo tempo avvertita dall'ordinamento – di consentire uno sviluppo, un completamento, un'attuazione della legge (e degli atti ad essa equiparati) da parte del soggetto che, per il corredo di apparati qualificati del quale esso normalmente dispone (oltre che in virtù del rapporto fiduciario che lo lega al soggetto titolare della funzione legislativa), è reputato a tal fine il più adatto.

I regolamenti

Tanto è acquisito, nell'esperienza non soltanto italiana ma dei Paesi di democrazia occidentale in genere (come dimostrano ad esempio gli studi di E. Cheli), il potere regolamentare degli esecutivi, che i Padri costituenti non si sono neppure preoccupati di prevederne un conferimento esplicito: tale potere si desume infatti soltanto implicitamente dall'art. 87 Cost., nella parte in cui prevede l'emanazione dei regolamenti (del Governo) da parte del Capo dello Stato, come poi dal nuovo art. 117, 6° comma, Cost., a seguito della riforma del Titolo V della Parte seconda della Costituzione, allorché esso imposta i rapporti tra potestà regolamentare dello Stato e potestà regolamentare delle Regioni. Il potere regolamentare dello Stato spetta dunque agli organi del potere esecutivo, e trova disciplina generale nella l. 400, l'art. 17 della quale distingue due categorie di regolamenti, quelli governativi e quelli ministeriali. I primi sono deliberati dal Consiglio dei ministri sentito il parere del Consiglio di Stato, sono soggetti al visto della Corte dei conti, emanati con decreto del Presidente della Repubblica (d.P.R.) e pubblicati sulla Gazzetta Ufficiale. I secondi invece attengono alla competenza di un singolo ministro (e sono adottati con suo decreto (d.m.)) o di più ministri (in tal caso, si parla di regolamenti interministeriali), compreso il Presidente del Consiglio in quanto componente dell'organo collegiale (che adotterà il regolamento con proprio decreto, il c.d. d.P.C.M.); i regolamenti ministeriali ed interministeriali sono subordinati ai regolamenti governativi, non possono infatti dettare norme a questi contrarie, sussistendo quindi una "microgerarchia" rispetto ai regolamenti governativi; i regolamenti interministeriali necessitano anche di un'autorizzazione apposita da parte della legge.

Gli atti aventi valore di legge

Maggiore attenzione, direttamente da parte della Carta repubblicana, è stata invece dedicata agli atti normativi aventi valore di legge, considerando che era necessario fornire una giustificazione stringente per il *vulnus* che si apportava al principio secondo il quale la funzione legislativa è esercitata dalle Camere (*ex* art. 70 Cost.); inoltre bisognava impedire una riedizione sotto mentite spoglie dell'esperienza fascista (v. *retro*, cap. I, sez. IV, par. 3) che aveva visto l'esecutivo di fatto esautorare i poteri normativi del Parlamento. Tale giustificazione è rinvenibile, da una parte, nell'opportunità di individuare un soggetto (il Governo) in grado di reagire tempestivamente a certe situazioni che vengano a determinarsi nell'ordinamento, immettendovi tramite decreti-legge norme in tempi così rapidi che il procedimento legislativo non potrebbe contemplare (eclatante la vicenda dei numerosi decreti-legge emanati durante la pandemia da Covid-19; ma già in precedenza gli esempi caratteristici che si potevano fare erano quelli del terremoto, dell'alluvione o di altra calamità naturale); questo potere viene poi bilanciato con un controllo parlamentare a posteriori, relativo alla sussistenza dei presupposti indicati dall'art. 77 Cost. (casi straordinari di necessità ed urgenza) per la decretazione d'urgenza, e con la decisione ultima delle Camere, perciò, di convertire il decreto-legge in legge, oppure di lasciarlo decadere.

Dall'altra parte, la delegazione legislativa si spiega con l'esigenza di non appesantire troppo l'operato legislativo delle Camere, nel senso di non imporre alla legge formale del Parlamento di definire tutti i contenuti normativi occorrenti a completare la propria fisionomia, specialmente (ma questo era ordine di motivi che valeva di più in passato, dato il recente, più generale, notevole incremento del ricorso alla delegazione legislativa) nei settori che richiedano l'elaborazione di normative particolarmente complesse e un alto grado di competenza tecnica; così si consente alle Camere, se del caso, di "spogliarsi" e quindi delegare l'esercizio di questa attività ulteriore al Governo, entro determinati limiti che, *ex* art. 76 Cost., risultano essere quelli della necessaria preventiva indicazione di principi normativi e criteri direttivi che il Governo dovrà rispettare nel dettare la nuova disciplina avente valore di legge, dell'oggetto (o degli oggetti) della delega, dei termini entro cui il Governo dovrà emanare il o i successivi decreti delegati. Vero è anche che l'esperienza è sembrata andare verso una sempre più accentuata erosione dei "paletti" posti dalla Costituzione agli interventi del Governo, cui la Corte costituzionale, specialmente con riferimento ai decreti-legge, ha cercato di porre, con la propria giurisprudenza, un qualche rimedio (cfr. vol. II, cap. I, sez. IV, par. 3.3.1).

3. *L'amministrazione*

La funzione amministrativa, infine, appannaggio tradizionale del potere esecutivo, si configura fra le attribuzioni del Governo repubblicano nel quadro di alcuni principi costituzionali, quali quelli di legalità, buon andamento, imparzialità, e anche responsabilità, cui soggiace l'Amministrazione tutta, enucleabili dagli artt. 97 e 98 Cost. (*infra*, cap. VII, sez. I). Limitandoci qui ad un rilievo essenziale, da una parte il Costituente ha scelto di presidiare con una riserva di legge il potere di compiere le supreme scelte organizzative a vantaggio del Parlamento, *ex* art. 97 Cost. (diversamente da quanto accaduto nell'ordinamento preesistente, con la l. n. 100/1926 che aveva affidato al potere regolamentare del Governo l'organizzazione dei pubblici uffici); senza però dall'altra parte configurare una parallela riserva di amministrazione a favore del Governo. E comunque il Governo, oltre a poter intervenire normativamente nella stessa materia dell'organizzazione [giacché la suddetta riserva di legge, analogamente a quella contenuta nell'art. 95, 3° comma, Cost. (*retro*, sez. II, par. 2), è comunemente intesa come riserva "relativa", e il legislatore doserà quindi il suo intervento in modo da lasciarne l'ulteriore specificazione all'esecutivo], si troverà a svolgere un'attività amministrativa propria, "esecutiva" ma non meramente applicativa, bensì (l'espressione è di S. Bartole) *direttiva "inferiore", o di secondo livello*, ovvero tale da dare un contenuto sostantivo e specifica rilevanza all'attività amministrativa degli stessi organi di governo. Con quest'ultima, a sua volta, prenderà corpo il necessario *trait d'union* fra l'indirizzo politico espresso a partire dalla sede collegiale del Consiglio dei ministri e l'attuazione effettiva e concreta del medesimo, che si farà successivamente in seno agli apparati burocratici sotto la guida dei dirigenti e dei funzionari statali (dunque, si potrebbe dire, è l'indirizzo politico che si apprezza e si traduce verso "l'interno" del potere esecutivo, diversamente da quanto si spiegava in precedenza con riferimento ai rapporti del Governo con il Parlamento).

Le riserve di legge (e non di amministrazione) e il ruolo del governo

L'indirizzo politico verso "l'interno" del potere esecutivo

Tale anello di collegamento fondamentale si sostanzia in numerosissimi interventi, dei quali si possono enunciare qui soltanto le categorie. Il Governo, anzitutto e in generale, si annovera tra i soggetti capaci di dar vita ad *atti* (per l'appunto) *amministrativi*, individuati qualche volta già in Costituzione (si pensi agli atti di sostituzione dell'amministrazione regionale inadempiente, nei casi previsti dall'art. 120, 2° comma, Cost., su cui *infra*, cap. IX, sez. III, par. 7.4, e vol. II, cap. I, sez. II, par. 3.6) e comunque in un gran numero di leggi. Talora questi atti vengono testualmente qualificati come amministrativi (ad esempio quelli – indicati nella l. n. 13/1991, art. 1 – adottabili con decreto del Presidente della Repubblica su proposta del Presidente del Consiglio, previa delibera del Consiglio dei ministri; oppure quelli, diversi da quelli elencati nell'art. 1 della predetta legge, che possono essere emanati con d.P.C.M. o con d.m., ai sensi del successivo art. 2). Farne una cernita risulterebbe impossibile, ma è sufficiente evidenziare che per tutti questi atti si utilizza spesso l'espressione di (atti di) "alta amministrazione", proprio per sottolineare il segmento di attività amministrativa che si svolge al "vertice" del potere esecutivo; pertanto, pur possedendo essi tutte le caratteristiche degli atti o provvedimenti amministrativi (v. *infra*, cap. VII, sezz. I e IV), risulteranno maggiormente influenzati da orientamenti politici (sì che, a sua volta, il confine con gli atti di indirizzo politico diviene estremamente labile e impreciso).

Gli atti amministrativi (o di "alta amministrazione")

Le direttive

Ancora, e più in particolare, si apprezza nel Governo un potere di emanare *direttive*, adottate nella forma del decreto del Presidente del Consiglio dei ministri o del decreto ministeriale; si tratta di uno strumento divenuto relativamente più significativo negli ultimi decenni (soprattutto nella fase parallela alla riforma della dirigenza pubblica), che come si è in parte già anticipato (*retro*, sez. II, par. 2) consente sia al Presidente del Consiglio (verso il Consiglio dei ministri), sia ai singoli ministri (verso le singole amministrazioni, e pur con l'eventuale condizionamento nella stesura dei rispettivi atti alle indicazioni già date dal Presidente), di prefigurare le linee di comportamento da seguire, ai diversi livelli, per dar corso alla programmazione strategica del Governo, e quindi attuarne l'indirizzo politico. In sostanza esse pongono un obbligo di risultato, lasciando un certo margine di apprezzamento circa le modalità attuative ai loro destinatari. Inoltre, da sempre assai frequente è l'emanazione da parte del Governo (di nuovo, nella persona del Presidente del Consiglio o di singoli ministri) di *circolari*, atti a rilevanza meramente interna (non vincolando esse i soggetti estranei all'Amministrazione) che tuttavia nella prassi assumono notevole rilievo per orientare l'interpretazione, e dunque per enucleare il significato, degli atti normativi prodotti dallo stesso Governo, da parte degli uffici sottoordinati e/o periferici dell'Amministrazione statale.

Le circolari

Un tipo di attività amministrativa caratteristica del Governo è poi quella delle *nomine*: la necessità infatti di circondarsi, ciascun esecutivo, di apparati burocratici che siano capaci di esprimere una sensibilità e una consonanza politica, pur nel rispetto del tendenziale principio di separazione tra politica ed amministrazione, trova un punto di equilibrio nella scelta governativa dei segretari generali dei ministeri, e più ampiamente dei soggetti preposti agli uffici in cui gli stessi ministeri si articolano; da questo punto di vista, il processo di riorganizzazione dell'amministrazione pubblica, avviato negli anni Novanta del secolo scorso, è culminato dapprima con la l. n. 145/2002 (c.d. legge Frattini), che ha esteso il sistema dello *spoils system* (ovvero quel sistema invalso nei Paesi di *common law* per consentire il ricambio della dirigenza nominata fiduciariamente dall'esecutivo uscente, in occasione dei mutamenti di Governo, accogliendo il principio della temporaneità degli incarichi connessi al rapporto di lavoro dirigenziale) all'intero complesso della dirigenza statale e non più solamente alle posizioni di vertice.

Le nomine dei dirigenti ...

Tale percorso (su cui *infra*, cap. VII, sez. II, par. 2) ha poi conosciuto un primo ridimensionamento ad opera della Corte costituzionale la quale (con la sent. n. 103/2007, ma poi anche con altre pronunce, più di recente ad esempio con sent. n. 52/2017) ha posto alcuni paletti volti a presidiare i principi di continuità e buon andamento dell'azione amministrativa; e, successivamente, da parte della l. n. 15/2009 (c.d. legge Brunetta, attuata con d.lgs. n. 150/2009), che ha recuperato per l'accesso alla qualifica di (quella che è stata fino al 2015, *infra*) prima fascia dirigenziale (per una percentuale di posti, salva la necessità di raccordo col regime previdente) il criterio della selezione mediante pubbliche procedure concorsuali. Tuttavia, è da precisare a tal proposito che la qualifica dirigenziale non coincide necessariamente con un incarico dirigenziale, ma ne precede soltanto l'eventuale conferimento: l'incarico, a sua volta, è ancorato ad alcuni criteri oggettivi ma è pur sempre caratterizzato da un'elevata dose di discrezionalità; la successiva, eventuale, revoca dell'incarico, altresì, dovrà passare, ha precisato la Corte costituzionale, attraverso una verifica dei risultati conseguiti – nella rispondenza o meno agli obiettivi e programmi prefissati – all'esito di un confronto dialettico in un procedimento puntualmente disciplinato.

Più di recente la c.d. legge Madia (l. n. 124/2015 e relativi decreti delegati), volendo tra l'altro superare la frammentazione della dirigenza in Italia con l'istituzione di tre ruoli unici nei quali inquadrarla (dirigenti dello Stato dei quali è superato il sistema delle due fasce, dirigenti delle Regioni, dirigenti degli enti locali), ha mantenuto due modalità di accesso alla dirigenza pubblica (il corso-concorso e il concorso), affidando parallelamente a tre distinte Commissioni, da istituirsi presso il Dipartimento della funzione pubblica presso la Presidenza del Consiglio e che opereranno con piena autonomia di valutazione, un ruolo cruciale che si apprezza sotto tre aspetti: la verifica del rispetto da parte dei corpi politici dei criteri e dei requisiti indicati dalla legge per il conferimento dell'incarico; l'immissione in ruolo dei vincitori del corso-concorso; infine, il controllo del concreto utilizzo dei sistemi di valutazione dei risultati ottenuti dai dirigenti al fine di rinnovare oppure revocare gli incarichi.

... e le nomine di componenti di altri organi

A tutt'altra *ratio* risponde un'ulteriore serie di nomine spettanti al Governo, quali quelle di una parte dei componenti della Corte dei conti e del Consiglio di Stato (sul punto v. *infra*, cap. seguente) e quelle di alcuni componenti di organi di enti pubblici, agenzie, aziende, organismi collegiali vari, preposti ai più svariati settori di intervento: un tempo motivate, almeno una parte di queste ultime, dall'intervento diretto dello Stato nell'economia (nella veste di aziende autonome ed enti pubblici economici), oggi – operato viceversa ormai un certo numero di privatizzazioni, per effetto della denuncia dei fallimenti statali che ha determinato un arresto dell'espansione della sfera pubblica che si era registrata nel XX secolo, e ad un *favor* per le politiche c.d. di *deregulation* – esse si spiegano più in ragione di una persistente esigenza di controllo e vigilanza di soggetti che operano pur sempre nell'ambito della produzione o della gestione di beni e servizi pubblici.

All'amministrazione per così dire "ordinaria", si affianca infine sempre più spesso un'amministrazione "straordinaria" del Governo: si allude qui al fenomeno, che sta assumendo dimensioni assai rilevanti, delle

Le ordinanze contingibili e urgenti

ordinanze contingibili e urgenti, uno strumento assai datato, nel nostro ordinamento, che trova la sua fonte nella stessa legge che le prevede (la fattispecie più risalente è quella disciplinata dalla l. n. 2248/1865, allegato E), e per il cui tramite non solo il Governo, ma le autorità amministrative in genere, anche a livello territoriale, dispongono transitoriamente – sul presupposto della necessità e dell'urgenza del provvedere, per far fronte ad un evento imprevisto o imprevedibile da contrastare, e a un pericolo di danno grave e imminente per i cittadini – incidendo con eventuali deroghe ed effetti sospensivi (pur tendenzialmente temporanei) su norme in vigore, finanche di legge. Al confine dunque tra il previo disporre ed il concreto provvedere, tra l'atto normativo (sul quale interviene nella sostanza) ed il provvedimento amministrativo (di cui mantiene la forma), l'ordinanza – quale provvedimento autoritativo volto a imporre, vietare, regolare determinati comportamenti dei consociati – appare un mezzo estremamente delicato in mano al potere esecutivo. Rispetto all'esercizio del potere di ordinanza la giurisprudenza costituzionale ha invocato, fin dai primordi, adeguati limiti legislativi, e tuttavia si tratta di uno strumento rinverdito, in un passato abbastanza recente, sia nel sistema delle autonomie locali (*infra*, cap. IX, sez. II), sia – per quanto qui più interessa – dalla l. n. 225/1992, istitutiva del servizio nazionale di protezione civile, il quale trova il suo punto di raccordo col Governo nel Dipartimento della Protezione Civile presso la Presidenza del Consiglio dei ministri, ed è stato poi rafforzato e valorizzato dal d.lgs. n. 1/2018 (Codice della Protezione Civile). Si vuol dire che questa legge, con le sue successive modifiche, integrando l'elenco delle attribuzioni del Consiglio dei ministri delineate nella l. 400, ha consentito – al fine di fronteggiare calamità naturali, catastrofi e altri eventi calamitosi – l'instaurazione dello stato di emergenza e la creazione di un vero e proprio ordinamento speciale, pur per un tempo limitato, attraverso l'emanazione di ordinanze in deroga alle fonti del diritto vigenti, ora adottate da membri dell'esecutivo, ora da commissari (da esso) delegati, nel rispetto del procedimento individuato al suo interno, fatto salvo l'obbligo di motivazione dell'impossibilità di provvedere in via ordinaria per la durata dell'emergenza (e delle eventuali proroghe dello stato di emergenza), come pure nel rispetto dei principi generali dell'ordinamento e del diritto dell'Unione europea, oltre che del principio di leale collaborazione con Regioni ed enti locali.

Del potere *extra ordinem* del Governo si è avuta certamente e diffusamente contezza con la pandemia da Covid-19, che ha portato dapprima alla nota dichiarazione dello stato di emergenza, inizialmente per 6 mesi, con delibera del Consiglio dei ministri del 31 gennaio 2020 (stato di emergenza che poi via via è stato prorogato, fino al 31 marzo 2022); e ben presto a un apparato regolatorio addirittura *parallelo* di risposta all'emergenza, derogandosi allo stesso strumentario proprio del sistema di protezione civile per il tramite di alcuni decreti-legge (sui quali alcune notazioni, *infra*). La pandemia, tuttavia, non ha rappresentato certamente il primo "episodio" applicativo di questo peculiare potere del Governo, ma ne ha segnato piuttosto un notevole scostamento, oltre che un'ibridazione con il potere d'ordinanza del ministro della Salute previsto dall'art. 32, l. n. 833/1978, istitutiva del Servizio sanitario nazionale, e degli ulteriori poteri d'ordinanza radicati dal Codice della Protezione civile (sulle caratteristiche della gestione pandemica, v. ancora, *infra*).

L'incremento delle gestioni commissariali

È anche vero, d'altronde, che negli ultimi decenni si era già assistito ad un aumento notevolissimo delle gestioni commissariali, attivate non solo di fronte alle (purtroppo non infrequenti) "calamità naturali" ma per molti "grandi eventi" (quest'ultima previsione, propria della legge del 1992, peraltro è stata eliminata con l'approvazione del suddetto Codice), e per evitare o arginare, ancor più in generale, situazioni di (supposto) pericolo, quali ad esempio l'emergenza terroristica internazionale, l'immigrazione clandestina, gli insediamenti di comunità nomadi, ed altri ancora. Inoltre, in qualche caso, l'inefficienza degli stessi regimi commissariali ne ha assicurato paradossalmente la sopravvivenza (come nel caso della gestione dei rifiuti in Campania, di cui un accenno *retro*, sez. II, par. 4), generando una sorta di circolo vizioso che non può non lasciare perplessi, sfuggendo alle regole proprie dell'amministrazione "ordinaria", e tendendo altresì a fuoriuscire dal circuito della responsabilità politica: se è vero infatti che i decreti del Presidente del Consiglio dei ministri relativi allo stato di emergenza, che istituiscono o prorogano una gestione straordinaria, devono essere pubblicati in *Gazzetta ufficiale*, risultano perciò pubblicamente conoscibili, difficile è tuttavia seguire l'andamento, l'evoluzione (o l'involuzione) della gestione medesima; col risultato di un territorio nazionale commissariato a macchia di leopardo e amministrato in modo eterogeneo non in virtù del principio costituzionale di differenziazione (*infra*, cap. IX, sez. II, par. 5), ma per motivi (non sempre chiaramente afferrabili, facendosi spesso riferimento a clausole generali quali l'ordine pubblico e la sicurezza, o a concetti vaghi come l'allarme sociale) imposti e giustificati *in re ipsa* dall'improrogabilità e dall'urgenza nel provvedere.

Gli importanti interventi della Corte costituzionale e dei giudici amministrativi

Si segnala, ad ogni modo, come la Corte costituzionale (sent. n. 115/2011) sia riuscita ad intervenire significativamente su una legge in materia, ovvero sul c.d. pacchetto sicurezza (d.l. n. 92/2008, convertito con modificazioni dalla l. n. 125/2008) promosso dal ministro dell'Interno *pro-tempore* R. Maroni, che aveva in sostanza allargato il tradizionale potere spettante ai Sindaci per tutelare l'incolumità e la salute pubblica anche al caso in cui fosse invocabile un'esigenza di "sicurezza urbana"; a tale innovazione aveva fatto seguito un certo incremento, quantitativo e qualitativo, nell'uso delle ordinanze sindacali, a fronte di emergenze "presunte" e di situazioni in sé altamente discutibili, come ad esempio il fenomeno della prostituzione su strada (difficile, qui, individuare un carattere di necessità delle ordinanze, derivante da un fatto nuovo e imprevisto), oppure – altro esempio – per reagire all'esercizio del mestiere girovago di "lavavetri" (opinabile, qui, rinvenire la violazione di interessi costituzionalmente meritevoli di tutela). Ma la Corte, in estrema sintesi, non si è accontentata più, come invece in passato, del fatto che la legge attributiva del potere (e, nel caso, modificativa del testo unico sull'ordinamento degli enti locali, d.lgs. n. 267/2000) richiamasse la generica cornice dei principi dell'ordinamento giuridico «dovunque tali principi siano espressi o comunque essi risultino» (così si era espressa la Corte con la sent. n. 26/1961); nel 2011 la Corte ha invitato viceversa il legislatore all'esigenza del rispetto del principio di legalità sostanziale, e quindi ad interventi che circoscrivano in radice la discrezionalità dell'autorità amministrativa cui sia stato conferito potere di ordinanza, con ciò "rivitalizzando" lo stesso concetto di riserva relativa di legge (vol. II, cap. I, sez. I, par. 2.1.3), in concreto evocato con riferimento agli artt. 23 e 97 Cost. Sempre in via pretoria, con altre pronunce della Corte costituzionale e del giudice amministrativo si è venuto consolidando nel corso del tempo un vero e proprio ordinamento, o sistema, attraverso cui si è compiuto un percorso che A. Cardone ha definito di "normalizzazione dell'emergenza", per alludere alla procedimentalizzazione e alla definizione di alcuni limiti che hanno "inalveato" la potenziale eversività delle ordinanze *extra ordinem* del Governo nel solco della Costituzione repubblicana (pur soppiantando progressivamente il ricorso al potere d'ordinanza il parallelo ricorso ai decreti-legge *ex* art. 77 Cost. in relazione alla funzione tradizionale di provvedere per il caso straordinario di necessità ed urgenza di natura calamitosa).

I più recenti interventi governativi in risposta alla pandemia ...

Nel peculiare frangente storico della pandemia da Covid-19, l'emergenza si è tuttavia caratterizzata come una situazione perdurante, che ha indotto le pubbliche autorità di governo (statale, ma entro certi limiti anche regionale e comunale) all'uso di poteri derogatori, i quali si è ritenuto non potessero venire specificati tassativamente e preventivamente, in un tempo estremamente dilatato, e in un processo a sua volta in continua e imprevedibile evoluzione. Con il risvolto di una robusta messa alla prova del suddetto sistema, ed in particolare del principio di legalità sostanziale, laddove si è trattato fin dal febbraio 2020 di intervenire sui diritti fondamentali (di circolazione, personale, di riunione, di culto, economiche, diritto all'istruzione e al lavoro) con misure fortemente limitative, e con un uso massiccio, per quanto riguarda il Governo centrale, di d.P.C.M. dall'incerta natura giuridica, visto che non è stato seguito il procedimento di formazione previsto dalla l. 400 (e riconducibili secondo gli studiosi alle ordinanze, nonostante la diversa denominazione), oltre che di ulteriori ordinanze, ministeriali, del Capo Dipartimento della Protezione Civile o dello stesso Commissario nominato per la gestione dell'emergenza (*supra*, sez. II, par. 4); tali d.P.C.M. sono stati adottati dal Presidente del Consiglio, su proposta del ministro della Salute, sentiti altri ministri e (anch'essi solo sentiti) presidenti di Regione ovvero il Presidente della Conferenza dei presidenti delle Regioni, e hanno trovato a loro volta, a proprio fondamento, le autorizzazioni contenute nei dd.ll. nn. 6, 19 e 33/2020, delle caratteristiche dei quali si è molto discusso in dottrina. Il secondo di questi decreti-legge ha introdotto, per vero, una procedura di "parlamentarizzazione" dei d.P.C.M. medesimi, prevedendo cioè che il Governo dovesse illustrare preventivamente alle Camere il contenuto dei provvedimenti da adottare, al fine di tenere conto degli indirizzi dalle stesse formulati, salva la possibilità, per ragioni di urgenza, di una semplice comunicazione quindicinale sulle misure assunte; tali misure, a loro volta, dovevano peraltro essere necessariamente connotate da adeguatezza e proporzionalità rispetto al rischio effettivamente presente su specifiche parti del territorio nazionale ovvero sulla totalità di esso, e prevedere un termine massimo di efficacia di trenta giorni (divenuti cinquanta con il d.l. n. 158/2020). Si è fatta poi una scelta di più stringente coordinamento con le autonomie locali (v. anche *infra*, cap. IX, sez. III, par. 7.4), circoscrivendo in particolare gli interventi delle Regioni alle sole misure ulteriormente restrittive rispetto a quelle disposte dai d.P.C.M. (ovvero anche "ampliative" ma d'intesa con il ministro della Salute, e nei soli casi e nelle forme previsti dai d.P.C.M. medesimi), ed evitando altresì limitazioni alle attività produttive o di rilevanza strategica per l'economia nazionale. La Corte costituzionale, dal canto suo, ha avuto modo (sent. n. 198/2021) sostanzialmente di avallare la complessiva gestione dell'emergenza pandemica, sottolineando come il modello offerto dalla legislazione (pre)vigente, non costituisse l'unica attuazione possibile del disegno costituzionale, essendo viceversa ipotizzabile che il legislatore statale, se posto a confronto con un'emergenza sanitaria dai tratti del tutto peculiari, scegliesse di introdurre nuove risposte normative e provvedimentali tarate su quest'ultima; è quanto successo, spiega la Corte, a seguito della diffusione del Covid-19, il quale, a causa della rapidità e della imprevedibilità con cui il contagio si è spanso, ha imposto l'impiego di strumenti capaci di adattarsi alle pieghe di una situazione di crisi in costante divenire.

... sostanzialmente avallati dalla Corte costituzionale

APPENDICE

Le legislature e i governi nell'esperienza repubblicana

XIX Legislatura (dal 13 ottobre 2022)
elezioni politiche 25 settembre 2022
Governo Meloni (dal 22 ottobre 2022)

XVIII Legislatura (23 marzo 2018 - 21 luglio 2022)
elezioni politiche 4 marzo 2018
Governo Draghi (dal 13 febbraio 2021 al 22 ottobre 2022)
Governo Conte II (dal 5 settembre 2019 al 13 febbraio 2021)
Governo Conte (dal 1° giugno 2018 al 5 settembre 2019)

XVII Legislatura (15 marzo 2013 - 28 dicembre 2017)
elezioni politiche 24 e 25 febbraio 2013
Governo Gentiloni
Governo Renzi
Governo Letta

XVI Legislatura (29 aprile 2008 - 23 dicembre 2012)
elezioni politiche 13 e 14 aprile 2008
Governo Monti
Governo Berlusconi IV

XV Legislatura (28 aprile 2006 - 6 febbraio 2008)
elezioni politiche 9 e 10 aprile 2006
Governo Prodi II

XIV Legislatura (30 maggio 2001 - 27 aprile 2006)
elezioni politiche 13 maggio 2001
Governo Berlusconi III
Governo Berlusconi II

XIII Legislatura (9 maggio 1996 - 9 marzo 2001)
elezioni politiche 21 aprile 1996
Governo Amato II
Governo D'Alema II
Governo D'Alema
Governo Prodi

XII Legislatura (15 aprile 1994 - 16 febbraio 1996)
elezioni politiche 27 marzo 1994
Governo Dini
Governo Berlusconi

XI Legislatura (23 aprile 1992 - 16 gennaio 1994)
elezioni politiche 4 aprile 1992
Governo Ciampi
Governo Amato

X Legislatura (2 luglio 1987 - 2 febbraio 1992)
elezioni politiche 14 giugno 1987
Governo Andreotti VII
Governo Andreotti VI
Governo De Mita
Governo Goria

IX Legislatura (12 luglio 1983 - 28 aprile 1987)
elezioni politiche 26 giugno 1983
Governo Fanfani VI
Governo Craxi II
Governo Craxi

VIII Legislatura (20 giugno 1979 - 4 maggio 1983)
elezioni politiche 3 giugno 1979
Governo Fanfani V
Governo Spadolini II
Governo Spadolini
Governo Forlani
Governo Cossiga II
Governo Cossiga

VII Legislatura (5 luglio 1976 - 2 aprile 1979)
elezioni politiche 20-21 giugno 1976
Governo Andreotti V
Governo Andreotti IV
Governo Andreotti III

VI Legislatura (25 maggio 1972 - 1° maggio 1976)
elezioni politiche 7-8 maggio 1972
Governo Moro V
Governo Moro IV

Governo Rumor V
Governo Rumor IV
Governo Andreotti II

V Legislatura (5 giugno 1968 - 28 febbraio 1972)
elezioni politiche 19 maggio 1968
Governo Andreotti
Governo Colombo
Governo Rumor III
Governo Rumor II
Governo Rumor
Governo Leone II

IV Legislatura (16 maggio 1963 - 11 marzo 1968)
elezioni politiche 28 aprile 1963
Governo Moro III
Governo Moro II
Governo Moro I
Governo Leone

III Legislatura (12 giugno 1958 - 18 febbraio 1963)
elezioni politiche 25 maggio 1958
Governo Fanfani IV
Governo Fanfani III
Governo Tambroni
Governo Segni II
Governo Fanfani II

II Legislatura (25 giugno 1953 - 14 marzo 1958)
elezioni politiche 7 giugno 1953
Governo Zoli
Governo Segni
Governo Scelba
Governo Fanfani
Governo Pella
Governo De Gasperi VIII

I Legislatura (8 maggio 1948 - 4 aprile 1953)
elezioni politiche 18 aprile 1948
Governo De Gasperi VII
Governo De Gasperi VI
Governo De Gasperi V

Capitolo VI

Gli organi ausiliari *

SOMMARIO: 1. La collocazione comune, nel Testo costituzionale, degli organi "ausiliari". – 2. Il Consiglio nazionale dell'economia e del lavoro. – 3. Il Consiglio di Stato. – 4. La Corte dei conti.

1. *La collocazione comune, nel Testo costituzionale, degli organi "ausiliari"*

Il concetto di ausiliarietà

Gli organi ausiliari sono quei soggetti cui si riferisce il Testo costituzionale nella sez. II del Titolo III (dedicato al Governo) della sua Parte seconda, agli artt. 99 e 100 Cost. Nonostante il ruolo riconosciuto e le funzioni specificamente svolte da tali organi non siano propriamente assimilabili, come del resto differente è la rispettiva origine storica, uniforme risulta invece la collocazione sistematica, in virtù della natura ausiliaria predicata per essi dalla Carta fondamentale. In termini molto generali, la natura ausiliaria può essere assunta come indicativa di una relazione stabile (ma priva della reciprocità) tra due organi, in cui l'ausiliario svolge un'attività di supporto (e non decisionale) all'organo ausiliato (che è invece organo attivo, ossia caratterizzato da poteri deliberativi e decisionali), in una dimensione fondamentalmente collaborativa, e allo scopo di meglio assicurare il conseguimento dei fini di pubblico interesse cui il secondo è rivolto (e perciò a vantaggio, in ultima analisi, dello stesso Stato-comunità).

Non vi è tuttavia unanimità di consensi circa la corretta qualificazione del Consiglio nazionale dell'economia e del lavoro (di seguito: CNEL) come organo ausiliario, attesi i compiti assegnati (fornire il punto di vista delle categorie produttive di cui è portavoce) e la sua collocazione in una dimensione più propriamente politica; né – per contro – si può con certezza escludere la produzione di effetti giuridici direttamente in capo ad alcuni degli atti posti in essere dalla Corte dei conti (alla quale, vedremo,

---

* Di Elena Malfatti.

sono assegnate funzioni di controllo), ovvero quelli che producono l'annullamento del provvedimento controllato. Sembrerebbe pertanto che il solo Consiglio di Stato (per la sua attività consultiva) possa venir ricondotto all'archetipo del soggetto neutrale rispetto al processo di formazione della decisione cui partecipa, oltre che caratterizzato – come gli altri due – da un organico e stabile collegamento con soggetti istituzionali (in tal caso, dell'amministrazione attiva).

Un orizzonte e una dimensione comune possono peraltro recuperarsi, per così dire, in negativo, ovvero per l'assenza di un'influenza decisiva, da parte di ciascuno degli organi ausiliari, sugli assetti complessivi della forma di governo italiana (atteso che al variare dei compiti, o in ipotesi al venir meno, di uno di essi, non scaturiscono conseguenze decisive sul regime politico), contrariamente a quanto accadrebbe per gli organi fin qui esaminati nel Manuale; per raffigurare questa situazione, si ricorre di frequente all'espressione di organi (non tanto costituzionali quanto) "di rilievo costituzionale", a sottolineare comunque come si tratti di organi la cui presenza è necessaria e finalizzata alla realizzazione di rilevanti aspetti della vita pubblica: la legge ordinaria non potrà quindi sopprimerli né sottrarre loro attribuzioni in modo da eludere il dettato costituzionale, mentre potrà precisare le attribuzioni e regolarne ordinamento e funzionamento, ma nell'ambito delle linee fondamentali delineate dalla Costituzione. Inoltre un elemento di un certo interesse sembra rappresentato dalla "latitudine" dei compiti ausiliari, nel senso che non è soltanto il Governo – come potrebbe lasciar pensare la *sedes materiae* – a risultare destinatario delle informazioni e delle indicazioni (in senso lato) provenienti dai tre organi in questione, ma in diverso modo anche Parlamento e soggetti di governo del sistema delle Autonomie regionali e locali (pure intesi in senso lato) vengono concretamente a fruirne.

Organi di "rilievo costituzionale"

2. *Il Consiglio nazionale dell'economia e del lavoro*

Tra rappresentanza politica e rappresentanza degli interessi

Il CNEL svolge, nell'ambito degli organi consultivi, il ruolo di organismo di confronto tra la rappresentanza politica e quella degli interessi. La previsione di un tale organo in Costituzione testimonia, da una parte, il riconoscimento dell'esigenza di valorizzare il progressivo articolarsi della società sulla base di particolari interessi, emersa fin dal primo Novecento nel contesto di un ripensamento più generale del tema della rappresentanza (nei termini in cui esso era emerso nello Stato ottocentesco, nel quale erano avversate le formazioni intermedie); dall'altra parte, però, anche la difficoltà, presente in Assemblea costituente, di spingere tale valorizzazione fino al punto di tradurla in una vera e propria forma di rappresentanza delle categorie professionali che giungesse ad integrare la più classica forma di rappresentanza politica. Le remore, in tal senso, possono leggersi alla luce del ricordo dell'esperienza fascista, che aveva trasformato la Camera dei Deputati in Camera dei fasci e delle corporazioni (v. *retro*, cap. IV, sez. I, par. 1); così, per un verso, non si rinuncia del tutto ad integrare nell'organizzazione dello Stato le associazioni originate nel mondo del lavoro, ma per un altro si riconosce unicamente alla volontà popolare il potere di determinare la composizione del nuovo Parlamento.

I rinvii dell'art. 99 Cost. alla legge ordinaria

Il formulato dell'art. 99 Cost. contiene peraltro ben tre rinvii alla legislazione ordinaria: con riguardo alla composizione dell'organo (del quale il Testo fondamentale si limita a indicare debbano far parte esperti e rappresentanti delle categorie produttive, in misura che tenga conto della loro importanza numerica e qualitativa); con riferimento alle attribuzioni (segnato il ruolo di consulente delle Camere e del Governo, sarà infatti poi la legge a definire più concretamente le funzioni del CNEL); e, infine, in ordine al possibile contributo sul fronte della normazione (attesa la scarna indicazione in ordine al potere di iniziativa legislativa e all'elaborazione della legislazione economia e sociale, che spettano al CNEL secondo però i principi ed entro i limiti stabiliti dalla legge).

Ad una prima lettura, in chiave riduttiva, delle già limitate potenzialità costituzionali dell'organo, operata con la l. n. 33/1957, che era sembrata renderne il ruolo complessivo addirittura effimero, hanno fatto seguito richieste anche pressanti di rivisitazione del CNEL, soprattutto dagli anni Settanta del secolo scorso in avanti, che sono sfociate nella IX legislatura nella l. n. 936/1986, la quale rappresenta ancora oggi una fonte essenziale in materia. Tra le linee guida di tale disciplina, l'accentuazione del carattere rappresentativo del Consiglio ed il rafforzamento del legame con i "rappresentati", come pure il potenziamento delle relative attribuzioni, con l'inserimento dell'organo nei processi preordinati alla formazione delle scelte di indirizzo in campo economico e sociale; pur senza giungersi a rendere obbligatoria, nemmeno nelle materie di particolare rilievo, la consultazione di esso da parte delle Camere e/o del Governo.

La composizione

Su di un totale (ad oggi) di sessantaquattro consiglieri, si prevedono anzitutto quarantotto rappresentanti delle categorie produttive di beni e servizi, articolati in modo tale da garantire i lavoratori dell'agricoltura e della pesca, dell'industria, del commercio e dell'artigianato, dei servizi (con particolare riguardo ai settori del trasporto, del credito e delle assicurazioni), nonché della Pubblica Amministrazione; inoltre vi sono sei rappresentanti designati dal Consiglio Nazionale del Terzo Settore, otto esperti nominati dal Presidente della Repubblica con proprio decreto, ed altri due nominati ancora con decreto presidenziale ma su proposta del Presidente del Consiglio dei ministri previa deliberazione del Consiglio dei ministri; con procedimento di quest'ultimo tipo è infine nominato il Presidente del CNEL, scelto al di fuori dei componenti dell'organo, che assieme a due vice-presidenti (eletti costoro dal CNEL tra i suoi membri) costituirà l'Ufficio di presidenza. Il Presidente ed i componenti durano in carica cinque anni e possono essere riconfermati, oppure revocati su richiesta delle istituzioni od organizzazioni che li hanno designati.

Nel quadro delle attribuzioni si è ravvisato poi un indice rivelatore dell'intendimento, che sarebbe stato proprio del legislatore, di delineare nel Consiglio un ruolo di supporto tecnico-conoscitivo preferenziale nei confronti del Governo, di sede di prenegoziazione e di mediazione nei conflitti sociali; ma a ben vedere l'attività consultiva – che anche nel nuovo assetto funzionale appare l'attività principale del CNEL – continua sostanzialmente ad essere limitata ai pareri facoltativi (giacché l'idea di prevedere anche pareri obbligatori, quindi da chiedersi necessariamente al CNEL, pur balenata nel dibattito sulla riforma, non era successivamente prevalsa) e a forme di consulenza demandate all'iniziativa stessa dell'organo, gli uni e le altre privi di qualsiasi effetto vincolante sui destinatari. *Le attribuzioni* Inoltre il contributo all'elaborazione della legislazione che comporta indirizzi in materia economica e sociale si sostanzia a sua volta in pareri facoltativi, oppure attraverso il compimento di studi o indagini su richiesta delle Camere o del Governo (o anche delle Regioni). La funzione costituzionale del CNEL che risulta maggiormente rafforzata nella legge del 1986 è, invece, e pur nella laconicità della previsione normativa, l'iniziativa legislativa: vengono abolite infatti le limitazioni specifiche, di ordine procedimentale e sostanziale, che erano state apposte dalla legge del 1957, cosicché l'unico vincolo (peraltro dai confini incerti) che permane è quello di dover vertere la proposta di legge su materie di carattere economico e sociale. Tuttavia, su questo specifico fronte, il riscontro concreto di quasi quarant'anni dall'entrata in vigore della legge appare assai deludente, a partire dal dato numerico che risulta esiguo (risulta, ad esempio, un totale di quattordici disegni di legge dal gennaio 2020 all'agosto del 2024, nelle more della pubblicazione del presente Manuale).

I compiti assegnati di recente

Più recentemente la l. n. 15/2009 (c.d. legge Brunetta, su cui già *retro*, cap. V, sez. III, par. 3, e *infra*, cap. VII, sez. II, par. 2), con l'art. 9, ha inserito una nuova previsione nel corpo della l. n. 936/1986, la quale sembrerebbe orientare l'attenzione del CNEL su aspetti più specifici delle politiche economico-sociali, con il triplice compito di redigere una relazione annuale a Parlamento e Governo sui livelli e la qualità dei servizi erogati dalle pubbliche amministrazioni alle imprese e ai cittadini, di raccogliere e aggiornare l'Archivio nazionale dei contratti collettivi di lavoro nel settore pubblico, e infine di organizzare una conferenza annuale sull'attività compiuta dalle amministrazioni pubbliche, con la partecipazione di vari soggetti qualificati, e avendo particolare riguardo al tema dell'andamento dei servizi erogati dalle amministrazioni medesime; a quanto risulta dalle direttive generali del Presidente del CNEL per l'attuazione del programma del Consiglio (contenenti le priorità programmatiche per l'attività istituzionale e per l'azione amministrativa del Consiglio medesimo), alle suddette attribuzioni è stato riconosciuto dall'interno dell'organo un peculiare rilievo, tale da suggerire uno specifico impegno rivolto all'attuazione concreta della novella legislativa (se ne coglie un riflesso nelle relazioni annuali fin qui pubblicate). Peraltro, è da ricordare che il disegno di legge di revisione costituzionale presentato dal Governo Renzi, approvato dalle Camere ma poi respinto dal *referendum* del 4 dicembre 2016, avrebbe previsto l'abrogazione *tout court* dell'art. 99 Cost., e con esso del CNEL, con la nomina di un commissario straordinario cui affidarne la gestione provvisoria, la liquidazione del patrimonio e la riallocazione delle risorse umane e strumentali presso la Corte dei conti, oltre che per tutti gli adempimenti conseguenti alla soppressione. Un tentativo di rivitalizzazione del CNEL, per così dire, "dall'interno" si coglie viceversa dal nuovo regolamento dei propri organi, che esso ha approvato piuttosto recentemente; esso, come sottolineato prontamente dal Presidente *pro tempore* T. Treu, ha rappresentato l'avvio di un'autoriforma, con il duplice obiettivo di semplificare ma anche intensificare l'attività istituzionale, per contribuire con rinnovato impegno sulla strada della democrazia partecipativa. Peraltro, la riduzione della dotazione ordinaria del CNEL a carico del bilancio dello Stato, di circa il 60% in poco più di un decennio, restituisce il senso di una mancanza di centralità dell'organo, se non addirittura di una certa sua marginalità, nell'assetto istituzionale complessivo.

3. *Il Consiglio di Stato*

La genesi del Consiglio di Stato, in età addirittura preunitaria e quindi nel Regno di Sardegna, viene generalmente ricondotta all'esigenza di assicurare un'assistenza qualificata alle Autorità decidenti, rispetto alle norme emanande e a numerosi affari da perfezionarsi, rispetto ai quali (prima con l'editto, poi con il regio decreto, infine con la legge) si prevede come necessaria la preventiva consultazione dell'organo. Tra le diverse fasi storiche esisterebbe pertanto continuità, nel senso di uno sviluppo e ampliamento del ruolo originario del Consiglio di Stato, così che l'esperienza dello Stato liberale (nella quale il Consiglio di Stato trova cittadinanza esplicita nello Statuto Albertino) e quella repubblicana (con l'espressa previsione dell'art. 100 Cost.) ne confermerebbero la funzione di consulenza giuridico-amministrativa del potere esecutivo (cui si ag-

La funzione di consulenza giuridico-amministrativa

giungerà, viceversa, l'importantissima funzione giurisdizionale, svolta per il tramite di ulteriori sezioni: vol. II, cap. III, sez. III, par. 3), tradotta da molti studiosi nel paradigma della realizzazione di una "tutela imparziale e oggettiva dell'ordinamento giuridico". Il Consiglio di Stato concorre pertanto all'obiettivo di assicurare il principio di legalità nell'azione del Governo, oltreché l'imparzialità e il buon andamento delle amministrazioni pubbliche in genere, a salvaguardia di interessi generali, *ex* art. 97 Cost.; l'unicità dell'organo (l'abbinamento delle cui attribuzioni in Costituzione, peraltro, è stato da alcuni contestato), attraverso consultazione e giurisdizione, permette altresì al medesimo di conoscere e seguire da diversi punti di vista [fra l'altro, attraverso un meccanismo di assegnazione dei magistrati alle sezioni, sulla base di criteri fissati dal Consiglio di Presidenza della Giustizia amministrativa, su cui *infra*, in questo par., che consente l'avvicendamento annuale delle singole persone fisiche dei magistrati fra le sezioni consultive e giurisdizionali] tutta l'attività amministrativa, con una visione organica dei diversi problemi, che risponderebbe addirittura ad una "vocazione universale", non essendovi Stato moderno che non riconosca la necessità che l'Amministrazione attiva venga affiancata e guidata da un'Amministrazione consultiva; cosicché il parere del Consiglio di Stato si colloca in modo qualificante nei procedimenti che culminano nei più importanti atti amministrativi (analoghe attività vengono svolte dalla sezione consultiva del Consiglio di giustizia amministrativa per la Regione siciliana, che ha la possibilità di deferire all'Adunanza generale del Consiglio di Stato questioni che incidano non solo sugli interessi regionali, ma anche su quelli generali o di altre Regioni).

A sua volta questa importante funzione di assistenza consultiva delle amministrazioni pubbliche (funzione rispetto alla quale, è da segnalare, il Consiglio di Stato viene affiancato nella titolarità dall'Avvocatura dello Stato, in termini di alternatività) si articola, nella nostra concreta esperienza costituzionale, nei pareri, che a loro volta possono risultare facoltativi, obbligatori e vincolanti.

I pareri vincolanti ...

Estremamente rare le previsioni di pareri vincolanti; si ricordano i casi in cui, con il parere conforme del Consiglio di Stato, il Governo inibisce il riacquisto della cittadinanza italiana, per gravi e comprovati motivi, oppure respinge l'istanza di acquisto della cittadinanza medesima, in presenza delle cause ostative indicate dalla l. n. 91/1992 (ragioni inerenti la sicurezza della Repubblica): si tratta di casi particolarmente gravi e delicati, sia perché si opera negativamente sullo *status civitatis*, sia per le ragioni concrete che possono consentire al Governo l'esercizio di un potere di veto.

... facoltativi ...

I pareri facoltativi sono invece, all'opposto, quelli che non solo il Governo ma le pubbliche amministrazioni tutte possono sempre chiedere, al fine di vedere chiariti i punti e gli aspetti del proprio operare, di conseguenza evitando di violare regole giuridiche o anche di buona amministrazione, e quindi prevedendo o almeno limitando l'eventuale contenzioso; può trattarsi di affari di ogni natura, e può essere implicata qualsiasi questione che presenti difficoltà, dubbi, perplessità del più vario genere. Si tratta dunque di un tipo di consultazione largamente utilizzato e che dà luogo ad un'attività imponente, pure sotto l'aspetto quantitativo, e che per l'autorevolezza dell'organo che la effettua offre poi una qualche maggiore sicurezza ai funzionari che la richiedono.

... e obbligatori

Ancora, i pareri obbligatori sono quelli che devono essere necessariamente richiesti, sui più importanti atti del Governo e della P.A., pur rimanendo questi ultimi liberi di decidere se uniformarsi o meno al parere ricevuto, nel determinare il contenuto dell'atto da approvare. Il novero dei pareri obbligatori, già enucleato nell'art. 15 r.d. n. 1054/1924, è stato oggetto di rivisitazione negli anni '90 del secolo scorso, in particolare la l. n. 127/1997 (c.d. legge Bassanini due) all'art. 17, 25° comma, elenca espressamente atti e provvedimenti per i quali tali pareri devono essere richiesti [regolamenti del Governo e dei singoli ministri (per i quali del resto l'art. 17, l. n. 400/1988 indicava il medesimo obbligo) e testi unici (per breve tempo, anche testi unici "misti", ossia legislativi e regolamentari insieme; ma questa ibrida figura, introdotta nel 1999, è stata eliminata già nel 2003; sui testi unici v. vol. II, cap. I, sez. III, par. 3.2.2); decisione (più che parere in senso proprio, ormai) sui ricorsi straordinari al Presidente della Repubblica; schemi generali di contratti-tipo, accordi e convenzioni predisposti da uno o più ministri (ad eccezione di alcune fattispecie previste analiticamente dalla l. n. 662/1996)], abrogando ogni diversa ed ulteriore previsione di legge; la stessa l. n. 127/1997 ha esteso alla funzione consultiva il meccanismo di semplificazione previsto, in via generale, dalla l. n. 241/1990, di modo che il parere del Consiglio di Stato dev'essere reso nel termine di quarantacinque giorni dal ricevimento della richiesta, decorso il quale l'amministrazione richiedente può procedere indipendentemente dall'acquisizione del parere. Tale termine può essere interrotto una sola volta per esigenze istruttorie, nel qual caso il parere dovrà essere reso definitivamente entro venti giorni dal ricevimento degli elementi istruttori da parte delle amministrazioni interessate.

L'istituzione della Sezione Consultiva per gli Atti Normativi (e il "cambiamento di pelle" della seconda e terza sezione)

Sempre la legge del 1997 ha istituito all'art. 17, 28° comma, una ulteriore sezione consultiva del Consiglio di Stato (denominata Sezione Consultiva per gli Atti Normativi), che è così andata ad affiancarsi a quelle preesistenti (originariamente tre, ciascuna composta a sua volta, ai sensi della l. n. 186/1982, da due presidenti, di cui uno titolare, e da almeno nove consiglieri; si segnala tuttavia come nell'ultimo decennio una diversa organizzazione interna abbia fatto sì che prima la terza, e poi anche la seconda sezione, venissero a svolgere attività giurisdizionale, essendo il numero degli affari sottoposti a parere notevolmente inferiore a quanto avveniva in passato, e ravvisandosi parallelamente l'opportunità di incrementare la risposta dell'organo alle esigenze della giurisdizione; cosicché oggi è rimasta solo la prima sezione consultiva); tale Sezione Consultiva ha il compito di esaminare gli schemi di atti normativi per i quali il parere del Consiglio di Stato sia previsto per legge o sia comunque richiesto dall'Amministrazione (da questo punto di vista, tra l'altro, si evidenzia quanto la funzione del Consiglio di Stato risulti ampia, riguardando la stessa redazione dell'atto da emanare). Sempre di recente, pareri facoltativi sono stati chiesti, ad esempio, sia da commissioni parlamentari istituite esse stesse per rendere pareri su schemi di decreti legislativi al Governo, sia dall'ANAC su schemi di linee guida, pur talvolta qualificate non come regolamenti ma come atti amministrativi generali; a rimarcare comunque l'importanza della funzione consultiva, riconosciuta in sede parlamentare e sottolineata dalla stessa Sezione Consultiva, che è in grado di ridurre gli oneri di comprensione, interpretazione, pratica applicazione da parte di tutti i destinatari, prevenendo il contenzioso e confermando il ruolo del Consiglio di Stato come un *advisory board* delle Istituzioni del Paese in un ordinamento innovato e pluralizzato.

Adunanza generale e Commissioni speciali

Si è previsto altresì che il parere venga reso in Adunanza generale (formata dal Presidente del Consiglio di Stato e da tutti i magistrati in servizio presso lo stesso organo, oltreché presso il Consiglio di giustizia amministrativa per la Regione Siciliana) se relativo a schemi di veri e propri atti legislativi (di iniziativa governativa) oppure a schemi di regolamenti; gli uni e gli altri, devoluti dalla Sezione Consultiva o dal Presidente del Consiglio di Stato a causa della loro particolare importanza (e quindi non in ogni ipotesi, come prevedeva originariamente la normativa in materia, della quale rimane tuttavia l'indicazione dello studio preliminare e della preparazione in sezione). Ancora, e indipendentemente dall'oggetto, in caso di particolare complessità della questione concernente il parere, il Presidente del Consiglio di Stato può istituire Commissioni speciali, composte anch'esse da magistrati appartenenti sia alle sezioni giurisdizionali che consultive (a titolo di esempio, il 1° aprile 2016 una commissione speciale all'uopo prevista ha reso un parere favorevole con osservazione sullo schema di decreto legislativo recante il Codice degli appalti pubblici e dei contratti di concessione).

Un esame di legittimità e di merito

Non esistono limiti di indole generale all'esame che il Consiglio di Stato deve condurre sulle singole questioni, potendo esso esaminare tanto la legittimità del provvedimento che Governo e pubbliche amministrazioni stanno per adottare, quanto il merito, inteso nel significato più ampio (a meno che l'atto emanando non sia di tipo vincolato, non consenta cioè all'Amministrazione alcuna valutazione discrezionale). Come affermato sempre più spesso nei pareri concretamente resi dal Consiglio di Stato, la garanzia della qualità della normazione poggia anche sulla verifica *ex ante* dell'idoneità delle norme a perseguire in concreto gli interessi pubblici prefissati dalla legge, in una parola sulla "fattibilità" dell'intervento normativo, che risalta quale nuova dimensione del controllo preventivo di legittimità, e viene esplorata ed approfondita dall'organo consultivo. E per tale tipo di verifica sono stati approntati di recente molteplici strumenti, comprese forme di partecipazione, in funzione collaborativa all'istruttoria, di figure rappresentative delle categorie dei destinatari delle regole da emanare.

L'iter procedimentale

Dal punto di vista procedimentale, per l'istruzione viene nominato un relatore (o più relatori, se il parere appare complesso), che riferisce nella seduta della sezione o comunque dell'articolazione che viene in rilevo, la quale delibererà poi (nei termini indicati dalla l. n. 127/1997) a maggioranza assoluta dei voti (e con un *quorum* "strutturale", ossia di validità della seduta, determinato dall'intervento della metà dei consiglieri); di recente si sono potute apprezzare varie innovazioni metodologiche, tra le quali l'uso, in sede istruttoria, delle audizioni, spesso convocandosi i responsabili degli uffici di *staff* di vari dicasteri o i responsabili di strutture di vertice delle amministrazioni pubbliche, come anche l'apertura al contributo degli *stakeholders*, così da poter acquisire e valutare eventuali contributi scritti di soggetti, diversi dalle amministrazioni pubbliche, ma comunque interessati ai testi normativi di volta in volta esaminati. Il Presidente del Consiglio di Stato trasmetterà infine il parere all'autorità che l'ha richiesto, ed il parere sarà quindi soggetto al principio di pubblicità (in virtù dell'art. 15, l. n. 205/2000) con l'indicazione del Presidente del Collegio e dell'estensore. Volendosi fare particolare attenzione al profilo della comunicazione istituzionale, tutti i pareri, non appena depositati, vengono anche pubblicati sul sito Internet della giustizia amministrativa, con l'accompagnamento di brevi sintesi esplicative, in un linguaggio semplice e accessibile, al fine di esporre le questioni giuridiche affrontate e le soluzioni prospettate dal Consiglio di Stato. Nei casi in cui, per previsione di legge, il parere debba venire affiancato da quello di commissioni parlamentari (si tratta di schemi di atti normativi quali i regolamenti di delegificazione o i decreti legislativi delegati che daranno vita a testi unici legislativi), si è posto il problema di quale debba essere il parere reso preventivamente e quale invece successivamente (posto che in entrambe le sedi la posizione era quella favorevole all'intervento, per così dire, in seconda battuta, da parte del Consiglio di Stato, in particolare al fine di verificare la corrispondenza fra le soluzioni accolte dal Governo e gli indirizzi espressi in sede legislativa); la normativa a un certo punto sembra aver privilegiato una soluzione che consente alle Commissioni parlamentari di esprimersi sullo schema definitivo del provvedimento, risultante dall'eventuale accoglimento delle osservazioni rese dal massimo organo consultivo del Governo.

Il problema dell'indipendenza del Consiglio di Stato (e della Corte dei conti)

Per il Consiglio di Stato, così come per la Corte dei conti, si pone il problema della garanzia dell'indipendenza, che l'art. 100, 3° comma, Cost., afferma espressamente (per i due istituti, e per i loro componenti) senza indicarne gli strumenti. Peraltro, è senz'altro innovativa l'indicazione della suddetta previsione costituzionale (proposta durante i lavori dell'Assemblea costituente da C. Mortati) secondo cui l'indipendenza va assicurata di fronte al Governo, a stemperare il legame che, anche dal punto di vista del personale e degli apparati, storicamente aveva ricondotto entrambi gli organi prima al Re, e successivamente al Capo del Governo. Tuttavia, da un primo punto di vista, c'è da sottolineare come la nomina di una certa parte dei componenti di entrambi gli organi ausiliari continui a spettare al Governo (che vi provvederà peraltro sulla base di requisiti professionali abbastanza precisi), mentre gli altri componenti provengono da selezione tramite pubblico concorso per titoli ed esami (e in particolare, nel caso del Consiglio di Stato, la metà di posti nella qualifica di consigliere che si rendano vacanti spetterà ai consiglieri dei tribunali amministrativi regionali con una certa anzianità di servizio che ne facciano domanda); ed ancora il Governo, con modalità variabili, può condizionare la progressione di carriera, legata all'anzianità e al merito, oltre che la nomina (che avviene formalmente con decreto del Presidente della Repubblica) dei rispettivi Presidenti. Tale perdurante vicinanza con il potere esecutivo viene valutata variamente in dottrina, facendosi da taluno notare come ogni organo dello Stato che non abbia (non solo indipendenza, ma) vera e propria autonomia costituzionale dagli altri, non possa non essere legato al Governo almeno per i compiti strumentali, tra i quali si annovera il reclutamento del personale.

L'istituzione dei Consigli di Presidenza

Da un secondo punto di vista, peraltro, negli anni Ottanta del secolo scorso (e dopo le indicazioni della Corte costituzionale contenute nella sent. n. 177/1973) si è cercato almeno in parte di assicurare l'indipendenza nell'organizzazione delle attività e nel funzionamento interno dei due consessi, istituendo – pur in assenza di un'espressa norma costituzionale al riguardo – i rispettivi Consigli di Presidenza, sul modello del Consiglio superiore della magistratura ordinaria (per brevità: CSM, su cui *infra*, vol. II, cap. III, sez. II, par. 2 e sez. III, par. 3.2); ad esso il legislatore – prima con la l. n. 186/1982 (e successive modifiche) per il Consiglio di Stato, poi con la l. n. 117/1988 per la Corte dei conti (*infra*, par. 4, in fondo) – si è concretamente ispirato, specie per il temperamento del principio dell'autogoverno tramite l'innesto all'interno dei due nuovi organi consiliari di membri "laici", ovvero esterni alle due magistrature amministrative e designati dalle Camere. In particolare per il Consiglio di Stato, si è previsto un Consiglio di Presidenza della Giustizia amministrativa (che pur interessa in questa sede, attesa l'unitarietà dell'organo nelle sue componenti ausiliaria c di magistratura giudicante), presieduto dallo stesso Presidente del Consiglio di Stato (dunque da questo punto di vista c'è in realtà un'asimmetria, rispetto al Consiglio superiore della magistratura), e composto inoltre da quattro magistrati in servizio presso il Consiglio di Stato, da sei magistrati in servizio presso i tribunali amministrativi regionali e da quattro cittadini eletti dalle Camere a maggioranza assoluta fra professori universitari ordinari in materie giuridiche ed avvocati con venti anni di esercizio professionale. Meno ampia la latitudine dei compiti devoluti a tale Consiglio di Presidenza, rispetto a quelli conferiti al CSM: pur avendo significative funzioni organizzative, regolamentari e disciplinari (le quali, si può dire, incidono sullo *status* giuridico e sullo sviluppo dell'intera carriera dei magistrati amministrativi), essi vengono condizionati in origine dal duplice canale di provvista dell'organico del Consiglio di Stato, oltreché sviliti dai poteri di sorveglianza su tutti gli uffici e su tutti i magistrati che la legge del 1982 ha conservato in capo al Presidente del Consiglio dei ministri.

4. *La Corte dei conti*

L'originaria funzione di "referto" alle Camere ...

Nell'esercizio delle sue funzioni di controllo (giacché essa esercita pure, attraverso ben distinte sezioni, funzioni di natura giurisdizionale, sulle quali *infra*, vol. II, cap. III, sez. III, par. 3) la Corte dei conti (come pure, si è visto, il Consiglio di Stato) aveva già caratterizzato l'esperienza statutaria, ed il modello ereditato dal Costituente è perciò riconducibile agli albori dell'Unificazione, in particolare alla l. n. 800/1862. Nell'originario assetto la Corte era posta "a servizio e lume" delle Camere, ovvero doveva coadiuvare – attraverso il vaglio di atti e attività posti in essere dai Governi (e per essi, dalle amministrazioni) – il controllo delle Assemblee legislative sulla corretta e sana gestione delle risorse pubbliche (consentendone un giudizio ponderato, in quanto adeguatamente preparato); come si è scritto efficacemente, il modello di fondo che la Costituzione recupera è – allora – quello volto allo scopo di creare trasparenza gestionale, essendo finalizzate al "referto" la totalità delle attribuzioni non contenziose della Corte.

... e la valenza sanzionatoria acquisita col regime fascista

Peraltro gli istituti del controllo erano stati *medio tempore* contaminati dalla prospettiva autoritaria del regime fascista, ed in particolare dal r.d. n. 1214/1934 (ancora in parte in vigore), il quale definendo l'ordinamento della Corte dei conti sottolineava la valenza sanzionatoria (e in qualche modo, autosufficiente) del controllo, a scapito di quella referente e quindi del circuito politico-parlamentare in cui quest'ultima si proietta. Al fine di veder valorizzate appieno le funzioni della Corte, che la Carta fondamentale si limita a tracciare nell'art. 100, 2° comma, Cost., bisognerà dunque attendere le riforme degli anni 1993-1994 (in particolare la l. n. 20/1994, con i successivi perfezionamenti degli anni Duemila, sparsi per vero in un gran numero di disposizioni). Anche se più recentemente alcuni studiosi hanno paventato rischi di nuovi "infeudamenti" della Corte dei conti, in nome di una predicata, maggiore incisività ed effettività dei controlli, che l'ottica collaborativa (volta a stimolare processi di autocorrezione dell'attività amministrativa *in itinere*) non garantirebbe appieno; occorrendo pertanto configurare veri e propri obblighi – di natura cogente e imperativa – di adottare provvedimenti correttivi entro tempi adeguati, che le norme di nuova generazione peraltro (*infra*, in questo par.) lascerebbero presagire.

I controlli previsti dall'art. 100 Cost. ...

Ad ogni modo, le tipologie di controllo contemplate nell'art. 100 Cost., sono fondamentalmente tre: preventivo di legittimità sugli atti del Governo, successivo sulla gestione del bilancio dello Stato, e (nei casi e nelle forme stabilite dalla legge) successivo sulla gestione finanziaria degli enti a cui lo Stato contribuisce in via ordinaria. Quest'ultimo, in realtà, partecipa di alcuni caratteri del controllo sia preventivo che successivo: risultando concomitante (e cioè svolgendosi nel corso della gestione, attraverso l'intervento di un magistrato della Corte delegato dal Presidente nelle sedute degli organi di amministrazione e di revisione degli enti interessati) almeno per gli enti finanziati con apporto di capitale (se la contribuzione è invece corrente, il controllo si sostanzia attraverso la trasmissione di documenti e contabilità consuntive); qualificandosi come controllo sia di legittimità che di merito; ed avendo altresì per oggetto l'intera gestione finanziaria ed amministrativa dell'ente controllato.

... e altri compiti, consultivi e amministrativi

Nell'ambito delle funzioni non contenziose ne vanno ricordate poi di ulteriori previste dalla legge, quali alcune più specificamente consultive (ovvero pareri resi al Governo o ai singoli ministri in ordine ad atti normativi o provvedimenti amministrativi, come pure valutazioni rese alle Camere, su richiesta dei rispettivi Presidenti, in ordine alle conseguenze finanziarie che deriverebbero dalla conversione in legge di un decreto-legge o dall'emanazione di un decreto legislativo delegato) ed altre amministrative (ad esempio provvedimenti concernenti lo *status* economico e giuridico dei propri dipendenti).

I controlli, riconducibili in modo diretto al disposto costituzionale, hanno il comune carattere di essere esterni (in contrapposizione quindi a quelli posti in essere dalla stessa amministrazione controllata, pure incentivati da altre normative) e di venire svolti in posizione di imparzialità rispetto agli interessi di volta in volta perseguiti; quelli di tipo preventivo, poi, si distinguono da quelli successivi, oltre che per l'oggetto (rispettivamente, singoli atti e risultati complessivi di attività; ad eccezione degli atti di notevole interesse finanziario, individuati per categorie e amministrazioni statali dalla stessa Corte, sui quali essa potrà esercitare temporaneamente anche un controllo successivo immediato), anche per il parametro (conformità a schemi procedimentali precostituiti, previsti in leggi, in particolare quelle di bilancio, nel primo caso; ovvero rispondenza a obiettivi previamente posti, secondo una serie aperta ed elastica di canoni di riferimento, tenuto conto in ogni caso dei vincoli di bilancio, nel secondo caso). La l. n. 20/1994, nel ridimensionare i controlli preventivi, che costituivano per l'innanzi la forma "normale" di verifica della Corte dei conti, potenzia invece quelli successivi, introducendone pure di nuovi: quello sulla gestione dei fondi strutturali di provenienza comunitaria (nell'ambito del quale la Corte è chiamata a collaborare con la Corte dei conti europea e con gli altri istituti superiori di controllo internazionali) e l'altro sugli enti appartenenti al complesso delle amministrazioni pubbliche [che affianca il più tradizionale giudizio di parificazione (ossia confronto) del rendiconto generale dello Stato con la legge di bilancio; giudizio di parificazione che a sua volta include ormai una valutazione dei risultati della gestione finanziaria con riferimento all'intero settore pubblico, come anche la verifica del rispetto del patto di stabilità interno ed europeo]. La legislazione sul pubblico impiego (d.lgs. n. 29/1993 e successive modifiche) ha inoltre attribuito alla Corte dei conti la funzione di valutare la compatibilità dei costi derivanti dai contratti collettivi di lavoro con gli strumenti della programmazione e del bilancio, fornendo in tal modo notevoli elementi conoscitivi in capo all'Agenzia per la rappresentanza negoziale (sul concetto di Agenzia *infra*, cap. VII, sez. II, par. 4).

Il ridimensionamento dei controlli preventivi ...

... e il potenziamento di quelli successivi

Oggetto e procedimento di controllo preventivo

Il controllo preventivo è dunque ormai limitato dalla legge del 1994 (e successive modifiche) ad alcune categorie di atti del Governo particolarmente importanti – assai vari ma caratterizzati da un fattore comune, ovvero l'essere atti che per natura ed effetti incidono in via diretta o indiretta su aspetti organizzativi e su fenomeni di carattere finanziario di peculiare rilievo – ed espressamente elencati (erano peraltro stati esclusi, già dalla l. n. 400/1988, gli atti normativi aventi forza di legge); la disciplina sul procedimento di controllo è stata poi integrata dalla l. n. 340/2000, che ne prevede il completamento entro termini perentori, con esito che può essere positivo (nel qual caso la Corte ammette l'atto al visto e alla registrazione, ed esso acquista così efficacia giuridica) oppure interlocutorio: qui la Corte, dubitando della legittimità dell'atto, consente all'Amministrazione interessata di presentare deduzioni, di talché la Corte può comunque rifiutare la registrazione dell'atto; questa prima fase può a sua volta condurre ad un'apposita deliberazione del Consiglio dei ministri, sul fatto che l'atto debba avere comunque corso, rispondendo ad interessi pubblici superiori, cui seguirà infine una pronuncia della Corte a Sezioni riunite le quali, ove non ritengano venute meno le ragioni del rifiuto, ordinano la registrazione dell'atto e vi appongono il visto con riserva. Tale esito consente di evidenziare la responsabilità politica del Governo, proprio in ordine agli atti vistati con riserva, perché di essi la Corte trasmette periodicamente l'elenco alle Camere; cosicché l'unica sanzione che può immaginarsi è quella dell'incrinatura del rapporto fiduciario (e, in via più mediata, l'altra del giudizio negativo del corpo elettorale-contribuente sulle modalità con le quali i governanti adoperano le risorse pubbliche). La sola ipotesi di rifiuto assoluto di registrazione, che conduce all'annullamento dell'atto cui si riferisce, è quella dei provvedimenti contemplati nell'art. 25, r.d. n. 1214/1934, ovvero, semplificando un poco: impegni o ordini di pagamento riferiti a spese che eccedono le somme stanziate in bilancio; decreti per nomine e promozioni di personale disposte oltre i limiti di organico; ordini di accreditamento a favore di funzionari delegati al pagamento di spese, emessi per importo eccedente i limiti di legge.

I caratteri del rapporto tra Corte dei conti e Governo

Si delinea pertanto un rapporto della Corte dei conti con il Governo, da un lato episodico (tramite controllo di singoli atti ed "avviso" di irregolarità eventualmente riscontrate), dall'altro propedeutico (qualora il Governo non provveda a rimuovere le disfunzioni) rispetto alla fondamentale funzione del referto agli organi elettivi. Tuttavia (e qui troviamo altre due peculiari manifestazioni di ausiliarietà della Corte), da un lato il Governo, nella persona del Presidente del Consiglio dei ministri, può individuare altri atti con conseguente richiesta alla Corte dei conti di sottoporli, temporaneamente, a controllo preventivo; dall'altro lato la stessa Corte ha il potere di attuare un temporaneo ampliamento dell'elencazione tassativa di atti da sottoporre a controllo preventivo, nei casi di diffusa e ripetuta irregolarità, rilevata in sede di controllo successivo. Abbastanza di recente (d.lgs. n. 50/2016, art. 162) è stata prevista l'istituzione in seno alla Corte dei conti di un Ufficio di controllo preventivo (ridenominato "Sezione centrale per il controllo dei contratti secretati" dalla l. n. 70/2020) sulla legittimità e sulla regolarità dei contratti pubblici secretati o che esigono particolari misure di sicurezza, nonché (controllo successivo) sulla regolarità, correttezza ed efficacia della gestione degli stessi; della nuova attività di controllo è fatto obbligo di riferire al Parlamento entro il 30 giugno di ogni anno; dall'interno della Corte si è cercato di coordinare sin da subito la nuova attività di controllo con l'attività di vigilanza attribuita nel medesimo ambito all'ANAC (per alcuni cenni *supra*, cap. V, ed *infra*, cap. seguente), come risulta dalla prima relazione presentata alle Camere con deliberazione 16 giugno 2017.

Analogie e differenze coi controlli successivi

Per quanto riguarda poi i controlli successivi, essi presentano alcune caratteristiche non dissimili dai controlli preventivi, risultando parimenti tesi a produrre relazioni e osservazioni alle amministrazioni e agli enti controllati e referti alle assemblee elettive, oltre che a provocare possibilmente meccanismi di correzione "spontanea" delle prime, in mancanza dei quali le seconde potranno far valere la responsabilità politica; se ne differenziano quindi, non tanto sul piano finalistico, quanto su quello strutturale, implicando la valutazione comparativa di costi, modi e tempi dello svolgimento dell'azione amministrativa, per poterne infine trarre un giudizio di economicità, efficienza, efficacia. I controlli successivi necessitano inoltre di un programma di lavoro, che la Corte dei conti approva ogni anno per l'anno successivo, che viene preventivamente comunicato agli organi elettivi e alle amministrazioni controllate, e che porta – sulla base di vari parametri (rilievo degli interessi tutelati dalla legislazione applicabile, importanza finanziaria della gestione, esistenza di notevoli rischi di irregolarità della medesima, risultati di precedenti controlli), delle richieste del Parlamento, e delle risorse umane e strumentali disponibili – all'individuazione di aree di gestione da sottoporre a verifica (comprese le gestioni commissariali): per un esempio, la relazione sul risultato del controllo eseguito sulla gestione finanziaria dell'Istituto nazionale per l'assicurazione contro gli infortuni sul lavoro (I.N.A.I.L.), per l'esercizio 2019, emergente dalla delibera n. 33 del 15 aprile 2021; per un altro esempio, più recente, la relazione sul risultato del controllo eseguito sulla gestione finanziaria dell'Agenzia nazionale per i servizi sanitari regionali (AGE.NA.S.), per l'esercizio 2022, risultante dalla delibera n. 104 del 22 luglio 2024. Nell'ipotesi in cui le amministrazioni controllate non si attengano alle indicazioni della Corte, potrà eventualmente evidenziarsi la responsabilità politica e/o giuridica dei vertici degli apparati burocratici sottoposti a controllo; ma non esiste un rapporto diretto tra esito negativo del controllo sulla gestione ed ulteriore giudizio di responsabilità di singoli amministratori pubblici (che si profila invece allorché dalla condotta dei medesimi sia derivato un danno pubblico patrimoniale).

Controllo successivo e autonomie territoriali

Dal controllo successivo non sono esentati gli enti territoriali, anzi la Corte costituzionale, in diverse importanti pronunce, ha ritenuto pienamente compatibile tale controllo con l'autonomia degli enti stessi, armonizzandosi con essa ed assicurando che ogni settore della Pubblica Amministrazione risponda ai principi costituzionali di buon andamento dei pubblici uffici, responsabilità dei funzionari pubblici, coordinamento della finanza pubblica, trasparenza dei conti pubblici, equità intragenerazionale e intergenerazionale, tendenziale equilibrio del bilancio, il quale consiste nella continua ricerca di un armonico e simmetrico bilanciamento tra risorse disponibili e spese necessarie per il perseguimento delle finalità pubbliche. Si tratta di controlli ad ampio spettro, che riguardano quindi Regioni (pur limitatamente al perseguimento degli obiettivi stabiliti dalle leggi di principio e di programma), Province, Comuni (e più di recente Città metropolitane: *infra*, cap. IX, sez. II, par. 6), che coniugano vaglio di legittimità e analisi di gestione, e tengono conto altresì dei risultati dei controlli interni messi in opera dalle stesse amministrazioni controllate; naturalmente dovranno svolgersi anch'essi secondo programmi periodici, e l'esito del referto, almeno annualmente, viene indirizzato al Parlamento e ai Consigli regionali, oltre che alle Amministrazioni direttamente interessate.

Un controllo sostanziale

Il d.l. n. 174/2012, approvato nella stagione della riforma dell'art. 81 Cost., e convertito in l. n. 213/2012, significativamente rubricato "Rafforzamento della partecipazione della Corte dei conti al controllo sulla gestione finanziaria degli enti territoriali", ha in effetti dato il là ad una stagione nella quale, grazie anche ad una giurisprudenza costituzionale particolarmente incisiva, si apprezza ormai a ogni livello di governo territoriale un "controllo sostanziale" della Corte dei conti, finalizzato a verificare e garantire l'equilibrio di bilancio e la corretta determinazione dei risultati di amministrazione alla luce di parametri giuridico-normativi, ovviamente non soltanto di rango costituzionale, con l'obiettivo ultimo – proprio alla luce del quadro concettuale elaborato dal Giudice delle leggi, avvertito ormai come una sorta di *jus receptum* – di "trascendere" il dato meramente finanziario per consentire una valutazione obiettiva e trasparente dell'operato degli organi di governo tutti, in termini anche di responsabilità politica degli eletti davanti agli elettori, la quale si esercita pure in relazione al consumo delle risorse impiegate e al dovere di rappresentare ai consociati le scelte effettuate. Da questo punto di vista, si è sottolineato in dottrina come la Corte dei conti non possa ormai più considerarsi "ausiliaria" rispetto alle sole Assemblee legislative o agli Esecutivi, ma invece orientata al rispetto dell'interesse spersonalizzato della legge, inteso come interesse proprio dello Stato-ordinamento, e dunque quale magistratura che presidia la sovranità democratica di cui all'art. 1, 2° comma, Cost., esercitata, appunto, nelle forme e nei limiti della Costituzione.

Il controllo "concomitante"

La c.d. legge Brunetta (l. n. 15/2009), dal canto suo, all'art. 11 ha previsto una ulteriore forma di controllo sulle gestioni pubbliche statali, regionali e locali *in corso di svolgimento*, anche a richiesta delle competenti commissioni parlamentari, che i commentatori hanno indicato come "controllo concomitante": esso è scandito da un'istruttoria di ordine economico-finanziario che conduce ad un primo rilievo di gravi irregolarità gestionali o di rilevanti ritardi nella realizzazione di piani e programmi, oltre che da un momento di confronto in contraddittorio sulle cause dei problemi riscontrati, all'esito del quale si aprono diverse prospettive, dall'adozione di provvedimenti idonei a superare i rilievi, alla valutazione da parte del Presidente della Corte dell'ipotesi di *mala gestio*, che può portarlo a darne comunicazione all'organo di governo competente e così a favorire l'eventuale adozione di un provvedimento recante la sospensione dell'impegno di somme stanziate sui pertinenti capitoli di spesa; è fatta salva la scelta dell'autorità di governo in questione di non ottemperare ai rilievi formulati dalla Corte, comunicandone le ragioni alla presidenza di quest'ultima oltre che alla rispettiva assemblea elettiva. Questa prospettiva si è ulteriormente rafforzata, in virtù del suddetto d.l. n. 174/2012, per l'esigenza del rispetto del patto di stabilità interno, e più in generale dei vincoli in materia di indebitamento, *ex* art. 119 Cost. (v. *infra*, cap. IX, sez. III, par. 7.5), anche da parte degli enti territoriali.

Più di recente ancora, il d.l. n. 76/2020, all'art. 22, ha previsto che la Corte dei conti eserciti il controllo concomitante sui principali piani, programmi e progetti relativi agli interventi di sostegno e di rilancio dell'economia nazionale; con riferimento ad essi, l'eventuale accertamento di gravi irregolarità gestionali, ovvero di rilevanti e ingiustificati ritardi nell'erogazione di contributi secondo le vigenti procedure amministrative e contabili, è immediatamente trasmesso all'amministrazione competente ai fini della responsabilità dirigenziale; peraltro si segnala come, in un certo senso in controtendenza, il d.l. n. 44/2023 abbia escluso dal controllo concomitante i progetti previsti o finanziati dal Piano nazionale di ripresa e resilienza. Complessivamente, la più avvertita dottrina segnala criticamente come il controllo concomitante rispecchi una funzione di affiancamento degli amministratori, per accompagnarne da vicino le azioni, in un rapporto di diretta connessione che confina con una forma di cogestione, di esercizio di un potere, cioè, mediante il quale il controllore è in grado di imporre all'autorità controllata la propria lettura dei fatti di gestione e delle norme ad essi applicabili; finendosi così, in buona sostanza, a deviare dal concetto costituzionale di ausiliarietà, dando quasi per scontato che le assemblee elettive non siano in grado di sindacare efficacemente l'operato delle amministrazioni, e attribuendo alla Corte dei conti alcuni poteri di intervento che sarebbero più apparenti che reali, in quanto destinati probabilmente a infrangersi contro le ragioni della politica (dei governi e dei ministri). D'altra parte, si fa notare come tale forma di controllo potrebbe sopperire alla carenza di competenze specialistiche in materia di contabilità pubblica riscontrabile in molti enti locali, specie se di piccole dimensioni, e quindi garantire la qualità della spesa pubblica e il buon andamento della gestione, in funzione collaborativa e correttiva.

L'organizzazione interna della Corte dei conti

Comunque sia, a questa nutrita congerie di attività provvede l'organico della Corte dei conti, sulla base di un assetto in parte disciplinato da legge, in parte rimesso all'autonomia organizzativa della Corte stessa; il punto è assai complesso, ma basti qui ricordare che sono attualmente previste, accanto alle sezioni giurisdizionali, sei sezioni centrali di controllo [dedicate alle diverse tipologie di verifica: di legittimità sugli atti del Governo e delle amministrazioni dello Stato; sulla gestione delle amministrazioni dello Stato; sugli enti (sovvenzionati); delle autonomie (una sezione che è in realtà espressione delle sezioni regionali di controllo (*infra*), ai fini del coordinamento della finanza pubblica); per gli affari comunitari e internazionali; sugli enti (cui lo Stato contribuisce in via ordinaria); dei contratti secretati]. Mentre l'organizzazione territoriale comprende sezioni di controllo nelle quindici regioni ordinarie (per quelle a statuto speciale sussistono differenze in ragione della peculiarità statutaria) alle quali dal menzionato d.l. n. 174/2012 è pure affidato il compito di svolgere i controlli per la verifica dell'attuazione delle misure dirette alla razionalizzazione della spesa pubblica degli enti territoriali (c.d. *spending review*), sulla base di metodologie appropriate definite dalla Sezione autonomie della stessa Corte dei conti. Infine vanno considerate le sezioni riunite centrali (in sede di controllo, deliberante, consultiva; senza considerare qui quella giurisdizionale), composte dal Presidente della Corte dei conti, da due presidenti di sezione e da consiglieri delle diverse sezioni, che risolvono i conflitti di competenza tra le sezioni centrali e tra queste e le sezioni regionali, oltre a pronunciarsi su "questioni di massima" a richiesta del Procuratore generale o di una sezione; ad esse si aggiungono infine tre sezioni riunite speciali relative alle Regioni Sicilia, Sardegna e Trentino Alto Adige. Con delibera del Consiglio di Presidenza della Corte del 10 novembre 2021 è stato infine istituito il Collegio del controllo concomitante, presso la già menzionata Sezione centrale di controllo sulla gestione delle amministrazioni dello Stato (ove tuttavia l'attuazione di piani, programmi e progetti sia rimessa agli enti territoriali, il controllo concomitante viene svolto dalla competente sezione regionale di controllo).

In particolare, il Consiglio di Presidenza

Un'ultima considerazione. Come già accennato (par. prec.) la l. n. 117/1988 (modificata dal d.lgs. n. 62/2006 e dalla legge Brunetta), all'art. 10 ha istituito il Consiglio di Presidenza della Corte dei conti, delineandolo sul modello degli organi c.d. di autogoverno, prevedendone le competenze per i giudizi disciplinari e i provvedimenti che riguardano lo stato giuridico del personale di magistratura della Corte, e disponendo l'applicazione in quanto compatibili di alcune norme della l. n. 186/1982 relative al Consiglio di Presidenza della Giustizia amministrativa (*supra*, par. 3). Il Consiglio (su cui v. anche vol. II, cap. III, sez. III, par. 3.2), che dura in carica quattro anni, è presieduto dallo stesso Presidente della Corte, sulla falsariga di quanto previsto per il Consiglio di Stato, ed è composto, quanto ai membri di diritto, oltre che dal Presidente della Corte, dal Procuratore generale della Corte, e dal Presidente aggiunto (o, in sua assenza, dal presidente di sezione più anziano); è composto inoltre da quattro cittadini, scelti d'intesa tra i Presidenti delle due Camere, tra professori universitari ordinari di materie giuridiche ed avvocati con quindici anni di esercizio professionale, e da quattro magistrati contabili eletti da parte dei loro colleghi; i componenti elettivi non sono nuovamente eleggibili per i successivi otto anni dalla scadenza dell'incarico. Rispetto a tale previsione merita segnalare come abbia inciso profondamente, con l'art. 11, ancora la legge Brunetta, che appare ispirata a un'idea verticistica e burocratica dell'istituto, con conseguente *vulnus* al principio costituzionale di indipendenza della Corte, e che sembra voler depotenziare il ruolo del Consiglio di Presidenza (derubricato a «organo di amministrazione del personale di magistratura», oltre che rivisitato nella sua funzionalità con l'alterazione dei rapporti tra la componente "togata" e quella "laica") a vantaggio dei poteri del Presidente (sulla cui nomina, come si è accennato *retro*, par. 3, influisce più direttamente il Governo). Il Presidente viene qualificato esplicitamente come "organo di governo dell'istituto" e individuato in modo innovativo come soggetto che esercita ogni funzione non espressamente attribuita dalla legge ad altri organi della Corte, in particolare: proponendo le riforme ritenute opportune per il perfezionamento delle leggi e dei regolamenti sull'amministrazione e sui conti del pubblico danaro; decidendo gli affari da trattare (e le relative modalità) in Consiglio di Presidenza; autorizzando e revocando (previo parere del Consiglio medesimo) gli incarichi estranei alle funzioni istituzionali della Corte conferiti ai rappresentanti del Parlamento in Consiglio (per gli altri magistrati deliberando sugli incarichi direttamente il Consiglio); e potendo infine, almeno in teoria, determinare *ad libitum* la composizione e la competenza delle sezioni riunite centrali.

Capitolo VII

La Pubblica Amministrazione *

SOMMARIO: Sezione I. *I principi costituzionali in tema di Pubblica Amministrazione (art. 97)*. – 1. Il principio di legalità e la riserva di legge. – 2. L'imparzialità ed il buon andamento dell'Amministrazione. – Sezione II. *L'organizzazione della Pubblica Amministrazione*. – 1. Il modello organizzativo centrale "per Ministeri". – 2. Il principio della separazione tra politica ed amministrazione ed il meccanismo del c.d. *spoils system*. – 3. Gli enti pubblici. – 4. Le c.d. Agenzie amministrative. – Sezione III. *L'Amministrazione periferica e le Autorità amministrative indipendenti*. – 1. Il decentramento e l'Amministrazione c.d. periferica. – 2. Le Autorità amministrative indipendenti. – 3. La Banca d'Italia. – Sezione IV. *La dimensione "funzionale" dell'Amministrazione Pubblica*.

Sezione I

I principi costituzionali in tema di Pubblica Amministrazione (art. 97)

1. *Il principio di legalità e la riserva di legge*

Nozione di Pubblica Amministrazione

Per "Pubblica Amministrazione" si intende quell'insieme di organi ed enti preposti allo svolgimento di attività finalizzate alla cura di interessi pubblici, come tali definiti mediante gli strumenti e le procedure proprie del diritto pubblico. In altri termini, essa ha il compito di dare attuazione ai fini pubblici definiti mediante atti normativi ovvero attraverso atti provenienti dagli organi cui spetta il potere di indirizzo politico: pertanto essa fa capo al Governo, che ne è politicamente responsabile.

L'affermarsi di uno Stato di tipo sociale ha contribuito in maniera decisiva all'espandersi del ruolo e dell'importanza della Pubblica Amministrazione (la quale è chiamata a garantire la tutela di un numero più

* Di Emanuele Rossi, con la collaborazione di Emiliano Frediani e Giulio Profeta.

ampio di diritti rispetto allo Stato liberale), ma soprattutto ne ha mutato la connotazione: se infatti in precedenza era prevalente una configurazione della P.A. come "autorità" e perciò come "potere", le finalità complessive indicate dall'art. 3, 2° comma, Cost. inducono a concepire la stessa più sul versante delle prestazioni rese, e perciò a qualificare la P.A. non tanto (o soltanto) come "potere" quanto piuttosto come "funzione".

A presidio di tale concezione e di tale ruolo della P.A. stanno le (poche) disposizioni costituzionali che la riguardano.

Il principio di legalità

Il primo principio costituzionale che regola la materia è quello di legalità, in forza del quale, in termini generali, ogni pubblico potere deve poter rinvenire la propria legittimazione direttamente in una fonte normativa che ne preveda l'esistenza e ne regoli, a vari livelli, l'esercizio della competenza.

Tale principio può essere studiato sia con riguardo al profilo dell'*organizzazione* amministrativa (con una chiave di lettura di tipo statico, quindi) che con riferimento all'esercizio in senso stretto della *funzione* amministrativa (ovvero nella sua dimensione dinamica).

A ben vedere nel testo costituzionale non vi è un chiaro ed espresso richiamo al principio in questione, potendo esso venire desunto in via indiretta da alcune disposizioni costituzionali che lo presuppongono, pur senza definirlo nei suoi caratteri generali. Così, ad esempio, l'art. 113 Cost. stabilisce che «contro gli atti della Pubblica Amministrazione è sempre ammessa la tutela giurisdizionale dei diritti e degli interessi legittimi dinanzi agli organi di giurisdizione ordinaria o amministrativa»: ove è evidente il presupposto logico in forza del quale ogni atto della P.A. è sottoposto alla legge. Ma lo stesso vale, ancora a titolo di esempio, in forza di quanto previsto dall'art. 23 Cost., alla luce del quale «nessuna prestazione personale o patrimoniale può essere imposta se non in base alla legge». Tali esempi confermano che il carattere essenziale del principio in questione risiede, come detto, nella necessità di una predeterminazione legislativa rispetto all'esercizio di un determinato potere pubblico idoneo ad incidere sulle situazioni giuridiche soggettive dei cittadini.

Oltre che nell'ambito costituzionale, anche in quello della legislazione ordinaria tale principio è affermato e regolato, a partire dalla l. n. 2248/1865, allegato E, il cui art. 5 ha affermato un principio generale di conformità rispetto alla legge degli atti amministrativi e dei regolamenti generali e locali, da intendersi come vera e propria condizione per la loro applicazione da parte delle autorità giudiziarie. Analogamente disposizioni successive hanno stabilito la necessaria conformità degli atti amministrativi rispetto alla legge, attribuendo al giudice amministrativo il potere di sindacare su di essi (si veda il T.U. delle leggi sul Consiglio di Stato, la c.d. legge sui Tar del 1971 e, da ultimo, il codice del processo amministrativo); per arrivare alla previsione contenuta nella l. n. 241/1990 sul procedimento amministrativo, il cui art. 1, 1° comma, statuisce che «l'attività amministrativa persegue i fini determinati dalla legge [...]».

Quest'ultimo richiamo alla legge sul procedimento amministrativo è particolarmente importante. Essa, oltre a fornire una base giuridica di tipo legislativo al principio di legalità nell'esercizio della funzione amministrativa (una volta che essa si manifesta nella forma del procedimento) consente di puntualizzare i due aspetti del principio in questione, ovvero la legalità intesa in senso *formale* e la legalità intesa in senso *sostanziale*.

La legalità in senso formale

Con l'espressione *legalità formale* si intende che l'esercizio del potere amministrativo deve fondarsi su una base giuridico-normativa certa: la legalità formale costituisce, in altre parole, la condizione di esistenza di un potere, richiedendo che esso venga a trovare il proprio fondamento, sia come organizzazione che come manifestazione concreta, in una previsione normativa di carattere abilitante. Detto in altri termini, essa offre una risposta alla questione relativa all'*an* del potere amministrativo, fissando una soglia minima ed un livello di disciplina di carattere inderogabile al di sotto del quale non è possibile scendere. Come si vede, questa nozione di legalità, se da un lato va ben oltre la semplice affermazione di un generale obbligo di non contraddittorietà tra legge ed atto amministrativo, dall'altro si limita a imporre semplicemente un fondamento legale per l'esercizio del potere amministrativo, non dettando una disciplina puntuale delle modalità di esercizio di quest'ultimo.

Tipicità e tassatività degli atti

In questa direzione il principio di legalità si salda con il principio della *tipicità e tassatività* degli atti nonché dei procedimenti. Ciò significa che spetta alla legge non soltanto costituire una base giuridica per l'esercizio di un determinato potere, ma anche predeterminare i tipi di atti in cui siffatto potere può manifestarsi concretamente, sulla base di un meccanismo di produzione (detto procedimento) i cui presupposti e caratteri essenziali sono anch'essi definiti dalla legge. Ciò vale ad escludere l'esistenza di procedimenti atipici e, soprattutto, di atti innominati: tali cioè da poter essere adottati in carenza di una espressa previsione normativa di carattere fondante.

Legalità in senso sostanziale

Per quanto riguarda invece la nozione di *legalità sostanziale* essa non si limita a prevedere che il potere sia attribuito dalla legge, ma presuppone anche una delimitazione del modo con cui il potere amministrativo deve essere esercitato: pertanto, la questione si sposta dal profilo dell'*an* a quello del *quomodo*. Se il livello minimo di garanzia per il cittadino risiede nella previsione per cui non è ammesso un potere esercitato in forma arbitraria ed atipica – ovvero privo di un fondamento legale – le cose cambiano nel momento in cui si va oltre la richiamata garanzia minima, facendo sì che le modalità di esercizio di un potere siano dalla legge preventivamente definite e delimitate. Posto che, secondo il già richiamato art. 1, l. n. 241/1990, «l'attività amministrativa persegue i fini determinati dalla legge», la legalità intesa in senso sostanziale va a riempire quello spazio che vi è tra il riconoscimento dell'esistenza di una struttura amministrativa preposta alla cura di un determinato interesse pubblico e le finalità che essa è chiamata in concreto a perseguire.

Dall'astratto al concreto

Con il passaggio dalla legalità formale a quella sostanziale ci si sposta pertanto dal piano del prevedere l'esistenza di un determinato potere (*disciplinare in astratto*) al piano delle forme di manifestazione concreta del medesimo (*piano del provvedere in concreto*), ovvero ai contenuti degli atti giuridici. Detto in altri termini, la legalità sostanziale investe quella fase in cui l'amministrazione è chiamata a compiere una scelta tra le diverse possibili modalità di intervento, così limitando quella che, in diritto amministrativo, viene definita la *discrezionalità amministrativa.* Con quest'ultima espressione si intende fare riferimento, secondo un autorevole insegnamento della dottrina (A. Romano), allo "spazio di scelta" che resta in capo alle amministrazioni allorché la relativa normativa non predetermini in maniera esaustiva i contenuti del potere in concreto esercitato. In uno schema, rappresentabile secondo la dinamica "norma-potere-effetto", la menzionata discrezionalità si colloca a metà strada tra il secondo ed il terzo anello della sequenza: per cui abbiamo una fonte da cui trae legittimazione giuridica un determinato potere pubblico, la quale attribuisce a quest'ultimo una funzione in vista del perseguimento di un fine pubblico (fondamento normativo); ad essa segue l'esercizio in concreto del potere, così attribuito in vista del richiamato fine. Nel perseguimento di quest'ultimo, l'attività dell'amministrazione potrà essere in varia forma circoscritta da previsioni normative che stabiliscono i contenuti e le modalità di esercizio di tale potere: in questo modo si è passati, dunque, dal piano astratto della disciplina normativa al piano concreto dell'attività amministrativa di attuazione ed esecuzione di quest'ultima in forma provvedimentale.

La riserva di legge

Quanto detto pone un problema di qualificazione della natura della più volte richiamata "previa norma", sulla base della quale un pubblico potere viene prima attribuito e poi esercitato. Una risposta in questo senso viene dal richiamo ad uno strumento che trova il proprio fondamento in una pluralità di disposizioni costituzionali e, per quanto qui interessa in materia di amministrazione pubblica, nell'art. 97 Cost.: si tratta della c.d. riserva di legge.

Tale strumento (v. vol. II, cap. I, sez. I, par. 2.1.3) consiste nella necessità che una materia sia, in forza di previsione costituzionale, riservata alla competenza regolativa della legge. Dei tre "tipi" di riserva di legge (assoluta, relativa e rinforzata per contenuto e per procedimento), si ritiene comunemente che l'art. 97, 2° comma, Cost. contenga una riserva di carattere relativo. Si stabilisce, infatti, che «i pubblici uffici sono organizzati secondo disposizioni di legge, in modo che siano assicurati il buon andamento e l'imparzialità dell'amministrazione». Ciò significa, più in particolare, due cose tra loro strettamente connesse. In primo luogo che la fonte di carattere primario (leggi o atti aventi forza di legge) non esclude l'intervento di una fonte di carattere secondario-subordinato per la disciplina della materia costituita dall'organizzazione amministrativa. In secondo luogo che il rapporto tra i due tipi di fonti appena richiamate si concretizza secondo uno schema per cui la fonte primaria è chiamata a disciplinare gli aspetti generali e sostanziali ("di principio"), ed alla fonte secondaria spetta la regolamentazione "di dettaglio".

Esemplificazione

Si tratta di un modello di riparto di cui è possibile offrire alcuni esempi sul piano della legislazione. In questa sede si può richiamare il caso relativo alla disciplina del termine per la conclusione dei procedimenti che si svolgono davanti alle pubbliche amministrazioni. Il legislatore, con la l. n. 69/2009 (e successivamente mediante il d.l. n. 5/2012 e la l. n. 190/2012), ha operato infatti una riscrittura dell'art. 2, l. n. 241/1990, individuando un principio generale riguardante il "fattore tempo" relativo all'azione amministrativa ed insieme operando un rinvio ad una successiva disciplina. Nel primo senso è stato stabilito, direttamente in via legislativa, un termine massimo di novanta giorni per la conclusione dei procedimenti che si svolgono dinanzi a tutte le amministrazioni pubbliche: si tratta di un principio generale che rappresenta una vera e propria soglia minima inderogabile *in pejus* da parte delle amministrazioni. A questa previsione garantistica di base segue un rinvio alla fonte regolamentare (nello specifico, regolamenti di organizzazione) di competenza delle singole amministrazioni, le quali sono chiamate a dare attuazione a quanto previsto dalla legge stabilendo, in relazione ai vari casi, una disciplina "di dettaglio" diversa rispetto a quella posta dalla legge, con il solo limite della impossibilità di elevare il tetto temporale stabilito in via legislativa. Come si vede, con riguardo ad un profilo fondamentale della materia "amministrazione pubblica" (quello del tempo appunto), il principio di riserva di legge in senso relativo ha trovato la sua attuazione mediante un riparto dei livelli di disciplina tra fonte legislativa e fonte regolamentare.

Le misure amministrative di limitazione di alcune libertà fondamentali (una per tutte, quella di circolazione) adottate per fronteggiare l'emergenza sanitaria da Covid-19 a partire dal febbraio-marzo 2020 hanno dato luogo ad alcune criticità, valutabili tanto sul piano della legalità sostanziale quanto su quello della riserva di legge. In particolare, ha fatto discutere la possibilità di limitare la libertà di circolazione attraverso lo strumento del Decreto della Presidenza del Consiglio dei Ministri (d.P.C.M.) sulla base di disposizioni di rango ordinario contenute in decreti-legge. Tuttavia, l'opinione prevalente è che la limitazione della libertà di circolazione sia soggetta a riserva relativa di legge; pertanto, una fonte secondaria può limitare la libertà di circolazione purché una norma di rango ordinario, quale ad esempio il d.l., la autorizzi e che ne tracci, in positivo, i limiti d'intervento. Il tema, ad ogni modo, è stato definito più chiaramente dalla sent. n. 198/2021 della Corte costituzionale, con la quale è stato ritenuto legittimo l'utilizzo dei decreti della Presidenza del Consiglio dei Ministri allo scopo di fronteggiare l'epidemia di Covid-19. In quella sede è stato, infatti, precisato come la tassatività delle misure urgenti di contenimento della pandemia induca ad accostare le stesse ai cd. atti necessitati, emessi in attuazione di norme legislative che ne predeterminano il contenuto: ciò conduce ad escludere qualsivoglia ipotesi di delega impropria in violazione degli artt. 76 e 77 Cost.

2. *L'imparzialità ed il buon andamento dell'Amministrazione*

Gli altri principi costituzionali che riguardano la Pubblica Amministrazione sono individuati espressamente dal già richiamato art. 97, 2° comma, Cost., e consistono nell'imparzialità e nel buon andamento.

Si tratta di principi che, sebbene riferiti dalla disposizione costituzionale alla sola organizzazione dei pubblici uffici, investono non soltanto la *sfera organizzativa*, ma anche e soprattutto lo svolgimento dell'*azione amministrativa*. Essi sono accomunati dalla finalità di realizzare un obiettivo di giustizia sostanziale sul piano dell'esercizio della funzione: in tal senso esprimono un metodo comune dell'azione pubblica che si manifesta attraverso due vie tra loro distinte.

Imparzialità: accezione statica ...

L'*imparzialità* esprime un principio generale che costituisce una particolare trasposizione, a livello di amministrazione pubblica, del più generale principio di eguaglianza di cui all'art. 3 Cost. Occorre tuttavia precisare che della imparzialità possono essere individuate due distinte "anime": una di tipo "negativo", l'altra di carattere "positivo".

Con la prima si fa riferimento alla necessità, affermata in via generale e di principio, per la Pubblica Amministrazione di evitare i c.d. favoritismi, mediante trattamenti discriminatori di alcuni interessi a scapito di altri nell'ambito dell'esercizio della propria attività. Si tratta dunque di un dovere di sostanziale equidistanza dell'amministrazione rispetto alle "parti in gioco": equidistanza che, tuttavia, deve essere distinta da quella che la nostra Costituzione impone in relazione all'attività giurisdizionale. In quest'ultimo caso, infatti, il testo costituzionale pone un generale principio di autonomia e indipendenza (in direzione interna ed esterna) dei giudici, da intendersi nel senso di una loro soggezione soltanto nei confronti della legge (art. 101, 2° comma, Cost.) e di una loro posizione di autonomia, neutralità, estraneità e terzietà assoluta rispetto alle situazioni giuridiche dedotte in giudizio (v. vol. II, cap. IV, sez. I, par. 1). Al contrario la Pubblica Amministrazione, pur nella peculiarità della sua posizione rispetto agli interessi oggetto di regolazione, resta comunque (secondo l'insegnamento di Costantino Mortati) una "parte imparziale". Essa è chiamata cioè a perseguire l'interesse pubblico affidato dalla legge alla sua cura (assumendo la natura di parte nel procedimento decisionale), ma nel far ciò è tenuta a rispettare una modalità di azione e di decisione che tenga effettivamente conto di tutte le posizioni rilevanti.

... e dinamica

Come si vede, a questo punto il fuoco dell'indagine si è progressivamente spostato da una nozione di imparzialità in senso negativo e di tipo statico (la richiamata equidistanza e l'obbligo di astenersi dall'assumere un comportamento discriminatorio) verso una nozione della stessa di carattere più propriamente positivo, attivo e dinamico. In questa seconda prospettiva l'imparzialità si riferisce al modo in cui in concreto l'amministrazione è chiamata ad assumere una determinata decisione. Questo fa sì che il discorso sulla imparzialità, una volta ricondotto al "farsi della funzione", si collega strettamente alla tematica già richiamata della discrezionalità amministrativa, incidendo sul *quomodo* della scelta che l'amministrazione è chiamata a svolgere nell'ambito di un determinato procedimento decisionale. Da questo punto di vista l'imparzialità si traduce in un obbligo per l'amministrazione di operare un'attenta e puntuale ponderazione, mediante un ragionevole bilanciamento tra tutti gli interessi coinvolti dall'azione amministrativa (siano essi pubblici o privati), al fine di pervenire ad una scelta conseguente ad una valutazione completa di tutti le posizioni giuridiche rilevanti in un determinato caso.

Sulla base di questo si comprende perché l'imparzialità sia collegata al principio democratico che informa l'ordinamento giuridico complessivo. Quest'ultimo, infatti, esprime l'esigenza che il processo decisionale pubblico sia aperto agli interessi di tutti quei soggetti in qualche modo coinvolti dall'azione amministrativa. Ciò significa, in altri termini, che l'imparzialità non soltanto implica il principio di *trasparenza* nell'esercizio dell'azione amministrativa, ma ricomprende anche gli istituti della *partecipazione* dei privati al processo di produzione dei provvedimenti amministrativi e della *motivazione* di questi ultimi.

Così concepito, si comprende bene come il principio di imparzialità costituisce un vero e proprio fine implicito da perseguire con tutta l'azione amministrativa; ed insieme, esso deve ispirare l'organizzazione amministrativa anche in relazione al suo momento "costitutivo" (ossia con riguardo ai soggetti ed alle strutture di cui essa si compone). Per questa ragione l'art. 97, 4° comma, stabilisce il principio che «agli impieghi nelle pubbliche amministrazioni si accede mediante concorso»; così come è coerente la regola in forza della quale «i pubblici impiegati sono al servizio esclusivo della Nazione» (art. 98, 1° comma). Ma è strettamente correlato al principio di imparzialità anche la misura stabilita dall'art. 98, 3° comma, in forza della quale si possono con legge stabilire limitazioni al diritto di iscriversi ai partiti politici oltre che per magistrati e militari di carriera in servizio attivo, anche per i funzionari e agenti di polizia; come pure rientra nel medesimo principio quanto previsto in relazione alla *responsabilità* dei funzionari e dipendenti dello Stato e degli enti pubblici (rispetto ai quali l'art. 28 prevede che siano «direttamente responsabili, secondo le leggi penali civili ed amministrative, degli atti compiuti in violazione di diritti»; prevedendosi, in tal caso, un sistema di estensione della responsabilità in oggetto anche allo stato ed agli enti pubblici).

Buon andamento

L'altro principio generale sancito dall'art. 97 Cost. è quello del buon andamento, il quale attiene tanto ai profili della democraticità dell'azione amministrativa, quanto ad una valutazione in termini di *efficacia* della stessa (finalità che peraltro non è estranea alla democraticità). Esso è stato oggetto di specificazione nella legislazione attuativa (art. 1, l. n. 241/1990) la quale ha consentito di metterne in luce le tre componenti essenziali: l'efficienza, l'efficacia e l'economicità.

Con il primo termine (*efficienza*) si ha riguardo ad un rapporto tra mezzi/risorse impiegati ed attività in concreto prodotta: un'azione sarà efficiente nella misura in cui consenta di realizzare il migliore equilibrio possibile tra mezzi utilizzati ed attività effettivamente prodotta. Nel secondo caso (*efficacia*) si ha riguardo ad un rapporto tra finalità preventivamente individuate ed obiettivi effettivamente realizzati: l'azione amministrativa può dirsi efficace in relazione alla capacità ed al grado di raggiungimento dei fini generali che si intendono perseguire. Infine, con il terzo aspetto (*economicità*), si considera il profilo della ottimizzazione dell'attività in vista del perseguimento di un determinato risultato: che significa raggiungimento di quest'ultimo con il minor dispendio di risorse possibili e con il minor sacrificio possibile degli interessi secondari coinvolti dall'azione amministrativa.

Pareggio di bilancio

Con la l. cost. 20 aprile 2012, n. 1 è stato introdotto un nuovo 1° comma nell'art. 97 Cost., il quale, in ossequio al principio del c.d. pareggio di bilancio di cui all'art. 81 Cost., stabilisce che «le pubbliche amministrazioni, in coerenza con l'ordinamento dell'Unione europea, assicurano l'equilibrio dei bilanci e la sostenibilità del debito pubblico». Sebbene sia una norma poco studiata, il nuovo 1° comma dell'art. 97 comporta la diretta responsabilizzazione, contestuale e solidale, di ogni centro di spesa, anche non dotato di autonomia costituzionale, rispetto all'obbligo di garantire l'equilibrio dei bilanci.

Trasparenza

Da ultimo, la riforma costituzionale c.d. Renzi-Boschi del 2016 introduceva nell'art. 97, 2° comma, Cost. un richiamo espresso al principio della trasparenza. Il mancato superamento della prova referendaria, com'è noto, ha decretato il fallimento della riforma; tuttavia, il Governo, in attuazione, della l. delega n. 124/2015, c.d. legge Madia, ha adottato il d.lgs. n. 97/2016 che, modificando il d.lgs. n. 33/2013, introduce nell'ordinamento italiano una disciplina della trasparenza simile a quella statunitense. In particolare, viene garantito a «chiunque» il diritto di richiedere documenti, informazioni o dati che la pubblica amministrazione, pur avendone l'obbligo, ha omesso di pubblicare e, soprattutto, viene garantito il diritto di accedere a documenti, informazioni e dati in possesso delle pubbliche amministrazioni anche se non gravati da uno specifico obbligo di pubblicazione, fatti salvi i limiti e le eccezioni tassativamente individuati dal legislatore. In questo modo, si pongono i presupposti giuridici per un controllo diffuso da parte dei cittadini sull'operato della pubblica amministrazione modificando, così, il tradizionale rapporto fra democrazia e pubblica amministrazione a vantaggio della prima. Inoltre, si può riscontrare un certo indirizzo proteso a estendere il principio della trasparenza anche ad ambiti originariamente esclusi, come quello dell'esecuzione dei contratti pubblici, al quale si riferisce adesso espressamente l'art. 35 d.lgs. 31 marzo 2023, n. 36 (nuovo codice dei contratti pubblici).

Sezione II
L'organizzazione della Pubblica Amministrazione

1. *Il modello organizzativo centrale "per Ministeri"*

I Ministeri

A livello statale gli artt. 92 e 95 Cost. disegnano un modello organizzativo della Pubblica Amministrazione le cui linee di fondo sono costituite dai c.d. Ministeri e dalle conseguenti articolazioni interne di questi ultimi. I Ministeri da un lato possono essere definiti come organi amministrativi a carattere necessario, cui sono preposti dei Ministri, i quali concorrono, insieme al Consiglio dei ministri (organo collegiale) ed al Presidente del Consiglio dei ministri (organo monocratico), a costituire il Governo della Repubblica *ex* art. 92 Cost. (*retro*, cap. V, sez. II). Al contempo la Costituzione disegna una speciale relazione tra Ministri (e quindi

Ministeri) e vertice politico ed amministrativo, costituito dallo stesso Presidente del Consiglio dei ministri, in quanto il 1° comma dell'art. 95 Cost. attribuisce al Presidente non soltanto un compito istituzionale di direzione della "politica generale del Governo", ma anche una più specifica funzione avente ad oggetto il mantenimento "dell'unità di indirizzo politico ed amministrativo, promuovendo e coordinando l'attività dei ministri".

Tutto ciò significa che lo studio del modello "per Ministeri" può essere operato secondo due distinte chiavi di lettura, che consentono di definirne la doppia "anima" di organi costituzionali e vertici dell'Amministrazione. In un primo senso, quanto al rapporto tra i diversi Ministeri che concorrono alla composizione del Governo, si può parlare di una relazione ispirata al modello organizzativo del coordinamento paritario non gerarchico, in quanto i singoli Ministeri sono posti tra loro in una condizione di equiparazione organizzativa e funzionale. In un secondo senso, seguendo un approccio "per linee verticali", è possibile parlare invece di un modello organizzativo ispirato ad un coordinamento di tipo gerarchico, con un assetto "piramidale" in cui ciascun Ministero si pone come organo di vertice dell'intera struttura amministrativa sottostante.

Con riguardo al primo aspetto, ad ogni Ministro è attribuita autonomia nell'esercizio delle proprie funzioni *ratione materiae*, sia che questa sia esercitata individualmente ovvero in forma congiunta (venendo in questo secondo caso in considerazione volta per volta forme di "concerto" oppure di "intesa" tra di essi, idonee a tradursi ad esempio in decreti interministeriali).

Il d.lgs. n. 300/1999

Chiarito questo impianto generale, a livello di disciplina più puntuale è da rilevare come la normativa di riferimento in materia di organizzazione ministeriale sia stata originariamente dettata dal d.lgs. n. 300/1999, con cui era stata data attuazione alla delega contenuta nell'art. 11, l. n. 59/1997 (c.d. legge Bassanini I), in tema di razionalizzazione dell'ordinamento dei ministeri. I numerosi interventi normativi susseguitisi dal 1999 ad oggi, procedendo alla modifica di molte disposizioni del d.lgs. n. 300, si sono posti nella richiamata ottica, puntando essenzialmente a "riordinare, sopprimere e fondere i ministeri esistenti, all'istituzione di agenzie, al riordino dell'amministrazione periferica dello Stato" (art. 1). Ad oggi, a seguito dell'ultima novella, introdotta con l. 13 novembre 2009, n. 172, il numero dei Ministeri è stato fissato con legge a tredici unità, operando un drastico ridimensionamento rispetto all'estensione operata da ultimo con la l. n. 233/2006 (che aveva portato il numero a 18).

Le c.d. strutture di primo livello: i dipartimenti …

Sul piano dell'articolazione interna delle strutture ministeriali il legislatore ha operato una netta distinzione tra "strutture di primo livello" (art. 3) e c.d. "uffici di diretta collaborazione con il ministro" (art. 7). Con riguardo alle prime sono stati individuati due diversi modelli organizzativi:

quello dei *dipartimenti* e quello delle *direzioni generali*. Al vertice dei primi è posto un "capo del dipartimento", dotato di funzioni di coordinamento, direzione e controllo rispetto agli uffici dirigenziali incardinati all'interno del dipartimento e ad esso gerarchicamente subordinati. Il "capo del dipartimento" costituisce una vera e propria "cinghia di trasmissione" in forza della quale – *ex* art. 5, 3° comma, d.lgs. n. 300/1999 – viene assicurata la "continuità" nell'esercizio delle funzioni amministrative. Nel secondo caso, invece (direzioni generali), il soggetto preposto alla struttura di primo livello è costituito dal "direttore generale".

... e le direzioni generali

Nei Ministeri organizzati in base al modello delle direzioni generali è previsto un ulteriore organo di coordinamento di queste ultime, il c.d. segretario generale: figura che opera alle dirette dipendenze del Ministro (al quale peraltro è legato da un rapporto fiduciario), e la cui attività è diretta ad assicurare il coordinamento dell'azione amministrativa, provvedendo all'istruttoria relativa all'elaborazione degli indirizzi e dei programmi di competenza di quest'ultimo, con una connessa funzione di vigilanza in merito alla efficienza ed al rendimento degli uffici ministeriali. Da questo punto di vista, l'ufficio del segretario generale costituisce una vera e propria "cabina di regia", ove è possibile realizzare una *reductio ad unitatem* al centro (questo è appunto il significato dell'attività di coordinamento a tale struttura demandata) rispetto alla complessità organizzativa di carattere orizzontale che contraddistingue il sistema delle direzioni generali. In questa sede, a mo' di esempio circa la ricordata diversità sul piano dell'assetto organizzativo, si possono richiamare i due casi relativi al Ministero della difesa ed al Ministero delle politiche agricole e forestali: l'area tecnico-amministrativa del primo (alla luce del codice dell'ordinamento militare, d.lgs. n. 66/2010 e del relativo regolamento) è organizzata per direzioni generali coordinate tra di loro per effetto di un segretariato generale; il secondo articolato al suo interno in tre dipartimenti relativi a macro-aree funzionali (tali sono, appunto, quello delle politiche europee ed internazionali, quello delle politiche competitive per lo sviluppo economico e rurale ed infine quello del controllo sulla qualità).

Differenziazioni sul piano oggettivo

Se quello rilevato rappresenta un primo elemento distintivo, di natura soggettiva, tra le due articolazioni amministrative costituite dai dipartimenti e dalle direzioni generali, una seconda modalità di differenziazione di queste ultime strutture attiene al piano oggettivo, vale a dire con riferimento alla diversa sfera di operatività delle due strutture di primo livello soprattutto in relazione all'ampiezza della loro competenza. Il già ricordato art. 5, d.lgs. n. 300/1999, nel richiamare la finalità cui tende l'organizzazione ministeriale per dipartimenti (e cioè «assicurare l'esercizio organico ed integrato delle funzioni del ministero»), precisa altresì, quanto all'ampiezza della loro sfera di competenza, che ad essi sono attribuiti «compiti finali concernenti grandi aree di materie omogenee ed i relativi compiti strumentali», tra cui rientra l'attività di coordinamento ed indirizzo delle unità amministrative subordinate alla struttura di primo livello di cui si discute e l'organizzazione e gestione delle risorse ad essi attribuite. Al contrario, le direzioni generali non operano con riguardo a macro-aree caratterizzate da omogeneità funzionale, ma in relazione ad ambiti materiali di carattere specifico e circoscritto, avendo una competenza settoriale più ridotta e qualificata in senso prevalentemente tecnico.

Gli uffici di diretta collaborazione

Quanto invece agli uffici di diretta collaborazione dei Ministri (c.d. uffici *di staff*), si tratta di articolazioni amministrative poste "in parallelo" rispetto alle direzioni generali ed ai dipartimenti, le quali, a differenza di questi ultimi, sono legate al vertice ministeriale da un rapporto di natura essenzialmente fiduciaria, svolgendo funzioni di assistenza, ausilio e supporto rispetto all'attività di indirizzo politico ed all'attività di controllo della gestione svolta dal ministro medesimo (tali sono, ad esempio, gli uffici di gabinetto e gli uffici legislativi).

Il modello di amministrazione per ministeri appena descritto, che rappresenta uno (sebbene non l'unico) dei modelli di pubblica amministrazione tracciati dalla Costituzione italiana, è stato messo in discussione in quanto non ritenuto in grado di rispondere con sufficiente tempestività ed efficacia alle sfide della ricostruzione post pandemica.

Il piano *Next Generation EU* costituisce la risposta dell'Unione Europea alla crisi economica e sociale e ambientale aggravata dalla pandemia da Covid-19. In Italia, questo piano è declinato dal PNRR (Piano nazionale di ripresa e resilienza). L'ipotesi di una governance del PNRR difficilmente riconducibile al modello ministeriale ha rappresentato uno dei fronti di scontro politico che hanno portato alla caduta del Governo Conte II. L'opzione finale del successivo Governo Draghi è stata di attribuire la governance del Piano a una struttura dedicata all'interno del Ministero dell'Economia e delle Finanze. Nel complesso, il modello organizzativo ministeriale prefigurato dalla Costituzione, nonostante sia stato messo in discussione dalle sfide poste dalla pandemia, ha saputo resistere per il valore di legittimazione democratica che è capace d'esprimere. Tuttavia, vi è stata un'accelerazione del fenomeno, peraltro già in corso, di accentramento di poteri e competenze in capo alla Presidenza del Consiglio dei Ministri e al Ministero dell'Economia e delle finanze. L'organizzazione amministrativa nella gestione dei fondi del PNRR con il Governo Meloni ha subito alcune modifiche, ma il suo tratto caratteristico di accentramento delle funzioni amministrative presso la Presidenza del Consiglio dei Ministri e il Ministero dell'Economia e delle Finanze è rimasto immutato.

2. *Il principio della separazione tra politica ed amministrazione ed il meccanismo del c.d.* spoils system

Il modello piramidale

L'assetto organizzativo ministeriale così individuato nelle sue linee di fondo, si basa, come abbiamo detto, sul principio di gerarchia, in forza del quale il sistema descritto può configurarsi come una piramide. Muovendo dal vertice di essa (il Ministro), il potere pubblico "si irradia" dall'alto verso il basso, mediante atti amministrativi di carattere autoritativo e puntuale; e tutto ciò grazie all'intervento delle strutture amministrative subordinate, fino ad arrivare a quella che è in grado di incidere direttamente sulle situazioni giuridiche dei singoli soggetti privati mediante una azione di tipo provvedimentale. In questa che potremmo definire come una "catena" di svolgimento del pubblico potere, si intrecciano però due sfere tra loro originariamente distinte: quella politica e quella amministrativa.

Indirizzo politico e gestione amministrativa

Il principio che regola il concorso delle due sfere ricordate nel farsi della funzione, è quello della separazione tra politica ed amministrazione (art. 4, d.lgs. n. 165/2001): regola, quest'ultima, in forza della quale l'esercizio della funzione viene ad essere caratterizzato secondo un assetto articolato su due livelli. Il primo livello è quello apicale, relativo alla *definizione dell'indirizzo politico ed amministrativo*: al Ministro compete la determinazione del primo, da intendersi come insieme di principi, obiettivi e priorità che devono guidare la successiva azione amministrativa. In questo contesto l'azione del segretariato generale e degli uffici di diretta collaborazione del Ministro viene ad assumere quella funzione di intermediazione (come si è detto, "cinghia di trasmissione" della volontà e dell'indirizzo politico) tra vertice politico e sottostanti strutture amministrative, alle quali sono preposti i dirigenti amministrativi. Il secondo livello è quello relativo ai poteri di *gestione amministrativa*, da esercitarsi nell'ambito della cornice di riferimento individuata a livello politico. In questo ambito risulta centrale il ruolo dei dirigenti amministrativi preposti alle singole amministrazioni, i quali sono chiamati a tradurre in atti amministrativi le direttive impartite dal vertice politico.

Tale attività potrà tradursi, in relazione ai vari livelli di amministrazione, o in atti amministrativi di carattere generale (quali sono, ad esempio, i piani ed i programmi), o in atti amministrativi di carattere specifico e puntuale (espressione dell'azione in forma provvedimentale delle Amministrazioni pubbliche, di cui le autorizzazioni e le concessioni costituiscono alcuni fra i molti esempi concreti).

Difficoltà applicative

Ciò premesso, è da rilevare come il principio della separazione tra politica ed amministrazione, pur astrattamente abbastanza chiaro nei suoi termini essenziali, comporta tuttavia non poche difficoltà in sede applicativa. Una su tutte quella relativa alla possibilità di garantire un effettivo equilibrio tra le due sfere in questione, assicurando una certa autonomia alla dirigenza pubblica contro possibili forme di ingerenza politica. A questo tipo di esigenza, che mira ad impedire la possibilità per la componente politica di condizionare *in toto* le modalità di azione dell'amministrazione, ha cercato di dare una risposta il legislatore mediante l'approvazione del d.lgs. n. 150/2009 (c.d. decreto Brunetta), con il quale, per quanto attiene alla tematica della dirigenza pubblica, si è rafforzato il «principio di distinzione fra le funzioni di indirizzo e controllo spettanti agli organi di governo e le funzioni di gestione amministrativa spettanti alla dirigenza». Tale rafforzamento passa da un collegamento più stretto tra autonomia dei dirigenti e loro responsabilità, configurando non soltanto quest'ultima come nettamente scissa dalla responsabilità politica, ma anche ancorandola da un lato a ben precisi presupposti e criteri di valutazione fissati a livello legislativo (soprattutto legati all'effettivo conseguimento dei risultati attesi) e dall'altro ad una valutazione rimessa ad organismi a loro volta autonomi rispetto al vertice politico (quale, ad esempio, l'organismo indipendente di valutazione della *performance* di cui all'art. 14 del decreto Brunetta).

Il c.d. spoils system

Il tema dell'autonomia dei dirigenti, così come fin qui inquadrato, si lega al tempo stesso con le questioni relative alla cessazione dalla carica in oggetto sulla base del meccanismo comunemente definito come *spoils system*. Si tratta di un istituto giuridico in forza del quale viene riconosciuta alla componente politica la possibilità di individuare e successivamente destinare, sulla base di un principio esclusivamente fiduciario (*intuitu personae*), ai vertici dell'Amministrazione pubblica (alta dirigenza) determinati soggetti di loro fiducia, indipendentemente dall'espletamento di un'apposita procedura selettiva concorsuale. Tale meccanismo ha posto delle problematiche di non poco conto, con riguardo soprattutto alla cessazione di tali incarichi allorché vari la compagine politica.

Sul tema della rimozione dei dirigenti così investiti della funzione pubblica era, peraltro, intervenuto il legislatore con la l. n. 145/2002, il cui art. 3, 7° comma, prevedeva la cessazione automatica degli incarichi dirigenziali di livello apicale (ad es. segretario generale e capo dipartimento) in concomitanza con la formazione di un nuovo Governo. La Corte costituzionale, con due sentenze del 2007 (nn. 103 e 104), ha però dichiarato l'illegittimità costituzionale della disposizione in oggetto, precisando che il meccanismo della cessazione automatica (*ad nutum*) degli incarichi dirigenziali di livello apicale, nel determinare una condizione di precarietà della funzione dirigenziale, si pone in contrasto con tre principi costituzionali: quello della *imparzialità* amministrativa (in forza del

Corte cost. sentt. nn. 103 e 104/2007

quale l'agire amministrativo deve essere messo al riparo da ogni possibile influenza di parte, compresa quella politica); quello del *buon andamento* (che non solo richiede una continuità nell'azione amministrativa, ma anche una valutazione effettiva dei risultati conseguiti dal dirigente entro un periodo di tempo adeguato) ed infine, con il principio del *giusto procedimento* (il quale richiede che la revoca di un determinato incarico pubblico debba avvenire nel rispetto delle garanzie di difesa in sede procedimentale del soggetto di cui si discute). In sostanza, ha affermato la Corte, la rimozione di un dirigente, lungi dal poter essere rimessa ad una semplice valutazione soggettiva di tipo discrezionale (se non proprio arbitrario), trova nell'ambito della dimensione del procedimento una forma di garanzia, la quale consiste nella possibilità per il soggetto privato, del cui incarico si discute, di poter avere un effettivo momento di confronto dialettico con la stessa amministrazione, in cui far sentire la propria "voce" ed esporre il proprio punto di vista. In risposta alle censure di incostituzionalità, il legislatore, col d.lgs. n. 150/2009, ha riscritto, almeno parzialmente, le norme sulla decadenza automatica, individuando un ristretto numero di figure apicali, *ex* art. 19, 3° comma, d.lgs. n. 165/2001, che cessano automaticamente decorsi 90 giorni dalla fiducia al nuovo Governo.

3. *Gli enti pubblici*

Nozione

Nell'ambito dello stato-amministrazione il modello organizzativo costituito dai c.d. enti pubblici manifesta una sua specificità. Questi ultimi sono definibili, in via generale ed astratta, come soggetti cui è attribuita la cura di interessi di rilevanza collettiva, e che sono posti all'interno dell'organizzazione amministrativa, come ricorda anche il parere reso dal Consiglio di Stato (Adunanza Plenaria 3 giugno 2022, n. 934).

La l. n. 70/1975, nel dare attuazione all'art. 97 Cost., ha previsto al riguardo che «nessun nuovo ente pubblico può essere istituito o riconosciuto se non per legge» (art. 4). Al di là della riaffermazione del principio base di legalità riferito ai pubblici poteri, è da rilevare come a livello normativo non vi sia una definizione esaustiva di cosa debba intendersi per ente pubblico, né sono precisati in modo chiaro quali siano i caratteri essenziali di questo modello. Può comunque dirsi che l'ente pubblico è una persona giuridica di diritto pubblico, che esprime un modello di organizzazione amministrativa caratterizzato in forza di alcuni elementi tipici e distintivi.

Elementi distintivi ...

Al fine di individuare i requisiti propri di un ente pubblico vengono utilizzati due criteri metodologici, uno di tipo deduttivo-formale, l'altro di carattere induttivo-empirico. Nella prima direzione (metodo deduttivo), i criteri distintivi dell'ente pubblico sono individuati mediante elementi di tipo formale, che prendono in considerazione un dato teleologico ed un elemento sostanziale: è così considerato ente pubblico quel soggetto che persegue in via principale una finalità di carattere esclusivamente pubblico (elemento finalistico) e che svolge in concreto un'attività strumentale al servizio dello Stato (elemento sostanziale).

A questo primo inquadramento formalistico ne viene contrapposto un secondo di carattere più dinamico, che parte dalla "natura delle cose" e che rinviene gli elementi tipici dell'ente pubblico mediante un'analisi caso per caso. In questa seconda direzione, seguita peraltro dalla giurisprudenza, sono stati individuati alcuni indici di riconoscibilità dell'ente pubblico: la titolarità e l'esercizio in concreto di poteri autoritativi (tra cui si può ricordare l'autonomia organizzativa, intesa come possibilità di darsi regole per il proprio funzionamento, e quella c.d. normativa, consistente nella idoneità di tali enti a porre regole che siano valide ed efficaci a livello di ordinamento giuridico); l'indisponibilità della propria esistenza e l'assoggettamento a regole speciali derogatorie rispetto alla disciplina di diritto comune (per cui l'ente pubblico, a differenza di qualsivoglia soggetto privato, non solo non può decidere di dismettere la propria attività in un determinato settore affidato alla sua cura, ma non può nemmeno seguire le ordinarie regole in tema di fallimento delle società); ed infine la c.d. operatività necessaria (ossia la speciale "vocazione" allo svolgimento di un'attività di rilevanza collettiva, che si traduce in una vera e propria doverosità del perseguimento del fine pubblico ad esso attribuito).

... e tipologie

Ciò chiarito, va detto peraltro che la categoria degli enti pubblici non è unitaria, ma costituisce una sorta di *genus* al cui interno è possibile ricondurre più *species*. Ed infatti vi sono strutture amministrative distinte che operano secondo la logica della monofunzionalità (ovvero alle quali viene assegnata un'unica funzione per ciascun ente), quali a titolo meramente esemplificativo: l'Inps (Istituto nazionale di previdenza sociale, che svolge attività di cura dell'interesse pubblico delimitato e circoscritto di natura previdenziale); il Coni (Comitato olimpico nazionale italiano, ente posto al vertice dell'ordinamento sportivo nazionale); l'Enea (Ente nazionale per le nuove tecnologie, l'energia e l'ambiente, con funzioni di studio e ricerca sottoposto alla vigilanza del Ministero dello sviluppo economico); ed il Cnr (Consiglio nazionale delle ricerche, che coordina e finanzia la ricerca scientifica ed è sottoposto al controllo da parte del Ministero dell'istruzione, dell'università e della ricerca).

Controllo ministeriale ...

Come si può desumere dagli esempi che si sono qui richiamati, un elemento tipico che caratterizza gli enti pubblici con funzioni strumentali ed ausiliarie, oltre agli indici già richiamati, è quello del loro assoggettamento al potere di vigilanza e controllo da parte di altre amministrazioni, in particolare di quelle ministeriali. Tale attività di controllo e vigilanza si manifesta con riguardo a due diversi momenti: quello della nomina dei vertici degli enti pubblici e quello del loro concreto operato. Per quanto riguarda la prima, l'art. 3, l. n. 400/1988 prevede che «la nomina alla presidenza di enti, istituti o aziende di carattere nazionale, di competenza dell'amministrazione statale» è effettuata formalmente con d.p.r., il quale è però emanato sulla base di una designazione del Presidente del Consiglio dei ministri, previa delibera del Consiglio dei ministri, a partire da una proposta del Ministro competente per materia. Per quanto invece riguarda l'esercizio del mandato, è previsto il controllo ministeriale sulle delibere di tali enti.

Nell'articolazione interna di ciascun ente pubblico il potere decisionale è rimesso ad un Consiglio di amministrazione, a capo del quale è posto il Presidente; a questi organi è affiancato un Collegio dei revisori con funzione di controllo (soprattutto a livello amministrativo e contabile). Peraltro, ogni delibera con cui gli enti adottano o modificano il regolamento organico, definiscono o modificano la consistenza organica di ciascuna qualifica, il numero dei dirigenti degli uffici e degli addetti agli uffici stessi, devono essere trasmesse per l'*approvazione* al Ministero cui compete la vigilanza sull'ente e al Ministero del tesoro: si tratta di una forma di controllo che può portare o all'approvazione della delibera stessa oppure alla indicazione di «motivati rilievi per il riesame da parte dell'organo deliberante».

... e della Corte dei conti

Una forma del tutto particolare di controllo è anche prevista dall'art. 100, 2° comma, Cost., in capo alla Corte dei conti (v. vol. II, cap. IV, sez. III, par. 3), la quale oltre ad esercitare il controllo preventivo di legittimità sugli atti del Governo e quello successivo sulla gestione del bilancio dello Stato, «partecipa, nei casi e nelle forme stabiliti dalla legge, al controllo sulla gestione finanziaria degli enti a cui lo Stato contribuisce in via ordinaria». Tale norma deve essere letta alla luce dell'art. 3, 4° comma, l. n. 20/1994, ove si prevede che la Corte dei conti svolge una funzione di «controllo successivo sulla gestione del bilancio e del patrimonio delle amministrazioni pubbliche», verificando al tempo stesso il funzionamento dei controlli interni a ciascuna amministrazione e accertando «la rispondenza dei risultati dell'attività amministrativa agli obiettivi stabiliti dalla legge, valutando comparativamente costi, modi e tempi dello svolgimento dell'azione amministrativa».

I c.d. enti pubblici economici

Un ultimo richiamo, infine, ai c.d. enti pubblici economici. Si tratta di una particolare figura di enti pubblici caratterizzati per il fatto di svolgere un'attività di natura imprenditoriale preordinata alla produzione ed allo scambio sul mercato di beni e servizi. Essi agiscono in regime di diritto privato (si veda in tal senso l'obbligo della loro iscrizione nel registro delle imprese *ex* art. 2201 c.c.), pur operando in funzione di una finalità di carattere pubblicistico (quale ad esempio quella dell'aiuto e del sostegno ad un settore industriale che riveste interesse nazionale oppure della garanzia di servizi pubblici essenziali non adeguatamente assicurati e "coperti" dall'impresa privata). All'interno di tale categoria si possono distinguere da un lato gli enti pubblici economici che svolgono attività di impresa in forma diretta (ad esempio l'Enel, di cui alla l. n. 1643/1962, oggi trasformato in s.p.a.), e dall'altro quelli che gestiscono partecipazioni azionarie in società a capitale pubblico (tali sono, ad esempio, i casi dell'Iri-Istituto per la ricostruzione industriale e dell'Eni-Ente nazionale idrocarburi, successivamente trasformati anch'essi in società private).

Il modello dell'ente pubblico economico è stato soggetto negli ultimi anni ad un processo di radicale trasformazione, che viene comunemente definito in termini di c.d. privatizzazione. Si tratta di un processo articolato essenzialmente in due momenti: in primo luogo la privatizzazione formale o "fredda" (che consiste nella semplice trasformazione degli enti pubblici economici in società per azioni, con mutamento di persona giuridica e di regime normativo); successivamente la privatizzazione sostanziale o "calda" (che determina, a partire dalla formale trasformazione dell'ente in società, anche una effettiva dismissione delle partecipazioni azionarie dello Stato nelle società così trasformate, con la conseguenza per cui il capitale sociale passa dalla "mano pubblica" prevalente alla "mano privata", diffondendosi l'azionariato presso risparmiatori ed investitori non pubblici).

4. *Le c.d. Agenzie amministrative*

Nozione e disciplina

Le c.d. Agenzie amministrative costituiscono organismi del tutto peculiari nel panorama organizzativo dell'amministrazione centrale, e sono caratterizzate principalmente da una posizione istituzionale a sé stante rispetto sia ai Ministeri che agli enti pubblici. La loro disciplina è contenuta, come per i Ministeri, nel d.lgs. n. 300/1999, il cui art. 8 prevede che tali strutture «svolgono attività a carattere tecnico-operativo di interesse nazionale, in atto esercitate da ministeri ed enti pubblici», precisando anche che «esse operano al servizio delle amministrazioni pubbliche, comprese quelle regionali e locali». In questa definizione legislativa sono già contenuti tutti gli elementi essenziali per comprendere i caratteri di fondo di tali amministrazioni: esse si caratterizzano infatti in forza di una specifica missione, da intendersi in termini di competenza altamente tecnica, prestata in forma di ausilio e supporto rispetto all'attività principale svolta dalle strutture ministeriali.

Rapporto coi Ministeri

Ciò pone il problema del rapporto tra le Agenzie e i Ministeri di riferimento, in relazione al quale occorre tenere distinti due profili: quello *organizzativo* e quello più propriamente *funzionale*. Sul piano organizzativo si può parlare di amministrazioni che (*ex* art. 8, 2° comma, d.lgs. n. 300/1999) «hanno piena autonomia nei limiti stabiliti dalla legge»: ovvero che sono caratterizzate da una effettiva "separatezza" rispetto al Governo, sia in relazione all'autonomia di bilancio che in ordine alla possibilità loro riconosciuta di determinare autonomamente le norme concernenti la propria organizzazione ed il proprio funzionamento. Da questo punto di vista il legislatore ha previsto una particolare figura giuridica di collegamento tra Agenzie e Ministeri di riferimento: la "convenzione". Si tratta di un atto pubblicistico adottato all'esito di una procedura negoziale, che vede coinvolti da un lato il Ministro competente e dall'altro il direttore generale preposto all'Agenzia, mediante il quale vengono fissati (nell'ambito della ricordata *mission* funzionale) alcuni "paletti" relativi a questo rapporto, tra cui si possono richiamare gli obiettivi specificamente attribuiti all'Agenzia, i risultati attesi dalla propria azione in un determinato arco di tempo, nonché l'entità e le modalità dei finanziamenti da accordare alla medesima e le modalità previste per la verifica dei risultati di gestione. Con riguardo invece al livello funzionale, una piuttosto marcata limitazione della stessa autonomia consegue alla previsione per cui le Agenzie sono soggette ai poteri di indirizzo e controllo da parte del ministro di riferimento. Tali poteri (tali da far ritenere le Agenzie quali espressione di una *longa manus* ministeriale), possono assumere in concreto varie forme: tali sono l'approvazione dei programmi di attività dell'Agenzia da parte del Ministero, ma, ancor di più, l'emanazione di direttive con l'indicazione degli obiettivi da raggiungere e l'effettuazione di ispezioni per accertare l'osservanza da parte di esse delle prescrizioni così impartite.

Esemplificazione

Alcuni esempi concreti di agenzie sono costituiti dall'Apat (Agenzia per la protezione dell'ambiente e per i servizi tecnici, oggi confluita, insieme all'Icram, in un unico istituto denominato Ispra), che fa capo al Ministero dell'ambiente; dalle c.d. Agenzie fiscali che svolgono la propria attività in ausilio a quella del Ministero dell'economia e delle finanze (tra cui l'Agenzia delle Entrate) e dall'Agenzia nazionale per la sicurezza alimentare (sottoposta alla vigilanza del Ministero del lavoro, della salute e delle politiche sociali, con compiti di coordinamento tecnico di tutti gli organismi locali sul tema della sicurezza alimentare).

Sezione III
L'Amministrazione periferica e le Autorità amministrative indipendenti

1. *Il decentramento e l'Amministrazione c.d. periferica*

Art. 5 Cost.

Un altro principio cardine del sistema amministrativo disegnato dalla Costituzione è quello del decentramento amministrativo, il quale rinviene il suo fondamento costituzionale nell'art. 5, ove si prevede che «la Repubblica, una e indivisibile, riconosce e promuove le autonomie locali, attua nei servizi che dipendono dallo Stato il più ampio decentramento amministrativo; adegua i principi ed i metodi della sua legislazione alle esigenze dell'autonomia e del decentramento».

Tale principio costituisce una modalità organizzativa che può assumere in concreto due diverse forme: da un lato il decentramento c.d. burocratico, riferito agli apparati statali e riferibile alla Amministrazione "periferica" dello Stato; dall'altro il decentramento c.d. autarchico, riferito invece agli enti dotati di autonomia costituzionale (quali ad esempio le Regioni e tutti gli altri soggetti individuati dall'art. 114 Cost.).

In questa sede tratteremo della prima forma di decentramento rinviando, per quanto riguarda la seconda, ad altre parti di questo volume (cfr. in questo vol., cap. IX).

Il modello della c.d. Amministrazione periferica

Con il termine Amministrazione periferica dello Stato si fa riferimento all'insieme degli uffici amministrativi, distribuiti su tutto il territorio nazionale, di cui si avvale l'Amministrazione centrale ai fini dello svolgimento delle proprie funzioni. Questo modello risponde all'esigenza di stabilire una forma di raccordo tra "centro" e "periferia", mediante alcune speciali strutture decentrate dell'Amministrazione centrale che operano a stretto contatto con le singole realtà locali, e si pongono pertanto quali mezzi di trasmissione per garantire continuità nelle forme di manifestazione del pubblico potere. Per questo motivo l'Amministrazione periferica viene comunemente inquadrata attraverso l'immagine della *longa manus* rispetto alle strutture amministrative poste a livello centrale, mediante la quale si garantisce una presenza statale anche a livello periferico.

Il modello originario dell'Amministrazione periferica si fonda su una doppia articolazione, in forza della quale ad un apparato centrale si vengono ad affiancare – a seconda della struttura ministeriale considerata – diversi apparati periferici: così, ad esempio, accanto alla figura del Prefetto (struttura periferica del Ministero dell'interno) si è avuta quella del Provveditore agli studi (rispetto al Ministero della Pubblica istruzione) e quella del Genio civile (Amministrazione decentrata del Ministero dei lavori pubblici).

Su questo modello hanno inciso profondamente le riforme istituzionali avviate con le leggi Bassanini (*in primis* con la delega contenuta nella l. n. 59/1997, cui hanno fatto seguito i vari decreti attuativi) e proseguite con la riforma del Titolo V della Costituzione. Tali interventi di riforma, pur collocandosi a metà strada tra livello legislativo e livello costituzionale, si caratterizzano per il fatto di realizzare un medesimo obiettivo di fondo: quello del riconoscimento e della valorizzazione del principio del pluralismo territoriale, con conseguente trasferimento a strutture periferiche dello Stato o ad enti dotati di autonomia costituzionale di competenze e connesse potestà decisorie.

Le Prefetture

In questo particolare contesto è stata modificata la denominazione delle Prefetture (oggi denominate Prefetture-Uffici territoriali del Governo), e ad esse è stata attribuita una speciale funzione. Quest'ultima consiste nell'assicurare «l'esercizio coordinato dell'attività amministrativa degli uffici periferici dello Stato», garantendo al contempo «la leale collaborazione di detti uffici con gli enti locali»: la logica è pertanto quella di razionalizzare la complessità organizzativa precedentemente messa in luce, mediante una struttura di coordinamento a livello locale che si ponga in termini di vera e propria "cabina di regia" rispetto alle amministrazioni statali periferiche e che cerchi pertanto di garantire un minimo di omogeneità tra queste ultime.

Il titolare delle Prefetture-Uffici territoriali del Governo è individuato nella figura del Prefetto, coadiuvato da una Conferenza provinciale permanente da lui presieduta e composta dai responsabili di tutte le amministrazioni periferiche dello Stato che svolgono la propria attività in una determinata Provincia, nonché dai rispettivi rappresentanti degli enti locali. Il Prefetto opera alle dirette dipendenze del Ministro dell'interno ed è soggetto al potere di direttiva di quest'ultimo.

La figura del Prefetto

Per quanto riguarda le peculiari funzioni che istituzionalmente vengono attribuite al Prefetto si può distinguere una competenza di carattere generale ed alcune attribuzioni di natura più circoscritta e delimitata. Quanto alla funzione di carattere più ampio, esso assume un compito di rappresentanza generale del Governo rispetto alla partizione territoriale in cui è chiamato ad operare, assumendo altresì il ruolo di garante istituzionale della correttezza dell'azione amministrativa posta in essere a livello locale. In forza di ciò, al Prefetto è attribuito il potere di intervento sostitutivo, mediante il quale egli, qualora gli vengano segnalate disfunzioni o anomalie nell'esercizio di attività amministrative da parte degli uffici periferici, con conseguente compromissione della qualità dei servizi resi alla cittadinanza, è legittimato ad intervenire direttamente ed in via sostitutiva, adottando i provvedimenti necessari a garantire il regolare funzionamento e la continuità nell'azione delle amministrazioni. Per quanto riguarda invece le attribuzioni di carattere più specifico permangono in capo al Prefetto alcune funzioni quali, a titolo di esempio, quelle in materia di garanzia della pubblica sicurezza e dell'ordine pubblico a livello provinciale (cui sono riconducibili i compiti in materia di protezione civile); le funzioni connesse con il corretto svolgimento delle procedure elettorali; la vigilanza sulle funzioni svolte dalle amministrazioni locali relativamente a servizi di competenza statale (quali anagrafe, stato civile e servizi elettorali); ed infine il compito di intervento diretto in materia di sciopero nei servizi pubblici essenziali (con riguardo alla possibilità di adottare specifiche ordinanze di precettazione dei lavoratori). Le recenti riforme volte a razionalizzare e riorganizzare la presenza dello Stato sul territorio (avviate con il d.l. n. 95/2012, convertito in l. n. 135/2012) hanno condotto ad un mutamento nella denominazione delle Prefetture-Uffici territoriali del Governo, le quali, trasformate adesso in Prefetture-Uffici territoriali dello Stato, hanno assunto la configurazione di punti di contatto unici tra amministrazione periferica dello Stato e cittadini (art. 8, 7° comma, l. n. 124/2015, c.d. "legge Madia"). La delega prevista dalla c.d. "legge Madia" in materia di potenziamento della funzione di "centro della periferia" delle Prefetture-Uffici territoriali dello Stato non ha ricevuto attuazione nell'ambito della XVII legislatura.

Il Commissario del Governo

Tra gli organi di Amministrazione periferica, fino alla riforma costituzionale del 2001 veniva ricondotta anche la figura del Commissario del Governo, originariamente prevista dall'art. 124 Cost. In quest'ultima disposizione si specificava che il Commissario, residente nel capoluogo di ciascuna Regione, era investito della funzione di sovrintendenza rispetto "alle funzioni amministrative esercitate dallo Stato", coordinando queste ultime con quelle esercitate dalle Regioni. A seguito della riforma operata con l. cost. n. 3/2001 la disposizione richiamata è stata espressamente abrogata e la relativa figura soppressa. Tuttavia l'art. 10, l. n. 131/2003 (c.d. "legge La Loggia") ha istituito la nuova figura del "Rappresentante dello Stato per i rapporti con il sistema delle autonomie", che viene fatto coincidere con il Prefetto preposto all'Ufficio territoriale del Governo che ha sede nel capoluogo di ciascuna regione a statuto ordinario. Tra le funzioni ad esso attribuite possono segnalarsi quelle relative al coordinamento tra livello statale e livello regionale (soprattutto per quanto riguarda la garanzia del rispetto del principio di leale cooperazione tra i due diversi livelli di governo in oggetto) ed al raccordo tra le amministrazioni statali presenti in ciascun territorio (con lo scopo di garantire la rispondenza dell'azione amministrativa all'interesse generale e l'incremento della qualità dei servizi resi alla cittadinanza).

Un ultimo richiamo deve essere fatto con riguardo a quella forma di decentramento amministrativo che passa dall'affidamento ai Comuni di alcuni servizi di competenza statale. Tali sono quelli previsti espressamente dall'art. 14, d.lgs. n. 267/2000 (c.d. T.U. enti locali), ove si fa riferimento alla gestione dei servizi elettorali, di stato civile, di anagrafe, di leva militare e di statistica: le relative funzioni sono esercitate dal Sindaco quale ufficiale del Governo. Sempre il Sindaco, quale "ufficiale del Governo", sovrintende ad altre funzioni specificamente indicate, tra le quali il potere di adottare provvedimenti contingibili e urgenti per prevenire e eliminare gravi pericoli che minacciano l'incolumità pubblica e la sicurezza urbana e, più in generale, la vigilanza su tutto quanto possa interessare la sicurezza e l'ordine pubblico, informando costantemente il Prefetto.

L'affidamento ai Comuni di servizi statali

2. *Le Autorità amministrative indipendenti*

In una posizione del tutto peculiare, a livello di ordinamento giuridico, si collocano le c.d. Autorità amministrative indipendenti. Esse costituiscono degli organismi a vocazione tecnica, che si contraddistinguono in forza di una particolare posizione istituzionale di indipendenza e neutralità rispetto al potere di indirizzo politico-amministrativo.

Nozione ed elementi distintivi

Gli elementi tipici che caratterizzano siffatti organi riguardano l'ambito organizzativo-strutturale e quello più propriamente funzionale. In una prima direzione esse si caratterizzano per la particolare posizione di terzietà e non assoggettamento alle direttive politico-governative, ed in più si connotano per il carattere della "separatezza", a livello strutturale, rispetto all'apparato ministeriale. Ciò significa che tali Autorità sono poste al di fuori dello schema gerarchico-piramidale che caratterizza il sistema dell'Amministrazione centrale, e godono di una vera e propria autonomia, sia sul piano strutturale come su quello organizzativo e gestionale che finanziario e contabile. L'altro elemento caratterizzante dette Autorità è costituito, a livello di esercizio della funzione, dalla loro operatività con riguardo a settori materiali comunemente definiti come *sensibles*: ossia ambiti specifici caratterizzati da una notevole complessità di carattere tecnico-giuridico, come tali soggetti a continui, rapidi ed incessanti mutamenti, tali da richiedere un intervento tempestivo ed adeguato da parte delle amministrazioni ad essi preposte. Il caso dell'Autorità per l'energia elettrica ed il gas (*Aeeg*), ma forse ancora di più quello dell'Autorità per le garanzie nelle comunicazioni (*Agcom*), costituiscono soltanto due esempi paradigmatici di ambiti settoriali in cui l'intervento pubblico presenta il carattere della estrema tecnicità, associata alla tempestività delle misure volta per volta adottate per garantire rispettivamente la piena concorrenzialità del mercato ed il rispetto dei diritti nel settore dell'informazione.

Sul tema dell'indipendenza di siffatti organismi rispetto al potere politico è necessario, però, precisare che essa non riguarda tutte le Autorità con la medesima intensità: alcune di esse presentano infatti caratteri tali da far talvolta dubitare della loro reale terzietà e neutralità rispetto agli indirizzi politico-governativi.

La nomina dei vertici

Ciò appare di particolare evidenza quando si analizzino le diverse soluzioni offerte al potere di nomina dei vertici delle Autorità di cui si discute. Al proposito si possono, infatti, distinguere tre diverse modalità di scelta di tale vertici.

Il procedimento governativo: Isvap (ora Ivass) e Consob

In una prima ipotesi il potere di nomina spetta al Governo. Era questo il caso, ad esempio, dell'Isvap (Istituto per la vigilanza sulle assicurazioni private), Autorità indipendente istituita con l. n. 576/1982, come successivamente modificata per opera del d.lgs. n. 209/2005 (c.d. codice delle assicurazioni private). In tal caso il procedimento di nomina del Presidente e dei componenti del Consiglio di amministrazione prevedeva una proposta iniziale da parte del Ministro competente per materia (il Ministro per lo sviluppo economico), cui facevano seguito, nell'ordine, una delibera del Consiglio dei ministri ed una successiva formale adozione del provvedimento di nomina mediante decreto del Presidente della Repubblica. La trasformazione per effetto del d.l. n. 95/2012 (convertito in l. n. 135/2012) dell'Isvap in Ivass (Istituto per le assicurazioni) ha però determinato un mutamento quanto alla nomina dei vertici, in ossequio ad una tendenza verso una più marcata integrazione tra attività di vigilanza assicurativa ed attività bancaria, di cui costituisce testimonianza il fatto che il presidente di tale Autorità coincide ad oggi con il Direttore generale della Banca d'Italia. Un procedimento sostanzialmente analogo è previsto per la Commissione nazionale per le società e la borsa (Consob), organismo indipendente dotato, a differenza di altre Autorità, della personalità giuridica di diritto pubblico ed avente funzioni di vigilanza e di regolamentazione tecnica con riguardo al mercato dei valori mobiliari (d.lgs. n. 58/1998, come modificato ed integrato dal d.lgs. n. 164/2007 di recepimento della direttiva comunitaria in materia di intermediazione finanziaria – c.d. Mifid). Peraltro, la scelta dei soggetti deve essere guidata da un criterio di fondo: quello per cui essi devono essere individuati tra «persone di specifica e comprovata competenza ed esperienza ed indiscussa moralità ed indipendenza» (come recita, in relazione al caso della Consob, l'art. 1, l. n. 281/1985, utilizzando una formula che, pur con qualche adattamento, è stata poi ripresa nelle successive leggi istitutive di Autorità indipendenti).

Il procedimento parlamentare: Antitrust ...

In una seconda ipotesi la nomina dei vertici delle Autorità è, invece, riconducibile ad un procedimento di natura parlamentare. Questo modello è stato seguito, ad esempio, con riguardo al caso dell'Autorità garante della concorrenza e del mercato (Antitrust). Il Presidente ed i due membri che insieme compongono l'Autorità quale organo collegiale (secondo la dizione dell'art. 10, l. n. 287/1990 con cui essa è stata istituita) sono nominati sulla base di un meccanismo che prevede una *determinazione adottata d'intesa* dai Presidenti delle due Camere. Ancora una volta la legge richiede, al proposito, che la scelta dei soggetti (i quali resteranno in carica per sette anni, senza possibilità di riconferma) sia effettuata tra "persone di notoria indipendenza" con una specificazione relativa alle due figure del Presidente e degli altri membri. Il primo infatti è scelto tra soggetti che abbiano ricoperto incarichi istituzionali di grande responsabilità e rilievo; gli altri due membri invece devono essere individuati tra magistrati del Consiglio di Stato, della Corte dei conti o della Corte di cassazione, professori universitari ordinari in materie economico-giuridiche e "personalità provenienti da settori economici dotate di alta e riconosciuta professionalità" (art. 10, 2° comma, l. n. 287/1990). Le due richiamate specificazioni costituiscono così un ulteriore tassello che, unitamente alla nomina di derivazione esclusivamente parlamentare, orientano nella direzione della garanzia dell'indipendenza non solo strutturale, ma anche funzionale, dell'Autorità in questione.

... Commissione di garanzia in materia di sciopero nei s.p.e. ...

Un sistema abbastanza simile di nomina dei vertici è previsto, altresì, per la Commissione di garanzia per l'attuazione della legge sullo sciopero nei servizi pubblici essenziali (istituita con l. n. 146/1990, come successivamente modificata dalla l. n. 83/2000). Tale organismo, la cui attività, per espressa previsione legislativa, è finalizzata a «garantire il contemperamento dell'esercizio del diritto di sciopero con il godimento dei diritti della persona costituzionalmente tutelati» (art. 13, l. n. 146/1990, come modificato dalla novella del 2000) è composto da nove membri che vengono scelti sulla base di un meccanismo progressivo che prevede una dissociazione tra i due momenti della designazione e della nomina vera e propria. La prima è di competenza dei Presidenti dei due rami del Parlamento, la seconda è effettuata formalmente con d.p.r.

... Garante per la privacy

La derivazione parlamentare dei vertici dell'Autorità contraddistingue peraltro anche il Garante per la protezione dei dati personali (*privacy*). In tal caso la l. n. 675/1996 (con cui esso è stato istituito, successivamente sostituita dal d.lgs. n. 196/2003, c.d. codice dei dati personali) ha previsto un meccanismo di individuazione dei quattro membri che compongono l'organo collegiale che costituisce una variante al già richiamato modello dell'intesa presidenziale. Si prevede infatti che dei richiamati quattro membri, due vengano nominati dalla Camera dei deputati e due dal Senato della Repubblica, con ciò non alterandosi, pur nella variante rispetto al modello di fondo, la natura sostanzialmente parlamentare del procedimento di nomina.

Il sistema misto: Aeeg e Agcom

In una terza ed ultima ipotesi il meccanismo di nomina dei vertici delle Autorità può definirsi di carattere misto, in quanto derivante dalla combinazione in varia forma dei due sistemi (uno a prevalenza governativa, l'altro a prevalenza parlamentare) fin qui analizzati. È questo il caso delle autorità di regolazione dei servizi di pubblica utilità: l'Autorità di regolazione per Energia Reti e Ambiente (*Arera*, istituita con l. n. 481/1995) e l'Autorità per le garanzie nelle comunicazioni (*Agcom*, istituita con l. n. 249/1997 ed i cui compiti sono oggi individuati e disciplinati dal d.lgs. n. 259/2003, c.d. codice delle comunicazioni elettroniche), per le quali il procedimento di individuazione dei componenti dell'Autorità vede susseguirsi una serie di fasi sulle quali non è il caso in questa sede di soffermarsi.

Le funzioni

In relazione alle funzioni esercitate dalle diverse Autorità, oltre a quanto già detto, si può individuare un tratto unificante nello svolgimento di un ruolo di *controllo e garanzia*, ma anche di diretta *regolazione* settoriale. Quale che sia l'ambito materiale proprio di ciascuna, tali Autorità realizzano mediante la propria attività ed in forma consequenziale entrambi gli obiettivi richiamati. Ciò avviene ad esempio nel caso dell'*Arera* e dell'*Agcom*, le quali non solo sono chiamate a garantire diritti costituzionalmente tutelati (rispettivamente il diritto di libertà economica, sotto forma di *par condicio* tra i soggetti che operano nel settore dei servizi di pubblica utilità ed il pluralismo sul piano dell'informazione), ma anche ad utilizzare degli strumenti giuridici di regolazione settoriale, quali in primo luogo le misure di carattere regolativo per evitare il formarsi e consolidarsi di posizioni dominanti.

Il potere regolamentare

La questione relativa alla configurazione di un potere regolamentare in capo alle Autorità indipendenti costituisce uno dei punti più dibattuti. E ciò soprattutto in relazione alla peculiare posizione di tali organismi indipendenti, che, pur essendo sganciati dal c.d. circuito democratico, vengono dalla legge investiti di alcune funzioni qualificabili, a seconda dei casi, ora come di natura propriamente amministrativa (ad es. decisioni sanzionatorie adottate dall'*Antitrust* nei confronti di un'impresa che agisca in violazione del principio concorrenziale) ora in termini di attività di regolazione settoriale (ad es. le autorizzazioni di carattere generale al trattamento dei dati personali nel caso del Garante per la *privacy*, oppure le regole tecniche adottate dall'*Arera* per garantire la piena concorrenzialità del settore elettrico). In un caso come nell'altro si tratta di misure che, pur nella loro diversa natura, vengono poste in essere da organismi tecnici non legittimati secondo le regole tipiche della democrazia rappresentativa, le quali vanno tuttavia ad incidere sulle posizioni giuridiche soggettive dei privati. A questo proposito il problema della carenza di legittimazione democratica delle Autorità indipendenti ha trovato una importante risposta nella previsione da parte dello stesso legislatore di alcune garanzie procedurali che tali organismi devono rispettare, quali in primo luogo la necessaria partecipazione dei soggetti interessati ai procedimenti di formazione delle decisioni delle Autorità di cui si discute: ciò significa, in concreto, la possibilità per i privati di far sentire la propria "voce" nell'ambito dei procedimenti decisionali delle Autorità, mediante il riconoscimento della facoltà di depositare memorie e documenti, così come attraverso la possibilità di essere chiamati ad esporre oralmente il proprio punto di vista in relazione ad una determinata materia oggetto di decisione. In tal modo la carenza di legittimazione democratica delle autorità risulta in un certo senso compensata attraverso il ricorso a modalità di coinvolgimento dei destinatari delle decisioni.

La partecipazione ai procedimenti regolativi

In questa prospettiva la stessa giurisprudenza amministrativa ha riconosciuto come la caduta del valore della legalità intesa in senso sostanziale venga compensata attraverso un rafforzamento della "legalità procedurale" (in tal senso Cons. Stato, sez. VI, sent. 1° ottobre 2014, n. 4874): in sostanza, l'esercizio di poteri di regolazione da parte di Autorità indipendenti, per loro natura «poste al di fuori della tradizionale tripartizione dei poteri e al di fuori del circuito di responsabilità delineato dall'art. 95 Cost., è giustificato anche in base all'esistenza di un procedimento partecipativo, inteso come strumento della partecipazione dei soggetti interessati sostitutivo della dialettica propria delle strutture rappresentative» (Cons. Stato, sez. VI, sent. 11 aprile 2006, n. 2007). Ne deriva, in conclusione, un modello di organizzazione amministrativa che, collocato in una logica di neutralizzazione rispetto al potere di indirizzo governativo ed al relativo meccanismo di responsabilità, trova una propria legittimazione "dal basso", in forza della garanzia del principio del giusto procedimento: applicato in tal caso con riguardo all'*iter* che conduce alla elaborazione dei contenuti delle decisioni di competenza di tali Autorità.

Anac

Fra le autorità amministrative indipendenti, si segnala l'Autorità Nazionale Anticorruzione (Anac) che assume un rilevo costituzionale, sotto il profilo funzionale, in quanto concorre a garantire su tutto il territorio nazionale l'imparzialità e la trasparenza della pubblica amministrazione mediante le attività di prevenzione e contrasto alla corruzione nelle amministrazioni pubbliche e nelle società partecipate e controllate, l'attuazione della trasparenza in tutti gli aspetti gestionali, nonché attraverso l'attività di vigilanza nel settore dei contratti pubblici.

Il primo nucleo funzionale dell'odierna Autorità nasce con la c.d. l. anticorruzione, l. n. 190/2012, che assegna alla Civit (Commissione per la valutazione, la trasparenza e l'integrità delle amministrazioni pubbliche), competenze in materia di prevenzione e contrasto alla corruzione in adempimento di alcuni obblighi internazionali (si segnala in particolare: la Convenzione dell'Organizzazione delle Nazioni Unite contro la corruzione). Si tratta dell'avvio di una delle "riforme strutturali", richieste in ambito europeo e internazionale, finalizzate a traghettare l'Italia fuori dalla grave crisi economico-politica maturata all'inizio degli anni Dieci del Ventunesimo secolo. L'obiettivo dichiarato delle politiche anticorruzione è quello di migliorare, in maniera sistematica e con interventi prevalentemente *ex ante*, l'efficienza ed efficacia dei servizi garantiti dalle pubbliche amministrazioni, avviando un circuito virtuoso nel "sistema paese" capace di garantire i diritti delle persone, delle imprese e di attrarre gli investimenti.

Col d.l. n. 101/2013, convertito con l. n. 125/2013, l'Autorità assume la denominazione attuale e subisce modifiche nella composizione rispetto alla precedente Civit; col d.l. n. 90/2014, convertito con l. n. 114/2014, si assiste, invece, ad un radicale riassetto delle funzioni: l'Anac perde le competenze in materia di misurazione della *performance* amministrativa, attribuite al Dipartimento della funzione pubblica, per assumere, invece, tutti i compiti e le funzioni (poi innovati dal Codice dei contratti pubblici, d.lgs. n. 50/2016) della soppressa Autorità per la vigilanza sui contratti pubblici. Infine, col d.lgs. n. 97/2016, sono attribuite all'Autorità competenze in materia di trasparenza, ambito materiale comprensibilmente ricondotto alla prevenzione della corruzione.

Si possono forse selezionare tre snodi problematici di maggior interesse su cui si gioca l'efficacia e la credibilità dell'azione dell'Anac come attore strategico per attuare lo statuto costituzionale della pubblica amministrazione: da una parte, la capacità di realizzare i propri obiettivi istituzionali senza gravare in modo eccessivo le pubbliche amministrazioni con procedure che facciano aumentare i costi amministrativi rallentando o bloccando la stessa azione amministrativa; ancora, la capacità di instaurare un rapporto di fiducia e collaborazione con le amministrazione controllate e, infine, la capacità di mantenersi indipendente dalle pressioni politiche dell'Esecutivo.

Per perseguire il primo obiettivo, il legislatore ha assegnato all'Anac ampi poteri di regolazione e di controllo amministrativo che sollevano interessanti questioni teoriche come, ad esempio, la querelle sulla natura giuridica delle linee guida Anac, definitivamente risolta soltanto con l'approvazione del nuovo codice dei contratti pubblici nel 2023, che ha determinato la cessazione di ogni efficacia di questa tipologia di atti per le procedure di affidamento future.

Quanto al secondo aspetto, il nucleo problematico è costituito dalla qualificazione e dalla disciplina del rapporto fra l'Anac e i responsabili anticorruzione in seno ad ogni pubblica amministrazione.

Infine, l'indipendenza dell'Autorità deve essere valutata sia sul piano funzionale che sul piano soggettivo.

Sul piano funzionale, si registra che i poteri dell'Anac non sono soggetti a indirizzo, controllo e sostituzione da parte dell'Esecutivo.

Quanto alla nomina del Presidente e della Commissione, l'indipendenza dell'Anac dal Governo deve essere valutata in base ai limiti che la legge introduce alla scelta governativa. Vi sono, in particolare, quattro tipologie di limiti: l'aspetto sostanziale della comprovata esperienza ed indipendenza delle persone fisiche proposte, un regime di incompatibilità per le stesse e il divieto di riconferma nella carica, il necessario previo parere favorevole delle Commissioni parlamentari competenti a maggioranza dei due terzi e, infine, la scadenza dell'incarico prevista nel termine di in sei anni, che eccede la durata della legislatura.

3. *La Banca d'Italia*

Inquadramento

In qualche modo connesso al tema delle Autorità amministrative indipendenti, ancorché da esso distinto, è il tema della Banca d'Italia. Si tratta di un soggetto istituzionale la cui costituzione viene fatta risalire al 1893, a seguito della fusione realizzata tra la Banca Nazionale del Regno, la Banca Nazionale Toscana e la Banca Toscana di Credito. Le vicende successive alla costituzione della Banca d'Italia seguono, per quanto riguarda in particolare il problema della sua natura giuridica, un andamento piuttosto oscillante.

La "pubblicizzazione"

In una prima fase si è assistito ad una trasformazione della stessa da struttura a carattere essenzialmente privatistico in ente di diritto pubblico, con capitale interamente partecipato da parte di soggetti pubblici. A questa trasformazione, disposta in forza della legge bancaria del 1936, ha fatto seguito, sul piano dell'esercizio della funzione, l'assoggettamento della Banca d'Italia al potere di indirizzo del Comitato dei Ministri, organo amministrativo centrale presieduto dal Capo del Governo. Si è trattato, in definitiva in questa prima fase, di un intervento normativo volto a preservare il pubblico credito, mediante il quale la Banca d'Italia è venuta ad assumere la funzione di organismo di mera esecuzione di direttive impartite a livello centrale da un organo di indirizzo politico (Comitato dei Ministri), svolgendo il ruolo di amministrazione e governo del settore bancario.

Il successivo affrancamento dal potere politico

In una seconda fase si è assistito, invece, ad un percorso di progressivo affrancamento della Banca d'Italia rispetto agli organi di indirizzo politico-amministrativo. Tale percorso, avviato con il nuovo T.U. bancario del 1993, si caratterizza in forza di una sempre più marcata sottrazione della stessa alle ingerenze governative: a tal punto da potersi parlare di un vero e proprio modello da cui ha tratto origine la sopra richiamata categoria delle Autorità amministrative indipendenti. A tal proposito, la tesi che mira a ricondurre la Banca d'Italia all'interno dell'insieme costituito dalle Autorità indipendenti, trova una conferma diretta nel quadro giuridico delineatosi a livello europeo. La costituzione di un'autentica "rete" delle Banche centrali a livello europeo, realizzata a seguito del Trattato di Maastricht e dell'entrata a regime della moneta unica, ha fatto sì che la stessa Banca d'Italia venisse riconcettualizzata all'interno del SEBC (Sistema europeo delle banche centrali, di cui fanno parte la Banca centrale europea e tutte le Banche centrali dei Paesi che hanno aderito alla moneta unica). In tal modo si è prodotto il risultato per cui, nell'ambito della nuova e più ampia dimensione europea, la Banca d'Italia (al pari peraltro di tutte le altre Banche centrali) è venuta a calarsi in una prospettiva di sempre maggiore neutralizzazione rispetto alla sfera politico-governativa nazionale, divenendo un "nodo" di una più ampia "rete" costituita da organismi di natura essenzialmente tecnica. Tale inquadramento appare rafforzato dal richiamo all'art. 130 del Trattato sul funzionamento dell'Unione Europea (TFUE), ove si legge espressamente che «nell'esercizio dei poteri e nell'assolvimento dei compiti e dei doveri loro attribuiti dal presente Trattato e dallo statuto del SEBC, né la BCE né una banca centrale nazionale né un membro dei rispettivi organi decisionali possono sollecitare o accettare istruzioni dalle istituzioni o dagli organi comunitari, dai governi degli Stati membri né da qualsiasi altro organismo».

Funzioni

Per quanto riguarda le funzioni della Banca d'Italia esse vengono normalmente ricondotte entro due macro-categorie: quelle relative al governo della moneta e quelle in tema di vigilanza. Nella prima rientrano il potere di emettere cartamoneta, di stabilire i tassi ufficiali di sconto e di disciplinare il sistema dei pagamenti (funzioni, queste, che sono state peraltro progressivamente attratte nella sfera di competenza della BCE). Alla seconda categoria sono invece riconducibili le funzioni di vigilanza esercitate nei confronti delle banche e degli intermediari finanziari sotto la direzione del Cicr (Comitato interministeriale per il credito ed il risparmio), organo governativo di indirizzo di cui fa parte peraltro lo stesso Governatore della Banca d'Italia. La funzione di vigilanza è stata inoltre oggetto di una specificazione a livello europeo, con cui si è introdotta la figura della c.d. vigilanza prudenziale, intesa quale attività diretta a garantire la concorrenzialità fra le imprese bancarie compatibilmente con la stabilità del sistema monetario (configurandosi, in questo modo, una funzione di tipo *antitrust* della Banca d'Italia esercitata nei confronti di possibili distorsioni derivanti da intese, abusi di posizioni dominanti o pratiche concordate idonee a ledere il principio della piena concorrenzialità nel mercato bancario e dell'intermediazione finanziaria).

La legge sul risparmio

La disciplina legislativa della Banca d'Italia è stata peraltro oggetto di una revisione ad opera della l. n. 262/2005 (recante disposizioni per la tutela del risparmio e la disciplina dei mercati finanziari), varata nel tentativo di razionalizzare la struttura dei controlli sui mercati finanziari e sulle operazioni che al loro interno si sviluppano, creando condizioni di maggiore trasparenza. In particolare l'art. 19 di detta legge, nel definire la Banca d'Italia in termini di "istituto di diritto pubblico", da un lato ha precisato la necessità per i suoi componenti di operare in condizioni di piena indipendenza da qualsiasi forma di influenza politica, dall'altro ha ridisegnato l'assetto organizzativo e le competenze in capo agli organi di vertice. Con riguardo a quest'ultimo aspetto, il Governatore della Banca viene adesso nominato sulla base di un procedimento che si conclude con un d.p.r., adottato su proposta del proposta del Presidente del Consiglio dei ministri, previa deliberazione del Consiglio dei Ministri e una volta acquisito il parere del Consiglio superiore della Banca stessa. Egli dura in carica sei anni (prima la carica era vitalizia) con la possibilità di un solo rinnovo del mandato, sulla base di una previsione che vale anche per i componenti del Direttorio. Quest'ultimo diviene, alla luce della riforma, l'organo collegiale con funzione deliberativa della Banca d'Italia, competente ad adottare a maggioranza i "provvedimenti aventi rilevanza esterna" antecedentemente di competenza del Governatore (art. 19, 6° comma).

Sezione IV
La dimensione "funzionale" dell'Amministrazione Pubblica

Dall'organizzazione alla funzione amministrativa

Nei precedenti paragrafi l'attenzione si è concentrata prevalentemente sul profilo dell'organizzazione dei pubblici poteri, mentre a questo punto esaminiamo la dimensione c.d. "funzionale" della Pubblica Amministrazione. Posto che si tratta di un aspetto che costituisce oggetto di speciale approfondimento nell'ambito degli studi di diritto amministrativo, in questa sede ci limitiamo ad individuare soltanto alcune coordinate di fondo del richiamato modello funzionale.

Esso presenta due aspetti fondamentali: le *forme di esercizio* del potere pubblico ed il *risultato finale* dell'azione amministrativa. Nella sequenza, già richiamata nei precedenti paragrafi, "norma-potere-effetto" i due momenti si possono inquadrare sinteticamente in questo modo: il primo si colloca tra il secondo ed il terzo anello della "catena" (laddove il potere attribuito da una norma di legge ad una determinata Amministrazione pubblica viene in concreto ad essere esercitato); il secondo invece è riconducibile direttamente all'effetto (poiché attiene alla fase conclusiva di un determinato procedimento e coincide con la produzione di un atto idoneo ad incidere sulle posizioni giuridiche soggettive dei privati).

I "momenti" dell'azione amministrativa

Detto in altri termini, i due momenti fondamentali che caratterizzano l'amministrazione pubblica nella sua evoluzione in senso dinamico e funzionale sono costituiti rispettivamente dal procedimento e dal provvedimento.

Procedimento

Con il primo intendiamo riferirci ad una modalità di azione amministrativa che è stata definita da Benvenuti come la "forma della funzione". Il procedimento rappresenta, in altri termini, il modo (ed il mezzo giuridico) attraverso cui le amministrazioni pubbliche pongono in essere la propria attività nel perseguimento dell'interesse pubblico affidato alla loro cura. Esso costituisce espressione di una sequenza di atti (detti atti endo-procedimentali) cronologicamente disposti e preordinati alla produzione di un provvedimento amministrativo conclusivo. Questo modello è stato istituzionalizzato nel nostro ordinamento per effetto della l. 7 agosto 1990, n. 241, la quale, più volte modificata nel corso degli anni, ad oggi reca ancora la disciplina generale del procedimento amministrativo, mediante il richiamo (fra gli altri istituti da essa previsti) anche dei principali momenti che caratterizzano quest'ultimo. Così, l'Amministrazione, nell'esercitare il potere ad essa affidato si avvale del modello procedimentale per giungere alla formulazione di atti giuridicamente rilevanti ed efficaci, attraverso tre principali fasi che caratterizzano l'intero processo decisionale: la fase dell'iniziativa (o di impulso, in cui il potere viene "attivato" su iniziativa di parte o d'ufficio dalla stessa Amministrazione procedente); la fase istruttoria (in cui l'Amministrazione raccoglie tutti gli elementi di fatto e di diritto rilevanti ai fini della decisione conclusiva, aprendo il procedimento alla possibile partecipazione da parte dei cittadini a vario titolo interessati); ed infine la fase decisoria (o conclusiva, nella quale si giunge, sulla base delle risultanze istruttorie, all'adozione della determinazione finale da parte dell'Amministrazione). Come si vede, si tratta di un modello ispirato ad una logica unilaterale, in cui vi è un soggetto pubblico (l'Amministrazione) chiamato ad adottare una determinata decisione che produrrà i propri effetti nei confronti dei destinatari della stessa, con la possibilità per questi ultimi di far sentire la propria "voce" soltanto nella fase istruttoria del procedimento e per mezzo degli istituti giuridici della partecipazione amministrativa (deposito di memorie e documenti in forma scritta).

Provvedimento amministrativo ...

Quanto fin qui detto conduce naturalmente, all'esito della sequenza procedimentale, alla figura del provvedimento amministrativo. Esso costituisce la manifestazione concreta e "tangibile" del potere amministrativo che si produce al termine del procedimento amministrativo e mediante il quale l'Amministrazione giunge al perseguimento dell'interesse pubblico affidato alla sua cura. Ciò significa riconoscere la valenza "strumentale" del provvedimento amministrativo, nel senso di mezzo giuridico mediante il quale si formalizza e concretizza la funzione amministrativa, traducendosi in un *decisum* rilevante "all'esterno" e idoneo ad incidere sulla posizione giuridica soggettiva dei suoi destinatari.

... e suoi caratteri

Proprio in ragione della già richiamata unilateralità nell'esercizio del potere amministrativo, il provvedimento che si produce all'esito della "catena" procedimentale riflette alcuni caratteri che ne connotano la natura. Si tratta della sua *imperatività* (o autoritarietà, nel senso di atto che si impone nei confronti dei suoi destinatari in forma di comando che promana "dall'alto"), *tipicità e nominatività* (nel senso che ciascun provvedimento deve trovare il proprio fondamento in una espressa previsione di legge e che vi deve essere una corrispondenza puntuale tra l'interesse pubblico da perseguire ed il *nomen* dell'atto che la legge prevede per esso) ed infine *autoritatività* (che consiste nella idoneità del provvedimento ad incidere direttamente sulla sfera giuridica dei soggetti privati). Un discorso a parte va fatto, invece, per quanto riguarda il carattere della c.d. *esecutorietà*. Essa infatti, attiene alla possibilità per le Amministrazioni pubbliche e soltanto nei casi e modi previsti dalla legge, di «imporre coattivamente l'adempimento degli obblighi nei loro confronti» (art. 21-*ter*, l. n. 241/1990, dopo le ultime riforme). L'elemento caratterizzante di siffatta categoria risiede dunque nella non automaticità della esecuzione di un provvedimento amministrativo, per la quale si richiede un intervento *ad hoc* dell'Amministrazione affinché lo porti ad esecuzione senza l'intervento di un giudice (come avviene, ad esempio, quando per portare ad esecuzione un atto è necessaria la collaborazione del privato e questo si rifiuti, derivando da ciò l'intervento dell'Amministrazione per conseguire il risultato pratico che si vuole ottenere con l'atto in questione).

Tipologie di provvedimenti

Per quanto riguarda, invece, le singole tipologie di provvedimenti amministrativi, a fronte di una particolare "complessità" sul piano della loro osservazione concreta, è possibile ricondurre, in via esemplificativa, gli stessi entro tre categorie.

La prima categoria è quella dei provvedimenti c.d. di *carattere ampliativo*. Si tratta di speciali atti amministrativi mediante i quali si va ad incidere positivamente e favorevolmente sulla sfera giuridica di alcuni soggetti (destinatari specifici), determinando nuovi poteri o facoltà in capo ad essi, costituendo *status* o diritti, oppure eliminando obblighi. Gli esempi che al proposito si possono fare, sono quelli dell'autorizzazione (con cui viene rimosso un limite legale all'esercizio di attività private), della concessione (mediante la quale vengono conferiti *ex novo* ai destinatari diritti, *status* o qualifiche non originariamente nella loro disponibilità, come avviene, ad esempio nel caso della cittadinanza), delle dispense (quale, ad esempio, quella disposta rispetto all'obbligo di leva).

La seconda categoria è inquadrabile, invece, in termini di provvedimenti di *carattere restrittivo*. Al contrario della ipotesi precedente, si tratta di particolari atti che incidono negativamente e sfavorevolmente sulla posizione dei loro destinatari, ad esempio estinguendo diritti o determinando l'insorgenza di obblighi (imponendo così un sacrificio rispetto alla situazione giuridica soggettiva volta per volta considerata). Rientrano in tale categoria gli atti ablatori (ad es. l'espropriazione per pubblica utilità), così come quelli impositivi di vincoli rispetto alla proprietà privata (in considerazione ad esempio della particolare natura o del pregio di un determinato bene) e gli ordini (mediante i quali si impone al destinatario un obbligo di fare o di dare).

I provvedimenti "di secondo grado"

Infine vengono in considerazione i provvedimenti amministrativi comunemente definiti come "*di secondo grado*", o adottati dall'amministrazione in regime di autotutela decisoria. In tale ipotesi l'Amministrazione pubblica, dopo avere già adottato una decisione idonea a produrre effetti giuridici, ed in presenza di determinate circostanze, ritorna, per così dire, "sui suoi passi", avviando un nuovo procedimento finalizzato alla produzione di un nuovo provvedimento amministrativo idoneo ad incidere sulla validità o sull'efficacia del provvedimento originariamente adottato. Si tratta di una categoria di provvedimenti piuttosto ampia in cui rientrano tanto quelli di consolidazione di precedenti provvedimenti (ad es. convalida, conversione e conferma), quanto quelli di modificazione degli stessi (ad es. riforma e rettifica), quanto infine i provvedimenti dotati di efficacia caducatoria *ex tunc* oppure *ex nunc*.

Annullamento d'ufficio vs. revoca

In quest'ultima ipotesi assumono una particolare rilevanza i provvedimenti di *annullamento d'ufficio* e di *revoca* di un precedente provvedimento amministrativo che si ritiene per qualche motivo viziato. Nel primo caso l'Amministrazione, sussistendo un interesse pubblico specifico ed in presenza di *vizi di legittimità* originaria di un precedente provvedimento (vale a dire violazione di legge, incompetenza o eccesso di potere) interviene con un nuovo atto con cui dispone, l'annullamento dell'atto originario con efficacia retroattiva (*ex tunc*). Ciò significa che gli effetti prodotti da quest'ultimo saranno travolti, per effetto del provvedimento di annullamento, fin dal momento della sua emanazione (*usque ab initio*). Nel caso della revoca, invece, cambiano non solo i presupposti, ma anche gli effetti. In una prima direzione essa è disposta "per sopravvenuti motivi di interesse pubblico" oppure "nel caso di mutamento della situazione di fatto" originariamente alla base del provvedimento oggetto di revoca, da cui deriva la necessità di una "nuova valutazione dell'interesse originario" (come recita l'art. 21-*quinquies* della riformata l. n. 241/1990). Come si vede, se l'annullamento d'ufficio può essere disposto per *ragioni di legittimità* del provvedimento, la revoca al contrario si fonda su una *valutazione di merito*, tanto da essere giustificata da ragioni di inopportunità dell'atto originario in corrispondenza del mutare dei presupposti su cui esso trova il proprio fondamento. In una seconda direzione la revoca non possiede una efficacia retroattiva, ma determina l'impossibilità per il provvedimento revocato di produrre effetti pro futuro (per questo si dice che essa opera, a differenza dell'annullamento, *ex nunc*).

I vizi del provvedimento

Il richiamo della categoria dei provvedimenti "di secondo grado", costituisce un utile esempio, oltre che di una specifica tipologia provvedimentale, anche di una forma di possibile rimedio dell'Amministrazione contro i vizi che possono determinare uno stato patologico del provvedimento amministrativo. Tali vizi, come si anticipava, vengono in individuati come *violazione di legge* (fattispecie idonea ad abbracciare molte ipotesi, tra le quali ad esempio, quella della violazione delle regole procedimentali fissate dalla legge), *incompetenza* (che potrà essere riferita ad un organo in relazione alla sua sfera di attribuzione territoriale, così come per grado, valore e materia) ed infine *eccesso di potere* (che attiene più nello specifico all'esercizio del potere amministrativo per un fine diverso da quello per il quale esso è stato attribuito, determinando così un vizio relativo alla modalità di uso del potere discrezionale da parte dell'Amministrazione).

Rimedi

Accanto all'intervento dell'Amministrazione in forma di annullamento d'ufficio o di revoca, il nostro ordinamento prevede altre due distinte forme di rimedio, una di carattere propriamente amministrativo, l'altra invece di carattere giurisdizionale. Si tratta, in entrambi i casi, di rimedi giuridici previsti per la tutela delle posizioni giuridiche dei soggetti privati nei confronti dell'attività amministrativa, a fronte di situazioni di possibile illegittimità dei provvedimenti dell'Amministrazione. In tali ipotesi, il rimedio viene dunque esperito, non sulla base di una valutazione di un interesse pubblico alla eliminazione di un atto viziato, ma in vista della garanzia di una posizione privata lesa dal provvedimento amministrativo.

Ricorsi amministrativi

In via di tutela amministrativa (o giustiziale) il nostro ordinamento prevede la possibilità per il privato di presentare ricorso ad un'Autorità amministrativa, al fine di tutelare una propria situazione giuridica soggettiva lesa da un provvedimento o da un comportamento dell'Amministrazione. Si tratta dunque di una speciale istanza rivolta ad un'Amministrazione pubblica mediante la quale il soggetto privato leso richiede, ove si tratti di un provvedimento già adottato, il suo annullamento, la sua revoca oppure la sua riforma. In particolare si tratta del ricorso in opposizione (ove l'istanza sia presentata alla stessa Amministrazione che ha adottato il provvedimento), del ricorso c.d. gerarchico (che è presentato all'Autorità amministrativa gerarchicamente sovra-ordinata a quella che ha emesso il provvedimento) ed infine del ricorso straordinario al Presidente della Repubblica (ammesso, nel termine di 120 giorni dalla notifica del provvedimento o dalla sua piena conoscenza, soltanto per motivi di legittimità ed in regime di alternatività rispetto al ricorso giurisdizionale davanti al giudice amministrativo).

Ricorso giurisdizionale

In via di tutela giurisdizionale, al soggetto privato leso da un provvedimento amministrativo illegittimo è riconosciuta la possibilità di impugnare quest'ultimo mediante un ricorso presentato al giudice amministrativo, con la contestuale richiesta di annullamento. Al proposito, il quadro costituzionale relativo alla materia della giurisdizione amministrativa viene fatto discendere da una lettura in "combinato disposto" degli artt. 24, 103 e 113 Cost. Così, ad un'affermazione in linea generale e di principio per cui «tutti possono agire in giudizio per la tutela dei propri diritti e interessi legittimi» (art. 24, 1° comma, Cost.), seguono due disposizioni recanti l'enunciazione di regole più puntuali in materia di giustizia amministrativa. In un caso si stabilisce che «il Consiglio di Stato e gli altri organi di giustizia amministrativa hanno giurisdizione per la tutela nei confronti della Pubblica Amministrazione degli interessi legittimi e, in particolari materie indicate dalla legge, anche dei diritti soggettivi» (art. 103, 1° comma, Cost.). Il tutto con la precisazione per cui "contro gli atti della Pubblica Amministrazione è sempre ammessa la tutela giurisdizionale dei diritti e degli interessi legittimi dinanzi agli organi di giurisdizione ordinaria o amministrativa" (art. 113, 1° comma, Cost.).

Il c.d. doppio binario di giurisdizione

La lettura delle richiamate disposizioni costituzionali consente di individuare le linee portanti del sistema italiano di giustizia amministrativa. Esso è caratterizzato dal c.d. doppio binario di giurisdizione, in forza del quale l'Autorità giudiziaria competente per la decisione di una controversia è individuata in base alla situazione giuridica soggettiva dedotta in giudizio. Da un lato il giudice ordinario (Tribunali in primo grado e Corti d'appello in secondo grado) può conoscere delle controversie relative a lesione di *diritti soggettivi* da parte dell'Amministrazione, con il potere di dichiarare l'illegittimità di un provvedimento amministrativo e conseguentemente di disapplicarlo (non tenendone conto ai fini della decisione del caso concreto), senza però poterlo in alcun modo annullare. Dall'altro, al contrario, il giudice amministrativo (Tribunali amministrativi regionali in primo grado e Consiglio di Stato in appello) ha giurisdizione per la tutela degli *interessi legittimi* nei confronti dell'Amministrazione, intendendo riferirci con quest'ultima espressione ad una speciale situazione giuridica soggettiva di vantaggio che è strettamente collegata con l'esercizio di un potere pubblico e che coincide con la pretesa alla legittimità dell'atto amministrativo in vista del conseguimento (o del mantenimento) di un "bene della vita". Da questo punto di vista il giudice amministrativo può definirsi come il giudice del provvedimento, potendo, a seguito della sua impugnazione da parte del privato, procedere al suo annullamento.

Cass., Sez. Un., sent. n. 500/1999

A questo potere di annullamento del giudice amministrativo si è aggiunto successivamente, per opera della giurisprudenza (si veda la "storica" sentenza delle Sezioni Unite della Corte di cassazione 22 luglio 1999, n. 500) e della legislazione (l. n. 205/2000) il potere di disporre il risarcimento del danno ingiusto derivante da lesione di interessi legittimi. Si tratta senza dubbio di un importante passo avanti per quel che riguarda l'effettività della tutela delle posizioni soggettive davanti al giudice amministrativo, con il quale si pone fine al problema del possibile "sdoppiamento" di giurisdizione in relazione alle pretese connesse ad una medesima situazione: quella demolitoria del provvedimento (con richiesta di annullamento al giudice amministrativo) e quella risarcitoria (con richiesta di risarcimento al giudice ordinario).

La c.d. giurisdizione esclusiva

Per quanto riguarda infine la c.d. giurisdizione esclusiva del giudice amministrativo si tratta di alcuni casi, legislativamente indicati, nei quali il meccanismo del riparto fondato sulla situazione dedotta in giudizio (diritto soggettivo o interesse legittimo) non può essere utilizzato per la individuazione della giurisdizione. Infatti, ove si ricada nella sfera della giurisdizione esclusiva, al giudice amministrativo è attribuita la cognizione tanto di interessi legittimi, quanto anche di diritti soggettivi. Ciò avviene, come detto, con riguardo a materie espressamente individuate da parte del legislatore (ad esempio in materia di concessioni di pubblici servizi) ed in attuazione della già richiamata regola contenuta nell'art. 103 Cost., in forza della quale gli organi di giustizia amministrativa hanno giurisdizione per la tutela anche dei diritti soggettivi, ma soltanto «in particolari materie indicate dalla legge».

Il varo del c.d. Codice del processo amministrativo

Con il d.lgs. n. 104/2010 (c.d. codice del processo amministrativo) si è stabilito che «sono devolute alla giurisdizione amministrativa le controversie, nelle quali si faccia questione di interessi legittimi e, nelle particolari materie indicate dalla legge, di diritti soggettivi, concernenti *l'esercizio o il mancato esercizio del potere amministrativo*, riguardanti *provvedimenti, atti, accordi, o comportamenti* riconducibili anche mediatamente all'esercizio di tale potere, *posti in essere da pubbliche amministrazioni*». Il medesimo codice precisa le articolazioni della giurisdizione amministrativa, distinguendo, secondo il sistema tradizionale, tra giurisdizione generale di legittimità (su controversie relative a provvedimenti o omissioni delle Amministrazioni, ivi comprese quelle relative al risarcimento del danno per lesione di interessi legittimi), giurisdizione estesa anche al merito (ad es. in materia di sanzioni pecuniarie applicate dalle Autorità indipendenti) ed infine giurisdizione esclusiva. In particolare i "contorni" di quest'ultima sono stati ridefiniti in maniera chiara attraverso una disposizione (art. 133) che ne ha individuato le materie di afferenza (tra cui si possono ricordare quella delle controversie in materia di accesso ai documenti amministrativi e di violazione degli obblighi di trasparenza).

Capitolo VIII

Il Presidente della Repubblica *

SOMMARIO: Sezione I. *Ruolo e posizione istituzionale*. – 1. La collocazione del Presidente della Repubblica nel quadro costituzionale. – 2. I requisiti di eleggibilità, l'elezione e la durata in carica. – 3. La cessazione dall'incarico e la supplenza da parte del Presidente del Senato. – 4. La responsabilità del Presidente della Repubblica. – 4.1. La responsabilità giuridica. – 4.2. La responsabilità politica. – 5. L'indipendenza del Presidente della Repubblica: assegno, dotazione e organizzazione della Presidenza della Repubblica. – 6. La controfirma ed il rapporto, in generale, con il Governo. La classificazione degli atti. – Sezione II. *I poteri*. – 1. Premessa. – 2. I poteri nei confronti del Parlamento. – 2.1. La nomina di cinque senatori a vita. – 2.2. L'invio di messaggi formali al Parlamento. – 2.3. La promulgazione delle leggi e il loro rinvio al Parlamento. – 2.4. La convocazione straordinaria delle Camere ed il loro scioglimento. – 3. I poteri nei confronti del Governo. – 3.1. La nomina del Presidente del Consiglio dei ministri e dei Ministri. – 3.2. L'emanazione degli atti normativi del Governo. – 3.3. L'autorizzazione alla presentazione dei disegni di legge di iniziativa governativa. – 3.4. Il potere di grazia e di commutazione della pena. – 3.5. I poteri nell'ambito della politica estera e militare. – 3.6. La nomina dei funzionari dello Stato, l'accreditamento e ricevimento dei rappresentanti diplomatici. – 3.7. La ratifica dei trattati internazionali. – 3.8. Il comando delle Forze armate e la dichiarazione dello stato di guerra. – 4. I poteri nei confronti della Magistratura. – 5. Gli altri poteri del Presidente della Repubblica. – 5.1. Il Presidente della Repubblica come Presidente del Consiglio Supremo di Difesa. – 6. Il c.d. potere di esternazione atipica. – Sezione III. *Il Presidente della Repubblica nell'esperienza più recente*. – 1. Considerazioni di sintesi. – APPENDICE: I Capi dello Stato nell'esperienza repubblicana.

Sezione I

Ruolo e posizione istituzionale

1. *La collocazione del Presidente della Repubblica nel quadro costituzionale*

Ruolo costituzionale

Per definire e comprendere quale sia il ruolo costituzionale del Presidente della Repubblica nell'ordinamento italiano occorre fare riferimen-

* Di Emanuele Rossi, con la collaborazione di Luca Gori.

to alla Costituzione, ed in particolare alle due qualificazioni contenute nell'art. 87: il Presidente della Repubblica è *Capo dello Stato* e *rappresenta l'unità nazionale.*

Capo dello Stato

Con la prima formula si vuole indicare che tale carica ha nella Repubblica una preminenza di tipo onorifico, fortemente connotata con valenze simboliche, e che essa rappresenta, sia sul piano nazionale che su quello internazionale, l'unità dello Stato italiano, godendo pertanto delle garanzie connesse a tale ruolo.

Rappresentante unità nazionale

La seconda – la *rappresentanza dell'unità nazionale* – rimanda al concetto di "unità costituzionale": l'unità nazionale trova origine e contenuti nella Costituzione repubblicana, che costituisce il tessuto connettivo dei territori, delle forze politiche, dei singoli, delle formazioni sociali, e delle istituzioni democratiche. In tale veste, il Presidente della Repubblica è il garante della legalità costituzionale e del buon funzionamento delle istituzioni repubblicane e, allo stesso tempo, ha la responsabilità di incentivare la diffusione, a qualsiasi livello, della conoscenza e della corretta applicazione del dettato costituzionale (una sorta, potremmo dire, di "funzione pedagogica": emblematica a tale riguardo è stata l'attività svolta da alcuni Presidenti della Repubblica quali Sandro Pertini o Carlo Azeglio Ciampi, quest'ultimo impegnato per la diffusione di quello che è stato definito il "patriottismo costituzionale"). Come ha affermato la Corte costituzionale (sent. n. 1/2013), il Presidente «rappresenta l'unità nazionale (art. 87, 1° comma, Cost.) non soltanto nel senso dell'unità territoriale dello Stato, ma anche, e soprattutto, nel senso della coesione e dell'armonico funzionamento dei poteri, politici e di garanzia, che compongono l'assetto costituzionale della Repubblica. Si tratta di organo di moderazione e di stimolo nei confronti di altri poteri, in ipotesi tendenti ad esorbitanze o ad inerzia».

Soprattutto nella più recente fase della vita della nostra Repubblica, il ruolo del Presidente si sostanzia anche nel mantenere vivo e solido il rapporto con l'opinione pubblica e con i corpi intermedi, facendosi latore delle esigenze che emergono nella società civile e che esigono, nel quadro dell'attuazione costituzionale, adeguata risposta.

PdR nella forma di governo

Ciò detto, non risulta tuttavia delineato nella Costituzione il ruolo costituzionale del Presidente della Repubblica nella forma di governo parlamentare. Esclusa con sicurezza la sua inclusione nell'ambito del potere esecutivo, il ruolo presidenziale oscilla, nelle interpretazioni possibili, da quello di "mero notaio" degli atti e dell'attività compiuta dai poteri dello Stato a quello di titolare di incisivi poteri che possono, al limite, arrivare ad una co-determinazione dell'indirizzo politico della maggioranza. Atteso che i due estremi, nella prassi, non si sono mai realizzati, l'analisi delle diverse presidenze che si sono succedute nella storia repubblicana induce a svolgere alcune considerazioni ricostruttive.

In primo luogo, anche in relazione alla natura di carica monocratica, molta importanza è rivestita dalla "personalità" del singolo Presidente, dalla sua storia personale (soprattutto politica) e dal suo temperamento: sì che è possibile dire che il ruolo del Capo dello Stato è stato assai diverso, nelle varie presidenze, in relazione (anche) alle personalità di chi lo ha ricoperto.

Secondariamente, l'ampiezza dei poteri presidenziali risente degli equilibrî esistenti fra le forze politiche in Parlamento e, in qualche misura, del sistema elettorale vigente. In un sistema politico articolato secondo uno schema tendenzialmente bipolare e ad alternanza, ad esempio, i poteri inerenti le funzioni di garanzia e di controllo vengono maggiormente in risalto, mentre in un contesto fortemente frazionato e tendenzialmente consociativo il ruolo presidenziale è meno incisivo sotto tale profilo e viceversa maggiormente protagonista nell'intermediazione fra le forze politiche, le istituzioni e fra queste ed il Paese.

Per comprendere poi quali siano effettivamente i poteri presidenziali, occorre prestare attenzione ai rapporti intercorrenti fra il Presidente ed il Governo (ed in particolare a quel potere che, come si dirà, riguarda la "controfirma"), da cui si deduce l'estraneità del Presidente della Repubblica dalla funzione di governo e la sua indipendenza rispetto all'indirizzo politico che è proprio del *continuum* maggioranza parlamentare-Governo (*retro*, cap. V, sez. I, par. 1). Nello stesso tempo, tuttavia, il compito del Presidente è di assicurare il pieno e puntuale rispetto della legalità costituzionale da parte di tutti gli organi costituzionali, e perciò il buon funzionamento della forma di governo.

"Moral suasion"

Siffatto ruolo si esercita, oltre che mediante atti e attività espressamente e puntualmente previsti dal dettato costituzionale anche (e, forse, soprattutto) per il tramite di una attività, informale ma non per questo meno efficace, di monito, influenza e persuasione nei confronti delle altre istituzioni e, specialmente, del Governo. Si è parlato, a questo riguardo, di una funzione di *moral suasion*, che avrebbe lo scopo di evitare di giungere a punti di rottura o di tensione istituzionale quali potrebbero realizzarsi con decisioni particolarmente traumatiche e comunque dalle conseguenze limitate (quali, ad esempio, il rinvio di una legge o il rifiuto di emanazione di un atto normativo). In questo senso, dunque, anche quel "diritto-dovere di consigliare" (come è stato definito dal Presidente Ciampi) ha come finalità (e come limite) di prevenire o ridurre contrasti istituzionali e assicurare, in ogni tempo, il pieno rispetto della Costituzione da parte dei diversi attori in gioco. Nelle parole della Corte costituzionale, si tratta di un "potere di persuasione" «essenzialmente composto di attività informali, che possono precedere o seguire l'adozione, da parte propria o di altri organi costituzionali, di specifici provvedimenti, sia per valutare, in via preventiva, la loro opportunità istituzionale, sia per saggiarne, in via successiva, l'impatto sul sistema delle relazioni tra i poteri dello Stato. Le attività informali sono pertanto inestricabilmente connesse a quelle formali» (Corte cost. n. 1/2013).

Differenze con la Corte costituzionale

Queste ultime considerazioni mettono in luce la radicale diversità del ruolo e del metodo di operare del Presidente della Repubblica rispetto a quello attribuito alla Corte costituzionale. Il Presidente, infatti, agisce come garante politico-istituzionale che, nell'esercizio di tutta la vasta gamma di poteri connotati da diverse intensità, preserva l'equilibrio costituzionale; la Corte, invece, opera *ex post*, operando mediante strumenti di tipo giurisdizionale, a riaffermare la legalità costituzionale.

"Reggitore" dello Stato

C'è un ultimo aspetto che ha assunto, nella storia italiana, una importanza tutt'affatto irrilevante. Il Presidente della Repubblica, nei momenti di più accesa crisi istituzionale, ha svolto un ruolo di vero e proprio "reggitore" dello Stato (secondo la nota formula di Esposito), interpretando i propri poteri in maniera particolarmente incisiva al fine di garantire la funzionalità del sistema istituzionale e, per certi aspetti, operando affinché il legame di fiducia fra cittadini ed istituzioni non si spezzasse, rendendosi in questo modo "garante" di una serie di riforme e "sostenitore" di certi comportamenti istituzionali. Nell'esperienza repubblicana un ruolo di tal genere è stato assunto in situazioni eccezionali (ad esempio nella delicata fase storica successiva a Tangentopoli e ai connessi mutamenti del quadro politico-partitico oppur nella fase più acuta della recente crisi finanziaria), nelle quali sulla Presidenza della Repubblica si sono riversate molte speranze ed anche molte critiche: in tali circostanze emerge con più rilevanza il "ruolo" che ha svolto e, probabilmente, potrebbe anche in futuro svolgere il Presidente in momenti di particolare "crisi" istituzionale.

2. *I requisiti di eleggibilità, l'elezione e la durata in carica*

Requisiti di eleggibilità

I requisiti di eleggibilità alla carica di Presidente della Repubblica sono definiti dall'art. 84 Cost. e consistono:

a) nel possesso della cittadinanza italiana;
b) nell'aver compiuto i cinquanta anni d'età;
c) nel godimento dei diritti civili e politici.

La sussistenza di tali requisiti deve persistere per tutta la durata della carica che, ai sensi dell'art. 85, 1° comma, è di sette anni.

Non sussistono limiti al numero dei mandati e, nella prassi, l'ipotesi di una rielezione del Presidente in carica si è verificata già in due occasioni. Prima di tali eventi, parte della dottrina aveva ritenuto che la rielezione potesse comportare rischi di "personalizzazione" del potere presidenziale e una sorta di "campagna elettorale" del titolare della carica che intenda essere confermato. Al riguardo, si è registrata una significativa presa di posizione dell'allora Presidente Ciampi che, nel 2006, con un comunicato ufficiale, sottolineò che un mandato lungo come quello presidenziale indurrebbe ad escludere un rinnovo in relazione «alle caratteristiche proprie della forma repubblicana del nostro Stato».

Il dibattito è stato sostanzialmente innovato dalla rielezione di Giorgio Napolitano avvenuta nel 2013, al termine di un primo settennato (2006-2013) e di Sergio Mattarella nel 2022. Con riguardo al primo caso, in un momento di forte crisi politica, finanziaria ed in relazione ad una evidente difficoltà delle forze politiche a trovare un largo consenso intorno ad una candidatura, le medesime forze politiche hanno richiesto (ed ottenuto) al presidente in carica, Napolitano, una disponibilità alla rielezione. La rielezione è apparsa come un'ipotesi pienamente legittima sotto il profilo costituzionale, ma comunque "eccezionale" dovuta ad una condizione di acuta difficoltà e di emergenza del Paese. Per la verità, il Presidente rieletto ha sempre esternato l'intendimento di rassegnare le dimissioni prima della scadenza naturale del secondo mandato, sia per ragioni personali sia per restituire la Presidenza della Repubblica al fisiologico ricambio ogni sette anni: ciò è avvenuto nel gennaio 2015, con la successiva elezione del Presidente Sergio Mattarella. Quest'ultimo, invece, è stato rieletto nel 2022, al termine del primo mandato, ancora una volta all'esito dell'impossibilità del sistema politico di individuare un'altra personalità in grado di coagulare un consenso ampio fra le forze politiche, in uno scenario assai delicato rappresentato dal periodo pandemico (all'epoca ancora in corso). I due casi rivelano come la rielezione del Presidente in carica costituisca una sorta di *extrema ratio,* di cui si percepisce l'eccezionalità, per l'uscita da situazioni di *impasse* del sistema politico.

Incompatibilità

Sul versante delle incompatibilità, invece, l'art. 84, 2° comma, stabilisce l'incompatibilità dell'ufficio del Presidente della Repubblica con qualsiasi altra carica. L'incompatibilità si determina dal momento del giuramento e riguarda qualsiasi ufficio elettivo e non elettivo, pubblico o privato. Tale disposizione concorre ulteriormente a garantire il ruolo di indipendenza e terzietà del Presidente.

Elezione

L'elezione è disciplinata dall'art. 83 Cost. L'Assemblea costituente optò per affidare tale elezione al Parlamento in seduta comune integrato da rappresentanti regionali. Con la soluzione adottata si sono volute evitare campagne elettorali ad elevata politicità, scontri partitici o confronti programmatici attraverso la convocazione del corpo elettorale; d'altro canto, si è inteso realizzare le condizioni per individuare una figura dotata di ampio consenso politico, in grado quindi di offrire garanzie di imparzialità e di indipendenza.

Il coinvolgimento dei delegati dei Consigli regionali costituisce, dal punto di vista simbolico, una presenza estremamente significativa, consentendo la partecipazione alla scelta del Presidente dei rappresentanti di una delle più rilevanti articolazioni della Repubblica. Sul piano numerico, l'art. 83 Cost. prevede che i delegati siano in numero di tre per ciascuna Regione, tranne la Valle d'Aosta, che ne ha uno soltanto. Essi vengono eletti dai Consigli regionali: nulla viene previsto a proposito delle modalità di elezione, salvo che debba essere assicurata la rappresentanza delle minoranze rappresentate in Consiglio. Le modalità di elezione sono, dunque, definite da ciascuna Regione: in genere, la materia è disciplinata nei regolamenti consiliari, i quali determinano i requisiti per l'assunzione della carica di delegato e le modalità per offrire la garanzia delle minoranze. Per conseguire questo secondo obiettivo, lo strumento cui si ricorre è il voto limitato. L'elezione dei delegati regionali è convalidata dal Presidente della Camera (in qualità di Presidente del Parlamento in seduta comune), senza previo dibattito e sentiti gli uffici di presidenza. Si noti che, a seguito della riforma costituzionale che ha ridotto il numero dei parlamentari, non essendo stato variato il numero dei delegati regionali, il "peso" percentuale di quest'ultimi è aumentato.

Modalità di voto

L'elezione del Presidente ha luogo, secondo il dettato costituzionale, a scrutinio segreto, a garanzia della libertà di voto di ogni elettore. Ad ulteriore tutela, a partire dal 1992, sono installate nell'aula della Camera delle cabine all'interno delle quali l'elettore esprime il voto per poi deporlo in un'urna. Rimane insoluta la questione delle astensioni, cioè di quei casi nei quali l'elettore, anziché esprimere il proprio voto mediante scheda bianca, dichiara di non partecipare al voto: tale atteggiamento, che il diritto parlamentare ben conosce e ritiene generalmente ammissibile, potrebbe presentare dei profili di lesione della segretezza del voto. Nella prassi, inoltre, si è posto il problema di tutelare la segretezza anche sotto altro profilo. Alcuni gruppi parlamentari, al fine di limitare il fenomeno dei c.d. *franchi tiratori*, ovvero di parlamentari che si discostano dall'indicazione di voto data dal gruppo approfittando del segreto dell'urna, hanno non solo indicato ai propri parlamentari il candidato da votare, ma anche una determinata modalità (ad es., *nome e cognome, cognome e nome, titolo e cognome*, ecc.) in tal modo riuscendo a ricollegare ciascuna scheda ad un gruppo parlamentare e, conseguentemente, verificare quanti *franchi tiratori* siano presenti in ogni gruppo. Si tratta evidentemente di un *vulnus* alla segretezza del voto del parlamentare.

Quorum per l'elezione

Le maggioranze necessarie per l'elezione variano a seconda del numero dello scrutinio: nei primi tre occorre la maggioranza dei due terzi degli aventi diritto al voto, mentre nelle votazioni successive è sufficiente la maggioranza assoluta degli aventi diritto. Questa previsione si colloca all'intersezione fra due diverse esigenze: da un lato l'abbassamento del *quorum* consente di addivenire più celermente alla elezione, a garanzia della funzionalità dell'ordinamento costituzionale; dall'altro, invece, la maggioranza richiesta rimane pur sempre significativamente alta, a rimarcare come la Costituzione intenda comunque far sì che la scelta ricada su una personalità in grado di coagulare un ampio schieramento parlamentare (tendenzialmente più largo della maggioranza governativa contingente).

Dopo la riforma elettorale del 1993 e l'avvento di un sistema tendenzialmente bipolare (almeno fino alla XVI legislatura), la questione del *quorum* per l'elezione del Presidente della Repubblica è stata spesso al centro del dibattito, sottolineandosi come una maggioranza politica possa contare su un numero di suffragi tale da giungere, anche senza il concorso dell'opposizione, all'elezione al quarto scrutinio.

Convocazione Parlamento in s.c.

La procedura elettorale si apre, ai sensi dell'art. 85, 2° comma, Cost., trenta giorni prima della scadenza del mandato del Presidente in carica: entro tale termine il Presidente della Camera dei deputati deve provvedere a convocare il Parlamento in seduta comune ed i delegati regionali, potendo la prima seduta tenersi anche oltre detto termine.

L'art. 85, 3° comma, disciplina due ipotesi particolari rispetto alla disciplina generale: se le Camere sono sciolte oppure se manca meno di tre mesi allo scioglimento, l'elezione si tiene entro quindici giorni dalla prima riunione delle nuove Camere. Il fondamento di una siffatta previsione risiede nell'esigenza di impedire che l'elezione avvenga ad opera di Camere vicine al rinnovo, e perciò prive di quella *legittimazione politica* necessaria per compiere un atto di così decisiva importanza; in più, con tale previsione si intende scongiurare il rischio che una maggioranza possa compiere, a ridosso delle elezioni politiche, scelte a proprio favore, eleggendo un proprio esponente.

Semestre bianco

Costituisce *pendant* a queste disposizioni la previsione dell'art. 88, 2° comma, Cost., concernente il c.d. semestre bianco. Negli ultimi sei mesi del proprio mandato, il Presidente della Repubblica non può sciogliere le Camere, salvo che tale semestre non coincida, in tutto o in parte, con l'ultimo semestre della legislatura. Tale previsione – su cui si tornerà più avanti – intende evitare, secondo la dottrina prevalente, che il Presidente in scadenza possa provocare lo scioglimento delle Camere con la finalità di costituirsi una maggioranza parlamentare per la rielezione.

Prorogatio *dei poteri*

Nei casi previsti dall'art. 85, 3° comma, i poteri del Presidente della Repubblica in carica sono prorogati. Discussa è l'ipotesi che tale *prorogatio* possa operare nel caso in cui, al di fuori delle ipotesi menzionate, non si giunga all'elezione del nuovo Presidente della Repubblica entro la scadenza naturale del mandato di quello in carica. La dottrina prevalente ritiene che, in tal caso, operi la *prorogatio* come espressione di un principio generale di continuità degli organi costituzionali (e che quindi rimanga in carica il Presidente in scadenza di mandato, a meno che questi non sia morto o si sia dimesso o sia stato destituito). Diversamente, altri, argomentando proprio a partire dalla specialità della previsione dell'art. 85, 3° comma, Cost., ritengono che in tal caso dovrebbe ricorrersi all'istituto della supplenza da parte del Presidente del Senato. Nella prassi tale ipotesi non si è mai realizzata, sebbene ve ne sia stato più volte il rischio concreto.

Giuramento Una volta eletto, il Presidente presta giuramento davanti al Parlamento in seduta comune ai sensi dell'art. 91 Cost., e da tale data decorrono i sette anni previsti per la durata della carica.

È regola di correttezza istituzionale che, dopo il giuramento del Presidente della Repubblica, il Governo in carica presenti le dimissioni (le c.d. "dimissioni di cortesia"), che il Presidente neo-eletto respinge, invitando l'Esecutivo a rimanere in carica.

3. *La cessazione dall'incarico e la supplenza da parte del Presidente del Senato*

Impedimento La cessazione anticipata dall'ufficio presidenziale può avvenire (come stabilisce l'art. 86, 2° comma, Cost.) per impedimento permanente, morte o dimissioni del Presidente della Repubblica. L'art. 86, 1° comma, precisa che in tutti i casi in cui il Presidente non possa adempiere le proprie funzioni, esse sono esercitate dal Presidente del Senato (*retro*, cap. IV, sez. I, par. 4).

La previsione costituzionale non chiarisce peraltro cosa debba intendersi con le espressioni "impedimento permanente" e "impedimento temporaneo", cui sono ricollegati effetti diversi: nel primo caso si ha decadenza del Presidente (con conseguente avvio del procedimento elettorale), mentre nel secondo si determina la necessità di una supplenza.

La differenza tra la temporaneità e la permanenza dell'impedimento dipende esclusivamente da un elemento temporale: è infatti temporaneo in tutti i casi in cui il Presidente sia impossibilitato a svolgere le sue funzioni per un periodo limitato di tempo; è permanente quando tale impedimento sia tendenzialmente senza un termine finale. La temporaneità può valutarsi in relazione alle circostanze concrete: nella prassi il caso più frequente di impedimento temporaneo è quello dei viaggi all'estero del Presidente, sebbene anche tale fattispecie oggi sia estremamente ridotta, dato che lo sviluppo dei mezzi di trasporto e delle telecomunicazioni consente al Capo dello Stato di essere aggiornato e di rientrare in Patria, se necessario, in tempi ragionevolmente brevi.

Supplenza

Qualora sia dichiarato l'impedimento temporaneo, il Presidente del Senato assume il ruolo di supplente, godendo di tutte le prerogative e le immunità connesse alla carica. Con riguardo ai poteri del supplente, nel silenzio della Costituzione, si ritiene che, tenuto conto della temporaneità della supplenza e degli obiettivi per i quali essa è prevista, debbano riconoscersi al supplente i soli poteri presidenziali necessari a garantire la funzionalità e il corretto svolgimento del sistema costituzionale, escludendo quindi quei poteri non strettamente necessari ed urgenti (quali, ad esempio, la nomina dei senatori a vita o dei giudici costituzionali, oppure l'invio di messaggi al Parlamento, e così via). Più controversa la possibilità di rinviare tempestivamente una legge al Parlamento (come avvenuto, ad esempio, in un caso verificatosi nel 1995).

L'impedimento permanente si ha, invece, in tutti quei casi in cui il Presidente risulti, per un lasso di tempo indeterminato o indeterminabile, e comunque destinato a proiettarsi oltre la durata del mandato, impedito nello svolgimento delle sue funzioni (ad esempio, malattia irreversibile, stato vegetativo). In questo caso il problema più evidente consiste nell'esigenza di "certificare" la situazione di fatto che si è prodotta, consentendo l'avvio delle procedure elettorali.

Destituzione

Una fattispecie codificata è quella destituzione, prevista dalla l. cost. n. 1/1953 (art. 15) come conseguenza della sentenza di condanna pronunciata dalla Corte costituzionale per alto tradimento o attentato alla Costituzione. A ciò si aggiunga l'ipotesi della decadenza, che si ha allorquando il Presidente in carica perda i requisiti di eleggibilità.

Accertamento dell'impedimento

Nel silenzio della Costituzione, l'accertamento dell'impedimento, sia esso permanente o temporaneo, è stato affidato alla prassi. Ogniqualvolta sia possibile (in tutti i casi di viaggi all'estero, ad esempio) esso deve essere dichiarato dallo stesso Presidente della Repubblica, con atto controfirmato dal Governo. Nel caso invece in cui ciò non sia possibile (come nel caso di malattia improvvisa, sempre ad esempio), vi sono tesi diverse. L'unico caso che si è verificato, nel corso della storia repubblicana, ha riguardato il Presidente Segni, il quale fu colpito da un *ictus*: in quella circostanza fu il Segretario generale della Presidenza della Repubblica a trasmettere ai Presidenti delle Camere ed al Presidente del Consiglio un bollettino medico attestante la malattia. Il Consiglio dei ministri prese atto della comunicazione e, successivamente, una riunione tra i Presidenti delle Camere e del Presidente del Consiglio sancì l'esigenza della supplenza. Sempre in quella circostanza, il Presidente della Repubblica riuscì comunque a rassegnare le dimissioni, evitando di dover portare a compimento questa complessa procedura. Tale vicenda, comunque, dimostra come nell'eventualità che si verifichi una così grave circostanza vari organi costituzionali debbano partecipare all'accertamento, ed al contempo induce a ritenere necessario un intervento normativo finalizzato a formalizzare la procedura.

Dimissioni

Le dimissioni, infine, sono considerate atto personalissimo del Presidente della Repubblica, in quanto tali esenti da controfirma ed immediatamente efficaci, non trovando applicazione – secondo la dottrina prevalente – l'istituto della *prorogatio*.

Nei casi di dimissioni, scadenza naturale del mandato e impedimento permanente, il Presidente diviene senatore a vita, ai sensi dell'art. 59, 1° comma, Cost., salvo rinuncia.

4. *La responsabilità del Presidente della Repubblica*

Responsabilità e controfirma

L'art. 90 Cost. sancisce che il Presidente della Repubblica «non è responsabile degli atti compiuti nell'esercizio delle sue funzioni, tranne che per alto tradimento o per attentato alla Costituzione». L'art. 89 aggiunge che «nessun atto del Presidente della Repubblica è valido se non è controfirmato dai Ministri proponenti, che ne assumono la responsabilità». Su quest'ultima disposizione pende la possibile riforma che verrebbe introdotta mediante la legge costituzionale sul c.d. premierato, giacché essa (all'art. 4) prevede che non siano soggetti all'obbligo della controfirma "la nomina del Presidente del Consiglio dei ministri, la nomina dei giudici della Corte costituzionale, la concessione della grazia e la commutazione delle pene, il decreto di indizione delle elezioni e dei *referendum*, i messaggi alle Camere e il rinvio delle leggi". Non è possibile qui analizzare il significato e le conseguenze di tale eventuale modifica, ma solo darne conto anche in ordine a quanto si dirà sulle specifiche funzioni indicate dalla norma.

Scopo della disposizione è, in primo luogo, limitare la responsabilità del Presidente della Repubblica, in relazione all'esercizio delle proprie funzioni, alle sole due ipotesi codificate dalla Costituzione; allo stesso tempo, la norma attribuisce ai Ministri, di volta in volta controfirmanti, la responsabilità degli atti compiuti dal Presidente.

Occorre in primo luogo chiarire quali sono i diversi "tipi" di responsabilità di cui può parlarsi in relazione al Capo dello Stato: si può parlare infatti di una responsabilità penale, di una civile, di una amministrativa e di una responsabilità politica. Un'altra distinzione che la Costituzione induce a considerare riguarda gli atti posti in essere dal Presidente nell'esercizio delle sue funzioni rispetto agli altri, compiuti come un privato cittadino. È muovendosi con attenzione all'interno di queste distinzioni che è possibile ricostruire un quadro d'insieme.

4.1. *La responsabilità giuridica*

Reati tipici del PdR

Partendo dalla Costituzione, essa stabilisce dunque che, per quanto riguarda gli atti compiuti nell'esercizio delle sue funzioni, il Capo dello Stato è irresponsabile (in tutte le articolazioni possibili della responsabilità, dunque) salvo che per la responsabilità penale connessa a due ipotesi espressamente previste: l'*alto tradimento* e l'*attentato alla Costituzione.* La l. cost. n. 1/1953 ha al riguardo individuato le due fattispecie qualificandole come *reati* (artt. 12 e 15) e ha stabilito che la Corte costituzionale determini «le sanzioni penali nei limiti del massimo di pena previsto dalle leggi vigenti al momento del fatto, nonché le sanzioni costituzionali, amministrative e civili adeguate al fatto». La condotta che integra i due reati in questione non è specificata dalla Costituzione, né essa è rinvenibile nelle disposizioni di legge che puniscono l'attentato contro la Costituzione dello Stato (art. 283 c.p.) e l'alto tradimento (art. 77 del codice militare di pace): le due fattispecie si configurano pertanto come *reati propri* presidenziali, ferma restando una evidentissima difficoltà di tipizzazione.

Dolo specifico

In generale, può dirsi che la disposizione costituzionale intende colpire quelle condotte presidenziali, poste in essere con un *dolo specifico*, che, indipendentemente dal loro attuarsi, violino il giuramento di fedeltà alla Repubblica e puntino a sovvertire le istituzioni repubblicane ed a compromettere le libertà costituzionalmente garantite. Non sarebbe sufficiente quindi il compimento di un atto incostituzionale per integrare la fattispecie: sono invece necessarie una o più azioni "anti-costituzionali", cioè incompatibili con l'assetto costituzionale vigente.

Messa in stato d'accusa

La genericità della fattispecie conosce un temperamento attraverso le disposizioni sulla messa in stato d'accusa e sul relativo giudizio. Infatti, la messa in stato d'accusa è deliberata dal Parlamento in seduta comune a maggioranza assoluta dei suoi membri (art. 90, 2° comma): la previsione di un *quorum* così elevato dovrebbe svolgere una funzione di garanzia nei confronti del Presidente rispetto a manovre tese ad "incriminarlo" strumentalmente, in assenza di elementi di fatto tali da giustificare la messa in stato d'accusa.

Responsabilità extrafunzionale

Se dunque queste sono le garanzie poste dalla Costituzione a tutela del Presidente della Repubblica con riguardo alle attività da questi svolte nell'esercizio delle sue funzioni, diverso è il caso della responsabilità, penale e civile, per i fatti compiuti al di fuori di esse, e per le quali la posizione del Presidente è analoga a quella di qualsiasi altri cittadino. L'unico dubbio era legato alla possibilità di ritenere sussistente una "temporanea improcedibilità" in sede penale (vale a dire, l'impossibilità di sottoporre a procedimento penale il Presidente durante il settennato, rinviando ogni azione alla fine di esso), per consentirgli un corretto e libero svolgimento del mandato e per impedire che il ruolo del capo dello Stato possa essere indebolito anche sul piano dell'immagine pubblica. Sul tema sono intervenute dapprima la l. n. 140/2003 (detto anche Lodo Schifani) e successivamente la l. n. 124/2008 (c.d. Lodo Alfano). Il primo intervento normativo prevedeva, con riferimento al Capo dello Stato, che il Presidente della Repubblica (e, parimenti, i Presidenti delle Camere, il Presidente del Consiglio dei ministri ed il Presidente della Corte costituzionale), salvo quanto previsto dall'art. 90 Cost., non potesse essere sottoposto a processi penali, per qualsiasi reato anche riguardante fatti antecedenti l'assunzione della carica o della funzione, fino alla cessazione della carica. La Corte costituzionale (sent. n. 24/2004) ha dichiarato l'illegittimità di tale previsione in quanto un siffatto automatismo generalizzato «incide, menomandolo, sul diritto di difesa dell'imputato, al quale è posta l'alternativa tra continuare a svolgere l'alto incarico sotto il peso di un'imputazione che, in ipotesi, può concernere anche reati gravi e particolarmente infamanti, oppure dimettersi dalla carica ricoperta al fine di ottenere, con la continuazione del processo, l'accertamento giudiziale che egli può ritenere a sé favorevole, rinunciando al godimento di un diritto costituzionalmente garantito (art. 51 Cost.)». La l. 140, inoltre, accomunando «in unica disciplina cariche diverse non soltanto per le fonti di investitura, ma anche per la natura delle funzioni», violava anche l'art. 3, sotto il profilo della ragionevolezza.

Sospensione dei processi

Successivamente, la l. n. 124/2008 ha stabilito che i processi penali, anche riferiti a fatti antecedenti l'assunzione della carica o della funzione, nei confronti del Presidente della Repubblica (come dei Presidente di Senato, Camera e Consiglio dei ministri), dovessero sospendersi dalla data di assunzione e fino alla cessazione della carica o della funzione: in questo caso però la sospensione del processo era rinunciabile da parte dell'interessato in ogni momento; non impediva al giudice di procedere, anche nell'ambito del processo sospeso, all'incidente probatorio quando l'assunzione della prova si fosse presentata urgente e non rinviabile; determina la sospensione del decorso del termine di prescrizione.

Anche tale soluzione tuttavia è stata ritenuta incostituzionale dalla Corte (sent. n. 262/2009), per violazione del combinato disposto degli artt. 3 e 138 Cost., in relazione alla disciplina delle prerogative di cui agli artt. 68, 90 e 96 Cost. La Corte, infatti, ha stabilito che una legge che preveda una sospensione processuale, al fine di proteggere le funzioni proprie dei componenti e dei titolari di alcuni organi costituzionali, determina una evidente disparità di trattamento di fronte alla giurisdizione, non avendone il rango idoneo, trattandosi di "prerogative costituzionali". Uno *status* protettivo siffatto non può essere desunto dalle norme costituzionali sulle prerogative e, di conseguenza, risulta del tutto privo di copertura costituzionale. Sussiste, dunque, una generale inidoneità della legge ordinaria a disciplinare la materia.

Ne risulta, pertanto, che, nell'ordinamento costituzionale vigente, la posizione del Presidente della Repubblica, per quanto concerne i reati extrafunzionali, è del tutto parificata a quella dei privati cittadini (in tal senso, anche la sent. n. 1/2013 della Corte costituzionale che afferma con chiarezza che «per eventuali reati commessi al di fuori dell'esercizio delle sue funzioni, è assoggettato alla medesima responsabilità penale che grava su tutti i cittadini»). Unico e limitato privilegio è quello previsto dall'art. 205 c.p.p., a tenore del quale la testimonianza del Presidente della Repubblica viene assunta nella sede nella quale esercita la funzione di Capo dello Stato. Anche a questo proposito, si deve segnalare che, per la prima volta, nel 2014, il Presidente della Repubblica in carica è stato sentito, in qualità di testimone nell'ambito di un procedimento penale, al Palazzo del Quirinale.

Una considerazione a parte merita il tema delle intercettazioni telefoniche delle conversazioni del Presidente della Repubblica. Sul punto, la Corte costituzionale si è espressa nell'ambito di un conflitto di attribuzione sollevato dal Presidente della Repubblica nei confronti dell'autorità giudiziaria. Nota la Corte la problematicità della «l'utilizzazione di strumenti invasivi di ricerca della prova, quali sono le intercettazioni telefoniche, che finirebbero per coinvolgere, in modo inevitabile e indistinto, non solo le private conversazioni del Presidente, ma tutte le comunicazioni, comprese quelle necessarie per lo svolgimento delle sue essenziali funzioni istituzionali, per le quali (...) si determina un intreccio continuo tra aspetti personali e funzionali, non preventivabile, e quindi non calcolabile *ex ante* da parte delle autorità che compiono le indagini. In tali frangenti, la ricerca della prova riguardo ad eventuali reati extrafunzionali deve avvenire con mezzi diversi (documenti, testimonianze ed altro), tali da non arrecare una lesione alla sfera di comunicazione costituzionalmente protetta del Presidente» (Corte cost. n. 1/2013). In tali casi, pertanto, non rileva il nesso di funzionalità con l'esercizio del mandato presidenziale, ma la guarentigia dell'assoluta inviolabilità delle comunicazioni del Presidente si estende a tutte le intercettazioni (siano esse dirette, indirette o casuali). La sentenza della Corte fonda, quindi, un obbligo per l'autorità giudiziaria procedente di distruggere, nel più breve tempo e senza ritualità, le registrazioni casualmente effettuate di conversazioni telefoniche del Presidente della Repubblica.

Responsabilità civile

Per quanto concerne, poi, in modo specifico la responsabilità civile del Presidente, occorre segnalare che la giurisprudenza di merito e di legittimità hanno avuto orientamenti divergenti (si tratta del c.d. caso Cossiga). Un primo orientamento affermava una sorta di *immunità assoluta*, sul presupposto che non sarebbe possibile distinguere il *munus* dalla persona fisica e, dunque, scindere una volontà dell'uno che non sia anche volontà dell'altro. Un secondo orientamento, fatto proprio dalla Cassazione, fissava invece il principio di diritto per cui l'irresponsabilità presidenziale copre solo gli atti compiuti nell'esercizio delle sue funzioni ma non ogni atto compiuto dalla persona che ha la titolarità dell'organo. Spetta all'autorità giudiziaria il potere di accertare se l'atto compiuto sia funzionale o extrafunzionale, salva la facoltà per il Presidente della Repubblica di sollevare il conflitto di attribuzione per menomazione (cfr. vol. II, cap. IV, sez. IV, par. 4.2). Quest'ultima ipotesi si è effettivamente realizzata: la Corte, con la sent. n. 154/2004, ha affermato che non è condivisibile «la tesi secondo cui anche gli atti extrafunzionali, o almeno tutte le dichiarazioni non afferenti esclusivamente alla sfera privata, del Presidente della Repubblica dovrebbero ritenersi coperti da irresponsabilità, a garanzia della completa indipendenza dell'alto ufficio da interferenze di altri poteri, o in forza della impossibilità di distinguere, in relazione alle esternazioni, il *munus* dalla persona fisica». In tal modo, ha proseguito la Corte, atti e dichiarazioni extrafunzionali «restano addebitabili, ove forieri di responsabilità, alla persona fisica del titolare della carica, che conserva la sua soggettività e la sua sfera di rapporti giuridici, senza confondersi con l'organo che *pro tempore* impersona».

4.2. *La responsabilità politica*

Irresponsabilità politica

Per quanto invece riguarda quel tipo di responsabilità definita "politica" la posizione è chiara: il Presidente è politicamente irresponsabile. Ciò significa, ad esempio, che non possono essere ammessi dibattiti parlamentari sull'esercizio dei poteri presidenziali, né è possibile una qualsivoglia forma di "revoca" del Presidente.

Proprio in ragione di tale irresponsabilità la Costituzione prevede la controfirma ministeriale: così che, almeno formalmente, qualora si voglia contestare sul piano politico quell'atto, di esso potrà essere chiamato a rispondere il Ministro che l'ha controfirmato.

Responsabilità e controfirma ministeriale

Tutto ciò è però oggi più complesso: il legame esistente fra irresponsabilità del Presidente ed atti sottoposti a controfirma è parso entrare in crisi dinanzi alla considerazione dell'esistenza di «autonome valutazioni e decisioni presidenziali che giuridicamente – e non solo nella prassi – contraddistinguono [...] varie specie di atti controfirmati» (Paladin): in altri termini, riconoscendo la possibilità che il Presidente compia atti di indirizzo presidenziale, di tenore evidentemente costituzionale (come, ad esempio, il sempre più frequente ricorso ad esternazioni, discorsi, interventi pubblici), il principio di irresponsabilità deve essere inteso come impossibilità di far valere, nelle sedi parlamentari, la responsabilità presidenziale, ma non come impossibilità che l'operato del Presidente venga sottoposto, da parte dell'opinione pubblica o dei mass media, ad apprezzamenti e contestazioni. Si è parlato a questo proposito di una *responsabilità diffusa*: si tratta della responsabilità che discende dall'aver compiuto determinati atti, la quale comporta la sottoposizione ad un giudizio critico che non conduce alla sanzione tipica della revoca dall'ufficio e si sviluppa al di fuori delle assemblee parlamentari. Le conseguenze della responsabilità diffusa non sono predeterminate dal diritto, né è prevista la competenza di un organo chiamato a farla valere e procedure o atti tipici per la sua realizzazione: spetterà al Presidente trarre, eventualmente, una valutazione di sintesi e le determinazioni conseguenti.

Responsabilità diffusa

Si è al riguardo ritenuto, specie in passato, che si fosse formata una "convenzione costituzionale" in virtù della quale, mediante un tacito accordo tra le forze politiche, il Capo dello Stato non sarebbe stato coinvolto in contrasti e polemiche politiche. In realtà, la prassi più recente sembra smentire questa posizione ed anzi il Presidente della Repubblica viene costantemente chiamato, nei momenti di più alto scontro politico, a rendere chiaramente conto all'opinione pubblica delle determinazioni assunte. Ciò segnala, indubbiamente, una certa difficoltà della politica (e dei partiti) a risolvere i maggiori contrasti politici all'interno della dialettica parlamentare, trasferendoli sul piano della legittimità costituzionale, e chiamando strumentalmente il Presidente della Repubblica a sciogliere tali nodi problematici.

"Convenzione costituzionale"

Diversi casi emblematici possono essere richiamati. Nel 2010, la scelta del Presidente di emanare un decreto-legge volto a sanare alcune irregolarità nella presentazione delle liste elettorali per le elezioni regionali è stata oggetto di una severa critica proveniente da alcuni partiti politici, oltre che da una parte dell'opinione pubblica: si lamentava che il Presidente avesse avallato l'alterazione delle regole del procedimento elettorale, una volta aperto. Il Presidente ha ritenuto di dover replicare pubblicamente, rispondendo direttamente a due lettere inviate da cittadini, dando conto con precisione dell'*iter* che aveva condotto all'emanazione del decreto, delle valutazioni di costituzionalità compiute e dell'apprezzamento delle circostanze di fatto, anche con riferimenti a profili di opportunità, seppur innervati di significato costituzionale. Nel 2018, la scelta del Presidente della Repubblica di non condividere la proposta di nomina di un Ministro avanzata dal Presidente del Consiglio incaricato ha generato reazioni da parte di alcune forze politiche che si candidavano alla formazione della nuova maggioranza: alcune di esse hanno addirittura minacciato, tramite una virulenta campagna me-

Un caso emblematico

diatica, la richiesta di messa in stato d'accusa del Presidente per "attentato alla Costituzione". Pur trattandosi di propaganda politica (in effetti, la proposta non ha avuto alcun seguito), è significativo come lo strumento della messa in stato d'accusa sia stato interpretato come forma di "giudizio" davanti all'opinione pubblica dell'operato presidenziale. Tali episodi segnalano la preoccupante trasformazione del principio di irresponsabilità presidenziale: specialmente in contesti connotati da forte instabilità o elevata conflittualità politica, la responsabilità diffusa rischia di trascinare costantemente il Capo dello Stato sul terreno della politica. Con l'ulteriore e grave conseguenza che il Presidente risulterebbe menomato nel proprio diritto di difesa, da esercitarsi al di fuori delle sedi e delle forme istituzionali (e, dunque, senza la copertura dell'art. 89 Cost.).

5. *L'indipendenza del Presidente della Repubblica: assegno, dotazione e organizzazione della Presidenza della Repubblica*

Indipendenza

Ulteriori previsioni costituzionali relative al Presidente della Repubblica hanno lo scopo di garantire, su diversi piani rispetto a quelli ricordati, l'indipendenza della carica, per consentire un margine di azione il più libero possibile da interferenze o indebiti condizionamenti. A tale fine l'art. 84, ultimo comma, stabilisce che «l'assegno e la dotazione del Presidente sono determinati per legge».

Assegno

L'assegno, il cui ammontare è stabilito dalla legge, è una indennità personale per la carica svolta, sottoposta allo stesso regime fiscale previsto per l'indennità parlamentare; la dotazione, invece, è costituita da tutti i beni mobili ed immobili necessari allo svolgimento dell'incarico in condizioni di indipendenza e dignità, potendo contare anche un apparato amministrativo non sottoposto al controllo del Governo.

Struttura di supporto

La struttura che supporta il Presidente nello svolgimento delle sue funzioni è, secondo la dottrina prevalente, dotata di rilievo costituzionale. A prescindere dal fondamento che tale rilievo può avere (per alcuni è riconducibile ad un principio di autonomia organizzativa propria di tutti gli organi costituzionali; per altri discende dall'esigenza di avere a disposizione un apparato adeguato all'esercizio dei poteri previsti dalla Costituzione; per altri ancora, infine, si tratterebbe di una convenzione costituzionale), la Presidenza della Repubblica, come struttura organizzativa, gode di autonomia organizzativa e contabile.

Segretariato generale

La legge di attuazione dell'art. 84 Cost. (l. n. 1077/1948) ha ricondotto tutti gli uffici della Presidenza entro il Segretariato generale, al cui vertice è il Segretario generale, nominato dal Presidente con atto controfirmato dal Presidente del Consiglio dei ministri, sentito il Consiglio dei ministri. Si tratta di un atto formalmente e sostanzialmente presidenziale, per il quale il Presidente del Consiglio dei ministri non ha alcun potere di proposta, in forza del legame fiduciario che si instaura fra Presidente della Repubblica e Segretario generale.

Responsabilità e controfirma ministeriale
Responsabilità diffusa

La struttura del Segretariato è organizzata mediante regolamenti: a tale riguardo la Corte costituzionale ha riconosciuto il fondamento costituzionale dell'autonomia organizzativa della Presidenza ed ha altresì escluso la sottoposizione dei tesorieri della Presidenza al controllo contabile della Corte dei conti (su cui cfr., cap. III, par. 3.1). Secondo la Consulta, infatti, l'esenzione degli agenti contabili della Presidenza, così come delle Camere del Parlamento, dai giudizi di conto «rappresenta [...] il diretto riflesso della spiccata autonomia di cui tuttora dispongono i tre organi costituzionali ricorrenti. Tale autonomia si esprime anzitutto sul piano normativo, nel senso che agli organi in questione compete la produzione di apposite norme giuridiche, disciplinanti l'assetto ed il funzionamento dei loro apparati serventi; ma non si esaurisce nella normazione, bensì comprende – coerentemente – il momento applicativo delle norme stesse, incluse le scelte riguardanti la concreta adozione delle misure atte ad assicurarne l'osservanza» (Corte cost. n. 129/1981). Seguendo tale impostazione, più di recente, la Corte costituzionale ha escluso la giurisdizione sulla responsabilità amministrativo-contabile nei confronti dei dipendenti della Presidenza della Repubblica, spettando solo a quest'ultima l'individuazione dei modi per far valere tale responsabilità (Corte cost. n. 169/2018).

6. *La controfirma ed il rapporto, in generale, con il Governo. La classificazione degli atti*

Controfirma

Lo strumento con il quale si attua il principio di irresponsabilità del Presidente della Repubblica è costituito, come si è detto, dalla "controfirma". La controfirma costituisce, salvo rare eccezioni, inderogabile requisito di validità degli atti del Capo dello Stato, al fine di realizzare una sorta di trasferimento della responsabilità dal Presidente al Governo. L'origine storica dell'istituto risiede nella necessità di preservare l'irresponsabilità dei Sovrani: con la controfirma, infatti, si identificava un soggetto giuridicamente responsabile per gli atti compiuti dal monarca ma, almeno inizialmente, non si realizzava alcuna forma di controllo sui contenuti dell'atto. Essa, poi, è divenuta lo strumento mediante il quale i Governi sono riusciti a sottrarre una porzione crescente di competenze al Sovrano e, contestualmente, con il quale i Parlamenti hanno fatto valere la responsabilità politica degli esecutivi.

Proposta del Ministro

A prima lettura della disposizione costituzionale (art. 89, 1° comma) si potrebbe ritenere che nessun atto del Presidente della Repubblica è, in realtà, suo proprio, occorrendo sempre una "proposta" da parte di un Ministro o del Presidente del Consiglio. Tale lettura è, almeno in parte, vera: sicuramente, la disposizione costituzionale sancisce che il Presidente della Repubblica non può, nell'emanare atti giuridici, agire da solo, ma che è richiesta sempre una certa dose di collaborazione da parte del Governo. Peraltro, tale collaborazione non ha uguale intensità né, del pari, la controfirma svolge il medesimo ruolo.

Anzitutto, deve essere precisato che la "proposta" ministeriale non va interpretata in senso restrittivo, e cioè ritenendo che sia giuridicamente obbligatorio che il procedimento prenda sempre e comunque avvio da un atto di impulso di un Ministro: esistono infatti alcuni atti propri del Presidente (detti: *sostanzialmente presidenziali*); altri atti che sono sostanzialmente governativi ma formalmente presidenziali; ed infine atti c.d. "complessi".

Atti presidenziali

I primi sono atti nei quali il contenuto è determinato, essenzialmente, dalla volontà del Presidente della Repubblica: per essi, dunque, dovrebbe escludersi la sussistenza di una previa proposta governativa. Ciò significa che l'espressione costituzionale del "ministro proponente" deve intendersi come "ministro competente per materia", e che la funzione della controfirma è di controllo del contenuto da parte del Governo, il quale potrà muovere (al Presidente) rilievi sul versante della legittimità. La controfirma, inoltre, trasferisce la responsabilità dell'atto al Governo, il quale potrebbe essere chiamato in Parlamento a rispondere dell'esercizio di poteri esorbitanti da parte del Presidente.

Sono atti *sostanzialmente presidenziali*, pertanto, la nomina dei giudici costituzionali (art. 135, 1° comma, Cost.), la nomina di cinque senatori a vita (art. 59, 2° comma, Cost.), il rinvio delle leggi in sede di promulgazione (art. 74, 1° comma, Cost.), i messaggi liberi (art. 87, 1° comma), la grazia e la commutazione delle pene (art. 87, 1° comma). Per questi atti, detto in altre parole, la volontà contenuta nell'atto è interamente del Presidente della Repubblica, ed al Governo spetterà soltanto la verifica che essa si sia espressa in contenuti e forme corrette sul piano costituzionale.

Atti governativi

Negli atti *sostanzialmente governativi* ma formalmente presidenziali le parti si invertono: in essi, infatti, il contenuto è definito dal Governo, mentre al Presidente della Repubblica spetta un controllo sulla loro costituzionalità, controllo che può portare ad un rifiuto di sottoscrizione ovvero ad una richiesta di riesame. In tal caso, la controfirma, oltre alla già evidenziata funzione di rendere il Presidente irresponsabile, serve anche a certificare, in qualche misura, la corrispondenza dell'atto emanato alla proposta del Governo. Rientrano in tale categoria, tra gli altri, l'emanazione degli atti normativi del Governo, sia di rango primario (decreti-legge, decreti legislativi), che secondario (regolamenti), che anche di atti amministrativi; l'autorizzazione a presentare disegni di legge governativi alle Camere; i decreti di indizione dei *referendum* e delle elezioni nonché gli atti di rilievo internazionale.

Atti complessi

La terza categoria di atti è quella c.d. degli *atti complessi,* nei quali la firma presidenziale e la controfirma ministeriale stanno a significare una sostanziale "compartecipazione" alla determinazione del contenuto dell'atto o, comunque, la sussistenza di un'area nella quale anche il Governo dispone di un autonomo e significativo potere di valutazione. La dottrina, tuttavia, non è unanime nel ricostruire questa categoria e, soprattutto, nell'identificare i contenuti ed i limiti dell'apporto dei due soggetti istituzionali. La fattispecie più problematica in tale ambito è costituita dal potere di scioglimento delle Camere (art. 88 Cost.: cfr. sez. II, par. 2.4), atto per il quale non è pacifico quale sia il margine di apprezzamento riservato al Governo e quale al Presidente della Repubblica e, dunque, se la controfirma assuma più la funzione di controllo della decisione presidenziale o di conformità dell'atto alla proposta.

Difficoltà classificatorie

Si deve precisare, tuttavia, che tale classificazione risente costantemente del concreto atteggiarsi di alcuni fattori determinanti: il sistema politico in un certo momento storico, l'interpretazione soggettiva del proprio ruolo da parte di ciascun Presidente, ecc. I casi di "conflitto" non sono mancati, talora più nascosti talaltra invece maggiormente pubblicizzati. Lo strumento giuridico che la Costituzione predispone al fine di risolverli è quello del conflitto di attribuzione fra i poteri dello Stato (cfr. vol. II, cap. IV, sez. IV, par. 4.2), sebbene appaia preferibile – in linea di massima – che eventuali conflitti siano risolti mediante un confronto istituzionale in grado di sciogliere dialetticamente le eventuali frizioni sorte.

Atti "personalissimi"

Esiste poi una categoria piuttosto limitata di atti c.d. *personalissimi* del Presidente della Repubblica, come tali esenti da controfirma. Essi sono le dimissioni e la dichiarazione di impedimento permanente (ma non quella di impedimento *temporaneo*, per la quale invece la controfirma svolge una funzione di attestazione del fatto impeditivo). Sono altresì sottratti dalla controfirma gli atti del Presidente della Repubblica come componente di organi collegiali, quali il Consiglio Superiore della Magistratura e il Consiglio Supremo di Difesa. Diversamente, per quanto concerne i provvedimenti riguardanti atti di nomina dei magistrati (di cui *infra*, sez. II, par. 4), essi sono adottati in conformità con le deliberazioni del Consiglio Superiore della Magistratura, con decreto del Presidente della Repubblica, controfirmato dal Ministro della Giustizia (così come l'atto di scioglimento del Consiglio Superiore, ai sensi dell'art. 31, l. n. 195/1958) (cfr. vol. II, cap. III, sez. II, par. 2).

Sezione II
I poteri

1. *Premessa*

Classificazione dei poteri del PdR

Nell'esame dei poteri attribuiti al Presidente della Repubblica dalla Costituzione seguiremo, per semplicità espositiva, un criterio di classificazione basato sui soggetti cui essi sono rivolti, vale a dire Parlamento, Governo, Magistratura, Corte costituzionale, autonomie e corpo elettorale. Più difficile da inquadrare – e sarà trattato in conclusione – il potere di esternazione, che attraversa tutta la gamma dei poteri presidenziali e, in certo modo, li supera.

Secondo la Corte costituzionale, «tutti i poteri del Presidente della Repubblica hanno dunque lo scopo di consentire allo stesso di indirizzare gli appropriati impulsi ai titolari degli organi che devono assumere decisioni di merito, senza mai sostituirsi a questi, ma avviando e assecondando il loro funzionamento, oppure, in ipotesi di stasi o di blocco, adottando provvedimenti intesi a riavviare il normale ciclo di svolgimento delle funzioni costituzionali» (sent. n. 1/2013). È, dunque, seguendo questa chiave di lettura che si illustreranno i poteri presidenziali, mettendo in evidenza la loro polivalenza a seconda delle concrete situazioni politico-istituzionali nelle quali il Presidente si trova ad operare.

2. *I poteri nei confronti del Parlamento*

Il Presidente della Repubblica, nei confronti del Parlamento, detiene una serie piuttosto ampia di poteri, che possono incidere sulla composizione, sul funzionamento e, soprattutto, sull'attività delle Camere.

2.1. *La nomina di cinque senatori a vita*

Nomina senatori a vita

Il Presidente della Repubblica può, ai sensi dell'art. 59, 2° comma, Cost., «nominare senatori a vita cinque cittadini che hanno illustrato la Patria per altissimi meriti nel campo sociale, scientifico, artistico e letterario» (*retro*, cap. IV, sez. I, par. 1). Si tratta di un atto che, in relazione alla classificazione in precedenza descritta (*retro*, sez. I, par. 6), deve ritenersi sostanzialmente presidenziale: il Governo non ha alcun potere di proposta, e la controfirma attesta il controllo formale sull'atto e sulla sussistenza dei requisiti previsti dalla Costituzione in capo dal nominato.

La disposizione è stata al centro di una questione interpretativa complessa, perché, fino alla legge costituzionale n. 1 del 2020, non era chiaro se il limite di cinque senatori dovesse riferirsi a ciascun Presidente della Repubblica (inteso come persona fisica) ovvero al numero di senatori a vita contemporaneamente in carica. Quest'ultima tesi è stata fatta propria da tutti i Presidenti sino al 1984, quando il Presidente Pertini, accedendo all'altra interpretazione, nominò due senatori a vita nonostante il numero complessivo di quelli in carica fosse già di cinque. Lo stesso orientamento fu seguito dal Presidente Cossiga, mentre nelle presidenze successive si è tornati all'interpretazione originaria restrittiva.

Con l'entrata in vigore della l. cost. n. 1/2020, come si è detto (*retro*, cap. IV, sez. 1, par. 1), il problema è stato risolto nel senso che il numero dei senatori a vita complessivamente in carica non può essere superiore a cinque.

Da segnalare che, qualora fosse definitivamente approvata la riforma costituzionale sul c.d. premierato, e di cui si è detto anche in altra parte, la previsione dei senatori a vita verrebbe eliminata, e di conseguenza il relativo potere di nomina da parte del Presidente della Repubblica.

2.2. *L'invio di messaggi formali al Parlamento*

Utilizzo dello strumento

Ai sensi dell'art. 87, 2° comma, il Presidente della Repubblica «può inviare messaggi alle Camere». Si tratta di un atto formalmente e sostanzialmente presidenziale, soggetto a controfirma: quest'ultima, in tale caso, costituisce uno strumento di "controllo" sul contenuto del messaggio. Il messaggio è trasmesso alle Camere e non è letto personalmente dal Capo dello Stato. Nella prassi questo potere è stato poco utilizzato: con la sola eccezione del Presidente Cossiga (che rivolse tre messaggi alle Camere), se ne registra uno del Presidente Segni, uno di Leone, uno di Scalfaro, uno di Ciampi ed uno di Napolitano. La ragione di tale scarsa utilizzazione è legata anche al limitato seguito e alla relativa attenzione che essi hanno ricevuto nelle aule parlamentari e, più in generale, nell'opinione pubblica. Maggiore eco hanno le c.d. esternazioni atipiche, nelle quali il Presidente della Repubblica affronta in maniera più diretta temi di interesse ed attualità (su cui si veda oltre).

2.3. *La promulgazione delle leggi e il loro rinvio al Parlamento*

La promulgazione delle leggi

Il Presidente della Repubblica promulga le leggi. La promulgazione è l'ordine con il quale viene imposto di dare esecuzione alla delibera legislativa delle Camere e – insieme – viene attestata l'esistenza della legge quale norma vincolante per l'intera comunità. La promulgazione è un atto sostanzialmente presidenziale.

Ai sensi dell'art. 74 Cost., tuttavia, il Presidente della Repubblica, prima di promulgare la legge, può, con messaggio motivato, chiedere alle Camere una nuova deliberazione. Tuttavia, se le Camere approvano nuovamente la legge, questa deve essere promulgata.

Richiesta di riesame

La disposizione non precisa su quali criteri possa poggiare la scelta presidenziale di rinviare una legge alle Camere: sebbene non siano mancati casi in cui il Presidente ha rinviato anche sulla base di valutazioni di merito politico o di opportunità (ed in almeno una circostanza il Presidente Cossiga teorizzò nel messaggio un potere in tale senso), tuttavia in linea generale si ritiene che le ragioni del rinvio debbano riguardare una valutazione di costituzionalità della legge, se non addirittura, come precisò il Presidente Ciampi, di "manifesta incostituzionalità" della stessa, e ciò anche allo scopo di differenziare il controllo presidenziale da quello operato dalla Corte costituzionale. Ma su questo punto occorre dire che non vi è alcun riscontro oggettivo, ed anche le opinioni della dottrina divergono fortemente.

Oltre ai profili di costituzionalità, il controllo presidenziale può spingersi sino al c.d. "merito costituzionale", ovverosia all'esigenza di non compromettere il buon funzionamento delle istituzioni, il godimento dei diritti e le garanzie dei medesimi. Ciò che è essenziale, anche a tal fine, è che il messaggio di accompagnamento del rinvio dia conto, in maniera precisa e circostanziata, delle ragioni che hanno indotto il Presidente a non promulgare.

Poteri del Parlamento

A seguito del rinvio, il Parlamento può riesaminare la legge (e può anche accantonarla, peraltro): se la riapprova nello stesso testo, il Presidente della Repubblica ha l'obbligo di promulgarla. Pertanto, la mancata promulgazione in questi casi costituirebbe illecito costituzionale estremamente grave: l'unica esimente sarebbe la mancata promulgazione di un testo legislativo chiaramente eversivo dell'ordinamento costituzionale che il Presidente rifiuti di promulgare per non andare incontro ad una propria responsabilità penale per "attentato alla Costituzione".

Un ulteriore problema che si è posto riguarda l'ipotesi in cui, a seguito di rinvio, il Parlamento modifichi la legge, o nel senso indicato dal Presidente (ed interpretando quindi le ragioni indicate nel messaggio traducendole in disposizioni), ovvero modificando anche altre parti: in questi casi si è discusso se si tratti di una ri-approvazione (tale cioè da impedire l'esercizio di un nuovo rinvio) ovvero dell'approvazione di una legge "nuova", con conseguente possibilità di riportare il Presidente alla condizione di poter rinviare alle Camere.

Ridotto utilizzo del rinvio

In generale, i Presidenti (con l'unica eccezione di Cossiga) hanno fatto un uso sporadico dello strumento del rinvio, motivandolo per lo più in relazione alla carenza di copertura finanziaria ai sensi dell'art. 81, 4°

comma, Cost. In alcuni casi si è avuta un'effettiva estensione del controllo presidenziale al merito del provvedimento, sebbene nella forma della verifica di compatibilità con l'ordinamento giuridico complessivo o di coerenza e congruità del provvedimento. La prassi più recente dimostra come il rinvio, anche quando abbia ad oggetto provvedimenti molto rilevanti per l'indirizzo politico governativo, sia stato solidamente ancorato all'individuazione di parametri costituzionali, talora ritenuti palesemente violati. Nei messaggi di rinvio, tuttavia, si possono trovare, quasi *ad adiuvandum*, anche considerazioni sul metodo e sulla qualità della legislazione, con riguardo a quanto previsto dall'art. 72 Cost.

Richiesta di correzioni

L'attualità sembra segnare un'evoluzione dell'istituto. In alcune circostanze si cerca di evitare il rinvio per la particolare rilevanza dei provvedimenti oggetto di promulgazione. Talvolta il Presidente richiede di abrogare o correggere alcune norme della legge approvata dal Parlamento mediante la contestuale emanazione di un decreto-legge "correttivo" o il futuro esercizio del potere di iniziativa legislativa del Governo (ad es., nel 2012, il Presidente invitava il Governo, «nell'esercizio della propria facoltà di iniziativa legislativa, possa alla prima occasione adottare, in relazione a quanto esposto, gli opportuni provvedimenti al fine di prevenire una eventuale pronuncia di incostituzionalità»): ciò al fine di evitare il ricorso al rinvio nel caso di complessi provvedimenti la cui entrata in vigore viene ritenuta urgente e necessaria (ad esempio nel caso di provvedimenti finanziari).

Promulgazione "con osservazioni"

In altri casi, invece, il Presidente della Repubblica ha accompagnato la promulgazione con la trasmissione di lettere ai Presidenti delle Camere ed al Governo, nelle quali ha rappresentato dubbi di ragionevolezza, di qualità della normazione e, più in generale, dubbi di costituzionalità. In altra circostanza, sempre con una lettera, sono stati formulati rilievi sull'inserimento di norme eterogenee e prive dei requisiti di necessità ed urgenza in sede di conversione del decreto-legge, nonché sull'eccessivo utilizzo della questione di fiducia. Anche in tal caso, il Presidente della Repubblica pur ritenendo sussistenti i presupposti per l'esercizio del potere di rinvio (e constatando, fra l'altro, l'impossibilità di ricorrere al rinvio parziale), decideva di non esercitarlo, dato che il provvedimento conteneva disposizioni urgenti o di carattere economico-finanziario.

Considerazioni sulla prassi più recente

Alla base di queste scelte sembra esservi la considerazione del preminente interesse all'entrata in vigore di un complesso di norme funzionali al conseguimento di rilevanti obiettivi politici, sollecitati anche dalla pubblica opinione, piuttosto che la singolare valutazione di ciascuna di esse. Sul piano costituzionale residuano, tuttavia, delle perplessità: sia perché in questo modo si produce comunque l'entrata in vigore di norme a forte sospetto di incostituzionalità, sia perché non sussistono strumenti per indurre il Parlamento o il Governo ad una revisione delle disposizioni (raramente infatti queste sono state modificate a seguito delle missive presidenziali), sia perché, infine, si consente l'entrata in vigore di complessi normativi così oscuri da renderne concretamente difficile l'applicazione. A ciò si aggiunga che il Presidente della Repubblica ha sottolineato, in diverse occasioni, questioni di compatibilità con il diritto dell'Unione europea delle norme in corso di promulgazione, segnalando così il possibile esito di una disapplicazione delle stesse da parte dell'amministrazione o della magistratura. Ciò è all'origine e, per altro verso, determina un quadro di profonda incertezza ed instabilità normativa.

Un problema specifico è costituito dall'ipotesi di rinvio presidenziale a Camere sciolte: in questo caso si ritiene che il Parlamento possa, ancorché in regime di *prorogatio*, deliberare in materia, anche riapprovando la legge rinviata. La tesi contraria fu sostenuta dal Presidente Cossiga il quale, a Camere sciolte, rinviò cinque leggi affermando che la *prorogatio* non ne consentisse il riesame. Le Giunte per il Regolamento delle due Camere, al contrario, ribadirono la propria competenza e uno dei provvedimenti rinviati fu, addirittura, riapprovato.

Rinvio di leggi di conversione di d.l.

Un aspetto particolare del rinvio, da prendere in considerazione, è il rinvio delle leggi di conversione dei decreti-legge. Il termine di sessanta giorni per la conversione, fissato dall'art. 77 Cost., rischia infatti di trasformare il "rinvio" in una sorta di "veto" presidenziale (in quanto l'esercizio del potere di rinvio fa di fatto saltare il limite di sessanta giorni, con conseguente decadenza del decreto-legge) (cfr. vol. II, cap. I, sez. III, par. 3.3.2). La prassi è nel senso dell'ammissibilità del rinvio anche della legge di conversione, sebbene questa possibilità ponga una serie rilevante di problemi applicativi. In particolare la tendenza delle Camere a inserire, in sede di conversione, contenuti nuovi ed eterogenei rispetto al decreto-legge, se da un lato legittima il rinvio presidenziale, dall'altro fa sorgere la fondata preoccupazione di determinare la quasi certa decadenza dell'intero decreto-legge, con effetti *ex tunc*. Il Presidente della Repubblica, più volte, ha prospettato la possibilità di introdurre in Costituzione una disciplina relativa a questo problema, anche con la previsione di un eventuale rinvio parziale delle leggi. Ma sino ad oggi il problema è irrisolto.

2.4. *La convocazione straordinaria delle Camere ed il loro scioglimento*

Convocazione straordinaria delle Camere

L'art. 62, 2° comma, Cost. attribuisce al Presidente della Repubblica (così come ai Presidenti della Camera e del Senato e ad un terzo dei membri di ciascuna Camera) la possibilità di convocare, in via straordinaria, ciascuna Camera. Si tratta di un atto formalmente e sostanzialmente presidenziale, connesso all'esigenza che il Parlamento si riunisca per l'adempimento di obblighi costituzionali o nei casi di una anomala inerzia parlamentare prolungata. In ordine a tali profili si è già detto nel capitolo dedicato al Parlamento (*retro*, cap. IV, sez. II, par. 2).

Scioglimento delle Camere ...

Il potere di scioglimento del Parlamento è disciplinato, in forma piuttosto sintetica, dall'art. 88 Cost. che dispone:

a) che il Presidente della Repubblica possa sciogliere le Camere o una sola di esse;

b) che l'esercizio di tale potere incontri (2° comma) il vincolo procedurale di sentire il parere dei Presidenti delle Camere;

c) che lo scioglimento non possa avvenire negli ultimi sei mesi del mandato presidenziale (semestre bianco), salvo che essi non coincidano, in tutto o in parte, con gli ultimi sei mesi della legislatura.

Sulla configurazione del potere di scioglimento sono possibili tre soluzioni.

... come atto governativo ...

In primo luogo, potrebbe trattarsi di un atto sostanzialmente governativo e formalmente presidenziale: spetterebbe dunque al Governo proporre al Capo dello Stato lo scioglimento delle Camere, a prescindere dal voto di sfiducia. La valutazione sul momento in cui chiedere lo scioglimento rientrerebbe totalmente nelle prerogative del Governo, ed al Presidente della Repubblica spetterebbe solo un controllo formale: la controfirma, allora, starebbe a significare la previa e necessaria proposta del Governo.

... o come atto presidenziale ...

Una seconda interpretazione, invece, ritiene lo scioglimento un atto formalmente e sostanzialmente presidenziale. Ciò sulla base di due considerazioni desumibili dal testo dell'art. 88 Cost.: in primo luogo, l'unico vincolo che è posto al Presidente della Repubblica è di sentire il parere dei Presidenti delle Camere e non del Governo; secondariamente, la previsione del semestre bianco ha senso solo se il potere di scioglimento è sostanzialmente presidenziale e risulta, pertanto, funzionale ad evitare scioglimenti strumentali (volti cioè a garantire al Presidente in scadenza una nuova maggioranza pronto a riconfermarlo). La controfirma, in quest'ottica, certificherebbe la provenienza dell'atto e la legittimità costituzionale dello stesso, specialmente per quanto concerne i vincoli ed i limiti posti al potere di scioglimento dall'art. 88 Cost.

... o come atto duumvirale?

Infine, un terzo orientamento definisce lo scioglimento come un atto complesso o "duumvirale", nel quale confluiscono sia la volontà presidenziale che quella governativa. La partecipazione dei due soggetti, ovviamente, ha connotati e contenuti diversi, anche in ragione dei diversi parametri di valutazione seguiti. Ammettendo la confluenza delle due volontà, passa in secondo piano l'identificazione degli apporti dei due soggetti, che risentiranno della situazione politico-parlamentare prodottasi nonché delle posizioni assunte dai gruppi parlamentari, dai soggetti eventualmente consultati e dai Presidenti delle Camere. Quest'ultima pare essere l'impostazione più condivisibile, che consente un'evoluzione dell'istituto maggiormente rispondente alle esigenze del sistema politico-istituzionale e che conferma, comunque, un significativo ruolo di controllo e mediazione in capo al Presidente della Repubblica.

La sent. n. 1/2013 della Corte costituzionale (*cons. in dir.*, 9) sembra invece ricostruire il potere di scioglimento come potere sostanzialmente presidenziale, prefigurando una serie di attività prodromiche allo scioglimento, di spettanza del Presidente, quali «intensi contatti con le forze politiche rappresentate in Parlamento e con altri soggetti, esponenti della società civile e delle istituzioni, allo scopo di valutare tutte le alternative costituzionalmente possibili, sia per consentire alla legislatura di giungere alla sua naturale scadenza, sia per troncare, con l'appello agli elettori, situazioni di stallo e di ingovernabilità» (*cons. in dir.*, 9).

Scioglimento come extrema *ratio*

Secondo il disegno costituzionale, le dimissioni del Governo, da sole, non obbligano il Presidente a sciogliere le Camere: lo scioglimento deve configurarsi infatti come l'*extrema ratio* a fronte dell'impossibilità di funzionamento del sistema politico-istituzionale per l'assenza di una qualsiasi maggioranza parlamentare possibile. Per lungo tempo, almeno fino alla riforma elettorale del 1993, questa ricostruzione è stata del tutto condivisa anche da parte del sistema politico: il ruolo del Presidente della Repubblica, nel quadro di un Parlamento eletto con il sistema proporzionale, era dunque quello "attivo" di verificare l'insussistenza di una formula di maggioranza parlamentare in grado di appoggiare un Governo; l'esito negativo ha condotto, in numerose circostanze, a scioglimenti anticipati delle Camere che sono stati definiti "funzionali", ovvero proiettati alla riattivazione del sistema politico-istituzionale. A partire dalle elezioni del 1994, effettuate con un sistema elettorale prevalentemente maggioritario, e ancor di più con quelle successive alla riforma elettorale del 2005, si è messa in discussione tale ricostruzione, ritenendosi, da parte di molti, che le elezioni determinerebbero una maggioranza certa ed individuerebbero altresì di fatto il Presidente del Consiglio (il "capo della coalizione" da indicare nelle schede elettorali sulla base della legge del 2005), per cui il venir meno di tale Governo o di tale maggioranza dovrebbe comportare un obbligo di scioglimento delle Camere e l'indizione di nuove elezioni. Come è evidente leggendo la Costituzione, questa posizione non ha alcuna base giuridica, e può essere apprezzata soltanto sul piano della dialettica politica.

Autoscioglimento

Ipotesi distinte da quelle sin qui indicate sono quelle del c.d. "autoscioglimento", ovvero dello scioglimento deciso dalle forze politiche rappresentate in Parlamento, a prescindere dalla sussistenza di una maggioranza o di una crisi di governo, e del c.d. "scioglimento-sanzione", che potrebbe essere deciso in caso di inadempimento prolungato e grave di obblighi costituzionali da parte delle Camere.

Scioglimento "tecnico"

Nella storia repubblicana, si sono avute anche ipotesi di "scioglimento tecnico": è il caso che ha riguardato lo scioglimento anticipato del Senato nel 1953, 1958 e 1963, e di cui si è detto in altra parte (*retro*, cap. IV, sez. I, par. 1).

Come detto, l'impostazione che ritiene lo scioglimento come l'*extrema ratio* e rimette comunque al Presidente della Repubblica il ruolo di verificare l'impossibilità di coagulare una maggioranza parlamentare, è stata messa in discussione a seguito della riforma elettorale del 1993 e delle posizioni assunte dalle forze politiche in occasione delle crisi di governo successive ad essa.

Scioglimento del 1994

Lo scioglimento del 1994 – l'ultimo prima dell'avvento dell'«età del maggioritario» – è apparso come l'esercizio di un potere sostanzialmente presidenziale: l'esigenza – manifestata dal Presidente Scalfaro in una lettera inviata ai Presidenti delle Camere – era quella di restituire al Parlamento una rappresentatività messa in crisi da «evidenti patologie manifestatesi nella gestione della cosa pubblica», dall'evidente distacco fra consistenza dei gruppi parlamentari e risultati delle elezioni amministrative del 1993 e dalla preferenza espressa dagli elettori nei confronti di un sistema prevalentemente maggioritario. Tutto ciò avveniva dunque non a causa della rottura del rapporto fiduciario fra Parlamento e Governo, quanto invece per ragioni esterne e oggettivamente rilevanti, autonomamente apprezzate dal Presidente della Repubblica e dall'esecutivo.

La tesi del potere di scioglimento come *extrema ratio* ma anche come istituto volto a ripristinare la "rappresentatività" del Parlamento ha trovato una apparente conferma in un *obiter dictum* nella sent. n. 1/2013 della Corte costituzionale laddove, individuando come generale finalità dei poteri presidenziali quella di avviare o assecondare il regolare svolgimento dei poteri costituzionali, ha affermato che il potere di scioglimento è preordinato a consentire al corpo elettorale di indicare la soluzione politica di uno stato di crisi, che non permette la formazione di un Governo o incide in modo grave sulla rappresentatività del Parlamento.

Due linee interpretative

Da quel momento in poi, in occasione delle crisi di governo dovute a dimissioni o ad approvazione di mozioni di sfiducia, si sono confrontate due linee interpretative: da un lato, il Capo dello Stato (Scalfaro, seguito poi dai successori) ha ritenuto di dover ricercare, in base alla Costituzione, soluzioni che consentissero la prosecuzione della legislatura. Così, ad esempio, nella XII legislatura, a seguito delle dimissioni del Presidente del Consiglio Berlusconi, il Presidente Scalfaro incaricò Lamberto Dini di formare un Governo tecnico, appoggiato da una maggioranza diversa da quella che appoggiava il precedente esecutivo. Ugualmente, nella XIII legislatura, a seguito dell'approvazione della mozione di sfiducia nei confronti del Governo presieduto da Romano Prodi, sempre il Presidente Scalfaro e il suo successore, Ciampi, hanno ritenuto di non dover procedere allo scioglimento ma di prendere atto dell'esistenza di maggioranze parlamentari diverse da quelle uscite dalle urne; nella XVI legislatura, alle dimissioni del governo Berlusconi (2011), il Presidente Napolitano ha incaricato di formare il Governo il sen. Mario Monti, il cui esecutivo è stato appoggiato da una diversa e più ampia maggioranza rispetto a quella uscita dalle elezioni; nella XVIII legislatura, il Presidente Mattarella ha registrato il formarsi di diverse maggioranze parlamentari ed ha promosso la costituzione di un governo di unità nazionale presieduto da Mario Draghi, confermando espressamente come «lo scioglimento anticipato del Parlamento è sempre l'ultima scelta da compiere, particolarmente se, come in questo periodo, davanti alle Camere vi sono molti importanti adempimenti da portare a compimento nell'interesse del nostro Paese» (così nel comunicato di scioglimento delle Camere nel luglio 2022).

Situazione presente

A seguito delle alterne vicende della legislazione elettorale, non assicurando l'attuale legge elettorale (n. 165/2017) la formazione di una maggioranza parlamentare, si è determinata una espansione dei poteri presidenziali che, nella XVIII legislatura, si sono manifestati in tutta la loro ampiezza: dal ricorso all'istituto del mandato esplorativo, al preincarico, all'incarico per un governo "neutrale". In tutti questi casi, il Presidente della Repubblica ha utilizzato la propria posizione istituzionale ed i propri poteri per evitare il ricorso allo scioglimento, cercando di attribuire valore ed effetti al voto popolare nella misura massima possibile (come ha avuto modo di affermare il Presidente Mattarella). Nelle scelte presidenziali in merito allo scioglimento, hanno assunto importanza crescente, accanto all'inevitabile apprezzamento alla situazione parlamentare, considerazioni legate allo scenario politico dell'Unione europea (specialmente per quanto riguarda gli impegni politici assunti con i trattati e la tenuta del quadro di finanza pubblica), alle reazioni dei mercati con i loro possibili effetti sui cittadini-risparmiatori o, più di recente, all'evoluzione dello scenario sanitario legato alla pandemia da Covid-19: un segno dei "tempi" con precisi risvolti sull'esercizio dei poteri presidenziali.

3. I poteri nei confronti del Governo

PdR e Governo

L'altro rilevante versante in relazione al quale il Presidente della Repubblica è chiamato dalla Costituzione ad esercitare i propri poteri è costituito dal Governo: sebbene infatti il Capo dello Stato, a differenza di altri ordinamenti, non sia titolare, né direttamente né indirettamente, del potere esecutivo, nondimeno egli esercita – in forza del proprio ruolo di garante della Costituzione e del corretto esercizio dell'equilibrio tra i poteri – una serie rilevante di funzioni che attengono sia alle modalità di formazione che all'esercizio dell'attività da parte del Governo.

3.1. La nomina del Presidente del Consiglio dei ministri e dei Ministri

Formazione del Governo

La formazione del Governo è sinteticamente disciplinata dagli artt. 92 e 93 Cost. Al Presidente della Repubblica spetta il potere di nominare il Presidente del Consiglio dei ministri e, su proposta di questi, i Ministri. Sia il Presidente del Consiglio che i Ministri prestano giuramento nelle mani del Presidente della Repubblica, prima di assumere le funzioni.

In realtà, le fasi che si sviluppano dalle dimissioni di un Governo e che conducono sino al giuramento seguono un percorso definito da regole di correttezza istituzionale, convenzioni e consuetudini che è necessario chiarire per definire il ruolo ed i poteri del Capo dello Stato in questa delicatissima fase, e che sono descritte puntualmente nel capitolo di questo Manuale dedicato al Governo (*retro*, cap. V, sez. I).

Nomina del Presidente del Consiglio

In questa sede va segnalato come uno dei punti più discussi di tutto l'*iter* di formazione del Governo riguardi la discrezionalità di cui gode il Presidente della Repubblica all'esito delle consultazioni nel conferimento dell'incarico. La finalità che il Presidente della Repubblica deve perseguire è infatti quella di individuare un soggetto che formi un Governo in grado ottenere la fiducia delle Camere. Appare evidente, allora, come, nelle ipotesi in cui l'esito delle elezioni conduca ad una maggioranza chiara, la quale indichi (o magari lo abbia già indicato prima delle votazioni) un unico nome, che per prassi è il *leader* della coalizione vincente, il Presidente non possa far altro che nominare questi (peraltro tenendo conto, come richiamato il Presidente Napolitano nel 2006 e nel 2008, che in sede di presentazione delle liste elettorali, la legge elettorale allora vigente prevedesse l'indicazione del Capo della coalizione).

La discrezionalità presidenziale è destinata, invece, a espandersi in caso di crisi di governo nelle quali si assista ad uno sfaldamento delle maggioranze parlamentari (come, ad esempio, dopo le dimissioni del Governo Prodi II nel 2008) o in momenti di particolare crisi istituzionale (si pensi a quanto avvenuto nel 1992-1994 o dopo le dimissioni del Governo Berlusconi I) oppure, ancora, allorquando non sia presente nelle Camere una chiara maggioranza (ad es., all'inizio della XVIII legislatura). In quei "tornanti", infatti, il Presidente, anche all'esito di mandati esplorativi, acquisisce un potere maggiore, potendo definire, insieme alle forze politiche, il percorso da intraprendere (si è parlato in tal caso di "governi del Presidente", quali ad esempio il Governo Ciampi nel 1993, il Governo Dini nel 1995, il Governo Monti nel 2011, il Governo Draghi nel 2022).

Un elemento considerevole di cui tenere conto è la possibilità del Presidente della Repubblica di dettare l'agenda della formazione del Governo. In situazioni di particolare difficoltà, la possibilità di scandire i tempi delle consultazioni e, quindi, condizionare i comportamenti dei diversi attori politici, si è rivelata una risorsa fondamentale funzionale ad una positiva risoluzione della crisi di governo. Accelerare il processo, stabilire l'ordine dei consultati o far decantare per un certo lasso di tempo la situazione sono fattori rilevantissimi di cui il Presidente ha piena disponibilità.

Inoltre, non sono mancate evoluzioni della prassi, con il ricorso a soluzioni innovative in grado di fronteggiare situazioni di stallo assai gravi. La più rilevante si è registrata, dopo l'elezione delle nuove Camere nella XVII legislatura, allorché il Presidente della Repubblica ha inteso promuovere la formazione di una maggioranza parlamentare attraverso la nomina di "gruppi di lavoro", costituiti previa consultazione diretta con i gruppi parlamentari, aventi come finalità l'elaborazione di "proposte programmatiche in materia istituzionale e in materia economico-sociale ed europea".

Nomina dei Ministri

Per quanto poi riguarda la nomina dei singoli Ministri la Costituzione stabilisce, come detto, che essa deve avvenire su proposta del Presidente del Consiglio: ciò non ha impedito la circostanza di interventi del Capo dello Stato sulle proposte a lui formulate. Generalmente l'intervento si è limitato ad osservazioni e suggerimenti di opportunità; in alcuni casi specifici, invece, il Capo dello Stato pare aver posto delle pesanti riserve sulla nomina di alcuni soggetti (si rammentano, di solito, i casi del Presidente Gronchi rispetto al Governo Zoli del 1957, del Presidente Pertini nella formazione del Governo Cossiga II nel 1980, del Presidente Scalfaro durante la composizione del Governo Berlusconi I nel 1994, del Presidente Napolitano nella formazione dei Governi Monti, Letta e Renzi).

La prassi più recente segnala una evoluzione decisa quanto all'interpretazione da attribuire al ruolo presidenziale nella nomina dei ministri. La vicenda che ha riguardato il rifiuto del Capo dello Stato della nomina di un Ministro, su proposta del Presidente del Consiglio incaricato, all'inizio della XVIII legislatura nel 2018, ha innescato addirittura una vera e propria "crisi costituzionale". Il Presidente della Repubblica, infatti, ha chiarito che il proprio ruolo si connota come "ruolo di garanzia" sulle proposte formulate dal Presidente del Consiglio incaricato e che può spingersi fino a denegare l'apposizione della firma sul decreto di nomina del Ministro. Il diniego, nel caso di specie, era motivato dal profilo personale del Ministro proposto per il dicastero dell'Economia, che avrebbe potuto ingenerare – a causa di passate dichiarazioni e posizioni – preoccupazioni sui mercati quanto alla permanenza del Paese nell'Unione europea. La "crisi" era innescata dal fatto che a tale diniego seguiva la rinuncia al mandato da parte del Presidente del Consiglio incaricato, in quanto il profilo proposto appariva irrinunciabile ai fini dell'affermazione dell'indirizzo politico del Governo. Profili di perplessità sono stati avanzati non già sul potere del Presidente della Repubblica di negare la firma sul decreto di nomina (circostanza che, in dottrina, era già stata sostenuta), bensì sulla motivazione utilizzata che, a giudizio di alcuni, è stata ritenuta legata all'indirizzo politico del Governo in formazione, più che al profilo personale dell'aspirante Ministro (comunque poi entrato nella compagine ministeriale, seppur in altro dicastero). Lo strumento di soluzione del conflitto costituzionale avrebbe potuto essere il conflitto di attribuzione fra poteri dello Stato avanti alla Corte costituzionale: tuttavia, la rinuncia all'incarico del Presidente del Consiglio incaricato, a seguito della mancata nomina del Ministro, ha evitato questa ulteriore tensione costituzionale. Il potere di nomina dei Ministri, tuttavia, esce da questa vicenda (che ha avuto una vasta eco mediatica) in una luce più chiara, quanto all'interpretazione da dare alla prescrizione dell'art. 92 Cost.: il potere di proposta del Presidente del Consiglio incaricato incontra il limite della condivisione del Presidente della Repubblica il quale, per ragioni legate alla tutela di primari valori costituzionali, esercita una "funzione di garanzia" che può esplicitarsi anche nel diniego alla prosecuzione della proposta di nomina.

3.2. *L'emanazione degli atti normativi del Governo*

Emanazione degli atti normativi primari del Governo

Il Presidente della Repubblica "emana" i decreti aventi valore di legge ed i regolamenti (art. 87, 5° comma).

Nel caso dei decreti-legge, dei decreti legislativi e dei decreti legislativi di attuazione degli statuti speciali, si tratta di un atto avente contenuto sostanzialmente governativo e formalmente presidenziale: sebbene la Costituzione nulla dica al riguardo, tuttavia si ritiene che in tali casi il Presidente sia chiamato a svolgere un controllo di costituzionalità sull'atto da emanare, potendosi rifiutare di apporre la propria firma e invitando il Governo ad un *riesame*, sia per quanto concerne i contenuti dell'atto sia, più in generale, per quanto concerne la sussistenza dei presupposti per l'emanazione dello stesso (soprattutto per quel che concerne i decreti-legge). In queste circostanze si apre una fase dialettica, che nella prassi recente è stata piuttosto accesa e non sempre confinata nella riservatezza dei rapporti fra Presidenza della Repubblica e Governo (come in generale avveniva in precedenza), che può condurre o alla modifica dell'atto, rimuovendo le cause ostative all'emanazione, oppure alla non emanazione dello stesso, stante il rifiuto del Presidente. In ogni caso il Governo, invitato a riconsiderare l'atto, può decidere di desistere dall'intento di procedere.

Emanazione dei decreti-legge

Occorre precisare le peculiarità della funzione presidenziale con riferimento ai singoli atti da emanare. Con riferimento al decreto-legge, si ritiene che il Presidente della Repubblica possa formulare rilievi in merito alla sussistenza dei requisiti di necessità ed urgenza o, specialmente alla luce della sentenza della Corte costituzionale n. 360/1997, sull'eventuale reiterazione di decreti non convertiti. La prassi dimostra come il Presidente della Repubblica sia chiamato, in questo delicato ambito, ad affrontare sempre di più anche il "merito costituzionale" del provvedimento e, in particolar modo, la sua incidenza su profili delicati quali la tutela dei diritti costituzionali, il rispetto della separazione fra i poteri dello Stato, la necessità di maggior ponderazione e analisi di materie non toccate dall'urgenza. Infatti, l'immediata entrata in vigore del decreto-legge, con il coinvolgimento del Parlamento solo in sede di conversione, è stato un elemento che la Presidenza della Repubblica ha preso in considerazione, talora richiedendo che le materie, che il Governo intendeva disciplinare con decreto-legge, fossero affrontate più organicamente nell'ambito di disegni di legge.

Consultazione informale con il Governo

È bene precisare a questo riguardo come sussista una "prassi consolidata" di consultazione informale fra Governo e Presidente: di solito, qualora si ritenga di far ricorso ad un decreto-legge, il testo viene comunque trasmesso, informalmente, al Presidente con qualche tempo in anticipo, affinché la dialettica istituzionale, condotta secondo uno spirito di leale collaborazione e volta ad evitare l'insorgenza di conflitti in sede di emanazione (che possono culminare con il rifiuto di emanazione), possa agevolmente svolgersi. Alla luce di tale prassi, se ne è sviluppata un'altra in ambito governativo: i testi degli schemi di decreto legge o di decreto legislativo sono talvolta approvati dal Consiglio dei ministri con la formula "*salvo intese*", che consente alla Presidenza del Consiglio di apportare al testo approvato le modifiche rese necessarie sia dalla dialettica politica successiva sia dai rilievi del Capo dello Stato, senza rendere necessaria una ulteriore deliberazione del Consiglio. Si tratta peraltro di una prassi che non sembra coerente con il quadro ordinamentale.

Prassi recente

L'emanazione di decreti-legge risulta comunque essere uno dei punti di maggiore attrito istituzionale fra il Governo e la Presidenza della Repubblica. Si rammenta il noto caso del c.d. decreto-Englaro, voluto dal Governo per bloccare l'esecuzione di un decreto emesso nel corso di un procedimento di volontaria giurisdizione, non ulteriormente impugnabile, col quale si autorizzava il padre di una giovane in stato vegetativo a sospendere l'alimentazione e l'idratazione alla figlia. In quell'occasione, il Presidente della Repubblica, informato dell'intenzione del Governo, decideva di scrivere una lettera al Presidente del Consiglio, esprimendo una serie di rilievi che gli avrebbero impedito di emanare l'eventuale decreto-legge deliberato dal Consiglio dei ministri ed invitando il Governo a soprassedere, così da evitare una occasione di contrasto. Le ragioni addotte dal Presidente della Repubblica riguardavano sia la sussistenza dei presupposti costituzionali, sia il "merito costituzionale" del provvedimento e, in particolar modo, il contrasto fra il contenuto del decreto e la decisione adottata dalla magistratura, nonché il fatto che la disciplina d'urgenza incidesse una materia delicata come la tutela della salute. Il Governo, però, decideva comunque di approvare un decreto-legge, che il Presidente Napolitano, ritenendo non superate le obiezioni di incostituzionalità, non ha emanato.

Emanazione dei decreti legislativi

Per quanto concerne i decreti legislativi, a quanto sin qui detto deve aggiungersi che in tal caso la dialettica fra Presidenza della Repubblica e Governo deriva, in qualche modo, direttamente dal diritto positivo: infatti, l'art. 14, 2° comma, l. n. 400/1988 ha previsto che gli schemi di decreto legislativo da sottoporre al Presidente della Repubblica per la emanazione siano trasmessi entro venti giorni dalla scadenza del termine previsto nella legge di delega. Tale disposizione consente, quindi, un adeguato *spatium temporis* per verificare la costituzionalità del provvedimento e, eventualmente, per instaurare un confronto dialettico con il Governo.

Emanazione dei regolamenti

Per quanto riguarda i regolamenti, la dottrina ritiene che i soli regolamenti governativi siano sottoposti all'emanazione del Presidente della Repubblica. È generalmente escluso che il controllo presidenziale possa spingersi, in questi casi, alla valutazione della conformità alla legge del regolamento, dovendosi esso arrestare ad una valutazione di costituzionalità.

Si rammenti che il Presidente della Repubblica emana anche, nella forma del decreto del Presidente della Repubblica, una serie di atti governativi (elencati all'art. 1, l. n. 13/1991).

3.3. *L'autorizzazione alla presentazione dei disegni di legge di iniziativa governativa*

Ratio della previsione

Questo potere presidenziale è considerato un retaggio dell'epoca monarchica, allorquando si prevedeva che il Re dovesse autorizzare previamente il proprio Governo a presentare un disegno di legge in Parlamento. Nel contesto repubblicano, tale previsione mantiene, da un lato, pur sempre una funzione conoscitiva, e dall'altro consente al Presidente della Repubblica di impedire che disegni di leggi ritenuti gravemente incostituzionali possano avviare l'iter parlamentare. Il controllo svolto in questa sede, dunque, sembra essere meno penetrante rispetto a quello svolto in sede di promulgazione. Non si ritiene, peraltro, che il potere presidenziale di rifiutare la firma possa essere definitivo: al limite, egli potrà richiedere un riesame del disegno di legge, indicando riservatamente i profili che ritiene affetti da incostituzionalità manifesta e grave.

Diniego alla presentazione

I casi di diniego dell'autorizzazione sono rari (ed hanno avuto in genere vasta eco sulla stampa). Infatti, i Presidenti hanno ritenuto più efficace agire con gli strumenti della c.d. *moral suasion* o in fase di predisposizione dei disegni di legge o durante l'iter parlamentare. In un caso particolarmente rilevante, quale quello della presentazione alle Camere di un disegno di legge governativo in tema di sospensione dei procedimenti penali nei confronti delle alte cariche dello Stato (c.d. Lodo Alfano), il Capo dello Stato decise di pubblicare una nota nella quale si leggeva che, ad un primo esame, il provvedimento risultava non affetto da profili di incostituzionalità e, soprattutto, corrispondente alla giurisprudenza costituzionale sul punto. Come noto, la Corte costituzionale ha poi dichiarato l'illegittimità della legge approvata dal Parlamento, il che non deve destare scandalo, data la radicale diversità, già segnalata, tra il controllo svolto dal Presidente della Repubblica e quello attribuito alla Corte costituzionale. Appare però opportuno segnalare che esternazioni di questo tipo – pur se sollecitate dall'opinione pubblica o dal mondo politico – rischiano di ingenerare equivoci che chiamano in causa, direttamente, il Presidente della Repubblica, potendone anche menomare l'autorevolezza. Nel 2018, invece, il Presidente Mattarella, nell'autorizzare la presentazione del disegno di bilancio, lanciava con un comunicato un significativo monito invitando il Governo ad esperire ogni utile confronto con l'Unione europea a proposito del disegno di legge medesimo.

3.4. *Il potere di grazia e di commutazione della pena*

L'istituto della grazia

Il potere di concedere la grazia e di commutare le pene è previsto dall'art. 87, 9° comma, Cost. La grazia, storicamente, deriva da un potere tradizionalmente attribuito al Re: quello di dispensare alcuni dall'applicazione della legge. Tuttavia, anche in epoca statutaria, tale atto era sottoposto alla controfirma ministeriale. Il procedimento per la concessione della grazia (formalizzato dall'art. 681 c.p.c.) prevede che una volta presentata la domanda, il Ministro della Giustizia disponga di amplissimi poteri istruttori. Nell'assenza tuttavia di indicazioni puntuali sul piano normativo, in un'occasione (relativamente alla possibilità di concedere la grazia a Ovidio Bompressi) si è aperto un conflitto istituzionale tra Presidente della Repubblica e Ministro competente, in quanto il Capo dello Stato intendeva concedere la grazia, malgrado la contrarietà del Ministro. Il conflitto giunse alla Corte costituzionale la quale, con la sent. n. 200/2006, chiarì come «l'esercizio del potere di grazia risponda a finalità essenzialmente umanitarie, da apprezzare in rapporto ad una serie di circostanze (non sempre astrattamente tipizzabili), inerenti alla persona del condannato o comunque involgenti apprezzamenti di carattere equitativo»: la funzione della grazia sarebbe «in definitiva, quella di attuare i valori costituzionali, consacrati nel 3° comma dell'art. 27 Cost., garantendo soprattutto il "senso di umanità", cui devono ispirarsi tutte le pene, e ciò anche nella prospettiva di assicurare il pieno rispetto del principio desumibile dall'art. 2 Cost., non senza trascurare il profilo di "rieducazione" proprio della pena». Alla luce di ciò, secondo la Corte, spetta al Ministro compiere l'istruttoria, a conclusione della quale egli potrà decidere se formulare motivatamente la "proposta" di grazia al Presidente della Repubblica oppure adottare un provvedimento di archiviazione. In nessun caso, tuttavia, un eventuale rifiuto da parte del Ministro potrebbe precludere «sostanzialmente, l'esercizio del potere di grazia, con conseguente menomazione di una attribuzione che la Costituzione conferisce – quanto alla determinazione finale – al Capo dello Stato. In definitiva, qualora il Presidente della Repubblica abbia sollecitato il compimento dell'attività istruttoria ovvero abbia assunto direttamente l'iniziativa di concedere la grazia, il Guardasigilli, non potendo rifiutarsi di dare corso all'istruttoria e di concluderla, determinando così un arresto procedimentale, può soltanto rendere note al Capo dello Stato le ragioni di legittimità o di merito che, a suo parere, si oppongono alla concessione del provvedimento». La Corte chiarisce, nella sentenza, anche quale sia il significato della controfirma ministeriale: essa «costituisce l'atto con il quale il Ministro si limita ad attestare la completezza e la regolarità dell'istruttoria e del procedimento seguito».

Conflitto di attribuzioni tra PdR e Ministro

Poteri del Ministro

Sulla base di questa ultima giurisprudenza costituzionale, pertanto, la grazia dovrebbe collocarsi – seppur con molte riserve da parte della dottrina – tra gli atti sostanzialmente presidenziali.

3.5. *I poteri nell'ambito della politica estera e militare*

PdR e politica estera

I poteri nell'ambito della politica estera sono attribuiti al Presidente della Repubblica nella sua qualità di Capo dello Stato: egli rappresenta infatti sul piano internazionale la Repubblica e ne dichiara la volontà. Quello della politica estera, tuttavia, è un ambito la cui definizione spetta al Governo, ragion per cui gli atti presidenziali in questo ambito sono, in genere, sostanzialmente governativi. Allo stesso tempo, anche la c.d. "politica militare" viene attribuita, limitatamente a taluni aspetti, alla sfera del Presidente della Repubblica, come retaggio proveniente dalla Monarchia, ma nulla ha a che fare né con una sorta di "prerogativa" in materia di difesa né con il comando in senso proprio.

Malgrado questo, nella prassi affermatasi anche in relazione al processo di integrazione europea, i Presidenti della Repubblica non hanno rinunciato, con esternazioni orali ed interventi, ad incoraggiare e promuovere politiche di sempre più stretta integrazione in ambito comunitario europeo, così come hanno spinto verso un'effettiva partecipazione dell'Italia all'attività di altre organizzazioni internazionali (Organizzazione delle Nazioni Unite, Consiglio d'Europa, ecc.). Si tratta di un profilo che assume, nella prassi, un peso crescente.

3.6. *La nomina dei funzionari dello Stato, l'accreditamento e ricevimento dei rappresentanti diplomatici*

Nomina dei funzionari pubblici...

Al Presidente della Repubblica spetta la nomina dei funzionari dello Stato, nei casi indicati dalla legge: si tratta di atti sostanzialmente governativi, rispetto ai quali il vaglio presidenziale non può entrare nel merito politico o nella discrezionalità della scelta governativa, ma deve arrestarsi, eventualmente, a rappresentare al Governo motivi di opportunità che suggeriscano di rivedere la scelta.

... e degli agenti diplomatici

Inoltre, il Presidente della Repubblica attribuisce la qualifica di agente diplomatico presso uno Stato estero e riconosce i rappresentanti diplomatici di Stati stranieri. Si tratta di un potere solo formalmente presidenziale, poiché la nomina di ambasciatori e ministri plenipotenziari, così come il gradimento degli agenti diplomatici stranieri, spetta sicuramente al Governo.

3.7. *La ratifica dei trattati internazionali*

Il Presidente della Repubblica ratifica i trattati internazionali (art. 87, 8° comma), previa apposita autorizzazione con legge del Parlamento nei casi previsti dall'art. 80 Cost. Tale potere è attribuito al Presidente in qualità di Capo dello Stato e di rappresentante dell'unità e della continuità dell'ordinamento giuridico.

Controllo sui trattati

In sede di ratifica, il Presidente svolge un controllo sull'attività del Governo e delle Camere (che hanno approvato la legge di autorizzazione alla ratifica), sebbene la dottrina ritenga che tale attività non possa concludersi con il rifiuto, che esporrebbe alla responsabilità internazionale (salva, anche in questo caso, l'ipotesi eccezionale in cui la ratifica integri le fattispecie dei reati presidenziali di cui all'art. 90 Cost., e che potrebbe legittimare il Presidente a rifiutare la ratifica per non commettere un reato).

3.8. *Il comando delle Forze armate e la dichiarazione dello stato di guerra*

Ratio del comando delle FF.AA.

Per quanto riguarda il comando delle Forze armate, attribuito al Presidente della Repubblica dall'art. 87, 9° comma, si tratta di una competenza tra le più difficili da definire. Infatti, è generalmente condiviso che tale potere sia connesso al ruolo di Capo dello Stato e di rappresentante dell'unità nazionale ma, sul piano operativo, esso sembra finire per rivelarsi un titolo puramente onorifico, che non attribuisce alcun potere di comando effettivo. Per parte della dottrina, il Presidente della Repubblica avrebbe comunque un ruolo di controllo generale sull'attività delle Forze armate, soprattutto legato all'esigenza di assicurarne la conformità allo spirito democratico della Repubblica (art. 52, 4° comma, Cost.) e, più in generale, il pieno rispetto della Costituzione.

Dichiarazione dello stato di guerra

Ai sensi ancora dell'art. 87, 9° comma, il Presidente della Repubblica «dichiara lo stato di guerra deliberato dalle Camere». Anche in questo caso si è in presenza di un potere legato alla qualifica di Capo dello Stato. La dichiarazione può intervenire solo a seguito della deliberazione ai sensi dell'art. 78 Cost. e produce i suoi effetti anche nell'ordinamento internazionale.

Se, per parte della dottrina, la dichiarazione di guerra appare un atto vincolato, dovuto e meramente dichiarativo della volontà parlamentare, senza che al Presidente residuino poteri di apprezzamento, è, invece, preferibile la tesi di chi sostiene che egli possa svolgere un controllo sulla deliberazione delle Camere, soprattutto per quanto concerne il rispetto dell'art. 11 Cost.

Malgrado, specie negli ultimi anni, l'Italia abbia partecipato con proprie truppe a diverse operazioni militari all'estero, mai nella storia repubblicana è stato dichiarato lo stato di guerra ai sensi degli artt. 78 e 87 Cost.

4. *I poteri nei confronti della Magistratura*

Presidente del CSM

La prima fondamentale funzione attribuita al Capo dello Stato riguardante la magistratura consiste nella presidenza del Consiglio Superiore della Magistratura, secondo quanto stabilito dall'art. 87, 10° comma (cfr. vol. II, cap. III, sez. II, par. 2.1). Il significato di tale presidenza è correttamente ricostruito dalla giurisprudenza costituzionale: essa risponde «all'esigenza (che fu avvertita dai costituenti) di evitare che l'ordine giudiziario abbia a porsi come un corpo separato. Sono stati predisposti, perciò, accorgimenti idonei ad attuarne e mantenerne una costante saldatura con l'apparato unitario dello Stato, pur senza intaccarne le proclamate e garantite autonomia e indipendenza» (Corte cost. n. 142/1973). In tal senso, il Presidente della Repubblica è sembrato il soggetto più indicato «in considerazione della qualità che questi riveste di potere "neutro" e di garante della Costituzione, ed è altresì fornito di una serie di guarentigie corrispondenti al rango spettantegli, nella misura necessaria a preservarlo da influenze che, incidendo direttamente sulla propria autonomia, potrebbero indirettamente ripercuotersi sull'altra affidata alla sua tutela», ovvero quella giudiziaria.

Atti non controfirmati

Gli atti compiuti dal Presidente della Repubblica nel suo ruolo di Presidente del Consiglio Superiore della Magistratura sono esenti da controfirma, sia in quanto essi sarebbero comunque imputabili all'organo collegiale e sia in funzione dell'esigenza di mantenere salda l'indipendenza del CSM (dato che, con la controfirma, sarebbe il Governo ad assumersi la responsabilità degli atti compiuti).

Atti controfirmati

Restano invece soggetti a controfirma gli atti "esterni" compiuti dal Presidente della Repubblica che non ineriscono al suo ruolo di Presidente del CSM, così come l'atto di scioglimento di quest'ultimo, ai sensi dell'art. 31, l. n. 195/1958.

Vicepresidente del CSM

Nella prassi è il Vicepresidente del CSM, eletto dal *plenum* tra i membri eletti dal Parlamento, che guida normalmente i lavori, sia per non aggravare gli impegni del Capo dello Stato sia per tenerlo al di fuori della gestione degli affari correnti.

Tensioni nella prassi tra PdR e CSM

Il rapporto fra il Presidente della Repubblica e il Consiglio ha conosciuto, nella storia repubblicana, momenti di forte tensione, specie durante la presidenza Cossiga. Una delle questioni al centro dello scontro concerneva la definizione dei contenuti dei poteri del Capo dello Stato in qualità di Presidente del CSM: Cossiga rivendicava infatti un ruolo attivo di verifica sull'ordine del giorno del Consiglio, fino al punto di prevedere una sorta di potere di veto rispetto alla trattazione di argomenti ritenuti inopportuni. La tensione salì fino al punto di giungere alla revoca della delega al Vicepresidente, con contestuale assunzione della presidenza effettiva da parte del Presidente della Repubblica.

Atti di nomina di magistrati

Un'altra funzione attribuita al Capo dello Stato nei confronti del potere giudiziario riguarda l'emanazione, attraverso decreti del Presidente della Repubblica, degli atti di nomina e di conferimento di incarichi direttivi a magistrati ordinari, amministrativi e militari. Si tratta, però, di atti solo formalmente presidenziali in quanto, ai sensi dell'art. 17, 1° comma, l. n. 195/1958, «tutti i provvedimenti riguardanti i magistrati sono adottati, in conformità delle deliberazioni del Consiglio superiore, con decreto del Presidente della Repubblica controfirmato dal Ministro».

5. *Gli altri poteri del Presidente della Repubblica*

Nomina dei giudici costituzionali

Oltre a quanto sin qui detto, al Presidente della Repubblica spetta la nomina, ai sensi dell'art. 135, 1° comma, Cost., di cinque giudici della Corte costituzionale (cfr. vol. II, cap. IV, sez. III, par. 1.2). Si tratta di un atto sostanzialmente presidenziale il quale, pur sottoposto a controfirma, non prevede alcuna forma di proposta e di partecipazione del Governo alla designazione dei soggetti. Nell'esercitare tale competenza il Presidente deve rispettare i requisiti stabiliti dalla Costituzione (art. 135, 2° comma), e soltanto in relazione ad essi può esercitarsi il potere di controllo del Governo.

Per quanto riguarda invece altre esigenze, quali ad esempio quelle di un equilibrio della composizione della Corte alla luce delle designazioni parlamentari, esse spettano all'esclusiva valutazione del Presidente, e su di esse pertanto non potranno essere fatte valere diverse considerazioni od esigenze da parte dell'esecutivo.

Indizione elezioni e referendum

Circa i poteri esercitati nei confronti del corpo elettorale, il principale potere presidenziale consiste nell'indizione delle elezioni delle Camere e dei *referendum*.

Per quanto riguarda il Parlamento, l'art. 61 Cost. detta il calendario delle attività: dopo lo scioglimento delle Camere, entro settanta giorni debbono essere indette le elezioni (*retro*, cap. IV, sez. II, par. 1). Nell'esercizio di tale funzione il Presidente non gode di piena discrezionalità, spettando al Consiglio dei ministri la decisione sulla data, salvo la verifica del rispetto dei termini previsti dalla Costituzione. In ogni caso, nella prassi, la data dei comizi è concordata fra Governo e Presidente della

Repubblica il quale rappresenta difficoltà legate al calendario (ad es., voto in piena estate) o agli adempimenti indifferibili delle Camere (manovra finanziaria, bilancio dello Stato, ecc.). Sempre al Presidente spetta la prima convocazione delle nuove Camere, da tenersi entro venti giorni dallo svolgimento delle elezioni.

Per quanto concerne i *referendum*, valgono le stesse considerazioni: sussistendo i requisiti stabiliti, in via generale, dalla l. n. 352/1970, l'atto presidenziale di indizione della data è vincolato alla delibera del Consiglio dei ministri, sebbene talvolta non sia stato secondario il ruolo della Presidenza della Repubblica nell'individuazione di una certa data (che può comportare anche maggiori o minori possibilità di raggiungimento del *quorum* richiesto).

Scioglimento dei Consigli regionali

Con riguardo infine al sistema delle autonomie territoriali i poteri presidenziali sono limitati alla sola emanazione, nella forma del decreto motivato del Presidente della Repubblica, dell'atto di scioglimento del Consiglio regionale e di rimozione del Presidente della Giunta che abbiano compiuto atti contrari alla Costituzione o per ragioni di sicurezza nazionale, sentita previamente la Commissione parlamentare per le questioni regionali (art. 126 Cost.). Il decreto rientra fra gli atti sostanzialmente governativi, dato che l'apprezzamento della situazione di fatto legittimante lo scioglimento spetta sicuramente al Consiglio dei ministri. Al Presidente della Repubblica compete la verifica della sussistenza dei presupposti e del rispetto dell'*iter* procedurale, potendo chiedere anche un riesame della decisione, specialmente in caso di parere negativo della Commissione, ma senza addivenire al rifiuto di emanazione.

5.1. *Il Presidente della Repubblica come Presidente del Consiglio Supremo di Difesa*

Consiglio supremo di difesa

Sebbene si tratti di una competenza che potremmo far rientrare tra quelle relative al potere esecutivo, tuttavia la particolarità della competenza a presiedere il Consiglio Supremo di Difesa, secondo quanto previsto dall'art. 87, 9° comma, Cost., suggerisce di trattare a sé l'argomento.

Composizione

Ai sensi del d.lgs. n. 66/2010, il Consiglio Supremo di Difesa è composto dal Presidente della Repubblica, dal Presidente del Consiglio dei ministri, che svolge funzioni di Vicepresidente, e dai Ministri degli esteri, dell'interno, dell'economia e delle finanze, della difesa, e delle attività produttive, nonché del Capo di Stato maggiore della difesa. Nella prassi, partecipano anche il Sottosegretario di Stato alla Presidenza del Consiglio dei ministri, il Segretario generale della Presidenza della Repubblica ed il Segretario del Consiglio Supremo di Difesa. La legge consente che siano chiamati a prendere parte alle riunioni anche altri Ministri, i Capi di stato maggiore delle Forze armate, il Comandante generale dell'Arma dei Carabinieri, il Presidente del Consiglio di Stato, nonché ulteriori soggetti e personalità in possesso di particolari competenze in campo scientifico, industriale ed economico ed esperti in problemi militari.

Poteri del PdR

Il Presidente della Repubblica, in qualità di presidente del Consiglio Supremo, ne convoca le riunioni, ne fissa l'ordine del giorno e ne guida i lavori. Gli atti compiuti dal Presidente della Repubblica in veste di presidente dell'organo sono esenti da controfirma.

La collocazione istituzionale e le funzioni del Consiglio Supremo di Difesa sono state definite, dalla dottrina, come "ibride". Infatti, pur non essendo un organo del potere esecutivo, almeno stando all'art. 2 del d.lgs. n. 66/2010, il Consiglio «esamina i problemi generali politici e tecnici attinenti alla difesa nazionale e determina i criteri e fissa le direttive per l'organizzazione e il coordinamento delle attività che comunque la riguardano». Ciò significa che esso detiene poteri di indirizzo che definiscono il complessivo indirizzo politico nella materia della difesa, espropriandone, in qualche misura, il Governo. Non a caso, i lavori di una commissione, presieduta da Livio Paladin, che il Presidente Cossiga insediò con la finalità di rivedere la legge del 1950, concludeva i propri lavori rilevando che «non esistono [per il Presidente della Repubblica] attribuzioni riservate all'esclusiva competenza dell'apparato militare, opponibili alle autorità politiche preposte alla difesa e limitanti le funzioni di comando»: sarebbe, così, da «escludere che il Presidente abbia la competenza d'interferire nella definizione delle strategie riguardanti la difesa, come pure nella linea del comando politico-militare». La forma di governo delineata dalla Costituzione «esige di assegnare l'intero indirizzo politico, compresi gli impieghi delle Forze Armate, al legislativo e all'esecutivo collegati dal rapporto di fiducia». Si proponeva, così, di attribuire al Consiglio Supremo un ruolo di informazione e consulenza a supporto delle funzioni di garanzia costituzionale attribuite al Capo dello Stato.

L'art. 10 del d.lgs. n. 66/2010, al 1° comma, lettera *a*), attribuisce al Ministro della Difesa il compito di attuare «le deliberazioni in materia di difesa e sicurezza adottate dal Governo, sottoposte all'esame del Consiglio Supremo di Difesa e approvate dal Parlamento», inserendo così il Consiglio Supremo all'interno della definizione dell'indirizzo politico e, quindi, del circuito Governo-Parlamento.

CSD e crisi internazionali

Il Consiglio Supremo ha svolto un ruolo importante in taluni momenti di crisi internazionale, ad esempio in occasione della guerra in Iraq del 2003, allorché esso fu convocato al fine di esaminare la posizione dell'Italia in ordine alla crisi irachena. Anche in forza di tale circostanza, deve rilevarsi come il Consiglio Supremo abbia svolto, impropriamente, un ruolo di "gabinetto di crisi": ruolo non previsto in ambito governativo ma che si è rivelato, in taluni frangenti, necessario (nel caso, ad esempio, della guerra del Golfo, della crisi balcanica, ecc.).

6. *Il c.d. potere di esternazione atipica*

Sviluppo nella prassi

Il potere presidenziale di "esternare", ovverosia di esprimere la propria opinione sugli oggetti più diversi in pubblico, sia in forma scritta che orale, è stato esercitato in misura sempre più consistente negli ultimi decenni. Tale potere si esprime in forme particolarmente solenni in alcune circostanze (ad esempio nel discorso di insediamento, nei messaggi di fine anno, nei messaggi rivolti in particolari occasioni celebrative, e così via), ma anche in interviste e dichiarazioni alla stampa ed in tutta una serie di occasioni, difficilmente tipizzabili, che hanno una vasta eco nell'opinione pubblica.

Interventi "a tutto campo"

Come si vede, dunque, il potere di esternazione non si rivolge ad un altro organo istituzionale ma, trasversalmente, esprime l'orientamento del Presidente della Repubblica rispetto ai principali problemi istituzionali, sociali, economici del Paese: per questo, l'esternazione mette in primo luogo in collegamento il Capo dello Stato col corpo elettorale, ma al contempo delinea una serie di priorità o linee di intervento per il Parlamento ed il Governo.

Tali esternazioni non possono infatti essere considerate pure e semplici manifestazioni della libertà di pensiero, costituzionalmente tutelata, del Capo dello Stato: lo impedisce la posizione costituzionale del Presidente della Repubblica, i cui interventi non possono essere parificati a quelli di un privato cittadino o di un qualsiasi protagonista della vita politica del Paese. Allo stesso tempo, però, le esternazioni, specialmente quelle orali, non sono controfirmate (salvo ritenere che la controfirma possa essere "tacita" e che si realizzi come mancata reazione del Governo) e, dunque, rischiano di chiamare in causa direttamente la responsabilità presidenziale.

Alcune esternazioni "finalizzate"

La prassi segnala alcuni casi meritevoli di essere considerati. Soprattutto a partire dalla presidenza Pertini si è fatto ampio uso del potere di esternazione atipica, mediante il quale il Presidente è intervenuto sovente nel dibattito politico-istituzionale, non lesinando proprie osservazioni e indirizzi anche critici nei confronti del Governo. Cossiga, soprattutto, ricorse sistematicamente all'accesso ai mezzi di comunicazione con interventi polemici nei confronti del sistema partitico, della magistratura, del sistema radiotelevisivo: al punto che si parlò di un "indirizzo politico presidenziale" alternativo a quello del Governo e della maggioranza parlamentare. Anche Scalfaro ha fatto ampio ricorso a questo potere, soprattutto nel tentativo di riallacciare, nel momento di profonda crisi vissuto dal sistema politico agli inizi degli anni Novanta, il legame fra istituzioni e cittadini; nel settennato di Ciampi l'elevato numero di esternazioni si è associato, in genere, a temi più strettamente istituzionali, con una particolare attenzione a quelli legati all'integrazione europea e all'esigenza di rafforzare l'unità nazionale. Nella presidenza Napolitano, il Presidente ha utilizzato il potere di esternazione in occasioni pubbliche per indicare al Parlamento ed al Governo le priorità di rilievo costituzionale (anche derivanti dall'appartenenza all'Unione europea) da perseguire e per giustificare, con puntualità, le modalità di esercizio dei poteri presidenziali. La prassi della presidenza Mattarella, invece, mette in evidenza una attività "pedagogica" del Presidente volta a consolidare, nei confronti dell'opinione pubblica e dei soggetti politici, il ruolo del Capo dello Stato nella difficile congiuntura politica nella quale si trova ad operare, facendo costante richiamo alle consuetudini ed alle convenzioni costituzionali nonché alle prassi dei propri predecessori. Ciò ha consentito al Presidente di anticipare i criteri cui si sarebbe ispirato, nei casi concreti, per l'esercizio dei propri poteri.

Esternazioni e responsabilità

La questione di maggior spessore, in questo ambito, è che il potere di esternazione sfugge alla disciplina costituzionale ed al principio dell'irresponsabilità del Presidente per il tramite della controfirma. Se è vero che l'esternazione rinsalda i legami del Presidente col popolo, è altrettanto vero che un "eccesso" lo espone alla responsabilità diffusa ed alla critica da parte di partiti, formazioni sociali, cittadini: il che, talora, può compromettere il prestigio, l'autorevolezza e la percezione dell'indipendenza del Capo dello Stato.

Sezione III

Il Presidente della Repubblica nell'esperienza più recente

1. *Considerazioni di sintesi*

La posizione costituzionale

La laconicità della disciplina costituzionale dedicata al Presidente della Repubblica ha consentito alla prassi – come si è abbondantemente dimostrato – di delinearne posizione costituzionale, poteri e limiti in maniera rispondente alle mutazioni della forma di governo, alle trasformazioni del sistema politico, al temperamento del singolo Presidente. Malgrado questo possiamo individuare tre caratteristiche di fondo, che connotano soprattutto la fase attuale.

"Limite" e "freno" alla maggioranza?

a) L'avvento del maggioritario aveva portato, almeno apparentemente, all'accentuazione dei poteri di controllo del Presidente della Repubblica quale limite e freno al *continuum* maggioranza parlamentare-Governo, da ricondurre entro il quadro costituzionale al fine di evitare che una forte legittimazione elettorale della coalizione e del leader della stessa potesse alterare l'equilibrio della forma di governo parlamentare. Più di recente, invece, il Presidente della Repubblica ha accentuato l'esercizio dei propri poteri in funzione di mediazione fra le forze politiche e fra le istituzioni (attività tipiche di tutta la prima parte dell'esperienza repubblicana): la figura presidenziale è stata costantemente impegnata sul fronte di assicurare Governi stabili, legittimati sul versante europeo ed internazionale ed in grado di condurre una incisiva azione riformatrice (si pensi all'attività del Presidente Napolitano). Non si può negare, infatti, che la Presidenza della Repubblica sia stata – in momenti di forte crisi politica ed istituzionale – il "motore" della formazione e dell'attività degli esecutivi con la costante indicazione di finalità generali da perseguire e di tempi e modalità con i quali il confronto parlamentare avrebbe dovuto svilupparsi.

Conflittualità con sistema politico

b) In secondo luogo, *la maggiore conflittualità sul modo di esercitare i singoli poteri presidenziali*, quale effetto di quanto appena esposto. La storia repubblicana ha conosciuto, a partire dal 1993, una crescente conflittualità fra Presidenza della Repubblica e gli "attori" costituzionali. Si sono infatti verificati duri scontri con alcune forze politiche, specialmente a proposito dell'esercizio del potere di scioglimento, quando non esercitato; vi sono state frizioni con il Governo sull'esercizio dei poteri presidenziali di promulgazione ed emanazione; si è giunti, addirittura, a due conflitti di attribuzione davanti alla Corte costituzionale, il primo sul potere di grazia nei confronti del Ministro della giustizia ed il secondo sulle intercettazioni di comunicazioni del Presidente nei confronti del potere giudiziario.

PdR e indirizzo politico

È una tensione che, con sempre maggior frequenza, viene manifestata pubblicamente, fino ai casi più eclatanti dell'avvio della XVIII legislatura allorché l'intera rete di relazioni istituzionali fra il Presidente della Repubblica ed i diversi soggetti politici è stata costantemente posta sotto l'attenzione e la critica dell'opinione pubblica, in forme inappropriate e non rispettose di quel "riserbo" istituzionale entro il quale il Presidente è chiamato ad operare (come ricorda la sentenza Corte cost. n. 1/2013).

Responsabilità "diffusa"

c) Ed infine, *l'accentuarsi della responsabilità diffusa e l'esternazione come forma di "replica" presidenziale*: se quanto detto a proposito della conflittualità risulta vero, allora si comprende anche come l'operato presidenziale sia oggi trascinato quotidianamente sul terreno della "politica" ed esposto a critica, senza cogliere le dimensioni e la finalizzazione dei poteri del Capo dello Stato. A ciò si accompagna, comprensibilmente, il ricorso ad esternazioni presidenziali volte a giustificare, talora in maniera approfondita, quella dialettica fra i poteri dello Stato che la prassi repubblicana ha sempre conosciuto ma che è stata collocata dietro un doveroso riserbo istituzionale.

Oggi, invece, presupposti e contenuti delle scelte presidenziali appaiono sempre più esposti al pubblico dibattito, da un lato, ciò è positivo in quanto consente di rendere sempre più intelligibili i motivi e la dialettica interistituzionale intercorsa; d'altra parte, però, questa situazione ha riflessi inevitabili sul principio di irresponsabilità presidenziale e lo espone, in misura crescente, ad una dialettica impropria con altri soggetti che perseguono fini parziali e contingenti. Le presidenze Mattarella, per la verità, si stanno connotando per una apprezzabile presenza pubblica, prevalentemente attraverso interventi o orazioni pubbliche in occasioni ufficiali e, solo occasionalmente, con esternazioni libere o fuori dal protocollo.

A ciò contribuisce anche una significativa presenza mediatica del Presidente della Repubblica, anche attraverso i nuovi strumenti *social* di cui la Presidenza della Repubblica si è dotata e che stanno contrassegnando una nuova "stagione" della presenza pubblica del Capo dello Stato nell'arena istituzionale.

APPENDICE

I Capi dello Stato nell'esperienza repubblicana

Sergio Mattarella
eletto il 31 gennaio 2015 e rieletto il 29 gennaio 2022 (attualmente in carica)

Giorgio Napolitano
2006-2013 e 2013-2015

Carlo Azeglio Ciampi
1999-2006

Oscar Luigi Scalfaro
1992-1999

Francesco Cossiga
1985-1992

Sandro Pertini
1978-1985

Giovanni Leone
1971-1978

Giuseppe Saragat
1964-1971

Antonio Segni
1962-1964

Giovanni Gronchi
1955-1962

Luigi Einaudi
eletto l'11 maggio 1948 (rimarrà in carica fino al 1955)

Enrico De Nicola
eletto Capo provvisorio dello Stato il 28 giugno 1946
assume il titolo di Presidente della Repubblica il 1° gennaio 1948

Capitolo IX

Le Regioni e gli enti locali *

SOMMARIO: Sezione I. *Considerazioni introduttive.* – 1. L'inquadramento storico della questione regionale, in Italia. – 2. Il dibattito in Assemblea costituente, e le scelte conseguenti. – 3. Il problema della lunga inattuazione delle autonomie territoriali. – Sezione II. *Gli enti locali.* – 1. Un "laboratorio" per le riforme. – 2. L'originario impianto costituzionale (cenni). – 3. Lo sviluppo delle funzioni. Sussidiarietà e cooperazione. – 4. La trasformazione della forma di governo. – 5. Il consolidamento del nuovo modello nel Titolo V della Parte seconda della Costituzione. – 6. La legge Delrio, gli interventi sulle Province, l'istituzione delle Città metropolitane. – Sezione III. *Le Regioni.* – 1. Dal "congelamento" dell'istituto al lento "decollo" degli anni Settanta. – 2. Il primo impulso alle riforme: la surrettizia evoluzione della forma di governo. – 3. L'accrescimento massiccio delle funzioni, con la terza "ondata" dei trasferimenti statali, ed il problema del relativo finanziamento. – 4. Le riforme del Titolo V: conferme, novità, quesiti insoluti. – 5. I mutati lineamenti della forma di governo e la seconda "stagione" statutaria. – 6. Le "correzioni" dell'autonomia speciale. – 7. Lo "sfruttamento" massiccio del contenzioso Stato-Regioni, nel quadro dei nuovi procedimenti di controllo dell'attività normativa statale e regionale, e il contributo della Corte costituzionale alla "lettura" delle riforme. – 7.1. (Segue): Su forma di governo e potestà regolamentare delle Regioni. – 7.2. (Segue): Sui limiti all'esercizio della potestà legislativa e regolamentare. – 7.3. (Segue): Sull'enucleazione delle materie di competenza statale e regionale. – 7.4. (Segue): Sull'autonomia amministrativa delle Regioni, nel quadro dei raccordi con gli altri livelli di governo. – 7.5. (Segue): Sul finanziamento delle funzioni, nella prospettiva di un (incompiuto) "federalismo fiscale". – Sezione IV. *Quadro dei problemi ancora aperti, per il regionalismo italiano.* A) *Sul piano dell'ulteriore attuazione delle riforme del Titolo V.* – 1. Le difficoltà di una lettura armonica dei nuovi artt. 117 e 118 Cost., e le conseguenze che ne derivano. – 2. (Segue): Le incertezze derivanti dalla legge di attuazione dell'art. 119 Cost. e dai relativi decreti delegati. – 2.1. (Segue): La previsione di eventuali differenziazioni tra Regioni a statuto ordinario (art. 116, 3° comma, Cost.). – B) *Sul piano delle ulteriori riforme auspicabili.* – 3. La prospettiva di una camera di rappresentanza degli enti territoriali. – 4. (Segue): L'esigenza di un accesso diretto degli enti locali alla giustizia costituzionale.

---

* Di Elena Malfatti.

Sezione I
Considerazioni introduttive

1. *L'inquadramento storico della questione regionale, in Italia*

Le alternative possibili

Il tema delle Regioni, e più ampiamente quello delle autonomie territoriali, può essere inquadrato storicamente collocandolo nell'ambito delle riflessioni che in Italia si sono avute, dapprima, all'indomani dell'Unificazione, e più tardi, in sede di lavori dell'Assemblea costituente. È già nella seconda metà del secolo diciannovesimo, infatti, che si registra un significativo dibattito – scaturito dagli stimoli di importanti personaggi dell'epoca – nel quale emergono e si confrontano alcune posizioni, riconducibili ad una fondamentale alternativa: da una parte, coloro che propendono per un'organizzazione burocratica dello Stato di tipo centralizzato, sul modello napoleonico che peraltro era già stato ereditato dal Regno di Sardegna, e che a sua volta venga a individuare la figura del prefetto quale *longa manus* del potere esecutivo, "pilastro" dell'amministrazione statale sul territorio e a capo della circoscrizione provinciale, attorno al quale possa smistarsi tutta l'amministrazione periferica (trasformando, come si affermava in Francia, il "turbinio rivoluzionario" in un "meccanismo regolare"), pur in presenza di municipalità per ciascuna comunità di persone, ma caratterizzate dal medesimo assetto organizzativo, dunque a un tempo rappresentative dei consociati sul territorio ma anche articolazioni ulteriori del potere centrale; dall'altra parte, chi vorrebbe invece perorare, valorizzandola, la causa dell'autonomia – e dunque della possibile differenziazione delle funzioni e delle attività conseguenti – degli enti territoriali (ovvero di Comuni e Province, che almeno dal punto di vista formale già andavano a caratterizzare, ripartendolo, il territorio del Regno ai sensi dell'art. 74 dello Statuto Albertino), ipotizzandosi altresì di introdurre per l'amministrazione il nuovo ente Regione, e comunque volendo affermare un diverso sistema ispirato alle idee illuminate di un gruppo di intellettuali (tra i quali si ricorda solitamente C. Cattaneo, anche per le sue lettere ai "liberi elettori", nelle quali metteva in luce lo scollamento tra il Paese reale e la struttura centralistica ed estranea del nuovo Stato, richiedendo conseguentemente, a gran voce, larghe forme di autonomia e di decentramento).

La scelta centralista

Prevarrà la prima impostazione, e quindi una scelta rigidamente centralista – anche per il timore di mettere in pericolo l'unità nazionale appena realizzata, in un Paese dalle incerte basi politiche e sociali – che si tradurrà nella l. n. 2248/1865 (più conosciuta come legge Rattazzi); essa configurerà gli enti locali nel segno dell'uniformità, sia per l'assetto ordinamentale che per le funzioni attribuite, come meri organi dell'amministrazione indiretta dello Stato (ciò che di fatto rimarranno per circa un secolo), deputati dunque ad alleggerire i compiti dei funzionari del Regno in periferia, oltre che a fungere da "cinghia di trasmissione" delle scelte operate dal ministro dell'Interno. Il prezzo di questa scelta si coglierà, anzitutto, nell'aggravarsi della questione meridionale, con riferimento alla disastrosa situazione economica che era venuta a crearsi nel Mezzogiorno d'Italia, attesa la miseria dei contadini e delle plebi in generale, ma anche il brigantaggio, la mafia e il latifondo, tutti mali cui non si riesce a metter mano; più tardi, in un'evoluzione sempre più accentratrice del pubblico potere, culminante nel Ventennio fascista, nel quale si perderà perfino l'attributo dell'elettività di alcuni organi degli enti locali [in particolare con due leggi, del 1926 e del 1928, che li sostituiscono con il Podestà a livello comunale e con il Preside a livello provinciale; l'elettività verrà poi ripristinata nel 1946 (per i Comuni) e nel 1951 (per le Province)]. Nel corso del Ventennio diverrà possibile parlare unicamente di una semplice *ausiliarietà* degli enti locali (pur dovendosi segnalare la singolare realizzazione di un federalismo fiscale *ante litteram* per via della previsione, nel 1931, di entrate fiscali comunali poggianti su una solida base di autonomia); le "colonne portanti" di tale ordinamento saranno costituite rispettivamente dal T.U. n. 148/1915 e dall'ulteriore T.U. n. 383/1934, alcune previsioni dei quali saranno capaci di sopravvivere addirittura fino agli anni Duemila (*infra*, sez. II, par. 5).

2. *Il dibattito in Assemblea costituente, e le scelte conseguenti*

La varietà delle posizioni emergenti

Sopito dunque per vari decenni l'anelito dell'autonomia – che avrebbe potuto significare molto, dal punto di vista delle scelte possibili per i soggetti di governo delle comunità locali, da tradurre ulteriormente in indirizzi politici autonomi e quindi, quantomeno, in un'attività amministrativa non uniforme sul territorio – il dibattito si riaccende nel contesto dei lavori dell'Assemblea costituente. In tale sede, la polarità significativa appare quella che separa i liberali, attenti all'affermazione del pluralismo ideologico ed invece diffidenti nei confronti dei fenomeni del pluralismo istituzionale (tra i quali, intesi in senso ampio, avrebbe potuto senz'altro collocarsi una previsione di enti territoriali che articolassero le pubbliche funzioni in modo diverso da quello più tradizionale e conosciuto) dai cattolici, propensi piuttosto ad imbastire garanzie contro nuove degenerazioni autoritarie del potere (ed in particolare inclini a giustapporre governi locali a quello centrale, nel quadro di un generale *favor* verso le formazioni sociali, espressione a loro volta, per dirla con G. Dossetti, di comunità familiari, *territoriali*, professionali, religiose). Solo con una certa approssimazione, su questa seconda sponda – che poi implica una nuova concezione del principio della divisione dei poteri, non più soltanto, per così dire, "in orizzontale", ma anche "in verticale" – possono annoverarsi anche gli esponenti delle sinistre, rivolti alla valorizzazione di un modo di essere dell'ordinamento generale diverso da quello più tipicamente statalista; anche se alla fine sembra prevalere tra costoro un diffuso pregiudizio (tanto era difficile rompere il mito della sovranità parlamentare, quanto il dogma della sua concentrazione in un'unica assemblea elettiva). Nell'insieme, la discussione registra posizioni molto variegate le quali, pur partendo dalla critica al centralismo fascista, oscillano da un riferimento al modello confederale ad un altro che – all'opposto – confinerebbe le Regioni al modesto ruolo di enti di decentramento autarchico (ossia dotato di fini propri in vista dei quali poter svolgere, coerentemente, attività propria).

A loro volta le Regioni, che preesistevano come compartimenti utilizzati a fini statistici (ritagliati per l'organizzazione del primo censimento del Regno sulla base di vaghi ed imprecisi riferimenti a denominazioni tramandate, e ribattezzati con noncuranza "regioni" a inizio Novecento, senza che ne fossero mutati fisionomia e significato), non vengono indagate dal punto di vista delle vicende storico-politiche, delle caratteristiche morfologiche, della consistenza demografica o dello sviluppo economico; tutti aspetti che avrebbero permesso invece di evidenziare fattori di omogeneità o invece di differenziazione dei rispettivi territori, e quindi in ipotesi consentito una nuova "mappatura" di aree cui attribuire una qualche corrispondente autonomia (come viceversa, sia pure con una certa approssimazione, si riesce a fare per quelle che diverranno poi le Regioni a statuto speciale). Nell'agosto 1946 nell'ambito dell'Assemblea costituente viene piuttosto approvato, nella seconda sottocommissione della c.d. Commissione dei settantacinque, l'ordine del giorno "Piccioni", che qualifica i nuovi caratteri regionali nella rappresentatività, nell'autonomia legislativa e finanziaria, nell'autarchia, dando mandato ad una sua sezione interna di articolare ulteriormente un progetto di ordinamento regionale che tenga conto delle peculiarità delle situazioni di Sicilia, Sardegna, Valle d'Aosta, Trentino-Alto Adige. Più tardi la Sottocommissione riprenderà la discussione sul tema, giungendo a predisporre un definitivo articolato del futuro sistema delle autonomie territoriali; tale articolato verrà presentato in Assemblea, e consentirà nel 1947 [spostando l'articolo iniziale del Titolo V della Parte seconda della Costituzione tra le Disposizioni generali (che a loro volta poi diverranno i Principi fonda-

L'ordine del giorno "Piccioni"

mentali)] di licenziare un testo (quello che entrerà in vigore dal 1° gennaio 1948) da leggersi in modo coordinato con quattro disposizioni transitorie e finali, le quali idealmente possono indicarsi in quest'ordine: la XI, che accorda un termine di cinque anni per l'eventuale modifica dell'elenco di cui all'art. 131 (il quale a sua volta riprende per l'appunto, per la costituzione delle nuove Regioni, i vecchi compartimenti statistici) sulla base di una procedura semplificata (solo il Molise, non compreso nell'elenco originario – che individuava un'unica regione sotto la dizione "Abruzzi e Molise" – si avvarrà poi di questa opportunità), così prevenendosi abilmente le diverse rivendicazioni che dai territori avrebbero potuto venire; la VIII, che prevede l'istituzione dell'ordinamento territoriale, in particolare con l'elezione dei consigli regionali e degli organi amministrativi provinciali entro un anno dall'entrata in vigore della Costituzione, con trasferimento per legge di funzioni e personale statale; la IX, che coerentemente vorrebbe l'adeguamento legislativo ed il decentramento amministrativo statale entro tre anni; e infine la X, che accorda provvisoriamente al Friuli-Venezia Giulia il regime generale del Titolo V della Parte seconda della Costituzione (di seguito, per brevità, Titolo V), fermo il principio di tutela delle minoranze linguistiche.

Le disposizioni transitorie e finali rilevanti

Il nuovo orizzonte di senso nel quale è inserita la questione delle autonomie territoriali è scolpito nel discorso pronunciato da G. Ambrosini il 10 giugno 1947 all'Assemblea Costituente: «abbiamo configurato ed elaborato un progetto di riforma che, potenziando la Regione (...) deve servire a potenziare la Nazione (...) a far confluire tutte queste energie, spesso abbandonate e latenti, verso la risoluzione dei singoli problemi locali; perché dalla risoluzione di questi problemi verrà la soluzione del problema nazionale, e verrà la resurrezione e il progresso del Paese». "Pilastro" della nuova costruzione risulta, allora come oggi, l'art. 5 Cost., da leggersi in modo coordinato ai successivi artt. 114-133, e alle disposizioni transitorie e finali appena indicate; rinviando alle parti successive della trattazione l'analisi delle più puntuali previsioni, merita qui soffermarsi sui significati del principio fondamentale di cui al suddetto articolo. Alla proclamazione dell'*unità e indivisibilità* della Repubblica, che costituisce l'*incipit* della formula (e che permette fin da subito di escludere il modello confederale, mentre rimangono impregiudicate le altre opzioni di ordinamenti a struttura composta), seguono immediatamente l'evocazione del principio di *autonomia* e il richiamo del principio del *decentramento* (già conosciuto, anche se non certamente valorizzato, nell'ordinamento sabaudo): dal primo punto di vista, l'espressione assume una portata davvero innovativa, perché è suscettibile di riqualificare il ruolo degli enti locali preesistenti, prefigurandone la capacità di darsi norme e di autogovernarsi; al contempo gettando il seme delle

Il "pilastro" della nuova costruzione: l'art. 5 Cost.

nuove comunità regionali, come si vedrà ulteriormente valorizzate dal Titolo V quali enti territoriali "di primo livello", e quindi dotate di un'autonomia più qualificata e meglio caratterizzata di quella degli enti locali (o territoriali minori). Dal secondo punto di vista, si tratta di un'indicazione comunque importante, nel senso del progressivo alleggerimento della macchina burocratica statale, tanto più opportuno quanto all'inverso aumenteranno via via i carichi di lavoro degli apparati pubblici, in corrispondenza delle finalità del nuovo Stato sociale, che suggeriscono una ripartizione dei compiti con le amministrazioni periferiche (si utilizza quest'ultima espressione in senso lato, ovvero comprensiva sia delle amministrazioni statali dislocate in periferia, sia delle amministrazioni proprie degli enti territoriali tutti, anche perché in tal modo si riesce a compendiare il doppio riferimento al decentramento, presente nell'art. 5 Cost.). Nell'insieme, riconoscere e promuovere le autonomie implica l'affermazione di un principio aperto, suscettibile di attuazioni-integrazioni progressive, anche in virtù di quelle che saranno, nel corso del tempo, le consapevolezze ed acquisizioni avvertite dalla comunità statale e da ciascuna di quelle locali.

3. *Il problema della lunga inattuazione delle autonomie territoriali*

Tre livelli di enti territoriali

Il progetto del Costituente è dunque ambizioso, sia pur presentando un elemento di relativa differenziazione – rispetto a quanto affiora più frequentemente nel panorama comparatistico – che emerge immediatamente, leggendo l'art. 114 Cost.: l'ipostatizzazione di ben tre livelli di enti territoriali (che poi implicherà una legislazione "a due" e un'amministrazione addirittura "a quattro" livelli, considerando anche quello statale), elemento il quale è suscettibile di mostrare un'altra faccia, di rivoltarsi cioè in un aspetto di debolezza [o comunque di difficoltà, perché non è certo facile razionalizzare un sistema a quattro livelli di governo (quello statale compreso), come pure immaginare meccanismi di coordinamento interno]. Una debolezza che rischia di divenire tanto più forte se si considera anche quanto già accennato, ovvero l'occasione persa in Assemblea di ridiscutere le più ottimali dimensioni regionali, unitamente ad un altro fattore, quello del mero recepimento dei Comuni e delle Province preesistenti; soprattutto i primi erano moltissimi e spesso davvero piccoli, sia dal punto di vista dell'estensione geografica, sia da quello della popolazione residente (ancora una volta, storicamente, in questa prospettiva era stato il peso della tradizione dell'amministrazione locale francese a farsi sentire, sulla base dei principi della *generalizzazione* comunale – che esigeva l'istituzionale di una municipalità per ciascuna comunità, anche se di entità demografica limitatissima – *e* della *uniformità* degli ordinamenti, indipendentemente dalle dimensioni e dalle peculiarità delle varie situazioni comunali). Si tratta in ogni caso dell'edificazione di un ordinamento *regionale*, e non di un nuovo Stato a struttura federale, perché nel primo senso depongono molte scelte inscritte nel Titolo V, ed altre sparse per il testo costituzionale (di cui si darà conto in questo cap.).

Tra fautori e avversari dell'ordinamento regionale

Sembra opportuno segnalare poi un dato dell'esperienza reale: entrata in vigore la Carta fondamentale, quasi subito accade qualcosa di curioso (almeno in apparenza), che blocca le velleità autonomistiche, e diverrà elemento ostativo dell'attuazione dell'ordinamento regionale per parecchio tempo, tanto che, anche sotto tale particolare profilo (oltre che per quelli diffusamente evidenziati in questo Manuale) sarà possibile parlare di "congelamento della Costituzione" (per riprendere una celebre espressione di E. Cheli, a sua volta riferibile al continuo differimento dell'adempimento della "rivoluzione promessa" con la quale P. Calamandrei aveva valutato l'atteggiamento delle destre volto a compensare le forze di sinistra di una "rivoluzione mancata"): le forze politiche che erano apparse, attraverso l'attivismo dei propri esponenti in Assemblea costituente, più favorevoli all'inveramento dei nuovi principi compendiati nell'art. 5 Cost. (come si accennava, quelle riconducibili alla matrice cattolica), una volta vinte le elezioni della primavera del '48 divengono le più acerrime avversarie dell'istituto regionale; mentre, viceversa, coloro che si erano mostrati "tiepidi" (gli esponenti delle sinistre), se non addirittura restii, all'idea di nuove autonomie, cambiano decisamente posizione, fino a divenire i più convinti fautori dell'attuazione del regionalismo in Italia (e rendendo più tardi l'attuazione medesima, soprattutto il Partito Socialista, "cavallo di battaglia" dei propri programmi di governo). Il "balletto" delle posizioni espresse in Costituente si traduce quindi in un ribaltamento diametrale degli schieramenti. Questo apparente paradosso viene generalmente ricondotto ad una strategia poco edificante (soprattutto da parte della Democrazia Cristiana) e tuttavia comprensibile, sul piano del realismo politico: il timore di perdere, o comunque di vedere attenuato il potere acquisito al centro, nel contrappeso dei governi locali (almeno nei territori che sarebbero stati più facilmente appannaggio delle sinistre), gioca un ruolo fondamentale e suggerisce atteggiamenti attendisti e dilatori, ai quali fa eccezione soltanto "la partita" delle cinque Regioni ad autonomia speciale.

La "partita" delle Regioni ad autonomia speciale

Queste ultime [ad eccezione del Friuli-Venezia Giulia, per il quale emergono anche gravi difficoltà di concreta attuazione delle previsioni contenute nel Trattato di pace firmato con gli alleati, relativamente alla questione territoriale di Trieste, cosicché – nonostante il Costituente l'avesse incluso nell'elenco (*ex* art. 116 Cost.) delle Regioni ad autonomia differenziata – bisognerà attendere il 1963 per l'approvazione del relativo statuto speciale] avevano beneficiato di una sperimentazione anteriore alla stessa elaborazione del dettato costituzionale, i rispettivi statuti addirittura "anticipando" l'art. 116 Cost.: esso ne avrebbe previsto, a ben vedere, l'adozione con legge costituzionale, al fine di assicurare "forme e condizioni particolari di autonomia", ma le tendenze separatiste della Sicilia, il grave isolamento e le istanze autonomistiche della Sardegna, oltre che la consistenza dei problemi delle minoranze linguistiche (in Valle d'Aosta e in Trentino-Alto Adige), consigliano l'approvazione da parte della stessa Assemblea costituente, tra il gennaio ed il febbraio 1948, dei testi emanati o comunque predisposti fin dal biennio 1946-1947 da appositi organismi regionali; alcuni provvedimenti *ad hoc* avevano inoltre, tra il 1944 ed il 1946, cercato di tamponare i diversi fermenti locali, fronteggiando le varie situazioni con la concessione di regimi speciali (i cui effetti si sarebbero avvertiti a lungo, nei decenni successivi), aventi a loro volta la generalissima caratteristica di fondo di accantonare, nelle quattro Regioni interessate, un ordinamento rigidamente accentrato, già all'indomani della caduta del fascismo. Per il Trentino-Alto Adige tuttavia, in particolare, la stipula dell'Accordo De Gasperi-Gruber del 1946, mediante cui si voleva realizzare l'autonomia delle popolazioni di lingua tedesca, determinerà un'interpretazione minimalistica delle garanzie in esso previste, da parte dello statuto speciale adottato nel febbraio '48 [sia pure quest'ultimo attribuendo poteri particolari alle due preesistenti Province di Trento e di Bolzano, e quindi anche a quella delle due (Bolzano, terra del Sudtirolo) sulla quale insisteva il gruppo germanico]; tanto da produrre un vivo malcontento e, successivamente, stimolare l'adozione di un "Pacchetto" di misure, concordate tra esperti italiani ed austriaci nel 1969, che a loro volta comporteranno la riforma dello stesso statuto speciale nel 1971.

La "stallo" delle Regioni ordinarie

Per le altre Regioni, e per la realizzazione concreta delle relative istituzioni, al contrario, si sconterà una lunga stagione di "stallo"; addirittura, dopo qualche anno dall'entrata in vigore della Carta fondamentale, con alcuni provvedimenti voluti dal ministro dell'Interno Scelba, si verifica uno strano fenomeno, che non è azzardato indicare come "inattuazione della Costituzione, mascherata da attuazione". Vale a dire, si prevede sì la costituzione e il funzionamento delle Regioni, ma a leggere con attenzione la l. n. 62/1953, si capisce, da un lato, che la dimensione e la fisionomia regionale immaginata dal Costituente viene svilita, a vantaggio della costruzione di una sorta di "grossi enti locali"; e da un secondo lato, che la concreta istituzione dipenderà a doppio filo dall'attivismo che il Parlamento voglia mostrare: le nuove Regioni, infatti, non potranno legiferare negli ambiti di potestà legislativa concorrente indicati dall'art. 117 Cost. fintantoché lo Stato non produrrà le leggi contenenti i principi fondamentali delle materie elencate nell'art. 117 medesimo. Si tratta di un'indicazione "capestro" che peserà in modo decisivo sul futuro dell'ordinamento territoriale, considerando quella che poi sarà la prolungata inerzia delle Camere, e anche tacendo di tutti gli ulteriori aspetti di normazione che sarebbero utili al decollo delle nuove autonomie (la legge elettorale degli organi rappresentativi, il finanziamento delle attività, il trasferimento di mezzi ed apparati), e che invece per tanto tempo ancora mancheranno. Sarà dunque indispensabile attendere, per un verso, le decisive indicazioni della giurisprudenza costituzionale degli anni Settanta (che possono rintracciarsi proprio grazie alla pur limitata esperienza delle Regioni a statuto speciale, sulla quale la Corte trova precocemente modi e titoli di intervento), nel senso dell'affatto necessario, preventivo, intervento statale, per la legislazione regionale. I consigli regionali, secondo la Corte, potranno viceversa individuare i principi fondamentali delle materie nella normazione statale già esistente, in mancanza di indicazioni *ad hoc*, e quindi rimediare all'assenza di quelle che più tardi, comunemente, verranno chiamate le leggi "quadro" o "cornice" (di seguito: leggi-quadro), senza risultarne irrimediabilmente bloccati. Per altro verso, bisognerà aspettare un cambiamento negli equilibri politici complessivi, e delle maggioranze parlamentari che sostengono gli esecutivi, il quale si verificherà soltanto a partire dagli anni Sessanta (con l'ingresso del Partito Socialista nel Governo, che porrà le basi per una spinta decisamente riformatrice che a sua volta animerà la fase collaborativa, in Parlamento, tra centro e sinistra, e quindi per una nuova "piattaforma" programmatica), e che permetterà di superare il precedente assetto centrista, egemonizzato dalla Democrazia Cristiana, e caratterizzato da una scarsa propensione a far avviare un po' tutti i nuovi istituti costituzionali (tanto da aver fatto efficacemente esprimere P. Calamandrei nel senso di un "ostruzionismo di maggioranza"). Tra il 1968 ed il 1970, così, verranno finalmente licenziate la legge elettorale regionale e la legge recante "provvedimenti finanziari per l'attuazione dell'ordinamento regionale", che consentiranno alle quindici Regioni ordinarie di affiancarsi alle cinque preesistenti, iniziando ad operare, anzitutto, attraverso la scrittura dei rispettivi statuti (*infra*, sez. III).

Le indicazioni della Corte costituzionale ...

... e il cambiamento degli equilibri politici complessivi

Sezione II
Gli enti locali

1. *Un "laboratorio" per le riforme*

L'anticipazione di un'esperienza ...

C'è tuttavia un'esperienza ulteriore, rispetto a quella delle autonomie speciali, che precede l'attuazione regionale degli anni Settanta: quella degli enti territoriali minori, che come già si accennava preesistevano allo stesso impianto costituzionale, sia pure con un ruolo assai limitato e ben diverso da quello che assumeranno successivamente. Si tratta di un dato degno di sottolineatura, almeno per i seguenti motivi: perché dà corpo ad un aspetto della VIII disposizione transitoria, in base alla quale "fino a quando non sia provveduto al riordinamento e alla distribuzione delle funzioni amministrative fra gli enti locali *restano* (l'enfasi è aggiunta) alle Province e ai Comuni le funzioni che esercitano attualmente"; perché consente di giustificare l'affermazione corrente secondo cui è al livello della dimensione della comunità più piccola che attecchisce lo Stato sociale. In questo senso, soprattutto i Comuni non risultano meri "braccio serventi" dell'amministrazione statale, ma vengono progressivamente a offrire una serie di servizi alla collettività stanziata sul proprio territorio, sviluppando il ruolo di soggetti terminali delle prestazioni esigibili dall'ente pubblico, e quindi di amministrazioni che si rapportano in modo privilegiato con i destinatari delle prestazioni medesime; un ruolo che continuerà a qualificarli anche con l'avvento della burocrazia regionale.

... e l'anticipazione delle riforme

Ancora, guardando nella prospettiva futura, mentre le Regioni ordinarie svolgeranno la propria prima, modesta, esperienza di legislatori e più ampiamente di amministratori (*infra*, par. 3 e sez. III, par. 1), Comuni e Province risulteranno destinatari di massicci trasferimenti statali di funzioni, proprio a partire dall'inizio degli anni Settanta. Inoltre, sul campo degli enti locali si preparerà (e a tutto tondo) il terreno degli ulteriori, importanti, sviluppi dei decenni successivi; come vedremo, infatti, gli enti locali sono "antesignani" di moltissimi aspetti delle riforme costituzionali che investiranno il Titolo V a partire dagli anni Novanta, e in questo senso il portato e il costrutto di un'esperienza alle spalle ben più lunga di quella che potranno vantare le Regioni servirà a smarcarli come sedi "laboratorio" della revisione, *ex* art. 138 Cost., che porterà al quadro ordinamentale attuale e alla possibilità di una sua comprensione adeguata. Infine lo stesso modello costituzionale originario di autonomia locale, come accenneremo subito "a maglie (più) larghe" del modello di autonomia regionale, consentirà di sfruttare l'agile via della legislazione ordinaria per sperimentare soluzioni nuove, sia dal punto di vista dell'organizzazione sia da quello dei moduli funzionali (quindi dei soggetti e della forma di governo, oltre che dei criteri sulla cui base svolgere attività), che in molti casi si riveleranno decisive per (e quindi caratterizzano) il successivo assetto regionale, ispirando la stessa legislazione di revisione costituzionale del Titolo V, rispettivamente nel 1999 e nel 2001.

2. *L'originario impianto costituzionale (cenni)*

Il modello originario di autonomia locale risulta comprensibile avvicinandosi al testo del previgente (e ormai abrogato) art. 128 Cost., al quale andavano abbinate altre previsioni sparse (e oggi sostituite), in particolare quelle inserite negli artt. 114 e 118 Cost. Poteva ricavarsi l'impressione che l'autonomia locale dovesse incardinarsi nelle scelte del legislatore ordinario, il quale ne avrebbe fissato i principi qualificanti e determinato le funzioni, sia pure attraverso norme di portata generale; quasi una delega in bianco, a prima lettura, invero da "ammorbidirsi" nella stessa oculata lettura della Corte costituzionale (sent. n. 52/1969), secondo cui il legislatore statale si sarebbe dovuto mantenere nell'ambito strettamente necessario a soddisfare esigenze per l'appunto generali, lasciando agli enti locali quel minimo di poteri richiesto dalla stessa autonomia di cui essi avrebbero dovuto godere. Inoltre Comuni e Province, assieme alle Regioni, costituivano elemento di riparto della Repubblica, concetto ampio e riferibile allo Stato-ordinamento o Stato-comunità; un concetto a sua volta dato per presupposto nella nuova articolazione territoriale, e col quale tuttavia le teorie tradizionali sullo Stato-persona erano destinate inevitabilmente a confrontarsi, e a "cedere" sul versante del riconoscimento di poteri di autogestione ed autodecisione ai soggetti del riparto territoriale, ben più pronunciati di quelli – riconducibili invece sostanzialmente alla mera esecuzione – riconosciuti agli apparati interni. Ancora, poteva trarsi dall'articolato costituzionale l'auspicio di uno Stato regionale "leggero", nel senso che le attività amministrative si sarebbero dovute preferibilmente allocare "in basso", spostandole dai soggetti originariamente competenti a svolgerle (lo Stato e le Regioni, secondo il riparto disposto dall'art. 117 Cost., sul quale v. *infra*, sez. III), agli enti più piccoli, ed in particolare lo Stato avrebbe avuto la facoltà di valutare le funzioni di interesse esclusivamente locale per attribuirle con legge direttamente agli enti medesimi, mentre le Regioni sarebbero state chiamate ad esercitare *normalmente* la propria attività amministrativa, delegandola o avvalendosi delle strutture e degli uffici di Comuni e Province.

Le scelte rimesse al legislatore ordinario

Le coordinate costituzionali di fondo

I rapporti tra l'art. 5 Cost. ed il previgente Titolo V

Ma, soprattutto, era (ed è) la norma di apertura dell'art. 5 (la Repubblica "adegua i principi ed i metodi della sua legislazione alle esigenze dell'autonomia e del decentramento"), che da questo punto di vista è norma di chiusura, a corroborare l'idea di scelte non libere bensì funzionalizzate del legislatore statale, il quale avrebbe quindi dovuto farsi costantemente guidare dalle due "stelle polari" (autonomia e decentramento) che informavano lo *status* degli enti locali: come si è osservato infatti in dottrina, tale norma, unitamente in particolare alla IX delle disposizioni transitorie, finiva e finisce per acquistare un'efficacia quasi permanente, essendo suscettibile di una pluralità di applicazioni non circoscritte nel tempo e riferibili a tutta la legislazione (statale e regionale) che avesse interferito con il settore delle autonomie, almeno finché non venisse conseguito l'obiettivo dell'armonizzazione di quest'ultimo con il complesso dei principi (incluso naturalmente quello di unità) che la Costituzione aveva dettato al riguardo: inoltre la stessa previsione dell'art. 5, letta unitariamente all'art. 118 Cost. (vecchio testo), svelava l'ulteriore significato di norma di organizzazione, in quanto l'attività amministrativa statale e regionale avrebbe dovuto essere orientata allo scopo di valorizzare le scelte giuridicamente rilevanti degli organi repubblicani, ivi inclusi quelli degli enti locali.

Gli enti locali quali "livelli di governo"

L'art. 118 Cost. conteneva così riguardato, ad un tempo, un'indicazione fondamentale per l'attribuzione di potestà amministrative alle Regioni (sulla base del c.d. principio del parallelismo delle funzioni, ovvero nelle materie nelle quali le Regioni avevano potestà legislativa – sulla base dell'elenco dell'art. 117 – spettava ad esse anche l'esercizio di funzioni amministrative, v. *infra*, sez. III), e due immediati correttivi alla medesima, che valorizzavano gli anelli istituzionali di minori dimensioni territoriali (prefigurandoli quali veri e propri "livelli di governo"), fino a determinare un sistema integrato a struttura concentrica, abbandonando la vecchia prospettiva gerarchica, che in passato aveva portato al consolidamento della supremazia dell'ente apicale (come si è accennato, lo Stato-persona non indicato dall'art. 114 Cost. e tuttavia implicato, insieme ai soggetti dello Stato-comunità, nella realizzazione dei nuovi principi costituzionali).

Peraltro, ulteriori originarie indicazioni costituzionali di contorno del nuovo assetto delle autonomie locali hanno indotto gli studiosi alla cautela nella lettura complessiva del Testo fondamentale, nel senso che se il principio di riconoscimento e promozione delle autonomie locali era stato sancito con la massima solennità, non ne sarebbero seguiti poi adeguati sviluppi nella disciplina specifica del Titolo V: come ha rilevato a suo tempo L. Vandelli, tutto sarebbe stato segno di una concentrazione dell'attenzione del Costituente alle questioni riguardanti l'ordinamento regionale, percepito come più problematico, delicato e politicamente ri-

L'opportunità di una cauta lettura del Testo fondamentale

levante, mentre il fatto che il sistema comunale e provinciale presentasse una importanza esclusivamente amministrativa e al contempo una tradizione solida e radicata, avrebbe indotto ad un dibattito assai meno vivace, approfondito e innovativo. Da questo punto di vista semplificando il Costituente forse troppo, se è vero, lo ha osservato A. Pizzorusso, che i ricordi delle antiche strutture comunali erano piuttosto forti (e più forti di quelli connessi alle strutture statali che in una fase più recente erano stati costituiti in modo artificiale) in alcune parti d'Italia, mentre in altre parti del Paese il problema dello sviluppo economico e culturale risultava certamente più avvertito e più importante di quello della salvaguardia delle tradizioni fondate sul passato; quindi l'eterogeneità del quadro d'insieme avrebbe potuto suggerire altre soluzioni e/o obiettivi da porre.

3. *Lo sviluppo delle funzioni. Sussidiarietà e cooperazione*

Quale che sia la lettura preferibile da dare all'impianto iniziale, la prima attuazione dell'ordinamento delle autonomie vede esiti anche deludenti: negli anni Settanta del secolo scorso lo Stato, soprattutto con il d.lgs. n. 616/1977, assegna una buona fetta di funzioni amministrative agli enti locali (nel contesto della seconda fase (o "seconda ondata") di trasferimenti alle Regioni, su cui v. *infra*, sez. III), e lo fa sulla base di un criterio generale intelligente e condivisibile, che resisterà nel tempo, ovvero quello dei settori organici [ordinamento e organizzazione amministrativa, sviluppo economico, assetto del territorio, servizi sociali, translitterati questi ultimi più tardi (d.lgs. n. 267/2000, *infra*, par. 5) nei servizi alla persona e alla comunità] che si apprezzino poi nei rispettivi e singoli profili interni come più adatti per essere incentrati sull'uno o sull'altro livello di governo, e perciò anche "scorporando" aspetti di amministrazione che sulla base soltanto del principio del parallelismo delle funzioni sarebbero spettati *in toto* alle Regioni. Queste invece "tradiscono" gli auspici riposti tra le pieghe dell'art. 118 Cost.: in estrema sintesi (senza che si possa qui tenere conto di singole e specifiche esperienze) è possibile affermare che le Regioni preferiscono amministrare le proprie comunità, piuttosto che non mettere a frutto la nuova potestà legislativa, e lo fanno senza utilizzare al meglio le strutture degli enti locali (né deleghe né avvalimento, quindi).

Il trasferimento di funzioni per settori organici

Più burocrati che legislatori, perciò, i soggetti regionali (una attenuante di carattere generalissimo, più che una vera giustificazione, potrebbe individuarsi nella necessità di affinare i nuovi procedimenti necessari a produrre leggi, da parte di personale inesperto, sia quello propriamente politico, sia quello di supporto logistico dei nuovi organi consiliari),

L'atteggiamento complessivo delle Regioni

mancando così l'obiettivo di dotarsi di apparati snelli che avrebbero potuto fondamentalmente sostenere la c.d. alta amministrazione e la programmazione regionale, oltre che svolgere il coordinamento di quell'amministrazione più minuta che si doveva in ipotesi assegnare agli enti locali. Anche se bisogna ammettere, e diversi autori lo hanno fatto notare, come l'eterogeneità delle circoscrizioni provinciali e le fortissime disparità dimensionali, oltre che la dispersione sul territorio, dei Comuni, non agevolassero la prospettiva di articolare ulteriormente le scelte regionali; né lo Stato ha emanato, fino al 1990, quella legge generale di principi che avrebbe potuto delineare meglio il ruolo degli enti locali. Gli stessi statuti regionali degli anni Settanta, i quali in astratto avrebbero consentito di sviluppare originali progettualità in ordine alle istituzioni del territorio, non hanno saputo superare la soglia iniziale delle dichiarazioni di principio, per cui i primi esiti fattuali (ed i riscontri relativi) dell'esperienza locale non hanno sicuramente corrisposto alle aspettative.

È nel contesto approssimativamente richiamato che, comunque, iniziano a maturare negli anni Ottanta alcuni propositi di realizzazione di un assetto migliore, oltre che confacente l'archetipo costituzionale, mettendo in grado Comuni e Province di superare l'ottica nella quale si erano trovati confinati, e altresì stimolando le Regioni a scrollarsi di dosso "l'abito" di enti di (poco più che) mera gestione. L'approvazione della l. n. 142/1990 (di seguito: legge 142) rappresenta il primo approdo di un lungo dibattito, e il primo momento qualificante di un articolato processo di riforma che si snoderà poi negli anni che seguono; il Parlamento riesce a licenziare infatti un testo che include alcuni essenziali ed organici profili di disciplina degli enti locali, cercando di coinvolgere le Regioni quali "cerniere" in senso nuovo (*infra*) del raccordo funzionale con lo Stato. Si tratta di una normativa che – pur lasciando fuori elementi nevralgici quali il sistema elettorale e l'autonomia finanziaria – è stata indicata da molti quale espressione della legge di principi prevista dall'art. 128 Cost.: con il pregio di riconoscere la potestà statutaria degli enti locali (*infra*, par. 5), di ampliarne la potestà regolamentare, di potenziare il ruolo delle Province (quando già se ne era ipotizzata la soppressione in quanto enti "inutili"), e infine di tentare una rivisitazione profonda dell'esercizio della potestà amministrativa a tutti i livelli di governo, conferendo alle Regioni il compito di provvedere direttamente all'attribuzione di tutte le funzioni di interesse locale a Comuni e Province.

L'approvazione della l. n. 142/1990

Il tentativo di valorizzare il ruolo regionale nel sistema delle autonomie locali

La Corte costituzionale ha efficacemente affermato, in proposito, che le Regioni sarebbero divenute «centro propulsore e di coordinamento dell'intero sistema delle autonomie locali» (sent. n. 343/1991), potendo esse contribuire in modo decisivo al superamento di quella separatezza che, secondo un'impostazione ormai vetusta, contrassegnava i vari ordinamenti territoriali nei rapporti con lo Stato. Si sarebbe (in teoria) anche potuto sancire la fine del principio di uniformità quale cardine degli assetti locali, diversificandone la disciplina col fattivo coinvolgimento delle Regioni, tenendo conto delle caratteristiche di popolazioni e territori; tutto ciò non avviene però, se non in modo parziale e sporadico, deludendo ancora una volta le Regioni molte delle aspettative in esse riposte, e conseguentemente affiorando la necessità di ulteriori elaborazioni alla ricerca di un più soddisfacente volto delle autonomie.

La diversa prospettiva della l. n. 59/1997

Qualche anno più tardi, sarà la l. n. 59/1997 (di seguito: legge Bassanini) – che non nasconde, fra l'altro, l'ambizioso obiettivo di abbinare la riorganizzazione e lo snellimento dell'amministrazione statale al più ampio grado di decentramento di quella locale, conseguendo su entrambi fronti un maggior livello di efficienza – a tentare una nuova, più ardita via: quella dell'abbandono radicale del principio del parallelismo delle funzioni (*ex* art. 118 Cost.) a favore di una notevolissima espansione dei compiti di tutti gli enti territoriali. Per vincere la ritrosia, se non addirittura l'inerzia, che le Regioni avevano mostrato al cospetto della legge 142, la legge Bassanini escogita un nuovo meccanismo, ovvero dispone che esse conferiscano agli enti locali tutte le attività che non richiedano un esercizio unitario (a livello regionale), e lo facciano entro un certo termine, decorso il quale sarà il Governo, con decreti legislativi sostitutivi del mancato intervento regionale, a provvedervi direttamente; inoltre, nelle *materie* che permangono alla competenza statale (quelle comprese in un apposito elenco, perché per tutte le altre si intende la competenza regionale) si prevede un riparto diretto di *compiti*, sempre ad opera dell'esecutivo nazionale, da distribuirsi fra tutti i livelli di governo. Così, tra Regioni solerti, interventi statali in sostituzione di quelle viceversa inadempienti, e attribuzioni dirette dello Stato agli enti territoriali, si consegue nel giro di qualche anno un assetto davvero innovativo, che produce un massiccio snellimento dei "rami alti" dell'amministrazione, ed i cui effetti si apprezzano ancora oggi (per i motivi di cui *infra*, par. 5).

L'abbandono del principio del parallelismo delle funzioni ...

... e l'innesto, nell'ordinamento italiano, del principio di sussidiarietà

Punctum dolens (anche se, insieme, aspetto di originalità) della nuova costruzione, l'elezione del principio di sussidiarietà a cardine dell'intero ordinamento territoriale italiano: esso assume una doppia valenza, di principio fondamentale informatore della nuova disciplina, a cui dovranno attenersi quindi anche i legislatori regionali (per il riparto di funzioni amministrative tra Regioni ed enti locali), e di criterio direttivo delle deleghe al Governo (per l'emanazione degli ulteriori decreti legislativi che dovranno meglio definire le funzioni amministrative che permarranno in capo allo Stato). Per rendersi conto di quanto questo nuovo principio risulti dirompente, basti pensare che, secondo una visione tradizionale dei pubblici poteri, accolto anche dalla Costituzione del 1947, essi si diramano dall'alto, e lo Stato può tuttavia rinunciare a funzioni di sua spettanza attraverso un decisivo criterio di individuazione del livello ottimale di attribuzione, quello dell'interesse che si compendia nelle funzioni medesime (interesse, alternativamente, regionale o locale); inversamente, il nuovo principio (conosciuto dapprima in una serie di atti e documenti internazionali, tra i quali il Trattato di Maastricht) muove dall'idea dell'originaria appartenenza di tutte le azioni al livello inferiore di governo, con l'esclusione delle sole attività incompatibili con la ridotta dimensione territoriale di un ente locale.

Il legislatore ordinario, pertanto, nel solco dell'elaborazione comunitaria, si accolla il peso e la responsabilità di un'innovazione di grande spessore e notevolissima portata, che tende a scardinare le coordinate tradizionali di distribuzione del potere pubblico in Italia, ed è destinata a dar vita a nuovi rapporti tra gli enti territoriali; ben presto quindi gli studiosi evidenzieranno come l'opzione della sussidiarietà abbia bisogno di una copertura costituzionale, superandosi tra l'altro una tacita premessa sulla quale riposava il sistema impostato cinquant'anni prima: quella della separazione delle competenze (che portava con sé una certa rigidità della costruzione ed una dose di "naturale antagonismo" tra gli enti), a vantaggio di meccanismi cooperativi (sostenuti da una giurisprudenza pluridecennale della Corte costituzionale, che già ne sottolineava i vantaggi in vista di decisioni ottimali per i consociati, sia sul versante legislativo che su quello amministrativo) che portino a valutare in concreto, in sedi adeguate nelle quali intervengano i rappresentanti dei diversi livelli di governo, quale debba essere appunto l'allocazione delle competenze, guidata dal criterio flessibile della sussidiarietà.

La necessità di una copertura costituzionale

Sussidiarietà e cooperazione (il "sistema delle Conferenze")

Il tema della cooperazione costituisce in realtà, e continuerà ad essere, una sorta di tallone d'Achille del pluralismo territoriale italiano: nonostante l'istituzione fin dagli anni Ottanta di una "Conferenza permanente per i rapporti tra lo Stato, le Regioni e le Province autonome di Trento e di Bolzano" deputata a dare una veste istituzionale al raccordo tra lo Stato e le Regioni, più tardi affiancata da una "Conferenza Stato, città e autonomie locali" e ancora da una "Conferenza unificata" (nella quale sono rappresentati tutti i soggetti del pluralismo) - con l'emersione quindi di un "sistema delle Conferenze" ancora oggi presente in modo significativo nella realtà istituzionale del Paese] - come si dirà anche *infra*, par. 5 e sez. IV, par. 3, a tale raccordo è sempre mancato un suggello costituzionale: le Conferenze sono infatti divenute sedi importantissime per la concertazione di decisioni rilevanti sul piano amministrativo, ma è sempre mancato un organo costituzionale che potesse divenire stanza di compensazione delle molteplici esigenze e degli stimoli che arrivino dalle diverse parti, sul modello (sia pure, al suo interno, variegatissimo) delle seconde camere presenti negli ordinamenti a struttura federale; e gli stessi progetti di revisione costituzionale (i quali hanno pure avuto la pretesa di ripensare a largo raggio l'intera Parte seconda della Carta fondamentale) sono apparsi largamente carenti, da tale punto di vista.

Il risultato, in qualche modo paradossale, di questo percorso delle riforme (limitato alle innovazioni possibili ad un legislatore ordinario) è stato quello di un'inversione dell'ordine *logico* delle cose, ovvero le stesse scelte da compiere alla stregua della sussidiarietà, che dovrebbero "irradiarsi" dalla legislazione all'amministrazione, rischiano di venire condotte molto spesso "alla rovescia": quindi, o costringendo le assemblee elettive (nazionale e regionali, tra l'altro scoordinate l'una dalle altre) a muoversi in seconda battuta, rispetto alle Conferenze e alle loro determinazioni, oppure dando luogo a potenziali contrasti sui contenuti delle diverse normative elaborate in autonomia. Contrasti che la Corte costituzionale ha per vero cercato di prevenire, mettendo più di una pezza (costruendo e consolidando un sistema di cooperazione procedimentale, su cui v. *infra*, sez. III, parr. 7.3 e 7.4), ma rispetto alla cui composizione concreta gli enti locali sono rimasti per lo più "fuori gioco", mancando di opportunità di accesso diretto alla giustizia costituzionale (*infra*, sez. IV, par. 4), e finendo per dover riporre le proprie aspettative nella sensibilità degli esecutivi, rispettivamente, centrale e regionali [gli unici che risultano infatti dotati di legittimazione al ricorso presso la Corte (e tuttavia non sempre interessati o abilitati – per via di varie caratteristiche formali che assistono i procedimenti davanti alla Corte stessa – a difendere indirettamente posizioni altrui: ancora *infra*, sez. IV, par. 4)].

Le riforme condotte "alla rovescia"

Con tutto ciò non si vuole comunque svilire la portata dei cambiamenti operati soprattutto nel corso degli anni Novanta, ed una prima parziale conclusione di questo discorso può essere senz'altro quella secondo cui le autonomie locali che si affacciano agli anni Duemila (e alla riforma del Titolo V del 2001, che li investirà parzialmente: *infra*, par. 5) hanno "cambiato pelle" rispetto alle origini, e svolgono (e ciò è vero ancora oggi), grazie ai corposi "conferimenti" operati con i molti provvedimenti di attuazione della legge Bassanini, un ruolo altamente significativo per la comprensione della rete delle amministrazioni pubbliche italiane e per l'individuazione delle prestazioni che esse sono effettivamente in grado di fornire ai cittadini.

Il "cambiamento di pelle" degli enti locali

4. *La trasformazione della forma di governo*

Dal punto di vista del rapporto tra organi istituzionali, in particolare quelli che, a livello locale, partecipano alla funzione di indirizzo politico, il sistema praticato nell'esperienza che va dal secondo Dopoguerra fino all'inizio degli anni Novanta, viene figurativamente indicato come "modello a cerchi concentrici": infatti, una volta ripristinata l'elezione dei consigli comunali e provinciali, la normativa di settore prevede l'ulteriore individuazione, da parte dei consiglieri eletti, degli assessori membri della giunta (l'esecutivo locale), e di un organo monocratico, alternativamente, il sindaco e il presidente della provincia (che faceva e fa oggi parte, pur a diverso titolo, della giunta); con i consigli e le giunte, infine, legati da un rapporto fiduciario. Ma come distinguere il ruolo dei vari organi, posto che la produzione di norme giuridiche, almeno fino all'entrata in vigore della legge 142, è assai ridotta (limitata ad alcune tipologie di regolamenti), e dunque l'attività di ognuno di essi si concentra prevalentemente sull'amministrazione, sì da rendere impraticabile un'assimilazione – anche a grandi linee – agli organi (e al rapporto tra organi) che operano nello Stato centrale?

L'originario modello ...

Qui è da sottolineare un'importante discrasia tra modello astratto e dato reale, che diverrà a sua volta elemento di impulso prima al dibattito sulle possibili riforme, e poi alle scelte tradottesi nella l. n. 81/1993: sulla carta infatti, gli organi consiliari, gli unici – dicevamo – direttamente elettivi, erano deputati alle decisioni politicamente più significative, da tradursi negli atti amministrativi fondamentali (che saranno puntualmente poi indicati nella legge 142); gli organi monocratici, dal canto loro, avrebbero dovuto assumere la responsabilità complessiva dell'amministrazione, oltre che la rappresentanza dell'ente e l'espletamento di alcuni specifici compiti indicati dalla legge e (ai sensi della legge 142) dallo statuto dell'ente territoriale; da ultimo, si sarebbero lasciate alle giunte tutte (e soltanto) le attività non riservate né rientranti nelle competenze degli altri soggetti. E però, nella prassi, le giunte erano il vero "cuore pulsante" delle realtà locali, operando gran parte delle scelte strategiche e facendole poi formalmente assumere dai consigli, cosicché l'asse del rapporto fiduciario (e il vero potere decisionale) pendeva verso le prime (e più in particolare verso i singoli assessori, a loro volta "fiduciari" dei partiti politici preminenti nelle diverse aree); solo nelle piccole e medie realtà i sindaci (almeno quelli dotati di una certa personalità) riuscivano a conservare un ruolo significativo, altrimenti rischiando (come i presidenti di provincia) l'emarginazione o addirittura un'estraneità sostanziale alle sorti dell'amministrazione.

... e le sue applicazioni concrete

D'altronde la realtà locale sembrava agli osservatori più adatta e in un certo senso più matura, rispetto a quelle regionali e nazionale, per l'innesto di nuove regole, soprattutto elettorali, in considerazione della rilevata presenza di molti fenomeni di aggregazione, pur di tipo variabile, attorno ai due maggiori partiti, e quindi di una tendenza "naturale" al bipolarismo, anche se minata da frequenti instabilità e conseguenti crisi di governo; la legge 142 si era comunque limitata, da questo punto di vista, a cercare di razionalizzare il modello parlamentare previgente attraverso la previsione della mozione di sfiducia costruttiva e la tipizzazione di competenze dei consigli (pur sempre ampie).

La razionalizzazione del modello, operata dalla l. n. 142/1990

Viceversa la l. n. 81/1993 (meglio conosciuta come "legge sull'elezione diretta del sindaco", di seguito: legge 81) cerca di scardinare lo *status quo ante*, puntando non soltanto all'introduzione di un nuovo sistema elettorale ma anche valorizzando diverse linee della complessiva forma di governo: intanto, accrescendo grandemente il peso dell'organo monocratico, che diviene direttamente elettivo e potrà nominare i membri della giunta, i quali si trasformano in collaboratori del sindaco o del presidente della provincia, alla stregua di un inedito rapporto fiduciario che – se venisse meno – potrebbe determinarne perfino la revoca; ancora, costruendo un sistema relazionale particolare tra i due soggetti elettivi di primo grado [il consiglio da una parte (con competenze generali e residuali, e poteri di impulso e di indirizzo) e il sindaco o il presidente della provincia (con competenze tipizzate e poteri di indirizzo e di controllo)] che legheranno le proprie sorti per tutto il corso del mandato: perché la mozione di sfiducia votata dall'organo consiliare verso l'organo monocratico comporta la cessazione dalla carica di quest'ultimo, lo scioglimento del consiglio ed il necessario ricorso alle elezioni anticipate (e lo stesso genere di conseguenze deriva, all'inverso, dalle dimissioni spontaneamente presentate da sindaco o presidente della provincia).

Le più innovative scelte della l. n. 81/1993

Con un'espressione riassuntiva, ormai consolidata, si dice che i due soggetti in questione *simul stabunt, simul cadent*: a significare un'originale dipendenza reciproca (dipendenza che coinvolge indirettamente anche la giunta, la quale nelle suddette evenienze necessariamente decadrà) che senz'altro non consente di assimilare il nuovo regime a quello semipresidenziale; del resto non si può neppure parlare dell'introduzione di una forma di governo presidenziale, per la competenza generale e residuale che permane in capo alla giunta, ma semmai di un ibrido non sussumibile negli schemi classici, di un modello bipolare a tendenza monocratica (alcuni parlano di "neoparlamentarismo"), bilanciato dai poteri di indirizzo e controllo amministrativo assegnati al consiglio.

Il rapporto tra organi di governo ...

Quel che è certo, la legge 81 non traccia soltanto una riforma elettorale, pur significativa e caratterizzata dall'abbandono del sistema proporzionale puro, a vantaggio di un sistema misto, a prevalenza maggioritaria: sotto quest'ultimo profilo (come si è già visto *retro*, cap. I, par. 3.3.4) si apprezza un regime semplificato per i piccoli Comuni (indicati convenzionalmente come quelli fino a quindicimila abitanti) dove a seguito di un unico turno di voto viene eletto il sindaco (il candidato che ha ricevuto il maggior numero di consensi) ed il consiglio [assegnandosi i due terzi dei seggi alla c.d. lista del (ovvero degli aspiranti consiglieri collegati al) sindaco, e i rimanenti seggi proporzionalmente alle altre liste]. Per i medi e grandi Comuni e per le Province, invece, il sistema elettorale è più complesso: contempla l'eventualità del doppio turno di voto (se nessuno dei candidati alla carica monocratica raggiunge in prima battuta la maggioranza assoluta dei voti validi, si effettua il c.d. ballottaggio tra i due candidati comunque più votati), come quella del voto c.d. disgiunto (il voto per il candidato sindaco non deve necessariamente trovare corrispondenza nel voto per una delle liste allo stesso collegate), e distribuisce infine in modo variabile i seggi in consiglio, sulla base dei voti espressi nel primo turno di voto per le varie liste, ma assegnando un premio di maggioranza (che porta al 60% dei seggi in consiglio) nell'unico caso in cui la lista o il gruppo di liste collegate al candidato eletto sindaco o presidente della provincia abbiano ottenuto un numero di consensi tra il 40% e il 60% (altrimenti: se il numero dei consensi di quella o quelle liste già superava il 60%, non si prevede alcun premio; se un'altra lista o gruppo di liste aveva ottenuto il 50% dei voti, vede assegnati i corrispondenti seggi); come si può intuire, quello che porta all'assegnazione del premio di maggioranza è comunque il caso più frequente, con le altre liste che vedranno la ripartizione proporzionale dei seggi restanti.

... e il sistema elettorale

5. *Il consolidamento del nuovo modello nel Titolo V della Parte seconda della Costituzione*

Ci siamo soffermati sugli sviluppi degli anni Novanta del secolo scorso, che sembrano ormai lontani, perché la scrittura del nuovo Titolo V non comporterà in realtà alcun stravolgimento degli assetti territoriali minori (la materia relativa a legislazione elettorale, organi di governo e funzioni fondamentali di Comuni, Province e, vedremo, Città metropolitane, rimarrà infatti riservata alla potestà legislativa esclusiva dello Stato); anzi, la particolarità del nostro ordinamento degli enti locali, da questo punto di vista, è quello di rimanere attestato – fino al momento in cui si scrive – sul *corpus* del d.lgs. n. 267/2000 (Testo unico sull'ordinamento degli enti locali, di seguito: TUEL), un testo unico che aveva e ha realizzato l'obiettivo di riordinare e sistematizzare la disciplina degli enti medesimi, così come era venuta stratificandosi negli anni secondo le linee ispiratrici delle leggi di riforma cui si è fatto sin qui riferimento. Una disciplina che – eccettuata l'istituzione delle Città metropolitane, su cui v. *infra* – verrà ulteriormente "ritoccata" dopo l'intervento del 2000 solo

L'approvazione e l'importanza del TUEL

per pochi aspetti. Tra i più noti: gli aumentati poteri di ordine pubblico delle autorità locali, al fine di tutelare l'incolumità e la sicurezza dei consociati, con provvedimenti di intervento, prevenzione e contrasto delle situazioni urbane di degrado (poteri poi ridimensionati con intervento della Corte costituzionale ma ancora successivamente rivitalizzati – dando spazio però al diverso strumento del regolamento comunale, piuttosto che non all'ordinanza sindacale – con il c.d. decreto Minniti, d.l. n. 14/2017, convertito con modificazioni dalla l. n. 48/2017); le previsioni relative alle pari opportunità tra donne e uomini nell'accesso alle cariche elettive e dunque la garanzia della rappresentanza di entrambi i sessi nelle liste dei candidati alle elezioni locali; alcune puntualizzazioni in ordine ai controlli della Corte dei conti (*retro*, cap. VI, par. 3). Così il TUEL – che come osservato da attenta dottrina (A. Cantaro) riabilita il termine lungamente bandito dal linguaggio legislativo di «comunità», riferendo la parola autonomia non più agli enti pubblici territoriali, ma appunto alle comunità sottostanti (le quali, nella loro originarietà, vengono rappresentate come le vere protagoniste della scena istituzionale: «le comunità locali ordinate in Comuni e Province sono autonome», «ne curano gli interessi e ne promuovono lo sviluppo») – ci rimanda i principi e le disposizioni in materia, indicando i soggetti dell'autonomia locale e gli ambiti nei quali essi sono chiamati ad intervenire [qui confermandosi un dato strutturale del nostro sistema, ovvero il "doppio volto" dei Comuni, nel senso che essi continueranno a gestire anche alcuni servizi che sarebbero di competenza statale, ma che per evidenti ragioni devono essere assicurati in periferia (si pensi ai servizi elettorali, di stato civile, di anagrafe), con il sindaco che ad essi sovraintende nella qualità di ufficiale di governo]; ancora, indicando gli organi istituzionali, l'organizzazione del personale, la disciplina dei controlli sugli atti e sugli organi (quest'ultima, profondamente rivisitata dal legislatore ordinario negli stessi anni Novanta, per non svilire *ab initio* il senso più profondo delle riforme, e poi drasticamente ridimensionata dalla riforma del Titolo V). Mentre i vari decreti legislativi attuativi della legge Bassanini, così come le diverse leggi regionali emanate, restituiscono (almeno in prima battuta) il significato concreto delle funzioni da svolgere, quale risultato della terza fase (terza "ondata", *infra*, sez. III, par. 3) dei trasferimenti di attività amministrative statali e regionali, ispirati dal *leit motiv* della sussidiarietà, sempre alla stregua, tuttavia, dei settori organici delle competenze via via attribuite a Comuni e Province.

Il dibattito sul ruolo delle Province (e delle Città metropolitane)

Per queste ultime, è interessante osservare come se ne sia discussa a lungo la collocazione, oltre che l'opportunità della stessa permanenza nell'ordinamento costituzionale; è da sottolineare altresì – facendo rapidamente un salto in avanti di oltre un decennio – come il Governo Renzi, traducendo in essere un'iniziativa già avviata sotto il Governo Letta, abbia condotto il Parlamento a licenziare una legge (l. n. 56/2014, di seguito: legge Delrio), attraverso la quale si è ottenuto il risultato di depotenziare molto il ruolo delle Province, con parallela istituzione, invece, delle Città metropolitane. Queste ultime, previste sulla carta fin dal 1990 (in buona sostanza, e in base alla legge 142, enti da istituire in luogo delle Province in situazioni urbane espressamente indicate dalla legge, e in considerazione delle peculiarità di fondo di certe aree, per le quali si valutasse come opportuno il riordino comunale e/o anche provinciale, al fine di valorizzare rapporti di stretta integrazione in ordine alle attività economiche, ai servizi essenziali e alle relazioni culturali), avevano poi trovato una collocazione nello stesso Testo costituzionale, nel 2001, con la riscrittura dell'art. 114 Cost. che viene ad annoverarle tra gli enti costitutivi della Repubblica; ma, invero, stentavano a decollare (erano state sperimentate soltanto alcune forme volontarie di coordinamento tra le amministrazioni).

Il tentativo di revisione costituzionale e la legge Delrio (rinvio)

Orbene, per evitare il paradosso di considerare tutto il territorio italiano destinato dalla riforma del Titolo V a suddividersi addirittura in cinque livelli, sarebbe servita un'ulteriore revisione costituzionale che precisasse il carattere alternativo della Città metropolitana rispetto alla Provincia; ed eventualmente un approfondito dibattito per ridefinirne il numero più adeguato, evitando una proliferazione eccessiva degli enti. In quest'ottica era da leggersi il progetto di revisione costituzionale approvato nella XVII legislatura ma bocciato dal corpo elettorale il 4 dicembre 2016, il quale prevedeva la decostituzionalizzazione delle Province, ovvero l'eliminazione di una loro espressa previsione costituzionale al quale la stessa legge Delrio fa esplicito riferimento («In attesa della riforma del titolo V della parte seconda della Costituzione (...)» recita l'art. 1, 5° comma della l. n. 56/2014), con un singolare rovesciamento nel metodo degli interventi legislativi, nel senso che il legislatore ordinario ha preceduto – com'è evidente – la revisione costituzionale, che poi oltretutto non è entrata in vigore. Ad ogni modo la legge Delrio ha operato alcune scelte qualificanti, per le quali *infra*, in questa sez., par. 6.

L'art. 114 Cost. e la prospettiva della "pari dignità" dei livelli territoriali

Tornando alla riforma costituzionale del 2001, le previsioni rivolte alle autonomie locali hanno avuto comunque rilievo, comportando alcune effettive novità: questo a partire proprio dalla riformulazione dell'art. 114 Cost., rivelatrice del fondamentale passaggio ad un policentrismo che nasce dal basso, nella prospettiva della "pari dignità" dei diversi livelli territoriali costitutivi della Repubblica, e di un disegno "reticolare", nel senso che non esiste più un vertice ma, normalmente, deve privilegiarsi una dialettica tra gli enti esponenziali, ivi compreso lo Stato; peraltro la Corte costituzionale ha opportunamente precisato (sent. n. 274/2003) che non deve con ciò pensarsi ad una totale equiparazione, disponendo viceversa i vari enti di poteri profondamente diversi tra loro, e mantenendosi comunque esigenze unitarie da affrontarsi nell'ottica del raccordo, del coordinamento e della massima collaborazione, giustificandosi del caso deroghe al riparto delle competenze tracciate nel testo riformato, con esercizio di funzioni unificanti da parte dello Stato sovrano.

Il consolidamento della potestà statutaria degli enti locali

Altra previsione costituzionale senz'altro di rilievo, quella che consolida l'attribuzione di potestà statutaria agli enti locali: è vero che nella medesima direzione già era andata la legge 142, ma si consegue pur sempre un avanzamento di prospettiva, perché si dota la garanzia di autodisciplina del più alto riconoscimento formale; e pur non potendosi collocare lo statuto locale negli orizzonti ampi dello statuto regionale (*infra*, sez. III, par. 5), esso costituisce senz'altro la sede principale per delineare, in via stabile, i dati relativi all'identità di ciascun ente, nel rapporto con il territorio, con la popolazione e con gli interessi ivi localizzabili, oltre a poter concorrere – almeno in qualche misura – alla definizione della forma di governo locale. Per spiegare brevemente quest'ultimo punto, si deve anticipare come, pur prevedendo l'art. 117, 2° comma, lettera *p*), Cost., tra i compiti esclusivi dello Stato – come già si accennava – la definizione della legislazione elettorale, degli organi di governo e delle funzioni fondamentali degli enti locali, il ruolo dello statuto può giocarsi negli "interstizi" della legislazione vigente, che non consentendo neppure in astratto la fioritura di tanti modelli diversi (come invece per le Regioni, *infra*, sez. III, parr. 2 e 7.1) lascerà comunque qualche spazio alle scelte di autogoverno: si pensi per esempio alle regole di composizione e funzionamento delle commissioni consiliari (le quali non sono elemento decisivo ma certamente – con il proprio operato e con il ruolo che concretamente si delinea, parallelamente a quanto accade per le commissioni parlamentari e consiliari regionali – contribuiscono a tratteggiare la forma di governo), non a caso demandate dal TUEL alla disciplina statutaria e regolamentare locale. Pertanto lo statuto appare anche "stretto", verso l'alto dalla legge, e verso il basso da quei regolamenti locali che conterranno logicamente le norme più minute di organizzazione interna dei soggetti istituzionali dell'ente, contribuendo così anch'essi ad evitare la monoliticità e la rigida uniformità della forma di governo.

L'ampliamento della potestà regolamentare degli enti locali

La potestà regolamentare viene del resto riconnessa dall'art. 117, 6° comma, Cost. più ampiamente all'organizzazione e allo svolgimento delle funzioni attribuite agli enti territoriali minori, con un'estensione quindi non predeterminabile ma invece variabile, a seconda di quelle che saranno a loro volta le attività da svolgere alla stregua del principio di sussidiarietà, che pure trova fondamento costituzionale e viene sottratto alla disponibilità della legge ordinaria (*infra*). La Corte costituzionale, con vari interventi (tra le altre, sentt. nn. 49/2004 e 246/2006), ha precisato come la legge e i regolamenti (statali o regionali che siano), risultino inidonei a porre norme laddove abbiano titolo di intervento le autorità locali, in una logica di rispetto delle sfere di reciproco dominio, e in linea con le severe valutazioni a più riprese espresse nei confronti dell'esecutivo da parte dello stesso Consiglio di Stato; ha inoltre chiarito come, anche in materie di potestà legislativa esclusiva dello Stato, gli enti locali possono adeguare le proprie normative regolamentari alle disposizioni di legge, nel rispetto dei propri ordinamenti generali (ad esempio in materia finanziaria e contabile, ai sensi dell'art. 117, 2° comma, lettera *e)*, sent. n. 80/2017); e inoltre che, se la determinazione dei livelli essenziali delle prestazioni, attraverso l'esercizio della competenza legislativa esclusiva di cui all'art. 117, 2° comma, lettera *m)*, Cost. spetta allo Stato, ciò non esclude che le Regioni e gli stessi enti locali possano garantire, nell'ambito delle proprie competenze, livelli ulteriori di tutela (sent. n. 91/2020).

L'ancoraggio costituzionale della sussidiarietà e dei suoi corollari

La sussidiarietà è quindi assunta nella sua genuina vocazione di criterio fondativo del potere dal basso, consentendo così di superare le incertezze che avevano investito la legge Bassanini; peraltro la doppia formula dell'art. 118, 2° comma, Cost. – secondo cui, per un verso, le funzioni amministrative sono *attribuite* ai Comuni, salvo che, per assicurarne l'esercizio unitario, siano *conferite* agli altri livelli di governo, sulla base dei principi di sussidiarietà, differenziazione e adeguatezza, ma, per un altro verso, i vari enti territoriali sono (già) titolari di funzioni amministrative *proprie*, e di quelle conferite con legge (statale o regionale, secondo le rispettive competenze) – è stata indicata come un vero e proprio rompicapo (o ginepraio, o anche rovo terminologico) perché ad un criterio mobile ed elastico sul riparto delle funzioni (la *sussidiarietà*, appunto) sembra abbinarne uno statico e più rigido, che ruota attorno al concetto della *titolarità* delle funzioni medesime. Una risposta alla eterogeneità di queste etichette, considerate le tante riflessioni dottrinali che sul punto sono state svolte, sembra essere quella secondo cui, in linea di principio e in prima battuta, il Titolo V esige che le funzioni amministrative spettino ai Comuni, con la sussidiarietà (ed i suoi corollari, "adeguatezza", che implica una valutazione di idoneità a garantire l'esercizio delle funzioni, e "differenziazione", ossia obbligo di allocarle tenendo conto delle diverse caratteristiche – associative, demografiche, strutturali, territoriali – degli enti, e quindi di differenziarle a seguito di un eventuale giudizio di inidoneità) rimessa a sua volta alle valutazioni del legislatore statale e regionale (*infra*, sez. III, par. 7.4), e capace in concreto (lo sottolineeremo più volte) di innescare moti ascensionali che portano al conferimento di alcune attività ad altri livelli di governo; nel rispetto comunque di quelle attività "connaturate" alle caratteristiche dei diversi enti, quindi essenziali ed imprescindibili per il soddisfacimento di bisogni primari delle popolazioni in essi stanziate, che non potrebbero in alcun modo venire sottratte. Contrappunto di questa costruzione, la riformulazione dell'art. 119 Cost., laddove è prevista esplicitamente l'autonomia finanziaria degli enti locali (*infra*, sez. IV, par. 2).

L'intervento del legislatore sulle funzioni "fondamentali" dei Comuni

Non direttamente al "rompicapo terminologico" dell'art. 118 Cost., ma all'attuazione della previsione di cui all'art. 117, 2° comma, lettera *p)*, si è riferito espressamente il d.l. n. 95/2012, convertito con modificazioni dalla l. n. 135/2012, allorché ha esercitato il titolo competenziale esclusivo dello Stato relativo alle funzioni fondamentali dei Comuni, legittimamente secondo la Corte costituzionale (sent. n. 22/2014); la Corte ha avuto occasione di rimarcare come la suddetta lettera *p)* indichi le componenti essenziali dell'intelaiatura dell'ordinamento degli enti locali, per loro natura disciplinate da leggi destinate a durare nel tempo e rispondenti a esigenze sociali ed istituzionali di lungo periodo, secondo le linee di svolgimento dei principi costituzionali nel processo attuativo delineato dal legislatore statale, ed integrato dai legislatori regionali (sent. n. 220/2013). Peraltro, al di là di quale possa essere la configurazione del rapporto tra le funzioni "fondamentali" degli enti locali, *ex* art. 117, 2° comma, lettera *p)*, Cost., e le funzioni "proprie" di cui all'art. 118, 2° comma, Cost., in ogni caso sarà sempre la legge, statale o regionale, in relazione al riparto delle competenze legislative, a operare la concreta allocazione delle funzioni, in relazione alla generale attribuzione costituzionale ai Comuni o in deroga ad essa per esigenze di "esercizio unitario", a livello sovracomunale, delle funzioni medesime (sent. n. 43/2004).

Sussidiarietà "verticale" e "orizzontale"

Correda infine la previsione della sussidiarietà (verticale) l'ulteriore indicazione di cui all'art. 118, 4° comma, Cost., ovvero di un obbligo dei soggetti pubblici che operano sul territorio (anche se si sono inopinatamente dimenticate le autonomie funzionali, quali le scuole e le università) di favorire l'autonoma iniziativa dei cittadini, singoli o associati che siano, per lo svolgimento di attività di interesse generale: qui si traduce – in una prospettiva assai suggestiva – l'idea della sussidiarietà orizzontale, ovvero del privato non più antagonista ma invece interlocutore privilegiato delle amministrazioni, e con un ruolo del quale viene incentivata l'espansione, in settori (già frequentati attraverso le organizzazioni del c.d. terzo settore) quali, ad esempio, lo sviluppo economico, la gestione dei servizi, la promozione della persona umana; naturalmente, il privato che aspiri ad occupare spazi di intervento tradizionalmente presidiati dal pubblico potere, nella propria azione dovrà necessariamente ispirarsi, per evitare che la ritrazione di quest'ultimo venga avvertita come intollerabile, a principi fondativi dell'ordinamento, quali il primato della persona, l'eguaglianza sostanziale e la solidarietà sociale, riconfigurandosi un ruolo per la pubblica autorità ogni volta che il ruolo del primo venga valutato come insufficiente o inadatto. Invero, anche questa parte della riforma costituzionale in qualche modo era stata precorsa da un intervento qualificante del legislatore ordinario, perlomeno sul versante dei servizi sociali, con l'approvazione della l. quadro n. 328/2000 che aveva disciplinato in modo innovativo un aspetto centrale del sistema di *welfare*, tentando di correggere significativi squilibri territoriali già evidenziatisi e confermando semmai la scelta di alcuni legislatori regionali (in capo ai quali permaneva peraltro una considerevole discrezionalità) che avevano concepito un'integrazione tra soggetti pubblici e privati nel complessivo sistema dei servizi alla persona: cosicché, se la responsabilità è rimessa ai primi, e i Comuni in particolare diventano fulcro degli atti programmatori locali, viene riconosciuta ai secondi la possibilità di intervenire nella concreta realizzazione degli interventi sociali.

Verso una nuova sussidiarietà "circolare"?

Al contempo venivano focalizzati gli organismi del c.d. terzo settore (non lucrativi), distinti dagli altri soggetti privati (lucrativi), con un trattamento di favore per i primi; la materia è specialistica e assai complessa, ma si segnala che si è provveduto a una sua importante riforma con la l. delega n. 106/2016 [e relativi decreti di attuazione, tra i quali, ai sensi dell'art. 1, 2° comma, lettera *b)*, il d.lgs. n. 117/2017, Codice del Terzo settore (di seguito: CTS)], col dichiarato obiettivo di razionalizzare e armonizzare il variegato universo del *non profit*, e letta da alcuni nel senso di una evoluzione del modello complessivo di Stato sociale verso un sistema misto pubblico-privato, caratterizzato da un'interazione strategica ed operativa tra soggetti pubblici, società civile, mondo delle imprese. Ciò che potrebbe portare anche a superare la distinzione tra sussidiarietà verticale e orizzontale a vantaggio di un nuovo, suggestivo principio di sussidiarietà "circolare". Importanti, in questa direzione, appaiono alcune sottolineature che la Corte costituzionale ha effettuato piuttosto di recente (sent. n. 131/2020) evidenziando come nell'art. 118, 4° comma, Cost., valorizzandosi l'originaria socialità dell'uomo, si sia quindi voluto superare l'idea per cui solamente l'azione del sistema pubblico sarebbe intrinsecamente idonea allo svolgimento di attività di interesse generale; riconoscendo che tali attività ben possono, invece, essere perseguite anche da una «autonoma iniziativa dei cittadini» la quale, in linea di continuità con quelle espressioni della società solidale, risulta ancora oggi fortemente radicata nel tessuto comunitario del nostro Paese. Si è identificato, così, un ambito di organizzazione delle «libertà sociali» non riconducibile né allo Stato, né al mercato, ma a quelle «forme di solidarietà» che, in quanto espressive di una relazione di reciprocità, devono essere ricomprese «tra i valori fondanti dell'ordinamento giuridico, riconosciuti, insieme ai diritti inviolabili dell'uomo, come base della convivenza sociale normativamente prefigurata dal Costituente». Nella fattispecie, si osserva come il modello configurato dal CTS si basi in effetti sulla convergenza di obiettivi e sull'aggregazione di risorse pubbliche e private per la programmazione e la progettazione, in comune, di servizi e interventi diretti a elevare i livelli di cittadinanza attiva, di coesione e protezione sociale; tutto ciò secondo una sfera relazionale che si colloca al di là del mero scambio utilitaristico, senza contraddire fra l'altro il diritto dell'Unione europea che mantiene in capo agli Stati membri la possibilità di apprestare, in relazione ad attività a spiccata valenza sociale, un modello organizzativo ispirato non al principio di concorrenza ma a quello di solidarietà (sempre che le organizzazioni non lucrative contribuiscano, in condizioni di pari trattamento, in modo effettivo e trasparente al perseguimento delle finalità sociali).

6. *La legge Delrio, gli interventi sulle Province, l'istituzione delle Città metropolitane*

La nuova veste delle Province

Con l'intervento della legge Delrio si è operato fondamentalmente su quattro fronti: eliminazione del carattere direttamente elettivo degli organi provinciali; ridimensionamento contestuale del ruolo delle Province; incentivazione (ulteriore, rispetto al passato) di unioni e fusioni di Comuni; istituzione delle Città metropolitane. Le 86 Province delle Regioni a statuto ordinario (in attesa della riforma costituzionale *in itinere*, che poi però non si concretizzerà nel 2016), più in particolare, assumono la veste di associazioni di Comuni, in cui i sindaci si riuniscono per decidere come svolgere congiuntamente le funzioni fondamentali che permangono alle Province medesime (ed elencate pedissequamente dall'art. 1, 85° e 86° comma, l. n. 56/2014), assicurando così ai cittadini quelle attività definite espressamente "di area vasta": quelle cioè che i singoli Comuni non potrebbero fornire per motivi dimensionali o economici.

I nuovi organi di governo delle Province (i cui componenti operano esclusivamente a titolo gratuito) sono i seguenti: anzitutto, il consiglio provinciale, composto dal presidente della Provincia e da sindaci e/o consiglieri eletti dai sindaci e dai consiglieri comunali dei Comuni della Provincia; il consiglio viene qualificato come organo di indirizzo e controllo, propone all'assemblea lo statuto, approva regolamenti, piani, programmi, ed infine approva o adotta ogni altro atto ad esso sottoposto dal presidente della Provincia. Inoltre, il presidente della Provincia, eletto dai sindaci e dai consiglieri dei Comuni della Provincia; il presidente rappresenta l'ente, convoca e presiede il consiglio provinciale e l'assemblea dei sindaci, sovrintende al funzionamento dei servizi e degli uffici e all'esecuzione degli atti. Infine, l'assemblea dei sindaci, composta dai sindaci dei Comuni appartenenti alla Provincia; essa esprime pareri sugli schemi di bilancio; ha poteri propositivi, consultivi e di controllo, secondo quanto disposto dallo statuto, adotta o respinge lo statuto e le sue successive modifiche, come proposti dal consiglio. In questo nuovo quadro, come la dottrina ha immediatamente messo in rilievo, è difficile esprimersi sulla forma di governo provinciale, posto che la distribuzione delle ordinarie funzioni decisionali tra il presidente ed il consiglio, oltre che il venir meno della giunta, provoca una conseguente alterazione del preesistente rapporto fiduciario, oltre che doversi constatare un evidente abbassamento del profilo di responsabilità politica degli organi non direttamente elettivi; neanche l'assemblea dei sindaci, unico organo elettivo «diretto», può revocare dalla carica il presidente, né, tanto meno, può far valere un giudizio di responsabilità politica nei suoi confronti.

Quale "forma di governo" provinciale?

L'istituzione delle Città metropolitane

La legge Delrio individua inoltre dieci Province che dal 1° gennaio 2015 hanno lasciato il posto alle Città metropolitane contestualmente istituite: Roma Capitale (che gode peraltro di un ordinamento a se stante, *ex* art. 114 Cost.), Torino, Milano, Venezia, Genova, Bologna, Firenze, Bari, Napoli e Reggio Calabria. Poi interverrà la legislazione regionale di Sardegna e Sicilia a prevederne altre cinque (rispettivamente, Cagliari, Catania, Messina, Palermo e Sassari). Questi nuovi "enti territoriali di area vasta", ispirati alle migliori esperienze amministrative a livello europeo, nascono per rispondere ai problemi di realtà territoriali oggettivamente più complesse delle altre, potendo intervenire sullo sviluppo economico, sui flussi di merci e persone, sulla pianificazione territoriale; in poche parole, essi sono chiamati alla promozione e gestione integrata dei servizi fondamentali per lo sviluppo economico e sociale delle aree sulle quali insistono.

Come prevede più analiticamente l'art. 1, 2° comma, l. n. 56/2014, ciascuna Città metropolitana ha finalità istituzionali generali quali: la cura dello sviluppo strategico del territorio metropolitano; la promozione e gestione integrata dei servizi, delle infrastrutture e delle reti di comunicazione di interesse della città metropolitana; la cura delle relazioni istituzionali afferenti al proprio livello, ivi comprese quelle con le città e le aree metropolitane europee. Il territorio di ogni Città metropolitana coincide con quello della Provincia omonima. La Corte costituzionale (sent. n. 50/2015) ha avuto occasione di sottolineare come con la l. n. 56/2014 il legislatore abbia inteso realizzare una significativa riforma di sistema della geografia istituzionale della Repubblica, esprimendo un principio di grande riforma economica e sociale che investe le stesse Regioni a statuto speciale; e lo ha poi ribadito successivamente (sent. n. 168/2018), sottolineando come l'intervento di riordino di Province e Città metropolitane di cui alla stessa legge rientri nella competenza esclusiva statale nella materia di cui all'art. 117, 2° comma, lettera *p)*, Cost. (sì che, nella fattispecie, il "modello di governo di secondo grado", adottato dal legislatore statale per le Province, diversamente da quanto sostenuto dalla Regione Sicilia, si pone tra gli «aspetti essenziali» del complesso disegno riformatore che si riflette nella legge stessa).

Gli organi di governo delle Città metropolitane

Per gli organi, e la "forma di governo" delle Città metropolitane, valgono pressappoco, con alcune varianti terminologiche, le considerazioni (e le incertezze) spese a proposito delle nuove Province: si tratta anzitutto di incarichi da esercitarsi a titolo gratuito, evidentemente in un'ottica analoga di contenimento della spesa pubblica; viene inoltre tracciata una dinamica tra consiglio metropolitano, sindaco metropolitano e conferenza metropolitana, che ricalca assai da vicino quella tra consiglio provinciale, presidente della Provincia e assemblea dei sindaci. Più in particolare, il consiglio metropolitano, composto dal sindaco metropolitano e da consiglieri eletti direttamente o indirettamente, a seconda delle scelte statutarie, è organo di indirizzo e controllo, approva regolamenti, piani, programmi e approva o adotta ogni altro atto ad esso sottoposto dal sindaco metropolitano; il sindaco metropolitano, che è di diritto il sindaco del Comune capoluogo (salva previsione statutaria di elezione diretta, ad oggi tuttavia inattuabile, in mancanza della legge statale contenente il relativo sistema elettorale, come ha rimarcato la Corte costituzionale nella sent. n. 240/2021), rappresenta l'ente, convoca e presiede il consiglio metropolitano e la conferenza metropolitana, sovrintende al funzionamento dei servizi e degli uffici e all'esecuzione degli atti, esercita le altre funzioni attribuite dallo statuto; infine la conferenza metropolitana, composta dal sindaco metropolitano e dai sindaci dei Comuni della Città metropolitana, esprime pareri sugli schemi di bilancio, ha poteri propositivi e consultivi, secondo quanto disposto dallo statuto, adotta o respinge lo statuto e le sue successive modifiche, come proposti dal consiglio metropolitano. Si è rilevato attentamente, in generale (al netto del fatto che, sulla base della prima esperienza applicativa, è stato già possibile scorgere una accentuata caratterizzazione degli enti in questione, sulla base delle differenti realtà locali), che mentre la conferenza metropolitana esprime prevalentemente una rappresentanza di tipo territoriale, il consiglio metropolitano offre invece una sintesi di tipo politico, grazie soprattutto al meccanismo di investitura indiretta dei suoi componenti; il sindaco metropolitano, infine, esprime una rappresentanza in parte dell'uno e in parte dell'altro tipo, tuttavia esponendosi a una serie di critiche in punto di legittimazione e di responsabilità, soprattutto se posto in relazione alle funzioni esercitate nel complesso dell'ente, di cui vi è un'eco nella menzionata sent. n. 240/2021. Più di recente (sent. n. 136/2023) la Corte costituzionale ha ribadito la natura costituzionalmente necessaria degli enti previsti dall'art. 114 Cost., tra i quali dunque le Città metropolitane, ed il dovere della Repubblica della loro concreta istituzione, censurando una legge siciliana che rinviava ulteriormente le elezioni, già più volte posposte, dei Consigli metropolitani, in tal modo venendo meno al suddetto dovere.

Sezione III
Le Regioni

1. *Dal "congelamento" dell'istituto al lento "decollo" degli anni Settanta*

Per riprendere l'esperienza delle Regioni a statuto ordinario, bisogna far riferimento al frangente topico di inizio anni Settanta del secolo scorso, in cui i membri delle assemblee vengono eletti, dando avvio alla prima consiliatura della storia italiana. In considerazione della centralità, rispetto a tale esperienza, del tema della normazione regionale, molte delle riflessioni che seguono, come e più di quelle che precedono, dovrebbero leggersi in modo coordinato con quelle che saranno svolte nel capitolo di questo Manuale dedicato alle fonti del diritto, in particolare con le riflessioni relative alle fonti regionali e di autonomia locale (vol. II, cap. I, sezz. VI e VII), anche se cercheremo fin d'ora la maggiore chiarezza espositiva possibile.

Il primo periodo di attività delle Regioni ordinarie

È il testo della Costituzione del 1947, infatti, che disegna un ampio spettro di potestà normative (statutaria, legislativa, regolamentare), tutte peraltro riservate ai consigli, in tal modo prefigurando – sulla carta – una precisa distinzione di ruoli con le giunte e i presidenti regionali. Il modello complessivamente inteso è quello dei "cerchi concentrici", cui abbiamo già fatto cenno con riferimento agli enti minori, con l'ulteriore precisazione che la forma di governo parlamentare tende a declinarsi, almeno in teoria, su quella assembleare, proprio per la preponderanza del ruolo che dovrebbero avere i consigli. In pratica, però, si apre una prima stagione dai contorni assai diversi: intanto l'elaborazione degli statuti originari soffre del condizionamento esercitato dallo Stato (chiamato formalmente ad approvarli con legge, o in alternativa a respingerli, non potendo invece direttamente inciderli), attraverso il carteggio messo in atto dalla prima commissione Affari costituzionali del Senato, che di fatto spinge per l'elaborazione di testi depotenziati, rispetto all'ipotesi di congegnare originali modelli di organizzazione interna (organizzazione che sarà aspetto centrale dei contenuti statutari, fino alla riforma costituzionale del 1999: *infra*, parr. 4 e 5); ma soprattutto, l'opera di legislazione del periodo iniziale, che avrebbe davvero potuto marcare la differenza con la pregressa esperienza degli enti locali, appare decisamente modesta (tranne qualche eccezione, e su quelle materie per le quali si riscontri maggiore attenzione), a vantaggio di scelte amministrative rimesse agli organi esecutivi della Regione, con quella inversione dei rapporti di forza tra consigli e giunte che, come si diceva, ha caratterizzato anche la prassi locale.

Il "parallelismo alla rovescia"

Tra l'altro, tale osservazione può coniugarsi con quella ulteriore per cui l'archetipo costituzionale del c.d. parallelismo delle funzioni viene accantonato a vantaggio di un metodo rovesciato: ovvero prima lo Stato compie importanti trasferimenti di funzioni amministrative a tutti i soggetti territoriali, con i decreti delegati del 1972 e del 1977 (costitutivi, a loro volta, della prima e della seconda "ondata" di trasferimenti, che precedono la terza, realizzata attraverso l'attuazione della legge Bassanini, *retro*, sez. II, par. 3 e *infra*, par. 3), e questi trasferimenti consentono l'avvio di una corrispondente attività regionale; mentre per la definizione della potestà legislativa occorrerà attendere, verificando in concreto quali sono gli ambiti di competenza amministrativa assegnati (oltre che le indicazioni della giurisprudenza costituzionale volte a puntualizzare il significato dei limiti inseriti nell'art. 117 Cost.) per potervi modellare una corrispondente attività normativa. Ancora, la Corte, se da un lato libera le Regioni dalla necessità di attendere la produzione delle leggi-quadro, dall'altro viene a specificare che esse non godono di alcuna competenza costituzionalmente riservata, nel senso che le Regioni possono soltanto vantare una "preferenza" per le proprie leggi; ma essendo l'uso di questa potestà meramente facoltativo (e, come si è detto, inizialmente assai scarso), il Parlamento rimane legittimato a dettare anche norme ben più analitiche di quelle che sarebbero consone alle leggi-quadro, in modo che nessun settore dell'ordinamento rimanga scoperto della disciplina occorrente a regolare i rapporti giuridici. Lo stesso "interesse nazionale" enucleato nel vecchio art. 117 Cost., e inizialmente concepito come criterio di giudizio sull'uso della discrezionalità amministrativa regionale, viene poi frequentemente utilizzato – con l'avallo della giurisprudenza costituzionale – quale presupposto giustificativo di leggi statali che in nome del medesimo, e nell'ambito delle materie costituzionalmente aperte all'intervento regionale, "ritagli" di competenze a favore dello Stato.

L'influenza della giurisprudenza costituzionale

Il percorso delle autonomie speciali

Parzialmente diverso il percorso delle autonomie speciali, se non altro dal punto di vista dei tempi di "rodaggio" delle componenti soggettive e della realizzazione dei vari istituti (tempi che ovviamente precorrono l'esperienza delle autonomie ordinarie), giacché per gli esiti complessivi del regionalismo differenziato l'esame della prassi rivelerà, più tardi, un singolare e complessivo appiattimento sui moduli organizzativi e procedimentali che verranno successivamente ad operare nelle altre Regioni; questo genere di giudizio è pacifico in dottrina, e ha indotto ad esempio G. Silvestri a parlare efficacemente di un "appannamento" della specialità, soprattutto per quanto riguarda uno degli aspetti che in teoria più l'avrebbe potuta caratterizzare, ovvero la potestà legislativa di tipo esclusivo (o per meglio dire, di tipo primario, negli ambiti delineati dai rispettivi statuti), che nell'esercizio concreto viene progressivamente declinata in un prodotto dalle caratteristiche molto simili alla potestà legislativa di tipo concorrente, riconosciuta alle Regioni di diritto comune, anche a causa dell'elaborazione, da parte della Corte costituzionale, di assai pregnanti limiti al relativo esercizio. Ma considerazioni non dissimili potrebbero farsi per la fisionomia della forma di governo, che nel funzionamento concreto tenderà a far collimare il regime proprio di tutte le diverse Regioni, evidenziandosi anche in quelle speciali un equilibrio del tutto precario tra organo assembleare ed organo esecutivo (con un accrescimento, tuttavia, della centralità dei consigli, nello svolgimento di funzioni anche amministrative, contrariamente al ridimensionamento che gli stessi consigli, come si accennava, invece mostreranno nelle Regioni ordinarie).

L'approvazione della l. cost. n. 2/1993

Non contribuirà a risollevare le sorti dell'autonomia differenziata, fino alle riforme del 2001 (*infra*, par. 6), nemmeno la l. cost. n. 2/1993, che conterrebbe sulla carta un'innovazione di peso, riconoscendo tra le materie di competenza esclusiva di quattro Regioni speciali (perché la quinta, ovvero la Sicilia, già vantava questa previsione) l'ordinamento degli enti locali e delle relative circoscrizioni: questo elemento di indubbia novità viene infatti indebolito dal corrispondente obbligo di attendere l'emanazione di apposite (e laboriose) norme di attuazione degli statuti speciali (per provvedere ad esempio a trasferire funzioni amministrative a province e comuni), e si trasforma – una volta entrata in vigore la legge Bassanini, che non è direttamente applicabile nelle cinque Regioni in questione – addirittura in un regime deteriore, acquisendo viceversa le Regioni ordinarie quel ruolo centrale nella riallocazione delle funzioni di cui si è accennato in precedenza (*retro*, sez. II, par. 3); d'altronde le norme di attuazione degli statuti speciali all'uopo elaborate non sono state molte e sempre di rilievo, cosicché il ruolo degli enti locali si è mantenuto addirittura più modesto in quei territori che non nelle altre zone del Paese. I decreti legislativi di attuazione degli statuti speciali, comunque, mantengono la vocazione a realizzare permanentemente l'autonomia "dinamica" di quelle Regioni, perché la specialità può in effetti "vivere" nelle norme di attuazione; cosicché la frequente o rara emanazione di norme di tal fatta (una qualche intensificazione si è avuta negli ultimi anni) può costituire una risorsa ovvero un freno al potenziamento delle prerogative regionali, secondo la capacità della classe dirigente locale di interloquire in modo fruttuoso con il Governo per il tramite della Commissione pariteticamente composta da rappresentanti dello Stato e della singola Regione interessata, e che assume un ruolo indefettibile nel procedimento di formazione dei decreti medesimi.

2. *Il primo impulso alle riforme: la surrettizia evoluzione della forma di governo*

Il dibattito sui possibili correttivi alla fisionomia delle autonomie territoriali, che si profila negli anni Ottanta del secolo scorso, investe anche la forma di governo regionale, la quale risente della suggestione più ampia di una modifica dei sistemi elettorali (operanti ai diversi livelli) in senso maggioritario; da essa, dovrebbero derivare, quali effetti virtuosi, la riduzione del multipartitismo, ormai esasperato anche a livello regionale, la fine dell'egemonia dei partiti nella formazione delle maggioranze che sostengono i governi, esecutivi più stabili e meno soggetti agli stravolgimenti degli accordi di coalizione e quindi alle crisi del rapporto fiduciario [in una parola (migliore) governabilità]. Ma bisognerà attendere la metà degli anni Novanta affinché l'afflato riformatore possa tradursi in norme di diritto positivo: si deve tener conto infatti del Titolo V del 1947, il quale delinea la forma di governo, e più in generale l'autonomia regionale, in modo molto più puntuale di quanto non accada per l'autonomia locale; dunque sembrerebbe necessario l'intervento della legge di revisione costituzionale per scardinare l'impianto originario, e da questo punto di vista i necessari progetti, pure attecchiti a partire dall'operato della Commissione parlamentare per le riforme istituzionali presieduta da A. Bozzi (attiva tra il 1983 ed il 1985), e poi riproposti negli anni Novanta attraverso il lavoro di ulteriori commissioni bicamerali (note attraverso il nome dei loro presidenti, N. Iotti e M. D'Alema), rimangono a lungo sulla carta, non riuscendo concretamente a tradursi in un corrispondente, ampio accordo tra le forze politiche.

Dal dibattito sulle possibili riforme …

Tuttavia il Parlamento riesce a compiere, con l'approvazione della l. n. 43/1995, un'operazione importante "tra le pieghe" del vecchio art. 122 Cost., che esigeva l'elezione del presidente e dei membri della giunta da parte del consiglio regionale *tra i suoi* componenti, dando viceversa spazio alle scelte della legge ordinaria per il sistema di elezione del consiglio. E così, operando in un contesto nel quale, ormai, sia le norme per le elezioni politiche che quelle per le elezioni amministrative locali erano già state corrette a vantaggio di un sistema misto, con una importante componente maggioritaria, si decide anche per le Regioni di innestare una nuova disciplina nel tronco della originaria l. n. 108/1968: lasciandone inalterata l'opzione di fondo, improntata ad un sistema elettorale

… ai primi interventi concreti: i correttivi alla legge elettorale

proporzionale, modificato però quest'ultimo nel modo di traduzione dei voti in seggi, limitatamente ad un quinto dei consiglieri da eleggere (determinandosi così, con modalità complesse, l'attribuzione di un premio di maggioranza). Il risultato è quello di un modello misto, che tende alla stabilizzazione del risultato elettorale, e che soprattutto appare idoneo a configurare un meccanismo per l'indicazione di un potenziale presidente dell'esecutivo regionale che formalmente verrà poi comunque eletto dal consiglio: l'*escamotage* deriva dall'indicazione esplicita, sulla scheda elettorale, del nome dei capilista nella lista regionale (da cui scaturirà anche il premio di maggioranza), per la quale l'elettore può votare disgiuntamente rispetto alla lista provinciale (che determina l'attribuzione dei 4/5 dei seggi da assegnare), e che consente in realtà di saggiare gli orientamenti del corpo elettorale in ordine al soggetto che sarà designato dal consiglio alla presidenza regionale (per maggiori dettagli v. *retro*, cap. III, par. 3.3.3). Ne deriva una certa assimilazione, per via di fatto, con il sistema che porta alla scelta dei sindaci (e fino al 2014 dei presidenti di Provincia), mentre la forma di governo rimane inquadrabile, sia pure problematicamente, all'interno del modello parlamentare.

La perdurante attualità della l. n. 43/1995

Il peso di questa operazione si apprezza almeno in parte ancora oggi, nonostante si pervenga quattro anni più tardi alla prima riforma costituzionale del Titolo V, la quale porterà a tratteggiare diversamente la forma di governo regionale e anche ad aprire a importanti scelte autonome da parte degli stessi consigli regionali (*infra*, parr. 4, 5 e 7.1): la l. cost. n. 1/1999 farà infatti salve le norme della l. n. 43/1995, sia attraverso la disciplina transitoria dell'art. 5 (che trasforma l'*escamotage* sopra accennato in una vera e propria regola giuridica, prevedendo quali candidati alla presidenza regionale i capilista delle liste regionali, oltre che l'elezione a presidente di colui che consegua il maggior numero di voti validi), sia prevedendone un'ulteriore portata applicativa per quelle Regioni che non siano in grado di revisionare tempestivamente i rispettivi statuti né, conseguentemente, di applicare proprie leggi elettorali, nel quadro della l. n. 165/2004 che (come si dirà al par. 5) verrà a stabilirne i principi informatori. E in effetti, sia in vista della tornata elettorale del 2005 sia per gli ulteriori appuntamenti elettorali del 2010, 2015 e 2020, le Regioni capaci di utilizzare i nuovi spazi di autonomia non sono state tutte egualmente tempestive (da ultimo, è intervenuto il Piemonte con l.r. n. 12/2023), alcune di queste mantenendo sostanzialmente l'impianto definito dalla normativa statale previgente (la Liguria), per vari ordini di motivi sia di natura politica che più strettamente giuridica; la l. n. 43/1995 si proietta dunque ben al di là della consultazione elettorale del 2000 per la quale, in virtù della sua prossimità temporale, la riforma costituzionale del 1999 doveva necessariamente avere un'attenzione particolare.

3. *L'accrescimento massiccio delle funzioni, con la terza "ondata" dei trasferimenti statali, ed il problema del relativo finanziamento*

Nel 1997 la legge Bassanini (*retro*, sez. II, par. 3), e poi a seguire i decreti di attuazione, operano anche nel senso di una profonda rivisitazione degli ambiti disponibili per l'amministrazione regionale, essendo tale profilo un risvolto ulteriore e necessario dell'adozione "a tutto tondo" del principio di sussidiarietà. È tanto significativo questo passaggio sul piano della legislazione ordinaria che tutt'oggi, nonostante il novellato art. 118 Cost., l'assetto delle attività amministrative rimane largamente ispirato alle scelte intraprese in quel frangente di fine anni Novanta, sia per la conferma della sussidiarietà a principio cardine del riparto di competenze amministrative tra i diversi livelli di governo, sia – ancora – per l'esigenza, successivamente evidenziatasi, di iniziare l'attuazione della riforma costituzionale del 2001 (chiarendosene pian piano, attraverso il contenzioso costituzionale, significati ed effetti) a partire dal livello legislativo e regolamentare, lasciando sostanzialmente impregiudicato il livello dell'esecuzione, sia, infine, per l'emersione di non lievi difficoltà di una lettura coordinata e coerente dei nuovi artt. 117 e 118 Cost. (*infra*, sez. IV, parr. 1 e 2).

L'importanza delle scelte intraprese con la legge Bassanini

Anche se la sussidiarietà in senso verticale (già la diramazione del principio nelle due direzioni, verticale e orizzontale, affiora nella legge Bassanini) esprime una scelta di fondo che riflette la ricerca di un equilibrio tra l'idea della autodeterminazione delle diverse collettività sul territorio e l'idea di efficienza-adeguatezza delle funzioni, che può portare (e porterà, specie a seguito della lettura che darà la Corte costituzionale del principio in questione, a far luogo dalla sent. n. 303/2003, su cui *infra*, par. 7.2) a richiamarne l'esercizio ad un livello di governo più elevato (nel caso, allo Stato), è indubitabile che i provvedimenti di attuazione della legge Bassanini diano vita ad un trasferimento massiccio delle competenze amministrative; tanto da aver fatto concordemente parlare di terza "ondata" di trasferimenti, dal centro alle periferie (dopo le due operate negli anni Settanta), e non a caso abbinando la l. n. 59/1997, alla previsione-cardine della sussidiarietà, l'altro "formante" dello snellimento drastico degli apparati centrali: in vista di esso, viene infatti conferita ulteriore delega al Governo per la riduzione del numero dei ministeri, oltre che ai fini della riorganizzazione degli stessi e della presidenza del consiglio (*retro*, cap. V, sez. II, parr. 1 e 2). Pertanto le successive indicazioni normative, in controtendenza su quest'ultimo aspetto almeno fino al 2008, potrebbero leggersi, oltre che quale riflesso di scelte squisitamente politiche dei Governi di volta in volta in carica, pure in relazione alle oscillazioni del legislatore nazionale in punto di sussidiarietà, che lo condurranno in molti casi significativi a riassumere l'esercizio di attività

L'attuazione della legge ...

... e i segnali normativi in controtendenza

ritenute infrazionabili, in nome di interessi unitari (perciò riacuendosi, parallelamente, l'esigenza di referenti burocratici a livello di Stato centrale).

Caricate ad ogni modo le Regioni (come del resto, gli enti locali) di numerosissimi compiti, è apparsa sempre più significativa l'osservazione di buon senso secondo cui *amministrare costa*, e sempre più pressante l'esigenza di modalità di finanziamento della medesima attività amministrativa che fossero all'altezza di un'organizzazione del pubblico potere moderna e rivendicante quale valore fondativo l'autonomia delle sue articolazioni territoriali. Da questo punto di vista, già l'art. 119 Cost., nel testo del 1947, conteneva il riconoscimento di un'autonomia anche finanziaria delle Regioni (rimettendo peraltro alle leggi della Repubblica la determinazione delle forme e dei limiti della finanza regionale, oltre che il coordinamento di questa con la finanza locale, ed in sostanza quindi decostituzionalizzando la materia); ma l'ampia formula originaria si era concretizzata attraverso trasferimenti di risorse statali, oltre che per il tramite dell'istituzione di fondi spesso a destinazione vincolata, con una connotazione quindi fortemente svalutativa e riduttiva: ancora negli anni Ottanta le diverse realtà territoriali risultavano quasi integralmente dipendenti da meccanismi allocativi statali, e prive altresì di qualsiasi forma di responsabilizzazione diretta nella gestione dei flussi di denaro, esonerate com'erano dall'apprezzamento delle priorità e dall'osservanza di un vero metodo di programmazione, grazie all'imponente e sicura erogazione di risorse da parte dello Stato. Così gli anni Novanta divengono ancora una volta significativi, sotto questo profilo, per un primo passo nella direzione del superamento del sistema c.d. di finanza derivata, con la valorizzazione di entrate "proprie" degli enti territoriali: nel senso che il legislatore ordinario inizia a istituire tributi nuovi (o a rimodellare quelli già esistenti) prevedendo che gli enti territoriali possano contare sul gettito in buona misura prodotto dalle rispettive comunità.

La valorizzazione dell'autonomia finanziaria degli enti territoriali

Il "federalismo fiscale" (ante litteram)

Entra nel linguaggio corrente anche l'espressione "federalismo fiscale", per alludere alla progressiva ripartizione tra gli enti territoriali della stessa potestà impositiva, che porta con sé, ad un tempo, l'idea di una considerazione e di una tutela dei localismi, ma anche quella della valorizzazione delle diversità economico-produttive tra le numerose realtà locali: quindi si riconosce agli enti la capacità di modulare autonomamente aspetti caratterizzanti il singolo tributo, ed emerge altresì l'esigenza di correttivi dei divari più macroscopici in termini di ricchezza (e di capacità contributiva) delle comunità territoriali, almeno per soddisfare le istanze fondamentali dei consociati. Di qui la rimozione dei vincoli di destinazione delle risorse destinate alle Regioni ed anche una prima versione (anticipatrice, in qualche misura, della previsione che sarà contenuta nel revisionato art. 119 Cost.) di un fondo perequativo che riduca le disparità regionali, senza che ciò significhi pervenire ad una redistribuzione totale delle risorse; il d.lgs. n. 56/2000 – che prevede una perequazione (cioè una compensazione delle differenze) al 90%, per un verso offrendo un incentivo alla crescita delle basi imponibili regionali, ma per altro verso volendo incoraggiare lo sviluppo economico con politiche opportune e pure stimolare la messa a punto di attività di recupero dell'evasione fiscale – viene perciò considerato già "punto di arrivo" di un primo ciclo di riforme tributarie sviluppatosi nel decennio precedente, e insieme "ponte" verso la riforma costituzionale del 2001, che prevederà analogo fondo perequativo (*infra*, par. 7.5 e sez. IV, par. 2).

4. *Le riforme del Titolo V: conferme, novità, quesiti insoluti*

Venendo più direttamente al merito della riforma del Titolo V operata nel 2001, è da osservare quindi che, a oltre mezzo secolo dall'entrata in vigore della Carta fondamentale, e a trent'anni circa dal "decollo" dell'istituto regionale, l'organizzazione e le attività delle Regioni ordinarie, pur nella intelaiatura di norme costituzionali più precise di quelle dedicate agli enti locali, si presentano parecchio evolute rispetto all'impianto originario, apprestando al legislatore di revisione costituzionale un quadro assai diverso da quello iniziale. Emerge perciò il senso di una duplice riforma (quella del Titolo V, articolata nei due passaggi del 1999 e del 2001, *infra*), che opera in certa misura nel solco della continuità rispetto agli interventi già innovativi del legislatore ordinario; la revisione viene a profilarsi come completamento di quegli aspetti che non avrebbero potuto sfociare in mere leggi ordinarie, a coronare un percorso di lungo periodo, piuttosto che a determinare una rottura vera e propria rispetto agli assetti e agli intenti del passato. In particolare, nel novembre del 1998, ormai tramontate le speranze di approvare il progetto della Commissione bicamerale "D'Alema", prende corpo alla Camera dei Deputati una proposta di legge costituzionale incidente essenzialmente sulla forma di governo regionale, che in poco più di un anno consentirà, con la l. cost. n. 1/1999, di amplificare gli effetti della riforma elettorale del 1995 a favore di un ruolo più consistente del presidente della Regione e di una (ancora) maggiore stabilità degli esecutivi. Su altro, più ampio fronte, il Parlamento si troverà a lavorare pochi mesi più tardi sul progetto del ministro *pro-tempore* per le Riforme costituzionali G. Amato, il quale, muovendo dagli esiti dei lavori della bicamerale "D'Alema", ridurrà l'ambito della proposta riformatrice non solo al Titolo V ma, all'interno di esso, focalizzandosi su alcuni aspetti

Le riforme costituzionali tra continuità e innovazione

essenziali che diverranno poi oggetto di altre modifiche, prima di tradursi – due anni dopo – nell'ulteriore revisione costituzionale operata dalla l. n. 3/2001.

A tale proposito, si è fatto immediatamente notare come l'impossibilità – in quel frangente di fine secolo scorso – di modificare i "rami alti" dell'ordinamento costituzionale (ovvero certe coordinate essenziali della forma di Stato italiana), testimoniata dal naufragio dei lavori di tutte le commissioni bicamerali, abbia spinto forse a dilatare il ruolo delle autonomie, in modo da farne il veicolo, privilegiato e protetto, dell'innovazione istituzionale altrove impraticabile. In estrema sintesi, da una parte la l. cost. n. 1/1999 "apre" la forma di governo regionale, nel senso che propone un nuovo modello il quale tuttavia non dovrà necessariamente essere adottato dalle Regioni, perché esse potranno operare (nei limiti che vedremo) scelte diverse all'interno dello statuto (il cui raggio d'azione è contestualmente ampliato in modo significativo), e rivede il sistema dei controlli sugli organi regionali, operando modifiche degli artt. 121, 122, 123, 126 Cost.; dall'altra parte la l. cost. n. 3/2001 si contraddistingue invece soprattutto per l'ampliamento della potestà legislativa e regolamentare delle Regioni (nuovo 117 Cost.), per il suggello costituzionale dato al principio di sussidiarietà (nuovo art. 118 Cost.), per il ripensamento forte del procedimento di controllo sulle attività regionali (nuovo art. 127 Cost.). L'una e l'altra legge lasciano tuttavia insoluti importanti interrogativi, quali quelli sul senso più profondo dell'istituto regionale, sulla identità delle rispettive comunità, in relazione alla più ampia comunità statale, sulla effettiva ampiezza dei poteri decisionali e sulla possibilità di leggere "a sistema" le scelte in tema di legislazione e amministrazione; in ordine a tali quesiti verrà poi un contributo da parte della giurisprudenza costituzionale negli anni Duemila, alla quale gli studiosi riconoscono quindi unanimemente un ruolo chiarificatore delle riforme, "nel bene e nel male", perché accanto ad indubbi meriti le indicazioni della Corte hanno indotto riflessioni critiche (agli uni e alle altre si accennerà).

Gli interrogativi che rimangono aperti

In particolare "l'identità" regionale

Il tema dell'identità regionale è quello che dal punto di vista concettuale avrebbe richiesto maggiore impegno; invece è possibile dire intanto che questa stagione, pur importante, di riforme, non ha sortito alcun ripensamento delle partizioni originarie nelle quali, come si è evidenziato, si erano rifugiati i Costituenti per maturare e realizzare il compromesso tra centralismo e autonomismo: partizioni che se non avevano inizialmente implicazioni ulteriori a quella della raccolta dei dati per i quali erano state disegnate, hanno poi dato vita concretamente, salvo pochi casi, a Regioni dalla "fisionomia pallida", la cui articolazione quindi ben avrebbe potuto e dovuto essere ridiscussa. Sull'esigenza di sottoporre a vaglio critico la mappa dei reticoli confinari potrebbe, peraltro, aver prevalso il timore di dare troppo spazio, almeno nel dibattito, a marcatori espressivi destabilizzanti (per tutti, la "Padania") e di scatenare perciò analoga richiesta di visibilità da parte del Sud, dando vita conseguentemente ad una pericolosa contrapposizione tra "questione settentrionale" e "questione meridionale"; cosicché sono state accantonate sia le provocazioni leghiste di inizio anni Novanta sulle "macroregioni" ("Nord", "Centro", "Sud"), sia più meditate proposte di aggregati multiregionali quali le "mesoregioni". Analogamente sono rimaste sopite le esigenze di un ripensamento critico dei significati del potere politico al centro ed in periferia, e dei relativi rapporti; e gli stessi tentativi, pur sporadici, di provvedimenti regionali nella direzione di un potenziamento anche simbolico della denominazione dei propri elementi costitutivi od apparati (la Liguria che avrebbe voluto affiancare la dizione "Consiglio regionale" con quella di *Parlamento* della Liguria; la Sardegna che avrebbe inteso istituire una Consulta per il nuovo statuto di autonomia e *sovranità* del popolo sardo; il Veneto che avrebbe voluto rappresentare la propria comunità in quanto tale (già definita dal legislatore regionale come popolo veneto) come *minoranza nazionale*) sono stati immediatamente stoppati dalla Corte costituzionale: essa ha sottolineato, dapprima come i pur significativi elementi di discontinuità nelle relazioni tra Stato e Regioni introdotti con le riforme non abbiano intaccato le idee sulla democrazia, sulla sovranità popolare e sul principio autonomistico che erano presenti e attive sin dall'inizio dell'esperienza repubblicana (sent. n. 106/2002); successivamente, come il Titolo V revisionato non abbia apportato innovazioni tali da rendere omogenea la condizione giuridica di fondo dello Stato, delle Regioni e degli altri enti territoriali (sent. n. 365/2007); e ancora, come non sia consentito al legislatore regionale configurare o rappresentare la "propria" comunità in quanto tale come "minoranza", essendo evidente, in linea generale, che all'articolazione politica-amministrativa dei diversi enti territoriali all'interno di una più vasta e composita compagine istituzionale non possa reputarsi automaticamente corrispondente una ripartizione del popolo inteso nel senso di comunità generale, in improbabili sue frazioni; riconoscere un tale potere al legislatore regionale significherebbe altrimenti introdurre un elemento di frammentazione della comunità nazionale, contrario agli artt. 2, 3, 5 e 6 Cost. (sent. n. 81/2018).

5. *I mutati lineamenti della forma di governo e la seconda "stagione" statutaria*

L'elezione diretta del presidente della Regione ...

Le riforme "in positivo": la l. cost. n. 1/1999, "figlia" della stessa filosofia che aveva portato alla modifica con legge ordinaria dei sistemi elettorali locale e regionale, offre ai cittadini (o meglio agli elettori di quelle Regioni che intenderanno confermare il nuovo modello, *ex* art. 122, ult. comma, Cost.) la possibilità di scegliere direttamente il capo dell'esecutivo e di concentrare su di lui le responsabilità di governo; la più vistosa differenza con le ll. nn. 81/1993 e 43/1995 consiste nel fatto che la disciplina elettorale in senso stretto non sarà più, per il futuro, il frutto delle unilaterali determinazioni dello Stato, perché viene rimessa (nuovo art. 122, 1° comma, Cost.) alla stessa autonomia delle Regioni, disponendosi (come si è già accennato) l'operatività della legge del 1995 soltanto fino all'entrata in vigore dei nuovi statuti e delle nuove leggi elettorali regionali. Il primo profilo di novità, inerente la forma di governo, si lega perciò strettamente al secondo, riguardante più da vicino il potenziamento del ruolo dei consigli nella elaborazione della fonte apicale a livello regionale (appunto, lo statuto); essi mantengono poi le funzioni legislative, oltreché di controllo sugli esecutivi (*infra*). L'aspetto dell'elezione diretta del presidente della Regione deve essere inoltre inquadrato nell'ambito di una serie di rilevanti e concomitanti modifiche che incidono sull'intera struttura organizzativa della Regione: in special modo l'elezione popolare si collega all'ampliamento dei poteri che la stessa legge costituzionale viene ad attribuire al presidente, per cui egli potrà nominare e revocare i componenti della "sua" giunta (venendo con essa – quindi all'interno del potere esecutivo regionale – chiamato ad esercitare funzioni regolamentari e di alta amministrazione, oltre che poteri di impulso e di indirizzo al consiglio), nonché dirigere la politica di quest'ultima assumendone la responsabilità; inoltre (nuovo art. 126, 2° e 3° comma, Cost.) vengono irrigiditi il significato e gli effetti del voto dell'eventuale mozione di sfiducia nei suoi confronti, ricollegandovi lo scioglimento del consiglio e le dimissioni della giunta (ciò che conseguirà anche alle dimissioni contestuali della maggioranza dei consiglieri). Dal canto suo il presidente potrà segnare la fine anticipata della legislatura regionale, non solo per rimozione, impedimento permanente o morte, ma anche attraverso le proprie dimissioni, che comporteranno (analogamente a quanto già previsto per Comuni e Province) lo scioglimento del consiglio e ovviamente pure le dimissioni della giunta: ancora una volta si esige che consiglio e presidente *aut simul stabunt*, *aut simul cadent*. Come ha scritto efficacemente P. Ciarlo si stabilisce una sorta di "equilibrio del terrore", che di fatto in molti casi renderà impraticabile l'istituto della sfiducia-scioglimento, perché per il presidente sarà pur

... e l'ampliamento dei suoi poteri

sempre possibile formare una giunta con una maggioranza diversa da quella che gli elettori hanno indicato nelle urne; mentre i consiglieri, piuttosto di votare la sfiducia e di perdere conseguentemente il proprio *status*, potranno scegliere di "lasciar fare", riservandosi semmai la massima libertà d'azione in seno all'assemblea regionale (soltanto l'esperienza della Sardegna, che ha visto a un certo punto il presidente R. Soru dimettersi volontariamente, sembra essere andata nella direzione contraria; mentre le recentissime vicende di altre due Regioni – l'Emilia-Romagna, nella quale il Presidente S. Bonaccini si è dimesso dopo essere stato eletto deputato europeo, e la Regione Liguria, nella quale il Presidente G. Toti si è a sua volta dimesso dopo essere stato posto agli arresti domiciliari – non risultano significative dal punto di vista che andiamo qui sottolineando, le dimissioni originandosi evidentemente da scelte e valutazioni che prescindono dall'equilibrio summenzionato).

L'interdipendenza tra presidente e consiglio

Dunque la clausola dissolutoria che fa derivare lo scioglimento dalla sfiducia, come pure lo scioglimento posto nelle mani del capo dell'esecutivo, senz'altro scoraggiano manovre destabilizzanti del consiglio, e da questo punto di vista contribuiscono a razionalizzare la forma di governo, ma non funzionano fino in fondo come vere e proprie norme "antiribaltone", che invece da più parti venivano auspicate. Peraltro, la prassi di ormai oltre vent'anni (cinque consiliature) di applicazione di queste norme rende evidente lo spostamento (ancora una volta) del baricentro della forma di governo, dal consiglio al "governatore" (come si dice spesso, in modo impreciso, nel linguaggio giornalistico, alludendo al presidente della Regione); "governatore" il quale tende ad attivare – in forza dell'elezione diretta e del plusvalore politico di cui è portatore – circuiti decisionali esterni al consiglio, determinandone un ulteriore arretramento di ruolo. Nel contesto di questa disciplina si segnala anche la soppressione delle cause di scioglimento dei consigli che nel vecchio Titolo V risultavano strettamente dipendenti dalla forma di governo parlamentare: dunque (nuovo art. 126, 1° comma, Cost.) scompaiono i riferimenti all'inottemperanza rispetto all'invito del Governo a sostituire la giunta o il presidente, e quello all'impossibilità di formare una maggioranza; mentre è conservata al Capo dello Stato, a garanzia dell'unità e della legalità della Repubblica, la potestà di scioglimento del consiglio e di rimozione del presidente che si siano resi artefici di atti contrari alla Costituzione o di gravi violazioni di legge.

Lo spostamento del baricentro della forma di governo

Si tratta – in sintesi – di una forma di governo che, similmente a quanto accade per gli enti locali, dovrebbe far convivere istituti tipici del parlamentarismo con altri caratteristici del presidenzialismo e che, nonostante possa evolvere a seguito delle determinazioni degli statuti, dovrà comunque osservare puntuali limiti di conformità alla Costituzione, per

Statuto e forma di governo

gli organi costitutivi, per il mantenimento di un rapporto fiduciario tra consiglio e presidente della Regione, per il riconoscimento al presidente medesimo della direzione esclusiva della giunta. Una "robusta cornice" dunque, rafforzata, oltre che da successivi interventi interpretativi della portata della riforma da parte della Corte costituzionale (*infra*, par. 7.1), dalla previsione di una legge statale (che sarà prima la l. n. 165/2004, poi novellata dalla l. n. 20/2016, e ritoccata da ultimo dal d.l. n. 7/2024) che stabilisca la durata degli organi elettivi, i principi fondamentali inerenti i nuovi sistemi di elezione degli organi medesimi, i casi di ineleggibilità e di incompatibilità dei relativi componenti. I consigli perciò, elaborando le norme statutarie, hanno poi in concreto potuto scegliere se mantenere l'elezione diretta del presidente della Regione (nessuno è tornato al vecchio sistema dell'elezione indiretta, anche perché probabilmente osta ad una tale, radicale, "soluzione all'indietro", una tendenza generale del nostro sistema politico a costruire un rapporto più diretto del corpo elettorale con i vertici dell'esecutivo), se rendere incompatibili i consiglieri e gli assessori regionali, se scorporare dalle competenze del consiglio tutte quelle aventi carattere amministrativo e regolamentare (*infra*, par. 7.1), se dar vita al c.d. statuto dell'opposizione. Ad oggi, le quindici Regioni a statuto ordinario (ultima, la Basilicata) hanno completato il procedimento di approvazione dei rispettivi statuti, alcuni dei quali impugnati dal Governo presso la Corte costituzionale; mentre in tempi diversificati fra loro – come già accennato – hanno saputo utilizzare i nuovi ambiti di autonomia anche per apportare (con legge regionale) cambiamenti alla dinamica della competizione elettorale, pur senza stravolgere l'impianto definito dalla previgente l. n. 43/1995.

La seconda "stagione" statutaria

Lo stemperamento degli entusiasmi inizialmente suscitati dalla nuova autonomia statutaria (cui si era abbinato un certo attivismo degli organi consiliari e delle ulteriori articolazioni interne, investite di compiti di studio e di proposta), che aveva portato all'impostazione di una certa varietà di soluzioni inerenti la forma di governo, ha infatti poi ceduto il passo ad una fase di apparente stanchezza; o comunque l'impressione complessiva è stata quella di un tema recessivo per motivi che (pur variando sicuramente da caso a caso) ragionevolmente possono ricondursi alle forti divaricazioni politiche tra maggioranze e minoranze in consiglio (incapaci di una strategia unitaria e perciò di uno spirito "costituente"), come pure ai "paletti stretti" posti dalla Corte costituzionale alle scelte inerenti la forma di governo. L'interesse al tema è andato perciò rapidamente scemando, e si è disinnescato l'ipotetico processo di diversificazione dei modelli adottabili da Regione a Regione. La "seconda stagione statutaria" (dopo quella dei primi anni Settanta) si è tuttavia contraddistinta, oltre che per le novità in tema di procedimento di approvazione delle relative norme, per i meccanismi del controllo statale e per la collocazione degli statuti nel sistema delle fonti (v. vol. II, cap. I, sez. VI, par. 2.1 e cap. IV, sez. IV, par. 2), anche per la maggiore varietà e complessità dei profili sostanziali: infatti la ridefinizione degli oggetti destinati alla disciplina statutaria, nel lasciare intatta la seconda parte dell'art. 123, 1° comma, Cost. (riferita alla regolazione del diritto di iniziativa e del *referendum* su leggi e provvedimenti amministrativi della Regione, oltre che a quella della pubblicazione delle leggi e dei regolamenti regionali), ha invece determinato la sostituzione della parte iniziale della previsione (riferita *prima facie* alle sole norme di organizzazione interna della regione) con la più elaborata formula relativa alla determinazione (oltre che della forma di governo) dei principi fondamentali di organizzazione e funzionamento della Regione, e con il vincolo della sola armonia con la Costituzione.

I contenuti "necessari" degli statuti ...

Di tutte le possibili forme di estrinsecazione che avrebbero potuto contraddistinguere quest'ultimo aspetto, vistosa è stata la scelta comune dei nuovi statuti (con l'eccezione delle Regioni Marche e Campania) di istituire organi, variamente denominati, cui affidare funzioni consultive e/o di controllo; anticipando qui un cenno alle importanti precisazioni offerte dalla Corte costituzionale, il problema che si è posto in questi anni è stato quello di valutare i limiti di compatibilità costituzionale delle competenze attribuite a quelli che, per brevità, possiamo chiamare gli organi di garanzia statutaria. Secondo la Corte, non vi è dubbio che sia ammissibile conferire a tali soggetti un potere consultivo, che può tradursi in un eventuale passaggio procedurale all'interno del procedimento legislativo regionale, fino a determinare – in caso di esito negativo – un obbligo di riesame da parte del consiglio (sentt. nn. 378/2004 e 12/2006); mentre l'attribuzione di più consistenti poteri "decisori" con efficacia vincolante, tendenti a eliminare dubbi sul significato di nome statutarie e legislative (attribuiti in concreto dallo statuto della Calabria), non altera comunque la natura amministrativa dei medesimi soggetti, che non possono, del resto, limitare le competenze degli organi giurisdizionali (sent. n. 200/2008). Non si tratta, né può trattarsi, quindi (per usare un'espressione descrittiva), di "piccole Corti costituzionali" che si spingono a controllare la legittimità di leggi promulgate o regolamenti emanati, dovendo ogni loro valutazione esaurirsi in via preventiva (perché quelle successive sarebbero estranee alla sfera delle attribuzioni regionali); pertanto non è esatto affermare che gli organi di garanzia statutaria contribuiscono a presidiare (in senso tecnico) il sistema delle fonti regionali, anche se una valenza di stimolo alla correttezza del procedimento di formazione degli atti potrà in concreto evidenziarsi (quanto possa trattarsi di uno stimolo forte, dipenderà poi dalla composizione e dalle dinamiche interne dei rapporti che si svilupperanno con l'organo consiliare; la prima esperienza applicativa, invero, non appare delle più incoraggianti).

... e i contenuti "eventuali"

Al di là dei contenuti *necessari* (ovvero quelli costituzionalmente prescritti), un'incertezza di peso ha investito in questi anni i contenuti ulteriori, o *eventuali*, segnatamente norme di carattere sostanziale, come tali idonee ad andare oltre il pur vasto campo dell'organizzazione regionale, e norme di carattere programmatico, rivolte cioè ad individuare fini ed obiettivi nei diversi settori di intervento della Regione. Con scelte di avanguardia, alcune Regioni (Toscana, Emilia-Romagna, Umbria) avevano inizialmente tentato di introdurre indicazioni innovative su temi "caldi" e dibattuti anche sul piano nazionale, quali i diritti politici degli immigrati o la tutela giuridica delle c.d. coppie di fatto, mentre altre si erano spinte a riformulare i rapporti tra iniziativa economia privata e intervento pubblico in economia (Lazio). La Corte costituzionale non ne ha dichiarato l'illegittimità e tuttavia, con particolare riguardo alle norme programmatiche, si è inventata una soluzione "pilatesca" (sentt. nn. 372, 378 e 379/2004) che ha destato numerose perplessità, perché le ha ritenute prive di efficacia giuridica e capaci di esprimere solo una funzione culturale o anche politica, ma non certo normativa, i relativi enunciati risultando oltretutto estranei alla competenza riservata e specializzata caratterizzante la fonte statutaria; su questa base, sembrerebbero viziate da incompetenza quelle leggi regionali che pretendessero di dare attuazione alle norme statutarie di principio (sent. n. 365/2007), anche se nell'*obiter dictum* di una decisione successiva (sent. n. 4/2010), in materia di riequilibrio della rappresentanza dei sessi, taluno in dottrina ha intravisto una sorta di discontinuità con le pronunce del 2004.

6. *Le "correzioni" dell'autonomia speciale*

L'intervento sulla forma di governo

Nel 2001 viene approvata la l. cost. n. 2 – a precedere di pochissimo la n. 3, operante la seconda riforma del Titolo V – che incide significativamente sul quadro delle autonomie differenziate, sotto il profilo della forma di governo; in un certo senso si tratta di una legge che fa da *pendant* all'intervento operato nel 1999 riguardo alle autonomie ordinarie, pur non potendo risultare a quest'ultimo perfettamente speculare per via dell'esistenza dei cinque differenti statuti speciali, *ex* art. 116 Cost., i quali anche a fronte dell'"appannamento" in concreto delle peculiarità regionali (*retro*, in questa sez., par. 1), ostavano (e ostano) formalmente ad una generalizzazione delle previsioni riformatrici. Il Parlamento è tuttavia consapevole dell'esigenza di evitare l'affermarsi di un paradosso, quello che deriverebbe dal conseguimento per le Regioni ordinarie di un livello di autonomia addirittura superiore rispetto alle altre, almeno in tema di rapporti tra organi di governo e di legislazione elettorale; così, in poco più di un anno, le Camere riescono a sintetizzare numerose proposte di modifica degli statuti speciali, cercando di formulare una disciplina idonea a fronteggiare il problema, articolata su più norme che incidono ciascuna "statuto per statuto", ma alla stregua dei principi già introdotti per le Regioni di diritto comune, e quindi con una strategia complessiva volta a proporre nelle varie realtà l'elezione diretta del presidente, ad eccezione del Trentino-Alto Adige: tale diversa indicazione si può comprendere pensando più in generale al risalente incardinamento dell'autonomia, per quella Regione, fondamentalmente sulle due Province autonome (Trento e Bolzano), con un rovesciamento di prospettiva nella concezione dei rapporti tra gli enti corrispondenti (che a sua volta deriva storicamente dalle caratteristiche infungibili delle comunità stanziate sui rispettivi territori). Per cui, alla fine, gli elettori voteranno direttamente per i consigli provinciali e per i presidenti delle due Province (tra l'altro, disponendosi il mantenimento del sistema elettorale proporzionale per l'elezione del consiglio provinciale di Bolzano, ancora una volta per circondare di specifiche garanzie le minoranze linguistiche tedesca e ladina); mentre il consiglio regionale risulterà composto dalla sommatoria dei membri dei primi, e manterrà la prerogativa dell'elezione del presidente della Regione.

Misure omogenee per realtà diverse

Peraltro, a causa del mancato raccordo tra le leggi costituzionali del 1999 e del 2001, oltre che della loro scarsa qualità redazionale, il trattamento riservato alle Regioni speciali è sembrato in qualche modo ancora deteriore rispetto a quanto previsto per le altre, non solo per il carattere pur sempre opinabile di un testo di revisione costituzionale che dispone misure omogenee per *Regioni* con *ragioni* di specialità *diverse*, ma anche – a monte – per l'impregiudicata scelta (l'art. 116 Cost., infatti, in questa primo dei due interventi del 2001 non viene toccato) di rimettere ad una legge costituzionale l'adozione degli statuti speciali; e quindi di affidare ad una fonte statale (sì approvata con un procedimento *ad hoc*, rivisitato dalla l. cost. n. 2/2001, all'interno del quale le istanze regionali sono presenti, ma non in modo del tutto soddisfacente) anche la successiva, eventuale modifica dei vecchi testi, per "riprogettare" le diverse autonomie. Unico temperamento a questo scenario, l'attribuzione di un potere esercitabile dalle cinque Regioni interessate con un provvedimento per il quale viene coniato il *nomen iuris* di legge statutaria, in deroga alle disposizioni della l. cost. n. 2/2001, per apportare cioè agli statuti già incisi dalla legge medesima sostituzioni e/o integrazioni unicamente in materia elettorale e di forma di governo; il procedimento di approvazione di questa particolare legge si distacca anche notevolmente da quanto previ-

La previsione di leggi statutarie

sto per gli statuti delle Regioni ordinarie e si differenzia poi nei dettagli da Regione a Regione, talvolta rivelando maggiori ingerenze dello Stato centrale (Sicilia), talaltra lasciando maggiori spazi alle determinazioni regionali (Valle d'Aosta). In sostanza, lo *step* che le Regioni speciali hanno salito è quello di un'autonomia statutaria che A. Ruggeri ha definito efficacemente "semi-piena" o "dimezzata", perché sì le rispettive assemblee sono coinvolte in alcune scelte fondamentali, ma soltanto nei limitati ambiti nei quali si è deciso di intraprendere la via della decostituzionalizzazione; d'altronde, se nel procedimento di modifica degli statuti speciali entra il parere regionale e viene meno il *referendum* confermativo *ex* art. 138 Cost., le Regioni interessate non ottengono di ricondurre la definizione dei confini della propria autonomia ad una fonte "contrattata". Tra le vicende di fruizione concreta del nuovo atto-fonte ricordiamo: il tentativo (fallito per via di una successiva bocciatura referendaria) del Friuli-Venezia Giulia di scartare l'idea della elezione popolare del presidente della Regione, poi seguito nel 2007 dall'approvazione di una nuova legge che determina forma di governo e sistema elettorale regionale; la promulgazione della legge statutaria della Sardegna, successivamente però annullata dalla Corte costituzionale (sent. n. 149/2009) per mancato compimento del procedimento di approvazione; la riscrittura, invece andata a buon fine, – rispettivamente – delle leggi elettorali per il consiglio regionale della Valle d'Aosta e per il consiglio provinciale di Trento; alcune modifiche alla legge elettorale siciliana (l. stat. n. 26/2020).

La "clausola di maggior favore" ...

Un'altra indicazione nella direzione di mantenere l'autonomia differenziata per lo meno "al passo" della nuova autonomia ordinaria la conterrà inoltre la l. cost. n. 3/2001, all'art. 10: con una formula che gli studiosi hanno sintetizzato nei termini di "clausola d'equiparazione" o "di maggior favore", si prevede l'applicazione anche alle Regioni e alle Province autonome di quelle parti, della più vasta riforma del Titolo V, che prevedano per le Regioni ordinarie forme di autonomia maggiori rispetto a quelle già attribuite alle Regioni speciali; con l'obiettivo di evitare – in attesa di una revisione degli statuti speciali – che il rafforzamento del sistema delle autonomie delle Regioni ordinarie, attuato dalla riforma del Titolo V, potesse determinare un divario rispetto a quelle Regioni che godono di forme e condizioni particolari di autonomia (sent. n. 370/2006, ripresa dalla sent. n. 23/2022). Vengono in tal modo chiamati gli operatori ad un accertamento assai complesso e da farsi caso per caso, in concreto, "comparando" le previsioni della riforma del Titolo V con le previsioni statutarie, con riferimento a ciascuna specifica funzione presa in considerazione (*ex plurimis*, sentt. nn. 119/2019 e 112/2022); rispetto a tale esigenza di comparazione un contributo importante, ancora una volta, verrà dalla giurisprudenza costituzionale, per via del contenzioso che,

... e le sue applicazioni, "in positivo" e "in negativo"

in qualità e in quantità, viene azionato da e contro le Regioni speciali. Così la Corte si troverà a predicare applicazioni della clausola "in positivo", ovvero a potenziare la sfera regionale: ad esempio evidenziando potestà concorrenti assenti dall'orizzonte statutario, ma presenti nel nuovo art. 117, 3° comma, Cost. (fra le altre, la sent. n. 126/2017 che riconosce alle due Province autonome di Trento e Bolzano il regime costituzionale delle competenze in materia di tutela della salute, quando lo statuto regionale riconosceva loro solo l'"assistenza ospedaliera"); oppure affermando competenze legislative residuali di cui all'art. 117, 4° comma, che rappresentino forme di autonomia più ampia di quella primaria già attribuita dallo statuto speciale (di recente, la sent. n. 140/2023 in materia di organizzazione amministrativa del personale, a favore della Valle d'Aosta); o ancora, estendendo il meccanismo successivo di controllo delle leggi regionali *ex* art. 127 Cost. (anche alla Sicilia, secondo l'importante sent. n. 255/2014, con la quale la Corte ha eliminato un tratto altamente peculiare del procedimento di controllo delle leggi siciliane, sì da far scrivere metaforicamente a E. Rossi che «la Sicilia si avvicina al continente»; v. vol. II, cap. IV, sez. IV, par. 3.3.1). E "in negativo", ovvero a preservare l'autonomia speciale da indebite estensioni del regime del nuovo Titolo V: ad esempio riconoscendo la maggiore autonomia assicurata da certi statuti nell'istituzione di tributi propri, per via dell'assoggettamento a minori limiti rispetto alle Regioni ordinarie (v. tuttavia *infra*, par. 7.5). A più di vent'anni dall'entrata in vigore della legge costituzionale, l'art. 10 può giudicarsi l'unico vero "collettore di specialità", che per altra via stenta infatti ad arrivare, considerato lo stadio arretrato di sviluppo dei procedimenti di adeguamento degli statuti speciali, che pur lo stesso art. 10 avrebbe previsto, disegnando la "clausola di maggior favore" come meccanismo soltanto transitorio [qualche segnale di rinvigorimento della fonte del decreto legislativo di attuazione statutaria (su cui alcuni cenni, *retro*, in questa sez., par. 1), invero, giunge dall'esperienza più recente]; si è quindi giustamente evidenziato come l'operatività dell'art. 10, pur nato con obiettivi diversi e più limitati, appunto quelli di alimentare la specialità in attesa di nuova linfa, tenda a divenire un fattore di "omogeneizzazione permanente" del nostro regionalismo, e quindi paradossalmente a funzionare come elemento di nuovo e più forte appannamento delle scelte originarie del Costituente (a tacere qui della previsione dell'art. 116, 3° comma, Cost., su cui *infra*, sez. IV, lett. A), par. 2.1), alle quali in fin dei conti varrebbe la pena di ripensare.

7. Lo "sfruttamento" massiccio del contenzioso Stato-Regioni, nel quadro dei nuovi procedimenti di controllo dell'attività normativa statale e regionale, e il contributo della Corte costituzionale alla "lettura" delle riforme

I controlli affidati alla Corte costituzionale

La possibilità, per la Corte costituzionale, di intervenire spesso su nodi cruciali del nuovo assetto regionale, che la sola lettura dei testi di riforma non basta a dipanare, né sempre hanno la possibilità di essere sciolti in sedi diverse da quella giurisdizionale, dipende dall'esistenza di due canali di accesso diretto alla giustizia costituzionale, previsti dalla Costituzione per lo Stato e per le Regioni: il giudizio in via principale ed il conflitto di attribuzione tra enti (sui quali v. vol. II, cap. IV, sez. IV, parr. 3 e 4). Con riguardo al primo dei due canali, la l. cost. n. 3/2001 ha rimodellato l'art. 127 Cost. (che prevedeva la possibilità per lo Stato di inserirsi a certe condizioni nel procedimento di formazione della legge regionale), generalizzando il procedimento per l'impugnazione della legge, sia statale che regionale, e realizzando quella "parità delle armi processuali" la cui assenza dal vecchio Titolo V (che delineava, viceversa, un modello di giudizio asimmetrico) determinava un non secondario squilibrio nella considerazione dei due livelli territoriali (e quindi un profilo di subordinazione delle realtà regionali); tale modifica è apparsa talmente significativa da aver indotto L. Elia a qualificarla come uno dei "pilastri" della riforma costituzionale, cancellandosi completamente la fase politica del controllo sul progetto di legge regionale, che determinava la possibilità di un blocco preventivo dell'entrata in vigore della legge medesima (mentre, all'opposto, l'impugnazione della legge statale ormai entrata in vigore non ne determinava la temporanea paralisi di efficacia), e prevedendosi una "fase unica e successiva" del sistema di verifica della legittimità costituzionale di tutte le leggi.

La riduzione di altre forme di controllo

In tal modo si è realizzata una importante attenuazione del carattere autoritativo delle forme di intervento statale sulle attività delle autonomie territoriali, da leggersi unitamente ad un altro "pilastro" della seconda riforma del Titolo V, rappresentata dalla drastica riduzione delle forme di controllo sugli atti diversi da quelli legislativi: quest'ulteriore modifica ha messo in linea il nostro Paese con le esperienze più avanzate di regionalismo e di federalismo, che non tollerano interventi degli esecutivi centrali sulle leggi *in itinere* degli enti decentrati, né consentono eccessive ingerenze sulle scelte ormai perfezionate delle relative autorità politiche (anche perché i conflitti vengono più spesso risolti alla radice, su base consensuale). La "latitudine" dell'interesse a ricorrere di fronte alla Corte costituzionale, peraltro, da parte dello Stato e delle Regioni, che dal tenore dell'art. 127 Cost. sembrerebbe omogenea (rispettivamente per "eccesso" o "lesione" della propria sfera di competenza), è stata intesa diversamente dalla Corte (sent. n. 274/2003) perché lo Stato può impugnare la legge regionale adducendo la violazione di un qualsiasi parametro costituzionale, mentre la Regione può lamentare soltanto il vizio specifico di incompetenza; si è giustificata questa perdurante disparità di trattamento per la peculiare posizione pur sempre riservata allo Stato nell'ordinamento generale della Repubblica, a sua volta servente le esigenze di tutela di unità giuridico-politica e di rispetto dei vincoli comunitari e internazionali. Comunque sia, il nuovo art. 127 Cost. si è rivelato fin da subito funzionale alla riforma nel suo complesso, perché il contenzioso Stato-Regioni è stato molto battuto in questi anni di applicazione del Titolo V, determinando molteplici occasioni per affrontare i numerosi quesiti sul "prisma a molte facce" della autonomia territoriale, disegnato nel 2001: finora le "facce" meglio illuminate (come si vedrà) sono quelle della nuova autonomia legislativa, regolamentare e finanziaria, perché il versante del contenzioso sull'autonomia amministrativa è risultato (relativamente) meno sfruttato (trovando peraltro la sua naturale *sedes materiae* non nel giudizio sulle leggi ma nel conflitto di attribuzione tra enti, oltreché di fronte al giudice amministrativo).

Il diverso trattamento di Stato e Regioni

Altri chiarimenti, sui contenuti dell'autonomia statutaria, sono venuti da un terzo canale di accesso alla giustizia costituzionale che caratterizza i rapporti Stato-Regioni, approntato dalla l. cost. n. 1/1999 per consentire più specificamente un controllo della Corte, azionato dal Governo, che si colloca nell'ambito del procedimento di formazione degli statuti medesimi, ai sensi dell'art. 123 Cost.: dopo l'*iter* aggravato che chiama doppiamente in causa i consigli regionali (i quali devono approvare lo statuto a maggioranza assoluta, con due deliberazioni successive adottate a intervallo non minore di due mesi), l'esecutivo nazionale potrà unicamente sollevare questione di legittimità costituzionale entro trenta giorni dalla pubblicazione (con mera finalità notiziale, secondo la sent. n. 304/2002) della seconda delibera statutaria. Il conseguente sindacato della Corte si configura perciò come preventivo, rispetto all'entrata in vigore dello statuto (ispirando la Corte questa particolare lettura della nuova norma all'opportunità di evitare che eventuali vizi della fonte apicale dell'ordinamento regionale si riflettano "a cascata" sulle altre fonti che lo compongono), e non è quindi assimilabile al sindacato previsto dall'art. 127 Cost. (che riguarda solo le leggi regionali, ha precisato la sent. n. 469/2005); in tal modo, e come ha osservato S. Grassi, la politica tende ad arretrare, a vantaggio di una particolare forma di giurisdizionalizzazione del controllo, che può venire unicamente affiancato dal diverso *test* della consultazione popolare regionale (ad effetto confermativo),

Il controllo preventivo degli statuti ...

... ed il mancato coordinamento col controllo delle leggi

entro tre mesi dalla pubblicazione dello statuto, sempre ai sensi dell'art. 123 Cost. Sul mancato coordinamento tra i procedimenti di controllo, *ex* artt. 123 e 127 Cost., alcuni studiosi hanno osservato che si è trattato di un'occasione mancata per "fare sistema", a favore piuttosto di una lettura "atomistica" delle disposizioni, che peraltro non evita l'inconveniente di un'eventuale sovrapposizione tra le due forme di verifica degli statuti previste dall'art. 123 Cost. (e, ulteriormente, di esiti difformi), che non si è realizzata soltanto per la circostanza che nessuno degli aventi titolo ha avanzato la richiesta referendaria; ad eccezione, come già accennato, del caso della legge statutaria friulana che voleva ripristinare l'elezione consiliare del presidente, la quale però, oltre a doversi inquadrare nel diverso contesto del procedimento previsto dalla l. cost. n. 2/2001, non ha sofferto dell'impugnazione governativa.

7.1. *(Segue): Su forma di governo e potestà regolamentare delle Regioni*

Alcune scelte statutarie dichiarate illegittime

Alcune Regioni avevano provato nei primi anni Duemila a discostarsi dal modello di forma di governo "suggerito" dalla l. cost. n. 1/1999, ma la Corte costituzionale ha fermato molto nettamente velleità centrifughe, contribuendo perciò a stemperare l'interesse sul tema, e al contempo a dilatare la portata del "figurino" che campeggia nella prima riforma del Titolo V. Ad esempio, nelle Marche si era previsto con legge statutaria (questa volta intesa nel significato di legge regionale che apporta limitate modifiche al vecchio statuto, in attesa che maturino le condizioni politico-istituzionali per l'approvazione di un nuovo testo organico) che il vicepresidente della Regione subentrasse al presidente direttamente eletto, in caso di sua morte o impedimento permanente; ancora, in Calabria, si voleva col nuovo statuto determinare il voto contestuale per consiglio, da una parte, e presidente e vicepresidente, dall'altra, al fine di consentire poi il subentro di quest'ultimo anche in caso di incompatibilità sopravvenuta o rimozione del primo; oppure in Abruzzo, sempre col nuovo statuto, si intendeva parificare il voto contrario al programma (presentato dal presidente al consiglio nella prima seduta successiva alle elezioni) all'approvazione di una mozione di sfiducia, con effetto di una decadenza automatica del presidente, ed inoltre si prevedeva l'istituto della sfiducia individuale ai singoli assessori.

Ma la Corte – precisando intanto che il vincolo di armonia con la Costituzione mira a scongiurarne l'elusione dello spirito (sent. n. 304/2002), e successivamente che la Costituzione rappresenta il contesto all'interno del quale leggere e interpretare le norme statutarie, che in quel sistema vivono e operano (sent. n. 12/2006) – ha ritenuto tutte e tre le scelte incostituzionali: nel primo caso, per contraddittorietà con il principio dell'elezione a suffragio diretto del vertice dell'esecutivo (sent. n. 304/2002); nel secondo e nel terzo (sentt. nn. 2/2004 e 12/2006), per gravi incoerenze interne delle scelte complessivamente operate da queste Regioni, dovendosi viceversa riconoscere una dicotomia tra il modello fatto proprio dalla riforma del 1999 ed il modello parlamentare classico, rispetto ai quali le Regioni non possono compiere operazioni di ibridazione (in sostanza, devono *o prendere o lasciare*). In particolare queste sentenze sottolineano come dalla contemporanea investitura popolare di consiglio e presidente (quindi, per quelle Regioni che aderiscano per questo fondamentale aspetto al modello delineato in Costituzione) prenda vita un rapporto di consonanza politica, istituito direttamente dal corpo elettorale, la cessazione del quale può essere ufficialmente dichiarata dall'uno o dall'altro organo soltanto con atti tipici e tassativamente indicati in Costituzione; rispetto ad una presuntiva unità di indirizzo politico, quindi, non è tollerabile l'introduzione di circuiti fiduciari collaterali e accessori. Qualche perplessità l'ha ingenerata la sent. n. 352/2008, che nell'affrontare un problema più specifico non ha ritenuto incompatibile con la forma di governo regionale la sostituzione del vicepresidente al presidente sospeso, essendo tale tipo di intervento specificamente contemplato dallo statuto siciliano.

Altre precisazioni operate dalla Corte sui rapporti tra gli organi di governo

Precisando inoltre che le scelte fondamentali in ordine al riparto di funzioni tra gli organi regionali, alla loro organizzazione e al loro funzionamento sono riservate dall'art. 123 Cost. alla fonte statutaria (tra le altre, sent. n. 188/2007) la Corte ha sottolineato come neppure il ritardo nell'adozione dei nuovi statuti potesse legittimare l'assunzione, da parte del legislatore regionale "ordinario", di determinazioni normative proprie dei primi; per cui è stata dichiarata illegittima, ad esempio, la previsione di una legge molisana relativa alla nomina del sottosegretario alla presidenza della Regione e alla sua eventuale sostituzione in seno alla commissione consiliare di appartenenza, così come la previsione dedicata alla partecipazione di costui alle sedute di giunta, incidendo entrambe sui rapporti tra esecutivo ed assemblea legislativa regionale (sent. n. 201/2008). Di recente la Corte (sent. n. 203/2023), nel ribadire la natura caratterizzante del principio funzionale *aut simul stabunt aut simul cadent*, ha dichiarato illegittima la scelta di una legge pugliese di subordinare l'indizione delle nuove elezioni del consiglio e del presidente della Regione alla delibera di «presa d'atto», da parte del consiglio, dei casi di scioglimento anticipato a carattere non sanzionatorio (ovvero non dipendenti da dimissioni del presidente), delibera da adottarsi peraltro entro un termine non precisato: tale tipo di previsione, spiega la Corte, avrebbe condizionato il ritorno al corpo elettorale, ovvero l'esito naturale dello scioglimento anticipato, generando un effetto dilatorio e un anomalo regime di *prorogatio*, che vengono pertanto censurate. A conseguenze analoghe conduce l'esame da parte della Corte di una seconda previsione, quella relativa al caso di dimissioni del presidente, con un termine (stavolta individuato) di trenta giorni entro i quali il consiglio regionale dovrebbe adottare analoga delibera di presa d'atto: qui infatti manca comunque una regolamentazione dell'ipotesi in cui la presa d'atto concretamente non intervenga, con la conseguenza di un analogo effetto dilatorio, e di un'elusione, di nuovo, del principio del *simul simul*, con impedimento del tempestivo ricorso alle urne, che vengono sanzionati con la dichiarazione di incostituzionalità.

Le indicazioni sulla titolarità del potere regolamentare

In tema poi di rapporti tra le fonti regionali, un profilo cui bisogna qui accennare – perché "prodotto" della riforma del 1999, "riplasmato" poi dagli interventi della Corte costituzionale, oltre che influente sulla potestà statutaria e sulla più precisa connotazione della forma di governo – è quello del soggetto competente all'emanazione dei regolamenti. Il quesito è nato dalla riformulazione dell'art. 121 Cost., la quale ha eliminato il riferimento alla potestà regolamentare dal novero delle attività che il consiglio doveva in precedenza necessariamente esercitare (e ha sostituito altresì il termine *promulga* con l'altro *emana*, per indicare il modo con cui il presidente della Regione interviene a concludere il procedimento di formazione dei regolamenti medesimi); così, mentre i regolamenti non potranno senz'altro più essere appannaggio esclusivo delle assemblee regionali, ci si è chiesti se dalla riforma derivasse anche un immediato ed esclusivo affidamento agli esecutivi, oppure se dovessero essere gli statuti a scegliere *se ed in quale misura* mantenerne la titolarità anche in capo ai consigli. La Corte (sent. n. 313/2003) ha preferito quest'ultima lettura, sottolineando come la novella costituzionale abbia avuto soltanto l'effetto di eliminare la riserva di competenza consiliare, aprendo la strada ad una molteplicità di scelte organizzative da parte dei nuovi statuti (l'Abruzzo ha mantenuto ad esempio la potestà regolamentare in capo al consiglio), valorizzando quindi in questo senso l'autonomia regionale; anche perché il riferimento all'"armonia" con la Costituzione non tollererebbe eccessi di costruttivismo interpretativo, e quindi l'enucleazione di un diretto vincolo giuridico per gli organi regionali interessati (che mal si concilierebbe, in particolare, con i lineamenti di una forma di governo diversa da quella prediletta dalla riforma). Il punto è assai significativo, tanto più considerando l'ampiezza della potestà regolamentare regionale che discende dalla successiva riforma del Titolo V, attraverso la riscrittura dell'art. 117, 6° comma, Cost., pur nell'esigenza di non sacrificare la corrispondente potestà regolamentare degli enti locali (*retro*, sez. II, par. 5) e con le incertezze, proprie della stessa giurisprudenza costituzionale, del trattamento da riservare alle non sporadiche "incursioni" del Governo nazionale in ambiti apparentemente sottratti ai regolamenti statali (*infra*, sez. IV, par. 1).

7.2. *(Segue): Sui limiti all'esercizio della potestà legislativa e regolamentare*

"Pilastro fra i pilastri" della riforma del 2001, o almeno quello più facilmente percepibile ad un suo primo esame, è stato senza dubbio l'ampliamento della potestà normativa delle Regioni ordinarie (che può riverberarsi, come si è visto, sulla corrispondente potestà delle Regioni speciali); il tema è vastissimo, e debitore della nuova e ben più complessa articolazione della funzione legislativa e regolamentare che emerge dall'art. 117 Cost. (per le cui linee v. vol. II, cap. I, sez. VI, parr. 2.2 e 2.3). Da sottolineare il fondamentale apporto che, proprio per la complessità (e per vari aspetti, la non facile decifrabilità) della riforma, è venuto in questi anni – ancora una volta – dalla giurisprudenza costituzionale. Il carico di lavoro della Corte è stato originato dal contenzioso Stato-Regioni che le applicazioni della novella costituzionale hanno "scatenato": contenzioso alimentato tra l'altro, oltre che dalla scrittura affatto piana con cui il legislatore costituzionale ha composto le previsioni del 2001, da una serie di fenomeni contingenti e convergenti, quali la mancanza dapprima, e la scarsità comunque anche successivamente, delle leggi statali di principio (o leggi-quadro, nel cui perimetro deve comunque continuare ad esercitarsi la potestà legislativa concorrente delle Regioni); e – a rovescio – dalla singolare produzione "neocentralista" di norme che si è registrata da parte di Parlamento e Governo, a manifestare un dispregio o almeno, di fatto, ignorando il modificato quadro costituzionale di riferimento e palesando (G. D'Atena) preoccupanti vischiosità di ordine culturale e difficoltà di metabolizzazione degli effetti della riforma. La Corte si è trovata così gravata di un compito arduo che, semplificando un poco, potremmo definire di supplenza di un legislatore ordinario poco sensibile alle esigenze di una coerente e compiuta attuazione della riforma; per affrontare questa mole di lavoro con un metodo che non fosse del tutto empirico, essa è riuscita a porre alcune premesse che stemperano la "cripticità" del Testo fondamentale; su tali premesse, e su alcuni aspetti di contenuto – a esemplificare quanto non basti iscrivere certe espressioni lessicali nell'art. 117 Cost. per chiarire cosa si intenda per potestà legislativa "esclusiva" (dello Stato), "concorrente" (tra Stato e Regioni), e "residuale" (delle Regioni), oppure ricorrere a quella o a quell'altra espressione per delimitare le "materie" – poggiano le seguenti considerazioni.

Le varie cause del contenzioso Stato-Regioni

Anzitutto, il fatto che venga operato un riconoscimento unitario della funzione legislativa, giacché la legge statale e quella regionale vengono sottoposte agli stessi vincoli, ai sensi del 1° comma, impedisce di avallare l'impressione (che in superficie il nuovo art. 117 potrebbe ingenerare) di un'inversione pura e semplice tra la potestà legislativa generale (in passato, propria dello Stato) e la potestà legislativa tassativamente indicata per materia (in passato, destinata all'intervento concorrente di Stato e Regioni, ovvero aperta alla disciplina di queste ultime, sia pure nella cornice dei principi fondamentali della materia posti dal primo): il discorso è un po' più articolato, perché secondo la Corte, col nuovo Titolo V, si è prodotta una sorta di inversione dell'onere della prova, che fa sì che in caso di reciproca rivendicazione delle competenze, l'onere di dimostrare un proprio titolo di legittimazione gravi sullo Stato (sent. n. 282/2002); cosicché, in pratica, il sindacato sulla legge statale promosso da una Regione non muoverà dalla ricerca di uno specifico titolo competenziale della ricorrente, ma al contrario dall'indagine sull'esistenza di eventuali "riserve", esclusive o parziali, di competenze statali. Queste ultime risultano a loro volta dipendenti dai significati attribuibili all'elenco di materie di competenza esclusiva dello Stato, ai sensi del 2° comma, arricchito altresì dei titoli competenziali ulteriori ("attrazione in sussidiarietà", "materie trasversali", "concorrenza di competenze") che la giurisprudenza degli anni successivi è venuta enucleando (e sui quali, analiticamente, vol. II, cap. I, sez. II, par. 3.4.3).

"L'inversione dell'onere della prova" sul titolo competenziale

Da evidenziare come, secondo la Corte, il riconoscimento in concreto di un interesse unitario all'esercizio dell'attività amministrativa sia capace non solo di scardinare l'idea del potere che si colloca "in basso" (legittimando l'intervento dell'amministrazione statale), ma di "trascinare" (o di "attrarre") parimenti con sé l'esercizio della funzione legislativa a livello centrale, in nome di esigenze altrettanto unitarie, dando vita a quello che potremmo chiamare un nuovo "parallelismo alla rovescia" (*retro*, par. 1), alla sola condizione che si configuri un *iter* nel quale assumano il dovuto risalto attività concertative e di coordinamento tra i soggetti interessati (lo Stato e le Regioni). In pratica, a partire dalla fondamentale sent. n. 303/2003 (il caso da manuale si era presentato con l'impugnazione da parte regionale della l. n. 443/2001, c.d. legge obiettivo, che predisponeva un programma di infrastrutture pubbliche e private e di insediamenti produttivi strategici, da assumersi in una prospettiva necessariamente sovraregionale), si interpreta l'art. 117 Cost. per il tramite del successivo art. 118 e la sussidiarietà diviene, per così dire, la "supernorma" del nuovo Titolo V. Affinché l'intervento normativo statale "in attrazione", ovvero indotto dal meccanismo della sussidiarietà, risulti costituzionalmente legittimo, è necessario che la disciplina dettata sia logicamente pertinente, risulti limitata a quanto strettamente indispensabile, e preveda adeguati meccanismi di cooperazione con i livelli

Le competenze alla prova della sussidiarietà (e di altri titoli di intervento)

di governo coinvolti per l'esercizio concreto delle funzioni amministrative allocate in capo agli organi centrali (come ribadito dalla sent. n. 6/2023). Più in generale, la giurisprudenza costituzionale, malgrado la mancata menzione nel nuovo Titolo V dell'interesse nazionale, costantemente ribadirà le ragioni di ordine sistematico che esigono di "bilanciare" il principio dell'*autonomia* territoriale con il principio di *unitarietà* dell'ordinamento.

Il principio di continuità dell'ordinamento giuridico ...

La Corte riafferma poi, in coerenza con il passato, il principio di continuità dell'ordinamento giuridico (sent. n. 376/2002), secondo cui non l'astratta attribuzione ma il concreto esercizio della potestà legislativa, in qualsivoglia materia, da parte del nuovo soggetto competente, limita la competenza altrui, precedentemente spettante ed effettivamente esercitata: cosicché il nuovo Titolo V non provoca di per se stesso né la perdita di efficacia né il vizio di incostituzionalità sopravvenuta delle leggi statali o regionali precedenti, ma ne consente la sopravvivenza fino all'esercizio delle nuove competenze [viceversa le Regioni non potranno mai addurre l'assenza di una disciplina statale per disciplinare nel proprio ambito territoriale materie di potestà esclusiva dello Stato (sent. n. 232/2014), altrimenti ingerendosi laddove esse non possono emanare alcuna normativa, né incidere sulla disciplina dettata dallo Stato finanche in modo meramente riproduttivo della stessa (sent. n. 245/2013)].

... continuità normativa e istituzionale

Il principio viene poi ulteriormente specificato e declinato in una duplice prospettiva: come *continuità normativa*, per cui le Regioni possono limitarsi a sostituire le leggi statali entrate in vigore prima della riforma (mentre dovranno impugnare di fronte alla Corte le leggi *post* riforma, queste sì viziate di illegittimità costituzionale); e come *continuità istituzionale*, per cui gli apparati finalizzati alla garanzia dei diritti fondamentali dei consociati dovranno evitare soluzioni di continuità nell'erogazione delle prestazioni e dei servizi che a quei diritti si ricollegano, e quindi la compromissione di attività attraverso le quali si realizzano valori di fondamentale rilevanza costituzionale (è un ragionamento che permetterà alla Corte di enunciare pure un principio di continuità nell'esercizio delle attività amministrative, perché «vi sono funzioni e servizi pubblici che non possono subire interruzioni se non a costo di incidere su diritti che non possono essere sacrificati»: sent. n. 50/2005). Su una linea di coerenza con la propria pregressa giurisprudenza, anche l'ammissibilità della ricerca di norme di principio nella legislazione statale vigente (di nuovo, sent. n. 282/2002): nella ritrosia del legislatore statale a scrivere le leggi-quadro, questa affermazione mantiene il suo essenziale rilievo, perché serve ad evitare un rischio di paralisi della riforma, ovvero le Regioni potranno muoversi, in ambiti di potestà legislativa concorrente, disegnati dall'art. 117, 3° comma, Cost., senza dover attendere alcun provvedimento statale (pur non risultando neppure questa soluzione poi così lineare, come ha sottolineato M. Luciani, giacché il cambiamento profondo del quadro delle materie innova fortemente lo scenario disponibile per l'interprete, per cui la stessa elaborazione in concreto delle norme di principio dovrebbe rivelarsi largamente originale). In assenza poi di qualsivoglia normativa statale cui far riferimento, le Regioni potranno comunque esercitare le proprie potestà legislative di tipo concorrente (sent. n. 94/2003, ripresa dalla sent. n. 166/2021).

Inderogabilità dell'ordine costituzionale delle competenze nonostante la crisi ...

Un'altra affermazione importante la Corte si è trovata a farla – allorché ha dovuto affrontare molteplici questioni di legittimità costituzionale sui decreti-legge del Governo adottati per far fronte con urgenza alla grave crisi economico-sociale e finanziaria, interna e internazionale esplosa nel 2008 – con riferimento al d.l. n. 78/2010; contravvenendo le prospettazioni avanzate dalla difesa tecnica dello Stato – secondo cui l'eccezionalità della situazione avrebbe consentito di derogare alle procedure costituzionali e statutarie, dunque al riparto delle competenze fissato dal Titolo V della Parte seconda della Costituzione, in ragione dell'esigenza di salvaguardare la *salus rei publicae* e in applicazione dei principi fondamentali della solidarietà economica e sociale, dell'unità della Repubblica, e della responsabilità internazionale dello Stato – la Corte non ritiene che lo Stato possa sospendere le garanzie costituzionali di autonomia degli enti territoriali, dovendo viceversa affrontare quella emergenza predisponendo rimedi che siano consentiti dall'ordinamento costituzionale (tra le altre, sentt. nn. 148 e 151/2012, 89 e 99/2014).

... fino alla recente crisi pandemica

Nel passato più recente, a fronte della emergenza da Covid-19, la Corte ha fatto invece un altro tipo di ragionamento (sent. n. 37/2021): partendo dall'individuazione di una materia di potestà legislativa "esclusiva" dello Stato (la profilassi internazionale), ha evidenziato come essa includa la prevenzione o il contrasto delle malattie pandemiche, e comunque un oggetto tale da assorbire ogni profilo della disciplina; precisando poi come, a fronte di malattie altamente contagiose in grado di diffondersi a livello globale, ragioni logiche, prima che giuridiche, radichino nell'ordinamento costituzionale l'esigenza di una disciplina unitaria, di carattere nazionale, idonea a preservare l'uguaglianza delle persone nell'esercizio del fondamentale diritto alla salute e a tutelare contemporaneamente l'interesse della collettività. Se, pure, sono le strutture sanitarie regionali (stante la potestà legislativa "concorrente" in materia di tutela della salute) ad adoperarsi a fini profilattici, innanzi a malattie contagiose di livello pandemico, «ben può il legislatore statale imporre loro criteri vincolanti di azione, e modalità di conseguimento di obiettivi che la medesima legge statale, e gli atti adottati sulla base di essa, fissano, quando coessenziali al disegno di contrasto di una crisi epidemica. In definitiva, per quanto fondamentale sia l'apporto dell'organizzazione sanitaria regionale, a mezzo della quale lo Stato stesso può perseguire i propri scopi, il legislatore statale è titolato a prefigurare tutte le misure occorrenti». Come ha prontamente osservato B. Caravita, la Corte ha confermato la possibilità di una interpretazione finalisticamente restrittiva delle competenze regionali, recuperandola da un bagaglio di schemi di giudizio peraltro già utilizzato in passato; valorizzando l'esigenza della gestione di una crisi pandemica, per la quale appaia inidoneo il frazionamento su base regionale e locale delle attribuzioni, la Corte ha altresì preferito evitare la trappola delle materie "trasversali" (*infra*, par. seg.), pur evocata in dottrina, giacché esse comportano troppe ambiguità: il coordinamento, in una fase di crisi, va gestito direttamente dal titolare della materia di potestà legislativa esclusiva, senza necessità di troppi vincoli.

Il sistema "multilivello" delle fonti secondarie

Tornando alla struttura del nuovo art. 117 Cost., e alle affermazioni della Corte sedimentatesi nel corso degli anni, per effetto del 6° comma può parlarsi a pieno titolo della costituzionalizzazione di un sistema per così dire "multilivello" di fonti normative secondarie, che si articola sui poteri regolamentari dello Stato, delle Regioni e degli enti locali; in tale sistema il potere regolamentare delle Regioni trova tuttavia un posto di un certo rilievo perché sembra potersi spingere fino alle soglie della potestà normativa "esclusiva" dello Stato, da una parte (sulla base di un nuovo parallelismo tra potestà legislativa e regolamentare dello Stato medesimo, confinato però alle materie di potestà esclusiva), e della potestà amministrativa degli enti locali, dall'altra (anche qui delineandosi un nuovo parallelismo, questa volta tra potestà amministrativa e regolamentare di tali enti per le funzioni loro attribuite, sottoposto tuttavia all'operare del principio di sussidiarietà). E uno "scudo protettivo", contro le interferenze eventualmente prodotte da leggi e regolamenti statali o comunali illegittimi, il potere in questione sembra averlo trovato nella giurisprudenza non solo della Corte costituzionale (fin dalle sentt. nn. 367/2002 e 303/2003), ma anche del Consiglio di Stato: la quale, in linea di fondo, riconosce l'operatività di un sistema più rigidamente strutturato rispetto al passato, e quindi di un principio di separazione delle competenze. Interessante, ad esempio, la vicenda di applicazione della normativa sull'ISEE per la concessione di agevolazioni fiscali e benefici assistenziali, affrontata di recente da Cons. Stato, sez. III, 11 novembre 2020, n. 6926, nella quale era in gioco la definizione del livello di compartecipazione al costo della retta di ricovero in struttura residenziale per disabili gravi ad alta intensità assistenziale e a ciclo continuativo: ebbene, il giudice amministrativo evidenzia ampie prerogative regionali potendo prevedere l'ente erogatore, accanto all'ISEE: con legge, i criteri ulteriori di selezione volti ad identificare specifiche platee di beneficiari; e con una delibera di giunta regionale (che è, tipicamente, atto regolamentare) l'atto di indirizzo che stabilisca i criteri per la compartecipazione dell'ente stesso alla spesa, al fine di assicurare omogeneità di trattamenti nel territorio regionale. Più in generale, la Corte costituzionale ha ritenuto che gli atti statali di normazione secondaria possano vincolare la potestà legislativa regionale "concorrente" solo in ben circoscritte ipotesi: ovvero quando, in ambiti contraddistinti da un rilevante coefficiente tecnico, intervengono a completare la normativa statale primaria (sent. n. 286/2019) e costituiscono un corpo unico con la disposizione legislativa che li prevede e che ad essi affida il compito di individuare le specifiche tecniche, le quali mal si concilierebbero con il contenuto di un atto legislativo, e necessitano piuttosto di applicazione uniforme in tutto il territorio nazionale; tali atti statali di normazione secondaria formano dunque una unità inscindibile con i precetti posti dalla normativa primaria (*ex multis*, sentt. nn. 69/2018 e 124/2021).

Regolamenti e sussidiarietà (per l'attuazione del diritto UE, e non solo)

Fa eccezione il settore dell'attuazione del diritto dell'Unione europea (in considerazione anche del più ampio coinvolgimento delle Regioni nella fase "ascendente" e "discendente", di formazione e di attuazione del diritto europeo, disposto dall'art. 117, 4° e 5° comma, Cost.), in cui si è ritenuta preponderante la considerazione dell'eventuale responsabilità dello Stato, unitariamente considerato, anche per gli inadempimenti regionali, fino a non escludersi – forse opinabilmente – anche regolamenti statali anteriori l'omissione regionale, e che perciò la prevengano, ferma soltanto la possibilità per questi regolamenti di produrre effetti a partire dal momento dell'effettivo inadempimento. Peraltro la Corte è giunta ad ammettere più in generale (seppure in un momento successivo alla fondamentale sent. n. 303/2003, la quale appariva di segno contrario) che in virtù delle esigenze veicolate dal principio della sussidiarietà, non solo la legge ma anche il regolamento statale possa trovare cittadinanza se finalizzato allo svolgimento unitario e quindi alla soddisfazione di esigenze che non devono rimanere esposte al rischio di ineffettività (sent. n. 151/2005), con un risultato finale di "dinamizzazione" dell'intero art. 117, nel riparto delle funzioni normative: in sintesi, quando lo Stato viene ammesso ad "amministrare e legiferare", in nome del principio della sussidiarietà, non sarebbe escluso neppure dalla produzione regolamentare, con il principio in questione che diventa guida e vincolo costituzionale, posto prima al contenuto delle leggi che intestano, e poi dei regolamenti che specificano, le funzioni amministrative ai diversi livelli di governo.

7.3. *(Segue): Sull'enucleazione delle materie di competenza statale e regionale*

Sempre secondo la Corte costituzionale, infine, le enunciazioni dell'art. 117, 2°, 3° e 4° comma, Cost., inerenti le "materie" di potestà – rispettivamente – esclusiva dello Stato, concorrente tra Stato e Regioni, residuale delle Regioni, dovranno essere considerate *cum grano salis*, giacché esiste ormai una cospicua giurisprudenza che ne fornisce un'elaborazione avanzata e segna un ridimensionamento delle diverse "etichette" adoperate dal legislatore di riforma (*infra*, in questo par., per alcuni esempi). L'adozione del criterio materiale per distinguere nei vari settori gli ambiti di competenza dello Stato e delle Regioni, del resto, già in passato e al cospetto del vecchio Titolo V era apparsa una scelta molto rigida ed aveva aumentato enormemente i problemi di decifrazione del Testo fondamentale, costringendo la Corte ad esigere il conseguimento, da parte dei soggetti interessati, di un'intesa sostanziale sui relativi confini, e determinando comunque una moltiplicazione esponenziale delle competenze, con la proliferazione di sovrapposizioni (inevitabili del resto, come ha osservato A. Anzon, in ogni esperienza di Stato regionale o federale).

Il ridimensionamento delle "etichette"

Così la giurisprudenza costituzionale aiuta a comprendere quelle formule, talvolta intricate, con cui nel 2001 si è cercato di ascrivere, forse frettolosamente, ambiti di intervento alla potestà legislativa (e, nei termini cui si è accennato, a quella regolamentare) dello Stato e delle Regioni, con un approccio necessariamente *case by case*, ricomponendo, tessera dopo tessera, il "*puzzle*" del testo costituzionale. Secondo un'indicazione ormai consolidata, anzitutto l'individuazione dell'ambito materiale al quale va ascritta la disposizione impugnata di fronte alla Corte deve essere effettuata tenendo conto della sua *ratio*, della finalità, del contenuto e dell'oggetto della disciplina (così ad es. sent. n. 32/2017). L'autoqualificazione dunque non ha carattere precettivo e vincolante al punto da porsi quale presupposto indiscusso per la valutazione della legittimità costituzionale della norma cui essa si riferisce (*ex multis*, sent. n. 94/2018). La stessa nozione di "principio fondamentale", che governa la potestà legislativa concorrente, non può essere cristallizzata, secondo la Corte, in una formula valida in ogni circostanza, ma deve tener conto del contesto, del momento congiunturale in relazione al quale l'accerta-

Alcuni esempi di approccio "casistico"

mento va compiuto e della peculiarità della materia; cosicché l'eventuale specificità delle prescrizioni, di per sé sola, neppure può escludere il carattere di principio di una norma, qualora essa risulti legata al principio stesso da un evidente rapporto di coessenzialità e di necessaria integrazione (tra le altre, sentt. nn. 16/2010, 23 e 44/2014). In definitiva, la qualificazione di principio fondamentale di una materia di competenza legislativa concorrente deve essere valutata avendo riguardo al contenuto della stessa e alla sua funzione nel sistema, in considerazione delle esigenze di coerenza sistematica e di uniformità a livello nazionale della disciplina (sent. n. 166/2021).

"Istruzione"

Dovendo qui limitarci ad alcune essenziali indicazioni, scegliamo di estrapolarle da tre campi che si possono identificare intuitivamente, ovvero dall'"istruzione", dalla "tutela della salute" e dall'"agricoltura". Nel primo caso, a leggere il nuovo art. 117 Cost., sembrerebbe di trovarsi al cospetto di due materie, ovvero le "norme generali sull'istruzione" (di potestà esclusiva dello Stato) e l'"istruzione" (di potestà concorrente); con vari interventi in questi anni, la Corte ha tuttavia cercato di affinare le diverse sfere di competenza – intrecciate in modo complesso, anche per via della necessità di distinguere le "norme generali" dai "principi fondamentali" e dalle "norme di dettaglio" – ed ha qualificato le "norme generali" come sorrette, in relazione al loro contenuto, da esigenze unitarie e applicabili indistintamente al di là dell'ambito regionale (ad es. quelle che stabiliscono i livelli minimi di monte-ore di insegnamento, per la scuola primaria e secondaria, validi per l'intero territorio nazionale: sent. n. 279/2005), definendo esse la struttura portante del sistema nazionale di istruzione (sent. n. 200/2009). Mentre i "principi fondamentali", pur sorretti anch'essi da esigenze unitarie, non esaurirebbero in se stessi la loro operatività ma informerebbero – diversamente dalle "norme generali" – altre norme: ad esempio è principio fondamentale la facoltà, concessa al personale scolastico ogni dieci anni di servizio, di fruire di un periodo annuale di aspettativa non retribuita, cosicché una Regione potrà legittimamente sostenere le attività di qualificazione di quei docenti che si avvalgano dell'aspettativa tramite la concessione di assegni di studio (sent. n. 34/2005); dunque i principi fondamentali risultano volti a fissare criteri, obiettivi, direttive, tutti tesi ad assicurare l'esistenza di elementi di base comuni per le modalità di fruizione del servizio istruzione (ancora, sent. n. 200/2009).

"Tutela della salute"

Nel secondo caso ("tutela della salute") viceversa, sembrerebbe che la potestà legislativa di Stato e Regioni venga ad insistere su una sola materia (rubricata tra quelle di potestà concorrente) e che quindi sia sufficiente individuare i principi fondamentali della materia, da un lato, e le norme di dettaglio, dall'altro (così è stata dichiarata illegittima una previsione regionale che pretendeva di disciplinare le modalità del rilascio del consenso informato a certi trattamenti sanitari, essendo il consenso medesimo principio fondamentale della materia: sent. n. 438/2008). In realtà la Corte (fin dalla sent. n. 282/2002) ci dimostra che il tema è più complicato, intersecando la "tutela della salute" l'altra *materia* (o meglio la competenza esclusiva statale, idonea tra l'altro ad investire non solo la tutela della salute, ma potenzialmente tutte le materie) dei "livelli essenziali delle prestazioni concernenti i diritti civili e sociali", rispetto ai quali il Parlamento deve (poter) porre le norme necessarie per assicurare a tutti, sull'intero territorio nazionale il godimento di prestazioni garantite, come contenuto essenziale (uniforme e inderogabile) di quei diritti; mentre le Regioni potranno eventualmente legiferare per assicurare livelli integrativi (o supplementari), coerentemente alle rispettive scelte di indirizzo politico e per il tramite della destinazione delle proprie risorse finanziarie, ma non invece per realizzare livelli più bassi di tutela. Così ad esempio l'erogazione dei farmaci rientra nei c.d. livelli essenziali di assistenza (LEA) affinché non si verifichi che in certe zone del Paese gli utenti (nel caso, soggetti già dediti all'uso di stupefacenti ed entrati in terapia di disintossicazione) debbano assoggettarsi ad un regime di assistenza sanitaria inferiore, per quantità e qualità, a quello ritenuto intangibile dallo Stato (sent. n. 387/2007); ed ancora è illegittima quella previsione regionale che a fini di contenimento della spesa farmaceutica ponga a carico del servizio sanitario solo il costo del farmaco generico incluso in una categoria terapeutica collocata in classe A nel prontuario nazionale, salvo il caso di comprovata equipollenza terapeutica (sent. n. 271/2008).

"Agricoltura"

Nel terzo caso, infine, sembrerebbe aprirsi spazio per l'esclusivo intervento regionale, posto che l'"agricoltura" non compare negli elenchi di materie di cui all'art. 117, 2° e 3° comma, Cost., sarebbe quindi materia "innominata" di spettanza regionale. La Corte, però, oltre ad aver chiarito in generale che la potestà regionale "residuale", generata dal disposto dell'art. 117, 4° comma, non deve essere intesa nel senso di "esclusiva" (v. anche vol. II, cap. I, sez. II, par. 3.4.3), ne ha dimostrato chiaramente la connessione con materie "nominate", cosicché determinate discipline regionali potranno essere accompagnate dal parallelo esercizio della legislazione statale in ambiti di competenza esclusiva dello Stato oppure concorrente: un esempio molto chiaro si può trarre dalla sent. n. 116/2006, laddove la Corte manda indenne da censure un decreto-legge, poi convertito in legge, che interveniva in ordine all'utilizzazione in agricoltura degli organismi geneticamente modificati autorizzati a livello comunitario, specificando il principio di coesistenza delle colture transgeniche con le forme di agricoltura biologica e convenzionale, ed esercitando in tal modo il legislatore statale una competenza legislativa esclusiva in tema di tutela dell'ambiente, nonché una competenza concorrente che verte sulla tutela della salute. Fra l'altro, a sua volta, la "tutela dell'ambiente" risulta materia "trasversale", poiché sullo stesso oggetto insistono interessi diversi (così, ad es., sent. n. 63/2020), quello alla conservazione dell'ambiente e quelli inerenti alle sue utilizzazioni; ed inoltre, più in generale è materia "trasversale" in quanto definita non con riferimento ad un settore di attività, ma invece secondo un criterio finalistico, quindi per uno scopo da perseguire e un valore da proteggere, che rende questo genere di materie capace di "viaggiare orizzontalmente" per l'intero ordinamento, e di comprimere (quand'anche in misura apprezzabile) l'autonomia legislativa delle Regioni (come riconosciuto ad es. dalla sent. n. 126/2020). Ciò dimostra ancor più come – in questo ed in altri casi – l'intreccio tra interessi (e competenze) statali e regionali sia davvero complesso, con una capacità espansiva degli interventi statali che non deve giungere però ad esautorare, fino ad esaurirla, la sfera regionale, ma invece consentirle sempre adeguati spazi di esplicazione.

"Concorrenza", "prevalenza", "connessione" delle competenze ...

Il punto appena sfiorato porta dritto ad un "nervo scoperto" dell'ordinamento regionale, cui si è già accennato e sul quale si tornerà (*infra*, sez. IV, par. 3), ovvero quello della carenza di strumenti adeguati a far sì che Stato e Regioni possano riconoscere vicendevolmente la corretta esplicazione della potestà legislativa. La Corte ha messo alcune "pezze", riassumibili nei criteri rispettivamente della "concorrenza", della "prevalenza" o della "connessione" delle competenze, oltre che del necessario rispetto del principio di leale cooperazione (o leale collaborazione): nei primi due casi si tratta di canoni giurisprudenziali forse più adatti a dirimere (che non a prevenire) conflitti interpretativi. Ovvero, viene mandata totalmente o parzialmente esente da censure una *disciplina "frammentata"* tra Stato e Regioni, per via della pluralità di titoli competenziali cui quella disciplina si rivela inestricabilmente collegata, cercando tra le competenze un punto di equilibrio (sentt. nn. 134/2014, 192/2017); oppure si valorizza l'appartenenza (con caratteri di evidenza) del *nucleo essenziale* di un complesso normativo ad una materia piuttosto che ad altre, e quindi si individua un solo soggetto competente (tra le altre, sentt. nn. 50/2005, 237/2009, 118/2013, 38/2020). Nel terzo caso, si consente piuttosto alle Regioni di elevare i livelli di tutela degli interessi costituzionalmente protetti nell'esercizio di proprie competenze legislative "connesse" a quelle esclusive dello Stato (sentt. nn. 151/2011, 86/2014).

... e "leale cooperazione"

Nel quarto caso – il richiamo alla leale cooperazione (o collaborazione) viene giustificato dall'impossibilità di applicare il criterio della prevalenza – si è in presenza, invece, di un principio, per così dire "di lungo corso" (con cui la Corte va da tempo ad improntare la lettura delle norme sulle autonomie territoriali, in special modo quelle sui rapporti tra amministrazioni), richiamato dall'art. 120, 2° comma, Cost. con riferimento all'esercizio del potere sostitutivo statale, ma con un significato ben più ampio e pregnante, che riguarda tutte le istituzioni della Repubblica nell'attuazione dei principi costituzionali e che la Presidente *pro tempore* della Corte costituzionale M. Cartabia ha indicato incisivamente, addirittura, nei termini di risvolto istituzionale del principio di solidarietà. Esso porta con sé, anzitutto, l'esigenza di sedi idonee nelle quali praticarlo: il "sistema delle conferenze", in questo senso, vede ormai da quasi trent'anni potenziato il proprio ruolo – avendo il d.lgs. n. 281/1997 previsto la sua partecipazione a tutti i processi di interesse regionale, interregionale e infraregionale, almeno a livello di attività consultiva obbligatoria; ed in particolare l'intera produzione normativa primaria del Governo in materie (a vario titolo) di competenza regionale, risulta oggetto, nella fase di formazione, del parere obbligatorio della Conferenza Stato-Regioni. Ma tale sistema non può certo rimediare alla mancata trasformazione delle istituzioni politiche nazionali, che ancora oggi impedisce alle autonomie di trovare diretta espressione in Parlamento; anzi, è stato messo opportunamente in evidenza come il Governo, proprio perché il peso politico delle Conferenze è progressivamente aumentato, possa in realtà cercare di avvalersi della forza dei pareri resi in quella sede per indebolire il peso dei pareri parlamentari. Quindi, alla fine, le Camere potrebbero paradossalmente subire pregiudizio dal circuito privilegiato fra Governo e giunte regionali (presenti in Conferenza, e dotate di una forte legittimazione popolare) non riuscendo a svolgere adeguatamente il proprio fondamentale compito di indirizzo e controllo nei confronti dell'esecutivo. Comunque sia, nel giudizio costituzionale si rammenta costantemente che la leale collaborazione deve sempre governare i rapporti fra lo Stato e le Regioni nelle materie e in relazione alle attività in cui le rispettive competenze concorrano o si intersechino, imponendo un contemperamento dei rispettivi interessi (*ex plurimis*, sent. n. 217/2020), e anche consentendo un migliore coordinamento ed una maggiore efficacia nella programmazione degli interventi (di recente, sent. n. 223/2023). Tale principio, spiega la Corte, richiama un metodo che permea le relazioni dei livelli di governo, la cui estensione dipende dalle concrete modalità di esercizio delle competenze in un determinato ambito materiale; il ricorso al medesimo, proprio in quanto metodo cui adeguare la legislazione alle esigenze delle autonomie nel quadro dell'unità della Repubbli-

"Leale cooperazione" e ruolo delle Conferenze

ca (artt. 5 e 120 Cost.), viene richiesto per la disciplina delle *materie in cui si intrecciano strettamente* (e inestricabilmente, come già si accennava) *competenze* statali e competenze regionali (tra le altre, sentt. nn. 56 e 72/2019); e pur non imponendosi come metodo procedimentale allo stesso *iter* legislativo, il principio di leale collaborazione ha finito per caratterizzare, ad esempio, la riforma delle Camere di commercio, operata con legge di delegazione legislativa e conseguenti decreti delegati e ministeriali, avendo chiarito la Corte che l'intero processo avviato dal Parlamento (e perciò attuativo della delega) doveva complessivamente dimostrarsi coerente con l'esigenza di collaborazione con le Regioni (sentt. nn. 251/2016 e 169/2020; di una "ponderazione concertata" ha ragionato pertanto, suggestivamente, C. Mainardis). In definitiva, è emerso che il principio di leale collaborazione deve improntare la legislazione delegata ove ricorra uno stretto intreccio fra materie e competenze (sent. n. 6/2023).

7.4. *(Segue): Sull'autonomia amministrativa delle Regioni, nel quadro dei raccordi con gli altri livelli di governo*

Raccordo organico e procedurale

Non è tuttavia il versante della potestà legislativa, bensì quello dell'autonomia amministrativa, regionale e locale, a vedere un più avanzato sistema di raccordi tra i diversi livelli di governo, proprio perché praticato da tanto tempo (in buona sostanza, si può affermare che al crescere del coefficiente di decentramento, inteso in senso lato, è cresciuto via via anche il coefficiente di cooperativismo). Esso ha in particolare consentito alla Corte costituzionale di valorizzare appieno il principio di leale cooperazione, come pure, più in generale, il ruolo delle Conferenze. Queste ultime, consentendo un confronto dialettico tra i rappresentanti dei governi degli enti territoriali, rappresentano un modulo assai soddisfacente per realizzare un raccordo organico, fin dalla loro istituzione avvertito come necessario per districare il nodo delle attività amministrative; nodo scaturito dalle tante intersezioni tra "materie" che pure si presentavano con l'originario Titolo V, e dall'insufficienza dello stesso principio del parallelismo tra legislazione ed amministrazione, predicato dagli originari artt. 117 e 118 Cost., a guidarne un'interpretazione condivisa. Accanto al raccordo *organico*, derivante dall'esistenza stessa e dal funzionamento di queste sedi a composizione mista, il sistema delle Conferenze ha pure consentito e consente oggi la realizzazione del raccordo *procedurale*: ovvero la normativa di riferimento e la Corte costituzionale hanno previsto e continuano ad esigere il rispetto di procedimenti, nel corso dei quali la partecipazione dei rappresentanti dei diversi enti non assuma un valore meramente simbolico, ma possa concretamente manifestarsi attraverso una pluralità di strumenti.

Pareri, accordi, intese

Accanto a previsioni di *pareri*, dei quali si è già fatto cenno, sono così emerse prima richieste di *accordi* (per individuare modalità condivise per l'esercizio delle funzioni amministrative) e più tardi di *intese* [in una dimensione più "alta" dell'accordo, esse sono state previste specificamente dalla l. n. 131/2003 per favorire l'armonizzazione delle legislazioni statali e regionali, ma anche per raggiungere posizioni unitarie e conseguire obiettivi comuni; e si sostanziano in una paritaria codeterminazione del contenuti degli atti da adottare]. Ed ancora, una varietà di procedimenti ulteriori permettono una via d'uscita dalla situazione eventuale in cui il dialogo tra gli interessati non sfoci in un componimento dei punti di vista; questi procedimenti richiedono l'individuazione della natura e qualità degli interessi di volta in volta implicati nella decisione da assumere, per ricavarne indicazioni nel senso di una priorità da dare, alla fine, alla posizione dello Stato o delle Regioni.

La concezione procedimentale della sussidiarietà

Tutti strumenti che sostanziano appunto il principio della leale collaborazione, e che nel tempo, tramite la conferma del proprio approccio di fondo al tema, hanno consentito alla Corte di attenuare almeno parzialmente le pesanti conseguenze delle scelte interpretative in ordine alla sussidiarietà: queste ultime, come abbiamo visto, immediatamente capaci di "deformare" l'impianto del nuovo Titolo V – in nome di un'esigenza di raccordo tra le previsioni dell'art. 117 (che privilegia gli elenchi di materie, secondo un criterio almeno originariamente "rigido" e "duale" di attribuzione delle competenze) e dell'art. 118 Cost. [che predilige un criterio invece "flessibile" per l'individuazione del soggetto titolare in concreto della potestà amministrativa, come abbiamo avuto già ampiamente modo di sottolineare (*retro*, sez. II, par. 5)]; due previsioni costituzionali di per se stesse non facilmente conciliabili, e che avrebbero potuto astrattamente deprimere, e non poco, la vocazione tradizionalmente "operativa" delle Regioni. Attraverso il sistema delle Conferenze e gli strumenti che all'interno di esse si praticano, invece, le Regioni (e per quanto compete, anche gli enti locali) possono rivendicare il proprio peso istituzionale nei diversi procedimenti; anzi, la giurisprudenza costituzionale ha esaltato, via via negli anni, proprio una concezione procedimentale, oltre che possibilmente consensuale, della sussidiarietà, visto che le stesse leggi (sia statali che regionali) che compiono valutazioni in ordine al livello di governo più adatto allo svolgimento di attività amministrative ritrovano un canone di legittimità nella previsione, al loro interno, di un *iter* in cui assume rilievo decisivo il coinvolgimento adeguato degli altri livelli di governo (una decisione recente molto chiara, in tal senso, è la sent. n. 70/2023, che dichiara illegittima la legge statale n. 234/2021, nella parte in cui non prevedeva che il decreto interministeriale di determinazione dell'ammontare del contributo per la rigenerazione urbana spettante a ciascun Comune fosse adottato previa intesa in sede di Conferenza unificata). La Corte ha più in generale spiegato (sent. n. 62/2005), e poi ribadito (ad es. sent. n. 182/2017), che il principio di leale collaborazione può esprimersi a livelli e con strumenti diversi in relazione al tipo di interessi coinvolti e alla natura e all'intensità delle esigenze unitarie che devono essere soddisfatte; la stessa previsione di un'intesa, sottolinea la Corte, non pone peraltro un obbligo di risultati, ma solo di mezzi: la leale collaborazione esige cioè che le procedure volte a raggiungere l'intesa siano configurate in modo tale da consentire l'adeguato sviluppo di trattative, al fine di superare le divergenze (sent. n. 169/2020). Il principio in esame si traduce, in concreto, in doveri e aspettative – di informazione, di previsione di strumenti di raccordo e, in generale, di comportamenti realmente collaborativi, corretti e non ostruzionistici, in definitiva, appunto, leali – che non possono che essere reciproci (sent. n. 217/2020).

I poteri sostitutivi dello Stato (e delle Regioni)

Sempre nell'ottica della valorizzazione di strumenti di raccordo (nel caso che ora vedremo, con valenza unificatoria), tramite i quali sia possibile evitare che l'autonomia si traduca in esaltazione delle spinte centrifughe, e anche considerando che il sistema dei controlli nel suo complesso ha conosciuto un qualche ridimensionamento, si devono ricordare infine i poteri sostitutivi, previsti dall'art. 120, 2° comma, Cost., e la lettura che di essi è stata avallata dalla giurisprudenza costituzionale. Per l'innanzi sviluppati all'interno della legislazione ordinaria, quali strumenti di intervento dello Stato nei confronti di Regioni ed enti locali inadempienti (e poi ampiamente ripresi dai legislatori regionali a presidio di funzioni da essi allocate agli enti minori), i poteri sostitutivi potrebbero definirsi come *una forma di recupero delle inerzie*, delle omissioni o comunque del mancato rispetto di norme, da ascrivere ad organi di governo dell'ente che agisce in sostituzione, e da esercitarsi sulla base dei presupposti e per il rispetto degli interessi esplicitamente indicati nell'art. 120 Cost. [peraltro, con una formula molto ampia, quasi indeterminata (pericolo grave per l'incolumità o la sicurezza pubblica, (esigenze di) tutela dell'unità giuridica o economica, e in particolare tutela dei livelli essenziali delle prestazioni concernenti i diritti civili e sociali], con il compimento di atti o di attività privi di discrezionalità nell'*an*; c'è da dire anche che, diversamente da quanto accade applicando il principio di sussidiarietà, la competenza all'adozione dell'atto non si sposta, ma rimane in capo all'ente sostituito (tra le altre, sentt. nn. 43/2004, 167/2005, 361/2010). I poteri sostitutivi sono caratterizzati inoltre da temporaneità e cedevolezza, sì da rimettere l'ente autonomo in condizione di tornare a garantire i beni al momento compromessi (sentt. nn. 168/2021 e 20/2023). Ancora, l'istituto è da ritenersi applicabile pure alle autonome speciali, perché la relativa previsione si salderebbe con le norme costituzionali di allocazione delle competenze, assicurando comunque, nelle ipotesi patologiche, un intervento di organi centrali a tutela di interessi unitari (sent. n. 236/2004; e riposa tacitamente su tale premessa, ad es., la sent. n. 234/2021). Un caso abbastanza recente che si è imposto all'attenzione della dottrina riguarda il d.l. n. 86/2020, convertito (senza modificazioni) dalla l. n. 98/2020, tramite il quale il Governo, nell'imminenza delle consultazioni elettorali del 20 e 21 settembre 2020, ha esercitato il potere sostitutivo straordinario nei confronti della Regione Puglia, per non avere quest'ultima provveduto ad adeguare la propria legislazione elettorale ai principi statali in tema di doppia preferenza di genere: si è trattato, in pratica, della prima volta in cui il Governo è andato ad incidere con decreto-legge direttamente sull'autonomia legislativa regionale, e in un ambito, quale quello elettorale, caratterizzato da un alto tasso di politicità; tanto più per il tramite di previsioni dal notevole grado di determinatezza, che ne hanno messo in dubbio il carattere di norme di principio.

Potere d'ordinanza regionale e pandemia da Covid-19 (cenni)

L'esigenza di un raccordo efficace tra Stato e Regioni ha trovato poi, all'evidenza, un robustissimo banco di prova nel frangente della pandemia da Covid-19, allorché il Governo, come si è visto (*retro*, cap. V, sez. III, par. 3) ha affrontato l'emergenza a colpi di d.P.C.M., mentre le Regioni non si sono sottratte all'utilizzo di strumenti peculiari quali le ordinanze del proprio presidente: si è riproposto così, su scala territoriale, il problema dell'utilizzo di poteri straordinari con provvedimenti d'urgenza, oltre che quello della loro conciliabilità con le indicazioni provenienti dall'esecutivo centrale. Dalle quarantene imposte in funzione punitiva nella Regione Campania per aver violato il "divieto di passeggiata", alla riapertura anticipata della ristorazione all'aperto sul finire del primo *lockdown* nella Regione Calabria, fino all'adozione quasi integrale della didattica digitale integrata per fronteggiare le successive ondate virali nella Regione Puglia, per menzionare solo tre casi molto noti, gli esempi che si potrebbero fare di deroghe a quanto stabilito dal Governo sono svariati; essi hanno spesso concorso a determinare in concreto, su scala regionale, il bilanciamento tra interessi delicatissimi (evidente quello tra salute ed istruzione), e spesso sono finiti al vaglio del giudice amministrativo, con esiti altrettanto variegati. In linea generale, pare di poter dire che lo Stato ha cercato di non esacerbare lo scontro, pur con momenti di aspra dialettica alimentati pure da un certo protagonismo delle autorità locali, riservando l'impugnativa soltanto ad alcune ipotesi; ma i Tribunali amministrativi regionali hanno dovuto rispondere anche alle sollecitazioni di privati o gruppi di privati cittadini, lasciando emergere un quadro piuttosto eterogeneo di decisioni che certamente non ha giovato alla chiarezza, in una fase già difficile per i consociati. Per quanto qui più interessa, è da sottolineare che il potere di ordinanza del presidente della giunta ha trovato una doppia matrice di legittimazione, ovvero nella stessa normativa emergenziale di livello statale e in altri fonti legislative generali (ad es. la previsione contenuta nella l. n. 833/1978 istitutiva del Servizio sanitario nazionale), caratterizzandosi tuttavia per un originale modello, pur non esente da profili critici, che la dottrina ha definito "a ventaglio", ovvero marcato da una doppia cedevolezza: rispettivamente dei d.P.C.M./d.m. statali a favore delle ordinanze regionali, nei limiti di quella possibilità di intervento stabilita in particolare dal d.l. n. 19/2020 (ancora *retro*, cap. V, sez. III, par. 3); e per converso, delle stesse deroghe stabilite dalle ordinanze regionali, che verranno meno allorché entri in vigore un nuovo e differente provvedimento del Governo.

7.5. *(Segue): Sul finanziamento delle funzioni, nella prospettiva di un (incompiuto) "federalismo fiscale"*

Tra interventi legislativi di retroguardia …

Un ultimo aspetto in ordine al quale il contributo giurisprudenziale appare particolarmente significativo è quello dell'autonomia finanziaria delle Regioni e degli enti locali, professata a chiare lettere dall'art. 119 Cost. ma, come si è anticipato, ancora largamente carente dal punto di vista dell'attuazione effettiva nell'ordinamento. Anzi, paradossalmente, quasi in preda ad una "sindrome da riflusso", le diverse forze politiche che si sono alternate alla guida del Paese dopo il 2001 hanno compiuto diverse scelte di retroguardia, culminate con la pratica eliminazione dell'imposta più adatta, da un punto di vista logico, a finanziare le politiche locali (tale era l'imposta comunale sugli immobili, poi surrettiziamente reintrodotta tramite l'istituzione dell'imposta municipale unica, con esenzione però della prima casa di abitazione, e con una parte del gettito destinato allo Stato); tanto da far parlare un tributarista autorevole come P. Giarda della "favola del federalismo fiscale", e da far pensare a un federalismo "spot", buono per accattivarsi le simpatie degli elettori ma in realtà foriero di molteplici problemi operativi. La Corte costituzionale ha avuto occasione più volte di sottolineare come il sistema di finanziamento non sia mai stato interamente e organicamente coordinato con il riparto delle funzioni, rinnovando al legislatore l'invito a definire in modo appropriato il quadro delle relazioni finanziarie tra lo Stato, le Regioni e gli enti locali (ad es., sent. n. 169/2017), così da far corrispondere il più possibile – come sarebbe necessario – esercizio di funzioni e relativi oneri finanziari da un lato, e disponibilità di risorse in termini di potestà impositiva o di devoluzione di gettito tributario (o di altri meccanismi di finanziamento) dall'altro lato (v. anche sent. n. 140/2017). Di recente, la

Corte ha ripetutamente sottolineato come la legge di bilancio per il 2020 abbia segnato una netta soluzione di continuità rispetto alla fase dei tagli lineari (sentt. nn. 2020/2021 e 63/2024; sull'accelerazione dell'attuazione del federalismo fiscale, almeno per il comparto degli enti locali, v. *infra*, sez. IV, lett. A), par. 2).

... e lettura giurisprudenziale dell'art. 119 Cost.

La Corte ha più in generale, posto mano ad una lettura costruttiva dell'art. 119 Cost., nei rapporti tra la sua dimensione immediatamente precettiva e quella invece bisognosa dell'*interpositio legislatoris*. Nel testo costituzionale revisionato nel 2001, e poi ulteriormente implementato con l. cost. n. 1/2012 (la quale ha posto tra le materie di competenza esclusiva dello Stato la materia dell'armonizzazione dei bilanci pubblici), *l'autonomia finanziaria, sul versante dell'entrata* – perché è sancito parallelamente anche un principio di autonomia di spesa, l'una e l'altra nel rispetto dell'equilibrio dei bilanci degli enti territoriali, e concorrendo ad assicurare l'osservanza dei vincoli economici e finanziari derivanti dall'ordinamento dell'Unione europea – viene a dipanarsi tra più previsioni per Regioni ed enti locali: ai sensi dell'art. 119, 2° e 3° comma, *stabilire e applicare tributi ed entrate propri* (in realtà soltanto le Regioni, avendo gli enti locali, come si è detto, mera potestà regolamentare, che non significa peraltro non poter contribuire a caratterizzare il tributo, ad esempio variegandone le aliquote, oppure determinando agevolazioni ed esenzioni) in armonia con la Costituzione e secondo i principi di coordinamento della finanza pubblica e del sistema tributario; disporre di una *compartecipazione al gettito* dei tributi erariali riferibili al loro territorio; godere, infine, degli stanziamenti all'interno di un *fondo perequativo* che il legislatore statale è chiamato a prevedere, senza alcun vincolo di destinazione, per i territori con minore capacità fiscale per abitante. Ancora, gli enti territoriali possono aspirare, ai sensi dell'art. 119, 5° comma, all'eventuale destinazione di *risorse aggiuntive*, come anche ad *interventi statali speciali*, però a scopi diversi dal normale esercizio delle funzioni, oppure nell'ottica di finalità specificamente previste in Costituzione: promuovere lo sviluppo economico, la coesione e la solidarietà sociale, rimuovere gli squilibri economici e sociali, favorire l'esercizio dei diritti della persona. La novella dell'art. 119 esige, infatti, che tributi propri, compartecipazioni e fondo perequativo realizzino nel loro insieme le risorse attraverso le quali finanziare l'esercizio ordinario delle funzioni, e lo stesso ricorso al fondo perequativo dovrebbe costituire l'*extrema ratio*; ovvero, vi si dovrebbe attingere dopo che il prelievo forzoso operato sul territorio si sia dimostrato insufficiente in ragione delle effettive possibilità economiche dei contribuenti. Completano il quadro alcune indicazioni contenute in realtà nell'art. 117 Cost., per cui il coordinamento della finanza pubblica e del sistema tributario è disegnata come "materia concorrente" (per garantire una necessaria omogeneità di fondo degli istituti, anche procedimentali, di attuazione del prelievo tributario, e per definire unitariamente la qualità e la struttura dei presupposti impositivi), mentre la perequazione delle risorse finanziarie rientra più radicalmente nella potestà legislativa di tipo "esclusivo" dello Stato.

A fronte di una scelta così complessa, non facile da decifrare (neppure c'è stato accordo tra chi ha ritenuto superato l'assetto "binario" della finanza delle autonomie dal nuovo sistema "a cascata" di rapporti Stato-Regioni-enti locali, e chi – invece – ha ritenuto ancora prefigurabile un distinto e separato rapporto Stato-Regioni e Stato-enti locali), la Corte anzitutto ha considerato necessario l'intervento del legislatore statale per determinare sia i principi cui i legislatori regionali dovranno attenersi, sia le grandi linee dell'intero sistema tributario, in modo da definire spazi e limiti entro cui possa esplicarsi la potestà impositiva dei diversi enti (sent. n. 37/2004); da questo punto di vista, essa ha inteso quindi sottolineare il carattere non direttamente operativo delle nuove disposizioni costituzionali, mandando esenti da censure alcuni interventi del legislatore statale, valutati come indispensabili meccanismi transitori, e ritenuti funzionali da un lato a razionalizzare l'esistente, dall'altro a garantire il passaggio al nuovo modello di federalismo fiscale. Apparentemente, inoltre, la Corte ha smentito uno degli assunti fondamentali della giurisprudenza sui rapporti Stato-Regioni (*retro*, sez. I, par. 3 e in questa sez., par. 7.2), costringendo le Regioni ad una posizione "attendista" dei principi fondamentali in materia, ma forse questa "eccezione" è in realtà risvolto della particolarità e delicatezza del settore tributario, essenziale per il mantenimento e la garanzia del sistema economico-sociale del Paese nel suo complesso. Tra l'altro per ricavare i principi fondamentali in materia di coordinamento della finanza pubblica – destinati a prevalere su ogni tipo di potestà legislativa regionale, e pacificamente applicabili anche alle autonomie speciali (sentt. nn. 127/2014, 156/2015) – non è stata ritenuta necessaria (pur se ovviamente opportuna) l'emanazione di una legge organica: avendone la Corte positivamente rinvenuto qualcuno nelle leggi di questi anni (sent. n. 169/2007), ma anche esclusi altri (sent. n. 95/2007), e senza dare rilievo decisivo all'autoqualificazione del legislatore, la quale non è idonea (come già si accennava, secondo una linea giurisprudenziale consolidata) ad attribuire alle norme natura diversa da quella propria, che viene valutata invece autonomamente dalla Corte.

Autonomia di entrata: il necessario intervento del legislatore statale

Il coordinamento della finanza pubblica (e del sistema tributario)

Viceversa la Corte è venuta a "sposare" la causa regionalista laddove (a far luogo dalla sent. n. 370/2003) ha rilevato un profilo di immediata lesione dell'autonomia finanziaria regionale nei vari casi in cui il legislatore statale abbia continuato, per lo più con la manovra finanziaria annuale, ad istituire fondi a destinazione vincolata (ad es. sono dichiarati illegittimi il fondo settoriale di finanziamento degli asili nido, oppure il fondo nazionale per il sostegno alla progettazione delle opere pubbliche di Regioni ed enti locali): interventi finanziari diretti dello Stato, con puntuali vincoli di spesa, non possono trovare spazio fuori dell'ambito di attuazione di discipline dettate dalla legge statale nelle materie di propria competenza esclusiva (sent. n. 308/2004), in quanto si risolverebbero in strumenti indiretti, ma pervasivi, di ingerenza nell'esercizio di funzioni altrui, nonché di sovrapposizione di politiche e di indirizzi governativi centrali a quelli decisi dai legittimi titolari. Peraltro anche questa linea di lettura dell'art. 119 Cost. è sembrata subire un depotenziamento, laddove la Corte ha fatto salvi – in virtù del più volte ricordato principio di continuità dell'ordinamento giuridico – gli eventuali procedimenti di spesa in corso, inerendo le prestazioni contemplate dalle norme a diritti fondamentali dei destinatari, e quindi imponendosi una continuità nella erogazione delle risorse finanziarie (ad es. nel caso di norme statali che prevedevano finanziamenti vincolati al sostegno delle scuole paritarie, incidendo sulla potestà regionale, individuata relativamente alle scelte in ordine ai contributi alle scuole non statali, nel contesto di una funzione già conferita in passato alle Regioni: sent. n. 50/2008). Ma di recente si scorge una maggiore limpidezza, laddove la Corte ha puntualizzato che le funzioni degli enti territoriali devono essere assicurate in concreto mediante le risorse menzionate ai primi tre commi dell'art. 119 Cost., attraverso un criterio perequativo trasparente e ostensibile (sent. n. 220/2021), senza che residuino spazi per forme ordinarie di finanziamento statale con minor grado di autonomia, quali appunto i fondi vincolati (sentt. nn. 40/2022 e 71/2023).

Il "grimaldello" del coordinamento della finanza pubblica: dagli anni della crisi economica al periodo più recente ...

Più in generale, nella giurisprudenza che a più riprese ha toccato le forme del coordinamento della finanza pubblica, attenta dottrina ha colto dapprima un'interpretazione estensiva della competenza statale in questa materia, per fronteggiare la grave crisi innescatasi nel 2008, riconoscendosi al potere centrale spazi notevoli nel senso del contenimento dell'autonomia regionale, ben al di là della semantica che avrebbe suggerito l'arrestarsi alle previsioni di principio, e meri limiti complessivi alla libertà di allocazione delle risorse (aspetto emergente soprattutto nel biennio 2011-2012); in seguito, uno sforzo della Corte di utilizzare al meglio i principi di ragionevolezza, di proporzionalità al raggiungimento degli obiettivi propri del legislatore, di virtuosità degli enti implicati nelle diverse vicende, nonché di transitorietà degli interventi statali fino al raggiungimento di un riequilibrio complessivo, come pure di non esaustività della disciplina statale: censurando ad esempio la legge che non abbia considerato la situazione di quelle Regioni che pure avessero provveduto a una razionalizzazione della spesa (sentt. nn. 272/2015,

6/2019), e viceversa avallando tagli di spesa imposti dallo Stato agli enti territoriali nei settori in cui la spesa medesima fosse risultata improduttiva (sent. n. 65/2016). Si riespande anche per questa via il perimetro applicativo del principio di leale collaborazione, che impone procedimenti concertati ad esempio in ordine alla destinazione di fondi strutturali europei (sent. n. 62/2020) o di fondi che finanzino eventi sportivi di rilievo internazionale (sent. n. 123/2022, con riferimento alle Olimpiadi invernali 2026); ed emerge un coordinamento finanziario "per obiettivi" che, pur non abbandonando del tutto una lettura estensiva della competenza statale (esigenze di gestione unitaria dei fondi possono difatti giustificare l'attrazione in sussidiarietà della relativa disciplina), sembra lasciare un qualche maggior spazio alle autonomie territoriali (G. Rivosecchi). Peraltro è interessante notare come la Corte avalli l'idea di fondi perequativi speciali, correttamente strutturati ai sensi dell'art. 119, 5° comma, Cost., e dunque di risorse statali vincolate a favore dei livelli essenziali delle prestazioni (LEP) concernenti i diritti che devono essere garantiti su tutto il territorio nazionale, le quali, in caso di mancato impegno in funzione del pieno superamento dei divari territoriali nel godimento delle prestazioni, potrebbero finanche condurre a forme di commissariamento degli enti inadempienti (sent. n. 71/2023).

In estrema sintesi, l'intento che traspare da tale, complesso, settore della giurisprudenza è quello di indicare soluzioni che contemplino un punto di equilibrio tra le esigenze di gestione della finanza pubblica nel suo insieme, in attesa della compiuta attuazione dell'art. 119 Cost., e le ragioni dell'autonomia, lasciando anche emergere il rapporto strettissimo che lega l'autonomia finanziaria alla responsabilità (sentt. nn. 184/2016, 247/2017, 49/2018). Tra l'altro, ricomprendendosi le Regioni a statuto differenziato nell'ambito della c.d. finanza pubblica allargata, al cui riguardo lo Stato possedeva e conserva poteri di disciplina generale e di coordinamento, essendo chiamate le autonomie speciali a concorrere agli obiettivi complessivi di finanza pubblica, connessi pure ai vincoli europei (*ex multis*, sentt. nn. 425/2004, 190/2008, 19/2014, 62 e 154/2017), e quindi avendo anch'esse l'obbligo di partecipare all'azione di risanamento della finanza medesima (sentt. nn. 169/2007, 60/2013), preservando l'equilibrio economico-finanziario del complesso delle amministrazioni pubbliche e garantendo l'unità economica della Repubblica (sent. n. 103/2018); qui va detto, tuttavia, che la Corte ha avuto occasione di salvaguardare in concreto alcuni profili specifici di maggiore autonomia (secondo i meccanismi descritti *retro*, par. 6) assicurata dagli statuti speciali, ad esempio precisando come gli stessi principi di coordinamento della finanza pubblica siano da individuarsi nel rispetto del principio dell'accordo, inteso anch'esso come vincolo di metodo (e non

... con riferimento anche alle Regioni a statuto speciale

già di risultato) e declinato nella forma della leale collaborazione (sent. n. 273/2020).

Autonomia di spesa e patto di stabilità

Gli stessi vincoli alle politiche di bilancio imposti alle Regioni ordinarie e agli enti locali, che indirettamente vengono a incidere sull'autonomia di spesa – per ragioni di coordinamento finanziario volte a salvaguardare l'equilibrio unitario della finanza pubblica complessiva, in connessione con il perseguimento di obiettivi nazionali, condizionati anche da obblighi comunitari – affinché possano considerarsi rispettosi dell'autonomia degli enti territoriali, devono riguardare l'entità del disavanzo di parte corrente oppure, ma solo in vista degli specifici obiettivi di riequilibrio della finanza pubblica perseguiti dal legislatore statale, la crescita della spesa corrente (sent. n. 182/2011); in quanto quest'ultima, ove non contenuta, sarebbe inevitabilmente destinata a produrre disavanzo e quindi a porre a rischio gli obiettivi di finanza pubblica e con essi, indirettamente, anche i vincoli economici e finanziari derivanti dall'ordinamento dell'Unione europea (recentemente aggiornati con regolamento UE 2024/1263). I limiti imposti dal legislatore statale alla spesa degli enti territoriali, che si configurano quali principi di coordinamento della finanza pubblica, devono consistere (sent. n. 79/2014) in un contenimento *complessivo*, anche se non generale, della spesa corrente ed altresì *transitorio*, in quanto necessario a fronteggiare una situazione contingente; non devono infine essere previsti in modo esaustivo strumenti o modalità per il perseguimento degli obiettivi di riequilibrio, riservandosi viceversa a Regioni ed enti locali una qualche libertà di allocazione delle risorse e di riorganizzazione degli obiettivi di spesa, ed evitando che eventuali riduzioni delle prime pregiudichino lo svolgimento delle funzioni attribuite agli enti medesimi (sentt. nn. 275/2016, 83/2019). È emerso infine il concetto di coordinamento dinamico della finanza pubblica, nel senso che le relazioni finanziarie tra Stato e Regioni non sono da considerarsi immutabili, bensì sono soggette a un periodico adeguamento; cosicché interessi pubblici sopravvenuti possono esigere interventi normativi diretti a incidere in senso sfavorevole anche su posizioni consolidate (con il limite della proporzionalità dell'incisione rispetto agli obiettivi di interesse pubblico perseguiti), o su assetti regolatori precedentemente definiti, giustificandosi quand'anche norme puntuali, adottate dal legislatore statale per realizzare in concreto le finalità del coordinamento finanziario, e riconducibili ancora una volta ai principi di coordinamento della finanza pubblica (sentt. nn. 154/2017, 78/2020).

Sezione IV
Quadro dei problemi ancora aperti, per il regionalismo italiano

A) *Sul piano dell'ulteriore attuazione delle riforme del Titolo V*

1. *Le difficoltà di una lettura armonica dei nuovi artt. 117 e 118 Cost., e le conseguenze che ne derivano*

Il tentativo della Corte di coordinare le previsioni degli artt. 117 e 118 Cost.

Il quadro giurisprudenziale sommariamente esposto – privilegiando in maniera evidente un modello di regionalismo ispirato all'idea di compenetrazione e di intreccio delle competenze, destinato a prevalere nei fatti sulla logica "duale" e di separazione delle competenze medesime, che senz'altro caratterizza quantomeno l'art. 117 Cost. – presenta un punto di debolezza nel suo venire a collidere con il tenore letterale di alcune disposizioni del Titolo V, pur giustificato dall'intento apprezzabile di renderle funzionali alle esigenze di uno sviluppo razionale delle manifestazioni del pubblico potere attraverso le istituzioni che operano sul territorio. Sotto alcuni profili la Corte opera su una linea di continuità rispetto al passato, valorizzata dalle interpretazioni del principio di sussidiarietà, cui abbiamo accennato, che le consentono talvolta di spingere a conseguenze impreviste le relazioni tra potestà legislativa e potestà amministrativa, e di recuperare, in particolare per lo Stato, spazi a prima vista non disponibili per i propri interventi; inoltre la Corte si fa carico di un difetto che affligge il testo del Titolo V, ovvero il mancato coordinamento tra gli artt. 117 e 118 Cost., tentando di rimediarvi con le nuove versioni del "parallelismo alla rovescia" (*retro*, sez. III, par. 7.2). Preoccupano la dottrina quelle decisioni che giustificano le "incursioni" dell'esecutivo centrale, dapprima alla presenza di un intreccio di materie esclusive statali e di materie concorrenti, e per l'esigenza di attuazione del diritto dell'UE (sent. n. 151/2005, *retro*, sez. III, par. 7.2), pur precisandosi che deve venir rispettata la leale cooperazione nella forma dell'intesa (sent. n. 88/2007); ma poi anche in ambiti di potestà regionale residuale, e in assenza di qualsiasi titolo di intervento dello Stato (dunque in assenza di intrecci di materie) che non fosse l'assiomatica semplice esigenza di un intervento unitario, con l'effetto a cascata di modifica delle disposizioni regionali corrispondenti e necessità di osservanza da parte delle strutture amministrative regionali (sent. n. 76/2009). E se nei primi anni di applicazione della riforma l'esigenza di un intervento unitario aveva come destinatario chiaramente ed esclusivamente il legislatore,

La giustificazione di alcuni interventi del Governo

successivamente essa è sembrata poter ricomprendere proprio il Governo (G. Di Cosimo); l'effetto di questo "slittamento" della giurisprudenza appare conclusivamente il seguente: le esigenze della sussidiarietà sono valutate alla stregua della leale cooperazione, dunque solitamente in Conferenza, che come sappiamo delinea un asse privilegiato tra esecutivi; le esigenze della sussidiarietà possono trascinare con sé, oltre ad interventi amministrativi statali, anche interventi legislativi, che però a loro volta sono condizionati dal rispetto della leale cooperazione, e quindi, di nuovo, da valutazioni rese in sede di Conferenza; addirittura le esigenze della sussidiarietà ingenerano talvolta esigenze parallele di interventi regolamentari, come dire che il Governo (rappresentato in Conferenza) chiama e giustifica se stesso nell'attività di normazione, e la Conferenza (dunque l'asse degli esecutivi) può concretamente depotenziare il ruolo stesso delle assemblee regionali.

I commissariamenti di alcune Regioni

In un diverso significato, potremmo intravedere interventi "più che sostitutivi" in quegli ulteriori provvedimenti del Governo con i quali a un certo punto (dal 2008) sono state commissariate alcune Regioni (Lazio, Abruzzo, Campania, Molise, Calabria), affidando *medio tempore* la gestione "speciale" della sanità (visto il disastro dei disavanzi correnti) ai loro presidenti (assistiti, nell'esercizio delle funzioni di risultato loro attribuite, da *sub*-commissari estranei all'amministrazione regionale). A prima vista pienamente giustificabili (e quindi riconducibili all'alveo dell'art. 120 Cost.) per aver ricorso il Governo al potere sostitutivo (questa volta, non di atti, ma di organi regionali) a causa di una specifica inattività (inadempimento agli obblighi convenuti nei Piani di rientro dei debiti pregressi, concordati col Governo), con conseguente messa a repentaglio del diritto alla salute dei cittadini, questi provvedimenti (adottati con delibera del Consiglio dei ministri) hanno suscitato invece più di una perplessità: intanto, per essere stati emanati all'esito di una procedura che ha trascurato il principio di leale cooperazione (tanto più grave potendo valere il commissariamento anche come monito ad intraprendere un'accurata gestione delle risorse, in vista del "federalismo fiscale", su cui v. *infra*, in questa sez., par. 2; ed essendo il rispetto del principio di leale collaborazione necessario per un legittimo esercizio dei poteri sostitutivi in genere, secondo una costante giurisprudenza ribadita, ad esempio, nella sent. n. 171/2015). Inoltre, per essere stati, i commissari *ad acta*, ritenuti essi stessi competenti ad adottare direttamente provvedimenti impositivi di carattere tributario, con effetti sospensivi (sia pure per un periodo determinato, individuato in un esercizio finanziario) dell'efficacia delle corrispondenti norme legislative regionali. Così si è raggiunto il singolare risultato di realizzare una sostituzione (mediante sospensione) di atti legislativi tramite l'adozione di un provvedimento amministrativo, da parte del soggetto sostituto, quando la Costituzione nulla dice in ordine ai relativi poteri. La Corte, intervenendo in ordine a questo peculiare filone di commissariamenti, ha anzitutto escluso la possibilità di ritenere conformi al dettato costituzionale provvedimenti commissariali aventi forza di legge regionale, sottolineando che a livello regionale è solo il Consiglio l'organo titolare del potere legislativo, e che la disciplina contenuta nell'art. 120 Cost. non può essere interpretata come legittimante il conferimento di poteri legislativi ad un soggetto che sia stato nominato Commissario del Governo (sent. n. 361/2010). In questa stessa prospettiva, la Corte ha poi ribadito che l'esercizio del potere di cui all'art. 120, 2° comma, Cost., non può modificare l'ordine delle attribuzioni né creare nuovi tipi di atti legislativi di competenza di organi che non hanno funzioni di tale natura; pertanto, tra le misure indicate dal piano di rientro dai disavanzi sanitari, non sono stati ritenuti legittimi interventi sostitutivi di natura legislativa (sent. n. 278/2014).

2. *(Segue): Le incertezze derivanti dalla legge di attuazione dell'art. 119 Cost. e dai relativi decreti delegati*

Il fallimento del primo tentativo di perequazione fiscale

Dal 2002 al 2006 una "Alta Commissione di studio per la definizione dei meccanismi strutturali del federalismo fiscale" – istituita per legge con l'ampio compito di indicare al Governo, sulla base di un accordo da raggiungersi in sede di Conferenza unificata, i principi generali sul coordinamento della finanza pubblica e del sistema tributario, e di rivedere in profondità, in particolare, il d.lgs. n. 56/2000 (*retro*, sez. III, par. 3), al fine di renderlo coerente con il nuovo art. 119 Cost. – ha cercato di fornire le premesse per sciogliere questo importantissimo nodo del nuovo assetto delle autonomie, che rendeva vistosamente "claudicante" il Titolo V, compiendo interessanti osservazioni sui possibili gradi di diversità – e, correlativamente, di solidarietà – interregionale che possono ritenersi accettabili. Ostacolo non indifferente da superare era rappresentato dalla stessa recalcitranza regionale, scaturente da un giudizio sostanzialmente negativo in ordine al primo tentativo di perequazione operato nell'ordinamento italiano, che era sembrato mancare l'obiettivo di assicurare – per le funzioni e i servizi di competenza – livelli essenziali ed uniformi su tutto il territorio nazionale, per via delle risorse insufficienti a tale scopo, oltreché l'esigenza di superare i concreti squilibri socio-economici presenti sul territorio, talvolta anche in modo marcato. In altri termini, il provvedimento emanato *ante* riforma avrebbe compromesso il perseguimento di una reale finalità perequativa nelle Regioni a ridotta capacità fiscale, violando i principi di solidarietà, buon andamento dell'azione amministrativa e pari dignità istituzionale di tutte le componenti della Repubblica, dando vita infine ad un *federalismo eccessivamente competitivo*, incompatibile con il valore dell'unità professato dall'art. 5 Cost.

Il dibattito sull'attuazione dell'art. 119 Cost. e l'approvazione della l. n. 42/2009

Sospesa quindi l'applicazione del fondo, e proseguito il dibattito nella XV e XVI legislatura, l'articolato di legge che è infine approdato alle Camere ha visto le forze parlamentari esprimersi con vari accenti; cercando infine di soddisfare le esigenze di una politica *bipartizan*, la l. n. 42/2009 («Delega al Governo in materia di federalismo fiscale, in attuazione dell'art. 119 Cost.») ha previsto che i tributi "propri derivati" (cioè istituiti dallo Stato ma il cui gettito viene attribuito alle Regioni) e le compartecipazioni (al gettito dei tributi statali) mantenessero un ruolo di prim'ordine, ovvero quello di garantire i LEP inerenti i principali diritti sociali (quali sanità, istruzione, assistenza sociale); invece i tributi "propri" (cioè stabiliti direttamente dalle Regioni) avrebbero dovuto adattare i livelli di intervento pubblico alle situazioni locali, per tutte le spese non riconducibili ai LEP. Per parametrare poi le risorse necessarie a coprire i LEP si è fatto riferimento a un concetto nuovo, quanto vago e indeterminato, poiché rimesso alle scelte del legislatore delegato, che è quello dei "costi *standard*", i quali – sostituendo il criterio della spesa storica – dovevano (almeno nelle intenzioni) riequilibrare e contenere la spesa, responsabilizzare massimamente la classe dirigente regionale e locale, offrendo al contempo una garanzia qualitativa di soddisfazione dei bisogni. Infine la perequazione – che interverrebbe soltanto a compensazione, ovvero nei caso di tributi propri derivati e compartecipazioni nell'insieme insufficienti a finanziare i LEP – è stata impostata attraverso più fondi (per ciascuno dei destinatari istituzionali), che il legislatore delegato avrebbe potuto però scegliere di riferire, in vista del loro effettivo funzionamento, a medie ricavate da più aree territoriali, anziché a singole realtà locali, così riducendo e svilendo l'efficacia del meccanismo perequativo nelle zone povere del Paese.

Lo stato di attuazione del "federalismo" fiscale"

Ad agosto 2024 sono stati emanati dodici decreti legislativi, l'ultimo dei quali risale a dieci anni addietro (d.lgs. n. 126/2014, in materia di armonizzazione dei sistemi contabili e degli schemi di bilancio degli enti territoriali), a testimonianza dell'affievolimento della spinta propulsiva che originariamente la legge del 2009 era sembrata possedere. Soprattutto, è mancata l'attuazione dell'art. 2, 6° comma, l. n. 42/2009, che delegava il Governo ad adottare un decreto legislativo contenente la determinazione dei costi e dei fabbisogni *standard* sulla base dei LEP, pur essendo stato delineato a tal fine un percorso articolato dal d.lgs. n. 68/2011 (che si è dimostrato poi però difficile da attuare, anche sul piano tecnico), e con l'eccezione dei fabbisogni sanitari e della ripartizione del Fondo sanitario, i quali invece hanno trovato svolgimento. Così l'attuazione della riforma della finanza regionale extra-sanitaria, per un suo tassello rilevantissimo, è stata ripetutamente rinviata, da ultimo dalla legge di bilancio per il 2023. Da sottolineare, peraltro, come l'attuazione del federalismo regionale sia prevista come "riforma abilitante" ed oggetto di una specifica *milestone* (M1C1-119) del Piano nazionale di ripresa e resilienza (PNRR), da realizzare entro il primo trimestre del 2026 nell'ambito della riforma del quadro fiscale sub-nazionale (M1C1 – Riforma 1.14); e come anche gli specialisti di settore ritengano che il completamento del federalismo fiscale possa essere favorito dall'applicazione delle nuove regole di bilancio europee, oltre che dall'attuazione della recente legge delega sulla riforma fiscale (l. n. 111/2023), concernente più ampiamente la revisione del sistema tributario. È comunque al lavoro una Commissione tecnica per i fabbisogni *standard* (istituita con l. n. 208/2015), che con l'ausilio della Ragioneria dello Stato ha individuato i capitoli relativi ai trasferimenti di parte corrente e in conto capitale con carattere di generalità e permanenza, e destinati all'esercizio delle competenze regionali, compresi quelli finalizzati all'esercizio di funzioni da parte di Province, Città metropolitane e Comuni; tra i suddetti capitoli, quelli più significativi riguardano il Fondo nazionale per il trasporto pubblico locale e i grandi Fondi nell'ambito dell'assistenza sociale (Fondo per le non autosufficienze, Fondo per la lotta alla povertà e all'esclusione sociale, Fondo nazionale per le politiche sociali).

In particolare, per gli enti locali

Infine è da segnalare che il percorso di attuazione del "federalismo fiscale" ha conosciuto una relativa accelerazione nel triennio 2020-22, per il comparto degli enti locali. Per i Comuni è stato previsto infatti il superamento graduale del criterio storico nella ripartizione dei trasferimenti perequativi, ed è stato avviato un percorso di potenziamento negli ambiti degli asili nido, dei servizi sociali e del trasporto degli studenti con disabilità, attraverso lo stanziamento di risorse addizionali e la fissazione di obiettivi di servizio; per le Province e le Città metropolitane sono state parimenti stanziate risorse aggiuntive, sulla base di una stima dei fabbisogni *standard* relativi alle funzioni fondamentali previste dalla l. n. 56/2014, oltreché istituiti due fondi perequativi. Nell'ultimo biennio, inoltre, le principali novità hanno sostanzialmente riguardato l'attuazione degli interventi di rafforzamento dei servizi comunali, ed in particolare, a seguito della sent. n. 71/2023 della Corte costituzionale (di cui si è fatto cenno, *retro*, sez. III, par. 7.5) sono state modificate le modalità di finanziamento e di monitoraggio: infatti la legge di bilancio per il 2024 ha fatto confluire le risorse precedentemente stanziate per il periodo 2025-2030 nel Fondo di solidarietà comunale, in un nuovo "Fondo Speciale Equità Livello dei Servizi", espressamente destinato alla rimozione degli squilibri economici e sociali e a favorire l'effettivo esercizio dei diritti della persona; la legge ha previsto altresì che in caso di mancato raggiungimento degli obiettivi annuali il ministero dell'Interno possa nominare un commissario, limitando il recupero delle somme ai casi in cui il Comune certifichi l'assenza di utenti potenziali.

2.1. *(Segue): La previsione di eventuali differenziazioni tra Regioni a statuto ordinario (art. 116, 3° comma, Cost.)*

È tornata invece recentemente in auge una previsione dell'articolato della riforma costituzionale del 2001 che per molto tempo era sembrata lettera morta, ovvero quella dell'art. 116, 3° comma, Cost. (c.d. clausola di asimmetria), in base alla quale ulteriori forme e condizioni particolari di autonomia, possono essere attribuite con legge dello Stato, nelle materie di cui all'art. 117, 3° comma (quelle di potestà legislativa concorrente) e perfino in alcune delle materie di potestà legislativa esclusiva dello Stato, che vengono specificamente indicate (organizzazione della giustizia di pace, norme generali sull'istruzione, tutela dell'ambiente, dell'ecosistema e dei beni culturali). Occorreva, al fine dell'attuazione di tale previsione, una peculiare legge, approvata dalle Camere a maggioranza assoluta dei componenti, sulla base di un'intesa tra lo Stato e la Regione interessata, dunque una legge atipica, adottata con procedimento legislativo aggravato, previa necessaria iniziativa della Regione interessata, sentiti gli enti locali, e nel rispetto dei principi di cui all'art. 119 Cost.

L'esigenza di una peculiare legge di attuazione...

A lungo sono prevalse incertezze, se non addirittura le resistenze di alcune Regioni, come anche la dottrina ha suggerito cautela, mettendo autorevolmente in guardia da questo percorso, nella misura in cui prima non venisse completato il disegno "federalista" (di cui al par. prec.); rischiando di tradursi altrimenti l'autonomia differenziata in una maldestra, parziale anticipazione, *solo per alcune Regioni*, di un progetto autonomistico che, invece, avrebbe avuto bisogno di un più generale rilancio (F. Gallo). Se le Regioni potevano cioè, in teoria, legittimamente aspirare ad utilizzare l'art. 116, 3° comma, Cost., in nome anche di una maggiore efficienza gestionale, ambendo a conquistare un'autonomia più ampia e differenziata come reazione anche alla eccessiva centralizzazione statale prodotta da tanti interventi legislativi ordinari, in pratica il rischio che si paventava è che la maggiore autonomia differenziata potesse produrre l'aumento delle disuguaglianze, se il quadro generale dell'integrazione e della cooperazione Stato-Regioni fosse rimasto carente, specie sul piano del rispetto dei principi della perequazione interregionale finanziaria. La concreta istituzione dei fondi perequativi è apparsa, in particolare, difficoltosa e farraginosa, così come quella dei fondi di soli-

... e i dubbi della dottrina

darietà, e allora non sarebbe stato sufficiente limitarsi a far riferimento ai criteri del fabbisogno *standard* (a sua volta, come si è accennato, difficile da concretizzare), alla necessità del superamento della spesa storica, e alla garanzia che il finanziamento delle funzioni attribuite alle Regioni interessate non comportasse sottrazione di risorse alle altre Regioni; viceversa, sarebbe stato necessario che le condizioni particolari di autonomia, per raggiungere detti fini, presupponessero e si accompagnassero anche all'assunzione da parte dello Stato di un impegno finanziario parallelo, indirizzato, in termini di leale collaborazione, a riempire i gravi vuoti ancora esistenti, a monte, nella materia complessiva della finanza decentrata.

Dalle "pre-intese" alla legge Calderoli

Ad ogni modo, alcune attività preliminari rivolte all'attuazione dell'art. 116, 3° comma, Cost., sono state svolte sul finire della XVII legislatura, allorché il Governo Gentiloni ha adottato nel febbraio 2018 tre singole *pre-intese*, rispettivamente con Emilia Romagna, Lombardia, Veneto; successivamente il Governo Conte II ha raggiunto una più complessiva intesa con tutte le Regioni ordinarie, in sede di Conferenza Stato-Regioni, nel novembre 2019; poi la pandemia da Covid-19 ha spostato l'attenzione su altre e più urgenti questioni. Da ultimo però (l. n. 86/2024) il Parlamento ha definito, su iniziativa del Governo Meloni (d.d.l. Calderoli, da cui l'appellativo della legge poi approvata), i principi generali per l'attribuzione alle Regioni di ulteriori forme e condizioni particolari di autonomia, per la modifica e la revoca delle stesse, nonché delle modalità procedurali di approvazione delle intese fra Stato e singole Regioni. Il tema è a dir poco incandescente, la legge è oggetto di una richiesta di *referendum* abrogativo, oltreché di alcune impugnazioni regionali nel giudizio di legittimità costituzionale in via principale, tempestivamente vagliate dalla Corte (comunicato stampa del 14 novembre 2024; non risulta però ancora depositata la motivazione della sentenza, nel momento in cui questo Manuale viene pubblicato). La Corte ha annunciato di aver ravvisato l'incostituzionalità di alcuni profili della legge Calderoli, con conseguenti vuoti legislativi che spetterà al Parlamento colmare, e di avere inoltre interpretato in modo costituzionalmente orientato altre previsioni della legge medesima.

Linee essenziali della l. n. 86/2024

Uno scenario plausibile che potrebbe realizzarsi, al netto della vicenda referendaria e della dichiarazione di incostituzionalità, è la ripresa delle procedure negoziali a partire dalle intese preliminari già raggiunte nel 2018, giacché l'art. 11 della nuova legge non prevede che il confronto col Governo prenda avvio *ex novo*, ma invece che esso riparta dalle iniziative presentate dalle Regioni richiedenti maggiore autonomia precedentemente all'approvazione della legge medesima. È da sottolineare però, a questo riguardo, che la legge Calderoli ha introdotto all'art. 3 una fondamentale distinzione, nelle funzioni potenzialmente attribuibili alle singole Regioni, fra "materie LEP" (espressamente elencate) e "materie no-LEP" (individuabili per differenza): mentre per le prime il trasferimento effettivo di funzioni (e non di intere materie, ha già sottolineato la Corte) alle Regioni richiederà che i LEP corrispondenti siano preventivamente individuati dal Governo, insieme con le risorse per il loro finanziamento valutate in termini *standard* (ma su questo punto la Corte ha fatto capire che la delega legislativa contenuta nella l. n. 86/2024 è priva di idonei criteri direttivi, e che comunque non potrà essere un d.P.C.M. a determinare l'aggiornamento dei LEP), per le "materie non-LEP" il trasferimento alle Regioni potrebbe invece essere avviato, mediante intese, a partire dal momento dell'approvazione della legge.

È pertanto possibile che, a breve, le trattative riprendano unicamente entro il perimetro delle "materie no-LEP", o di specifiche funzioni all'interno di tali materie (nella ricognizione dell'Ufficio legislativo del Dipartimento per gli affari regionali e le autonomie, sono state quantificate fino a 184 distinte funzioni pubbliche); materie le quali, peraltro, includono ambiti significativi di intervento, quali ad esempio la protezione civile, il commercio con l'estero, la previdenza complementare e integrativa, le professioni, il credito locale: si tratta prevalentemente di politiche di regolamentazione, la cui eventuale regionalizzazione comporterà trasferimenti di risorse relativamente limitati. Tutto ciò prefigura uno scenario nel quale una stessa Regione potrebbe avviare una molteplicità di intese, e per converso svela rischi di eccessiva frammentazione delle suddette politiche di regolamentazione, con ricadute sull'efficienza dell'intervento pubblico in settori nei quali il coordinamento territoriale è fondamentale (si pensi alla protezione civile), e anche sulla competitività delle imprese, a causa del proliferare di normative, quadri regolamentari e albi professionali differenziati sul territorio. Andranno inoltre attentamente valutati i costi aggiuntivi determinati dalla moltiplicazione delle strutture amministrative.

Prospettive di breve e medio periodo

Ancora, in tempi relativamente brevi potremmo forse assistere alla devoluzione di specifiche funzioni non direttamente concernenti i diritti civili e sociali ma tuttavia incluse in "materie LEP", quali in particolare quelle collegate alla materia "tutela della salute", che del resto trova i LEP già determinati poiché identificabili nei livelli essenziali di assistenza (LEA) fissati dalla legislazione vigente. Di conseguenza, competenze aggiuntive in questa materia, che non toccano direttamente i diritti ma riguardano ad esempio la gestione del personale sanitario, il trattamento retributivo integrativo, la programmazione delle borse di specializzazione, l'istituzione e la gestione di fondi sanitari integrativi, potrebbero in linea di principio essere trasferiti ad alcune Regioni nei prossimi mesi, essendo già state richieste, non a caso, da Lombardia e Veneto nelle pre-intese del 2018.

Più in generale, è evidente che si imporrà un coordinamento fra il completamento del "federalismo fiscale" (par. prec.) e l'attivazione concreta di forme di autonomia particolare, per due aspetti: sia cioè *sotto il profilo della determinazione dei LEP*, che in base alla legge Calderoli vedono una corsia privilegiata se riferiti appunto a materie rilevanti per il regionalismo asimmetrico, quando però un eventuale ritardo nella determinazione degli ulteriori LEP (in materie di potestà legislativa esclusiva non indicate nell'art. 116, 3° comma, e perciò escluse dal regionalismo asimmetrico) costituirebbe indubbiamente un ostacolo al completamento del modello costituzionale, in quanto tutti i LEP risultano necessari per la costruzione del fondo perequativo (il quale sconta il pesante ritardo di cui si è detto al par. precedente); sia *anche per la gestione delle compartecipazioni al gettito dei tributi erariali*, per le stesse Regioni richiedenti autonomia. A tale ultimo proposito, è da osservare che la legge Calderoli prevede un meccanismo di verifica annuale dell'allineamento tra fabbisogni relativi ai LEP e gettito delle compartecipazioni, con eventuale proposta di variazione delle aliquote di compartecipazione, affidato per ogni Regione ad una commissione paritetica; dunque prefigurando una trattativa bilaterale, sul modello delle autonomie speciali, che potrebbe evidentemente non garantire l'uniformità delle valutazioni e mettere così a rischio il rispetto degli obiettivi di crescita previsti dalle nuove regole europee sul patto di stabilità. La Corte, su questo punto, ha già osservato nel proprio comunicato stampa che l'individuazione delle risorse dovrà avvenire non sulla base della spesa storica, bensì prendendo a riferimento costi e fabbisogni *standard*, oltreché criteri di efficienza.

B) *Sul piano delle ulteriori riforme auspicabili*

3. *La prospettiva di una camera di rappresentanza degli enti territoriali*

La mancata trasformazione del Senato ...

Alcune considerazioni finali sui correttivi che potrebbero venire utilmente introdotti alle riforme del Titolo V, affinché esse possano risultare dotate di ancora maggiore organicità, e rispondere appieno alle esigenze di un moderno regionalismo. Tra questi, quello che incontra senz'altro i maggiori consensi, sia dal punto di vista dell'elaborazione teorica che sul piano delle proposte concrete già emerse negli anni, la trasformazione dell'attuale Senato in una camera di rappresentanza degli enti territoriali: si fa rilevare infatti come, sotto questo profilo, la Costituzione del nostro Paese si presenti assai lacunosa, mancando la previsione di un istituto coessenziale alle forme di Stato che valorizzano le autonomie, nelle quali invece esso consente, sia pure con modalità diversificate, l'inserimento degli enti territoriali nei processi decisionali dello Stato centrale, scoraggiando sul nascere quella litigiosità tra i diversi soggetti dell'ordinamento che invece è divenuta un tratto caratteristico dell'esperienza italiana anche recente. Ma le stesse previsioni riformatrici del Senato contenute nel progetto di revisione costituzionale c.d. Renzi-Boschi, bocciate col *referendum* costituzionale del 2016, apparivano – nei dettagli – largamente insoddisfacenti. Solo apparentemente più pregnante la previsione contenuta nella "riforma della riforma del Titolo V" (quella voluta dal Governo Berlusconi nella XIV legislatura, approvata con legge costituzionale ma infine bocciata dal corpo elettorale nel giugno 2006), di istituire un «Senato federale della Repubblica», che quantomeno avrebbe avuto una voce più incisiva nel capitolo delle scelte normative dello Stato sulle autonomie, rispetto alle quali la Camera dei Deputati avrebbe perso viceversa la tradizionale posizione paritetica, con una *deminutio* nel procedimento legislativo.

... e la difficoltosa integrazione della Commissione bicamerale per le questioni regionali

L'art. 11, l. cost. n. 3/2001 in realtà, contemplerebbe in quest'ottica, sia pure rispondendovi in modo piuttosto riduttivo, la possibile integrazione della Commissione parlamentare bicamerale per le questioni regionali con rappresentanti dei diversi enti; ma oltre a rimanere inattuata (anche per la difficoltà di trovare una soluzione concordata sull'individuazione e la presenza in Commissione degli esponenti del complesso e variegato mondo delle autonomie), questa previsione era apparsa da subito piuttosto anomala, in quanto evocativa di una futura revisione del Titolo I della Parte seconda della Costituzione, e quindi nella sostanza "autodichiarativa" di una riforma costituzionale non pienamente compiuta. Del resto, l'effetto che avrebbe prodotto l'innovazione sarebbe consistito soltanto in un ruolo leggermente più incisivo di tale Commissione in riferimento ai progetti di legge in materie di potestà legislativa concorrente o comunque incidenti sulla finanza territoriale, con aggravamento degli oneri del procedimento legislativo ma con prevalenza assicurata, infine, all'orientamento delle assemblee parlamentari. Uno spiraglio nella direzione dell'attuazione dell'art. 11 suddetto parrebbe essersi aperto con l'approvazione del regolamento interno della Commissione parlamentare per le questioni regionali per la consultazione delle autonomie territoriali, allo scadere della XVII legislatura; durante le successive XVIII e XIX legislatura si sono avuti segnali di un qualche attivismo in questa sede, ad esempio con lo svolgimento di un'indagine conoscitiva sul processo di attuazione del "regionalismo differenziato" *ex* art. 116, 3° comma, Cost. (v. *retro*, in questa sez. IV, A), par. 2.1).

E tuttavia è ricorrente, nella giurisprudenza costituzionale, il richiamo alla perdurante assenza di una trasformazione delle istituzioni parlamentari e, più in generale, dei procedimenti legislativi: a significare – al contempo – la necessità di un coinvolgimento in sede parlamentare *in primis* delle Regioni, e la valorizzazione del sistema delle Conferenze, ad oggi uno degli strumenti più qualificati che consente alle Regioni di avere un ruolo nella determinazione di taluni atti legislativi incidenti su materie regionali e nell'elaborazione in genere di regole destinate ad integrare il parametro della leale cooperazione; come si è sottolineato a proposito di tale sistema, «al suo interno si sviluppa il confronto tra i due grandi sistemi ordinamentali della Repubblica, in esito al quale si individuano soluzioni concordare di questioni controverse» (sent. n. 31/2006). In tal modo, la Corte ha cercato negli anni di offrire uno stimolo alla via delle riforme, prendendo realisticamente atto dell'orizzonte all'interno del quale, finora, è stato possibile impostare il dialogo interistituzionale. Si tratta comunque di un orizzonte che, ci pare, non deve essere enfatizzato, non solo perché le Conferenze risentono inevitabilmente a loro volta, a torto o a ragione, della propria mancata costituzionalizzazione, la quale impedisce di qualificarle fino in fondo come sede di garanzia per le autonomie; ma anche per via degli effetti paradossali che il loro operato concreto è capace di generare (*retro*, sez. III, par. 7.3, in fondo, e in questa sez., par. 1), oltre che per le contraddizioni nell'attuazione del Titolo V che non hanno potuto impedire (*retro*, in questa sez., parr. 1. e 2). Per cui, del sistema attuale non possono dimenticarsi i limiti intrinseci (come peraltro il perdurante tasso di conflittualità tra Stato e Regioni sembra indirettamente dimostrare) e lo scenario di un bicameralismo differenziato, anche per questo motivo, sembrerebbe quello da preferire.

La valorizzazione del sistema delle Conferenze …

… e i suoi limiti intrinseci

4. *(Segue): L'esigenza di un accesso diretto degli enti locali alla giustizia costituzionale*

Sotto altra angolatura, deve evidenziarsi la carenza, a "Costituzione variata" nel 2001, di previsioni che consentano agli enti locali di difendere le proprie prerogative di fronte alla Corte costituzionale. Tale carenza appare particolarmente significativa se si pensa, non solo al ruolo molto pregnante – e che vorrebbe essere costituzionalmente garantito – che Comuni, Province e Città metropolitane avevano assunto già in astratto, nella prospettiva della riforma, ma altresì alle difficoltà di decifrare in concreto la portata della sussidiarietà: essa è capace nelle diverse interpretazioni del legislatore – come si è visto – di produrre continui moti ascensionali, volti a indebolire la centralità degli enti locali rispetto all'attività amministrativa, e in ipotesi anche a svalutare il senso dell'autonomia statutaria e regolamentare; moti ascensionali che potrebbero essere letti quindi "dai destinatari" come *vulnus* ingiustificato, che esige una reazione *a posteriori*. Una tale prospettiva non è surrogabile – perché di diversa natura, oltre che caratterizzata da una tempistica differente – con l'attività dei rappresentanti degli enti locali in sede di Conferenza unificata, né con quella, in ciascuna Regione, del Consiglio delle autonomie locali, organo di rappresentanza e di consultazione degli enti locali, necessariamente previsto dagli statuti *ex* art. 123, ultimo comma, Cost., ma con funzioni meramente consultive e di raccordo tra ogni Regione e gli enti presenti nel suo territorio.

L'opportunità di difendere la propria autonomia

Molteplici, allora, le incognite del dispiegamento degli effetti del Titolo V (in attesa della sua eventuale ulteriore riforma), e dunque i profili di interesse all'esistenza di una sede giurisdizionale qualificata nella quale poter rivendicare il rango costituzionale delle proprie potestà. La Corte costituzionale, che ha sempre manifestato sul punto, prima del 2001, una posizione di rigida chiusura (motivata sulla base del tenore inequivocabile degli artt. 127 e 134 Cost., che non annoverano gli enti locali tra i soggetti abilitati ad impugnare davanti a se stessa gli atti legislativi o amministrativi), ha confermato il proprio orientamento nonostante la riconfigurazione "al rialzo" degli enti territoriali minori operata dalla riforma. Essa ha, piuttosto, abilitato le Regioni a denunciare la legge statale in caso di ritenuta violazione di prerogative costituzionali degli enti locali, ma solo se potenzialmente idonea a determinare una lesione delle stesse competenze regionali (per via della stretta connessione che esisterebbe tra le une e le altre): quindi non è stato legittimato l'ente locale a difendere un interesse proprio, né la Regione per un interesse altrui, ma la Regione per un interesse, in definitiva, "proprio" (*ex plurimis*, sent. n. 6/2023). Inoltre la Corte, impossibilitata ad introdurre nell'ordinamento nuove forme di ricorso diretto di costituzionalità, sembra avere piuttosto cercato di valorizzare la dimensione *extra*-processuale ed endo-procedimentale del principio di leale cooperazione intra-regionale, avallando l'idea che le stesse scelte del legislatore regionale debbano tener conto della presenza di interessi locali (ma la cui dimensione trascende quella meramente locale), e che lo stesso *iter* che conduce a quelle scelte debba contemplare una partecipazione effettiva e congrua degli enti locali. Tali indicazioni non sono evidentemente adeguate a ridurre gli squilibri nel trattamento processuale rispetto a quello di cui godono Stato e Regioni, perché gli enti locali potranno cercare uno sfogo diretto soltanto di fronte alla giurisdizione comune.

I limiti della "rappresentanza" regionale

Il timore di una "microconflittualità" costituzionale

Del resto, l'idea di una implementazione delle competenze della giurisdizione costituzionale in questa direzione si è tradotta, con accenti diversi, in alcune delle proposte di più ampia riforma della Carta fondamentale cui abbiamo fatto cenno (dapprima nel testo licenziato dalla bicamerale D'Alema nel 1997, più tardi nel testo approvato nella XIV legislatura e bocciato nel 2006) ma ha suscitato anche alcuni dubbi in dottrina, per il pericolo del realizzarsi di una microconflittualità di fronte alla Corte, che sarebbe pregiudizievole per la funzionalità di quest'ultima, oltre che poco consona ai suoi compiti e al suo ruolo nel sistema; dal canto suo il legislatore ordinario, non potendo certamente optare per una soluzione radicale in un senso o nell'altro, ha mostrato sensibilità al problema, prevedendo (l. n. 131/2003, art. 9) un inedito potere di impulso per la Conferenza Stato-città e autonomie locali e per i Consigli delle autonomie locali, i quali possono infatti proporre ai soggetti legittimati (rispettivamente, il Consiglio dei ministri e le giunte regionali) di impugnare una legge (non atti di diversa natura) intentando un giudizio di legittimità costituzionale in via principale. Tuttavia, e conclusivamente, permane un'asimmetria ingiustificata negli strumenti disponibili per i diversi enti, la quale rischia di inficiare lo stesso concetto di pari dignità istituzionale che informa, con l'art. 114 Cost., tutta la revisione del Titolo V operata nel 2001; una via d'uscita avrebbe potuto essere rappresentata da una modifica costituzionale "ponderata", ovvero che aprisse finalmente la strada al ricorso diretto degli enti locali accompagnandolo però con opportuni filtri per le azioni che venissero poi concretamente intentate, a scoraggiare le iniziative pretestuose o palesemente infondate, oltre che quelle prive di "tono costituzionale" (rispetto alle quali, essendo l'aspetto decisivo della questione sottesa valutabile alla stregua di norme di rango *sub*-costituzionale, è tranquillamente configurabile l'intervento del giudice comune). Ma di tutto ciò non vi era traccia nel testo di revisione approvato dalle Camere nel 2016, e poi bocciato col *referendum* costituzionale; a segnalare, indirettamente, una certa marginalità del tema nel dibattito recente.

Capitolo X

L'organizzazione dell'Unione europea[*]

SOMMARIO: 1. Premessa: un breve quadro dei Trattati. – 2. Introduzione: l'organizzazione dell'Unione europea e il principio democratico. – 3. Il ruolo dei Parlamenti nazionali. – 3.1. In particolare: il ruolo del Parlamento italiano. – 4. Le istituzioni e gli organi dell'Unione europea. – 5. Il Parlamento europeo. – 5.1. La composizione e la durata. – 5.2. L'organizzazione. – 5.3. Le funzioni. – 5.4. Il Mediatore europeo. – 6. Il Consiglio europeo. – 6.1. Il Presidente del Consiglio europeo. – 7. Il Consiglio: composizione e organizzazione. – 7.1. Il Consiglio: le funzioni e i meccanismi decisionali. – 8. La Commissione europea: formazione e organizzazione. – 8.1. La Commissione europea: le funzioni. – 8.2. L'Alto Rappresentante dell'Unione per gli affari esteri e la politica di sicurezza. – 9. Le istituzioni di controllo: la Corte di giustizia dell'Unione europea (rinvio) e la Corte dei conti. – 10. La Banca centrale europea. – 11. Gli organi consultivi: il Comitato economico e sociale e il Comitato delle Regioni. – 11.1. Il Comitato economico e sociale. – 11.2. Il Comitato delle Regioni. – 12. La Banca europea degli investimenti. – 13. Le agenzie europee (cenni).

1. *Premessa: un breve quadro dei Trattati*

Lo studio dell'organizzazione dell'Unione europea presuppone, naturalmente, un chiaro quadro del percorso storico attraverso il quale si sono costituite e sviluppate prima le Comunità europee e poi l'Unione stessa.

I Trattati

Seppure tale percorso sia stato oggetto di specifica trattazione nel capitolo I, in considerazione del fatto che l'argomento in esame comporta inevitabilmente continui riferimenti ai Trattati, pare utile riprendere brevemente la sequenza dei principali tra questi e in particolare di quelli che hanno delineato il quadro istituzionale.

Le tre Comunità

Il primo Trattato comunitario è quello istitutivo della Comunità europea del carbone e dell'acciaio (CECA), firmato a Parigi il 18 aprile 1951 ed entrato in vigore il 23 luglio 1952, scaduto, secondo quanto nello stesso previsto, dopo cinquant'anni, il 23 luglio 2002. Il Trattato CECA è all'origine delle attuali istituzioni, avendo previsto un'Alta Autorità, un'Assemblea, un Consiglio dei ministri e una Corte di giustizia.

---

[*] Di Andrea Pertici.

La unificazione istituzionale

Il 25 marzo 1957 furono poi firmati, a Roma, il Trattato istitutivo della Comunità economica europea (CEE) e il Trattato istitutivo della Comunità europea dell'energia atomica (CEEA o Euratom), che entrarono in vigore il 1° gennaio 1958. Essi prevedevano, per le due nuove Comunità, un'organizzazione molto simile alla prima, con una Commissione (organo esecutivo corrispondente all'Alta autorità), un'Assemblea, un Consiglio dei ministri e una Corte di giustizia.

Mentre con una convenzione entrata in vigore con i Trattati di Roma venne immediatamente previsto che l'Assemblea e la Corte di giustizia fossero uniche per le tre Comunità, soltanto con il Trattato di Bruxelles del 1965 (noto come "Trattato di fusione") furono sostituiti, da un lato, i tre Consigli dei ministri (CEE, CECA e Euratom) e, dall'altro, le due Commissioni (CEE, Euratom) e l'Alta Autorità (CECA), rispettivamente, con un Consiglio unico e una Commissione unica, creandosi altresì un bilancio amministrativo unico.

L'Atto unico europeo

Di sicuro rilievo per l'assetto istituzionale delle Comunità è poi stato l'Atto unico europeo del 1986, che, tra l'altro, rafforzava il ruolo del Parlamento europeo ed estendeva il voto a maggioranza qualificata del Consiglio, allargando inoltre le competenze comunitarie.

Il Trattato sull'UE

Con il Trattato sull'Unione europea (UE), firmato a Maastricht il 7 febbraio 1992 ed entrato in vigore il 1° novembre 1993, è stata istituita, appunto, l'Unione europea, formata da tre "pilastri": quello comunitario (dato dalla CECA, dall'Euratom e dalla CEE, che diventa, semplicemente Comunità europea, CE), quello della Politica estera e di sicurezza comune (PESC), nonché quello relativo a giustizia e affari interni (GAI), successivamente riferito alla cooperazione giudiziaria e di polizia in materia penale. Questo Trattato, istitutivo anche dell'Unione economica e monetaria, introduce nuove politiche comunitarie (istruzione, cultura) e costituisce un'ulteriore importante tappa nello sviluppo delle competenze del Parlamento europeo. Da non dimenticare anche la previsione, con questo, della cittadinanza europea.

Il Trattato di Amsterdam

Quest'ultimo aspetto sarà poi ripreso anche dal Trattato di Amsterdam del 1997, che estende anche il voto a maggioranza in Consiglio, oltre a creare, tra l'altro, una politica comunitaria dell'occupazione, e a procedere all'attrazione nell'ambito del "pilastro" comunitario – in cui è meno forte il diretto peso degli Stati – di una parte delle competenze precedentemente incluse in quello della giustizia e degli affari interni.

Il Trattato di Nizza

Il Trattato di Nizza del 2001, poi, ha realizzato un significativo riassetto delle istituzioni, in vista dell'allargamento delle Comunità e dell'Unione, intervenendo, quindi, sulla composizione della Commissione, sulla distribuzione dei seggi nel Parlamento e sulla ponderazione dei voti in seno al Consiglio, estendendo altresì il voto a maggioranza qualificata e cercando di migliorare l'efficienza del sistema giurisdizionale.

Il Trattato che adotta una Costituzione per l'Europa

Un'ulteriore evoluzione è stata poi tentata con il Trattato che adotta una Costituzione per l'Europa, approvato dal Consiglio europeo il 18 giugno 2004 e firmato a Roma il 29 ottobre 2004, mai entrato in vigore a causa della bocciatura, in sede di ratifica, da parte dei cittadini della Francia e dei Paesi Bassi, manifestata, nei *referendum*, rispettivamente, del 29 maggio e del 1° giugno 2005.

Esso mirava, da un lato, a rendere più efficiente l'Unione europea a seguito dell'ingresso dei nuovi Paesi membri e, dall'altro, a dotare la stessa di un testo almeno sostanzialmente costituzionale.

Il Trattato di Lisbona

Proprio su quest'ultimo aspetto, tuttavia, si sono manifestate crescenti resistenze, che hanno portato, poi, ad abbandonare questo Trattato, larga parte dei cui contenuti essenziali, soprattutto relativi al funzionamento delle istituzioni, sono stati comunque inseriti nel successivo Trattato di Lisbona, sottoscritto il 13 dicembre 2007 ed entrato in vigore il 1° dicembre 2009. Esso ha modificato e sostituito i precedenti Trattati e in particolare il Trattato sull'Unione europea (TUE), che mantiene comunque questo nome, e il Trattato istitutivo della Comunità europea, che è divenuto il Trattato sul funzionamento dell'Unione europea (TFUE).

La modifica dei Trattati su cui si fonda l'Unione europea è una questione che, tuttavia, si ripropone di continuo, soprattutto al fine di rafforzarne la legittimazione democratica e l'operato, ma anche per dotare l'Unione di poteri idonei a fronteggiare le sfide future e di una struttura organizzativa adeguata in vista di un nuovo possibile allargamento.

A tal proposito, con la dichiarazione comune del Parlamento europeo, del Consiglio dell'Unione Europea e della Commissione europea del 10 marzo 2021, è stata avviata la Conferenza sul futuro dell'Europa (CoFE), nell'ambito della quale, tra l'aprile 2021 e il 9 maggio 2022, si è svolto un dibattito sulle prospettive future dell'Unione europea, con il coinvolgimento di cittadini provenienti da tutto il continente. All'esito di questa iniziativa è stata presentata una relazione finale, contenente 49 proposte e 326 misure per la riforma dei Trattati indirizzate ai Presidenti del Parlamento europeo, del Consiglio e della Commissione europea. Per dare seguito ai lavori della Conferenza, il 22 novembre 2023 il Parlamento europeo, in seduta plenaria, recependo alcune delle proposte formulate nella relazione finale, ha approvato una risoluzione mediante la quale ha esortato il Consiglio dell'Unione europea a presentare un progetto per una riforma organica dei Trattati al Consiglio europeo, in modo che quest'ultimo desse inizio alla procedura di revisione ordinaria, secondo quanto previsto dall'art. 48, parr. 2-5, TUE. Il progetto di modifica allegato alla risoluzione del Parlamento europeo è stato redatto dalla Commissione Affari costituzionali (AFCO) e prevede 244 emendamenti al TUE e al TFUE e un emendamento alla Carte dei diritti fondamentali dell'Unione europea. In particolare, la proposta di riforma ambisce a rafforzare il ruolo del Parlamento europeo, riconoscendogli il potere di iniziativa legislativa e parificandolo al Consiglio nella funzione di co-legislatore, attraverso una notevole riduzione dei casi in cui è prevista la procedura legislativa speciale a favore di quella ordinaria. Inoltre, il progetto di revisione assegna al Parlamento europeo il compito di individuare il Presidente della Commissione – ridenominata "Esecutivo" e ridotta a 15 componenti – al posto del Consiglio europeo. Relativamente ai meccanismi decisionali, si prevede il superamento delle ipotesi di voto all'unanimità in Consiglio e l'aumento delle votazioni a maggioranza qualificata. Oltre a ciò, la proposta intende potenziare la partecipazione dei cittadini nel processo decisionale dell'Unione, nel quadro della democrazia rappresentativa, e prevede un rafforzamento del ruolo dei Parlamenti nazionali, prevedendo che questi possano richiedere al Parlamento europeo o alla Commissione di presentare proposte sulle questioni per le quali sia necessaria l'adozione di un atto dell'Unione per l'attuazione dei Trattati. A causa della contrarietà di alcuni governi nazionali alla prospettiva di riforma delineata nella risoluzione del Parlamento europeo del 22 novembre 2023 e considerato l'avvicinarsi delle elezioni europee del 2024 con il conseguente rinnovo delle istituzioni dell'Unione, il percorso del progetto di revisione si è interrotto ancora prima di iniziare. Nondimeno, occorre segnalare che, nelle conclusioni del Consiglio europeo del 21 e 22 marzo 2024, i capi di Stato e di governo degli Stati membri hanno assunto l'impegno di adottare entro l'estate una tabella di marcia per i lavori futuri per la riforma delle istituzioni dell'UE. Nelle conclusioni del Consiglio europeo del 27 giugno 2024, in effetti, si sottolinea "la necessità di intraprendere il lavoro preparatorio e le riforme necessarie a livello interno per realizzare le ambizioni a lungo termine dell'Unione e affrontare le questioni centrali connesse alle sue priorità politiche, nonché alla sua capacità di agire di fronte alla nuova realtà geopolitica e a sfide sempre più complesse" e vengono fissate le scadenze della tabella di marcia per i futuri lavori. In particolare, si invita la Commissione a presentare, entro la primavera del 2025, revisioni strategiche approfondite, contenenti elementi operativi, in quattro ambiti: la tutela dello Stato di diritto, le politiche volte ad assicurare la competitività, la prosperità e la leadership dell'UE, il bilancio e la governance. Inoltre, preso atto della relazione della presidenza sullo stato di avanzamento dei lavori sul futuro dell'Europa, il Consiglio europeo ha invitato il Consiglio a presentare, entro il giugno 2025, una relazione di follow-up, riservandosi di esaminare lo stato di avanzamento e di fornire eventualmente ulteriori orientamenti entro lo stesso mese.

2. *Introduzione: l'organizzazione dell'Unione europea e il principio democratico*

Il fondamento democratico ...

Il Trattato sull'Unione europea (TUE), come modificato dal Trattato di Nizza, stabilisce all'art. 10, par. 1, che «il funzionamento dell'Unione si fonda sulla democrazia rappresentativa».

... e la rappresentanza

Le modalità con cui ciò si realizza sono specificate nel prosieguo della norma. In particolare, al par. 2, sono indicate le sedi istituzionali della rappresentanza, da un lato, dei cittadini europei, e, dall'altro, degli Stati membri, in una logica che possiamo considerare riconducibile a quella normalmente utilizzata negli ordinamenti federali.

I cittadini, infatti, sono *direttamente* rappresentati nel Parlamento europeo, mentre gli Stati «sono rappresentati nel Consiglio europeo dai rispettivi capi di Stato o di governo e nel Consiglio dai rispettivi governi, *a loro volta democraticamente responsabili dinanzi ai loro parlamenti nazionali o dinanzi ai loro cittadini*» (corsivo aggiunto).

La partecipazione

La declinazione del principio democratico passa poi attraverso il riconoscimento del diritto di partecipazione (par. 3), che trova, quale più specifico elemento di completamento (par. 4), quello dei partiti politici, i quali «a livello europeo contribuiscono a formare una coscienza politica europea e ad esprimere la volontà dei cittadini dell'Unione», sembrando riproporsi così come quello strumento di partecipazione alla determinazione delle scelte politiche, secondo quanto previsto all'art. 49 della Costituzione italiana. Tuttavia, se anche a livello nazionale la capacità dei partiti politici di assolvere alla funzione loro attribuita dalla Costituzione è spesso mancata, ciò sembra valere tanto più a livello europeo, dove le principali "famiglie politiche" sono sostanzialmente meri agglomerati di partiti e movimenti nazionali anche piuttosto distanti tra loro e scarsamente dotati di una strategia comune e dei mezzi per realizzarla.

Peraltro, l'art. 11 TUE insiste ulteriormente sulla partecipazione, prevedendo che le istituzioni diano ai cittadini e alle associazioni la «possibilità di far conoscere e di scambiare pubblicamente le loro opinioni in tutti i settori di azione dell'Unione», mantenendo, tra l'altro, un «dialogo aperto, trasparente e regolare con le associazioni rappresentative e la società civile».

L'iniziativa popolare

Inoltre, a seguito del Trattato di Lisbona, è stato previsto (art. 11, par. 4, TUE e art. 24, 1° comma, TFUE) un potere di iniziativa popolare, che è stato già utilizzato in alcune occasioni e, seppure abbia avuto uno scarso impatto concreto (la maggior parte delle iniziative risultando ritirate), ha certamente il pregio di consentire un avvicinamento dei cittadini alle istituzioni, spesso distanti e molto burocratizzate (e soprattutto percepite come tali). In particolare, l'iniziativa dei cittadini europei è rimessa a un milione di persone «che abbiano la cittadinanza di un numero significativo di Stati membri», ai quali viene riconosciuta la possibilità di «invitare la Commissione europea, nell'ambito delle sue attribuzioni, a presentare una proposta appropriata su materie in merito alle quali tali cittadini ritengono necessario un atto giuridico dell'Unione ai fini dell'attuazione dei trattati». Sulla base dell'art. 24 TFUE, un apposito regolamento, adottato con il procedimento ordinario, deve stabilire «le procedure e le condizioni necessarie» per la presentazione di tali iniziative: ciò è avvenuto prima con Regolamento n. 211/2011 e poi con Regolamento n. 788/2019, applicabile dal 1° gennaio 2020. Esso ha fissato, tra l'altro, in sette il numero minimo di Stati ai quali devono appartenere i presentatori (con la specificazione del numero minimo per Stato membro contenuto nell'allegato I in relazione alla popolazione del Paese). Il suddetto regolamento affida l'iniziativa agli "organizzatori", persone fisiche che formano un comitato di cittadini responsabile della preparazione dell'iniziativa e della sua presentazione alla Commissione, disciplina la fase della registrazione (in presenza di determinate condizioni) nonché la raccolta delle sottoscrizioni, che può avvenire anche in forma elettronica, secondo una procedura dettagliatamente disciplinata prevista, e infine le fasi successive alla presentazione alla Commissione e le sue conseguenze. Tale regolamento ha avuto attuazione in Italia con d.p.r. 18 ottobre 2012, n. 193. Da segnalare che, diversamente da quanto attualmente accade per gli istituti interni di democrazia diretta, per l'iniziativa dei cittadini europei, il Regolamento prevede la possibilità di raccolta elettronica delle sottoscrizioni. Di ciò si occupano specificamente il Regolamento di esecuzione della Commissione n. 1179/2011 e poi, per quanto riguarda l'Italia, in base a quanto stabilito all'art. 4 d.p.r. n. 193/2012, le determinazioni dell'Agenzia per l'Italia digitale in merito (nn. 168/2013 e 20/2018).

La petizione

La partecipazione si completa, peraltro, attraverso il diritto di petizione (artt. 24 e 227 TFUE) e anche quello, più generico e libero nelle forme, di «scrivere alle istituzioni, agli organi o agli organismi» dell'Unione, in una delle ventitré lingue di cui all'art. 55 TUE, e di ricevere, quindi, una risposta nella stessa lingua.

Il Mediatore europeo (rinvio)

Un istituto significativo in relazione alla partecipazione è poi anche il Mediatore europeo (su cui cfr. *infra*, par. 5.4).

3. *Il ruolo dei Parlamenti nazionali*

Il coinvolgimento delle istituzioni statali ...

Il principio democratico, come abbiamo visto, si realizza anche attraverso il coinvolgimento delle istituzioni politiche democraticamente legittimate dei singoli Stati all'interno del quadro istituzionale europeo.

I Governi partecipano all'attività istituzionale, sin dalla costituzione delle Comunità, non solo direttamente ma anche attraverso una delle istituzioni, e cioè il Consiglio dei ministri (oggi Consiglio: cfr. *infra*, par. 7), cui si è poi aggiunto il Consiglio europeo (*infra*, par. 6).

... e dei Parlamenti in particolare

Più recente e originale è, invece, il coinvolgimento dei Parlamenti nazionali, che certamente costituisce una più evidente valorizzazione del principio democratico.

La COSAC

In proposito può ricordarsi come, dal 1989, i membri dei Parlamenti nazionali e del Parlamento europeo si riuniscano semestralmente, in seno a una Conferenza degli organi parlamentari specializzati negli affari dell'Unione europea (COSAC), soprattutto allo scopo di scambiarsi informazioni. Ciò ha assunto crescente importanza a seguito dell'incremento delle competenze delle istituzioni dell'Unionc (anche in settori tradizionalmente di spettanza statale come quello della giustizia e degli affari interni), soprattutto con l'entrata in vigore del Trattato di Maastricht.

La Conferenza è disciplinata da un proprio regolamento, adottato dalla XLV COSAC di Budapest del 29-31 maggio 2011 (Regolamento 2011/C 229/01). Alle riunioni partecipano sei rappresentanti per ogni Parlamento nazionale e sei membri del Parlamento europeo. Ciascuno dei parlamenti dei Paesi candidati all'adesione invia tre osservatori. La COSAC non è un organo decisionale, ma consultivo e di coordinamento parlamentare, che, in generale, adotta posizioni per consenso. Nel caso ciò non fosse possibile, i contributi sono adottati con la maggioranza qualificata di almeno tre quarti dei voti espressi, che rappresenti almeno la metà di tutti i voti. Ogni delegazione dispone di due voti.

Il protocollo sul ruolo dei Parlamenti nazionali

Nel 1997, era stato adottato un Protocollo sul ruolo dei Parlamenti nazionali, volto – secondo le stesse premesse – a garantire a queste istituzioni una maggiore partecipazione alle attività dell'Unione europea e a «potenziare la loro capacità di esprimere i loro pareri su problemi che rivestano per loro un particolare interesse», mediante l'attività informativa (espletata direttamente dalla Commissione oppure a mezzo dei Governi nazionali) e il potenziamento del ruolo della COSAC. Tuttavia, è stato con l'entrata in vigore del Trattato di Lisbona che i Parlamenti nazionali sono stati, per la prima volta, formalmente ricompresi nell'architettura istituzionale dell'Unione europea, con il conseguente riconoscimento di un ruolo ben più incisivo che in precedenza, dando seguito a quanto affermato sin dal 2001 nella Dichiarazione di Laeken sul futuro dell'Unione (in cui si ipotizzava perfino che vi potesse essere una nuova istituzione rappresentativa dei Parlamenti nazionali, poi non realizzata).

In particolare, le funzioni dei Palamenti nazionali sono oggi elencate, in primo luogo, all'art. 12 TUE, nell'ambito delle «disposizioni relative ai principi democratici», ciò costituendo una novità anche rispetto a quanto previsto nel Trattato che adotta una Costituzione per l'Europa, mai entrato in vigore. Eppure – come giustamente già sottolineato (Gianniti-Mastroianni) – proprio il diretto inserimento dei Parlamenti nazionali nell'architettura istituzionale dell'Unione può essere considerato uno dei più significativi indici della presenza di contenuti costituzionali anche del nuovo Trattato, anche se esso ha eliminato nel titolo ogni richiamo in proposito.

Il nuovo protocollo sul ruolo dei Parlamenti nazionali e il protocollo sulla sussidiarietà e proporzionalità

All'art. 12 TUE, che elenca con precisione le modalità con cui i Parlamenti nazionali «contribuiscono attivamente al buon funzionamento dell'Unione», è poi necessario aggiungere il nuovo Protocollo sul ruolo dei Parlamenti nazionali nell'Unione europea (Protocollo n. 1) e il Protocollo sull'applicazione dei principi di sussidiarietà e di proporzionalità (Protocollo n. 2).

Entrambi i protocolli prevedono funzioni preminentemente collaborative dei Parlamenti nazionali. In particolare, il primo, riprendendo il testo del 1997, dispone che i Parlamenti nazionali siano destinatari di tutta una serie di atti o documenti inviati dalla Commissione. Rispetto al testo previgente, però, è prevista la trasmissione non solo dei documenti di consultazione, ma anche del *programma legislativo annuale* e degli altri strumenti di programmazione legislativa o di "strategia politica". Inoltre, le proposte della Commissione, cui si aggiungono, peraltro, l'iniziativa di un gruppo di Stati membri, l'iniziativa del Parlamento europeo, la richiesta della Corte di giustizia, la raccomandazione della Banca centrale europea e la richiesta della Banca europea per gli investimenti, tutte ricomprese nella denominazione di «progetti di atti legislativi», non sono più semplicemente «messi a disposizione» dei governi degli Stati membri per l'eventuale trasmissione ai Parlamenti nazionali ma sono direttamente trasmessi a questi ultimi, a seconda dei casi, dalla Commissione, dal Parlamento europeo o dal Consiglio.

Peraltro, è previsto che tra la data in cui si mette a disposizione dei Parlamenti nazionali un progetto di atto legislativo e quella in cui esso è iscritto all'ordine del giorno provvisorio del Consiglio, ai fini della sua adozione o dell'adozione di una posizione nel quadro di una procedura legislativa, intercorra un periodo di otto settimane (salvo eccezioni).

Tale previsione risulta di particolare rilievo in relazione all'attuazione del principio di sussidiarietà e alla vigilanza che i Parlamenti nazionali sono chiamati a svolgere in merito. Infatti, ai sensi del Protocollo sull'applicazione dei principi di sussidiarietà e di proporzionalità, tutti i progetti di atti legislativi sono motivati con riguardo a questi principi, rispetto ai quali ciascuno dei Parlamenti nazionali (o, se il Parlamento è bicamerale, ciascuna Camera) può, entro un termine di otto settimane a decorrere dalla data di trasmissione di un progetto di atto legislativo, «inviare ai Presidenti del Parlamento europeo, del Consiglio e della Commissione un parere motivato che espone le ragioni per le quali ritiene che il progetto in causa non sia conforme al principio di sussidiarietà». Si tratta del cosiddetto *early warning*, del quale l'istituzione (o il gruppo di Stati) proponente dovrà comunque «tenere conto» (per quanto non si specifichi come), ma che, se proveniente da un terzo (o nel caso di atti attinenti allo spazio di libertà, sicurezza e giustizia, anche solo da un quarto) dei Parlamenti nazionali, determina la necessità che il progetto sia riesaminato dall'istituzione (o dal gruppo di Stati) proponente, che, con decisione motivata, provvede a mantenerlo, modificarlo o ritirarlo.

Una particolare disciplina è inoltre prevista per la procedura legislativa ordinaria. In questo caso, infatti, qualora i pareri motivati sul mancato rispetto del principio di sussidiarietà da parte della proposta della Commissione siano stati espressi almeno dalla maggioranza semplice dei voti attribuiti ai Parlamenti nazionali, la proposta deve essere oggetto di riesame, da cui potrà discendere la decisione della Commissione di modificarla, ritirarla o mantenerla, in quest'ultimo caso esprimendo un parere motivato in cui spieghi perché la ritenga conforme al principio di sussidiarietà. Il parere motivato della Commissione e quelli dei Parlamenti nazionali sono sottoposti al legislatore dell'Unione affinché ne tenga conto nella procedura, potendosi giungere al blocco della proposta se, a maggioranza del 55% dei membri del Consiglio o a maggioranza dei voti espressi in sede di Parlamento europeo, il legislatore ritiene che la proposta non sia compatibile con il principio di sussidiarietà.

Il riesame

Il blocco della proposta

Il ruolo di vigilanza dei Parlamenti nazionali sul rispetto del principio di sussidiarietà risulta poi rafforzato dalla previsione secondo cui ciascuna Camera può chiedere al governo del proprio Stato di promuovere alla Corte di giustizia dell'Unione europea un'azione di annullamento per violazione del principio di sussidiarietà.

L'azione di annullamento per violazione del principio di sussidiarietà

I Parlamenti nazionali (o meglio le singole Camere) sono poi destinatari di tutta un'altra serie di informazioni, quali, oltre alla relazione sull'attuazione del principio di sussidiarietà presentata annualmente dalla Commissione (che la trasmette anche al Consiglio europeo, al Parlamento europeo, al Consiglio, al Comitato economico e sociale e al Comitato delle Regioni), gli ordini del giorno e i risultati delle sessioni del Consiglio (compresi i processi verbali delle sessioni nelle quali il Consiglio delibera su progetti di atti legislativi) e la relazione annuale della Corte dei conti.

I Parlamenti nazionali devono essere altresì informati delle domande di adesione all'Unione in conformità dell'art. 49 TUE.

La partecipazione alla revisione dei Trattati

I Parlamenti nazionali sono poi coinvolti anche nelle procedure di revisione dei Trattati. In particolare, nell'ambito della procedura di revisione ordinaria (parr. 2-5), essi sono destinatari dei progetti di revisione dei Trattati, rispetto ai quali non sono, tuttavia, in alcun modo chiamati ad esprimersi, mentre un ruolo ben più rilevante i medesimi assumono nell'ambito della procedura semplificata di cui all'art. 48, par. 7, 1° e 2° comma, TUE, in base al quale il Consiglio può deliberare (all'unanimità e previa approvazione a maggioranza assoluta da parte del Parlamento europeo) il passaggio alla decisione a maggioranza ove il TFUE o il Titolo V del TUE prevedano decisioni all'unanimità (con espressa esclusione delle decisioni che hanno implicazioni militari o che rientrano nel settore della difesa) oppure a quelli in cui il Consiglio stesso può adottare la decisione di seguire la procedura legislativa ordinaria per i casi in cui, in base al TFUE, sarebbe prevista una procedura speciale (c.d. "clausole passerella"). In tali casi, infatti, ove uno dei Parlamenti nazionali manifesti la sua opposizione entro sei mesi dalla notifica della decisione del Consiglio, quest'ultimo non può procedere all'adozione della stessa.

Tra le altre competenze che l'art. 12 TUE attribuisce ai Parlamenti nazionali è inoltre prevista la partecipazione, nell'ambito dello spazio di libertà, sicurezza e giustizia, ai meccanismi di valutazione ai fini dell'attuazione delle politiche dell'Unione in tale settore, in conformità dell'art. 70 TFUE, e la loro associazione al controllo politico di Europol e alla valutazione delle attività di Eurojust, in conformità degli artt. 88 e 85 TFUE.

Infine, deve essere ricordato il c.d. "dialogo politico", inaugurato nel 2006 ma mantenuto fermo anche dopo il sopraggiungere dei meccanismi istituzionali introdotti con il Trattato di Lisbona. In virtù di questo, i Parlamenti nazionali possono formulare opinioni su documenti o questioni politiche di competenza della Commissione, che risponde entro tre mesi, con pubblicazione su un apposito sito internet delle osservazioni formulate e delle risposte. Il dialogo politico si esplica poi anche attraverso incontri e conferenze, nonché tramite la presenza di Commissari europei ai lavori dei Parlamenti nazionali.

3.1. *In particolare: il ruolo del Parlamento italiano*

Rispondendo al nuovo quadro dei Trattati, come sopra delineato, l'Italia ha approvato la l. 24 dicembre 2012, n. 234, recante «Norme generali sulla partecipazione dell'Italia alla formazione e all'attuazione della normativa e delle politiche dell'Unione europea», aggiornata con l. 20 novembre 2017, n. 167, nell'ambito della quale il capo II è appunto dedicato alla «partecipazione del Parlamento alla definizione della politica europea dell'Italia e al processo di formazione degli atti dell'Unione europea».

Essa, in relazione agli obblighi di informazione, prevede che il Governo illustri alle Camere, prima dello svolgimento del Consiglio europeo e – su loro richiesta – del Consiglio dell'Unione europea, la posizione che intende assumere, la quale tiene conto degli eventuali indirizzi dalle stesse formulati e che, dopo le riunioni dei suddetti consigli, informi i competenti organi parlamentari sulle risultanze delle stesse (art. 4). Inoltre, il Governo deve informare le Camere di ogni iniziativa volta alla conclusione di accordi tra gli Stati membri dell'Unione europea che prevedano l'introduzione o il rafforzamento di regole in materia finanziaria o monetaria o comunque producano conseguenze rilevanti sulla finanza pubblica (art. 5). Il Governo – attraverso il Presidente del Consiglio dei ministri o il ministro per gli affari europei – deve altresì trasmettere al Parlamento tutti i progetti di atti dell'Unione europea (in relazione a quelli legislativi è prevista un'informazione tempestiva e qualificata) e di quelli preordinati alla formulazione degli stessi, oltre ai documenti di consultazione, quali libri verdi, libri bianchi e comunicazioni, predisposti dalla Commissione europea (art. 6). Infine, il Governo deve presentare al Parlamento due relazioni annuali: una a carattere programmatico e una di tipo consuntivo (art. 13).

Naturalmente, seppure gli obblighi informativi rappresentino un elemento centrale nella normativa (eurounitaria e nazionale) sul ruolo dei Parlamenti nazionali, essi sono volti soprattutto ad assicurare una maggiore possibilità di incidere sulle decisioni assunte dalle istituzioni dell'Unione. In tal senso, l'art. 7 della l. n. 234/2012 prevede quindi che «il Governo assicura che la posizione rappresentata dall'Italia in sede di Consiglio dell'Unione europea ovvero di altre istituzioni od organi dell'Unione sia conforme con gli indirizzi definiti dalle Camere in relazione all'oggetto di tale posizione». Tale soluzione, pur rafforzando il ruolo delle Camere, rispetto al passato, lascia comunque al Governo una certa flessibilità nell'esprimere la posizione italiana non dando luogo a un sistema – previsto in alcuni ordinamenti nordeuropei – di vincolo di mandato rispetto alle deliberazioni parlamentari (*mandate system*).

Tuttavia, come abbiamo visto, una delle più rilevanti funzioni dei Parlamenti nazionali – in particolare in base al Protocollo n. 2 – è quella di controllo sull'applicazione dei principi di sussidiarietà e proporzionalità. Il punto è disciplinato dall'art. 8 della l. n. 234/2012, a norma del quale «ciascuna Camera può esprimere, secondo le modalità previste nel rispettivo Regolamento, un parere motivato sulla conformità al principio di sussidiarietà dei progetti di atti legislativi dell'Unione europea ovvero delle proposte di atti basate sull'articolo 352 del Trattato sul funzionamento dell'Unione europea, ai sensi del Protocollo n. 2 sull'applicazione dei principi di sussidiarietà e di proporzionalità, allegato al Trattato sull'Unione europea e al Trattato sul funzionamento dell'Unione europea».

Tale parere è inviato ai Presidenti del Parlamento europeo, del Consiglio dell'Unione europea e della Commissione europea ed è trasmesso contestualmente anche al Governo (per evitare l'assunzione di posizioni divergenti).

L'ultimo comma dell'articolo in questione prevede il coinvolgimento dei consigli delle Regioni e delle Province autonome, stabilendo che le Camere possano consultarli, fermo restando che, in base all'art. 25 della stessa legge, anche questi possono, ai fini della verifica del rispetto del principio di sussidiarietà, far pervenire alle Camere le loro osservazioni (dandone contestuale comunicazione alla Conferenza dei presidenti delle assemblee legislative delle regioni e delle province autonome).

La legge italiana – all'art. 9 – ha disciplinato anche il «dialogo politico con le istituzioni dell'Unione europea», prevedendo che, al di là delle ipotesi espressamente disciplinate, «le Camere possono far pervenire alle istituzioni dell'Unione europea e contestualmente al Governo ogni documento utile alla definizione delle politiche europee» (tenendo conto anche di eventuali osservazioni e proposte formulate dalle regioni e dalle province autonome di Trento e di Bolzano). Si tratta di una previsione priva di una precisa base giuridica nei Trattati e che, in effetti, non risulta prevista in altri ordinamenti, essendo questo tipo di contatti lasciati nell'ambito di prassi che si sviluppano in assenza di strumenti formali.

Inoltre (art. 10) è prevista la cosiddetta «riserva di esame parlamentare» per cui ciascuna Camera, nell'ipotesi in cui abbia iniziato l'esame di progetti di atti dell'Unione europea o di atti preordinati alla formulazione degli stessi, ha la possibilità di chiedere al Governo, informandone contestualmente l'altra Camera, di apporre, in sede di Consiglio dell'Unione europea, la riserva di esame parlamentare sul progetto o atto in corso di esame. In questo caso, il Governo può procedere alle attività di propria competenza per la formazione dei relativi atti dell'Unione europea soltanto a conclusione dell'esame parlamentare e comunque decorsi trenta giorni (che certamente sono un termine piuttosto stringente, anche se ampliato di dieci giorni rispetto a quello previsto dalla normativa previgente).

L'art. 11, invece, disciplina il ruolo delle Camere in relazione ai procedimenti di procedura semplificata dei Trattati (i quali prevedono espressamente – come detto – un coinvolgimento).

La legge prevede, infine, all'art. 12, la novità del cosiddetto "freno d'emergenza", in base al quale, se entrambe le Camere adottano un atto di indirizzo perché una proposta legislativa dell'Unione europea di particolare rilievo per gli interessi nazionali sia sottoposta al Consiglio europeo, il Governo deve presentare una richiesta in tal senso.

4. *Le istituzioni e gli organi dell'Unione europea*

Il quadro istituzionale dell'Unione europea è delineato dai Trattati, secondo l'evoluzione descritta al par. 1.

In base all'art. 13 del Trattato sull'Unione europea, come risultante dalle modifiche operate dal Trattato di Lisbona, le istituzioni sono:

- il Parlamento europeo;
- il Consiglio europeo;
- il Consiglio;
- la Commissione europea;
- la Corte di giustizia dell'Unione europea;
- la Banca centrale europea;
- la Corte dei conti.

Alle cinque già previste, infatti, sono state aggiunte proprio dal Trattato di Lisbona, il Consiglio europeo e la Banca centrale europea, organi comunque già operanti nell'ambito delle Comunità e dell'Unione.

Accanto a queste istituzioni, si aggiungono alcuni organi come il Comitato economico e sociale e il Comitato delle Regioni, la Banca europea degli investimenti e le agenzie.

5. *Il Parlamento europeo*

Il Parlamento europeo, che ha assunto tale denominazione nel 1962 (prima si chiamava Assemblea parlamentare europea), è l'istituzione in cui più direttamente trova espressione il principio di rappresentanza democratica.

L'elezione diretta

A seguito dell'Atto relativo all'elezione dei rappresentanti al Parlamento europeo a suffragio universale diretto, del 20 settembre 1976, allegato alla decisione del Consiglio 76/787/CECA, CEE, Euratom, ratificato dall'Italia con l. n. 150/1977, dal 1979 esso è eletto direttamente da tutti i cittadini degli Stati membri, come oggi stabilito all'art. 14, par. 3, TUE.

5.1. *La composizione e la durata*

Il numero dei parlamentari

Il Parlamento, secondo l'art. 14 TUE, come modificato dal Trattato di Lisbona, è composto da un numero di rappresentanti «non superiore a settecentocinquanta, più il presidente».

I seggi sono suddivisi tra gli Stati membri in modo "degressivamente proporzionale", seppure il forte divario demografico tra i diversi Stati (dai poco più di quattrocentomila abitanti di Malta agli oltre ottanta milioni della Germania), naturalmente, non consenta di applicare una rigida proporzionalità, la quale porterebbe alla creazione di un organo elefantiaco. In tal senso lo stesso art. 14 TUE prevede, per ciascuno Stato, un minimo di sei e un massimo di novantasei rappresentanti.

La precisa distribuzione dei seggi tra gli Stati non è più direttamente fissata dal Trattato (come avveniva fino all'entrata in vigore del Trattato di Lisbona), ma è rimessa, nel rispetto dei ricordati principi, ad una decisione assunta all'unanimità dal Consiglio europeo, su iniziativa e con l'approvazione del Parlamento europeo.

In proposito è stata avanzata dal Parlamento europeo una proposta (cosiddetta "Lamassoure-Severin") fondata sul criterio della popolazione residente, anziché su quello del numero di cittadini, con conseguente vantaggio dei Paesi con una più consistente immigrazione e una penalizzazione, d'altro canto, di quelli con un più consistente numero di cittadini residenti all'estero, come l'Italia, alla quale erano infatti stati assegnati settantadue seggi contro i settantatré del Regno Unito e i settantaquattro della Francia, mentre i tre Stati avevano sempre avuto – fino alle elezioni del 2009 – lo stesso numero di rappresentanti. Tale soluzione ha quindi visto l'opposizione dell'Italia, la quale la riteneva, tra l'altro, in contrasto con l'art. 14, par. 2, primo periodo, TUE, laddove afferma che «il Parlamento europeo è composto di rappresentanti dei cittadini dell'Unione». Al fine di superare l'opposizione italiana, il Consiglio europeo del 18-19 ottobre 2007 ha aumentato il numero complessivo dei parlamentari europei di un'unità (portandolo da settecentocinquanta a settecentocinquanta «più il Presidente»), mentre con la Dichiarazione n. 4 sulla composizione del Parlamento europeo, allegata all'atto finale della Conferenza intergovernativa che ha adottato il Trattato di Lisbona, è stato stabilito che il seggio così aggiunto fosse attribuito all'Italia, la quale ha così ottenuto 73 seggi, recuperando la parità almeno con il Regno Unito, finché esso ha fatto parte dell'Unione (anche se, per una unità, non più con la Francia, con la quale la differenza è addirittura aumentata dopo l'uscita del Regno Unito).

Il Consiglio europeo ha quindi adottato la decisione 28 giugno 2013 (2013/312/UE), che stabilisce la composizione del Parlamento europeo, a seguito della risoluzione del Parlamento europeo stesso del 13 marzo 2013 in vista delle elezioni del 2014 (2012/2309(INL)), procedendo alla ripartizione dei seggi, nel rispetto di quanto disposto dai trattati.

Al momento, in assenza di una formula precisa per determinare il numero di parlamentari per ogni paese, essendoci solo le regole generali stabilite dall'art. 14 TUE, prima di ogni elezione deve essere assunta una decisione per la composizione del nuovo Parlamento.

La già ricordata risoluzione del 13 marzo 2013 (2012/2309(INL)) impegnava altresì il Parlamento europeo «a presentare, entro la fine del 2015, un nuovo progetto di decisione del Consiglio europeo intesa ad istituire con sufficiente anticipo rispetto all'inizio della legislatura 2019-2024 un sistema duraturo e trasparente che consenta, in futuro, prima di ogni nuova elezione del Parlamento europeo, di ripartire i seggi fra gli Stati membri in modo obiettivo, sulla base del principio della proporzionalità degressiva di cui all'art. 1 del progetto di decisionc allegato, tenendo conto dell'eventuale aumento del loro numero e dell'evoluzione demografica della loro popolazione, quale debitamente accertata, e senza escludere la possibilità di riservare un certo numero di seggi a deputati eletti su liste transnazionali». Quest'ultima, in particolare, risultava una clausola decisamente interessante per superare una logica interstatale e sviluppare il senso di appartenenza a un popolo europeo. Questa possibilità era stata considerata tanto più attuabile a seguito dell'avvio della procedura di uscita del Regno Unito dall'Unione europea, con la liberazione di settantatré seggi. Tuttavia, questa proposta è stata respinta dal Parlamento europeo, in seduta plenaria, nel febbraio 2018.

Più recentemente, con la risoluzione approvata il 3 maggio 2022 sulla proposta di regolamento del Consiglio relativo all'elezione dei membri del Parlamento europeo a suffragio universale diretto, il Parlamento europeo aveva dato avvio al procedimento di riforma dell'Atto elettorale europeo con l'obiettivo di sostituire le elezioni organizzate nei singoli Stati con un'unica elezione europea, adottando norme minime comuni per tutti gli ordinamenti dei Paesi dell'Unione. La novità più significativa consisteva nell'attribuzione a ogni elettore di due voti: uno per l'elezione di un deputato nella circoscrizione nazionale e l'altro per l'elezione di un rappresentante in una circoscrizione paneuropea di 28 seggi supplementari, suddivisi tra gli Stati in modo tale da assicurare una rappresentanza geografica equilibrata. L'iniziativa legislativa del Parlamento europeo, secondo quanto stabilito dall'art. 223 TFUE, anzitutto, avrebbe dovuto essere approvata all'unanimità dal Consiglio, tuttavia, svoltosi un primo dibattito orientativo sulla proposta il 18 ottobre 2022 presso quest'ultima istituzione, nella configurazione Affari generali, sono emerse le posizioni contrarie di alcuni Stati membri che, di fatto, hanno impedito la continuazione dell'iter di riforma.

Tornando alla questione del numero dei seggi, in vista delle elezioni del 2019, il Consiglio europeo, vista l'iniziativa del Parlamento europeo del 7 febbraio 2018 e l'approvazione del Parlamento europeo del 13 giugno 2018, ha adottato il 28 giugno 2018 una decisione (2018/937), in base alla quale, dato il predetto principio di proporzionalità (degressiva), premesso che «il rapporto tra la popolazione e il numero dei seggi di ciascuno Stato membro, prima dell'arrotondamento ai numeri interi, varia in funzione della rispettiva popolazione, di modo che ciascun deputato al Parlamento europeo di uno Stato membro più popolato rappresenti più cittadini di ciascun deputato al Parlamento europeo di uno Stato membro meno popolato e che, al contempo, più uno Stato membro è popolato, più abbia diritto a un numero di seggi elevato nel Parlamento europeo», ha stabilito il nuovo numero dei seggi da attribuire a ciascun Paese membro. Tale numero subisce una significativa variazione rispetto a quello stabilito per le precedenti elezioni soprattutto in ragione del fatto che si tiene conto dell'uscita del Regno unito dall'Unione europea, che rimette in gioco settantatré seggi. Tra questi, ventisette sono stati redistribuiti tra quattordici Paesi sottorappresentati, mentre i rimanenti quarantasei sono stati lasciati come riserva per eventuali nuove adesioni.

Essendosi perfezionata la "Brexit" soltanto dopo le elezioni del 2019, quindi, il nuovo numero di 705 componenti, secondo la nuova distribuzione, è risultato operativo dal 1° febbraio 2020.

Il numero complessivo dei parlamentari è quindi attribuito come segue:

Stato membro	TCE, come modificato dal Trattato di Nizza e poi dal Trattato di Atene (ELEZIONI 2004)	TCE come modificato dall'Atto di adesione di Bulgaria e Romania (ELEZIONI 2009)	Decisione Consiglio europeo *ex* art. 14 TUE (ELEZIONI 2014)	Decisione Consiglio europeo *ex* art. 14 TUE (ELEZIONI 2019 E SUCCESSIVE) DOPO BREXIT
Germania	99	99	96	96
Francia	78	72	74	79
Regno Unito	78	72	73	EXIT
Italia	78	72	73	76
Spagna	54	50	54	59
Polonia	54	50	51	52
Romania	35 (dal 2007)	33	32	33
Paesi Bassi	27	25	26	29
Belgio	24	22	21	21
Grecia	24	22	21	21
Ungheria	24	22	21	21
Rep. Ceca	24	22	21	21
Portogallo	24	22	21	21
Svezia	19	18	20	21
Austria	18	17	18	19
Bulgaria	18 (dal 2007)	17	17	17
Danimarca	14	13	13	14
Slovacchia	14	13	13	14
Finlandia	14	13	13	14
Lituania	13	12	11	11
Irlanda	13	12	11	13
Croazia	–	–	11	12
Lettonia	9	8	8	8
Slovenia	7	7	8	8
Estonia	6	6	6	7
Cipro	6	6	6	6
Lussemburgo	6	6	6	6
Malta	5	5	6	6
Totale	732 785 (dal 2007)	736	751	705

Rappresentanza e principio di nazionalità

In ogni caso, deve precisarsi che la ripartizione dei seggi per Stati non implica che la rappresentanza dei parlamentari europei si fondi sul principio di nazionalità: infatti, in considerazione del riconoscimento del diritto di elettorato attivo e passivo anche in Stati diversi dal proprio (art. 22 TFUE), potranno partecipare all'elezione di parlamentari europei, nell'ambito di uno Stato membro, anche cittadini di un altro Stato membro, così come potranno essere eletti in uno Stato cittadini di un altro.

Il sistema elettorale

La disciplina delle elezioni, e in particolare del sistema elettorale, è sostanzialmente rimessa agli Stati membri. In realtà, il Trattato istitutivo della Comunità europea prevedeva che «il Parlamento europeo elaborerà progetti intesi a permettere l'elezione a suffragio universale diretto, *secondo una procedura uniforme in tutti gli Stati membri*» (enfasi aggiunta), ma l'Atto relativo all'elezione dei rappresentanti del Parlamento europeo a suffragio universale diretto, come modificato con decisione del Consiglio 2002/772/CE-Euratom, si limita a stabilire, come principio uniforme, l'elezione con metodo proporzionale, lasciando poi gli Stati liberi di declinarne le modalità quanto alla presenza di circoscrizioni, alle modalità di formazione delle liste, alla possibilità di prevedere voti di preferenza o soglie di sbarramento (comunque non superiori al 5%).

La legge italiana per l'elezione dei rappresentanti al Parlamento europeo

In Italia, l'elezione del Parlamento europeo è disciplinata con l. 24 gennaio 1979, n. 18 (su cui cfr. anche *retro*, cap. III, par. 3.3.2) che prevede un sistema proporzionale, con possibilità di esprimere fino a tre preferenze (rispetto alle quali la l. 22 aprile 2014, n. 65 ha introdotto la cosiddetta "preferenza di genere", prevedendo, per le prime elezioni successive alla data di entrata in vigore della legge stessa, l'annullamento della terza preferenza se le tre non riguardano candidati di sesso diverso, mentre a partire dalle elezioni successive, e cioè quelle del 2019, in caso di mancata espressione delle preferenze per candidati di sesso diverso, l'annullamento riguarderà non solo la terza ma anche la seconda preferenza).

Il territorio è suddiviso in cinque circoscrizioni (nord-ovest: 20 seggi; nord-est: 15 seggi; centro: 15 seggi; sud: 18 seggi; isole: 8 seggi).

Con l. 20 febbraio 2009, n. 10, il Parlamento italiano ha introdotto una soglia di sbarramento del 4%, al fine di ridurre la frammentazione dei rappresentanti italiani tra le diverse forze politiche, essendosi così assistito, nelle ultime tornate elettorali, a una diminuzione delle liste che hanno ottenuto propri rappresentanti al Parlamento europeo. In proposito deve ricordarsi che la disposizione era stata oggetto di una questione di legittimità costituzionale sollevata dal Tribunale di Venezia, sostenendosi l'irragionevolezza della norma che priverebbe di rappresentanza un rilevante numero (anche milioni) di elettori, pur in assenza della necessità di assicurare quella stabilità di governo (non essendovi nell'Unione europea un legame di fiducia tra Parlamento ed esecutivo) che invece giustifica la soglia nelle elezioni nazionali. Tuttavia, tale questione è stata dichiarata inammissibile, per difetto di rilevanza, con sent. n. 110/2015, mentre successivamente la Corte ha dichiarato l'infondatezza con sent. n. 239/2018. Le questioni di legittimità costituzionale sulla soglia di sbarramento erano state, invece, accolte dal Tribunale costituzionale tedesco, che aveva dichiarato incostituzionale la soglia del 5% nel 2011 e quella del 3% nel 2014.

Pare da evidenziare che, al fine di favorire la partecipazione alle elezioni europee dell'8 e 9 giugno 2024, l'art. 1-*ter* del d.l. n. 7/2024, convertito con l. n. 38/2024, ha introdotto, in via sperimentale, la possibilità per gli studenti fuori sede, iscritti presso un'istituzione scolastica, universitaria o formativa, di votare per le liste e i candidati della circoscrizione territoriale di origine senza fare ritorno al proprio comune di residenza.

In particolare, la sperimentazione ha riguardato gli studenti domiciliati da almeno tre mesi in un comune situato in una regione diversa da quella di residenza e ha consentito loro di votare nel comune in cui vivono se appartenente alla stessa circoscrizione elettorale del comune di residenza o in seggi speciali istituiti presso il capoluogo della Regione in cui si trova il comune di domicilio, nel caso in cui quest'ultimo appartenga a una circoscrizione elettorale diversa da quella del comune di residenza.

L'ammissione al voto degli studenti fuori sede è stata subordinata alla presentazione di apposita istanza al comune di residenza almeno trentacinque giorni prima della data prevista per lo svolgimento della consultazione elettorale, revocabile fino al venticinquesimo giorno anteriore, e al rilascio da parte del comune di temporaneo domicilio o dal comune capoluogo della regione in cui è situato il comune di domicilio, entro il quinto giorno precedente alle elezioni, di un'attestazione di ammissione al voto contenente l'indicazione del numero e dell'indirizzo della sezione presso cui votare, da esibire al seggio al momento del voto, insieme al documento di riconoscimento e alla tessera elettorale.

Gli studenti che per votare hanno dovuto raggiungere il comune capoluogo di Regione, per votare, hanno potuto beneficiare delle agevolazioni economiche vigenti relative alle spese di viaggio.

L'incompatibilità con la carica di parlamentare nazionale

Secondo quanto stabilito con decisione del Consiglio 22 settembre 2002, a partire dalle elezioni del 2004 (per il Regno Unito da quelle del 2009), il mandato di parlamentare europeo è incompatibile con quello di parlamentare nazionale (precedentemente compatibile) oltre che di membro del Governo nazionale (come, invece, già previsto dall'Atto relativo all'elezione dei rappresentanti nell'assemblea a suffragio universale diretto, del 20 settembre 1976).

Altre incompatibilità

Sono inoltre previste incompatibilità con altre cariche sempre in base all'Atto del 1976, come modificato con decisione del Consiglio 2002/772/CE, Euratom). A queste incompatibilità possono aggiungersene di ulteriori secondo la legge nazionale.

Elettorato passivo

Sono infine eleggibili, secondo la l. n. 18/1979, i cittadini italiani titolari del diritto di elettorato attivo che abbiano compiuto il venticinquesimo anno di età entro il giorno fissato per le elezioni. Sono eleggibili tra i membri attribuiti all'Italia nel Parlamento europeo anche i cittadini di altri Stati membri dell'Unione in possesso dei requisiti di eleggibilità al Parlamento europeo previsti dalle disposizioni di legge del loro Stato d'appartenenza.

Durata

Il Parlamento è eletto per cinque anni e non è prevista la possibilità di un suo scioglimento anticipato, mentre il sistema adottato prevede, in Italia, che in caso di cessazione anticipata del mandato di un componente subentri il primo dei non eletti nell'ambito della stessa lista.

5.2. *L'organizzazione*

Il proprio regolamento interno

Il Parlamento europeo stabilisce, a maggioranza dei suoi membri, il proprio regolamento interno, in cui sono contenute le norme di organizzazione e funzionamento.

L'Ufficio di Presidenza

Dopo il suo insediamento, il Parlamento europeo elegge il Presidente, i quattordici Vicepresidenti e i cinque questori, che costituiscono l'Ufficio di Presidenza.

L'elezione del Presidente

Le votazioni hanno luogo a scrutinio segreto. L'elezione del Presidente avviene, sotto la Presidenza provvisoria del Presidente uscente (o, in assenza, di un Vicepresidente uscente nell'ordine di precedenza o, in assenza, del deputato che ha esercitato il mandato per il periodo più lungo), previa presentazione delle candidature, con la maggioranza assoluta nelle prime tre votazioni. Se questa non è raggiunta, dal quarto scrutinio è sufficiente la maggioranza semplice.

L'elezione degli altri componenti dell'Ufficio di Presidenza

I Vicepresidenti sono eletti con un'unica scheda. Nel primo scrutinio risultano eletti coloro che riportano la maggioranza assoluta. Se essi sono in numero inferiore a quattordici, si procede a un secondo scrutinio, in cui l'elezione avviene sempre a maggioranza assoluta. Se anche a seguito di tale scrutinio non è raggiunto il numero previsto, i rimanenti sono eletti, in un terzo scrutinio, a maggioranza semplice. In caso di parità di voti, sono proclamati eletti i candidati più anziani.

Con le stesse modalità sono eletti i cinque questori, che svolgono compiti amministrativi e finanziari concernenti direttamente i deputati (come, ad esempio, mettere a loro disposizione le strutture e i servizi generali) in base alle direttive fissate dall'Ufficio di Presidenza, di cui sono membri con funzioni consultive. Essi possono presentare proposte di modifica o di nuova stesura di testi concernenti tutte le regolamentazioni adottate dall'Ufficio di presidenza.

Il rinnovo di metà legislatura

Il Presidente e gli altri componenti dell'Ufficio di Presidenza rimangono in carica per due anni e mezzo, in modo da consentire l'avvicendarsi, nel corso della legislatura, di due presidenze, solitamente attribuite a personalità di diversi gruppi politici (generalmente i più numerosi).

I gruppi politici

I parlamentari si raggruppano in gruppi politici (la cui costituzione non è però obbligatoria), per la formazione dei quali è necessario un numero minimo di componenti (venticinque) e la loro provenienza da un numero minimo di Paesi (un quarto del totale), oltre all'esistenza tra loro di "affinità politiche". Quest'ultimo requisito è volto ad evitare la costituzione di gruppi meramente tecnici.

Fino ad ora, i gruppi parlamentari più numerosi sono stati quello dei popolari e l'alleanza di socialisti e democratici, che ottengono così la maggior parte delle posizioni sia all'interno del Parlamento stesso che di altri organi, a partire dalla Commissione.

A differenza di quanto avviene nel Parlamento italiano, tuttavia non è necessario aderire a un gruppo parlamentare, essendovi deputati "non iscritti", ciò evitando la costituzione di un "gruppo misto".

La Conferenza dei Presidenti

I Presidenti dei gruppi politici, con il Presidente del Parlamento, costituiscono la Conferenza dei Presidenti, che ha la funzione di programmare lo svolgimento dell'attività parlamentare, oltre a decidere l'attribuzione delle competenze e la composizione delle commissioni e a curare i rapporti con le altre istituzioni dell'Unione europea e con i Parlamenti dei paesi membri e dei paesi terzi.

Le commissioni

La gran parte dell'attività si svolge poi nelle commissioni, permanenti, speciali e d'inchiesta.

La composizione delle commissioni riflette, per quanto possibile, la composizione del Parlamento. L'elezione dei membri delle commissioni ha luogo su designazione da parte dei gruppi e dei deputati non iscritti. La Conferenza dei Presidenti presenta proposte al Parlamento.

Le commissioni permanenti sono elette nel corso della prima tornata del Parlamento neoeletto e, di nuovo, dopo due anni e mezzo. Attualmente sono venti (presso alcune di queste sono istituite delle sottocommissioni) e le loro attribuzioni sono disciplinate nell'Allegato VI del Regolamento.

Le commissioni speciali possono essere costituite dal Parlamento, in qualunque momento, su proposta della Conferenza dei Presidenti.

La composizione e le attribuzioni del mandato sono fissati contemporaneamente alla decisione della loro costituzione, che indica anche la durata del loro mandato, in ogni caso non superiore a dodici mesi, a meno che il Parlamento non prolunghi questo periodo alla sua scadenza.

Il Parlamento, su richiesta di un quarto dei suoi membri, può anche istituire commissioni d'inchiesta allo scopo di esaminare denunce di infrazione o di cattiva amministrazione del diritto dell'Unione presentate da persone fisiche o giuridiche residenti in uno Stato membro.

Il potere deliberativo spetta comunque unicamente alla sessione plenaria, che si pronuncia a maggioranza, salvo che non sia diversamente stabilito (ad esempio, l'art. 234 TFUE, richiede per l'approvazione della mozione di sfiducia nei confronti della Commissione, i due terzi dei voti espressi e la maggioranza assoluta dei membri che compongono il Parlamento europeo, mentre l'art. 49 TUE richiede che il parere sull'adesione di un nuovo Stato sia espresso a maggioranza assoluta dei componenti).

Le sedi

I lavori della sessione plenaria si svolgono normalmente a Strasburgo (almeno per le dodici sessioni plenarie ordinarie), potendo essere previste, tuttavia, sessioni plenarie supplementari a Bruxelles, dove si svolgono anche le riunioni delle commissioni e dei gruppi politici.

Il Segretariato ha invece sede a Lussemburgo.

L'attività di lobbying

Da segnalare la presenza di una disciplina relativa all'attività di *lobbying* nell'ambito del Parlamento europeo. Infatti, con l'allegato I al Regolamento del Parlamento («Registro per la trasparenza»), è regolato l'accesso dei gruppi d'interessi che intendano fornire informazioni e far presenti alcune esigenze ai deputati.

Al fine di svolgere questa attività, è necessario essere iscritti in un apposito registro (che dà diritto a un lasciapassare, rilasciato dai questori, che vigilano anche sulla correttezza della condotta, potendo giungere al ritiro del lasciapassare stesso) e si deve rispettare un codice di condotta anch'esso contenuto nel suddetto Allegato al Regolamento del Parlamento. Da questo punto di vista, tuttavia, più volte si è lamentata un'eccessiva genericità di alcune prescrizioni e una certa debolezza dell'apparato sanzionatorio. Il fenomeno del *lobbying* ha conosciuto una progressiva espansione, di pari passo con l'aumento delle competenze delle Comunità e dell'Unione e dell'accrescersi del ruolo del Parlamento europeo (per quanto il *lobbying* sia regolato anche rispetto alla Commissione). Naturalmente, questa attività presenta quali vantaggi l'apporto di specifiche competenze, particolarmente utili sulle questioni più tecniche, ricorrenti nella normativa dell'Unione europea, rappresentando altresì una modalità di partecipazione delle istanze sociali. Tuttavia, non vi è chi non veda i rischi di possibili derive clientelari e dell'eccessivo impatto di alcuni interessi particolarmente forti, soprattutto in una realtà, come quella dell'Unione, in cui i partiti politici, tradizionali istanze di mediazione dei vari interessi secondo una visione più generale, risultano particolarmente deboli.

Tale disciplina è stata, invece, a lungo sconosciuta al Parlamento italiano, finché, almeno alla Camera dei deputati, con delibera dell'Ufficio di Presidenza dell'8 febbraio 2017 ("Disciplina dell'attività di rappresentanza di interessi nelle sedi della Camera dei deputati"), che definisce le modalità attuative della regolamentazione approvata dalla Giunta per il Regolamento il 26 aprile 2016, è stato istituito il Registro dei soggetti che svolgono professionalmente attività di rappresentanza di interessi nei confronti dei deputati presso le sedi della Camera.

5.3. *Le funzioni*

L'evoluzione delle funzioni

Il Parlamento europeo, in origine organo essenzialmente consultivo, ha progressivamente assunto un ruolo di primo piano nel processo decisionale europeo, seppure le sue funzioni e il suo peso non siano ancora pienamente equiparabili a quelli di un Parlamento nazionale.

Il potere normativo

In particolare, infatti, il Parlamento europeo condivide il potere normativo con il Consiglio e con la Commissione.

La proposta

A quest'ultima spetta normalmente il potere di proposta, salvi i casi in cui i Trattati prevedano espressamente l'iniziativa di un gruppo di Stati membri o di alcune istituzioni o organi, secondo quanto previsto all'art. 289, par. 4, TFUE.

Peraltro, nonostante il Parlamento rimanga tendenzialmente escluso dall'iniziativa legislativa (a differenza di quanto avviene nei Parlamenti nazionali, in cui essa normalmente spetta a singoli parlamentari e/o a frazioni o gruppi di questi), l'art. 225 TFUE prevede che esso – a maggioranza dei membri che lo compongono – possa «chiedere alla Commissione di presentare adeguate proposte sulle questioni per le quali reputa necessaria l'elaborazione di un atto dell'Unione ai fini dell'attuazione dei trattati» e che la Commissione debba comunicare al Parlamento le motivazioni dell'eventuale mancata presentazione della proposta.

L'approvazione

Con il Consiglio, invece, il Parlamento condivide il potere di approvare i regolamenti, le direttive e le decisioni (su cui si rinvia al vol. II, cap. I), in una posizione pariordinata, almeno nell'ambito della procedura ordinaria di cui agli artt. 289 e 294 TFUE.

Nel caso di procedura ordinaria, infatti, la Commissione presenta una proposta al Parlamento europeo e al Consiglio.

Il Parlamento europeo adotta la sua posizione in prima lettura e la trasmette al Consiglio.

Se quest'ultimo approva la posizione del Parlamento europeo, la procedura si conclude con l'adozione dell'atto.

Se, invece, il Consiglio adotta un diverso testo, esso è trasmesso al Parlamento europeo, con l'indicazione dei motivi della (diversa) posizione assunta. In questo caso, la Commissione informa il Parlamento europeo della sua posizione (salvo che non si tratti di uno dei casi in cui essa non ha presentato la proposta).

Entro i successivi tre mesi, quindi, l'atto proposto può essere:

a) *adottato* nel testo proposto dal Consiglio, se il Parlamento europeo approva la posizione di quest'ultimo o non si pronuncia;

b) *non adottato*, se il Parlamento europeo respinge la posizione del Consiglio in prima lettura a maggioranza assoluta dei membri che lo compongono;

c) *rimesso nuovamente al Consiglio*, se il Parlamento europeo propone, sempre a maggioranza assoluta, emendamenti alla posizione del Consiglio in prima lettura. In tal caso gli emendamenti sono trasmessi anche alla Commissione, che esprime un parere sugli stessi. In quest'ultima ipotesi, può darsi che il Consiglio approvi a maggioranza qualificata tutti gli emendamenti (essendo necessaria l'unanimità per quelli su cui la Commissione abbia eventualmente espresso parere negativo, salvo che non si tratti di uno di quei casi in cui la proposta non proviene da questa istituzione), con conseguente adozione dell'atto nel testo del Consiglio, come emendato dal Parlamento, oppure che non approvi tutti gli emendamenti. In questo secondo caso, il Presidente del Consiglio, d'intesa con il Presidente del Parlamento europeo, convoca, entro sei settimane, un comitato di conciliazione, composto dai membri del Consiglio o dai loro rappresentanti e da altrettanti membri del Parlamento europeo, con la partecipazione della Commissione. Il comitato ha il compito di giungere a un accordo su un progetto comune (a maggioranza qualificata dei membri del Consiglio o dei loro rappresentanti e a maggioranza dei membri rappresentanti il Parlamento europeo) entro un termine di sei settimane dalla convocazione, basandosi sulle posizioni del Parlamento europeo e del Consiglio in seconda lettura. Se nel predetto termine l'accordo non è raggiunto, l'atto non è adottato. Se, viceversa, l'accordo è raggiunto, il Parlamento europeo e il Consiglio hanno a disposizione ulteriori sei settimane per adottare l'atto in base al progetto comune. In mancanza di un'espressa deliberazione favorevole all'adozione, l'atto si considera non adottato.

L'art. 289 TFUE prevede, al par. 2, che, nei casi specificamente previsti dai Trattati, possa farsi ricorso a una procedura legislativa speciale, sulla cui base può essere adottato un regolamento, una direttiva o una decisione da parte del Parlamento europeo con la partecipazione del Consiglio o da parte di quest'ultimo con la partecipazione del Parlamento europeo; mentre, come anticipato, al par. 4, stabilisce che, nei casi previsti dai Trattati, gli atti legislativi possono essere adottati su iniziativa di un gruppo di Stati membri o del Parlamento europeo, su raccomandazione della Banca centrale o su richiesta della Corte di giustizia o della Banca europea per gli investimenti.

La politica estera e di sicurezza comune

Nell'ambito della politica estera e della sicurezza comune la posizione del Parlamento risulta particolarmente debole: infatti, l'art. 36 TUE prevede unicamente che «l'Alto Rappresentante dell'Unione per gli affari esteri e la politica di sicurezza consulta regolarmente il Parlamento europeo sui principali aspetti e sulle scelte fondamentali della politica estera e di sicurezza comune e della politica di sicurezza e di difesa comune e lo informa dell'evoluzione di tali politiche», che il medesimo Alto Rappresentante «provvede affinché le opinioni del Parlamento europeo siano debitamente prese in considerazione», che «il Parlamento europeo può rivolgere interrogazioni o formulare raccomandazioni al Consiglio e all'Alto Rappresentante», nonché, infine, che due volte l'anno si svolga in Parlamento «un dibattito sui progressi compiuti nell'attuazione della politica estera e di sicurezza comune, compresa la politica di sicurezza e di difesa comune».

Il bilancio

Il Parlamento partecipa al procedimento di formazione e approvazione del bilancio dell'Unione di cui all'art. 314 TFUE.

Infatti, entro il 1° settembre di ogni anno, la Commissione elabora (sulla base degli stati di previsione predisposti da ciascuna istituzione diversa dalla BCE) un progetto di bilancio che sottopone al Parlamento europeo e al Consiglio. Quest'ultimo adotta la sua posizione trasmettendola, con la relativa motivazione, al Parlamento entro il 1° ottobre. Il bilancio è adottato se, entro quarantadue giorni dalla trasmissione, il Parlamento europeo approva la posizione del Consiglio o non delibera.

Nell'ipotesi in cui, invece, il Parlamento europeo approvi a maggioranza assoluta emendamenti al bilancio, questo è trasmesso alla Commissione e al Consiglio. Ove, entro dieci giorni, il Consiglio approvi tutti gli emendamenti proposti, il bilancio è adottato. Altrimenti, il Presidente del Parlamento europeo, d'intesa con il Presidente del Consiglio, convoca un comitato di conciliazione, che riunisce i membri del Consiglio o i loro rappresentanti ed altrettanti rappresentanti del Parlamento europeo, al fine di giungere ad un accordo su un progetto comune, a maggioranza qualificata dei membri del Consiglio o dei loro rappresentanti e a maggioranza dei rappresentanti del Parlamento europeo, entro un termine di ventuno giorni dalla convocazione. Ai lavori del comitato partecipa anche la Commissione, allo scopo di favorire un ravvicinamento tra le posizioni delle altre due istituzioni. Se, nel termine di ventuno giorni, l'accordo è raggiunto, il Parlamento europeo e il Consiglio dispongono di quattordici giorni per procedere all'approvazione. Quest'ultima si realizza se le due istituzioni deliberano favorevolmente, o non deliberano, o se una delibera favorevolmente e l'altra non delibera. La Commissione deve predisporre, invece, un nuovo progetto di bilancio sia se il comitato di conciliazione, nel predetto termine di ventuno giorni, non ha trovato un accordo, sia se, pur essendo questo stato raggiunto, non risulta poi approvato da una delle due istituzioni.

Un'ultima ipotesi è quella in cui il Parlamento europeo approvi il progetto comune, mentre il Consiglio lo respinga. In questo caso, infatti, il Parlamento europeo può, entro quattordici giorni dalla data in cui il Consiglio lo ha respinto, deliberando a maggioranza dei membri che lo compongono e dei tre quinti dei voti espressi, decidere di confermare tutti gli emendamenti a suo tempo votati o parte di essi. Se un emendamento del Parlamento europeo non è confermato, è mantenuta la posizione concordata in seno al comitato di conciliazione sulla linea di bilancio oggetto di tale emendamento e il bilancio si considera definitivamente adottato su questa base.

Particolarmente significativo è poi il ruolo di controllo che il Parlamento è chiamato a svolgere, in primo luogo sulla Commissione, di cui partecipa alla nomina e rispetto alla quale può esercitare un potere di censura (cfr. *infra*, par. 7).

Il Parlamento o i suoi componenti possono inoltre rivolgere interrogazioni alla Commissione (come al Consiglio e all'Alto Rappresentante per la politica estera e di sicurezza comune), che, dal canto suo, ogni anno presenta al Parlamento una relazione generale sull'attività dell'Unione. Anche il Consiglio europeo, peraltro, come abbiamo visto, dopo ogni sua riunione, presenta al Parlamento una relazione.

L'attività di controllo viene poi svolta anche attraverso l'istituzione delle commissioni d'inchiesta, di cui si è detto poco sopra, e attraverso l'operato del Mediatore europeo, di cui al paragrafo che segue.

5.4. *Il Mediatore europeo*

Nell'ambito della sezione del TFUE relativa al Parlamento europeo è disciplinato anche il Mediatore europeo.

Esso, istituito con il Trattato di Maastricht ed entrato in funzione nel 1995, ai sensi dell'art. 228 TFUE, è eletto dal Parlamento europeo all'inizio della legislatura e per la durata della stessa, con mandato rinnovabile.

La cessazione

Il Mediatore può essere dichiarato dimissionario dalla Corte di giustizia, su richiesta del Parlamento europeo, qualora non risponda più alle condizioni necessarie all'esercizio delle sue funzioni o abbia commesso una colpa grave.

La medesima disposizione prevede che egli eserciti le sue funzioni in piena indipendenza, senza accettare istruzioni da alcun governo, istituzione, organo o organismo. *L'indipendenza*

Tale indipendenza è assistita da un'incompatibilità assoluta, che non gli consente, per tutta la durata del mandato, di esercitare alcuna altra attività professionale, remunerata o meno.

Lo statuto e le condizioni generali per l'esercizio delle funzioni del Mediatore sono deliberate, mediante regolamenti, dal Parlamento europeo, previo parere della Commissione e con l'approvazione del Consiglio. *Le funzioni*

Il Mediatore può ricevere le denunce di qualsiasi cittadino dell'Unione o di qualsiasi persona fisica o giuridica che risieda o abbia la sede sociale in uno Stato membro, in relazione a casi «di cattiva amministrazione nell'azione delle istituzioni, degli organi o degli organismi dell'Unione, salvo la Corte di giustizia dell'Unione europea nell'esercizio delle sue funzioni giurisdizionali».

Il Mediatore può attivarsi anche d'ufficio o su iniziativa di un membro del Parlamento europeo.

Egli non può attivarsi se i fatti in questione formino o abbiano formato oggetto di una procedura giudiziaria.

In ogni caso, ove a seguito di un'istruttoria, constati un caso di cattiva amministrazione, il Mediatore deve investirne l'istituzione interessata, che, entro i successivi tre mesi, deve comunicargli il suo parere. Su tali basi, il Mediatore trasmette quindi una relazione al Parlamento europeo e all'istituzione, all'organo o all'organismo interessati.

La persona che aveva presentato la denuncia viene informata del risultato dell'indagine.

Ogni anno il Mediatore presenta una relazione al Parlamento europeo sui risultati delle sue indagini.

6. *Il Consiglio europeo*

Il Consiglio europeo è stato formalmente inserito tra le istituzioni dell'Unione dal Trattato di Lisbona (riprendendo quanto già stabilito dal mai entrato in vigore Trattato che istituisce una Costituzione per l'Europa). *Una nuova istituzione*

Esso, tuttavia, ha origini ormai piuttosto risalenti nel tempo. Infatti, dal 1961, i Capi di Stato o di Governo delle Comunità europee presero a tenere *vertici* con cui, al di fuori di un contesto formalmente comunitario, potevano tracciare le fondamentali linee di sviluppo dell'integrazione europea. *L'origine*

Nel vertice svoltosi a Parigi nel 1974, su proposta del Presidente francese Giscard d'Estaing, fu deciso di istituzionalizzare questi incontri, che assunsero, appunto, la denominazione di "Consiglio europeo". Questo, dopo un primo riconoscimento formale nell'Atto Unico europeo, è stato definitivamente inserito nell'ambito dell'architettura dell'Unione (seppure senza assumere ancora la qualificazione di istituzione) con il Trattato di Maastricht.

A seguito dell'entrata in vigore del Trattato di Lisbona, quindi, il Consiglio europeo, dopo essere menzionato nell'elenco delle istituzioni di cui all'art. 13, è disciplinato all'art. 15 TUE, poi completato dalla sez. 2, del capo I, del Titolo I della Parte sesta del TFUE (artt. 235 e 236).

La composizione

Il Consiglio europeo è composto dai capi di Stato o di governo degli Stati membri (l'alternativa dipende, naturalmente, dalla forma di governo del singolo Paese), dal suo Presidente e dal Presidente della Commissione. Partecipa ai suoi lavori anche l'Alto Rappresentante dell'Unione per gli affari esteri e la politica di sicurezza (che non ne è però membro).

Il Consiglio europeo è assistito da un Segretario generale.

Qualora l'ordine del giorno lo richieda, ciascun membro del Consiglio europeo può farsi assistere da un ministro, o, nel caso del Presidente della Commissione, da un componente di quest'ultima.

Le riunioni

L'art. 15 TUE stabilisce che il Consiglio europeo è convocato dal suo Presidente, in via ordinaria, due volte a semestre, pur essendo possibile procedere ad altre convocazioni (di solito le riunioni sono quattro, ma possono essere anche di più). Esso si riunisce a Bruxelles.

Le decisioni "per consenso"

Il carattere altamente politico dell'istituzione, una rottura all'interno della quale potrebbe determinare ripercussioni negative per i generali assetti dell'Unione, hanno suggerito di prevedere, come regola generale, che il Consiglio si pronunci "per consenso" (cioè, senza esercizio formale del diritto di voto, considerandosi raggiunta la decisione quando dalla discussione emerge l'assenza di obiezioni da parte dei componenti del Consiglio), salvo che i Trattati prevedano diversamente.

Nel caso in cui si voti, peraltro, l'art. 235, par. 1, TFUE, prevede che il Presidente del Consiglio europeo e quello della Commissione non partecipino al voto, che «ciascun membro del Consiglio europeo [possa] ricevere delega da uno solo degli altri membri» e che l'eventuale astensione non osti alle decisioni che richiedono di essere deliberate all'unanimità. Per i casi in cui il Consiglio deliberi a maggioranza qualificata, si applicano le regole previste per il Consiglio dagli artt. 16, par. 4, TUE e 238, par. 2, TFUE, a partire dal 1° novembre 2014: il 55% dei membri del consiglio che rappresentino almeno il 65% della popolazione dell'Unione, salvo in determinati casi (quando il voto è su una proposta che non è stata presentata dalla Commissione o dall'alto rappresentante) in cui è richiesto il voto favorevole del 72% degli Stati che rappresentino almeno il 65% della popolazione dell'Unione (tuttavia fino al 31 marzo

2017 ciascuno Stato membro poteva chiedere che si applicassero le precedenti regole stabilite con il Trattato di Nizza).

La maggioranza semplice è richiesta per le votazioni attinenti alle questioni procedurali e per l'adozione del regolamento interno.

Le funzioni

Quanto alle funzioni, esse sono genericamente indicate in quella di fornire all'Unione europea gli «impulsi necessari al suo sviluppo», definendone «gli orientamenti e le priorità politiche generali», mentre è espressamente specificato che il Consiglio in parola non esercita funzioni legislative. Nell'ambito dei Trattati, poi, sono specificate alcune funzioni, sempre altamente politiche. Tra queste, anzitutto, quelle di nomina delle cariche più rilevanti non direttamente affidate agli Stati membri: oltre a eleggere il suo Presidente, infatti, il Consiglio europeo propone al Parlamento europeo il Presidente della Commissione e nomina l'intera Commissione dopo l'approvazione da parte del Parlamento europeo; nomina e revoca l'Alto Rappresentante dell'Unione europea per gli affari esteri e la politica di sicurezza; nomina il Comitato esecutivo della Banca centrale europea.

Inoltre, come abbiamo visto, spetta al Consiglio europeo stabilire la ripartizione dei seggi del Parlamento europeo tra gli Stati membri; l'eventuale modifica del numero dei componenti della Commissione; le formazioni in cui si riunisce il Consiglio dell'Unione europea e la rotazione della Presidenza dello stesso.

Esso ha inoltre la principale responsabilità in materia di revisione dei Trattati: in particolare, infatti, il Consiglio europeo, ai sensi dell'art. 31, par. 3, TUE, decide sull'estensione dei casi di votazione a maggioranza qualificata nell'ambito della politica estera e di sicurezza comune; ai sensi dell'art. 42, par. 2, TUE, può deliberare il passaggio ad una difesa comune; ai sensi dell'art. 48 TUE, riveste un ruolo essenziale sia per l'avvio che per la fissazione delle modalità di svolgimento della procedura di revisione ordinaria, oltre che in caso di difficoltà di ratifica da parte di uno o più Stati membri qualora i quattro quinti abbiano, invece, proceduto alla ratifica; inoltre, può adottare una decisione di revisione, in forma semplificata, della parte terza del TFUE, oltre a poter adottare decisioni che consentano il passaggio dall'unanimità alla maggioranza qualificata e da una procedura legislativa speciale a quella ordinaria. Infine, stabilisce i criteri di ammissibilità di nuovi Stati; formula gli orientamenti per la fissazione delle condizioni di recesso di uno Stato membro e constata la sussistenza di una violazione grave e persistente dei valori dell'Unione da parte di uno Stato membro, tali da giustificare l'adozione di sanzioni nei confronti dello stesso ai sensi dell'art. 7 TUE.

Al fine di un migliore svolgimento delle sue funzioni, è previsto che il Consiglio possa invitare il Presidente del Parlamento europeo per ascoltarlo.

La sindacabilità degli atti

Anche gli atti del Consiglio europeo sono sindacabili in via giurisdizionale (artt. 263 e 265 TFUE), garantendo così un'effettiva tutela del cittadino europeo, seppure debba ammettersi che, ove questi atti rimangano effettivamente di natura esclusivamente politica (coerentemente con le attribuzioni dell'organo), la loro sindacabilità giurisdizionale risulterà assai difficile.

Certamente i rilevanti poteri attribuiti a quest'organo, composto dai vertici dei governi nazionali, unitamente al mancato sviluppo di quelli del Parlamento europeo e alla presenza di Commissioni non sempre all'altezza di svolgere un adeguato ruolo politico, contribuiscono, almeno da alcuni anni, a caratterizzare l'Unione europea in senso (sempre più) intergovernativo, anziché a svilupparne le caratteristiche tipicamente sovranazionali, che costituiscono certamente l'elemento più caratterizzante dell'istituzione delle Comunità europee da cui la stessa Unione ha avuto origine.

6.1. *Il Presidente del Consiglio europeo*

Fino all'entrata in vigore del Trattato di Lisbona, il ruolo di Presidente del Consiglio europeo spettava di diritto al capo di governo o al capo di Stato (a seconda della diversa forma di governo) dello Stato membro che esercitava la presidenza di turno, di durata semestrale, del Consiglio dell'Unione europea.

La Presidenza stabile

Il Trattato di Lisbona, invece, ha previsto, per questa istituzione, una presidenza stabile, al fine di fornire maggiore continuità al suo operato, mirando a realizzare anche una visibilità e autorevolezza del Presidente stesso.

In particolare, l'art. 15, par. 5, TUE prevede che il Presidente sia eletto dal Consiglio europeo a maggioranza qualificata per la durata di due anni e mezzo (pari a quella del Presidente del Parlamento europeo e alla metà di quella del Presidente della Commissione) e che la carica sia rinnovabile una sola volta (e, fino ad ora, tutti gli eletti a questo ruolo sono stati rinnovati). Si prevede che il Consiglio possa procedere, con la stessa procedura, alla revoca del mandato, nei casi di colpa grave o di impedimento.

Le incompatibilità

La carica di Presidente del Consiglio europeo è incompatibile con qualunque mandato nazionale, mentre nessuna incompatibilità risulta essere stata prevista con altre cariche europee. In particolare, quindi, potrebbe considerarsi (almeno formalmente) compatibile il ruolo di Presidente del Consiglio europeo con quello di Presidente della Commissione. Per quanto tale ipotesi non paia probabile, essa realizzerebbe, in via di fatto, quella unificazione di cui, anche in sede di Convenzione per la redazione del testo del Trattato costituzionale, si era discusso e che in più occasioni è stata ripresa. Ciò è avvenuto, in particolare, anche a fronte della proposta, talvolta avanzata a livello politico, di giungere a un'elezione a suffragio universale diretto.

I rapporti con gli altri vertici istituzionali

In effetti, quando la carica è stata istituita, sono state avanzate, da alcuni, preoccupazioni circa la presenza di un certo numero di vertici istituzionali, che – era stato detto – sarebbero potuti entrare forse in contrasto (soprattutto il Presidente del Consiglio europeo e quello della Commissione). Tuttavia, ciò non è avvenuto e anzi deve constatarsi come, fino ad ora, la figura del Presidente del Consiglio europeo non abbia avuto un particolare risalto (né con il popolare belga Van Rompuy dal 2009 al 2014, né con il popolare polacco Donald Tusk, dal 2014 al 2019, né, dopo, con il liberale belga Charles Michel, dal 2019 al 2024), anche perché sono stati scelti politici di notevole esperienza, anche istituzionale, ma certamente non particolarmente noti sulla scena internazionale.

Le funzioni

Quanto alle funzioni del Presidente, esse possono essere distinte in interne ed esterne.

Tra le prime, rientrano quelle di presiedere e "animare" i lavori del Consiglio europeo; di assicurare la preparazione e la continuità dei lavori del Consiglio europeo, in cooperazione con il presidente della Commissione e in base ai lavori del Consiglio "Affari generali", e di facilitare la coesione e il consenso in seno al Consiglio europeo.

Tra le funzioni esterne, invece, ricordiamo quella di presentare al Parlamento europeo una relazione dopo ciascuna delle riunioni del Consiglio europeo e quella di assicurare la rappresentanza esterna dell'Unione per le materie relative alla politica estera e di sicurezza comune, fatte salve le attribuzioni dell'Alto Rappresentante dell'Unione per gli affari esteri e la politica di sicurezza.

7. *Il Consiglio: composizione e organizzazione*

La composizione (variabile)

Il Consiglio, da non confondere, appunto, con il Consiglio europeo, è composto, *ex* art. 16 TUE, da «un rappresentante di ciascuno Stato membro a livello ministeriale, abilitato a impegnare il governo dello Stato membro che rappresenta e ad esercitare il diritto di voto». Essi possono essere, oltre che, naturalmente, ministri, anche viceministri o sottosegretari, nonché membri di governi di Regioni o Stati membri, sempre a condizione, però, che essi siano in grado di impegnare il governo dello Stato.

La composizione, tuttavia, varia di volta in volta a seconda degli argomenti all'ordine del giorno. In considerazione di ciò, le riunioni sono convocate in base a ordini del giorno omogenei, che consentono agli Stati di essere rappresentati dal medesimo esponente del Governo. In ogni caso, può accadere che, per ragioni di urgenza o di calendario, alcune decisioni in una determinata materia, che non richiedano una discussione (c.d. di "fascia A"), possano essere adottate anche da una formazione del Consiglio competente per un'altra materia.

Le formazioni del Consiglio

L'elenco delle formazioni del Consiglio, in base all'art. 236 TFUE, è stabilito con una decisione adottata a maggioranza qualificata dal Consiglio europeo (mentre precedentemente ciò era stabilito dallo stesso Consiglio nel proprio regolamento interno). Fanno eccezione il Consiglio "Affari generali" e il Consiglio "Affari esteri", direttamente previsti all'art. 16, par. 6, 2° e 3° comma, TUE. Il primo ha il compito di assicurare «la coerenza dei lavori delle varie formazioni del Consiglio» e di preparare «le riunioni del Consiglio europeo», assicurandone «il seguito in collegamento con il Presidente del Consiglio europeo e la Commissione», mentre il secondo «elabora l'azione esterna dell'Unione secondo le linee strategiche definite dal Consiglio europeo e assicura la coerenza dell'azione dell'Unione».

Le formazioni del Consiglio sono state significativamente ridotte nel tempo: dalle ventidue degli anni Novanta del secolo scorso, si è passati a sedici nel 2000 e quindi a nove nel 2002, per risalire, in seguito all'entrata in vigore del trattato di Lisbona, a dieci (stabilite con decisione del Consiglio Affari generali, deliberata a maggioranza semplice).

Tali formazioni sono le seguenti:

- Affari generali;
- Affari esteri;
- Economia e finanza (c.d. "Ecofin");
- Giustizia e affari interni (GAI);
- Occupazione, politica sociale, salute e consumatori;
- Competitività;
- Trasporti, telecomunicazioni ed energia;
- Agricoltura e pesca;
- Ambiente;
- Istruzione, gioventù, cultura e sport.

Il Consiglio "Economia e Finanze" non va confuso con il cosiddetto "Eurogruppo", di cui al Protocollo n. 14, che costituisce la riunione, «a titolo informale», dei ministri degli Stati membri la cui moneta è l'euro, «per discutere questioni attinenti alle responsabilità specifiche da essi condivise in materia di moneta unica». Alle riunioni partecipano la Commissione e la Banca centrale europea.

Nonostante le sue diverse formazioni, il Consiglio rimane unico, nella misura in cui una decisione adottata dal medesimo è considerata del Consiglio, senza specificazione della formazione.

Il Consiglio ha sede a Bruxelles, dove si riunisce diverse volte al mese, mentre le sessioni hanno luogo a Lussemburgo nei mesi di aprile, giugno e ottobre.

La sede

Un comitato dei rappresentanti permanenti dei Governi degli Stati membri (COREPER) è responsabile della preparazione dei lavori del Consiglio e dell'esecuzione dei compiti che quest'ultimo gli assegna (art. 16, par. 7, TUE e art. 240, par. 1, TFUE). Alla base del lavoro del COREPER stanno, in realtà, i gruppi di lavoro, composti da funzionari degli Stati membri, specializzati per materia, cui è affidato l'esame tecnico dei singoli *dossier*.

Il COREPER e i gruppi di lavoro

Il Consiglio europeo è assistito dal Segretariato generale, al cui vertice è posto il Segretario generale, nominato a maggioranza qualificata dallo stesso Consiglio.

Il Segretario generale

La Presidenza del Consiglio, ad eccezione della formazione "Affari esteri" (presieduta dall'Alto Rappresentante per la politica estera e di sicurezza comune dell'Unione), è esercitata dai rappresentanti degli Stati membri nel Consiglio secondo un sistema di rotazione paritaria, definito con decisione adottata a maggioranza qualificata dal Consiglio europeo (art. 236, lettera *b*)), TFUE: si tratta della decisione del Consiglio europeo 1° dicembre 2009, 2009/881/UE, integrata, per gli aspetti di dettaglio, dalla decisione del Consiglio 1° dicembre 2009, 2009/908/UE. La Presidenza è esercitata, per un periodo di diciotto mesi, da gruppi predeterminati di tre Stati, «composti secondo un sistema di rotazione paritaria, tenendo conto delle loro diversità e degli equilibri geografici dell'Unione». All'interno di ogni gruppo, poi, ciascuno dei tre Stati esercita la Presidenza di tutte le formazioni del Consiglio (sempre esclusa, naturalmente, quella "Affari esteri") per sei mesi (mentre gli altri membri del gruppo "assistono la Presidenza", sempre ferma restando la possibilità dei membri del gruppo di concordare tra loro modalità alternative). La successione e il relativo periodo è stata fissata con decisione del Consiglio 1° gennaio 2007 (a decorrere da tale data e fino al giugno 2020), richiamata nella citata decisione del Consiglio 1° dicembre 2009 (2009/908/UE) e nel suo allegato I.

La Presidenza

La durata della Presidenza

Prima dell'entrata in vigore del Trattato di Lisbona, la rotazione semestrale era prevista al di fuori del meccanismo di gruppo.

7.1. *Il Consiglio: le funzioni e i meccanismi decisionali*

Ferma restando la particolare forza politica del Consiglio europeo, per quanto negli anni si sia assistito a un accrescimento dei poteri di altre istituzioni, e in particolare del Parlamento, il Consiglio continua a rappresentare lo snodo fondamentale delle politiche dell'Unione.

Le funzioni fondamentali

Esso è disciplinato all'art. 16 TUE, che gli attribuisce, in primo luogo, la funzione legislativa e la funzione di bilancio, esercitate congiuntamente al Parlamento europeo, secondo le modalità già esposte (par. 5.3). Esso esercita altresì «funzioni di definizione delle politiche e di coordinamento alle condizioni stabilite nei Trattati».

Il Consiglio è quindi divenuto più chiaramente organo legislativo e di indirizzo politico, perdendo, invece, quasi completamente le funzioni esecutive, normalmente spettanti alla Commissione (oltre che agli Stati membri), salvo nei casi previsti dall'art. 291, par. 2, TFUE, in cui esse rimangono appannaggio del Consiglio stesso (si tratta di «casi specifici debitamente motivati» e delle ipotesi di cui agli artt. 24 e 26 TUE, relativi alla politica estera e di sicurezza comune).

Le maggioranze per deliberare

Nell'esercizio delle sue funzioni, il Consiglio delibera a maggioranza qualificata, salvo che i Trattati non dispongano diversamente.

La maggioranza semplice, in particolare, è prevista per le questioni procedurali e per l'adozione del regolamento interno.

L'unanimità è prevista in alcuni limitati casi, come, ad esempio, per la definizione e l'attuazione (con il Consiglio europeo) della politica estera e di sicurezza comune. In questi casi, l'astensione di membri presenti o rappresentati non osta all'adozione delle deliberazioni del Consiglio. Tuttavia, quando la delibera all'unanimità è prevista nell'ambito della politica estera e di sicurezza comune e della politica fiscale, qualora uno Stato motivi la sua astensione, esso non è obbligato ad applicare la decisione, pur dovendo accettare che essa impegni l'Unione. Se però i membri del Consiglio che esprimono un'astensione motivata costituiscono almeno un terzo degli Stati membri, che rappresentano almeno un terzo della popolazione dell'Unione, la decisione non è adottata.

Le clausole "passerella"

Deve infine ricordarsi che, secondo la "disposizione passerella" dell'art. 48, par. 7, TUE, «quando il TFUE o il Titolo V del presente Trattato prevedono che il Consiglio deliberi all'unanimità in un settore o in un caso determinato, il Consiglio europeo può adottare una decisione che consenta al Consiglio di deliberare a maggioranza qualificata in detto settore o caso», seppure da ciò rimangano escluse le decisioni che hanno implicazioni militari o che rientrano nel settore della difesa.

La nuova maggioranza

La maggioranza qualificata è, a partire dal 1° novembre 2014, quella indicata all'art. 16, par. 4, TUE, pari al 55% dei membri del Consiglio, con un minimo di quindici rappresentanti degli Stati membri, che totalizzino almeno il 65% della popolazione dell'Unione, fermo restando che la minoranza di blocco deve comprendere almeno quattro Stati membri (altrimenti la maggioranza qualificata si considera raggiunta).

Ipotesi particolari

L'art. 238 TFUE individua, però, diversi criteri di calcolo della maggioranza qualificata, sempre a partire dal 1° novembre 2014, per ipotesi particolari.

La prima si realizza allorquando il Consiglio non delibera su proposta della Commissione o dell'Alto Rappresentante dell'Unione per gli affari esteri e la politica di sicurezza: in tal caso, per maggioranza qualificata si intende almeno il 72% dei membri del Consiglio, rappresentanti Stati membri che totalizzino almeno il 65% della popolazione dell'Unione (per cui, mentre la percentuale di popolazione rappresentata rimane invariata, sale significativamente quella relativa ai componenti del Consiglio, tanto da non contemplare più il criterio del numero minimo di Stati di cui alla regola generale).

D'altronde, sulla base dello stesso articolo, nei casi in cui, a norma dei trattati, non tutti i membri del Consiglio partecipino alla votazione, per maggioranza qualificata si intende almeno il 55% dei membri del Consiglio, rappresentanti gli Stati membri partecipanti che totalizzino almeno il 65% della popolazione di tali Stati (venendo quindi meno il criterio del numero minimo di Stati), fermo restando che la minoranza di blocco deve comprendere almeno il numero minimo di membri del Consiglio che rappresentino oltre il 35% della popolazione degli Stati membri partecipanti, più un altro membro (altrimenti la maggioranza qualificata si considera raggiunta).

Peraltro, anche per i casi in cui, a norma dei trattati, non tutti i membri del Consiglio partecipano alla votazione, quando il Consiglio non delibera su proposta della Commissione o dell'Alto Rappresentante dell'Unione per gli affari esteri e la politica di sicurezza, per maggioranza qualificata si intende quella pari almeno al 72% dei membri del Consiglio rappresentanti gli Stati membri partecipanti, che totalizzino almeno il 65% della popolazione di tali Stati.

La disciplina transitoria

Fino al 31 marzo 2017, su richiesta di un membro del Consiglio, era possibile continuare a votare secondo le percentuali richieste dal Trattato di Nizza, secondo un sistema di voto ponderato di cui all'art. 3, par. 3, del Protocollo n. 36.

La richiesta di verifica

Peraltro, ciascun membro del Consiglio europeo o del Consiglio può chiedere la verifica che gli Stati membri che compongono la maggioranza qualificata favorevole all'adozione di un atto rappresentino almeno il 62% della popolazione totale dell'Unione. Qualora tale condizione non sia soddisfatta, l'atto non è adottato.

La ponderazione dei voti

Quest'ultima clausola, come evidente, è stabilita a garanzia degli Stati più grandi, essendo quelli più piccoli, invece, garantiti da quella che prevede comunque il consenso di un numero minimo di Stati (peraltro più elevato, come abbiamo visto, allorquando la proposta non provenga dalla

Commissione, la quale assicurerebbe di per sé una maggiore tutela dell'interesse generale).

8. *La Commissione europea: formazione e organizzazione*

Oltre la logica intergovernativa

La Commissione europea è l'istituzione politica che, sin dall'origine, ha maggiormente caratterizzato le Comunità europee, mirando al superamento dei meccanismi decisionali intergovernativi normalmente tipici delle organizzazioni internazionali.

In effetti, l'art. 17, par. 1, TUE, afferma che essa «promuove l'interesse generale dell'Unione e adotta le iniziative appropriate a tal fine».

Il numero dei componenti

Il numero dei componenti della Commissione è attualmente di ventotto.

In base all'art. 4 del Protocollo sull'allargamento, allegato al Trattato di Nizza, ripreso dall'art. 17, par. 4, TUE, infatti, «la Commissione comprende un cittadino di ciascuno Stato membro», ferma restando la possibilità, per il Consiglio, deliberando all'unanimità, di modificare il numero dei membri della Commissione. Tuttavia, la medesima norma, al fine di assicurare una certa snellezza dell'organo, prevedeva che, dopo l'allargamento a ventisette Stati, il numero dei membri della Commissione dovesse essere inferiore al numero di Stati membri, realizzando una "rotazione paritaria", secondo modalità stabilite, all'unanimità, dal Consiglio che, sempre all'unanimità, avrebbe dovuto definire anche il numero dei commissari.

Se tale regola avrebbe dovuto trovare applicazione al momento dell'adesione del ventisettesimo Stato membro, una prima deroga fu prevista, in via transitoria, con l'Atto di adesione di Romania e Bulgaria (2005), entrate a far parte delle Comunità e dell'Unione – come noto – nel corso della VI legislatura del Parlamento europeo e del mandato della prima Commissione Barroso (e precisamente il 1° gennaio 2007). Tuttavia, successivamente, l'entrata in vigore della disposizione in parola è stata ulteriormente rinviata dal Trattato di Lisbona, in virtù del quale l'attuale art. 17, par. 4, TUE prevede che «la Commissione nominata tra la data di entrata in vigore del trattato di Lisbona e il 31 ottobre 2014 è composta da un cittadino di ciascuno Stato membro, compreso il Presidente e l'Alto Rappresentante dell'Unione per gli affari esteri e la politica di sicurezza, che è uno dei vicepresidenti».

La medesima norma, però, al successivo par. 5, ha previsto altresì che, dal 1° novembre 2014, la Commissione avrà un numero di componenti pari ai due terzi degli Stati membri (quindi, in assenza di ulteriori allargamenti, diciotto), individuati sulla base di un sistema, stabilito all'unanimità dal Consiglio europeo, di «rotazione assolutamente paritaria tra gli Stati membri che consenta di riflettere la molteplicità demografica e geografica degli Stati membri», secondo criteri specificati all'art. 244 TFUE. Tuttavia, è stata altresì riconosciuta al Consiglio europeo, sempre deliberando all'unanimità, la possibilità di stabilire un numero differente. In effetti, il Consiglio europeo, con decisione 2013/272/UE del 22 maggio 2013 ha deliberato che la Commissione continuerà a comprendere un cittadino di ciascuno Stato membro, anche al fine di superare alcune resistenze rispetto alla ratifica del Trattato di Lisbona. In questo modo, a seguito dell'adesione della Croazia, il 1° luglio 2013, i componenti della Commissione sono diventati ventotto. L'uscita del Regno Unito ha determinato una nuova riduzione a ventisette.

La designazione dei commissari

I commissari sono designati dai Governi degli Stati membri «in base alla loro competenza generale e al loro impegno europeo» e devono offrire «tutte le garanzie di indipendenza», senza accettare né sollecitare «istruzioni da alcun Governo, istituzione, organo o organismo». D'altra parte, gli Stati membri sono a loro volta chiamati a rispettare la piena indipendenza dei Commissari, che essi non devono cercare di influenzare nell'adempimento dei loro compiti.

La presenza a titolo individuale

Quindi, nonostante la designazione da parte dei Governi nazionali, i componenti della Commissione siedono nel collegio a titolo individuale.

L'obbligo di esclusività della funzione

Essi devono altresì astenersi «da ogni atto incompatibile con le loro funzioni o con l'esecuzione dei loro compiti»: in particolare, «non possono, per la durata delle loro funzioni, esercitare alcun'altra attività professionale, rimunerata o meno», assumendo altresì, all'atto del loro insediamento, «l'impegno solenne di rispettare, per la durata delle loro funzioni e dopo la cessazione di queste, gli obblighi derivanti dalla loro carica, e in particolare i doveri di onestà e delicatezza per quanto riguarda l'accettare, dopo tale cessazione, determinate funzioni o vantaggi». Questi doveri di correttezza non sono destinati a rimanere meri buoni propositi, considerato che, in caso di violazione degli stessi, la Corte di giustizia, su istanza del Consiglio, che delibera a maggioranza semplice, o della Commissione, può pronunciare le dimissioni ovvero la decadenza dal diritto alla pensione o da altri vantaggi sostitutivi dell'interessato.

I doveri di correttezza

Quanto alla nomina, peraltro, dopo il Trattato di Nizza, il ruolo degli Stati si è certamente ridotto.

La procedura di nomina del Presidente

Oggi la procedura è disciplinata all'art. 17, par. 7, TUE, a norma del quale il Consiglio europeo, deliberando a maggioranza qualificata, propone al Parlamento un candidato alla carica di Presidente della Commissione, «tenuto conto delle elezioni del Parlamento europeo e dopo aver effettuato le consultazioni appropriate».

Nel procedere all'indicazione, quindi, il Consiglio europeo deve tenere conto dell'orientamento politico del Parlamento, perché sarà quest'ultimo, infatti, a dover poi approvare la nomina deliberando a maggioranza assoluta.

Nel caso in cui il Parlamento europeo non pervenga a un voto favorevole, il Consiglio europeo, sempre deliberando a maggioranza qualificata, propone, entro un mese, un nuovo candidato, che è eletto dal Parlamento europeo secondo la stessa procedura. Il meccanismo, naturalmente, potrebbe ripetersi a oltranza, seppure gettando l'Unione in una crisi sempre più profonda. Finora, peraltro, non si sono verificati casi di bocciatura, da parte del Parlamento, di un Presidente indicato dal Consiglio europeo.

L'individuazione dei commissari

Dopo l'elezione del Presidente della Commissione, il Consiglio, d'accordo con quest'ultimo, sulla base delle proposte degli Stati membri, «adotta l'elenco delle altre personalità che propone di nominare membri della Commissione».

L'approvazione parlamentare

A questo punto l'intera Commissione è collettivamente sottoposta a un voto di approvazione del Parlamento europeo (che svolge prima l'audizione dei commissari), a seguito del quale essa è nominata dal Consiglio europeo, che delibera a maggioranza qualificata.

Il caso della I Commissione Barroso

Le maggiori difficoltà sono emerse, fino ad ora, in occasione della nomina della prima Commissione Barroso, nel 2004. Infatti, in quell'occasione, se nessuna eccezione fu mossa dal Parlamento alla nomina del Presidente, ben maggiori perplessità emersero in merito alla nomina di alcuni Commissari. Infatti, come abbiamo detto, prima di procedere al voto sulla Commissione, il Parlamento svolge le audizioni (esclusivamente in base al proprio regolamento interno, non essendovene alcuna previsione nei Trattati), con cui intende verificare l'"indipendenza" dei commissari, la loro competenza, anche con particolare riguardo al portafoglio per il quale la nomina è proposta, nonché, più in generale, l'adeguatezza a ricoprire il ruolo.

In effetti, nell'ambito dell'accurata procedura con cui le audizioni sono svolte, ai commissari sono sottoposti due questionari, uno di carattere generale, comune quindi a tutti i soggetti auditi, e uno, invece, specificamente attinente al portafoglio cui il candidato sarebbe destinato. La valutazione sulle risposte fornite è effettuata, prima che dal *plenum* del Parlamento, dalle singole Commissioni parlamentari competenti. Queste ultime, nel 2004, non espressero parere positivo in relazione alla nomina di ben tre Commissari designati: l'italiano Rocco Buttiglione, la lettone Ingrida Udre e l'ungherese Lazlo Kovacs. Mentre per quest'ultimo le difficoltà concernevano esclusivamente la sua competenza in relazione al portafoglio dell'Energia, cui avrebbe dovuto essere preposto, per gli altri due si prospettava un più generale parere negativo di cui si invitava il Presidente del Parlamento a «tenere conto». A fronte di questa situazione, al fine di evitare un possibile voto negativo del Parlamento sull'intera Commissione (cui avrebbero peraltro potuto contribuire anche le perplessità espresse, a causa della possibile insorgenza di situazioni di conflitto di interessi, in relazione alla commissaria danese Mariann Fischer Boel e a quella olandese Neelie Kroes), si ritenne di procedere, da un lato, al trasferimento di Kovacs ad altro portafoglio (Fiscalità e unione doganale) e, dall'altro, alla sostituzione di Buttiglione e Udre (rispettivamente, con Frattini e Piebalgs).

Anche la formazione della Commissione presieduta da Ursula von der Leyen ha visto la bocciatura, da parte della Commissione giuridica dell'Europarlamento, dei due commissari designati da Romania e Ungheria, Rovana Plumb e Laszlo Trocsanyi, per «conflitti di interesse» rispetto alle deleghe che la Presidente aveva ritenuto di conferire loro (rispettivamente, Trasporti e Allargamento) cosicché essi sono stati sostituiti da Adina-Ioana Vălean e Olivér Várhelyi.

La durata in carica

I commissari rimangono in carica cinque anni (salva possibile conferma nella successiva Commissione), realizzandosi così un collegamento tra la durata della Commissione e quella del Parlamento (pur con alcuni mesi di scarto).

Ipotesi di cessazione anticipata

L'eventuale cessazione anticipata dei commissari, per morte o dimissioni volontarie o d'ufficio, determina la loro sostituzione soltanto per la restante parte del mandato, seguendo la procedura sopra descritta per la nomina dei commissari (salvo che, essendo il periodo rimanente particolarmente breve, il Consiglio europeo non deliberi all'unanimità, su proposta del Presidente della Commissione, di non procedere alla sostituzione). Le dimissioni d'ufficio sono decise dalla Corte di giustizia, su istanza del Consiglio (che delibera a maggioranza semplice) o della stessa Commissione, nei confronti di chi «non risponda più alle condizioni necessarie all'esercizio delle sue funzioni o [...] abbia commesso una colpa grave». Quest'ultimo caso, oltre a quello, naturalmente, del decesso, è l'unico in cui il commissario cessa immediatamente dalle proprie funzioni, mentre normalmente continua a svolgerle fino alla loro assunzione da parte del successore.

La mozione di censura

Non è invece previsto che un singolo commissario si dimetta per l'approvazione nei suoi confronti di una mozione di censura, che il Parlamento può votare, a maggioranza dei due terzi, soltanto nei confronti dell'intera Commissione, la quale in quel caso presenta obbligatoriamente dimissioni collettive, continuando esclusivamente a «curare gli affari di ordinaria amministrazione», fino alla sostituzione con la nuova Commissione. Anche quest'ultimo caso non si è mai verificato, per quanto, a fronte di alcuni scandali che colpirono la Commissione Santer

(1995-1999), quest'ultima presentò dimissioni collettive per evitare che si potesse pervenire all'approvazione di una mozione di censura nei suoi confronti.

I portafogli

Ciascun commissario, come accennavamo, è titolare di un portafoglio di competenze che possono richiamare, in qualche modo, quelle di un esecutivo nazionale.

I Vicepresidenti

Alcuni commissari possono essere nominati anche Vicepresidenti della Commissione, cosa che ne accresce il ruolo politico. La carica di Vicepresidente, sulla base del TUE, spetta sempre all'Alto Commissario per la politica estera e di sicurezza comune, ma nelle diverse Commissioni sono stati nominati più Vicepresidenti, anche con diversa gradazione: ad esempio, mentre in quella Juncker (2014-2019) sono stati nominati un Primo Vicepresidente e altri cinque Vicepresidenti, poi scesi a quattro (sei essendo stati, in realtà, i commissari che ricoprivano questo ruolo anche nella precedente Commissione), in quella von der Leyen (in carica dal 2019), oltre all'Alto rappresentante, vi sono ben tre "Vicepresidenti Esecutivi" e cinque Vicepresidenti.

La modifica delle competenze

Le competenze sono stabilite dal Presidente, che, nel corso del mandato, può anche modificarle. In questo caso, come comprensibile sulla base di quanto detto poco sopra, i commissari interessati dalla modifica del portafoglio sono nuovamente sottoposti ad audizione da parte del Parlamento europeo.

La posizione preminente del Presidente

Il ruolo di primazia del Presidente, quindi, risulta evidente da più elementi. In primo luogo, sulla base dell'art. 17, par. 6, 1° comma, lettera *a*), è questi a definire «gli orientamenti nel cui quadro la Commissione esercita i suoi compiti»; inoltre egli è competente ad attribuire (e modificare) gli incarichi, che sono comunque espletati «sotto la sua autorità», potendo chiedere a ogni commissario (compreso l'Alto Rappresentante per la politica estera e la sicurezza comune) di rassegnare le dimissioni, alle quali in tal caso deve essere dato seguito. Tale ultimo potere (sostanzialmente di revoca), non riconosciuto a tutti i capi di Governo degli Stati membri (non, ad esempio, al Presidente del Consiglio dei ministri italiano), risulta particolarmente incisivo al fine di mantenere l'unità di indirizzo della Commissione e ad assicurarne l'efficace azione, e non è, almeno formalmente, subordinato a nessuna condizione, seppure la sua arbitrarietà risulti esclusa dall'equilibrio politico-istituzionale nel quale il Presidente della Commissione si trova comunque inserito, e, più in particolare, dal peso degli Stati che esprimono i commissari.

La morte o le dimissioni del Presidente

Il venir meno, per morte o dimissioni (volontarie o d'ufficio), del Presidente, non determina, come normalmente avviene per quanto concerne i Governi degli Stati membri, la costituzione di un nuovo esecutivo, ma la mera sostituzione, per la rimanente durata del mandato con un nuovo Presidente, senza sostituzione dei commissari, di cui peraltro, sulla base di quanto sopra detto, il nuovo Presidente potrà provvedere a modificare gli incarichi.

La collegialità

La Commissione è comunque un organo collegiale, tanto che tutte le sue decisioni debbono comunque essere approvate dal collegio, deliberando a maggioranza assoluta. Essa, come abbiamo visto, è inoltre collegialmente responsabile nei confronti del Parlamento europeo, che può anche votare una mozione di censura rivolta esclusivamente all'intero organo.

La Commissione adotta un proprio regolamento interno che ne regola il funzionamento (C(2000) 3614, come più volte modificato), secondo quanto stabilito all'art. 249 TFUE.

8.1. *La Commissione europea: le funzioni*

Le funzioni della Commissione sono molteplici.

La promozione dell'interesse generale dell'Unione

Oltre all'onnicomprensiva promozione dell'«interesse generale dell'Unione», con conseguente adozione delle relative misure, a questa istituzione sono affidati compiti normativi, esecutivi, di vigilanza e di rappresentanza esterna dell'Unione.

Le funzioni normative

Quanto alle funzioni normative, come abbiamo detto, essa ha il potere d'iniziativa legislativa.

Peraltro, come risulta dall'art. 293 TFUE, il Consiglio non può discostarsi dalla proposta della Commissione se non votando all'unanimità, mentre la Commissione può, in qualunque momento, modificare la propria proposta, favorendo in questo modo l'accordo in seno al Consiglio.

Anche nel corso del procedimento legislativo, come abbiamo visto, la Commissione svolge un ruolo nel cercare di avvicinare la posizione del Parlamento e quella del Consiglio nelle ipotesi in cui non risultino immediatamente concordanti.

La Commissione ha poi anche un potere normativo autonomo. Infatti, l'art. 290 TFUE stabilisce che un atto legislativo possa *delegare* la Commissione ad «adottare *atti non legislativi di portata generale* che integrano o modificano determinati elementi non essenziali dell'atto legislativo» (enfasi aggiunta): si tratta, sostanzialmente, di atti corrispondenti, nell'ordinamento italiano, ai regolamenti (eventualmente anche di delegificazione) dell'esecutivo. La norma precisa che l'atto legislativo delegante deve indicare esplicitamente «gli obiettivi, il contenuto, la portata e la durata della delega», da cui sono comunque esclusi «gli elementi essenziali di un settore», necessariamente riservati all'atto legislativo. Peraltro, l'atto delegato potrà entrare in vigore soltanto se, scaduto il termine fissato nell'atto legislativo, il Parlamento europeo o il Consiglio (rispettivamente a maggioranza assoluta e a maggioranza qualificata) non sollevano obiezioni. In ogni caso, il Parlamento europeo o il Consiglio possono decidere di revocare la delega, deliberando, rispettivamente, a maggioranza assoluta e a maggioranza qualificata.

La norma si preoccupa altresì di assicurare l'immediata riconoscibilità di questi atti, prescrivendo l'inserimento nel titolo dell'aggettivo «delegato» o «delegata».

Inoltre, atti giuridicamente vincolanti possono espressamente prevedere che, nel caso in cui essi richiedano un'esecuzione uniforme, a questa provveda, con propri atti, la Commissione (salvo i limitati casi in cui il Trattato non la rimetta al Consiglio). In tali ipotesi, il Parlamento europeo e il Consiglio, deliberando mediante regolamenti secondo la procedura legislativa ordinaria (par. 5.3), stabiliscono preventivamente le regole e i principi generali relativi alle modalità di controllo, da parte degli Stati membri, dell'esercizio delle competenze di esecuzione attribuite alla Commissione.

Anche in questo caso, la norma si preoccupa di assicurare l'immediata riconoscibilità di questi atti, prescrivendo l'inserimento nel titolo delle parole «di esecuzione».

La vigilanza sul rispetto dei trattati

La Commissione vigila altresì sul rispetto dei trattati e delle misure adottate dalle istituzioni in virtù degli stessi, potendo attivare nei confronti degli Stati membri eventualmente inadempienti (o comunque non correttamente adempienti) una procedura d'infrazione, che, nel caso in cui lo Stato perseveri nel suo comportamento, può dar luogo a un procedimento di fronte alla Corte di giustizia (v. vol. II, cap. V, sez. I, par. 4.5).

Poteri sanzionatori

In determinati casi, e cioè in materia di concorrenza tra imprese (artt. 101 ss. TFUE) e di aiuti pubblici alle imprese (artt. 107 ss. TFUE), la Commissione può procedere direttamente a sanzionare i soggetti privati come gli Stati.

L'esecuzione del bilancio

La Commissione, inoltre, dà esecuzione al bilancio e gestisce i programmi.

La rappresentanza esterna

Essa assicura la rappresentanza esterna dell'Unione, fatta eccezione per la politica estera e di sicurezza comune (rimessa all'Alto Rappresentante, che comunque della Commissione fa parte, ciò assicurando almeno un collegamento delle relative azioni) e per gli altri casi previsti dai trattati.

La programmazione

Essa avvia altresì il processo di programmazione annuale e pluriennale dell'Unione per giungere ad accordi interistituzionali.

La relazione generale al Parlamento

La Commissione pubblica ogni anno, almeno un mese prima dell'apertura della sessione del Parlamento europeo, una relazione generale sull'attività dell'Unione.

8.2. *L'Alto Rappresentante dell'Unione per gli affari esteri e la politica di sicurezza*

L'Alto Rappresentante per gli affari esteri e la politica di sicurezza, istituito con il Trattato di Lisbona (il Trattato costituzionale aveva previsto un «Ministro degli Affari esteri dell'Unione», mentre precedentemente, a partire dal Trattato di Amsterdam, era stata istituita la carica di Alto Rappresentante per la politica estera e di sicurezza comune, attribuita al Segretario generale del Consiglio), è nominato dal Consiglio europeo, che delibera a maggioranza qualificata, con l'accordo del Presidente della Commissione.

La nomina

Con la medesima procedura, il Consiglio europeo può porre fine al suo mandato.

La nomina dell'Alto Rappresentante per la politica estera e di sicurezza comune deve comunque essere confermata dal Parlamento, con il voto all'intera Commissione, essendo pertanto egli sottoposto alle audizioni di cui si è detto per gli altri commissari.

La partecipazione alla Commissione come Vicepresidente

L'Alto Rappresentante fa parte della Commissione di cui è uno dei Vicepresidenti (ciò parendo far supporre che ve ne debbano essere più d'uno). Questa appartenenza è, in realtà, l'aspetto che più fortemente contraddistingue questa figura dal precedente Alto Rappresentante per la politica estera e di sicurezza comune. Infatti, quest'ultimo rimaneva stretta emanazione del Consiglio e si limitava ad assistere lo stesso nelle questioni relative alla politica estera e di sicurezza comune.

La nuova collocazione dell'Alto Rappresentante, invece, lo rende responsabile dell'intera dimensione esterna dell'Unione.

I compiti fondamentali dell'Alto Rappresentante sono indicati all'art. 18 TUE, in base al quale egli «guida la politica estera e di sicurezza comune dell'Unione», contribuendo con le sue proposte all'elaborazione della stessa, come della politica di sicurezza e di difesa comune, dandovi poi attuazione «in qualità di mandatario del Consiglio».

Come abbiamo visto, presiede altresì il Consiglio Affari esteri, mentre, nell'ambito della Commissione, «è incaricato delle responsabilità che incombono a tale istituzione nel settore delle relazioni esterne e del coordinamento degli altri aspetti dell'azione esterna dell'Unione». In proposito, si ricorda altresì che il diritto di iniziativa in materia di politica estera e di sicurezza comune spetta all'Alto Rappresentante (la Commissione potendo semmai "appoggiare" le proposte di quest'ultimo, secondo quanto previsto all'art. 30 TUE).

9. *Le istituzioni di controllo: la Corte di giustizia dell'Unione europea (rinvio) e la Corte dei conti*

Proseguendo nell'esame delle istituzioni elencate all'art. 13 TUE, troviamo gli organi di controllo, e in particolare la Corte di giustizia dell'Unione europea e la Corte dei conti.

La Corte di giustizia dell'Unione europea sarà affrontata nel vol. II (cap. IV, sez. I) anche in relazione alla sua integrazione con il sistema giurisdizionale nazionale.

L'istituzione della Corte dei conti

La Corte dei conti, invece, fu istituita con il Trattato di Bruxelles del 22 luglio 1975. Essa oggi, secondo quanto previsto dall'art. 13, par. 3, TUE, è disciplinata dal TFUE alla sez. 7 del capo 1 del Titolo I della Parte sesta.

La Corte dei conti è composta da un rappresentante di ciascuno Stato membro. Nonostante la designazione provenga dallo Stato d'appartenenza, i consiglieri della Corte dei conti siedono comunque a titolo individuale, essendo tenuti a esercitare «le loro funzioni in piena indipendenza, nell'interesse generale dell'Unione», senza poter sollecitare né accettare istruzioni da alcun Governo né da alcun organismo.

La nomina

I membri della Corte dei conti sono nominati dal Consiglio, previo parere del Parlamento europeo, sulla base delle proposte degli Stati membri, con un mandato di sei anni, rinnovabile, tra «personalità che fanno o hanno fatto parte, nei rispettivi Stati, delle istituzioni di controllo esterno o che posseggono una qualifica specifica per tale funzione».

Gli obblighi di esclusività e probità

Essi devono astenersi, durante il loro mandato, dallo svolgimento di ogni atto incompatibile con le loro funzioni, non potendo, in particolare, esercitare alcun'altra attività professionale, remunerata o meno, e assumendo «l'impegno solenne di rispettare, per la durata delle loro funzioni e dopo la cessazione di queste, gli obblighi derivanti dalla loro carica ed in particolare i doveri di onestà e delicatezza per quanto riguarda l'accettare, dopo tale cessazione, determinate funzioni o vantaggi».

La cessazione anticipata

La cessazione anticipata, per morte o dimissioni, volontarie o d'ufficio, determina la sostituzione del componente della Corte soltanto per la durata residua del mandato. Il consigliere dimissionario rimane in carica fino alla sua sostituzione, a meno che non si tratti di dimissioni d'ufficio. Queste ultime sono regolate dall'art. 286, par. 6, TFUE, in base al quale i membri della Corte dei conti possono essere destituiti dalle loro funzioni oppure essere dichiarati decaduti dal loro diritto alla pensione o da altri vantaggi sostitutivi, qualora la Corte di giustizia, su richiesta della Corte dei conti stessa, constati che essi non sono più in possesso dei requisiti necessari o non soddisfano più agli obblighi derivanti dalla loro carica.

Ai componenti della Corte dei conti si applicano le disposizioni del Protocollo sui privilegi e sulle immunità dell'Unione europea stabiliti per i giudici della Corte di giustizia dell'Unione europea. *Lo status*

Le condizioni di impiego, e in particolare gli stipendi, le indennità e le pensioni (nonché tutte le indennità sostitutive di retribuzione) del Presidente e dei membri della Corte dei conti sono stabilite dal Consiglio.

Il regolamento interno La Corte dei conti adotta il proprio regolamento, che deve poi essere approvato a maggioranza qualificata dal Consiglio, ciò potendo risultare piuttosto singolare, considerata la natura di "istituzione" della Corte e la sua conseguente autonomia.

La sede La sede della Corte dei conti si trova a Lussemburgo.

Le funzioni di controllo La Corte dei conti svolge funzioni di controllo e consultive.

Quanto alle prime, la Corte esamina tutte le entrate e le spese delle istituzioni, degli organi e degli organismi dell'Unione (a meno che l'atto costitutivo del medesimo espressamente non escluda tale controllo), al fine di accertarne la legittimità e la regolarità e di attestarne la «sana gestione finanziaria». In particolare, i controlli, che devono essere compiuti prima della chiusura dei conti dell'esercizio di bilancio considerato, si effettuano, per quanto riguarda le entrate, in base agli accertamenti e ai versamenti delle entrate all'Unione, mentre, per quanto concerne le spese, in base agli impegni e ai pagamenti.

I controlli possono essere effettuati sui documenti o, in caso di necessità, presso le altre istituzioni o presso organi e organismi dell'Unione, che gestiscano le entrate o le spese per conto dell'Unione, nonché negli Stati membri, anche presso persone fisiche o giuridiche che ricevano contributi a carico del bilancio dell'Unione. In quest'ultimo caso, l'attività della Corte dei conti è espletata in collaborazione con le istituzioni nazionali di controllo.

Dopo la chiusura di ciascun esercizio, la Corte dei conti prepara una relazione annuale, che viene trasmessa alle altre istituzioni dell'Unione ed è pubblicata nella *Gazzetta ufficiale dell'Unione europea.* La Corte può comunque presentare in ogni momento le sue osservazioni su problemi particolari.

La Corte assiste altresì il Parlamento europeo e il Consiglio nell'esercizio della loro funzione di controllo dell'esecuzione del bilancio.

La funzione consultiva La funzione consultiva, invece, prende forma attraverso pareri che la Corte dei conti redige, sia di propria iniziativa, sia, eventualmente, su richiesta di una delle altre istituzioni dell'Unione. I Trattati prevedono che il parere della Corte dei conti debba essere richiesto (pur non essendo vincolante) quando il Parlamento e il Consiglio deliberano, secondo la procedura legislativa ordinaria, l'adozione, mediante regolamenti, delle regole finanziarie relative alla formazione e all'esecuzione del bilancio, al rendiconto e alla verifica dei conti e di quelle che organizzano il controllo della responsabilità degli agenti finanziari; quando il Consiglio fissa le modalità e la procedura secondo le quali le entrate di bilancio previste dal regime delle risorse proprie dell'Unione sono messe a disposizione della Commissione e determina le misure da applicare per far fronte eventualmente alle esigenze di tesoreria (art. 322 TFUE); infine, quando il Parlamento e il Consiglio deliberano, secondo la procedura legislativa ordinaria, «le misure necessarie nei settori della prevenzione e lotta contro la frode che lede gli interessi finanziari dell'Unione, al fine di pervenire a una protezione efficace ed equivalente in tutti gli Stati membri e nelle istituzioni, organi e organismi dell'Unione» (art. 325, par. 4, TFUE).

Tutti gli atti della Corte dei conti (le relazioni annuali, le relazioni speciali o i pareri) sono adottati a maggioranza dei membri che la compongono, per quanto essa abbia la possibilità di istituire sezioni per adottare talune categorie di relazioni o di pareri, alle condizioni previste nel suo regolamento interno.

10. *La Banca centrale europea*

La Banca centrale europea (BCE) è stata inserita, dal Trattato di Lisbona, tra le istituzioni, elencate all'art. 13 TUE.

Il SEBC

Essa costituisce, con le banche centrali nazionali, il «Sistema europeo di banche centrali» (SEBC).

L'Eurosistema

L'Eurosistema è invece costituito dalla BCE e dalle banche centrali degli Stati membri la cui moneta è l'euro, conducendo la politica monetaria dell'Unione. La BCE e le banche centrali degli Stati membri la cui moneta è l'euro conducono la politica monetaria dell'Unione.

Le fonti di regolazione della BCE

La Banca centrale europea è regolata dalla sez. 6 del Titolo I, capo I della Parte sesta del TFUE (artt. 282 ss.), per quanto i Trattati richiamino funzioni della Banca anche in altre disposizioni, come il Protocollo n. 4 allegato al TUE e al TFUE sullo Statuto del SEBC e della BCE, il regolamento interno del Consiglio generale e altri atti normativi.

Le funzioni del SEBC

Il SEBC, secondo quanto prevedono gli artt. 127 e 282 TFUE, ha quale obiettivo principale il mantenimento della stabilità dei prezzi, cui si aggiungono la funzione di sostenere le politiche economiche generali dell'Unione europea per contribuire alla realizzazione degli obiettivi di quest'ultima e altre funzioni più specifiche, come, ad esempio, quella di definizione e attuazione della politica monetaria dell'Unione.

Personalità giuridica e indipendenza

La BCE, che ha sede a Francoforte, ha personalità giuridica ed è indipendente nell'esercizio dei suoi poteri e nella gestione delle sue finanze. I Governi degli Stati membri, come le istituzioni, gli organi e gli organismi dell'Unione, sono tenuti a rispettare tale indipendenza.

Il Consiglio direttivo

L'organo di maggiore rilievo della BCE è il Consiglio direttivo, costituito dai sei membri del Comitato esecutivo e dai Governatori delle Banche centrali degli Stati aderenti all'euro. Alle riunioni possono tuttavia partecipare, seppure senza diritto di voto, anche il Presidente del Consiglio e un membro della Commissione. Il primo può anche sottoporre una mozione alla delibera del Consiglio direttivo.

Ogni membro del Consiglio dispone di un voto e le decisioni sono adottate a maggioranza semplice, salvo che lo statuto disponga diversamente. Vi sono tuttavia alcuni casi in cui i membri del Comitato esecutivo non votano, mentre i Governatori delle Banche centrali degli Stati membri deliberano secondo un meccanismo di voto ponderato, calcolato in base alle quote di capitale della BCE sottoscritto dalle diverse banche centrali (il capitale della BCE ammonta a 10.825.007.069,61 euro ed è sottoscritto dalle banche centrali degli Stati membri dell'Unione europea, secondo quote ponderate in base al peso percentuale del rispettivo Stato membro nella popolazione totale e nel prodotto interno lordo dell'Unione europea, in pari misura, ma con una notevole differenza tra Stati aderenti all'euro e Stati non aderenti all'euro. Le banche centrali di questi ultimi, infatti, sono tenute a versare una percentuale minima delle quote di capitale rispettivamente sottoscritte, a titolo di contributo ai costi operativi della BCE connessi alla partecipazione al SEBC).

Il Consiglio direttivo definisce gli indirizzi generali del SEBC e della politica monetaria dell'Unione ed esercita le funzioni consultive che i Trattati attribuiscono alla BCE.

Il Comitato esecutivo

Il Comitato esecutivo è composto dal Presidente della BCE (che lo presiede) e da altri cinque membri, uno dei quali ricopre il ruolo di Vicepresidente.

Essi sono tutti nominati «tra persone di riconosciuta levatura ed esperienza professionale nel settore monetario o bancario», che siano cittadini degli Stati membri (quindi, almeno in teoria, non necessariamente dell'eurozona), dal Consiglio europeo, che delibera a maggioranza qualificata, su raccomandazione del Consiglio e previa consultazione del Parlamento europeo e del Consiglio direttivo della BCE.

La durata del mandato

Il mandato dei componenti del Comitato esecutivo è di otto anni, non rinnovabile. Soltanto in occasione della prima composizione, nel 1998, fu affidato ai diversi componenti un mandato di diversa durata per consentire un rinnovo graduale.

Il Comitato provvede all'attuazione degli indirizzi definiti dal Consiglio direttivo e alla gestione corrente della BCE, decidendo a maggioranza semplice, con prevalenza del voto del Presidente in caso di parità.

Il Consiglio generale

Fino a quando tutti gli Stati membri non avranno aderito all'euro il Consiglio direttivo e il Comitato esecutivo saranno affiancati dal Consiglio generale, di cui fanno parte, oltre al Presidente e al Vicepresidente della BCE, i Governatori delle banche centrali di tutti gli Stati membri.

Quest'organo costituisce l'istanza di consultazione tra gli Stati aderenti e quelli non aderenti alla moneta unica, principalmente in ordine alla definizione dei tassi di cambio tra l'euro e le altre valute dell'Unione europea.

La Banca centrale europea e le banche centrali nazionali degli Stati membri la cui moneta è l'euro, che costituiscono quello che il TFUE definisce l'"Eurosistema", conducono la politica monetaria dell'Unione.

L'emissione della moneta

Soltanto la Banca centrale europea ha il diritto di autorizzare l'emissione dell'euro, che tuttavia può avvenire anche ad opera delle Banche centrali degli Stati dell'Eurosistema.

Le competenze della Banca sono altresì normative, di controllo e consultive.

Le competenze consultive

Quanto a queste ultime, la BCE è, infatti, consultata su ogni progetto di atto dell'Unione o degli Stati membri, nei settori che rientrano nelle sue attribuzioni, e può formulare pareri in merito. Il Presidente della BCE è infatti invitato a partecipare alle riunioni del Consiglio in cui si discuta di argomenti rientranti tra gli obiettivi del SEBC.

La BCE, d'altronde, trasmette al Parlamento, al Consiglio, alla Commissione e al Consiglio europeo una relazione annuale sull'attività del SEBC e sulla politica monetaria dell'anno precedente e dell'anno in corso. Tale relazione è illustrata, dal Presidente della BCE, al Parlamento europeo, che può aprire in merito un dibattito. A ciò si aggiunga che il Presidente della BCE o un altro componente del Comitato esecutivo possono essere ascoltati dalle Commissioni competenti del Parlamento europeo.

Le competenze normative

Relativamente alle competenze normative, la BCE ha potere d'iniziativa in relazione ad alcuni atti previsti dallo Statuto (art. 129, par. 4, TFUE) e stabilisce inoltre regolamenti per l'assolvimento dei compiti previsti dallo Statuto o indicati negli atti del Consiglio.

Essa prende altresì le decisioni necessarie per assolvere i compiti attribuiti al SEBC dai Trattati o dallo Statuto e formula raccomandazioni e pareri.

Le funzioni di controllo

La BCE vigila sul rispetto degli obblighi imposti dai regolamenti e dalle decisioni da essa adottati, potendo esercitare poteri sanzionatori nei confronti delle imprese che si rendano responsabili di violazioni di quanto ivi stabilito.

Nell'ambito delle competenze di controllo, inoltre, il Consiglio, deliberando all'unanimità, previa consultazione del Parlamento europeo e della stessa BCE, può affidarle compiti di vigilanza prudenziale degli enti creditizi e delle altre istituzioni finanziarie (escluse le imprese di assicurazione).

11. *Gli organi consultivi: il Comitato economico e sociale e il Comitato delle Regioni*

Oltre alle istituzioni, l'art. 13 TUE menziona il Comitato economico e sociale e il Comitato delle Regioni quali organi consultivi volti ad "assistere" il Parlamento europeo, il Consiglio e la Commissione.

Pur non essendo gli unici organi con funzioni consultive, essi sono i soli di cui i Trattati disciplinano direttamente la composizione e le funzioni (Parte sesta, Titolo I, capo 3, TFUE), peraltro (a differenza di quanto avvenga per altri organi) non limitate a uno specifico settore. Pertanto, anche per ragioni di economia espositiva, ci soffermeremo unicamente su questi organi.

11.1. *Il Comitato economico e sociale*

L'istituzione

Il Comitato economico e sociale, previsto sin dal Trattato di Roma del 1957, rappresenta un organo finalizzato a mettere le istituzioni in più diretto collegamento con la società civile, e soprattutto con le sue rappresentanze socio-economiche. Infatti, come previsto dall'art. 300, par. 2, TFUE, esso

La composizione

«è composto da rappresentanti delle organizzazioni di datori di lavoro, di lavoratori dipendenti e di altri attori rappresentativi della società civile, in particolare nei settori socioeconomico, civico, professionale e culturale».

Fermo restando il numero massimo di trecentocinquanta componenti, direttamente previsto nel TFUE, è il Consiglio, deliberando all'unanimità su proposta della Commissione, a stabilire con una propria decisione la composizione del Comitato, fissandone anche l'indennità.

A norma del TFUE i membri del Comitato sono nominati dal Consiglio, conformemente alle proposte degli Stati membri, previa consultazione della Commissione (e potendo chiedere il parere delle organizzazioni europee rappresentative dei diversi settori economici e sociali e della società civile interessati), con un mandato di cinque anni (fino all'entrata in vigore del Trattato di Lisbona era di quattro), rinnovabile.

L'indipendenza

I membri del Comitato economico e sociale esercitano le loro funzioni con piena indipendenza, nell'interesse generale dell'Unione, senza vincolo di mandato, sedendo pertanto in quest'organo a titolo personale.

Essi continuano a svolgere la propria attività professionale negli Stati di provenienza.

Il regolamento interno

L'organizzazione interna del Comitato è stabilita, oltre che nei Trattati, nel regolamento interno adottato dal Comitato stesso.

L'articolazione in gruppi

Esso prevede in primo luogo l'articolazione del Comitato in tre gruppi di membri, che rappresentano rispettivamente i datori di lavoro, i lavoratori dipendenti e le altre componenti economiche e sociali della società civile organizzata. I gruppi eleggono i propri Presidenti e Vicepresidenti, partecipando alla preparazione, all'organizzazione e al coordinamento dei lavori del Comitato e dei suoi organi. Ciascuno di essi dispone di una segreteria. I membri del Comitato possono aderire a un solo gruppo, pur potendo decidere di non aderire ad alcuno di questi.

Le "categorie"

Facoltativa, e comunque soggetta all'approvazione dell'Ufficio di presidenza, è invece la costituzione di "categorie" (oggi, in effetti, costituite), rappresentative dei «vari interessi economici e sociali della società civile organizzata dell'Unione europea», che possono essere composte da membri dei diversi gruppi. Peraltro, ciascun membro del Comitato può aderire anche a più "categorie".

Il Presidente e l'Ufficio di presidenza

Il Comitato elegge, tra i suoi componenti, un Presidente e un Ufficio di presidenza (composto, oltre che dal Presidente, da due Vicepresidenti, dai Presidenti dei gruppi e da quelli delle sezioni specializzate, oltre che da un numero variabile di membri non superiore a quello degli Stati membri), che durano in carica per due anni e mezzo (anche in questo caso in analogia con quanto previsto per il Parlamento europeo). Il Presidente deve essere scelto a rotazione tra i tre gruppi, mentre i Vicepresidenti sono rappresentativi degli altri due gruppi. Secondo il regolamento interno, il Presidente e i Vicepresidenti non possono essere confermati nelle loro funzioni e inoltre, nel periodo di due anni e mezzo successivo al suo mandato, il Presidente uscente non può far parte dell'Ufficio di presidenza come Vicepresidente né come Presidente di gruppo o di sezione specializzata.

Appena eletto, il Presidente presenta in sessione plenaria il programma di lavoro per l'intera durata del suo mandato. Analogamente, al termine del mandato, presenta un bilancio dei risultati ottenuti.

Ruolo fondamentale nella programmazione dei lavori è svolto dal Presidente con i Vicepresidenti e i Presidenti dei gruppi e delle sezioni specializzate.

Il "gruppo bilancio" e il "gruppo comunicazione"

Sono istituiti altresì un "gruppo bilancio", con il compito di preparare i progetti di decisione che l'Ufficio di presidenza è chiamato ad adottare in materia finanziaria e di bilancio, e un "gruppo comunicazione", con l'incarico di dare gli impulsi necessari alla strategia di comunicazione del Comitato e di seguirne l'attuazione. Ciascuno di essi è presieduto da uno dei Vicepresidenti.

Il Comitato comprende sei sezioni specializzate, il cui numero è fissato dal Comitato stesso, su proposta dell'Ufficio di presidenza. Altre sezioni specializzate possono tuttavia essere istituite dall'Assemblea, su proposta dell'Ufficio di presidenza, nei settori contemplati dai Trattati. Tutti i componenti del Comitato, tranne il Presidente, devono far parte di almeno una sezione specializzata e di non più di due. La nomina nelle diverse sezioni specializzate ha luogo ogni due anni e mezzo. *Le sezioni specializzate*

Il regolamento interno prevede altresì la possibilità di istituire Sottocomitati e Commissioni consultive.

Il Comitato è assistito da un Segretariato generale a cui capo è posto il Segretario generale. *Il Segretariato generale*

Il Comitato economico e sociale è consultato dal Parlamento europeo, dal Consiglio e dalla Commissione nei casi previsti dai Trattati e in tutte le altre ipotesi in cui ciascuna delle suddette istituzioni lo ritenga opportuno. *La funzione consultiva*

I settori nei quali il TFUE richiede la consultazione del Comitato economico e sociale sono piuttosto numerosi, andando dal mercato interno ai trasporti, dall'occupazione e la politica sociale alla sanità pubblica, dalla protezione dei consumatori alle reti trans-europee, dalla politica industriale alla coesione economica e sociale, dalla ricerca all'ambiente.

Al fine di non trasformare il parere del Comitato economico e sociale in un ostacolo procedurale all'adozione di un atto o all'assunzione di una qualunque decisione, le istituzioni richiedenti possono stabilire un termine, comunque non inferiore a un mese, per la formulazione dello stesso.

Il Comitato, comunque, può formulare pareri anche di propria iniziativa.

Il suo parere è trasmesso al Parlamento europeo, al Consiglio e alla Commissione, unitamente a un resoconto delle deliberazioni.

11.2. *Il Comitato delle Regioni*

Il Comitato delle Regioni è stato istituito con il Trattato di Maastricht, al fine di coinvolgere nel processo di integrazione comunitaria gli enti territoriali infrastatuali. *L'istituzione*

Infatti, il Comitato delle Regioni, a norma dell'art. 300, par. 3, TFUE, «è composto da rappresentanti delle collettività regionali e locali che sono titolari di un mandato elettorale nell'ambito di una collettività regionale o locale, o politicamente responsabili dinanzi ad un'assemblea eletta». Sostanzialmente, quindi, possono essere membri delle Assemblee elettive o degli organi di Governo. *La composizione*

Fermo restando il numero massimo di trecentocinquanta componenti, direttamente previsto nel TFUE, è il Consiglio, deliberando all'unanimità su proposta della Commissione, a stabilire con una propria decisione la composizione del Comitato.

A norma del TFUE i membri titolari e i loro supplenti, previsti in pari numero, sono nominati dal Consiglio, conformemente alle indicazioni degli Stati membri, con un mandato di cinque anni, rinnovabile. Se nel corso del quinquennio, però, termina il mandato presso l'istituzione o l'organo nazionale regionale o locale in virtù del quale essi hanno potuti essere eletti, ha luogo la loro sostituzione per la residua durata del mandato, secondo la medesima procedura.

Incompatibilità

La carica di componente del Comitato delle Regioni è incompatibile con quella di membro del Parlamento europeo.

Indipendenza

I membri del Comitato delle Regioni esercitano le loro funzioni con piena indipendenza, nell'interesse generale dell'Unione, senza vincolo di mandato, sedendo pertanto in quest'organo a titolo personale.

I rappresentanti italiani

Gli Stati disciplinano autonomamente la ripartizione dei seggi loro spettanti tra i diversi livelli di governo infrastatuale. Per quanto riguarda l'Italia, l'art. 27 della l. 24 dicembre 2012, n. 234 prevede che i membri titolari e supplenti del Comitato delle Regioni siano indicati, per le regioni e le province autonome di Trento e di Bolzano, dalla Conferenza delle regioni e delle province autonome; per la rappresentanza delle assemblee legislative regionali, dalla Conferenza dei presidenti delle assemblee legislative delle regioni e delle province autonome; per le province e per i comuni, rispettivamente, dall'UPI, dall'ANCI e dall'UNCEM, secondo i criteri definiti con decreto del Presidente del Consiglio dei ministri, adottato d'intesa con la Conferenza unificata.

La proposta è poi formulata dal Presidente del Consiglio dei ministri, previa intesa in sede di Conferenza unificata di cui all'art. 8, d.lgs. 28 agosto 1997, n. 281 e successive modificazioni.

Il Presidente e l'Ufficio di presidenza

Il Comitato elegge, tra i suoi componenti, un Presidente e un Ufficio di presidenza (composto, oltre che dallo stesso Presidente, dal primo Vicepresidente, da altri ventisette Vicepresidenti, ciascuno dei quali appartenente a un diverso Stato membro, da altri ventisette membri e dai Presidenti dei gruppi politici), che durano in carica per due anni e mezzo (secondo quanto previsto anche per il Parlamento europeo). L'Ufficio di presidenza ha l'importante compito di elaborare il programma politico del Comitato all'inizio di ciascun nuovo mandato e di sovrintendere alla sua attuazione, oltre a coordinare l'attività delle sessioni plenarie e delle Commissioni.

Le Commissioni

Il Comitato delle Regioni è infatti articolato in Commissioni, permanenti e temporanee, costituite dall'assemblea all'inizio di ciascun mandato. La composizione delle Commissioni deve riflettere la ripartizione nazionale nell'ambito del Comitato, fermo restando che ciascun componente deve far parte di almeno una commissione e di non più di due (salvo deroghe autorizzate dall'Ufficio di Presidenza per le delegazioni nazionali meno numerose). Il compito principale delle Commissioni consiste nell'elaborazione di progetti di parere e di risoluzione i quali vengono presentati all'assemblea per l'adozione.

I gruppi politici

I componenti del Comitato delle Regioni sono riuniti in gruppi politici, sostanzialmente corrispondenti a quelli esistenti nel Parlamento europeo.

Il Segretariato generale

Il Comitato delle Regioni è assistito da un Segretariato generale a cui capo è posto il Segretario generale.

Il regolamento interno

Il Comitato adotta il proprio regolamento interno.

Le funzioni consultive

Esso è consultato dal Parlamento europeo, dal Consiglio e dalla Commissione nei casi previsti dai Trattati e in tutte le altre ipotesi in cui ciascuna delle suddette istituzioni lo ritenga opportuno.

Al fine di non trasformare il parere del Comitato delle Regioni in un ostacolo procedurale all'adozione di un atto o all'assunzione di una qualunque decisione, le istituzioni richiedenti possono stabilire un termine, comunque non inferiore a un mese, per la formulazione dello stesso.

Il Comitato, comunque, può formulare pareri anche di propria iniziativa.

Il suo parere è trasmesso al Parlamento europeo, al Consiglio e alla Commissione, unitamente a un resoconto delle deliberazioni.

Il Comitato delle Regioni è altresì informato dell'eventuale consultazione del Comitato economico e sociale, perché esso possa formulare su quella medesima questione anche il proprio parere «quando ritenga che sono in causa interessi regionali specifici» (art. 307 TFUE).

Inoltre, sulla base del Protocollo sull'applicazione dei principi di sussidiarietà e di proporzionalità, il Comitato delle Regioni può far valere direttamente di fronte alla Corte di giustizia l'eventuale contrasto con il principio di sussidiarietà di atti legislativi per la cui adozione è necessario acquisire il parere del Comitato stesso.

12. *La Banca europea degli investimenti*

Le fonti di regolamentazione

La Banca europea degli investimenti (BEI) è disciplinata nel capo 4, del Titolo I della Parte sesta TFUE, oltre che dal proprio Statuto, contenuto nel Protocollo n. 5 allegato al TUE e al TFUE.

Si tratta dell'organismo finanziario dell'Unione europea, dotato di personalità giuridica.

Le partecipazioni

A norma dell'art. 308 TFUE, sono membri della Banca europea per gli investimenti gli Stati membri, ciascuno dei quali ha sottoscritto una quota del capitale.

La Banca è amministrata e gestita da un Consiglio dei governatori, un Consiglio di amministrazione e un Comitato direttivo.

Il Consiglio dei governatori

Il Consiglio dei governatori è composto dai ministri designati dagli Stati membri (solitamente quelli delle finanze) e decide normalmente a maggioranza dei membri che lo compongono, purché essa rappresenti almeno il 50% del capitale sottoscritto. In alcuni casi è prevista una maggioranza qualificata, che richiede diciotto voti e il 68% del capitale sottoscritto. Il Consiglio dei governatori, al di là delle numerose più specifiche competenze attribuitegli dallo statuto, ha il compito di fissare le direttive generali relative alla politica creditizia della Banca conformemente agli obiettivi dell'Unione e di vigilare sull'esecuzione di tali direttive.

Il Consiglio di amministrazione

Il Consiglio di amministrazione è composto da ventotto amministratori e da diciotto sostituti. Gli amministratori sono designati uno da ciascuno Stato membro e uno dalla Commissione e sono poi nominati con un mandato di cinque anni (rinnovabile) dal Consiglio dei governatori. Essi sono scelti tra personalità che offrano ogni garanzia di competenza e di indipendenza, essendo responsabili soltanto nei confronti della Banca. Le decisioni del Consiglio di amministrazione sono adottate a maggioranza di almeno un terzo dei membri che rappresentino almeno il cinquanta per cento del capitale sottoscritto. In alcuni casi, però, può essere richiesta la maggioranza qualificata, che richiede il voto favorevole di diciotto membri, che rappresentino il sessantotto per cento del capitale sottoscritto.

Il Consiglio di amministrazione è investito della responsabilità di molte decisioni, che vanno dalla concessione di finanziamenti alla fissazione del saggio d'interesse per i prestiti, le commissioni e gli altri oneri, potendo tuttavia delegare alcune delle sue attribuzioni al Comitato direttivo, soprintendendo comunque all'esecuzione della delega. Esso controlla altresì la sana amministrazione della Banca e, alla chiusura dell'esercizio, sottopone al Consiglio dei governatori una relazione, che, dopo l'approvazione, dovrà essere pubblicata.

Il Comitato direttivo

Il Comitato direttivo è composto da un Presidente e da otto Vicepresidenti nominati, con un mandato di sei anni (rinnovabile), dal Consiglio dei governatori, su proposta del Consiglio di amministrazione.

Il Comitato direttivo provvede alla gestione degli affari d'ordinaria amministrazione della Banca, sotto l'autorità del Presidente e sotto il controllo del Consiglio d'amministrazione; prepara le decisioni del Consiglio d'amministrazione e ne assicura l'esecuzione.

Secondo il TFUE, la BEI ha il compito di contribuire allo sviluppo equilibrato e senza scosse del mercato interno nell'interesse dell'Unione, facilitando, mediante la concessione di prestiti e garanzie, il finanziamento dei progetti per la valorizzazione delle regioni meno sviluppate, di quelli per l'ammodernamento o la riconversione di imprese o per la creazione di nuove attività e di quelli di interesse comune per più Stati membri che, per la loro ampiezza o natura, non possono essere completamente assicurati dai vari mezzi di finanziamento esistenti nei singoli Stati membri. *Le funzioni*

13. *Le agenzie europee (cenni)*

Infine, la struttura amministrativa delle Comunità e dell'Unione è andata arricchendosi, da ormai diversi anni, attraverso l'istituzione di "agenzie".

Esse sono state istituite con regolamenti, senza una specifica previsione pattizia. Soprattutto in un primo tempo (ma, in realtà, anche in alcuni casi recenti), la disposizione di riferimento su cui ci si è basati è stato l'art. 308 del Trattato istitutivo della Comunità europea (oggi art. 352 TFUE), relativo ai c.d. "poteri impliciti", che consente al Consiglio, su proposta della Commissione, di adottare all'unanimità, sentito il Parlamento, tutte le decisioni necessarie per realizzare gli obiettivi individuati dai Trattati, nel quadro delle politiche ivi definite, quando essi non abbiano già previsto specifici poteri di azione in merito. In numerose altre occasioni, tuttavia, l'istituzione di questi organi è stata fondata sulle disposizioni del Trattato concernenti la materia alla cui cura si intendeva preporre l'agenzia in questione. *Le fonti istitutive*

Le agenzie, in considerazione della loro istituzione con singole fonti di diritto derivato, senza un profilo comune tracciato nei Trattati, hanno una fisionomia piuttosto variegata, che consente comunque di delinearne alcuni tratti comuni, sia dal punto di vista strutturale, essendo questi organismi specializzati, con personalità giuridica e una certa autonomia organizzativa e finanziaria, sia dal punto di vista funzionale, considerato che sono istituite per fornire assistenza alle istituzioni attraverso la raccolta di informazioni, la formulazione di pareri e raccomandazioni, lo svolgimento di attività ispettive e di supervisione nell'applicazione del diritto comunitario. *L'assenza di un modello unitario*

Particolare è l'ipotesi delle c.d. "agenzie esecutive", disciplinate in modo generale dal Regolamento (CE) n. 58/2003, alle quali la Commissione può affidare, sotto il proprio controllo e la propria responsabilità, determinati compiti relativi alla gestione dei programmi comunitari (cioè *Le agenzie esecutive* «qualunque azione, insieme di azioni o altra iniziativa comportante una spesa che, secondo l'atto di base o l'autorizzazione di bilancio relativi, deve essere attuata dalla Commissione a favore di una o più categorie di beneficiari specifici»). In particolare, esse potranno svolgere un amplissimo numero di compiti, nell'ambito del programma indicato, con esclusione di quelli che richiedono, però, una discrezionalità politica.

Le agenzie esecutive possono essere istituite, «previa analisi dei costi-benefici», dalla Commissione, che ne fissa anche la durata, potendo, alla scadenza, prorogarne la durata per un periodo non superiore a quello inizialmente fissato.

Peraltro, l'assimilazione di tali organismi alle agenzie o alle autorità indipendenti normalmente presenti negli Stati membri (tra cui l'Italia) non può essere compiuta in modo pieno. Pur essendo vero, infatti, che anche in questo caso ci troviamo di fronte ad organismi altamente specializzati che svolgono una funzione esecutiva e/o regolatoria di determinati settori, deve ricordarsi che all'interno di esse sono solitamente formalmente rappresentati la Commissione e gli Stati membri.

Indice analitico

C

Q

R

S

Z

Indice sommario

Capitolo III
Il corpo elettorale

Capitolo VIII
Il Presidente della Repubblica

Capitolo X
L'organizzazione dell'Unione europea

»Als Kind habe ich zwar auch voltigiert, aber das ist gar nichts gegen Milena! Ich habe die Elfjährige für die Geschichte auf Seite 56 zu einem Mounted-Games-Turnier begleitet. Unglaublich, wie viel Mut sie dabei beweist. **Sie hebt sogar Ringe vom Boden auf – in vollem Galopp!** Als Fotografin musste ich ganz schön schnell sein, um den richtigen Moment nicht zu verpassen.«

Melanka, Bildredakteurin

»Diesmal erzählen wir euch was vom Pferd – auf den rund 90 Seiten dieser Ausgabe und in dem kleinen Heft, das vorn auf dem Cover klebt. Darin beantworten wir 15 schräge, kluge, witzige Pferdefragen, die ihr uns geschickt hattet. Beim Durchforsten der Einsendungen musste ich wirklich oft schmunzeln. Mein Favorit: Warum heißen Tigerschecken Tigerschecken, obwohl sie Punkte haben und keine Streifen? Ich wünsche euch viel Spaß mit der Antwort!«

Simone, Redaktionsleiterin

SCHREIBT UNS!

Wie gefällt euch das neue GEOlino extra? Wir freuen uns über Lob, Kritik und Anregungen – per Mail an briefe@geolino.de

»Ob mein Islandpferd Moldi sich manchmal nach der wilden Heimat seiner Ahnen sehnt? Wahrscheinlich wäre es ihm dort zwischen Gletschern und Vulkanen viel zu ungemütlich. Auch **die ersten Pferde, die mit den Wikingern nach Island kamen**, mussten sich wohl an das raue Klima gewöhnen. Wie die Islandpferde den Menschen halfen, auf der Insel zu überleben, lest ihr ab Seite 22.«

Svenja, Dokumentarin

HALLO!

In den Wochen bis zum Redaktionsschluss hatte das **GEOlino-extra-Team** – Melanka, Jan, Simone, Svenja, Kim, Amin und Nele – die Zügel fest in der Hand. Meistens jedenfalls

GEOlino extra Fotos: Dagmar Schwelle/laif (Titelfoto); GEOlino extra; shutterstock

INHALT

GEOlino extra Fotos (v.l.o.n.r.u.): Sabine Stuewer; shutterstock; Philipp Seefeldt für GEOlino extra; Enver Hirsch für GEOlino extra; shutterstock; Julia Robinson für GEOlino extra; NPL/imago; Yves Herman/Reuters; shutterstock; Nele Heitmeyer/GEOlino extra; Melanka Helms/GEOlino extra; shutterstock; Timo Jaworr für GEOlino extra; shutterstock; Heikki Saukkomaa/action press; Dr. Thomas Dirksen für ARCHEMED; Manuel Kilger für GEOlino extra

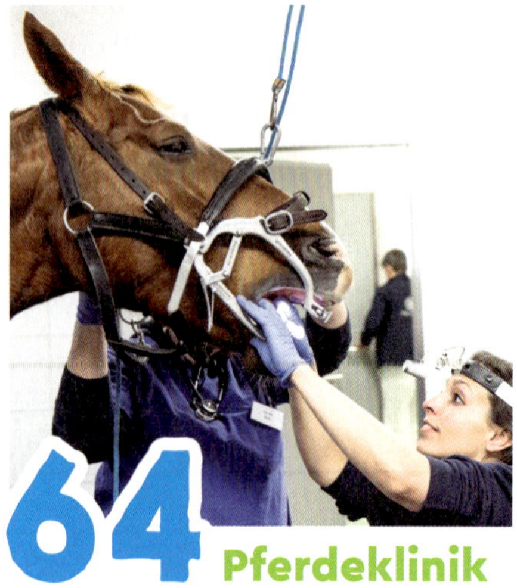

GEOlino

*Für alle, denen dieses Heft nicht genug ist: Uns gibt es auch im Netz unter **www.geolino.de***

Stolze Gefährten

Was wären wir Menschen nur ohne Pferde? Seit Jahrtausenden lassen sie sich von uns vor jeden Karren spannen, schleppen Lasten und legen mühelos kilometerweite Strecken zurück. Kein Wunder also, dass die ***Wildtiere*** *sich im Lauf der Zeit in treue Weggefährten verwandelten*

Text: ***Stefan Greschik***

GEOlino extra Fotos: Donald M. Jones/Minden Pictures/Juniors

Zügellos

Leben in Freiheit

Übermütig bäumt sich ein **Mustang** in der nordamerikanischen Prärie auf. So frei wie hier lebten die Vierbeiner fast immer, seit vor vermutlich rund vier Millionen Jahren die ersten modernen Pferde auf dem **Kontinent** auftauchten (mehr dazu ab Seite 15). Von dort verbreiteten sie sich über den ganzen Erdball. Als Menschen begannen, die Tiere zu zähmen, verschwanden die Wildpferde jedoch nach und nach. Das vielleicht letzte, der Tarpan, starb um das Jahr 1900 aus. Seither gibt es nur noch **Hauspferde**, also vom Menschen gezüchtete Rassen. Weltweit wird ihre Zahl heute auf über 60 Millionen geschätzt. Manche Tiere leben allerdings wieder in Freiheit – so wie die Mustangs in den USA, deren Vorfahren vor Jahrhunderten ausgebüxt sind.

10

Am Zug

Ein treues Transportmittel

Lange haben Menschen zu Pferden eine eher lockere Beziehung: Ab und zu erlegen sie die Tiere bei der Jagd und lassen sich ihr **Fleisch** schmecken. Doch dann, vor rund 5500 Jahren, kommen die Bewohner Zentralasiens auf eine brillante Idee: Sie zähmen die Vierbeiner – und plötzlich wird ihr Leben viel einfacher! Reitend lassen sich lange Strecken viel schneller zurücklegen als zu Fuß. Die Tiere können **Lasten** schleppen und Karren ziehen. Das Pferd wird zu dem Transportmittel schlechthin! Später bringen die Vierbeiner sogar Kämpfer an die Front – und entscheiden damit **Kriege**: Im Mittelalter etwa sind die Ritter auf ihren mächtigen Streitrössern kaum zu schlagen. Bis ins 19. Jahrhundert spielen Pferde bei Gefechten eine entscheidende Rolle, etwa 1812 in der Schlacht von Borodino (nachgestellt im Bild oben). Als Lastentiere kommen sie in Ländern wie Albanien noch heute zum Einsatz (linke Seite).

GEOlino extra Fotos: Philippe Lissac/Godong/VISUM (l.); Vitalyi Belousov/dpa Picture-Alliance

Hau ruck!

Einsatz für echte Arbeitstiere

Noch vor 150 Jahren wimmelt es in Europa von Arbeitspferden: Klein gewachsene Ponys ziehen in Bergwerken Loren mit Kohle durch enge Stollen, oft bis zur Erschöpfung. Auf den Feldern spannen Bauern schwere **Ackergäule** vor den Pflug. Und riesige, gutmütige Kraftprotze schleppen in Städten wie London oder Berlin Omnibusse hinter sich her. An Flüssen sieht man häufig **Treidelpferde**, die Lastkähne stromaufwärts ziehen. Heute haben Maschinen die meisten Aufgaben übernommen. Das letzte Grubenpferd Deutschlands geht 1966 in Rente. Heute fahren auf den Äckern längst Traktoren. Trotzdem haben Pferde in einigen Bereichen noch immer die Nüstern vorn: **Rückepferde** ziehen nach wie vor gefällte Bäume aus dem Wald. Anders als Maschinen kommen sie nämlich auch in abschüssigem und engem Gelände zurecht.

GEOlino extra Fotos: Daniel Rihs/13 Photo

Bahn frei

Spitzensportler auf vier Beinen

Pferderennen gehören zu den ältesten Sportereignissen der Welt. Schon bei den Olympischen Spielen im antiken Griechenland rasen Gespanne um die Wette. Heute geben Millionäre in Dubai und anderen Staaten Unsummen für die Zucht edler Sportpferde aus. Bei **Rennen** wie den „Awesome Again Stakes" im US-Bundesstaat Kalifornien fiebern oft Tausende von Zuschauern mit (unten). Und längst sind viele weitere Pferdesportarten entstanden: Beim **Voltigieren** (linke Seite) zeigen Reiter auf dem Pferderücken akrobatische Kunststücke. Beim Springreiten jagen muskulöse Warmblüter durch einen Hindernisparcours, und in der **Dressur** bringen Reiter ihre Pferde mit kurzen Kommandos zum Tänzeln. Sogar berittene Ballspiele gibt es, Polo etwa: Dabei galoppieren Spieler auf kleinen, wendigen Pferden über den Platz und schießen eine Kugel mit Schlägern ins Tor.

GEOlino extra Fotos: Stefan Lafrentz/Imago (l.); ddp

Unzer-trennlich

Ziemlich beste Freunde

Auch wenn Pferde heute nur noch selten Pflüge über Äcker ziehen oder Busse durch die Stadt: Aus dem Alltag vieler Menschen sind sie trotzdem nicht wegzudenken. Allein in Deutschland leben nach Schätzungen mehr als eine **Million** der Vierbeiner. Fast vier Millionen Menschen bezeichnen sich selbst als Reiter, hat eine Umfrage ergeben. Viele von ihnen verbringen fast ihre ganze Freizeit im Stall. Oft wird aus dem Pferd ein treuer Begleiter und manchmal sogar: der beste **Freund**. Ihre **Liebe** zum Tier lassen sich Pferdefans in Deutschland übrigens so einiges kosten – zwischen 350 und 900 Euro im Monat. Durchschnittlich geben sie damit für ihr Pferd ähnlich viel wie für ein Kind aus.

START-BLOCK

Die wichtigsten Fakten vorweg

PFERDE

Text: ***Simone Müller***

GEOlino extra Fotos: Sabine Stuewer TIERFOTO; shutterstock (Illustrationen, Hintergrund, Beiwerk)

ENTWICKLUNG

Würde euch das Urpferd **Hyracotherium** ❶ heute über den Weg trippeln – ihr würdet es wohl kaum als Vorfahr der modernen Pferde erkennen: Es ist gerade einmal so groß wie ein Fuchs und ähnelt eher einem Reh. Und es hat keine Hufe, sondern Zehen! Jeweils vier an den Vorder- und drei an den Hinterbeinen. Auf ihnen huscht *Hyracotherium* vor rund 50 Millionen Jahren in Nordamerika, Europa und Asien über den weichen Regenwaldboden. Es knabbert saftige Blätter und fällt mit seinem gefleckten Fell im Dickicht kaum auf.

Doch im Lauf der Jahrmillionen verändert sich das Klima: Die Wälder lichten sich, der Boden trocknet ab. Bei einigen Nachfolgern von *Hyracotherium* bildet sich daher die vierte Zehe zurück. Vor rund 35 Millionen Jahren sind die Wälder schließlich komplett verschwunden. Das Land bedecken nun Steppen, baumlose Ebenen mit hartem Boden, auf denen kurzes Gras wächst.

Und wieder müssen sich die Urpferde anpassen: Sie werden zu Grasfressern – und Fluchttieren. **Miohippus** ❷ hat bereits eine Schulterhöhe von mindestens 60 Zentimetern und lange Beine. Um Energie zu sparen, läuft es vor allem auf der mittleren Zehe. Vor etwa sechs Millionen Jahren entsteht schließlich **Pliohippus** ❸: das wohl erste einhufige „Pferd", bei dem sich alle Zehen bis auf die mittlere zurückgebildet haben. Aus ihm entwickelt sich das moderne Hauspferd, wissenschaftlich *Equus caballus*.

Hyracotherium ❶

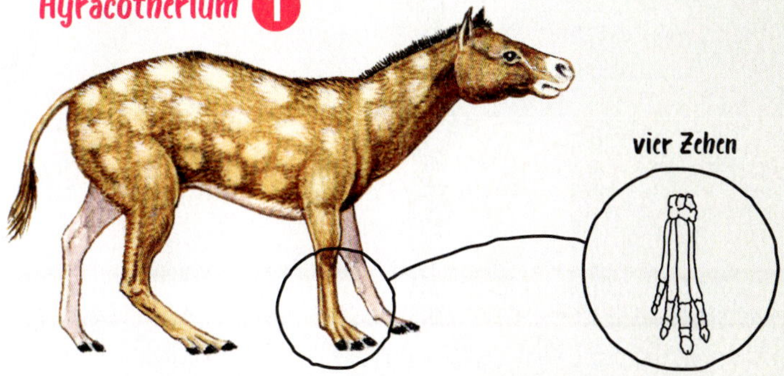

Miohippus ❷

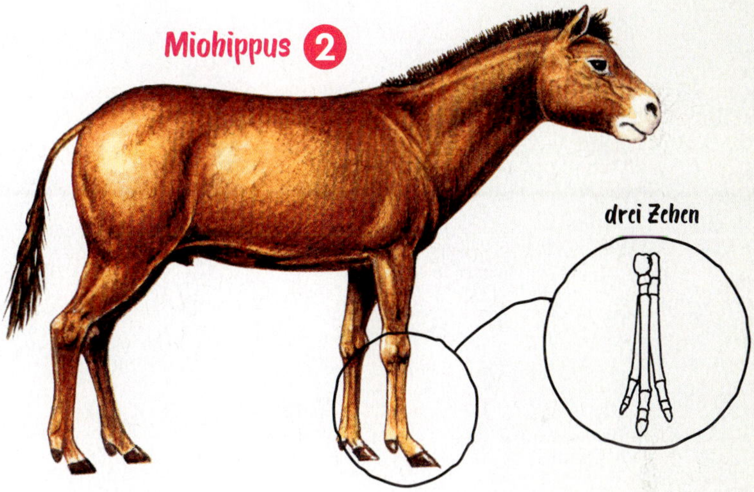

Pliohippus ❸

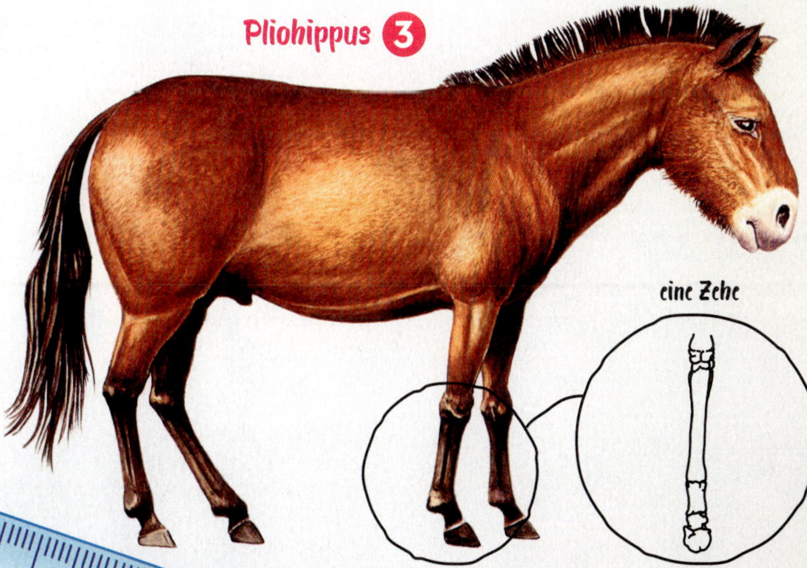

GEOlino extra Fotos: Janos Marffy/DK Images (l.3); Yathin S Krishnappa (r.m.l.); shutterstock (r.7, Hintergrund, Beiwerk)

STAMMBAUM

Geschätzt 60 Millionen Hauspferde traben heute über die Erde. Zur Gattung Equus gehören außerdem Wildpferde sowie Esel und Zebras. Allerdings streiten Wissenschaftler noch immer, in wie viele Arten sie unterteilt werden sollten. Meist werden diese acht unterschieden

Pferde *(Equus)*

Afrikanischer Esel *(Equus asinus)*

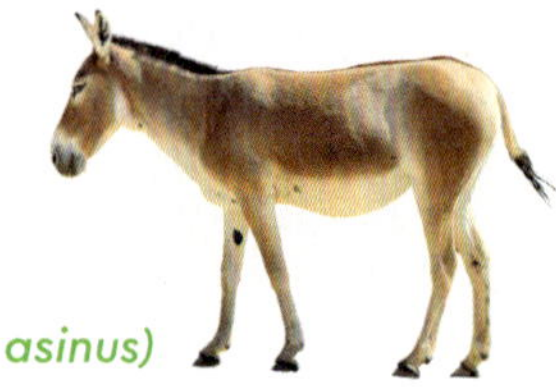

Asiatischer Esel *(Equus hemionus)*

Kiang *(Equus kiang)*

Esel

Wildesel sind an drei Orten auf der Welt zu Hause: Afrikanische Esel streifen durch Steppen im Nordosten Afrikas, Asiatische Esel durch West- bis Zentral- und Nordasien. Kiangs leben im tibetischen Hochland, auf mehr als 5500 Meter Höhe. Der Afrikanische Esel ist in freier Wildbahn stark vom **Aussterben** bedroht. Zahlreich sind hingegen die von ihm abstammenden Hausesel. Sie werden weltweit gezüchtet.

Bergzebra *(Equus zebra)*

Steppenzebra *(Equus quagga)*

Grevyzebra *(Equus grevyi)*

Zebras

Hier habt ihr es noch einmal schwarz auf weiß: Zebras kommen ausschließlich in Afrika vor. Mit bis zu 160 Zentimeter Schulterhöhe und 450 Kilogramm Gewicht gelten sie als größte wild lebende Pferde. Wer die drei Arten unterscheiden will, muss sich ihre **Streifen** genau anschauen: Beim Grevyzebra sind sie besonders schmal. Bergzebras haben wenige, breite Querstreifen auf den Oberschenkeln, beim Steppenzebra ziehen sich diese bis zur Bauchmitte durch.

Hauspferd *(Equus caballus)*

Ob Friese (Foto) oder Lipizzaner: Alle Hauspferde stammen von inzwischen wohl ausgestorbenen Wildpferden ab. Zu den Hauspferden gehören die größten **Mitglieder** der Gattung – und die kleinsten. Bei keiner anderen Art gibt es so große Unterschiede im Aussehen.

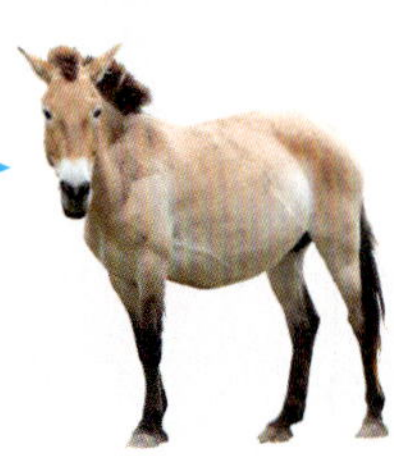

Wildpferd *(Equus ferus)*

Lange wurden Przewalski-Pferde für die einzige Wildpferdeart gehalten, die bis heute überlebt hat. 2018 fanden **Forscher** jedoch heraus, dass sie wahrscheinlich von verwilderten Hauspferden abstammen. Typisch für die Tiere ist die dunkle Stehmähne.

TYPEN

Vom mannshohen Shire Horse bis zum winzigen Falabella-Pony – heute gibt es mehr als 280 Pferderassen. Sie lassen sich in vier Typen einteilen: Kaltblut, Warmblut, Vollblut und Pony

Kaltblut

Nein, Kaltblüter haben kein besonders kaltes Blut. Ihre Körpertemperatur liegt bei rund 38 Grad Celsius, wie bei allen Pferden. Mit „kalt" ist ihr **Temperament** gemeint: Die Tiere bleiben einfach so gut wie immer cool. Zu erkennen sind sie an ihrem massigen Körper und den kräftigen Beinen. Weil sie so stark sind, kommen sie als Kutsch- und Arbeitspferde zum Einsatz.

Shire Horse

Größe: 170 bis 195 cm

Farbe: Rappen, Braune, Schimmel

Einsatzgebiet: Zug- und Kutschpferd

Stattlicher Rekord: Mit durchschnittlich 178 Zentimetern und 1200 Kilogramm gelten Shire Horses als größte Pferderasse der Welt. Die sanftmütigen Kraftpakete werden heute etwa als Zugpferde vor Brauereiwagen gespannt.

Warmblut

Der Mix macht's: Warmblüter wurden aus Kaltblutrassen gezüchtet, in die Vollblüter eingekreuzt wurden. Sie sind leichter und wendiger als Kaltblüter, aber umgänglicher als Vollblüter. Das macht sie zu echten **Sportskanonen**: Warmblüter punkten im Spring-, Dressur- und Vielseitigkeitsreiten. Außerdem eignen sie sich zum Westernreiten, Voltigieren und als Therapiepferde.

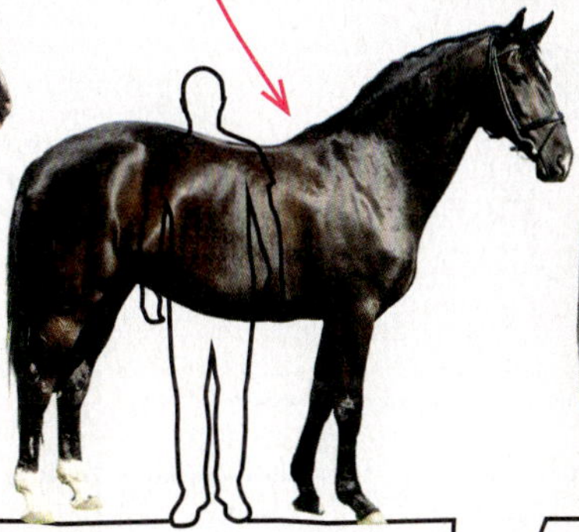

Hannoveraner

Größe: 160 bis 175 cm

Farbe: alle Grundfarben, viele Füchse und Braune

Einsatzgebiet: Sportpferd

Flotte Hüpfer: Hannoveraner haben starke Nerven und eine enorme Sprungkraft. Deshalb gewinnen sie im Springreiten viele Turniere, siegen aber auch im Dressur- und Vielseitigkeitsreiten. Sie zählen zu den häufigsten Warmblutrassen.

Vollblut

Zu den Vollblütern gehören alle Rassen, die von arabischen Pferden abstammen. Auch sie verdanken ihren **Namen** ihrem Temperament: Vollblüter sind feurig und sensibel zugleich. Mit ihren markanten Köpfen, schlanken Beinen und dem zierlichen Körper wirken sie elegant und anmutig. Außerdem sind sie äußerst schnell und wendig, weshalb sie als ideale Rennpferde gelten.

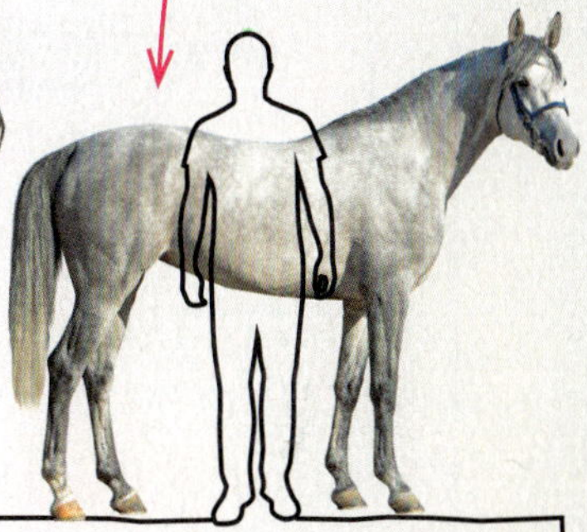

Araber

Größe: 145 bis 155 cm

Farbe: alle Farben außer Schecken

Einsatzgebiet: Reit- und Distanzpferde

Rasse mit Klasse: Araber kosten oft mehr als ein Luxusauto und sind der Ursprung aller Vollblüter. Einst ritten Beduinen, arabische Wüstenvölker, auf den zähen und schnellen Tieren. Heute treten sie wegen ihrer guten Ausdauer bei Langstreckenrennen an.

GEOlino extra Fotos: L.Lenz/Juniors@Wildlife (l.m.); shutterstock (10, Hintergrund, Beiwerk)

FELLFARBEN

Wildpferden diente eine unauffällige Fellfarbe einst als Tarnung. Seitdem Pferde gezüchtet werden, geht es jedoch ziemlich bunt zu. Wir stellen euch die wichtigsten Grundfärbungen vor

Pony

Alle Pferde, die kleiner als 148 Zentimeter sind, werden als Ponys bezeichnet. Sie sind leicht, ihre Beine im Verhältnis zum Körper eher kurz. Weil sie robust sind und starke Nerven haben, werden sie häufig als Trag-, Zug- und **Reittiere** verwendet. Übrigens: Der Begriff Pony leitet sich wahrscheinlich vom mittelfranzösischen Wort *poulenet* ab – Fohlen.

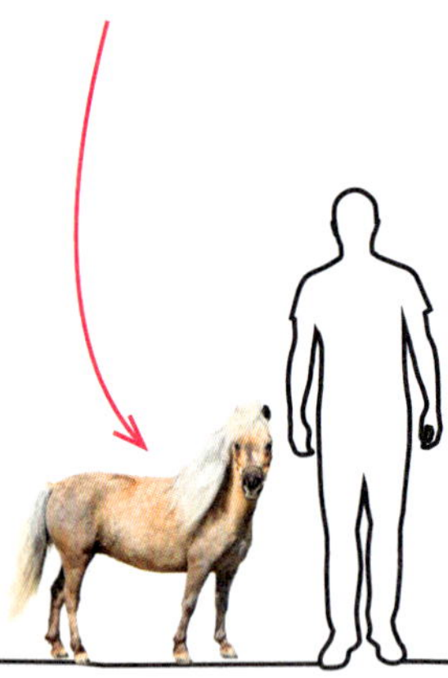

Falabella-Pony

Größe: nie größer als 75 cm

Farbe: alle Farben

Einsatzgebiet: Kutsch- und Showpony

Sie sind die kleinste Pferderasse der Welt, das bislang winzigste bekannte Falabella misst gerade einmal 51 Zentimeter. Die Ponys gelten als klug und umgänglich. Deshalb werden sie immer häufiger auch als Blindenführpferde eingesetzt – alternativ zu Hunden.

Rappe

Der Begriff Rappe leitet sich von Rabe ab. Denn: Fell, Mähne und Schweif glänzen rabenschwarz – bis auf die weißen Abzeichen, die manche Tiere haben.

Brauner

Von Schwarzbraun über Kastanie bis Hellbraun: Das Fell ist stets braun, Mähne und Schweif sind schwarz, die Beine und die Spitzen der Ohren oft auch.

Fuchs

Das Fell leuchtet gelbrot, rötlich oder rotbraun, das Langhaar hat dieselbe Farbe oder ist etwas heller. Am seltensten sind kupferfarbene Dunkelfüchse.

Schimmel

Schimmel kommen mit dunklem Fell zur Welt und „schimmeln" später aus: Das Haar am ganzen Körper wird immer heller und schließlich weiß.

Falbe

Das Fell schimmert gelblich oder grau, Beine und Langhaar sind dunkler. Oft haben sie zudem einen Aalstrich: eine dunkle Linie entlang der Wirbelsäule.

Palomino

Sie sind im wahrsten Wortsinn goldig: Fell, Mähne und Schweif glänzen in dieser Farbe. Oft werden Palominos auch als Isabellen bezeichnet.

Schecke

Sie haben Flecken in zwei oder drei verschiedenen Farben. Diese können bei Plattenschecken recht groß sein oder eher klein wie bei Tigerschecken (Foto).

Warum heißen Tigerschecken Tigerschecken – obwohl sie Punkte haben statt Streifen?

Diese und 14 weitere spannende Fragen beantworten wir in dem kleinen **Heft**, das wir zusammen mit der Pferde-Erlebniswelt Equilaland für euch zusammengestellt haben.

KÖRPERBAU

Pferde sind wahre Spitzenläufer: Im gestreckten Galopp flitzen sie mit rund 50 Kilometer pro Stunde so schnell wie ein Auto in der Stadt. Kurzzeitig können sie sogar auf mehr als 70 Kilometer pro Stunde beschleunigen! Auch im Dauerlauf schlagen sie fast jeden anderen Vierbeiner. Das haben sie ihrem Körperbau zu verdanken: den langen, muskulösen Beinen, die durch eine flexible Wirbelsäule miteinander verbunden sind. Das Gewicht lastet dabei vor allem auf den Vorderbeinen, die Hinterbeine liefern die Schubkraft. Muskeln und Sehnen funktionieren beim Gehen, Traben und Galoppieren wie Sprungfedern: Bei jedem Schritt spannen sie sich an, speichern dabei Energie und setzen diese beim nächsten wieder frei. So können Pferde selbst weite Strecken durchhalten.

Auch ihr Verdauungssystem arbeitet sehr effizient: Die großen Mahlzähne sind perfekte Graszerkleinerer. Der Nahrungsbrei gelangt anschließend in den Magen und danach in den bis zu 30 Meter langen Darm. Weil das Futter darin einen sehr weiten Weg zurücklegen muss, bleibt genug Zeit, um ihm fast alle Nährstoffe zu entziehen. Pferde werden deshalb auch auf Weiden satt, auf denen Kühe verhungern würden.

Selbst beim Grasen behalten sie ihre Umgebung immer im Blick: Pferde können sogar Feinde sehen, die sich von hinten annähern. Weil sich ihre Augen seitlich am Kopf befinden, haben sie eine fast perfekte Rundumsicht. Zudem können sie jedes Ohr um 180 Grad drehen – und damit in jede Richtung lauschen. Auch das ist wichtig, um Gefahren rechtzeitig zu erkennen und zu fliehen.

Übrigens: Zum Reiten sind Pferde eigentlich gar nicht geschaffen. Jungtiere absolvieren jahrelanges Krafttraining, um die nötigen Stützmuskeln auszubilden. Erst dann können sie das Gewicht eines Menschen über längere Zeit tragen.

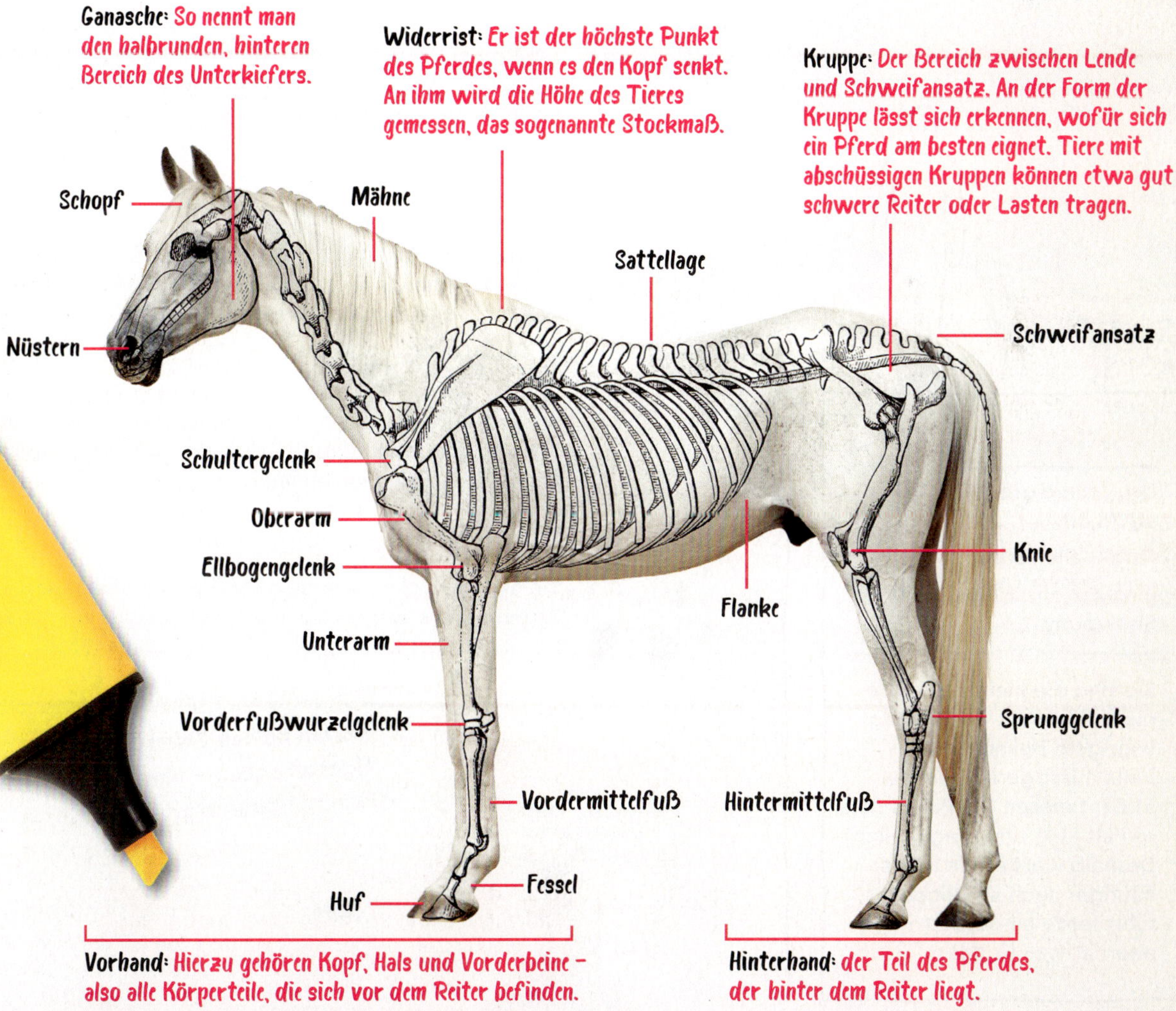

GEOlino extra Fotos: Nadine Haase/Adobe Stock (r.o.l.); shutterstock (4, Hintergrund, Beiwerk)

VERHALTEN

Ein Rascheln im Gebüsch, ein unbekannter Geruch: Bisweilen machen vermeintlich harmlose Dinge im wahrsten Wortsinn die Pferde scheu. Kein Wunder: Sie gelten als *die* Fluchttiere schlechthin. Den wilden Vorfahren unserer Hauspferde sicherte dieses Verhalten das Überleben.

Schutz bietet ihnen außerdem die Herde: Noch heute ziehen wild lebende Pferde in Gruppen mit bis zu 35 Tieren umher. Dazu gehören meist ein Hengst und mehrere Stuten mit ihren Fohlen. Die männlichen Jungtiere verlassen die Herde, wenn sie erwachsen werden. Innerhalb der Gruppe herrscht eine klare Rangordnung, die Mitglieder pflegen enge Beziehungen zueinander, die sie durch Beschnuppern und gegenseitige Fellpflege festigen.

Hauspferde von heute tragen die uralten Instinkte noch immer in sich. Sie schlafen beispielsweise besser, wenn Artgenossen in der Nähe sind, die Wache schieben und die Schlummernden bei Gefahr warnen können. Zudem sind Pferde echte Gewohnheitstiere: Sie brauchen immer gleiche Abläufe, eine vertraute Umgebung und treue Gefährten, also andere Pferde. Das gibt ihnen Sicherheit.

KOMMUNIKATION

Wiehern, schnauben, grummeln: Pferde machen sich durch vielerlei Geräusche bemerkbar – zur Begrüßung, als Erkennungssignal oder um Kontakt zu anderen aufzunehmen. Doch meist verstehen sie sich auch ohne Laute. Über die Haltung von Ohren und Schweif, über Berührungen und Gerüche „plauschen" sie nahezu unentwegt miteinander. Auch im „Gespräch" mit uns Menschen nutzen sie ihre Körpersprache. Vermutlich verstehen sie uns jedoch sehr viel besser als wir sie: Pferde merken genau, ob ein Reiter wütend oder ängstlich ist, entspannt oder gestresst.

Gereizt

Gleich kracht's! Reckt das Pferd seinen Hals vor, legt die Ohren an und stampft mit dem Vorderbein, fordert es Respekt ein. Reagiert sein Gegenüber auf diese erste Warnung nicht, folgt Stufe zwei: ein Schulterrempler. Spätestens bei Stufe drei – Hinterteil zukehren und Hinterbein anheben – sollte es heißen: Nix wie weg!

Entspannt

„Ich fühl mich pudelwohl!", sagt das Pferd auf diese Weise: Der Schweif pendelt locker von einer Seite zur anderen, die Ohren klappt es entspannt nach hinten oder zur Seite. Dabei senkt es den Kopf leicht, die Unterlippe hängt schlaff herunter.

Neugierig

Große Augen, aufgestellte Ohren, die sich im Wechsel nach vorn und hinten drehen: Dieses Pferd ist voll auf Empfang, beobachtet aufmerksam seine Umgebung oder will sich mit anderen Tieren unterhalten.

Ängstlich

Diesem Pferd ist etwas ganz und gar nicht geheuer. Mit zusammengekniffenem Maul, leicht nach hinten gezogenem Kopf, schräg gestellten Ohren, aufgerissenen Augen und geweiteten Nüstern zeigt das Tier, dass es sich fürchtet.

Islandpferde

Wo die wilden Kerle wohnen

Vulkane, Lavafelder, Gletscher: Als die Wikinger vor mehr als 1000 Jahren Island betreten, treffen sie auf eine raue, menschenleere Insel. Doch sie trotzen eisigem Wind, harten Wintern und heftigen Stürmen. Schließlich haben sie treue **Gefährten** an ihrer Seite ...

Text: *Barbara Lich* Illustration: *Philipp Seefeld*

Ankunft auf Island: Die Wikinger, hartgesottene **Seefahrer** aus dem Norden, hatten Pferde an Bord – die Ahnen der Islandpferde. Diese sollten bei der Besiedelung der Insel ihre treuesten Gefährten werden

Der eisige Wind fährt in die Mähnen. Vor den Nüstern wolkt die Atemluft, ungeduldig scharren die Pferde mit den Hufen über die Holzplanken. Tagelang mussten sie an Bord stillstehen. Ausharren, im Rhythmus der Wellen, die schäumend an den Rumpf der Schiffe klatschten. Da, endlich ist Land in Sicht: Strände, lavaschwarz. Steile Klippen, dahinter Gletscher, Berge, manche spitz wie Pyramiden. Aus anderen dampfen schwefelige Gase in die Höhe. Schnee pudert die Vulkankegel in der Ferne. Die Insel, die die Wikinger im 9. Jahrhundert ansteuern, sie scheint rau und unwirtlich. Es ist ein Eiland für harte Kerle: Island.

Sicher waren die Wikinger stark. Hartgesottene Seefahrer aus dem Norden, kriegerisch und gefürchtet. Auch einige der Pferde, die sie an Bord übers Meer schipperten, hatten sie vermutlich geraubt, als sie die Britischen Inseln überfielen. Und genau diese Tiere waren der wohl wertvollste Schatz ihrer Beutezüge. Denn: Die kreuzten sie mit Rassen aus dem hohen Norden. Die gemeinsamen Nachkommen waren die Ahnen der Islandpferde. Ohne sie hätten die Nordmänner die Insel kaum erobern können. Es waren ihre wichtigsten Gefährten im Kampf mit den Naturgewalten.

Schließlich sind die eher kleinen Islandpferde nicht nur mutig und ausdauernd, sondern auch wetterhart und ▸

GEOlino extra Fotos: shutterstock (4)

Wilde Welt: Auf Island streifen die Pferde sommers auch heute noch völlig frei durch das **Hochland**. Erst im Herbst treiben ihre Besitzer sie zurück ins Tal

robust. Im Winter wächst ihnen dichte Unterwolle, die sie vor Minusgraden schützt. Warm verpackt trotzen sie Schneestürmen und schneidend kaltem Wind. Mit ihren stämmigen Beinen durchqueren sie Gletscherflüsse, zerklüftetes Gelände meistern die Muskelpakete ohne Probleme. Vor allem aber beherrschen sie neben den drei klassischen Gangarten Schritt, Trab und Galopp auch den extrem schnellen Skeið (Rennpass) und den gemütlichen Tölt. Bei diesem Spezialgang, der nur vererbt werden kann, heben die Pferde nicht ab – es gibt während des Laufens keine Sprung- oder Schwebephase. Die Tiere bleiben mit mindestens einem Huf immer auf dem Boden. Und der Reiter? Wird kaum durchgeschüttelt, er rumpelt nicht auf dem Pferderücken hin und her.

Für die Wikinger war das einst ein Segen! Weite Strecken legten sie mit ihren Pferden zurück, wanderten über Lavafelder und passierten Gebirgszüge. Die Tiere schleppten Werkzeuge und Baumaterial, mit denen die Nordmänner Siedlung um Siedlung hochzogen, und transportierten frische Fische in die Dörfer. Aus den Schweifhaaren fertigten die Wikinger Seile. Und mit dem dichten Fell, das die Tiere im Frühjahr abwerfen, fütterten sie ihre Schuhe oder stopften es in die Ritzen zwischen die Planken ihrer Schiffe, um sie abzudichten. Zudem aßen die Menschen auch das Pferdefleisch oder tranken die Milch der Stuten. Kurz, ohne ihre Pferde wären sie aufgeschmissen gewesen. Kein Wunder, dass die Wikinger

STECKBRIEF:

Islandpferde

Allgemein: Im 9. Jahrhundert brachten die Wikinger die Ahnen der Islandpferde nach Island. Gehalten und gezüchtet werden die Tiere heute weltweit, rund 300 000 gibt es. Davon leben etwa 80 000 auf Island.

Größe und Gewicht: Die robusten Vierbeiner gelten offiziell als Ponys. Selten ist ihr Stockmaß höher als 1,48 Meter. Sie wiegen um die 380 Kilogramm. Dennoch können auch Erwachsene die Tiere reiten.

Nahrung: Über die Sommermonate streifen die meisten Pferde auf Island wild durchs Hochland – und futtern, was der Boden hergibt: Gräser, Moose, Flechten. Nach dem Abtrieb im Herbst wird oft Getreide wie Hafer zugefüttert.

Nachwuchs: Im Frühjahr bringen die Stuten nach elf Monaten Tragzeit meist ein Fohlen zur Welt.

ihren Verstorbenen bisweilen gar deren Vierbeiner und das Zaumzeug für die Reise ins Jenseits ins Grab legten.

Da die Insulaner um den Wert der Tiere wussten, beschlossen sie schon früh: Wir müssen unsere Pferde vor Krankheiten schützen! So erließen sie wohl um das Jahr 930 ein Einfuhrverbot. Künftig durfte kein Pferd vom Festland mehr seine Hufe auf den Boden der Insel setzen, egal welcher Rasse es angehörte. Tatsächlich gilt diese Regel bis heute; 1909 wurde sie sogar als ordentliches Gesetz erlassen. Das bedeutet: Auf Island leben nur Pferde, die dort gezüchtet wurden. Sobald eines die Insel verlassen hat, darf es nicht mehr zurückkehren.

Und die Nachfahren der Wikinger? Die brauchen die Tiere natürlich nicht mehr als Lastenträger. Rund 80 000 Islandpferde leben heutzutage auf der Insel. Im Sommer, wenn saftiges Gras die Berge bedeckt, ziehen sie in großen Herden über das menschenleere Hochland. Kein Weidezaun begrenzt dort ihre Streifzüge, sie leben wild wie zu Zeiten der Wikinger.

Erst im Herbst, wenn die Tage kürzer werden, der erste Schnee über die Bergkuppen staubt und nachts Polarlichter als blassgrüne Schlieren über das Firmament tanzen, reiten die Bauern aus, um die Hengste, Stuten und Fohlen zu Hunderten zurück ins Tal zu treiben, zu sortieren und den Besitzern zuzuordnen. Übrigens, selbst zurück am Hof lassen sie ihre Pferde meist draußen überwintern. Island ist eben die Insel, wo die wilden Kerle wohnen …

GEOlino extra Fotos: shutterstock (4); Karte: Stefanie Peters

KOLLEGEN MIT KALIBER

Im Einsatz: Dörte Thies (links) und ihre Kollegen begleiten Hunderte **Fußballfans** ins Stadion. Trotz Lärm und Geschrei müssen die Polizeipferde ruhig bleiben

Leo ist gerade mal elf Jahre alt und arbeitet schon bei der Polizei – als Dienstpferd der Hamburger Reiterstaffel. Zusammen mit der 52-jährigen Dörte Thies geht er auf Streife und sorgt bei Demonstrationen oder Fußballspielen für Ordnung. Wir haben die beiden auf einem Einsatz begleitet

Text: *Annika Sartor*
Fotos: *Enver Hirsch*

Tierisch gutes **Team:** Wallach Leo und Dörte Thies sind seit dem Jahr 2014 bei der Hamburger Reiterstaffel

Da kommen sie! Hunderte Fußballfans schieben sich die Straße entlang. Sie brüllen im Chor, recken die Fäuste. Ihre Mannschaft soll heute unbedingt gewinnen! Vorher aber muss die Gruppe ins Stadion gelotst werden, ohne Streit mit gegnerischen Fans anzufangen – eine Aufgabe für die Polizei. Auch Leo und Dörte Thies sind deshalb im Einsatz. Die beiden kennen einander seit 2014 und können sich aufeinander verlassen. „Leo ist wie ein Kollege für mich“, sagt Dörte Thies.

Dabei trägt er gar keine Uniform, sondern braunes Samtfell, einen weißen Fleck auf der Stirn und schwarze Fesseln, so als wäre er in einen Farbtopf gestiegen: Leo ist ein Polizeipferd. Er und die 52-jährige Dörte Thies sind ein Team bei der Reiterstaffel Hamburg. Insgesamt gibt es in Deutschland zwölf solche Polizeieinheiten, deren Beamte nicht im Streifenwagen, sondern auf dem Pferderücken unterwegs sind.

Das hat viele Vorteile: „Wir stehen nie im Stau, können Abkürzungen nehmen und sind so schneller als viele Autos in der Stadt“, erzählt Dörte Thies, die die Hamburger Gruppe leitet. Außerdem ▸

haben die Polizisten im Sattel einen besseren Überblick. So können sie flüchtende Diebe erspähen oder erwischen an der roten Ampel Lkw-Fahrer, die am Steuer telefonieren. Unter der Woche sind die Pferde und Reiter auf Streife. Am Wochenende unterstützen sie oft andere Polizisten bei Großveranstaltungen: Die Teams sorgen auf Demonstrationen für Ordnung. Oder sie verhindern, dass es bei Fußballspielen Ärger gibt. „Wir schaffen es, mit sechs Pferden 500 Leute zurückzudrängen. Da hätten unsere Kollegen am Boden keine Chance", sagt Dörte Thies. Die Reiterstaffel macht eben Eindruck – auch an diesem Sonntag, als der FC St. Pauli aus Hamburg gegen Holstein Kiel in der Zweiten Fußballbundesliga antritt.

8.30 Uhr morgens, fünf Stunden vor Anpfiff. Dörte Thies trinkt noch schnell einen Kaffee, frühstückt ein Brötchen. Sie sitzt im Pausenraum eines Reitstalls im Hamburger Stadtteil Osdorf. Hier sind die Polizeipferde untergebracht, wenn sie nicht im Dienst sind. An ihren Boxen hängen Futterpläne und Namensschilder: Eragon, Deputy, Charly, Gringo, Leo ... Insgesamt besteht die Staffel aus zehn Pferden und neun Reitern, die feste Teams bilden.

Heute müssen jeweils sechs von ihnen arbeiten. Als die Polizisten ihre Tiere auf den Hof führen, klappern die Hufeisen auf dem Asphalt. Draußen sind es nur wenige Grad Celsius über null: Atemwolken-Wetter. Die Reiter haben bereits Transporter für den Einsatz beladen – mit Sätteln, Trensen, Decken, Futtereimern und vielem mehr. Im Innenraum liegen Holzspäne. Polternd laufen nun die Pferde über Rampen hinein. Klappen zu, Motoren an. Los geht's!

Die Fahrt in die Innenstadt dauert eine halbe Stunde. Auf einem Parkplatz in der Nähe des Stadions steigen die Polizisten aus und ziehen sich um: Knie- und Schienbeinschoner, Schutzweste, Reiterhelm. Dann sind die Pferde dran. Leo und die anderen tragen nicht nur Sattel, Satteltasche und Trense. Dörte Thies und ihre Kollegen schnallen den Pferden auch einen Nasenschutz und ein Visier um – „falls sie einen Schlag abbekommen oder die Fußballfans mit Flaschen werfen". Fertig zum Losreiten? Noch nicht ganz: In einem nahen Hotel gehen die Beamten lieber noch einmal auf die Toilette. Die nächsten Stunden müssen sie schließlich ohne Pause im Sattel sitzen ...

In Zweierreihen reitet die Staffel los. Auf der Straße fädeln sich die sechs Teams zwischen den Autos ein, stoppen wie sie an roten Ampeln. Obwohl Busse vorbeirauschen, Motorräder knattern, Reklameschilder leuchten, bleiben die Tiere ruhig. Genau das macht nämlich ein gutes Polizeipferd aus. Zudem müssen sie besonders groß sein, „gesund und neugierig", wie Dörte Thies sagt. Von 30 bis 40 Pferden ist nur eines für den Dienst bei der Polizei geeignet.

Während der Ausbildung gewöhnen die Beamten die Tiere im Reitstall mit Rasseln, Tröten oder scheppernden Blechdosen an Krach. Bei anderen Übungen schwenken sie Flaggen oder ▸

Zur Sicherheit schnallt Dörte Thies ihrem Dienstpferd ein **Visier** vor die Augen. So ist Leo geschützt, falls Randalierer Steine oder Flaschen werfen

Alle aussteigen! Auf einem Parkplatz nahe dem Fußballstadion stellen die Polizisten ihre **Transporter** ab. Je zwei Pferde passen in ein Fahrzeug. Nun heißt es: satteln und aufsitzen

Alles dabei? Sättel, Trensen, Futter, Eimer, Schutzwesten, Helme – die komplette **Ausrüstung** für Pferde und Reiter fährt in den Transportern mit

Bei Rot hält die Reiterstaffel an der **Ampel** wie Autos – zumindest, wenn sie es nicht eilig hat

DER EINSATZ VOR DEM EINSATZ

*Bis Pferd und Reiter als Partner unterwegs sind, müssen sie lange und hart arbeiten. Hier lest ihr, welche **Voraussetzungen** sie erfüllen müssen und wie ihre Ausbildung aussieht*

Wie wird man Polizist bei der Reiterstaffel?

Wer bei der Reiterstaffel anfangen will, muss bereits eine Zeit lang in einer Polizeiwache oder bei der Bereitschaftspolizei gearbeitet haben – am besten beides. In Hamburg müssen Bewerber außerdem auf mindestens zwei Polizeipferden beweisen, dass sie reiten können und sattelfest sind.

Wie findet die Staffel geeignete Pferde?

Polizeipferde sollten mindestens fünf Jahre alt sein und ein Stockmaß von 1,75 Metern haben. Oft durchkämmen die Beamten Anzeigen im Internet, besuchen die Verkäufer, lernen die Pferde kennen und testen, wie die Tiere auf Lärm reagieren. Überzeugt es bei einem Proberitt, kommt ein Pferd zunächst vier Wochen als „Praktikant" zur Reiterstaffel. Dort trainieren die Polizisten mit ihm und beobachten, wie schnell es lernt. Ein Tierarzt prüft, ob es gesund ist.

Wie werden die Pferde ausgebildet?

Mit Rasseln oder scheppernden Blechdosen gewöhnen die Polizisten die Pferde an Lärm. Um sie abzuhärten, reiten sie über knisternde Planen oder stupsen die Tiere mit Gymnastikbällen an. So sollen sie ihre Angst vor ungewohnten Gegenständen und plötzlichen Berührungen verlieren. Außerdem sollen die Pferde lernen, im Gedränge ruhig zu bleiben. Zusammen mit anderen Kollegen spielen die Polizisten darum Demonstrationen oder Fußballeinsätze nach. Die Ausbildung dauert bis zu zwei Jahre.

GEOlino extra Fotos: dpa Picture Alliance (l.o.)

Seite an Seite: Neben der Reiterstaffel begleiten auch viele **Polizisten** zu Fuß die Fangruppe. Doch die Reiter stechen hervor und machen auf ihren großen Tieren Eindruck

Alle Hände voll zu tun: Während das Fußballspiel läuft, füttern die Polizisten ihre Pferde. Jedes Tier bekommt einen **Eimer** mit Hafer und kann sich eine Weile ausruhen

lassen die Pferde über knisternde Planen laufen. „Pferde sind ja Fluchttiere und finden das eigentlich gar nicht toll“, erklärt Dörte Thies. Einige können darum erst nach zwei Jahren Training bei einem Einsatz wie heute mit dabei sein.

Dörte Thies und Leo haben schon mehr als 100 Fußballspiele begleitet. Die 52-Jährige ist als Gruppenleiterin über Funk mit den anderen Reitern und Polizisten verbunden, die zu Fuß unterwegs sind. So erfährt sie auch, wo sich die Kieler Gastfans gerade befinden. Die Gruppe hat angekündigt, von ihrem Treffpunkt aus gemeinsam zum Stadion quer durch die Stadt zu marschieren. Ihr Gebrüll ist als Erstes zu hören. Dann rückt der Menschenblock von hinten heran.

Doch je näher die Masse kommt, desto unruhiger werden die Pferde. Sie beginnen zu tänzeln, reißen die Köpfe hoch – trotz Training. „Lärm von hinten ist einfach das Schwierigste für sie“, erklärt Dörte Thies, „sie können ja nicht sehen, was das ist.“ Deshalb greift die Polizistin auf einen Trick zurück: Sie treibt ihre Teams im Trab voran, um den Abstand zu den Fußballfans zu vergrößern. Dann dürfen sich die Pferde kurz umdrehen und sehen, woher das Geschrei kommt. Und tatsächlich: Als sie die Menschen danach wieder hinter sich haben, bleiben sie ruhiger.

Auf dem Weg zum Stadion sind die Reiter immer in Bewegung. Mal führen sie die Kieler Fans an, mal traben sie nebenher und halten die Gruppe zusammen. Außerdem versperren die Pferde den Zugang zu Seitenstraßen. So kann niemand abbiegen und Streit mit Anwohnern anzetteln, die die Hamburger Mannschaft anfeuern. Eine Dreiviertelstunde dauert der Marsch, dann kann die Reiterstaffel verschnaufen. Als das Spiel beginnt, macht sie Pause bei ihren Transportern. Die Pferde dürfen ihre Sättel gegen blaue Decken tauschen und bekommen einen Eimer Hafer. Die Polizisten besprechen, wie der Einsatz bisher gelaufen ist. Dörte Thies ist zufrieden: „Die Pferde hätten noch ein bisschen ruhiger sein können“, sagt sie, „aber das sind ja keine Maschinen.“

Als sie kurz vor Spielende wieder aufsatteln, sind die Polizisten entspannter: Auf dem Rückweg müssen sie die Fans nur wenige Meter bis zur U-Bahn begleiten. Dann fahren sie zurück zum Reitstall, entladen die Transporter, putzen die Pferde. Dörte Thies muss außerdem noch einen Bericht schreiben. Erst gegen 21 Uhr kann sie Feierabend machen. Kollege Leo steht da schon längst im Stall und ruht sich für den nächsten Einsatz aus. ■

Gut gemacht! Nach »Dienstschluss« belohnen die **GEOlino-Reporter** Enver und Annika Polizeipferd Deputy mit einer Möhre

GUTE FRAGE

Sollte man Pferde

Jeder Deutsche isst durchschnittlich
Rind und Hühnchen – Pferdefleisch hingegen
Sollten wir das ändern? Hier lest ihr

DAFÜR

Pferdefleisch ist gesund

Ob als Wurst, Sauerbraten oder Ross-Roulade – Pferdefleisch schmeckt und ist gesund: Im Vergleich zu Rind enthält es nur halb so viel Fett. Gleichzeitig liefert es unserem Körper doppelt so viel lebensnotwendiges Eisen und fast dreimal so viel Kalzium. Vor Jahrtausenden haben die Menschen das bestimmt noch nicht gewusst, trotzdem zählt Pferdefleisch zu den ältesten Nahrungsmitteln unserer Geschichte. Höhlenmalereien weisen darauf hin, dass Pferde schon in der vergangenen Eiszeit eine beliebte Beute von Jägern waren. In der Antike ließen sich Perser Pferde schmecken. Selbst Reitervölker wie die Hunnen, die Mongolen und die Indianer schlachteten ihre Tiere.

Auch heute noch greifen Menschen zu: **In Japan gilt Pferdefleisch als Delikatesse, Franzosen können es im Supermarkt kaufen, und in Italien steckt es sogar in Babybrei.** Deutsche hingegen essen europaweit mit am wenigsten Pferdefleisch. Dabei kann man das guten Gewissens tun: Viele Pferde verbringen einen großen Teil ihres Lebens auf der Weide und nicht in dunklen, engen Ställen wie Millionen Rinder, Schweine oder Hühner, die nur zum Verspeisen gezüchtet werden.

Außerdem: In Deutschland darf kein Pferd ohne Equidenpass – eine Art Pferdeausweis – geschlachtet werden. Darin notieren Tierärzte, ob das Pferd schon einmal krank war oder mit Medikamenten behandelt wurde. **So soll sichergestellt werden, dass das Fleisch unbedenklich für den Menschen ist. Pferdebesitzer müssen im Pass eintragen, ob sie mit der Schlachtung einverstanden sind.** Die Deutsche Reiterliche Vereinigung, einer der größten deutschen Sportverbände, rät ihnen ausdrücklich dazu – schließlich kann man die Erlaubnis jederzeit zurückziehen. Und: Gerade alte und lahme Pferde finden als Fleischlieferanten ein sinnvolles Lebensende.

fleisch essen?

60 Kilogramm Fleisch pro Jahr, hauptsächlich Schwein, landet fast bei niemandem auf dem Teller. die Argumente dafür und dagegen

DAGEGEN

Pferde sind wie Familienmitglieder

Kaum jemand in Deutschland isst Pferdefleisch. Allein im vergangenen Jahr wurden hierzulande 57,9 Millionen Schweine und 3,5 Millionen Rinder geschlachtet – aber nur 7000 Pferde. **Gerade einmal rund 50 Metzger töten sie selbst, durchschnittlich drei pro Bundesland.** Früher haben die Menschen mehr Pferdefleisch gegessen, auch in Deutschland. Doch dazu muss man wissen: Viele hatten gar keine andere Wahl.

In Not- und Krisenzeiten gab es kaum anderes Fleisch. Im Zweiten Weltkrieg litten Soldaten so großen Hunger, dass sie verendete Pferde zerlegten. Auch in den folgenden Elendsjahren gab es bei vielen Familien Pferdesuppe. Kein Wunder, dass einige alte Menschen den Geschmack heute mit schlimmen Erinnerungen verbinden und Pferdefleisch weitgehend vom Speiseplan gestrichen wurde.

Der entscheidende Grund, warum die meisten Deutschen keine Pferde essen, ist aber: Unser Verhältnis zu ihnen hat sich verändert. Sie sind längst keine reinen Arbeitstiere mehr, die Lasten tragen oder von Bauern vor den Pflug gespannt werden. **Stattdessen sind sie Sportkameraden, Gefährten, oft Familienmitglieder. Wir geben ihnen Namen, streicheln, füttern, pflegen und verwöhnen sie.** Für viele Menschen ist es darum undenkbar, Pferdefleisch zu probieren. Und die Mehrheit der Pferdebesitzer weigert sich, ihre Tiere zur Schlachtung freizugeben. Übrigens: Die USA sind eines der wenigen Länder, in denen die Bewohner ähnlich denken. In manchen Bundesstaaten ist es dort sogar gesetzlich verboten, Pferdefleisch als Lebensmittel zu verkaufen.

GEOlino extra Fotos: shutterstock; Illustrationen: Kim Krome/GEOlino extra unter Verwendung von shutterstock

Große Abenteuer in jedem Heft.

Jetzt ein Jahr GEOlino extra selbst lesen oder verschenken und eine tolle Prämie auswählen!

Coole Vorteile:

6 Ausgaben
selbst lesen oder verschenken

Coole Prämie
zur Wahl dazu

Kostenlose Lieferung –
das Porto zahlen wir

Jederzeit kündbar
nach Ablauf des 1. Jahres

Unser Thema in der nächsten Ausgabe

März 2019: „Zuhause in Deutschland"

Sattel-Fest

Mit Francisco auf einer mexikanischen »Charreada«

Lasso schwingen, Kälber fangen, Bullen reiten: Der elfjährige Francisco aus San Antonio im US-Bundesstaat Texas will einmal ein großer »Charro« werden, ein mexikanischer ***Cowboy****. Schon jetzt verpasst er so gut wie keine einzige »Charreada«. So heißen die traditionellen, feierlichen Reiterwettkämpfe seiner Vorfahren*

Text: ***Dela Kienle***
Fotos: ***Julia Robinson***

Francisco führt mit **Guera Chabela** ein paar Tricks vor. Die 26-jährige Stute ist ein alter Hase: Schon Franciscos Großvater trainierte sie

Bei »Charreadas«, mexikanischen Rodeo-Turnieren, geht es richtig rund: Die **Reiter** müssen unter anderem wilde Pferde mit dem Lasso einfangen

Pferde wiehern. Lautsprecher dröhnen. Guera Chabela tänzelt erwartungsvoll hin und her. Die kleine Schimmelstute weiß genau, dass gleich die „Charreada" beginnt: ein traditioneller Reitwettstreit, eine Art mexikanisches Rodeo. Auf dem Rücken von Guera Chabela sitzt Francisco. Mit seinem Sombrero und dem roten Seidenhalstuch sieht er schon aus wie ein waschechter „Charro", ein mexikanischer Cowboy. Doch es gibt noch so viel, was der Elfjährige lernen will! Deshalb nutzt Francisco jede Gelegenheit zum Üben, auch jetzt vor der Arena in Katy, einer Stadt im US-Bundesstaat Texas. Und die gutmütige Guera Chabela macht mit. Auf Kommando springt sie – hopp! – mit den Vorderhufen in die Luft und balanciert gekonnt auf den Hinterbeinen. Als die Stute wieder auf allen vieren steht, reitet Francisco zurück zur Arena. Sein Vater braucht seine Unterstützung! ▸

Turnier mit Tradition: Francisco schlüpft in lederne **Beinkleider** (links), die etwa vor den Hörnern der Bullen schützen sollen. Auch der **Sattel** ist typisch (unten): Er hat ein besonders dickes Horn, um das sich das Lasso schlingen lässt

GEOlino extra Fotos: Julia Robinson für GEOlino extra

Ein großes Vorbild

Charreadas stammen aus Mexiko, sind dort Nationalsport. Die Wettbewerbe erinnern an den Alltag der Viehhirten, die im 19. Jahrhundert überall im Land auf Haziendas lebten, auf Landgütern. Während der Turniere müssen die Reiter etwa Kälber, Bullen oder Pferde zusammentreiben und einfangen. Auch in den USA gibt es immer mehr Charreada-Anhänger, gerade in Texas. Dort, in der Stadt San Antonio, lebt Francisco mit seiner Familie.

Schon sein Großvater war ein leidenschaftlicher Charro. Er ist aus Mexiko in die USA eingewandert und hat das Reiten an seine Söhne und Enkel weitergegeben. Schon als Dreijähriger übte Francisco mit dem Lasso. Heute hat er einen großen Traum: Er will so gut werden wie sein Vater. Der ist einer der besten Charros des Landes und hat sechsmal die nationale Meisterschaft der USA gewonnen!

Gerade reitet sein Team in die Arena ein, zu einem schmissigen mexikanischen Marsch. Fast jedes Wochenende fährt Franciscos Familie zu einer Charreada – und doch freut sich der Junge noch immer auf den feierlichen Auftakt. Auch Guera Chabela spitzt die Ohren. Es geht los!

STECKBRIEF:
Vereinigte Staaten von Amerika (USA)

Hauptstadt: Washington, D. C.
Fläche: 9 833 517 Quadratkilometer, mehr als 27-mal so groß wie Deutschland
Einwohner: 323 Millionen
Davon Kinder: 61 Millionen

Härtetest für Ross und Reiter

Jede Charreada besteht aus neun verschiedenen Prüfungen, den sogenannten Suertes. Bei der ersten zeigen die Charros, wie gut sie ihr Pferd beherrschen, ähnlich wie bei Dressur-Wettkämpfen. Doch die Männer reiten auch auf wilden Stieren, fangen Tiere mit dem Lasso ein oder müssen vom Pferd aus blitzschnell einen Bullen zu Boden bringen. ▸

Beim **Lassowerfen** hat Francisco den Dreh schon raus! Später will er zu den 3000 Charros gehören, die es in Texas gibt

Zaungast: Francisco schaut den Erwachsenen aus sicherer **Entfernung** beim Bullenreiten zu, seiner Lieblingsdisziplin

GEOlino extra Fotos: Julia Robinson für GEOlino extra; Stefanie Peters (Karte); Shutterstock (Flagge)

Tragende Rolle: Während des Turniers helfen die Jungs, die Lassos der **Charros** wieder aufzuwickeln

Bei dieser Prüfung müssen sich die Reiter so lange wie möglich auf dem **Bullen** halten – und eine gute Figur machen

Zwischen den Prüfungen reitet Francisco durch die **Arena**, die sogenannte Lienzo

Diese **Gürtelschnalle** hat Francisco bei einem Jugendturnier gewonnen – für einen perfekt ausgeführten »Paso de la Muerte«: den sogenannten Todespass ...

... bei dem der Charro neben einem wilden Pferd her prescht und versucht, auf dessen **Rücken** zu springen

Ehrensache: Sein Vater ist Franciscos größtes **Vorbild**. Fast jedes Wochenende reist er mit ihm zu einer Charreada. Dort gibt es meist kein Geld zu gewinnen, aber Ruhm und Ehre

Bewertet wird vor allem die Anmut und Gewandtheit des Reiters.

Nachdem Francisco eine Weile zugesehen hat, darf er endlich mithelfen. Sein Vater tritt bei einem Wettbewerb namens „Manganas a caballo“ an. Er schwingt vom Sattel aus sein Lasso hoch über dem Kopf, dann links und rechts an seiner Seite. Plötzlich geht alles blitzschnell: Ein anderes Pferd galoppiert an ihm vorbei, ohne Reiter, ohne Zaumzeug. Geschickt wirft der Vater die Lassoschlinge um dessen Vorderbeine. Das Pferd bleibt stehen, scheint ein bisschen verdattert. Da nehmen ihm Helfer das Lasso schon wieder ab, und Francisco hilft, es aufzuwickeln.

Bereit zum »Todespass«

Alle paar Wochen tritt der Junge selbst in einer Charreada an, auch für Kinder gibt es Wettbewerbe. Sie machen dieselben neun Prüfungen wie die Erwachsenen – nur mit ruhigeren Tieren, damit es nicht allzu gefährlich ist.

Jeden Tag nach der Schule geht Francisco zu den Pferden seiner Familie, 25 Tiere besitzen sie. Am allerliebsten sattelt Francisco sein eigenes Pferd, den 28-jährigen Lucero. Der bleibt stets ruhig. Und er hat Francisco eine wichtige Lektion gelehrt: Ein guter Charro kann sein Pferd zu nichts zwingen. Nur im Team können die beiden bestehen!

Mit seinem Lucero hat Francisco sogar bereits einen Preis gewonnen: für den „Paso de la Muerte“, den „Todespass“. Das ist der krönende Abschluss einer jeden Charreada, aber auch ein bisschen beängstigend. Gerade versucht einer der erwachsenen Charros in der Arena sein Glück: Er prescht in vollem Galopp neben einem ungezähmten, ungesattelten Pferd her, soll hinüber auf dessen Rücken springen. Wird er es schaffen? Francisco hält den Atem an. Tatsächlich! Der Charro springt, das Pferd buckelt. Doch der Charro hält sich an dessen Mähne fest. Kein schlechter Sprung, findet Francisco. Er selbst wird weiterüben – gemeinsam mit Lucero und Guera Chabela, seinen vierbeinigen Kameraden. ■

TOOTS WEG IN DIE

Gruppenfoto: Heute leben rund 230 **Przewalski-Pferde** frei im Schutzgebiet Gobi B in der Mongolei. Tierschützer der Takhi Group haben sie dort angesiedelt und setzen sich dafür ein, dass das Gebiet erweitert wird

Takhin-Tal, Wüste Gobi, Juni 1998: Mit Toot stimmt etwas nicht. Die junge Stute liegt seit Stunden nahezu regungslos in dem Gehege, das die Wildhüter für sie und die vier weiteren Neulinge vorbereitet haben. Sie frisst nicht, sucht kaum Kontakt zu den anderen Pferden. Sie ergreift nicht einmal die Flucht, als sich Tierärztin Ruth Baumgartner nähert. Ein schlechtes Zeichen, denn: Przewalski-Pferde wie Toot halten meist Abstand zu Menschen. Die Vierbeiner lassen sich in der Regel nicht anfassen und schon gar nicht reiten. Dazu steckt zu viel Wildpferd in ihnen.

Die Ärztin streckt der jungen Stute mit dem sandfarbenen Fell und der dunklen Stehmähne eine Handvoll Heu entgegen. Die zwei kennen sich. Toot und ihre vier Artgenossen haben mehrere Wochen lang in einem Wildpark bei Zürich in der Schweiz gelebt, wo Ruth Baumgartner als Tierärztin arbeitet. Die Pferde, die in unterschiedlichen Tierparks aufgewachsen sind, sollten sich dort kennenlernen, bevor es für sie auf die Reise in den Südwesten der Mongolei ging. Hier, im Gobi-B-Biosphärenreservat – einem Schutzgebiet, das zehnmal so groß wie Berlin ist –, wartet das größte Abenteuer ihres Lebens: Die Przewalski-Pferde gehören zu den ersten, die ausgewildert werden und frei durch die mongolische Steppe ziehen sollen, so wie einst ihre Vorfahren.

FREIHEIT

Seit mehr als 20 Jahren läuft in einem Schutzgebiet in der Mongolei ein außergewöhnliches Projekt: Artenschützer wildern dort regelmäßig junge Przewalski-Pferde aus. Die Zoopferde sind direkte Nachkommen asiatischer Wildpferde. Der Schritt in die Freiheit ist für die Tiere dennoch kein leichter

Text: *Sina Löschke*

Was ist los mit Toot? Nach ihrer Ankunft in der Mongolei päppelt **Tierärztin** Ruth Baumgartner (rechts im Bild) die geschwächte Stute auf

Przewalski-Pferde galten bis vor Kurzem als letzte Urwildpferde der Welt. Ob das stimmt, darüber streiten Wissenschaftler heute. Untersuchungen alter Pferdeknochen weisen nämlich darauf hin, dass sie ebenfalls von verwilderten Haustieren abstammen könnten – so wie Mustangs und alle anderen frei lebenden Pferde (mehr dazu ab Seite 46). Einig sind sich die Biologen aber darin, dass die Steppen in Zentralasien einst die Heimat der „Takhi" waren. Diesen Namen haben die Mongolen den Przewalski-Pferden gegeben. Er heißt übersetzt so viel wie „heilig".

Dabei haben die Menschen die Pferde früher nicht wie Heilige behandelt. Im Gegenteil! Sie jagten die Tiere wegen ihres Fleisches. Oder töteten Stuten, um ihre Fohlen an Zoos zu verkaufen. Das ging so weit, dass wild lebende Takhis vor rund 50 Jahren für ausgestorben erklärt wurden. Übrig blieben nur ihre Nachkommen in einigen Zoos und Wildparks in Europa und Asien. Mit diesen Tieren starteten Ruth Baumgartner und ihre Mitstreiter der Internationalen Takhi-Gruppe im Jahr 1992 ein Auswilderungsprogramm. Ihr Ziel: so viele Przewalski-Pferde in der mongolischen Steppe am Rand der Wüste Gobi anzusiedeln, dass sich der Bestand eines Tages von selbst erneuern kann.

Doch Zoopferde können nur ausgewildert werden, wenn sie gesund und fit sind. „Die Wüste Gobi ist ein extremer Lebensraum, in dem nicht einmal Bäume ▸

GEOlino extra Fotos: NPL/imago (o.); International Takhi Group (r. m.; r. m. r.)

Alle an Bord? Zu Beginn des Auswilderungsprojekts wurden bis zu 14 Pferde auf einmal in **Kisten** verladen und in die Mongolei geflogen. Heute sind es jährlich vier

Klappe auf: Bei einem **Zwischenstopp** auf dem Flughafen von Ulan Bator, der Hauptstadt der Mongolei, werden die Pferde mit Heu versorgt

Endlich! Im **Eingewöhnungsgehege** öffnen Helfer die Transportkisten, und die Pferde erkunden zum ersten Mal ihr neues Zuhause

wachsen. Im Sommer ist es bis zu 45 Grad Celsius heiß, staubig und trocken. Im Winter wird es bis zu minus 40 Grad Celsius kalt. Der erste Schnee fällt im Oktober", sagt Ruth Baumgartner. Die Tiere benötigen viel Kraft, um das ganze Jahr hindurch nach Futter und Wasser zu suchen. Daher hat die Tierärztin Toot und die anderen Takhis vor ihrer Abreise durchgecheckt: Herz, Blut, Kot – nichts hat darauf hingedeutet, dass Toot krank sein könnte.

Ruth Baumgartner denkt noch einmal zurück an die 52 Stunden lange Reise von Zürich in die Mongolei. Nicht einen Moment lang haben sie und ihre Kollegen die Pferde aus den Augen gelassen. Jedes ist in einer Transportkiste gereist, an deren Vorderseite man eine Luke öffnen kann, um das Tier mit Futter und Wasser zu versorgen. Auch wenn die Pferde bei jeder Zwischenlandung wieherten, die Flüge haben sie gut überstanden. Selbst beim Verladen der Kisten auf den Lastwagen, der sie vom Landeplatz in das nahe gelegene Eingewöhnungsgehege brachte, gab es keine Probleme.

Als Wildhüter dort die Kisten öffneten, preschten die Pferde heraus und ließen ihre Nasen neugierig über den unbekannten Boden gleiten. Die Wildhüter klatschten: Sie glaubten, dass die Pferde vor Freude über die Rückkehr in die Heimat ihrer Vorfahren die Erde küssen. Toots Entdeckerdrang aber hielt nicht

STECKBRIEF:

PRZEWALSKI-PFERDE

Allgemein: Przewalski-Pferde, wissenschaftlich *Equus ferus przewalskii*, zogen einst durch die eurasische Steppe. Mitte des 20. Jahrhunderts waren sie in freier Wildbahn ausgerottet. Dank Zucht- und Auswilderungsprogrammen gibt es heute wieder rund 2000 von ihnen, die meisten leben in der mongolischen Wüste Gobi (rote Markierung in der Karte).

Größe und Gewicht: Mit einem Stockmaß von 120 bis 145 Zentimetern und 300 Kilogramm Körpergewicht gehören Przewalski-Pferde zu den kleineren Pferden.

Nahrung: Auf der Suche nach Gräsern und anderen Pflanzen legen die Pferde oft weite Strecken zurück. Dabei halten sie sich meist in der Nähe von Wasserstellen auf. Praktisch: Im Winter „trinken" sie Schnee.

Nachwuchs: Nach 50 Wochen Tragzeit bringen Stuten meist ein Fohlen zur Welt. In freier Wildbahn findet die Geburt zwischen April und Juli statt.

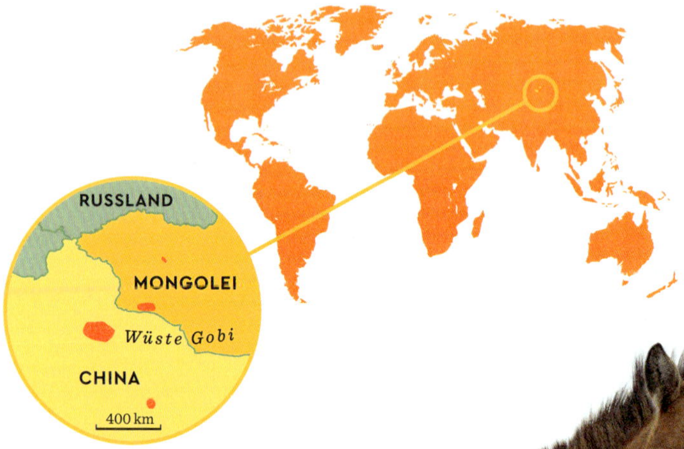

Die Pferdeherde wächst, trotz der extremen Lebensbedingungen in der Steppe. Allein der besonders strenge Winter in den Jahren 2009 und 2010 kostete mehr als die Hälfte der Tiere das Leben

Auch nach der Auswilderung haben Artenschützer die Pferde genau im Blick und beobachten, ob es ihnen gut geht

lange an. Von der Reise erschöpft, sank die Stute zu Boden. Ruth Baumgartner bleibt nichts anderes übrig, als das junge Pferd ein paar Tage lang mit der Hand zu füttern. Die Mühe aber lohnt sich: Toot kommt wieder zu Kräften und wird im Juni 2000 zusammen mit sechs anderen Stuten und einem Hengst im Gobi-B-Schutzgebiet freigelassen.

Schon wenige Jahre später führt sie die wildeste Herde im Takhin-Tal an, bringt außerdem vier Fohlen zur Welt. Diese ziehen noch heute mit ihrem Nachwuchs frei durch die mongolische Steppe – zusammen mit den mehr als 230 weiteren Takhis in der Gobi B. Die Tiere verteilen sich auf 19 Harem- und Hengst-Gruppen. Ein Harem besteht aus einer Leitstute, einem Leithengst sowie mehreren Fohlen und Jungstuten. Die Leitstute bestimmt, wohin der Harem zieht. Der Leithengst beschützt ihn vor Wölfen und fremden Hengsten. „In den ersten Jahren haben sich die Herden noch in der Nähe des Eingewöhnungsgeheges aufgehalten. Inzwischen aber ziehen sie weit in die Steppe. Die Takhis wissen, wo die nahrhaften Süßgräser wachsen und wo die Wasserstellen liegen. Und sie ergreifen früh die Flucht, wenn sich Menschen nähern", sagt Ruth Baumgartner. „Sie verhalten sich also wie richtige Wildtiere, und das ist ein toller Erfolg." ■

GEOlino extra Fotos: International Takhi Group (l., 3; r. m. l.); NPL/imago (r.); Stefanie Peters (Karte)

WILDE PFERDE WELTWEIT

Frei umherziehende Herden gibt es nur noch in wenigen Regionen der Welt. Einige von ihnen entstanden aus entlaufenen Haustieren, andere wiederum hat der Mensch bewusst in Naturschutzgebieten ausgewildert. Die bekanntesten Rassen stellen wir euch hier vor

NAMIBS

Aussehen: Namibische Wüstenpferde sind vermutlich die Nachkommen von Armeepferden, die im Ersten Weltkrieg entlaufen sind. Die meisten Namibs haben braunes Fell und eine dunkle Mähne und sind mittelgroß.

Lebensraum: Die Wildpferde leben am Rand der Namibwüste nahe der verlassenen Ortschaft Garub im Südwesten Namibias. Zeitweise streiften dort rund 300 Tiere umher. Berichten zufolge hat seit dem Jahr 2013 jedoch kein Fohlen mehr überlebt, die Zahl der Namibs hat stark abgenommen. Gründe dafür sind lang anhaltende Trockenheit sowie Angriffe durch Hyänen.

Besonderheiten: Tierschützer der Namibia Wild Horses Foundation suchen derzeit nach neuem Weideland für die verbliebenen Pferde. Außerdem füttern sie übergangsweise die Hyänen, um zu verhindern, dass diese die Namibs angreifen.

KONIKS

Aussehen: Diese Pferde tragen einen passenden Namen: *Konik* ist Polnisch und heißt übersetzt „Pferdchen". Tatsächlich erreichen die meist grauen Ponys nur ein Stockmaß von 130 bis 140 Zentimetern.

Lebensraum: Koniks streifen durch verschiedene Schutzgebiete in Europa. Es gibt sie zum Beispiel im polnischen Białowieża-Nationalpark sowie im Feuchtgebiet Oostvaardersplassen in den Niederlanden.

Besonderheiten: Koniks bringt so schnell nichts aus der Ruhe! Sie haben keine Scheu vor Menschen, selbst wenn sie halbwild aufgewachsen sind und nur wenig Kontakt zu ihnen hatten. Auch vor anderen Pferden fürchten sie sich nicht – sogar wenn diese größer und stärker sind.

CAMARGUE-PFERDE

Aussehen: Camargue-Pferde sind Schimmel mit einem kräftigen Körperbau, langer Mähne und einem Stockmaß von 135 bis 150 Zentimetern. Die Fohlen werden mit braunem oder schwarzem Fell geboren. Werden sie älter, hellt sich das Fell auf. Nach spätestens zehn Jahren sind die Tiere völlig weiß.

Lebensraum: Die kleinen Schimmel ziehen das ganze Jahr über in halbwilden Herden durch die Sumpf- und Seenlandschaft der Camargue, einer Region an der französischen Mittelmeerküste.

Besonderheiten: Camargue-Pferde werden seit jeher als Reittiere für die Viehhirten der Region gezüchtet. In der Regel zähmen die Hirten jedoch nur die jungen Hengste. Die Stuten dürfen als Muttertiere weiter in Freiheit leben.

EXMOOR-PONYS

Aussehen: Kurze Beine, dicker Bauch – Exmoor-Ponys sind vielleicht nicht die schönsten Pferde, dafür aber extrem robust. Dass sie mit Wildpferden verwandt sind, zeigt sich unter anderem durch den dunklen Aalstrich auf dem Rücken und das helle Mehlmaul. Sie werden in der Regel kaum größer als 125 Zentimeter.

Lebensraum: Die Ponys leben heutzutage unter anderem noch frei in einem Hochmoor im Südwesten Englands: im gleichnamigen Exmoor-Nationalpark, wo es derzeit 13 Herden gibt. Zwei davon gehören der Nationalpark-Verwaltung, die restlichen elf Privatzüchtern.

Besonderheiten: Exmoor-Ponys sind perfekt an das Leben im Hochmoor angepasst und werden selten krank. Ihr Winterfell besteht aus zwei Schichten, ist wind- und regendicht. Wülste über den Augen leiten Regenwasser ab. Mit ihren großen Zähnen können sie selbst harte Pflanzenteile zermalmen.

DÜLMENER PFERDE

Aussehen: Dülmener Pferde sind Ponys mit meist braunem oder grauem Fell, einer langen, dunklen Mähne und einem wildpferdtypischen Aalstrich. Sie erreichen ein Stockmaß von 125 bis 135 Zentimetern. Manche tragen „Zebrastreifen" an den Beinen.

Lebensraum: Diese Rasse ist in einem etwa 350 Hektar großen Naturschutzgebiet im Merfelder Bruch zu Hause. Dort, im deutschen Münsterland, leben 300 bis 400 Ponys in Familienverbänden nahezu ungestört. Nur in strengen Wintern wird ihnen etwas Heu zugefüttert.

Besonderheiten: Das Dülmener Pferd zählt zu den ältesten Pferderassen Deutschlands. Am letzten Samstag im Mai werden alle geschlechtsreifen Hengstfohlen eingefangen und versteigert. Nur ein einziger Deckhengst darf bei den Stutenverbänden im Reservat bleiben.

MUSTANGS

Aussehen: Mustangs gibt es in allen Farben und Zeichnungen. Je nach Herkunftsregion haben sie ein Stockmaß von 135 bis 150 Zentimetern. Typisch sind ein starker Nacken und harte, runde Hufe.

Lebensraum: In den USA gibt es derzeit rund 67 000 wilde Mustangs. Sie ziehen durch zehn US-Bundesstaaten, vor allem durch Nevada. Dort sind mehr als die Hälfte der Pferde zu Hause.

Besonderheiten: Die frei lebenden Herden werden vom US-Innenministerium überwacht. Steigt die Zahl der Pferde zu sehr an, lässt die Behörde landesweit Tiere einfangen und bietet sie zum Verkauf an. Es gibt jedoch deutlich mehr Mustangs als Menschen, die sie kaufen wollen.

GEOlino extra Fotos: M. Watsen/Picture Press/ddp (l. o.); shutterstock (l. m.; l. u.; r. m.); Jörg Hemmer/ddp (r. o.); Getty Images (r. u.)

DAS IST IHR JOB

Pferde satteln, den ganzen Tag mit den Tieren verbringen, am Strand entlangreiten: Viele Berufe klingen unglaublich spannend. Sind sie es wirklich? Wir machen den Check

Protokolle: ***Robin Williamson***

Sie sattelt die Pferde: Lena Knippenberg passt **Sättel** so an, dass sie für Reiter und Ross bequem sind

GEOlino extra Fotos: Melanka Helms/GEOlino extra; shutterstock (Hintergrund und Beiwerk)

Mit verschiedenen Werkzeugen trennt die Sattlerin Nähte auf und entfernt etwas **Watte** aus dem Sattel. Dann klopft sie mit einer Art Stempel die verbliebene Polsterung zurecht

Sitzt, passt, wackelt und hat Luft: Lena Knippenberg kontrolliert noch einmal, ob sich der Sattel nun gut an den **Rücken** des Pferdes schmiegt …

… bevor sie die aufgetrennte Stelle wieder zunäht. Weil das **Leder** so fest ist, geht das nur mit einer sehr dicken Nadel

LENA KNIPPENBERG, 36:
SATTLER-MEISTERIN

Arbeitsort: das eigene Reitsportgeschäft im niedersächsischen Mellinghausen; in Reitvereinen und bei Züchtern in der Nähe

So sieht mein Alltag aus: Ich selbst stelle keine Sättel her, sondern passe sie an Pferde an. Denn jedes Pferd ist anders und braucht einen Sattel, der perfekt auf seinen Rücken passt. Dafür reicht es nicht, einfach ein paar Riemen zu verstellen – meistens muss ich mit der Nähnadel ran. Zum Beispiel trenne ich das Sattelkissen ab und passe die Polsterung an, damit es besser auf dem Pferderücken sitzt. Außerdem repariere ich alte Sättel. Viele Kunden kommen zu uns ins Geschäft, manchmal fahre ich aber auch zu den Reiterhöfen und arbeite dort.

Ich bin Sattler-Meisterin geworden, weil … ich ein Praktikum beim Sattler gemacht habe, das mir sehr gut gefiel. Außerdem reite ich, seitdem ich klein war, und habe Pferde schon immer gern gehabt.

Das mag ich besonders an meinem Job: Das Vorher-nachher-Erlebnis: Nachdem ich einen Sattel gut angepasst habe, läuft das Pferd geschmeidiger und freier. Davon haben sowohl das Pferd als auch der Reiter etwas.

Während meiner Ausbildung habe ich gelernt … wie ich sicher mit der Hand nähen kann. Mit der Nadel Leder zu durchstechen ist nämlich echt mühsam! Im Alltag muss ich das aber oft, als Sattler macht man nicht alles mit der Nähmaschine.

Mein Tipp: Ganz wichtig ist, dass man selbst reiten kann. Natürlich können auch Nichtreiter Sattler werden, aber für sie ist es schwieriger zu sehen, ob das Pferd gut mit seinem Sattel geht.

Verdienst: 1200 bis 3500 € im Monat

Actionfaktor: 2 von 5

Ist was für … Einzelgänger, Sportler, Kreative

Wasser-Marsch: Drei Stunden lang reitet der Fischer am Ufer entlang und zieht dabei **Netze** an einem Geschirr hinter sich her

GUNTHER VANBLEU, 44:

PFERDEFISCHER

Arbeitsort: Oostduinkerke an der belgischen Küste

So sieht mein Alltag aus: Hauptberuflich bin ich Schreiner, Fischen mit dem Pferd ist für mich ein Hobby. Damit ist viel Aufwand verbunden: Wir reiten rund eine Stunde lang zur Küste. Dort lenke ich das Pferd durch das seichte Wasser. An einem Geschirr ist ein Netz befestigt, welches das Pferd hinter sich her schleppt. Darin fangen wir die Krabben. Nach drei Stunden geht es dann wieder nach Hause. Während sich das Pferd ausruht, putze und koche ich die Krabben. Die verkaufe ich auf dem Markt, mit dem verdienten Geld kaufe ich Futter für mein Pferd.

Ich bin Pferdefischer geworden, weil ... ich schon als Kind gern Krabben gefischt habe, damals aber noch zu Fuß. Auch Pferde mag ich sehr, und als sich meine Familie eines angeschafft hat, war für mich klar: Ich werde Pferdefischer.

Das mag ich besonders an meinem Job: Alles! Die Ruhe, die Natur und die Arbeit mit dem Pferd.

Manchmal nervt mich: Gar nichts. Ich entspanne dabei und komme zur Ruhe, immer.

Während meiner Ausbildung habe ich gelernt ... Ich hatte keine Ausbildung zum Pferdefischer. Bei uns in der Region ist das Krabbenfischen zu Pferd eine jahrhundertealte Tradition, die die Menschen gern pflegen.

Mein Tipp: Immer ruhig und entspannt mit dem Pferd umgehen! Das Tier spürt, wenn ihr nervös seid, und wird dadurch unsicher.

Verdienst: 0 €

Actionfaktor: ★☆☆☆☆

Ist was für ... Einzelgänger, Sportler

Guter Fang: Die frisch gefischten **Krabben** sammeln Gunther Vanbleu und seine Kollegen in Körben, die seitlich am Sattel hängen

Die Kaltblüter der Krabbenfischer leben auf großem **Huf**. Gut so! Damit bleiben sie auch im weichen Schlick trittsicher

GEOlino extra Fotos: Yves Herman/Reuters (l.); Christoph Edelhoff für GEOlino extra (r.); shutterstock (Hintergrund und Beiwerk)

Karin Jacobsen hat alle im **Griff** – egal ob Ponys oder Schüler. Seit rund 40 Jahren arbeitet sie als Reitlehrerin

KARIN JACOBSEN, 61:

REITLEHRERIN

Arbeitsort: verschiedene Reiterhöfe, meist zwischen Flensburg und Kappeln

So sieht mein Alltag aus: Als mobile Reitlehrerin fahre ich jeden Tag von Stall zu Stall und unterrichte dort meine Schüler. Darunter sind einige Kinder, die meisten sind aber schon erwachsen. Einzelunterricht dauert 30 Minuten, bei Gruppen ist es eine Stunde. In der Zeit bringe ich meinen Schülern zum Beispiel bei, wie sie mit ihrem Pferd über Hürden springen und es sicher kontrollieren können.

Ich bin Reitlehrerin geworden, weil ... ich schon als Kind pferdeverrückt war. Ich wollte unbedingt mit Pferden arbeiten, aber meine Eltern waren anfangs dagegen. Doch dann merkten sie, dass sie mich nicht von meinem Traum abbringen können, und haben mich unterstützt.

Das mag ich besonders an meinem Job: Dass ich viele interessante Menschen kennenlerne und in der Welt herumkomme – ich war beispielsweise schon in Island und den USA.

Manchmal nervt mich: Das Wetter. Zu viel Hitze oder Kälte finde ich anstrengend. Gefährlich wird es, wenn Pferd und Reiter nicht zueinanderpassen: Schlimmstenfalls wirft das Pferd seinen Reiter ab und verletzt ihn.

Während meiner Ausbildung habe ich gelernt ... mich um die Pferde zu kümmern, auch wenn ich gerade keine Lust dazu habe! In meiner Lehre zur „Pferdewirtschaftsmeisterin" – das ist der offizielle Titel meines Berufs – musste ich die Tiere regelmäßig füttern, versorgen und trainieren. Diese Verantwortung war manchmal echt anstrengend.

Mein Tipp: Macht ein ausgiebiges Praktikum, mindestens drei Monate, am besten auf einem Reiterhof, der auch Berufsreiter ausbildet. Dann merkt ihr, ob ihr das körperlich hinbekommt – das ist nämlich ein echter Knochenjob! Als Reitlehrer verbringt ihr viel Zeit im Sattel, das erfordert Kraft und Ausdauer.

Verdienst: 2600 bis 7500 € im Monat

Actionfaktor: 3 von 5

Ist was für ... Teamworker, Sportler

Eine Frage der Haltung: Während der **Übungsstunde** zeigt Karin Jacobsen ihrer Schülerin, welche Position sie beim Springreiten einnehmen muss

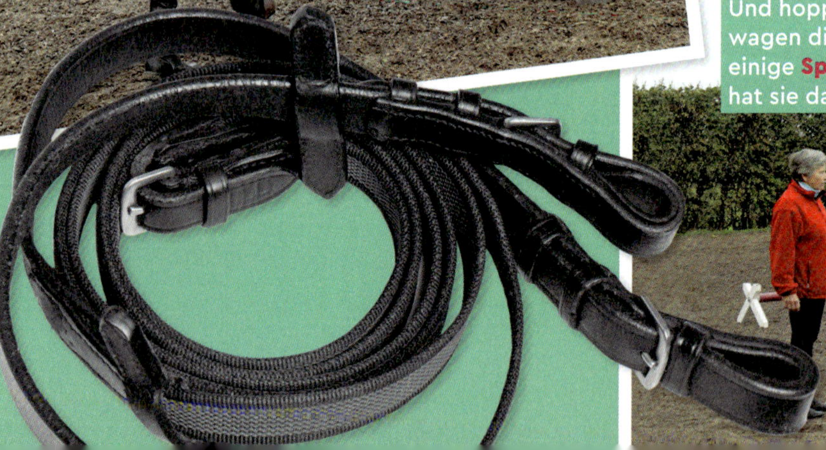

Und hopp! Nach der Trockenübung wagen die Schülerin und ihr Pferd einige **Sprünge**. Karin Jacobsen hat sie dabei immer im Blick

Einhorn-EINMALEINS

Auf Brotdosen und in Badeseen, auf Shirts und Socken – Einhörner waren in den vergangenen Monaten einfach überall. Warum liegen die Fabelwesen so im **Trend**? Und wird er irgendwann enden? Wir liefern euch die Antworten

Text: **Verena Linde**

Wann entstand der Einhornmythos?

Neu ist nur der Trend. Die Legenden, die sich um die Fabeltiere ranken, sind hingegen ziemlich alt. Schon der griechische Philosoph Aristoteles erwähnte Tiere, die wie Einhörner aussehen, vor mehr als 2000 Jahren. Außerdem tauchen die Wesen in der Bibel auf. Zu dieser Zeit verbreiten sich viele Mythen über das Einhorn: Sein Horn helfe gegen Schlangenbisse, sein Blut mache angeblich unsterblich. Um es zu fangen, müsse man eine Jungfrau vorschicken, nur ihr würde sich das scheue Wesen nähern. Verschiedenste Reisende behaupten sogar, das Tier tatsächlich gesehen zu haben, etwa der berühmte Entdecker Marco Polo, der im 14. Jahrhundert über die Weltmeere schippert. Vielleicht ist das nicht einmal gelogen: Angeblich entdeckt er das Fabeltier auf der indonesischen Insel Sumatra. Und dort leben – Nashörner! Die sind zwar eher grau und plump, haben aber eben auch ein großes Horn am Kopf.

Was sind die schrägsten Auswüchse des Einhorntrends?

Ob Shampoos oder Luftmatratzen, Kalender, Pyjamas oder Müslis – mit Einhörnern lässt sich inzwischen einfach alles verkaufen! Die regenbogenbunten Pferde prangen sogar auf Klopapier, das noch dazu nach Zuckerwatte duftet! Doch nicht für alle Fabeltiere nimmt es ein so süßes Ende: Einige landen tatsächlich auf dem Grill – als quietschrosafarbene Einhornbratwurst.

Seinen Durchbruch hatte der Trend bereits Ende 2016. Zum 1. November, dem Welt-Einhorn-Tag, brachte der Hersteller der Süßwaren-Marke Ritter-Sport 75 000 Tafeln Einhorn-Schokolade auf den Markt. Innerhalb von 24 Stunden waren alle ausverkauft. Als „Glittersport“ nachlegte, brach der Online-Shop ganz zusammen. Aber wie kann ein Einhorn die Menschen derart begeistern? Trendforscher sind sich einig: Die Mischung macht's. Das Wesen ist geheimnisvoll, lieb, glamourös und ziemlich kitschig. Danach scheinen sich die Menschen gerade zu sehnen. Angeheizt wird der Trend dadurch, dass einige Hersteller ihre Einhorn-Produkte nur in begrenzter Zahl anbieten – wie eben Ritter-Sport.

Bekommt das Einhorn Konkurrenz?

Allerdings! Denn kein Trend währt ewig, sonst wäre es ja keiner. Experten vermuten: Lamas sind die neuen Einhörner! Was sie als Figur so besonders macht? Ihre Mir-doch-egal-Haltung. Und das Einhorn? Selbst wenn es aus den Supermarktregalen verschwindet, bleibt ihm immer noch ein Platz in der Fantasy-Literatur sicher. ■

Lang lebe das Einhorn! So bastelt ihr euch eine fabelhafte Piñata

GEOlino extra Illustration: shutterstock

GEOlino WERKSTATT

Einhorn-Piñata

*Wie heißt es so schön? Auf die inneren Werte kommt es an! Das gilt auch für Piñatas: Sie sind voll mit **Bonbons**, Lutschern und Schokolade. Diese hier besticht aber ebenso mit ihrem fabelhaften Aussehen – vom Regenbogenschweif bis zum Glitzerhorn*

IHR BRAUCHT:

Pappkarton • Bleistift • Schere • Kreppklebeband • doppelseitiges Klebeband • Glitzerpapier • Klebefilm • 3 weiße Rollen Krepppapier • buntes Krepppapier • Tacker • feste Schnur • Sicherheitsnadel • schwarze Pappe • Klebstoff

SO GEHT'S:

1 Zeichnet mit Bleistift auf der Pappe einen Pferdekörper vor. Unsere Figur ist etwa 40 cm hoch und 50 cm lang (ihr könnt sie beliebig größer oder kleiner machen). Schneidet die Form aus und nutzt sie als **Schablone** für die zweite Körperseite. Schneidet nun 12 cm breite Streifen quer zur Riffelung aus der Pappe aus, insgesamt sollten sie rund 180 cm lang sein. Rollt die Pappstreifen ein paarmal zusammen und wieder auf. Das macht sie biegsamer.

2 Befestigt die Pappstreifen mit Kreppklebeband erst an der einen, dann an der anderen Körperseite. Lasst am Nacken des Einhorns einen 5 cm breiten **Spalt** frei, sodass ihr später die Süßigkeiten einfüllen könnt. Stabilisiert alle Kanten noch einmal mit Kreppklebeband.

3 Klebt Streifen aus doppelseitigem Klebeband auf alle **Flächen** des Einhornkörpers.

4 Schneidet die weißen Krepppapierrollen in 4 bis 5 cm lange Stücke. Diese verseht ihr anschlie-

ßend mit **Fransen**, indem ihr sie bis zur Hälfte einschneidet – wie auf dem Foto. Schneidet nun das Glitzerpapier für das Horn zurecht. Das Stück sollte an zwei Seiten eine Länge von etwa 12 cm haben und an der dritten Seite abgerundet sein wie ein großes Tortenstück. Rollt dieses zu einem Kegel zusammen und fixiert das Ganze mit einem Streifen Klebefilm. Schneidet den Kegel an der Öffnung fransig ein und klappt die Fransen nach außen.

5 Zieht die Folie des doppelseitigen Klebebandes an der **Stirn** des Einhorns ab und befestigt das Horn.

6 Beginnt an den Beinen und zieht dort die Schutzfolie vom doppelseitigen Klebeband ab. Klebt nun die weißen, fransigen Krepppapierstreifen um die Beine herum. Die **Fransenreihen** sollten sich dabei überlappen, sodass der Karton nicht mehr zu sehen ist. Umwickelt so den ganzen Körper.

7 Befestigt nun die **Aufhängung** der Piñata: Knotet gut 150 cm der Schnur an die Sicherheitsnadel. Pikst mit der Schere am Kopf und am Rücken ein Loch in das Einhorn. Fädelt die Schnur mithilfe der Sicherheitsnadel durch die Löcher und knotet sie anschließen zusammen.

8 Für die Regenbogenmähne und den **Schweif** schneidet ihr von den bunten Krepppapierrollen jeweils rund 30 cm ab und tackert sie an einem Ende zusammen. Schneidet nun der Länge nach Fransen in die Stücke.

9 Befestigt die einzelnen Kreppbüschel mit doppelseitigem Klebeband am Kopf, sie sollten sich etwas überlappen. Klappt dann die ganze **Mähne** auf die andere Seite des Kopfes, sodass die Klebestellen verdeckt sind. Für den Schwanz legt ihr alle Kreppbüschel aufeinander, tackert sie zusammen, klebt sie am Hinterteil fest und klappt sie ebenfalls um.

10 Schneidet aus schwarzer Pappe zwei **Augen** aus und klebt sie am Kopf fest. Und jetzt … befüllt ihr die Piñata mit Süßigkeiten!

GEOlino extra Fotos: GEOlino extra; shutterstock (Hintergrund und Beiwerk)

Eingespieltes Team: Für Aufgaben wie diese braucht Milena **Fingerspitzengefühl** – und ihr flottes Pony Swidy

Mounted Games

Ein rasanter Ritt

Milena kann es nicht schnell genug gehen. Mit ihrem Pony Swidy reitet die Elfjährige deshalb bei Mounted-Games-Turnieren mit, einer wilden Mischung aus ***Staffelrennen*** *und Geschicklichkeitsspiel. Auf Mut und die Zusammenarbeit im Team kommt es dabei an – und natürlich auf Geschwindigkeit. Ganz nach dem Motto: Wer nicht galoppiert, verliert*

Text: **Simone Müller** Fotos: **Melanka Helms**

Wums! Kopfüber rutscht Milena aus dem Sattel, poltert mit der Schulter auf die knochentrockene Koppel. Wieder nichts! Zum vierten Mal hat sie nun schon versucht, den gelben Plastikring vom Boden aufzuheben, während sie im Bogen um ihn herumreitet. Doch gerade als sich Milena aus dem Sattel schiebt und hinunterbeugt, bleibt ihr Pony Swidy einfach stehen und wirft sie ab. Die Elfjährige klopft sich lachend den Staub aus den Leggins. Nichts passiert, das Training kann weitergehen!

Milena reitet seit sieben Jahren. Zweimal nahm sie bereits mit dem deutschen **U12-Team** an der Europameisterschaft teil

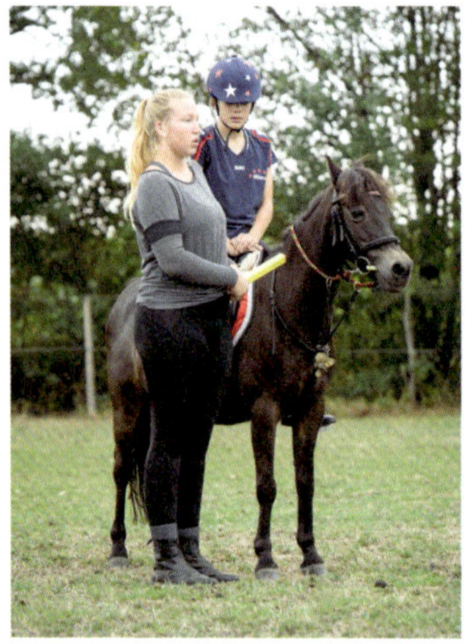

Ratgeber: Trainerin Lea (links) gibt Milena **Tipps** und erklärt, worauf es bei den einzelnen Spielen ankommt. Zum Üben brauchen die Reiter nicht viel: Als **Spielgeräte** dienen Eimer, Tonnen und Stangen (unten)

Zweimal pro Woche jagen Milena und ihre Mannschaftskolleginnen vom Allgemeinen Reit- und Fahrverein Ahrenlohe über den Platz im schleswig-holsteinischen Tornesch. „Mounted Games" nennt sich der rasante Reitsport, den sie trainieren. Er erinnert ein wenig an Ritterspiele, nur ohne Rüstungen und scharfe Schwerter.

Die Reiter mehrerer Teams hetzen dabei über gut 50 Meter lange Bahnen und erledigen verschiedene Aufgaben: Becher auf dünne Stangen stecken, vom Pferderücken hinunter- und wieder hinaufspringen, Luftballons zerstechen oder eben Ringe vom Boden aufheben – und zwar in vollem Galopp. Sobald ein Reiter im Ziel ist, übergibt er an den nächsten, wie beim Staffellauf. Es geht um Geschwindigkeit, Geschicklichkeit, das perfekte Timing, „und natürlich um den Spaß im Team", sagt Milena. „Deshalb finde ich Mounted Games so toll!" Als Nächstes steht für die Mannschaft ein Heimwettkampf an. Milena muss ▸

Hoopla Bei diesem Spiel geht's abwärts! Zunächst muss Milena einen **Plastikring** auf ein Verkehrshütchen stecken und anschließend einen neuen vom Boden aufheben – ohne von Swidy abzusteigen. Um sich beim Herunterbeugen festzuhalten, braucht Milena viel Kraft in den Armen, Körperspannung und einen guten Gleichgewichtssinn

Gleich geht's los! Milena legt Swidy die **Trense** an. Seit drei Jahren nimmt sie mit der 21-jährigen Stute an Mounted-Games-Turnieren teil

Rummelplatz: Mehr als 100 Reiter und Pferde tummeln sich auf der großen **Wiese**, auf der das Turnier stattfindet. Auch Sanitäter, ein Tierarzt und ein Hufschmied sind vor Ort – für den Notfall

Parade-Ritt: Die Mädchen des Allgemeinen Reit- und Fahrvereins Ahrenlohe ziehen feierlich in die **Arena** ein. Milena ist mit Abstand die jüngste im Team

Kartonrennen Wer Mounted Games reitet, muss ordentlich anpacken können: Bei diesem Spiel sind auf vier Stangen Kartons oder **Becher** gestülpt. Milena galoppiert an ihnen vorbei, schnappt sich einen davon und wirft ihn vom Pony aus im Vorbeireiten in einen Eimer

Flinke Füße Immer wieder müssen auch die Reiter ran – und runter vom Pferd. Milena springt ab, läuft über sechs umgedrehte **Eimer** und führt Swidy hinter sich her. Berührt sie dabei den Boden, muss sie von vorn anfangen. Erst wenn sie alle Eimer fehlerfrei überquert hat, schwingt sie sich wieder in den Sattel

sich dann nicht nur auf die anderen vier Mädels verlassen können, sondern auch auf ihr Pony Swidy.

Seit drei Jahren reitet sie auf der zierlichen Stute. Neben Mounted Games trainieren sie auch fünfmal die Woche Dressurreiten. „Das ist das A und O, damit Swidy die Kommandos beherrscht und auch wirklich weiß, was zu tun ist", erklärt Milena. Nur heute im Training klappt das nicht so recht. Wie Swidy wohl im Turnier drauf sein wird?

Ein Samstagmorgen im Spätsommer. Nebel hängt über der Wiese, verschluckt das Wiehern und Schnauben der Ponys. Es riecht nach feuchter Erde und Pferdeäpfeln. Hier in Tornesch, zwischen Maisacker und „Susy's Pensionsstall", findet eines der letzten Turniere der Saison statt. Rund um das Spielfeld, die Arena, haben Helfer mit weißen Bändern Dutzende „Paddocks" abgezäunt, kleine Gehege, in denen die Teilnehmer ihre Pferde unterbringen. In einer Ecke hat sich Milenas Team, die Ahrenloher Jugend, versammelt. Den Mädchen steht ein langer Tag bevor.

In drei Läufen treten sie gegen die anderen Teams an, pro Lauf gibt es sechs bis acht Spiele. Insgesamt 30 verschiedene finden sich in den allgemeinen Turnierregeln. „Das war erst mal ganz schön verwirrend", erzählt Milena. „Als ich vor vier Jahren mit Mounted Games anfing, haben wir die Spiele mit Playmobil-Figuren nachgestellt." So konnte sie sich leichter merken, wie sie funktionieren. „Schnelle Spiele machen mir am meisten Spaß. Und Swidy auch, sie galoppiert gern."

Tatsächlich geht es heute stürmisch los: mit einem klassischen Slalomrennen. Milena startet als Erste aus ihrer Mannschaft und lenkt Swidy in die Startzone. Die Stute tänzelt nervös hin und her. „Wenn sie so unruhig wird, merke ich, dass sie gut drauf ist ▸

Werkzeugkastenrennen Hoch das Bein! Gerade hat Milena einen Plastikhammer vom Boden aufgehoben, um ihn in eine **Kiste** zu legen. Doch erst einmal muss sie wieder aufsitzen: Milena rennt neben Swidy her, springt mit beiden Beinen von Boden ab und schwingt sich in den Sattel – während Swidy schon wieder Vollgas gibt

Socken in den Eimer Natürlich spielen die Mädchen nicht mit alten Strümpfen, die Socken sind Softbälle, die sie aufheben, weitergeben und in einen Eimer werfen müssen. Die **Übergabe** ist besonders knifflig: Milena und ihre Teamkollegin müssen sich voll konzentrieren, genau hinschauen und die Hand der anderen anpeilen

und endlich loslaufen will“, erklärt Milena. Auf den fünf Bahnen nebenan scharren die Pferde der Gegner mit den Hufen. Als der Schiedsrichter das Startsignal gibt, prescht Swidy los. Ein Traumstart!

Auch die folgenden Spiele laufen gut, die Mädchen leisten sich nur wenige Patzer. Als eines der besten Teams ziehen sie ins Finale ein. Doch plötzlich klappen Übergaben nicht mehr, die Pferde bocken. Und als vorletztes Spiel steht auch noch Hoopla an, bei dem Milena im Training mehrfach gestürzt ist. Wird sie es diesmal schaffen, den Ring vom Boden aufzuheben? Als sie als letzte Reiterin losprescht, liegt ihr Team hinten. Swidy galoppiert auf den Ring zu, dass es staubt. Erdbröckchen spritzen durch die Luft. Milena zupft am Zügel, gibt ihr das Kommando: „Rum!“ Und Swidy legt sich in die Kurve. Immer weiter schiebt sich Milena aus dem Sattel, streckt die Fingerspitzen zum Ring und packt zu. Mit einem kräftigen Ruck richtet sie sich wieder auf – geschafft! Kurz darauf steckt Milena den Ring über einen Kegel und sichert dem Team für dieses Spiel immerhin den vorletzten Platz.

Am Ende wird die Ahrenloher Jugend Fünfter. Schweigend satteln die Mädchen ihre Pferde ab. „Ich ärgere mich schon ein bisschen“, sagt Milena. „Aber das verfliegt bestimmt bald wieder.“ Denn sie weiß genau: Für die Deutsche Meisterschaft in ein paar Wochen haben sie sich trotzdem qualifiziert! ■

Immer auf Trab: Auch die **GEOlino-Reporterinnen** Melanka (links) und Simone (rechts) spurteten mehrfach quer über den Turnierplatz, um nichts zu verpassen

Nur wenn die Übergaben klappen, können die Mädchen so richtig punkten: Wer bei einem Spiel als Erster von sechs Mannschaften ins Ziel kommt, erhält sechs **Punkte**, der Zweite fünf und so weiter. Die Punkte aus den einzelnen Spielen werden addiert – und so der Gesamtsieger ermittelt

STECKBRIEF: *Mounted Games*

Seit wann gibt es Mounted Games?
Seit mehr als 150 Jahren. Mounted Games (Englisch für „berittene Spiele") entstanden in Indien. Reitersoldaten hielten sich und ihre Pferde damit in Friedenszeiten fit. Die Briten brachten den Reitsport schließlich nach Europa und gründeten 1984 den ersten Mounted-Games-Sportverband.

Was braucht man zum Mounted-Games-Reiten?
Natürlich eine Reiterkappe, eine eng anliegende Hose und knöchelhohe Schnürstiefel, in denen man gut rennen kann. Und für das Pony einen Sattel, Sicherheits-Steigbügel sowie eine Trense.

Wer kann Mounted Games reiten?
Jeder, der bereits in allen Gangarten sicher reiten kann! Sehr hilfreich ist außerdem eine solide Dressurausbildung.

Wo kann ich mich informieren?
Auf der Internetseite des Verbandes für Reiterspiele Mounted Games Deutschland: www.vrmgd.de
Dort findet ihr Infos zu Vereinen in eurer Nähe und Termine für Turniere.

Ausgezeichnet! Die Ahrenloher Jugend schafft es auf den 5. Platz. Statt Medaillen für die Reiter gibt es blaue **Schleifen** für die Pferde

Mounted Games sind euch zu wild? Dann findet heraus, welcher Pferdesport sonst zu euch passt!

TEST

Welcher Reitstil passt zu dir?

*Ob Dressur, Freizeitreiten oder Voltigieren: Es gibt die unterschiedlichsten Pferdesportarten. Mit unserem **Test** findest du heraus, welche perfekt für dich ist*

1 Es regnet in Strömen. Gehst du trotzdem reiten?

A: Kein Problem, die paar Schritte bis zur Halle schaffe ich schon. ▲

B: Klar, meine Jacke ist doch wasserdicht. ■

C: Och nö. Bei dem Wetter trainiere ich lieber zu Hause Spagat. ●

2 Du bist in einem Laden für Reitzubehör. Was kaufst du?

A: Ich sehe mich mal bei den Satteltaschen um. ■

B: Gute Frage. Haben die auch Jogginghosen?! ●

C: Die Satteldecke aus der neuesten Sommerkollektion! ▲

3 Reiten riecht für mich nach …

A: … Schweiß und Staub. ●

B: … Sattelseife und Lederfett. ▲

C: … Wald und feuchter Erde. ■

4 Du liebst Pferde, denn …

A: … mit ihnen kann man durch dick und dünn gehen. ■

B: … man kann ihnen eine Menge beibringen. ▲

C: … sie sind extrem geduldig. Manche laufen sogar stundenlang im Kreis, ohne zu murren. ●

5 Mist! Zwei Minuten zu spät an der Bushaltestelle.

A: Ach, ich jogge! Sind ja nur sechs Kilometer bis zur Schule. ■

B: Kann nicht sein. Mir passiert so was nicht. ▲

C: Ach, der Busfahrer wartet. Er weiß, dass er von mir dafür einen einmaligen, akrobatischen Freudensprung bekommt. ●

6 Diese Mathe-Hausaufgaben sind mit Sicherheit die schwierigsten der Welt. Aber ich löse sie, denn …

A: … wenn ich mich in meinem Zimmer verkrieche und richtig konzentriere, bekomme ich alles hin. ▲

B: … zusammen mit meiner besten Freundin schaffe selbst ich das. ■

C: … ich rufe im Gruppenchat um Hilfe. Irgendwer aus meiner Clique ist immer für mich da. ●

7 An diesen Klamotten erkennt man dich:

A: Mein Outfit? Das ist natürlich so bequem, dass ich jederzeit ein Rad schlagen kann. ●

B: Ich trage Outdoor-Klamotten. Die machen einfach alles mit, wenn ich draußen herumtobe. ■

C: Ich sag nur: weiße Hose, keine Flecken. Das schafft nicht jeder. ▲

AUFLÖSUNG

Hinter jeder deiner Antworten steht ein Symbol.
Zähle, welches Symbol du am häufigsten hast. Trage hier die Anzahl ein: ▲______ ■______ ●______

AM HÄUFIGSTEN ▲:

Dressur

Reiten ist für dich Routine, Genauigkeit, Perfektion. Beim Dressurreiten kannst du einem genauen Plan folgen, Figuren mit dem Pferd einüben, bis du die volle **Kontrolle** über jede einzelne Bewegung hast. Wenn du genug trainierst, gelingt es dir bestimmt, bei Turnieren zu glänzen – und in Jackett und weißer Hose auf einem blank geputzten Pferd eine schicke Schleife entgegenzunehmen.

AM HÄUFIGSTEN ●:

Voltigieren

Du bist sportlich, beweglich und liebst es, zu turnen. Beim Voltigieren kommen diese Stärken voll zur Geltung. Als Mitglied einer Mannschaft kannst du akrobatische **Kunststücke** auf dem Pferderücken vollführen, im Galopp aufs Pferd springen oder Menschenpyramiden auf seinem Rücken errichten.

AM HÄUFIGSTEN ■:

Freizeit / Distanz

Du bist gern draußen. Auch Wind, Kälte und Regen können dich nicht abschrecken. Beim Freizeitreiten ist das Pferd dein Partner und bester Freund, mit dem du entspannte **Ausritte** in jedes Gelände unternehmen kannst. Vielleicht sind sogar Distanzritte etwas für dich, bei denen du nicht nur die Ausdauer deines Pferdes, sondern auch deine eigene Kondition unter Beweis stellen kannst.

GEOlino extra Illustrationen: Kim Krome/GEOlino extra unter Verwendung von shutterstock

Kommt ein Pferd zum Arzt…

… nein, das ist nicht der Anfang eines schlechten Witzes. Im Gegenteil: Das Thema hier ist ziemlich ernst. An der ***Pferdeklinik*** *der Tierärztlichen Hochschule in Hannover kämpfen Ärzte und Pfleger rund um die Uhr um schwer kranke Patienten – von der lahmen Stute bis zum aggressiven Pony. Wir haben sie einen Tag lang begleitet*

Text: *Bernadette Schmidt*
Fotos: *Timo Jaworr*

Mund auf! Dank eines **Maulgatters** aus Stahl kann Ärztin Nicole Verhaar tief in Westys Maul gucken, um nachzusehen, was der Stute fehlt

Westy
17 JAHRE, HANNOVERANER

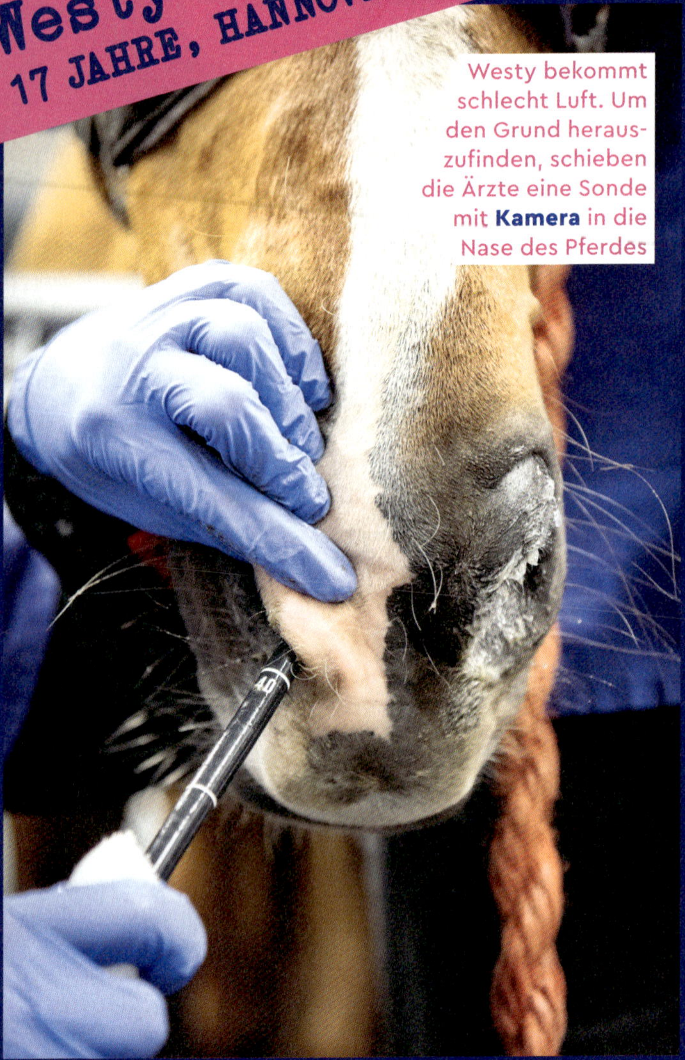

Westy bekommt schlecht Luft. Um den Grund herauszufinden, schieben die Ärzte eine Sonde mit **Kamera** in die Nase des Pferdes

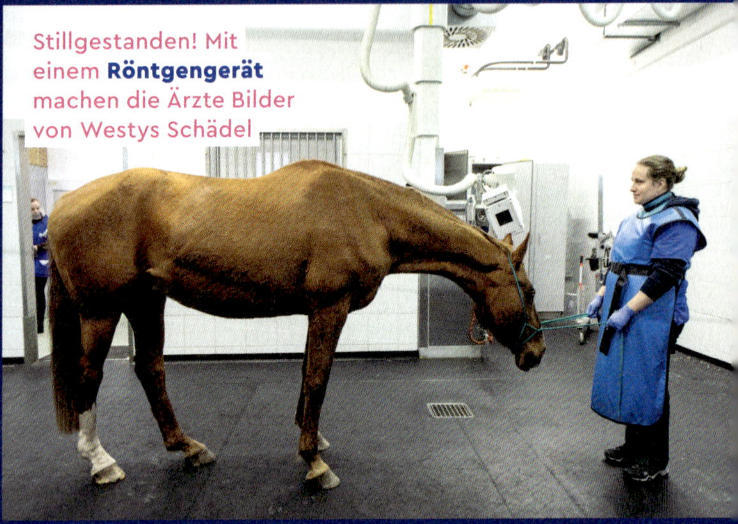

Stillgestanden! Mit einem **Röntgengerät** machen die Ärzte Bilder von Westys Schädel

Da liegt das Problem! Als die **Oberärztin** Astrid Bienert-Zeit mit ihrer Kollegin die Röntgenbilder betrachtet, ist klar: Eine Zyste verstopft die Atemwege der Stute

9:37 Uhr
Untersuchungszimmer

Westys Augenlider hängen auf Halbmast. Röchelnd atmet die rotbraune Hannoveranerstute ein und aus, Schleim läuft aus ihrer Nase. In ihrer linken Nüster steckt ein langer schwarzer Schlauch, an dessen Ende eine winzige Kamera befestigt ist. Zwei Ärztinnen blicken konzentriert auf einen Bildschirm. „Da sehen wir das Problem!", sagt Nicole Verhaar in Richtung des besorgten Besitzers, der mit den Händen in den Jackentaschen vor der weiß gefliesten Wand steht. Weil sein Haustierarzt nicht mehr weiterwusste, hat er Westy in die Pferdeklinik der Tierärztlichen Hochschule Hannover gebracht.

35 Ärzte, sieben Tierarzthelfer und zwölf Pfleger kümmern sich hier täglich um rund 50 Patienten. Manche Pferde bleiben für mehrere Tage auf Station, andere schauen nur für eine kurze Untersuchung vorbei, wie Westy. Die Kameraaufnahmen aus ihrer Nase haben gezeigt: Die Stute scheint dort einen dicken, entzündeten Pfropf zu haben und bekommt deshalb schlecht Luft. „Am besten, wir röntgen, um herauszufinden, was genau da festsitzt", entscheidet die Tierärztin.

10:05 Uhr
Röntgenraum

Ein großes, weißes Gerät fährt um Westys Kopf und macht aus unterschiedlichen Positionen Bilder. Viele Pferde erschrecken vor der großen Maschine, aber ▸

Mr. Ed
5 JAHRE, SHETLANDPONY

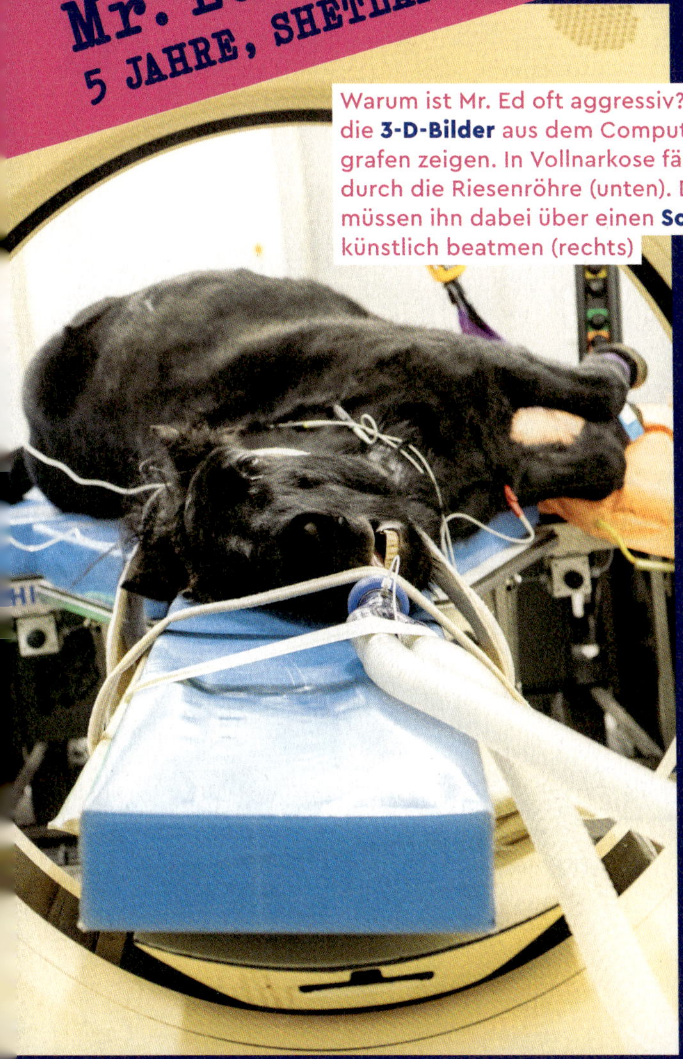

Warum ist Mr. Ed oft aggressiv? Das sollen die **3-D-Bilder** aus dem Computertomografen zeigen. In Vollnarkose fährt das Pony durch die Riesenröhre (unten). Die Ärzte müssen ihn dabei über einen **Schlauch** künstlich beatmen (rechts)

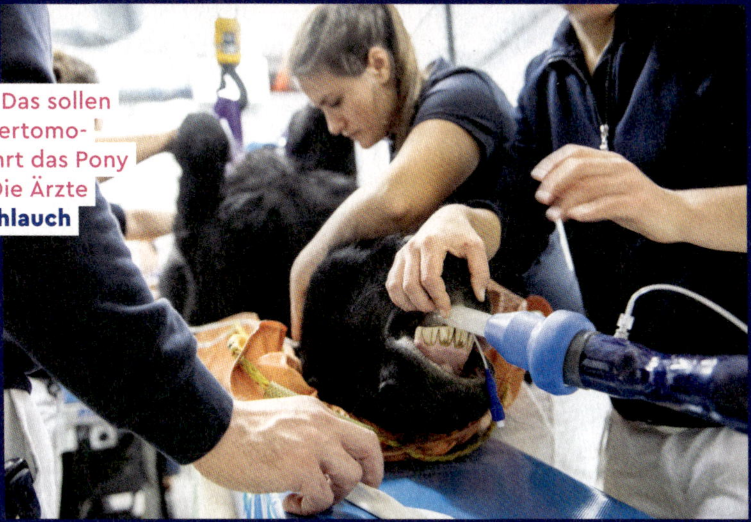

Den rund 280 Kilogramm schweren Pferdekörper können Ärzte und Pfleger nur per **Kran** transportieren

Westy bleibt ruhig. „Da sehen Sie es ganz klar." Tierärztin Astrid Bienert-Zeit zeigt auf die hell- und dunkelgrauen Schatten, das Röntgenbild von Westys Kopf. In den linken Nasennebenhöhlen hat sich die Schleimhaut ausgebeult und eine Zyste gebildet.

„Das sollten wir operieren können", sagt die Tierärztin. „Aber vorher müssten wir Westy weiter untersuchen." Der Besitzer verzieht das Gesicht. Er ahnt: Das kann teuer werden. Die Behandlung würde rund 3000 Euro kosten, informiert ihn die Tierärztin. Der Besitzer muss eine schwierige Entscheidung treffen. Denn Westy ist eine Zuchtstute, das heißt, der Besitzer verdient Geld mit den Fohlen, die sie auf die Welt bringt. Doch die 17-jährige Stute steht kurz vor der Pferde-Rente, mehr als ein Fohlen würde sie nicht mehr bekommen. Der Besitzer muss deshalb überlegen, ob sich die teure OP finanziell überhaupt rechnet. „Darüber muss ich mich erst einmal beraten ...", sagt er und zeigt auf sein Handy.

10:43 Uhr

Computertomografie-Saal

Während der Pferdezüchter telefoniert, wartet ein paar Türen weiter ein besonders rätselhafter Fall auf die Tierärzte: Mr. Ed, ein junges, schwarzes Shetlandpony. Rücklinks und betäubt ruht es auf einer Liege, sein Körper ist mit Seilen daran festgebunden. Mr. Ed verhält sich seltsam und wird aggressiv, wenn man versucht, ihn am Kopf anzufassen. Warum bloß? Um das herauszufin-

den, schieben die Ärzte das schlafende Pferd in eine große Röhre, den Computertomografen. Er erstellt dreidimensionale Bilder von Mr. Eds Schädel. Ob sie verraten, was mit dem Pony los ist?

Während Mr. Ed noch in der Röhre liegt, klappern im Hof die Hufe. Ein neuer Patient humpelt heran: Stute Hermine.

11:31 Uhr
Hof

„Was genau passiert ist, wissen wir nicht, wir haben sie so auf der Weide gefunden", berichtet Hermines Besitzerin aufgeregt und übergibt das Pferd an eine Pflegerin. Direkt über dem Huf des Tieres klafft eine zwei Daumen breite Wunde. „Das gucken wir uns gleich mal an", antwortet die Pflegerin und führt das Pferd in den Röntgenraum. Dort unterhalten sich die Tierärztinnen Astrid Bienert-Zeit und Nicole Verhaar gerade über Stute Westy. „Der Besitzer hat sich gegen eine OP entschieden", berichtet Astrid Bienert-Zeit. Weil die Stute aber auch nicht länger leiden soll, wird er sie einschläfern lassen. Auch das gehört zum Klinikalltag dazu. Doch jetzt müssen sich die Ärztinnen erst einmal um die lahme Hermine kümmern, die schon bereitsteht zum Röntgen.

11:40 Uhr
Aufwachbox

Anders als Hermine hat Mr. Ed seine Untersuchung bereits hinter sich. Per Kran haben Ärzte und Pfleger seinen schlaffen, rund 280 Kilogramm schweren Körper angehoben und über eine Schiene an der Decke in die Aufwachbox transportiert. Der Boden ist aus einem weichen Material, damit sich die Tiere beim Liegen keine Muskeln oder Nerven quetschen.

Und wie geht es jetzt mit Mr. Ed weiter? „Auf den Bildern des Computertomografen war nichts Auffälliges zu sehen", sagt die ▸

Gut 20 Minuten lang liegt Mr. Ed in der **Aufwachbox**, bis er schließlich wieder zu sich kommt

Hermine
9 JAHRE, HANNOVERANER

Die Ärztinnen haben Hermine Gelenkflüssigkeit entnommen. Im **Labor** wird diese untersucht (oben). Das **Testgerät** zeigt: Das Gelenk ist nicht entzündet (unten)

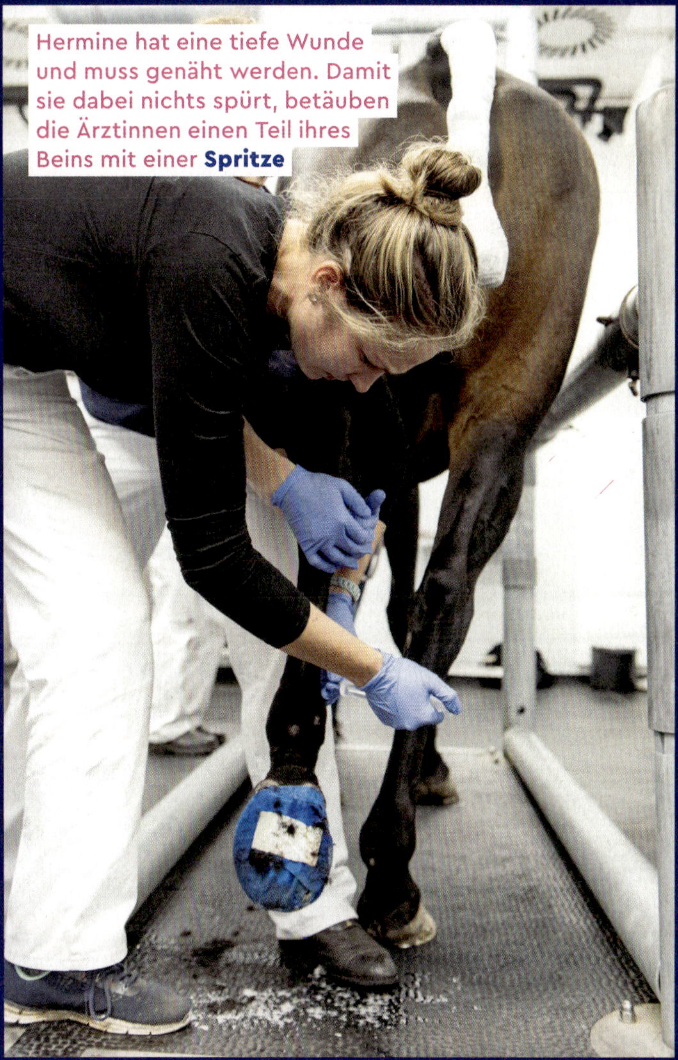

Hermine hat eine tiefe Wunde und muss genäht werden. Damit sie dabei nichts spürt, betäuben die Ärztinnen einen Teil ihres Beins mit einer **Spritze**

Ärztin, die ihn beim Aufwachen betreut. „Wir werden ihn weiter untersuchen.“ Doch erst einmal ist Notfall Hermine an der Reihe.

13:22 Uhr
Operationssaal

Ihre Wunde muss genäht werden, haben die Ärzte entschieden. „Dabei müssen wir besonders vorsichtig sein, denn sie ist nah am Kronsaum“, sagt Nicole Verhaar. Der Kronsaum ist der Übergang vom Huf zur Haut, also so etwas wie das Nagelbett beim Menschen. Würde der Kronsaum beim Nähen verletzt, könnte Hermine ihr Leben lang Probleme mit dem Hornwachstum haben.

Tief beugt sich Assistenzärztin Franziska Haunhorst über Hermines linkes Hinterbein. Gerade will sie mit der Nadel durch die Haut stechen, da hebt die Stute plötzlich das Hinterbein. „Ruuuhig, ruuuhig, ist guut“, sagt die Ärztin beschwörend. Sie will wieder loslegen, doch Hermine tritt erneut aus. „Hör auf!“, ruft die Tierärztin nun ein wenig strenger. Die Stute gehorcht.

Nach vier Stichen ist die Wunde vernäht, alles noch mal gut gegangen. „Das sieht prima aus“, sagt Nicole Verhaar. Hermine bekommt noch einen Verband, dann darf sie nach Hause – im Gegensatz zu Mr. Ed. Das Pony wird noch bleiben müssen, bis die Tierärzte herausgefunden haben, was ihm fehlt. Vielleicht hat er ja ein Problem mit den Zähnen? Die Experten der Pferdeklinik Hannover werden es herausfinden. ■

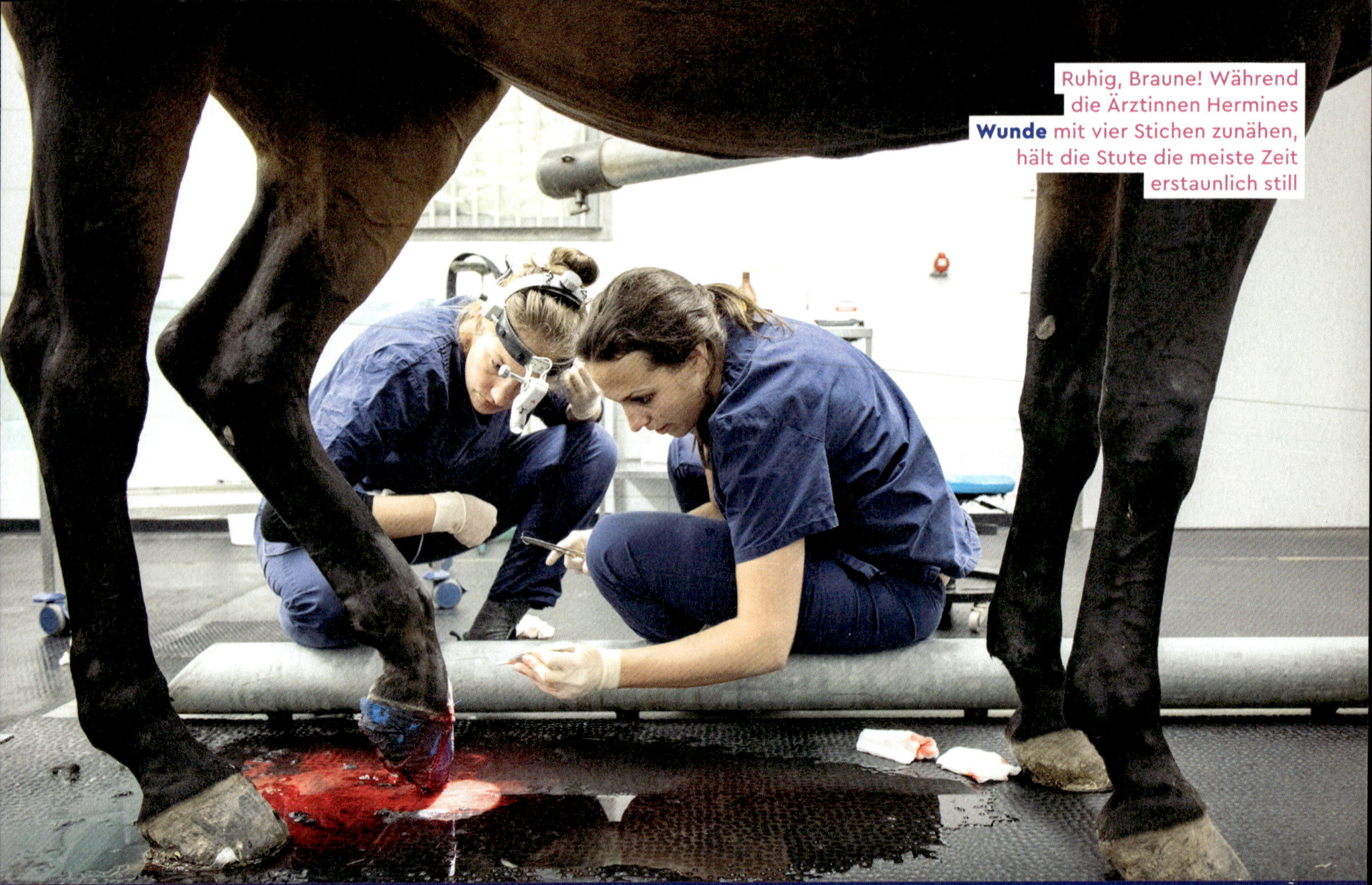

Ruhig, Braune! Während die Ärztinnen Hermines **Wunde** mit vier Stichen zunähen, hält die Stute die meiste Zeit erstaunlich still

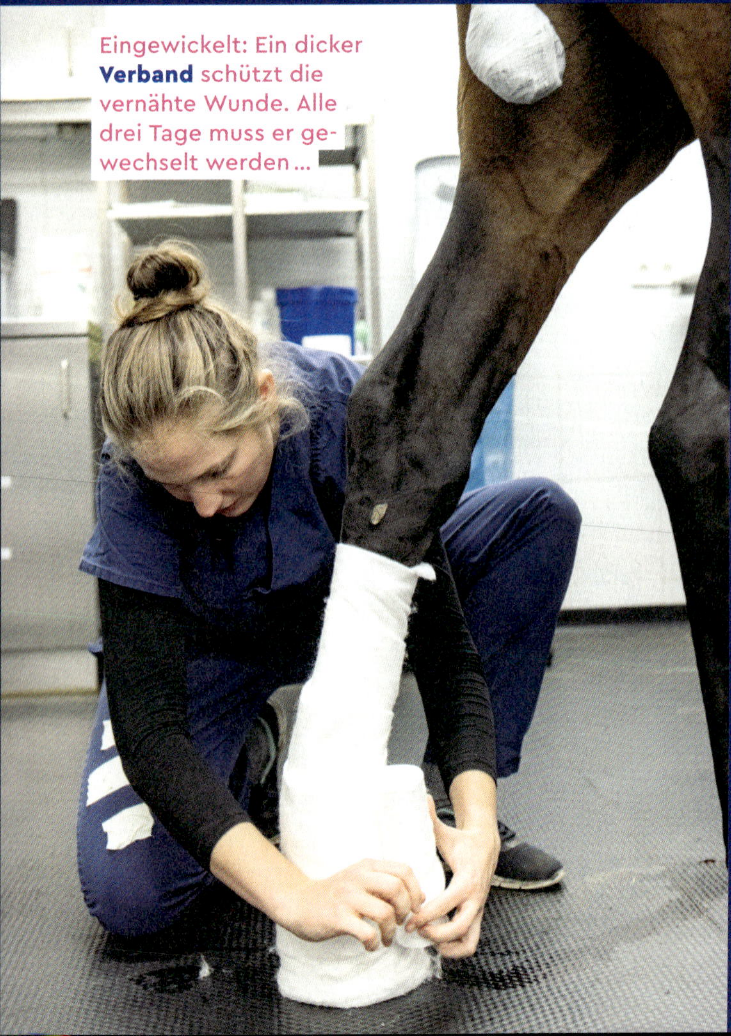

Eingewickelt: Ein dicker **Verband** schützt die vernähte Wunde. Alle drei Tage muss er gewechselt werden …

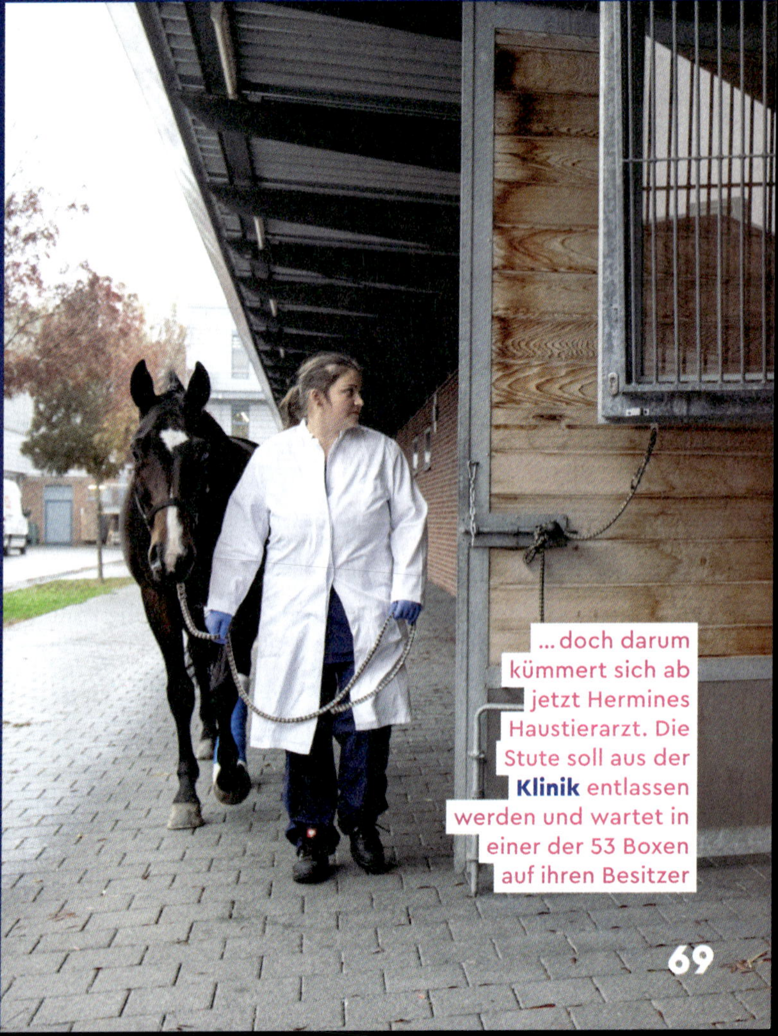

… doch darum kümmert sich ab jetzt Hermines Haustierarzt. Die Stute soll aus der **Klinik** entlassen werden und wartet in einer der 53 Boxen auf ihren Besitzer

Zahlen, bitte!

14
Pferde sind insgesamt auf deutschen **Wappen** von Bundesländern, Städten und Landkreisen abgebildet.

11
Monate trägt eine Stute ihr Fohlen durchschnittlich aus. Das ist bei der **Geburt** schon so weit entwickelt, dass es nach wenigen Stunden seiner Mutter hinterherlaufen kann.

64 Millionen Dollar zahlte das irische Rennpferdegestüt Coolmore im Jahr 2000 für den Hengst namens Fusaichi Pegasus. Er war somit das teuerste Pferd der Welt und dient heute vor allem als **Zuchttier**.

2,47
Meter hoch sprang das Pferd Huaso im Jahr 1949 unter dem Reiter Alberto Larraguibel Morales aus Chile – **Sprungrekord**!

1900 ist das Jahr, in dem die **Erstausgabe** des ältesten deutschen Reitsportmagazins „St. Georg“ erscheint. Die Zeitschrift gibt es bis heute.

1524 Kilogramm wog das schwerste bekannte Pferd der Welt, so viel wie ein **Auto**! Es war ein Shire Horse und lebte in England.

60 Liter können Großpferde täglich trinken, wenn sie kein Gras bekommen und hart gearbeitet haben oder gerade ihr Fohlen säugen – sechs volle **Putzeimer**!

78 Prozent der Mitglieder des größten deutschen Pferdesportverbandes sind **Frauen**.

ALLES WIRD GUT

2000 Przewalski-Pferde gibt es weltweit wieder. Die asiatische **Pferdeart** war fast ausgestorben. Auch in Deutschland werden sie gezüchtet – etwa im hessischen Hanau.

8 bis 16 Mal pro Minute atmet ein Pferd durchschnittlich, wenn es entspannt auf der Weide steht. In vollem Galopp können es bei einem Rennpferd in derselben Zeit bis zu 150 **Atemzüge** sein.

3 Hinter- und vier Vorderzehen hatten die **Urpferde**, die vor rund 50 Millionen Jahren über die Erde trabten. Der Huf heutiger Pferde entstand aus der mittleren Zehe, die anderen beiden haben sich zurückgebildet.

47,5 Prozent der Pferde in einer Studie erwiesen sich als **Linkshänder** – oder eher: Linkshufer. Genau wie Menschen haben auch viele Pferde eine bevorzugte Seite. Reiter spüren das etwa daran, wie leicht ein Pferd Linkskurven laufen kann.

88,51 Kilometer pro Stunde kann ein Quarter Horse rennen – fast so schnell, wie ein **Auto** auf der Landstraße fährt. Damit ist es die schnellste Pferderasse der Welt.

51 Zentimeter bis zur höchsten Stelle am **Rücken** maß das kleinste bekannte Falabella-Pony der Welt.

900 000 Deutsche sind **Besitzer** eines oder mehrerer Pferde.

GEOlino extra Illustrationen: shutterstock

INS SPIEL GEBRACHT

Dressurreiten? Wirkt manchmal ziemlich steif. Und Springreiten? Läuft doch dauernd im Fernsehen. Wer es etwas ausgefallener mag, misst sich in diesen fünf ungewöhnlichen **Pferdesportarten**

Text: **Simone Müller**

PFERDE-FUSSBALL

Eine ruhige Kugel schieben? Das kommt beim Pushball nicht infrage! Schließlich müssen Pferde und Reiter der beiden Mannschaften dabei einen riesigen Ball so oft wie möglich ins gegnerische **Tor** bugsieren – wie beim Fußball. Ein US-Amerikaner namens M. G. Crane brachte das Spiel 1891 ins Rollen. Damals mühten sich allerdings noch Menschen mit dem gigantischen Ball ab. Weil die Urform des Pushballs für die Sportler tierisch anstrengend war, ließen sie bald Pferde kicken. Heute gibt es begeisterte Hufballspieler unter anderem in Deutschland, in den Niederlanden und den USA.

HOBBY HORSING

Die spinnen, die Finnen – könnte man meinen. Schließlich traben, trippeln, tänzeln und galoppieren dort Tausende Mädchen durch Schulhöfe und Fußgängerzonen, ganz ohne Pferd. Hobby Horsing nennt sich der Trendsport, **Steckenpferd-Reiten**. Das sieht lustig aus, und so gut wie jeder kann es sich leisten. Inzwischen werden in der Hauptstadt Helsinki sogar nationale Meisterschaften ausgetragen. Dabei springen die Teilnehmerinnen über bis zu 1,2 Meter hohe Hindernisse oder führen eine Dressurkür auf. Das Glück der Erde: Manchmal liegt es eben – auf einem Besenstiel.

ZUGLEISTUNGSWETTBEWERB

Hier kommen nur die stärksten Pferde zum Zug: Seit mehr als 35 Jahren treten stattliche Kaltblüter am Pfingstsonntag im bayerischen Bad Kötzting zum Zugleistungswettbewerb an. Zwei Minuten haben sie Zeit, um eine 40 Meter lange Strecke zurückzulegen. Keine leichte Aufgabe: Manche Tiere schleppen dabei einen mehr als 1000 Kilogramm schweren **Schlitten** hinter sich her. Die Fuhrmänner dürfen die Pferde dabei nicht berühren und nur mit der Stimme antreiben. Wer seinem Gegner davonzieht, gewinnt eine Plakette und bis zu 250 Euro.

GEOlino extra Fotos: Frank Sorge/imago (l., r. u.); Heikki Saukkomaa/action press (r. o.); shutterstock (Hintergrund)

MENSCH-GEGEN-PFERD-MARATHON

Ob ein Mensch im Gelände schneller laufen kann als ein Pferd? Darüber diskutierten vor knapp 40 Jahren die Gäste einer Kneipe im britischen Llanwrtyd Wells. Gordon Green, der Wirt, belauschte das Gespräch – und beschloss, die Sache einfach auszuprobieren. Im Jahr 1980 veranstaltete er den ersten „Men vs. Horse Marathon". Rund 35 Kilometer hetzen die Teilnehmer dabei über Weiden, durch Wälder, **Bäche** und Moore. Der Wettkampf ist inzwischen ein echter Renner für Läufer – obwohl die Pferde nahezu unschlagbar sind: In 28 Jahren hat es erst zweimal ein Mensch auf den 1. Platz geschafft.

SKIKJÖRING

Ein zugefrorener See, ein paar Pferde und Skier – mehr braucht es nicht für dieses mitreißende Rennen, das jeden Februar im schweizerischen St. Moritz stattfindet: das sogenannte White Turf. In vier Disziplinen treten die **Jockeys** und Pferde dabei an. Eine davon ist das Skikjöring, bei dem sich Skifahrer hinter hitzige Vollblüter spannen und einen kühlen Kopf bewahren müssen. Schließlich brettern sie mit bis zu 50 Kilometer pro Stunde um den Rundkurs, so schnell wie ein Auto in der Stadt.

GEOlino extra Fotos: action press (o.); CTK Photo/imago (u.); shutterstock (Hintergrund)

EIN ESEL FÜR SENNAI

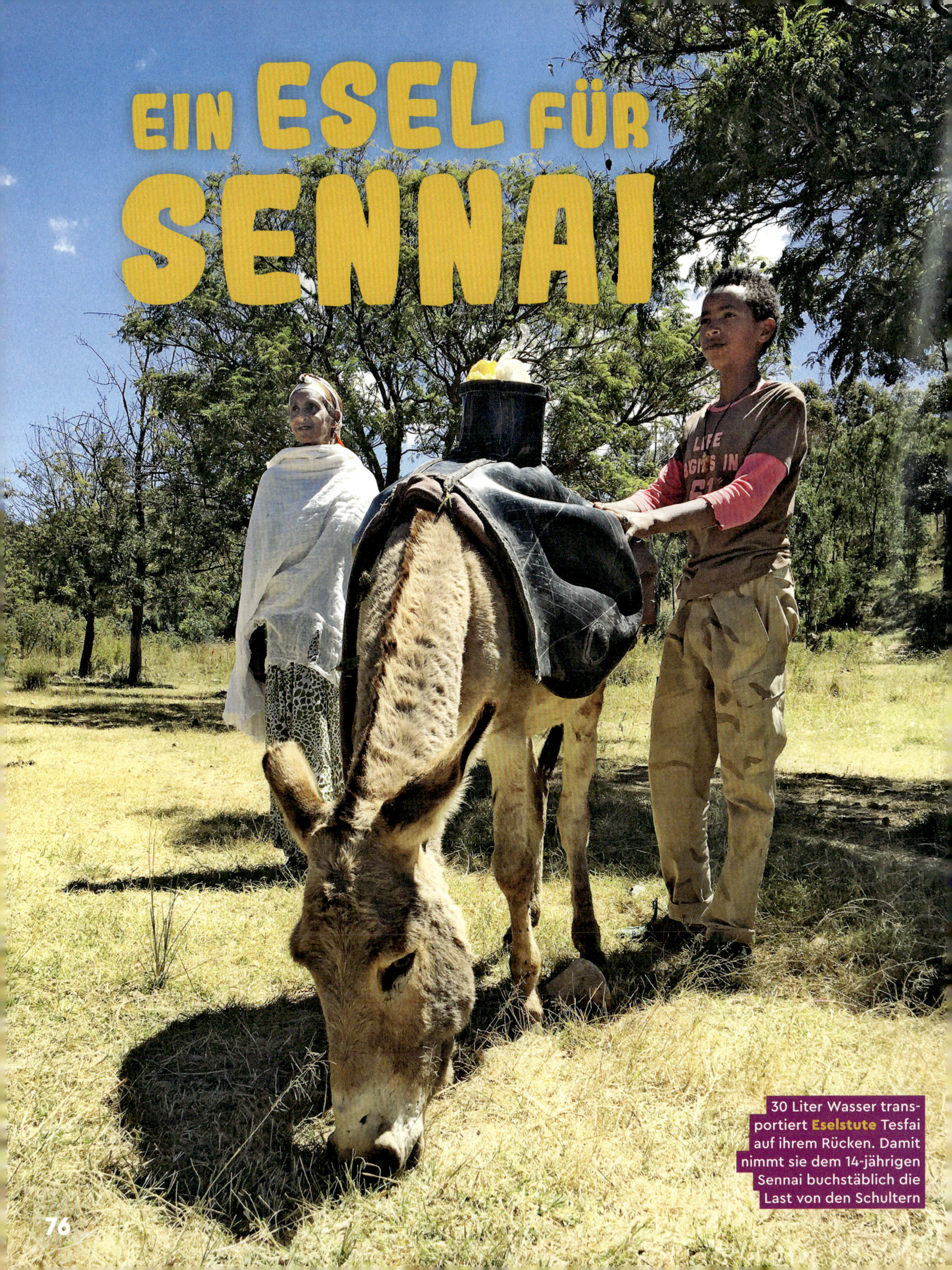

30 Liter Wasser transportiert **Eselstute** Tesfai auf ihrem Rücken. Damit nimmt sie dem 14-jährigen Sennai buchstäblich die Last von den Schultern

*Wie viele Kinder in Eritrea fehlte auch der 14-jährige Sennai häufig in der Schule. Statt zu lernen, musste er auf dem Feld schuften und schwere Wasserkanister kilometerweit schleppen. Doch seit Kurzem bekommt er Hilfe – von einem **Esel**...*

Text: ***Anna Driftschröer***

Tesfai. Einen passenderen Namen hätte Sennai seiner Eselstute nicht geben können. Denn auf Tigrinya, seiner Muttersprache, bedeutet *tesfai*: Hoffnung. Und genau das ist das treue Tier für Sennais Familie auch.

Mit seinen Eltern und vier Geschwistern lebt der 14-Jährige in einer Ziegelhütte in einem kleinen Dorf nahe Asmara, der Hauptstadt von Eritrea in Ostafrika. Wie die Hälfte der Menschen dort ist die Familie arm. Im Durchschnitt muss ein Eritreer am Tag mit weniger als zwei Euro auskommen. Weil Sennais Vater nicht mithilft, müssen der Junge und seine Geschwister ran, um die Mutter zu unterstützen.

Wie die meisten Menschen in ihrer Heimat schuften er und seine Familie Tag für Tag auf dem Feld, pflanzen Gemüse wie Paprika oder Zwiebeln an und verkaufen es auf dem Markt. Und dann marschiert Sennai auch noch jeden Tag kilometerweit zu einem kleinen See, um Wasser für die Familie zu holen – zum Trinken, Waschen und Kochen. Rund 30 Liter schleppte der Junge in großen gelben Kanistern etwa eine Stunde lang auf seinen Schultern nach Hause – bis Tesfai kam.

Zeit, um in die Schule zu gehen, hatte Sennai bis dahin kaum. In Eritrea muss offiziell zwar jedes Kind den Unterricht besuchen. Doch kaum jemand hält sich daran. Nur die Hälfte aller Kinder im Grundschulalter sind an einer Schule angemeldet, noch viel weniger besuchen eine weiterführende Schule. Die Eltern können es sich schlicht nicht leisten, auf ihre Kinder als Arbeitskraft zu verzichten. Im vergangenen Jahr verpasste ▸

GEOlino extra Fotos: Dr. Thomas Dirksen/ARCHEMED (l., r. u. l.); shutterstock (r. u. r.)

Jeden Tag ist der Junge mit seinem Esel unterwegs zum **See**. Etwa eine Stunde braucht er zu Fuß dorthin

Früher schleppte der Junge das Wasser in solchen **Kanistern** stundenlang durch das Bergland. Heute transportiert es sein Esel

Seine Welt sind die Berge: Sennais Heimat Emba Derho liegt im eritreischen **Hochland** 2300 Meter über dem Meeresspiegel. Trotz der Dürre wachsen dort Bäume

STECKBRIEF:
Eritrea

Berlin
4700 km
Emba Derho

Hauptstadt: Asmara

Fläche: 117 600 Quadratkilometer, Deutschland ist dreimal so groß

Einwohner: 6 Millionen

Davon Kinder: 2,5 Millionen

Für umgerechnet etwa 120 Euro werden Esel auf dem **Markt** verkauft. In Eritrea ist das viel Geld. Dort gilt schon als wohlhabend, wer mehr als eine Ziege und einige Hühner besitzt

Sennai so viel Unterricht, dass er ein Schuljahr wiederholen musste.

Vor gut einem Jahr sah eine Klosterschwester des Ordens Figlie di Sant'Anna, der sich für die Ausbildung von Kindern und Jugendlichen einsetzt, wie viel Sennai und seine Geschwister schuften müssen. Sie wandte sich an die deutsche Hilfsorganisation Archemed. Die verschenkt Esel an Familien, die Unterstützung benötigen. Sennais Familie selbst könnte sich so ein Arbeitstier nie leisten: Ein Esel kostet auf dem Markt umgerechnet etwa 120 Euro. Ein Vermögen für die meisten Menschen in Eritrea!

So kam Tesfai also zu Sennai. Und macht seitdem ihrem Namen alle Ehre: Sie nimmt dem Jungen beim Wasserholen wortwörtlich eine Last von den Schultern und ist Sennais Mutter bei der Feldarbeit eine große Hilfe. So groß, dass die Mutter öfter auf die Unterstützung ihrer Kinder verzichten und sie zur Schule schicken kann. Zwar muss Sennai immer noch auf dem Acker helfen und Tesfai zur Wasserstelle führen. Doch das Wasserholen geht nun viel leichter.

Gelassen trottet Tesfai an der Seite des Jungen über die Hügel, vorbei an verdorrten Büschen und ein paar Bäumen. Als sie den kleinen See erreichen, der mitten in der kargen Landschaft liegt, tätschelt Sennai ihr lobend den Hals. Dann schöpft er mit Plastiktüten Liter für Liter Wasser aus dem See und kippt es in die große schwarze Tasche auf Tesfais Rücken. Die liegt wie eine Satteldecke auf dem Eselkörper und füllt sich zu beiden Seiten mit Wasser. Geduldig wartet die Eselstute, bis Sennai die letzten Liter eingefüllt hat. 30 Kilogramm ist die Tasche jetzt schwer und wiegt damit etwa so viel wie ein siebenjähriges Kind. Kein Problem für Tesfai!

Obwohl sie so hart schuftet, gibt sich die Stute mit ein wenig Gras oder Stroh zufrieden. Weil Esel so genügsam sind, könnte die Familie sogar noch einen zweiten versorgen. Und wer weiß? Vielleicht bekommt Tesfai eines Tages ein Fohlen. Dann müssten Sennai und seine Geschwister noch weniger mit anpacken. ■

GEOlino extra Fotos: Dr. Thomas Dirksen/ARCHEMED (l. o.); Annie Hasemanns/ARCHEMED (l. u., u. m.); Klaus Becker/ARCHEMED (r. u.); Stefanie Peters (Karte); shutterstock (Flagge)

Genügsame Arbeiter: Esel kommen mit wenig Futter zurecht und können schuften wie ein Pferd – auf dem **Feld** oder als Transportmittel

Alles in Ordnung? Tesfai kam über eine Hilfsorganisation zu Sennais Familie. Um sicherzugehen, dass sie genügend **Stroh** und Wasser bekommt, schaut ab und an ein Mitglied der Organisation vorbei

RÄTSEL

Extratour

Habt ihr alle Geschichten gelesen? Dann knackt ihr diese Knobeleien bestimmt locker. Wenn nicht: Viel ***Spaß*** *beim Suchen! Die Lösungen verstecken sich nämlich im Heft*

1. Welcher dieser Gegenstände gehört nicht zu einer Reitsportart?

A

B
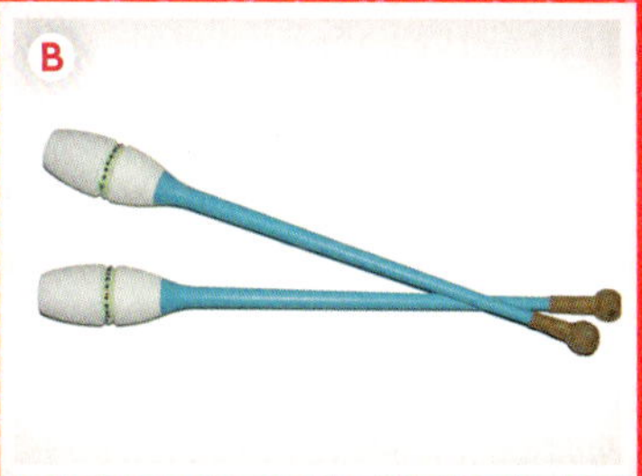

C

D

2. Islandpferde sind robust und verfügen über eine weitere besondere Fähigkeit. Welche?

A Sie haben Supernasen: Ihre Riechschleimhaut enthält besondere Sinneszellen, sogenannte Fräbær-Stäbchen, mit denen die Tiere alle 16 Moossorten der Insel erschnuppern und unterscheiden können.

B Sie flitzen oft im Tölt oder Pass herum – zwei Gangarten, die außer ihnen kaum ein Pferd auf der Welt beherrscht.

C Sie bauen im Winter Schneehöhlen, in denen sie vor den eisigen Stürmen, die über die Insel fegen, geschützt sind.

D Sie sind in der Lage, sich bis zu 500 isländische Vokabeln zu merken. Der Stute Heimska brachten Forscher sogar bei, sich über eine spezielle Tastatur mit Menschen zu unterhalten.

3. Zu welcher Pferderasse passen folgende Angaben:

- 160 bis 175 Zentimeter Stockmaß
- Sportskanone
- Warmblut

A Araber

B Hannoveraner

C Shire Horse

4. Welcher Begriff passt nicht zu den anderen?

Rappe, Fuchs, Palomino, Wolf

5. **Diese sechs Freunde diskutieren über Pferde.**
Wie viele sagen die Wahrheit? Kombiniert ihre Aussagen, um es herauszufinden!

6. **Wie alt ist dieses Pferd?**

7. **Wie viele verschiedene Pferde sind in diesem Heft zu sehen? Schätzt mal – oder zählt einfach nach!**

Ⓐ rund 50 Ⓑ rund 100 Ⓒ rund 200

8. **Welches Pferdehindernis ist hier zu sehen?**

9. **Welche drei Pferdearten sind in diesem Bild zusammengemischt?**

AUFLÖSUNG

1. Die Keulen (mehr zu den anderen Reitsportgeräten ab den Seiten 56 und 72)
2. Islandpferde beherrschen die seltenen Gangarten Tölt und Pass (mehr dazu ab Seite 22)
3. Die Angaben passen zum Hannoveraner (mehr dazu ab Seite 15)
4. Wolf. Alle anderen Begriffe bezeichnen Fellfarben (mehr dazu ab Seite 15)
5. Vier. Die Aussage von Lucy ist falsch. Die von Paula richtig – deshalb liegt auch Bob daneben. Die Aussagen der anderen drei stimmen (mehr dazu ab den Seiten 15 und 26)
6. Das Foto zeigt das 26-jährige Pferd Guera Chabela (mehr dazu ab Seite 36)
7. Es sind rund 200
8. Die Mauer Trojas (mehr dazu ab Seite 82)
9. Afrikanischer Esel, Falabella-Pony und Grevyzebra

GEOlino extra Fotos: juniors@wildlife (l.m.r.); Julia Robinson für GEOlino extra (r.o.l.); Manuel Kilger für GEOlino extra (r.o.r.); shutterstock (10, Hintergrund + Beiwerk)

Die DOPPEL-X-AGENTEN

Folge 3: *Das Trojanische Pferd*

Ein Junge im Rollstuhl, ein dickköpfiges Mädchen und eine Schildkröte mit Sprachfehler: Das sind die Doppel-X-Agenten. Sie lüften so manches Geheimnis – im Auftrag von Professor XX

Idee & Text: ***Björn Krause*** Illustration: ***Manuel Kilger***

Bloß nicht, Maya! Wenn du das machst, bekomme ich den Chip nie zurück! Wir müssen ihn uns irgendwie aus dem Hauptquartier der Rotznasen zurückholen.
Aber wie denn? Da kommen wir niemals unbemerkt rein. Das ist eine Festung!
Maya, gaaanz ruhig mit den jungen Pferden!
Das ist es, Jada! Danke! Was wir brauchen, ist ein Pferd!
Ich lieeebe Pferde!
Was erzählt er da vom Pferd?
Agent Smart macht seinem Namen alle Ehre: Er berichtet den anderen von einer Geschichte, die im 13. oder 12. Jahrhundert vor Christus stattgefunden haben soll. Sie kann den Agenten helfen, bei den Rotznasen einzubrechen
In griechischen und römischen Sagen ist vom Trojanischen Krieg die Rede, einem der wichtigsten Ereignisse in der antiken Mythologie. Er beginnt damit, dass sich Paris, der Sohn des Königs von Troja, verliebt – und zwar in die schöne Helena. Sie ist dummerweise die Frau von Menelaos, dem König von Sparta. Das ist ein Staat im alten Griechenland.
Menelaos findet das natürlich gar nicht toll. Als er davon erfährt, dass seine Helena mit Paris nach Troja gegangen ist, sammelt er ein Heer aus ganz Griechenland, um sie zurückzuholen. Mit dabei sind auch die beiden Helden Achilles und Odysseus. Die Streitmacht versucht, hinter die Stadtmauern von Troja zu gelangen. Zehn Jahre lang! Bis Odysseus eine geniale Idee hat …

Er lässt ein riesiges Pferd aus Holz bauen und vor die Stadttore Trojas stellen. Den Trojanern wird erzählt, dass die Griechen den Krieg beendet hätten und nach Hause gezogen seien. Eine Lüge!
Als die Trojaner das Pferd sehen, glauben sie, es handele sich um ein Geschenk der Griechen an die Göttin Athene. Sie ziehen es hinter ihre Mauern und stellen es als Siegestrophäe vor den Tempel der Athene. Was sie nicht wissen, ist …
… dass sich im Inneren des Pferdes ein paar griechische Krieger befinden. Als es dunkel ist, klettern sie heraus und öffnen die Tore Trojas für ihre Armee, die nur so getan hat, als hätte sie aufgegeben.
In der Dunkelheit wird Troja überrannt. Die Griechen, die in der Überzahl sind, plündern die Stadt und brennen sie nieder. Der Krieg ist vorbei, Troja besiegt.

Okay! Aber wieso sollten die Rotznasen ein Holzpferd mit in ihr Lager nehmen? Damit können die doch gar nichts anfangen!
Genauso wenig wie mit Reschtchreibung!
Das stimmt. Deswegen werden wir auch etwas bauen, das sie garantiert in ihr Hauptquartier schieben. Und du, Jada, spielst dabei eine tragende Rolle!
Hihi! Luke setzt immer auf das richtige Pferd!
Und was bauen wir jetzt?
Das steht hier in meinem Plan!
Nichts wie los. Im Hauptquartier sägen, hämmern, schrauben die Agenten an ihrer Version eines Trojanischen Pferdes
Zeigen wir den Rotznasen mal, aus welschem Holz wir gechnitzt sind!
Genau die richtige Aufgabe für Agent Power …
KIAI!
Endlich fertig!
Darf ich vorstellen, in Anlehnung an das Trojanische Pferd: die Rotznasische Flimmerkiste.
Jetzt chlagen wir volles Programm zurück!

Nur noch eine klitzekleine Überraschung für die Rotznasen, von der die anderen nicht unbedingt etwas wissen müssen …
MMM
Als Luke mit seiner geheimen Modifizierung fertig ist und alle wieder wach sind, klettert Maya in den Fernsehapparat
Seltsam, es kommt mir vor, als wäre hier vorhin mehr Platz gewesen.
Ähm, ja. Ich, äh, habe die Stabilität noch ein wenig verbessert. Jetzt müssen wir aber wirklich los, los, los!
Auf zu den Rotznasen. Jada hat die Rotznasische Flimmerkiste vor die feindlichen Tore geschoben und schleicht sich langsam davon
Und wer muss wieder ran? Das beste Pferd im Chtall!
Der Koloss bleibt vor dem Hauptquartier der Rotznasen nicht lange unbemerkt
Großer Gott, unsere Gebete sind erhört worden! Das ist der gigantomanischste Fernseher, den ich je gesehen habe.
Den schleppen wir in unser Quartier. Und dann ziehen wir uns die ganze Nacht Filme rein!
Arte bringt was über den Trojanischen Krieg. Klingt doch ganz interessant, oder?
Spinnst du!? Gib mir sofort die Fernbedienung!
Nach ein paar Stunden sind alle Rotznasen eingeschlafen. Jetzt ist Agent Power dran!

KLICK KLACK
Psst, wir sind ganz nah dran. Mein GPS-Gerät schlägt aus.
Da! An seiner Kette!
Hab ihn! Und jetzt nichts wie raus hier!
Fall gelöst! Den Streich der Rotznasen lässt Agent Smart aber nicht einfach auf sich sitzen
BÄMM
Holt die Taschentücher raus, Rotznasen. Denn 3 – 2 – 1 – uuund…
BÄH
WÜRG
Wisst ihr, worauf ich plötzlich große Lust habe? Auf Götterspeise!
ENDE

TIPPS & INFOS

Mehr zum THEMA

Top-3-Ausflugsziele

Equilaland

Zwischen Shetlandpony und Shire Horse liegen rund 100 Zentimeter Widerristhöhe – eine ganze Pferdewelt! Doch so unterschiedlich sie sind: Sie gehören, wie 15 weitere Rassen, zu den Bewohnern von Equilaland. Der Erlebnispark liegt im Norden von **München**, und wirklich alles dreht sich dort um Pferde. Mittelpunkt der sieben Fußballfelder großen Anlage ist das Theater, in dem die Reitshow „Equila" für Spannung und Staunen sorgt: Mehr als 30 Reiter zeigen dabei ihr Können. Anschließend könnt ihr den Tieren in elf Pavillons selbst ganz nahe kommen und eine Menge über ihre Biologie, die richtige Pflege und die gemeinsame Geschichte von Mensch und Pferd erfahren.

Equilaland • Hans-Jensen-Weg 3 • 80939 München • www.equilaland.com

Spanische Hofreitschule

Die hohe Dressurkunst ist seit fast 500 Jahren in **Wien** zu Hause, genauer: in der Spanischen Hofreitschule. Neben den großen Abendshows ist die „Morgenarbeit" ein Geheimtipp: Zwei Stunden lang trainieren die Lipizzaner dabei zu Walzermusik – und vor Publikum.

Spanische Hofreitschule • Michaelerplatz 1 • A-1010 Wien • www.srs.at

Grube Messel

Vor fast 50 Millionen Jahren galoppierten Urpferde durch die Wälder im heutigen Hessen. Woher wir das wissen? Die Ausgrabungen in der Grube **Messel** haben viele ihrer versteinerten Skelette ans Tageslicht gefördert. Entdecken könnt ihr sie im Museum und bei Freilichtführungen.

Grube Messel • Roßdörfer Str. 108 • 64409 Messel • www.grube-messel.de

Buch-Tipp

Guter Überblick

DARUM GEHT'S: Die „Ostwind"-Bücher und -Filme kennen alle Pferdeverrückten. Wäre es nicht toll, die stolzen Vierbeiner genauso gut zu verstehen wie Mika ihren Hengst Ostwind? Dieses Sachbuch soll dabei helfen – mit praktischen Tipps, wie wir Menschen mit Pferden kommunizieren und etwa ihre Körpersprache deuten können. Dazu findet ihr viele Fotos, auch aus den Filmen.

DARUM LOHNT ES SICH: In diesem Buch gibt es wirklich viel zu lernen. Vielleicht probiert ihr es bei der nächsten Reitstunde mal aus?!

Almut Schmidt: Pferde verstehen mit Ostwind • cbj • 112 Seiten • 14,99 Euro

Buch-Tipp

Bewegende Begegnung

DARUM GEHT'S: Zoe ist ein musikalisches Wunderkind, das ständig Querflöte übt – und mit Pferden rein gar nichts am Hut hat. Ihre Freundin Kim aber ist ein typisches Pferdemädchen, sie will unbedingt auf das Reiterinternat Snowfields, das in den kanadischen Wäldern liegt. Zoe begleitet sie zur Aufnahmeprüfung, trifft dort auf den verstörten Hengst Shaman und spürt plötzlich eine tiefe Verbindung.

DARUM LOHNT ES SICH: Pferderomane gibt es massenhaft. Doch die neue Reihe von Gina Mayer ist anders: Sie spielt in einem Internat, in dem es nur um Pferde und Reiten geht. Es gibt sogar eine extra Klasse, die sich mit der Psyche der Tiere beschäftigt – herrlich!

Gina Mayer: Pferdeflüsterer Academy • Ravensburger • 224 Seiten • 9,99 Euro

Buch-Tipp

Ganz nah dran

DARUM GEHT'S: Man kann ja nicht immer nur lesen oder reiten ... Aber man kann sich eigentlich immer mit Pferden beschäftigen! In diesem Stickerbuch werden Pferde und Reiter „angezogen", passend für den jeweiligen Anlass. Sei es ein Auftritt in der Spanischen Hofreitschule, ein Geländeritt oder die königliche Parade.

DARUM LOHNT ES SICH: Bei den Jüngeren von euch kommt sicher keine Langeweile auf. Das Stickerbuch macht einfach Spaß, und nebenbei erfahrt ihr einiges über eure liebsten Tiere.

Mein Anzieh-Stickerbuch: Pferde und Reitsport • Usborne • 34 Seiten • 6,95 Euro

Unsere Buchtipps präsentieren wir zusammen mit Mikado.
Alles über das Kinderradio von NDR Info erfahrt ihr unter www.ndr.de/mikado

Ausflugs-Tipp

Wie die Vorfahren

Trense, Halfter und Sattel sind ihnen unbekannt: Wild lebende Pferde sind wie ihre Vorfahren auf sich gestellt, fernab von uns Menschen. Ihr natürliches Verhalten in der Herde könnt ihr mit dem nötigen Abstand sogar selbst beobachten. In der Nähe der westfälischen Stadt **Dülmen** etwa galoppieren rund 400 Pferde durch die weitläufige Moor- und Heidelandschaft. Auf einem Rundgang ist es von Frühjahr bis Herbst möglich, den Stuten und ihren Fohlen beim Grasen zuzusehen. Etwas schwieriger sind die Bisbini aufzuspüren, eine Herde aus rund 25 verwilderten Haflingern. Sie streifen am **Monte Bisbino** frei herum, im Grenzgebiet zwischen Italien und der Schweiz. Mit etwas Glück entdeckt ihr sie bei Wanderungen durch die Bergkiefernwälder. Przewalski-Pferde hingegen sind eigentlich in Zentralasien zu Hause, dort jedoch fast ganz ausgestorben. Um die Art zu retten, werden sie seit einigen Jahren gezüchtet und wieder ausgewildert. Erleben könnt ihr sie deshalb etwa in der **Döberitzer Heide** in Brandenburg oder im Ötzi-Dorf im österreichischen Umhausen.

Dülmener Wildpferde: *www.wildpferde.de*

Bisbini: *www.cavallidelbisbino.com*

Przewalski-Pferde: *www.havelland-tourismus.de/natur/sielmanns-naturlandschaft und www.oetzi-dorf.at*

GEOlino extra Fotos: Gerald Schilling/Equilaland (l.), shutterstock (r. o. r.; Hintergrund und Beiwerk), PR (3)

VORSCHAU

Das nächste Heft erscheint am 27. März 2019

Auch mit DVD erhältlich!

Diesmal: »Wildes Zuhause«. Entdeckt Tiere und Pflanzen rund um **Elbe** und Alpenvorland aus ungewöhnlichen Blickwinkeln

Herausragend! 1,5 Millionen Touristen besuchen jedes Jahr Schloss **Neuschwanstein**, eine der berühmtesten Sehenswürdigkeiten Deutschlands

Deutschland

Jetzt mal ehrlich: Habt ihr einen **Gartenzwerg**? Lederhosen? Schrebergarten? Findet heraus, wie typisch deutsch ihr seid – mit unserem Test

Herzlichen Glückwunsch! In diesem Jahr feiert die Bundesrepublik Deutschland ihren **70. Geburtstag**. Genau der richtige Anlass, um sich die Frage zu stellen: Was macht unsere Heimat aus? Antworten suchen wir draußen – im Wald, wo wir eine deutsche Eiche erklimmen und nachforschen, wer sich in ihren Wipfeln tummelt. Und drinnen: Wir gehen unseren Traditionen nach, etwa dem Brotbacken, berichten über kuriose Bräuche und interviewen einen Roboterforscher. Außerdem haben wir nachgehakt: Was ist eigentlich typisch deutsch? Die **Antworten** liefern eingewanderte Mädchen und Jungen. Schließlich haben sie noch einen klaren Blick für unsere Stärken, Schwächen und Schrulligkeiten. Aber wir widmen uns auch den schwierigen Themen und sprechen mit Schülern über das Thema **Rassismus** und wie sie sich dagegen wappnen.

GEOlino extra Fotos: shutterstock (l., 3); Melanka Helms/GEOlino extra (r. o.); Thomas Ernsting/laif (r. m.); akg-images (r. u.)

Manuale di diritto costituzionale

italiano ed europeo

Finito di stampare nel mese di novembre 2024
nella Rotolito S.P.A. – Via Sondrio, 3
20096 Pioltello (MI)